POLYTECHNISCHES WÖRTERBUCH

DEUTSCH-RUSSISCH

POLYTECHNISCHES WÖRTERBUCH

DEUTSCH-RUSSISCH

von
Alexander Pankin

Mit etwa 50 000 Fachbegriffen

«RUSSO»
MOSKAU
1995

Alleinvertriebsrecht
Kubon & Sagner
Buchexport-Import GmbH
80328 München
Fax 4989-54218218

Alle Rechte vorbehalten.
ISBN 5-88721-005-2
© 1995 Verlag «RUSSO» Moskau Rußland
Printed in Hungary

VORWORT

Das neu konzipierte «Deutsch-russische polytechnische Wörterbuch» von A. W. Pankin soll der veränderten Situation auf dem Gebiet der Informationsvermittlung und technischen Übersetzung sowie den neuen Bedürfnissen der Benutzer sowohl in den Ländern der deutschen Sprache wie auch in Rußland Rechnung tragen. Mit dem vorliegenden Werk wird ein Versuch unternommen, Fachgebiete in einem erweiterten Umfang vorzustellen, die die Leser am meisten interessieren könnten, ohne auf das bewährte Prinzip der polytechnisch orientierten Wortgutauswahl zu verzichten. Dieses Ziel konnte nur dadurch erreicht werden, daß eine Vielzahl von recht einleuchtenden Begriffen, die sonst in derartigen Wörterbüchern ihren Platz fanden, diesmal außer acht bleiben mußte. Dank einem solchen Herangehen gelang es, die Erarbeitung des Wörterbuchs in einer relativ kurzen Zeit abzuschließen, so daß der Leser sicher sein kann, daß er ein wirklich modernes, universell angelegtes Hilfsmittel für seine Arbeit erhält.

Das Wörterbuch enthält insgesamt etwa 50 000 Fachausdrücke, die vor allem moderne Schlüsseltechnologien und neue Technikrichtungen darstellen. So wurde beispielsweise beim Gebiet Maschinenbau die Terminologie solcher Themenkomplexe wie Bearbeitungszentren und Aufbaumaschinen, CNC-Maschinen, Gesenkschmiedeausrüstungen und moderne Druckumformungsverfahren in ausreichend hohem Umfang neu aufgenommen. Besondere Beachtung fand dabei der Themenkomplex «Robotertechnik und flexible Fertigungssysteme (FFS)». Angesichts der Tatsache, daß die Bezeichnungen verschiedener Maschinenteile in den unterschiedlichsten Fachquellen vorkommen und ihre genaue Übersetzung stets benotigt ist, entschloß sich der Autor, auch dieser terminologischen Gruppe einen gebührenden Platz einzuräumen. Aus dem Bereich des Hüttenwesens sind moderne Verhüttungsverfahren recht eingehend behandelt, die Gebiete der Gießerei und der Walztechnik fanden ebenfalls eine entsprechende Behandlung.

Ein weiterer großer Themenkreis umfaßt moderne Elektronik und Rechentechnik. Für diese Technikrichtung bestand und besteht nach wie vor ein besonderes Interesse, was der zwingende Grund dazu war, die neueste Terminologie auf diesem Gebiet zu erfassen und dem Benutzer mit ihren russischsprachigen Äquivalenten zugänglich zu machen. Besonders ausführlich war dabei die Terminologie der Mikroelektronik sowie der Mikrorechentechnik behandelt. Unter weiteren beachteten Themenkomplexen sind Kraftfahrzeugtechnik, Luftfahrt und Raumfahrt, Eisenbahnwesen und Schiffahrt zu nennen. Da die Kernphysik und Kerntechnik sowie der Betrieb von Kernkraftwerken heutzutage im Mittelpunkt des öffentlichen Interesses stehen und demgemäß das dazugehörige Wortgut auch von Nichtfachleuten immer wieder benutzt bzw. verstanden werden muß, wendete der Autor viel Mühe und Zeit auf, um die Terminologie dieser Technikrichtung im Wörterbuch festzuhalten. Schließlich sei noch der traditionsreiche Bereich des Bergbaus erwähnt, der in unserer Zeit eine gewaltige technische Entwicklung durchgemacht hat und seine Bedeutung durchaus nicht verlor, weshalb auch die bergbauliche Terminologie im neuen polytechnischen Wörterbuch in zwecksentsprechendem Umfang vertreten ist.

Viele Probleme ergeben sich bekanntlich beim Übersetzen der Benennungen der chemischen Verbindungen, da die herkömmlichen und trivialen Bezeichnungen derselben in immer verbindlicherer Weise durch die Benennungen nach der von der IUPAC (Internationalen Union für Reine und Angewandte Chemie) erarbeiteten Nomenklatur zu ersetzen sind. Der Autor hat es sich deswegen zur Aufgabe gemacht, neben den Trivialnamen und verschiedenen gebräuchlichen Benennungen stets auch systematische bzw. halbsystematische Namen chemischer Verbindungen anzuführen, so daß der Benutzer die volle Übersicht über zu wählende bzw. zu empfehlende Varianten gewinnen kann und somit die Struktur der jeweiligen chemischen Verbindung zu erkennen vermag, was für Zwecke der Übersetzung und Vermittlung des jeweiligen Sachverhalts von Vorteil ist.

Ein weiterer charakteristischer Zug des Wörterbuchs besteht in der präzisen Behandlung der russischen Terminologie, die dem Gebrauch der besten Technik-Bücher sowie den terminologischen Empfehlungen und Normen entspricht, was für den deutschsprachigen Benutzer einen besonderen Wert besitzt, der darüber hinaus dank den zweckdienlich verwendeten Kurzbezeichnungen einzelner Fachrichtungen eine zusätzliche Hilfe für seine Arbeit erhält.

Es ist dem Autor eine angenehme Pflicht, Herrn Prof. Dr. L. I. Belenkij für seine unschätzbare Hilfe bei der Klärung der Bedeutung und genauen russischsprachigen Wiedergabe schwieriger Fachausdrücke der modernen Chemie einen tiefempfundenen Dank abzustatten. In nicht minder hervorragender Weise unterstützte der langjährige Chefredakteur der russischen Ausgabe der Zeitschrift «Glückauf» Herr F. F. Ejner den Verfasser mit seinem Rat bei der Erarbeitung der genauen russischen Äquivalente für die deutschsprachigen Fachausdrücke des Bergbaus, dem ebenfalls der uneingeschränkte Dank des Verfassers gilt.

Der Autor sowie der Verlag «RUSSO» sind für Stellungnahmen und kritische Hinweise jeglicher Art im voraus dankbar und bitten, diese an die folgende Adresse zu senden: Verlag «RUSSO», Rußland - 117922 Moskau, Leninskij prospekt, 15, Zimmer 321 - 325, Fax (095)237-2502.

HINWEISE FÜR DIE BENUTZUNG

Die in diesem Wörterbuch enthaltenen deutschen Termini sind alphabetisch und nach dem Nestsystem geordnet. Die Buchstaben ä, ö, ü werden dabei wie a, o, u behandelt, der Buchstabe ß wird in der alphabetischen Ordnung wie ss behandelt. Als ein «Nest» wird bei dem erwähnten System ein Stichwort mit den dazugehörigen Attributen bzw. attributiven Gruppen bezeichnet, wobei jedes Nestglied (Terminus, der aus einem Stichwort und einem Attribut bzw. einer attributiven Gruppe besteht) als eine Wortstelle (ein Wörterbuch-Terminus) gilt, zum Beispiel:

> **Motor** *m* двигатель; мотор
> ~, **luftgekühlter** двигатель воздушного охлаждения
> ~ **mit Direkteinspritzung** двигатель с непосредственным впрыскиванием горючей смеси
> ~, **obengesteuerter** двигатель с верхним расположением клапанов.

Wie ersichtlich, stehen die aus mehreren Wörtern bestehenden deutschen Termini innerhalb des «Nestes» in der alphabetischen Reihenfolge ihrer Attribute bzw. attributiven Gruppen, wobei das Stichwort als führendes Wort des gesamten Nestes auftritt und im Nest stets durch eine Tilde (~) ersetzt wird. Muß ein Nestterminus mit der umgekehrten Wortfolge stehen, so wird nach der Tilde ein Komma gesetzt.

Die deutschen Termini besitzen — außer den in den Nestern angeordneten — eine Genusangabe (*m*, *n*, *f*) und gegebenenfalls eine Pluralangabe (*pl*). Wird das deutsche Wort nur im Plural gebraucht, bleibt die jeweilige Genusangabe sinngemäß aus.

Illustrierende Beispiele zum Gebrauch des deutschen Fachwortes in stehenden Wortverbindungen werden hinter dem Rhombuszeichen (◇) aufgeführt, zum Beispiel:

> **Motor** *m* двигатель; мотор ◇ **den ~ abstellen** заглушать двигатель.

Die deutschen Homonyme werden im Wörterbuch als selbständige Wortstellen behandelt und mit mager gesetzten römischen Ziffern gekennzeichnet, zum Beispiel:

> **Triton I** *m* тритон, t (*ядро атома трития*)
> **Triton II** *m астр.* Тритон (*спутник Нептуна*).

In den russischen Übersetzungen werden verschiedene Bedeutungen durch halbfett gesetzte Ziffern, sinnverwandte Varianten durch ein Semikolon und synonymische Varianten durch ein Komma getrennt.

Austauschbare Teile synonymischer Übersetzungsvarianten können zwecks Platzeinsparung in eckigen Klammern stehen, zum Beispiel: **Fließbett** *n* псевдоожиженный [кипящий] слой, was gleichbedeutend ist mit: псевдоожиженный слой, кипящий слой.

Mögliche Kurzvarianten russischer Fachausdrücke, deren Gebrauch im semantisch klaren Kontext zulässig ist, werden gemäß der im vorstehenden erläuterten allgemein gültigen Regel durch ein Komma von dem an der ersten Stelle stehenden ungekürzten Terminus getrennt, zum Beispiel: **Lichtbogen** *m* электрическая дуга, дуга. Kann demgegenüber ein Terminus durch das Hinzufügen eines weiteren Wortes (Wortteiles) fakultativ erweitert werden, so steht das letztere in runden Klammern, zum Beispiel: **Ölabstreifring** *m* маслосъёмное (поршневое) кольцо, was gleichbedeutend ist mit: маслосъёмное кольцо, маслосъёмное поршневое кольцо.

Zweckentsprechende Erläuterungen stehen in runden Klammern und sind kursiv gesetzt, zum Beispiel: **Reißlänge** *f* разрывная длина (*напр. волокна, нити*).

FACHGEBIETSBEZEICHNUNGEN UND GRAMMATISCHE ANGABEN

ав.	авиация	*полигр.*	полиграфия
автм	автоматическое регулирование и управление; автоматика	*прогр.*	программирование
		проф.	термин, употребляемый в профессиональной речи
авто	автомобильная техника и автотранспорт		
		разг.	разговорное выражение
англ.	английский термин	*рад.*	радиотехника
астр.	астрономия	*св.*	сварка
биол.	биология	*свз*	связь
бум.	бумажная промышленность	*см.*	смотри
вчт	вычислительная техника	*см. тж*	смотри также
геод.	геодезия	*ср.*	сравни
геол.	геология	*сткл*	технология стекла
гидр.	гидротехника и гидрология	*стр.*	строительство
горн.	горное дело	*с.-х.*	сельское хозяйство; сельскохозяйственная техника
дер.-об.	деревообрабатывающая промышленность; деревообработка		
		текст.	текстильная промышленность
ж.-д.	железнодорожный транспорт	*тепл.*	теплотехника
кино	кинотехника	*тлв*	телевидение
кож.	кожевенная промышленность	*тлг*	телеграфия
косм.	космонавтика	*тлф*	телефония
крист.	кристаллография	*уст.*	устаревший термин
лес.	лесная промышленность	*физ.*	физика
мат.	математика	*фото*	фотография
маш.	машиностроение	*хим.*	химия и химическая технология
мет.	металлургия	*целл.*	целлюлозная промышленность
метео	метеорология	*эл.*	электротехника
мет.-об.	металлообработка	*элн*	электроника
непр.	неправильно употребляемый термин	*яд.*	ядерная физика и техника
мин.	минералогия		
мор.	морской транспорт	*m*	мужской род
опт.	оптика	*n*	средний род
пищ.	пищевая промышленность	*f*	женский род
пласт.	технология пластмасс	*pl*	множественное число

IN DER RUSSISCHEN FACHLITERATUR GEBRÄUCHLICHE KURZBEZEICHNUNGEN

АЛУ	арифметическо-логическое устройство
АМ	амплитудная модуляция
АПВ	автоматическое повторное включение
АРМ	автоматизированное рабочее место
АРУ	автоматическая регулировка усиления
АРЧ	автоматическая регулировка частоты
АСБ	аппаратно-студийный блок
АСУ	автоматизированная система управления
АСУП	автоматизированная система управления производством
АСУТП	автоматизированная система управления технологическими процессами
АТС	1. автоматическая телефонная станция 2. автотранспортное средство
АЦП	алфавитно-цифровой преобразователь
АЧХ	амплитудно-частотная характеристика
АЭС	атомная электростанция
БИС	большая интегральная (микро)схема
БМК	базовый матричный кристалл
ВАХ	вольт-амперная характеристика
ВВ	взрывчатые вещества
ВЗУ	внешнее запоминающее устройство
ВМ	вычислительная машина
ВПП	взлётно-посадочная полоса
ВРД	воздушно-реактивный двигатель
ВЧ	1. высокая частота 2. высокочастотный
ГАП	гибкое автоматизированное производство
ГАУ	гибкий автоматизированный участок
ГАЭС	гидроаккумулирующая электростанция
ГИС	гибридная ИС
ГМД	гибкий магнитный диск
ГПС	гибкая производственная система
ГПЯ	гибкая производственная ячейка
ГСС	генератор стандартных сигналов
ГТД	газотурбинный двигатель
ГТУ	газотурбинная установка
ГУН	генератор, управляемый напряжением
ГЭС	гидроэлектростанция
ДВС	двигатель внутреннего сгорания
ДНЗ	диод с накоплением заряда
ДНК	дезоксирибонуклеиновая кислота
ДСП	древесностружечная плита

ДТЛ	диодно-транзисторная логика
ДТРД	двухконтурный турбореактивный двигатель
ЖМД	жёсткий магнитный диск
ЖРД	жидкостный ракетный двигатель
ЗУ	запоминающее устройство
ЗУПВ	ЗУ с произвольной выборкой
ИК	инфракрасный
ИКМ	импульсно-кодовая модуляция
И^{2}Л	интегральная инжекционная логика
И^{3}Л	изопланарная И^{2}Л
ИМС	интегральная микросхема
ИПС	информационно-поисковая система
ИС	интегральная (микро)схема
ИСЗ	искусственный спутник Земли
КА	космический аппарат
КДП	командно-диспетчерский пункт
КМДП	комплементарная структура металл — диэлектрик — полупроводник
КМОП	комплементарная структура металл — оксид — полупроводник
КНС	структура кремний на сапфире
кпд	коэффициент полезного действия
КРУ	комплектное распределительное устройство
ЛА	летательный аппарат
ЛБВ	лампа бегущей волны
ЛВС	локальная вычислительная сеть
ЛОВ	лампа обратной волны
ЛПД	лавинно-пролётный диод
ЛШД	линейный шаговый (электро)двигатель
ЛЭП	линия электропередачи
МГД	магнитогидродинамический
МДП	структура металл — диэлектрик — полупроводник
мдс	магнитодвижущая сила
МНОП	структура металл — нитрид — оксид — полупроводник
МОП	структура металл — оксид — полупроводник
НГМД	накопитель на гибком магнитном диске
НЖМД	накопитель на жёстком магнитном диске
НЧ	1. низкая частота 2. низкочастотный
ОЗУ	оперативное ЗУ
ОС	1. оперативная система 2. обратная связь 3. орбитальная ступень
ОУ	операционный усилитель
ПАВ	1. поверхностно-активное вещество 2. поверхностные акустические волны
ПВД	приёмник воздушного давления
ПВРД	прямоточный воздушно-реактивный двигатель
ПВХ	поливинилхлорид
ПДВ	предельно допустимые выбросы (*вредных веществ*)
ПДК	предельно допустимая концентрация (*вредных веществ*)
ПДП	прямой доступ к памяти
ПЗИ	прибор с зарядовой инжекцией
ПЗС	прибор с зарядовой связью
ПЗУ	постоянное ЗУ
ПК	персональный компьютер
ПКП	программируемый контроллер прерываний
ПЛМ	программируемая логическая матрица
ППЗ	прибор с переносом заряда

ППЗУ	программируемое ПЗУ
ПТС	передвижная телевизионная станция
ПУ	программное управление
ПуВРД	пульсирующий ВРД
ПЭВМ	персональная ЭВМ
РЛС	радиолокационная станция
РНК	рибонуклеиновая кислота
РПЗУ	репрограммируемое ПЗУ
РРЛ	радиорелейная линия
РУ	распределительное устройство
РЭП	радиоэлектронное подавление
САПР	система автоматизированного проектирования
САР	система автоматического регулирования
САУ	система автоматического управления
СБИС	сверхбольшая интегральная (микро)схема
СВВП	самолёт вертикального взлёта и посадки
СВЧ	1. сверхвысокая частота 2. сверхвысокочастотный
СЖО	система жизнеобеспечения
СИФУ	система импульсно-фазового управления
СНиП	строительные нормы и правила
ССИС	сверхскоростная [сверхбыстродействующая] ИС
СУБД	система управления базой данных
СЦБ	сигнализация, централизация и блокировка
ТВД	турбовинтовой двигатель
ТВЭЛ	тепловыделяющий элемент
ТКС	температурный коэффициент сопротивления
ТЛНС	транзисторная логика с непосредственными связями
ТНВД	топливный насос высокого давления
ТРД	турбореактивный двигатель
ТРДД	турбореактивный двухконтурный двигатель
ТТЛ	транзисторно-транзисторная логика
ТТЛШ	ТТЛ с диодами Шоттки
ТЭЦ	теплоэлектроцентраль
УБИС	ультрабольшая интегральная (микро)схема
УВВ	устройство ввода-вывода
УЗЧ	усилитель звуковой частоты
УКВ	ультракороткие волны
УМЗЧ	усилитель мощности звуковой частоты
УНР	установка непрерывной разливки
УНРС	установка непрерывной разливки стали
УП	управляющая программа
УПЧ	усилитель промежуточной частоты
УР	управляемая ракета
УФ	ультрафиолетовый
ФАПЧ	фазовая автоподстройка частоты
ФАР	фазированная антенная решётка
ФЭУ	фотоэлектронный умножитель
ЦАП	цифро-аналоговый преобразователь
ЦВМ	цифровая вычислительная машина
ЦМД	цилиндрический магнитный домен
ЧМ	частотная модуляция
ЧПУ	числовое программное управление
ШИМ	широтно-импульсная модуляция

ЭВМ	электронная вычислительная машина
эдс	электродвижущая сила
ЭЛТ	электронно-лучевая трубка
ЭОП	электронно-оптический преобразователь
ЭСЛ	эмиттерно-связанная логика

DEUTSCHES ALPHABET

Aa	Hh	Oo	Vv
Bb	Ii	Pp	Ww
Cc	Jj	Qq	Xx
Dd	Kk	Rr	Yy
Ee	Ll	Ss	Zz
Ff	Mm	Tt	
Gg	Nn	Uu	

A

Aasseite *f кож.* 1. мездровая сторона (*шкуры*) 2. бахтарма (*нижняя сторона выдубленной кожи*)
Abänderung *f* модификация; видоизменение
Abarbeitung *f вчт* выполнение (*команды, программы*)
Abart *f* разновидность; модификация
Abätzen *n*, **Abätzung** *f* стравливание
Abbau *m* 1. разборка; демонтаж 2. *горн.* разработка; выемка; очистная выемка; отбойка; отработка (*напр. пласта*) 3. *горн.* очистной забой; очистное пространство 4. разложение; расщепление; деструкция
~, **hydraulischer** гидроотбойка
~, **hydromechanischer** гидродобыча
~, **schwebender** выемка по восстанию
~, **streichender** выемка по простиранию
Abbauabteilung *f горн.* очистной [добычной] участок; выемочный участок
Abbaubagger *m горн.* карьерный экскаватор
Abbaubarkeit *f горн., стр.* разрабатываемость
~ **der Böden** разрабатываемость грунтов
Abbaubetrieb *m горн.* 1. очистные работы; очистная выемка 2. очистной забой; лава 3. очистной [добычной] участок 4. горное [горнодобывающее] предприятие
Abbaufeld *n горн.* выемочное поле
Abbaufirste *f горн.* кровля очистного забоя
Abbauförderung *f горн.* транспорт [доставка] в очистном забое; рудничная доставка
Abbaufront *f горн.* 1. фронт очистных работ; линия очистного забоя 2. фронт (добычных) работ карьера
Abbauhammer *m* отбойный молоток
Abbauhohlraum *m горн.* 1. очистное пространство 2. выработанное пространство
~, **ausgebauter** выработанное пространство

Abbaukammer *f горн.* 1. очистная [выемочная] камера 2. призабойная камера (*проходческого щита*)
Abbaumechanisierung *f горн.* механизация очистных работ
Abbauort *m горн.* очистной забой (*в рудных шахтах*)
Abbauraum *m горн.* 1. очистное пространство 2. призабойное пространство (*напр. лавы*) 3. рабочая зона (*угольного карьера*)
Abbaurevier *n горн.* очистной [добычной] участок
Abbauschild *n горн.* забойная щитовая крепь
Abbausohle *f горн.* 1. очистной горизонт; добычной горизонт, добычной уступ (*карьера*) 2. подошва очистной выработки
Abbaustoß *n горн.* 1. забой, плоскость забоя; очистной забой 2. откос добычного уступа
~, **langer** длинный (очистной) забой, лава
Abbaustreb *m горн.* длинный (очистной) забой, лава
Abbaustrecke *f горн.* 1. выемочный штрек 2. (участковая) подготовительная выработка
Abbaustrosse *f горн.* 1. выемочный уступ (*уступ, формируемый при почвоуступной выемке*) 2. добычной уступ (*карьера*)
Abbausystem *n горн.* комплекс выемочного [добычного] оборудования; очистной механизированный комплекс; комплекс карьерного (добычного) оборудования
Abbauverfahren *n горн.* система разработки
Abbauwürdigkeit *f горн.* пригодность для промышленной разработки; промышленное значение (*месторождения*)
Abbeermaschine *f* гребнеотделитель
Abbeizmittel *n* смывка
~, **lösendes** органический растворитель

ABBFALLBERGE

Abbfallberge *pl горн.* 1. отходы (обогащения), хвосты 2. породные отходы; пустая порода

Abbiegen *n* отгибание; загибание

Abbild *n* 1. копия; снимок; отпечаток 2. *мат.* образ; отображение

Abbildung *f* 1. изображение 2. *опт.* формирование изображения 3. изображение; отображение (*напр. на экране дисплея*) 4. формирование изображений (*фотошаблонов*); перенос изображений (*в фотолитографии*) 5. *мат.* отображение, преобразование

~, **hochauflösende** формирование изображений с высоким разрешением

~, **optische** оптическое изображение

Abbildungsebene *f* плоскость изображений

Abbildungsfehler *m опт.* аберрация

~, **chromatischer** хроматическая аберрация

~, **sphärischer** сферическая аберрация

Abbildungsmaßstab *m* масштаб изображения

Abbinden *n*, **Abbindung** *f* 1. *стр.* схватывание (*напр. раствора*) 2. твердение (*напр. брикета*)

Abblasehahn *m* продувочный кран

Abblasen *n* 1. продувка (*напр. котла*) 2. спуск (*напр. пара*); выпуск (*напр. газа*) 3. обдувка (*напр. литейных форм*)

Abblaseventil *n* продувочный клапан

Abblättern *n* отслаивание; отставание; шелушение

Abblenden *n* 1. *опт., фото* диафрагмирование (*объектива*) 2. *авто* переключение (*фар*) на ближний свет 3. затемнение

Abblendlicht *n авто* ближний свет

Abblendscheinwerfer *m авто* фара ближнего света

Abbrand *m* 1. *мет.* огарок 2. *мет.* угар (*напр. при переплавке*) 3. окалина; потери металла (*напр. при обжиге*) 4. выгорание (*топлива*) 5. *яд.* (удельное) выгорание (*ядерного топлива*) 6. *эл.* обгорание (*контактов*)

Abbrandkontakt *m см.* Abbrennkontakt

Abbremsen *n* 1. торможение 2. замедление (*напр. нейтронов*)

Abbrennen *n* обгорание

Abbrennkontakt *m* обгорающий контакт

Abbrennstumpfschweißen *n* (стыковая) сварка оплавлением

Abbröckelung *f* выкрашивание

Abbruch *m* 1. *горн.* обрушение (*напр. стенки, уступа*) 2. *горн.* вывал 3. *горн.* отделение от массива; оборка (*забоя, кровли*) 4. (отбитая) горная масса 5. *стр.* разборка; снос; слом 6. *вчт* прерывание выполнения программы, преждевременное [аварийное] выполнение программы; выход из цикла 7. *хим.* обрыв (*молекулярной цепи*)

Abbruchbedingung *f вчт* условие выхода из цикла

Abbruchbefehl *m вчт* команда выхода из цикла

Abbrühen *n* 1. запаривание, запарка 2. *текст.* заварка, обработка [стабилизация] кипящей водой 3. *пищ.* бланширование, обработка горячей водой *или* паром 4. отпаривание

ABC-Kampfmittel *n pl*, **ABC-Waffen** *pl* атомное [ядерное], бактериологическое и химическое оружие

Abdachung *f* 1. свес крыши 2. скат; уклон

Abdampf *m* отработавший [мятый] пар

Abdampfstutzen *m* выпускной патрубок (*напр. турбины*)

Abdampfturbine *f* турбина мятого пара

Abdeckung *f* 1. кожух 2. крышка 3. ограждение 4. маскирование

Abdeichung *f* обвалование, ограждение дамбой

Abdestillieren *n* отгонка

Abdichten *n* 1. *маш.* уплотнение; герметическое уплотнение; герметизация 2. *стр., горн.* гидроизоляция 3. тампонирование, тампонаж (*напр. скважин*)

~, **hermetisches** герметизация; герметичное уплотнение

~ **von Bohrlöchern** тампонаж буровых скважин

Abdichtung *f* 1. *маш.* уплотнение; уплотняющая прокладка; уплотняющий элемент 2. *см.* Abdichten

Abdichtungsarbeiten *f pl* гидроизоляционные работы

Abdichtungszement *m* тампонажный цемент

Abdrift *f* снос

Abdriftwinkel *m* угол сноса

Abdruck *m* 1. отпечаток; оттиск 2. реплика (*напр. в электронной микроскопии*) 3. *полигр.* оттиск 4. распечатка, выдача [вывод] на печать; печать

~, **fliegender** печать «на лету»

Abdrücken *n* испытание на герметичность; испытание давлением; опрессовка

Abdrückschraube *f* отжимной винт

Aberration *f опт., астр.* аберрация

~, **chromatische** хроматическая аберрация

~, **sphärische** сферическая аберрация

Abfackeln *n* сжигание (*попутных газов*) в факеле
Abfahrt *f* 1. отправление; отход 2. *горн.* выезд (*рабочих*) из шахты
Abfahrtsgleis *n* путь отправления (*поездов*)
Abfahrtssignal *n* сигнал отправления
Abfall *m* 1. отходы 2. *текст.* угары 3. падение; понижение; спад
~, **radioaktiver** радиоактивные отходы
~, **verwertbarer** утиль, утиль-сырьё
abfallarm малоотходный
Abfalldeponie *f* полигон для складирования отходов; свалка
Abfälle *m pl* 1. отходы; отбросы 2. *текст.* угары
~, **radioaktive** радиоактивные отходы
Abfalleinlagerung *f* (подземное) захоронение отходов
Abfallen *n* отпускание (*реле*)
Abfallflanke *f* срез (*импульса*)
abfallfrei безотходный
Abfallkohle *f* некондиционный уголь
Abfallprodukte *n pl* отходы; отбросы
Abfallspinnerei *f* 1. угарное прядение 2. фабрика угарного прядения
Abfallstoffe *m pl* отходы
Abfallverwertung *f* утилизация отходов
Abfallverzögerungszeit *f* время задержки среза (*импульса*)
Abfallwert *m* нормируемый параметр возврата (*напр. реле*)
Abfallzeit *f* *элн* время спада; время среза (*импульса*)
Abfangjäger *m* истребитель-перехватчик, перехватчик
Abfärben *n* *текст.* пачканье; маркость (*окраски*)
Abfasen *n* снятие фаски
Abfederung *f* подрессоривание; рессорное подвешивание
Abfertigungsanlagen *f pl* 1. здания обслуживания; сервисный комплекс 2. аэровокзал; здания [комплекс зданий] аэровокзала
Abfertigungshalle *f* операционный зал (*аэровокзала*)
Abfiltern *n* отфильтровывание
Abflächen *n* *мет.-об.* подрезание торца
Abflachung *f* *маш.* 1. притупление; лыска 2. срез резьбы
Abfluchten *n*, **Abfluchtung** *f* провешивание (*линии*)

Abflug *m* 1. взлёт; старт 2. вылет; отлёт 3. сход (*ракеты*) с направляющих
Abflugleistung *f* 1. мощность (*двигателя*) на взлётном режиме 2. взлётная характеристика
Abflugmasse *f* взлётная масса; стартовая масса
Abfluß *m* 1. сток; слив 2. *гидр.* сток; объём стока
Abflußfläche *f* водосборная площадь, площадь стока
Abflußgraben *m* 1. сточная канава 2. водоотводная канава; дренажная канава
Abflußkanal *m* водосбросный канал
Abflußkurve *f* кривая расходов
Abflußleitung *f* сливная магистраль, сливная гидролиния, слив
Abflußrinne *f* сточный лоток, сточный жёлоб
Abflußrohr *n* сточная труба; канализационная труба
Abflußspende *f* *гидр.* модуль стока
Abflußventil *n* спускной клапан
Abfrage *f* 1. *свз, автм, вчт* опрос 2. *вчт* запрос 3. запрос (*напр. для опознавания принадлежности самолёта*)
Abfrageeinrichtung *f* устройство опроса
Abfragegerät *n* запросчик (*радиолокационной системы опознавания*)
Abfrageregister *n* *вчт* регистр опроса
Abfrageschalter *m* *свз* опросный ключ
Abfrageterminal *n* справочный терминал; терминал ввода-вывода запросов
Abfragezyklus *m* цикл опроса (*напр. датчиков*)
Abfühlen *n* считывание
Abführrinne *f*, **Abführrutsche** *f* разгрузочный лоток
Abführung *f* отвод; отведение
Abfüllautomat *m* разливочный автомат
Abfüllen *n* 1. розлив 2. расфасовка 3. затаривание
Abfüllmaschine *f* 1. разливочная машина 2. расфасовочная машина
Abgang *m* 1. усадка 2. *текст.* угары
Abgänge *pl* отходы обогащения, хвосты
Abgas *n* 1. отработавший газ, ОГ; выхлопной газ 2. отходящий газ, отходящие газы
Abgasentgiftung *f* *авто* нейтрализация отработавших газов; снижение токсичности отработавших газов
Abgasfilter *n* фильтр для очистки отходящих газов

ABGASKATALYSATOR

Abgaskatalysator *m авто* катализатор для нейтрализации отработавших газов, каталитический нейтрализатор отработавших газов

Abgaskessel *m* котёл-утилизатор

Abgasreaktor *m авто* термический нейтрализатор отработавших газов

Abgasreiniger *m авто* нейтрализатор отработавших газов

Abgasreinigung *f* 1. очистка отходящих газов 2. *см.* **Abgasentgiftung**

Abgasrückführung *f авто* 1. рециркуляция отработавших газов, возврат отработавших газов в камеру сгорания (*ДВС*) 2. система рециркуляции отработавших газов

Abgasturbolader *m авто* турбокомпрессор, работающий на отработавших газах [на ОГ], турбокомпрессор (*системы наддува ДВС*)

abgeplattet сплющенный; сплюснутый

abgeschirmt экранированный

abgesetzt 1. имеющий уступы, с уступами 2. выносной

Abgießen *n* отливка

Abgleich *m* 1. *эл.* уравновешивание (*напр. моста*); *элн* балансировка 2. *эл., рад.* уравнивание; компенсация; коррекция 3. *рад.* сопряжение настройки контуров 4. *элн, рад.* настройка; подстройка 5. *элн* подгонка (*напр. резисторов*); подгонка (*напр. измерительных приборов*)

Abgleichen *n см.* **Abgleich**

Abgleichfehler *m* рассогласование, небаланс

Abgleichimpuls *m* уравнивающий импульс

Abgleichkapazität *f* 1. подстроечная ёмкость 2. корректирующая ёмкость

Abgleichkondensator *m* 1. подстроечный конденсатор 2. корректирующий конденсатор

Abgleichschaltung *f* схема компенсации [коррекции]

Abgleichspannung *f* компенсирующее напряжение

Abgleichwiderstand *m* 1. подстроечный резистор 2. компенсирующий резистор; балансный [уравнительный] резистор; уравновешивающий резистор

Abgraben *n* выемка грунта

Abgraten *n* зачистка; удаление облоя [грата]

Abgratgesenk *n* обрезной [зачистной] штамп

Abgratpresse *f* обрезной пресс

Abgratwerkzeug *n* обрезной [зачистной] штамп

Abgreifer *m* токосъёмник

Abgrenzen *n*, **Abgrenzung** *f* 1. разграничение; отграничение 2. оконтуривание

Abgriff *m* 1. *эл.* отвод; ответвление; отпайка 2. *эл., элн* съём (*потенциала, сигнала*)

Abgriffspunkt *m эл.* точка отвода

Abguß *m* отливка; разливка

Abhang *m* склон; скат; откос

Abhängigkeit *f* зависимость

~, **direkte** прямая зависимость

~, **funktionale** функциональная зависимость

~, **gegenseitige** взаимозависимость

~, **lineare** линейная зависимость

~, **umgekehrte** обратная зависимость

Abharzen *n* подсочка

Abhaspeln *n des Kokons текст.* кокономотание

Abhauen *n* 1. *горн.* разрезная печь, пройденная по падению пласта 2. отрубка

Abheben *n* 1. отслаивание 2. *ав.* отрыв (*от земли*); взлёт; старт 3. *мет.-об.* отвод (*резца*) 4. съём, снятие

Abhebeprozeß *m*, **Abhebetechnik** *f* метод обратной фотолитографии

Abhitzekessel *m* котёл-утилизатор

Abholen *n*, **Abholung** *f* выборка (*данных из памяти*)

Abholzyklus *m* цикл выборки (*данных из памяти*)

Abhörgerät *n* подслушивающее устройство

Abietinsäure *f* абиетиновая кислота

Abisolieren *n* зачистка [удаление] изоляции

~ **des Drahtes** зачистка провода

Abkanten *n* отгибание кромок

Abkantmaschine *f* кромкогибочный станок; кромкозагибочная машина

Abkantmesser *n* гибочный пуансон

Abkantpresse *f* кромкогибочный пресс; пресс для гибки листа, листогибочный пресс; гибочно-штамповочный пресс (*пресс для холодной и горячей гибки деталей из мерных заготовок, сортового и фасонного проката в одно- или многоручьевых штампах*)

Abkantprofil *n* гнутый профиль

Abkantstempel *m* гибочный пуансон (*кромкогибочного пресса*)

Abkantwerkzeug *n* отбортовочный штамп

Abkippen *n* 1. сваливание; потеря горизонтального положения 2. *ав.* сваливание (*самолёта*)

Abklären *n* осветление; отстаивание

Abklingbecken *n яд.* бассейн выдержки (отра-

ботавших топливных кассет), бассейн-хранилище (*ядерного реактора*)
Abklingen *n* затухание
Abklingkoeffizient *m*, **Abklingkonstante** *f* коэффициент затухания
Abklingzeit *f* время затухания
Abklopfer *m* зачистной молоток (*напр. для удаления окалины*)
Abkochen *n* текст. 1. отваривание, отварка 2. отварка, обесклеивание (*натурального шелка*)
Abkömmling *m* хим. производное, дериват
Abkoppeln *n*, **Abkopplung** *f* косм. расстыковка
Abkreiden *n* меление (*напр. лаковой пленки*)
Abkühlmittel *n* закалочная среда
Abkühlung *f* 1. охлаждение 2. остывание
Abkuppeln *n* отцепление; расцепление; отсоединение; отключение
Ablagerung *f* 1. отложение (*осадков*), осадконакопление, седиментация 2. осадок, отложение
Ablagerungen *f pl* отложения
~, **alluviale** аллювиальные [речные] отложения
Ablagerungsgestein *n* геол. осадочная порода
Ablagerungsstelle *f* свалка
Ablagestation *f* маш. станция выгрузки
Ablagestelle *f* маш. позиция выгрузки
Ablängen *n* дер.-об. отрезка; расторцовка; раскряжёвка, разделка (*хлыстов*); поперечная распиловка
Ablängmaschine *f* дер.-об. торцовочный станок
Ablängsäge *f* дер.-об. пила для поперечной распиловки, торцовочная пила
Ablassen *n* спуск
Ablaßhahn *m* спускной [сливной] кран
Ablaßrohr *n* спускная труба
Ablaßventil *n* спускной клапан
Ablation *f* абляция
Ablationskühlung *f* косм. абляционное охлаждение
Ablationsmaterial *n* абляционный материал
Ablauf *m* 1. слив; сток 2. сход (*напр. нити*); сматывание, разматывание; сбег (*напр. каната*) 3. сточный жёлоб; сток 4. протекание; ход (*процесса*)
~, (**festgelegter**) **technologischer** технологический маршрут
Ablaufbehälter *m* сливной бак
Ablaufberg *m* ж.-д. (сортировочная) горка
Ablaufblockierung *f* зависание, незапланированный останов (*программы*)

Ablaufboden *m* гидр. рисберма
Ablaufdiagramm *n* блок-схема (*программы*)
Ablaufplan *m* 1. блок-схема (*программы*) 2. диаграмма процесса; блок-схема процесса
Ablaufplanungsrechner *m* ЭВМ для оперативного управления производством
Ablaufprogramm *n* см. Ablaufsteuerprogramm
Ablaufprotokoll *n* прогр. листинг трассировщика, распечатка [листинг] результатов трассировки
Ablaufregelung *f* регулирование стока
Ablaufrinne *f* сточный лоток, сточный жёлоб
Ablaufrohr *n* отводная труба; спускная труба
Ablaufstellwerk *n* ж.-д. горочная централизация
Ablaufsteuerprogramm *n* управляющая программа
Ablaufsteuerung *f* 1. смешанное программное управление (*автоматическое программное управление с обратной связью, основанное на сочетании принципов координатного и временно́го программного управления*) 2. цикловое программное управление (*станками с ЧПУ*); цикловое ПУ, автоматическое управление циклом (*работы*) 3. устройство циклового ПУ 4. управление с заданной последовательностью функций
Ablaufventil *n* предохранительный клапан
Ablaufverfolgung *f* вчт трассировка
Ablaufverfolgungsdatei *f* вчт файл трассировки
Ablaufverfolgungsprogramm *n* программа трассировки, трассировщик
Abläutern *n* промывка (*руды*); обогащение отсадкой
Ableitblech *n* дефлектор
Ableiter *m* разрядник
Ableitstrom *m* ток утечки
Ableitung *f* 1. отвод 2. отводящий трубопровод 3. токоотводящий спуск (*молниеотвода*) 4. эл. утечка 5. мат. производная 6. мат. вывод
~, **partielle** частная производная
~, **vollständige** полная производная
~, **zeitliche** производная по времени
Ableitungsbaum *m* дерево вывода
Ableitungsbelag *m* проводимость утечки на единицу длины
Ableitungskanal *m* отводящий канал; водоотводный канал

ABLEITUNGSREGEL

Ableitungsregel *f* правило (логического) вывода

Ableitungsrohr *n* отводящая труба

Ableitungsschritt *m* шаг вывода

Ableitungsstollen *m* водоотливная [дренажная] штольня

Ableitwiderstand *m* эл. сопротивление утечки

Ablenkeinheit *f* тлв, элн отклоняющая система

Ablenkeinrichtung *f* отклоняющее устройство

Ablenker *m* дефлектор

Ablenkgenerator *m* тлв, элн генератор развёртки

Ablenkplatten *f pl* тлв, элн отклоняющие пластины

Ablenkspannung *f* тлв, элн отклоняющее напряжение, напряжение развёртки

Ablenkspule *f* тлв отклоняющая катушка

Ablenksystem *n* тлв, элн отклоняющая система

Ablenktransformator *m* тлв, элн отклоняющий трансформатор

Ablenkung *f* 1. отклонение 2. тлв развёртка

~, **einmalige** ждущая развёртка

~, **maximale** предельное отклонение

Ableseeinrichtung *f* считывающее устройство, устройство считывания

Ablesefehler *m* 1. погрешность считывания 2. погрешность отсчёта

Ablesegenauigkeit *f* 1. точность считывания 2. точность отсчёта

Ablesen *n*, **Ablesung** *f* 1. считывание 2. отсчёт

Ablichten *n* светокопирование

Ablichtgerät *n* светокопировальный аппарат

Ablöschen *n* тушение (*кокса*)

Ablösearbeit *f* работа выхода (*электрона*)

Ablösen *n* 1. отрыв, срыв (*потока*) 2. отжим (*угля*) 3. отделение 4. удаление (*напр. слоя фоторезиста*)

Ablösung *f* выбивание (*напр. электронов*)

Abluft *f* отработанный воздух; отводимый воздух

Abluftkanal *m* вытяжной канал; вытяжная труба

Abluftrohr *n* вытяжная труба

Abluftsauger *m*, **Abluftventilator** *m* вытяжной блок

Abmaß *n* маш. отклонение (от номинального) размера

~, **oberes** верхнее отклонение (*размера*)

~, **unteres** нижнее отклонение (*размера*)

Abmaßzustand *m* условие максимума материала

~, **oberer** см. **Abmaßzustand**

~, **unterer** условие минимума материала

Abmessung *f* размер

Abmessungen *f pl* размеры; габариты

~ **über alles** габариты

Abmessungsparameter *m pl* размерные параметры

Abnahme *f* 1. снятие; съём 2. приёмка 3. уменьшение; убывание; спад

Abnahmelehre *f* маш. приёмный калибр

Abnahmeprotokoll *n* приёмосдаточный акт

Abnahmeprüfung *f* приёмосдаточные испытания

Abnahmevorrichtung *f* съёмник

abnehmbar съёмный

Abnehmer *m* 1. текст. вальян 2. потребитель; клиент; получатель

Abnehmerleitung *f* выходящая линия, выходящая магистраль (*сети связи*)

Abnehmerrisiko *n* риск потребителя; риск заказчика

Abnutzung *f* 1. изнашивание, износ; истирание 2. изношенность

Abnutzungsausfall *m* отказ вследствие износа

Abnutzungstoleranz *f* допуск на износ

Abpacken *n* расфасовка; затаривание

Abplattung *f* 1. сплющивание 2. сплюснутость; сплющенность

Abpressen *n* 1. опрессовка (*проверка герметичности, напр. трубопровода, закачкой воды под давлением*) 2. тампонирование

Abprodukt *n* отходы

abproduktarm малоотходный

abproduktfrei безотходный

Abpumpen *n* откачивание, откачка

Abrallrohr *n* водосточная труба

Abrasion *f* абразия

Abraum *m* горн. 1. породы вскрыши, вскрышные породы, вскрыша 2. породная масса (*остающаяся после проходки подземных выработок*) 3. вскрышные работы

Abraumarbeiten *f pl* горн. вскрышные работы

Abraumbagger *m* горн. вскрышной экскаватор

Abraumbetrieb *m* горн. вскрышные работы

Abraumböschung *f* горн. вскрышной уступ; породный откос, откос вскрышного уступа

Abraumförderbrücke *f* горн. транспортно-отвальный мост

Abraumgestein *n* горн. вскрышная порода

Abraumhalde f *горн.* отвал; терриконик
Abraumstoß m *горн.* вскрышной забой
Abraumstrosse f *горн.* вскрышной уступ
Abrechnung f 1. *вчт* учёт (*системных ресурсов, использования машинного времени*) 2. расчёт, начисление (*заработной платы*)
~ **der Maschinenzeit** учёт использования машинного времени
Abrechnungsautomat m бухгалтерская машина, бухгалтерский автомат
Abrechnungsprogramm n *вчт* программа учёта (использования системных ресурсов)
Abreiben n 1. затирка 2. истирание; износ
Abreibung f истирание; износ
Abreicherung f *яд.* обеднение (*изотопной смеси*)
Abreinigung f очистка
Abreißdiode f диод с резким восстановлением обратного сопротивления
Abreißen n 1. обрыв 2. отрыв (*потока*)
Abreißer m *см.* **Abreißkontakt**
Abreißfunken m искра размыкания
Abreißkontakt m разрывной [дугогасительный] контакт
Abrichteinrichtung f устройство (для) правки (*шлифовальных кругов*)
Abrichten n 1. *маш.* правка (*напр. шлифовальных кругов*) 2. *дер.-об.* фугование
Abrichthammer m правильный молот
Abricht(hobel)maschine f *дер.-об.* фуговальный станок
Abrichtwerkzeug n правящий инструмент, инструмент для правки
Abrieb m истирание; износ
Abriebfestigkeit f сопротивление истиранию, прочность на истирание
Abrollvorrichtung f *текст.* раскатное устройство
Abruf m *вчт* 1. вызов; запрос 2. выборка (*данных*)
Abrufanweisung f *вчт* оператор вызова
Abrufbefehl m *вчт* команда выборки (*данных*)
Abrufdatei f *вчт* файл запросов
Abrufregister n *вчт* регистр вызова
Abrufzyklus m *вчт* цикл выборки (*данных*)
Abrundung f 1. закругление 2. *мат.* округление 3. *мат.* округление с недостатком
~ **nach oben** округление с избытком
~ **nach unten** округление с недостатком
Abrundungsfehler m погрешность округления
ABS n *см.* **Antiblockiersystem**

Absacken n затаривание в мешки
Absatz m 1. уступ 2. *стр.* обрез 3. заплечик 4. сбыт
Absatzgestein n осадочная (горная) порода
Absatzmuffe f переходная муфта
Absaugen n отсасывание, отсос
Absauger m вытяжной вентилятор
Absaughaube f вытяжной зонт
Absauglüfter m вытяжной вентилятор
Absaugrohr n отсасывающая труба
Absaugung f отсасывание, отсос
Absaugventilation f вытяжная вентиляция
Absäure f отработанная кислота
Abschalten n 1. выключение; отключение 2. *элн* запирание (*тиристора*); переключение (*тиристора*) из открытого состояния в закрытое
~ **eines Kernreaktors** останов(ка) ядерного реактора
Abschaltspannung f запирающее напряжение на управляющем электроде (*тиристора*)
Abschaltstrom m 1. ток выключения 2. запирающий ток управляющего электрода (*тиристора*)
Abschaltthyristor m запираемый [двухоперационный] тиристор
Abschaltung f отключение; выключение; отсоединение; разъединение
Abschaltzeit f 1. время выключения 2. время запирания по управляющему электроду (*тиристора*)
Abschattung f затенение
Abschätzung f 1. оценка 2. таксация (*леса*); таксировка
~, **angenäherte** приближённая оценка
~, **unverzerrte** несмещённая оценка
Abscheiden n *см.* **Abscheidung** 1., 3.
Abscheider m сепаратор; отделитель; отстойный сепаратор, отстойник; улавливающее устройство, уловитель; ловушка
Abscheidung f 1. выделение; осаждение 2. осадок; отложение 3. отделение; сепарация
~ **aus der Gasphase** осаждение из газовой фазы
~, **elektrolytische** электроосаждение
~, **epitaktische** эпитаксиальное осаждение, эпитаксиальное наращивание
Abscheidungsmittel n осадитель
Abscheidungsrate f скорость осаждения
Abscheidungsstoff m осаждаемый материал

ABSCHERFESTIGKEIT

Abscherfestigkeit f прочность при срезе, сопротивление срезу; прочность при скалывании
Abscherung f 1. срез; скалывание 2. *геол.* скалывание
Abscherversuch m испытание на срез [на сдвиг]; испытание на скалывание
Abschiebung f *геол.* сброс
Abschirmlänge f, **Debyesche** дебаевская длина экранирования
Abschirmring m *элн* охранное кольцо
Abschirmschicht f экранирующий слой
Abschirmung f 1. экранирование 2. экран; защита (*напр. ядерного реактора*)
Abschirmwirkung f экранирующее действие
Abschlämmung f отмучивание
Abschleifen n 1. сошлифовывание, сошлифовка 2. истирание
Abschleppdienst m *авто* ремонтно-аварийная служба
Abschleppseil n *авто* буксирный трос
Abschluß m 1. замыкание; запирание 2. *горн.* отсечка; замыкание 3. *горн.* затвор 4. *геод.* примыкание 5. завершение; окончание 6. *эл.* оконечная нагрузка
~, **angepaßter** согласованная нагрузка
~ **des Ausbaus** замыкание крепи
~, **hydraulischer** гидравлический затвор
~, **reflexionsfreier** согласованная нагрузка
Abschlußarbeiten f pl отделочные работы
Abschlußbelastung f *эл.* оконечная нагрузка
Abschlußfehler m *геод.* невязка
Abschlußimpedanz f 1. (полное) сопротивление нагрузки 2. нагрузочный резистор (*в цепи переменного тока*)
Abschlußkapazität f ёмкость нагрузки
Abschlußleitwert m проводимость нагрузки
Abschlußseite f *геод.* сторона примыкания (*при полигонном ходе*)
Abschlußspundwand f ограждающая шпунтовая стенка
Abschlußwiderstand m 1. нагрузочный резистор (*в цепи переменного тока*) 2. сопротивление нагрузки
Abschmelzfaktor m, **Abschmelzkoeffizient** m коэффициент расплавления (*напр. при сварке*)
Abschneiden n отрезка; обрезание, обрезка; срезание
Abschnitt m 1. участок 2. *горн.* заходка 3. секция (*напр. катушки*)

Abschnürbereich m область отсечки (*полевого транзистора*)
Abschnürspannung f напряжение отсечки (*полевого транзистора*)
Abschnürung f 1. отсечка (*перекрытие проводящего канала полевого транзистора*) 2. сужение, сжатие (*напр. плазменного шнура*) 3. выверка по шнуру
Abschöpfen n черпывание
Abschrägung f 1. скос 2. скашивание
Abschrauben n откручивание, отвинчивание
Abschreckbad n закалочная ванна
Abschrecken n 1. закалка; резкое охлаждение (*при закалке*) 2. *мет.* отбеливание чугуна
Abschreckflüssigkeit f закалочная жидкость
Abschreckmittel n 1. закалочная среда 2. отпугивающее средство, репеллент
Abschrecktemperatur f температура закалки
Abschroten n обрубка (*напр. дефектов отливок*)
Abschußrampe f (ракетная) пусковая установка
Abschwächer m 1. *фото* ослабитель 2. *элн* аттенюатор
Abschwächung f ослабление; смягчение
Abschwächungsfaktor m коэффициент ослабления
Abschwächungsmittel n ослабитель
Absender m (грузо)отправитель
Absenken n 1. понижение (*уровня грунтовых вод*) 2. *горн.* оседание (*кровли выработки*) 3. *стр.* опускание (*напр. кессона, опускного основания*)
Absetzbecken n отстойник; осадительный бассейн
Absetzbehälter m отстойник, отстойный резервуар
Absetzen n осаждение; седиментация; оседание; отстаивание
Absetzer m 1. *горн.* отвалообразователь 2. отстойник
Absetzgleis n тупик
Absieben просеивание; грохочение
Absinken n снижение; падение
absolut абсолютный
Absolutanzeige f индикация абсолютных значений
Absolutbetrag m абсолютная величина; модуль
Absolutdruck m абсолютное давление
Absolutgeschwindigkeit f абсолютная скорость
Absolutmethode f абсолютный метод

Absolutwert *m* абсолютное значение; абсолютная величина
Absonderung *f* 1. *геол.* отдельность, макротекстура горных пород 2. выделение; отделение 3. секреция
Absorbens *n* абсорбент
Absorber *m* 1. абсорбер 2. абсорбирующее вещество, твёрдый абсорбент; поглотитель 3. *см.* **Absorberstab**
Absorberkühlschrank *m* абсорбционный холодильник
Absorberstab *m* *яд.* поглощающий стержень, стержень-поглотитель, поглотитель
Absorption *f* абсорбция; поглощение
Absorptionsanlage *f* абсорбционная установка
Absorptionsbande *f* *физ.* полоса поглощения (*спектра*)
Absorptionsfähigkeit *f* абсорбционная способность
Absorptionsfilter *n* 1. абсорбционный светофильтр 2. *рад.* поглощающий фильтр
Absorptionskältemaschine *f* абсорбционная холодильная машина
Absorptionskolonne *f см.* **Absorptionsturm 1.**
Absorptionskühlschrank *m* абсорбционный холодильник
Absorptionsmittel *n* абсорбент
Absorptionsöl *n* поглотительное масло
Absorptionsquerschnitt *m* *яд.* сечение поглощения
Absorptionsschicht *f* поглощающее покрытие
Absorptionsspektrum *n* *физ.* спектр поглощения
Absorptionsturm *m* 1. абсорбционная [поглотительная] колонна 2. *целл.* кислотная башня
Absorptionswasser *n* абсорбционная вода
Abspaltung *f* отщепление
Abspannisolator *m* 1. натяжной изолятор 2. анкерный изолятор
Abspannkette *f* натяжная гирлянда изоляторов
Abspannmast *m* анкерная опора; опора на оттяжках, опора с оттяжками
Abspannseil *n* оттяжка; расчалка; ванта
Abspannstation *f* *маш.* позиция раскрепления [разжима, расфиксации]; станция раскрепления (обработанных на спутниках) деталей
Abspannstempel *m* *горн.* распорная стойка
Abspannstrebe *f* жёсткая расчалка
Abspanntransformator *m* понижающий трансформатор
Abspannung *f* 1. установка на оттяжках *или* на расчалках 2. оттяжка; расчалка
Abspannwerk *n* понижающая подстанция
Abspeicherbefehl *m* 1. команда записи в память 2. команда запоминания
Abspeichern *n*, **Abspeicherung** *f* 1. хранение (*данных в памяти*) 2. запись (*данных*) в память 3. запоминание 4. стирание записанных в памяти данных; выборка (*данных*) из памяти
Absperren *n* перекрытие; запирание; блокировка
Absperrhahn *m* запорный кран
Absperrklappe *f* заслонка
Absperrorgan *n* запорный элемент
Absperrorgane *n pl* запорная арматура
Absperrschieber *m* 1. задвижка (*элемент запорной арматуры*) 2. *мор.* клинкет
Absperrventil *n* запорный клапан
Abspielgerät *n* (электро)проигрыватель
Abspulen *n* размотка; разматывание, сматывание
Abspülung *f* *геол.* плоскостной смыв
Abstand *m* 1. расстояние 2. промежуток; зазор 2. интервал 4. разнос (*напр. частот*)
~ **der Anschlüsse** шаг выводов (*корпуса ИС*)
~, **lichter** расстояние в свету
Abstandhalter *m* распорка
Abstandsbelichten *n*, **Abstandsbelichtung** *f* бесконтактное экспонирование; экспонирование [метод экспонирования] с микрозазором [на микрозазоре]; фотолитография с микрозазором [на микрозазоре]
Abstandsbelichtungsanlage *f* установка бесконтактного экспонирования [бесконтактной фотолитографии]; установка фотолитографии с микрозазором [на микрозазоре]
Abstandsbelichtungsverfahren *n* метод бесконтактного экспонирования [бесконтактной фотолитографии]; метод экспонирования с микрозазором [на микрозазоре]
Abstandshülse *f* распорная втулка; промежуточная втулка
Abstandsjustier- und Belichtungsanlage *f* установка бесконтактной фотолитографии; установка фотолитографии с микрозазором [на микрозазоре]
Abstandskopierverfahren *n* метод бесконтактной печати
Abstandssensor *m* датчик расстояния

ABSTANDSSPALT

Abstandsspalt *m* микрозазор (*при бесконтактном экспонировании*)
Abstandsstück *n* дистанционный элемент; распорка
Abstandsverfahren *n* бесконтактный метод; метод бесконтактного экспонирования [бесконтактной фотолитографии]; метод фотолитографии с микрозазором [на микрозазоре]
Abstandswinkel *m* угловое расстояние
Abstechdrehmaschine *f* токарно-отрезной станок
Abstechen *n* 1. *мет.-об.* отрезание 2. *мет.* выпуск (*жидкого металла или шлака из печи*)
Abstechfräser *m* отрезная фреза
Abstechmaschine *f* отрезной станок
Abstechmeißel *m* отрезной резец
Abstecken *n*, **Absteckung** *f геод.* провешивание; трассирование, прокладка трассы; разбивка, построение разбивочной сети, перенесение в натуру [на местность] элементов разбивочной сети
Abstehen *n* студка (*стекломассы*)
Abstehenlassen *n* 1. отстаивание 2. студка (*стекломассы*)
Absteifung *f* крепление
absteigend нисходящий
Abstelleinrichtung *f* механизм останова; отключающий механизм
Abstellen *n* выключение; остановка, останов
~ **im Freien** безгаражное хранение (*автомобиля*)
Abstellgleis *n* запасной путь
Abstellung *f* выключение; остановка, останов
~, **automatische** автоматический останов
Abstich *m мет.* 1. выпуск (*жидкого металла или шлака из печи*) 2. лётка
Abstichloch *n* выпускное отверстие; лётка; очко
Abstieg *m* спуск
Abstiegsbahn *f косм.* траектория спуска; траектория снижения
Abstiegsmodul *m косм.* посадочный модуль
Abstimmanzeige *f* индикатор настройки
Abstimmanzeigeröhre *f* электронно-световой индикатор (настройки)
Abstimmeinheit *f* блок настройки
Abstimmknopf *m* ручка настройки
Abstimmkondensator *m* настроечный конденсатор
Abstimmkreis *m* настраиваемый контур
Abstimmschärfe *f* острота настройки

Abstimmspule *f* катушка настройки
Abstimmung *f* настройка
~, **stufenlose** плавная настройка
Abstimmungsskale *f* шкала настройки
Abstoßung *f* отталкивание
~, **gegenseitige** взаимоотталкивание
Abstoßungskraft *f* сила отталкивания
Abstrahlen *n* 1. пескоструйная обработка 2. абразивная обработка (*напр. струей мелкого кварцевого песка*)
Abstrahlung *f* излучение
~, **akustische** акустическое излучение
Abstreck-Gleitziehen *n см.* Abstreckziehen
Abstreckziehen *n мет.-об.* вытяжка с утонением
Abstreicher *m* скребок; ракля; шабер
Abstreifen *n мет.* стриппирование, «раздевание» слитков
Abstreiferkolonne *f*, **Abstreifkolonne** *f* отпарная колонна, колонна для отгонки лёгких фракций (*нефти*)
Abstreifkran *m мет.* стрипперный кран
Abstrich *m* пена, сгарки, шлак (*оксидная пленка на поверхности жидкого металла*)
Abstrom *m* нисходящий поток
Abstufung *f* 1. уступное расположение, расположение уступами; уступы 2. шаг буров (*в комплекте*) 3. градация
Abstumpfen *n* затупление, засаливание (*шлифовального круга*)
Absturz *m* 1. *вчт* аварийный отказ; катастрофический отказ 2. *ав.* падение (*самолета*); катастрофа 3. падение (*давления*) 5. *гидр.* перепад
Absturzschacht *m* перепадной колодец (*канализационной сети*)
Abstützen *n* 1. крепление 2. опирание
Abstützstrebe *f* подкос
Abstützung *f* 1. крепление 2. опора; подпорка
Absud *m* 1. отварка 2. отвар
Absüßen *n* высолаживание
Abszisse *f* абсцисса
Abszissenachse *f* ось абсцисс
Abtast- und Halteglied *n* устройство выборки и хранения, УВХ
Abtast- und Halteschaltung *f* схема выборки и хранения; устройство выборки и хранения, УВХ
Abtastelement *n* дискретизатор
Abtasten *n см.* Abtastung
Abtaster *m* 1. сканирующее устройство, ска-

нер; развёртывающее устройство 2. дискретизатор

Abtastfehler *m* ошибка квантования; погрешность дискретизации

Abtastflanke *f* фронт импульса дискретизации

Abtastfrequenz *f* частота дискретизации; частота выборки

Abtastgatter *n* входная схема выборки отсчётов

Abtastgerät *n* 1. сканирующее устройство; развёртывающее устройство 2. опрашивающее устройство 3. щуп (*копировального станка*)

Abtastglied *n* дискретизатор

Abtast-Halte-Schaltkreis *m*, **Abtast-Halte-Schaltung** *f* схема выборки и хранения; устройство выборки и хранения, УВХ

Abtast-Halte-Verstärker *m* усилитель выборки и хранения

Abtastimpuls *m* импульс дискретизации; стробирующий импульс, строб-импульс

Abtastintervall *n* 1. интервал дискретизации 2. интервал считывания 3. интервал опроса

Abtastmoment *m* момент взятия отсчёта; момент выборки

Abtastoszillograph *m*, **Abtastoszilloskop** *n* стробоскопический осциллограф

Abtastpause *f см.* Abtastintervall

Abtastperiode *f* период дискретизации

Abtastprobe *f* отсчёт (*дискретизованного сигнала*); выборка

Abtastpunkt *m* точка (взятия) отсчётов; точка выборки

Abtastrate *f* частота дискретизации; частота выборки

Abtastregelung *f* дискретное [импульсное] регулирование

Abtastregler *m* дискретный [импульсный] регулятор, регулятор прерывистого действия

Abtastschaltung *f* схема выборки отсчётов

Abtast-Speicher-Schaltung *f см.* Abtast-Halte-Schaltkreis

Abtast-Speicher-Verstärker *m см.* Abtast-Halte-Verstärker

Abtaststrahl *m* развёртывающий луч; бегущий луч

Abtasttakt *m* такт выборки

Abtasttheorem *n* теорема отсчётов, теорема о дискретном представлении (*аналогового сигнала*), теорема Котельникова

Abtastung *f* 1. сканирование; развёртывание 2. *тлв* развёртка 3. сканирование, радиолокационный обзор

~, **einmalige** ждущая развёртка

~, **fortschreitende** [**zeilenweise**] построчная развёртка

Abtastverstärker *m* усилитель (сигнала) выборки

Abtastwert *m* значение выборки, выборка; дискретное значение; квантованное значение

Abtastzeit *f* период дискретизации; время выборки

Abtastzeitpunkt *m* момент взятия отсчёта; момент выборки

Abtastzeitraum *m* время выборки

Abteilung *f* 1. *горн.* участок 2. *горн.* отделение (*напр. шахтного ствола*) 3. отсек 4. отдел 5. цех

Abteilungsstrecke *f горн.* участковый штрек; панельный штрек

Abteufbetrieb *m горн.* работы по проходке [по углубке] (*напр. шахтного ствола, скважины*)

Abteufen *n горн.* проходка (сверху вниз), углубка (*напр. шахтного ствола, скважины*)

Abtragen *n* 1. удаление, снятие, съём (*материала*); стравливание 2. *стр.* снос

Abtragung *f* 1. *см.* Abtragen 1. 2. *геол.* денудация

Abtransport *m горн.* транспортировка из забоя, транспортировка в отвал, откатка (*по подземным выработкам*)

Abtreiben *n* отгонка; перегонка

Abtrennung *f* 1. отделение 2. отрезание, отрезка 3. выделение (*напр. импульсов*)

Abtrieb *m* 1. отгонка; перегонка 2. отгон; дистиллят 3. снос (*ветром, напр. судна*)

Abtriebsdrehzahl *f маш.* частота вращения выходного вала; частота вращения ведомого звена

Abtriebswelle *f* выходной вал

Abtrift *f* снос

Abtropfkasten *m* сцежа

Abwälzfräsen *n мет.-об.* обработка червячной фрезой

Abwälzfräser *m мет.-об.* червячная фреза

Abwälzmaschine *f мет.-об.* обкатный станок, станок обкатного типа

Abwälzung *f* обкатка; обкат

Abwälzverfahren *n мет.-об.* метод обката; обработка методом обката (*см. тж сочет. с* Wälz...)

Abwandlung *f* модификация; разновидность

ABWÄRME

Abwärme *f* 1. отходящее тепло 2. тепло выхлопных газов
Abwärtsbewegung *f* движение вниз, опускание
Abwärtsförderer *m* нисходящий конвейер, нисходящий транспортёр
Abwärtshub *m* ход (*напр. поршня*) вниз
Abwärtskompatibilität *f* *вчт* совместимость сверху вниз
Abwärtsregler *m* регулятор с понижением параметра, понижающий регулятор
Abwärtstransformator *m* понижающий трасформатор
Abwärtswandler *m* преобразователь с понижением частоты, понижающий преобразователь
Abwärtszähler *m* вычитающий счётчик
Abwaschen *n* смыв
Abwasser *n* 1. сточные воды 2. отработанная вода
Abwasser- und Fäkalsystem *n* *мор.* фановая система
Abwasserbehandlung *f* очистка сточных вод; обработка сточных вод
Abwasserkanal *m* канализационный коллектор; канализационный канал
Abwasserpumpe *f* канализационный насос; багерный насос
Abwasserreinigung *f* очистка сточных вод
Abwasserreinigungsanlage *f* (канализационная) очистная станция
Abweichung *f* 1. отклонение; расхождение; погрешность 2. уклонение 3. склонение (*светила*) 4. *геод.* невязка 5. *опт.* аберрация
~, **zulässige** допустимое отклонение
Abweiser *m* отражатель
Abwickeln *n* 1. размотка, разматывание, сматывание, отмотка 2. *мат.* развёртывание
Abwicklung *f* 1. *мат.* развёртка 2. *см.* **Abwickeln**
Abwind *m* нисходящий (воздушный) поток
Abwurf *m* сбрасывание, сброс
Abziehbild *n* переводное изображение (*изображение, полученное по способу декалькомании*); переводная картинка
Abziehen *n* 1. доводка; правка 2. сцеживание; отцеживание 3. вычитание 4. печать, копирование, получение фотокопий
Abziehstein *m* точильный камень, точильный брусок, оселок
Abzug *m* 1. вытяжка; вытяжной шкаф 2. (фото)отпечаток; копия 3. *полигр.* оттиск 4. *текст.* сматывание; выпуск 5. выпуск; разгрузка 6. спуск, отвод (*напр. сточных вод*) 7. *текст.* съём, съём паковок (*совокупность паковок на прядильной машине после завершения технологической операции*) 8. вычет
Abzugsgraben *m* водоотводная канава
Abzugshaube *f* вытяжной зонт
Abzugskanal *m* 1. вытяжной канал 2. водоотводный канал
Abzugspaar *n* *текст.* выпускная пара
Abzugsrohr *n* вытяжная труба
Abzugsschrank *m* вытяжной шкаф
Abzweigdose *f* *эл.* ответвительная коробка; распределительная коробка
Abzweigkanal *m* деривационный канал
Abzweigkasten *m* *эл.* переходная коробка; кабельный ящик
Abzweigrohr *n* 1. отросток (*трубопровода*) 2. отвод
Abzweigstecker *m* отводная вилка
Abzweigstück *n* 1. отвод 2. косой тройник
Abzweigung *f* 1. ответвление (*дороги*); разветвление 2. *вчт* разветвление (*в программе*) 3. *эл.* ответвление; отвод; отпайка
AC/DC-Schaltregler *m* импульсный [ключевой] стабилизатор напряжения, стабилизатор напряжения импульсного типа
AC/DC-Wandler *m* преобразователь переменного напряжения в постоянное, выпрямляющий преобразователь, выпрямитель
Achromat *m* *опт.* ахромат, ахроматическая линза
achromatisch *опт.* ахроматический
Achromatismus *m* *опт.* ахроматизм
Achsabstand *m* расстояние между осями, межосевое расстояние; база (*напр. локомотива*)
Achsanordnung *f* 1. *ж.-д.* осевая формула 2. *авто* подвеска мостов; подвеска моста
Achsantrieb *m* *авто* главная передача (*ведущего моста*)
Achsbelastung *f* нагрузка на ось
Achsbewegung *f* *маш.* координатное перемещение (*рабочего органа*)
Achsbuchse *f* вагонная букса
Achse 1. ось 2. *авто* мост
~, **feste** неподвижная ось
~, **geometrische** геометрическая ось
~, **geteilte** разрезной мост
~, **imaginäre** мнимая ось
~, **kristallographische** кристаллографическая ось

~ mit Einzelradaufhängung мост с независимой подвеской колёс
~, neutrale нейтральная ось
~, optische оптическая ось
~, verschiebbare подвижная ось
Achsenabstand *m* межосевое расстояние
Achsendrehmaschine *f* осетокарный станок
Achsendrehung *f* поворот осей координат
Achsenebene *f геол.* осевая поверхность *(складки)*
Achsenkreuz *n* система (осей) координат; прямоугольная система координат
3-Achsen-NC-Maschine *f* станок с трёхкоординатной системой
Achsenwinkel *m* межосевой узел *(зубчатой передачи)*
Achsfluchtung *f* соосность
Achsfolge *f ж.-д.* осевая формула
Achslager *n ж.-д.* осевой подшипник; (осевая) букса, буксовая коробка
Achslagerführung *f ж.-д.* буксовая направляющая; буксовая челюсть
Achslast *f* нагрузка на ось; нагрузка, передаваемая через ось
achsrecht соосный
Achsschenkel *m авто* поворотный кулак
Achsschenkellenkung *f авто* рулевое управление с поворотными кулаками
Achsstand *m* база *(напр. локомотива, вагона)*
achssymmetrisch осесимметричный
Achssteilung *f маш.* осевой шаг (зубьев)
Achswelle *f* 1. *ж.-д.* ось *(напр. колёсной пары)* 2. *авто* полуось *(ведущего моста)*
Achteck *n* восьмиугольник
Achtelektrodenröhre *f элн* октод
Achterlastigkeit *f* дифферент на корму
Achterschiff *n* кормовая часть *(судна)*
Achtersteven *m* ахтерштевень
Achtflach *n*, **Achtflächner** *m мат.* восьмигранник, октаэдр
Achtkantschraube *f маш.* болт с восьмигранной головкой
Achtpolröhre *f элн* октод
Achtzylindermotor *m* восьмицилиндровый двигатель, восьмицилиндровый ДВС
Ackerbau *m* полеводство; земледелие
~ mit Bewässerung поливное земледелие
~ ohne Bewässerung богарное [неполивное] земледелие
Ackerbauchemie *f* агрохимия
Ackerboden *m* пахотные земли

~, bewässerter орошаемые земли
Ackerland *n* пахотные земли; пашня
Ackerschlepper *m* пахотный трактор
ACMOS-Familie [Advanced CMOS=...] *f*, **ACMOS-Reihe** *f* серия усовершенствованных КМОП ИС
Adaptation *f* адаптация
Adapter *m* 1. адаптер; переходное устройство 2. переходная часть, переходник *(электрического соединителя)* 3. *косм.* стыковочный узел *(космического корабля)*
Adapterkarte *f* адаптерная плата, плата адаптера; адаптер
Adapterstecker *m* переходная штепсельная вилка
Adaptierung *f*, **Adaption** *f* адаптация
adaptiv адаптивный
Adaptivsteuerung *f* адаптивное управление
Adatom *n* адсорбированный атом, адатом
A/D-Bus *m* шина адреса — данных, A/D-шина, шина A/D
ADC [Analog-Digital Converter] *m см.* **A/D-Umsetzer**
Addend *m* адденд, лиганд
Adder *m* сумматор
~ mit durchlaufendem Übertrag сумматор со сквозным переносом
~, serieller последовательный сумматор
Addiereinrichtung *f* суммирующее устройство, сумматор
Addierer *m* сумматор
Addierregler *m* суммирующий стабилизатор
Addierverstärker *m* суммирующий усилитель
Addierwerk *n* сумматор
Addition *f* 1. сложение 2. *хим.* присоединение 3. *фото, полигр.* сборка, составление *(изображений, напр. для получения сборных негативов)*
~, bewertete взвешенное суммирование
Additionsbetrieb *m* режим сложения
Additionseingang *m* вход сложения
Additionsregister *n* регистр сложения
Additions-Subtraktions-Zähler *m* реверсивный счётчик
Additionsverbindung *f хим.* аддитивное соединение
Additionszähler *m* суммирующий счётчик
Additionszeichen *n* знак сложения
additiv аддитивный
Additive *n pl* присадки *(к топливу, маслам)*
Additivität *f* аддитивность

ADDITIVVERFAHREN

Additivverfahren *n* аддитивная технология, аддитивный процесс (*получения проводящего рисунка печатных плат*)

Add-On-Karte *f* модульная плата (*персональной ЭВМ*); дополнительная плата

Adenosintriphosphat *n* аденозинтрифосфат, аденозинтрифосфорная кислота, АТФ

Ader *f эл., геол.* жила

Aderpaar *n эл.* пара жил

Adhäsion *f* адгезия; сцепление

Adhäsionskräfte *pl* адгезионные силы, силы сцепления

Adhäsionsvermögen *n* адгезионная способность

Adiabate *f* адиабата

adiabatisch адиабатический

Adipinsäure *f* адипиновая кислота

Adjazenzmatrix *f* матрица смежности (*вершины графа*)

Adjungierte *f* einer Matrix *мат.* сопряжённая [эрмитово сопряжённая] матрица

Adjunktion *f мат.* присоединение; сопряжение

Adjustage *f* 1. отделка (*готового проката, поковок*), адъюстаж 2. отделочное [адъюстажное] отделение, отделение отделки (*см. тж* Zurichterei)

Admittanz *f эл.* полная проводимость

Adreß/Datenbus *m* шина адреса — данных, А/D-шина, шина A/D

~, **multiplexer** мультиплексированная шина адреса — данных

Adreßabbildung *f* отображение адресов, преобразование виртуальных (логических) адресов в физические

Adreßabrufzeit *f* время выборки адреса

Adreßabrufzyklus *m* цикл выборки адреса

Adreßausgang *m* адресный выход

Adreßauswahl *f* выбор адреса

Adreßauswahlsignal *n* сигнал выбора адреса

Adreßbefehl *m* команда адресации; команда переадресации

Adreßbereich *m* 1. адресная область (*памяти*) 2. диапазон адресов

Adreßbit *n* разряд адреса, адресный разряд

Adreßbus *m* шина адреса, адресная шина

Adreßbyte *n* байт адреса, адресный байт

Adreßcache *m* кэш(-память) адресов, адресный кэш

Adreßdekoder *m*, **Adreßdekodierer** *m* адресный дешифратор, дешифратор адреса

Adreßdekodierung *f* дешифрация адреса

Adresse *f* адрес

~, **absolute** абсолютный адрес; физический адрес (*ячейки памяти*); машинный адрес

~, **aktuelle** текущий адрес

~, **effektive** исполнительный адрес

~, **explizite** явный адрес

~, **generierte** сформированный адрес; исполнительный адрес

~, **höherwertige** старший адрес

~, **implizite** неявный адрес

~, **indirekte** косвенный адрес

~, **indizierte** индексированный адрес

~, **niederwertige** младший адрес

~, **relative** относительный адрес

~, **symbolische** символический адрес

~, **unmittelbare** непосредственный адрес

~, **verschiebliche** настраиваемый адрес

~, **virtuelle** виртуальный адрес

Adreßeingang *m* адресный вход

Adressenakkumulator *m* адресный аккумулятор

Adressenänderung *f* модификация адреса [адресов]; переадресация

Adressenanschluß *m* адресный вывод

Adressenansteuerlogik *f* схема дешифрации адреса, дешифратор адреса, адресный дешифратор

Adressenauswahl *f см.* Adreßauswahl

Adressenauswahllogik *f см.* Adressenansteuerlogik

Adressenbefehl *m* команда адресации; команда переадресации

Adressenbereich *m* адресная область (*памяти*)

Adressenbildung *f* формирование адреса; вычисление адреса

Adressenbit *n см.* Adreßbit

Adressenbyte *n см.* Adreßbyte

Adressendatei *f* адресный файл

Adressendekodierlogik *f* схема дешифрации адреса, дешифратор адреса, адресный дешифратор

Adressendekodierung *см.* Adreßdekodierung

Adressenerhöhung *f см.* Adreßerhöhung

Adressenformat *n* формат адреса

Adressenkellerspeicher *m* адресный стек, стек адресов

Adressenleitung *f* адресная линия; линия шины адреса [адресной шины]

Adressenmarke *f* маркер [метка] адреса, адресный маркер, адресная метка

Adressenmodifikation *f* модификация адреса; переадресация

Adressenpuffer *m* буфер адреса, адресный буфер

Adressenraum *m* адресное пространство

Adressenregister *n* регистр адреса, адресный регистр

Adressenrückmeldung *f* подтверждение [квитирование] адреса

Adressenschalter *m* коммутатор адресов

Adressenspeicher *m* адресная память, адресное ЗУ

Adressenstapelspeicher *m* адресный стек, стек адресов

Adressensubstitution *f* замена [подстановка] адреса

Adreßentschlüßler *m* см. **Adreßdekoder**

Adreßerhöhung *f* инкремент [инкрементирование] адреса

Adreßerniedrigung *f* декремент [декрементирование] адреса

Adressenumschaltung *f* коммутация адресов

Adressenverschiebung *f* настройка адресов

Adressenzähler *m* 1. счётчик команд 2. счётчик адресов (*регистр-счётчик, содержимое которого используется для адресации*)

Adressenzeiger *m* указатель адреса

Adreßfeld *n* поле адреса

Adreßformat *n* формат адреса, адресный формат

adreßfrei безадресный

Adreßholezyklus *m* цикл выборки адреса

Adressiermaschine *f* адресовальная машина

Adressiermode *m* см. **Adressierungsmodus**

Adressiersignal *n* адресный сигнал, сигнал адресации

Adressierung *f* адресация

~, **absolute** абсолютная адресация

~, **basisindirekte** базовая косвенная адресация

~, **direkte** прямая адресация

~, **erweiterte** расширенная адресация

~, **implizite** неявная адресация

~, **indirekte** косвенная адресация

~, **indizierte** индексная адресация

~ **mit Offset, indizierte** индексная адресация со смещением

~, **registerindirekte** регистровая косвенная адресация

~, **relative** относительная адресация

~, **selbstdekrementierende** автодекрементная адресация

~, **selbstinkrementierende** автоинкрементная адресация

~, **sequentielle** последовательная [циклическая] адресация

~, **symbolische** символическая адресация

~, **unmittelbare** непосредственная адресация

~, **virtuelle** виртуальная адресация

~, **zyklische** циклическая адресация

Adressierungsart *f* вид адресации; способ адресации; режим адресации

Adressierungsbyte *n* байт адресации

Adressierungsmodus *m* режим адресации; вид [способ] адресации

Adressierungsraum *m* объём адресуемой памяти

Adressierungstechnik *f*, **Adressierungverfahren** *n* способ адресации

Adreßkapazität *f* адресность

Adreßkeller *m* адресный стек, стек адресов

Adreßkode *m* код адреса, адресный код

Adreßlatch *n* регистр-защёлка адреса, адресная защёлка

Adreßleitung *f* шина адреса, адресная шина; линия шины адреса

Adreßmarke *f* маркер [метка] адреса, адресный маркер, адресная метка

Adreßmultiplexer *m* мультиплексор адресов

Adreßpin *n* адресный вывод

Adreßport *m* порт адреса, адресный порт

Adreßpuffer *m* буфер адреса [адресов], адресный буфер

Adreßquittierung *f* подтверждение [квитирование] адреса

Adreßraum *m* адресное пространство

Adreßrechnung *f* вычисление адреса; вычисление исполнительного адреса

Adreßregister *n* регистр адреса, адресный регистр

Adreßspeicher *m* адресная память, адресное ЗУ

Adreßsystem *n* система адресов, адресная система

Adreßteil *m* адресная часть (*команды*)

Adreßtor *n* порт адреса, адресный порт

Adreßtransformation *f* переадресация

Adreßtreiber *m* адресный формирователь, (усилитель-)формирователь адресных сигналов

Adreßumfang *m* диапазон адресов

Adreßumsetzung *f* преобразование адреса; трансляция адреса

Adreßverschiebung *f* настройка адреса

Adreßwort *n* адресное слово, слово адреса

ADREẞZÄHLER

Adreßzähler *m* см. Adressenzähler
Adreßzugriffszeit *f* время выборки адреса
Adrone *n pl физ.* адроны
Adsorbat *n* адсорбат
Adsorbens *n* адсорбент
Adsorber *m* адсорбер
Adsorbierung *f* адсорбирование
Adsorption *f* адсорбция
~, selektive избирательная адсорбция
Adsorptionsanlage *f* адсорбционная установка
Adsorptionsapparat *m* адсорбер
Adsorptionsfähigkeit *f* адсорбционная способность
Adsorptionsmittel *n* адсорбент
Adsorptionspumpe *f* адсорбционный насос
Adsorptionswasser *n* адсорбционная вода
Adsorptiosverbindungen *f pl* адсорбционные соединения
ADU *m* см. A/D-Umsetzer
A/D-Umsetzer *m*, A-D-Umsetzer *m* аналого-цифровой преобразователь, АЦП
~, akkumulierender АЦП аккумулирующего типа
~, integrierend arbeitender [integrierender] АЦП интегрирующего типа, интегрирующий АЦП
~ mit Vorwärts-Rückwärts-Zähler АЦП с реверсивным счётчиком, АЦП следящего типа
~, monolithischer интегральный АЦП на полупроводниковой ИС, монолитный АЦП
~ nach dem Doppelflankenverfahren АЦП с двухтактным [двухкратным] интегрированием
~ nach dem Prinzip der Deltamodulation АЦП с дельта-модуляцией
~ nach dem Sägezahnverfahren (последовательный) АЦП со ступенчатым пилообразным напряжением
~ nach dem Verfahren der schrittweisen Annäherung [der sukzessiven Approximation] АЦП последовательных приближений, АЦП поразрядного уравновешивания
~ nach dem Vierflankenverfahren АЦП с четырёхтактным [четырёхкратным] интегрированием
~ nach dem Wägeprinzip АЦП последовательных приближений, АЦП поразрядного уравновешивания
A/D-Umsetzung *f* аналого-цифровое преобразование

ADU-Steuereinheit *f* контроллер АЦП, АЦП-контроллер
Advanced CMOS-ICs *n pl* усовершенствованные КМОП ИС
Advanced CMOS-Logik *f* усовершенствованные логические КМОП ИС
Advanced CMOS-Technologie *f* усовершенствованная [высококачественная] КМОП-технология, технология усовершенствованных КМОП ИС
Advanced Low-Power-Schottky-TTL *f* усовершенствованные ТТЛ ИС с диодами Шоттки с низкой [малой] потребляемой мощностью, усовершенствованные маломощные схемы ТТЛ-Шоттки
Advanced Schottky-TTL *f* усовершенствованные ТТЛ ИС с диодами Шоттки, усовершенствованные ТТЛШ ИС
Advektion *f* адвекция
advektiv адвективный
A/D-Wandler *m* см. A/D-Umsetzer
Aerobier *m pl* аэробы, аэробные бактерии
Aerodynamik *f* аэродинамика
aerodynamisch аэродинамический
Aerologie *f* аэрология
Aeromechanik *f* аэромеханика
Aerophotogrammetrie *f* аэрофотограмметрия
Aerosol *n* аэрозоль
Aerosol(ab)packung *f* аэрозольная упаковка
Aerostatik *f* аэростатика
affin аффинный
Affination *f* 1. аффинаж (*в цветной металлургии*) 2. аффинация (*в сахарной промышленности*)
Affinität *f* 1. сродство; химическое сродство 2. *мат.* аффинное преобразование, аффинное отображение
After-Shave-Lotion *f* лосьон после бритья
Agar-Agar *m, n* агар-агар
Agens *n* агент
Agglomerat *n* агломерат
Agglomeration *f* агломерация, спекание
Agglomerattuff *m* вулканический туф
Agglomerierung *f* агломерирование, агломерация
Aggregat *n* агрегат
Aggregatbildung *f* агрегация, агрегирование
Aggregatmaschine *f* агрегатный станок
Aggregatzustand *m* агрегатное состояние, фаза (состояния вещества)
aggressiv агрессивный

Agone f линия нулевого магнитного склонения
Agrarflug m сельскохозяйственная авиация
Agrarflugzeug n самолёт сельскохозяйственной авиации
Agrarmeteorologie f агрометеорология
Agrikultur f земледелие
Agrikulturchemie f агрохимия
Agrikulturphysik f агрофизика
Agrobiologie f агробиология
Agromelioration f агромелиорация
Agronomie f агрономия
Agrotechnik f агротехника
agrotechnisch агротехнический
Ahming f *мор.* марка углубления *(судна)*
ähnlich подобный
Ähnlichkeit f подобие
Ähnlichkeitsgesetz n закон подобия
Ähnlichkeitskriterium n критерий подобия
Ähnlichkeitsmechanik f *физ.* моделирование *(физических процессов)*
Ähnlichkeitsmethode f метод подобия
Ähnlichkeitstheorie f теория подобия
Airbus m 1. аэробус 2. воздушный автобус *(для регулярной перевозки пассажиров без предварительного заказывания билетов)*
Airfoil-Fluggerät n летательный аппарат [ЛА] с несущим корпусом *(летательный аппарат, использующий эффект земной подушки)*
Akklimatisierung f акклиматизация
Akkomodation f аккомодация
Akku m *см.* Akkumulator
Akkumulation f 1. аккумуляция; аккумулирование; накопление 2. *геол.* аккумуляция *(процесс и результат отложения осадков)*
Akkumulationsschicht f элн обогащённый слой
Akkumulator m 1. эл. аккумулятор 2. вчт (регистр-)аккумулятор, накапливающий сумматор 3. аккумулятор *(общий термин для обозначения различных устройств для накопления энергии, в т. ч. и электрических аккумуляторов)*
Akkumulatorbefehle m pl вчт команды работы с аккумулятором
Akkumulatorenbatterie f аккумуляторная батарея
Akkumulatorengefäß n аккумуляторный ящик
Akkumulator(en)zelle f аккумуляторный элемент
Akkumulatorregister n *см.* Akkumulator 2.

Akkumulatorüberlauf m вчт переполнение (разрядной сетки) аккумулятора
Akkumulierung f аккумулирование; аккумуляция; накопление
Akrylat n акрилат
Akrylleim m акриловый клей
Akrylnitril n акрилонитрил, $CH_2=CHCN$
Akrylsäure f акриловая кислота, $CH_2=CHCOOH$
Aktentaschenrechner m портативная ЭВМ [портативная ПЭВМ] в «дипломате»
Aktiniden n pl актиноиды
aktinisch актиничный
Aktinität f актиничность
Aktinium n актиний, Ac
Aktinogramm n актинограмма
Aktinometer n актинометр
Aktinometrie f актинометрия
Aktionspotential n биопотенциал
Aktionsradius 1. *ав.* радиус действия 2. *авто* запас хода; радиус действия 3. *мор.* автономность *(судна)*; дальность [автономность] плавания *(в морских милях)*
Aktionsturbine f активная турбина
Aktionsweite f *см.* Aktionsradius 3.
aktiv 1. активный 2. (радио)активный
Aktivator m активатор
Aktiv-H-Ausgang m элн, вчт выход с активным высоким потенциалом
Aktivierung f 1. *хим., яд.* активация 2. активизация
Aktivierungsanalyse f (радио)активационный анализ
Aktivierungsenergie f энергия активации
Aktivierungsmittel n активирующее вещество, активатор
Aktivität f 1. активность 2. *яд.* активность (радио)нуклида *(в радиоактивном источнике)*
~, **optische** оптическая активность
Aktivitätskoeffizient m коэффициент активности
Aktivitätsmesser m радиометр
Aktivkohle f активный [активированный] уголь
Aktiv-L-Ausgang m элн, вчт выход с активным низким потенциалом
Aktivstoff m активное вещество
Aktivsubstanz f активное начало; активное вещество
Aktivzeit f активное время, время [продолжительность] активного состояния

Aktor *m* исполнительный элемент; воздействующий элемент; привод
Aktualisieren *n*, **Aktualisierung** *f* актуализация; обновление; коррекция
Aktualparameter *m* фактический параметр
Aktuator *m см.* Aktor
Akustik *f* акустика
Akustikkoppler *m* 1. устройство сопряжения (с телефонной сетью) на базе акустического модема, телефонный адаптер 2. элемент акустической связи, акустрон
Akustiklog *n* 1. акустический [ультразвуковой] каротаж 2. диаграмма акустического каротажа
akustisch акустический, звуковой
Akustoelektronik *f* акустоэлектроника
Akustooptik *f* акустооптика
Akustooptoelektronik *f* акустооптоэлектроника
Akzeleration *f* ускорение; акселерация
Akzeptor *m* акцептор
Akzeptoratom *n* акцепторный атом
Akzeptorbeimischung *f* акцепторная примесь
Akzeptorbindung *f* акцепторная связь
Akzeptordichte *f* концентрация акцепторной примеси
Akzeptor-Donator-Bindung *f* акцепторно-донорная связь
Akzeptor-Donator-Rekombination *f* акцепторно-донорная рекомбинация
Akzeptordotierung *f* введение акцепторной примеси
Akzeptor(en)dichte *f* концентрация акцепторов
Akzeptor(en)diffusion *f* диффузия акцепторных примесей
Akzeptorenterm *m* акцепторный уровень
Akzeptorhaftniveau *n* уровень захвата акцепторов
Akzeptorion *n* акцепторный ион
Akzeptormaterial *n* акцепторная примесь
Akzeptorniveau *n* акцепторный уровень
Akzeptorstörstelle *f* акцепторный (примесный) центр; акцепторная примесь
Akzessorien *n pl* акцессорные минералы
Akzidenz *f полигр.* акциденция
Alabaster *m* алебастр
Alarm *m* 1. аварийный сигнал; сигнал аварийной [аварийно-предупредительной] сигнализации; сигнал тревоги 2. тревога
Alarmanlage *f*, **Alarmeinrichtung** *f* аварийная [аварийно-предупредительная] сигнализация; тревожная сигнализация

Alarmglocke *f мор.* колокол громкого боя
Alarmsicherung *f* устройство аварийной сигнализации
Alarmzeichen *n* аварийный сигнал; сигнал тревоги
Alaun *m* квасцы
Alaunspat *m*, **Alaunstein** *m* алунит, квасцовый камень
Albedo *f астр., метео* альбедо
Albumin *n* альбумин
Albuminat *n* альбуминат
Aldehyd *m* альдегид
Aldehydharz *n* альдегидная смола
Algebra *f* алгебра
~, **Boolesche** булева алгебра, алгебра логики
~ **der Logik** алгебра логики, булева алгебра
algebraisch алгебраический
Algen *f pl* водоросли
Algol *n* Алгол (*общее название семейства языков программирования высокого уровня, сыгравших важную роль в развитии программирования и вычислительной техники*)
Algonkium *n геол.* альгонк, альгонкский период
algorithmisch алгоритмический
Algorithmisierung *f* алгоритмизация
Algorithmus *m* алгоритм
Aliasing-Entzerrung *f* подавление помех наложения, коррекция искажений из-за наложения спектров
Aliasing-Fehler *m pl* ошибки (дискретизации) из-за наложения спектров (*при недостаточной частоте дискретизации*)
Aliasing-Verzerrungen *f pl* искажения из-за наложения спектров (*при недостаточной частоте дискретизации*)
Alias-Komponente *f* паразитная низко- или среднечастотная составляющая (*в спектре дискретизованного сигнала*)
Aliasstörungen *f pl* помехи наложения, помехи из-за наложения спектров (*при недостаточной частоте дискретизации*)
Aliphaten *pl хим.* алифатические [ациклические] соединения
Alitieren *n* алитирование
Alizarin *n* ализарин
Alkali *n* щёлочь
~, **kaustisches** едкая щёлочь
alkalibeständig щёлочестойкий
Alkalibeständigkeit *f* щёлочестойкость

Alkaligehalt *m* щёлочность, содержание щёлочи

Alkalilauge *f* едкий щёлок, раствор едкой щёлочи

Alkalimetalle *n pl* щелочные металлы

Alkalimetrie *f* алкалиметрия

Alkalinität *f* щёлочность

Alkalireserve *f* резервная щёлочность

Alkalisation *f* алкализация

alkalisch щелочной

Alkalisierung *f* алкализация; подщелачивание

Alkalität *f* щёлочность

Alkalizellulose *f* щелочная целлюлоза

Alkaloid *n* алкалоид

Alkane *n pl* алканы (*алифатические предельные углеводороды*)

Alkanthiole *n pl* меркаптаны

Alkene *n pl* алкены, олефины (*алифатические непредельные углеводороды, имеющие в своем составе одну двойную связь*)

Alkohol *m* алкоголь, спирт

~, **absoluter** абсолютный спирт

~, **mehrwertiger** многоатомный спирт

Alkoholat *n* алкоголят

alkoholisch спиртовой

Alkoholmesser *m* спиртомер

Alkoholometrie *f* спиртометрия

Alkoholtest *m* 1. алкогольный тест, проба на алкоголь 2. *хим.* спиртовая проба

Alkoholthermometer *n* спиртовой термометр

Alkoholyse *f* алкоголиз

Alkydharz *n* алкидная смола

Alkydharzlack *m* алкидный лак

Alkyl *n* алкил

Alkylierung *f* алкилирование

All *n* космос

Alleskleber *m* универсальный клей

Alligatorschere *f* аллигаторные ножницы

Allonge *f* *хим.* аллонж

allotrop аллотропный

Allotropie *f* аллотропия

Allpaß *m* *эл., элн* всечастотный фильтр

Allradantrieb *m* *авто* привод на все колёса

Allrichtungsfunkfeuer *n* всенаправленный радиомаяк

Allstrommotor *m* универсальный электродвигатель

alluvial аллювиальный

Alluvialboden *m* аллювиальные наносы

Alluvialsand *m* аллювиальный [наносный] песок

Alluvium *n* аллювий, речные отложения

Allwellenantenne *f* всеволновая антенна

Allwellenempfänger *m* всеволновый радиоприёмник

Allwetterabfangjäger *m* всепогодный истребитель-перехватчик

Allwetterlandesystem *n* *ав.* автоматическая система всепогодной посадки

~, **automatisches** *см.* Allwetterlandesystem

Allzweckregister *n* *вчт* регистр общего назначения, РОН

Al$_2$O$_3$-Keramik *f* алюмооксидная керамика, керамика на основе Al$_2$O$_3$

Alphabet *n* алфавит

Alphagrenzfrequenz *f* частота альфа-среза; предельная частота коэффициента передачи (эмиттерного) тока, предельная частота усиления по току в схеме с общей базой

alphanumerisch алфавитно-цифровой

Alpha-Spektrometer *n* альфа-спектрометр

Alpha-Spur *f* трек альфа-частицы

Alpha-Strahlen *pl* альфа-лучи

Alpha-Strahlung *f* альфа-излучение

Alpha-Teilchen *n* альфа-частица

Alphateilchenspur *f* трек альфа-частицы

Alphatron *n* радиоизотопный манометр

Alphatronmanometer *n* альфатрон (*радиоизотопный ионизационный вакуумметр*)

Alpha-Zerfall *m* альфа-распад

ALS-Familie [Advanced Low-power Schottky...] *f* серия усовершенствованных маломощных ТТЛ ИС с диодами Шоттки, серия усовершенствованных ТТЛШ ИС с малой [низкой] потребляемой мощностью

ALS-TTL *f* усовершенствованные маломощные ТТЛ ИС с диодами Шоттки, усовершенствованные ТТЛШ ИС с малой [низкой] потребляемой мощностью

Alter *n* 1. *геол.* эра 2. (геологический) возраст

~, **geologisches** геологический возраст

alternierend знакопеременный

Alterung *f* старение

~, **atmosphärische** атмосферное старение

~, **künstliche** искусственное старение

Alterungsausfall *m* отказ вследствие старения

alterungsbeständig устойчивый против старения

Alterungsbeständigkeit *f* сопротивление старению

Alterungshärtung *f* дисперсионное твердение (*сплавов*)

ALTERUNGSSCHUTZMITTEL

Alterungsschutzmittel *n,* **Alterungsverzögerer** *m* противостаритель
Altgummi *m* утильрезина
Altimeter *n* высотомер
Altmaterial *n* вторичное сырьё, вторсырьё
Altmetall *n* **1.** металлический лом, металлолом; лом и отходы цветных металлов **2.** скрап, амортизационный металлолом
Altöl *n* отработанное масло
Altpapier *n* макулатура
ALU *f см.* **Arithmetik-Logik-Einheit**
Alufolie *f* алюминиевая фольга
Aluminatlauge *f* алюминатный раствор
Aluminieren *n* алюминирование
Aluminium *n* алюминий, Al
Aluminiumalaun *m* алюминиевые квасцы
Aluminiumlegierung *f* алюминиевый сплав
Aluminiumoxid *n* оксид алюминия, Al_2O_3
Aluminiumoxidkeramik алюмооксидная керамика, керамика на основе Al_2O_3
Aluminiumsilikatglas *n* алюмосиликатное стекло
Aluminogel *n* алюмогель
Aluminothermie *f* алюмотермия
Alumosilikat *n* алюмосиликат
Alunit *m* алунит, квасцовый камень
Amalgam *n* амальгама
Amalgamelektrode *f* амальгамный электрод
Amalgamieren *n* амальгамирование
Amateur *m* **1.** (радио)любитель **2.** (кино)любитель **3.** (фото)любитель
Amateurfunkbereich *m* радиолюбительский диапазон
Amateurfunkstelle *f* радиолюбительская станция
Amateurkamera *f* любительская кинокамера
Amboß *m* наковальня
Amboßlager *n* шабот
AM-Demodulator *m* амплитудный детектор
Ameisensäure *f* муравьиная кислота, HCOOH
Americium *n* америций, Am
Amethyst *m* аметист
AM-FM-Empfänger *m* АМ/ЧМ-приёмник; приёмник АМ/ЧМ-сигналов
AM-FM-ZF-Verstärker *m* совмещённый УПЧ, УПЧ АМ/ЧМ
Amid *n* амид
Amidosulfonsäure *f,* **Amidoschwefelsäure** *f* сульфаминовая кислота, $HOSO_2NH_2$
Amine *n pl* амины
Aminobenzol *n* аминобензол, анилин, $C_6H_5NH_2$

Aminoplast *m* аминопласт
Aminosäure *f* аминокислота
~, **essentielle** незаменимая аминокислота
AM-Modulation *f* амплитудная модуляция
Ammonal *n* аммонал
Ammoniak *n* аммиак, NH_3
Ammoniakflüssigkeit *f* водный раствор аммиака, водоаммиачный раствор
Ammoniakwasser *n* аммиачная вода
Ammonsalpeter *m* аммиачная селитра
amorph аморфный
Amorphie *f* аморфность
Ampere *n* ампер, А
Amperemeter *n* амперметр
Amperesekunde *f* ампер-секунда, А·с
Amperestunde *f* ампер-час, А·ч
Amperestundenzähler *m* счётчик ампер-часов
Amperewindung *f уст.* ампер-виток
Amperewindungszahl *f* ампер-витки (*произведение значения силы электрического тока в амперах на число витков обмотки, по которой протекает ток*)
Amphibienfahrzeug *n* амфибия
Amphibienflugzeug *n* самолёт-амфибия
Amphibol *m* амфибол
amphoter амфотерный
Amplidyne *f* амплидин
Amplitude *f* амплитуда
Amplitudenbegrenzer *m* амплитудный ограничитель
Amplitudencharakteristik *f* амплитудная характеристика
Amplitudenfehler *m* амплитудная [максимальная] погрешность
Amplitudenfilter *n* амплитудный фильтр
Amplitudenfrequenzgang *m,* **Amplitudengang** *n* амплитудно-частотная характеристика, АЧХ
Amplitudenkurve *f* амплитудная характеристика
Amplitudenmodulation *f* амплитудная модуляция, АМ
Amplitudenprobe *f* отсчёт, мгновенное значение амплитуды (*дискретизируемого сигнала*)
Amplitudensieb *n* **1.** амплитудный селектор, амплитудный дискриминатор **2.** *тлв* синхроселектор
Amplitudenverlauf *m* амплитудная характеристика
Amplitudenverzerrung *f* амплитудное искажение

Ampulle f ампула
~, **zugeschmolzene** отпаянная (кварцевая) ампула
Ampullendiffusion f диффузия (примесей) в отпаянной кварцевой ампуле
Amtston m, **Amtszeichen** n *тлф* тональный сигнал готовности
Amylalkohol m амиловый спирт
Amylazetat n амилацетат
AM-ZF-Verstärker m усилитель промежуточной частоты [УПЧ] АМ-тракта, УПЧ АМ
~, **kapazitätsdiodengekoppelter** УПЧ АМ-тракта с варикапной связью
anaerob анаэробный
Anaerobier m pl анаэробы, анаэробные бактерии
Anaglyphenverfahren n метод цветных анаглифов
analog 1. аналоговый 2. аналогичный
Analogausgabe f аналоговый вывод
Analogausgabemodul m модуль аналогового вывода, модуль с аналоговым выходом
Analogausgang m аналоговый выход
Analogbandbreite f ширина полосы аналогового сигнала
Analogbaustein m аналоговый модуль
Analogbefehl m аналоговая команда
Analogcomputer m аналоговая ЭВМ
Analog-Digital-Umsetzer m аналого-цифровой преобразователь, АЦП (*см. тж* A/D-Umsetzer)
Analog-Digital-Umsetzung f аналого-цифровое преобразование
Analogeingabe f аналоговый ввод
Analogeingabemodul m модуль аналогового ввода
Analogeingang m аналоговый вход
Analoggröße f аналоговая величина
Analogkanal m аналоговый канал
Analogmultiplizierer m аналоговый умножитель
Analogprozessor m аналоговый процессор
Analogrechner m аналоговая ЭВМ
Analogschalter m аналоговый коммутатор, коммутатор аналоговых сигналов; аналоговый ключ
Analogschaltkreis m аналоговая микросхема, аналоговая ИС
Analogschnittstelle f аналоговый интерфейс
Analogsichtgerät n аналоговый дисплей
Analogsignal n аналоговый сигнал

Analogspannung f напряжение аналогового сигнала
Analogtechnik f аналоговая техника
Analogverstärker m аналоговый усилитель
Analogwert m аналоговое значение
Analysator m анализатор
~, **harmonischer** гармонический анализатор
Analyse f анализ
~, **chromatographische** хроматографический анализ
~, **enzymatische** ферментативный анализ
~, **gravimetrische** гравиметрический анализ
~, **harmonische** гармонический анализ
~, **kolorimetrische** колориметрический анализ
~, **kombinatorische** комбинаторный анализ
~, **photometrische** фотометрический анализ
~, **qualitative** качественный анализ
~, **quantitative** количественный анализ
~, **volumetrische** объёмный анализ
~, **zeitliche** временной анализ
Analysenmethode f метод анализа
analysenrein чистый для анализа
Analysenverfahren n метод анализа
Analysenwaage f аналитические весы
Analysis f математический анализ
analytisch аналитический
Anamorphot m *опт., кино* анаморфотная насадка
Anastigmat m *опт., фото* анастигмат
Anätzen n поверхностное травление
Anbacken n пригорание
Anbau m *с.-х.* 1. возделывание; разведение 2. навешивание (*напр. орудий на трактор*) 3. навеска
Anbaufläche f полезная хозяйственная площадь; посевная площадь
Anbaufräse f навесная фреза
Anbaugerät n *с.-х.* навесное орудие
Anbaupflug m навесной плуг
Anbaustecker m приборная вилочная часть [приборная вилка] электрического соединителя
Anblasen n задувка (*печи*)
Anbohren n 1. *мет.-об.* центрование 2. *мет.-об.* засверливание, засверловка 3. забуривание (*скважины*) 4. вскрытие (*пласта, продуктивного горизонта*)
Anbohrer m центровочное сверло
Anbohrmaschine f центровальный станок (*станок для получения центровых отверстий*)

ANBRENNEN

Anbrennen *n* подвулканизация
Anbringung *f,* **freitragende** навесной монтаж
Andalusit *m мин.* андалузит
Änderung *f* изменение
~, **kontinuierliche [stetige, stufenlose]** плавное [непрерывное] изменение
Änderungsausfall *m* постепенный [деградационный, параметрический] отказ
Änderungsdatei *f вчт* файл изменений
Änderungsrate *f* скорость изменения (*напр. сигнала*)
Andesit *m геол.* андезит
AND-Gate *n,* **AND-Gatter** *n вчт* логический элемент И, вентиль И
Andocken *n косм.* причаливание; стыковка
Andrehen *n* 1. запуск (*двигателя*) 2. *текст.* присучивание, присучка
Andrehkurbel *f* заводная рукоятка
Andruckpresse *f* пробопечатный станок
Anemometer *n* анемометр
Aneroid *n,* **Aneroidbarometer** *n* анероид
Anfachung *f* возбуждение (*колебаний*)
Anfahren *n* 1. разгон 2. пуск (*напр. электродвигателя*) 3. *авто* трогание (*с места*)
Anfahrmoment *n* пусковой момент
Anfahrversuch *m* пусковое испытание
Anfahrwiderstand *m* пусковой реостат
Anfälligkeit *f* подверженность; склонность
Anfangen *n сткл* набор (*баночки*)
Anfänger *m* пятовый камень
Anfangsadresse *f вчт* начальный адрес
Anfangsausfall *m* отказ периода приработки, ранний [приработочный] отказ
Anfangsbedingung *f* начальное условие
Anfangsbeschleunigung *f* начальное ускорение
Anfangsgeschwindigkeit *f* начальная скорость
Anfangslader *m вчт* начальный загрузчик, программа начальной загрузки
Anfangsstein *m* пятовый камень
Anfangsstrom *m* начальный ток
Anfangswerte *m pl* исходные данные
Anfasen *n* снятие фасок
Anfasmaschine *f* станок для снятия фасок
Anfeuchten *n* увлажнение; замачивание
Anflächsenker *m мет.-об.* цековка
Anflug *m* 1. *ав.* подход (*напр. к аэродрому*); подлёт, приближение 2. *ав.* заход на посадку 3. подлёт (*ракеты*)
Anflugbefeuerung *f ав.* огни приближения
Anflugfunkfeuer *n ав.* приводной радиомаяк
Anflugzeit *f* подлётное время (*ракеты*)

Anforderung *f* 1. запрос 2. требование
~, **anstehende** ждущий запрос; отложенный запрос
~, **höchstpriorisierte** запрос (прерывания) с наивысшим приоритетом
Angel *f* (дверная) петля
angenähert приближённый
angepaßt 1. пригнанный, подогнанный 2. согласованный
angeregt возбуждённый
angeschweißt приваренный
angewandt прикладной
Anglasen *n* пайка стеклом; монтаж (*напр. кристаллов ИС*) пайкой стеклом
Anglasung *f* 1. спай со стеклом 2. *см.* **Anglasen**
Angrenzung *f* прилегание; примыкание
Angriff *m* 1. разъедание; коррозионное воздействие 2. приложение (*силы*)
Angriffsmoment *n стр.* приложенный момент, моментная нагрузка
Angriffspunkt *m* точка приложения (*силы*)
Angriffswinkel *m* угол атаки
Angström *n* ангстрем, Å
Anguß *m* прилив; бобышка
Angußmasse *f* ангоб
Anhaftung *f* 1. прилипание; сцепление; адгезия 2. залипание (*контактов*)
Anhängefräse *f* прицепная фреза
Anhängekupplung *f авто* (тягово-)сцепное устройство
Anhängen *n* 1. прицепка 2. строповка; зачаливание, зачалка 3. навешивание 4. *геод.* привязка
Anhängepflug *m* прицепной плуг
Anhänger *m* 1. прицеп 2. прицепной вагон
Anhängerwagen *m см.* **Anhänger**
Anhängevollerntemaschine *f* прицепной комбайн
Anhäufung *f* 1. накопление 2. скопление
Anheizen *f* растопка, растапливание; разжигание, розжиг; выводка (*печи*)
Anhydrid *n* ангидрид
Anhydrit *m* ангидрит
Anilin *n* анилин, $C_6H_5NH_2$
Animation *f вчт* машинная мультипликация, анимация, «оживление» изображений (*на экране дисплея*)
Anion *n* анион
Anionenaustauscher *m* анионит
Anionenfehlstelle *f* анионный дефект

ANLEGEBRÜCKE

Anionenleerstelle *f*, **Anionenlücke** *f* анионная вакансия
anisometrisch анизометрический
anisotrop анизотропный
Anisotropie *f* анизотропия
Ankathete *f мат.* прилежащий катет
Anker *m* 1. анкер 2. *стр.* анкерная связь 3. (судовой) якорь 4. *эл.* якорь (*электрической машины*)
Ankerarm *m* лапа якоря
Ankerausbau *m горн.* анкерная крепь
Ankerbolzen *m* анкерный болт
Ankerdavit *m мор.* кран-балка
Ankerflunke *f* лапа якоря
Ankergeschirr *n* якорное устройство
Ankerkette *f* якорная цепь
Ankerlichtmaschine *f* якорный механизм (*брашпиль, шпиль*)
Ankermast *m эл.* анкерная опора
Ankermutter *f* анкерная гайка, гайка анкерного болта
Ankerplatte *f* анкерная плита
Ankerrührer *m* якорная мешалка
Ankerschraube *f* фундаментный болт; анкерный болт
Ankerseil *n* якорный канат
Ankeruhr *f* анкерные часы
Ankerwicklung *f эл.* обмотка якоря
Anklingkoeffizient *m* коэффициент нарастания
Anknüpfen *n текст.* связывание (узлами); подвязывание; надвязывание
Anknüpfmaschine *f текст.* узловязальная машина
Ankopplungsmodul *m* модуль связи; модуль сопряжения
Ankörnen *n мет.-об.* накернивание, намётка кернов
Ankreis *m мат.* вневписанная окружность
Ankunftsabstand *m* интервал поступления заявок [требований]
Ankunftsintensität *f см.* Ankunftsrate
Ankunftsrate *f* интенсивность потока заявок [требований]; интенсивность нагрузки (*в системах массового обслуживания*)
Anlage *f* 1. установка 2. сооружение 3. цех
~, **elektrische** электроустановка
~, **halbtechnische** [**kleintechnische**] опытно-промышленная [полузаводская] установка
~, **lithografische** установка литографии
Anlagen *f pl*, **sanitär-technische** санитарно-техническое оборудование

Anlagenbau *m* производство комплектного промышленного оборудования
Anlagenmonteur *n* специалист по монтажу оборудования
Anlagerung *f хим.* присоединение
Anlaßanode *f* пусковой анод
Anlaßbatterie *f* стартёрный аккумулятор
Anlaßbeständigkeit *f мет.* устойчивость против отпуска; красностойкость
Anlaßeinrichtung *f* стартёр; электростартёр
Anlassen *n* 1. запуск; пуск (*напр. электродвигателя*) 2. отпуск (*стали*)
Anlasser *m* пускатель; стартёр, ста́ртер
~, **elektrischer** электростартёр
~, **gekapselter** пускатель в закрытом исполнении
~, **magnetischer** магнитный пускатель
Anlaßfarben *f pl* цвета побежалости, побежалость
Anlaßfußhebel *m* педаль стартёра
Anlaßgenerator *m* стартер-генератор
Anlaßhärten *n*, **Anlaßhärtung** *f* закалка с последующим отпуском
Anlaßhebel *m* пусковой рычаг
Anlaßimpulsgenerator *m* хронизатор
Anlaßkurbel *f* пусковая рукоятка
Anlaßmotor *m* пусковой двигатель
Anlaßsprödigkeit *f мет.* отпускная хрупкость; отпускная хрупкость II рода, обратимая отпускная хрупкость
Anlaßstrom *m* пусковой ток
Anlaßverdichter *m* пусковой компрессор
Anlaßversprödung *f мет.* отпускная хрупкость
Anlaßversuch *m* пусковое испытание
Anlaßvorrichtung *f* пусковое устройство
Anlaßzündeinrichtung *f* пусковой воспламенитель (*камеры сгорания*)
Anlauf *m* 1. разгон 2. разбег (*самолета при взлете*) 3. запуск; пуск (*напр. электродвигателя*); трогание (*с места*) 4. налёт; потускнение; побежалость 5. вут (*балки*) 6. закомелистость
Anlaufen *n см.* Anlauf 1., 3.
Anlauffarben *f pl* цвета побежалости, побежалость
Anlaufmoment *n* пусковой момент (*электродвигателя*)
Anlaufstrom *m* пусковой ток
Anlaufwiderstand *m* пусковой резистор
Anlegeapparat *m полигр.* самонаклад
Anlegebrücke *f* причал

ANLEGEMANÖVER

Anlegemanöver *n косм.* причаливание
Anlegemaschine *f текст.* раскладочная машина *(для чесаных лубяных волокон)*
Anlegen *n* 1. закладка 2. швартовка; причаливание
Anlegepfahl *m* причальная тумба
Anlegepier *m* пирс
Anleger *m см.* **Anlegeapparat**
Anlegestelle *m* пристань; дебаркадер; причал
Anlegetau *n* причальный канат
Anlegieren *n* присоединение плавлением
Anleimen *n* приклеивание; склеивание
Anliegen *n* прилегание
~, **sattes** плотное прилегание
anliegend прилегающий; смежный
Anlöten *n* 1. припаивание; напайка 2. монтаж *(кристаллов ИС, подложек)* пайкой
Anmachflüssigkeit *f* затворная жидкость
Anmachwasser *n* вода затворения
Annäherung *f* 1. приближение; сближение 2. *мат.* приближение, аппроксимация
Annäherungsbruch *m* подходящая дробь
Annäherungsmethode *f* 1. метод приближения 2. приближённый метод
Annahme *f* допущение; предположение
Annahmekennlinie *f* оперативная характеристика *(плана выборочного контроля)*
Annahmewahrscheinlichkeit *f* вероятность приёмки *(партии изделий)*
Annahmezahl *f* приёмочное число
Annihilation *f физ.* аннигиляция
Anode *f* анод
~, **reaktive** реактивный анод
Anodenbatterie *f* анодная батарея
Anodenbelastung *f* анодная нагрузка
Anodeneffekt *m* анодный эффект
Anodenflüssigkeit *f* анолит
Anodengleichrichtung *f* анодное детектирование
Anodenkreis *m* цепь анода, анодная цепь; анодный контур
Anodenkupfer *n* анодная медь
Anodenmodulation *f* анодная модуляция
Anodenraum *m* анодное пространство
Anodenschlamm *m* анодный шлам
Anodenspannung *f* анодное напряжение, напряжение на аноде
Anodenspannungskennlinie *f* анодная характеристика
Anodenstrahlen *pl* анодные лучи
Anodenstrom *m* анодный ток
Anodenstrom-Anodenspannungskennlinie *f* анодная характеристика
Anodenstromkreis *m см.* **Anodenkreis**
Anodenwiderstand *m* анодное сопротивление
Anodisieren *n* анодирование
Anomalie *f* аномалия
~, **magnetische** магнитная аномалия
Anordnung *f* 1. устройство; схема 2. установка 3. расположение; компоновка
~, **ladungsgekoppelte** прибор с зарядовой связью, ПЗС
~, **oberflächenmontierte** микросборка для поверхностного монтажа
Anordnungsdichte *f* плотность компоновки
anorganisch неорганический
Anpaßnetzwerk *n* согласующий четырёхполюсник
Anpaßsteuerung *f* адаптивное управление
Anpaßsteuerungssystem *n* система адаптивного управления
Anpassung *f* 1. пригонка, подгонка 2. приспособление; адаптация 3. *эл.* согласование
Anpassungsbaustein *m* блок согласования
Anpassungsfähigkeit *f* адаптивность
Anpassungsfaktor *m* коэффициент согласования
Anpassungsglied *n* согласующий элемент
Anpassungsgrad *m см.* **Anpassungsmaß**
Anpassungsmaß *n* коэффициент согласования
Anpassungsnetzwerk *n* согласующий четырёхполюсник
Anpassungsoptimiersteuerung *f* адаптивное управление с оптимизацией
Anpassungsschaltung *f* интерфейсная (микро)схема; схема согласования
Anpassungsübertrager *m* согласующий трансформатор
Anpassungsverstärker *m* согласующий усилитель
Anpassungswiderstand *m* согласующий резистор
Anpeilen *n* пеленгация, пеленгование; взятие пеленга
Anpflanzung *f* 1. насаждение; плантация 2. посадка; облесение
Anpreßkraft *f авто* усилие, прижимающее тормозные колодки к барабану; сила прижатия *(колодок к барабану)*
Anpressung *f* нажатие
Anregekristall *m* затравка, затравочный кристалл

Anregung f возбуждение
~, **optische** оптическое возбуждение
~, **thermische** тепловое возбуждение; термогенерация
Anregungsenergie f энергия возбуждения; энергия активации
Anregungspotential n потенциал возбуждения
Anreicherung f обогащение; концентрация
Anreicherungsapparat m концентратор
Anreicherungsgebiet n обогащённая область
Anreicherungs-IFET m см. Anreicherungs-MISFET
Anreicherungs-MISFET m МДП-транзистор с обогащением канала [с индуцированным каналом], МДП-транзистор, работающий в режиме обогащения
Anreicherungs-MOSFET m МОП-транзистор с обогащением канала [с индуцированным каналом], МОП-транзистор, работающий в режиме обогащения
Anreicherungsrandschicht f обогащённый приповерхностный [(при)граничный] слой
Anreicherungsschicht f обогащённый слой
Anreicherungstyp m 1. см. Anreicherungs-MISFET 2. см. Anreicherungs-MOSFET
Anreißen n мет.-об. разметка
Anreißer m мет.-об. 1. разметчик 2. см. Anreißnadel
Anreißgerät n рейсмус
Anreißmaschine f мет.-об. (координатно-)разметочная машина
Anreißnadel f мет.-об. разметочная игла, чертилка
Anreißplatte f мет.-об. разметочная плита
Anreißwerkzeug n мет.-об. разметочный инструмент
Anreißzirkel m мет.-об. разметочный циркуль
Anriß m мет.-об. (разметочная) риска
Anrollen n разбег (самолёта)
Anruf m свз вызов
Anrufbeantworter m (телефонный) автоответчик
Anrufsignal n вызывной сигнал
Anrühren n замешивание
Ansatz m 1. выступ; буртик; заплечик 2. подголовник (болта) 3. накипь 4. мет. настыль
Ansatzkegel m коническая насадка
Ansatzmutter f гайка с опорной шайбой
Ansatzschaft m ступенчатый стержень
Ansäuern n подкисление
Ansaugen n 1. всасывание; впуск (такт работы ДВС) 2. всасывание; засасывание; подсос
Ansaughub m ход всасывания
Ansaugrohr n всасывающая труба
Ansaugstutzen m впускной патрубок
Ansaugsystem n система впуска (ДВС)
Ansaugtakt m такт всасывания
Ansaugventil n всасывающий клапан
Anschärfen n затачивание, заточка
Anschlag m 1. упор 2. нажатие (телеграфного ключа, клавиши) 3. текст. прибой
~, **feststellbarer** фиксируемый упор
~, **verstellbarer** регулируемый упор
Anschlagen n 1. зачаливание, зачалка; строповка 2. текст. прибой
Anschläger m стропальщик
Anschlagkloben m упорный кулачок
Anschlagkurve f упорный кулачок
Anschlagmittel n 1. строп 2. захват
Anschlagrahmen m спредер (для контейнеров)
Anschlagschraube f ограничительный винт
Anschlagseil n строп
Anschlagsteuerung f маш. управление от упоров (управление перемещениями рабочих органов с помощью упоров и конечных выключателей)
Anschlagstift m арретир
Anschleifen n затачивание, заточка
Anschließen n соединение; присоединение; подсоединение; подключение
Anschliff m 1. непрозрачный [рудный] шлиф 2. затачивание, заточка 3. срез (полупроводниковой пластины)
Anschluß m 1. эл. соединение; присоединение 2. эл., элн вывод 3. свз ввод; телефонный аппарат 4. геод. привязка 5. примыкание; стык
~, **vergoldeter** золочёный вывод
Anschlußausführung f конфигурация выводов
Anschlußbahn f подъездной путь; ветка
Anschlußbaugruppe f адаптер; устройство сопряжения, интерфейс
Anschlußbeine n pl штырьковые выводы (корпуса ИС)
Anschlußbelegung f расположение выводов (напр. корпуса ИС); распайка выводов
Anschlußbonden n микросварка, (при)соединение микросваркой
Anschlußbuchse f гнездо (для) включения
Anschlußdichte f плотность (расположения)

выводов; плотность (размещения) межсоединений
Anschlußdose *f* линейная (клеммная) розетка (*напр. для включения телефонного аппарата*)
Anschlußdraht *m* соединительная проволочка; проволочный вывод
Anschlußeinheit *f* адаптер
Anschlußfahne *f* (внешний) вывод (*напр. корпуса ИС*)
~, **steckbare** штырьковый вывод
Anschlußflansch *m* соединительный фланец
Anschlußgeräte *n pl* подключаемое периферийное оборудование
Anschlußinsel *f* островок контактной площадки; контактная площадка
Anschlußkabel *n* соединительный кабель
Anschlußkapazität *f* ёмкость вывода
Anschlußklemme *f* соединительный зажим
anschlußkompatibel *вчт* совместимый по выводам; *элн* совместимый по шагу выводов
Anschlußkompatibilität *f вчт* совместимость по выводам; *элн* совместимость по шагу выводов
Anschlußkontakt *m* (внешний) вывод (*корпуса ИС*); контакт (*бескорпусного компонента*)
Anschlußleistung *f см.* **Anschlußwert**
Anschlußleitung *f* 1. *свз* абонентская линия 2. соединительная линия; соединительный трубопровод 3. ответвление трубопровода; шлейф (*для подключения к газопроводу*) 4. (гибкий) вывод (*полупроводникового прибора*)
Anschlußmaße *pl* 1. *маш.* присоединительные размеры 2. *эл.* установочные размеры (*электрических машин, электроприборов*)
Anschlußpad *n* столбиковый вывод (*корпуса ИС*)
Anschlußprozessor *m* присоединённый процессор
Anschlußspannung *f* напряжение питающей сети
Anschlußstecker *m* штепсельная вилка; вилка соединительного шнура (*электроприбора*)
Anschlußstelle *f авто* место примыкания (*напр. автомобильной дороги к автомагистрали*); транспортная развязка
Anschlußstift *m* штырьковый вывод (*корпуса ИС*)
Anschlußstiftmatrix *f* матрица штырьковых выводов

Anschlußwert *m эл.* суммарная номинальная мощность всех подключённых потребителей; номинальная мощность подключённой электрической установки
Anschmelzen *n* припаивание
Anschmiegung *f* прилегание
Anschneiden *n* 1. надрезание 2. врезание 3. *геод.* засечка
Anschnitt *m* 1. надрез 2. врезание 3. заборная часть (*режущего инструмента, напр. метчика*) 4. зарубка 5. впуск, впускной литник (*литниковой системы*) 6. литниковая система
~ **von oben** верхняя литниковая система
Anschnittsteuerung *f* фазовое управление; система импульсно-фазового управления, СИФУ
Anschnittsystem *n* литниково-питающая система
Anschweißen *n* приваривание, приварка
Anschwellung *f* набухание, разбухание
Anschwemmfilter *n* намывной фильтр
Anschwemmung *f* 1. насос 2. намыв
Anschwemmungen *f pl* наносы
Ansenken *n мет.-об.* цекование
Ansenker *m мет.-об.* цековка
Ansetzen *n* 1. наращивание 2. закладка (*скважины*)
Ansicht *f* вид
Anspitzen *n* 1. заострение 2. острение (*проволоки*) 3. затёска
Ansprechempfindlichkeit *f* порог чувствительности; порог срабатывания
Ansprechen *n* срабатывание
Ansprechgrenze *f* порог срабатывания
Ansprechpegel *m* уровень срабатывания
Ansprechschwelle *f* порог срабатывания; порог чувствительности
Ansprechspannung *f* напряжение срабатывания
Ansprechstrom *m* ток срабатывания
Ansprechwert *m* порог срабатывания
Ansprechzeit *f* время срабатывания; время реакции
Ansprengen *n* притирка (*концевых мер длины*)
Anstau *m* подпор (*воды*)
Anstauchen *n мет.-об.* высадка
Ansteigen *n* возрастание; нарастание
Anstellvorrichtung *f мет.* нажимное устройство, нажимной механизм (*устройство для*

вертикальной установки валков прокатного стана)
Anstellwinkel *m* 1. *ав.* угол атаки 2. *мор.* угол разворота (*лопастей гребного винта*)
Ansteuerschaltung *f* 1. схема управления 2. *см.* **Auswahlschaltung**
Ansteuerung *f* 1. наведение (*ракет*) 2. управление
Ansteuerungsfunkfeuer *n* приводной радиомаяк
Anstieg *m* 1. возрастание; нарастание 2. *ав.* подъём; набор высоты
Anstiegsantwort *f автм* реакция на линейно нарастающее воздействие (*на входе*)
Anstiegsflanke *f* фронт (*импульса*)
~, **steile** крутой фронт (*импульса*)
Anstiegsfunktion *f* линейно нарастающая функция
Anstiegszeit *f элн* время нарастания; время фронта
Anstiegszeitkonstante *f элн* постоянная времени нарастания
Anstreicharbeiten *f pl* малярные работы
Anstrich *m* 1. окраска; покраска; окрашивание 2. (лакокрасочное) покрытие
~, **feuerfester** огнестойкая окраска; огнестойкое покрытие
~, **leuchtender** светящееся покрытие
~, **säurefester** кислотоупорная окраска
~, **wärmebeständiger** термостойкая окраска; термостойкое покрытие
Anstrichfarbe *f* (малярная) краска; строительная краска
Anstrichstoffe *m pl* лакокрасочные материалы
Anströmgeschwindigkeit *f* скорость натекания [набегающего потока]
Anströmseite *f* передняя кромка (*напр. лопатки турбины*)
Anströmung *f* натекание
Anströmwinkel *m* угол атаки
Anstückelungsmethode *f автм* метод припасовывания
Anteil *m* 1. доля 2. составляющая 3. фракция
Anteilmenge *f* относительная доля; процентное содержание
Antenne *f* антенна
~, **gerichtete** направленная антенна, антенна направленного излучения
~, **gleichphasig gespeiste** синфазная антенна
~, **künstliche** эквивалент антенны
~, **scharfbündelnde** остронаправленная антенна

Antennenableitung *f* снижение [кабель снижения] антенны
Antennenabstimmung *f* настройка антенны
Antennenanschluß *m* антенный ввод
Antennenbuchse *f* антенное гнездо, гнездо подключения антенны
Antennendurchführung *f* антенный ввод
Antenneneffekt *m* антенный эффект
Antennenfeld *n* антенное поле
Antennenfläche *f*, **effektive** эффективная площадь антенны
Antennengewinn *m* усиление антенны; коэффициент усиления антенны
Antennengitter *n* антенная решётка
~, **phasiertes** фазированная антенная решётка, ФАР
Antennengruppe *f* антенная решётка
Antennenhöhe *f*, **effektive** действующая высота антенны
Antennenkreis *m* антенный контур
Antennenlänge *f*, **effektive** действующая длина антенны
Antennenleistung *f* мощность в антенне
Antennenleitung *f* антенный фидер
Antennennachbildung *f* эквивалент антенны
Antennenniederführung *f* снижение антенны
Antennenöffnung *f* раскрыв [апертура] антенны
Antennenrichtdiagramm *n* диаграмма направленности антенны
Antennenschalter *m см.* **Antennenumschalter**
Antennenspeiseleitung *f* антенный фидер
Antennensynthese *см.* **Apertursynthese**
Antennenumschalter *m* антенный переключатель
Antennenverkleidung *f* антенный обтекатель
Antennenverstärker *m*, **Antennenwähler** *m см.* **Antennenumschalter**
Antennenwahlschalter *m* антенный переключатель
Antennenwirkfläche *f* эффективная площадь антенны
Antennenwirkung *f см.* **Antenneneffekt**
Antennenzuleitung *f* антенный фидер
Anthrazen *n* антрацен
Anthrazenöl *n* антраценовое масло
Anthrazit *m* антрацит
Anti-Aliasing-Filter *n элн* фильтр подавления помех наложения
Antibiotikum *n* антибиотик
Antiblockiersystem *n авто* противоблокировоч-

ное устройство (*гидравлической тормозной системы*), антиблокировочная система
Antiferromagnetikum *n* антиферромагнетик
Antiferromagnetismus *m* антиферромагнетизм
Antifouling(anstrich)farbe *f* противообрастающая краска
Antifriktionsmetall *n* антифрикционный сплав
Antifrostmittel *n* антифриз
Antihaftschicht *f* противопригарный слой
Antikatode *f* антикатод
Antiklinale *f* антиклиналь
Antiklopfmittel *n* антидетонационная присадка (*к топливу*), антидетонатор
Antikoinzidenz *f* антисовпадение
Antikoinzidenzmethode *f* метод антисовпадений
Antikoinzidenzschaltung *f* схема антисовпадений
antikorrosiv антикоррозионный
Antilogarithmus *m* антилогарифм
Antimaterie *f* антивещество
Antimon *n* сурьма, Sb
Antimonglanz *m см.* Antimonit
Antimonit *m мин.* антимонит, сурьмяный блеск
Antimonwasserstoff *m* гидрид сурьмы, сурьмянистый водород, стибин, SbH$_3$
Antimonweiß *n* сурьмяные белила
Antioxydans *n см.* Antioxydationsmittel
Antioxydationsmittel *n* антиокислитель
Antiozonant *m* антиозонант
Antiparalleldiode *f* встречно-включённый диод
Antiparallelschaltung *f* встречное включение
Antiproton *n* антипротон
Antirakete *f* противоракета
Antireflexbeschichtung *f* антибликовое покрытие (*экрана дисплея*)
Antireflexglas *n* стекло с противоотражающим [с просветляющим] покрытием
Antischlupfkontrolle *f авто* система противоскольжения, противобуксовочная система
Antistatika *n pl*, **Antistatikmittel** *n pl* антистатики
Antisymmetrie *f* антисимметрия
Antiteilchen *n физ.* античастица
Antivalenz *f вчт* неэквивалентность, неравнозначность; (логическая) операция отрицания равнозначности (*сложение по модулю 2, исключающее ИЛИ*)
Antivalenzgatter *n вчт* схема неравнозначности; элемент неравнозначности
Antivalenzglied *n вчт* элемент отрицания равнозначности, элемент неравнозначности

Antivalenzschaltung *f вчт* схема неравнозначности
Antivirusprogramm *n вчт* антивирусная программа
Antizyklone *f* область высокого [повышенного] давления, антициклон
Antrieb *m* 1. привод 2. энергетическая [силовая] установка
~, **drehzahlgeregelter** многоскоростной электропривод
~, **elektrischer [elektromotorischer]** электрический привод, электропривод
~, **hydraulischer** гидравлический привод, гидропривод
~, **hydrostatischer** 1. объёмный гидропривод 2. гидрообъёмная трансмиссия
~, **motorischer** двигательный привод
~, **pneumatischer** пневматический привод, пневмопривод
~, **unmittelbarer** непосредственный привод, привод без передачи
Antriebsachse *f* 1. *маш.* ведущая ось 2. *авто* ведущий мост
Antriebsaggregat *n авто* силовой агрегат
Antriebsanlage *f* силовая установка; энергетическая установка
Antriebsbahn *f косм.* активный участок траектории, участок траектории с работающим двигателем
Antriebseinheit *f* приводной агрегат; узел привода
Antriebskegelrad *n маш., авто* ведущая коническая шестерня
Antriebsleistung *f* мощность привода
Antriebsmaschine *f* первичный двигатель
Antriebsmodul *m косм.* двигательный отсек
Antriebsmoment *n* приводной момент
Antriebsmotor *m* приводной двигатель
Antriebsrad *n* 1. ведущее колесо (*напр. автомобиля*) 2. *маш.* ведущая шестерня, ведущее колесо
Antriebsriemen *m* приводной ремень
Antriebsritzel *n* приводной ремень
Antriebsrolle *f* ведущий ролик
Antriebsscheibe *f* 1. ведущий шкив 2. ведомый шкив
Antriebsschlupfregelung *f авто* противобуксовочная система, система регулирования тяги (*для устранения пробуксовки ведущих колёс*)
Antriebsseil *n* приводной канат

Antriebsseite *f* сторона привода
Antriebsstation *f* приводная станция (*напр. конвейера*)
Antriebsstrahl *m* реактивная струя
Antriebsturbine *f* приводная турбина
Antriebsvorrichtung *f* приводной механизм, механизм привода
Antriebswalze *f* приводной валок
Antriebswelle *f* 1. приводной вал; ведущий вал 2. ведомый вал
Antwort *f* 1. реакция; отклик 2. ответ; подтверждение
Antwortgerät *n* ответчик
Antwortsender *m* передатчик ответчика; ответчик
Antwortzeit *f* 1. время ответа (*системы*) 2. время отклика
Anvulkanisation *f* подвулканизация
Anwahl *f* свз избирание, выбор
Anwärmofen *m* нагревательная печь
Anwärmung *f* подогрев; нагрев
Anwärmwalzen *f pl* подогревательные вальцы
Anweisung *f* 1. оператор (*языка программирования*) 2. директива; инструкция 3. инструкция (*напр. о пользовании*)
~, **arithmetische** арифметический оператор
~, **bedingte** условный оператор
~, **einfache** простой оператор
~, **logische** логический оператор
~, **markierte** помеченный оператор
~, **unbedingte** императивный [исполняемый] оператор
Anweisungsklammer *f* операторная скобка
Anweisungssprache *f* командный язык
Anwender-Betriebskonfiguration *f* см. **Anwenderkonfiguration 2.**
anwenderfreundlich дружественный; удобный для пользователя
anwenderorientiert ориентированный на пользователя
Anwenderprogramm *m* программа пользователя; прикладная программа
anwenderprogrammierbar программируемый пользователем
Anwenderschaltkreis *m* элн специализированная ИС; заказная ИС
Anwenderschnittstelle *f* интерфейс пользователя, пользовательский интерфейс
Anwendersoftware *f* прикладное программное обеспечение

anwenderspezifisch специализированный; заказной
Anwendungsprogramm *n* прикладная программа
Anwerfen *n* запуск (*двигателя*)
Anwortgerät *n* ответчик (*системы опознавания «свой — чужой»*)
Anwuchs *m* обрастание (*подводной части судна, гидротехнических сооружений*)
Anwurfmotor *m* пусковой двигатель; разгонный двигатель
Anzapfen *n* 1. эл. выполнение ответвлений, отводов *или* отпаек 2. отбор (*напр. пара*) 3. подключение к линии связи (*для подслушивания*) 4. лес. подсочка 5. откупорка (*напр. бочки*) 6. дер.-об. соединение шипом
Anzapfleistung *f* мощность на валу (*трактора*)
Anzapfpotentiometer *n* эл. потенциометр с отводами
Anzapfstelle *f* эл. точка отвода
Anzapftransformator *m* эл. трансформатор с отпайками, секционированный трансформатор
Anzapfturbine *f* турбина с промежуточным отбором пара
Anzapfumschalter *m* эл. переключатель отпаек [ответвлений, отводов]
Anzapfung *f* 1. эл. ответвление; отвод; отпайка 2. см. **Anzapfen**
Anzeichnen *n* разметка (*листов, шаблонов*)
Anzeige *f* 1. показание (*прибора*) 2. индикация 3. индикатор
~, **alphanumerische** 1. алфавитно-цифровая индикация 2. алфавитно-цифровой индикатор
~, **digitale** 1. цифровая индикация 2. цифровой индикатор
~, **elektrochrometrische** электрохромный индикатор
~, **numerische** 1. цифровая индикация 2. цифровой индикатор
~, **optische** оптическая [визуальная] индикация
Anzeigeadapter *m* адаптер дисплея, дисплейный адаптер, видеоадаптер
Anzeigebauelement *n* индикаторный элемент
Anzeigeelement *n* 1. элемент изображения; элемент отображения 2. индикаторный элемент

ANZEIGEFEHLER

Anzeigefehler *m* погрешность показания (*прибора*)
Anzeigegerät *n* 1. индикатор; указатель 2. *см.* **Anzeigemeßgerät**
Anzeigekonsole *f вчт* дисплейный пульт; дисплей-консоль
Anzeigematrix *f* матричный индикатор; матричная (индикаторная) панель
Anzeigemeßgerät *n* показывающий измерительный прибор
Anzeigepositioniergerät *n вчт* устройство управления позицией
Anzeiger *m* индикатор; указатель
Anzeigeröhre *f* индикаторная ЭЛТ
Anzeigetafel *f* индикаторная панель; индикаторное табло; информационное табло; электронное табло
Anziehen *n* затягивание, затяжка
Anziehung *f* притяжение
~, **gegenseitige** взаимное притяжение
Anziehungskraft *f* сила притяжения
Anzug *m* 1. костюм 2. скос (*клина*) 3. затяжка, затягивание 4. *маш.* натяг
Anzugsmoment *n* 1. эл. (начальный) пусковой момент 2. (вращающий) момент затяжки (*гайки, болта*)
Anzünden *n* зажигание; поджигание
Äolsball *m* эолипил (*описанный Героном Александрийским механизм в виде шара, который вращается под действием пара, истекающего из двух Г-образных трубок; прообраз паровой турбины*)
AOW-Bauelement [Akustische Oberflächenwellen-...] *n* прибор на поверхностных акустических волнах [на ПАВ], ПАВ-прибор
AOW-Filter *n* фильтр на ПАВ
AOW-Oszillator *m* генератор на ПАВ, ПАВ-генератор
AOW-Verzögerungsleitung *f* линия задержки на ПАВ
Apatit *m* апатит
aperiodisch апериодический
Apertur *f* апертура
~, **numerische** числовая апертура
Aperturblende *f* апертурная диафрагма
Apertur-Jitter *m*, **Apertur-Unsicherheit** *f* апертурное дрожание, апертурная неопределённость, апертурная погрешность
Apertursynthese *f рад., астр.* апертурный синтез, синтез антенных устройств большой апертуры

Aperturverzerrung *f* апертурное искажение
Aperturverzögerung *f* апертурная задержка
Aperturwinkel *m* апертурный угол
Aperturzeit *f* апертурное время
Apex *m астр.* апекс
Aphel(ium) *n опт.* афелий
Aplanat *m, n опт.* апланат
Aplanatismus *m опт.* апланатизм
Apochromat *m опт.* апохромат
apochromatisch апохроматический
Apodisation *f* аподизация
Apogäum *n астр.* апогей
Aposelen *n астр.* апоселений
Apostilb *n уст.* апостильб
Apparat *m* аппарат
~, **Kippscher** аппарат Киппа
Apparatebau *m*, **chemischer** химическое машиностроение
Apparatefahrer *m* аппаратчик
Apparatefärberei *f текст.* аппаратное крашение
Apparateraum *m* аппаратная
Applikate *f* аппликата
Applikationsprogramm *n* прикладная программа
applikationsspezifisch специализированный; заказной
Appret *n текст.* аппрет
Appretieren *n текст.* аппретирование, отделка
Appretiermaschine *f текст.* аппретурная [отделочная] машина
Appretur *f текст.* 1. аппретирование, отделка 2. аппрет 3. аппретурный цех; отделочное производство
Appreturabteilung *f текст.* отделочный цех
Appreturmittel *n pl текст.* аппреты
Approximation *f* аппроксимация, приближение
~, **sukzessive** последовательное приближение; метод последовательных приближений
Approximationsverfahren *n* метод приближения
approximativ аппроксимативный
Apsis *f* апсида
AQL [Acceptable Quality Level] *m*, **AQL-Wert** *m* уровень дефектности (*доля дефектных единиц продукции или число дефектов на сто единиц продукции*)
Aquaplaning *n авто* аквапланирование
Äquator *m астр.* экватор
~, **magnetischer** магнитный экватор
Äquatorialkoordinaten *f pl* экваториальные координаты

äquidistant равноотстоящий, эквидистантный
Äquidistante f эквидистанта
äquilateral равносторонний
äquimolekular эквимолекулярный
Äquinoktium n равноденствие
äquipotential эквипотенциальный
Äquipotentialfläche f эквипотенциальная поверхность, поверхность равного потенциала
Äquipotentiallinie f эквипотенциальная линия
Äquivalent n эквивалент
~, elektrochemisches электрохимический эквивалент
äquivalent эквивалентный
Äquivalentdosis f эквивалентная доза ионизирующего излучения
Äquivalentgewicht n см. Äquivalentmasse
Äquivalentmasse f химический эквивалент
Äquivalenz f 1. эквивалентность 2. эквивалентность, равнозначность (*в математической логике*)
Aquivalenzglied n вчт элемент равнозначности
Äquivalenzklasse f класс эквивалентности
Äquivalenzprinzip n физ. принцип эквивалентности
Äquivalenzpunkt m точка эквивалентности
Äquivalenzrelation f отношение эквивалентности
Ära f геол. эра
Aräometer n ареометр
Arbeisspannung f рабочее напряжение
Arbeit f работа
~, störungsfreie бесперебойная работа
Arbeitsablauf m 1. *маш.* последовательность операций; технологический маршрут, план обработки 2. цикл, цикл работы (*автомата*)
Arbeitsablaufkarte f маршрутная карта (*технологического процесса*)
Arbeitsaufnahme f энергоёмкость (*напр. пружины, рессоры*)
Arbeitsaufwand m трудоёмкость; трудозатраты
arbeitsaufwendig трудоёмкий
Arbeitsbelastung f рабочая нагрузка
Arbeitsbereich m 1. рабочая область; рабочий диапазон 2. область срабатывания (*реле*) 3. рабочая область (*памяти*) 4. рабочее пространство; радиус действия
~, sicherer область надёжной работы (*транзистора*)
Arbeitsblatt n *маш.* операционная карта
Arbeitsbreite f ширина захвата

Arbeitsbühne f подмости; рабочий помост; рабочая платформа
Arbeitsdiskette f вчт рабочая дискета
Arbeitsdruck m рабочее давление
Arbeitseinheit f 1. единица работы 2. (унифицированная) силовая головка (*агрегатного станка*)
Arbeitsfähigkeit f работоспособное состояние, работоспособность
Arbeitsfeld n фронт работы
Arbeitsfile n рабочий файл
Arbeitsfläche f 1. *маш.* рабочая плоскость, плоскость движения (*напр. инструмента*) 2. рабочая поверхность
Arbeitsflanke f *маш.* рабочая сторона зуба
Arbeitsfolge f (технологическая) последовательность операций; технологический маршрут, план обработки
Arbeitsfolgekarte f маршрутно-технологическая карта
Arbeitsfolgeplan m карта технологического маршрута; план обработки; операционный график
Arbeitsfolgeplanung f технологическая маршрутизация, назначение технологических маршрутов
Arbeitsfrequenz f рабочая частота
Arbeitsfuge f рабочий шов
Arbeitsgang m *маш.* технологическая операция
Arbeitsgeschwindigkeit f 1. рабочая скорость 2. быстродействие
Arbeitshub m рабочий ход; ход [такт] расширения
arbeitsintensiv трудоёмкий
Arbeitskennlinie f рабочая характеристика
Arbeitskolben m рабочий поршень
Arbeitskontakt m эл. нормально-разомкнутый [замыкающий, рабочий] контакт
Arbeitskopie f рабочая копия
Arbeitslaufkarte f технологическая карта
Arbeitsleistung f производительность; эффективная мощность
Arbeitsmaschine f рабочая машина
Arbeitsmaske f рабочий фотошаблон
Arbeitsmenge f автм наработка
Arbeitsmittel n рабочее тело; рабочая среда
Arbeitsmode m режим работы
Arbeitsnorm f норма выработки
~, technisch begründete технически обоснованная норма (выработки)
Arbeitsplan m *маш.* технологическая карта

ARBEITSPLATZ

Arbeitsplatz *m* рабочее место
~, **grafischer** графическое АРМ
~, **rechnergestützter** автоматизированное рабочее место, АРМ
Arbeitsplatzcomputer *m* профессиональная персональная ЭВМ [профессиональная ПЭВМ] в составе АРМ
Arbeitsplatzkonzentration *f* концентрация вредных веществ на рабочем месте
arbeitsplatzorientiert ориентированный на использование в составе АРМ
Arbeitsplatzrechner *m* см. **Arbeitsplatzcomputer**
Arbeitsplatzsystem *n* рабочая станция
Arbeitsproduktivität *f* производительность труда
Arbeitspunkt *m* эл., элн рабочая точка
Arbeitspunkteinstellung *f* эл., элн установка рабочей точки
Arbeitspunktverschiebung *f* эл., элн смещение рабочей точки
Arbeitsradius *m* радиус действия, досягаемость (*манипулятора, робота*); зона досягаемости (*манипулятора, робота*)
Arbeitsraum *m* 1. рабочая зона, рабочее пространство (*робота*) 2. рабочая зона (*памяти*)
Arbeitsraumzeiger *m* указатель рабочей зоны (*памяти*), регистр (базового) адреса рабочей зоны (*памяти*)
Arbeitsregister *n* рабочий регистр
Arbeitsschablone *f* рабочий фотошаблон
Arbeitsschicht *f*, **unbemannte** «безлюдная» (рабочая) смена
Arbeitsschutz *m* охрана труда
Arbeitsschutzmittel *n pl* средства индивидуальной защиты
Arbeitsspeicher *m* вчт оперативная память, оперативное ЗУ, ОЗУ
Arbeitsspiel *n* рабочий цикл (*напр. двигателя внутреннего сгорания*)
Arbeitsstellung *f* рабочее положение, рабочая позиция
Arbeitsstrom *m* эл. рабочий ток
Arbeitsstromkontakt *m* эл. замыкающий [нормально-разомкнутый] контакт
Arbeitsstromkreis *m* эл. цепь рабочего тока
Arbeitsstück *n* обрабатываемая деталь, обрабатываемое изделие; заготовка
Arbeitsstufe *f* (технологический) переход (*часть технологической операции*)

Arbeitsstufenfolge *f* последовательность (технологических) переходов
Arbeitstakt *m* 1. рабочий такт, такт работы 2. такт (*поточного процесса, напр. сборки*) 3. такт расширения (*ДВС*)
Arbeitstemperaturbereich *m* диапазон рабочих температур
Arbeitsverfahren *n* технологический метод
Arbeitsvermögen *n* 1. работоспособность 2. удельная работа деформации (*полимеров*)
Arbeitsvolumen *n* рабочий объём
Arbeitsvorgang *m* технологический процесс
Arbeitsvorrat *m* задел
Arbeitswalze *f* рабочий валок
Arbeitswanne *f* выработочный бассейн (*стекловаренной печи*)
Arbeitsweise *f* режим (работы)
~, **asynchrone** асинхронный режим
~, **synchrone** синхронный режим
~, **überlappte** конвейерный режим (*обработки данных*)
Arbeitswiderstand *m* рабочее сопротивление
Arbeitszeichnung *f* рабочий чертёж
Arbeitszeit *f* 1. *маш.* время обработки; технологическое время 2. *автм* время работы; наработка 3. рабочее время
Arbeitszeitermittlung *f* хронометраж рабочего времени
Arbeitszyklus *m* рабочий цикл
~, **fester** постоянный [жёстко заданный] цикл работы
Arbeitszylinder *m* рабочий цилиндр; силовой цилиндр
Arbiter *m* вчт арбитр, схема арбитража (*схема разрешения конфликтных ситуаций при запросе общего ресурса, напр. общей шины*)
Arbitration *f* вчт арбитраж (*запросов общего ресурса*); управление доступом к общему ресурсу (*напр. к общей шине*)
Arbitrationslogik *f* арбитражная логика
Arbitrationsschaltung *f* см. **Arbiter**
Arbitrierlogik *f* арбитражная логика
Arbitrierung *f* см. **Arbitration**
Arcatomschweißen *n* атомно-водородная сварка
Archaikum *n* геол. архей, архейская группа
Archimedes-Spirale *f* архимедова спираль
Architektur *f* архитектура
Architrav *m* архитрав
Archivierung *f* архивирование, архивация
Archivierungsprogramm *n* (программа-)архи-

ватор, программа архивирования [архивации]
Areafunktionen *f pl мат.* обратные гиперболические функции
Argentit *m мин.* аргентит, серебряный блеск
Argillit *m геол.* аргиллит
Argon *n* аргон, Ar
Argon-Arc-Schweißen *n* аргонодуговая сварка
Argument *n* аргумент
Arithmetik *f* арифметика
Arithmetikbefehl *m вчт* арифметическая команда, команда арифметической операции
Arithmetik-Coprozessor *m вчт* арифметический [математический] сопроцессор
Arithmetik-Logik-Einheit *f вчт* арифметико-логическое устройство, АЛУ
Arithmetikprozessor *m* арифметический (со)процессор
arithmetisch арифметический
Arkusfunktionen *f pl мат.* аркфункции
Arm *m* 1. плечо; рычаг 2. кронштейн 3. *астр.* (спиральная) ветвь *(галактики)* 4. *мор.* лапа *(якоря)*
Armatur *f* 1. арматура 2. прибор
Armaturenbrett *n* приборная доска, панель приборов; приборный щиток, щиток приборов
Armaturenkeramik *f* установочная керамика
Armaturentafel *f* панель приборов
Armblei *n* свинец с низким содержанием серебра, обессеребренный свинец
Armco-Eisen *n* армко-железо, технически чистое железо
Armerz *n* бедная руда
Armfeile *f* брусовка
Armierung *f* 1. арматура 2. армирование
Armlehne *f* подлокотник
Armoxide *n pl мет.* изгарь, бедные оксиды *(при рафинировании свинца)*
Aroma *n* аромат
Aromastoff *m* ароматическое вещество
Aromaten *pl* ароматические углеводороды
Aromatisierung *f* ароматизация
Array *n* 1. матрица; решётка 2. матричная ИС 3. *вчт* массив *(данных)* 4. (антенная) решётка
~, **bipolares** матрица биполярных транзисторов; биполярная матричная ИС
~, **dreidimensionales** трёхмерная матрица
~, **kundenspezifisch strukturiertes** заказная структурированная матричная ИС
~, **maskenprogrammierbares** матричная ИС с масочным программированием
~, **strukturiertes** структурированная матрица
~, **systolisches** систолическая матрица; систолическая вычислительная структура
Arraylogik *f* матричная логика, матричные логические схемы
Array-Prozessor *m* матричный процессор
Array-Schaltkreis *m* матричная ИС; матричная БИС
Array-Struktur *f* матричная структура
Array-Zelle *f* ячейка (логической) матрицы; элемент матрицы
Arretierstift *m* фиксатор
Arretierung *f* 1. арретирование *(весов)* 2. фиксация; стопорение 3. арретир 4. фиксирующее устройство
Arretiervorrichtung *f* арретир; стопорное устройство
Arsen *n* мышьяк, As
Arsen... мышьяковый
Arsenat *n* арсенат
Arsenid *n* арсенид
Arsenik... мышьяковистый
Arsenit *n* арсенит
Arsenkies *m см.* **Arsenopyrit**
Arsenleerstelle *f* вакансия мышьяка *(в кристаллической решетке)*
Arsenopyrit *m мин.* арсенопирит, мышьяковый колчедан
Arsensäure *f* мышьяковая кислота, H_3AsO_4
Arsenstörstelle *f* примесный As-центр
Arsin *n* арсин, гидрид мышьяка, AsH_3
Art *f* род; вид; тип
artesisch артезианский
Artikulationspunkt *m* точка сочленения *(графа)*
Artwork-Qualität *f* качество, соответствующее уровню техники
Arzneimittel *n* лекарственное вещество
AS-Baureihe [Advanced Schottky-...] *f* серия усовершенствованных ТТЛ ИС с диодами Шоттки, серия усовершенствованных ТТЛШ ИС
Asbest *m* асбест
Asbestdichtung *f* асбестовое уплотнение
Asbestfaser *f* асбестовое волокно
Asbestgewebe *n* асбестовая ткань
Asbestit *m* асбестит
Asbestpapier *n* асбестовая бумага
Asbestpappe *f* асбокартон

Asbestplast *m* асбопластик
Asbestschiefer *m* асбошифер
Asbeststoff *m см.* **Asbestgewebe**
Asbestzement *m* асбоцемент
Asbestzementkonstruktion *f* асбоцементная конструкция
Asbestzementrohr *n* асбоцементная труба
Asche *f* зола; пепел
~, **vulkanische** вулканический пепел
Ascheabscheider *m* золоуловитель
aschearm малозольный
aschefrei беззольный
Aschegehalt *m* зольность
Aschenbeton *m* золобетон
Aschenfall *m* зольник, поддувало
Aschenfänger *m* золоуловитель
aschenhaltig зольный
Aschenkasten *m* зольник, поддувало
Äscher *m* зольник
aschereich высокозольный
Aschern *n* золение
Aschfall *m см.* **Aschenfall**
ASCII-Code *m* Американский стандартный код для обмена информацией, код ASCII, ASCII-код
ASCII-Terminal *n* текстовый терминал, ASCII-терминал
ASCII-Zeichensatz *m* набор (символов кода) ASCII; кодировка ASCII
AS-Familie *f см.* **AS-Baureihe**
ASIC [Application Specific IC] *n* специализированная ИС
Askorbinsäure *f* аскорбиновая кислота, витамин C
Aspektverhältnis *n* 1. формат кадра, формат изображения 2. коэффициент сжатия (*в машинной графике*)
Asphalt *m* асфальт
Asphaltbeton *m* асфальтобетон
Asphaltieren *n* асфальтирование
Asphaltmastix *m* асфальтовая мастика
Asphaltmörtel *m* асфальтовый [битумный] раствор
Asphaltstraße *f* асфальтированная дорога
Aspiration *f* аспирация
Aspirator *m* аспиратор
ASR [Antriebsschlupfregelung] *f авто* противобуксовочная система, система регулирования тяги (*для устранения пробуксовки ведущих колёс*)
Assanierung *f* ассенизация

Assanierungssystem *n* ассенизационная система
Assembler *m* ассемблер
Assembleranweisung *f* оператор ассемблера
Assemblerbefehl *m* команда ассемблера, инструкция на языке ассемблера
Assemblerdirektive *f* директива ассемблера
Assemblerkode *m* ассемблерный код
Assemblerlisting *n* листинг ассемблера
Assemblerprogramm *n* ассемблер (*транслятор с языка ассемблера*)
Assemblerprogrammierung *f* программирование на языке ассемблера
Assemblerprotokoll *n* листинг ассемблера; протокол ассемблирования, протокол трансляции с (языка) ассемблера
Assemblersprache *f* язык ассемблера, ассемблер
Assemblierer *m* ассемблер
Assemblierung *f* трансляция с языка ассемблера, ассемблирование
Assimilation *f* ассимиляция
Assoziation *f* ассоциация
~, **paragenetische** парагенетическая ассоциация
assoziativ 1. *мат.* ассоциативный, сочетательный 2. ассоциативный
Assoziativgesetz *n мат.* сочетательный [ассоциативный] закон
Assoziativität *f* 1. *мат.* ассоциативность, сочетательность 2. ассоциативность
Assoziativspeicher *вчт* ассоциативная память, ассоциативное ЗУ
Ast *m* 1. сук 1. сучок 3. ветвь (*кривой, траектории*)
~, **absteigender** нисходящая ветвь (*траектории*)
~, **aufsteigender** восходящая ветвь (*траектории*)
Astabschneider *m* сучкорезка
Astat *n* астат, At
astatisch астатический
Astatismus *m* астатизм
Asterismus *m* астеризм
Asteroid *m* астероид
Ästigkeit *f* сучковатость
Astigmatismus *m опт.* астигматизм
Astroballistik *f* астробаллистика
Astrobiologie *f* астробиология
Astrobotanik *f* астроботаника
Astrofotografie *f* астрофотография
Astrografie *f* астрография

ATOMLADUNG

Astrokompaß *m* астрокомпас
Astrokorrektion *f* астрокоррекция
Astrometrie *f* астрометрия
Astronaut *m* космонавт, астронавт
Astronautik *f* космонавтика, астронавтика
Astronavigation *f* астронавигация, астрономическая навигация
Astronomie *f* астрономия
astronomisch астрономический
Astrophysik *f* астрофизика
AS-TTL *f см.* Advanced Schottky-TTL
Asymmetrie *f* асимметрия, асимметричность, несимметричность
asymmetrisch асимметричный, несимметричный
Asymptote *f* асимптота
Asymptotenlinie *f* асимптотическая линия
asymptotisch асимптотический
asynchron асинхронный
Asynchronbetrieb *m*, **Asynchron-Mode** *m* асинхронный режим
Asynchrongenerator *m эл.* асинхронный генератор
Asynchronmaschine *f эл.* асинхронная машина
Asynchronmotor *m* асинхронный электродвигатель
Asynchron-/Synchron-Mode *m* синхронно-асинхронный режим
Asynchronzähler *m* последовательный [асинхронный] счётчик
Atelierkamera *f* 1. студийная кинокамера; студийная телекамера 2. павильонный фотоаппарат
Atemgerät *n* 1. дыхательный аппарат 2. *ав.* кислородно-дыхательный прибор
Atemschutzgerät *n* дыхательный аппарат
Atemschutzmaske *f* респиратор
Äthan *n* этан, CH_3-CH_3
Äthanal *n см.* Azetaldehyd
Äthanol *n* этанол, этиловый спирт, C_2H_5OH
Äthanolamine *n pl* этаноламины
Äthen *n см.* Äthylen
Äther *m хим.* 1. простой эфир 2. этиловый [диэтиловый, серный] эфир, эфир, $C_2H_5OC_2H_5$
ätherisch эфирный
athermisch атермический
Äthin *n* ацетилен, этин, $HC\equiv CH$
Äthylalkohol *m* этиловый спирт, этанол, C_2H_5OH

Äthylazetat *n* этилацетат, уксусноэтиловый эфир, $CH_3COOC_2H_5$
Äthylbenzin *n* этилированный бензин
Äthylbenzol *n* этилбензол, $C_6H_5C_2H_5$
Athylen *n* этилен, $H_2C=CH_2$
Äthylenglykol *n* этиленгликоль, $HOCH_2CH_2OH$
Äthylenglykolmonoäthyläther *m* этилцеллозольв (*моноэтиловый эфир этиленгликоля*)
Äthylieren *n* этилирование
Äthylzellulose *f* этилцеллюлоза
Atlasbindung *f текст.* атласное [сатиновое] переплетение
ATMOS-Transistor [Adjustable Threshold MOS...] *m* МОП-транзистор с регулируемым пороговым напряжением
Atmosphäre *f* атмосфера
~, **absolute** абсолютная атмосфера
~, **geregelte** контролируемая атмосфера
~, **freie** свободная атмосфера, верхние слои атмосферы
~, **obere** верхние слои атмосферы
~, **oxidierende** окислительная атмосфера
~, **physikalische** физическая атмосфера
~, **reduzierende** восстановительная атмосфера
~, **technische** техническая атмосфера
Atmosphärics *pl* атмосферики, атмосферные помехи
Atmosphärilien *pl* атмосферные агенты
atmosphärisch атмосферный
Atom *n* атом
~, **adsorbiertes** адсорбированный атом, адатом
~, **angeregtes** возбуждённый атом
~, **ausgestoßenes** выбитый атом
~, **freies** свободный атом
~, **heißes** горячий атом
~, **ionisiertes** иониз(ир)ованный атом
~, **markiertes** меченый атом
Atombau *m* строение атома
Atombindung *f* атомная связь
Atombombe *f* атомная бомба
Atomeisbrecher *m* атомный ледокол
Atomenergie *f* атомная энергия; ядерная энергия
Atomgewicht *n* атомный вес (*уст.*), атомная масса
Atomgitter *n* атомная решётка
Atomhülle *f* атомная оболочка
Atomistik *f* атомизм, атомистика
Atomkern *m* атомное ядро
Atomladung *f* атомный заряд

47

ATOMLAGE

Atomlage *f* атомный слой, слой атомов, монослой
Atommasse *f* атомная масса
~, **relative** относительная атомная масса
Atommodell *n* атомная модель
Atommüll *m* радиоактивные отходы
Atomnummer *f* атомный номер
Atomorbital *n* атомная орбиталь
Atomphysik *f* атомная физика
Atomradius *m* атомный радиус
Atomreaktor *m* ядерный реактор
Atomschiff *n* атомоход, судно с атомной [ядерной] энергетической остановкой
Atomspektrum *n* атомный спектр
Atomstrahl *m* атомный пучок
Atomtheorie *f* атомная теория
Atomtriebwerk *n* атомный двигатель
Atom-U-Boot *n* атомная подводная лодка
Atomuhr *f* атомные часы
Atomvolumen *n* атомный объём
ATT-Diode [Avalanche Transit Time-...] *f* лавинно-пролётный диод, ЛПД
Attrappe *f* макет
Attribut *n* атрибут
Attributmerkmal *n* качественный признак (*в статистическом контроле качества*)
Attributprüfung *f* контроль по качественному признаку (*напр. по критерию «годен — брак»*)
Ätzalkali *n* едкая щёлочь
Ätzanlage *f* установка (для) травления
Ätzbad *n* травильная ванна
Ätzbarkeit *f* пригодность к обработке травлением
Ätzbehandlung *f* обработка травлением
ätzbeständig стойкий к травлению [к травителю]
Ätzbild *n* рисунок травления
Ätzdruck *m* *текст.* вытравная печать, вытравное печатание
Ätzempfindlichkeit *f* чувствительность к травителю
Ätzen *n* 1. травление 2. протравливание
~, **anisotropes** анизотропное травление
~, **chemisches** химическое травление
~, **elektrolytisches** электролитическое травление
~, **naßchemisches** жидкостное химическое [влажное химическое] травление, химическое травление

~, **plasmachemisches** плазмохимическое травление
~, **selektives** избирательное [селективное] травление
ätzend едкий
Ätzer *m* травитель
Ätzfestigkeit *f* стойкость к травлению [к травителю]
Ätzfiguren *f pl* фигуры травления
Ätzflüssigkeit *f* травящий раствор, раствор травителя; жидкий травитель
Ätzfront *f* фронт травления
Ätzgas *n* травящий газ, газообразный травитель
Ätzgeschwindigkeit *f* скорость травления
Ätzgraben *m* канавка травления, вытравленная канавка
Ätzgrübchen *n pl* ямки травления
Ätzgrube *f* канавка травления; ямка травления
Ätzkali *n* едкое кали
Ätzkalk *m* негашёная известь
Ätzkammer *f* травильная камера
Ätzlauge *f* едкий щёлок
Ätzlösung *f* травящий раствор, жидкий травитель, раствор травителя
Ätzmaschine *f* травильная машина
Ätzmaske *f* маска для травления
Ätzmittel *n* 1. травитель 2. протрава
Ätzmuster *n* рисунок травления
Ätznatron *n* едкий натр, каустик, каустическая сода
Ätzprobe *f* испытание травлением
Ätzprofil *n* профиль травления
Ätzrate *f* скорость травления
Ätzstruktur *f* структура травления; рисунок травления
Ätztiefe *f* глубина травления
Ätzung *f* 1. травление; протравливание 2. *полигр.* клише
Ätzverfahren *n* метод [способ] травления
~, **naßchemisches** метод жидкостного (химического) травления
Audio-CD *f* звуковой компакт-диск
Audiokassette *f* звуковая кассета, аудиокассета
Audiometer *n* аудиометр
Auf- und Vortriebsanlage *f* подъёмно-движительная установка (*аппарата на воздушной подушке*)
Auf-Abwärtszähler *m* реверсивный счётчик
Aufarbeitung *f* 1. переработка 2. разделка
Aufbau *m* 1. строение; структура 2. конструк-

ция 3. надстройка *(напр. на палубе судна)* 4. надставка 5. *авто* кузов 6. сборка *(напр. шин)* 7. синтез 8. рост *(напр. давления)*
Aufbaudeck *n мор.* спардек
Aufbaueinheit *f маш.* нормализованный узел
Aufbaumaschine *f* 1. *маш.* агрегатный станок 2. сборочный станок, станок для сборки шин
Aufbäumen *n* 1. *текст.* навивание [навивка] основы *(на навой)* 2. *ав.* кабрирование
Aufbautrommel *f* сборочный барабан, барабан для сборки шин
Aufbauzeit *f элн* время нарастания *(заряда в базе)*; время установления
Aufbereitung *f* 1. подготовка; первичная обработка; очистка 2. *горн.* обогащение
Aufbereitungsanlage *f* обогатительная установка; обогатительная фабрика
Aufbereitungsbetrieb *m* обогатительное предприятие, обогатительная фабрика
Aufbereitungskonzentrat *n* обогащённый концентрат
Aufbereitungswerk *n* обогатительная фабрика, обогатительное предприятие
Aufblähen *n* вспучивание
Aufbohrer *m мет.-об.* зенкер
Aufbrechen *n хим.* разрыв *(связи)*
Aufbringen *n* нанесение
~ **des Fotolacks** нанесение фоторезиста
Aufdampfanlage *f* установка термовакуумного напыления [термовакуумного испарения]
Aufdampfen *n* напыление; вакуумное напыление; термовакуумное напыление
~, **reaktives** реактивное напыление
~, **thermisches** термовакуумное напыление, термовакуумное испарение
Aufdampffilm *m* напылённая плёнка
Aufdampfgut *n*, **Aufdampfmaterial** *n* напыляемый материал; испаряемый материал
Aufdampfrate *f* скорость напыления
Aufdampfschicht *f* напылённый слой
Aufdampftechnik *f* метод термовакуумного напыления [термовакуумного испарения]
Aufdampfung *f см.* **Aufdampfen**
Aufdampfungsverfahren *n см.* **Aufdampftechnik**
aufeinanderfolgend последовательный
Aufenthaltsraum *m* 1. бытовое помещение, бытовка 2. общественное помещение
Auffächerung *f элн* разветвление по выходу; коэффициент разветвления по выходу
Auffahren *n* проходка *(горной выработки)*

Auffahrt *f* въезд
Auffahrtsrampe *f* 1. пандус 2. аппарель; рампа
Auffangeinrichtung *f эл.* молниеприёмник *(молниеотвода)*
Auffangen *n* улавливание
Auffänger *m* 1. ловушка; приёмник; коллектор 2. коллектор *(СВЧ-прибора)* 3. *физ.* мишень, поглотитель
Auffangflipflop *n* D-триггер, триггер D-типа; триггер-защёлка
Auffanggefäß *n* приёмник, приёмный сосуд
Auffanggraben *m* нагорная [ловчая] канава
Auffangleitung *f эл.* токоотводящий спуск *(молниеотвода)*
Auffangpuffer *m* буфер-защёлка
Auffangregister *n* регистр-защёлка
Auffangspeicher *m* защёлка, буферная схема с фиксацией состояния
Auffangstange *f эл.* стержневой молниеприёмник *(молниеотвода)*
Auffangvorrichtung *f см.* **Auffangeinrichtung**
Aufforstung *f* лесоразведение; лесонасаждение; облесение
Auffrieren *n* намораживание
Auffrischen *n вчт* регенерация *(памяти, изображения на экране дисплея)*
Auffrischrate *f вчт* частота регенерации
Auffrischung *f вчт* регенерация
Auffrischungszyklus *m*, **Auffrischzyklus** *m вчт* цикл регенерации
Aufgabe *f* 1. нагрузка, засыпка; подача, питание 2. задание 3. задача
~, **aktive** *вчт* текущая задача
Aufgabegut *n* загружаемый материал
Aufgabenstrom *m вчт* поток задач
Aufgabeschurre *f* загрузочный жёлоб, загрузочный лоток
Aufgabevorrichtung *f* загрузочное устройство; питатель
Aufgeber *m* загрузчик; питатель
Aufhängepunkt *m* точка подвеса
Aufhängung *f* 1. подвеска 2. подвешивание, подвес 3. навеска
~, **federnde** упругая подвеска
~, **hydraulische** гидроподвеска
~, **magnetische** магнитная подвеска
Aufhauen *n горн.* восстающая выработка; разрезная печь, пройденная по восстанию пласта
Aufheizen *n* 1. растопка, растапливание; разжигание, розжиг 2. *см.* **Aufheizung**

AUFHEIZUNG

Aufheizung *f* нагрев; разогрев
~, **aerodynamische** аэродинамический нагрев
Aufhellen *n*, **Aufhellung** *f* 1. *текст.* отбеливание 2. *кино, фото, тлв* подсветка 3. *опт.* просветление (*линз, объективов*) 4. освещение (*образца под микроскопом*)
Aufheller *m текст.* отбеливатель
~, **optischer** оптический отбеливатель
aufklappbar откидной
Aufkimmung *f мор.* килеватость, подъём скулы (*судна*); угол килеватости
Aufkohlen *n*, **Aufkohlung** *f* науглероживание, цементация
Aufkohlungsmittel *n* карбюризатор
Aufladegebläse *n авто* (приводной) компрессор наддува
Aufladen *n* 1. заряд(ка) 2. *авто* наддув 3. погрузка
Aufladestrom *m* зарядный ток
Aufladezeitkonstante *f* постоянная времени заряда
Aufladung *f* 1. приобретение (электрического) заряда 2. (электрический) заряд 3. заряд (*аккумулятора*) 4. *авто* наддув
~, **elektrostatische** 1. приобретение статического заряда, статическая электризация 2. статический заряд
Auflage *f* 1. опора 2. издание 3. тираж 4. *полигр.* настилка
Auflagefläche *f* опорная поверхность
Auflagepunkt *m* точка опоры
Auflager *m* опора
Auflagerbalken *m* опорная балка
Auflagerdruck *m* реакция опоры; опорное давление
Auflagerfläche *f* площадь опоры
Auflagerknoten *m*, **Auflagerpunkt** *m стр.* опорный узел (*напр. фермы*)
Auflagerplatte *f* опорная плита
Auflagerreaktion *f* реакция опоры
Auflandung *f* кольматаж
Auflast *f* 1. *стр.* временная нагрузка 2. пригрузка
Auflaufen *n* 1. набегание 2. посадка (*судна*) на грунт [на мель]
Auflaufkasten *m* напорный ящик
Auflegen *n* наложение; надевание (*напр. ремня*)
Auflichtmikroskop *n* микроскоп для наблюдения в отражённом свете
Auflieger *m* полуприцеп

Auflisten *n* распечатка
Auflockerung *f* разрыхление
Auflösung *f* 1. разрешение 2. *см.* Auflösungsvermögen 3. *опт., элн* разрешение 4. растворение 5. раскрытие (*скобок*) 6. дискретность (*напр. отсчета времени*)
Auflösungsgrenze *f* предел разрешения
Auflösungspfanne *f* клеровочный котёл
Auflösungsverbesserung *f* повышение разрешающей способности
Auflösungsvermögen *n* разрешающая способность; *опт.* разрешающая способность, разрешающая сила
Auflöten *n* напайка
Aufmachung *f текст.* паковка
Aufmagnetisierung *f* намагничивание
Aufmaß *n маш.* припуск
Aufnahme *f* 1. съёмка; киносъёмка; фотографирование 2. *геод.* топографическая съёмка 3. снимок; фотографический снимок 4. запись (*напр. на пленку*) 5. восприятие (*напр. усилий*) 6. поглощение; впитывание 7. потребление (*напр. энергии*) 8. забор (*напр. воды*) 9. *маш.* установка, закрепление, зажим (*изделия, инструмента*) 10. *маш.* базирование 11. размещение, установка
~, **geodätische** геодезическая съёмка
~, **geologische** геологическая съёмка
~, **hochfrequente** высокоскоростная (кино)съёмка
~, **topographische** топографическая съёмка
Aufnahmebehälter *m* приёмник, приёмный резервуар
Aufnahmebohrung *f маш.* установочное отверстие; гнездо
Aufnahmebunker *m* приёмный бункер
Aufnahmedorn *m маш.* инструментальная оправка
Aufnahmefläche *f маш.* базовая поверхность; установочная поверхность
Aufnahmekamera *f* 1. съёмочная камера 2. передающая (телевизионная) камера
Aufnahmekopf *m* зажимная головка (*станка*)
Aufnahmeleistung *f* потребляемая мощность
Aufnahmeplatte *f маш.* установочная плита
Aufnahmeprisma *n маш.* установочная призма
Aufnahmeröhre *f* передающая (телевизионная) трубка
Aufnahmestift *m маш.* установочный [контрольный] штифт, установочный палец
Aufnahmewinkel *m опт.* угол охвата

AUFSPULEN

Aufnehmen *n* 1. забор (*грунта*) 2. *сткл* набор (*баночки*)

Aufnehmer *m* 1. чувствительный элемент (*первичного измерительного преобразователя*); (первичный) измерительный преобразователь, датчик 2. ресивер 3. *с.-х.* подборщик 4. загрузочная камера (*пресс-формы*)

Aufputzinstallation *f* проводка по штукатурке, открытая проводка

Aufputzschalter *m* выключатель для открытой проводки

Aufrahmen *n*, **Aufrahmung** *f* 1. *пищ.* отстаивание, отстой (*сливок*); отстаивание (*молока*) 2. расслаивание (*напр. эмульсии*)

Aufrauhen *n* 1. *текст.* ворсование; начёсывание 2. *текст.* разлохмачивание (*напр. нити*) 3. придание шероховатости 4. черновая правка (*шлифовального круга*)

Aufrauhung *f* 1. *см.* **Aufrauhen** 2. *текст.* начёс

Aufreiben *n мет.-об.* развёртывание

Aufreißtisch *m мет.-об.* разметочный стол, разметочная плита

Aufriß *m* профиль; вертикальная проекция; фронтальная проекция

Aufrißebene *f* фронтальная плоскость проекций

Aufrollen *n* 1. накатывание, накатка; наматывание, намотка; навивка (*напр. каната*); сматывание в рулон 2. раскатывание, раскатка; разматывание, размотка

Aufrollvorrichtung *f текст.* накатное устройство

Aufruf *m вчт* вызов; обращение (*напр. к подпрограмме*)

Aufrufbreite *f вчт* разрядность вызываемого слова

Aufruffolge *f вчт* вызывающая последовательность

Aufsammelpresse *f* пресс-подборщик

Aufsammler *m* подборщик

Aufsatz *m* 1. насадка 2. надставка

Aufsatzstück *n* надставка

Aufsaugen *n* впитывание; всасывание

Aufschlagfläche *f* зеркало [рабочая поверхность] штампа

Aufschlagzünder *m* ударный взрыватель, взрыватель ударного действия

Aufschlämmen *n* взмучивание

Aufschlämmung *f* 1. взвесь, суспензия 2. *мет.* (порошковый) шликер (*суспензия металлического порошка*) 3. взмучивание

Aufschluß *m* 1. перевод в растворимую или удобную для переработки форму; разложение 2. *горн.* вскрытие (*напр. месторождения, пласта*) 3. вскрытие (*напр. руды, концентрата*); выщелачивание 4. *геол., горн.* выход, обнажение (*горной породы*)

Aufschlußbau *m* 1. разведочная выработка 2. вскрывающая выработка

Aufschlußbohrung *f* разведочная скважина

Aufschlußverfahren *n горн.* метод разведки

Aufschmelzen *n* расплавление

Aufschmelzlöten *n* пайка оплавленным припоем [оплавлением припоя]

Aufschmelzung *f* 1. расплавление 2. *геол.* (рас)плавление

Aufschrumpfen *n* горячая запрессовка; напрессовка в горячем состоянии

Aufschütten *n* насыпка; отсыпка

Aufschüttung *f* 1. насыпь 2. *геол.* аккумуляция, накопление

Aufschweißen *n см.* **Auftragschweißen**

Aufschwemmung *f* суспензия

Aufsenken *n мет.-об.* зенкерование

Aufsetzen *n* 1. насаживание; надевание 2. наращивание (*концевой меры*) 3. *маш.* посадка (*штампа на заготовку*); контактирование (*пуансона с матрицей*) 4. посадка (*бурильного инструмента, элеватора*) 5. *ав.* посадка; приземление; касание земли (*при посадке*)

Aufsetzmontage *f эл* поверхностный монтаж, монтаж на поверхности

Aufsetztechnik *f*, **Aufsetztechnologie** *f эл* технология поверхностного монтажа, технология монтажа на поверхность

Aufspaltung *f* 1. *физ.* расщепление (*энергетического уровня*) 2. раскалывание

Aufspannfläche *f мет.-об.* рабочая поверхность (*напр. стола*)

Aufspannplatte *f мет.-об.* установочная плита

Aufspanntransformator *m* эл. повышающий трансформатор

Aufspannung *f мет.-об.* зажим, закрепление, крепление, установка (*заготовки, обрабатываемого изделия*) ◇ in einer ~ bearbeiten обрабатывать за один установ

Aufspannwerk *n* эл. повышающая подстанция

Aufspeicherung *f* накапливание, накопление

Aufspulen *n* наматывание, намотка

AUFSPUTTERN

Aufsputtern *n* осаждение методом ионного распыления
Aufsteckdorn *m мет.-об.* концевая фрезерная оправка
Aufsteckfräser *m мет.-об.* насадная фреза
Aufsteckschlüssel *m* накидной гаечный ключ, гаечный ключ с закрытым зевом
Aufstecksenker *m мет.-об.* насадной зенкер
Aufsteuern *n* отпирание (*транзистора*)
Aufstickung *f* азотирование, нитрирование
Aufstieg *m* набор высоты, подъём; взлёт
Aufstockung *f* надстройка этажа
Aufstrom *m* восходящий поток
Auftanken *n* заправка
Auftastimpuls *m* стробирующий импульс, строб-импульс, строб
Auftauchen *n* всплытие (*подводной лодки*)
Auftauen *n* оттаивание; дефростация
Auftrag *m* 1. задание 2. наряд 3. ордер 4. подряд 5. заказ
Auftragen *n* нанесение
Auftraggeber *m* заказчик
Auftragnehmer *m* подрядчик
Auftragsablaufplaner *m вчт* планировщик заданий
Auftragschweißen *n* наплавка
Auftragssprache *f вчт* язык управления заданиями
Auftragwalze *f полигр.* накатный валик
Auftrennen *n* 1. разрезание 2. *текст.* роспуск; распарывание
Auftrieb *m* 1. подъёмная сила 2. плавучесть (*судна*); положительная плавучесть; сила поддержания 3. *физ.* выталкивающая сила
~, **dynamischer** (динамическая) подъёмная сила
~, **hydrodynamischer** (гидродинамическая) подъёмная сила
~, **hydrostatischer** выталкивающая [гидростатическая подъёмная] сила; статическая сила поддержания
~, **statischer** статическая сила поддержания; выталкивающая [гидростатическая подъёмная] сила
Auftriebsbeiwert *m ав.* коэффициент подъёмной силы
Auftriebskörper *m* 1. кухтыль, поплавок (*невода*) 2. камера [отсек] плавучести (*напр. спасательной шлюпки*) 3. *ав.* несущий корпус 4. *ав.* летательный аппарат с несущим корпусом

Auftriebskraft *f* 1. подъёмная сила 2. *физ.* выталкивающая сила
Auftriebswaage *f* аэродинамические весы
Auftrommeln *n* навивание [навивка] на барабан
Aufwachsen *n* наращивание (*напр. эпитаксиального слоя*)
~, **epitaktisches** [**epitaxiales**] эпитаксиальное наращивание, наращивание эпитаксиального слоя
Aufwachsrate *f* скорость роста (*напр. эпитаксиального слоя*)
Aufwärts-Abwärts-Zähler *m* реверсивный счётчик
Aufwärtsbewegung *f* движение вверх, подъём
Aufwärtsgang *m*, **Aufwärtshub** *m* ход (*рабочего органа*) вверх
aufwärtskompatibel *вчт* совместимый снизу вверх
Aufwärtskompatibilität *f*, **Aufwärtsverträglichkeit** *f вчт* совместимость снизу вверх
Aufwärtsregler *m* регулятор с повышением параметра, повышающий регулятор
Aufwärtstransformator *m* повышающий трансформатор
Aufwärtswandler *m* преобразователь с повышением параметра, повышающий преобразователь
Aufwärtszähler *m* суммирующий счётчик
Aufweitewalzwerk *n* расширительный стан, стан-расширитель
Aufweitversuch *m* испытание (*труб*) на раздачу
Aufwickeln *n* наматывание, намотка; навивание, навивка
Aufwickeltrommel *f* приёмный барабан
Aufwicklung *f см.* **Aufwickeln**
Aufwind *m* восходящий (воздушный) поток
Aufwindung *f* 1. наматывание, намотка; мотка 2. намотка (*способ намотки*)
Aufzeichnung *f* 1. запись 2. регистрация
~, **fotografische** фотозапись
~, **gruppenkodierte** запись с групповым кодированием
~, **holographische** голографическая запись
~, **magnetische** магнитная запись
~, **optische** оптическая система записи; лазерная запись
~, **phasenmodulierte** запись методом фазовой модуляции
Aufzeichnungsdichte *f* плотность записи

Aufzeichnungskopf *m* головка записи (*магнитофона*)
Aufziehwehr *n гидр.* шлюзные ворота
Aufzug *m* 1. подъёмник 2. лифт 3. *полигр.* декель 4. заводка, завод (*часов*); подзавод (*часов*)
~, **automatischer** автоматический подзавод, автоподзавод (*пружины часового механизма*)
~, **hydraulischer** гидравлический подъёмник
~, **pneumatischer** пневматический подъёмник
Aufzugskabine *f* кабина лифта
Auge *n* 1. глазок; очко 2. проушина; ушко 3. *мор., маш.* рым 3. *мор.* огон
Augenblickswert *m* мгновенное значение
Augenbolzen *m мор.* рым-болт
Augenschraube *f маш.* рым-болт
Augentextur *f геол.* очковая структура (*метаморфических горных пород*)
Auger-Effekt эффект Оже, оже-эффект
Auger-Elektron *n* оже-электрон
Auger-Elektronen-Emission *f* оже-электронная эмиссия, эмиссия оже-электронов
Auger-Elektronenspektroskopie *f* оже-электронная спектроскопия
Auger-Spektrum *n* оже-спектр
Auger-Übergang *m* оже-переход
Augit *m мин.* авгит
Augpunkt *m* центр перспективы
Aureole *f* ореол
Auripigment *f мин.* аурипигмент
Ausbau *m* 1. (горная) крепь 2. крепление (*горной выработки, туннеля*) 3. *стр.* отделочные работы 4. подъём (*бурильного инструмента*)
~, **endgültiger** постоянная крепь
~, **hydraulischer** гидрофицированная крепь
~, **lockartiger [mehrteiliger]** секционная крепь
~, **nachgiebiger** податливая крепь
~, **starrer** жёсткая крепь
~, **vorläufiger** временная крепь
Ausbauchen *n* 1. *мет.-об.* раздача 2. выпучивание
Ausbauchung *f* 1. выпучивание 2. выпучина
Ausbauchwerkzeug *n* раздаточный штамп, штамп для раздачи
Ausbaueinheit *f* **des Schreitausbaus** *горн.* секция механизированной крепи
ausbaufähig *вчт* расширяемый, с возможностью расширения; наращиваемый, с возможностью наращивания
Ausbauleistung *f* установленная мощность

Ausbaumaterial *n горн.* крепёжный материал
Ausbausetzgerät *n горн.* крепеустановщик
Ausbaustufe *f* очередь (*строительства*)
Ausbesserung *f* ремонт; исправление
Ausbetonieren *n* замоноличивание (*стыков*)
Ausbeulen *n* 1. вспучивание; выпучивание 2. образование вмятин *или* выпуклостей 3. устранение вмятин *или* выпуклостей; выпрямление
Ausbeulung *f* 1. выпуклость; выпучина 2. вмятина 3. *см.* Ausbeulen
Ausbeute *f* 1. выход 2. выход продукта 3. выход годных изделий; процент выхода годных изделий
Ausbeutefaktor *m* 1. коэффициент эксплуатации; коэффициент отдачи 2. коэффициент извлечения; коэффициент выхода
Ausbeutequote *f* коэффициент выхода годной продукции; выход годных изделий; процент выхода годных (изделий)
Ausbeutung *f* эксплуатация
~, **gleichzeitige** совместная эксплуатация
Ausbeutungsrate *f* интенсивность эксплуатации
Ausbildung *f* формирование; образование
Ausblasebottich *m* сцежа
Ausblasehahn *m* продувочный кран
Ausblasen *n* 1. продувка (*напр. трубопровода*) 2. продувка (*металла в конвертере*); удаление продувкой (*напр. газов из расплава*) 3. откачивание (*воздуха*) 4. выдувание, выдувка (*шахтной печи*) 5. отгонка (*легколетучих фракций*)
Ausbläser *m* 1. *горн.* шпур, сработавший вхолостую; «выстреливший» шпуровой заряд 2. (продувочная) свеча; линия сброса газа в атмосферу
Ausblaserohr *n* выхлопная труба
Ausblaseventil *n* продувочный клапан
Ausblenden *n* 1. диафрагмирование 2. *элн* выделение; стробирование
Ausblendimpuls *m* стробирующий импульс, строб-импульс, строб
Ausblendung *f см.* Ausblenden
Ausblühungen *f pl* выцветы (*солей*)
Ausbohren *n* 1. *мет.-об.* растачивание 2. *мет.-об.* высверливание; рассверливание 3. разбуривание
Ausbohrkopf *m мет.-об.* расточная головка
Ausbohrmeißel *m мет.-об.* расточный резец

Ausbrand *m* 1. выгорание 2. выжигание, выжиг
Ausbreiten *n* растекание
Ausbreiter *m текст.* 1. тканерасправитель 2. ширильное устройство 3. *пищ.* распластыватель (*для филетирования*) 4. разравниватель
Ausbreitprobe *f* испытание на расплющивание
Ausbreitung *f* 1. распространение (*напр. волн*) 2. расширение 3. растекание 4. ширение
Ausbreitungsgeschwindigkeit *f* скорость распространения
Ausbreitungswiderstand *m эл.* сопротивление растеканию
ausbrennbar пережигаемый (*о плавких перемычках программируемого ПЗУ*)
Ausbrennen *n* 1. выгорание (*топлива*) 2. выжигание 3. *вчт* пережигание (*плавких перемычек программируемого ПЗУ*)
Ausbrennwiderstand *m вчт* плавкая [пережигаемая] перемычка (*программируемого ПЗУ*)
Ausbringen *n* 1. извлечение 2. *мор.* завоз (*напр. якоря*) 3. *с.-х.* внесение (*напр. удобрения*)
Ausbringung *f* 1. извлечение 2. съём (*продукции с квадратного метра площади*)
Ausbruch *m* 1. извержение 2. выброс (*напр. нефти, газа*)
~, **offener** открытый фонтан
Ausdauer *f* выносливость
Ausdehnung *f* 1. расширение; удлинение; растягивание 2. протяжённость
~, **lineare** линейное расширение
~, **räumliche** объёмное расширение
~, **thermische** тепловое расширение
Ausdehnungsbogen *m* (трубопроводный) компенсатор, компенсатор температурных удлинений трубопровода
~, **U-förmiger** П-образный компенсатор
Ausdehnungsfähigkeit *f* способность к расширению
Ausdehnungsgefäß *n* расширительный сосуд; расширительный бак, расширительный бачок, расширитель
Ausdehnungshub *m* рабочий ход; ход [такт] расширения
Ausdehnungskoeffizient *m* температурный коэффициент расширения
~, **kubischer** температурный коэффициент объёмного расширения

~, **linearer** температурный коэффициент линейного расширения
Ausdehnungskupplung *f* (продольно-)компенсирующая муфта
Ausdehnungsrohr *n* 1. трубопроводный компенсатор 2. дилатометрическая трубка 3. термостатическая трубка
Ausdehnungsstück *n* компенсатор
Ausdiffundierung *f*, **Ausdiffusion** *f* обратная диффузия, экзодиффузия
Ausdreh- und Fräsmaschine *f* расточно-фрезерный станок
Ausdrehen *n* растачивание
Ausdrehkopf *m* расточная головка
Ausdrehmaschine *f* расточный станок
Ausdrehmeißel *m* расточный резец
Ausdrehung *f* 1. расточка 2. выточка
Ausdruck *m* выражение
~, **algebraischer** алгебраическое выражение
~, **eingliedriger** одночлен
Ausfächerung *f элн* разветвление по выходу; коэффициент разветвления по выходу
ausfahrbar выдвижной
Ausfahren *n* 1. выдвигание; выдвижение 2. подъём (*напр. колонны буровых труб из скважины*) 3. *горн.* выезд (*людей из шахты*) 4. *горн.* раздвижка (*стойки*)
Ausfall *m* отказ; выход из строя
~, **latenter** скрытый отказ
~, **plötzlicher** внезапный отказ
~, **störungsbedingter** аварийный простой
~, **systematischer** систематический отказ
~, **unabhängiger** независимый отказ
Ausfallabstand *m* наработка между отказами
~, **mittlerer** средняя наработка на отказ, наработка на отказ
Ausfalldauer *f* 1. продолжительность отказа 2. продолжительность неисправного состояния 3. время простоя (*ЭВМ*)
Ausfalldauerverteilung *f* распределение продолжительности отказов; функция распределения продолжительности отказов
Ausfalldiagnose *f* диагностика отказов
Ausfalldichtefunktion *f*, **Ausfalldichteverteilung** *f* плотность распределения отказов
Ausfallentdeckung *f* обнаружение (возникновения) отказа; обнаружение отказавшего элемента [блока]
Ausfallerkennung *f* распознавание отказа; обнаружение отказа
ausfallfrei безотказный

Ausfallkurve f кривая интенсивности отказов
Ausfallmechanismus m механизм отказа
Ausfallmodus m тип отказа
Ausfallortung f локализация [определение места] отказа
Ausfallquote f частота отказов; число отказавших элементов (*за конечный интервал времени*)
Ausfallrate f интенсивность отказов
Ausfallsatz m интегральная частота отказов
ausfallsicher защищённый от отказов; безаварийный
Ausfallsicherheit f защищённость от отказов; безаварийность
Ausfallstrom m поток отказов
Ausfallsuchzeit f время поиска места отказа
Ausfalltest m испытание на принудительный отказ
Ausfällung f осаждение; выделение
Ausfallverteilung f распределение частоты отказов; функция распределения частоты отказов
Ausfallverteilungsfunktion f функция распределения частоты отказов
Ausfallvorhersage f прогнозирование отказов
Ausfallwahrscheinlichkeit f вероятность (возникновения) отказа
Ausfallwahrscheinlichkeitsdichte f плотность вероятности отказа
Ausfallzeit f время простоя; непроизводительное время
Ausfallzeitpunkt m момент возникновения отказа
Ausflocken n, **Ausflockung** f 1. коагуляция, флокуляция, выделение хлопьевидного осадка 2. коагулят, хлопьевидный осадок
Ausfluß m 1. вытекание 2. истечение
Ausflußöffnung f сливное отверстие
Ausformungsplatz m нижний лесной склад (*для переработки лесоматериалов*)
Ausfrieren n вымораживание; перевод в твёрдую фазу
Ausfugen n расшивка (*швов*)
Ausfuhr f вывоз, экспорт
Ausführung f 1. исполнение; выполнение; конструкция 2. компоновка 3. выполнение; осуществление
~, **konstruktive** конструктивное исполнение
Ausführungszeichnung f исполнительный чертёж
Ausfüllung f *стр.* забутка

Ausfütterung f футеровка
Ausgabe f 1. вывод 2. выдача 3. издание, выпуск
~, **grafische** 1. графический вывод, вывод графической информации 2. устройство графического вывода, устройство вывода графической информации
Ausgabebefehl m команда вывода
Ausgabebus m выходная шина
Ausgabedatei f выходной файл
Ausgabedaten pl выходные данные
Ausgabeeinheit f устройство вывода
Ausgabefeinheit f *автм, маш.* дискрета вывода, выходная дискрета (*напр. в системе ЧПУ*); дискретность отработки (*напр. перемещения*)
Ausgabeformat n формат вывода; выходной формат
Ausgabegerät n устройство вывода
~, **grafisches** устройство графического вывода
Ausgabekanal m канал вывода, выходной канал
Ausgabeleitung f выходная линия
Ausgabemodul m модуль вывода
Ausgabeoperation f операция вывода
Ausgabeport m порт вывода; выходной порт
Ausgabeprimitiv n выходной примитив (*базовой графической системы в машинной графике*)
~, **grafisches** графический примитив
Ausgabepuffer m буфер вывода; выходной буфер
Ausgaberegister n регистр вывода; выходной регистр
Ausgabesatz m выходная запись
Ausgabetabelle f таблица вывода; таблица выходных данных
Ausgang m выход
~, **digitaler** цифровой выход
~, **gepufferter** буферизованный выход
~, **komplementärer** инверсный выход (*при наличии прямого*)
~ **mit offenem Kollektor** выход с открытым коллектором
~, **wahrer** прямой выход (*в отличие от инверсного*)
Ausgangsadmittanz f выходная полная проводимость
Ausgangsauffächerung f коэффициент разветвления по выходу
Ausgangsbelastbarkeit f нагрузочная способ-

AUSGANGSDATEN

ность выхода; коэффициент разветвления по выходу
Ausgangsdaten *pl* исходные данные
Ausgangseinrichtung *f* выходное устройство
Ausgangsfächer *m*, **Ausgangsfächerung** *f* см. **Ausgangsauffächerung**
Ausgangsform *f* исходная заготовка
Ausgangsgleichspannung *f* постоянная составляющая выходного напряжения
Ausgangsgrenzfrequenz *f* предельная выходная частота
Ausgangsgröße *f* 1. исходная величина 2. выходная величина
Ausgangsimpedanz *f* выходное полное сопротивление
Ausgangskapazität *f* выходная ёмкость
Ausgangskennlinie *f* выходная характеристика
Ausgangskennlinienfeld *n* семейство выходных характеристик
Ausgangsklemme *f* выходной зажим
Ausgangskreis *m* выходная цепь
Ausgangslage *f* исходное положение
Ausgangslastfaktor *m* 1. см. **Ausgangsauffächerung** 2. см. **Ausgangsbelastbarkeit**
Ausgangsleckstrom *m* ток утечки по выходу
Ausgangsleistung *f* выходная мощность
Ausgangsleitwert *m* выходная проводимость
Ausgangsparameter *m pl* исходные [начальные] параметры
Ausgangsport *m* вчт выходной порт
Ausgangsprodukt *n* исходный продукт
Ausgangspuffer *m*, **Ausgangspufferstufe** *f* выходной буфер, выходной буферный каскад, выходной транслятор
Ausgangssignal *n* выходной сигнал
Ausgangsspannung *f* выходное напряжение
Ausgangsstellung *f* исходное [начальное] положение
Ausgangsstoff *m* исходное вещество; исходный материал; сырьё
Ausgangsstrom *m* выходной ток
Ausgangsstufe *f* выходной [оконечный] каскад
Ausgangstorschaltung *f* выходная ключевая схема
Ausgangstransformator *m* выходной трансформатор
Ausgangstreiber *m* выходной усилитель-формирователь
Ausgangsübertrager *m* свз выходной трансформатор
Ausgangsverstärker *m* выходной усилитель

Ausgangswandler *m* выходной преобразователь
Ausgangswert *m* исходная величина
Ausgangswiderstand *m* выходное сопротивление
Ausgasung *f* 1. *горн.* газообильность (*горной выработки, шахты*) 2. газовыделение, выделение газа
ausgekehlt желобчатый
ausgekleidet облицованный
Ausgesiebte(s) *n* отсев; высевки
Ausgiebigkeit *f* укрывистость (*краски, пигмента*)
Ausgießen *n* заливка (*подшипников*)
Ausgleich *m* 1. уравнивание; выравнивание; компенсация 2. *элн, свз* симметрирование, балансировка 3. *эл., рад.* коррекция; компенсация 4. *мор.* удифферентовка, дифферентование (*судна*) 5. *мор.* спрямление (*крена судна*)
Ausgleichbecken *n гидр.* уравнительный бассейн; водохранилище суточного регулирования
Ausgleichbogen *m* см. **Ausdehnungsbogen**
Ausgleichentwickler *m фото* выравнивающий проявитель
Ausgleicher *m* уравнитель; компенсатор
Ausgleichgehäuse *n авто* коробка дифференциала
Ausgleichgetriebe *n маш., авто* дифференциал
~ **mit Ausgleichsperre** блокируемый дифференциал
~, **selbstsperrendes** самоблокирующийся дифференциал
Ausgleichgewicht *n* противовес, уравновешивающий груз
Ausgleichhebel *m* балансир, коромысло
Ausgleichimpuls *m* уравнивающий импульс
Ausgleichkupplung *f* (жёсткая) компенсирующая муфта
Ausgleichmaschine *f* финишер
Ausgleichrad *n авто, маш.* сателлит дифференциала
Ausgleichsbecken *n* см. **Ausgleichbecken**
Ausgleichsbogen *m* П-образный *или* лирообразный компенсатор (*тепловых удлинений трубопровода*)
Ausgleichschaltung *f* балансная схема
Ausgleichsgetriebe *n* см. **Ausgleichgetriebe**
Ausgleichskreis *m эл.* корректирующий контур; корректирующая цепь

AUSLAUFEN

Ausgleichskupplung *f см.* **Ausgleichkupplung**

Ausgleichsmeßgerät *n* электроизмерительный компенсатор

Ausgleichsperre *f авто* механизм блокировки [блокировка] дифференциала

Ausgleichsprozeß *m* переходный [неустановившийся, нестационарный] процесс

Ausgleichsregelung *f* автоматическая компенсация возмущающих воздействий

Ausgleichsstrom *m* 1. уравнительный ток 2. переходный ток, ток переходного процесса

Ausgleichsverbindung *f* уравнитель

Ausgleichsvorgang *m* переходный процесс

Ausgleichswicklung *f* компенсационная обмотка

Ausgleichvorrichtung *f* компенсатор

Ausglühen *n* отжиг; полный отжиг

Ausguß *m* 1. выпуск; сток 2. *стр.* раковина (*санитарный прибор*) 3. *стр.* (решётка-)выпуск (*раковины*); сливное отверстие (*санитарного прибора*) 4. *мор.* отливное отверстие, шпигат 5. заливка (*подшипников*)

Ausgußbecken *n* кухонная [водопроводная] раковина

Aushalsung *f* отбортовка наружу

Aushärten *n*, **Aushärtung** *f* 1. *мет.* дисперсионное твердение (*сплавов*) 2. *пласт.* отверждение 3. задубливание (*фоторезиста*)

Aushauschere *f* высечные ножницы

Ausheben *n* 1. выемка; рытьё (*напр. котлована*) 2. выглубление (*напр. плуга*)

Ausheilen *n* отжиг; устранение дефектов (*кристаллической структуры*)

~ **durch Laserstrahlung** лазерный отжиг

~, **thermisches** термический отжиг; восстановление регулярной структуры с помощью отжига

Aushieb *m лес.* вырубка

Aushöhlen *n* выдалбливание

Aushub *m* выемка; экскавация; рытьё (*напр. котлована*)

Aushülsen *n* лущение

Auskehlung *f* 1. выемка, вырез; паз 2. *стр.* выкружка

Auskeilen *n*, **Auskeilung** *f геол.* выклинивание (*напр. пласта, жилы*)

Auskellerung *f вчт* извлечение [выталкивание] из стека

Auskellerungsbefehl *m вчт* команда загрузки (*операнда*) из стека

Auskleiden *n* обкладывание; облицовка; футеровка

Auskleidung *f* футеровка; облицовка

Ausklinken *n* 1. разобщение; расцепление 2. *мет.-об.* краевая вырубка, высечка

Ausklinkmaschine *f* вырубная машина; вырубной пресс

Ausklinkvorrichtung *f* разобщающий механизм; расцепляющий механизм

Ausklinkwerkzeug *n* высечной штамп

Auskolkung *f* 1. *гидр.* образование вымоины; размыв; русловая эрозия 2. вымоина 3. *мет.-об.* образование лунки износа (*на передней поверхности режущего инструмента*)

Auskopplung *f* 1. отбор, вывод (*энергии*); отбор (*мощности*) 2. развязка, устранение связи

Auskragung *f* выступ; консоль; выступающая [консольная] часть здания

Auskupplung *f* разобщение; расцепление; выключение

Auslagern *n*, **Auslagerung** *f вчт* разгрузка (*системы*); перезапись (*данных в загрузочном формате*) на внешнее устройство [на внешнее ЗУ]; сброс на магнитную ленту; откачка (*из оперативной памяти во внешнюю*)

Auslandung *f* 1. вылет (*напр. стрелы крана*) 2. вылет; консоль 3. выступ; выступающая часть

Auslandsverkehr *m тлф* международная связь

Auslaß *m* 1. выпуск; выпускное отверстие 2. выпуск (*такт работы двигателя внутреннего сгорания*)

Auslaßhub *m* ход выпуска

Auslaßöffnung *f* выпускное [выходное] отверстие

Auslaßrohr *n* выпускная труба

Auslaßstutzen *m* выпускной патрубок

Auslaßtakt *m* такт выпуска

Auslaßventil *n* выпускной клапан

Auslastung *f* загрузка; загруженность; использование, степень использования

Auslauf *m* 1. выбег (*движение по инерции до остановки*); (холостой) выбег (*станка, машины*); выбег (*ротора, турбины*); *ав.* (послепосадочный) пробег 2. *маш.* сбег резьбы 3. выход; выпуск; слив 4. истечение (*жидкости, газа*) 5. износ; разработка

Auslaufen *n* 1. вытекание; истечение (*жидкости, газа*) 2. *эл.* выбег (*ротора*) 3. *мор.* выход (*судна*) в море

AUSLÄUFER

Ausläufer *m метео* отрог *(циклона, антициклона)*
Auslaufmethode *f см.* **Auslaufverfahren**
Auslauföffnung *f* выходное отверстие; выпускное отверстие
Auslaufrinne *f* выпускной жёлоб; сточный жёлоб
Auslaufschurre *f* разгрузочный лоток
Auslaufventil *n* сливной клапан; спускной клапан
Auslaufverfahren *n эл.* метод выбега
Auslaufzeit *f эл.* время выбега *(ротора)*
Auslaugen *f,* **Auslaugung** *f* выщелачивание
Ausleerrost *m* выбивная решётка
Ausleger *m* 1. стрела *(крана, экскаватора)* 2. консоль; укосина 3. *маш.* хобот 4. рукав *(радиально-сверлильного станка)* 5. *мор.* утлегарь
Auslegerarm *m см.* **Ausleger** 1. — 4.
Auslegerbalken *m* консольная балка
Auslegerbogen *m* консольная арка
Auslegerbrücke *f* консольный мост
Auslegergerüst *n* консольные леса
Auslegerkran *m* стреловой кран
~, **einfacher** кран-укосина
Auslegeschrift *f* описание к акцептованной заявке, акцептованная заявка *(в патентном производстве)*
Auslegung *f* расчёт параметров
Auslegungs... расчётный *(напр. о параметрах)*; проектный
Auslese *f* 1. отбор; селекция 2. сортировка; отбор 3. *горн., мет.* породоотборка, сортировка
Ausleser *m с.-х.* триер
Ausleseschaltung *f* схема считывания
Auslöschung *f* гашение; погасание
Auslöseimpuls *m эл* запускающий импульс
Auslöser *m* 1. *эл.* расцепитель, расцепляющее устройство 2. разобщающий [выключающий] механизм 3. спуск *(затвора фотоаппарата)*; спусковая кнопка, спусковой рычаг
~, **zeitverzögerter** расцепитель с выдержкой времени
Auslöseschaltung *f эл* спусковая схема; триггер
Auslösesignal *n эл* запускающий сигнал
Auslösetaste *f вчт* клавиша освобождения *(устройства)*; кнопка разблокировки
Auslösevorrichtung *f см.* **Auslöser** 1., 2.

Auslösung *f* 1. *эл* запуск 2. разъединение; разобщение; отпирание; освобождение 3. срабатывание 4. *тлф.* отбой 5. спуск *(затвора фотоаппарата)*
Auslöten *n* выпайка; демонтаж
Ausmauerung *f* кладка, внутренняя кладка; обмуровка; футеровка
Ausmusterung *f* отбраковка
Ausnehmung *f* выемка; гнездо
Ausnutzungsfaktor *m,* **Ausnutzungsgrad** *m,* **Ausnutzungskoeffizient** *m* коэффициент использования
Auspressen *n* выпрессовывание
Auspuff *m* выхлоп; выпуск *(отработавших газов)*
Auspuffanlage *f* система выпуска *(отработавших газов)*
Auspuffgas *n* выхлопной газ
Auspuffhub *m* ход выпуска, такт выхлопа
Auspuffkrümmer *m* выпускной коллектор
Auspuffleitung *f* выпускной трубопровод
Auspuffrohr *n* выхлопная труба
Auspufftakt *m см.* **Auspuffhub**
Auspufftopf *m* глушитель
Auspuffventil *n* выхлопной клапан
Auspumpen *n* откачка, откачивание
Ausputz *m текст.* очёс
Ausrauben *n горн.* извлечение *(крепи)*; демонтаж *(крепи забойного оборудования)*; погашение *(горной выработки, лавы)*
Ausregelung *f автм* отработка отклонения; отработка погрешности; автоматическая компенсация возмущающих воздействий
Ausregelzeit *f автм* время отработки отклонения *или* погрешности
Ausrichten *n,* **Ausrichtung** *f* 1. выверка; центрирование, центровка 2. совмещение; ориентация; выравнивание; рихтование, рихтовка
Ausrollen *n* 1. *ав.* послепосадочный пробег 2. *авто* движение накатом, накат 3. раскатывание *(грунта)*
Ausrückeinrichtung *f* выключающий механизм *(напр. сцепления)*
Ausrücken *n* выключение *(напр. муфты)*; разъединение; расцепление; разобщение; вывод из зацепления
Ausrücker *m* 1. отводка, отводная вилка 2. *см.* **Ausrückhebel** 1., 2.
Ausrückgabel *f* выключающая вилка
Ausrückhebel *m* 1. разобщающий рычаг 2. ры-

AUSSENHAFEN

...чаг выключения (*муфты, сцепления*) 3. рукоятка останова [остановки]
Ausrückkupplung *f* 1. сцепная муфта 2. *авто* муфта выключения сцепления
Ausrückmuffe *f* выключающая втулка
Ausrückvorrichtung *f* выключающий механизм; разобщающий механизм
Ausrüstung *f* 1. оборудование; оснастка; снаряжение; вооружение 2. *текст.* отделка 3. распалубка; снятие лесов
~, **elektrische** электрооборудование
~, **knitterfreie** несминаемая отделка
~, **schrumpffreie** безусадочная отделка
~, **technologische** технологическое оборудование; технологическая оснастка
Ausrüstungseinheit *f* единица производственного оборудования
Ausrüstungsstand *m* оснащённость
Aussagenkalkül *m* исчисление высказываний
Aussalzen *n* высаливание
Ausschalten *n* 1. выключение 2. запирание (*тиристора*)
Ausschaltleistung *f эл.* отключаемая мощность
Ausschaltschwelle *f* порог выключения; порог отпускания
Ausschaltstrom *m* ток выключения
Ausschaltung *f* выключение
Ausschaltverlustleistung *f* мощность потерь при выключении
Ausschaltvermögen *n эл.* разрывная способность
Ausschaltverzögerung *f* задержка выключения [при выключении]; время задержки выключения
Ausschaltverzögerungszeit *f* время задержки выключения
Ausschalung *f* 1. распалубка 2. обшивка досками
Ausscheidung *f* 1. выделение, осаждение 2. осадок
Ausscheidungshärtung *f* дисперсионное упрочнение, дисперсионное твердение (*сплавов*)
ausschiebbar выдвижной; раздвижной
Ausschießen *n* der Kolumnen *полигр.* спуск полос
Ausschlag *m* 1. отклонение; размах; амплитуда 2. *кож.* налёт
Ausschlagen *n* des Gusses выбивка литья
Ausschlagfäustel *m* балда
Ausschlagrost *m см.* Ausleerrost
Ausschleudern *n* центрифугирование
Ausschließen *n полигр.* выключка
Ausschlußmaterial *n полигр.* пробельный материал
Ausschmelzmodell *n* выплавляемая модель
Ausschmelzverfahren *n* литьё по выплавляемым моделям
Ausschmieden *n* проковка, вытяжка под молотом
Ausschneiden *n* 1. вырезание 2. *мет.-об.* вырубка
Ausschnitt *m* 1. вырез 2. *мат.* сектор
Ausschroten *n* вырубка
Ausschuß *m* брак; отходы
Ausschußgrenze *f* браковочный уровень дефектности, допустимый уровень дефектных единиц продукции [дефектных изделий]; допустимый уровень брака
Ausschußlehre *f маш.* непроходной калибр
Ausschußquote *f* доля дефектных единиц продукции [дефектных изделий]; число дефектных единиц продукции в выборке; число дефектов в выборке; уровень дефектности; уровень брака
Ausschußseitenmaß *n маш.* непроходной предел (*размера*)
Ausschwitzen *n* выпотевание
Aussehen *n* внешний вид
Ausseigern *n мет.* ликвация, сегрегация
Außenabmessungen *f pl* наружные размеры; габаритные размеры, габариты
Außenansicht *f* внешний вид
Außenantenne *f* наружная антенна; выносная антенна
Außenbonden *n элн* присоединение (*кристалла ИС*) к внешним выводам, внешний микромонтаж
Außenbonder *m элн* установка внешнего микромонтажа
Außenbondstelle *f элн* контактная площадка для присоединения кристалла ИС к внешнему выводу
Außenbordmotor *m* забортный двигатель; подвесной (лодочный) мотор
Außenbordwasser *n* забортная вода
Außendienst *m* послепродажное обслуживание
Außendiensttechniker *m* специалист по послепродажному обслуживанию
Außendurchmesser *m* наружный диаметр
Außenelektron *n* внешний электрон
Außengewinde *n* наружная резьба
Außenhafen *m* аванпорт; внешний рейд

Außenhandel *m* внешняя торговля
Außenhandelsbilanz *f* внешнеторговый баланс
Außenhaut *f* (наружная) обшивка
Außeninstallation *f* наружная (электро)проводка
Aussenken *n* *мет.-об.* зенкование; цилиндрическое зенкование
Außenkreis *m* внешняя цепь
Außenlager *n* выносная опора
Außenlautsprecher *m* выносной динамик
Außenleitung *f* *эл.* 1. наружная проводка 2. воздушная линия
Außenleuchte *f* светильник наружного освещения
Außenmaße *n pl* наружные размеры; габаритные размеры, габариты
Außenräumen *n* *мет.-об.* наружное протягивание
Außenrundschleifen *n* *мет.-об.* наружное шлифование
Außenrundschleifmaschine *f* круглошлифовальный станок
Außenrüttler *m* наружный вибратор
Außenspiegel *m* *авто* наружное зеркало заднего вида
Außentaster *m* кронциркуль
Außentemperatur *f* температура внешней среды; наружная температура
Außenverzahnung *f* *маш.* внешнее зацепление
Außenwinkel *m* внешний угол
Außenzahnradgetriebe *n* *маш.* зубчатая передача внешнего зацепления
Außenzentrierung *f* *маш.* центрирование по наружному диаметру
außermittig эксцентрический, эксцентричный, внецентренный
Außermittigkeit *f* эксцентриситет
außerterrestrisch внеземной
Aussetzbetrieb *m* *эл.* повторно-кратковременный режим (работы)
Aussetzen *n* 1. перебои (*напр. в работе двигателя*) 2. спуск (*шлюпки на воду*)
aussetzend прерывистый (*напр. о движении*)
Aussetzer *m* перебой (*напр. в работе двигателя*); пропуск
Aussonderung *f* 1. отбор, сортировка 2. выделение
Ausspannen *n* *мет.-об.* снятие, освобождение (*заготовки, изделия*); раскрепление
Ausspannhub *m* *мет.-об.* ход на разжим (*в зажимном устройстве*)

Aussparung *f* 1. выемка, углубление; гнездо 2. проточка (*в ступице*)
Ausspuldatei *f* *вчт* файл откачки, буферный файл
Ausspulen *n* *вчт* откачка (*выходных данных*)
Ausspülen *n*, **Ausspülung** *f* 1. размыв, размывание 2. *горн.* гидроразмыв
Ausstampfen *n* набивка (*напр. пода печи*)
Ausstattung *f* 1. оснащение; оборудование 2. вооружённость (*труда*)
Ausstauchen *n* *мет.-об.* высадка (*головки*)
Aussteifung *f* жёсткое крепление; усиление
Aussteuerbereich *m* область модуляции; рабочий участок модуляционной характеристики
Aussteuerung *f* 1. модуляция 2. глубина модуляции
Aussteuerungsgradmesser *m*, **Aussteuerungsmesser** *m* модулометр
Ausstiegmanöver *n* выход в (открытый) космос
Ausstoß *m* 1. выпуск, объём выпуска (*продукции*); производительность 2. *ав.* выхлоп; истечение реактивной струи 3. выброс (*вредных веществ в атмосферу*)
Ausstoßen *n* 1. выталкивание 2. *ав.* выхлоп; истечение реактивной струи 3. отвод, отведение (*в атмосферу*)
Ausstoßer *m* 1. выталкиватель 2. эжектор
Ausstrahlung *f* излучение; испускание; лучеиспускание
Ausstrich *m* *геол., горн.* обнажение (*напр. пласта*), выход (*напр. пласта*) на дневную поверхность
Ausströmen *n* вытекание; истечение (*напр. газа из сопла*)
Ausströmgeschwindigkeit *f* скорость истечения
Ausströmöffnung *f* выходное отверстие
Ausströmrohr *n* выпускная труба
Austastimpuls *m* *тлв* гасящий импульс
Austastlücke *f* *тлв* интервал гашения, пробел в видеосигнале (*во время обратного хода электронного луча*)
Austastpegel *m* *тлв* уровень гашения
Austastsignal *n* *тлв* сигнал гашения
Austastung *f* *тлв* гашение
Austausch *m* 1. замена; смена 2. обмен
austauschbar взаимозаменяемый
Austauschbarkeit *f* взаимозаменяемость
Austauscheinheit *f* сменный узел
Austauschharz *n* ионообменная смола
Austauschkräfte *pl* обменные силы

AUTOELEKTRIK

Austauschreparatur *f* агрегатный ремонт
Austauschteile *n pl* взаимозаменяемые детали
Austenit *m* мет. аустенит
Austrag *m*, **Austragen** *n* 1. разгрузка; выдача 2. вынос
Austragsvorrichtung *f* разгрузочное устройство
Austreiben *n* выбивание (*клина, шпонки*)
Austrieb *m* 1. выпрессовка, грат, заусенец 2. выпрессовывание
Austrimmen *n* балансировка; уравновешивание; центровка
Austritt *m* выход
Austrittsarbeit *f* работа выхода (электрона)
Austrittsdruck *m* давление на выходе, выходное давление
Austrittsenergie *f* энергия выхода
Austrittsgeschwindigkeit *f* 1. скорость истечения (*из сопла*) 2. (начальная) скорость выхода
Austrittsleitapparat *m* спрямляющий [выходной направляющий] аппарат (*напр. осевого компрессора*); лопаточный диффузор (*в радиальных лопаточных машинах*)
Austrittsleitrad *n* спрямляющий [выходной направляющий] аппарат (*напр. осевого компрессора*)
Austrittsöffnung *f* выходное отверстие; выпускное отверстие
Austrittswinkel *m* угол выхода
Austypisieren *n* разбраковка
Auswahl *f* 1. выбор; отбор; селекция 2. подбор 3. *вчт, мат.* выборка; выбор 4. ассортимент; сортимент; сортамент
Auswahlanweisung *f* *вчт* оператор выбора
Auswahleingang *m* *вчт* вход (сигнала) выбора
Auswahlfunktionstaste *f* *вчт* программируемая клавиша, клавиша с программируемой [изменяемой] функцией
Auswahlmethode *f* метод подбора
Auswahlprüfung *f* выборочное испытание
Auswahlschaltung *f* *вчт* схема выбора
Auswalzen *n* 1. *мет.-об.* раскатка (*операция обработки давлением для увеличения диаметра кольцевой заготовки за счет уменьшения ее толщины*) 2. *мет.* раскатывание, прокатка 3. развальцовка 4. раскатывание (*грунта*)
Auswalzstraße *f* раскатной стан
Auswaschung *f* 1. вымывание 2. размыв; эрозия
auswechselbar сменный

Ausweichstelle *f* разъезд
Ausweitewalzen *n* расширение прокаткой, раскатка
Auswerfer *m* выталкиватель
Auswerteeinheit *f* блок (предварительной) обработки результатов (*измерения, тестирования*); блок оценки результатов
Auswerte-Elektronik *f* блок (предварительной) обработки результатов (*измерения, тестирования*)
Auswertung *f* обработка (*данных, результатов*); оценка; расшифровка, дешифровка
~, **statistische** статистическая оценка
~, **zeichnerische** графическая обработка (*результатов*)
Auswuchtmaschine *f* балансировочный станок, балансировочная машина
Auswuchtmasse *f* балансировочная масса
Auswuchtung *f* (динамическое) уравновешивание, балансировка
Auswurf *m* выброс; извержение
Auszeit *f* тайм-аут
Ausziehen *n* извлечение, экстрагирование, экстракция
Ausziehwalze *f* листовальные вальцы
Auszug *m* вытяжка, экстракт
~, **alkoholischer** спиртовая вытяжка
~, **wäßriger** водная вытяжка
Auszugsofen *n* печь с выдвижным подом
Aus-Zustand *m* состояние «выключено» [«отключено»]; запертое [закрытое] состояние
Auto *n* автомобиль
Autoalarm *m* устройство противоугонной сигнализации, противоугонная сигнализация; «автосторож»
Autobahn *f* (скоростная) автомагистраль, автострада
Autobahnbrücke *f* автодорожный мост; эстакада
Autobenzin *n* автомобильный бензин
Autobetonmischer *m* автобетоносмеситель
Autobox *f* индивидуальный автогараж (*в большом гараже*)
Autobus *m* автобус
Autobusbahnhof *m* автовокзал
Autodeck *n* автомобильная палуба
Autodekrementadressierung *f* *вчт* автодекрементная адресация
Autodoping *n* автолегирование
Autoelektrik *f* автомобильное электрооборудование

AUTOEMISSION

Autoemission *f* автоэлектронная эмиссия
Autoempfänger *m* автомобильный радиоприёмник
Autofokus-Kamera *f* фотоаппарат с автоматической фокусировкой
Autofokus-Spiegelreflexkamera *f* зеркальный фотоаппарат с автоматической фокусировкой
Autogenbrenner *m* горелка для газовой сварки
Autogengerät *n* аппарат для газовой сварки
Autogenhärtung *f* газопламенная закалка
Autogenschneidbrenner *m* резак для кислородной резки, резак
Autogenschneiden *n* кислородная [газовая, *уст.* автогенная] резка
Autogenschweißgerät *n см.* Autogengerät
Autogenschweißen *n* газовая [*уст.* автогенная] сварка
Autohof *m* грузовая автостанция
Autoindustrie *f* автомобильная промышленность
Autoinkrementadressierung *f вчт* автоинкрементная адресация
Autoionisation *f* автоионизация
Autokalalyse *f* автокатализ
Autoklav *m* автоклав
Autoklavbehandlung *f* обработка в автоклаве
Autoklavbeton *m* автоклавный бетон
Autokode *m* автокод
Autokollimation *f* автоколлимация
Autokollimator *m* автоколлиматор
Autokran *m* автокран
Autolyse *f* автолиз
Automat *m* 1. автомат 2. станок-автомат, автомат
~, **abstrakter** абстрактный автомат
~, **einstufiger** однопозиционный автомат
~, **endlicher** конечный автомат
~, **hydraulischer** гидроавтомат
~, **lernender** обучающийся автомат
~, **mehrstufiger** многопозиционный автомат
~, **stochastischer** вероятностный [стохастический] автомат
~, **zellularer** клеточный автомат
Automatenmessing *n* автоматная латунь
Automatenstahl *m* автоматная сталь
Automatentheorie *f* теория автоматов
Automatenverschluß *m* самовзводящийся затвор (*фотоаппарата*)
Automatikaufzug *m* автоматический подзавод,
автоподзавод (*пружины часового механизма*)
Automatikuhr *f* часы с автоматическим подзаводом
Automation *f* автоматизация
automatisch автоматический
Automatisierung *f* автоматизация
~, **komplexe** комплексная автоматизация
Automatisierungsgrad *m* степень автоматизации
Automatisierungsmittel *n pl* средства автоматизации
Automobilwerk *n* автомобильный завод, автозавод
Automorphie *f,* **Automorphismus** *m* автоморфизм
autonom автономный
Autooxidation *f* самоокисление
Autopilot *m* автопилот
Autoradiographie *f* авторадиография
Autoradiolyse *f* авторадиолиз
Autoradiorecorder *m* автомобильная магнитола, автомагнитола
Autoreifen *m* 1. автомобильная шина, автошина 2. автопокрышка
Autoreifendecke *f* автопокрышка
Autorepeat-Funktion *f вчт* функция автоповтора, автоповтор
Autorotation *f* автороторация
Autorouting *n элн* автоматическая трассировка
Autoschuppen *m* автогараж
Autosilo *m* многоэтажный автогараж
Autostraße *f* автомобильная дорога, автодорога
Autotransporter *m,* **Autotransportschiff** *n* судно для перевозки автомобилей
Autotypie *f* автотипия
Autowerk *n* автозавод, автомобильный завод
Autozubehör *n* автомобильные принадлежности
Auxin *n* ауксин
Auxochrom *n* ауксохром
Avalanchediode *f* лавинный диод
Avalanchedurchbruch *m* лавинный пробой
Avalanche-Effekt лавинный эффект, эффект лавинного умножения
Avalanchefotodiode *f* лавинный фотодиод
Avalanchegenerator *m* генератор на лавинно-пролётном диоде [на ЛПД]; генератор на лавинном диоде
Avalanche-Injektion *f* лавинная инжекция
Avalanchestrom *m* лавинный ток

Avalanchetransistor *m* лавинный транзистор
Avalanche-Tunneleffekt *m* лавинно-туннельный эффект
Avivage *f* *текст.* авиваж
Avivagemittel *n pl* *текст.* авиважные препараты
Avogadro-Konstante *f* число Авогадро
Avogadro-Zahl *f* *уст.* число Лошмидта *(число молекул в 1 см³ идеального газа при нормальных условиях)*
axial осевой, аксиальный
Axialbelastung *f* осевая нагрузка
Axialfaktor *m* коэффициент осевой нагрузки *(напр. подшипника)*
Axialgebläse *n* осевая воздуходувка
Axialkolbenmotor *m* аксиально-поршневой гидромотор
Axialkolbenpumpe *f* аксиально-поршневой насос
Axialkraft *f* осевая сила; осевое усилие
Axialkugellager *n* упорный шарикоподшипник
Axiallager *n* упорный подшипник, подпятник
Axialpumpe *f* осевой насос
Axialschlag *m* торцевое [осевое] биение
Axialspannung *f* осевое напряжение
Axialspiel *n* аксиальный [осевой] зазор
Axialturbine *f* осевая турбина
Axialventilator *m* осевой вентилятор
Axialverdichter *m* осевой компрессор
Axiom *n* аксиома
Axon *n* аксон
Axonometrie *f* аксонометрия
azeotrop азеотропный
Azeotropdestillation *f* азеотропная перегонка
Azetaldehyd *m* ацетальдегид, уксусный альдегид, этаналь, CH_3CHO
Azetat *n* ацетат
Azetatfaserstoff *m* ацетатное волокно
Azetessigester *m* ацетоуксусный эфир
Azeton *n* ацетон
Azetylen *n* ацетилен, $HC\equiv CH$ *(см. тж* **Äthin, Ethin***)*
Azetylenentwickler *m* ацетиленовый генератор
Azetylen-Sauerstoff-Schweißen *n* ацетиленокислородная сварка
Azetylierung *f* ацетилирование
Azetylsalizylsäure *f* ацетилсалициловая кислота
Azetylzellulose *f* ацетат целлюлозы, ацетилцеллюлоза
Azid *n* азид

Azidimeter *n* ацидиметр
Azidimetrie *f* ацидиметрия
Azidität *f* кислотность
Azimut *m* азимут
~, **magnetischer** магнитный азимут
~, **wahrer** истинный азимут
Azimutalentwurf *m* азимутальная проекция
Azimutalkarte *f* карта в азимутальной проекции
Azimutalkreis *m* азимутальный круг
Azimutalproektion *f* азимутальная проекция
Azimutantenne *f* азимутальная антенна
Azimutkreis *m* азимутальный круг
Azimutwinkel *m* азимутальный угол
Azin *n* азин
Azinfarbstoffe *m pl* азиновые красители
Azofarbstoffe *m pl* азокрасители
Azogruppe *f* азогруппа
Azoverbindungen *f pl* азосоединения
Azurit *m* *мин.* азурит, медная лазурь
Azurstein *m* *мин.* лазурит
azyklisch ациклический

B

Babbit *n* баббит
Babyzelle *f* миниатюрный элемент питания
Backe *f*, **Backen** *m* 1. щека *(напр. дробилки)* 2. колодка *(напр. тормоза, муфты)* 3. кулачок *(напр. патрона)* 4. губка *(тисков)* 5. гребёнка *(резьбонарезной головки)* 6. плашка *(клуппа)* 7. (накатная) плашка 8. сухарь *(люнета)*
Backen *n* спекание
Backenbrecher *m* щековая дробилка
Backenbremse *f* колодочный тормоз
backend спекающийся
Backenfutter *n* *мет.-об.* кулачковый патрон
Backenschienen *f pl* *ж.-д.* рамные рельсы
Backfähigkeit *f* спекаемость *(угля)*
Backkohle *f* спекающийся уголь; коксующийся уголь
Backofen *m* 1. хлебопекарная печь 2. духовка
Backplane *n* *англ. элн, вчт* объединительная плата; системная плата

Backplane-Treiber *m элн, вчт* усилитель-формирователь на объединительной плате
Backslash *m прогр.* обратная косая черта
Backspace-Taste *f вчт* клавиша возврата на одну позицию
Backstein *m* обожжённый кирпич
Backsteinmauerwerk *n* кирпичная кладка
Backup *n* 1. создание резервных копий; дублирование; копирование 2. вспомогательное средство; резерв 3. резервная [дублирующая] копия; резервный [дублирующий] файл; резервный ресурс; резервная [дублирующая] система 4. поддержка; средство поддержки
Backup-System *n* резервная [дублирующая] система
Backus-Naur-Form *f*, **Backus-Naur-Notation** *f вчт* (нормальная) форма Бэкуса — Наура
Backvermögen *n см.* **Backfähigkeit**
Backwarddiode *f элн* обращённый диод
Bad *n* 1. ванна; раствор; электролит 2. баня 3. *мет.* расплав; расплавленный металл 4. ванна (*санитарно-технический прибор, ванна плавательного бассейна*)
~, **alkalisches** 1. щелочная ванна 2. щелочной электролит
~, **fotografisches** фотографический раствор
~, **saures** 1. кислая ванна 2. кислый электролит
Badeseife *f* банное мыло
Badewannenkurve *f автм* кривая интенсивности отказов
Badkarbonitrieren *n* цианирование в жидкой среде, жидкостное цианирование
Badlöten *n* пайка погружением (*в расплавленный припой*); пайка в ванне
Badnitrieren *n* 1. азотирование в жидкой среде, жидкостное азотирование 2. *см.* **Badkarbonitrieren**
Badspiegel *m* зеркало [поверхность, уровень] ванны; зеркало [поверхность, уровень] электролита
Bagger *m* 1. экскаватор 2. землечерпательный снаряд; драга
Baggereimer *m* ковш экскаватора
Baggergut *n* экскавируемый грунт; экскавируемый материал
Baggern *n* экскавация; копание; черпание
~ **über Planum** верхнее копание
~ **unter Planum** нижнее копание

Baggerplanum *n* рабочая площадка экскаватора; горизонт установки экскаватора
Baggerprahm *m* грунтовозная шаланда
Baggerpumpe *f* грунтовый насос
Baggerschnitt *m* 1. экскаваторный уступ 2. заходка (экскаватора)
Baggerung *f см.* **Baggern**
Bahn *f* 1. дорога; железная дорога 2. полотно (*дороги, моста*); проезжая часть (*моста*) 3. *маш.* дорожка (*качения*) 4. *физ.* траектория; орбита 5. *астр., косм.* орбита 6. полотнище; полотно (*напр. ткани, бумаги*); рулон 7. *маш.* направляющая (поверхность) 8. лицевая сторона (*наковальни*) 9. рабочая поверхность бойка (*молота*); боёк (*молота*) 10. боёк (*молотка*)
~, **eingleisige** однопутная [одноколейная] (железная) дорога
~, **oskulierende** оскулирующая орбита
~, **parabolische** параболическая орбита
~, **selenozentrische** селеноцентрическая орбита
~, **ungestörte** невозмущённая орбита
Bahnabschnitt *m* участок траектории
~, **aktiver** активный участок траектории
~, **passiver** пассивный участок траектории
Bahnabweichung *f* отклонение от (заданной) траектории
Bahnanlagen *pl* сооружения и устройства железных дорог
Bahnbetrieb *m* 1. эксплуатация железной дороги 2. техническая эксплуатация железных дорог
Bahnbetriebswagenwerk *n* вагонное депо
Bahnbetriebswerk *n* депо; локомотивное депо
Bahndamm *m* железнодорожная насыпь
Bahndrehimpuls *m физ.* орбитальный момент
Bahndrehimpulsquantenzahl *f физ.* орбитальное квантовое число
Bahnebene *f астр., косм.* плоскость орбиты
Bahneinlauf *m косм.* выход на орбиту
Bahnelektron *n физ.* электрон орбиты
Bahngebiet *n ж.-д., авто* полоса отвода
Bahngeschwindigkeit *f* 1. скорость по траектории; орбитальная скорость 2. *маш.* скорость перемещения по (заданной) траектории
Bahngleis *n* железнодорожный путь
Bahnhof *m* (железнодорожный) вокзал; (железнодорожная) станция
Bahnhofsblock *m ж.-д.* станционная блокировка
Bahnkörper *m* 1. *ж.-д.* полотно железной доро-

ги 2. земляное полотно *(автомобильной дороги)*
Bahnkorrektur *f* коррекция траектории; коррекция орбиты
Bahnkorrekturantrieb *m космм.* двигатель системы коррекции орбиты, корректирующий двигатель
Bahnkraftwerk *n* тяговая электростанция
Bahnkrümmung *f* кривизна траектории
Bahnlenkung *f ав., косм.* управление траекторией, траекторное управление; управление орбитой, орбитальное управление
Bahnlinie *f* линия течения материала *(при деформации)*
Bahnmeister *m ж.-д.* дорожный мастер; бригадир пути
Bahnmeisterbezirk *m ж.-д.* участок пути дорожного мастера, околоток
Bahnmeisterbezirksverbindung *f ж.-д.* линейно-путевая связь
Bahnmeisterei *f ж.-д.* дистанция пути
Bahnmessungen *f pl* траекторные измерения
Bahnmetall *n* сплав для вагонных подшипников *(баббит на свинцовой основе)*
Bahnmoment *n* орбитальный момент
Bahnmotor *m ж.-д.* тяговый (электро)двигатель
Bahnneigung *f астр., косм.* наклон(ение) орбиты
Bahnneigungswinkel *m астр., косм.* угол наклона орбиты
Bahnnetz *n* железнодорожная сеть, сеть железных дорог
Bahnschiene *f* железнодорожный рельс
Bahnspur *f* след *(частицы)*
Bahnsteig *m* (пассажирская) платформа, перрон
Bahnsteuerung *f* **1.** контурное управление; контурное ЧПУ **2.** контурная система управления; контурная система ЧПУ **3.** *см.* **Bahnlenkung**
~, **numerische 1.** контурное ЧПУ **2.** устройство контурного ЧПУ
Bahnsteuerungsprogramm *n* УП [управляющая программа] для контурного ЧПУ
Bahnsteuerungssystem *n* контурная система управления; контурная система ЧПУ
Bahntarif *m* железнодорожный тариф
Bahnüberführung *f* путепровод над железной дорогой
Bahnübergang *m* (железнодорожный) переезд

Bahnunterführung *f* путепровод под железной дорогой
Bahnunterwerk *n ж.-д.* тяговая подстанция
Bahnverfolgung *f* отслеживание траектории
Bahnwiderstand *m элн* распределённое сопротивление
Bahnzeit *f* железнодорожное время
Bainit *m мет.* бейнит
Bajonettfassung *f эл.* байонетный патрон
Bajonettsockel *m эл.* штифтовой цоколь
Bajonettverbindung *f,* **Bajonettverschluß** *m* байонет, байонетное соединение
Bake *f* **1.** *геод.* веха **2.** *ав.* маяк *(световой или радиомаяк)* **3.** *мор.* бакен **4.** *ж.-д.* оповестительный щит **5.** *авто* предупреждающий щит
Bakelit *n* бакелит
Bakelitlack *m* бакелитовый лак
Bakentonne *f* буй
Bakterien *f pl* бактерии
Bakterizid *n* бактерицид
Balancer *m* сбалансированный манипулятор
Balanceregler *m* регулятор стереобаланса *(стереофонической системы)*
Balanceruder *n* **1.** *мор.* балансирный руль **2.** *ав.* (аэродинамический) руль управления с компенсацией
Balanceschaltung *f* балансная схема
Balancierung *f* балансирование; балансировка
Balata *f* балата
Balg *m* **1.** сильфон **2.** (кузнечный) мех **3.** диафрагма *(форматора-вулканизатора)*
Balgen *m* мехá
Balgfeder *f* сильфонный упругий элемент; сильфон
Balgfedermanometer *n* сильфонный манометр
Balken *m* **1.** балка **2.** брус
~ **auf zwei Stützen** простая [двухопорная] балка
~, **beiderseits eingespannter** балка с (двумя) заделанными [защемлёнными] концами
~, **durchgehender** [**durchlaufender, kontinuierlicher**] неразрезная балка
~, **eingespannter** заделанная балка
~, **freiaufgelagerter** [**freiaufliegender**] свободно-опёртая [свободнолежащая] балка
~, **freitragender** консольная балка
~ **mit einem Tragarm** одноконсольная балка
~ **mit zwei Tragarmen** двухконсольная балка
~, **unterspannter** шпренгельная балка
~, **zusammengesetzter** составная балка

65

BALKENBINDER

Balkenbinder *m* балочная ферма
Balkenbrücke *f* балочный мост
Balkendiagramm *n* гистограмма, столбиковая диаграмма
Balkenkode *m* штриховой код
Balkenkode-Etikett *n* этикетка со штриховым кодом
Balkenkodeleser *m* устройство считывания штрихового кода, сканер штрихового кода
Balkenkonstruktion *f* балочная конструкция
Balkenverschluß *m* *гидр.* шандорный [балочный] затвор, шандорная стенка
Ballast *m* 1. балласт 2. шум (*в сообщении, на выходе системы при информационном поиске*)
Ballastpumpe *f* балластный насос
Ballastquote *f* допустимая доля шума (*при информационном поиске*)
Ballempfang *m* *рад.* ретрансляционный приём
Ballen *m* 1. тюк; кипа 2. бочка (*валка*) 3. тампон (*напр. полировальный*)
ballig бочкообразный
Balligkeit *f* выпуклость (*валка*)
Ballistik *f* баллистика
ballistisch баллистический
Ballon *m* 1. аэростат 2. воздушный шар 3. баллон
Ballonreifen *m* шина низкого давления
Ballonsonde *f* 1. шар-зонд 2. *косм.* аэростатный зонд
Ballsender *m* *рад.* ретрансляционный передатчик
Ballsendung *f* *рад.* ретрансляция
Ballungsgebiet *n* (городская) агломерация, конурбация
Balsam *m* 1. живица, бальзам 2. бальзам (*косметическое изделие*)
Baluster *m* балясина (*балюстрады*)
Balustrade *f* балюстрада
Bananenstecker *m* банановый штекер, однополюсная штепсельная вилка с боковыми пружинящими накладками
Band *n* 1. лента 2. полоса (частот); диапазон (частот) 3. *физ.* (энергетическая) зона 4. конвейерная лента; ленточный конвейер, ленточный транспортёр 5. петля (*дверная, оконная*), навеска 6. *текст.* лента; мычка
~, **besetztes** заполненная зона
~, **erlaubtes** разрешённая зона
~, **gummiertes** прорезиненная лента
~, **kaltgewalztes** холоднокатаная полоса
~, **leeres** незаполненная зона
~, **nicht besetztes** незаполненная зона
~, **nicht vollbesetztes** частично заполненная зона
~, **verbotenes** запрещённая зона
~, **vollbesetztes** заполненная зона
~, **warmgewalztes** горячекатаная полоса
Bandabsetzer *m* *горн.* (консольный) отвалообразователь
Bandabstand *m* *физ.* энергетический интервал между зонами, межзонный интервал; ширина запрещённой зоны
Bandabtaster *m* устройство считывания [ввода] с ленты (*перфоленты, магнитной ленты*)
Bandage *f* бандаж
Bandagenwalzwerk *n* бандажный [бандажепрокатный] стан
Bandagieren *n* 1. обвязка 2. бандажирование
Bandanlage *f* конвейерная установка; ленточный конвейер, ленточный транспортёр
Bandantenne *f* ленточная антенна
Bandarbeit *f* конвейерное производство
Band-Band-Übergang *m* *физ.* межзонный переход
Bandbreite *f* 1. ширина полосы частот, полоса частот 2. ширина полосы пропускания, полоса пропускания (*фильтра*)
Bandbreite-Reichweite-Produkt *n* произведение ширины полосы на дальность действия (*параметр световода*)
Bandbremse *f* *авто* ленточный тормоз, ленточный тормозной механизм
Bändchenmikrofon *n* ленточный микрофон
Bandenspektrum *n* *физ.* полосатый спектр
Bändermodell *n* *физ.* зонная модель
Bänderschema *n* *физ.* зонная диаграмма, диаграмма энергетических зон
Bänderstruktur *f* *геол.* полосчатая [слоистая] текстура
Bändertheorie *f* *физ.* зонная теория
Bänderton *m* *геол.* ленточная глина
Bänderung *f* *геол.* полосчатость, слоистость
Bandfilter *n* 1. *рад., элн* полосовой фильтр 2. ленточный фильтр
Bandförderanlage *f* конвейерная установка
Bandförderer *m* ленточный конвейер, ленточный транспортёр
Bandförderung *f* конвейерный транспорт
Bandgenerator *m* *эл.* ленточный электростатический генератор, генератор Ван-де-Граафа

Bandgeschwindigkeit f 1. скорость движения конвейера 2. скорость движения ленты
Bandkabel n ленточный кабель
Bandkaltwalzwerk n полосовой стан холодной прокатки
Bandkante f физ. граница энергетической зоны
Bandkassettenspeicher m кассетное ЗУ на магнитной ленте, кассетный накопитель на магнитной ленте, кассетный НМЛ
Bandkern m эл. (витой) ленточный сердечник (*сердечник трансформатора, навитый из узкой ленты электротехнической стали*)
Bandkrümmung f физ. искривление [изгиб] (энергетических) зон
Bandkupplung f ленточная муфта
Bandlaufwerk n лентопротяжный механизм
Bandleitung f 1. физ. зонная проводимость 2. эл. ленточный провод
Bandlücke f физ. энергетическая щель, запрещённая зона; ширина запрещённой зоны
Bandmaß n рулетка; мерная лента
Bandmittenfrequenz f центральная частота полосы пропускания (*фильтра*)
Bandpaß m полосовой [полосно-пропускающий] фильтр
Bandsäge f ленточная пила
Bandsägemaschine f ленточнопильный станок
Bandschleifen n ленточное шлифование
Bandschleifmaschine f ленточно-шлифовальный станок
Bandsperre f полосно-задерживающий [режекторный, заграждающий] фильтр
Bandspule f кассета
Bandstahl m полосовая сталь (*шириной < 599 мм*); стальная полоса
Bandstahlwalzwerk n полосовой стан
Bandsteuereinheit f контроллер накопителя на магнитной ленте
Bandsteuerung f 1. управление от магнитной ленты *или* перфоленты 2. контроллер ввода с перфоленты 3. *см.* **Bandsteuereinheit**
Bandstruktur f зонная структура (*полупроводника*); структура зон
Bandtextur f геол. полосчатая [слоистая] текстура
Bandtransport m лентопротяжка
Bandtransportvorrichtung f лентопротяжный механизм
Bandtrennmaschine f ленточно-отрезной станок
Bandtrockner m ленточная сушилка

Bandübergang m физ. межзонный переход
~, **direkter** прямой межзонный переход
~, **indirekter** непрямой межзонный переход
Bandüberlappung f физ. перекрытие (энергетических) зон
Bandverbiegung f физ. искривление [изгиб] (энергетических) зон
Bandvorschubvorrichtung f лентопротяжный механизм
Bandwaage f конвейерные весы
Bandwalzwerk n полосовой стан
Bandwarmwalzwerk n полосовой стан горячей прокатки
Bandwebautomat m автоматический лентоткацкий станок
Bandweberei f лентоткачество, ленточное производство
Bandwebmaschine f лентоткацкий станок
Bandwickel m текст. холстик (из лент)
Bandwickelmaschine f лентосоединительная машина
Bank f 1. верстак 2. станок 3. геол., горн. пачка (*напр. угля*) 4. вчт банк (*банк памяти, банк данных*)
~, **optische** оптическая скамья
Bankadresse f адрес банка памяти
Bankadressenregister n, **Bankadreßregister** n регистр адреса банка памяти
Bankauswahl f выбор банка памяти
Bankeinteilung f разбиение памяти на банки; организация памяти с разбиением на банки
Bankett n 1. обочина (*дороги*) 2. стр. ленточный фундамент под стены 3. берма
Bankomat m банкомат, банковский автомат, автомат для размена и выдачи денег
Bankschraubstock m верстачные тиски
Bankterminal n банковский терминал
Bankumschaltung f коммутация [переключение] банков памяти; переключение банков регистров
Bankung f геол. пластовая отдельность
Bar n бар (*единица давления*)
Bär m 1. баба (*копра, молота*) 2. ползун (*пресса*) 3. мет. настыль, «козёл» (*привар в печи*)
Barbitursäure f барбитуровая кислота
Barcode m штриховой код
Barcodeleser m устройство для считывания штрихового кода, сканер штрихового кода
Barcode-Lesestift m, **Barcodestift** m ручное

световое перо (для считывания штрихового кода)
Barcodescanner m см. Barcodeleser
Baretter m эл. баретер
Bargecarrier m англ. баржевоз, лихтеровоз
Bargeldautomat m, **Bargeldterminal** n банкомат, банковский автомат, автомат для размена и выдачи денег
barisch барический
BARITT-Diode [Barrier-Injection and Transit-Time-...] f инжекционно-пролётный диод
Barium n барий, Ba
Barkhausen-Effekt m физ. эффект Баркгаузена
Barograph m барограф
Barometer n барометр
Barometereffekt m барометрический эффект
Barren m слиток (золота, серебра); слиток, чушка (цветного металла)
Barrenmetall n металл в слитках; металл в чушках; металл в заготовках
Barretter m эл. баретер
Bart m 1. бородка (ключа) 2. заусенец, грат
Baryon n физ. барион
Baryt m барит, тяжёлый шпат
Barytage f фото баритирование
Barytweiß n баритовые белила
Baryzentrum n барицентр
Basalt m базальт
Basaltguß n базальтовое литьё
Basaltschale f, **Basaltschicht** f «базальтовый» слой (земной коры)
Base f хим. основание
BASIC-Anweisung f оператор языка Бейсик
BASIC-Interpreter m интерпретатор языка Бейсик
BASIC-Programm n программа на языке Бейсик, Бейсик-программа
Basis f 1. стр. основание; база (напр. колонны) 2. геод. база, базис 3. мат. основание (системы логарифмов, геометрической фигуры) 4. мат. база, базис 5. рад. база (расстояние между микрофонами или громкоговорителями в стереофонической системе) 6. элн база (биполярного транзистора) 7. вчт база (адреса) 8. основа (препарата, композиции)
Basisadresse f базовый адрес, база
Basisadressierung f базовая адресация
~, indizierte базово-индексная адресация
~ mit Offset базовая адресация со смещением

Basisadreßregister n регистр базового адреса, базовый регистр
Basisbahngebiet n элн область распределённого сопротивления базы
Basisbahnwiderstand m элн распределённое сопротивление базы (биполярного транзистора)
Basisband n свз первичная полоса частот, полоса частот для передачи сигналов без модуляции
Basisbandkanal m свз узкополосный [телеграфный] канал
Basisbandübertragung f, **Basisbandverfahren** n прямая [немодулированная] передача (данных), передача данных по телеграфным каналам
Basisbefehl m базовая команда
Basisbefehlssatz m базовая система (машинных) команд
Basisbreitenschaltung f рад. блок расширения стереобазы
Basisbreitensignal n рад. сигнал ширины стереобазы
basisch хим. основной, основный
Basisdiffusion f элн базовая диффузия, диффузия (для формирования) базы
Basiseingangsschaltung f элн схема с общим эмиттером
Basiseinheit f основная единица (физической величины)
Basis-Emitter-Kapazität f элн ёмкость база — эмиттер
Basis-Emitter-Spannung f элн напряжение эмиттерного перехода, напряжение база — эмиттер
Basis-Emitter-Sperrschicht f элн обеднённый слой эмиттерного перехода
Basis-Emitter-Übergang m элн переход база — эмиттер, эмиттерный переход
Basisfläche f базовая поверхность
Basisflipflop n базовая бистабильная ячейка
Basisfunktion f базовая функция; основная функция (напр. клавиши ПЭВМ)
Basisgebiet n элн базовая область, область базы
Basisgerät n базисный прибор
Basisgröße f физ. основная величина
Basis-Indexadressierung f базово-индексная адресация
Basis-Kollektor-Spannung f элн напряжение коллекторного перехода, напряжение база — коллектор

Basis-Kollektor-Sperrschicht *f эл*н обеднённый слой коллекторного перехода

Basis-Kollektor-Übergang *m эл*н переход база — коллектор, коллекторный переход

Basiskomplement *n вчт* точное дополнение

Basiskonfiguration *f* базовая конфигурация

Basiskreis *m эл*н цепь базы

Basislänge *f* базовая длина

Basislatte *f геод.* базисная рейка

Basislaufzeit *f эл*н время пролёта носителей через базу

Basismaterial *n* материал основания (*печатной платы*)

Basismodul *m* базовый модуль

Basisnetz *n* базисная сеть

Basisplatte *f маш.* базовая [установочная] плита

Basispunkt *m геод.* репер

Basisrechenmaschine *f* 1. базовая ЭВМ 2. основная [ведущая] ЭВМ (*многомашинного комплекса*) 3. ЭВМ без программного обеспечения, «голая» ЭВМ

Basisschaltung *f эл*н схема с общей базой

Basissoftware *f* базовое программное обеспечение

Basisspannung *f эл*н напряжение базы [на базе], базовое напряжение

Basisstrom *m эл*н ток базы, базовый ток

Basissymbol *n* основной символ

Basistechnologie *f* базовая технология

Basistrenndiffusion *f эл*н базовая изолирующая [базовая разделительная] диффузия

Basisvariable *f* базисная переменная

Basisverstärker *m эл*н усилитель в схеме с общей базой

Basisvorspannung *f эл*н напряжение смещения на базе, смещение базы

Basiswert *m* опорное значение

Basiszelle *f* базовая ячейка

Basiszellenmethode *f* метод базовых ячеек (*для проектирования СБИС*)

Basiszone *f см.* **Basisgebiet**

Basiszugriff *m* 1. доступ по базе [по базовому регистру], обращение с использованием базового регистра 2. базисный доступ, базисный метод доступа

Basizität *f хим.* основность

Basküle *f*, **Basküleverschluß** *m* шпингалет

BAS-Signal [Bild-Austast-Synchron-...] *n* полный видеосигнал

Baßlautsprecher *m рад.* низкочастотный громкоговоритель

Baßreflexbox *f*, **Baßreflexgehäuse** *n рад.* акустическая система [АС] с фазоинвертором; ящик-фазоинвертор (НЧ-канала)

Baßreflexlautsprecher *m рад.* громкоговоритель-фазоинвертор

Bast *m* 1. луб 2. серицин

Bastfaser *f* лубяное волокно

Bastseide *f* 1. шёлк-сырец 2. ткань из неотваренного шёлка-сырца; чесуча

Batch-Betrieb *m вчт* пакетный режим, режим пакетной обработки

Batch-Terminal *n вчт* терминал пакетной обработки, пакетный терминал

Batch-Verarbeitung *f вчт* пакетная обработка

Batholith *m геол.* батолит

Bathometer *n мор.* батометр

Bathymeter *n мор.* батиметр

Bathyskaph *m мор.* батискаф

Batik *f текст.* 1. батик, батиковая печать 2. батик (*ткань*)

Batikdruck *m текст.* батик, батиковая печать

Batterie *f* 1. батарея 2. аккумуляторная батарея
~, **galvanische** гальваническая батарея

Batterieantrieb *m* электропривод с питанием от аккумуляторных батарей, батарейный привод

Batteriebehälter *m авто* моноблок (аккумуляторной батареи)

Batteriebetrieb *m* 1. батарейное питание 2. режим заряд — разряд (аккуммуляторной батареи), батарейный режим

Batterieempfänger *m* батарейный радиоприёмник

Batterieheizung *f* прямой накал

Batteriekasten *m* аккумуляторный ящик, ящик аккумуляторной батареи

Batteriekessel *m* батарейный котёл

Batterieladegerät *n* зарядный агрегат

Batteriespannung *f* напряжение (аккумуляторной) батареи

Batteriezündung *f* батарейное зажигание

Batteur *m текст.* трепальная машина

Bau *m* 1. здание; строение; сооружение 2. строительство; стройка 3. строение; структура 4. (горная) выработка 5. *горн.* выемка; разработка

~, **erdbebensicherer** сейсмостойкое строительство

BAU-

Bau- und Montagearbeiten *f pl* строительно-монтажные работы
Bauabschnitt *m* очередь (*строительства*)
Bauabteilung *f* горн. выемочный участок
Bauakustik *f* строительная акустика
Bauarbeiten *pl* строительные работы
Bauarbeiter *m* строитель
Bauart *f* конструкция; (конструктивное) исполнение; компоновка
Bauausführung *f* производство строительных работ
Bauausrüstung *f* строительное оборудование
Baubestimmungen *f pl* строительные нормы; строительные нормы и правила, СНиП
Bauch *m* 1. выпучина 2. пучность (*колебания*) 3. нижняя часть (*судна*)
Baud *n* бод (*единица скорости передачи данных*)
Baudichte *f* плотность застройки
Baudock *n* судостроительный док
Baudot-Apparat *m* аппарат Бодо
Baudot-Kode *m* код Бодо
Baudrate *f* скорость передачи (*данных*) в бодах
Baudynamik *f* динамика сооружений
Baueinheit *f* унифицированный узел; модуль
Baueinheitenprinzip *n* см. Baukastenprinzip
Baueinheitensystem см. Baukastensystem
Bauelement *n* 1. конструктивный элемент 2. элн элемент; компонент 3. строительный элемент, строительная деталь, стройдеталь
~, **diskretes** дискретный компонент; навесной компонент
~, **elektronisches** электронный компонент
~, **gedrucktes** печатный элемент
~, **integriertes** интегральный компонент
~, **ladungsgekoppeltes** прибор с зарядовой связью, ПЗС
~, **oberflächenmontierbares** [oberflächenmontiertes] компонент для поверхностного монтажа
~, **optoelektronisches** оптоэлектронный элемент, оптоэлемент
Bauelementeausbeute *f* выход годных компонентов; процент выхода годных компонентов
Bauelementebasis *f* элн, вчт элементная база
Bauelementedichte *f* элн, вчт плотность упаковки элементов
Bauentwurf *m* проект строительства; строительный проект
Baufehler *m* дефект структуры (*кристалла*)

Baufeld *n* 1. стр. площадка; площадка строительства 2. горн. выемочное поле
Baufestigkeit *f* прочность конструкции
Baufilz *m* строительный войлок
Bauflucht *f* см. Baulinie
Bauformel *f* хим. структурная формула, формула строения
Baugerüst *n* (строительные) леса
Baugips *m* алебастр
Bauglas *n* строительное стекло
Bauglied *n* конструктивный элемент
Baugröße *f* типоразмер; конструктивный размер; габаритный размер
Baugrube *f* котлован
Baugrund *m* 1. (строительный) грунт 2. грунтовое основание (*сооружения*)
Baugrunduntersuchungen *f pl* стр. инженерно-геологические изыскания
Baugruppe *f* маш., элн узел
~, **vorgefertigte** сборный узел
Baugruppenredundanz *f* блочное резервирование
Baugruppenträger *m* каркас (*базовая конструкция конструкционной системы микро- и ПЭВМ*)
Bauhelling *f* судостроительный эллинг
Bauholz *n* 1. (строительный) лесоматериал 2. строевой лес
Bauingenieur *m* инженер-строитель
Baukalk *m* строительная известь
Baukastenausführung *f* исполнение по принципу агрегатирования; исполнение из унифицированных узлов
Baukasteneinheit *f* унифицированный узел; модуль
Baukastenprinzip *n* 1. принцип агрегатирования, агрегатирование 2. модульный принцип
Baukastensystem *n* 1. агрегатная система (*в станкостроении*); блочно-модульная система 2. модульная система (*напр. в приборостроении*)
~, **einheitliches** унифицированная агрегатная система
Baukeramik *f* строительная керамика
Baukonstruktion *f* строительная конструкция
Baukosten(vor)anschlag *m* строительная смета
Baukran *m* строительный кран, кран для строительных работ
Baukunst *f* зодчество; архитектура
Baulänge *f* конструктивная длина; габаритная длина

BCD-ADDITION

Bauleiter *m* прораб
Baulinie *f* *стр.* линия застройки, красная линия
Baum *m* дерево
~, **geordneter** *вчт, мат.* упорядоченное дерево
Baumaschinen *f pl* строительные машины
Baumaß *n* конструктивный размер; габаритный размер, габарит
Baumaterial *n* строительный материал
Baumechanik *f* строительная механика
Baumechanisierung *f* механизация строительных работ
Baumkante *f* обзол
Baumkunde *f* дендрология
Baumnetz *n* *вчт* древовидная сеть
Baummörtel *m* строительный раствор
Baumrinde *f* древесная кора
Baumschere *f* секатор
Baumstruktur *f* *вчт, мат.* древовидная структура; иерархическая структура
Baumwoll(an)bau *m* хлопководство
Baumwolle *f* 1. хлопок 2. хлопчатник
~, **nichtentkörnte** хлопок-сырец
Baumwollerntemaschine *f* хлопкоуборочная машина
Baumwollfaser *f* хлопковое волокно
Baumwollgarn *n*, **Baumwollgespinst** *n* хлопчатобумажная пряжа
Baumwollgewebe *n* хлопчатобумажная ткань
Baumwoll(samen)öl *n* хлопковое масло
Baumwollspinnerei *f* 1. хлопкопрядение 2. хлопкопрядильная фабрика
Baunormen *f pl* строительные нормы
Bauobjekt *n* строительный объект
Bauordnung *f* строительные правила
Baupappe *f* строительный картон
Bauphysik *f* строительная физика
Bauplatte *f* строительная плита; панель
Bauplatz *m* строительная площадка, стройплощадка
Bauraster *m* *стр.* модульная сетка
Baureihe *f* ряд [гамма] типоразмеров; гамма (станков)
Baurichtmaß *n* *стр.* модульный размер, размер в осях
Bauschaltplan *m* монтажная схема
Bauschgarn *n* *текст.* объёмная нить
Baustahl *m* конструкционная сталь
Baustahlgewebe *n*, **Baustahlmatte** *f* проволочная арматурная сетка
Baustandardmaß *n* *стр.* стандартный модуль

Baustatik *f* статика сооружений
Baustein *m* 1. *стр.* камень; блок 2. *элн* модуль; блок; микросхема 3. узел; унифицированный узел; модуль 4. структурный элемент
Bausteinsoftware *f* модульное программное обеспечение
Baustelle *f* 1. стройка 2. строительная площадка, стройплощадка
Baustil *m* архитектурный стиль
Baustoff *m* строительный материал, стройматериал
Baustufe *f* очередь (*строительства*)
Bautainer *m* *стр.* объёмный блок
Bauteil *n* 1. деталь 2. строительная деталь 3. конструктивный элемент 4. компонент
Bauteilniet *m* монтажная заклёпка
Bauton *m* строительная глина
Bauvorhaben *n* строительный объект
Bauweise *f* 1. конструкция 2. способ строительства; способ монтажа 3. исполнение 4. *горн.* способ разработки
~, **modulare** модульная конструкция; модульное исполнение; модульный принцип исполнения
~, **monolithische** монолитная конструкция
Bauwerk *n* здание; сооружение; постройка
~, **unterirdisches** подземное сооружение
Bauwesen *n* строительство; строительное дело
~, **kommunales** коммунальное строительство
bauwürdig *горн.* пригодный к промышленной разработке
Bauwürdigkeit *f* *горн.* пригодность к промышленной разработке
Bauxit *m* боксит
Bauxit... бокситовый
Bauzeichnung *f* исполнительный чертёж
Bauziegel *m* строительный кирпич
BBD [Bucket Brigade Device] *n*, **BBD-Element** *n* прибор (с зарядовой связью) типа «пожарная цепочка», ПЗС типа «пожарная цепочка»
BBD-Matrix *f* матрица ПЗС типа «пожарная цепочка»
BBD-Technik *f* технология приборов типа «пожарная цепочка»
BCCD [Bulk CCD; Buried CCD] *n* ПЗС с объёмным каналом; ПЗС со скрытым каналом
BCD-Adder [Binary-Coded Decimal...] *m*, **BCD-Addierer** *m* двоично-десятичный сумматор
BCD-Addition *f* сложение в двоично-десятичном коде

BCD-ARITHMETIK

BCD-Arithmetik *f* двоично-десятичная арифметика
BCD-Code *m* двоично-десятичный код
BCD-Darstellung *f* двоично-кодированное представление десятичных чисел, представление в двоично-десятичном коде
BCD-Dekoder *m*, **BCD-Dezimal-Dekoder** *m* двоично-десятичный дешифратор, дешифратор двоично-десятичного кода в десятичный
BCD-Dezimal-Umsetzer *m* преобразователь двоично-десятичного кода в десятичный, двоично-десятичный дешифратор
BCD-Dual-Umsetzung *f* преобразование двоично-десятичного кода в двоичный
BCD-Kode *m* двоично-десятичный код
BCD-Siebensegment-Dekoder *m* дешифратор двоично-десятичного кода в семиэлементный
BCD-Siebensegment-Umsetzer *m* преобразователь двоично-десятичного кода в семиэлементный
BCD-Zahl *f* двоично-кодированное десятичное число
BCD-Zahlendarstellung *f* двоично-кодированное представление десятичных чисел, представление в двоично-десятичном коде
BCD-Zähler *m* двоично-десятичный счётчик
BCD-zu-7-Segment-Dekoder *m* дешифратор двоично-десятичного кода в семиэлементный
BCMOS [Buried CMOS] *f* ИС на МОП-транзисторе со скрытым каналом
B-C-Übergang *m* элн переход база — коллектор, коллекторный переход
BDI-Technik [Base-Diffusion Isolation...] *f*, **BDI-Verfahren** *n* метод изоляции (элементов ИС) базовой диффузией, изоляция базовой диффузией
BDOS [Basic DOS] *n* вчт базовая дисковая операционная система, БДОС
Be- und Entladearbeiten *f pl* погрузочно-разгрузочные работы
Be- und Entladeeinrichtung *f* погрузочно-разгрузочное устройство
Be- und Entladestation *f маш.* станция загрузки/выгрузки
Be- und Entlüftung *f* приточно-вытяжная вентиляция
Beam-lead-Anschlüsse *m pl* балочные выводы (*корпуса интегральной микросхемы*)
Beam-lead-Bonder *m* установка для приварки балочных выводов

Beam-Lead-Chip *m* кристалл с балочными выводами; ИС с балочными выводами
Beam-lead-Fassung *f* кристаллодержатель ИС с балочными выводами
Beam-lead-Schaltkreis *m*, **Beam-lead-Schaltung** *f* ИС с балочными выводами
Beam-lead-Technik *f* технология ИС с балочными выводами
Beam-lead-Technik *f*, **Beam-lead-Verfahren** *n* технология ИС с балочными выводами
Beam-Tetrode *f* лучевой тетрод
beansprucht напряжённый; нагруженный
Beanspruchung *f* 1. напряжение; нагрузка 2. нагружение
~, **dynamische** динамическое нагружение
~, **regellose** случайное нагружение
~, **schwellende** знакопостоянная [пульсирующая] нагрузка
~, **schwingende** повторно-переменная нагрузка
~, **zulässige** допускаемое напряжение; допускаемая нагрузка
Beanspruchungsfrequenz *f*, **Beanspruchungsgeschwindigkeit** *f* частота циклов (нагружения)
Beanspruchungsverlauf *m* кривая нагружения
Beanstandung *f* рекламация
bearbeitbar поддающийся обработке, обрабатываемый
Bearbeitbarkeit *f* обрабатываемость
Bearbeitung *f* обработка
~, **elektroerosive** электроэрозионная обработка
~ **in einer Aufspannung** обработка за один установ
~ **in einem Durchgang** обработка за один проход
~ **mit mehreren Werkzeugen** многоинструментная обработка
~, **spanende** обработка резанием
~, **spanlose** обработка без снятия стружки; обработка давлением
Bearbeitungsanlage *f* установка технологической обработки
Bearbeitungsaufmaß *n см.* **Bearbeitungszugabe**
Bearbeitungseinheit *f маш.* агрегатная головка
Bearbeitungsfähigkeit *f* обрабатываемость
Bearbeitungsgüte *f* чистота обработки
Bearbeitungskammer *f* камера для технологической обработки
Bearbeitungskarte *f*, technologische карта операционной технологии, операционная карта
Bearbeitungsschritt *m* этап [стадия] обработки

Bearbeitungsstation *f* 1. позиция обработки 2. (станочная) рабочая станция

Bearbeitungsstufe *f* 1. стадия обработки 2. технологический переход, переход (*часть технологической операции*)

Bearbeitungszentrum *n* многоцелевой станок, обрабатывающий центр

~, **bedien(er)loses** многоцелевой станок, работающий без участия оператора [по безлюдной технологии], необслуживаемый многоцелевой станок

Bearbeitungszugabe *f маш.* припуск на обработку

Beater *m с.-х.* битер

Beaufort-Skale *f* шкала Бофорта

Beaumégrad *m* градус Боме

Bebauung *f* 1. застройка 2. возделывание; обработка (*почвы*)

Bebauungsdichte *f* плотность застройки

Beblasen *n*, **Beblasung** *f* обдувка, обдув

Bebunkerung *f мор.* бункеровка, приём топлива

Becher *m* 1. ковш (*напр. экскаватора*) 2. стакан

Becherförderer *m* 1. ковшовый конвейер 2. *см.* **Becherwerk**

Becherglas *n* химический стакан

Becherturbine *f* ковшовая турбина

Becherwerk *n* 1. ковшовый элеватор 2. нория, черпаковый подъёмник

Becherwerkslader *m* 1. многоковшовый погрузчик 2. *горн.* цепной ковшовый погрузчик

Becken *n* 1. *геол.* бассейн 2. бассейн; водоём 3. водохранилище 4. резервуар

Becquerel *n физ.* беккерель, Бк

Bedampfen *n*, **Bedampfung** *f* напыление

Bedampfungsanlage *f* установка вакуумного напыления, установка термовакуумного испарения (*для получения тонких пленок*)

Bedampfungsmaske *f* маска для напыления

Bedampfungsrate *f* скорость напыления

Bedampfungstechnik *f* метод вакуумного напыления, метод термовакуумного испарения

Bedampfungszeit *f* время напыления

Bedarf *m* 1. потребность; спрос 2. расход (*напр. энергии*)

~, **industrieller** промышленные нужды

Bedienerführung *f вчт* управление действиями оператора со стороны системы

Bedienerhilfemenü *n* консультационное меню

Bedienerhinweis *m вчт* подсказка оператору; приглашение (*к вводу команды*)

Bedienerkommando *n* директива оператора; команда оператора, команда, вводимая оператором (с консоли)

Bedienfeld *n* панель управления

Bedienkonsole *f* пульт оператора; пульт управления

Bedienpult *n* пульт управления

Bedientafel *f* панель управления

Bedienung *f* обслуживание; управление

Bedienungsanweisung *f* инструкция по эксплуатации; инструкция по обслуживанию

Bedienungsautomat *m* автооператор

Bedienungsdisziplin *f* дисциплина обслуживания

Bedienungsfeld *n* панель управления

Bedienungsgüte *f* качество обслуживания

Bedienungshebel *m* рычаг управления

Bedienungskanal *m* канал обслуживания

Bedienungsknopf *m* ручка управления

Bedienungsmann *m* оператор

Bedienungsmodell *n* модель массового обслуживания

Bedienungsperson *f* оператор

Bedienungspersonal *n* оперативный персонал (*АСУТП*)

Bedienungsprozeß *m* процесс обслуживания

Bedienungspult *n* пульт управления

Bedienungsqualität *f* качество обслуживания

Bedienungsrate *f* скорость обслуживания

Bedienungsseite *f* сторона обслуживания

Bedienungsstand *m* пост управления

Bedienungssystem *n* система массового обслуживания

Bedienungstafel *f* щит управления

Bedienungstheorie *f* теория массового обслуживания

bedingt условный

Bedingung *f* условие

~, **hinreichende** достаточное условие

~, **notwendige** необходимое условие

Bedingungsflag *n*, **Bedingungskennzeichen** *n вчт* признак [флаг] выполнения условия, флаг условия

Bedingungskode *m* код условия

Bedrucken *n* 1. печатание; печать 2. *текст.* печатание, печать; набойка, набивка (*тканей*)

Befehl *m* команда

~, **aktueller** текущая команда

BEFEHL

~, **arithmetischer** арифметическая команда
~, **bedingter** условная команда
~, **festverdrahteter** аппаратно-реализованная команда
~, **gespeicherter** команда, хранящаяся в памяти
~, **logischer** логическая команда
~, **privilegierter** привилегированная команда
~, **residenter** резидентная команда
~, **transienter** транзитная [нерезидентная] команда
Befehlsabarbeitung f выполнение команды
Befehlsadresse f адрес команды
Befehlsadreßregister n регистр адреса команды, счётчик команд
Befehlsausführung f выполнение команд(ы)
Befehlsbetrieb m командный режим; режим выдачи команд
Befehlsdekoder m, **Befehlsdekodierer** m дешифратор команд
Befehlsdekodierung f, **Befehlsentschlüsselung** f вчт дешифрация команд
Befehlsentschlüßler m дешифратор команд
Befehlsfolge f 1. последовательность команд; последовательность машинных команд 2. управляющая (кодовая) последовательность
Befehlsformat n формат команды
Befehlsholen n выборка команд(ы)
~, **vorausschauendes** опережающая выборка команд (*из памяти*)
Befehlsholezyklus m цикл выборки команды
Befehlskode m код команды
Befehlslesezyklus m цикл считывания [выборки] команды
Befehlsmix m смесь команд
Befehlspipelining n конвейерное выполнение команд, конвейер команд
Befehlsprozessor m процессор (обработки) команд, процессор управления
Befehlsregister n регистр команд
Befehlssatz m система команд; набор команд
Befehlsschalter m командоконтроллер
Befehlsspeicher m память команд
Befehlssprache f язык управления (*интерактивной системой*)
Befehlssteuereinheit f блок обработки команд
Befehlsstrom m поток команд
Befehlsvorrat m *см.* **Befehlssatz**
Befehlswarteschlange f очередь команд
Befehlswerk n блок обработки команд (*в устройстве управления*)
Befehlswort n командное слово

Befehlszähler m счётчик команд
Befehlszeile f командная строка
Befehlszyklus m вчт цикл (выполнения) команды, командный цикл
Befestigung f крепление; закрепление
~, **starre** жёсткое крепление
Befestigungsgewinde n крепёжная резьба
Befestigungsschraube f крепёжный болт
Befestigungsteile n pl крепёжные детали
Befeuchter m увлажнитель
Befeuchtung f увлажнение
Befeuerung f 1. (огневое) отопление (*печи, котла*) 2. *мор.* обозначение огнями (*берега, судоходного фарватера*), освещение 3. *ав.* освещение; система аэродромных огней 4. светотехническое оборудование (*аэродрома*)
Befeuerungsanlagen f pl светотехническое оборудование (*аэродрома*)
Beflocken n, **Beflockung** f флокирование
Beförderung f транспортировка, транспортирование, транспорт
Befrachtung f фрахтование
Befrachtungsvertrag m договор о фрахтовании (*напр. судна*), чартер
Begasung f 1. аэрация 2. *с.-х.* фумигация, окуривание 3. насыщение газом [газами] 4. пропускание газа (*напр. через электролит*); подача газа
Begasungsmittel n фумигант
begehbar проходной (*напр. о канале, коллекторе*)
Begichtung f загрузка шихты (*в печь*), загрузка; засыпка
Begichtungsanlage f 1. загрузочное устройство, засыпной аппарат (*доменной печи*) 2. загрузочное устройство (*шахтной печи*)
Begichtungskran m загрузочный [шихтовый] кран
Begichtungsvorrichtung f 1. *см.* **Begichtungsanlage** 2. загрузочное устройство (*шахтной печи*)
Begleitgas n 1. попутный газ 2. *геол., горн.* сопутствующий газ, газ-спутник
Begleitgase n pl 1. попутные газы (*углеводородные газы, растворенные в нефти*), нефтяные газы
Begleitstoff m 1. примесь 2. сопутствующее вещество
Begleitstrecke f *горн.* выемочный [нарезной] штрек
Begrenzer m ограничитель

Begrenzerdiode f элн ограничительный диод
Begrenzerschaltung f элн схема ограничения; амплитудный ограничитель
Begrenzerverstärker m элн усилитель-ограничитель
Begrenzung f ограничение
Begrenzungsleuchte f авто габаритный фонарь
Begrenzungslicht n авто габаритный огонь
Begrenzungslinie f габарит
Begrenzungsregler m ограничительный регулятор
Begrenzungsscheibe f упорная шайба
Begrenzungswiderstand m токоограничительный резистор
Begutachtung f экспертиза
Behälter m 1. бак 2. ёмкость; резервуар; цистерна 3. контейнер
Behälterverkehr m контейнерные перевозки
Behälterwagen m (специализированный) вагон-цистерна
Behandlung f 1. обработка (*напр. химическая*) 2. очистка (*напр. сточных вод*)
~, **biologische** биологическая очистка (*сточных вод*)
Behandlungsverfahren n метод обработки
~, **chemisch-thermisches** химико-термическая обработка
~, **thermisches** термическая обработка
~, **umformungsthermisches** термомеханическая обработка
Beharrung f инерция; инерционность; устойчивость
Beharrungsgeschwindigkeit f установившаяся скорость
Beharrungsgesetz n закон инерции
Beharrungskraft f сила инерции
Beharrungsleistung f установившаяся мощность
Beharrungsmoment n момент инерции
Beharrungsvermögen n инерция
Beharrungswert m установившееся значение
Beharrungszustand m установившееся состояние
Behäufelung f с.-х. окучивание
Beheizung f 1. обогрев; отопление 2. нагревание; нагрев
~, **elektrische** электрообогрев
Behelfsbrücke f временный мост
Beilage f прокладка
Beilagescheibe f уплотнительная шайба, прокладка

Beiluft f 1. вторичный воздух 2. подсасываемый воздух
Beimengung f см. Beimischung
Beimischung f 1. примесь 2. примешивание
Beipaßleitung f байпасная [обводная] линия
Beitel m стамеска; долото
Beiwagen m боковой прицеп (*мотоцикла*), коляска
Beiwert m коэффициент
~ **der Gegeninduktion** коэффициент взаимоиндукции
~ **der Selbstinduktion** коэффициент самоиндукции
Beizanlage f мет. травильная установка, травильный агрегат
Beizbad n травильная ванна
Beizbrüchigkeit f водородное охрупчивание, водородная [травильная] хрупкость (*металла*)
Beize f 1. краситель (для древесины), морилка 2. *кож.* мягчильная жидкость 3. протрава 4. *пищ.* маринад 5. *пищ.* рассол для приготовления рассольного сыра
~, **chemische** краситель для древесины на основе дубящих веществ
Beizen 1. протравление 2. травление 3. *мет.* декапирование, лёгкое травление 4. крашение древесины, морение 5. *кож.* мягчение 6. *с.-х.* протравливание (*семян*)
Beizenfarbstoffe m pl протравные красители
Beizfärben n протравное крашение
Beizlösung f травильный раствор
Beizmaschine f с.-х. протравливатель
Beizmittel n 1. протрава 2. травильный состав; травитель 3. краситель (для древесины), морилка 4. *кож.* мягчитель 5. *с.-х.* протравитель
Beizsprödigkeit f см. Beizbrüchigkeit
Bekleidung f 1. облицовка; обшивка 2. одежда
Bekohlung f науглероживание
bekriechbar полупроходной (*напр. о канале, коллекторе*)
Bel n бел, Б
Beladung f загрузка; погрузка
Belag m 1. покрытие; (поверхностный) слой 2. налёт 3. покрытие; настил 4. обкладка; футеровка 5. обкладка (*напр. конденсатора*) 6. накладка (*напр. тормозная*) 7. эл. погонный параметр (*линии*)
~, **rutschfester** [**rutschsicherer**] нескользящее покрытие

BELASTBARKEIT

Belastbarkeit *f* нагрузочная способность; допустимая нагрузка
~, **thermische** (максимально) допустимая тепловая нагрузка
Belastung *f* 1. нагрузка 2. загрузка; загруженность 3. напряжённость
~, **außermittige** внецентренная нагрузка
~, **aussetzende** повторно-кратковременная нагрузка
~, **dynamische** динамическая нагрузка
~, **gleichmäßige** равномерная нагрузка
~, **induktive** индуктивная нагрузка
~, **intermittierende** повторно-кратковременная нагрузка
~, **kapazitive** ёмкостная нагрузка
~, **konzentrierte** сосредоточенная нагрузка
~, **kritische** критическая нагрузка
~, **ruhende** неподвижная нагрузка
~, **spezifische** удельная нагрузка
~, **stationäre** установившаяся нагрузка
~, **statische** статическая нагрузка
~, **stoßartige** ударная нагрузка
~, **thermische** тепловая нагрузка
~, **ungleichmäßige** неравномерная нагрузка
~, **verteilte** распределённая нагрузка
~, **zulässige** допускаемая нагрузка
~, **zyklische** циклическая нагрузка
Belastungsannahme *f* расчётная нагрузка
Belastungsdiagramm *n* нагрузочная диаграмма
Belastungsfaktor *m* коэффициент нагрузки
Belastungsgrenze *f* предельная нагрузка
Belastungskennlinie *f* нагрузочная характеристика
Belastungslinie *f* эпюра сил; эпюра нагрузок
Belastungsprobe *f* 1. *см.* **Belastungsprüfung** 2. образец для испытания под нагрузкой
Belastungsprüfung *f* 1. испытание под нагрузкой 2. *стр.* испытание (пробной) нагрузкой; пробная нагрузка; испытательная нагрузка
Belastungsspitze *f* пик нагрузки
Belastungsstrom *m* ток нагрузки
Belastungsstromkreis *m* цепь нагрузки
Belastungstest *m* испытания (на надёжность) под нагрузкой
Belastungswiderstand *m* нагрузочный резистор
Belastungszunahme *f* 1. увеличение нагрузки 2. *эл.* подъём нагрузки
Belastungszustand *m* режим нагрузки
Belebtschlamm *m* активный ил
Belebtschlammanlage *f* установка для очистки сточных вод активным илом
Belebtschlammverfahren *n* очистка сточных вод активным илом
Belebungsanlage *f* станция аэрации; установка для очистки сточных вод активным илом
Belebungsbecken *n* биологический пруд; аэрационный бассейн; аэротенк
Beleg *m* документ
Belegen *n* 1. *свз, тлф* занятие (*линии*) 2. *сткл* нанесение покрытия; нанесение зеркального слоя
Belegkarte *f* паспорт, паспортная карточка (*напр. станка*)
Belegleser *m* устройство для считывания [ввода] данных с документов
belegt занятый (*о линии*)
Belegung *f* 1. обкладка 2. *тлф, свз* занятие (*линии*); занятость (*линии*) 3. загрузка (*напр. станков, оборудования*) 4. сигнал(ы) на входе; загрузка входа [входов]; набор (входных) переменных 5. информация, записанная в памяти; распределение (*памяти*)
Belegungsplan *m* 1. схема размещения 2. схема размещения (*интегральных элементов*); топологическая схема 3. чертёж общего расположения (*судна*)
Belegungszustand *m* загрузка входа; набор входных переменных
Beleuchtung *f* освещение
Beleuchtungsanlage *f* осветительная установка
Beleuchtungsarmatur *f* осветительная арматура
Beleuchtungsgerät *n* осветительный прибор
Beleuchtungsglas *n* светотехническое стекло
Beleuchtungskörper *m* светильник
Beleuchtungslampe *f* осветительная лампа
Beleuchtungsmesser *m* люксметр
Beleuchtungsstärke *f* освещённость
Beleuchtungstechnik *f* осветительная техника
Belichten *n см.* **Belichtung**
Belichter *m* установка (для) экспонирования
Belichtung *f* 1. экспонирование 2. экспозиция; световая экспозиция 3. засветка (*плёнки*)
Belichtungsabstand *m* микрозазор (*при экспонировании*)
Belichtungsanlage *f* установка (совмещения и) экспонирования, установка литографии
Belichtungsautomatik *f фото* автоматическое экспонометрическое устройство, устройство автоматического регулирования экспозиции
Belichtungsdauer *f см.* **Belichtungszeit**

Belichtungsdosis *f* доза экспонирования, доза экспонирующего излучения
Belichtungsinnenmessung *f* встроенное экспонометрическое устройство (*зеркального фотоаппарата*)
Belichtungsmesser *m* экспонометр
Belichtungsregelung *f* 1. регулирование экспозиции 2. *см.* **Belichtungsautomatik**
Belichtungsschablone *f* 1. промежуточный фотошаблон; промежуточный рентгеношаблон 2. промежуточный (фото)оригинал
Belichtungswert *m* 1. экспозиция, значение [величина] экспозиции 2. экспозиционное число (*указываемое на шкалах фотоаппаратов и экспонометров*)
Belichtungszeit *f* выдержка
Belting *m* бельтинг
Belüfter *m* аэратор
Belüftung *f* 1. вентиляция 2. аэрация
Belüftungsanlage *f* 1. аэрационная установка; аэротенк 2. вентиляционная установка 3. *с.-х.* вентиляторная сушилка
Belüftungsaufsatz *m стр.* аэрационный фонарь
Belüftungsbecken *n* аэрационный бассейн; аэротенк
Belüftungslaterne *f см.* **Belüftungsaufsatz**
Bemastung *f мор.* рангоут
Benchmark *m англ.* 1. точка отсчёта; контрольная точка 2. *см.* **Benchmarkprogramm** 3. *вчт* эталонная транзакция
Benchmarkaufgabe *f*, **Benchmarkproblem** *n* *вчт* эталонная тестовая задача, задача оценки характеристик ЭВМ
Benchmarkprogramm *n вчт* программа для (сравнительной) оценки характеристик вычислительной системы, (эталонная) тестовая программа
Benchmarktest *m* испытание [проверка] в контрольных точках; оценочные испытания, испытания для оценки характеристик [производительности] ЭВМ; аттестационные испытания (*программного изделия*)
benetzbar смачиваемый
Benetzung *f* смачивание
Benetzungsmittel *n* смачиватель
Bentonit *m* бентонит
Benutzer *m* пользователь
~, **eingetragener** зарегистрированный пользователь
~, **gelegentlicher** случайный пользователь
benutzerdefinierbar определяемый [задаваемый] пользователем
benutzerfreundlich удобный для пользователя; дружественный (*напр. об интерфейсе*)
Benutzerhandbuch *n* руководство пользователя
Benutzerkennung *f* код пользователя
Benutzerkode *m* код пользователя
Benutzername *m* имя пользователя
Benutzeroberfläche *f* 1. операционная среда; операционная оболочка 2. пользовательский командный процессор (*операционной системы*) 3. активная поверхность (*напр. графического планшета, сенсорного экрана*)
~, **grafische** графическая операционная среда
benutzerorientiert ориентированный на пользователя
Benutzerprogramm *n* программа пользователя
Benutzerschnittstelle *f* интерфейс пользователя, пользовательский интерфейс
~, **menügesteuerte** интерфейс пользователя в стиле меню
Benutzersoftware *f* прикладное программное обеспечение, прикладное ПО
Benutzerstation *f* терминал пользователя
~, **entfernte** удалённый терминал
Benzaldehyd *n* бензальдегид, бензойный альдегид, C_6H_5CHO
Benzen *n см.* **Benzol**
Benzidin *n* бензидин, 4, 4'-диаминодифенил, $H_2NC_6H_4-C_6H_4NH_2$
Benzil *n* дибензоил, $C_6H_5CO-COC_6H_5$
Benzilsäure *f* бензиловая кислота, $(C_6H_5)_2C(OH)-COOH$
Benzin *n* бензин
~, **bleifreies** неэтилированный бензин
~, **hochklopffestes** высокооктановый бензин
~, **verbleites** этилированный бензин
Benzinabscheider *m* бензиноуловитель
Benzinbehälter *m* бензиновый бак, бензобак
Benzineinspritzanlage *f* система впрыскивания бензина (*в ДВС с принудительным воспламенением рабочей смеси*)
Benzineinspritzung *f* впрыскивание бензина (*см. тж* **Benzineinspritzanlage**)
benzinfest бензостойкий
Benzinfestigkeit *f* бензостойкость
Benzinfilter *n* бензиновый фильтр, бензофильтр
Benzinhahn *m* бензиновый кран
Benzinleitung *f* бензопровод
Benzinmesser *m* бензомер

BENZINMOTOR

Benzinmotor *m* бензиновый двигатель
Benzinpumpe *f* бензиновый насос, бензонасос
Benzinschlauch *m* бензиновый рукав, бензиновый шланг, бензошланг
Benzinschneidbrenner *m* бензорез
Benzintankstelle *f* автозаправочная станция
Benzinuhr *f* бензомер
Benzoapyren *n* см. Benzopyren
Benzoate *n pl* хим. бензоаты (*соли и эфиры бензойной кислоты*)
Benzoesäure *f* бензойная кислота, C_2H_5COOH
Benzol *n* бензол
Benzolring *m* бензольное кольцо
Benzopyren *n* бензопирен
1, 2-Benzopyren *n* 1, 2-бензопирен
Benzoylchlorid *n* бензоилхлорид, хлористый бензоил, C_6H_5COCl
Benzoylperoxid *n* бензоилпероксид, перекись бензоила, $C_6H_5COO-OCOC_6H_5$
Benzylalkohol *m* бензиловый спирт, $C_6H_5CH_2OH$
Benzylgruppe *f* бензил
Benzylzellulose *f* бензилцеллюлоза
Beobachtung *f* 1. наблюдение 2. *мор.* обсервация (*местоопределение судна по данным наблюдения объектов с известными координатами*)
Beobachtungsfehler *m* ошибка наблюдателя, субъективная ошибка; погрешность наблюдения
Beobachtungstür *f* смотровой люк, смотровая дверца
Beobachtungswert *m* наблюдаемое значение
Bepichen *n* осмолка (*бочек*)
Beplankung *f* 1. деревянная обшивка 2. *ав.* наружная оболочка
Beplattung *f* металлическая обшивка
Beräucherung *f* окуривание
Berechnung *f* 1. вычисление; расчёт; калькуляция 2. исчисление 3. расчёт
Berechnungsschema *n* расчётная схема
Berechnungswerte *m pl* расчётные данные
Beregnung *f* дождевание
Beregnungsanlage *f* дождевальная установка
Bereich *m* 1. диапазон 2. зона; область 3. участок
~, **dynamischer** диапазон [пределы] изменения динамических характеристик
~, **elastischer** область упругих деформаций
~, **pelagischer** пелагическая область, область глубокого моря
~, **plastischer** область пластичности
Bereichsgrenzen *f pl* границы диапазона
Bereichs(um)schalter *m* переключатель диапазонов
Bereifung *f* шины; комплект шин
Bereitschaft *f* готовность
Bereitschaftsbetrieb *m* режим резерва; режим хранения (*информации в ячейках памяти при малом потреблении мощности*)
Bereitschaftsbetriebsstrom *m* ток в режиме хранения
Bereitschaftsgerät *n* резервное устройство
Bereitschaftssystem *n* резервная система; дублирующая система
Bereitschaftstest *m* проверка готовности
Bereitschaftszeichen *n* приглашение (*пользователю к вводу команды*)
Berg *m* 1. *горн.* наклонная полевая или пластовая выработка 2. *ж.-д.* (сортировочная) горка
Bergarbeiter *m* горняк
Bergbahn *f* горная дорога (*напр. железная, подвесная*)
Bergbau *m* горное дело; горная [горнодобывающая] промышленность
Bergbau- und Aufbereitungskombinat *n* горно-обогатительный комбинат
~ **und Hüttenkombinat** *n* горно-металлургический комбинат
Berg(bau)arbeiten *f pl* горные работы
Bergbaumaschine *f* горная машина
Berge *pl горн.* 1. пустая порода 2. отходы обогащения, «хвосты»
Bergedamm *m горн.* бутовая [породная] полоса, бутовая стенка
Bergeförderung *f горн.* 1. транспорт пустой породы; подъём породы 2. доставка (пустой) породы (*для закладки*); доставка закладочного материала
Bergehalde *f горн.* породный отвал
Bergeklein *n горн.* породная мелочь
Bergemauer *f см.* Bergedamm
Bergepfeiler *m горн.* породный целик
Bergerippe *f см.* Bergedamm
Bergerolle *f*, **Bergerolloch** *n горн.* породоспускной скат; породоспуск
Bergeversatz *m горн.* закладка (*выработанного пространства*) пустой породой
Bergfahrt *f* 1. движение на подъём; подъём 2. движение вверх; ход вверх
Bergflachs *m мин.* горный лён, асбест

Bergingenieur *m* горный инженер
Bergkompaß *m* горный компас
Bergkristall *m мин.* горный хрусталь
Bergmann *m* горняк, горнорабочий; шахтёр
Bergrutsch *m* оползень
Bergschaden *m* ущерб от (воздействия) горных работ; повреждения, вызванные горными работами
Bergstation *f* верхняя [нагорная] станция, верхняя [нагорная] приводная станция (*подвесной канатной дороги*); верхняя (приводная) станция (*фуникулера*)
Bergsturz *m* обвал
Bergtechnik *f* 1. горная техника 2. технология горных работ
Bergungsarbeiten *pl* 1. аварийные работы 2. спасательные работы
Bergungsschiff *n* спасательное судно
Bergwachs *n мин.* озокерит
Bergwerk *n* горнодобывающее [горное] предприятие; шахта; рудник
Berichtigung *f* исправление; корректировка; поправка
Berichtigungs... поправочный
Berieselung *f* 1. орошение 2. *с.-х.* поверхностные поливы (напуском), поливы напуском
Berieselung *f* 1. спринклерная система, система водяного орошения (*противопожарной защиты*) 2. *с.-х.* самотёчная оросительная система
Berieselungskühler *m* оросительный холодильник
Berkelium *n* берклий, Bk
Berliner Blau *n хим.* железная [берлинская] лазурь
Berme *f* берма
Bernstein *n* янтарь
Bernsteinsäure *f* янтарная кислота
Berstdruck *m* 1. усилие продавливания, продавливающее усилие 2. давление разрыва
Bersten *n* 1. растрескивание 2. разрушение
Berstfestigkeit *f* сопротивление продавливанию
Berstversuch *m* испытание на продавливание
Berstwiderstand *m* сопротивление продавливанию
Bertholetsalz *n* бертолетова соль
Berufsausbildung *f* профессиональная подготовка, профессиональное обучение
Berufskleidung *f* спецодежда
Berufsschaden *m* профессиональная вредность
Beruhigung *f* 1. успокоение 2. *мет.* успокоение, ослабление кипения; раскисление (*стали*)
Beruhigungsbecken *n гидр.* водобойный колодец
Beruhigungsmittel *n мет.* раскислитель, успокоитель
Beruhigungszeit *f* 1. *автм, элн* время [продолжительность] переходного процесса; время установления (*напр. колебаний*) 2. время успокоения, время установления показаний (*измерительного прибора*)
Berührung *f* 1. соприкосновение; контакт 2. касание
Berührungsbildschirm *m вчт* сенсорный экран
Berührungsbildschirmanzeige *f вчт* видеоиндикатор с сенсорным экраном
Berührungsdichtung *f* контактное уплотнение
Berührungsebene *f* касательная плоскость
Berührungsfläche *f* поверхность соприкосновения; поверхность контакта; площадь контакта
Berührungsmeßgerät *n* контактный измерительный прибор
Berührungsmessung *f* контактное измерение
Berührungspunkt *m* 1. точка касания; точка соприкосновения 2. *мат.* точка самоприкосновения (*особая точка*)
Berührungsschalter *m* сенсорный выключатель
Berührungsschutz *m эл.* защита от прикосновения (*к токоведущим частям*)
Berührungssensor *m* 1. тактильный датчик; датчик касания 2. датчик контакта
Berührungsspannung *f эл.* напряжение прикосновения
Berührungstastatur *f вчт* сенсорная клавиатура
Berührungswiderstand *m* контактное сопротивление
Beryll *m мин.* берилл
Beryllium *n* бериллий, Be
Berylliumlegierung *f* бериллиевый сплав
Berylliumoxidkeramik *f* керамика на основе оксида бериллия [на основе BeO], бериллиевая керамика
Berylliumreaktor *m* бериллиевый реактор
Besatz *m горн.* 1. забойка 2. армирование (*долота твердым сплавом*) 3. садка (*загруженные для обжига керамические изделия*) 4. *текст.* отделка; обшивка 5. *текст.* оборка; бахрома 6. *текст.* позумент, галун
Besäumen *n* 1. обрезка (*кромок, напр. для по-*

BESÄUMKREISSÄGE

лучения обрезного пиломатериала) 2. *текст.* подшивка (*низа изделия*); подрубка

Besäumkreissäge *f* обрезной круглопильный станок

Besäumsäge *f* обрезной станок

Beschädigung *f* повреждение

Beschaffenheit *f* характер; свойства

Beschallung *f* 1. озвучивание 2. облучение ультразвуком (*в ультразвуковой дефектоскопии*)

Beschaufelung *f* облопачивание, лопаточный аппарат (*турбины*)

Beschichten *n* нанесение покрытий; фольгирование

Beschichter *m* установка для нанесения покрытий

Beschichtung *f* 1. *см.* Beschichten 2. покрытие, нанесённый слой

Beschichtungsanlage *f* установка для нанесения покрытия

Beschichtungskammer *f* вакуумная камера для нанесения тонких плёнок [тонкоплёночных покрытий]

Beschickung *f* 1. загрузка, засыпка (*напр. доменной печи*); шихтование, загрузка шихты, завалка 2. шихта; загружаемый материал, загрузка; колоша; садка

Beschickungsanlage *f* 1. загрузочное устройство; загрузочный механизм; питатель 2. *мет.* загрузочное устройство; засыпной аппарат (*доменной печи*)

Beschickungsbühne *f мет.* загрузочная площадка; шихтовая [колошниковая] площадка (*напр. вагранки*)

Beschickungsbunker *m* загрузочный бункер

Beschickungsförderer *m* загрузочный транспортёр

Beschickungsgut *n* загружаемый материал, загрузка; шихта

Beschickungskran *m* загрузочный [завалочный, шихтовый] кран

Beschickungsmaschine *f* завалочная [загрузочная] машина

Beschickungsöffnung *f* загрузочное отверстие

Beschickungsroboter *m* (транспортно-)загрузочный робот, робот для (транспортировки и) загрузки обрабатываемых деталей

Beschickungssatz *m мет.* порция загружаемого материала; порция шихты; колоша; подача; садка

Beschickungsstation *f,* **Beschickungsstelle** *f* загрузочная позиция (*напр. автоматической линии*); загрузочная станция (*гибкой автоматизированной системы*)

Beschickungsvorrichtung *f* загрузочное устройство

Beschickungswagen *m* загрузочная вагонетка, загрузочная тележка

Beschlag *m* 1. обивка; обшивка; оковка 2. *текст.* гарнитура 3. налёт; отложение 4. выцвет (*минералов*)

Beschläge *m pl* 1. *стр.* оконные и дверные приборы 2. скобяные изделия; фурнитура (*металлическая*) 3. мебельная фурнитура (*ручки, петли и др.*) 4. *мор.* детали крепления и стопорения такелажа

Beschlagen *n* появление налёта; запотевание

Beschleuniger *m* 1. ускоритель 2. *яд.* ускоритель (*заряженных частиц*)

Beschleunigung *f* 1. ускорение 2. разгон

~, **gleichbleibende** постоянное ускорение

~, **gleichmäßige** равномерное ускорение

~, **lineare** линейное ускорение

Beschleunigungsanode *f* ускоряющий анод

Beschleunigungsaufnehmer *m* датчик ускорения

Beschleunigungseinheit *f* единица ускорения

Beschleunigungselektrode *f* ускоряющий электрод

Beschleunigungsfeld *n* ускоряющее поле

Beschleunigungskammer *f* ускорительная камера

Beschleunigungsmesser *m* акселерометр

Beschleunigungsrückführung *f* обратная связь по ускорению

Beschleunigungssensor *m* датчик ускорения

Beschleunigungsspannung *f* ускоряющее напряжение

Beschleunigungsverhalten *n,* **Beschleunigungsvermögen** *n* приёмистость (*двигателя*)

Beschneidemaschine *f* машина для обрезки бумаги

Beschneiden *n* 1. обрезка 2. ограничение (*напр. диапазона частот*)

Beschotterung *f ж.-д.* балластировка

Beschotterungsmaschine *f ж.-д.* балластер; балластировочная машина

~, **elektrische** электробалластер; электробалластировочная машина

Beschränkung *f* ограничение; лимит

Beschriftung *f* 1. маркировка 2. надписи (*на чертежах*)

Beschuß *m физ.* бомбардировка
Beschwerung *f* 1. утяжеление 2. утяжеление (*напр. ткани*); наполнение (*напр. смеси*) 3. утяжелитель
Beschwerungsmittel *n* утяжелитель; наполнитель
Beseitigung *f* устранение; ликвидация
~ **der Spiele** выборка зазоров
Besetzen *n горн.* забойка
Besetztton *m тлф* тональный сигнал занятости
Besetztzustand *m* занятость (*напр. линии*)
Besetzung *f физ.* населённость, заселённость (*уровней энергии*)
Besetzungsinversion *f физ.* инверсия населённостей (*уровней энергии*); инверсная населённость (*уровней энергии*)
Besetzungszahl *f физ.* 1. число заполнения 2. населённость (*уровней энергии*)
Besetzungszahlinversion *f* инверсная населённость (*уровней энергии*)
Besichtigung *f* осмотр
~, **vorbeugende** профилактический осмотр
Besprengen *n* опрыскивание; дождевание; полив
Bespritzung *f* опрыскивание
Besprühen *n* опрыскивание; обрызгивание
Bespulung *f эл.* пупинизация
Bessemerbirne *f* бессемеровский конвертер
Bessemerroheisen *n* бессемеровский чугун
Bessemerstahl *m* бессемеровская сталь
Bessemerverfahren *n* бессемерование, бессемеровский процесс
Bestand *m* 1. запас; наличие 2. состав
beständig устойчивый, стойкий, стабильный
Beständigkeit *f* устойчивость, стойкость, стабильность
~, **chemische** химическая стойкость
Bestandsaufnahme *f* инвентаризация
Bestandteil *m* составная часть; компонент; ингредиент
Bestätigung *f* подтверждение, квитирование
Bestätigungssignal *n* сигнал квитирования
Besteck *n* 1. *мор.* место, местоположение (*судна*) 2. *ав.* местонахождение (*самолета*) 3. определение места (*судна*) по счислению; определение местонахождения (*самолета*) счислением пути
~, **beobachtetes** обсервованное место (*судна*)
~, **gegißtes [geschätztes]** счислимое место (*судна*)
Bestimmbohrung *f маш.* базовое отверстие

Bestimmfläche *f маш.* базовая поверхность
Bestimmgenauigkeit *f маш.* точность установки [базирования]
bestimmt определённый
Bestimmtheit *f* определённость
Bestimmtheitsstelle *f мат.* точка определённости, обыкновенная точка
Bestimmung *f* определение
~, **analytische** аналитическое определение
~, **gewichtsanalytische** весовое определение
~, **titrimetrische** объёмное определение
Bestimmungsgröße *f* 1. параметр 2. определяемая величина
Bestimmungsmethode *f* метод определения
Bestimmungsort *m* место назначения (*груза*)
Bestimmungsport *m вчт* порт назначения; порт приёмника данных
Bestimmungsregister *n вчт* выходной регистр (*регистр, в который пересылаются данные*)
Bestleistung *f эл.* экономическая мощность (*машины, установки*)
Bestoßen *n* 1. обрубка (*напр. отливок*) 2. *дер.-об.* долбление; обтёсывание
Bestrahlung *f* 1. облучение 2. лучистая экспозиция (*единица СИ, Дж/м²*)
Bestrahlungsanlage *f* облучательная установка
Bestrahlungsdosis *f* доза облучения
Bestrahlungseinheit *f* единица облучения
Bestrahlungsstärke *f* облучённость (*единица СИ, Вт/м²*)
Bestrahlungszeit *f* время облучения
Bestreichen *n* обмазывание, обмазка
Bestückung *f* 1. оснащение 2. комплектация; укомплектование 3. установка навесных элементов на печатную плату; установка [монтаж] кристаллов [бескорпусных компонентов] на печатную плату
Bestückungsloch *n* монтажное отверстие (*печатной платы*)
Bestückungsseite *f* сторона монтажа, монтажная сторона (*печатной платы*)
Bestwert *m* оптимальная величина
Beta-Defektoskopie *f* бета-дефектоскопия
Betanken *n*, **Betankung** *f* заправка (*топливом*)
Beta-Spektrometer *n* бета-спектрометр
Beta-Spektroskopie *f* бета-спектроскопия
Beta-Strahlen *pl* бета-лучи
Beta-Strahlung *f* бета-излучение
Beta-Teilchen *n pl* бета-частицы

BETÄTIGUNG

Betätigung f 1. приведение в действие; управление 2. свз манипуляция; нажатие
~, mechanische механическое управление
Betätigungsgestänge n авто тяги управления
Betätigungshebel m рычаг управления
Betatron n яд. бетатрон
Betazerfall m яд. бета-распад
Beting f мор. битенг
Beton m бетон
~, besonders leichter особо лёгкий бетон
~, bewehrter армированный бетон, железобетон
~, fetter жирный бетон
~, frisch eingebrachter свежеуложенная бетонная смесь, свежеуложенный бетон
~, magerer тощий бетон
~, monolithischer монолитный бетон
~, sandloser беспесчаный бетон
~, schnellbindender быстросхватывающийся бетон
~, schnellerhärtender быстротвердеющий бетон
~, vorgespannter предварительно напряжённый бетон
~, wärmeisolierender теплоизоляционный бетон
~, weicher пластичный бетон
Betonabschirmung f бетонная защита
Betonarbeiter m бетонщик
Betonausbau m бетонная крепь
Betonbaustein m бетонный камень; бетонный блок
Betonbettung f бетонное основание; бетонная подготовка
Betonblock m бетонный блок
Betoneinbringer m бетоноукладчик
Betonerhärtung f твердение бетона
Betonfabrik f бетонный завод
Betonfertiger m бетоноотделочная машина
Betonfertigteile n pl сборные бетонные конструкции и изделия; сборные железобетонные элементы
Betonformstahl m арматурная сталь периодического профиля; сортовой профиль для армирования (*железобетонных конструкций*)
Betongründung f бетонное основание; бетонный фундамент
Betonieren n бетонирование
Betonlieferwagen m бетоновоз
Betonmischer m бетоносмеситель
Betonmischlaster m автобетоносмеситель (*бетоносмеситель, смонтированный на автомобильном шасси*)
Betonmischmaschine f бетоносмеситель
Betonmischung f бетонная смесь
Betonpanzer m бетонная защита
Betonpfahl m бетонная свая
Betonpumpe f бетононасос
Betonrohr n бетонная труба
Betonsorte f марка бетона
Betonstahl m арматурная сталь
Betonstein m бетонный камень; бетонный блок
Betonstraße f дорога с бетонным покрытием
Betonstraßenfertiger m (дорожный) бетоноукладчик
Betonunterbau m бетонное основание
Betonunterbett n бетонное основание; бетонная подготовка
Betonverdichtung f уплотнение бетона
Betonverteiler m бетонораздатчик
Betonwaren pl бетонные изделия
Betonwerk n завод бетонных изделий; завод железобетонных изделий; завод железобетонных конструкций
Betonwerkstein m бетонный блок с фактурной поверхностью, фактурный бетонный блок
Betonzuschlagstoff m заполнитель для бетона
Betrachtungseinheit f объект
~, nichtwartbare необслуживаемый объект; неремонтируемый объект
~, wartbare обслуживаемый объект; ремонтируемый объект
Betrag m 1. величина; абсолютная величина, модуль 2. сумма
~, absoluter модуль
Betrieb m 1. предприятие; производство; завод; цех; экспериментальный цех 2. хозяйство (*напр. животноводческое*) 3. эксплуатация 4. работа 5. режим 6. ход (*напр. печи*) ◇ den ~ aufnehmen вступать в эксплуатацию; in ~ nehmen вводить в эксплуатацию; сдавать в эксплуатацию; вводить в действие
~, alphanumerischer символьный режим, режим вывода символьной информации
~, aperiodischer апериодический режим
~, aussetzender 1. периодическая работа, периодический режим 2. эл. повторно-кратковременный режим
~, bedienarmer режим работы с ограниченным вмешательством обслуживающего персонала, малолюдный режим работы
~, diskontinuierlicher прерывистый режим
~, gestörter аварийный режим
~, grafischer графический режим
~ mit reduziertem Leistungsverbrauch режим с

пониженным потреблением мощности, режим экономии мощности
~, **nichtstationärer** неустановившийся режим
~, **periodisch aussetzender** повторно-периодический режим
~, **periodischer** 1. *эл.* режим периодической нагрузки 2. *см.* Betrieb, aussetzender 1.
~, **schwebender** *горн.* выработка по восстанию
~, **stationärer** установившийся режим
~, **störungsfreier** безаварийная [бесперебойная, безотказная] работа
~, **stetiger** непрерывный режим
~, **streichender** *горн.* выработка по простиранию
~, **unbemannter** безлюдное производство; безлюдное предприятие
~, **ungestörter** нормальный режим
Betriebsabteilung *f* цех; отдел предприятия
Betriebsanlage *f* заводская установка
Betriebsanleitung *f* инструкция по эксплуатации
Betriebsart *f* режим; режим работы; режим эксплуатации
Betriebsartentaste *f вчт* клавиша смены режима
Betriebsartregister *n вчт* регистр режима, регистр задания режима работы
Betriebsausfall *m* производственный [технологический] отказ
Betriebsausrüstung *f*, **Betriebsausrüstungen** *f pl* заводское оборудование
Betriebsbedingungen *f pl* условия эксплуатации
Betriebsbereich *m* рабочая область, рабочий диапазон
Betriebsbremse *f авто* рабочая тормозная система, рабочий тормоз
Betriebsbremsung *f* 1. регулировочное торможение 2. *ж.-д.* служебное торможение
Betriebscharakteristik *f* рабочая характеристика; эксплуатационная характеристика
Betriebsdauer *f* наработка; наработка между отказами; наработка до (первого) отказа; время безотказной работы; продолжительность эксплуатации; технический ресурс; срок службы
~, **akkumulierte** [**kumulative**] суммарная наработка
~, **mittlere** средняя наработка на отказ
~, **normale** период нормальной эксплуатации
Betriebsdauerverteilung *f* функция распределения наработки до отказа, функция распределения времени безотказной работы
Betriebsdienst *m ж.-д.* служба движения
Betriebsdrehzahl *f* эксплуатационная [рабочая] частота вращения
Betriebsdruck *m* рабочее давление
Betriebseigenschaften *f pl* эксплуатационные качества
Betriebserprobung *f* эксплуатационные испытания
Betriebsflüssigkeit *f* рабочая жидкость
Betriebsfrequenz *f* рабочая частота
Betriebsgas *n* газовое топливо, горючий газ
Betriebsgeschwindigkeit *f* 1. рабочая скорость 2. эксплуатационная скорость
Betriebsgüte *f* качество функционирования
Betriebsingenieur *m* инженер-технолог
Betriebskennlinie *f* рабочая характеристика
Betriebskoeffizient *m* коэффициент эксплуатации
Betriebskontrolle *f* эксплуатационный контроль; производственный контроль
Betriebskosten *pl* издержки производства; эксплуатационные расходы
Betriebslast *f* рабочая нагрузка
Betriebslebensdauer *f* технический ресурс
Betriebslebensdauerprüfung *f* ресурсные испытания
Betriebsmedium *n* рабочая среда, рабочий агент; рабочая жидкость
Betriebsmeßtechnik *f* техника промышленных измерений
Betriebsmessungen *f pl* 1. эксплуатационные измерения 2. промышленные измерения
Betriebsmittel *n pl* 1. *ж.-д.* подвижной состав 2. ресурсы *(вычислительной системы)* 3. *эл.* производственное электрооборудование
Betriebsmittelzuteilung *f*, **Betriebsmittelzuweisung** *f вчт* распределение ресурсов
Betriebsmodus *m* режим работы
Betriebsparameter *m pl* рабочие параметры; эксплуатационные параметры; параметры режима
Betriebspersonal *n* обслуживающий персонал
Betriebsprüfung *f* 1. заводское испытание; производственное испытание 2. эксплуатационное испытание
Betriebsraum *m* производственное помещение
Betriebsruhestrom *m* ток в режиме покоя [отсутствия сигнала], ток утечки

betriebssicher 1. надёжный в эксплуатации **2.** безопасный в эксплуатации
Betriebssicherheit *f* **1.** эксплуатационная надёжность, надёжность в эксплуатации **2.** безопасность в эксплуатации
Betriebssoftware *f* служебное программное обеспечение, программы оперативного обслуживания
Betriebsspannung *f* **1.** рабочее напряжение **2.** напряжение питания, питающее [входное] напряжение
Betriebsstörungen *f pl* эксплуатационные неисправности; сбои
Betriebsstrom *m* **1.** рабочий ток **2.** ток питания
Betriebssystem *n вчт* операционная система, ОС
~, **portables** мобильная операционная система, мобильная ОС
Betriebssystemkern *m вчт* ядро операционной системы, ядро ОС
Betriebssystemschale *f вчт* оболочка операционной системы, оболочка ОС
Betriebstemperatur *f* рабочая температура
Betriebsunterbrechung *f* простой
Betriebsverhalten *n* рабочая характеристика; эксплуатационные свойства; режим работы
Betriebsvorschriften *f pl* правила эксплуатации
Betriebswasser *n* производственная вода; техническая вода
Betriebsweise *f* режим; режим эксплуатации
~, **unabhängige** автономный режим
Betriebswelle *f* рабочая волна
Betriebswerk *n ж.-д.* депо (*локомотивное, вагонное*)
Betriebswirkungsgrad *m* эксплуатационный кпд
Betriebszeit *f* время работы; наработка
~, **kumulative** суммарная наработка
Betriebszeitplanung *f* календарное производственное планирование
Betriebszustand *m* режим (работы); рабочий режим
~, **kritischer** критический режим
~, **nichtstationärer** неустановившийся режим
~, **periodischer** периодический режим
~, **stationärer** установившийся режим
Betriebszuverlässigkeit *f* эксплуатационная надёжность, надёжность в эксплуатации
Bett *n* **1.** постель; основание **2.** подстилающий слой **3.** русло; ложе **4.** станина

Bettung *f* **1.** *ж.-д.* балласт; балластный слой **2.** постель
Bettungskörper *m ж.-д.* балластная постель; балластная призма
Bettungsreinigungsmaschine *f ж.-д.* балластоочистительная машина
Beuchen *n текст.* отварка, бучение
Beugung *f физ.* дифракция
Beugungsgitter *n физ.* дифракционная решётка
Beugungsspektrum *n физ.* дифракционный спектр
Beule *f* вмятина; выпучина
Beutelfilter *n* мешочный фильтр
Bevatron *n яд.* беватрон
Bewachsen *n* обрастание (*напр. днища судна*)
Bewaldung *f* облесение
Bewässerung *f* орошение, ирригация
Bewässerungsackerbau *m* орошаемое [поливное] земледелие
Bewässerungsanlage *f* **1.** оросительная установка **2.** оросительная система
Bewässerungskanal *m* оросительный канал
Bewässerungssystem *n* оросительная система
Bewässerungsgraben *m см.* Bewässerungskanal
beweglich подвижный; мобильный; манёвренный
Beweglichkeit *f* подвижность; мобильность; манёвренность
Bewegtbett *n* процесс (*напр. крекинг*) с подвижным катализатором
Bewegtbild *n* динамическое изображение
Bewegung *f* **1.** движение **2.** перемещение; ход
~, **ebene** плоско-параллельное движение
~, **fluktuierende** хаотическое движение
~, **fortschreitende** поступательное движение
~, **gestörte** возмущённое движение
~, **gleichbleibende** установившееся движение
~, **gleichförmig geradlinige** равномерное прямолинейное движение
~, **gleichförmig-beschleunigte** равномерно-ускоренное движение
~, **gleichförmige** равномерное движение
~, **gleichförmig-veränderliche** равнопеременное движение
~, **gleichförmig-verzögerte** равномерно-замедленное движение
~, **gleichmäßig-beschleunigte** равномерно-ускоренное движение
~, **gleichmäßig-verzögerte** равномерно-замедленное движение

BEZUGSLÖSUNG

~, hin- und hergehende возвратно-поступательное движение
~, nichtgestörte невозмущённое движение
~, nichtstationäre неустановившееся движение
~, rückläufige возвратное движение; обратное движение
~, ruckweise прерывистое движение
~, spiralartige винтовое движение
~, stationäre установившееся движение
~, stetige непрерывное движение
~, ungleichförmige неравномерное движение
~, unregelmäßige беспорядочное движение
~, wirbelfreie безвихревое движение
~, zusammengesetzte сложное движение
Bewegungsenergie f кинетическая энергия
Bewegungsgewinde m ходовая резьба
Bewegungsgleichung f уравнение движения
Bewegungsgröße f физ. количество движения, импульс
Bewegungsumkehr f реверсирование, изменение направления
Bewehren n армирование
bewehrt армированный
Bewehrung f 1. арматура 2. армирование 3. броня (кабеля)
~, geschweißte сварная арматура
~, schlaffe гибкая арматура
~, steife жёсткая арматура
~, verdrillte витая арматура
~, vorgespannte предварительно напряжённая арматура
Bewehrungsarbeiten f pl арматурные работы
Bewehrungsarbeiter m арматурщик
Bewehrungsdraht m арматурная проволока
Bewehrungskonstruktion f армированная конструкция
Bewehrungskorb m арматурный каркас, армокаркас
Bewehrungsstab m арматурный стержень
Bewehrungsstahl m арматурная сталь
Bewehrungsstähle m pl несущая арматура
Bewehrungswicklungsbank f арматурный станок
Beweis m доказательство
Bewertung f 1. оценка 2. мат. норма, нормировка
Bewertungsaufgabe f вчт эталонная задача, задача оценки характеристик ЭВМ
Bewertungsfilter n элн взвешивающий фильтр
Bewertungsprogramm n вчт эталонная тестовая программа, типовая оценочная программа, ТОП (программа для сравнительной оценки характеристик вычислительной системы)
Bewertungstest m испытание [проверка] в контрольных точках; оценочные испытания, испытания для оценки характеристик [производительности] ЭВМ; аттестационные испытания (программного изделия)
Bewetterung f горн. проветривание, вентиляция
Bewetterungsanlage f горн. вентиляционная установка
Bewicklung f 1. обматывание 2. эл. обмотка 3. намотка (нити)
Bewitterung f атмосферное воздействие
Bewitterungsapparat m везерометр
Bewitterungsversuch m испытание на атмосферостойкость; испытание на атмосферную коррозию
Bewölkung f облачность
Bewurf m штукатурный намёт
Bezeichner m вчт идентификатор
~, reservierter зарезервированный идентификатор
Beziehung f соотношение; отношение; связь; зависимость
Bezifferung f 1. нумерация 2. оцифровка (напр. шкалы)
Bezirk m 1. район 2. домен
~, Weißscher магнитный домен
Bezug m 1. обтяжка; обивка 2. чехол; кожух 3. получение (напр. электроэнергии)
Bezugselektrode f электрод сравнения
Bezugsfläche f 1. маш. базовая поверхность, база 2. опорная поверхность (при измерениях)
~, meßtechnische измерительная база
Bezugsflächensystem n маш. система баз
Bezugsfrequenz f опорная частота; эталонная частота
Bezugsgröße f опорная величина
Bezugskraftstoff m эталонное топливо
Bezugslinie f 1. базовая линия (напр. шкалы) 2. линия отсчёта 3. выносная линия (на чертеже)
Bezugslinien f pl выносные линии (на чертеже)
Bezugsloch n базовое [фиксирующее] отверстие (печатной платы)
Bezugslösung f стандартный раствор

BEZUGSMAß...

Bezugsmaßpositionierung *f маш.* позиционирование в абсолютной системе координат
Bezugsmaßprogrammierung *f маш.* программирование от одной базы, программирование в абсолютной системе координат (*перемещений рабочих органов станка с ЧПУ*)
Bezugsmaßsteuerung *f маш.* 1. управление в абсолютной системе координат 2. система управления с абсолютным отсчётом координат
Bezugsoberfläche *f маш.* базовая поверхность (*при измерении шероховатости поверхности*)
Bezugsprofil *n маш.* базовая линия (*при измерении шероховатости поверхности*)
Bezugspunkt *m* 1. точка отсчёта; база отсчёта 2. опорная точка; репер
Bezugssignal *n* опорный сигнал
Bezugsspannung *f* опорное напряжение; эталонное напряжение
Bezugsspannungsdiode *f* опорный диод
Bezugsspannungsquelle *f* источник опорного напряжения
Bezugsstrecke *f маш.* базовая длина (*при измерении шероховатости поверхности*)
Bezugssystem *n* 1. *физ.* система отсчёта 2. *маш.* базовая система (*отсчёта*)
Bezugstemperatur *f* эталонная температура
BHT-Koks [Braunkohlen-Hochtemperatur-...] *m* высокотемпературный кокс из бурого угля
BHT-Verkokung *f* высокотемпературное коксование бурых углей
Biberschwanz *m* плоская черепица
Bibliotheksprogramm *n* библиотечная программа
Bibliotheksunterprogramm *n* библиотечная подпрограмма
Bi-CMOS-Gate-Array *n* вентильная Би-КМОП-матрица; матричная БИС на биполярных и КМОП-транзисторах
Bi-CMOS-IC *n* ИС на биполярных и КМОП-транзисторах, Би-КМОП ИС
BiCMOS-Technik *f*, **Bi-CMOS-Technologie** *f* (комбинированная) технология ИС на биполярных и КМОП-транзисторах, Би-КМОП-технология
bidirektional двунаправленный
Bidirektionaldruck *m* двунаправленная печать
Biegeautomat *m* гибочный автомат
Biegebeanspruchung *f* напряжение при изгибе
Biegebelastung *f* изгибающая нагрузка
Biegegesenk *n* 1. гибочный штамп 2. гибочная матрица, матрица для гибки
Biegekraft *f* 1. изгибающее усилие 2. усилие гибки
Biegemaschine *f* 1. гибочный станок 2. (листо)гибочная машина 3. *полигр.* биговальная машина
Biegemoment *n* изгибающий момент
Biegen *n* 1. гибка 2. гнутьё 3. изгибание 4. *полигр.* биговка 5. моллирование (*стекла*)
Biegepresse *f* гибочный пресс
Biegespannung *f* напряжение при изгибе
Biegesteifigkeit *f* жёсткость при изгибе
Biegeversuch *m* испытание на изгиб
Biegewalze *f* гибочный валок
Biegewalzen *f pl* гибочные вальцы
Biegewechselfestigkeit *f* предел выносливости при изгибе с симметричным циклом (напряжений)
Biegewinkel *m* угол изгиба
biegsam гибкий; эластичный
Biegsamkeit *f* гибкость; эластичность
Biegung *f* изгиб ◊ auf ~ beansprucht werden [sein] работать на изгиб
~, **reine** чистый изгиб
~, **wiederholte** многократный изгиб
Bienenwachs *n* пчелиный воск
BIFET [Bipolar-junction FET] *m* ИС на биполярных транзисторах и полевых транзисторах с *p — n*-переходом, ИС, изготовленная по Би-ПТ-технологии
BIFET-Technik *f* технология ИС на биполярных транзисторах и полевых транзисторах с *p — n*-переходом, Би-ПТ-технология
bifilar бифилярный
Bifilarwicklung *f эл.* бифилярная обмотка
Bifurkation *f мат.* бифуркация
Bifurkationspunkt *m мат.* точка бифуркации
BIGFET [Bipolar Insulated-Gate FET] *m* ИС на биполярных транзисторах и полевых транзисторах с изолированным затвором
Bikomponentenfaser *f* бикомпонентное волокно
bikonkav двояковогнутый
Bikonkavlinse *f* двояковогнутая линза
bikonvex двояковыпуклый
Bikonvexlinse *f* двояковыпуклая линза
Bilanz *f* баланс
Bild *n* 1. изображение; кадр 2. фотоснимок 3. график 4. *текст.* узор; рисунок 5. *мат.* образ; отображение
~, **bewegtes** динамическое изображение

BILDGENERATOR

~, **digitalisiertes** оцифрованное изображение
~, **farbiges** цветное изображение
~, **flaues** неконтрастное изображение
~, **gestelltes** установленный кадр
~, **kontrastarmes** малоконтрастное [низкоконтрастное] изображение
~, **kontrastloses** неконтрастное изображение; малоконтрастное [низкоконтрастное] изображение
~, **kontrastreiches** контрастное изображение; высококонтрастное изображение
~, **kopfstehendes** перевёрнутое [обратное] изображение
~, **latentes** скрытое изображение
~, **reelles** действительное изображение
~, **scharfes** резкое изображение; чёткое изображение
~, **scheinbares** мнимое изображение
~, **stereoskopisches** стереоскопическое изображение, стереоизображение
~, **umgekehrtes** обратное [перевёрнутое] изображение
~, **unscharfes** нерезкое изображение; нечёткое изображение
~, **unsichtbares** скрытое изображение
~, **verwackeltes** смазанное изображение
~, **virtuelles** мнимое изображение
~, **wirkliches** действительное изображение
Bildablenkgenerator *m тлв* генератор кадровой развёртки
Bildablenkung *f тлв* кадровая развёртка
Bildabtastung *f* 1. развёртка [разложение] изображения 2. *тлв* кадровая развёртка
Bildanimation *f* (компьютерная) анимация, машинная мультипликация, «оживление» изображений (*на экране дисплея*)
Bildauffrischung *f вчт* регенерация изображений (*на экране дисплея*)
Bildaufnahme *f* передающая телевизионная трубка
Bildaufnahmekamera *f* киносъёмочный аппарат, киносъёмочная камера, кинокамера
Bildaufnehmer *m* датчик изображения
Bildaufzeichnung *f* видеозапись
Bild-Austast-Synchronsignal *n* полный видеосигнал
Bildbetrachtung *f* рассматривание изображения
Bilddatei *f* дисплейный файл (*файл видеоданных и команд для формирования изображения на экране дисплея*)
Bilddaten *pl* видеоданные

Bilddemodulator *m* видеодетектор
Bilddigitalisiergerät *n* преобразователь изображения в цифровой код, устройство оцифровки изображения
Bilddigitalisierung *f* преобразование изображения в цифровой код, оцифровка изображения
Bildebene *f опт.* плоскость изображения
Bildebenenverschluß *m* фокальный затвор (*фотоаппарата*)
Bildeinstellung *f* установка кадра; наводка на резкость
Bildelement *n* элемент изображения
Bildempfänger *m* приёмный фототелеграфный аппарат
Bilderabziehen *n* декалькомания
Bilderzeugung *f* 1. формирование изображения (*на экране дисплея*) 2. генерирование изображений (*фотошаблонов*)
Bildfehler *m pl опт.* аберрации, искажения изображений
Bildfeld *n* 1. *фото* поле изображения (*объектива, видоискателя*) 2. *опт.* поле зрения в пространстве изображений; поле изображения
Bildfeldwinkel *m* 1. *опт.* угол поля зрения в пространстве изображений 2. *фото* угол (поля) изображения (*объектива, видоискателя*)
~ **des Belichtungsmessers** угол охвата экспонометра
Bildfeldwölbung *f опт.* кривизна поля зрения; кривизна поля изображения
Bildfenster *n* 1. *кино, фото* кадровое окно 2. экспозиционное окно 3. печатающее окно (*копировального аппарата*) 4. окно (*на экране дисплея*)
Bildfernsprechen *n* видеотелефон
Bildflug *m* полёт на аэрофотосъёмку
Bildformat *n* формат кадра; формат изображения
Bildfrequenz *f* 1. *тлв* частота кадров, кадровая частота; частота полей, полевая частота 2. *кино* частота кадросмен; частота киносъёмки или кинопроекции
Bildfunk *m* (радио)фототелеграфия
Bildfunkgerät *n* фототелеграфный аппарат
Bildfunktion *f опт.* эйконал
Bildfunkverkehr *m* радиофототелеграфная связь
Bildgenerator *m* (фотонаборный) генератор

BILDGÜTE

изображений, генератор изображений фотошаблонов (*в фотолитографии*)
Bildgüte *f* качество изображения
Bildhelligkeit *f* яркость изображения
Bildimpuls *m* видеоимпульс
Bildkamera *f* киносъёмочная камера
Bildkanal *m* 1. *тлв* тракт изображения 2. *кино* фильмовый канал
Bildkippgenerator *m тлв* генератор кадровой развёртки
Bildkompression *f* сжатие изображений
Bildkontrast *m* контрастность изображения
Bildkontrollgerät *n* (видео)монитор
Bildlauf *m* прокрутка изображения (*на экране дисплея*)
Bildmessung *f* фотограмметрия
Bildmontage *f* фотонабор (*получение промежуточных фотошаблонов с помощью фотонаборного генератора*)
Bildmuster *n кино* рабочий позитив (кино)изображения
Bildnegativ *n кино* негатив (кино)изображения
Bildpaar *n* стереопара
Bildplatte *f* 1. видеодиск 2. оптический диск (для записи данных)
~, **löschbare** стираемый [перезаписываемый] оптический диск
~, **optische** лазерный видеодиск
~, **wiederbeschreibbare** перезаписываемый оптический диск
Bildplattenspeicher *m* память [ЗУ] на оптических дисках
Bildpuffer *m* буфер регенерации, буфер изображения, буферное ОЗУ дисплея; кадровый буфер, буфер кадров
Bildpunkt *m* элемент изображения; примитив (*в компьютерной графике*)
Bildraster *m* телевизионный растр; растр изображения
Bildraum *m опт.* пространство изображений
Bildrefresh *n см.* Bildauffrischung
Bildröhre *f* кинескоп, приёмная телевизионная трубка
Bildrücklauf *m тлв* обратный ход (*развертывающего электронного луча*) по кадрам, обратный ход кадровой развёртки, кадровый обратный ход
bildsam пластичный
Bildsamkeit *f* пластичность
Bildschärfe *f* резкость изображения; чёткость изображения

Bildschirm *m* экран (*напр. телевизионного приемника, дисплея*)
~, **berührungsempfindlicher** сенсорный экран
~, **geteilter** экран, разделённый на области
~, **grafischer** экран графического дисплея, графический экран
Bildschirmadapter *m* адаптер дисплея, дисплейный адаптер, видеоадаптер
Bildschirmanzeige *f* 1. отображение информации на экране (дисплея); вывод на экран 2. видеоиндикатор
Bildschirmarbeitsplatz *m* автоматизированное рабочее место [АРМ] с видеотерминалом
Bildschirmeditor *m вчт* экранный редактор
Bildschirmeinheit *f см.* Bildschirmterminal
Bildschirmentspiegelung *f* устранение [подавление] бликов на экране (*дисплея*)
Bildschirmfenster *n* окно на экране дисплея, (экранное) окно
Bildschirmgerät *n* дисплей, экранное устройство отображения
~, **alphanumerisches** алфавитно-цифровой [символьный] дисплей
~, **grafisches** графический дисплей
Bildschirmgrafik *f* экранная графика
Bildschirminterface *n* экранный интерфейс, видеоинтерфейс
Bildschirmkonsole *f* дисплейный пульт; дисплей-консоль
Bildschirmmenü *n* экранное меню, меню, высвечиваемое на экране дисплея
Bildschirmprozessor *m* экранный процессор
Bildschirm-RAM *m, n* видеоОЗУ
Bildschirmrollen *n* прокрутка (*изображения, текста на экране дисплея*)
Bildschirmsichtgerät *n см.* Bildschirmgerät
Bildschirmspeicher *m* буферное ОЗУ дисплея, буфер регенерации, буфер дисплея
Bildschirmspiel *n* видеоигра
Bildschirmsteuereinheit *f*, **Bildschirmsteuergerät** *n*, **Bildschirmsteuerung** *f* контроллер дисплея, дисплейный контроллер, устройство управления дисплеем
Bildschirmtaste *f* программируемая клавиша, клавиша с программируемой функцией (*устанавливаемой пользователем и отображаемой на экране дисплея*)
Bildschirmterminal *n* видеотерминал, дисплейный [экранный] терминал; дисплей
~, **alphanumerisches** алфавитно-цифровой [символьный] дисплей

~, grafisches графический дисплей

~, intelligentes интеллектуальный (видео)терминал

Bildschirmtext *m* система (интерактивного) видеотекса, система интерактивной видеографии

~, interaktiver система интерактивного видеотекса

Bildschirmtextdekoder *m* декодер системы интерактивного видеотекса

Bildschirmtextnetz *n* сеть интерактивного видеотекса

Bildschirmtextsystem *n* система интерактивного видеотекса, система интерактивной видеографии

Bildschirmtextzentrale *f* информационно-вычислительный центр [ИВЦ] системы интерактивного видеотекса

Bildschirmtreiber *m* драйвер дисплея

Bildschreiber *m* приёмный фототелеграфный аппарат

Bildsensor *m* датчик изображения; преобразователь свет — сигнал, формирователь видеосигналов

~, ladungsgekoppelter датчик изображения на ПЗС; (матричный) формирователь видеосигналов на ПЗС

Bildsignal *n* видеосигнал; телевизионный видеосигнал

Bildsignalquelle *f* телевизионный датчик

Bildsignalverstärker *m* видеоусилитель

Bildskizze *f* фотосхема

Bildspeicher *m* видеопамять, видеоЗУ, память (для хранения) видеоданных, память изображения

Bildspeicherröhre *f* *тлв* передающая трубка с накоплением зарядов

Bildstudioanlage *f* *тлв* аппаратно-студийный блок

Bildsucher *m* видоискатель

Bildsymbol *n* пиктограмма

Bildsymbolmenü *n* пиктографическое меню

Bildsynchronimpuls *m*, **Bildsynchronisationsimpuls** *m*, **Bildsynchronsignal** *n* *тлв* кадровый синхронизирующий импульс, кадровый синхроимпульс

Bildtelefon *n* видеотелефон

Bildtelegraf *f* фототелеграфный аппарат

Bildtelegrafie *f* фототелеграфия; фототелеграфная связь

Bildtelegrafieapparat *m* фототелеграфный аппарат

Bildtelegrafieverkehr *m* фототелеграфная связь

Bildtelegramm *n* фототелеграмма

Bildtonkamera *f* синхронный киносъёмочный аппарат (*киносъемочный аппарат для съемки изображений с одновременной (синхронной) записью звука на отдельную, обычно магнитную, ленту*)

Bildträger *m* *тлв* несущая изображения

Bildtriangulation *f* фототриангуляция

Bildübertragung *f* передача изображений; фототелеграфная передача

Bildübertragungssensor *m* датчик изображения (на ПЗС) с (по)кадровым переносом зарядов

Bildumkehr *f* обращение изображения

Bildungsenergie *f* энергия образования

Bildungswärme *f* теплота образования

Bildverarbeitung *f* обработка изображений

~, digitale цифровая обработка изображений

Bildverarbeitungssystem *n* система обработки изображений; система технического зрения

Bildverschiebung *f* смещение изображения

Bildvervielfältigung *f* мультипликация изображений

~ nach dem Step-and-Repeat-Verfahren метод последовательной шаговой мультипликации изображений

Bildverzeichnung *f*, **Bildverzerrung** *f* искажение изображения

Bildwand *f* (кино)экран

Bildwandler *m* 1. электронно-оптический преобразователь, ЭОП 2. *см.* **Bildsensor**

Bildwandlermatrix *f*, **Bildwandlermosaik** *n* матричный преобразователь свет — сигнал, матричный формирователь видеосигнала

Bildwandlerröhre *f см.* **Bildwandler** 1.

Bildwandlung *f* *тлв* оптоэлектронное преобразование

Bildwechselfrequenz *f* 1. *тлв* частота (смены) кадров; частота (смены) полей 2. *см.* **Bildwechselzahl**

Bildwechselzahl *f кино* частота кадросмен; частота киносъёмки *или* кинопроекции

Bildwerfer *m* проектор

Bildwiedergabe *f* 1. воспроизведение изображения 2. кинопроекция

Bildwiedergaberöhre *f см.* **Bildröhre**

Bildwiederholfrequenz *f вчт* частота регенерации изображения

BILDWIEDERHOLPUFFER

Bildwiederholpuffer *m вчт* буфер регенерации; кадровый буфер, буфер кадров
Bildwiederholrate *f см.* Bildwiederholfrequenz
Bildwiederholspeicher *m* (буферная) память (для автономной) регенерации изображений (*на экране дисплея*), буфер регенерации; кадровый буфер, буфер кадров
Bildwiederholungsrate *f см.* Bildwiederholfrequenz
Bildwinkel *m* 1. угол поля зрения (*угол, под которым наблюдатель рассматривает изображение; угол, под которым воспринимает изображение телекамера*) 2. *см.* Bildfeldwinkel 1. 3. *фото* угол (поля) изображения (*объектива, видоискателя*); угол поля зрения (*объектива*)
Bildzähler *m* счётчик кадров
Bildzeile *f* строка изображения; телевизионная строка
Bildzerlegung *f* разложение изображения
Bilge *f мор.* льяло
Bilge(n)wasser *n мор.* льяльная [трюмная] вода, льяльные [трюмные] воды
Bilgepumpe *f мор.* трюмный [осушительный] насос
bilinear билинейный
Billiarde *f* квадриллион (10^{15})
Billion *f* триллион (10^{12})
Biluxlampe *f* лампа двойного света, двухсветная лампа, лампа с двумя нитями накаливания (*для автомобильных фар*)
Bimetall *n* биметалл
Bimetall... биметаллический
Bimetallplatte *f полигр.* биметаллическая печатная [биметаллическая офсетная] форма; биметаллическая формная пластина
Bimetallrelais *n* биметаллическое реле
Bimetallsicherung *f* термобиметаллический предохранитель
Bimetallthermometer *n* биметаллический термометр
Bimsbeton *m* пемзобетон
Bimsstein *m* пемза
Bimssteintuff *m* пемзовый туф
binär 1. двоичный 2. бинарный
Binär-Dezimal-Kode *m* двоично-десятичный код
Binär-Dezimal-System *n* двоично-десятичная система счисления
Binär-Dezimal-Umsetzer *m* преобразователь двоичного кода в десятичный

Binär-Dezimal-Zähler *m* двоично-десятичный счётчик
Binäreinheit *f* двоичная единица
Binärkode *m* двоичный код
Binärkomma *n* двоичная запятая, двоичная точка
Binärmuster *n* комбинация двоичных разрядов, битовая комбинация
Binärschritt *m* двоичная единица
Binärsignal *n* двоичный сигнал
Binärstelle *f* двоичный разряд
Binärstelle *f* двоичный разряд, бит
Binärsystem *n* двоичная система счисления
Binärverschlüsselung *f* двоичное кодирование
Binärwaffen *f pl* бинарное оружие
Binärzahl *f* двоичное число
Binärziffer *f* двоичная цифра
Binauraleffekt *m* бинауральный эффект
Bindedraht *m* вязальная проволока
Bindefestigkeit *f* прочность связи; прочность сцепления
Bindegarn *n* шпагат
Bindegewebe *n* соединительная ткань
Bindelader *m прогр.* связывающий [компонующий] загрузчик, загрузчик с редактированием связей
Bindemäher *m с.-х.* жатка-сноповязалка
Bindemittel *n* 1. вяжущее, вяжущий материал 2. связующее, связующее вещество; связка 3. (литейный) крепитель
Binder *m* 1. *стр.* стропильная ферма 2. *стр.* тычковый кирпич, тычок 3. связующее, связующее вещество; связка 4. (литейный) крепитель 5. *прогр.* редактор связей, компоновщик
Binderbalken *m стр.* архитрав
Binderschicht *f стр.* тычковый ряд
Binderstein *m стр.* тычковый кирпич, тычок
Binderverband *m стр.* тычковая кладка, тычковая перевязка
Bindestoff *m* вяжущий материал; связующий материал
Bindeton *m* глиняная связка
Bindfaden *m* шпагат; бечёвка
bindig связный
Bindigkeit *f* 1. связность (*грунта*) 2. *хим.* ковалентность
Bindung *f* 1. соединение; связь 2. (химическая) связь 3. *текст.* переплетение
~, **chemische** химическая связь
~, **doppelte** двойная связь

BITADRESSIERUNG

~, dreifache тройная связь
~, elektrovalente электровалентная связь
~, heteropolare гетерополярная связь
~, homöopolare гомеополярная связь
~, ionogene ионная связь
~, komplizierte сложное переплетение
~, konjugierte сопряжённая связь
~, koordinative координационная связь
~, kovalente ковалентная связь
~, polare полярная связь
~, semipolare семиполярная связь
~, unpolare гомеополярная связь
Bindungsenergie *f хим.* энергия связи
Bindungssprengung *f хим.* разрыв связей
Binistor *m* бинистор, полупроводниковый тетрод
Binneneis *n* материковый лёд
Binnengewässer *n* внутренние воды
Binnengewässerflotte *f* речной флот
Binnenhafen *m* речной порт
Binnenschiff *n* судно внутреннего плавания *(судно, предназначенное для плавания во внутренних водах)*
binokular бинокулярный
Binom *n мат.* двучлен, бином
~, Newtonsches бином Ньютона
Binomialkoeffizient *m мат.* биноминальный коэффициент
Binomialreihe *f мат.* биномиальный ряд
Binomialverteilung *f мат.* биномиальное распределение
Binormale *f* бинормаль
Biochemie *f* биохимия
biochemisch биохимический
Biocomputer *m* биокомпьютер
bioelektrisch биоэлектрический
Bioelektrizität *f* биоэлектричество
Bioelektronik *f* биоэлектроника
Bioelemente *n pl* биогенные элементы
Bioenergetik *f* биоэнергетика
Biofilter *n* биофильтр, биологический фильтр
Biogas *n* биогаз
Biogeochemie *f* биогеохимия
Bioindikator *m* биоиндикатор
Biokatalysator *m* биокатализатор
Biolith *m* биолит, органогенная осадочная порода
Biologie *f* биология
~, kosmische космическая биология
biologisch биологический
Biolumineszenz *f* биолюминесценция
Biomasse *f* биомасса
Biomechanik биомеханика
Biometrie *f* биометрия
Bionik *f* бионика
biophil биофильный ◇ ~e Elemente биогенные элементы
Biophysik *f* биофизика
Biopolymer *n* биополимер
BIOS [Basic Input-Output System] *n вчт* базовая система ввода-вывода, БСВВ
Biosatellit *m* биологический спутник
Biosensor *m* биодатчик
Biosphäre *f* биосфера
Biostrom *m* биоток
Biosynthese *f* биосинтез
Biotechnik *f* биотехника
Biotechnologie *f* биотехнология
Biotelemetrie *f* биотелеметрия
Biotit *m* биотит
Biozönose *f* биоценоз
Bipack-Bildaufnahmekamera *f* двухплёночный киносъёмочный аппарат
bipolar биполярный
Bipolar-CMOS-Gatter *n* вентильная Би-КМОП-матрица, вентильная матрица на биполярных транзисторах и КМОП-транзисторах; матричная БИС на биполярных транзисторах и КМОП-транзисторах
Bipolar-IC *n см.* Bipolarschaltkreis
Bipolar-IGFET *m* ИС на биполярных транзисторах и полевых транзисторах с изолированным затвором
Bipolarschaltkreis *m* биполярная ИС
~, integrierter биполярная ИС
Bipolarschaltung *f* биполярная ИС
~, integrierte биполярная ИС
Bipolarspeicher *m* биполярное ЗУ
Bipolartechnik *f* биполярная технология; технология биполярных ИС
Bipolartransistor *m* биполярный транзистор
biquadratisch биквадратный
Birne *f* 1. *мет.* конвертер 2. электрическая лампа
Biskuit *m* бисквит
Bismuthin *m мин.* висмутин, висмутовый блеск
Bit *n* бит, двоичная единица информации; бит, двоичный разряд
~, höchstwertiges старший разряд
~, niederwertigstes младший разряд
Bitadressierung *f* побитовая [поразрядная] адресация

BITBETRIEB

Bitbetrieb *m* побитовый [поразрядный] режим обмена, побитовый [поразрядный] обмен
Bitbreite *f* разрядность *(слова, регистра)*
Bitdichte *f* плотность (записи *или* передачи информации) в битах
Bitfehlerrate *f* частота (появления) ошибок по битам
Bitfeld *n* битовое поле
Bitfrequenz *f*, **Bitgeschwindigkeit** *f см.* **Bitrate**
Bitleitung *f* разрядная шина
Bit-Map-Grafik *f* график с поэлементным [побитовым] отображением, растровая графика
Bitmapping *n* поэлементное [побитовое] отображение *(информации на экране дисплея)*
8-Bit-Mikroprozessor *m* 8-разрядный микропроцессор
16-Bit-Mikroprozessor *m* 16-разрядный микропроцессор
32-Bit-Mikroprozessor *m* 32-разрядный микропроцессор
Bitmode *m см.* **Bitbetrieb**
Bitmuster *n* битовая комбинация; конфигурация бит(ов)
Bitmustergenerator *m* генератор битовых комбинаций, генератор битовых тест-последовательностей
Bitrate *f* скорость передачи данных в битах (в секунду)
Bitscheibe *f см.* **Bit-Slice**
Bitscheibenarchitektur *f см.* **Bit-Slice-Architektur**
Bitscheiben(mikro)prozessor *m см.* **Bit-Slice-Prozessor**
Bit-Scheiben-Technik *f см.* **Bit-Slice-Technik**
Bit-Slice *n англ.* центральный процессорный элемент *(секционированного микропроцессора)*, (микро)процессорная секция
Bit-Slice-Architektur *f* разрядно-модульная архитектура
Bit-Slice-Mikroprozessor *m см.* **Bit-Slice-Prozessor**
Bit-Slice-Mikroprozessorelement *n см.* **Bit-Slice**
Bit-Slice-Prozessor *m* (разрядно-)секционированный микропроцессор, разрядно-модульный микропроцессор
Bit-Slice-Verarbeitungselement *n см.* **Bit-Slice**
1-Bit-Speicher *m* одноразрядный накопитель, одноразрядный регистр
Bitstelle *f* двоичный разряд, бит
Bittersalz *n мин.* горькая соль, эпсомит
Bitterwerden *n* прогоркание

Bitumen *n* битум
Bitumen-Asbestpappe *f* гидроизол
Bitumenemulsion *f* битумная эмульсия
Bitumenkocher *m* котёл для варки битума
Bitumenlack *m* битумный лак
Bitumenmastix *m* битумная мастика
Bitumenspritzwagen *m* автогудронатор
Bituminisieren *n* битумизация
bituminös битуминозный
B-Komplement *n вчт* точное дополнение
(B — 1)-Komplement *n вчт* поразрядное дополнение
Black-box-Methode *f* метод «чёрного ящика»
Blackout *n* временное нарушение радиосвязи *(напр. под воздействием ультрафиолетового или рентгеновского излучения, потока быстрых нейтронов при вспышках на Солнце, при входе космического корабля в плотные слои атмосферы)*
Black-stripe-Farbbildröhre *f тлв* щелевой кинескоп с «чёрной матрицей» *(щелевой кинескоп с черными полосками между полосками цветных люминофоров)*
Blähen *n* пучение; вспучивание
Blähton *m* керамзит
Blähung *n* вздутие
Blanc fixe *n* бланфикс, баритовые белила
Blanchieren *n пищ.* бланширование
blank чистый; гладкий
Blankdraht *m* 1. неизолированная проволока; неизолированный провод 2. *св.* голая проволока, проволока без покрытия; голый электрод
blankgezogen гладкотянутый
Blankglühen *n мет.* светлый отжиг
Blankstahl *m* (сталь-)серебрянка, сталь с повышенной отделкой поверхности
Blase *f* 1. пузырь; пузырёк 2. (перегонный) куб 3. раковина *(порок литья)*
Blasebalg *m* кузнечный мех, мех
Blasen *n* 1. выдувание *(стеклянных изделий)* 2. *мет.* продувка 3. *пласт.* раздув, формование раздувом
Blasenbaustein *m* модуль на ЦМД, ЦМД-модуль; (магнитная) ИС на ЦМД, ЦМД ИС, ЦМД-микросхема
Blasendetektor *m* детектор ЦМД
Blasendisplay *n* дисплей на ЦМД
Blasendomäne *f* цилиндрический магнитный домен, ЦМД
Blasenkammer *f физ.* пузырьковая камера

Blasenspeicher *m вчт* память [ЗУ] на цилиндрических магнитных доменах [на ЦМД], ЦМД ЗУ
Blasenverdampfung *f* пузырьковое кипение
Bläser *m* 1. *ав.* вентилятор (*двухконтурного турбореактивного двигателя*) 2. *горн.* пневмозакладчик 3. *горн.* шпур, сработавший вхолостую; «выстреливший» шпуровый заряд 4. суфляр, суфлярное газовыделение (*из массива горных пород или из угольных пластов по трещинам*)
Bläsertriebwerk *n* турбовентиляторный двигатель, двухконтурный турбореактивный двигатель, ДТРД, турбореактивный двухконтурный двигатель, ТРДД
Blasform *f* фурма
blasig пузыристый; губчатый; ноздреватый; раковистый, с раковинами (*напр. об отливке*)
Blasölfirnis *m* оксоль
Blasstahl *m мет.* конвертерная сталь; кислородно-конвертерная сталь
Blasstahlverfahren *n мет.* конвертерный процесс; кислородно-конвертерный процесс
Blasversatz *m горн.* пневматическая закладка, пневмозакладка
Blatt *n* 1. лист 2. полотно (*пилы*) 3. лопасть (*напр. воздушного винта*) 4. *мор.* перо (*руля*) 5. *текст.* бёрдо 6. *кож.* союзка 7. *дер.-об.* врубка вполдерева
Blattaluminium *n* алюминиевая фольга
Blattdatei *f вчт* страничный файл
Blattdrucker *m* постраничное печатающее устройство, устройство постраничной печати
Blättern *n* смена страниц, листание (*режим просмотра информации на экране дисплея*)
Blattfeder *f* 1. листовая рессора; пластинчатая рессора (*тракторной подвески*) 2. пластинчатая пружина
Blattfederhammer *m* рессорный молот
Blattfederung *f авто* рессорная подвеска
Blattgold *n* золотая фольга
Blattgrün *n* хлорофилл
Blattzinn *n* станиоль
Blaubrüchigkeit *f мет.* синеломкость
Blaufilter *n* синий светофильтр
Blauglut *f* бело-голубое каление
Blau-LED *f*, **Blaulicht-LED** *f* светодиод голубого свечения
Blaulicht *n авто* проблесковый маячок синего цвета, синий проблесковый сигнал, синий маячок

Blaupause *f* синька
Blausäure *f* синильная кислота, HCN
Blauschriftröhre *f* скиатрон, электронно-лучевая трубка с темновой записью
Blausprödigkeit *f мет.* синеломкость
Blech *n* 1. лист; стальной лист; металлический лист 2. листовая сталь; листовой металл; жесть 3. щиток
Blechbearbeitungszentrum *n* многоцелевой станок для обработки листового металла
Blechbiegemaschine *f* листогибочная машина
Blechbiegepresse *f* листогибочный пресс
Blechdose *f* жестяная консервная банка
Blechformmaschine *f* листоштамповочная машина
Blechkanne *f* 1. бидон 2. канистра
Blechkantenhobelmaschine *f* кромкострогальный станок
Blechkern *m эл.* шихтованный сердечник (*трансформатора*); магнитопровод (*трансформатора*)
Blechkonstruktion *f* листовая конструкция
Blechlehre *f* 1. калибр для контроля толщины листового металла 2. листовой [пластинчатый] калибр, пластинчатый шаблон
Blechpaket *n эл.* (листовой) пакет (*шихтованного сердечника трансформатора*)
~, **geschichtetes** листовой пакет
Blechrichtmaschine *f* листоправильная машина
Blechschere *f* листовые ножницы, ножницы для резки листового металла
Blechschraube *f* самонарезающий винт
Blechschraubengewinde *n* самонарезающая резьба
Blechumformung *f* обработка листового металла (*глубокой вытяжкой, гибкой, обтяжкой и др.; ср.* Massivumformung)
Blechwalzwerk *n* 1. листовой [листопрокатный] стан 2. листопрокатный цех
Blechziehen *n* вытяжка листа
Blei *n* свинец, Pb
Bleiakkumulator *m* свинцовый аккумулятор
Bleibenzin *n* этилированный бензин
Bleiche *f*, **Bleichen** *n* отбеливание, отбелка
Bleicherde *f* 1. отбеливающая земля, отбеливающая глина 2. подзол
Bleichkalk *m* белильная известь
Bleichlauge *f* белильный щёлок
Bleichlösung *f* отбеливающий раствор
Bleichmittel *n* 1. отбеливающее средство, отбеливатель 2. отбеливающий реагент (*реагент*

BLEICHROMFARBE

для отбелки волокнистных полуфабрикатов целлюлозно-бумажного производства)
Bleichromfarbe *f* свинцовый крон
Bleichwirkung *f* отбеливающее действие
Bleierz *n* свинцовая руда
Bleiglanz *m* *мин.* галенит, свинцовый блеск
Bleiglas *n* свинцовое стекло
Bleiglätte *f* свинцовый глёт
Bleikabel *n* освинцованный кабель, кабель со свинцовой оболочкой
Bleikrätze *f* свинцовая изгарь
Bleikristall *m* свинцовый хрусталь
Bleilegierung *f* свинцовый сплав
Bleimantelkabel *n* *см.* Bleikabel
Bleimennige *f* свинцовый сурик
Bleipigmente *n pl* свинцовые пигменты
Bleiraffination *f* *мет.* рафинирование свинца
Bleischaum *m* *см.* Bleikrätze
Bleischwamm *m* губчатый свинец
Bleitetraäthyl *n* тетраэтилсвинец, $Pb(C_2H_5)_4$
Bleiumhüllung *f* 1. свинцовая обкладка; свинцовая оболочка 2. освинцевание, покрытие свинцовой оболочкой
Bleiweiß *n* свинцовые белила
Blendbogen *m* ложная арка
Blende *f* 1. *опт., фото* диафрагма; *опт.* апертурная диафрагма 2. *опт., кино* обтюратор 3. *опт.* шторка 4. *кино* светозащитная бленда 5. заслонка; заглушка (*напр.* иллюминатора) 6. *мин.* обманка
Blendenautomatik *f* 1. *фото* механизм [устройство] автоматической установки диафрагмы (*полуавтоматического фотоаппарата*) 2. *кино* автоматическое экспонометрическое устройство (*киносъемочного аппарата*), устройство автоматической установки диафрагмы (*киносъемочного аппарата*) 3. система автоматического диафрагмирования
Blendenöffnung *f* *опт., фото* отверстие диафрагмы
Blendenzahl *f* *опт.* диафрагменное число, обратное значение относительного отверстия объектива
Blendrahmen *m* 1. наружная оконная коробка 2. коробка наружной двери
Blendung *f* слепимость; слепящее действие
Blickfeld *n* поле зрения, поле обзора
Blickfelddarstellungsgerät *n* 1. коллиматорный индикатор, индикатор на лобовом стекле (*фонаря кабины самолета*); дисплей на лобовом стекле (*автомобиля*) 2. нашлемный индикатор (*вмонтированный в шлем лётчика дисплей, обеспечивающий выдачу панорамного трехмерного изображения окружающего пространства и возможность нацеливания на объекты противника с помощью нашлемного визира*)
Blickwinkel *m* угол зрения; угол обзора
Blindbelastung *f* *эл.* реактивная нагрузка
Blinddruck *m* *полигр.* блинтовое тиснение, блинт
Blindeinschub *m*, **Blindmodul** *m* фиктивный модуль, заглушка
Blindflansch *m* глухой фланец; заглушка
Blindflug *m* *ав.* полёт по приборам, слепой полёт
Blindgröße *f* *эл.* реактивная величина; мнимая величина
Blindkomponente *f* *эл.* реактивная составляющая
Blindlandung *f* *ав.* посадка по приборам
Blindlast *f* *эл.* реактивная нагрузка
Blindleistung *f* *эл.* реактивная мощность
Blindleistungsgenerator *m* *эл.* фазокомпенсатор; синхронный компенсатор
Blindleistungskondensator *m* *эл.* (силовой) конденсатор для улучшения коэффициента мощности, косинусный конденсатор; (силовой) конденсатор для компенсации реактивных параметров электрических сетей
Blindleistungsmesser *m* *эл.* варметр
Blindleistungsrelais *n* реле реактивной мощности
Blindleitwert *m* *эл.* реактивная проводимость
Blindmaterial *n* *полигр.* пробельный материал
Blindmutter *f* глухая [колпачковая] гайка
Blindort *n* *горн.* бутовый штрек
Blindschacht *m* *горн.* слепой ствол; гезенк
Blindschaltbild *n* мимическая [несветящаяся] мнемосхема
Blindspannung *f* *эл.* 1. реактивное напряжение; реактивная составляющая напряжения 2. реактивная эдс
Blindstich *m* *текст.* потайной стежок
Blindstrom *m* *эл.* реактивный ток
Blindverschluß *m* заглушка
Blindwiderstand *m* *эл.* реактивное сопротивление
~, **induktiver** индуктивное сопротивление
Blindzeichen *n* фиктивный символ
Blinken *n* мигание; световая сигнализация
Blinker *m* 1. *авто* указатель поворота (мига-

ющего типа) **2.** *эл.* блинкер **3.** *тлф* бленкер **4.** *вчт* курсор

Blinkfeuer *n мор.* проблесковый огонь

Blinkgeber *m авто* прерыватель указателей поворота

~, **elektronischer** электронный прерыватель указателей поворота

Blinkleuchte *f авто* указатель поворота (мигающего типа)

Blinklichtanlage *f ж.-д.* автоматическая переездная сигнализация (с мигающим огнём)

Blinksignal *n* мигающий сигнал

Blitzableiter *m* **1.** молниеприёмник (*молниеотвода*) **2.** *см.* Blitzschutzanlage

Blitzableiterstange *f см.* Blitzauffangstange

Blitzauffangnetz *n* молниеприёмная сетка; сетчатый молниеотвод

Blitzauffangstange *f* стержневой молниеприёмник (*молниеотвода*); стержневой молниеотвод

Blitzentladung *f* грозовой разряд

Blitzgerät *n* (фото)осветительный прибор мгновенного действия

Blitzlampe *f* (импульсная) лампа-вспышка, фотовспышка

Blitzlicht *n* (фото)осветительный прибор мгновенного действия; (импульсная) лампа-вспышка, фотовспышка

Blitzröhre *f* (газоразрядная) импульсная лампа

Blitzschutz *m* молниезащита, грозозащита

Blitzschutzanlage *f* молниеотвод

Blitzschutzschalter *m рад.* грозовой [заземляющий] переключатель

Blitz(schutz)seil *n* трос молниезащиты, грозозащитный трос; тросовый молниеотвод

Blitzschutzseil *n* грозозащитный трос

Block *m* **1.** блок **2.** *геол.* глыба, крупный обломок; валун **3.** *мет.* слиток; болванка **4.** *стр.* квартал **5.** *ж.-д.* блокировка

~, **gelochter** прошитая заготовка; гильза (*в трубопрокатном производстве*)

~, **gewalzter** блюм

~, **handbedienter** ручная блокировка

~, **selbsttätiger** автоблокировка, автоматическая блокировка

Blockabbau *m см.* Blockbau 1.

Blockabschnitt *m ж.-д.* блок-участок

Blockabstreifen *n мет.* стриппирование, «раздевание» слитков

Blockabstreifkran *m мет.* стрипперный кран

Blockaggregat *n* блочный агрегат, моноблок

Blockanlage *f ж.-д.* система блокировки, блокировочная система; блокировка

Blockbau *m* **1.** *горн.* выемка блоками, разработка с разделением на блоки **2.** *стр.* сруб (*постройка*)

Blockbauweise *f* **1.** блочная конструкция **2.** блочный метод (строительства)

Blockbild *n см.* Blockdiagramm

Blockbrammenstraße *f*, **Blockbrammenwalzwerk** *n мет.* блюминг-слябинг

Blockdamm *m* ряжевая плотина

Blockdiagramm *n* блок-схема; структурная схема

Blockeinschub *m* сменный блок; в(ы)движной блок

Blocken *n* **1.** обжатие (*крупных стальных слитков в блюмы, слябы, фасонные заготовки*); прокатка на обжимном стане **2.** слипание; слёживание **3.** *ж.-д.* блокировка, блокирование; запирание

Blockende *n* конец блока

Blockfeld *n ж.-д.* блок-механизм

Blockform *f мет.* изложница

Blockgießen *n мет.* разливка металла в слитки

Blockguß *m мет.* **1.** *см.* Blockgießen **2.** слиток; отливка

Blockieren *n* блокирование; блокировка

Blockierung *f* **1.** блокирование; блокировка **2.** *элн* запирание; блокирование

Blocking-Generator *m элн* блокинг-генератор

Blockkaliber *n мет.* черновой калибр

Blockkette *f* блок-шарнирная цепь

Blockkokille *f мет.* **1.** изложница; кокиль **2.** кристаллизатор (*установки непрерывной разливки*)

Blockkondensator *m* блокировочный конденсатор

Blockkopf *m*, **verlorener** прибыльная часть (*слитка*)

Blocklänge *f* длина блока (данных)

Blockmarke *f* маркер блока (данных)

Block-Mischpolymer *n* блок-сополимер

Block-Mischpolymerisation *f* блок-сополимеризация

Blockmultiplexbetrieb *m* блок-мультиплексный режим

Blockmultiplexkanal *m* блок-мультиплексный канал, мультиплексный канал с поблочной передачей данных

Blockpolymerisation *f см.* Block-Mischpolymerisation

BLOCKPRÜFSUMME

Blockprüfsumme *f вчт* контрольная сумма блока
Blockprüfung *f вчт* контроль (передаваемого) блока (данных)
Blockpumpe *f* многоблочный насос
Blockschaltbild *n*, **Blockschema** *n* блок-схема
Blockschere *f мет.* ножницы для резки слитков
Blockseigerung *f мет.* зональная ликвация, ликвация в слитке
Blocksignal *n ж.-д.* блок-сигнал; проходной сигнал; сигнал путевой блокировки
Blockstelle *f ж.-д.* блокпост
Blockstraße *f мет.* обжимной стан; блюминг
Blockstrecke *f ж.-д.* блок-участок
Blockung *f ж.-д.* блокировка
Blockwalzwerk *n* обжимной стан
Blockwarte *f* пульт управления энергоблока (АЭС)
Blockwerk *n ж.-д.* блок-аппарат
Blöße *f кож.* голье
Blutlaugensalz *n*:
~, **gelbes** жёлтая кровяная соль
~, **rotes** красная кровяная соль
B-minus-1-Komplement *n вчт* поразрядное дополнение
BMSR-Anlage [Betriebs-Meß-, Steuerungs- und Regelungstechnik] *f* установка промышленной автоматики
BMSR-Technik *f* промышленная техника автоматического измерения, управления и регулирования; промышленная автоматика; контрольно-измерительные приборы и автоматика, КИП и А
BNF *f см.* Backus-Naur-Form
Board *n англ.* (печатная) плата
~, **flexibles** гибкая (печатная) плата
Bobine *f текст.* бобина; катушка; шпуля
Bock *m* 1. станина 2. козлы; стойка; подставка 3. кронштейн
Bockausbau *m горн.* кустовая крепь
Bockkran *m* козловой кран
Bockschild *n горн.* секция поддерживающе-оградительной механизированной крепи
Bockschildausbau *m горн.* поддерживающе-оградительная механизированная крепь, щитовая механизированная крепь кустового типа
Bodediagramm *n* диаграмма Боде, асимптотическая диаграмма
Boden *m* 1. дно; днище 2. почва; грунт; земля 3. пол 4. *хим.* тарелка (*колонны*) 5. под (*печи*) 6. этаж (*подъемной клети*)
~, **bindiger** связный грунт
~, **durchlässiger** водопроницаемый грунт
~, **fester** крепкий [устойчивый] грунт
~, **gefrorener** мёрзлый грунт
~, **geschütteter** насыпной грунт
~, **lockerer** рыхлый грунт; рыхлая почва
~, **nachgiebiger** слабый [неустойчивый] грунт
~, **setzungsempfindlicher** [**setzungsgefährdeter**] просадочный грунт
~, **undurchlässiger** водонепроницаемый грунт
~, **wasserhaltiger** водоносный грунт
Bodenanalyse *f* анализ почвы
Bodenantenne *f* земная антенна (*системы спутниковой связи*)
Bodenart *f* категория грунта
Bodenaushub *m* выемка грунта; экскавация грунта
Bodenbearbeitungsgerät *n с.-х.* почвообрабатывающее орудие
Bodenbeton *m* грунтобетон
Bodendruck *m* 1. давление на грунт 2. давление грунта 3. *метео* давление у Земли, приземное давление 4. давление (жидкости) на дно сосуда
Bodeneffekt *m* эффект земной подушки; эффект воздушной подушки
Bodeneffektfahrzeug *n* аппарат на воздушной подушке; экраноплан
Bodeneffektgerät *n* аппарат на воздушной подушке
Bodenerosion *f* эрозия почвы
Bodenerschöpfung *f* истощение почвы
Bodenfestigkeit *f* крепость грунта
Bodenformen *n* формовка в почве
Bodenfräse *f* 1. *с.-х.* почвенная фреза 2. *стр.* грунтосмесительная машина
Bodenfreiheit *f авто* дорожный просвет
Bodenfrost *m* мерзлота (почвы)
~, **ewiger** многолетняя [«вечная»] мерзлота
~, **künstlicher** замораживание грунта
Bodenfunkstelle *f* земная [наземная] станция (*системы космической связи*)
Bodengewinnung *f* разработка грунта; выемка грунта
Bodengreifer *m* грейферный ковш
Bodenhorizont *m* почвенный горизонт
Bodenklappe *f* 1. донный клапан 2. откидное днище (*ковша экскаватора*)
Bodenkörper *m* осадок

Bodenkunde f 1. грунтоведение 2. почвоведение
Bodenleder n кожа для низа обуви
Bodenlockerer m с.-х. почворыхлитель
Bodenmaterial n грунтоматериал
Bodenmechanik f механика грунтов
Bodenmelioration f мелиорация почв
Bodennutzung f землепользование
Bodenplatte f 1. фундаментная [опорная] плита 2. *мет.* подовая плита (*вагранки, конвертера*)
Bodenprobe f проба грунта
Bodenprofil n почвенный профиль
Bodensatz m (донный) осадок; отстой
Bodenschätze pl полезные ископаемые; минеральные [природные] ресурсы; запасы полезных ископаемых
~, **feste** твёрдые полезные ископаемые
~, **flüssige** жидкие полезные ископаемые
~, **mineralische** минеральные [природные] ресурсы
~, **natürliche** полезные ископаемые
Bodensenkung f оседание [осадка] грунта
Bodenspant n *мор.* днищевый шпангоут
Bodenstation f 1. земная [наземная] станция (*системы космической связи*) 2. наземная станция
Bodenstein m лещадь (*доменной печи*)
Bodenterminal n наземный терминал
Bodenuntersuchung f *см.* **Bodenanalyse**
Bodenventil n 1. донный клапан 2. *мор.* кингстон
Bodenverdichter m грунтоуплотняющая машина, машина для уплотнения грунта
Bodenverdichtung f уплотнение грунта
Bodenverdichtungsgerät n *см.* **Bodenverdichter**
Bodenvereisung f замораживание грунта
Bodenverfestigung f упрочнение грунтов
Bodenvermörtelung f цементация грунта
Bodenwasser n почвенные воды
~, **oberes** верховодка
Bodenwelle f *рад.* поверхностная волна
Bodenzement m грунтоцемент
Boden-zu-Boden-Zeit f *маш.* штучное время (*при станочной обработке*)
Bodenzünder m донный взрыватель
Bogen m 1. *стр.* арка; свод 2. (электрическая) дуга 3. *мат.* дуга 4. дуга, ориентированное ребро (*графа*) 5. *полигр.* лист
~, **gelenkloser** бесшарнирная арка
~, **steifer** жёсткая арка

Bogenanleger m *полигр.* самонаклад
Bogenausbau m *горн.* арочная крепь
Bogenbalken m арочная балка
Bogenbrücke f арочный мост
Bogenentladung f дуговой разряд
Bogenfalzmaschine f *полигр.* фальцевальная машина
Bogengang m аркада
Bogengerüst n кружала
Bogengießanlage f *мет.* криволинейная установка непрерывной разливки стали, криволинейная УНРС
Bogenlampe f дуговая лампа
Bogenlänge f длина дуги
Bogenlineal n лекало
Bogenmaß n радианная мера
Bogenmauer f арочная плотина
Bogenminute f дуговая минута
Bogenpapier n *полигр.* листовая бумага
Bogenpfeil m стрела арки
Bogensäge f лучковая пила
Bogenscheitel m замок арки *или* свода
Bogenschub m *стр.* распор арки
Bogensekunde f угловая секунда
Bogenspektrum n дуговой спектр
Bogenstaumauer f арочная плотина
Bogenträger m арочная ферма
Bogenzusammentragmaschine f *полигр.* листоподборочная машина
Bohle f брус; толстая доска
Bohnermaschine f полотёрная машина
~, **elektrische** электрополотёр
Bohr- und Fräsbearbeitungszentrum n расточно-фрезерный станок (*с ЧПУ*)
Bohr- und Fräsmaschine f, **Bohr- und Fräswerk** n горизонтально-расточный станок
Bohr- und Schießarbeiten f pl буровзрывные работы
Bohraggregat n буровой агрегат
Bohranlage f буровая установка; буровой станок
Bohrarbeiten f pl буровые работы
Bohrarbeiter m бурильщик
Bohrausrüstung f буровое оборудование
Bohrautomat m 1. сверлильный автомат 2. буровой автомат
Bohrbearbeitungszentrum n *см.* **Bohrzentrum**
Bohrbrunnen m буровой колодец
Bohrbuchse f *мет.-об.* кондукторная втулка
Bohrbühne f бурильный полок; буровая площадка

BOHREN

Bohren *n* 1. *маш.* сверление 2. бурение
~, **brennendes** термическое [огневое] бурение
~, **drehendes** вращательное бурение
~, **drehschlagendes** ударно-вращательное бурение
~ **ins Volle** сверление в сплошном материале [в сплошном металле]
~ **mit vollem Durchmesser** бурение сплошным забоем
~, **schlagendes** ударное бурение
~, **übertiefes** бурение сверхглубоких скважин, сверхглубокое бурение
Bohrer *m* 1. сверло; бурав 2. дрель 3. сверловщик 4. бур
~, **geradegenuteter [geradnutiger]** сверло с прямыми канавками
Bohrerführungsplatte *f см.* **Bohrplatte**
Bohrerschärfmaschine *f* бурозаправочный станок
Bohrerspitze *f* буравчик шурупа
Bohrflüssigkeit *f* буровой (промывочный) раствор
Bohrfortschritt *m см.* **Bohrgeschwindigkeit**
Bohrfutter *n мет.-об.* сверлильный патрон
Bohrgarnitur *f* бурильный [буровой] инструмент; буровой снаряд
Bohrgerät *n* 1. буровой станок; буровая установка; бурильная машина 2. буровой снаряд
Bohrgerüst *n* буровой полок
Bohrgeschwindigkeit *f* скорость бурения
Bohrgestänge *n* 1. бурильные трубы; буровые штанги 2. бурильная колонна, колонна бурильных труб (*без утяжеленных бурильных труб*); став буровых штанг
Bohrgestängestrang *m* колонна бурильных труб, бурильная колонна
Bohrhammer *m* бурильный молоток, перфоратор
Bohrinsel *f* морская буровая установка; (морская) буровая платформа
Bohrkern *m* буровой керн
Bohrklein *n* буровая мелочь
Bohrkopf *m* 1. *мет.-об.* сверлильная головка 2. *мет.-об.* расточная головка 3. бурильная головка; головка бура 4. буровая коронка (*для бескернового бурения*) 5. *горн.* роторный исполнительный орган (*проходческого комбайна*)
~, **diamantbestückter** алмазная буровая коронка
Bohrkrone *f* буровая коронка (*для колонкового бурения*)

Bohrleistung *f* 1. производительность бурения; скорость бурения 2. проходка [объём проходки] скважины
Bohrloch *n* (буровая) скважина
Bohrlochbesatz *m* забойка шпура; забойка (взрывной) скважины
Bohrlochmessung *f,* **Bohrlochmessungen** *f pl* каротаж, измерения в скважинах
Bohrlochneigung *f* угол наклона скважины (*к плоскости забоя, поверхности*)
Bohrlochsohle *f* забой скважины
Bohrlochsohlenantrieb *m* забойный двигатель
Bohrlochsonde *f* каротажный зонд
Bohrlochspülung *f* промывка скважины или шпура
Bohrlöffel *m* желонка
Bohrmaschine *f* 1. *маш.* сверлильный станок 2. дрель; сверлильная машина 3. бурильная машина; бурильный молоток, перфоратор
~, **elektrische** электродрель
Bohrmeißel *m мет.-об.* расточный резец
Bohrmeister *m* буровой мастер
Bohrmessung *f* каротаж
~, **elektrische** электрокаротаж
Bohrplatte *f мет.-об.* кондукторная плита
Bohrplattform *f* (морская) буровая платформа
Bohrschaft *m* хвостовик сверла
Bohrschlamm *m* буровой шлам
Bohrschnecke *f* шнековый бур
Bohrschneckenmaschine *f* бурошнековая машина
Bohrschrämlader *m горн.* очистной комбайн с буровым или короночным исполнительным органом
Bohrschwengel *m* станок-качалка
Bohrspindel *f мет.-об.* 1. сверлильный шпиндель 2. расточный шпиндель
Bohrspülung *f* промывочная жидкость, буровой [промывочный] раствор
Bohrstange *f* 1. *мет.-об.* расточная оправка, борштанга 2. бурильная [буровая] штанга; бурильная труба
Bohrstrang *m* бурильная колонна, колонна бурильных труб
Bohrturm *m* буровая вышка; буровая вышка башенного типа
Bohrung *f* 1. *маш.* отверстие 2. *авто* (внутренний) диаметр цилиндра, диаметр расточки цилиндра 3. скважина; буровая скважина 4. бурение ◇ **eine ~ ansetzen** закладывать скважину

~, **durchkontaktierte** металлизированное отверстие; монтажное отверстие (*печатной платы*)
~, **eruptierende** фонтанирующая скважина
~, **innenmetallisierte** металлизированное отверстие (*печатной платы*)
Bohrung/Hub-Verhältnis *n* *авто* отношение диаметра цилиндра к ходу поршня
Bohrverfahren *n* способ бурения
Bohrvorrichtung *f* *мет.-об.* (сверлильный) кондуктор
Bohrwagen *m* самоходная бурильная установка, буровая каретка
Bohrwerkzeug *n* буровой [бурильный] инструмент
Bohrwinde *f* коловорот
Bohrzentrum *n* многоцелевой сверлильный станок
Boiler *m* бойлер
Boje *f* буй, буёк, бочка
Bojenreep *n*, **Bojentau** *m* буйреп
Bolid *m* болид
Bolometer *n* болометр
Boltzmann-Konstante *f* *физ.* постоянная Больцмана
Bolzen *m* 1. болт 2. палец; штырь; шкворень
~, **schwimmender** плавающий палец
Bolzengewindeschneidemaschine *f* болторезный станок
Bolzenkupplung *f* втулочно-пальцевая муфта
~, **elastische** упругая втулочно-пальцевая муфта
Bolzenschußgerät *n* строительно-монтажный пистолет
Bolzenverbindung *f* болтовое соединение
Bombage *f* бомбаж, вспучивание
Bombe *f* бомба
~, **kalorimetrische** калориметрическая бомба
Bombenflugzeug *n* (самолёт-)бомбардировщик
Bombierung *f* 1. бомбировка (*напр. валка*) 2. бочкообразность (*ролика*)
BOMOS *f* *см.* BOMOS-Technik
BOMOS-Technik [Buried Oxide MOS...] *f* технология МОП ИС со скрытым слоем изолирующего оксида [со скрытым оксидом]
Bondanlage *f* установка для монтажа [присоединения] кристаллов; установка микросварки; установка термокомпрессионной сварки
Bonddraht *m* гибкий металлический проводник [проволочный вывод, проволо(ч)ка] для (получения) контактных соединений ИС;

проволочный вывод, присоединённый методом микросварки
Bonden *n* 1. монтаж, присоединение (*кристалла*); микросварка 2. приварка (*напр. проволоки к контактной площадке кристалла*)
Bonder *m* *см.* Bondanlage
Bondern *n* *мет.* бондеризация (*разновидность фосфатирования*)
Bondfilmband *m* ленточный носитель [лента-носитель] с выводными рамками (*для монтажа ИС*)
Bondfläche *f* контактная площадка (*ИС*)
Bondhügel *m* столбиковый вывод (*кристалла ИС*)
Bondinsel *f* контактная площадка (*ИС*)
Bondpin *n* штырьковый вывод (*для присоединения гибкого проволочного проводника*)
Bondstelle *f* контактная площадка (*напр. подложки*)
Bondverfahren *n* метод монтажа [присоединения] кристаллов; метод микросварки
Bondwerkzeug *n* инструмент для монтажа кристаллов; инструмент для присоединения выводов; рабочий инструмент (*для микросварки или пайки*); сварочный инструмент
Bonität *f* бонитет (*месторождения*)
Booster *m* 1. бустер, усилитель (*гидро-, пневмо- или электрический усилитель, напр. в цепях управления рулями скоростных самолётов*) 2. бустер, стартовый ускоритель (*ракеты*); стартовый двигатель (*ракеты*) 3. элн (мощный) выходной усилительный каскад 4. эл. вольтодобавочный трансформатор
Booster-Generator *m*, **Boostermaschine** *f* *эл.* вольтодобавочный генератор
Boosterpumpe *f* 1. бустерный насос 2. подкачивающий насос
Boosterschaltung *f* *тлв* схема вольтодобавки
Booster-Steuerung *f* бустерное управление
Booster-Transformator *m* *эл.* вольтодобавочный трансформатор
Boot *n* лодка; шлюпка; катер
Bootsdavit *m* шлюпбалка
Bootshaken *m* отпорный крюк
Bootskran *m* *см.* Bootsdavit
Bootstrapfaktor *m* *элн* коэффициент положительной обратной связи
Bootstraplader *m* *вчт* загрузчик программы раскрутки, «пускач», программа самозагрузки, самозагрузчик; программа начальной за-

BOOTSTRAPPING

грузки (*хранимая обычно в ПЗУ*), начальный загрузчик, самозагрузчик
Bootstrapping *n вчт* 1. самозагрузка, раскрутка; начальная загрузка 2. раскрутка (*использование простого варианта программы для разработки новых, более сложных версий, напр. для переноса трансляторов с одной ЭВМ на другую*)
Bootstrapprogramm *n* программа самозагрузки, программа раскрутки
Bor *n* бор, B
Borane *n pl* бороводороды, бораны, гидриды бора
Borate *n pl* бораты
Borax *m* бура
Borazin *n*, **Borazol** *n хим.* боразол, $B_3H_6N_3$
Borazon *n хим.* боразон (*чёрная модификация нитрида бора*)
Bord *m* 1. борт 2. закраина; буртик
Bordanlage *f ав.* бортовая установка; бортовая система; бортовое оборудование, бортовая аппаратура
Bordbuch *n* бортовой журнал
Bordcomputer *m* бортовая ЭВМ
Bordeauxbrühe *f*, **Bordelaiserbrühe** *f* бордоская жидкость
Bördel *m* отбортовка, отбортованная кромка; закатанный край
Bördelmaschine *f* кромкогибочная машина
Bördeln *n* отбортовка
Bördelpresse *f* отбортовочный пресс
Bördelstoß *m* соединение отбортовкой
Bördelung *f* отбортовка; закатка
Bordgerät *n* 1. бортовое устройство; бортовая установка 2. бортовой прибор
Bordgeräte *n pl* бортовая аппаратура
Bordinstrumente *n pl ав.* бортовые приборы
Bordnetzspannung *f* напряжение бортовой сети
Bordrechner *m* бортовая ЭВМ
Bordstein *m* бордюрный камень
Bordstrahlungsdetektor *m* бортовой прибор радиационной разведки
Bordsystem *n* бортовая система
Bordwand *f* борт (*грузового автомобиля*)
Bordzeit *f* судовое время
Borgen *n вчт* заём
Borglas *n* боратное стекло
Borhydride *m pl см.* Borane
Borid *n* борид
Borieren *n* борирование

Borkarbid *n* карбид бора, карбид тетрабора, B_4C
Borke *f* (древесная) кора
Bornitrid *n* нитрид бора, BN
Borosilikatglas *n* боросиликатное стекло
Borsäure *f* ортоборная [борная] кислота, H_3BO_3
Borsten *f pl* щетина
Borwasserstoffe *m pl см.* Borane
Böschung *f* 1. откос 2. уступ (*карьера*); борт (*карьера*) 3. наклон (*стенки окна в фоторезисте*)
Böschungsdecke *f* облицовка откоса
Böschungsmaßstab *m* масштаб заложения
Böschungsverhältnis *n* крутизна откоса
Böschungswinkel *m* угол откоса
~, **natürlicher** угол естественного откоса
Boson *n физ.* бозон
Bottich *m* чан
Bowdenzug *m маш., авто* трос Боудена
Box *f* 1. бокс 2. *рад.* акустическая система
Boxcalf *n кож.* опоек
Boxermotor *m* оппозитный двигатель, двигатель с оппозитным расположением цилиндров
Brache *f*, **Brachland** *n с.-х.* паровое поле, пар
Bramme *f мет.* сляб
Brammenstraße *f*, **Brammenwalzwerk** *n мет.* слябинг
Branch-Instruktion *f вчт* команда ветвления
Branch-and-Bound-Verfahren *n мат.* метод ветвей и границ
Brand *m* 1. пожар 2. *кер.* обжиг
Brandbombe *f* зажигательная бомба
Brandgeschoß *n* зажигательный снаряд
Brandmittel *n pl* зажигательные средства
Brandsatz *m* зажигательный состав
Brandschlauch *m* пожарный рукав
Brandschutz *m* противопожарная защита
~, **vorbeugender** (противо)пожарная профилактика
Brandschutzeinrichtung *f* противопожарное устройство; средство противопожарной защиты
Brandschutztechnik *f* (противо)пожарная техника
Brandsicherheit *f* пожарная безопасность
Brandung *f* (морской) прибой
Brandwache *f мор.* брандвахта
Branntkalk *m* негашёная [жжёная] известь
~, **gemahlener** (известь-)кипелка

Branntweinbrennerei *f* спиртовой [спиртоводочный] завод
Brauchwasser *n* техническая вода; хозяйственная вода, вода для хозяйственных нужд
Brauerei *f* 1. пивоварение 2. пивоваренный завод
Brauneisenerz *n* 1. *см.* **Brauneisenstein** 2. бурый железняк (*железная руда, минеральное образование из гидроксидов железа, оксидов и гидроксидов кремния и алюминия*)
Brauneisenstein *m мин.* лимонит
Braunerde *f* бурая почва
Braunkohle *f* бурый уголь
Braunkohlenbergbau *m* буроугольная промышленность; разработка буроугольных месторождений
Braunkohlenlagerstätte *f* буроугольное месторождение
Braunkohletagebau *m* 1. буроугольный карьер 2. разработка бурого угля открытым способом
Braunstein *m мин.* пиролюзит; псиломелан
Brause *f* душ
Bravais-Gitter *n pl крист.* решётки Браве
Breaker *m* брекер, подушечный слой (*пневматической шины*)
Breakpoint *m* контрольная точка, точка контрольного останова (*программы*)
Breccie *f геол.* брекчия
Brechanlage *f* дробильная установка
Brechbarkeit *f* преломляемость
Breche *f* мялка
Brecheinrichtung *f* дробильное устройство
Brecheisen *n* лом
Brechen *n* дробление
Brecher *m* дробилка
Brechkraft *f см.* **Brechwert**
Brechstange *f* лом
Brechtrommel *f* дробильный барабан
Brechung *f опт.* преломление, рефракция
Brechungsindex *m см.* **Brechzahl**
Brechungswinkel *m опт.* угол преломления
Brechwalze *f* дробильный валок
Brechwalzwerk *n* дробильные вальцы
Brechwert *m* оптическая сила (*напр. линзы*)
Brechzahl *f опт.* показатель преломления
Brechzahlgradient *m опт.* градиент показателя преломления
Brechzahlprofil *n опт.* профиль показателя преломления

Breeder *m яд.* 1. реактор-размножитель 2. реактор-размножитель типа бридер
Brei *m пищ., стр.* тесто
Breitbandantenne *f* широкополосная антенна
Breitbandfilter *n* широкополосный фильтр
Breitbandkabel *n* широкополосный кабель
Breitbandkommunikation *f* широкополосная связь
Breitbandscheinwerfer *m авто* широкоугольная фара
Breitbandstahl *m* широкополосная сталь
Breitbandstraße *f* широкополосный прокатный стан
Breitbandverstärker *m* широкополосный усилитель
Breitbandwalzwerk *n см.* **Breitbandstraße**
Breitbildverfahren *n см.* **Breitwandverfahren**
Breitdruck *m* печатание широким шрифтом, печать с использованием широкого шрифта
Breite *f* 1. ширина 2. широта
~, **geographische** географическая широта
Breiten *n* 1. *мет.-об.* разгонка 2. уширение; расплющивание
Breitenreihe *f* ряд ширин (*напр. подшипников*)
Breitenverband *m* сплачивание
Breitfärben *n текст.* крашение врасправку
Breitflachstahl *m* широкополосная универсальная сталь
Breitflanschträger *m* широкополочная балка
Breitfußschiene *f* широкоподошвенный рельс
Breitgravur *f* формовочный ручей (*штампа*)
Breithacke *f* мотыга
Breithalter *m текст.* шпарутка
Breitsattel *m* плоский боёк; формовочный ручей (*штампа*)
Breitschrämlader *m горн.* широкозахватный очистной комбайн
Breitschrift *f* широкий шрифт
Breitschriftdruck *m см.* **Breitdruck**
Breitspur *f* широкая колея
Breitspurbahn *f* ширококолейная железная дорога
breitspurig ширококолейный
Breitstrahler *m* 1. широкоизлучатель 2. *авто* прямоугольная фара
Breitstreckmaschine *f текст.* ширильная машина
Breitung *f* 1. уширение; расплющивание 2. уширение (*величина, показатель*)
Breitungsversuch *m* испытание на расплющивание

BREITWAGENDRUCKER

Breitwagendrucker *m* печатающее устройство с широкой кареткой, широкий принтер
Breitwandfilm *m* 1. широкоэкранный (кино)фильм 2. широкоэкранное кино
Breitwandverfahren *n* широкоэкранное кино
Breitziehpresse *f* плющильно-вытяжной пресс
Brekzie *f геол.* брекчия
Bremsanlage *f авто* тормозная система
Bremsantrieb *m* тормозной привод
Bremsbacke *f см.* **Bremsklotz**
Bremsbackendruck *m* усилие, прижимающее тормозные колодки к барабану; сила прижатия (колодок к барабану)
Bremsbelag *m* тормозная накладка
Bremsberg *m горн.* бремсберг
Bremsdichte *f яд.* плотность замедления нейтронов
Bremsdruck *m* 1. *авто* приводное [тормозное] усилие, прикладываемое к тормозной колодке 2. *см.* **Bremsbackendruck** 3. *авто* давление в системе тормозного привода 4. *ж.-д.* тормозное нажатие
Bremsdynamometer *n* динамометрический тормоз
Bremse *f* 1. тормоз 2. *авто* тормоз; тормозной механизм; тормозная система ◇ **die ~ lösen** отпускать тормоз; растормаживать
~, **elektrisch betätigte** электрический тормоз
~, **hydraulische** гидравлический тормоз
~, **pneumatische** пневматический тормоз
~, **selbsttätige** автоматический тормоз
Bremsen *n* 1. торможение 2. *яд.* замедление (*напр. нейтронов*)
~, **scharfes** резкое торможение
~, **stoßfreies** плавное торможение
Bremsfallschirm *m* тормозной парашют
Bremsfeld *n* 1. замедляющее поле 2. тормозящее поле
Bremsfeldröhre *f элн* лампа с тормозящим полем
Bremsflüssigkeit *f* тормозная жидкость
Bremsfußhebel *m* тормозная педаль, педаль тормоза
Bremsgestänge *n* 1. *ж.-д.* тормозная рычажная передача 2. *авто* система тяг и рычагов механического тормозного привода
Bremshebel *m* тормозной рычаг
Bremsklappe *f ав.* тормозной щиток
Bremsklotz *m* тормозная колодка
Bremskraft *f* тормозная сила

Bremskraftverstärker *m авто* усилитель тормозного привода
Bremsleistung *f* тормозная мощность
Bremsleitung *f авто* трубопровод тормозного привода, тормозная магистраль
Bremsleuchte *f авто* стоп-сигнал; фонарь сигнала торможения
Bremslicht *n авто* стоп-сигнал; сигнал торможения
Bremslüfter *m* оттормаживающее устройство, (тормозной) толкатель
Bremsmagnet *m* тормозной электромагнит
Bremsmanöver *n косм.* торможение
Bremsmoment *n* 1. тормозной момент 2. *эл.* тормозящий момент
Bremsmotor *m* тормозной (ракетный) двигатель
Bremsneutronen *n pl яд.* замедленные нейтроны
Bremsnutzung *f яд.* вероятность избежания резонансного захвата (нейтронов)
Bremsnocken *m авто* разжимной кулак (*колесного тормозного механизма*)
Bremsregler *m* 1. *авто* регулятор тормозных сил 2. *ж.-д.* тормозной регулятор 3. тормозной регулятор (*гидравлической турбины*)
Bremsprobe *f* проба тормозов; тормозные испытания
Bremsscheibe *f* тормозной диск
Bremsschirm *m* тормозной парашют ◇ **den ~ entfalten** раскрывать тормозной парашют
Bremsschuh *m* тормозной башмак
Bremsspannung *f* 1. замедляющее напряжение 2. тормозящее напряжение
Bremsstange *f авто* тяга (механического) тормозного привода
Bremsstoff *m см.* **Bremssubstanz**
Bremsstrahlung *f физ.* тормозное излучение
Bremssubstanz *f яд.* замедлитель (нейтронов)
Bremssystem *n* тормозная система
Bremstriebwerk *n косм.* тормозной двигатель, тормозная двигательная установка
Bremstrommel *f* тормозной барабан
Bremsung *f* 1. торможение 2. *яд.* замедление (*напр. нейтронов*)
Bremsventil *n* 1. *ж.-д.* тормозной кран машиниста 2. *авто* тормозной кран, кран управления тормозного привода
Bremsverhältnis *n яд.* коэффициент замедления (*нейтронов*)
Bremsvermögen *n* 1. *яд.* замедляющая способ-

ность (*вещества*) **2.** *мор.* инерционные характеристики (*судна*)
Bremsverzögerung *f авто* замедление при торможении
Bremsweg *m* тормозной путь
Bremswiderstand *m* тормозное сопротивление
Bremszaun *m* тормоз Прони
~, **Pronyscher** тормоз Прони
Bremszylinder *m* **1.** *авто* тормозной цилиндр, цилиндр гидравлического привода тормозов **2.** *ж.-д.* тормозной цилиндр
brennbar горючий
Brennbarkeit *f* горючесть
Brenndauer *f* время работы двигателя (*о ракетном двигателе*)
Brenndüse *f* форсунка (*реактивного двигателя*)
Brennebene *f опт.* фокальная плоскость
Brennelement *n яд.* тепловыделяющий элемент, ТВЭЛ
Brennen *n* **1.** горение **2.** обжиг **3.** перегонка, дистилляция **4.** *вчт* пережигание (*плавких перемычек ПЗУ*)
Brenner *m* **1.** горелка **2.** форсунка
~, **flammenloser** беспламенная горелка
Brennerei *f* **1.** винокурение **2.** спиртовой [спиртоводочный] завод
Brenngase *n pl* горючие газы
Brenngeschwindigkeit *f* скорость горения
Brennhärtung *f* газопламенная закалка
Brennholz *n* дрова
Brennkammer *f* камера сгорания
Brennlinie *f* фокальная линия
Brennofen *m* обжиговая [обжигательная] печь
Brennpunkt *m* **1.** *опт., мат.* фокус **2.** температура воспламенения
Brennraum *m* камера сгорания
Brennschiefer *m* горючий сланец
Brennschluß *m* выключение [прекращение работы] двигателя; момент выключения двигателя (*о ракетных двигателях*)
Brennschneidemaschine *f* машинный резак
Brennschneiden *n* кислородная [газовая] резка
Brennspiegel *m* **1.** гелиоконцентратор **2.** зеркало горения
Brennspiritus *m* денатурированный спирт, денатурат
Brennstab *m яд.* топливный стержень
Brennstaub *m* пылевидное топливо
Brennstaubbereitung *f* пылеприготовление
Brennstoff *m* топливо, горючее

~, **fester** твёрдое топливо
~, **flüssiger** жидкое топливо
~, **fossiler** ископаемое топливо
~, **gasförmiger** газообразное топливо
~, **heizwertreicher** высококалорийное топливо
~, **hochwertiger** высокосортное топливо
~, **minderwertiger** низкосортное топливо
Brennstoffelement *n яд.* топливный элемент
Brennstoffindustrie *f* топливная промышленность
Brennstoffkreislauf *m яд.* топливный цикл
Brennstoffstab *m см.* **Brennstab**
Brennstoffverbrauch *m* расход топлива [горючего]
Brennstoffzelle *f яд.* топливный элемент
Brennstoffzufuhr *f* подача топлива
Brennstoffzyklus *m см.* **Brennstoffkreislauf**
Brennstrahl *m опт.* фокальный луч
Brennversuch *m* огневое испытание (*ракет*)
Brennweite *f опт.* фокусное расстояние
Brennweitenverhältnis *n фото* пределы изменения относительного отверстия объектива
Brennwert *m* высшая теплота сгорания
Brenzkatechin *n* пирокатехин, $C_6H_4(OH)_2$
Brenztraubensäure *f* пировиноградная кислота, $CH_3COCOOH$
Brett *n* доска
~, **besäumtes** обрезная доска
~, **unbesäumtes** необрезная [обзольная] доска
Bretter *n pl* доски; тёс
Brettschaltung *f* макет
Brettschaltungsbildung *f* макетирование
Briefkasten *m* почтовый ящик (*системы электронной почты*)
Briefqualität *f вчт* высокое [отличное, типографское] качество печати; режим высококачественной печати, режим печати высокого [отличного, типографского] качества
Brikett *n* брикет
Brikettieren *n* брикетирование
Brikettierpresse *f* брикетный пресс
Brille *f* **1.** очки **2.** *маш.* люнет **3.** нажимная крышка (*сальника*)
Brinellhärte *f* твёрдость по Бринеллю
Brinell-Härteprüfung *f*, **Brinellversuch** *m* определение твёрдости по Бринеллю
brisant бризантный
Brisanz *f* бризантность (*взрывчатых веществ*)
Brise *f* **1.** ветер **2.** бриз
Brom *n* бром, Br
Bromate *n pl* броматы

BROMIDE

Bromide *n pl* бромиды
Bromieren *n* бромирование
Bromwasserstoff *m* бромид водорода, бромистый водород, бромоводород, HBr
Bromwasserstoffsäure *f* бромистоводородная [бромоводородная] кислота, HBr
Bronze *f* бронза
Bronzierung *f* бронзирование
Broschieren *n* брошюровка
Broschiermaschine *f* брошюровальная машина
Brotfabrik *f* хлебозавод
~, **automatische** хлебозавод-автомат
Brotröster *m* тостер
Bruch *m* I 1. *мат.* дробь; правильная дробь 2. поломка 3. разрушение 4. разрыв (*напр. при испытании на растяжение*) 5. излом 6. *текст.* обрыв (*нити*) 7. *геол.* разрыв, разрывное нарушение; сброс 8. *горн.* обрушение 9. *стр., горн.* карьер 10. бой (*напр. стеклобой*); лом 11. *полигр.* фальц
~, **echter** правильная дробь
~, **gemeiner** простая дробь
~, **gemischter** смешанная дробь
~, **kontinuierlicher** непрерывная дробь
~, **muscheliger** раковистый излом
~, **periodischer** периодическая дробь
~, **spröder** хрупкое разрушение
~, **unechter** неправильная дробь
~, **unreduzierbarer** несократимая дробь
~, **zäher** вязкое разрушение
Bruch *m* II торфяник, торфяное болото
Bruchbau *m горн.* выемка [разработка] с обрушением (*кровли*); система разработки с обрушением (*кровли*)
Bruchbelastung *f* разрушающая нагрузка; наибольшая нагрузка, предшествующая разрушению образца
Bruchdeformation *f* деформация разрушения
Bruchdehnung *f* относительное удлинение (при разрыве)
Brucheinschnürung *f* относительное сужение (при разрыве)
Bruchfestigkeit *f* 1. предел прочности (при разрыве), временное сопротивление; истинное сопротивление разрыву (*пластичных материалов, образующих при растяжении шейку*) 2. сопротивление разрушению
Bruchfläche *f* излом; поверхность излома
Bruchgebirge *n геол.* сбросовые горы
Bruchglas *n* стеклобой
Bruchgrenzen *f pl* контур карьера
Brüchigkeit *f* ломкость; хрупкость
Bruchlast *f* разрушающая нагрузка; наибольшая нагрузка, предшествующая разрушению образца; разрывное усилие
Bruchmechanik *f* механика разрушения
Bruchschwingspielzahl *f*, **Bruchschwingzahl** *f* циклическая долговечность
Bruchsicherheit *f* запас прочности
Bruchspannung *f* разрывное [разрушающее] напряжение
Bruchstein *m* бутовый камень, бут; карьерный камень
Bruchsteinbeton *m* бутобетон
Bruchsteinfundament *n* бутовый фундамент
Bruchsteinmauerwerk *n* 1. бутовая кладка 2. бутовая стенка
Bruchstörungen *f pl геол.* разрывные нарушения (*сдвиги, сбросы*)
Bruchstrich *m* черта дроби; знак деления
Bruchstück *n* 1. обломок 2. *хим.* осколок (*напр. цепи*)
Bruchwiderstand *m см.* **Bruchfestigkeit** 1.
Bruchzähigkeit *f* вязкость разрушения
Brücke *f* 1. мост 2. *эл.* электрический мост 3. *эл.* (токо)проводящий мостик 4. *эл., элн* перемычка 5. *хим.* мостик 6. *мор.* (ходовой) мостик 7. *мор.* средняя надстройка (*судна*)
~, **behelfsmäßige** временный мост
~, **bewegliche** разводной мост; подъёмный мост
~, **durchkontaktierte** перемычка (*печатной платы*)
~, **einfeldrige** однопролётный мост
~, **elektrische** электрический мост
~, **kombinierte** комбинированный [совмещённый] мост
~, **mehrfeldrige** многопролётный мост
~, **schwimmende** наплавной мост
~, **Wheatstonesche** мост Уитстона
~, **Wiensche** мост Вина
~, **zweigeschossige** двухъярусный мост
Brückenbahn *f* проезжая часть моста
Brückenbalken *m* (главная) мостовая балка
Brückenbau *m* мостостроение
Brückenbelag *m* мостовой настил
Brückenbelastung *f* грузоподъёмность моста
Brückenbildung *f* 1. сводообразование, зависание (*сыпучего материала*) 2. *авто* шунтирование электродов свечи зажигания нагаром [токопроводящим мостиком], образование токопроводящего мостика между электродами свечи зажигания

BUCHSENKETTE

Brückenbogen *m* арка моста
Brückenfachwerkträger *m* (главная) мостовая ферма
Brückenfahrbahn *f* мостовое полотно, полотно моста; проезжая часть моста
Brückengleichrichter *m* *эл., элн* мостовой выпрямитель
Brückenhammer *n* мостовой молот
Brückenhaus *n мор.* рубка на средней надстройке; ходовая рубка
Brückenkran *m* мостовой кран
Brückenöffnung *f* пролёт моста в свету, мостовой пролёт
Brückenpfeiler *m* промежуточная опора моста, бык
Brückenschaltung *f эл.* мостовая схема; измерительный мост; мостовая цепь
Brückenschiff *n мор.* плашкоут
Brückenstecker *m эл., элн* перемычка
Brückenstütze *f* опора моста, мостовая опора
Brückenträger *m* (главная) мостовая балка
Brückentragwerk *n*, **Brückenüberbau** *m* пролётное строение моста
Brückenübergang *m* мостовой переход
Brückenwaage *f* мостовые [платформенные] весы
Brückenwiderlager *n* устой (моста), береговая опора моста
Brüden *m* 1. выпар; вторичный пар 2. паровоздушная смесь (*в сушилке*); парогазовая смесь 3. отработавший сушильный агент (*в системе пылеприготовления*); продукты сушки
Brumm *m* фон переменного тока
Brummabstand *m элн* отношение сигнал/фон (*параметр усилителя*)
Brummen *n* 1. гудение; жужжание 2. *см.* Brumm
Brummfaktor *m* коэффициент пульсации
Brummspannung *f* напряжение пульсаций
Brummspannungsunterdrückung *f* подавление напряжение пульсаций
Brünieren *n* воронение; чернение
Brunnen *m* 1. колодец 2. скважина
~, **artesischer** артезианский колодец
Brunnenpumpe *f* 1. скважинный насос 2. колодезный насос
Brüstung *f* парапет
Brutapparat *m* инкубатор
Brüten *n* 1. расширенное воспроизводство (*ядерного топлива*) 2. *с.-х.* инкубирование (*яиц*)
Brüter *m см.* Brutreaktor
Brutfaktor *m яд.* (эффективный) коэффициент размножения (*нейтронов*), реактивность
Brutmantel *m яд.* экран (*зоны воспроизводства реактора-размножителя*)
Brutrate *f см.* Brutfaktor
Brutreaktor *m яд.* реактор-размножитель; реактор-размножитель типа бридер
~, **schneller** реактор-размножитель на быстрых нейтронах
~, **thermischer** реактор-размножитель на тепловых нейтронах, тепловой реактор-размножитель
Brutschrank *m* 1. *с.-х.* шкафный инкубатор; выводной шкаф (*инкубатора*) 2. термостат
Bruttoenergie *f* валовая энергия
Bruttoformel *f* брутто-формула, суммарная формула
Bruttogewicht *n* вес брутто, брутто-вес
Bruttomasse *f* масса брутто, брутто-масса
Bruttoraumgehalt *m*, **Bruttoraumzahl** *f мор.* валовая регистровая вместимость (*судна*)
Bruttoregistertonne *f мор.* регистровая тонна
Bruttotonnage *f*, **Bruttovermessung** *f мор.* валовая вместимость (*судна*)
Brutzone *f яд.* зона воспроизводства (*реактора-размножителя*)
Bubble-Domäne *f* цилиндрический магнитный домен, ЦМД
Bubble-Speicher *m* память [ЗУ] на ЦМД, ЦМД-память, ЦМД ЗУ
Buchbindereimaschine *f* переплётная машина
Buchbinderpappe *f* переплётный картон
Buchdruck *m* 1. *полигр.* типографская печать 2. книгопечатание
Buchdruckfarbe *f* типографская краска
Buchdruckpapier *n* типографская бумага
Bucheinband *m* (книжный) переплёт
Buchholz-Relais *n* газовое реле
Buchholz-Schutz *m* газовая защита
Buchse *f* 1. втулка; гильза 2. цилиндровая втулка, втулка цилиндра (*ДВС*) 3. букса 4. гнездо, гнездовая часть (*электрического соединения*)
~, **gerollte** свёртная втулка
Büchse *f* 1. *см.* Buchse 1. 2. банка; жестянка 3. охотничье ружьё (с нарезным стволом)
Buchsenkette *f* втулочная цепь

Büchsen-Rohrpost f патронная (пневматическая) почта
Bucht f 1. бухта (троса) 2. мор. погибь (палубы) 3. залив; бухта
Buchungsmaschine f бухгалтерская машина
Buckelschweißen n рельефная сварка
Bucket-Brigade-Device n англ. прибор (с зарядовой связью) типа «пожарная цепочка», ПЗС типа «пожарная цепочка»
Bug I m нос (напр. судна); носовая часть (напр. самолета)
Bug II n англ. ошибка при составлении программы; программная ошибка
Bügel m 1. скоба; хомут; хомутик; бугель 2. станок (лучковой пилы, ножовки)
Bügeleisen n (электрический) утюг
~, **elektrisches** электрический утюг, электроутюг
bügelfrei не требующий глаженья
Bügelfreiausrüstung f текст. несминаемая отделка, отделка типа «стирай — носи»
Bügelmeßschraube f микрометр со скобой
Bügelpresse f гладильный пресс
Bügelsäge f лучковая пила
Bügelsägemaschine f ножовочный станок
Buggy m англ. авто багги
Buglastigkeit f мор. дифферент на нос
Bugspriet m мор. бушприт
Bugwulst f мор. носовой бульб
Buhne f буна, полузапруда
Bühne f 1. площадка; платформа 2. горн. полок
Bulb m мор. утолщение, бульб
Bulbbug m мор. бульбовый нос (судна)
Bulbstahl m углобульбовый профиль, углобульб
Bulk-CCD-Bauelement n прибор с объёмной зарядовой связью, ПЗС с объёмным каналом
Bulker m судно для перевозки навалочных грузов, (судно-)навалочник, балкер
Bullauge n (бортовой) иллюминатор
Bulldozer m бульдозер
Buna m буна-каучук, буна
Bund I m буртик; заплечик
Bund II n 1. бунт, моток (проволоки) 2. рулон (листового металла)
Bündel n 1. пучок 2. текст. моток; пасма 3. мат. связка 4. тлф группа линий
Bündelleiter m эл. расщеплённый провод
Bündelleitung f магистральная линия; магистральный канал связи
Bündelöffnung f раствор пучка (электронов)
Bündelung f 1. фокусирование, фокусировка 2. направленность (излучения)
~, **schwache** слабая фокусировка
~, **starke** сильная фокусировка
bündig заподлицо
Bundmutter f гайка с (цилиндрическим) буртиком, гайка с фланцем
Bunker m бункер
Bunkerverschluß m бункерный затвор
Bunkerwagen m вагон с опрокидными бункерами, бункерный вагон
Bunsenbrenner m горелка Бунзена, бунзеновская горелка
Buntmetalle n pl цветные металлы
Buntpapier n цветная бумага
Bürette f хим. бюретка
Buried-Channel-CCD n ПЗС со скрытым каналом
Buried-Z-Diode f стабилитрон со скрытой структурой, скрытый стабилитрон
Burn-in n англ. термотренировка, термопрогон; термовыдержка; термическое старение
Burn-in-Test m испытания на термическое старение
Büroautomatisierung f автоматизация учрежденческой деятельности; внедрение автоматизированных учрежденческих систем; автоматизация деятельности непроизводственных служб и отделов (предприятий)
Bürocomputer m учрежденческая ЭВМ
Büro-LAN n учрежденческая ЛВС, учрежденческая локальная сеть
Büroleim m конторский клей
Büromaschine f канцелярская [конторская] машина
Bürosystem n учрежденческая система
Büroterminal n учрежденческий терминал
Bürotik f автоматизация учрежденческой деятельности
Burst n 1. тлв сигнал цветовой синхронизации, сигнал «вспышки», «вспышка» 2. астр. всплеск (радиоизлучения Солнца, рентгеновского или гамма-излучения)
Bürste f 1. щётка; ёрш 2. (электро)щётка
Bürstenfeuer n эл. искрение щёток, искрение на коллекторе
Bürstenhalter m щёткодержатель
Bürstenkontakt m щёточный контакт
Bürstenwalze f щёточный валик
Bürstmaschine f щёточная машина

Bus *m* 1. автобус 2. *элн, вчт* шина; общая шина, магистраль
~, **bidirektionaler** двунаправленная шина
~, **gemeinsamer** общая шина, магистраль
~, **zeitgeteilter [zeitmultiplexer]** мультиплексированная шина, шина с временны́м разделением сигналов
Busabschluß *m* оконечная нагрузка шины, заглушка шины
Busadapter *m* шинный адаптер, адаптер магистрали
Busanforderung *f* запрос шины [магистрали]; сигнал запроса шины [магистрали]
Busanforderungssignal *n* сигнал запроса шины [магистрали]
Busanschlußeinheit *f* устройство сопряжения с шиной
Busarbiter *m* арбитр шины, блок управления доступом к (общей) шине
Busarbitration *f*, **Busarbitrierung** *f* шинный арбитраж, арбитраж запросов шины [магистрали], управление доступом к общей шине
Busarchitektur *f* шинная структура (*система линий передачи данных, адресации, управления и питания микроЭВМ*)
Busbahnhof *m* автовокзал
Busbelastbarkeit *f* нагрузочная способность шины
Busbestätigung *f* подтверждение захвата шины [магистрали]; сигнал подтверждения захвата шины [магистрали]
Busbestätigungssignal *n* сигнал подтверждения захвата шины [магистрали]
Busbreite *f* разрядность шины
Büschel *n* *мат.* пучок
Büschelentladung *f* *эл.* кистевой разряд
Buscontroller *m* контроллер шины, шинный контроллер
Busempfänger *m* шинный приёмник, приёмник шины
Buserweiterungsmodul *m* модуль расширения шины, расширитель шины
Busexpander *m* расширитель шины; блок расширения шины
Bus-Floating *n* высокоимпедансное состояние шины, дрейф шины
Busfreigabe *f* разрешение (захвата) шины [магистрали], разрешение доступа к (общей) шине; сигнал разрешения доступа к шине, сигнал захвата шины
Busfreigabesignal *n* сигнал разрешения доступа к (общей) шине, сигнал захвата шины [магистрали]
Business-Grafik *f* деловая [управленческая] графика; средства деловой [управленческой] графики
Businterface *n* шинный [магистральный] интерфейс
Buskonflikt *m* конфликтная ситуация на шине, конфликтная ситуация при (одновременном) запросе общей шины (*несколькими микропроцессорными модулями*)
Buskoppeleinheit *f*, **Buskoppler** *m* устройство [блок] сопряжения с шиной, шинный интерфейс
Busmaster *m* задатчик шины [магистрали], задатчик, ведущее устройство; устройство управления обменом по общей шине
Busnetzwerk *n* локальная сеть с общей шиной [с топологией типа «общая шина»], локальная сеть с магистральной конфигурацией [с магистральной топологией]
Bussender *m* шинный передатчик, передатчик шины
Bus-Slave *m* исполнительный модуль, исполнитель (*в мультимикропроцессорной системе*)
Bussteuereinheit *f* блок шинного контроллера
Bussteuer-IC *n*, **Bussteuerschaltkreis** *m*, **Bussteuerschaltung** *f* ИС контроллера шины [шинного контроллера]; контроллер шины, шинный контроллер
Bussteuerung *f* 1. управление шиной 2. контроллер шины, шинный контроллер
Bussystem *n* шинная система (*совокупность линий передачи данных, адресации, управления и питания микроЭВМ*)
Bustopologie *f* магистральная конфигурация (*локальной сети*)
Bus-Transceiver *m* магистральный [шинный] приёмопередатчик
Bustreiber *m* шинный формирователь, шинный драйвер, драйвер шины
Bus-Treiber/Empfänger *m* шинный усилитель-приёмник; магистральный [шинный] приёмопередатчик
Busvergabe *f* предоставление права доступа к общей шине
Busverkehr *m* обмен (данными) по шине, шинный трафик
Busverstärker *m* магистральный усилитель
Busverwaltung *f* управление доступом к общей

шине; шинный арбитраж, арбитраж запросов шины
Busvorrangsteuerung f приоритетное управление шиной; блок приоритетного управления шиной
Buszugriff m доступ к (общей) шине; обращение к магистрали
Buszugriffssteuerung f управление доступом к (общей) шине
Buszuteilung f, **Buszuweisung** f распределение шины, предоставление права доступа к общей шине
Buszyklus m цикл шины, цикл обращения к шине, цикл обращения (*процессора*) к магистрали
Butadien n бутадиен
Butadienakrylnitrilkautschuk m бутадиен-нитрильный каучук
Butadienkautschuk m бутадиеновый каучук
Butadiennatriumkautschuk m натрий-бутадиеновый каучук
Butadien-Styrol-Kautschuk m бутадиен-стирольный каучук
Butan n бутан
Butanol n бутанол, бутиловый спирт
Butene n pl бутены, бутилены
Bütte f 1. *бум.* бассейн; чан 2. *текст.* бак; барка; куб; чан 3. *сткл* кадь
Büttenpapier n бумага ручного черпания
Butterfaß n маслобойка
Butterfertiger m маслоизготовитель
Buttermilch f пахта
Buttern n, **Butterung** f сбивание масла
Buttersäure f масляная кислота, $CH_3(CH_2)_2COOH$
Butylaldehyd n масляный альдегид, $CH_3(CH_2)_2CHO$
Butylalkohol m бутиловый спирт, бутанол
Butylene n pl см. Butene
Butylkautschuk m бутилкаучук
Butyrometer n *пищ.* бутирометр
Byte n байт
~, **höherwertiges** старший байт
~, **niederwertiges** младший байт
Bytebetrieb m см. Byte-Mode
Byte-Ein-Ausgabe f побайтный ввод-вывод данных
Bytefehlerrate f частота ошибок по байтам
Bytemode m, **Bytemodus** m побайтовый режим (*передачи данных*)
Bytemultiplexbetrieb m байт-мультиплексный режим
Bytemultiplexkanal m байт-мультиплексный канал
Byteprozessor m процессор с байтовой организацией
Byterechner m ЭВМ с байтовой организацией
Byteregister n 8-разрядный [8-байтный] регистр
Bytespeicher m байтовая память, байтовое ЗУ, память [ЗУ] с байтовой организацией
Byteverarbeitung f побайтовая обработка (*данных*)
Byteverschachtelung f чередование байтов
byteweise побайтовый
Bytezugriff m побайтовый доступ

C

Cache m кэш-память, кэш, сверхоперативная память (*буферное ЗУ для обмена данными между процессором и основной памятью, а также между основной памятью и жестким диском*)
CAD [Computer-Aided Design] n автоматизированное проектирование (с помощью ЭВМ); система автоматизированного проектирования, САПР
CAD-Arbeitsplatz m автоматизированное рабочее место [АРМ] оператора САПР
CAD-Arbeitsstation f рабочая станция САПР
CAD/CAM-Arbeitsplatz m АРМ оператора системы автоматизированного проектирования и управления производством
CAD/CAM-Arbeitsstation f рабочая станция системы автоматизированного проектирования и управления производством (с помощью ЭВМ)
CAD/CAM-System n система автоматизированного проектирования и управления производством (с помощью ЭВМ)
CAD/CAM-Technologie f технология автоматизированного проектирования и управления производством (с помощью ЭВМ)
CAD-Lösung f метод автоматизированного проектирования

CCD

Cadmium *n* кадмий, Cd
CAD-Programm *n* прикладная программа САПР
CAD-Softwarepaket *n* пакет программного обеспечения САПР, пакет прикладных программ САПР
CAD-Station *f* рабочая станция САПР
CAD-System *n* система автоматизированного проектирования, САПР
CAE [Computer-Aided Engineering] *n* автоматизированная разработка; система автоматизации конструкторских работ
CAE-Arbeitsplatz *m* автоматизированное рабочее место [АРМ] конструктора
CAE-Arbeitsstation *f* рабочая станция системы автоматизированной разработки
CAE/CAD-Workstation *f* рабочая станция системы автоматизации проектно-конструкторских работ
Caesium *n* цезий, Cs
Caesium-Zeitstandard *m* цезиевый эталон частоты и времени
CAE-Software *f* пакет прикладных программ для автоматизированной разработки
CAE-System *n* система автоматизированной разработки; система автоматизации конструкторских работ
CAE-Tools *n pl* средства автоматизированной разработки
CAE-Workstation *f см.* **CAE-Arbeitsstation**
Caisson *m* 1. кессон 2. *мор.* док-кессон
Calcit *m см.* **Kalkspat**
Calcium *n* кальций, Ca
Californium *n* калифорний, Cf
CAM I [Computer-Aided Manufacturing] *n* производство с централизованным управлением от ЭВМ; система автоматизированного управления производством (с помощью ЭВМ)
CAM II [Content-Adressable Memory] *m* ассоциативная память, ассоциативное ЗУ
CAMAC-Bus *m* шина CAMAC [КАМАК]
CAMAC-Crate *n* крейт CAMAC [КАМАК]
CAMAC-Datenweg *m* магистраль CAMAC [КАМАК]
CAMAC-Einheit *f см.* **CAMAC-Modul**
CAMAC-Modul *m* модуль (системы) CAMAC [КАМАК]
CAMAC-Rahmen *m* крейт CAMAC [КАМАК]
CAMAC-Rahmenanordnung *f см.* **CAMAC-Modul**
CAMAC-Rahmensteuerung *f* контроллер крейта CAMAC [КАМАК]
CAMAC-System *n* система CAMAC [КАМАК]
CAM-Arbeitsplatz *m* АРМ (оператора) системы автоматизированного управления производством (с помощью ЭВМ)
CAM-Arbeitsstation *f* рабочая станция системы автоматизированного управления производством (с помощью ЭВМ)
CAM-Bearbeitung *f* обработка на станках с ЧПУ с управлением от ЭВМ
Camcorder *m* видеокамера *(конструктивное объединение телекамеры и кассетного видеомагнитофона)*
Campingwagen *m* жилой прицеп
CAM-System *n* автоматизированная система управления технологическими процессами, АСУТП; система автоматизированного управления производством (с помощью ЭВМ)
Candela *f* кандела, кд
CapsLock-Taste *f вчт* клавиша CapsLock, клавиша фиксации прописных букв
Capstan *n, m* 1. тонвал *(магнитофона)* 2. *вчт* ведущая ось *(накопителя на магнитной ленте)* 3. ведущий вал *(лентопротяжного механизма)*
CAQ-System [Computer-Aided Quality control...] *n* автоматизированная система контроля качества
Carbamid *n* карбамид, мочевина *(см. тж* **Karbamid**...*)*
Carbid *n* карбид
Carbonfaserkunststoff *m* углепластик
Carbonsäuren *f pl* карбоновые кислоты
Carnallit *m мин.* карналлит
Carnot-Prozeß *m* цикл Карно
Carottage *f* каротаж
Carryflag *n прогр.* признак [флаг] переноса
Carry-Look-Ahead-Schaltung *f вчт* схема ускоренного переноса
Cartridge *n англ.* кассета; картридж
Cartridge-Bandlaufwerk *n* кассетный накопитель на магнитной ленте, кассетный НМЛ
Cartridge-Laufwerk *n* кассетный накопитель
Cartridge-Streamer *m* кассетный стример, кассетный накопитель на бегущей магнитной ленте
Cäsium *n* цезий, Cs
CB-Funk *m* персональная [индивидуальная] радиосвязь
CCD [Charge-Coupled Device] *n*, **CCD-**

CCD-BILDSENSOR

Bauelement n прибор с зарядовой связью, ПЗС
CCD-Bildsensor m формирователь видеосигналов на ПЗС, ПЗС-преобразователь свет — сигнал
CCD-Element n прибор с зарядовой связью, ПЗС
~ **mit begrabenem Kanal** ПЗС со скрытым каналом
CCD-Farbkamera f камера цветного телевидения на ПЗС, цветная ПЗС-камера
CCD-Kamera f телевизионная передающая камера на ПЗС, телевизионная передающая камера с (матричным) формирователем видеосигналов на ПЗС, ПЗС-камера
CCD-Matrix f матрица ПЗС, ПЗС-матрица; матричный ПЗС
CCD-Sensor m ПЗС-датчик; ПЗС-преобразователь свет — сигнал, формирователь видеосигналов на ПЗС
CD [Compact Disk] n компакт-диск
CD-Abspielgerät n см. CD-Player
CD-Player m проигрыватель компакт-дисков, лазерный электропроигрыватель компакт-дисков, CD-плейер
CD-ROM f компакт-диск CD-ROM; КД-ПЗУ
CD-ROM-Laufwerk n CD-ROM-дисковод; накопитель на компакт-диске (CD ROM)
CD-Spieler m см. CD-Player
Cellulose f см. Zellulose
Cellulose... см. Zellulose...
Celsiusgrad m градус Цельсия, °C
Celsiusskale f шкала Цельсия
Celsiustemperatur f температура по шкале Цельсия [по Цельсию]
Cer n, **Cerium** n церий, Ce
Cerdipgehäuse n стеклокерамический корпус с двухрядным расположением выводов, стеклокерамический DIP-корпус, стеклокерамический корпус типа Cerdip
Cermet n кермет
Cetanzahl f цетановое число (топлива)
CF-Flag n, **C-Flag** n прогр. признак [флаг] переноса
C-Flag n см. Carry-Flag
CGA [Color Graphic Adapter] m, **CGA-Adapter** m цветной графический адаптер CGA, CGA-адаптер (для ПЭВМ класса IBM PC, обеспечивающий разрешение 320 X 200 точек)
CGS-Einheit f единица системы СГС [системы сантиметр — грамм — секунда]

CGS-System n система СГС, система сантиметр — грамм — секунда
Chagrinleder n шагреневая кожа, шагрень
Chalkogene n pl хим. элементы главной подгруппы шестой группы Периодической системы (без полония)
Chalkopyrit m мин. халькопирит, медный колчедан
Chalkosin m мин. халькозин, медный блеск
Chalzedon m мин. халцедон
Charakteristik f характеристика
~, **dynamische** динамическая характеристика
~, **lineare** линейная характеристиска
~, **nichtlineare** нелинейная характеристика
~, **statische** статическая характеристика
charakteristisch характеристический
Charge f 1. шихта 2. колоша (порция загружаемых в шахтную печь рудных материалов); садка; подача 3. плавка (однократная операция плавки, напр. в сталеплавильном производстве) 4. партия (сыпучих материалов)
Chargieren n загрузка, завалка (шихтовых материалов); засыпка
Chargierkran m загрузочный [завалочный, шихтовый] кран
Chargiermaschine f завалочная [загрузочная] машина
Chargierung f см. Chargieren
Chargiervorrichtung f загрузочное устройство
Charter m чартер, договор о фрахтовании (судна, самолета)
Chartern n, **Charterung** f фрахтование
Chassis n 1. авто, элн шасси 2. авто рама (ходовой части автомобиля, мотоцикла)
Chaussee f шоссе, шоссейная дорога
Chelate n pl хим. внутрикомплексные [хелатные, клешневидные] соединения
Chelatkomplex m pl см. Chelate
Chelatmittel n хим. комплексон, хелатообразующее [комплексообразующее] соединение, хелатообразователь
Chelatverbindungen f pl см. Chelate
Chemie f химия
~, **allgemeine** общая химия
~, **analytische** аналитическая химия
~, **angewandte** прикладная химия
~, **anorganische** неорганическая химия
~, **biologische** биологическая химия, биохимия
~, **heiße** химия горячих атомов
~, **organische** органическая химия

CHLORIEREN

~, physikalische физическая химия
~, theoretische теоретическая химия
Chemieanlagenbau *m* производство комплектного химического оборудования
Chemiefasern *f pl*, **Chemiefaserstoffe** *m pl* химическое волокно, химволокно
Chemiefaserwerk *n* завод химического волокна
Chemieingenieur *m* инженер-химик
Chemieseide *f* химическая нить
Chemigrafie *f полигр.* цинкография
Chemikalien *pl* химикалии; химикаты
Chemiker *m* химик
Chemilumineszenz *f* хемилюминесценция
chemisch химический ◇ ~ **rein** химически чистый
Chemischreinigung *f* химическая чистка, химчистка
Chemisierung *f* химизация
Chemisorption *f*, **Chemosorption** *f* хемосорбция
Chemosynthese *f* 1. химический синтез 2. хемосинтез
Chemotronik *f* хемотроника
Chevreau(leder) *n кож.* шевро
Chiffrator *m* шифратор
Chiffre *f* шифр
Chiffrierung *f* шифрование
Chilesalpeter *m* чилийская [натриевая] селитра
Chinin *n* хинин
Chinon *n* хинон
Chip *m* кристалл ИС, кристалл, чип
~, **gebondeter** присоединённый кристалл
~, **optoelektronischer** кристалл оптоэлектронной ИС; оптоэлектронная ИС
~, **ungekapselter** [**unverkappter**] бескорпусная ИС
Chipbauelement *n* бескорпусный (интегральный) компонент (*напр. конденсатор, резистор*)
Chipbaustein *m* бескорпусный (интегральный) компонент; бескорпусный полупроводниковый прибор
Chipbestückung *f* установка [монтаж] кристаллов [бескорпусных компонентов] на печатные платы
Chipbonden *n* монтаж [присоединение] кристаллов
Chipbonder *m* установка монтажа [присоединения] кристаллов
Chip-Carrier-Gehäuse *n* кристаллоноситель, кристаллодержатель

Chip-Carrying Card *f* карточка (*напр. кредитная*) со встроенной микросхемой
Chipdiode *f* бескорпусный диод
Chipentwurf *m* проектирование интегральных микросхем, проектирование ИС
Chipkarte *f* карточка (*напр. кредитная*) со встроенной микросхемой (*карточка со встроенными микропроцессором и памятью*), чип-карта
~, **intelligente** карточка (*напр. кредитная*) со встроенными микропроцессором и памятью
Chipkondensator *m* бескорпусный конденсатор
Chiplöten *n* пайка кристаллов, присоединение кристаллов пайкой
Chipmontage *f* монтаж кристалла
Chipprüfung *f* контроль [проверка] кристаллов; контроль [проверка] ИС
Chip-Slice *n* (микро)процессорная секция (*2- или 4-разрядная*)
Chipträger *m* 1. кристаллоноситель, кристаллодержатель 2. кристаллоноситель (*ножка корпуса или подложка для монтажа кристалла*)
Chipträgerbaustein *m*, **Chipträgergehäuse** *n* кристаллоноситель, кристаллодержатель
Chipträgersubstrat *n* подложка для монтажа кристалла
Chiptransistor *m* бескорпусный транзистор
Chipvereinzelung *f* разделение полупроводниковой пластины на кристаллы
Chipwiderstand *m* бескорпусный резистор
Chlor *n* хлор, Cl
Chloralkalielektrolyse *f* электролиз растворов хлоридов щелочных металлов
Chloramin *n* хлорамин
Chlorargirit *m мин.* хлораргирит, кераргирит
Chlorat *n* хлорат
Chlorbenzol *n* хлорбензол, C_6H_5Cl
Chloren *n* 1. хлорирование 2. *см.* **Chlorieren** 2.
Chloressigsäure *f* хлоруксусная кислота, $ClCH_2COOH$
Chlorfluorkohlenstoffe *m pl* хлорфторуглероды
Chlorhydrat *n* хлоргидрат
Chlorid *n* 1. хлорид 2. хлорангидрид (*кислоты*)
Chlorierapparat *m* хлоратор
Chlorieren *n*, **Chlorierung** *f* 1. *хим.* хлорирование 2. *текст.* обработка хлором; обработка раствором гидрохлорита; обработка газообразным хлором; отбеливание (*целлюлозных волокон*) гипохлоритом *или* хлоритом

CHLORIT

Chlorit *n* I *хим.* хлорит
Chlorit *m* II *мин.* хлорит
Chlorkalk *m* хлорная известь
Chlorkautschuk *m* хлоркаучук
Chlorkohlenwasserstoffe *m pl* хлоруглеводороды
Chloroform *n* хлороформ
Chlorophyll *n* хлорофилл
Chloropren *n* хлоропрен
Chloroprenkautschuk *m* хлоропреновый каучук
Chlorsäure *f* хлорноватая кислота, $HClO_3$
Chlorschwefel *m* хлорид серы(I), хлористая сера, дихлорид дисеры, S_2Cl_2
Chlorung *f* 1. *см.* Chloren 1. 2. хлорирование (*воды*)
Chlorungsanlage *f* хлораторная установка; хлораторная
Chlorwasser *n* хлорная вода
Chlorwasserstoff *m* хлорид водорода, хлористый водород, хлороводород, HCl
Chlorwasserstoffsäure *f* хлористоводородная [хлороводородная, соляная] кислота, HCl
Choke *m авто* воздушная заслонка (*карбюратора*)
Chokehebel *m авто* рычаг привода воздушной заслонки (*карбюратора*)
Chopper *m элн* (модулятор-)прерыватель
Chopperverstärker *m элн* усилитель с прерывателем (сигнала), усилитель с модуляцией — демодуляцией [модулятором — демодулятором], усилитель типа М—ДМ
Chorbrett *n текст.* кассейная [делительная] доска (*жаккардовой машины*)
Chrom *n* хром, Cr
Chromafilter *n тлв* фильтр (сигнала) цветности
Chromalaun *n* хромовые квасцы
Chromatfarbe *f* крон
Chromatieren *n* хроматирование
chromatisch хроматический
Chromatograf *m* хроматограф
Chromatografie *f* хроматография
Chromatografiekammer *f* хроматографическая камера
Chromatografieplatte *f* хроматографическая пластина
Chromatografierkolonne *f см.* Chromatografiersäule
Chromatografiersäule *f* хроматографическая колонна
Chromatogramm *n* хроматограмма

Chromatometrie *f* хроматометрия
Chromatophor *n* хроматофор
Chromatpigmente *n pl* кроны, *проф.* кронá (*синтетические неорганические пигменты, цвет которых обусловлен хромофором CrO_4^{2-}*; *см.* Chromgelb, Chromgrün, Chromorange, Chromrot)
Chromeisenerz *n*, **Chromeisenstein** *m см.* Chromit
Chromerz *n* хромовая руда
Chromfarbe *f* крон
Chromfarbstoffe *m pl см.* Chrompigmente
Chromgelb *n* жёлтый (свинцовый) крон
Chromgerbung *f кож.* хромовое дубление
Chromgrün *n* зелёный (свинцовый) крон, хромовая зелень
Chromieren *n* хромирование
Chrominanzsignal *n тлв* цветоразностный сигнал
Chromit *m мин.* хромит
Chromitstein *m* хромитовый кирпич
Chromleder *n* хромовая кожа, хром
Chromlegierung *f* хромовый сплав
Chrommagnesitstein *m* хромомагнезитовый кирпич
Chrom-Molybdän-Stahl *m* хромомолибденовая сталь
Chrom-Nickel-Draht *m* нихромовый провод; нихромовая проволока
Chrom-Nickel-Stahl *m* хромоникелевая сталь
Chromofore *m pl* хромофоры
Chromolithografie *f* хромолитография
Chromophore *n pl* хромофоры
Chromorange *n* оранжевый (свинцовый) крон
Chromoskop *n* хромоскоп
Chromosomen *f pl биол.* хромосомы
Chromosomensatz *m биол.* хромосомный набор
Chromosphäre *f* хромосфера
Chromotypie *f* хромотипия
Chromoxidpigmente *n pl* хромоокисные пигменты
Chrompigmente *n pl* хромовые пигменты
Chromrot *n* красный (свинцовый) крон
Chromsäure *f* хромовая кислота, H_2CrO_4
Chromstahl *m* хромистая сталь
Chrom-Vanadium-Stahl *m* хромованадиевая сталь
Chrom-Wolfram-Stahl *m* хромовольфрамовая сталь
Chronograf *m* хронограф
Chronometer *n* хронометр

CMOS-SOS

Chronometerzeit *f* время по хронометру
Chrysolith *m мин.* хризолит
Chrysotil *n мин.* хризотил-асбест
CID [Charge Injection Device] *n* прибор с зарядовой инжекцией, ПЗИ; фото-ПЗИ; (матричный) формирователь видеосигналов на фото-ПЗИ
CID-Bildsensor *m*, **CID-Bildwandler** *m* (матричный) формирователь видеосигналов на ПЗИ, ПЗИ-преобразователь свет — сигнал
CID-Element *n* прибор с зарядовой инжекцией, ПЗИ; фото-ПЗИ; (матричный) формирователь видеосигналов на фото-ПЗИ
CIM/CAM-Software [Computer-Integrated Manufacturing/Computer-Aided Manufacturing-...] *f* программное обеспечение интегрированного производства и автоматизированного проектирования
CIM-System *n* компьютерно-интегрированная производственная система
CISC-Architektur [Complex Instruction Set Computer-...] *f* архитектура (*микропроцессора, компьютерной системы*) с полным набором команд, CISC-архитектура
CISC-Prozessor *m* (микро)процессор с полным набором команд, CISC-процессор
Clampdiode *f*, **Clamping-Diode** *f* фиксирующий диод; антизвонный диод
Clamping-Schaltung *f* схема фиксации, фиксатор уровня
Clapeyron-Clausius-Gleichung *f* уравнение Клапейрона — Клаузиуса
Clapeyron-Gleichung *f* уравнение Клапейрона
Clarke *n*, **Clarke-Zahl** *f* кларк (*средневесовое содержание химического элемента в земной коре*)
Clathrate *n pl хим.* клатраты (*см. тж* **Einschlußverbindungen**)
Cleanroom *m англ.* чистая комната; чистое производственное помещение
Client-Server-Architektur *f* вчт архитектура типа «клиент — сервер»
Clock-Generator *m* тактовый генератор, генератор тактовых импульсов, генератор синхронизации; схема внутренней синхронизации (*обеспечивающая синхронизацию микропроцессора с низкоскоростными ЗУ и УВВ*)
Clock-Impuls *m* тактовый импульс; синхронизирующий импульс, синхроимпульс
Clockoszillator *m* тактовый генератор, генератор тактовых импульсов; генератор синхронизирующих импульсов
Cluster *m* кластер
Clusteranalyse *f* кластерный анализ
Clusterbildung *f* кластеризация
Cluster-Controller *m* групповой контроллер
CMIS *f* [Complementary MIS] 1. *см.* **CMIS-Struktur** 2. *см.* **CMIS-Technik**
CMIS-Schaltkreis *m* ИС на комплементарных МДП-структурах [на КМДП-структурах], КМДП-схема, КМДП ИС
CMIS-Struktur *f* комплементарная структура металл — диэлектрик — полупроводник, КМДП-структура
CMIS-Technik *f* технология КМДП ИС, КМДП-технология
CMIS-Transistor *m* комплементарный МДП-транзистор, КМДП-транзистор
CMOS [Complementary MOS] *f* 1. *см.* **CMOS-Struktur** 2. *см.* **CMOS-Technik**
CMOS-auf-Saphir-Technik *f* технология КМОП БИС на сапфировой подложке [на КНС-структуре]
CMOS-Felddeffekttransistor *m*, **CMOSFET** *m* КМОП-транзистор, комплементарный МОП-транзистор
CMOS-Gate-Array *n* (вентильная) КМОП-матрица; матричная КМОП ИС
CMOS-Gatter *n* логический элемент на КМОП-транзисторах, элемент [вентиль] КМОПТЛ, КМОП-вентиль
CMOS-IS *f* ИС на комплементарных МОП-структурах [на КМОП-структурах], КМОП ИС, КМОП-схема
CMOS-Kompatibilität *f* совместимость с КМОП-схемами, КМОП-совместимость
CMOS-Logik *f* КМОП-логика, логика [логические схемы] на КМОП-структурах [на комплементарных МОП-структурах]
CMOS-Pegel *m* КМОП-уровень (*входного или выходного сигнала*)
CMOS-Schaltkreis *m* ИС на комплементарных МОП-структурах [на КМОП-структурах], КМОП ИС, КМОП-(микро)схема
CMOS-Siliziumgate-Technik *f*, **CMOS-Siliziumgate-Technologie** *f* технология (изготовления) КМОП ИС с (самосовмещёнными) поликремниевыми затворами
CMOS-SOS *f* КМОП БИС на сапфировой подложке, КМОП БИС на КНС-структуре, КНС БИС

CMOS-SOS-STRUKTUR

CMOS-SOS-Struktur *f* КМОП-структура (типа) «кремний на сапфире», КМОП-структура типа КНС
CMOS-Speicher *m* память [ЗУ] на комплементарных МОП-транзисторах, КМОП ЗУ
CMOS-Struktur *f* КМОП-структура
CMOS-Technik *f*, **CMOS-Technologie** *f* технология КМОП ИС, КМОП-технология
CNC-Anlage [Computerized Numerical Control...] *f* система ЧПУ типа CNC
CNC-Bearbeitungszentrum *n* многоцелевой станок с устройством ЧПУ типа CNC
CNC-Befehl *m* команда [управляющий сигнал] от системы ЧПУ типа CNC
CNC-Einrichtung *f* устройство ЧПУ типа CNC, программируемое устройство ЧПУ
CNC-Maschine *f* станок с устройством ЧПУ типа CNC
~, **bedien(er)lose** необслуживаемый многоцелевой станок с устройством ЧПУ типа CNC
CNC-Steuereinheit *f* устройство ЧПУ типа CNC
CNC-Steuerung *f* 1. ЧПУ от системы типа CNC 2. устройство ЧПУ типа CNC
CNC-System *n* система ЧПУ типа CNC
CNC-Transferstraße *f* автоматическая (станочная) линия с управлением от ЭВМ
Coax-Kabel *n* коаксиальный кабель
Cobaltin *n мин.* кобальтин, кобальтовый блеск
Cockpit *n* 1. *мор.* кокпит 2. *ав.* кабина экипажа, кабина пилотов; *в военной авиации:* кабина лётчика; кабина экипажа 3. *авто* рабочее место водителя; кабина; кокпит (*гоночного автомобиля*)
Code *m см.* **Kode**
Code... *см.* **Kode...**
Codec *m* кодек, кодер — декодер
Codierung *f см.* **Kodierung**
Codierungs... *см.* **Kodierungs...**
Coenzym *n биол.* кофермент
Collider *m яд.* ускоритель со встречными пучками, коллайдер
Colorbild *n* цветное изображение
Colorierung *f* раскрашивание; закраска
Color-Monitor *m* цветной монитор
Colorverglasung *f авто* тонированные стёкла
Compact-Disk *f* компакт-диск
Compilation *f прогр.* компиляция, трансляция
Compilationszeit *f прогр.* время компиляции [трансляции], время работы компилятора
Compiler *m прогр.* компилятор, транслятор

Compileranweisung *f*, **Compilerdirektive** *f прогр.* директива компилятора [транслятора], указание компилятору [транслятору]
Compilerpaß *m прогр.* проход компилятора [транслятора]
Composer *m* композер
Compound *m* компаунд, состав
Compounderregung *f эл.* смешанное возбуждение
Compoundmaschine *f* 1. *эл.* (электрическая) машина смешанного возбуждения 2. компаунд-машина (*двухцилиндровая паровая машина двойного расширения с параллельным расположением цилиндров*)
Compoundverdichter *m* комбинированный компрессор
Compton-Effekt *m физ.* эффект Комптона, комптон-эффект
Computer *m* (электронная) вычислительная машина, ЭВМ, компьютер
Computeranimation *f* компьютерная анимация
Computergrafik *f* машинная [компьютерная] графика
Computergrafiksystem *n* система машинной [компьютерной] графики
Computergrundgerät *n* системный блок микро-ЭВМ [ПЭВМ]
Computerkabinett *n* компьютерный класс
Computernetz *n* вычислительная сеть, сеть ЭВМ
~, **lokales** локальная вычислительная сеть, ЛВС
Computersimulation *f* моделирование на ЭВМ
Computerspiel *n* компьютерная игра; компьютерный игровой автомат
Computersystem *n* вычислительная система
Computervirus *m* компьютерный вирус
Container *m* контейнер
Containeranschlaggerät *n* спредер
Containerbahnhof *m ж.-д.* контейнерный терминал
Containerbestand *m* контейнерный парк
Containerendhafen *m см.* **Containerhafen**
Containerhafen *m* морской [портовый] контейнерный терминал
Containerschiff *n* контейнерное судно, контейнеровоз
Containerstandplatz *m* контейнерная площадка
Containerterminal *n мор.* контейнерный терминал
Containertransport *m* контейнерные перевозки; перевозки в контейнерах

Containerumlauf *m* оборот контейнеров; оборачиваемость контейнеров
Containerumschlag *m* 1. *ж.-д.* перегрузка контейнеров 2. *мор.* обработка контейнеров
Containerumschlagplatz *m* 1. *ж.-д.* контейнерная перегрузочная площадка 2. *мор.* контейнерный причал; терминал обработки контейнеров
Containerverkehr *m* контейнерные перевозки
Containerzug *m* контейнерный поезд
Containment *n* *англ.* противоаварийная оболочка (*ядерного реактора*)
Controller *m* контроллер
Convertiplan *m* *ав.* конвертоплан
Copilot *m* *ав.* второй пилот
Copolymere *n pl* сополимеры
Coprozessor *m* *вчт* сопроцессор
Coriolisbeschleunigung *f* *физ.* кориолисово ускорение
Corioliskraft *f* *физ.* кориолисова сила, сила Кориолиса
Cosinus *m* *мат.* косинус
COSMOS-Schaltkreis [Complementary Symmetrical MOS] *m* ИС на комплементарных МОП-структурах [на КМОП-структурах], КМОП ИС, КМОП-схема
COSMOS-Technik *f* КМОП-технология
Coulomb *n* кулон, Кл
Coulombfeld *n* кулоновское поле
Coulo(mb)meter *n* кулонометр
Coulomb-Streuung *f* кулоновское рассеяние
Coulomb-Wechselwirkung *f* кулоновское взаимодействие
Coulometrie *f* кулонометрия
Countdown *m* *англ.* обратный отсчёт времени; отсчёт времени готовности (*напр. ракеты к пуску*); *косм.* предстартовый цикл; набор стартовой готовности
Coupé *n* легковой автомобиль с кузовом купе, купе
CPE [Central Processing Element] *n*, **CPE-Schaltkreis** *m* центральный процессорный элемент, ЦПЭ
CPM-Methode [Critical Path Method...] *f* метод критического пути (*в сетевом планировании*)
CP-Steuerungssystem [Continuous Path...] *m* контурная система ЧПУ
CPU [Central Processing Unit] *n* центральный процессор, ЦП

CPU-Baugruppe *f*, **CPU-Baustein** *m* модуль центрального процессора
CPU-Karte *f*, **CPU-Platine** *f* плата центрального процессора
CPU-Schaltkreis *m* БИС центрального процессора
CPU-Steuerung *f* контроллер центрального процессора
CPU-Zeit *f* время центрального процессора, процессорное время
Crack... *см.* **Krack...**
Cracken *n см.* **Kracken**
Crate *n* крейт, стандартный блочный каркас (*конструктив для установки типовых элементов замены в системе CAMAC*)
Crate-Controller *m* контроллер крейта
Creme *f* крем
Cremeseife *f* мыльный крем
Cremeshampoo *n* кремообразный шампунь
Cremonaplan *m* диаграмма усилий, диаграмма (Максвелла —)Кремоны
Crimpanschluß *m* соединение обжимом; беспаечный контакт, контакт, полученный обжимом
Crimpanschlußtechnik *f* метод обжима; соединение выводов методом обжима
Crimpen *n* обжим, метод обжима (*для получения беспаечных контактов*)
Crimpkontakt *m* обжимной контакт (*беспаечный контакт, полученный обжимом*)
Crimpverbindung *f* соединение обжимом
Crossbar-Schaltmatrix *f* матричный коммутатор
Croupon *m* *кож.* чепрак
CRT-Display *n* дисплей на ЭЛТ; электронно-лучевой индикатор
CRT-Terminal *n* терминал с устройством отображения на ЭЛТ, видеотерминал
CTC [Counter-Timer Circuit] *m*, **CTC-Baustein** *m* счётчик-таймер
CTD [Charge Transfer Device] *n* прибор с переносом заряда, ППЗ
CTD-Technik *f* технология приборов с переносом заряда
CTL [Complementary Transistor Logik] *f* КМОП-транзисторная логика, КМОП-логика, КМОПТЛ
CTL-Schaltung *f* логическая КМОП-схема, логическая схема на КМОП-транзисторах
CTRL-Taste *f* *вчт* клавиша УПР, клавиша CTRL, управляющая клавиша

CUE-REVIEW

Cue-Review *англ.*, **Cue-Betrieb** *m* режим ускоренного прослушивания (*записи*); режим ускоренного просмотра (*видеозаписи*)

Cuoxam *n* медноаммиачный раствор, реактив Швейцера

Cuoxammon *n* куприаммингидрат, медноаммиачный комплекс, комплексная медноаммиачная соль

Cupro *f*, **Cuprospinnfaser** *f* медноаммиачное волокно

Curie *n* кюри, Ci

Curie-Punkt *m*, **Curie-Temperatur** *f* точка Кюри

Curium *n* кюрий, Cm

Cursor *m вчт* курсор

~, **blinkender** мерцающий курсор

Cursortaste *f вчт* клавиша управления курсором

Custom-Chip *m* заказная ИС

Cutten *n*, **Cuttern** *n* монтаж (*кинофильма, магнитной ленты*)

C$_w$-Wert *m ав., авто* коэффициент аэродинамического сопротивления

CW-Radar [Continuous Wave...] *n* РЛС непрерывного излучения

Cyan *n* циан, дициан, NC—CN

Cyansäure *f* циановая кислота, HOCN

D

D/A-... *см.* Digital-Analog...

D/A-Bus [Daten/Adressen-...] *m вчт* (совмещённая) шина адреса — данных, A/D-шина, шина A/D

Dach *n* 1. крыша; покрытие (*здания*); кровля 2. *геол.* кровля

~, **gebrochenes** мансардная крыша

~, **unmittelbares** совмещённая [бесчердачная] крыша

Dachbalken *m* (стропильная) затяжка; балка чердачного перекрытия

Dachbelag *m* кровельный ковёр; рулонный кровельный ковёр, рулонная кровля

Dachbinder *m* стропильная ферма

Dachdecker *m* кровельщик

Dachdeckung *f* 1. кровля, кровельное покрытие 2. устройство кровли; настилка кровли

Dacheindeckungsstoff *m* кровельный материал

Dachfirst *f* конёк крыши

Dachkonstruktion *f* несущая конструкция, несущие элементы (*крыши*)

Dachlatte *f* обрешётина

Dachlatten *f pl*, **Dachlattenwerk** *n* обрешётка (*крыши*)

Dachmanschette *f маш.* шевронная [V-образная] манжета

Dachneigung *f* уклон крыши

Dachpappe *f* (кровельный) толь

Dachpappennagel *m* кровельный гвоздь

Dachpfanne *f* голландская черепица

Dachplatte *f* кровельная панель

Dachrinne *f* водосточный жёлоб

Dachschichten *pl геол., горн.* непосредственная кровля; породы кровли, налегающие [перекрывающие] породы

Dachschiefer *m* (кровельный) шифер

Dachschindel *f* кровельный гонт, кровельная дрань

Dachschräge *f* 1. скат крыши; уклон крыши 2. скос [спад] вершины импульса

Dachstuhl *m* стропила; стропильная ферма; стропильная конструкция

Dachsparren *m* стропильная нога

Dachträger *m см.* Dachbinder

Dachtragwerk *n см.* Dachkonstruktion

Dachtraufe *f* водосточный жёлоб

Dachverband *m* стропила

Dachwehr *n гидр.* 1. плотина с крышевидным затвором 2. крышевидный затвор

Dachziegel *m* черепица

DA-Datei [Direct-Access-...] *f вчт* файл с произвольной выборкой

Daisy-Chain-Bus *m вчт* шина с последовательным опросом

Daisy-Chain-Kette *f вчт* последовательно-приоритетная цепочка

Dalbe *f*, **Dalben** *m* свайный куст, куст свай; *мор.* свайный пал; швартовный пал

Damm *m* 1. дамба; плотина 2. насыпь 3. *горн.* перемычка

Dammharz *n* даммара, даммаровая смола

Dammbalken *n гидр.* шандор, шандорная балка

Dammbalkenverschluß *m гидр.* шандорный [балочный] затвор, шандорная стенка

Dammbalkenwehr *n гидр.* плотина с шандорными затворами

DAMPFPUMPE

Dämmerungsschalter *m* сумеречный выключатель

Dammkern *m* ядро плотины

Dammschüttung *f* насыпь

Dämmstoff *m* изоляционный материал, материал для тепло- и/или звукоизоляции

Dampf *m* пар

~, **gesättigter** насыщенный пар

~, **indirekter** глухой пар

~, **direkter** острый пар

~, **gedrosselter** мятый пар

~, **hochgespannter** пар высокого давления

~, **überhitzter** перегретый пар

Dampfableitung *f* отвод пара, пароотвод

Dampfabscheidung *f* осаждение из газовой [паровой] фазы

~, **chemische** химическое осаждение из газовой [паровой] фазы

~, **metallorganische chemische** химическое осаждение из паров металлоорганических соединений

Dampfantrieb *m* паровой привод

Dampfantriebsanlage *f* паросиловая установка

Dämpfapparat *m* 1. пропариватель 2. отпариватель

Dampfbad *n* паровая баня

Dampfbehandlung *f* 1. пропаривание, пропарка; обработка паром, запаривание 2. *стр.* пропаривание (*бетона*)

Dampfbildung *f* парообразование

Dampfdarre *f* паровая сушилка

dampfdicht паронепроницаемый

Dampfdom *m* сухопарник

Dampfdruck *m* 1. давление пара 2. *хим.* давление (насыщенного) пара над раствором

Dampfdruckpumpe *f* пульсометр

Dampfdurchgangswiderstand *m* сопротивление паропроницанию

Dampfdurchlässigkeit *f* паропроницаемость

Dämpfen *n* 1. демпфирование; гашение (*см. тж* **Dämpfung**) 2. амортизация; смягчение (*ударов, толчков*) 3. пропаривание, пропарка 4. запаривание

Dampfentnahme *f* отбор пара

Dampfentwickler *m* парогенератор

Dampfentwicklung *f* парообразование

Dämpfer *m* 1. демпфер; гаситель колебаний; успокоитель 2. амортизатор; глушитель колебаний 3. *ав.* демпфер (*тангажа, крена, рыскания*) 4. *текст.* зрельник 5. *пищ., с.-х.* запарник 6. *текст.* запарник; запарная камера; запарная машина 7. *пищ.* шпаритель

Dampferhärtung *f* пропаривание бетона; ускорение твердения бетона пропариванием

Dampferhärtungskammer *f* пропарочная камера

Dämpferwicklung *f эл.* демпферная обмотка

Dampferzeuger *m* 1. котельный агрегат, котлоагрегат 2. парогенератор

Dampferzeugung *f* парообразование

Dampferzeugungsanlage *f* котельный агрегат, котлоагрегат

Dampfgaserzeuger *m* парогазогенератор

Dampfgehalt *m* паросодержание, степень сухости пара

Dampfgenerator *m* парогенератор

Dampfhammer *m* паровой молот

Dampfheizung *f* 1. обогрев паром 2. паровое отопление

Dampfkammer *f* пропарочная камера

Dampfkessel *m* паровой котёл

Dampfkesseleinheit *f* котельный агрегат

Dampfkocher *m* пароварочный котёл

Dampfkraftanlage *f* паросиловая установка

Dampfkraftmaschine *f* паровой двигатель

Dampfkraftwerk *n* паротурбинная электростанция

Dampfkühler *m* пароохладитель

Dampfkühlung *f* испарительное охлаждение

Dampfleistung *f* паропроизводительность

~, **spezifische** удельный паросъём (*испарение с одного квадратного метра поверхности*)

Dampfleitfähigkeit *f* паропроницаемость (*материала*)

Dampfleitung *f* паропровод

Dampflokomotive *f* паровоз

Dampfmantel *m* паровая рубашка

Dampfmaschine *f* паровая машина

Dampfmesser *m* паромер

Dampfniederschlag *m* конденсация пара

Dampfoxidation *f* окисление в водяном паре, оксидирование в парáх воды

Dampfphase *f* газовая [паровая] фаза

Dampfphasendiffusion *f* диффузия из газовой [паровой] фазы

Dampfphasenepitaxie *f* эпитаксиальное выращивание [эпитаксия] из газовой [паровой] фазы, газофазная [парофазная] эпитаксия

Dampfphasenlöten *n* пайка в паровой фазе, конденсационная пайка

Dampfpumpe *f* паровой насос

DAMPFPUNKT

Dampfpunkt *m* температура [точка] кипения воды
Dampfreaktion *f* реакция в газовой [паровой] фазе
Dampfrohr *n* пароотводящая труба (*напр. котла*)
Dampfschiff *n* пароход
Dampfspannung *f* 1. давление пара 2. *хим.* давление (насыщенного) пара над раствором 3. внутренняя энергия пара
Dampfspeicher *m* паросборник
Dampfsteuerung *f* парораспределение (*в паровой машине*)
Dampfstrahlpumpe *f* 1. пароструйный насос 2. пароструйный вакуумный насос
Dampfstrahlzerstäuber *m* паровая форсунка
Dampftrockner *m* 1. паровая сушилка 2. сухопарник
Dampfturbine *f* паровая турбина
Dampfturbinenlokomotive *f* паротурбовоз
Dampfturbogenerator *m* паротурбогенератор
Dampfturbosatz *m* паротурбогенератор
Dampfüberhitzer *m* пароперегреватель
Dampfumformer *m* паропреобразователь
dampfundurchlässig паронепроницаемый
Dämpfung *f* 1. демпфирование; гашение (*нежелательных или вредных механических колебаний*) 2. амортизация; смягчение (*ударов, толчков*) 3. *физ.* затухание (колебаний) 4. *свз, элн* затухание; ослабление (*напр. сигнала*) 5. запаривание, запарка
~, **bezogene** относительное затухание
~, **kilometrische** километрическое затухание
~, **relative** относительное затухание
~, **verhältnismäßige** циклическая вязкость (*материала*)
Dämpfungsdekrement *n* (логарифмический) декремент затухания
~, **logarithmisches** логарифмический декремент затухания
Dämpfungsfaktor *m* коэффициент затухания
Dämpfungsglied *n* аттенюатор
Dämpfungskoeffizient *m* коэффициент затухания
Dämpfungskonstante *f* постоянная затухания
Dämpfungskreis *m* демпфирующая схема
Dampfungsmaß *n см.* **Dämpfungskonstante**
Dämpfungsminimum *n* минимум затухания
Dämpfungspotential *n* потенциал затухания
Dämpfungsregler *m см.* **Dämpfer** 3.
Dämpfungsschicht *f* поглощающее покрытие

Dämpfungsverhältnis *n* относительное затухание
Dämpfungswiderstand *m эл.* демпфирующий резистор
Dampfwalze *f* паровой каток
Dampfzerstäuber *m* паровая форсунка
Dampfzylinder *m* паровой цилиндр
Darlington-Transistor *m* пара Дарлингтона, составной транзистор
Darlington-Verstärker *m* усилитель на паре Дарлингтона
Darre *f* сушилка
Darstellung *f* 1. представление; изображение 2. *мат., вчт* представление 3. индикация (*на экране радиолокационного индикатора*) 4. *хим.* получение
~, **analoge** аналоговое представление
~, **digitale** цифровое представление
~, **grafische** графическое изображение; диаграмма
~, **schematische** схематическое представление, схематическое изображение
Darstellungselement *n* графический примитив (*в компьютерной графике*)
Datagramm *n* дейтаграмма, датаграмма
Datagrammübertragung *f* передача данных дейтаграммным способом; дейтаграммный способ передачи данных
Data-Routing *n* маршрутизация данных
Datei *f вчт* файл
~, **gemeinsam genutzte** разделяемый [совместно используемый, общий] файл
~, **gestreut gespeicherte** неупорядоченный файл
~, **invertierte** инвертированный файл
~ **mit fester Satzlänge** файл с записями фиксированной длины
~, **sequentielle** файл с последовательным доступом, последовательный файл
~, **verkettete** цепной [цепочечный, связанный] файл
~, **voll invertierte** полностью инвертированный файл
~, **zusammenhängende** непрерывный файл (*файл, состоящий из смежных логических блоков*)
Dateiabschluß *m* закрытие файла
Dateiadressierung *f* адресация файла
Dateiaktualisierung *f* корректировка файла; обновление файла
Dateiattribut *n* атрибут файла

DATENBANKMASCHINE

Dateibewegungshäufigkeit *f* интенсивность [относительная частота] обращений к файлу
Dateiendekennzeichen *n* метка конца файла
Dateierklärung *f* описание файла
Dateieröffnung *f* открытие файла
Dateierstellung *f* создание файла
Dateierstellungsdatum *n* дата создания файла
Dateigröße *f* размер файла
Dateikennsatz *m* метка файла
Dateilöschen *n* уничтожение [удаление] файла
Dateiname *m* имя файла
Dateinamenzusatz *m* (стандартное) обозначение типа файла, расширение (имени файла)
Dateiorganisation *f* организация [структура] файла
Dateipflege *f* сопровождение файла; ведение файла
Dateischutz *m* защита файла
Dateiserver *m* файловый сервер, файл-сервер, служебный файловый процессор (*вычислительной сети*)
Dateispeicher *m* файловое ЗУ
Dateisystem *n* файловая система
Dateityp *m* тип файла
Dateiübertragung *f* передача файлов
Dateiverriegelung *f* блокировка [блокирование, захват] файла [файлов]
Dateiverwaltung *f* управление файлами
Dateiverwaltungssystem *n* система управления файлами, файловая система
~, **verteiltes** распределённая файловая система
Dateiverzeichnis *n* каталог файлов
Dateivorsatz *m* заголовок файла
Dateiwartung *f см.* Dateipflege
Dateiwiederherstellung *f* восстановление файла
Dateizugriff *m* доступ к файлу
Dateizuordnungstabelle *f* таблица размещения файлов
Daten *pl* 1. данные 2. (технические) характеристики
~, **gespeicherte** запоминаемые данные
~, **technische** технические характеристики
Datenabfrage *f* 1. запрос данных 2. опрос
Datenabtastung *f* считывание данных; сканирование данных
Daten-/Adreßbus *m* (совмещённая) шина адреса/данных, A/D-шина, шина A/D
Datenanordnung *f* размещение данных; формат данных
Datenanschlußeinheit *f*, **Datenanschlußgerät** *n* 1. адаптер передачи данных, сетевой адаптер 2. модуль подключения (абонента) к сети передачи данных
Datenaufbau *m* структура данных, формат данных
Datenaufbereitung *f* подготовка данных; предварительная обработка данных
Datenaufzeichnungsdichte *f* плотность записи данных
Datenausgabe *f* 1. вывод данных 2. устройство вывода данных
Datenausgabebus *m* выходная шина
Datenausgabeeinheit *f* устройство вывода данных
Datenausgang *m* информационный выход
~ **mit drei Ausgangszuständen** выход с тремя (устойчивыми) состояниями, тристабильный выход
~ **mit offenem Kollektor** выход с открытым коллектором
Datenaustausch *m* обмен данными
Datenauswertung *f* предварительная обработка данных; предварительное преобразование данных
Datenbank *f* банк данных; база данных
~, **objektorientierte** объектно-ориентированная база данных
~, **öffentliche [öffentlich verfügbare]** база данных общего пользования, общая база данных
~, **relationale** реляционная база данных
Datenbankabfragesprache *f* язык запросов к базам данных, язык запросов для поиска в базах данных
Datenbankarchitektur *f* архитектура базы данных
Datenbankattribut *n* атрибут базы данных
Datenbankbetriebssystem *n* система управления базой данных, СУБД
~, **relationales** реляционная СУБД
Datenbankdatei *f* файл базы данных
Datenbankentwurf *m* проектирование баз(ы) данных
Datenbankfile *n* файл базы данных
Datenbank-Management-System *n см.* Datenbankverwaltungssystem
Datenbankmaschine *f* машина баз(ы) данных (*программно-аппаратный мультипроцессорный комплекс, предназначенный для выполнения всех или некоторых функций СУБД*)
~, **relationale** реляционная машина баз данных

Datenbankmodell *n* модель базы данных, модель данных
Datenbankprogramm *n* программа обслуживания базы данных
Datenbankrechner *m* процессор баз(ы) данных
Datenbanksätze *m pl* записи базы данных
Datenbankserver *m* сервер базы данных, БД-сервер
Datenbanksoftware *f* программные средства баз(ы) данных
Datenbanksprache *f* язык базы данных
Datenbanksystem *n* 1. система базы данных; база данных (с системой управления) 2. система управления базой данных, СУБД
~, **portierbares** мобильная база данных
~, **verteiltes** *см.* Datenbankverwaltungssystem, verteiltes
Datenbankverbund *m*, **Datenbankverbundsystem** *n* мультибаза данных
Datenbankverwalter *m* администратор базы данных
Datenbankverwaltungssystem *n* система управления базой данных, СУБД
~, **objektorientiertes** объектно-ориентированная СУБД
~, **relationales** реляционная СУБД
~, **verteiltes** система управления распределённой базой данных
Datenbasis *f* база данных
Datenbereich *m* область данных
Datenberichtigungsbefehl *m* команда настройки данных (*напр. в двоично-десятичной арифметике*)
Datenbeschreibungssprache *f см.* Datendefinitionssprache
Datenbestand *m* массив данных
Datenbit *n* бит данных
Datenblatt *n* технический паспорт
Datenblock *m* блок данных
Datenblocklänge *f* длина блока данных
Datenbus *m* шина данных
Datenbusbreite *f* разрядность шины данных
Datenbusfreigabe *f* разрешение доступа к шине данных, разрешение (захвата) шины данных
Datenbuspuffer *m* буфер шины данных
Datenbustreiber *m* усилитель-формирователь шины данных
Datenbyte *n* байт данных
Datencache *m* кэш(-память) данных
Datendarstellung *f* представление данных

Datendarstellungsformat *n* формат представления данных
Datendefinition *f* описание [определение] данных
Datendefinitionsname *m* имя описания [определения] данных
Datendefinitonssprache *f* язык описания [определения] данных, ЯОД
Datendichte *f* плотность данных
Datendisplay *n* информационный дисплей
Datendrucker *m* алфавитно-цифровое печатающее устройство, АЦПУ
Datendurchsatz *m* скорость передачи данных; пропускная способность канала [линии] передачи данных
Dateneingabe *f* 1. ввод данных 2. устройство ввода данных
Dateneingabebus *m* входная шина
Dateneingabeeinheit *f* устройство ввода данных
Dateneingang *m* информационный вход
Dateneingangshaltezeit *f* время удержания входной информации
Dateneingangsvorhaltezeit *f* время установления входной информации
Datenelement *n* элемент данных
Datenendeinrichtung *f* оконечное оборудование данных, ООД
Datenendgerät *n* терминал обработки данных; абонентский пункт
Datenendplatz *m* терминал обработки данных
Datenendstation *f* станция (сети передачи) данных; терминал (сети передачи данных)
Datenerfassung *f* сбор данных; сбор и регистрация данных
Datenerfassungssystem *n* система сбора (и регистрации) данных
Datenerkennung *f* идентификация данных
Datenexpansion *f* разуплотнение данных
Datenfehler *m* ошибка в данных
Datenfeld *n* 1. поле данных 2. массив данных
~ **fester Länge** поле (данных) фиксированной длины
Datenfernsprecher *m* дейтафон (*устройство для передачи данных по телефонным линиям*)
Datenfernübertragung *f* передача данных (*по линиям передачи данных*); телекоммуникация; дистанционная передача данных
Datenfernverarbeitung *f* телеобработка данных
Datenfernverarbeitungsnetz *n* сеть телеобработки (данных)

Datenfluß *m* поток данных
Datenflußarchitektur *f* потоковая архитектура
Datenflußmaschine *f* ЭВМ, управляемая потоком данных, потоковая ЭВМ, потоковая машина
Datenflußplan *m* схема [диаграмма] потоков данных
Datenflußprozessor *m* потоковый процессор
Datenflußsprache *f* язык потоков данных, язык потоков операндов
Datenflußverarbeitung *f* потоковая обработка
Datenformat *n* формат данных
Datenframe *n* кадр (данных)
Datengewinnung *f* сбор данных
Datengültigkeitsprüfung *f* проверка (правильности) данных
Datenholen *n* выборка данных
Datenholezyklus *m* цикл выборки данных
Datenimpuls *m* импульс записи данных (*на гибкий магнитный диск*)
Datenkanal *m* информационный канал; канал передачи данных; канал обмена данными
Datenkapazität *f* объём данных
Datenkodierung *f* кодирование данных
Datenkommunikation *f* передача данных; обмен данными
Datenkommunikationseinrichtung *f* аппаратура передачи данных, АПД
Datenkompression *f*, **Datenkomprimierung** *f* сжатие [уплотнение] данных
Datenkonzentrator *m* концентратор данных
Datenkoppler *m* элемент связи для передачи данных
Datenkorrekturbefehl *m см.* **Datenberichtigungsbefehl**
Daten-Latch *m, n* регистр-защёлка данных
Datenleitung *f* 1. информационная магистраль; линия передачи данных 2. звено данных, канал передачи данных (*в сетях телеобработки*)
Datenleitungsschicht *f* уровень звена данных
Datenlogger *m* регистратор данных, устройство оперативной регистрации данных
Datenmanipulationssprache *f* язык манипулирования данными, ЯМД
Datenmarke *f* маркер данных
Datenmenge *f* объём данных
Datenmodell *n* модель данных
~, **hierarchisches** иерархическая модель (данных)
~, **relationales** реляционная модель (данных)

Datennetz *n* сеть передачи данных
Datenpaket *n* пакет (данных)
Datenpaketübertragung *f* передача пакетов данных (*в сетях телеобработки*)
Datenpins *n pl* информационные выводы
Datenprozessor *m* процессор (для) обработки данных
Datenprüfung *f* контроль данных
Datenpuffer *m* буфер данных
Datenquelle *f* источник данных
Datenrahmen *m* кадр данных, кадр
Datenrate *f* скорость передачи данных
Datenrecorder *m* регистратор данных
Datenreduktion *f* предварительное преобразование данных; предварительная обработка данных
Datenregister *n* регистр данных
Datensammeln *n* сбор данных
Datensammelsystem *n* система сбора данных
Datensatz *m* 1. запись (*организованная определённым образом совокупность элементов данных, структурная единица файла*) 2. набор данных
~ **fester Länge** запись фиксированной длины
Datensatztyp *m* тип записи
Datensatzverriegelung *f* блокировка [блокирование, захват] записей (*при совместном использовании файлов*)
Datenschild *n* заводская табличка (*с паспортными данными оборудования*)
Datenschutz *m* защита данных
Datenselektion *f* селекция данных
Datensenke *f* приёмник данных
Datensicherung *f* обеспечение безопасности [надёжности] хранения данных; защита данных от несанкционированного доступа
Datensicherungsprotokoll *n* протокол уровня звена данных
Datensicherungsschicht *f* уровень звена данных; уровень управления каналом передачи данных
Datensichtgerät *n* дисплей
Datensichtstation *f* видеотерминал
Datenspeicher *m* память (для хранения) данных
Datenspeicherung *f* 1. запоминание данных; запись данных, запись (*напр. на магнитные, оптические диски*) 2. хранение данных
Datenspur *f* дорожка данных, информационная дорожка
Datenspurformat *n* формат дорожки данных

DATENSTAPEL

Datenstapel *m* стек данных
Datenstation *f* станция (сети передачи) данных, станция; терминал (сети передачи данных)
~, **intelligente** интеллектуальный терминал
Datenstrobe *m* строб данных, сигнал строба данных
Datenstrobesignal *n* сигнал строба данных
Datenstrom *m* поток данных
Datenstruktur *f* структура данных
Datenträger *m* 1. носитель данных 2. том
Datenträgerinhaltsverzeichnis *n* оглавление тома
Datenträgerinitialisierung *f* инициализация тома
Datenträgerkennsatz *m* метка тома
Datentransfer *m* передача данных; пересылка данных
~, **byteorientierter** побайтовая передача данных
Datentreiber *m* усилитель-формирователь шины данных
Datentyp *m* тип данных
Datentypisierung *f* определение [задание] типа (данных)
Datenübermittlung *f* передача данных
Datenübermittlungseinrichtung *f* аппаратура передачи данных, АПД
Datenübertragung *f* передача данных
Datenübertragungsblock *m* (передаваемый) блок данных; кадр данных, кадр
Datenübertragungseinrichtung *f* аппаратура окончания канала данных; аппаратура передачи данных, АПД
Datenübertragungsformat *n* формат передачи данных
Datenübertragungsprotokoll *n* протокол уровня управления передачей данных
Datenübertragungsrate *f* скорость передачи данных
Datenübertragungssteuerung *f* связной контроллер
Datenübertragungstechnik *f* техника передачи данных
Datenumfang *m* объём данных
Datenunterteilung *f* сегментация данных
Datenverarbeitung *f* обработка данных
~, **elektronische** электронная обработка данных
Datenverarbeitungsanlage *f* (большая) ЭВМ
Datenverdichtung *f* сжатие [уплотнение] данных
Datenwort *n* слово данных

DAT-Kassette *f* цифровая кассета, кассета для цифровой записи, DAT-кассета
DAT-Recorder *m* цифровой кассетный магнитофон системы DAT
Datumsgrenze *f* линия смены дат, линия перемены даты
Daube *f* (бочарная) клёпка
Dauer *f* продолжительность; длительность
Dauerbeanspruchung *f см.* **Dauerschwingbeanspruchung**
Dauerbelastung *f* длительная нагрузка
Dauerbetrieb *m* непрерывная работа; непрерывная эксплуатация
~, **aussetzender** прерывисто-продолжительный режим (работы)
Dauerbiegefestigkeit *f* 1. сопротивление усталости при изгибе 2. предел выносливости при изгибе 3. выносливость [предел выносливости] при многократных (двойных) изгибах
Dauerbiegeversuch *m* испытание на усталость при изгибе
Dauerbremse *f авто* тормоз-замедлитель, вспомогательный тормоз
Dauerbruch *m см.* **Dauerschwingbruch**
Dauerdruckversuch *m* испытание на усталость при сжатии
Dauerfestigkeit *f см.* **Dauerschwingfestigkeit**
Dauerfestigkeits-Schaubild *n* диаграмма предельных напряжений цикла; диаграмма предельных амплитуд цикла
Dauerfließgrenze *f см.* **Dauerschwingfließgrenze**
Dauerflug *m косм.* длительный полёт
Dauerform *f* постоянная форма (*металлическая или неметаллическая*); постоянная (металлическая) форма, кокиль
Dauerformguß *m* 1. литьё в (постоянные) металлические формы, литьё в кокиль, кокильное литьё 2. кокильные отливки
Dauerformverfahren *n см.* **Dauerformguß** 1.
Dauerfrostboden *m* многолетнемёрзлый грунт; многолетняя мерзлота; вечномёрзлый грунт; вечная мерзлота
dauerhaft долговечный; выносливый; неизнашивающийся
Dauerhaftigkeit *f* долговечность; выносливость
Dauerladung *f эл.* непрерывный подзаряд; непрерывный заряд
Dauerlast *f* длительная нагрузка
Dauerleistung *f* длительная мощность; эксплуатационная мощность

Dauermagnet *m* постоянный магнит
Dauermilchindustrie *f* молочно-консервная промышленность
Dauerpreßform *f* стационарная пресс-форма
Dauerprüfung *f* длительное испытание
Dauerschlagarbeit *f* предельная работа периодического ударного нагружения, предельная работа при ударном нагружении
Dauerschlagfestigkeit *f* 1. сопротивление усталости при ударной нагрузке 2. предел выносливости при ударной нагрузке, ударный предел выносливости
Dauerschlagversuch *m* испытание на ударную усталость
Dauerschlagwerk *n* машина для испытаний на ударную усталость
Dauerschmierlager *n* подшипник с непрерывной смазкой
Dauerschwingbeanspruchung *f* повторно-переменная нагрузка; приложение к материалу или образцу определённого числа циклов повторно-переменных напряжений, циклическое нагружение
Dauerschwingbruch *m* усталостное разрушение
Dauerschwingfestigkeit *f* предел выносливости
Dauerschwingfließgrenze *f* циклический предел текучести
Dauerschwingprüfmaschine *f* машина для испытаний на усталость
Dauerschwingversuch *m* испытание на усталость
Dauerstandfestigkeit *f* 1. длительная прочность 2. предел длительной прочности
Dauerstandversuch *m* испытание на длительную прочность
Dauerstrichbetrieb *m* непрерывный режим, режим непрерывной генерации *(лазера)*
Dauerstrichleistung *f* мощность в непрерывном режиме
Dauerstrichmagnetron *n* магнетрон непрерывного действия
Dauerstrichradar *n* РЛС непрерывного излучения
Dauerstrichverfahren *n* радиолокация с непрерывным излучением
Dauerstrom *m* 1. длительный ток 2. пропускаемый ток
Dauertorsionsfestigkeit *f* 1. сопротивление усталости при кручении 2. предел выносливости при кручении

Dauertorsionsversuch *m*, **Dauerverdrehversuch** *m* испытание на усталость при кручении
Dauerversuch *m* 1. длительное испытание 2. испытание на усталость
Dauervorschub *m* непрерывная подача
Dauerwechselfestigkeit *f* предел выносливости при симметричном цикле
Dauerwechselversuch *m* испытание на усталость при симметричных циклах (напряжений)
Dauerzugfestigkeit *f* предел выносливости при многократном растяжении
Daumen *m* кулак; кулачок
Daumenregel *f* *эл.* правило большого пальца
Daumenscheibe *f* кулачковый диск
Daumenwelle *f* кулачковый [распределительный] вал
DA-Umsetzer [Digital-Analog-...] *m*, **D/A-Wandler** *m* цифро-аналоговый преобразователь, ЦАП
Daunen *pl* пух
Davit *m* *мор.* шлюпбалка
3D-Bild *n* объёмное [трёхмерное] изображение
DCC [Direct Computer Control] *n* прямое ЧПУ от ЭВМ
DDC [Direct Digital Control] *n* прямое ЧПУ; система прямого ЧПУ
Deadweight *n* *мор.* дедвейт, полная грузоподъёмность судна
de-Broglie-Wellen *pl* *физ.* волны де Бройля
Debugger *m* отладчик, отладочная программа
Debugging *n* отладка
Debug-Programm *n* отладочная программа, отладчик
Debye-Abschirmungslänge *f* дебаевская длина; дебаевский радиус (экранирования); глубина экранирования полупроводника от внешнего электрического поля, глубина проникновения электрического поля в полупроводник
Debye-Länge *f* дебаевская длина, дебаевский радиус (экранирования)
Debye-Scherrer-Diagramm *n* дебаеграмма, порошковая рентгенограмма
Debye-Temperatur *f* дебаевская температура, температура Дебая
Dechiffrierung *f* дешифрирование, дешифрация; дешифровка; расшифровка
Dechsel *f* тесло
Deck *n* 1. палуба 2. магнитофонная панель *(напр. кассетная)*, дека

DECKE

Decke f 1. покрытие; дорожное покрытие 2. *стр.* перекрытие; потолок 3. *геол.* покров
~, **tektonische** тектонический покров, шарьяж
~, **trägerlose** безбалочное перекрытие
Deckel m 1. крышка 2. *полигр.* декель
Deckenbalken m балка перекрытия
Deckenbeleuchtungskörper m *см.* Deckenleuchte
Deckenführungskran m велосипедный кран
Deckenleuchte f потолочный светильник, плафон
Deckenstein m сводовый кирпич; сводовый блок
Deckfähigkeit f кроющая способность, укрывистость (*лака, краски*)
Deckfarbe f покрывная [кроющая] краска
Deckgebirge n 1. *геол.* породы чехла, налегающие [перекрывающие, покрывающие] породы; (платформенный) чехол 2. *горн.* породы кровли
Deckglas n покровное стекло
Deckhaus n *мор.* рубка
Deckkraft f *см.* Deckfähigkeit
Decklack m покрывной лак
Deckoperation f *мат.* операция наложения, наложение
Deckpeilung f пеленгация по створу; створ
Decksbalken m *мор.* палубный бимс
Decksbucht f *мор.* погибь палубы; погибь бимса
Deckschicht f 1. защитный слой; покрытие, слой покрытия 2. покровный слой 3. *геол.* покрывающий слой, слой наносов, наносы (*на угольном пласте*) 4. покрытие (*слой износа, верхний слой дорожной одежды*)
Deckshaus n *мор.* рубка
Deckssprung m *мор.* седловатость палубы
Decksstütze f *мор.* пиллерс
Deckstoff m *стр.* кровельный материал
Decksunterzug m *мор.* карлингс
Deckung f *мат.* совмещение
Deckwerk n береговое крепление
Decoder m *см.* Dekoder
Decodierung f *см.* Dekodierung
Decompilation f *прогр.* декомпиляция, декомпилирование, детрансляция
Decompiler m *прогр.* декомпилятор, детранслятор, обратный транслятор
Deduktionssystem n дедуктивная система
Deep-Depletion-CCD n ПЗС с глубокообеднённым слоем

Deep-Depletion-Modus m режим глубокого обеднения
Deep-Depletion-MOS-Transistor m МОП-транзистор с глубокообеднённым слоем, МОП-транзистор, работающий в режиме глубокого обеднения
default-Wert m *вчт, прогр.* значение, принимаемое по умолчанию, значение по умолчанию
defekt 1. дефектный 2. неисправный
Defekt m 1. дефект 2. *крист.* дефект (кристаллической) решётки 3. неисправность
Defektdichte f плотность дефектов; концентрация дефектов
Defektelektron n дырка (*носитель положительного заряда в полупроводниках*)
Defektelektronendichte f концентрация дырок
Defektelektronenhalbleiter m дырочный полупроводник, полупроводник *p*-типа
Defektelektroneninjektion f инжекция дырок
Defektelektronenleiter m дырочный полупроводник, полупроводник *p*-типа
Defektelektronenleitung f дырочная проводимость, дырочная электропроводность, электропроводность *p*-типа
Defektelektronenstrom m дырочный ток
defektfrei бездефектный
Defekthalbleiter m дырочный полупроводник, полупроводник *p*-типа
Defektleitung f дырочная проводимость, дырочная электропроводность, электропроводность *p*-типа
Defektoskop n дефектоскоп
Defektoskopie f дефектоскопия
Defibrator m дефибратор
Defibrierung f дефибрация
Definition f 1. определение 2. *мат.* определение; задание
Definitionsbereich m *мат.* область определения (*функции*); область задания (*множества*)
Deflagration f дефлаграция, выгорание (*топлива*)
Deflation f дефляция, выдувание
Defokussierung f расфокусировка (*объектива*)
Deformation f деформация
~, **bleibende** *см.* Deformation, plastische
~, **elastische** упругая деформация
~, **hochelastische** высокоэластическая деформация
~, **irreversible** *см.* Deformation, plastische

DEKOMPRESSION

~, **plastische** пластическая [остаточная, необратимая] деформация

~, **reversible [umkehrbare]** упругая деформация

Deformationsachse *f* ось деформации

Deformationsellipsoid *n* эллипсоид деформации

Deformationsmanometer *n* деформационный манометр

Deformationsverhältnis *n* коэффициент деформации

Defroster *m авто* обогреватель (*стекла*)

Deglitcher *m элн* схема подавления импульсных помех

Degradation *f* 1. деградация; ухудшение рабочих характеристик 2. *с.-х.* деградация, падение плодородия (*почвы*)

dehnbar растяжимый, растягивающийся; эластичный

Dehnbarkeit *f* растяжимость; эластичность

Dehnfuge *f* компенсационный [температурный] шов; *стр.* деформационный шов

Dehngrenze *f* условный предел текучести

0,2-Dehngrenze *f* условный предел текучести 0,2 (*условный предел текучести, при котором допуск на остаточную деформацию равен 0,2%*)

Dehnkraft *f* растягивающая сила

Dehnmeßstreifen *m* тензорезистор

Dehnmeßstreifenbrücke *f* тензорезисторный мост

Dehnschraube *f маш.* невыпадающий винт

Dehnschaft *f маш.* утонённый стержень (*стержень, диаметр которого меньше внутреннего диаметра резьбы*)

Dehnstück *n* компенсатор

Dehnung *f* 1. удлинение; относительное удлинение 2. растяжение 3. расширение

Dehnungsausgleicher *m* компенсатор

Dehnungsfuge *f см.* **Dehnfuge**

Dehnungsgeber *m* тензодатчик

Dehnungsgröße *f см.* **Dehnungszahl**

Dehnungskoeffizient *m* коэффициент удлинения; коэффициент расширения

Dehnungskonstante *f* упругая постоянная

Dehnungsmesser *m* тензометр

Dehnungsmeßstreifen *m* тензорезистор

Dehnungsmessung *f* тензометрия, измерение (продольных) деформаций в твёрдых телах

Dehnungsmodul *m* модуль продольной упругости, модуль Юнга, модуль упругости при осевом растяжении — сжатии

Dehnungszahl *f*, **Dehnzahl** *f* коэффициент деформации (при осевом растяжении — сжатии), коэффициент удлинения, обратный модуль продольной упругости

Dehydratation *f*, **Dehydratisierung** *f* дегидратация

Dehydrierung *f* дегидрогенизация, дегидрирование

Dehydrierungsanlage *f* дегидратор

Dehydrogenisation *f* дегидрогенизация

Deich *m* вал; дамба

Dekade *f* декада

Dekadendechiffrator *m* декадный дешифратор

Dekadenwiderstand *m* декадный магазин сопротивлений

Dekadenzählröhre *f* декатрон

dekadisch десятичный

Dekaeder *n* десятигранник

Dekagon *n* десятиугольник

Dekagramm *n* декаграмм

Dekaliter *n* декалитр

Dekameter *n* декаметр

Dekantation *f* деканатция

Dekanter *m* деканатор

Dekapieren *n* декапирование, лёгкое травление

Dekarboxylierung *f* декарбоксилирование

Dekatieren *n текст.* декатировка

Dekatron *n* декатрон

Deklaration *f прогр.* описание; объявление

Deklination *f* 1. *астр.* склонение 2. магнитное склонение

~, **astronomische** астрономическое склонение, склонение светила

~, **magnetische** магнитное склонение

Deklinationskompaß *m* деклинатор

Deklinationskreis *m астр.* круг склонений (*светила*)

Deklinationsmesser *m* деклинатор

Dekoder *m* декодер

Dekoderschaltkreis *m* ИС декодера, интегральный декодер

Dekodiereinrichtung *f* декодирующее устройство

Dekodierer *m* декодер

Dekodierschaltung *f* декодирующее устройство, декодер

Dekodierung *f* декодирование

Dekompression *f* 1. декомпрессия 2. разгерметизация

DEKOMPRESSIONS...

Dekompressionseinrichtung *f* декомпрессионное устройство *(ДВС)*
Dekomprimierung *f* разуплотнение *(данных)*
Dekontamination *f* дезактивация; специальная обработка
Dekrement *n* 1. (логарифмический) декремент затухания 2. *вчт* декремент, декрементирование, уменьшение на 1
~, **logarithmisches** логарифмический декремент затухания
Dekrementierer *m вчт* декрементор, схема декремента
Dekrementierung *f вчт* декрементирование, уменьшение на 1
Dekrepitieren *n* декрепитация, растрескивание (*оболочки кристаллов при испарении газово-жидких включений*)
Dekupiersäge *f* 1. лобзик 2. лобзиковый станок
Delay-Flipflop *n* D-триггер, триггер D-типа
DELETE-Taste *f см.* DEL-Taste
Delta *n* дельта
Delta-Elektron *n* дельта-электрон
Deltaflügel *m* дельтовидное крыло
Deltafunktion *f*, **Deltafunktional** *n мат.* дельта-функция, дельта-функция Дирака, Δ-функция
Deltametall *n* дельта-металл
Deltamodulation *f* дельта-модуляция
Delta-Operator *m* дельта-оператор
Deltaschaltung *f эл.* соединение треугольником
DEL-Taste *f вчт* клавиша DEL, клавиша стирания
Deltastrahlen *pl* дельта-лучи
Deltatragfläche *f ав.* дельтовидное крыло
Demagnetisation *f* демагнетизация
Dematrix *f тлв* декодирующая матрица
Dematrizierung *f тлв* дематрицирование
Demo-Diskette *f вчт* демонстрационная дискета
Demodulation *f* демодуляция, детектирование
Demodulator *m* демодулятор
~, **phasenverketteter** синхронный детектор, демодулятор с фазовой синхронизацией
Demonstrationsgrafik *f вчт* демонстрационная графика
Demonstrationsprogramm *n* демонстрационная программа
Demontage *f* демонтаж; разборка
Demoprogramm *n см.* **Demonstrationsprogramm**
Demulgator *m* деэмульгатор

Demulgierung *f* деэмульгирование
Demultiplexen *n* демультиплексирование
Demultiplexer *m* демультиплексор, селектор
Denaturierung *f* денатурация
Dendriten *m pl* дендриты
dendritisch дендритный
Dendritstruktur *f* дендритная структура
Denier *n текст. уст.* денье (*единица линейной плотности волокон или нитей, равная 0,05г/450м; заменена тексом; см.* Tex)
Denitrieren *n* деазотирование
Denkmaschine *f* мыслящая машина
Denormalisierung *f* денормализация
Densitometer *n* денситометр
Densitometrie *f* денситометрия
Denudation *f* денудация
Deodorans *n* дезодорант
Deodorant-Spray *m* дезодорант в аэрозольной упаковке
Dephlegmation *f* дефлегмация
Dephlegmator *m* дефлегматор
Deplacement *n мор.* водоизмещение (*судна*)
Depletion-Betrieb *m элн* режим обеднения
Depletion-FET *m* МДП-транзистор с обеднением канала, МДП-транзистор (со встроенным каналом), работающий в режиме обеднения
Depletionlasttransistor *m* (МОП-)транзистор со встроенным каналом, используемым в качестве нагрузки; (МОП-)транзистор с глубокообеднённым слоем в качестве нагрузки, работающий в режиме обеднения
Depletion-MOSFET *m* МОП-транзистор с обеднением канала, МОП-транзистор (со встроенным каналом), работающий в режиме обеднения
Depolarisation *f* деполяризация
Depolarisator *m* деполяризатор
Depolymerisation *f* деполимеризация
Deponie *f* 1. свалка; площадка для хранения отходов и мусора; полигон для хранения отходов 2. место для захоронения радиоактивных отходов, могильник 3. хранение (*отходов*)
Depression *f* 1. *астр.* снижение (*звезды относительно горизонта*) 2. депрессия (горизонта), понижение видимой линии горизонта (*вследствие рефракции света в атмосфере*) 3. *физ., хим.* депрессия (*термодинамического параметра*) 4. понижение (*начальной точки шкалы, критической точки*) 5. (капиллярное) понижение, опускание жидко-

сти в капиллярах [в капиллярных сосудах] 6. депрессия, понижение (*уровня грунтовых вод*) 7. *метео* область пониженного давления 8. впадина, депрессия (*понижение земной поверхности, большей частью тектонического происхождения, напр. тектоническая впадина Мёртвого моря*)

Depressor *m* депрессатор

Derating *n англ.* снижение номинальных значений параметров (*при эксплуатации в условиях с повышенной температурой*); ухудшение характеристик (*под воздействием температуры окружающей среды*)

Derivat *n хим.* производное

Derivation *f* деривация

Derivator *m см.* **Differenziergerät**

Derivierte *f мат.* производная

Derrick *m*, **Derrick-Kran** *m* мачтовый кран, деррик-кран, деррик

Desaktivierung *f* 1. деактивирование, релаксация 2. потеря (*катализатором*) активных свойств (*вследствие старения или отравления*)

Desaminierung *f* дезаминирование

Deselektierung *f* деселектирование

Desensibilisator *m* десенсибилизатор

Desensibilisierung *f* десенсибилизация

Design *n* 1. художественное конструирование, дизайн 2. проектирование

Designer *m* дизайнер

Desintegration *f* дезинтеграция

Desintegrator *m* дезинтегратор

Deskriptor *m* дескриптор

Desktop-PC *m* настольная персональная ЭВМ, настольная ПЭВМ, настольный персональный компьютер

Desktop-Publishing *n англ.* организация книгоиздания на основе электронных издательских систем, электронное книгоиздание на базе персональных компьютеров

Desodorans *n* дезодорант

Desodoration *f* дезодорация

Desodorierungsmittel *n* дезодоратор

Desorption *f* десорбция

Desoxydation *f* раскисление, восстановление

Desoxydationsmittel *n* раскислитель, восстановитель

Desoxyribonukleinsäure *f биол.* дезоксирибонуклеиновая кислота, ДНК

Dessin *n* рисунок

Destillat *n* дистиллят, погон

Destillation *f* дистилляция, перегонка; разгонка
~, **azeotrope** азеотропная перегонка
~, **extraktive** экстрактивная дистилляция
~, **fraktionierende** фракционная [дробная] перегонка, фракционирование
~, **trockene** сухая перегонка

Destillationsanlage *f* дистилляционная установка

Destillationsblase *f* перегонный куб

Destillationsgerät *n* дистиллятор

Destillationsofen *m см.* **Destillierofen**

Destillationsprodukt *n* продукт перегонки; дистиллят, погон

Destillieranlage *f* дистилляционная установка

Destillierapparat *m* 1. дистилляционный аппарат; перегонный аппарат 2. опреснитель

Destillierkolben *m* перегонная колба

Destillierofen *m* дистилляционная печь

Destruktion *f* деструкция

Desulfierung *f* десульфурация

Detacheur *m* деташёр

Detachieren *n* удаление [выведение] пятен, пятновыведение

Detachiermittel *n* пятновыводитель

Detachierung *f см.* **Detachieren**

Detektor *m* детектор
~, **pyroelektrischer** пироэлектрический приёмник, пироприёмник (*ИК-излучения*)

Detergens *n* 1. моющее средство, детергент 2. *см.* **Detergentzusatz**

Detergentzusatz *m* моющая присадка (*к маслам*)

Determinante *f мат.* определитель детерминант

Detonation *f* детонация; взрыв

Detonationswelle *f* взрывная волна

Detonationswert *m* тротиловый эквивалент (*характеристика взрывного действия ядерного оружия*)

Deuterium *n* дейтерий, D, ^{2}H (*тяжёлый водород, стабильный изотоп водорода с массовым числом 2*)

Deuteron *n физ.* дейтрон, ^{2}H, D, d (*стабильное ядро дейтерия*)

Deutung *f* интерпретация; смысл

Deviation *f* девиация

Deviationsmoment *n* центробежный момент инерции

Devon *геол.* девон, девонский период; девон, девонская система

Dewar-Gefäß *n* сосуд Дьюара, дьюар

DEXTRINLEIM

Dextrinleim *m* декстриновый клей
Dextrose *f* декстроза
Dezentralisierung *f* децентрализация
Dezibel *n* децибел, дБ
Dezigramm *n* дециграмм
dezimal десятичный
Dezimal-Binär-Umsetzer *m* преобразователь десятичного кода в двоичный
Dezimal-Binär-Umwandlung *f* преобразование десятичного кода в двоичный
Dezimalbruch *m* десятичная дробь
~, **unendlicher** бесконечная десятичная дробь
Dezimaldarstellung *f* десятичное представление, представление в десятичном коде
Dezimal-Dual-Umsetzer *m см.* Dezimal-Binär-Umsetzer
Dezimalklassifikation *f* универсальная десятичная классификация, УДК
Dezimalkode *m* десятичный код
Dezimalkorrektur *f вчт* десятичная коррекция
Dezimalschreibweise *f* представление в десятичной системе (счисления)
Dezimalstelle *f мат., вчт* десятичный разряд
Dezimalsystem *n* десятичная система счисления
Dezimalübertrag *m* десятичный перенос
Dezimalzahl *f* десятичное число
Dezimalzähler *m* декадный счётчик
Dezimeter *n* дециметр
Dezimeterwellen *pl* дециметровые волны
Dezimeterwellenrelaisstrecke *f*, **Dezi-Strecke** *f* радиорелейная линия [РРЛ] дециметрового диапазона
D-Flipflop *n* D-триггер, триггер D-типа
3D-Grafik *f* трёхмерная графика
D-Glied *n см.* Differenzierglied
Dia *n* диапозитив; слайд
Diabas *m геол.* диабаз
Diac *m* диак, симметричный диодный тиристор
Diagnosemeldung *f*, **Diagnosemitteilung** *f вчт* диагностическое сообщение (об ошибке)
Diagnoseprogramm *n* диагностическая программа
Diagnoseprozessor *m* диагностический процессор
Diagnosetest *m* диагностический тест
Diagnoseverfahren *n* 1. метод диагностики 2. диагностическая процедура
diagonal диагональный
Diagonale *f* 1. *мат.* диагональ 2. *стр.* раскос
Diagonalmatrix *f* диагональная матрица
Diagonalstrebe *f* раскос
Diagonalturbine *f* диагональная (гидравлическая) турбина
Diagramm *n* диаграмма; график
Diagrammpapier *n* диаграммная бумага
Dialogbetrieb *m вчт* диалоговый режим; работа в диалоговом режиме
Dialogbox *f* диалоговое окно (*на экране дисплея*)
Dialogmaske *f* диалоговая маска
Dialogprogramm *n* диалоговая [интерактивная] программа
Dialogprogrammierung *f* диалоговое программирование, программирование в диалоговом режиме
Dialogsystem *n* диалоговая [интерактивная] система; диалоговая надстройка (*над ОС*)
Dialogterminal *n* диалоговый [интерактивный] терминал
Dialogtesthilfe *f* диалоговый отладчик
Dialogverarbeitung *f* диалоговая обработка запросов
Dialogverarbeitungssystem *n* диалоговая система обработки запросов
3D-IC *n* трёхмерная ИС
Dialysator *m* диализатор
Dialyse *f* диализ
Diamagnetikum *n* диамагнетик
diamagnetisch диамагнитный
Diamagnetismus *m* диамагнетизм
Diamant *m* алмаз
Diamantbohrer *m* алмазный бур
Diamantbohrwerk *n* алмазно-расточный станок
Diamantgitter *n* кристаллическая решётка (типа) алмаза
Diamantgitterstruktur *f* алмазоподобная решётка, кристаллическая решётка (типа) алмаза
Diamantkörnung *f* алмазное зерно; алмазная крошка
Diamantkrone *f* алмазная буровая коронка
Diamantpulver *n* алмазный порошок
Diamantpyramide *f* алмазная пирамида (*для определения твёрдости*)
Diamantritzen *n* алмазное скрайбирование
Diamantritzer *m*, **Diamantritzwerkzeug** *n* алмазный скрайбер
Diamantrolle *f* алмазный ролик
Diamantschleifscheibe *f* алмазный круг
Diamantstahl *m* алмазная сталь
Diamantwerkzeug *n* 1. алмазный инструмент 2. алмазный резец

DICKSCHICHTSCHALTKREIS

Diametralebene *f* диаметральная плоскость
Diametralteilung *f* питч, диаметральный шаг (*зубчатого зацепления*)
Diaphragma *n* диафрагма
Diapositiv *n* диапозитив; слайд
Diaprojektion *f* диапроекция, диаскопическая проекция
Diaprojektor *m* диапроектор, диаскопический проектор
Diaskop *n* 1. диаскоп 2. *см.* Diaprojektor
Diäthyläther *m* этиловый [диэтиловый] эфир, эфир, $C_2H_5OC_2H_5$
Diäthylenglykol *n* диэтиленгликоль, $HOCH_2CH_2OCH_2CH_2OH$
Diatomeen *pl* диатомовые водоросли, диатомеи
Diatomeenerde *f* диатомовая земля, кизельгур
Diatomeenschlamm *m* диатомовый ил
Diatomit *m* диатомит
Diazetat *n* диацетат
Diazetatfaser *f* ацетатное [диацетатное] волокно
Diazotierung *f* диазотирование
Diazotypie *f* 1. диазотипия 2. (диазотипная) светокопия
Diazotypie-Verfahren *n* (диазотипное) светокопирование, диазокопирование
Diazoverbindungen *f pl* диазосоединения
Dibbelmaschine *f с.-х.* гнездовая сеялка
Dichloräthan *n* дихлорэтан, $ClCH_2-CH_2Cl$
Dichroismus *m* дихроизм
Dichromate *n pl* дихроматы, бихроматы
dicht 1. плотный 2. плотный; непроницаемый; герметичный 3. плотный; массивный
Dichte *f* 1. плотность 2. непроницаемость, герметичность 3. густота 4. *физ.* плотность, концентрация (*напр. носителей заряда*)
~ der Oberflächenzustände плотность поверхностных состояний
~ der Zwischenschichtzustände плотность состояний на поверхностях раздела
Dichtefunktion *f мат.* плотность вероятности
Dichtegefälle *n*, **Dichtegradient** *m* градиент концентрации (*носителей заряда*)
Dichtelement *n* уплотнительный элемент
Dichtematrix *f мат.* матрица плотности
Dichtemesser *m* 1. *опт.* денситометр 2. плотномер
Dichtepunkt *m мат.* точка плотности
Dichteüberschuß *m* избыточная концентрация
Dichtfläche *f* уплотнительная поверхность

Dichtheit *f*, **Dichtigkeit** *f* непроницаемость; герметичность
Dichtigkeitsprüfung *f* испытание на непроницаемость
Dichtmasse *f см.* Dichtungsmasse
Dichtring *m* уплотнительное кольцо
Dichtscheibe *f* уплотнительная шайба
Dichtstoff *m см.* Dichtungsmasse
Dichtung *f* 1. *маш.* уплотнение; уплотнительная прокладка; набивка 2. *стр.* (гидро)изоляция; уплотнение, уплотнитель
~ , berührungsfreie бесконтактное уплотнение
Dichtungsanstrich *m* обмазочная гидроизоляция
Dichtungsfläche *f* уплотнительная поверхность
Dichtungsmasse *f* герметизирующий состав, герметик
Dichtungsmaterial *n* уплотнительный материал; набивочный материал
Dichtungsmittel *n* герметик
Dichtungsring *m* уплотнительное кольцо; прокладочное кольцо
Dichtungsscheibe *f* уплотнительная шайба
Dichtungsschleier *m гидр.* противофильтрационная завеса
Dichtungsschnur *f* уплотнительный [набивочный] шнур
Dichtungsschürze *f* противофильтрационная завеса, понур
Dichtungsstoff *m стр.* гидроизоляционный материал
Dicke *f* толщина
Dickenhobelmaschine *f* рейсмусный станок
Dickenmesser *m* толщиномер
Dickfilmtechnik *f* толстоплёночная технология
dickflüssig вязкотекучий, густотекучий; консистентный
Dicköl *n* (льняное) полимеризованное масло, штандоль
Dickschaft *f маш.* нормальный стержень (*стержень, диаметр которого равен номинальному диаметру резьбы*)
Dickschichtelektronik *f* толстоплёночная электроника
Dickschichthybridschaltkreis *m* толстоплёночная гибридная ИС, толстоплёночная ГИС
Dickschicht-Hybridtechnik *f* технология толстоплёночных ГИС
Dickschicht-IS *f* толстоплёночная ИС
Dickschichtschaltkreis *m*, **Dickschichtschaltung** *f* толстоплёночная (интегральная) микросхе-

DICKSCHICHTTECHNIK

ма, толстоплёночная ИС; толстоплёночная ГИС
Dickschichttechnik *f* толстоплёночная технология
Dickspülung *f* глинистый (промывочный) раствор
dickwandig толстостенный
Dickwerden *n* загустевание
Dieder *n* диэдр
Diederwinkel *m* двугранный угол
Diele *f* половица, доска настила; настил
Dielektrikum *n* диэлектрик
dielektrisch диэлектрический
Dielektrizitätskonstante *f* диэлектрическая проницаемость
~, **absolute** абсолютная диэлектрическая проницаемость
~, **relative** относительная диэлектрическая проницаемость
~ **des Vakuums** диэлектрическая проницаемость вакуума, электрическая постоянная
Diene *n pl* диеновые углеводороды, диены
Dienst *m* служба
~, **hydrometeorologischer** гидрометеорологическая служба
~, **meteorologischer** метеорологическая служба, служба погоды
Diensteintegration *f* интеграция служб (*в сетях связи, сетях передачи данных*)
Dienstgeschwindigkeit *f* *мор.* эксплуатационная скорость (*судна*)
Dienstgipfelhöhe *f* *ав.* практический потолок (*напр. самолёта*); максимальная рабочая высота
Dienstprogramm *n*, **Dienstroutine** *f* сервисная программа; утилита, автономная сервисная программа
Dieselaggregat *n* дизельный агрегат
Dieselameise *f* малогабаритная дизельная тележка
Dieseleinspritzpumpe *f* топливный насос высокого давления (дизеля), ТНВД
Dieselelektrolok *f* тепловоз с электрической передачей
Dieselelektroschiff *n* дизель-электроход
Dieselgenerator *m* дизель-генератор
Dieselkarren *m* дизельный автокар; многоцелевой дизельный автокар с закрытой кабиной
Dieselkraftstoff *m* дизельное топливо
Dieselkraftwerk *n* дизельная электростанция
Diesellok *f* 1. тепловоз 2. *горн.* дизелевоз

Diesellokomotive *f* тепловоз
Dieselmotor *m* дизель, двигатель (внутреннего сгорания) [ДВС] с воспламенением от сжатия
~ **mit indirekter Einspritzung** дизель с разделённой камерой сгорания
~ **mit Lufteinblasung** компрессорный дизель
Dieselmotorenöl *n* дизельное масло
Dieselöl *n* 1. *см.* **Dieselmotorenöl** 2. дизельное топливо; дистиллятное маловязкое дизельное топливо, газойлевые фракции нефти
Dieselramme *f* дизель-трамбовка
Dieselsatz *m* дизельный агрегат
Dieseltraktion *f см.* **Dieselzugförderung**
Dieseltriebfahrzeuge *pl* дизельный тяговый подвижной состав
Dieseltriebwagen *m* дизель-вагон, автомотриса (с ДВС дизельного типа)
Dieseltriebzug *m* дизельный поезд, дизель-поезд
Dieselverdichter *m* дизель-компрессор
Dieselzugförderung *f* ж.-д. тепловозная [дизельная] тяга
Differential *n* 1. *мат.* дифференциал 2. *авто* дифференциал, дифференциальный механизм
~ **mit begrenztem Schlupf** дифференциал повышенного трения
~, **selbstsperrendes** самоблокирующийся дифференциал
Differentialanalysator *m* дифференциальный анализатор
Differentialausdruck *m* дифференциальное выражение
Differentialbremse *f* дифференциальный тормоз
Differentialgehäuse *авто* коробка дифференциала
Differentialgeometrie *f* дифференциальная геометрия
Differentialgetriebe *n* 1. *авто* дифференциал, дифференциальный механизм 2. *маш.* дифференциальный механизм
Differentialgleichung *f* дифференциальное уравнение
~, **Laplacesche** уравнение Лапласа
Differentialglied *n см.* **Differenzierglied**
Differentialkolbenpumpe *f* дифференциальный насос
Differentialmanometer *n* дифманометр, дифференциальный манометр

DIFFUSIONSGLEICHGEWICHT

Differentialmethode *f* дифференциальный метод

Differentialoperator *m* дифференциальный оператор

Differentialquotient *m* *мат.* производная

Differentialrechnung *f* дифференциальное исчисление

Differentialschaltung *f* дифференциальная схема

Differentialschraube *f* дифференциальный винт

Differentialschutz *m* *эл.* дифференциальная защита; схема дифференциальной защиты

Differentialsperre *f* *авто* механизм блокировки [блокировка] дифференциала

Differentialtransformator *m* дифференциальный трансформатор

~, **linearer** дифференциальный трансформатор с линейной характеристикой

Differentialverfahren *n* дифференциальный метод

Differentialverstärker *m* дифференциальный усилитель, ДУ

Differentialwandler *m* *авто* гидротрансформатор дифференциальной гидромеханической передачи

Differentialwandlergetriebe *n* *авто* дифференциальная гидромеханическая передача, гидромеханическая передача с разделением потока мощности; комбинированная коробка передач (*конструктивное объединение гидротрансформатора и обычной ступенчатой коробки передач*)

Differentiation *f* 1. *мат.* дифференцирование 2. *геол.* дифференциация

Differentiationskreis *m* дифференцирующая цепь

Differentiator *m* дифференциатор, дифференцирующее устройство

Differenz *f* 1. разность 2. приращение

Differenzdruckmesser *m* дифференциальный манометр, дифманометр

Differenzeingang *m* дифференциальный вход

Differenzengleichung *f* уравнение в конечных разностях, разностное уравнение

Differenzenquotient *m* разностное отношение

Differenzenrechnung *f* исчисление конечных разностей

Differenzenverfahren *n* метод сеток; метод конечных разностей, разностный метод

differenzierbar дифференцируемый

Differenzierbarkeit *f* дифференцируемость

Differenziereinrichtung *f* дифференцирующее устройство

Differenzierer *m* дифференциатор

Differenziergerät *n* дифференцирующее устройство, дифференциатор

Differenzierglied *n* *автм* дифференцирующее звено, Д-звено; дифференциатор

Differenzierkette *f* дифференцирующая цепь

Differenzierung *f* дифференцирование

Differenzierverstärker *m* дифференцирующий усилитель

Differenzmenge *f* разность множеств

Differenzsignal *n* дифференциальный [разностный] сигнал

Differenzton *m* разностный тон, тон биений

Differenzträgerverfahren *n* *тлв* метод одноканального приёма звукового сопровождения

Differenzverstärker *m* дифференциальный усилитель, ДУ

Differenzwandler *m* дифференциальный преобразователь

Diffraktion *f* дифракция

Diffraktionsgitter *n* дифракционная решётка

Diffraktionsspektrum *n* дифракционный спектр

diffus 1. диффузный, рассеянный 2. размытый, нерезкий

Diffusant *m* диффузант

Diffuseur *m* диффузор

Diffusion *f* диффузия

~ **aus der festen Phase** диффузия из твёрдой фазы

~ **aus der Gasphase** диффузия из газовой фазы

~, **selektive** избирательная [селективная] диффузия

Diffusionsanteil *m* диффузионная составляющая

Diffusionsapparat *m* диффузионный аппарат

Diffusionsbarriere *f* диффузионный барьер

Diffusionsbatterie *f* диффузионная батарея

Diffusionsbereich *m* диффузионная область

Diffusionsdefekt *m* диффузионный дефект

Diffusionsdotierung *f* диффузионное легирование

Diffusionsfenster *n* окно для проведения диффузии

Diffusionsgas *n* газ — носитель диффузанта

Diffusionsgeschwindigkeit *f* скорость диффузии

Diffusionsgleichgewicht *n* диффузионное равновесие

Diffusionsgleichung f уравнение диффузии
Diffusionskammer f диффузионная камера
Diffusionskanal m диффузионный канал
Diffusionskapazität f диффузионная ёмкость
Diffusionskoeffizient m коэффициент диффузии
Diffusionskonstante f коэффициент диффузии
Diffusionskopierverfahren n *фото* диффузионный процесс, копирование с диффузионным переносом
Diffusionslänge f диффузионная длина
Diffusionslegierungstechnik f диффузионно-сплавная технология
Diffusionslegierungstransistor m диффузионно-сплавной транзистор
Diffusionsleitwert m диффузионная проводимость
Diffusionsmetallisierung f диффузионная металлизация
Diffusionsofen m диффузионная печь
Diffusionspotential n диффузионный потенциал
Diffusionsprofil n диффузионный профиль, профиль распределения (концентрации) примеси при диффузии
Diffusionsprozeß m диффузионный процесс, процесс диффузии
Diffusionspumpe f диффузионный насос
Diffusionsquelle f источник диффузанта
Diffusionsschicht f диффузионный слой
Diffusionsschweißen n диффузионная сварка
Diffusionsspannung f диффузионный [контактный] потенциал
Diffusionsstoff m диффузант
Diffusionsstrom m диффузионный ток, ток диффузии
Diffusionsstromdichte f плотность диффузионного тока
Diffusionstechnik f диффузионная технология
Diffusionstiefe f глубина диффузии
Diffusionstransistor m 1. диффузионный транзистор (*биполярный транзистор, изготовленный методом диффузии*) 2. бездрейфовый транзистор (*биполярный транзистор, в базе которого отсутствует электрическое поле и перенос носителей через область базы происходит за счет диффузии*)
Diffusionstrennverfahren n 1. диффузионный метод разделения (*напр. газовых или жидких смесей*) 2. (газо)диффузионный метод разделения изотопов (*напр. урана*)

Diffusionsübergang m диффузионный переход
Diffusionsüberzug m диффузионное покрытие
Diffusionsverfahren n 1. метод диффузии, диффузионная технология; диффузионный метод (*легирования*) 2. диффузионный (фотографический) процесс, фотографический процесс с диффузионным переносом изображения
Diffusionsweglänge f диффузионная длина
~, **mittlere freie** средняя диффузионная длина
Diffusor m диффузор
~, **schaufelloser** безлопаточный диффузор
Digerieren n обработка горячим растворителем (*напр. кислотой*); выщелачивание
Digit n двоичный разряд; разрядная цифра
digital цифровой
Digital-Analog-Umsetzer m *см.* **Digital-Analog-Wandler**
Digital-Analog-Umsetzung f цифро-аналоговое преобразование
Digital-Analog-Wandler m цифро-аналоговый преобразователь, ЦАП
~, **direkter** ЦАП с непосредственным преобразованием
Digitalanzeige f 1. цифровая индикация; цифровой отсчёт 2. цифровой индикатор
Digitalausgabe f 1. цифровой вывод, вывод в цифровой форме 2. устройство цифрового вывода
Digitalbaustein m цифровой модуль
Digitaldaten pl цифровые данные
Digitaleingabe f 1. цифровой ввод, ввод в цифровой форме 2. устройство цифрового ввода
Digitaleingang m цифровой вход
Digitalgrafik f 1. цифровая (машинная) графика 2. средства цифровой графики, цифровые графические средства 3. цифровая система автоматизированного построения графических изображений
Digitalgröße f цифровая величина
Digital-IC n цифровая ИС
Digitalisiergerät n кодировщик графической информации (*напр. для систем автоматизированного проектирования*); кодирующий преобразователь; цифратор; дискретизатор
~, **automatisches** автокодировщик
Digitalisierstift m планшетный карандаш, планшетный указатель координат карандашного типа
Digitalisiertablett n кодирующий планшет, планшет-преобразователь

~, **druckempfindliches** сенсорный кодирующий планшет, кодирующий планшет, чувствительный к давлению пера
Digitalisierung f преобразование в цифровую форму; оцифровка; дискретизация; кодирование графической информации (*напр. в системах автоматизированного проектирования*)
Digitalisierungsgerät n *см.* **Digitalisiergerät**
Digitalisierungsrate f частота дискретизации
Digitalisierungszeit f период дискретизации; период квантования
Digitalkassette f (магнитофонная) кассета для цифровой записи
Digitalkomparator m цифровой компаратор
Digitalkoppler m цифровой элемент связи
Digitalmasse f *элн* цифровая земля
Digitalmultimeter n цифровой мультиметр
Digitalnetz n цифровая сеть (передачи данных)
~, **diensteintegrierendes** цифровая сеть с интеграцией служб, ЦСИС, цифровая сеть интегрального обслуживания
Digitaloszilloskop n цифровой осциллограф
Digitalplattenspieler m проигрыватель компакт-дисков
Digitalprozessor m цифровой процессор
Digitalrechner m цифровая вычислительная машина, ЦВМ
Digitalschallplatte f компакт-диск
Digitalschaltkreis m, **Digitalschaltung** f цифровая (интегральная) микросхема, цифровая ИС
Digitaltechnik f цифровая техника
Digitaluhr f 1. электронные часы с цифровым отсчётом 2. цифровой датчик времени
Digitausgang m разрядный выход
Digitizer m *см.* **Digitalisiergerät**
Digitleitung f разрядная шина
Digitsignal n разрядный сигнал
Digittreiber m разрядный формирователь
Digitwiderstand m разрядный резистор
Diktiergerät n диктофон
Dilatation 1. удлинение; расширение; дилатация 2. *физ.* замедление, замедление течения времени (*релятивистский эффект*)
Dilatometer n дилатометр
Dilatometrie f дилатометрия
DIL-Gehäuse n *см.* **DIP-Gehäuse**
DIL-Schalter m *см.* **DIP-Schalter**
Dimension f 1. *мат.* размерность (*напр. пространства*) 2. размерность (*физической величины*) 3. *физ.* измерение (*характеристика пространства*) 4. размер
Dimensionierung f 1. назначение размеров; выбор размеров; определение параметров 2. размеры; параметры
Dimensionsanalyse f *физ.* анализ размерностей; метод (анализа) размерностей
Dimensionsexponent m *физ.* показатель степени размерности
dimensionslos безразмерный (*о физической величине*)
Dimensionssystem n *физ.* система размерностей
Dimer n димер
Dimerisierung f димеризация
Dimethylformamid n диметилформамид, $(CH_3)_2NCHO$
Dimethylketon n ацетон, $CH_3-CO-CH_3$
Dimethylsulfat n диметилсульфат, диметиловый эфир серной кислоты, $(CH_3)_2SO_4$
Dimethylsulfoxid n диметилсульфоксид, $(CH_3)_2SO$
Dimmer m регулятор света (*ламп накаливания*)
Dimorphie f диморфизм
Dinasstein m динас (*огнеупор*)
Dingebene f *опт.* предметная плоскость
Dingpunkt m *опт.* точка предмета
Dingweite f *опт.* расстояние от передней главной точки до осевой точки предмета
Diode f диод
~, **lichtemittierende** светоизлучающий диод, светодиод
~, **steuerbare** управляемый диод
~, **unipolare** полевой диод
Diodenbegrenzer m диодный ограничитель
Diodendurchlaßstrom m прямой ток диода, ток диода в прямом направлении
Diodengleichrichter m диодный выпрямитель
Diodenkennlinie f диодная характеристика
Diodenlogik f диодная логика, диодные логические схема
Diodenmatrix f диодная матрица
Diodenoptokoppler m, **Diodenoptron** n диодная оптопара
Diodenrauschen n шум(ы) диода
Diodensättigungsstrom m ток насыщения диода
Diodensperrstrom m обратный ток диода, ток диода в обратном направлении

Diodenstrom *m* ток диода
Diodenthyristor *m* диодный тиристор, динистор
Dioden-Transistor-Logik *f* диодно-транзисторная логика, ДТЛ
Diodenvorspannung *f* напряжение смещения диода
Dioden-Widerstandslogik *f* диодно-резисторная логика, ДРЛ
Dioden-Widerstandsnetzwerk *n* диодно-резисторная матрица
Diolefine *n pl см.* Diene
Diopter *m* диоптр
Dioptrie *f* диоптрия, дптр
Dioptrik *f* диоптрика
Diorit *m* диорит
Dioxid *n* диоксид, двуокись
DIP-Gehäuse [Dual-In-line Package-...] *n* (плоский) корпус *(ИС)* с двухрядным расположением выводов, DIP-корпус, ДИП-корпус
Diphenyl *n* дифенил, $(C_6H_5)_2$
Diphenylamin *n* дифениламин, $C_6H_5-NH-C_6H_5$
Dipol *m* 1. (симметричный) вибратор *(антенна, антенный элемент)* 2. *физ.* диполь
~, **gefalteter** петлевой симметричный вибратор
Dipoldomäne *f* дипольный домен
Dipolladung *f* дипольный заряд
Dipolmoment *n* дипольный момент, момент диполя
Dippelsöl *n* костяное масло
DIP-Schalter *m* переключатель в ДИП-корпусе, ДИП-переключатель
Dirac-Gleichung *f физ.* уравнение Дирака
Directory *n, f вчт* каталог; справочник; директорий, директория; оглавление *(файла, дискеты, базы данных)*
~, **aktuelles** текущий каталог; текущий справочник
Direktadresse *f вчт* прямой адрес
Direktadressierung *f вчт* прямая адресация
Direktbelichtung *f* непосредственное экспонирование, экспонирование непосредственно на пластине
Direktdampf *m* острый пар
Direkteinspritzmotor *m* двигатель с непосредственным впрыскиванием топлива
Direkteinspritzung *f* непосредственное впрыскивание, непосредственный впрыск *(топлива)*
Direkteinspritzverfahren *n* способ смесеобразования с непосредственным впрыскиванием топлива *(напр. в неразделенную камеру сгорания дизеля)*
Direktfarbstoffe *m pl* прямые [субстантивные] красители
Direktionskraft *f* 1. восстанавливающая сила; стабилизирующая сила 2. противодействующая сила *(в измерительных приборах)*
Direktionsmoment *n* 1. восстанавливающий момент; стабилизирующий момент 2. противодействующий момент *(в измерительных приборах)*
Direktkode *m* прямой код
Direktkopplung *f* прямая связь
Direktmessungen *f pl* прямые измерения
Direktoperand *m вчт* непосредственный операнд, операнд, указываемый (непосредственно) в команде
Direktoperandenadressierung *f вчт* непосредственная адресация
Direktor *m* директор, направляющий диполь
Direktpositivverfahren *n фото* прямой процесс обращения, фотографическое обращение с одним проявлением
Direktprogrammierung *f* программирование непосредственно у действующего оборудования
Direktrix *f мат.* директриса
Direktsprung *m* прямой переход
Direktzugriff *m вчт* прямой доступ; прямой произвольный доступ; произвольная выборка
Direktzugriffsdatei *f вчт* файл с произвольной выборкой
Direktzugriffsmethode *f вчт* метод прямого доступа *(к памяти)*; произвольная выборка
Direktzugriffsspeicher *m вчт* память [ЗУ] с прямым доступом; память [ЗУ] с произвольной выборкой
Disassembler *m прогр.* обратный ассемблер, дизассемблер
Dischwefeldichlorid *n* хлорид серы(I), хлористая сера, дихлорид дисеры, S_2Cl_2
Disjunktion *f* дизъюнкция, логическое сложение; операция ИЛИ
Disjunktionsglied *n* (логический) элемент ИЛИ
Disk *f* диск
Disk-Cache *n вчт* кэш [кэш-память] диска, кэш-буфер дисковых данных, кэш-буфер системы ввода-вывода
Disk-Caching *n вчт* кэширование диска
Diskette *f вчт* дискета, гибкий магнитный диск

~, **kopiergeschützte** дискета, защищённая от копирования, защищённая дискета
~, **magnetooptische** магнитооптический диск
Diskettendatei *f*, **Diskettenfile** *n вчт* файл на (гибком) диске, дисковый файл
Diskettenhülle *f вчт* (защитный) конверт (для) гибкого магнитного диска
Disketteninhaltsverzeichnis *n вчт* оглавление дискеты, каталог диска [дисковых файлов]
Diskettenkontroller *m вчт* контроллер накопителя на гибком магнитном диске, НГМД-контроллер
Diskettenlaufwerk *n вчт* дисковод для гибких (магнитных) дисков, флоппи-дисковод; накопитель на гибком магнитном диске, НГМД
Diskettenspeicher *m вчт* память [ЗУ] на гибких магнитных дисках; накопитель на гибком магнитном диске, НГМД
Diskettenspeicheremulator *m* эмулятор диска, виртуальный диск; электронный (квази)диск, квазидиск
Diskettenstation *f вчт* накопитель на гибком магнитном диске, НГМД
diskontinuierlich 1. *мат.* разрывный; прерывный (*напр. о множестве*) 2. *физ.* дискретный, прерывный
Diskontinuität *f* 1. *мат.* разрывность; прерывность 2. *физ.* дискретность, прерывность 3. *геол.* раздел 4. *эл.* неоднородность (*линии*)
Diskontinuitätsfläche *f* 1. *мат.* поверхность разрыва (непрерывности) 2. *геол.* поверхность раздела
Diskontinuum *n физ.* дисконтинуум
diskordant несогласный
Diskordanz *f геол.* несогласие; несогласное залегание
diskret дискретный
Diskriminante *f мат.* дискриминант
Diskriminator *m элн* дискриминатор
Dislokation *f геол.* дислокация
~, **disjunktive** [**distraktive**] разрывная дислокация, разрывные нарушения
~, **kompressive** дислокация сжатия, нарушения залегания горных пород, вызванные движениями в условиях сжатия
Dismutation *f* диспропорционирование
Dispatcher *m* диспетчер
~, **automatischer** автодиспетчер
Dispatcherdienst *m* диспетчерская служба
Dispatcherleitstelle *f* диспетчерский пункт
Dispatcherleitung *f* диспетчерское управление

Dispatcherschalttafel *f* диспетчерский щит
Dispatcherstelle *f* диспетчерский пункт
Dispatchersystem *n* система диспетчерского управления
Dispatcherterminal *n* диспетческий терминал, терминал оперативного управления (*производством*)
Dispatcherturm *m ав.* командно-диспетчерский пункт, КДП
Dispatchervermittlung *f* диспетчерский коммутатор
Dispatcherzentrale *f* центральный диспетчерский пункт
Dispatching *n* оперативное управление (*производством*)
Dispergator *m* диспергатор
Dispergiermittel *n* диспергатор
Dispergierung *f* диспергирование
dispers дисперсный
Dispersion *f* 1. *хим.* дисперсия 2. *физ.* дисперсия (*волн, света*) 3. *мат.* дисперсия
Dispersionsanalyse *f* дисперсионный анализ
Dispersionsfarben *f pl* дисперсионные краски
Dispersionsfarbstoffe *m pl* дисперсные красители
Dispersionsfilter *n* дисперсионный светофильтр
Dispersionsgebiet *n* область дисперсии
Dispersionsgesetz *n* закон дисперсии
Dispersionsgrad *m* дисперсность
Dispersionshärtung *f* дисперсионное упрочнение (*порошковых материалов*)
Dispersionsklebstoff *m* дисперсионный клей
Dispersionskräfte *f pl* дисперсионные силы
Dispersionslinse *f* рассеивающая линза
Dispersionsmatrix *f* матрица рассеяния
Dispersionsmittel *n* дисперсионная среда
Dispersionsprisma *n* спектральная [дисперсионная] призма
Dispersität *f* дисперсность
Displacement *n англ.* смещение
Display *n* дисплей
~, **alphanumerisches** алфавитно-цифровой [символьный] дисплей
~, **grafisches** графический дисплей
~, **vollpunktadressierbares** полноадресуемый дисплей, дисплей с поточечной адресацией
Displaydatei *f*, **Displayfile** *n*, **Displayliste** *f* дисплейный файл (*файл графических команд*)
Displaylogik *f* блок логики дисплея
Display-RAM *m* буферное ОЗУ дисплея, буфер дисплея, буфер регенерации

DISPLAYSTEUERUNG

Displaysteuerung *f* контроллер дисплея, видеоконтроллер
Display-Treiber *m* драйвер дисплея
Disproportionierung *f* диспропорционирование
Dissektorröhre *f* *тлв* диссектор
Dissipation *f* диссипация
Dissipationsfunktion *f* диссипативная функция, функция рассеяния
Dissipationssphäre *f* сфера рассеяния, экзосфера
Dissoziation *f* диссоциация
~, **elektrolytische** электролитическая диссоциация
Dissoziationsgleichung *f* уравнение диссоциации
Dissoziationsgrad *m* степень диссоциации
Dissoziationskonstante *f* константа диссоциации
Dissoziationswärme *f* теплота диссоциации
Distanz *f* дистанция, расстояние, дальность
Distanzlatte *f* *геод.* дальномерная рейка
Distanzpfahl *m* *ж.-д.* предельный столбик
Distanzring *m* распорное кольцо
Distorsion *f* *опт.* дисторсия
Distributionsdiskette *f* *вчт* дистрибутивная дискета
distributiv дистрибутивный; распределительный
Distributivgesetz *n* *мат.* распределительный закон
Divakanz *f* *физ., крист.* парная вакансия, дивакансия
divergent расходящийся
Divergenz *f* 1. *мат.* расходимость (*ряда*) 2. *мат.* дивергенция (*векторного поля*) 3. дивергенция; расхождение 4. раствор, расширение (*реактивного сопла*); угол раствора (*реактивного сопла*)
Divergenzwinkel *m* угол расхождения
Diversityempfang *m* *рад.* приём на разнесённые антенны
Dividend *m* *мат.* делимое
Dividieren *n* деление
Dividierer *m* блок деления, аналоговый делитель
Divinyl *n* дивинил, бутадиен
Division *f* 1. деление 2. операция деления (*в реляционной алгебре*) 3. раздел
Divisionsalgorithmus *m* алгоритм деления
Divisionszeichen *n* знак деления
Divisor *m* 1. делитель 2. дивизор

Dizyan *n* циан, дициан, NC—CN
D-Latch *m* D-защёлка, защёлка с D-триггером
DLT [Depletion Load Transistor] *m* транзистор с обеднённой нагрузкой (*см. тж* Depletionlasttransistor)
DMA [Direct Memory Access] *m* прямой доступ к памяти, ПДП
DMA-Anforderung *f* запрос прямого доступа к памяти, запрос ПДП
DMA-Anforderungssignal *n* сигнал запроса прямого доступа к памяти, сигнал ЗПДП
DMA-Baustein *m* устройство прямого доступа к памяти; контроллер прямого доступа к памяти, контроллер ПДП; микросхема КПДП
DMA-Betrieb *m* режим [работа в режиме] прямого доступа к памяти, режим ПДП
DMA-Bus *m* шина прямого доступа к памяти, шина ПДП
DMA-Controller *m* контроллер прямого доступа к памяти, контроллер ПДП
DMA-Freigabe *f* разрешение прямого доступа к памяти, разрешение ПДП; сигнал разрешения прямого доступа к памяти, сигнал разрешения ПДП, сигнал РПДП
DMA-Kanal *m* канал прямого доступа к памяти, канал ПДП
DMA-Modul *m* устройство прямого доступа к памяти; контроллер прямого доступа к памяти, контроллер ПДП
DMA-Schaltkreis *m*, **DMA-Schaltung** *f* контроллер прямого доступа к памяти, контроллер ПДП; микросхема КПДП
DMA-Steuereinheit *f* контроллер прямого доступа к памяти, контроллер ПДП
DMA-Steuerung *f* 1. управление прямым доступом к памяти, управление ПДП 2. контроллер прямого доступа к памяти, контроллер ПДП
DMA-System *n* система прямого доступа к памяти, система ПДП
DMA-Zugriff *m* прямой доступ к памяти, ПДП
DMA-Zyklus *m* цикл прямого доступа к памяти, цикл ПДП
DME [Distance Measuring Equipment] *n* *ав.* (радио)дальномер; установка дальномерного оборудования
DME-Station *f* *ав.* (радио)дальномерная станция, станция дальномерного оборудования
DMIS [Double MIS] *f* 1. двухдиффузионная МДП-структура, ДМДП-структура 2. техно-

логия (получения) двухдиффузионных МДП-структур, ДМДП-технология
3D-Modell *n* трёхмерная модель, модель трёхмерного объекта (*в машинной графике*)
D-MOS *f* двухдиффузионная МОП-структура, ДМОП-структура
DMOS-Schaltkreis *m* ИС на двухдиффузионных МОП-транзисторах, ДМОП ИС
DMOS-Technik *f* технология (изготовления) двухдиффузионных МОП-транзисторов, технология МОП ИС с применением метода двойной диффузии, ДМОП-технология
DMOS-Transistor *m* двухдиффузионный МОП-транзистор, ДМОП-транзистор
DMS [Dehnungsmeßstreifen] *m* тензорезистор
DNC [Direct Numerical Control] *f* 1. прямое ЧПУ; групповое ЧПУ (*от одной ЭВМ*) 2. система прямого ЧПУ; система группового ЧПУ
DNC-Betrieb *m* работа в режиме прямого *или* группового ЧПУ
DNC-Maschine *f* станок системы прямого *или* группового ЧПУ
DNC-Rechner *m* ЭВМ прямого управления (станками с ЧПУ); центральная ЭВМ системы группового ЧПУ
DNC-Schnittstelle *f* интерфейс прямого *или* группового ЧПУ
DNC-Steuerung *f* 1. прямое ЧПУ; групповое ЧПУ, групповое ЧПУ станками (*от одной ЭВМ*) 2. система прямого *или* группового ЧПУ
~, **verteilte** групповое ЧПУ, групповое ЧПУ станками (*от одной ЭВМ*)
DNC-System *n* система прямого ЧПУ; система группового ЧПУ
DNS [Desoxyribonukleinsäure] *f* *биол.* дезоксирибонуклеиновая кислота, ДНК
Dochtöler *m* фитильная маслёнка
Dochtschmierung *f* фитильное смазывание, фитильная смазка
Dock *n* док
Dockarbeiter *m* докер
Docken *n* докование, постановка (*судна*) в док
Dockhafen *m* док, портовый бассейн (с затвором)
Dockhaupt *n* головная часть [голова] дока (с затвором); шлюз с затвором
Docking *n* *англ. косм.* стыковка
Dockschiff *n* плавучий док
Docktor *n* батопорт

Dockverschluß *m* затвор дока, батопорт
Dodekaeder *n* додекаэдр
Dokumentationssystem *n* документальная информационная система
Dokumentationsunterlagen *pl* документация программного обеспечения; документация программного продукта
Dolby-System *n* *элн, рад.* система (шумоподавления) Долби
Dolly *m* *тлв* операторская тележка; *кино* операторский кран-тележка
Dolomit *m* доломит
Dolomitstein *m* доломитовый кирпич
Dom *m* купол; колпак; шлем (*перегонного куба*)
Domäne *f* домен
Domänenspeicher *m* память [ЗУ] на (цилиндрических) магнитных доменах, память [ЗУ] на ЦМД, ЦМД ЗУ
Domänenstruktur *f* *физ.* доменная структура
Donator *m* донор
Donator-Akzeptor-Bindung *f* донорно-акцепторная связь
Donator-Akzeptor-Rekombination *f* донорно-акцепторная рекомбинация
Donator-Akzeptor-Übergang *m* донорно-акцепторный переход
Donatoratom *n* донорный атом
Donatorbeimischung *f* донорная примесь
Donatordichte *f* концентрация доноров, концентрация донорной примеси
Donatordiffusion *f* диффузия донорных примесей
Donatordotierung *f* легирование донорной примесью
Donatoreneinbau *m* введение донорной примеси, легирование донорной примесью
Donatorenkonzentration *f* концентрация доноров
Donatorenverteilung *f* распределение доноров
Donatorerschöpfung *f* истощение доноров
Donatorhalbleiter *m* донорный полупроводник
Donatorion *n* донорный ион
Donatormaterial *n* донорная примесь
Donatorniveau *n* донорный уровень
Donatorstöratom *n* атом донорной примеси
Donatorstörstellendichte *f* концентрация донорной примеси
Donatorterm *m* донорный уровень
Donatortiefe *f* глубина залегания донорного уровня

DONOR

Donor *m* донор
Dop(ier)en *n* легирование (примесью); введение примеси
Doppelader *f* парная жила
Doppelarmroboter *m* двурукий робот
Doppelbasisdiode *f* двухбазовый диод, однопереходный транзистор
Doppelbetrieb *m* 1. *ж.-д.* двойная тяга 2. *свз* дуплексный режим
Doppelbild *n* двойное [побочное, повторное] изображение
Doppelbindung *f хим.* двойная связь
Doppelbrechung *f* двойное лучепреломление
Doppelbruch *m* сложная [составная] дробь
Doppeldeckbus *m* двухэтажный автобус
Doppeldecker *m* биплан
Doppeldiffusions-MOS-Technologie *f* технология получения МОП-структур методом двойной диффузии; технология изготовления МОП ИС с применением метода двойной диффузии
Doppeldiffusionstechnik *f* метод двойной диффузии
Doppeldiode *f* двойной диод
Doppelduo(walzwerk) *n* (прокатный) стан двойное дуо
Doppelendprofiler *m дер.-об.* универсальный двусторонний поперечно-профильный станок
Doppeleuropakarte *f* плата двойного европейского формата (233 x 160 мм^2)
Doppelflanken-AD-Umsetzer *m*, **Doppelflankenwandler** *m* АЦП с двухтактным [двукратным] интегрированием
Doppelfokussierung *f* двойная фокусировка
Doppelgate-Feldeffekttransistor *m*, **Doppelgate-FET** *m* двухзатворный полевой транзистор
Doppel-Gate-MOSFET *m* двухзатворный МОП-транзистор
Doppelgatter *n* сдвоенный логический элемент, сдвоенный вентиль
Doppelgegensprechbetrieb *m* квадруплексная телефония
Doppelglockenisolator *m* двухъюбочный изолятор
Doppelgreiferarm *m* двухзахватная рука (*напр. манипулятора*)
2D-Sensor *m* двухкоординатный датчик
Doppelhaken *m* двурогий крюк
Doppelheterostrukturdiode *f* диод с двойной гетероструктурой

Doppelheterostrukturlaser *m* лазер на двойной гетероструктуре
Doppelhub *m* двойной ход
Doppelimplantation *f* двойная имплантация
Doppelimpulsgenerator *m* генератор двойных импульсов
Doppelintegral *n* двойной интеграл
Doppelkäfig(läufer)motor *m* электродвигатель с двойной беличьей клеткой
Doppelkanal *m* двойной канал
Doppelkassettenrecorder *m* двухкассетный магнитофон
Doppelkassetten-Stereoradiorecorder *m* двухкассетная стереофоническая магнитола
Doppelkolbenmotor *m* ДВС с общей камерой сгорания для каждой пары цилиндров, П-образный двигатель
Doppelkopfschiene *f* двухголовый рельс
Doppelkurbel *f* двухкривошипный механизм
Doppelleerstelle *f физ., крист.* парная вакансия, дивакансия
Doppelleitung *f* 1. двухпроводная линия; двухпроводная цепь 2. двухцепная линия (электропередачи)
Doppelmaulschlüssel *m* двусторонний гаечный ключ
Doppelmikroskop *n* двупольный микроскоп
Doppeln *n* 1. *текст.* трощение 2. *вчт* репродукция
Doppelölpumpe *f* двухсекционный масляный насос
Doppeloperandenbefehl *m вчт* двухоперандная команда
Doppelprisma *n* двойная призма
Doppelpunkt *m мат.* двойная точка
Doppelquerlenker *m pl авто* сдвоенные поперечные рычаги независимой подвески колёс
Doppelquerlenkerachse *f авто* мост (с независимой подвеской колёс) на сдвоенных поперечных рычагах
Doppelregister *n вчт* регистровая пара
Doppelreihe *f* двойной ряд
Doppelreihengehäuse *n* (плоский) корпус с двухрядным расположением выводов, DIP-корпус, ДИП-корпус
Doppelreihenmotor *m* двухрядный двигатель
Doppelrumpfschiff *n* катамаран
Doppelsalz *n* двойная соль
Doppelscheibe *f* стеклопакет
Doppelschicht *f* двойной слой
~, **elektrische** двойной электрический слой

Doppelschieber *m маш.* двухползунный механизм

Doppelschleife *f маш.* двухкулисный механизм

Doppelschlüssel *m* двусторонний гаечный ключ

Doppelschlußerregung *f эл.* смешанное возбуждение

Doppelschlußgenerator *m эл.* генератор смешанного возбуждения

Doppelschlußmaschine *f эл.* (электрическая) машина смешанного возбуждения

Doppelschlußmotor *m эл.* электродвигатель смешанного возбуждения

Doppelschwinge *f* двухкоромысловый механизм

Doppelsitzventil *n* двухседельный клапан

Doppelspiralgehäusepumpe *f* насос с двухзавитковым отводом

Doppelspurförderer *m* двухручьевой конвейер, двухручьевой транспортёр

Doppelständerhammer *m* двухстоечный молот

Doppelständerpresse *f* двухстоечный пресс

Doppelstecker *m* сдвоенная штепсельная вилка

Doppelstern *m астр.* двойная звезда

Doppelstockwagen *m* двухэтажный вагон

Doppelsuperphosphat *n* двойной суперфосфат

Doppel-T-Profil *m* двутавровый профиль, двутавр

Doppel-T-Querschnitt *m* двутавровое сечение

Doppeltriode *f* двойной триод

Doppel-T-Träger *m* двутавровая балка, двутавр

Doppelturbine *f* сдвоенная турбина

Doppelverhältnis *n мат.* двойное [сложное, ангармоническое] отношение (*четырёх точек*)

Doppelwannentechnologie *f* технология (усовершенствованных) КМОП ИС с двойными карманами

Doppelweggleichrichter *m* двухполупериодный выпрямитель

Doppelweggleichrichtung *f* двухполупериодное выпрямление

Doppelwendel *f эл.* биспиральная нить накала, биспираль

Doppelwinkelmesser *m* протрактор

Doppelwort *n вчт* двойное слово, слово двойной длины

Doppelwortbefehl *m вчт* команда длиной в два машинных слова, команда, занимающая два машинных слова

Doppelwortregister *n вчт* регистр двойного слова

Doppelzentner *m* центнер (*100 кг; см. тж* **Zentner**)

Döpper *m* (заклёпочная) обжимка

Doppler *m вчт* репродуктор

Doppler-Effekt *m физ.* эффект Доплера

Dopplerlog *n*, **Dopplerloganlage** *f* доплеровский (гидроакустический) лаг

Doppler-Effekt *m физ.* эффект Доплера

Doppler-Navigation *f* доплеровская навигация, навигация с использованием доплеровских систем

Doppler-Sonarlog *n* доплеровский гидроакустический лаг

Dopplerverschiebung *f физ.* доплеровское смещение

Dorn *m* 1. *маш.* оправка 2. прошивка (*инструмент*) 3. шип

Dornen *n* 1. дорнование, обработка на оправке 2. дорнование, выглаживающее протягивание, выглаживающее прошивание 3. выглаживание 4. прошивание, прошивка

Dornpresse *f* прошивной пресс

Dornwerkzeug *n* выглаживающий штамп

Dorrklassierer *m* реечный классификатор

DOS-Betriebssystem *n вчт* дисковая операционная система, DOS, ДОС

Dose *f* 1. (жестяная) банка 2. коробка 3. бачок (*для проявления фотоплёнок*) 4. (штепсельная) розетка

Dosierapparat *m* дозатор

Dosieren *n* дозирование

Dosiergerät *n* дозатор

Dosierpumpe *f* дозирующий насос

Dosierung *f* дозирование, дозировка

Dosiervorrichtung *f* дозирующее устройство

Dosierwaage *f* весовой дозатор

Dosimeter *n* дозиметр

Dosimetrie *f* дозиметрия

Dosis *f* доза

~, **absorbierte** поглощённая доза излучения

~, **ganztägige** суточная доза

~, **höchstzulässige** предельно допустимая доза

~, **letale** [**tödliche**] летальная доза

~, **zulässige** допустимая доза

Dosishöhe *f* величина дозы

Dosisleistung *f* мощность (поглощённой) дозы (ионизирующего) излучения

Dosismesser *m* дозиметр

Dosisrate *f см.* **Dosisleistung**

DOS-Kommandos *n pl вчт* команды DOS

DOS-Schnittstelle *f вчт* интерфейс с DOS

DOTAND

Dotand *m*, **Dotant** *m* легирующая примесь

Dotantenkonzentration *f* концентрация легирующей примеси

Dotantenquelle *f* источник (легирующей) примеси (*диффузант, лигатура*)

Dotantenverteilung *f* распределение легирующей примеси

Dotieratom *n* атом легирующей примеси, примесный атом

Dotieren *n* легирование (примесью), введение примесей (*в полупроводник*)

Dotierfähigkeit *f* легируемость

Dotiergas *n* газообразный диффузант

Dotiermittel *n* легирующая примесь

Dotierprofil *n* профиль распределения (легирующей) примеси

Dotierstoff *m* легирующий материал; легирующая примесь

Dotierstoffatom *n* атом легирующей примеси

Dotierstoffkonzentration *f* концентрация легирующей примеси

Dotierstruktur *f* легированная структура

Dotierung *f* 1. легирование (примесью), введение примесей (*в полупроводник*) 2. концентрация (легирующей) примеси, степень [уровень] легирования 3. (легирующая) примесь, легирующая добавка

~ **durch Diffusion** диффузионное легирование

~, **gleichmäßige [homogene]** равномерное легирование

~, **inhomogene** неравномерное легирование

Dotierungsatom *n* атом (легирующей) примеси, примесный атом

Dotierungsbereich *m см.* Dotierungsgebiet

Dotierungsdichte *f* концентрация легирующей примеси

Dotierungsdiffusion *f* диффузия легирующей примеси

Dotierungsfaktor *m* коэффициент легирования

Dotierungsfront *f* фронт легирования

Dotierungsgas *n см.* Dotiergas

Dotierungsgebiet *n* легированная область; зона легирования

Dotierungsgefälle *n* градиент концентрации (легирующей) примеси

Dotierungsgrad *m* степень [уровень] легирования

Dotierungskonzentration *f* концентрация легирующей примеси

Dotierungsmaterial *n* легирующий материал; легирующая примесь

Dotierungsmittel *n* легирующая примесь; диффузант (*в технологии ИС*)

Dotierungsniveau *n* уровень [степень] легирования

Dotierungspille *f* таблетка легирующей примеси

Dotierungsprofil *n* профиль распределения (легирующей) примеси

Dotierungsstärke *f* степень [уровень] легирования

Dotierungsstoff *m см.* Dotierstoff

Dotierungsstöratom *n* атом легирующей примеси, примесный атом

Dotierungstiefe *f* глубина легирования

Dotierungsübergang *m* переход, образованный легированием

Dotierungsverfahren *n* способ [метод] легирования

Dotierungszusatz *m* легирующая добавка

Dot-Pitch *m* шаг растра (*растрового дисплея*)

Dot-Speicher *m* память [ЗУ] на плоских магнитных доменах

Double-Density-Diskette *f* дискета с удвоенной плотностью записи

Draft-Modus *m* вчт режим печати среднего качества

Draggen *m см.* Dregganker

Draht *m* 1. проволока 2. провод 3. *текст.* мононить и/или комплексная нить диаметром более 0,1 мм 4. *текст.* крутка (*число кручений на единицу длины*)

~, **abgeschirmter** экранированный провод

~, **blanker** 1. неизолированная проволока 2. неизолированный провод

~, **isolierter** изолированный провод

~, **umflochtener** оплетённый провод

Drahtanschluß *m* проволочный вывод

Drahtbiegemaschine *f* машина для фасонной гибки проволоки

Drahtbonden *n* присоединение проволочных выводов; приварка проволочных выводов (*к контактным площадкам кристалла ИС или кристаллоносителя*)

Drahtbonder *m* установка для присоединения проволочных выводов (*с помощью ультразвуковой или термокомпрессионной сварки*)

Drahtbondung *f* проволочное соединение

Drahtbondverfahren *n* метод присоединения проволочных выводов

Drahtbrücke *f* (навесная) проволочная перемычка

Drahtbund *m* бунт [моток] проволоки
Drahtbürste *f* металлическая щётка
Drahteinrollwerkzeug *n* штамп для закатки проволоки в загибаемую кромку
Drahtemail *n* эмаль по скани
Drahtfunk *m* проводное радиовещание; проводная трансляция
Drahtfunknetz *n* сеть проводного радиовещания
Drahtgaze *f* металлическая сетка
drahtgebunden проводной (*напр. о связи*)
Drahtgeflecht *n* проволочная сетка
Drahtgewebe *n* металлическая ткань; проволочная сетка
Drahtgitter *n* металлическая сетка
Drahtglas *n* армированное стекло (*стекло, армированное металлической сеткой*)
Drahtlehre *f* проволочный калибр
Drahtleitung *f* проводная линия
drahtlos беспроволочный ◇ ~ **gesteuert** управляемый по радио
Drahtnachrichtentechnik *f* проводная связь
Drahtnetz *n* проволочная сетка
Drahtputzwand *f стр.* перегородка по сетке Рабица
Drahtring *m см.* **Drahtbund**
Drahtrolle *f см.* **Drahtbund**
Drahtseil *n* стальной [проволочный] канат, стальной [проволочный] трос
Drahtsieb *n* проволочная сетка
Drahtstift *m маш.* шпилька
Drahtstraße *f* линия (рабочих клетей) проволочного стана; проволочный [проволочно-прокатный] стан
Drahtverbindung *f* 1. проводная связь 2. линия проводной связи 3. сшивное соединение (*напр. ремня*)
Drahtwalzstraße *f см.* **Drahtstraße**
Drahtwalzwerk *n* проволочный [проволочно-прокатный] стан
Drahtwickeln *n* соединение накруткой, монтаж методом накрутки
Drahtwickeltechnik *f* техника накрутки; монтаж методом накрутки
Drahtwickelverbindung *f* соединение накруткой; накрутка
Drahtwiderstand *m* проволочный резистор
Drahtzange *f* кусачки
Drahtziehen *n* волочение проволоки
Drahtziehmaschine *f* стан для волочения проволоки, волочильный стан для проволоки

Drain *m* сток (*полевого транзистора*)
Drain... *см. тж* **Drän...**
Drainage *f см.* **Dränage**
Drainelektrode *f* электрод стока, стоковый электрод
Drain-Gate-Kapazität *f* ёмкость сток — затвор, ёмкость затвор — сток
Drain-Gate-Spannung *f* напряжение сток — затвор
Draingebiet *n* область стока, стоковая область
Drainkapazität *f* ёмкость стока
Drainkontaktgebiet *n* контактная область стока
Drain-Schaltung *f* схема с общим стоком
Drain-Source-Kapazität *f* ёмкость сток — исток (*при разомкнутом выводе*)
Drain-Source-Spannung *f* напряжение сток — исток
Drain-Source-Strecke *f* участок сток — исток
Drain-Source-Widerstand *m* сопротивление сток — исток
Drainspannung *f* напряжение стока [на стоке]
Drainstrom *m* ток стока
Drain-Substrat-Spannung *f* напряжение сток — подложка
Drainverstärker *m* усилитель в схеме с общим стоком, истоковый повторитель
Drainvorspannung *f* напряжение смещения на стоке, смещение стока
Draisine *f* дрезина
Drall *m* 1. закрутка; завихрение 2. *яд.* спин 3. *см.* **Drehimpuls** 4. *текст.* крутка 5. нарезка (*канала ствола огнестрельного оружия*)
Dralleinsatz *m* завихритель (*форсунки*)
Drallerzeuger *m* завихритель
Drallzerstäuber *m* центробежная форсунка
d-RAM *m*, **DRAM** *m, n* динамическое ЗУПВ; динамическое ОЗУ
Drän *m* дрена
Dränage *f* дренаж
Drängraben *m* дренажная канава
Dränierung *f см.* **Dränung**
Dränleitung *f* дрена
Dränrohr *n* дренажная труба
Dränung *f* дренирование, дренаж
Draufsicht *f* вид сверху, план, горизонтальная проекция
Drechsler *m* токарь по дереву
Drechslerbank *f* токарный станок (*для обработки дерева, пластмасс*)
D-Regelung *f автм* регулирование по производной

DREGGANKER

Dregganker *m мор.* плавучий якорь
Dreh- und Schwenkvorrichtung *f* универсальный сварочный вращатель
Drehachse *f* ось вращения
~, **augenblickliche** мгновенная ось вращения
Drehanode *f* вращающийся анод
Drehautomat *m* токарный автомат
drehbar поворотный; вращающийся ◊ ~ **angeordnet** установленный с возможностью вращения
Drehbearbeitungszentrum *m см.* Drehzentrum
Drehbewegung *f* вращательное движение, вращение
Drehbohren *n* вращательное [роторное] бурение
~, **elektrisches** электровращательное бурение
Drehbrücke *f* поворотный мост
Dreheiseninstrument *n* электромагнитный измерительный прибор, измерительный прибор электромагнитной системы
Drehellipsoid *n* эллипсоид вращения
Drehen *n* 1. обтачивание, обточка, точение 2. вращение
Dreher *m* токарь (*по металлу*)
Dreherbindung *f текст.* перевивочное переплетение
Drehfeld *n* вращающееся (магнитное) поле
Drehflügel *m ав.* 1. несущий винт 2. поворотное крыло (*ветряного двигателя*)
Drehflügelflugzeug *n* летательный аппарат [ЛА] с несущим винтом (*вертолет, автожир*)
Drehflügelmotor *m* пластинчатый поворотный гидродвигатель
Drehflügler *m см.* Drehflügelflugzeug
Drehfrequenz *f см.* Drehzahl
Drehfunkfeuer *n* радиомаяк с вращающейся антенной [с вращающейся диаграммой направленности антенны], радиомаяк кругового излучения
Drehgeber *m* датчик угловых перемещений, датчик угла поворота
~, **inkrementaler** датчик угловых перемещений с отсчётом в приращениях
Drehgelenkarm *m* шарнирно-сочленённая рука (*робота*)
Drehgelenkroboter *m* робот шарнирно-сочленённой конструкции, робот с шарнирными соединениями
Drehgeschwindigkeit *f* скорость вращения
Drehgestell *n ж.-д.* тележка (*напр. вагона, локомотива*)

~, **hinteres** задняя [поддерживающая] тележка (*локомотива*)
~, **vorderes** передняя [бегунковая] тележка (*локомотива*)
Drehglied *n* вертлюг
Drehgriff *m* (поворотная) ручка управления; грибок
Drehherdofen *m* карусельная печь, печь с вращающимся подом
Drehimpuls *m физ.* момент импульса, момент количества движения, кинетический момент
Drehko *m см.* Drehkondensator
Drehkolbenmaschine *f* роторно-поршневая машина
Drehkolbenpumpe *f* 1. роторный насос 2. пластинчато-статорный вакуумный насос
Drehkolbenverdichter *m* роторно-поршневой компрессор
Drehkondensator *m* конденсатор переменной ёмкости, переменный конденсатор
Drehkörper *m* тело вращения
Drehkran *m* поворотный кран; полноповоротный кран
Drehkranz *m* 1. круг катания (*крана*) 2. турель 3. *авто* (поворотный) коник (*прицепа-роспуска*)
Drehkreis *m мор.* циркуляция (*судна*)
Drehkreuz *n* 1. турникет 2. сегнерово колесо
Drehkreuzantenne *f* турникетная антенна
Drehkupplung *f* вращающееся сочленение
Drehmagnetinstrument *n* измерительный прибор с подвижным магнитом
Drehmaschine *f* токарный станок
Drehmeißel *m* токарный резец
Drehmelder *m* сельсин
Drehmelderempfänger *m* сельсин-приёмник
Drehmeldergeber *m* сельсин-датчик
Drehmelderwelle *f* электрический вал (*схема синхронной связи на трехфазных сельсинах, применяемая для обеспечения синхронного вращения электродвигателей многодвигательного электропривода*)
Drehmoment *n* 1. вращающий момент 2. крутящий момент
Drehmomentanstieg *m* запас крутящего момента (*двигателя*)
Drehmomentbegrenzer *m* ограничитель крутящего момента
Drehmoment-Drehzahl-Kennlinie *f* механическая характеристика (*электродвигателя*)

DREHUNG

Drehmomentschlüssel *m* динамометрический гаечный ключ
~ **mit Anzeige** контролируемый гаечный ключ
~ **mit selbsttätiger Momentbegrenzung** предельный гаечный ключ
Drehmomentsensor *m* датчик крутящего момента
Drehmomentwandler *m* преобразователь крутящего момента
~, **hydraulischer** *см.* Drehmomentwandler, hydrodynamischer
~, **hydrodynamischer** *авто* гидротрансформатор, гидродинамический преобразователь крутящего момента
Drehofen *m* вращающаяся печь
Drehorgan *n* *текст.* крутильный орган
Drehpaar *n* пара вращения, вращательная пара
Drehpfanne *f* *ж.-д.* подпятник *(тележки, поворотного круга)*
Drehpflug *m* (полно)оборотный плуг
Drehpotentiometer *n* потенциометр с поворотным движком
Drehpunkt *m* центр вращения; центр момента
Drehrahmenpeiler *m* радиопеленгатор с вращающейся рамочной антенной
Drehregler *m* 1. индукционный регулятор 2. ручка настройки
Drehrichtung *f* направление вращения
Drehröhrchen *n* *текст.* вьюрок
Drehrohrofen *m* *см.* Drehofen
Drehschalter *m* поворотный выключатель
Drehscheibe *f* *ж.-д.* поворотный круг
Drehschemel *m* 1. (поворотный) коник *(прицепа-роспуска)* 2. *ж.-д.* турникет
Drehschieber *m* 1. поворотный запорный орган 2. поворотный золотник
Drehschiebermotor *m* двигатель с золотниковым газораспределением
Drehschieberpumpe *f* 1. шиберный насос 2. пластинчато-роторный вакуумный насос
Drehschieberventil *n* крановый гидроаппарат, кран
Drehschlagbohren *n* ударно-вращательное бурение
Drehschlagschrauber *m* ударный гайковёрт
Drehschrauber *m* безударный гайковёрт
Drehschwingung *f* крутильное колебание
Drehsinn *m* направление вращения
Drehspiegel *m* вращающееся зеркало
Drehspiegelachse *f* *крист.* зеркально-поворотная ось
Drehspiegelung *f* *крист.* зеркальный поворот; симметрическое преобразование зеркального поворота
Drehspindel *f* шпиндель токарного станка
Drehspindelstock *m* поворотная шпиндельная бабка
Drehspule *f* вращающаяся катушка
Drehspulinstrument *n* магнитоэлектрический измерительный прибор, измерительный прибор магнитоэлектрической системы
Drehstab *m* торсион; стержень, работающий на кручение
Drehstabfeder *f* торсионная рессора
Drehstabfederung *f* торсионная подвеска
Drehstrom *m* трёхфазный (переменный) ток
Drehstromantrieb *m* электропривод трёхфазного тока
Drehstrom-Asynchronmotor *m* трёхфазный асинхронный электродвигатель
Drehstromfahrmotor *m* *ж.-д.* трёхфазный асинхронный тяговый электродвигатель
Drehstromgenerator *m* трёхфазный генератор, генератор трёхфазного тока
Drehstrommaschine *f* трёхфазная электрическая машина
Drehstrommotor *m* трёхфазный электродвигатель
Drehstromsteller *m* преобразователь-регулятор напряжения трёхфазного (переменного) тока
Drehtisch *m* 1. вращающийся стол; поворотный стол 2. ротор; роторный стол *(буровая техника)*
Drehtransformator *m* поворотный трансформатор
Drehtür *f* вращающаяся дверь
Drehturm *m* турель
Drehung *f* 1. вращение; поворот 2. оборот 3. *текст.* крутка
~ **entgegen dem Uhrzeigersinn** вращение против часовой стрелки
~ **im Uhrzeigersinn** вращение по часовой стрелке
~ **der Koordinatenachsen** вращение [поворот] осей координат
~, **molare** молекулярное вращение
~ **der Polarisationsebene** вращение плоскости поляризации
~, **spezifische** удельное вращение
~ **um die Achse** вращение вокруг оси

DREH(UNGS)VERMÖGEN

Dreh(ungs)vermögen *n*:
~, **molekulares** молекулярное вращение *(плоскости поляризации)*
~, **optisches** оптическая активность, вращение плоскости поляризации
~, **spezifisches** удельное вращение
Drehvorrichtung *f* вращатель; сварочный вращатель
Drehwaage *f* крутильные весы
Drehwechsler *m* (автоматическое) поворотное устройство смены (*напр. палет*)
Drehwerk *n* 1. механизм поворота, поворотный механизм; механизм вращения; редуктор вращения 2. опорно-поворотное устройство (*крана*)
Drehwert *m* угол поворота плоскости поляризации
Drehwiderstand *m* 1. *эл.* кольцевой реостат; переменный кольцевой резистор 2. сопротивление кручению
Drehwinkel *m* угол поворота
Drehwinkelmotor *m* поворотный гидродвигатель; поворотный пневмодвигатель
Drehwuchs *m* косослой (*порок древесины*)
Drehwüchsigkeit *f* свиливатость
Drehzahl *f* частота вращения (*число оборотов в единицу времени*)
~, **synchrone** угловая скорость вращающегося магнитного поля статора, синхронная частота вращения (*асинхронной электрической машины*)
Drehzahlband *n*, **Drehzahlbereich** *m* диапазон частоты вращения (*двигателя*)
Drehzahlbegrenzer *m* ограничитель частоты вращения (*двигателя внутреннего сгорания*)
Drehzahl-Drehmoment-Kennlinie *f* механическая характеристика (*электропривода*)
Drehzahlgeber *m* датчик частоты вращения; тахогенератор
Drehzahlmesser *m* тахометр
Drehzahlregler *m* регулятор частоты вращения
Drehzahlverhältnis *n* передаточное число, передаточное отношение
Drehzapfen *m* ж.-д. шкворень тележки (*напр. вагона*)
Drehzentrum *n* многоцелевой токарный станок
Dreiachsen-Punktsteuerung *f* 1. трёхкоординатное позиционное ЧПУ, позиционное ЧПУ по трём осям координат 2. трёхкоординатное устройство позиционного ЧПУ

Dreiachsenroboter *m* робот с тремя степенями подвижности
Dreiachs(kraft)wagen *m* трёхосный автомобиль
Dreiadreßbefehl *m* *вчт* трёхадресная команда
Dreiadressenkode *m* *вчт* код трёхадресной команды
Dreibein *n* 1. тренога 2. *мат.* репер
dreidimensional трёхмерный
Drei-D-Klang *m* стереофоническое звучание
Dreieck *n* треугольник ◇ in ~ schalten *эл.* соединять треугольником [по схеме треугольника]
~, **gleichschenkliges** равнобедренный треугольник
~, **gleichseitiges** равносторонний треугольник
~, **nautisches** параллактический треугольник
~, **rechtwinkliges** прямоугольный треугольник
~, **sphärisches** сферический треугольник
~, **spitzwinkliges** остроугольный треугольник
~, **stumpfwinkliges** тупоугольный треугольник
Dreiecke *n pl*, **ähnliche** подобные треугольники
Dreieckführung *f* треугольная направляющая
Dreieckgenerator *m* генератор импульсов треугольной формы
dreieckig треугольный
Dreiecksaufnahme *f* *геод.* триангуляция
Dreieckschaltung *f* *эл.* соединение треугольником, включение по схеме треугольника
Dreiecksignal *n* треугольный импульс, импульс треугольной формы
Dreieckslenker *m* *авто* треугольный рычаг (независимой) подвески
Dreiecksmessung *f* *геод.* триангуляция
Dreiecksungleichung *f* *мат.* неравенство треугольника
dreifach трёхкратный; тройной
Dreifach-A-D-Wandler *m* строенный АЦП
Dreifachbindung *f* *хим.* тройная связь
Dreifach-D-A-Wandler *m* строенный ЦАП
Dreifadenlampe *f* трёхнитевая [триспиральная] лампа накаливания
Dreifarbendruck *m* трёхкрасочная печать
Dreifingerregel *f* *эл.* 1. правило правой руки (для генератора) 2. правило левой руки (для электродвигателя)
Dreikant *m* трёхгранный угол
Dreikantfeile *f* трёхгранный напильник
Dreikomponententreibstoff *m* трёхкомпонентное ракетное топливо
Dreikörperproblem *n* задача трёх тел
Dreikreistriebwerk *n* см. **Dreistromtriebwerk**

DROSSELSPULE

Dreileiternetz *n* трёхпроводная сеть
Dreileitersystem *n* трёхпроводная система
Dreiphasennetz *n* сеть трёхфазного тока, трёхфазная сеть
Dreiphasenstrom *m см.* **Drehstrom**
Dreiphasenstromkreis *m* трёхфазная цепь
dreiphasig трёхфазный
dreipolig трёхполюсный
Dreipunktgurt *m*, **Dreipunkt-Sicherheitsgurt** *m авто* ремень безопасности с трёхточечным креплением
Dreipunktregelung *f автм* трёхпозиционное регулирование
Dreirumpfschiff *n* тримаран
Dreisatz *m мат.* тройное правило
Dreisatzrechnung *f мат.* (простое) тройное правило
Dreischenkeltransformator *m эл.* трёхстержневой трансформатор
dreischichtig трёхслойный
Dreispindelpumpe *f* трёхвинтовой насос
Dreistoffgemisch *n* тройная смесь
Dreistromtriebwerk *n ав.* трёхконтурный турбореактивный двигатель
Dreiteilung *f* **des Winkels** *мат.* трисекция угла
Dreitransistorzelle *f* трёхтранзисторная ячейка памяти
Dreiweg(e)hahn *m* трёхходовой кран
Dreiwegekatalysator *m авто* трёхкомпонентный каталитический нейтрализатор (отработавших газов)
Dreiwegeventil *n* 1. трёхходовой клапан 2. трёхлинейный распределитель (*в гидро- и пневмосистемах*)
Dreiwellentriebwerk *n* трёхвальный двигатель
Dreiwellenverdichter *m* трёхкаскадный компрессор
dreiwertig трёхвалентный
Dreiwicklungstransformator *m* трёхобмоточный трансформатор
Dreizustandsausgang *m элн, вчт* выход с тремя (устойчивыми) состояниями, тристабильный выход
Dreizustandslogik *f* трёхзначная логика
Drempel *m* 1. *гидр.* король 2. *стр.* чердачный полуэтаж
Drescher *m см.* **Dreschmaschine**
Dreschkorb *m* дека (*молотильного барабана зерноуборочного комбайна*); подбарабанье
Dreschmaschine *f* молотилка
Dreschtrommel *f* молотильный барабан (*зерноуборочного комбайна*)
Dreschwerk *n* молотилка (*комбайна*)
Dressierwalzwerk *n* дрессировочный стан
Drift *f* 1. *мор., ав.* дрейф; снос 2. *элн* дрейф 3. уход (*нежелательное изменение выходной величины при неизменной входной величине, напр. в измерительных приборах*); дрейф (*напр. нуля*)
Driftausfall *m* постепенный отказ
Driftbeweglichkeit *f* дрейфовая подвижность (*носителей заряда*)
Driftbewegung *f* дрейфовое движение
Driften *n* дрейф; уход (*постепенное изменение параметра*)
~, **thermisches** температурный дрейф
Driftgeschwindigkeit *f* скорость дрейфа
Driftkammer *f физ.* дрейфовая камера
Driftkompensation *f*, **Driftkorrektur** *f* компенсация [коррекция] дрейфа
Driftröhre *f физ.* трубка дрейфа, дрейфовая трубка (*цилиндрический электрод в ускорителях заряженных частиц*)
Driftstrom *m физ.* дрейфовый ток
Drifttransistor *m* дрейфовый транзистор
Driftwellen *f pl физ.* дрейфовые волны (*в плазме*)
Drillbohrer *m* дрель
Drillmaschine *f с.-х.* рядовая сеялка
Drillmoment *n* скручивающий момент, момент скручивания; момент кручения
Drillschwingung *f* крутильное колебание
Drillstab *m* торсион; стержень, работающий на кручение
Drillung *f* кручение
Drop-Down-Menü *n вчт* ниспадающее [разворачивающееся] меню, меню, развёртываемое от заголовка
Drossel *f* дроссель
Drosselblende *f* 1. дроссель; диафрагма 2. расходомерная диафрагма
Drosselelement *n* сужающее устройство (*напр. расходомера*)
Drosselgerät *n* сужающее устройство (*для дросселирования потока*)
Drosselkanal *m* дросселирующий канал
Drosselklappe *f* 1. дроссельный клапан 2. дроссельная заслонка
Drosselschieber *m* дроссельная заслонка
Drosselspule *f* 1. (электрический) дроссель,

DROSSELUNG

дроссельная катушка 2. электрический реактор

Drosselung *f* дросселирование

Drosselventil *n* дроссель, дроссельный клапан

Druck *m* 1. давление 2. напор 3. наддув 4. сжатие 5. печать; печатание 6. *текст.* печатание, печать; набойка, набивка 7. нажим; нажатие ⋄ auf ~ beansprucht werden [sein] работать на сжатие; unter ~ pressen нагнетать; подавать под давлением

~, **absoluter** абсолютное давление

~, **atmosphärischer** атмосферное давление

~, **barometrischer** барометрическое давление

~, **hydrostatischer** гидростатическое давление; гидростатический напор

~, **indizierter** индикаторное давление

~, **kritischer** критическое давление

~, **osmotischer** осмотическое давление

~, **spezifischer** удельное давление

Druckabfall *m* падение давления; перепад давления

Druckabpackung *f* изобарическая [аэрозольная] упаковка

Druckanzeiger *m* индикатор давления

Druckanzug *m* *ав.* высотный компенсирующий костюм; *косм.* противоперегрузочный костюм

Druckaufbau *m* рост давления

Druckaufnehmer *m* датчик давления

Druckausfall *m* (аварийное) падение давление (*напр. в гидросистеме*)

Druckausgabe *f* вывод на печать

Druckausgabedatei *f см.* Druckdatei

Druckausgleich *m* уравнивание давления; выравнивание давления

Druckausgleicher *m* уравнитель давления; ресивер

Druckausgleichsventil *n* уравнительный клапан

Druckautomat *m* печатный автомат

Drückbank *f* давильный станок

Druckbeanspruchung *f* 1. сжимающее напряжение 2. напряжение при сжатии 3. подача давления (*на что-л.*) 4. сжатие

Druckbegrenzungsventil *n* редукционный клапан

Druckbehälter *m* 1. напорный бак 2. напорный резервуар 3. ресивер 4. бак высокого давления 5. сосуд под давлением 6. *яд.* корпус под давлением, корпус (*корпусного реактора*)

Druckbehälterreaktor *m яд.* корпусной реактор, реактор корпусного типа

Druckbelastung *f* усилие сжатия

Druckbelüftung *f* приточная вентиляция

Druckberg *m метео* гребень повышенного давления

Druckbogen *m* печатный лист

Druckdatei *f* файл печати

Druckdiagramm *n* эпюра давления

Druckeinheit *f* единица давления

Druckeinrichtung *f* печатающее устройство

Drucken *n* 1. печатание 2. *текст.* печатание, печать; набойка, набивка

Drücken *n мет.-об.* ротационное выдавливание без утонения стенки заготовки, токарно-давильная обработка

Drucker *m вчт* печатающее устройство, принтер

~, **elektrostatischer** электростатическое [электрографическое] печатающее устройство

~, **grafikfähiger** графическое печатающее устройство

~ **mit fliegendem Druck** устройство печати «на лету»

~, **serieller** посимвольное печатающее устройство

Druckerei *f* 1. типография 2. *текст.* печатный цех; набивной цех

Druckerhöher *m* мультипликатор (*гидравлического пресса*)

Drucker/Plotter *m* печатно-графическое устройство, ПГУ

Druckerspooler *m см.* Druckspuler

Druckfarbe *f* печатная краска

Druckfeder *f* 1. пружина сжатия 2. нажимная пружина

Druckfestigkeit *f* предел прочности при сжатии

Druckfilter *n* напорный фильтр

Druckflasche *f* газовый баллон, баллон сжатого газа

Druckflüssigkeit *f* рабочая жидкость (*в гидросистемах*)

Druckflüssigkeitsspeicher *m* гидроаккумулятор

~, **gasbelasteter** пневмогидроаккумулятор

Druckform *f* печатная форма

Druckformat *n* формат печати

Druckgasgenerator *m* газогенератор с наддувом

Druckgaskabel *n* газонаполненный кабель (с внутренним давлением)

Druckgas-Reedkontakt *m* газонаполненный геркон

DRUCKLUFTZERSTÄUBER

Druckgasschalter *m* эл. воздушный выключатель; элегазовый выключатель (*немецкий термин объединяет оба понятия*)
Druckgeber *m* датчик давления
Druckgefälle *n* перепад давления; напор
Druckgefäß *n* 1. напорная ёмкость 2. (воздушный) ресивер 3. сосуд под давлением
Druckgefäßreaktor *m* см. Druckbehälterreaktor
Druckgießform *f* форма для литья под давлением
Druckgießmaschine *f* машина для литья под давлением
Druckgradient *m* градиент давления
Druckguß *m* 1. литьё под давлением 2. отливка, полученная литьём под давлением
Druckhammer *m* молот двойного действия
Druckhärten *n* мет.-об. упрочняющая обработка давлением
Druckheber *m* монтежю
Druckhelm *m* гермошлем
Druckhöhe *f* напор, высота гидростатического напора
Druckhub *m* рабочий ход (*насоса*)
Druckkabine *f* ав. герметическая кабина, гермокабина
Druckkammer *f* 1. барокамера 2. пласт. тигель (*литьевого пресса*) 3. напорная камера; камера нагнетания
Druckkammerlautsprecher *m* громкоговоритель с предрупорной камерой
Druckkasten *m* бум. напорный ящик
Druckkessel *m* 1. автоклав 2. бак высокого давления
Druckkesselreaktor *m* см. Druckbehälterreaktor
Druckknopf *m* 1. (нажимная) кнопка 2. текст. кнопка (*застежка для одежды*)
Druckknopfabstimmung *f* кнопочная настройка
Druckknopfanlasser *m* кнопочный пускатель
Druckknopfschalter *m* кнопочный выключатель
Druckknopfsteuerung *f* кнопочное управление
Drucklager *n* упорный подшипник
Druckleitung *f* напорный [нагнетательный] трубопровод; напорная магистраль
Druckluft *f* сжатый воздух
Druckluftakkumulator *m* пневмоаккумулятор
Druckluftanlage *f* пневмосистема
Druckluftantrieb *m* пневмопривод
druckluftbetätigt пневматический, с пневматическим приводом [управлением]
Druckluftbohrer *m* пневматическая дрель
Druckluftbohrmaschine *f* пневматическая (ручная) сверлильная машина, пневматическая дрель
Druckluftbremse *f* пневматический тормоз
Druckluftdurchschlagsgerät *n* пневмопробойник
Druckluftförderung *f* пневматический транспорт, пневмотранспорт
druckluftgesteuert пневматический, с пневматическим управлением
Druckluftgetriebe *n* пневматическая передача
Drucklufthammer *m* 1. пневматический молот 2. пневматический молоток
Druckluftheber *m* 1. пневматический домкрат 2. эрлифт (*устройство для подъема жидкости*)
Drucklufkanal *m* пневматический канал
Druckluftleitung *f* пневмолиния; пневмомагистраль
Druckluftmeißel *m* пневматическое зубило, пневмозубило
Druckluftmischung *f* барботирование, барботаж
Druckluftmotor *m* объёмный пневмодвигатель; пневмомотор (*объемный пневмодвигатель с неограниченным вращательным движением выходного звена*)
Drucklufnetz *n* пневмосеть
Druckluftnietung *f* пневматическая клёпка
Druckluftpresse *f* пневматический пресс
Druckluftpumpe *f* эрлифт (*см. тж* Drucklufheber)
Druckluftramme *f* пневматическая трамбовка
Druckluftregler *m* пневматический регулятор
Druckluftrinne *f* пневмотранспортный жёлоб
Druckluftschalter *m* воздушный выключатель
Druckluftschwenkmotor *m* поворотный пневмодвигатель
Druckluftspanner *m* пневматический зажим
Druckluftspeicher *m* пневмоаккумулятор
Druckluftstampfer *m* пневматическая трамбовка
Drucklufsteuerung *f* пневматическое управление
Druckluftturboanlasser *m* турбостартёр
Drucklüftung *f* приточная вентиляция; приточная система вентиляции
Druckluftventil *n* пневмоаппарат; пневмоклапан
Druckluftvibrator *m* пневматический вибратор
Druckluftwerkzeug *n* пневматический инструмент
Druckluftzerstäuber *m* воздушная форсунка

147

DRUCKLUFTZYLINDER

Druckluftzylinder *m* пневмоцилиндр
Druckmaschine *f* печатная машина
Drückmaschine *f* 1. *маш.* токарно-давильный станок 2. давильный станок
Druckmedium *n см.* **Druckmittel**
Druckmesser *m* манометр; барометр
~, **piezoelektrischer** пьезоэлектрический манометр
Druckmessung *f* измерение давления
~, **piezoelektrische** пьезометрия
Druckminderer *m* редуктор; редукционный клапан
Druckminderventil *n* редукционный клапан
Druckmischer *m* барботёр
Druckmittel *n* рабочее тело; рабочая жидкость (*в гидросистемах*)
Druckmodus *m вчт* режим печати
Drucköl *n* масло под давлением; рабочая жидкость (*в гидросистемах*)
Drucköler *m* напорная маслёнка
Druckoriginal *n* оригинал (рисунка печатной платы)
Druckpapier *n* печатная бумага
Druckplatte *f* печатная форма (для офсетной печати)
Druckpropeller *m ав.* толкающий винт
Druckprüfung *f см.* **Druckversuch**
Druckpuffer *m* буфер печати
Druckpumpe *f* нагнетательный насос
Druckpunkt *m* центр давления
Druckraum *m* камера нагнетания
Druckreduzierventil *n* редукционный клапан
Druckregler *m* стабилизатор давления
Druckring *m маш.* упорное кольцо
Druckrohr *n* 1. напорная трубка 2. напорная труба 3. напорная колонна (*артезианского насоса*)
Druckröhrenreaktor *m* канальный реактор, ядерный реактор канального типа
Druckrohrleitung *f* 1. напорный [нагнетательный] трубопровод 2. напорный водовод
Drucksammler *m* аккумулятор давления
Druckschalter *m* кнопка, кнопочный выключатель
Druckschlauch *m* напорный рукав
Druckschmierung *f* принудительная смазка, смазка под давлением
Druckschraube *f* 1. нажимной винт 2. *ав.* толкающий винт
Druckschreiber *m* самопишущий манометр
Druckschrift *f* типографский шрифт

Drucksensor *m* датчик давления
Druckserver *m вчт* сервер печати
Drucksintern *n* спекание под давлением
Drucksonde *f* 1. *физ.* напорная трубка для измерения статического давления потока 2. *ав.* приёмник статического давления
Druckspannung *f* напряжение сжатия
Druckspooling *n вчт* вывод на печать с буферизацией, вывод на печать с (предварительной) подкачкой (данных)
Druckspuler *m вчт* 1. блок (предварительной) подкачки (данных для) печати 2. программа вывода на печать с буферизацией, программа спулинга печати
Druckstock *m полигр.* клише
Druckstollen *m* напорный туннель
Druckstoß *m* скачок уплотнения
Druckstrahlläppen *n* жидкостная абразивная [абразивно-струйная, струйно-абразивная] обработка
Druckstrahlturbine *f* напорно-струйная турбина
Druckstutzen *m* нагнетательный патрубок
Drucktastenabstimmung *f* кнопочная настройка
Drucktelegraf *m* буквопечатающий телеграфный аппарат
Druckthermometer *n* манометрический термометр
Drucktype *f* литера
Druckübersetzer *m* мультипликатор
~, **hydraulischer** гидропреобразователь
Druckumformen *n* обработка давлением
Druckumformer *m* мультипликатор
Druckumlaufschmierung *f* 1. циркуляционная смазка под давлением 2. циркуляционная смазочная система
Druckventil *n* 1. напорный клапан; напорный гидро- или пневмоклапан; нагнетательный клапан (*напр. компрессора*) 2. клапан для управления давлением, регулирующий клапан
Druckventilation *f* нагнетательная вентиляция
Druckventilator *m* нагнетательный вентилятор
Druckverfahren *n* способ печати
Druckverformung *f* 1. обработка давлением 2. деформация сжатия
Druckvergaser *m* карбюратор двигателя с наддувом
Druckverhältnis *n* степень сжатия; отношение давлений
Druckversuch *m* 1. испытание на сжатие 2. ис-

пытание давлением (на герметичность), опрессовка
Druckwalze *f* печатный валик
Druckwalzen *n мет.-об.* раскатка, ротационное выдавливание с утонением стенки заготовки
Druckwandler *m* преобразователь давления
Druckwasser *n* 1. напорные грунтовые [напорные подземные] воды (*напр. артезианские*) 2. вода под давлением 3. нагнетаемая вода 4. вода под напором
Druckwasserbehälter *m* пневмоцистерна, гидрофор
Druckwasserkessel *m* напорный резервуар
Druckwasserleitung *f* напорный водопровод
Druckwasserreaktor *m яд.* реактор с водой под давлением
Druckwassersammler *m* аккумулирующий бассейн
Druckwasserstrahlen *n* гидравлическая очистка
Druckwelle *f* 1. волна давления 2. ударная волна (*ядерного взрыва*) 3. упорный вал
Druckwerk *n* печатающее устройство
Drückwerkzeug *n мед.-об.* давильник, давильный инструмент
Druckwindkessel *m* ресивер
Druckzerstäuber *m* механическая форсунка
Druckzone *f* 1. зона давления 2. *стр.* зона сжатия (*зона поперечного сечения элемента конструкции, в которой действуют сжимающие напряжения*)
Druckzünder *m* нажимной взрыватель, взрыватель нажимного действия
Druckzylinder *m* 1. печатный цилиндр 2. цилиндр под давлением
Drusch *m с.-х.* обмолот, молотьба
Druse *f крист.* друза
D-S... *см.* **Drain-Source-...**
DTL [Diodentransistorlogik] *f* диодно-транзисторная логика, ДТЛ
DTL-Gatter *n* элемент [вентиль] ДТЛ
DTL-NAND-Gatter *n* элемент [вентиль] И — НЕ ДТЛ
DTL-Schaltkreise *m pl*, **DTL-Schaltungen** *f pl* диодно-транзисторные логические схемы, диодно-транзисторная логика, ДТЛ
DTLZ [DTL mit Z-Dioden] *f* диодно-транзисторные логические схемы со стабилитронами
DTP-Programm *n* программа для настольной издательской системы, издательская программа

DTP-System [Desktop Publishing-...] *n* настольная издательская система, электронная издательская система (на базе ПЭВМ)
D-Trigger *m* D-триггер, триггер D-типа
D-Typ-Flipflop *n см.* **D-Trigger**
DTZL *f*, **DTZL-Logik** *f см.* **DZTL**
dual 1. двоичный 2. двойственный 3. дуальный
Dual-Dezimal-Umsetzer *m* двоично-десятичный преобразователь
Dual-Gate-MOSFET *m* двухзатворный МОП-транзистор
Dual-in-line-Gehäuse *n* (плоский) корпус с двухрядным расположением выводов, DIP-корпус, ДИП-корпус
Dualität *f* 1. дуализм 2. *мат.* двойственность
Dualitätsprinzip *n* принцип двойственности
Dualkode *m* двоичный код
Dual-Port-RAM *m вчт* двухпортовое ЗУПВ
Dual-Port-Speicher *m вчт* двухпортовое ЗУ
Dual-Slope-Integrationsverfahren *n*, **Dual-Slope-Verfahren** *n* метод двухтактного [двукратного] интегрирования
Dual-Slope-Wandler *m* АЦП с двухтактным [с двукратным] интегрированием
Dualstelle *f* двоичный разряд
Dualsteuerung *f* дуальное управление
Dualsystem *n* двоичная система счисления
Dualverschlüsselung *f* двоичное кодирование
Dualzahl *f* двоичное число
Dualzähler *m* двоичный счётчик
Dualziffer *f* двоичная цифра
Dübel *m* 1. дюбель; штырь 2. шпонка (*напр. кольцевая*); шкант; нагель; (вставной) шип (*в деревянных соединениях*)
Dübelung *f* соединение в шип
Dublierung *f* дублирование
Dückdalbe *f*, **Dückdalben** *m см.* **Dalbe**
Düffel *m текст.* шерстяная *или* полушерстяная байка
Duft *m* запах; аромат
Duftnote *f* нота (*запаха*)
Duftstoff *m* душистое вещество
Duftstoffe *m pl* 1. душистые вещества; ароматические вещества 2. *биол.* пахучие вещества
Düker *m* дюкер
duktil пластичный (*о материале*)
Duktilität *f* пластичность (*материала*); деформируемость
Dummy *m* 1. манекен 2. макет
Dummyzeichen *n вчт* фиктивный символ

Dummyzelle *f* вчт фиктивная ячейка
Dump *m* вчт дамп, разгрузка (*памяти*)
Dumper *m* 1. думпер 2. автомобиль-самосвал большой грузоподъёмности (*для работы в карьерах и на крупных стройках*)
Düngemittel *n* удобрение, тук
Dünger *m* удобрение, тук ◇ den ~ zuführen вносить удобрение
Düngergabe *f* внесение удобрения
Düngerstreuer *m* разбрасыватель минеральных удобрений, туроразбрасыватель
Dungstreuer *m* навозоразбрасыватель
Düngung *f* удобрение, внесение удобрений
Dunkeladaptation *f* темновая адаптация
Dunkelentladung *f* тёмный разряд
Dunkelfeldbeleuchtung *f* освещение по методу тёмного поля, тёмнопольный метод освещения (*в микроскопии*)
Dunkelkammer *f* 1. фотолаборатория 2. тёмное помещение
Dunkelkammerlampe *f* фото лабораторный фонарь
Dunkelleitfähigkeit *f* темновая проводимость
Dunkelraum *m* тёмное пространство
Dunkelrotglut *f* тёмно-красное каление
Dunkelstrahler *m* низкотемпературный инфракрасный излучатель
Dunkelstrom *m* темновой ток
Dunkeltastung *f* гашение (*в машинной графике*)
dünn 1. тонкий 2. жидкий; разбавленный
Dünndruckpapier *n* тонкая непрозрачная печатная бумага; словарная бумага
Dünnfilm *m* тонкая плёнка
Dünnfilmtechnik *f* тонкоплёночная технология
dünnflüssig жидкотекучий
Dünnflüssigkeit *f* жидкотекучесть
dünngezogen тонкотянутый
Dünnschichtbauelement *n* тонкоплёночный элемент; тонкоплёночный компонент
Dünnschaft *m* маш. уменьшенный стержень (*стержень, диаметр которого приблизительно равен среднему диаметру резьбы*)
Dünnschichtchromatografie *f* тонкослойная хроматография
Dünnschichtdiode *f* тонкоплёночный диод
Dünnschichthybridschaltkreis *m*, **Dünnschichthybridschaltung** *f* тонкоплёночная ГИС
Dünnschicht-Hybridtechnik технология тонкоплёночных ГИС
Dünnschicht-IS *f* тонкоплёночная ИС

Dünnschichtmuster *n* тонкоплёночный рисунок (*печатной схемы, ИС*)
Dunnschichtreaktor *m* хим. плёночный реактор
Dünnschichtschaltkreis *m*, **Dünnschichtschaltung** *f* тонкоплёночная микросхема, тонкоплёночная ИС
Dünnschichtspeicher *m* тонкоплёночное ЗУ
Dünnschichttechnik *f* техника тонких плёнок; тонкоплёночная технология
Dünnschichttechnologie *f* тонкоплёночная технология
Dunnschichtverdampfer *m* плёночный испаритель
Dünnschichwiderstand *m* (тонко)плёночный резистор
Dünnschliff *m* 1. прозрачный шлиф, шлиф 2. микрошлиф
Dünnschnitt *m* тонкий срез, микросрез
dünnwandig тонкостенный
Dünung *f* мор. зыбь
duodezimal двенадцатеричный
Duodezimalsystem *n* двенадцатеричная система счисления
Duo-Servobremse *f* авто тормозной механизм с самоусилением при любом направлении вращения тормозного барабана
Duowalzstraße *f* группа [линия] прокатного стана дуо; прокатный стан дуо
Duowalzwerk *n* двухвалковый прокатный стан, стан дуо
Duplexbetrieb *m* дуплексный режим; дуплексная связь
Duplexkanal *m* дуплексный канал
Duplexkette *f* двухрядная цепь
Duplexsteuerung *f* дублированное управление
Duplexverfahren *n* мет. дуплекс-процесс
Duplexverkehr *m* дуплексная связь; дуплексный обмен
Duplikat *n* копия; дубликат
Duplikation *f* копирование; мультиплицирование, размножение
Dupliziergerät *n* дупликатор
Dupnegativ *n* кино контратип
Düppel *pl*, **Düppelstreifen** *pl* дипольные отражатели, металлизированные ленты (*для создания радиолокационных помех*)
Duppositiv *n* кино промежуточный позитив
Dupverfahren *n* кино контратипирование (*фильма*)
Dural *n* дюраль, дюралюминий

Duralumin *n* дуралюмин, дюралюминий, дюраль
Durchbiegung *f* прогиб; стрела прогиба
Durchbiegungslinie *f* линия прогиба
Durchblasen *n* продувка
Durchblaseventil *n* продувочный клапан
Durchbrennen *n* 1. перегорание (*напр. лампы*) 2. прожог, прожигание 3. прогар 4. *вчт* пережигание [расплавление, разрушение] плавких перемычек (*в программируемом ПЗУ*)
Durchbruch *m* 1. прорыв 2. проём 3. *горн.* сбойка; печь 4. *элн* пробой (*p — n-перехода*)
Durchbruchfeldstärke *f* напряжённость поля пробоя
Durchbruchfestigkeit *f* прочность на пробой, пробивная прочность
Durchbruchgebiet *n* область пробоя
Durchbruchkennlinie *f* характеристика пробоя
Durchbruchspannung *f* напряжение пробоя, пробивное напряжение
Durchbruchsperrspannung *f* обратное напряжение пробоя, обратное пробивное напряжение
Durchdrehsender *m* передатчик с плавно изменяющейся частотой (*для зондирования ионосферы*)
durchdringbar проницаемый
Durchdringbarkeit *f* проницаемость
durchdringend проникающий; жёсткий (*об излучении*)
Durchdringung *f* проникание; пенетрация
Durchdringungsvermögen *n* проникающая способность
Durchdruck *m* трафаретная печать
Durchfahrtshöhe *f* 1. *авто* габаритная высота проезда, габарит высоты проезда 2. *ж.-д.* габарит проезда по высоте (*напр. под контактным проводом*); подмостовой габарит по высоте
Durchfahrtsprofil *n*, **Durchfahrtsprofilmaß** *n* *ж.-д.* габарит приближения строений
Durchfahrtsweite *f* 1. *авто* габаритная ширина проезда, габарит ширины проезда 2. *ж.-д.* подмостовой габарит по ширине 3. габарит, допустимая высота прохода судна под мостом
Durchfall *m* нижний [подрешётный] продукт, просев
Durchfluß *m* 1. протекание 2. расход (*жидкости, газа*)
Durchflußanzeiger *m* указатель расхода
Durchflußcharakteristik *f* расходная характеристика
Durchflußmenge *f* расход (*жидкости, газа*)
Durchflußmengenmessung *f* измерение расхода
Durchflußmesser *m* расходомер (*для жидкости, газа*)
Durchflußquerschnitt *m* проходное сечение; живое сечение (*потока*)
Durchflußregelung *f* регулирование расхода
Durchflußregler *m* регулятор расхода
Durchflußrichtung *f* прямое направление (*в полупроводниковых приборах с p — n-переходом*)
Durchflußrinne *f* *гидр.* проран
Durchflußsensor *m* датчик (объёмного) расхода, проточный датчик
Durchflutung *f* 1. полный ток 2. намагничивающая сила
~, **elektrische** полный ток
~, **magnetische** намагничивающая сила
Durchflutungsgesetz *n* закон полного тока
Durchführung *f* *эл.* 1. проходной изолятор 2. ввод
Durchgang *m* 1. прохождение 2. *астр.* прохождение (*светила*) через меридиан 3. *ж.-д.* транзит 4. проход
Durchgangsbohrung *f* 1. *маш.* сквозное отверстие 2. сквозное отверстие (*печатной платы*)
Durchgangsgut *n* транзитный груз
Durchgangsgüterverkehr *m* транзитные грузовые перевозки; прямое грузовое сообщение
Durchgangshahn *m* проходной кран
Durchgangsinstrument *n* *астр.* пассажный инструмент
Durchgangsprofil *n* *ж.-д.* габарит подвижного состава
Durchgangsprofilmaße *n pl* *ж.-д.* габаритные размеры [габарит] подвижного состава
Durchgangsquerschnitt *m* живое сечение; проходное сечение
Durchgangsschraube *f* сквозной болт
Durchgangsventil *n* проходной клапан
Durchgangsverkehr *m* прямое сообщение; транзитное сообщение
Durchgangswagen *m* вагон прямого сообщения
Durchgangswiderstand *m* 1. *эл.* объёмное сопротивление (*изоляции*) 2. проходное сопротивление (*транзистора*)

DURCHGANGSZUG

Durchgangszug *m* поезд прямого сообщения; транзитный поезд
Durchgangszugbildung *f ж.-д.* маршрутизация
Durchgasen *n*, **Durchgasung** *f* фумигация
Durchgehen *n* 1. неуправляемый разгон, разнос (*двигателя внутреннего сгорания*); разнос (*электродвигателя*); угон, неуправляемый разгон (*напр. турбины*) 2. *яд.* неуправляемый разгон (*реактора*), выход реактора из-под контроля
Durchgriff *m* проницаемость (*электронной лампы*)
Durchhang *m* провес, провисание; стрела провеса (*напр. провода*)
Durchhärtung *f* сквозная закалка
Durchhieb *m горн.* сбойка; печь
Durchkontakt *m* переходное соединение (*печатной платы*); межслойное соединение (*печатной платы*)
Durchkontaktierung *f* 1. сквозное соединение (*слоев или сторон печатной платы*); межслойное соединение; металлизированное отверстие (*печатной платы*) 2. получение металлизированных отверстий (*в печатной плате*)
Durchkontaktloch *n* металлизированное (монтажное) отверстие (*печатной платы*)
Durchlaß *m* 1. пропуск, пропускание 2. пропуск; пропускное отверстие 3. проток (*в стекловаренной печи*) 4. *гидр.* водослив; водоспуск
Durchlaßbereich *m* 1. полоса пропускания (*напр. электрического фильтра*) 2. линейная область (*диода с p — n-переходом, транзистора*) 3. участок, соответствующий прямой ветви вольт-амперной характеристики (*напр. тиристора*)
Durchlaßfähigkeit *f* пропускная способность
Durchlaßfilter *n* пропускающий фильтр
Durchlaßgrad *m* коэффициент пропускания
durchlässig проницаемый; прозрачный
Durchlässigkeit *f* 1. проницаемость; водопроницаемость (*почвы, грунта*) 2. прозрачность
~, **magnetische** магнитная проницаемость
Durchlässigkeitsfaktor *m* коэффициент пропускания
Durchlässigkeitskoeffizient *m* коэффициент фильтрации (*почвы*)
Durchlaßkennlinie *f* прямая вольт-амперная характеристика, прямая ветвь вольт-амперной характеристики (*напр. диода, тиристора*)
Durchlaßleitwert *m* проводимость при прямом смещении, прямая проводимость
Durchlaßöffnung *f* проходное отверстие (*напр. клапана*)
Durchlaßrichtung *f* прямое направление (*в полупроводниковых приборах с p — n-переходом*)
Durchlaßspannung *f* 1. прямое напряжение; прямое смещение 2. напряжение в открытом состоянии (*тиристора*)
Durchlaßstrom *m* 1. прямой ток 2. ток в открытом состоянии (*тиристора*)
Durchlaßverstärkung *f* коэффициент усиления в прямом направлении
Durchlaßvorspannung *f* прямое смещение
Durchlaßwiderstand *m* прямое сопротивление; прямое сопротивление перехода
Durchlaufbalken *m* неразрезная балка
Durchlaufbetrieb *m* непрерывный режим работы; непрерывная эксплуатация; непрерывная работа
Durchläufer *m pl* сквозные минералы (*минералы, образующиеся в нескольких генерациях*)
Durchlauferhitzer *m* прямоточный водоподогреватель; газовая колонка
Durchlaufkessel *m* прямоточный котёл
Durchlaufkühler *m* проточный холодильник
Durchlaufmischer *m* смеситель непрерывного действия, прямоточная мешалка
Durchlaufofen *m* печь непрерывного действия; проходная печь; конвейерная печь
Durchlaufreaktor *m* прямоточный реактор
Durchlaufschmieranlage *f* проточная смазочная система
Durchlaufschmierung *f* проточное смазывание
Durchlaufträger *m* неразрезная балка
Durchlauftrockner *m* 1. сушилка непрерывного действия; конвейерная сушилка 2. сушило непрерывного действия
Durchlaufzeit *f* (общая) длительность производственного цикла
Durchleuchten *n*, **Durchleuchtung** *f* просвечивание
Durchlicht *n* проходящий свет
Durchlichtmikroskop *n* микроскоп для наблюдения в проходящем свете
Durchlüften *n*, **Durchlüftung** *f* аэрация
Durchmesser *m* диаметр
~, **lichter** диаметр в свету

Durchmesserteilung *f маш.* питч, диаметральный шаг (*зубчатого зацепления*)
Durchpausen *n* калькирование, снятие кальки
Durchperlen *n* барботирование, барботаж
Durchrutschen *n* пробуксовывание (*колеса*); проскальзывание
Durchsatz *m* 1. пропускная способность; производительность 2. расход
Durchsatzleistung *f* пропускная способность
Durchsatzmasse *f* весовой расход
Durchsatzrate *f* производительность (*вычислительной системы*)
Durchschaltung *f свз* транзитное соединение, транзит
durchscheinend просвечивающий; полупрозрачный
Durchschlag *m* 1. (электрический) пробой 2. машинописная копия, (машинописный) экземпляр
~, **elektrischer** электрический пробой
Durchschlageisen *n* пробойник, бородок
Durchschlagfestigkeit *f* электрическая [пробивная] прочность
Durchschlagpapier *n* копийная бумага, бумага для машинописных копий
Durchschlagspannung *f* пробивное напряжение, напряжение пробоя
Durchschlagsprüfung *f* испытание на пробой
Durchschmelzelement *n*, **Durchschmelzverbindung** *f* плавкая перемычка (*в ППЗУ*)
Durchschmelzungsnaht *f св.* проплавной шов
Durchschnittsgeschwindigkeit *f* средняя скорость
Durchschnittsgröße *f* средняя величина
Durchschnittsleistung *f* средняя мощность
Durchschnittsprobe *f* средняя проба
Durchschnittstemperatur *f* средняя температура
Durchschnittswert *m* среднее значение
Durchschreibpapier 1. самокопировальная бумага 2. копировальная бумага под карандаш
Durchschuß *m полигр.* шпоны
Durchschweißen *n св.* провар
~, **mangelhaftes [ungenügendes]** непровар
durchsichtig прозрачный
Durchsichtigkeit *f* прозрачность
Durchsichtskatode *f* полупрозрачный фотокатод
Durchsickern *n* просачивание
Durchstarten *n ав.* уход на второй круг; прерывание посадки, прерванная посадка
Durchsteckschraube *f* болт

Durchstich *m* прокол; прокалывание
Durchstrahlung *f* просвечивание
Durchstrahlungselektronenmikroskop *n* просвечивающий электронный микроскоп
Durchstrahlungselektronenmikroskopie *f* просвечивающая электронная микроскопия
Durchsuchen *n* полный перебор (*при поиске*)
Durchtränken *n*, **Durchtränkung** *f* пропитка
Durchtreiber *m* пробойник, бородок; пуансон
Durchtunnelung *f физ.* туннелирование, просачивание через туннельный барьер
Durchverbindung *f* переходное соединение (*печатной платы*); межслойное соединение (*печатной платы*)
Durchwahl *f тлф* прямой набор номера абонента (*при пользовании автоматической междугородной или международной связью*)
Durchweichen *n* томление (*стали*)
Durchziehen *n* разбортовка
Durchziehwerkzeug *n* разбортовочный штамп
Durchzug *m авто* сила тяги (*на ведущих колесах*)
Duroplast *m* реактопласт, термореактопласт, термореактивная пластмасса
Dusche *f* душ
Duschgel *n* гель для (принятия) душа
Dusch-Schampoo *n* шампунь для (принятия) душа
Düse *f* 1. сопло 2. форсунка 3. жиклёр (*карбюратора*) 4. мундштук (*напр. сварочной горелки*) 5. *мор.* насадка (*напр. гребного винта*) 6. *мет.* фурма 7. *текст.* фильера 8. очко (*волоки*) 9. лодочка (*для вытягивания стекла*)
~, **verstellbare** регулируемое сопло
Düsenbrenner *m* форсунка
Düsenflugzeug *n* реактивный самолёт
Düsenjäger *m* реактивный истребитель
Düsenkraftstoff *m* реактивное топливо
Düsennadel *f* игла форсунки; игла распылителя (форсунки), форсуночная игла (*напр. дизеля*); игла жиклёра
Düsenquerschnitt *m* (поперечное) сечение сопла; проходное сечение сопла; проходное сечение жиклёра; площадь (поперечного) сечения сопла
~, **engster** критическое сечение сопла
Düsenstrahl *m* реактивная струя
Düsentreibstoff *m* реактивное топливо
Düsentriebwerk *n* реактивный двигатель
Düsenwebautomat *m*, **Düsenwebmaschine** *f* бес-

DÜSE-PRALLPLATTE-...

челночный пневматический *или* гидравлический ткацкий станок, бесчелночный ткацкий станок с сопловым устройством

Düse-Prallplatte-System *n* дроссель типа «сопло — заслонка»; усилитель типа «сопло — заслонка»

D-Verhalten *n авт* воздействие по производной

dwars *мор.* на траверзе

Dwarslinie *f*, **Dwarsrichtung** *f мор.* траверз

Dyn *n* дина, дин (*единица силы в системе единиц СГС*)

Dynamik *f* динамика

~ der Getriebe динамика механизмов и машин

Dynamikbereich *m* динамический диапазон

dynamisch динамический

Dynamit *n* динамит

Dynamo *m* генератор постоянного тока с самовозбуждением (*термин* «*Dynamo*» *имеет в настоящее время ограниченное применение, напр.*: **Fahrraddynamo** — велосипедный генератор)

Dynamoblech *n* листовая электротехническая сталь; (листовая) динамная сталь

Dynamometer *n* динамометр

dynamometrisch динамометрический

Dynamostahl *m см.* Dynamoblech

Dynastart *m*, **Dynastarter** *m авто* стартер-генератор

Dynatroneffekt *m* динатронный эффект

Dynistor *m*, **Dynistordiode** *f* динистор, диодный тиристор

Dynode *f* динод, вторично-электронный катод

Dysprosium *n* диспрозий, Dy

DZTL [Diodentransistorlogik mit Z-Dioden] *f*, **DZTL-Logik** *f*, **DZTL-Schaltungen** *f pl* диодно-транзисторные логические схемы со стабилитронами

E

E/A..., **E-A...** *см. тж* Ein-/Ausgabe..., Eingabe-Ausgabe...

E/A-Adresse *f* адрес (устройства) ввода-вывода, адрес внешнего устройства

E/A-Adressierung *f* адресация (устройств) ввода-вывода, адресация внешних устройств

~, **speicherbezogene** адресация с отображением устройства ввода-вывода на адресное пространство основной памяти; ввод-вывод с адресацией внешних устройств в основной памяти

E/A-Adressierungsmodus *m* режим адресации (устройств) ввода-вывода

E/A-Adreßraum *m* адресное пространство ввода-вывода

E/A-Anforderung *f* запрос (прерывания) по вводу-выводу

E/A-Baustein *m* блок ввода-вывода; контроллер ввода-вывода

E/A-Befehl *m* команда ввода-вывода

E/A-Bereich *m* адресное пространство ввода-вывода

E/A-Dekodierung *f* дешифрация адресов (устройств) ввода-вывода, дешифрация адресов внешних устройств

E/A-Einheit *f* блок ввода-вывода; процессор ввода-вывода; контроллер ввода-вывода

E/A-Erweiterung *f* расширение системы ввода-вывода

E/A-Format *n* формат ввода-вывода

E/A-Gerät *n* устройство ввода-вывода, УВВ

E/A-Interrupt *m* прерывание по вводу-выводу

E/A-Kanal *m* канал ввода-вывода

E/A-Modul *n* модуль ввода-вывода

E/A-Multiplexer *m* мультиплексор ввода-вывода

E/A-Port *m* порт ввода-вывода

E/A-Prozessor *m* процессор ввода-вывода

E/A-Puffer *m* буфер ввода-вывода

E/A-Pufferung *f* буферизация ввода-вывода, буферизация входных и выходных потоков данных

E/A-Rate *f* интенсивность ввода-вывода заданий; интенсивность взаимодействия пользователя с системой

EAROM [Electrically Alterable ROM] *m* электрически перепрограммируемое ПЗУ, ЭППЗУ

E/A-Schaltkreis *m* контроллер ввода-вывода; БИС контроллера ввода-вывода

E/A-Schnittstelle *f* интерфейс ввода-вывода

E/A-Steuerbaustein *m* контроллер ввода-вывода

E/A-Steuereinheit *f* блок управления режимом ввода-вывода; контроллер ввода-вывода

E/A-Steuersystem *n* система управления вводом-выводом, система ввода-вывода

E/A-Treiber *m* драйвер (устройств) ввода-вывода

E/A-Unterbrechung *f* прерывание по вводу-выводу

E/A-Zugriff *m* обращение к устройству ввода-вывода

Ebbe *f* отлив

eben плоский

Ebene *f* 1. плоскость 2. уровень 3. равнина

~, **lithografische** литографический [топологический] слой *(структуры ИС)*, получаемый при экспонировании через шаблон в процессе литографирования

~, **logische** логический уровень

Ebenenbündel *n мат.* связка плоскостей

Ebenflächner *m* плоскогранник

Ebenheit *f* плоскостность

Ebenheitsabweichung *f*, **Ebenheitsfehler** *m* отклонение от плоскостности, неплоскостность

Ebenheitsprüfung *f* контроль плоскостности

Ebonit *n* эбонит

Ebullioskop *n* эбуллиоскоп

Ebullioskopie *f* эбуллиоскопия

ECCM-Flugzeug [Electronic Counter-Counter Measures...] *n* самолёт для противодействия средствам РЭП противника, самолёт — постановщик радиоэлектронных помех

ECD-Element [Electrochromeric Display...] *n* электрохромный индикаторный элемент; электрохромный индикатор

Echo *n* 1. эхо 2. эхо(-сигнал), отражённый сигнал

Echobetrieb *m* эхо-режим

Echobild *n* двойное [побочное, повторное] изображение

Echolot *n* эхолот

Echolotung *f* эхолотирование

Echosignal *n* эхо-сигнал

Echotest *m* эхо-контроль

Echoverfahren *n* эхо-метод *(в ультразвуковой дефектоскопии)*

echt стойкий, прочный *(о краске, красителе)*

Echtheit *f* прочность *(красителя)*; устойчивость *(окраски)*

Echtzeit *f* реальное время

Echtzeitaufgabe *f* задача, выполняемая в реальном времени

Echtzeitausgabe *f* вывод (данных) в реальном времени

Echtzeitbetrieb *m* режим реального времени; работа в режиме реального времени

Echtzeitbetriebssystem *n* операционная система реального времени

Echtzeiteingabe *f* ввод (данных) в реальном времени

Echtzeitprogrammierung *f* программирование систем реального времени; разработка программ реального времени

Echtzeitrechner *m* ЭВМ, работающая в режиме реального времени

Echtzeitsimulation *f* моделирование в реальном времени

Echtzeitsprache *f* язык реального времени *(язык программирования, ориентированный на применение в системах реального времени)*

Echtzeitsteuerprogramm *n* монитор реального времени, управляющая программа, работающая в реальном времени

Echtzeitsteuerung *f* управление в реальном времени

Echtzeitsystem *n* система реального времени

Echtzeituhr *f* часы реального времени

Echtzeitverarbeitung *f* обработка в реальном времени; работа в режиме реального времени

Eckblech *n см.* **Eckplatte**

Ecke *f* 1. угол *(многоугольника)* 2. вершина *(многогранника, графа)*

~, **körperliche** телесный угол

Eckfrequenz *f* (угловая) граничная частота; граничная частота фильтра; граничная частота канала

Eckhahn *m* угловой кран

Eckplatte *f* угловая накладка, косынка

ECL [Emitter-Coupled Logic] *f* эмиттерно-связанная логика, ЭСЛ; логические схемы с эмиттерными связями

~, **emitterfolgergekoppelte** логика с эмиттерно-эмиттерными связями, эмиттерно-эмиттерная логика, ЭЭСЛ

ECL-CMOS-Treiber *m* ЭСЛ-КМОП-формирователь

ECL-Gate-Array *n* (вентильная) ЭСЛ-матрица; матричная ЭСЛ ИС

ECL-Gatter *n* элемент [вентиль] ЭСЛ, ЭСЛ-вентиль

ECL-IS *f*, **ECL-Schaltkreis** *m* ИС на ЭСЛ, ЭСЛ ИС *(ИС на логических схемах с эмиттерными связями)*

ECL-SCHALTKREISE

ECL-Schaltkreise *m pl*, **ECL-Schaltungen** *f pl* логические схемы с эмиттерными связями, ЭСЛ-схемы, эмиттерно-связанная логика, ЭСЛ

ECL-Technik *f* технология ИС на ЭСЛ, технология ЭСЛ ИС

E^{2}CL [Emitter-Emitter Coupled Logic] *f* логика с эмиттерно-эмиттерными связями, эмиттерно-эмиттерная логика, ЭЭСЛ

E^{2}CL-Technik *f* технология ИС на ЭЭСЛ, технология ЭЭСЛ ИС

ECM-Flugzeug [Electronic Counter-Measures...] *n* самолёт РЭП, самолёт для радиоэлектронного подавления радиоэлектронных средств противника

Economiser *m* экономайзер

ECTL [Emitter-Coupled Transistor Logic] *f* транзисторная логика с эмиттерными связями, ТЛЭС

ECTL-Gatter *n* элемент [вентиль] ТЛЭС

ECTL-Schaltungen *f pl* логические схемы, выполненные в базисе ТЛЭС; логические схемы с эмиттерными связями, ЭСЛ-схемы

edel благородный

Edelerz *n* богатая руда

Edelgas *n* инертный [благородный] газ

Edelgasgleichrichter *m* газотрон, газотронный выпрямитель

Edelmetalle *n pl* благородные металлы

Edelrost *m* патина

Edelstahl *m* высококачественная сталь

Edelsteine *m pl* драгоценные камни

Edieren *n вчт* редактирование

Edison-Sockel *m эл.* резьбовой цоколь

Editierbetrieb *m вчт* режим редактирования

Editieren *n вчт* редактирование

Editierkommando *n вчт* команда редактирования

Editiermodus *m вчт* режим редактирования

Editierprogramm *n см.* Editor

Editierterminal *n вчт* редакторский терминал; АРМ подготовки текстов

Editor *m вчт* (программа-)редактор, редактирующая программа

~, **bildschirmorientierter** экранный редактор

Editprogramm *n см.* Editor

ED-MOS [Enhancement-Depletion-...] *f*, **ED-Technik** *f*, **E/D-Technik** *f* технология МОП ИС с обогащением активных транзисторов и обеднением нагрузок

EDV [Elektronische Datenverarbeitung] *f* электронная обработка данных

EDV-Anlage *f* система электронной обработки данных; (большая) ЭВМ

EECL [Emitter-Emitter Coupled Logic] *f* логика с эмиттерно-эмиттерными связями, эмиттерно-эмиттерная логика, ЭЭСЛ

EEL *f см.* EECL

EEPROM [Electrically Erasable PROM] *m*, **EEROM** [Electrically Erasable PROM] *m* электрически стираемое программируемое ПЗУ, ЭСППЗУ, электрически перепрограммируемое ПЗУ, ЭППЗУ

Effekt *m* эффект; явление

~, **äußerer fotoelektrischer [äußerer lichtelektrischer]** внешний фотоэффект

~, **akustischer** акустический эффект

~, **batochromer** батохромный эффект

~, **elektrooptischer** электрооптический эффект

~, **fotoelektrischer** фотоэлектрический эффект, фотоэффект

~, **fotoelektromagnetischer** фотомагнитоэлектрический эффект

~, **fotovoltaischer** фотогальванический эффект

~, **galvanomagnetischer** гальваномагнитный эффект

~, **glühelektrischer** эффект Ричардсона

~, **hypsochromer** гипсохромный эффект

~, **innerer fotoelektrischer [innerer lichtelektrischer]** внутренний фотоэффект

~, **lichtelektrischer** фотоэлектрический эффект, фотоэффект

~, **magnetoelastischer** магнитоупругий эффект

~, **magnetostriktiver** магнитострикционный эффект

~, **piezoelektrischer** пьезоэлектрический эффект, пьезоэффект

~, **piezoresistiver** тензорезистивный эффект

~, **pyroelektrischer** пироэлектрический эффект

~, **selektiver lichtelektrischer** избирательный фотоэффект

~, **stroboskopischer** стробоскопический эффект

~, **thermischer** тепловой эффект

~, **thermoelektrischer** термоэлектрический эффект

~, **thermoresistiver** терморезистивный эффект

effektiv эффективный

Effektivität *f* эффективность

Effektivleistung *f* эффективная мощность

Effektivwert *m* эффективное [действующее] значение

EIGENPEILUNG

Effektivwertgleichrichter *m* квадратичный детектор

Effektor *m* 1. исполнительный орган; рабочий орган 2. *хим.* эффектор (*активатор или ингибитор ферментативных реакций*)

Effektzwirn *m* фасонная кручёная пряжа

Effloreszenzen *f pl* выцветы (*солей*)

Effusion *f* излияние, эффузия

Effusivgesteine *n pl* эффузивные магматические горные породы, эффузивные [излившиеся] породы

EFL [Emitter-Follower Logic] *f* логика на эмиттерных повторителях, ЭПЛ-логика, ЭПЛ; логические схемы на эмиттерных повторителях

EGA [Enhanced Graphics Adapter] *m*, **EGA-Adapter** *m вчт* адаптер улучшенной графики, графический адаптер EGA, EGA-адаптер

Egalisieren *n текст.* выравнивание (*окраски*)

Egalisierfarbstoff *m текст.* выравнивающий краситель

Egalisiermittel *n текст.* выравниватель

EGA-Monitor *m вчт* монитор типа EGA

Egge *f с.-х.* борона

Egoutteur *m бум.* эгутёр

Egrenieren *n текст.* волокноотделение

Egreniermaschine *f текст.* волокноотделитель

EHF-Bereich [Extremely High Frequency...] *m* диапазон крайне высоких частот, КВЧ-диапазон; диапазон миллиметровых волн, миллиметровый диапазон

EIA-Schnittstelle [Electronic Industries Association...] *f*, **EIA-Standardschnittstelle** *f вчт* стандартный интерфейс EIA (*интерфейс, рекомендованный Ассоциацией электронной промышленности, США*)

Eichelröhre *f элн* лампа-жёлудь

Eichen *n* 1. поверка (*средств измерений*) 2. градуировка (*средств измерений*) 3. юстировка; калибрование, калибровка

Eichfehlergrenzen *f pl* допуски (отклонений) калибровки

Eichgerät *n* калибратор

Eichkraftstoff *m* эталонное топливо

Eichkurve *f* градуировочная [калибровочная] кривая; тарировочная кривая

Eichmarke *f* поверочное клеймо

Eichmaß *n* образцовая [эталонная] мера; эталон

Eichspannung *f* эталонное напряжение

Eichung *f* 1. *см.* **Eichen** 2. градуировка (*шкалы*)

Eierisolator *m* орешковый изолятор

eiförmig яйцевидный

Eigenantrieb *m* автономный привод

Eigenbedarf *m* собственные нужды (*напр. электростанции*)

Eigendefekt *m* собственный дефект

Eigendefektniveau *n* уровень собственных дефектов

Eigendiagnose *f* самодиагностика

Eigendrehimpuls *m яд.* спин

Eigendrehung *f* авторотация, режим авторотации (*напр. газотурбинного двигателя*)

Eigenenergie *f* собственная энергия

Eigenerregung *f* самовозбуждение

Eigenerwärmung *f* (само)разогрев (*при эксплуатации*)

Eigenfehlordnung *f* собственный дефект

Eigenfotoleiter *m* материал с собственной фотопроводимостью

Eigenfotoleitung *f* собственная фотопроводимость

Eigenfrequenz *f* собственная частота

Eigenfunktion *f* собственная функция

Eigengewicht *n* собственный вес

Eigenhalbleiter *m* собственный [беспримесный] полупроводник

Eigenlast *f* собственный вес (*конструкции*)

Eigenleitfähigkeit *f см.* **Eigenleitung**

Eigenleitung *f* собственная проводимость, собственная электропроводность

Eigenleitungsbereich *m см.* **Eigenleitungsgebiet**

Eigenleitungsdichte *f* собственная концентрация (носителей), концентрация собственных носителей (заряда)

Eigenleitungsgebiet *n* область собственной проводимости, i-область

Eigenleitungskonzentration *f см.* **Eigenleitungsdichte**

Eigenleitungsschicht *f* слой с собственной проводимостью; область собственной проводимости, i-область

Eigenleitungsträger *m pl* собственные носители (заряда)

Eigenlenkung *f* самонаведение

Eigenmasse *f* 1. собственная масса 2. *авто* снаряжённая масса; масса снаряжённого автомобиля

Eigenpeilung *f* самопеленгация

157

EIGENPRÜFUNG

Eigenprüfung *f* самоконтроль; самопроверка; самотестирование; автотест
Eigenrauschen *n* собственный шум, собственные шумы; уровень собственных шумов
Eigenreibung *f* собственное трение
Eigenschaft *f* свойство
~, **aerodynamische** аэродинамическое качество
Eigenschaften *f pl* 1. свойства 2. качества
~, **chemische** химические свойства
~, **dielektrische** диэлектрические свойства
~, **magnetische** магнитные свойства
~, **mechanische** механические свойства
~, **physikalische** физические свойства
Eigenschwingungen *f pl* собственные колебания, автоколебания
Eigenspannungen *f pl* внутренние напряжения
Eigenstörstelle *f* собственный дефект
Eigenvektor *m* собственный вектор
Eigenwert *m* собственное значение
Eigenwertproblem *n* задача на собственные значения [на нахождение собственных значений]
Eigenwiderstand *m* собственное сопротивление
Eigenzündung *f* самовоспламенение
Eigenzustand *m* собственное состояние
Eignungsauslese *f* профессиональный отбор
Eikonal *n мат., опт.* эйконал
Eilgang *m маш.* 1. быстрое [ускоренное] перемещение (*рабочего органа*), ускоренный ход 2. *авто* повышающая [ускоряющая] передача
Eilgangantrieb *m маш.* привод ускоренного перемещения (*рабочего органа*)
Eilgangbetrieb *m маш.* режим быстрого перемещения
Eilrückgang *m авто* передача для движения задним ходом с повышенной скоростью
Eilrücklauf *m маш.* быстрый [ускоренный] обратный ход
Eilrückzug *m маш.* быстрый [ускоренный] отвод (*инструмента, рабочего органа*)
Eilvorlauf *m маш.* быстрый [ускоренный] подвод (*инструмента, рабочего органа*)
Eilvorschub *m маш.* быстрая подача
Eilvorschubgeschwindigkeit *f маш.* скорость быстрой подачи
Eimer *m* 1. ковш, черпак (*экскаватора*) 2. бадья 3. ведро
Eimerförderer *m* ковшовый конвейер, ковшовый транспортёр
Eimerinhalt *m* ёмкость ковша

Eimerkette *f* «пожарная цепочка» (*см. тж* Eimerkettenbauelement, Eimerkettenschieberegister)
Eimerkettenbagger *m* многоковшовый экскаватор
Eimerkettenbauelement *n элн* прибор (с зарядовой связью) типа «пожарная цепочка», ПЗС типа «пожарная цепочка»
Eimerkettenschaltung *f элн* схема типа «пожарная цепочка»; прибор (с зарядовой связью) типа «пожарная цепочка», ПЗС типа «пожарная цепочка»
~, **integrierte** ПЗС типа «пожарная цепочка»
Eimerkettenschieberegister *n вчт* сдвиговый регистр на ПЗС типа «пожарная цепочка»
Eimerkettenschwimmbagger *m* многочерпаковая драга
Eimerkettenspeicher *m* память [ЗУ] на ПЗС типа «пожарная цепочка»
Eimerwerk *n* ковшовый элеватор
«**Ein**» 1. «включено»; включённое состояние 2. «включить» (*команда управления*)
einachsig одноосный
Einadreßbefehl *m* одноадресная команда
Einadreßbefehlsformat *n* одноадресный формат команд
Einadreßmaschine *f* одноадресная машина
Einankerumformer *m эл.* одноякорный преобразователь
Einarbeiten *n* 1. приработка 2. введение (*в смесь*) ◇ ~ **in den Synchronismus** вхождение [втягивание] в синхронизм
einarmig одноплечий (*напр. о рычаге*)
einäugig 1. монокулярный 2. однообъективный (*о зеркальном фотоаппарате*)
Ein-/Ausgabe *f* ввод-вывод (*см. тж* E/A..., Eingabe-Ausgabe...)
~, **gepufferte** буферизованный ввод-вывод
~, **speicheradressierte** ввод-вывод с адресацией внешних устройств в основной памяти
Ein-/Ausgabebaustein *m*, **serieller** контроллер последовательного ввода-вывода
Ein-/Ausgabebefehl *m* команда ввода-вывода
Ein-/Ausgabeeinheit *f* блок ввода-вывода; процессор ввода-вывода; контроллер ввода-вывода
Ein-/Ausgabegerät *n* устройство ввода-вывода, УВВ
Ein-/Ausgabekanal *m* канал ввода-вывода
Ein-/Ausgabeport *m* порт ввода-вывода

EINDRINGVERFAHREN

Ein-/Ausgabeprozessor *m* процессор ввода-вывода

Ein-/Ausgabe-Schnittstelle *f* интерфейс ввода-вывода

Ein-/Ausgabewerk *n* процессор ввода-вывода; контроллер ввода-вывода

Ein-Aus-Regelung *f* *автм* двухпозиционное регулирование

Ein-Aus-Regler *m* *автм* двухпозиционный [релейный] регулятор

Einbahnstraße *f* дорога с односторонним движением

Einbahnverkehr *m* одностороннее движение

Einband *m* *полигр.* переплёт

Einbau *m* 1. встраивание 2. установка; монтаж, сборка 3. спуск (*напр. обсадной колонны в скважину*) 4. встраивание, внедрение (*напр. атомов примеси в кристаллическую решетку*)

Einbauantenne *f* встроенная антенна

Einbaudichte *f* плотность монтажа; плотность упаковки

Einbaugerät *n* встроенный аппарат; встроенное устройство; встроенный прибор

Einbaumaß *n* *маш.* базовое расстояние (*конического зубчатого колеса*)

Einbaumontage *f* утопленный [скрытый] монтаж

Einbauprogrammschleife *f* *прогр.* вложенный цикл

Einbauspiel *n* монтажный зазор

Einbettung *f* 1. заливка (*исследуемого препарата в парафин или жидкий полимеризующийся материал*) 2. заделка 3. *мат.* вложение; погружение

Einbettungsflüssigkeit *f* иммерсионная жидкость

Einbettungsmethode *f* иммерсионный метод

Einbeulung *f* вмятина

Einbitregister *n* одноразрядный регистр

Einblaseleitung *f* нагнетательный трубопровод

Einblickmikroskop *m* смотровой микроскоп, микроскоп визуального контроля

Einbrand *m* провар; проплавление (*при сварке*)

Einbrandtiefe *f* глубина проплавления (*при сварке*)

Einbrennen *n* 1. вжигание 2. прожигание 3. отжиг

Einbrennlack *m* лак горячей [печной] сушки

Einbrennpaste *f* вжигаемая паста, пиропаста

Einbrenntemperatur *f* температура вжигания

Einbringen *n* укладка (*напр. бетона*)

Einbruch *m* *горн.* 1. вруб 2. завал

Einbruchmeldeanlage *f* охранная сигнализация; система охранной сигнализации

Einbuchtung *f* вогнутость; вмятина

Einbytebefehl *m* однобайтная команда

Einchipmikroprozessor *m* однокристальный микропроцессор

Einchipmikrorechner *m* однокристальная микроЭВМ

Einchipmodem *n* однокристальный модем, БИС модема

Einchipprozessor *m* однокристальный микропроцессор

Einchiprechner *m* однокристальная микроЭВМ

Einchiptechnik *f* технология (изготовления) однокристальных БИС

Eindämmung *f* обвалование, ограждение дамбой *или* перемычкой; запруда

Eindampfapparat *m* выпарной аппарат

Eindampfen *n* 1. упаривание 2. *хим.* выпаривание

Eindecker *m* моноплан

Eindeichung *f* см. **Eindämmung**

eindeutig однозначный

Eindeutigkeit *f* 1. однозначность 2. единственность

Eindicker *m* 1. сгуститель (*аппарат*) 2. загуститель (*для консистентных смазок*)

Eindickmittel *n* сгуститель

Eindickung *f* 1. сгущение; загущение 2. загустевание 3. концентрация

Eindiffundieren *n*, **Eindiffusion** *f* прямая диффузия, диффузия внутрь объёма

eindimensional одномерный

Eindocken *n* докование, постановка в док

Eindraht... однопроводный

Eindringen *n* проникновение; внедрение

Eindringgerät *n* пенетрометр (*прибор для определения консистенции вязких тел*)

Eindringkörper *m* индентор (*твердое малодеформирующееся тело для определения твердости материала методом вдавливания*)

Eindringprüfung *f* определение твёрдости методом вдавливания

Eindringtiefe *f* 1. глубина вдавливания 2. глубина проникновения (*напр. электрического поля в полупроводник*)

Eindringverfahren *n* 1. метод вдавливания, ме-

EINDRINGVERSUCH

тод определения твёрдости вдавливанием 2. капиллярная дефектоскопия, контроль с помощью проникающих жидкостей
Eindringversuch *m см.* **Eindruckversuch**
Eindruck *m* 1. отпечаток 2. лунка
Eindrücken *n* нагнетание
Eindruckfläche *f* лунка
Eindruckversuch *m* испытание вдавливанием, испытание на твёрдость методом вдавливания
Eindruckwerk *n* впечатывающий аппарат
Einebenenleiterplatte *f* односторонняя печатная плата
Einebenenschaltung *f* односторонняя печатная плата; печатная схема с односторонней печатной платой
eineindeutig взаимно-однозначный
Einerkomplement *n вчт* дополнение до единицы, поразрядное дополнение
Einerkomplementkode *m вчт* обратный код двоичного числа
einfach 1. простой 2. однократный 3. одинарный
Einfächerung *f элн* объединение по входу; коэффициент объединения по входу
Einfacheuropakarte *f см.* **Europakarte**
Einfachgegenkopplung *f* однопетлевая отрицательная обратная связь, однопетлевая ООС
Einfachkette *f* однорядная цепь
Einfachleerstelle *f* моновакансия
Einfachmitkopplung *f* однопетлевая положительная обратная связь
Einfachpreßwerkzeug *n* одноместная прессформа
Einfachrepeater *m* однопозиционный фотоповторитель
Einfachrückkopplung *f* однопетлевая обратная связь
Einfachsprechverbindung *f* симплексная телефонная связь
Einfachtrap *m физ.* однозарядная ловушка
Einfahren *n* 1. обкатка 2. *см.* **Einfahrt** 3. *маш.* вывод (*напр. рабочего органа*) в заданную координату 4. надвижка (*пролётных строений моста*) 5. дотягивание (*кабины лифта на сниженной скорости до заданного уровня*) 6. вкатывание
Einfahrt *f* 1. въезд 2. *горн.* спуск (*в шахту*)
Einfall *m опт., физ.* падение (*света, волны*)
Einfallen *n* 1. падение (*напр. пласта*); уклон 2. западание (*напр. защёлки*) ◇ ~ **in den Synchronismus** вхождение [втягивание] в синхронизм
Einfallslot *n опт., физ.* нормаль [перпендикуляр] в точке падения луча
Einfallswinkel *m опт., физ.* угол падения (*луча, пучка*)
Einfamilienhaus *n* одноквартирный жилой дом
Einfang *m физ.* захват
~ **am Trap** захват (носителей) ловушкой
~ **durch Störstellen** захват (носителей) примесными центрами
Einfangfaktor *m*, **Einfangkoeffizient** *m физ.* коэффициент захвата
Einfanggraben *m* нагорная [ловчая] канава
Einfangmechanismus *m физ.* механизм захвата
Einfangquerschnitt *m физ.* сечение захвата
Einfangrate *f физ.* скорость захвата
Einfangstrahlung *f физ.* захватное излучение
einfarbig монохроматический
Einfärbung *f* окраска, окрашивание
Einfassung *f* оправа; обрамление; окантовка
Einfeldbalken *m* однопролётная балка
Einflankensteuerung *f* синхронизация (*триггера*) одним (*положительным или отрицательным*) фронтом тактового импульса
Einflankenverfahren *n* метод однотактного [однократного] интегрирования (*при аналого-цифровом преобразовании*)
Einfliegen *n* лётные испытания; облёт
Einfluchten *n* провешивание (*прямой линии*)
Einflugschneise *f ав.* входной (воздушный) коридор
Einflugzeichen *n ав.* маркерный радиомаяк, радиомаркер
Einfluß *m* влияние; воздействие
Einflußfaktor *m* влияющий фактор
Einflußlinie *f* линия влияния, инфлюэнта
Einfrieren *n* 1. стеклование 2. замерзание, промерзание
Einfrierpunkt *m*, **Einfriertemperatur** *f* температура стеклования
Einfügedämpfung *f* вносимое затухание
Einfügen *n вчт* вставка
Einfuhr *f* ввоз, импорт
Einführung *f* 1. введение, ввод 2. внедрение (*напр. новой технологии*) 3. *текст.* заправка (*напр. ткани*) 4. ввоз, импорт
Einfüllen *n* 1. заливка, залив; налив; заправка; заполнение 2. загрузка
Einfüllöffnung *f* 1. наливная горловина; заправочная горловина 2. загрузочное отверстие

EINGANGSGLEICHSPANNUNG

Einfüllstutzen *m* наливной патрубок
Einfülltrichter *m* 1. заправочная воронка 2. загрузочная воронка
Einfurchenpflug *m* однокорпусный плуг
Eingabe *f* ввод (*данных*)
~, **grafische** 1. графический ввод, ввод графической информации 2. устройство графического ввода, устройство ввода графической информации
Eingabeantwort *f* (экранное) эхо (*отображение вводимых с клавиатуры символов на экране дисплея*)
Eingabeart *f* режим ввода
Eingabe-Ausgabe *f* ввод-вывод
~, **serielle** последовательный ввод-вывод
Eingabe-Ausgabe... *см. тж* E/A..., Ein-/Ausgabe...
Eingabe-Ausgabe-Anweisung *f* оператор ввода-вывода
Eingabe-Ausgabe-Bus *m* шина ввода-вывода
Eingabe-Ausgabe-Interface *n* интерфейс ввода-вывода
Eingabe-Ausgabe-Port *m* порт ввода-вывода
Eingabe-Ausgabe-Programm *n* программа ввода-вывода
Eingabe-Ausgabe-Prozessor *m* процессор ввода-вывода
Eingabe-Ausgabe-Simulation *f* моделирование ввода-вывода
Eingabe-Ausgabe-Steuerprogramm *n* программа управления вводом-выводом
Eingabe-Ausgabe-Steuerung *f* управление вводом-выводом
Eingabe-Ausgabe-Tor *n* порт ввода-вывода
Eingabe-Ausgabe-Verteiler *m* распределитель устройств ввода-вывода
Eingabe-Ausgabe-Zyklus *m* цикл ввода-вывода
Eingabebefehl *m* команда ввода
Eingabebereich *m* область [буферная зона] ввода
Eingabebus *m* входная шина
Eingabedatei *f* входной [исходный] файл, файл исходных данных
Eingabedaten *pl* входные данные
Eingabeeingang *m* вход ввода
Eingabeeinheit *f* устройство ввода
Eingabeelement *n* входной примитив (*в машинной графике*)
Eingabefeinheit *f маш.* дискретность задания перемещения, дискрета ввода; дискретность задания параметра

Eingabeformat *n* формат ввода; формат входных данных
Eingabegerät *n* устройство ввода (данных)
~, **grafisches** устройство графического ввода
Eingabegrundelement *n см.* Eingabeelement
Eingabe-Interrupt *m* прерывание по вводу
Eingabekanal *m* входной канал
Eingabemodul *n* модуль ввода
Eingabeoperation *f* операция ввода
Eingabeperipherie *f* периферийные устройства ввода
Eingabeport *m* порт ввода; входной порт
Eingabeprogramm *n* программа ввода
Eingabepuffer *m* буфер ввода; входной буфер
Eingabepufferregister *n* входной буферный регистр
Eingabepufferspeicher *m* входное буферное ЗУ
Eingaberegister *n* входной регистр
Eingaberoutine *f* программа ввода
Eingabeschalter *m* вводный выключатель
Eingabeschnittstelle *f* интерфейс ввода
Eingabespeicher *m* входное буферное ЗУ
Eingabetastatur *f* клавиатура ввода данных
Eingabeterminal *n* терминал ввода
Eingabeübersetzer *m прогр.* входной транслятор
Eingabewandler *m* входной преобразователь
Eingabe-Warteschlange *f* входная очередь (заданий), очередь входных заданий
Eingabewerk *n* устройство ввода (данных)
Eingang *m* вход
~, **invertierender** инвертирующий вход
~, **nichtinvertierender** неинвертирующий вход
~, **unbenutzter** неиспользуемый вход; незадействованный [неиспользованный] вывод (*микросхемы*)
Eingangsadmittanz *f* входная полная проводимость
3-Eingang-AND-Gatter *n* трёхвходовый элемент [трёхвходовый вентиль] И
Eingangsauffächerung *f элн* коэффициент объединения по входу
Eingangsbelegung *f* комбинация входных сигналов
Eingangsfächerung *f элн* коэффициент объединения по входу
Eingangsfehler *m* входная ошибка; погрешность по входу
Eingangsgerät *n* входное устройство
Eingangsgleichspannung *f* постоянная составляющая входного напряжения

EINGANGSGRÖßE

Eingangsgröße *f* входной параметр; входная величина
Eingangsimpedanz *f* входное (полное) сопротивление
Eingangskapazität *f* входная ёмкость
Eingangskennlinie *f* входная характеристика
Eingangskennlinienfeld *n* семейство входных характеристик
Eingangsklemme *f* входной зажим
Eingangskontrolle *f* входной контроль
Eingangskreis *m* входная цепь
Eingangslastfaktor *m* элн коэффициент объединения по входу
Eingangsleckstrom *m* ток утечки на входе [по входу]
Eingangsleistung *f* входная мощность
Eingangsleitwert *m* входная проводимость
Eingangsprozessor *m* входной буферный процессор
Eingangspuffer *m* 1. входной буфер 2. входной буферный каскад, входной транслятор
Eingangsrauschabstand *m* отношение сигнал/шум на входе
Eingangsreihe *f* входная очередь (*напр. заданий*)
Eingangsscheinleitwert *m* входная полная проводимость
Eingangsschnittstelle *f* входной интерфейс
Eingangssignal *n* входной сигнал
Eingangsspannung *f* входное напряжение
Eingangsspannungsbereich *m* диапазон (изменения) входного напряжения, динамический диапазон входного напряжения
Eingangsspannungsdrift *f* дрейф входного напряжения
Eingangsspannungsteiler *m* делитель входного напряжения
Eingangsstrom *m* 1. входной ток 2. ток в первичной обмотке (*трансформатора*)
Eingangsstromdifferenz *f* разность входных токов (*напр. дифференциального усилителя*), ток смещения
Eingangsstufe *f* входной каскад
Eingangstor *n* входной порт
Eingangstorschaltung *f* входная ключевая схема
Eingangstransformator *m* входной трансформатор
Eingangstreiber *m* входной формирователь
Eingangsübertrager *m* входной трансформатор
Eingangsvariable *f* входная переменная
Eingangswandler *m* входной преобразователь
Eingangswicklung *f* питающая обмотка
Eingangswiderstand *m* входное сопротивление
eingebaut встроенный; вмонтированный
eingelassen потайной, утопленный
eingeschaltet включённый
Eingrenzung *f* ограничение; локализация
Eingriff *m* 1. *маш.* зацепление ◇ außer ~ bringen выводить из зацепления; außer ~ kommen выходить из зацепления; im ~ stehen находиться в зацеплении; in ~ bringen вводить в зацепление; in ~ kommen входить в зацепление 2. вмешательство (*оператора*) 3. *автм* воздействие
Eingriffslinie *f* *маш.* линия зацепления
Eingriffsprofil *n* *маш.* рабочий профиль зуба
Eingriffsteilung *f* *маш.* 1. шаг (эвольвентного) зацепления 2. основной шаг (зубьев)
Eingriffswinkel *m* *маш.* 1. угол зацепления (*угол между линией зацепления и прямой, перпендикулярной к межосевой линии*) 2. угол профиля зуба рейки, угол профиля (*острый угол в выбранном плоском сечении между касательной к профилю зуба рейки в данной точке и прямой, перпендикулярной к делительной плоскости зубчатой рейки*)
Einguß *m* 1. литник 2. стояк (*литниковой системы*)
Eingußkanal *m* литниковый канал, литник; вертикальный литниковый канал, стояк
Eingußsystem *n* литниковая система
Einhalsung *f* отбортовка внутрь
Einhängen *n* навешивание
Einheit *f* 1. блок; модуль 2. *физ.* единица; единица измерения 3. единица продукции
~, **abgeleitete** производная единица (*физической величины*)
~, **fehlerhafte** дефектная единица (*продукции*)
~, **gesetzliche** узаконенная единица (*системная или внесистемная*)
~, **imaginäre** мнимая единица
~, **internationale** международная единица
~, **nicht gesetzliche** неузаконенная единица (*системная или внесистемная*)
~, **sanitär-technische** санитарно-технический узел, санузел
~, **SI-fremde** единица, не входящая в СИ
~, **steckbare** сменный [вставной] блок
~, **systemfreie** внесистемная единица
~, **systemfremde** единица, не входящая в данную систему единиц

~, technologische единица технологического оборудования
Einheitenname *m* наименование единицы физической величины
Einheitensystem *n* система единиц
~, **Internationales** Международная система единиц, СИ
Einheitenzeichen *n* обозначение единицы физической величины
einheitlich 1. единый 2. единообразный 3. унифицированный
Einheitlichkeit *f* единообразие
Einheits... 1. единый; унифицированный; нормализованный; стандартизованный; стандартный 2. единичный
Einheitsbaugruppe *f* унифицированный узел
Einheitsbohrung *f* *маш.* 1. основное отверстие (*в системе допусков и посадок*) 2. *см.* Einheitsbohrungssystem
Einheitsbohrungssystem *n* *маш.* система отверстия
Einheitsbrennstoff *m* условное топливо
Einheitselement *n* унифицированный [типовой] элемент
Einheitsfunktion *f* единичная функция
Einheitsgefäß *n* стандартный конструктив
Einheitsgefäßsystem *n* система стандартных конструктивов
Einheitsgewinde *n* стандартная резьба
Einheitsgröße *f* 1. стандартная величина 2. стандартный размер; унифицированный размер 3. нормированная величина 4. нормированный размер
Einheitsinterface *n* стандартный интерфейс
Einheitskopf *m* *маш.* унифицированная головка; агрегатная головка
Einheitskreis *m* *мат.* единичный круг
Einheitskugel *f* *мат.* единичный шар
Einheitslast *f* единичная нагрузка
Einheitsleistung *f* единичная мощность
Einheitsmatrix *f* единичная матрица
Einheitsmetall *n* нормальный сплав (*для подшипников*)
Einheitsmutter *f* основная гайка (*в системе допусков на резьбу*)
Einheitspunkt *m* единичная точка
Einheitssignal *n* стандартизованный сигнал; типовой сигнал
Einheitssprung *m* единичный скачок; единичная функция

Einheitssprungsantwort *f* реакция на единичный скачок
Einheitssprungsfunktion *f* функция единичного скачка
Einheitsstoß *m* единичный импульс
Einheitssystem *n* 1. унифицированная система 2. комплексная система 3. базисная система 4. единая система
Einheitsvektor *m* единичный вектор, орт
Einheitswelle *f* *маш.* 1. основной вал (*в системе допусков и посадок*) 2. *см.* Einheitswellensystem
Einheitswellensystem *n* *маш.* система вала
Einheitswerkzeugmaschine *f* станок из унифицированных узлов
Einheitswurzel *f* корень из единицы
~, **n-te** корень *n*-ной степени из единицы
Einheitszyklus *m* единичный цикл
Einhüllende *f* *мат.* огибающая
Einkartenrechner *m* одноплатная микроЭВМ
Einkellerung *f* *вчт* занесение в стек; пересылка (*операнда*) в стек
Einkellerungsbefehl *m* *вчт* команда пересылки (*операнда*) в стек
Einkerbung *f* зарубка; засечка
Einkomponententreibstoff *m* однокомпонентное [унитарное] ракетное топливо
Einkopplung *f* ввод (*излучения, напр. в световод*)
Einkreis... одноконтурный
Einkristall *m* монокристалл
Einkristall(impf)keim *m* монокристаллическая затравка
Einkristallscheibe *f* монокристаллическая [полупроводниковая] пластина
Einkristallzüchtung *f* выращивание монокристаллов
Einkuppeln *n* включение (сцепления)
Einlage *f* 1. прокладка 2. вкладыш
Einlagenleiterplatte *f* однослойная печатная плата
Einlagenschaltung *f* однослойная (печатная) схема
Einlagenwicklung *f* однослойная обмотка
Einlagern *n* 1. закладка (на хранение) 2. складирование
Einlagerung *f* 1. *см.* Einlagern 2. *геол.* прослоек; пропласток 3. внедрение
Einlagerungsmischkristall *m* твёрдый раствор внедрения
einlagig однослойный

EINLAß

Einlaß *m* 1. впуск; впускное [входное] отверстие 2. *гидр.* водоприёмник
Einlaßdüse *f* сопло натекателя; натекатель
Einlaßhub *m* ход впуска
Einlaßleitung *f авто* впускной трубопровод
Einlaßöffnung *f* впускное [входное] отверстие; впускное окно
Einlaßrohr *n* впускная труба
Einlaßtakt *m* такт впуска
Einlaßventil *n* 1. впускной клапан 2. натекатель (*вентиль для напуска воздуха в вакуумный объём*)
Einlauf *m* 1. впуск; впускное [входное] отверстие 2. впуск, впускной литник (*литниковой системы*) 3. воздухозаборник 4. дождеприёмник (*системы канализации*) 5. *см.* Einlaufen 1.
Einlaufbauwerk *n гидр.* входное [головное] водозаборное сооружение
Einlaufen *n* 1. приработка; притирка; обкатка 2. *текст.* усадка
Einlaufkammer *f гидр.* аванкамера
Einlauföffnung *f* входное отверстие
Einlaufrinne *f* загрузочный жёлоб
Einlaufrohr *n* впускная труба
Einlaufschurre *f* загрузочный жёлоб
Einlaufstutzen *m* приёмный патрубок
Einlauftümpel *m* литниковая чаша
Einlaufventil *n* впускной клапан
Einlaufwerk *n гидр.* головное сооружение
Einlaufzeit *f* 1. время приработки 2. *авто* время обкатки
Einlegekeil *m* закладная шпонка; врезная клиновая шпонка
Einlegen *n* маринование; засол, засолка
Einlegeroboter *m* загрузочный робот
Einlegestück *n* закладная деталь
Einlegieren *n* вплавление
Einloggen *n вчт* вход (*в систему*); регистрация (*пользователя при входе в систему*)
Einlöten *n* впайка, впаивание; запаивание
Einloten *n* установка по отвесу
Einmachen *n* консервирование; маринование
Einmaischen *n* затирание (*солода*)
Einmodenfaser *f* одномодовое оптическое волокно; одномодовый волоконный световод
Einmodenlaser *m* одномодовый лазер
Einmodenlichtleiter *m* одномодовый световод
Einnutzersystem *n вчт* однопользовательская система

Einpaßcompiler *m прогр.* однопроходный компилятор, однопроходный транслятор
Einpassen *n* 1. пригонка 2. *полигр.* приводка
Einphasengenerator *m* генератор однофазного тока, однофазный генератор
Einphasenkollektormotor *m*, **Einphasenkommutatormotor** *m* однофазный коллекторный электродвигатель
Einphasenmotor *m* однофазный электродвигатель (*переменного тока*)
Einphasenstrom *m* однофазный (*переменный*) ток
Einphasensystem *n* однофазная [гомогенная] система
Einphasen-Wechselstromsteller *m* преобразователь-регулятор напряжения однофазного переменного тока, преобразователь-регулятор переменного напряжения
einphasig однофазный
Einplatinenrechner *m* одноплатная микроЭВМ
einpolig однополюсный
Einpressen *n* 1. запрессовка 2. нагнетание
Einprozeßsystem *n вчт* однозадачная система
Einpumpen *n* закачка
Einpunkt-Kurbelpresse *f*, **Einpunktpresse** *f* однокривошипный пресс
Einrammen *n* забивка (*напр. свай*)
Einrasten *n* 1. ввод (*фиксатора, защёлки*) в паз; фиксация, захватывание; запирание 2. *вчт* фиксация (*клавиши*)
Einregulierung *f* 1. регулировка; настройка 2. наладка
einreihig однорядный
Einreißfestigkeit *f* прочность на надрыв, сопротивление надрыву
Einrichten *n* наладка
Einrichter *n* наладчик
Einrichtezeit *f* время на наладку
Einrichtung *f* 1. устройство; механизм 2. оборудование 3. наладка
~, **lokomotorische** локомоционное устройство
Einrichtungskorrekturen *f pl* переналадка
Einrollen *n* 1. закатка 2. *маш.* накатывание
Einrollprofilieren *n* накатное профилирование (*шлифовальных кругов*), профилирование накатыванием
Einrollrad *n* накатный ролик
Einrollwerkzeug *n* накатный инструмент, накатный ролик (*для профилирования шлифовальных кругов*)

Einrücken *n* включение (*муфты, сцепления*); механическое включение
Einrückhebel *m* пусковой рычаг; пусковая рукоятка
Einrückvorrichtung *f* включающий механизм
Einrütteln *n* вибрирование (*бетона*); виброуплотнение
Eins *f* единица
Einsalzen *n* засол, засолка
Einsatz *m* 1. садка; загружаемый (в печь) материал, шихта 2. загрузка, завалка, засыпка (*шихты в печь*) 3. вкладыш; вставка 4. применение; использование
Einsatzgut *n* загружаемый материал
Einsatzhärter *m* карбюризатор
Einsatzhärtung *f* цементация с последующей закалкой с низким отпуском; закалка на мартенсит
Einsatzkasten *m* цементационный ящик
Einsatzmeißel *m* вставной резец
Einsatzofen *m* цементационная печь, печь для цементации
Einsatzschneide *f* вставной резец
Einsatzstahl *m* цементуемая сталь
Einsatzstrom *m* ток включения
Einsäuern *n*, **Einsäuerung** *f* 1. заквашивание, квашение 2. силосование
Einsaugen *n* 1. всасывание; засасывание 2. впитывание
Eins-Ausgang *m* выход логической «1»
Einschalendach *n* *стр.* совмещённая [бесчердачная] крыша, крыша совмещённой конструкции, (совмещённое) покрытие (*здания*)
Einschalenwarmdach *n* *стр.* утеплённое (совмещённое) покрытие (*здания*)
Einschaltdauer *f* продолжительность включения
Einschalten *n* включение
Einschaltinterrupt *m* *вчт* прерывание по включению
Einschaltschwelle *f* порог включения; порог срабатывания
Einschaltstrom *m* ток включения
Einschaltung *f* включение
Einschaltverlust *m*, **Einschaltverlustleistung** *f* мощность потерь при включении
Einschaltverzögerung *f* задержка включения [при включении]; время задержки включения
Einschaltverzögerungszeit *f* время задержки включения

Einscharpflug *m* однолемешный [однокорпусный] плуг
Einschichtfotoresist *m* однослойный фоторезист
einschichtig однослойный
Einschichtmetallisierung *f* однослойная [одноуровневая] металлизация
Einschichtwicklung *f* однослойная обмотка
Einschienenbahn *f* монорельсовая дорога
Einschienenförderer *m* монорельсовый конвейер
~, **überflurliegender** монорельсовый конвейер верхнего расположения
Einschienengleis *n* монорельс
Einschienenlaufkatze *f* монорельсовая тележка
Einschlag *m* 1. *авто* поворот колеса; поворот (управляемых) колёс; угол поворота (управляемых) колёс 2. валка деревьев; рубка леса; заготовка леса 3. (годовой) объём лесозаготовок
Einschlagen *n* забивка
Einschlaggesenk *n* *мет.-об.* мастер-штамп
Einschleifen *n* притирка; пришлифовка
Einschluß *m* 1. (постороннее) включение (*в материале*) 2. *геол.* включение (*в минерале, породе*)
Einschlußverbindungen *f pl* *хим.* соединения включения (*см. тж* Clathrate, Klathrate; *термин «Klathrate» относят также только к соединениям включения, в которых молекулы соединения-«гостя» располагаются в замкнутых полостях пространственного каркаса молекулы соединения-«хозяина»*)
Einschlußzeit *f* **des Plasmas** *физ.* время удержания плазмы
Einschmelzautomat *m* заварочный автомат
Einschmelzen *n* расплавление
Einschmelzlegierung *f* сплав для металлостеклянных спаев
Einschmelzrohr *n* *хим.* запаянная трубка (*для проведения реакций при высоких температурах и давлениях*)
Einschmelzstelle *f* впай
Einschmelzung *f* 1. впай 2. спай
Einschmiedung *f* уковка
Einschnappen *n* защёлкивание; заскакивание
Einschneiden *n* 1. врезание 2. надрезание
Einschneidwerkzeug *n* *мет.-об.* надрезной штамп
Einschnitt *m* 1. надрез 2. зарубка; засечка 3.

геод. засечка 4. *ж.-д., стр.* выемка 5. *горн.* траншея

Einschnürbereich *m*, **Einschnürgebiet** *n* область перекрытия канала; область насыщения (*рабочих характеристик МДП-транзистора*)

Einschnüreffekt *m* 1. *элн* токовое смещение (*изменение плотности тока базы вдоль перехода эмиттер — база*) 2. *физ.* пинч-эффект, сжатие плазмы, самостягивание разряда (*в плазме*)

Einschnürung *f* 1. шейка, местное сужение (*образца*) 2. образование шейки 3. пережим

Einschraublänge *f* длина свинчивания (*в резьбовом соединении*)

Einschritt-Assembler *m прогр.* однопроходный ассемблер

Einschritt-Compiler *m прогр.* однопроходный компилятор, однопроходный транслятор

Einschrumpfen *n*, **Einschrumpfung** *f* усадка

Einschub *m* сменный модуль; сменный блок; вдвижной блок

Einschubplatine *f* сменная плата

Einschubschrank *m* стойка сменных блоков

Einschubtechnik *f* компоновка (*системы*) на основе сменных модулей

Einschwingverhalten *n* переходная характеристика; переходный режим

Einschwingvorgang *m* переходный [неустановившийся] процесс; переходный [неустановившийся] режим

Einschwingzeit *f* время установления (*режима, колебаний*); переходный период

Eins-Eingang *m* вход установки в состояние «1», вход «1»

Einseitenbandtelefonie *f* однополосная телефония

Einseitenbandübertragung *f рад., свз* однополосная передача, передача с одной боковой полосой

einseitig односторонний

Einselement *n мат.* единичный элемент

Einsenken *n* штамповка штампов; штамповка матриц

Einsetzen *n* 1. загрузка, завалка, засыпка (*шихты в печь*) 2. садка (*изделий в печь*)

Einsetzfundament *n* сборный фундамент

Einsetzmaschine *f* завалочная [загрузочная] машина

Einsetzung *f мат.* подстановка; замена

Einsetzungsverfahren *n мат.* метод подстановки

Einsiedlerpunkt *m мат.* изолированная точка

Einsilieren *n с.-х.* закладка силоса

Einsinken *n* оседание, проседание, осадка

Einsitzventil *n* односедельный клапан

Einspannung *f мет.-об.* 1. зажим, закрепление, установка (*обрабатываемого изделия*) 2. заделка (*концов балки*)

Einsparung *f* экономия

Einsparungstechnologie *f* сберегающая технология

Einspeisung *f эл.* питание, запитывание

Einspindelautomat *m мет.-об.* одношпиндельный автомат

Einsprache *f* амбушюр (*напр. микрофона*)

Einsprenglinge *m pl* вкрапления

Einspringen *n* заскакивание (*напр. собачки*)

Einspritzanlage *f* система впрыскивания (*топлива*)

Einspritzdüse *f* 1. распылитель (*в двигателях с воспламенением от электрической искры*) 2. форсунка (*дизеля*) 3. топливная форсунка (*реактивного двигателя*) 4. впрыскивающее сопло

Einspritzgeräte *n pl* топливная аппаратура

Einspritzmotor *m*, **Einspritz-Ottomotor** *m* ДВС с впрыскиванием топлива и принудительным воспламенением рабочей смеси от электрической искры

Einspritzpumpe *f* топливный насос высокого давления (дизеля), ТНВД

Einspritzsystem *n см.* **Einspritzanlage**

Einspritzung *f* впрыскивание, впрыск

Einsprungadresse *f вчт* адрес (точки) входа

Einsprungmarke *f см.* **Eintrittsmarke**

Einsprungstelle *f см.* **Eintrittspunkt**

Einspurbahn *f* однопутная [одноколейная] железная дорога

Einspurtrieb *m* сцепляющий [приводной] механизм (*стартера*)

Einständerpresse *f* одностоечный пресс

Einstau *m* зажор

Einstauben *n* ослангцевание

Einstäubmittel *n* (литейный) припыл

Einstechen *n мет.-об.* прорезание

Einstechfräser *m мет.-об.* прорезная фреза

Einstechmeißel *m мет.-об.* прорезной резец

Einstechschleifen *n мет.-об.* врезное шлифование

Einsteckelement *n* сменный элемент

Einsteck-IC *n* сменная ИС

Einsteck(leiter)platte *f* (печатная) плата с торцевым разъёмом
Einsteckmodul *m* элн сменный модуль
Einsteckschloß *n* врезной замок
Einsteck-SK *m* сменная ИС
Einsteig(e)schacht *m* смотровой колодец
Einsteinium *n* эйнштейний, Es
Einstellbewegung *f* маш., мет.-об. установочное перемещение
Einstellehre *f* регулируемый калибр
Einstellen *n* установка; регулирование, регулировка; настройка; наладка
Einsteller *m* задатчик
einstellig однозначный; одноразрядный
Einstellknopf *m* ручка регулировки; ручка настройки
Einstellmutter *f* установочная [регулировочная] гайка
Einstellring *m* установочное кольцо
Einstellschraube *f* регулировочный винт; установочный винт
Einstellung *f* 1. установка; регулировка, регулирование; настройка; наладка 2. *автм* уставка 3. *маш.* позиционирование
Einstellupe *f* лупа наводки на фокус [на резкость]
Einstellverhältnis *n* автм кратность уставки
Einstellvorrichtung *f* регулировочный механизм
Einstellwerk *n* регулировочный механизм
Einstellwert *m* автм уставка
Einstellwinkel *m* 1. угол установки 2. *мет.-об.* угол (*режущего инструмента*) в плане
Einstellzeit *f* 1. время успокоения (*измерительного прибора*) 2. время установки; время настройки, время регулировки 3. время установления (*напр. сигнала на выходе схемы*)
~ der Ausgangsspannung время установления выходного напряжения
Einstich *m* 1. прокол; прокалывание 2. (прорезанная) канавка
Einstieg *m*, Einstiegöffnung *f* люк; лаз
Einstiegschacht *m* смотровой колодец
Einstoffsystem *n* однокомпонентная система
Einstoßer *m* заталкиватель
Einstrahlung *f* облучение
Einströmöffnung *f* входное отверстие
Einströmrohr *n* впускная труба
Einströmung *f* впуск; поступление
Einströmventil *n* впускной клапан

Einstufenverstärker *m* однокаскадный усилитель
Einsturz *m* обвал; обрушение
Einsverstärker *m* усилитель с единичным коэффициентом усиления
Eins-Verstärkung *f* единичное усиление; единичный коэффициент усиления
Eins-Zustand *m* состояние логической единицы, состояние «1»
Eintasten *n* ввод с клавиатуры
Eintauchen *n* 1. погружение; окунание 2. *косм.* вход в плотные слои атмосферы
Eintauchpumpe *f* погружной насос
einteilig цельный, неразъёмный
Einteilung *f* классификация
Eintrag *m* текст. прокладка (*уточной нити*)
Eintragen *n* 1. текст. прокидка (*утка*) 2. см. Eintragung
Einträgerinjektion *f* монополярная инжекция, инжекция носителей одного типа
Einträgerinjektionsdiode *f* диод с монополярной инжекцией
Einträgerlaufkatze *f* монорельсовая тележка
Einträgerlaufkran *m* кран-балка
Eintragung *f* 1. нанесение (*на карту*); нанесение, проставление (*размеров на чертеже*) 2. регистрация (*напр. промышленного образца*)
Eintransistorspeicherzelle *f*, Eintransistorzelle *f* однотранзисторная ячейка памяти, однотранзисторная ЗЯ
Eintritt *m* вход
Eintrittsdruck *m* давление на входе, входное давление
Eintrittsleitrad *n* входной направляющий аппарат (*осевого компрессора*)
Eintrittsmarke *f* вчт метка входа, имя точки входа
Eintrittsöffnung *f* входное отверстие
Eintrittspunkt *m* вчт точка входа (*напр. в программу*)
Eintrittsquerschnitt *m* входное сечение; входной срез (*сопла, патрубка*)
Einwaage *f* навеска
Einwalzen *n* 1. развальцовка (*труб*) 2. закатывание, закат (*напр. окалины в металл*) 3. *полигр.* накат, накатывание (*краски*)
Einwegbus *m* вчт однонаправленная шина
Einweggleichrichter *m* однополупериодный выпрямитель
Einwegverpackung *f* разовая тара

EINWEICHEN

Einweichen *n* мочка; замачивание, замочка
einwertig одновалентный
Einwickelmaschine *f* закаточный станок, закаточная машина
Einwickeln *n* закатывание, закатка
Einwickelpapier *n* обёрточная бумага
Einwirkdauer *f* время воздействия
Einwirkung *f* воздействие
~, **störende** возмущающее воздействие
Einwirkzeit *f* время воздействия
Einwurf *m* загрузка, засыпка
Einwurftrichter *m* загрузочная воронка
Einwurfvorrichtung *f* забрасыватель
Einzeichnung *f* нанесение (*на карту*)
Einzelantrieb *m* индивидуальный привод
Einzelbauelement *f* дискретный элемент; (дискретный) компонент
Einzelbaustein *m* (дискретный) компонент
Einzelbildaufnahme *f* покадровая киносъёмка
Einzelbitbefehl *m* *вчт* одноразрядная [битовая] команда
Einzelbitregister *n* *вчт* одноразрядный регистр
Einzelblattpapier *n* листовая [форматная] бумага (*для печатающих устройств*)
Einzelblattzuführung *f* 1. полистовая подача (бумаги); автоподача форматных листов [форматной бумаги] 2. механизм полистовой подачи бумаги, механизм автоподачи форматных листов [форматной бумаги]
~, **automatische** автоподача форматных листов [форматной бумаги]
Einzelbyteübertragung *f* *вчт* побайтная передача данных
Einzelchip *m* (одиночный) кристалл ИС
Einzelchipträger *m* кристаллоноситель
Einzelelement *n* дискретный элемент; (дискретный) компонент
Einzelfaden *m* 1. элементарная нить 2. одиночная нить
Einzelfehler *m* единичная погрешность; единичная ошибка
Einzelfertigung *f* штучное производство; индивидуальное производство
Einzelgußform *f* разовая форма
Einzelheit *f* выносной элемент (*на чертеже*)
Einzelkraft *f* сосредоточенная сила; сосредоточенная нагрузка
Einzelkristall *m* одиночный кристалл
Einzellast *f* сосредоточенная нагрузка
Einzellaut *m* фонема
Einzellauterkennung *f* распознавание фонем

Einzelprüfung *f* поштучное испытание
Einzelradaufhängung *f* *авто* независимая подвеска (*колёс*)
Einzelsatzbetrieb *m* режим покадровой отработки (*управляющей программы системы ЧПУ*)
Einzelschmieranlage *f* индивидуальная смазочная система
Einzelschmierung *f* местная смазка
Einzelschrittbetrieb *m* *вчт* пошаговый режим (*работы микропроцессора*)
Einzelteil *n* деталь
Einzelversetzung *f* единичная дислокация
Einziehausleger *m* подъёмная стрела
Einzug *m* 1. *текст.* проборка 2. *полигр.* втяжка
Einzugsgebiet *n* бассейн водосбора, водосборный бассейн, водосбор
Ein-Zustand *m* состояние «включено»; открытое состояние
Einzylindermotor *m* одноцилиндровый двигатель
Eis *n* лёд
~, **gebrochenes** битый лёд
Eisabweiser *m* *мор.* ледорез, ледовый зуб
Eisbildung *f* образование льда; обледенение
Eisbrecher *m* 1. ледокол 2. ледорез (*моста*)
Eisen *n* железо, Fe
Eisenalaun *m* железные квасцы
Eisenbahn *f* железная дорога
~, **elektrisch betriebene** электрическая [электрифицированная] железная дорога
~, **mehrgleisige** многопутная железная дорога
~, **zweigleisige** двухпутная железная дорога
Eisenbahnanlagen *f pl* сооружения и устройства железнодорожного транспорта
Eisenbahnbauzug *m* путеукладочный поезд
Eisenbahnbetrieb *m* техническая эксплуатация железных дорог
Eisenbahnbetriebsmittelzug *m* хозяйственный поезд
Eisenbahnblockeinrichtungen *f pl* устройства железнодорожной блокировки
Eisenbahnbremsen *f pl* тормоза для железнодорожного подвижного состава
Eisenbahnbrücke *f* железнодорожный мост
Eisenbahndamm *m* железнодорожная насыпь
Eisenbahndrehkran *m* поворотный кран на железнодорожном ходу, железнодорожный кран

Eisenbahnfähre *f*, **Eisenbahnfährschiff** *n* железнодорожный паром

Eisenbahn-Fährverkehr *m* железнодорожно-паромное сообщение; (морская) железнодорожно-паромная переправа

Eisenbahnfahrzeuge *n pl* железнодорожный подвижной состав

Eisenbahnfernmeldeanlagen *f pl* устройства железнодорожной связи

Eisenbahnfernmeldewesen *n* железнодорожная связь

Eisenbahnhochbauten *m pl* надземные железнодорожные сооружения

Eisenbahnkesselwagen *m* железнодорожная цистерна, вагон-цистерна

Eisenbahnknoten(punkt) *m* железнодорожный узел; узловая железнодорожная станция

Eisenbahnlinie *f* железнодорожная линия; железнодорожная магистраль

Eisenbahnnetz *n* сеть железных дорог, железнодорожная сеть

Eisenbahnoberbau *m* верхнее строение железнодорожного пути

Eisenbahnschiene *f* железнодорожный рельс

Eisenbahnschwelle *f* (железнодорожная) шпала

Eisenbahnsicherungsanlagen *f pl* устройства СЦБ

Eisenbahnsicherungstechnik *f* железнодорожная автоматика и телемеханика; СЦБ, сигнализация, централизация и блокировка

Eisenbahnsignale *n pl* железнодорожные сигналы

Eisenbahnsignaltechnik *f* техника СЦБ

Eisenbahnstation *f* железнодорожная станция

Eisenbahntarif *m* железнодорожный тариф

Eisenbahntransport *m* железнодорожный транспорт

Eisenbahnübergang *m* железнодорожный переезд

Eisenbahnverkehr *m* движение железнодорожного транспорта; железнодорожный транспорт; железнодорожное сообщение

Eisenbahnwagen *m* железнодорожный вагон

Eisenbahnzug *m* железнодорожный состав

Eisenbeton... *см.* **Stahlbeton...**

Eisendrossel *f* *эл.* дроссель с ферромагнитным сердечником

Eisenerz *n* железная руда

Eisenerzbergbau *m* железорудная промышленность

Eisenfeilspäne *pl* металлические опилки

Eisengießerei *f* чугунолитейный завод; чугунолитейный цех

Eisenglanz *m* *мин.* гематит, железный блеск

Eisengranat *m* феррогранат

Eisengußteil *n* 1. чугунная отливка 2. отливка из чёрного металла

eisenhaltig железосодержащий; железистый

Eisenhütte *f* предприятие чёрной металлургии; завод чёрной металлургии; металлургический комбинат; металлургический завод

Eisenhüttenkombinat *n* металлургический комбинат

Eisenhüttenkunde *f* чёрная металлургия (*немецкий термин охватывает теорию и технологию производства чугуна и стали*)

Eisenkern *m* 1. ферромагнитный сердечник 2. магнитопровод (*трансформатора*)

Eisenkernspule *f* катушка с ферромагнитным сердечником

Eisenkies *m* *мин.* пирит, серный [железный] колчедан

Eisen-Kohlenstoff-Diagramm *n* диаграмма состояния железо — углерод

Eisen-Kohlenstoff-Legierung *f* железоуглеродистый сплав

Eisen-Kohlenstoff-Schaubild *n* *см.* **Eisen-Kohlenstoff-Diagramm**

Eisenkörper *m* *эл.* магнитопровод

Eisenkreis *m* *эл.* магнитная система

Eisenlegierung *f* железный сплав, сплав железа

Eisenmennige *n* железный сурик

Eisenmetalle *n pl* чёрные металлы

Eisenmetallurgie *f* чёрная металлургия

Eisenmetallwalzgut *n* прокат чёрных металлов

Eisenmeteorit *m* железный метеорит

Eisenmineral *n* железорудный минерал

Eisenocker *m, n* *мин.* лимонит, бурый железняк

Eisenpaket *n* *эл.* магнитопровод

Eisenpigmente *n pl* железоокисные пигменты

Eisenschwamm *m* 1. губчатое железо 2. металлизованные (железорудные) материалы

Eisenspat *m* *мин.* сидерит, железный шпат

Eisenverluste *pl* *эл.* потери в стали [в железе], потери на перемагничивание

Eisenvitriol *n* железный купорос

Eisenwaren *pl* скобяные изделия

Eisenwerk *n* завод чёрной металлургии; металлургический завод

Eiserzeuger *m* льдогенератор

EISERZEUGUNG

Eiserzeugung *f* льдопроизводство, производство льда
Eisessig *m* ледяная уксусная кислота
Eisfärben *n текст.* холодное крашение, крашение нерастворимыми азокрасителями
Eisfarbstoffe *m pl текст.* нерастворимые азокрасители, азоидные красители
Eisfreezer *m пищ.* фризер
Eisgang *m* ледоход
Eishaus *n* ледник, льдохранилище
Eiskeller *m* ледник
Eiskochsalzkühlung *f* льдосоляное охлаждение
Eislager(haus) *n* ледник, льдохранилище
Eispunkt *m* точка таяния льда
Eisrutsche *f* ледосбросное сооружение, ледосброс
Eiszeit *f геол.* ледниковый период, период оледенения; ледниковая эпоха, ледниковье
Eiszeitalter *n геол.* ледниковая эпоха, ледниковье; ледниковый период, период оледенения
~, **quartäres** плейстоценовый период оледенения, период великого плейстоценового оледенения; оледенение четвертичного периода
Eiweiß *n* белок
Eiweißspaltung *f* расщепление белка
Eiweißfaser *f* белковое волокно
Eiweißabbau *m* расщепление белка
Eiweißstoff *m* белковое вещество
Ejektor *m* 1. эжектор *(струйный насос для отсасывания)* 2. выталкиватель
E-Karren *m см.* **Elektrokarren**
Ekliptik *f астр.* эклиптика
Ekliptikebene *f астр.* плоскость эклиптики
E-Kupfer *n см.* **Elektrolytkupfer**
Elaste *m pl см.* **Elastomere**
elastisch упругий, эластичный
~, **teilweise** не вполне упругий
~, **vollkommen** вполне упругий
Elastizität *f* 1. упругость; эластичность 2. способность двигателя (внутреннего сгорания) развивать плавно возрастающий крутящий момент в широком диапазоне частоты вращения, «эластичность» ДВС
~, **räumliche** объёмная упругость
Elastizitätsgrenze *f* предел упругости
Elastizitätskoeffizient *m* коэффициент упругости
Elastizitätskonstante *f* упругая постоянная
Elastizitätslehre *f* теория упругости
Elastizitätsmodul *m* модуль упругости

Elastomere *n pl* эластомеры
Elektret *n* электрет
Elektrifizierung *f* электрификация
Elektrik *f* электрооборудование *(автомобиля, мотоцикла)*
Elektriker *m* электрик; электромонтёр
Elektrikerarbeiten *f pl* электромонтажные работы
elektrisch электрический ◇ ~ **leitend** электропроводный, электропроводящий
Elektrisierung *f* электризация
Elektrizität *f* электричество
~, **atmosphärische** атмосферное электричество
~, **statische** статическое электричество
Elektrizitätserzeugung *f* производство электроэнергии
Elektrizitätsmenge *f* количество электричества
Elektrizitätsversorgung *f* 1. электроэнергетика 2. энергоснабжение
Elektrizitätswerk *n* электростанция
Elektrizitätszähler *m* счётчик электроэнергии, электросчётчик
Elektroakustik *f* электроакустика
Elektroanalyse *f* электроанализ; электрохимические методы анализа
Elektroanlage *f* электрооборудование
Elektroanlasser *m* электростартёр
Elektroantrieb *m* электропривод, электрический привод; электромеханический привод
~, **getriebeloser** безредукторный электропривод
Elektroapparat *m* электроаппарат
Elektroausrüstung *f* электрооборудование, электрическое оборудование
Elektroauto *n* электромобиль
Elektroautomatik *f* электроавтоматика
Elektroblech *n* листовая электротехническая сталь
Elektrobohrer *m* 1. электродрель 2. электробур
Elektrobus *m* электробус
Elektrochemie *f* электрохимия
elektrochemisch электрохимический
Elektrochromie *f* электроплеохроизм
Elektrode *f* электрод
~, **abschmelzbare** плавящийся [расходуемый] электрод
~, **blanke** голый электрод
~, **elektrochemische** гальванический электрод
~, **selbstverzehrende** расходуемый электрод
~, **umhüllte** покрытый электрод
Elektrodendraht *m* электродная проволока
Elektrodenhalter *m* электрододержатель

ELEKTROLUMINESZENZ

Elektrodenhandschweißen *n* ручная дуговая сварка плавящимся электродом, сварка по способу Славянова

Elektrodenkapazität *f* меж(ду)электродная ёмкость

Elektrodenmantel *m см.* **Elektrodenumhüllung**

Elektrodenpotential *n* электродный потенциал

Elektrodenrolle *f* роликовый сварочный электрод

Elektrodenspannung *f* напряжение на электроде [на электродах]

Elektrodenumhüllung *f* покрытие электрода *(для дуговой сварки)*

Elektrodenverbrauch *m* расход электрода

Elektrodialysator *m* электродиализатор

Elektrodialyse *f* электродиализ

Elektrodrainage *f* электродренаж

Elektrodruck *m* электростатическая печать, электропечать

Elektrodynamik *f* электродинамика

elektrodynamisch электродинамический

Elektrodynamometer *n* электродинамометр

Elektroenergetik *f* электроэнергетика

elektroenergetisch электроэнергетический

Elektroenergie *f* электроэнергия, электрическая энергия

Elektroenergieerzeugung *f* выработка [производство] электроэнергии

Elektroenergietechnik *f* электроэнергетика

Elektroenergieübertragung *f* передача электроэнергии, электропередача

Elektroenergieversorgung *f* энергоснабжение

Elektroenzephalograph *m* электроэнцефалограф

Elektroerodieren *n* электроэрозионная обработка

Elektroerodiermaschine *f* электроэрозионный станок

Elektroerodierschneidmaschine *f* электроэрозионный вырезной станок

Elektroerosivbearbeitung *f* электроэрозионная обработка

Elektroerwärmung *f* электропрогрев

Elektrofahrzeug *n* **1.** транспортное средство с электрическим приводом *(напр. электромобиль)* **2.** ж.-д. электрическая тяговая единица, единица электроподвижного состава

Elektrofahrzeuge *n pl* электрический подвижной состав, электроподвижной состав

Elektrofilter *n* электрофильтр

Elektrofischerei *f* электролов (рыбы)

Elektroflaschenzug *m см.* **Elektrozug**

Elektrofotografie *f* электрофотография

Elektrogerät *n* электроприбор

Elektroglas *n* электровакуумное стекло

Elektrografie *f* электрография

Elektrogravierapparat *m* электрогравировальный аппарат

Elektrogravimetrie *f* электрогравиметрический анализ

Elektrogravur *f полигр.* **1.** электромеханический способ изготовления клише **2.** клише, изготовленное электромеханическим способом

Elektrohandbohrmaschine *f* электрическая (ручная) сверлильная машина, электродрель

Elektrohängebahn *f* электрическая подвесная дорога

Elektroheizung *f* электрический нагрев

Elektroherd *m* электроплита

Elektrohochofen *m* электродоменная печь, электродомна

elektrohydraulisch электрогидравлический

Elektroimpulsbearbeitung *f* электроимпульсная обработка

Elektroindustrie *f* электротехническая промышленность

Elektroingenieur *m* инженер-электрик

Elektroinstallateur *m* электромонтёр; электрик

Elektroinstallation *f* **1.** электроустановочный материал; электропроводка **2.** электромонтаж, электромонтажные работы

Elektroinstallationsarbeiten *f pl* электромонтажные работы

Elektrointegrator *m* электроинтегратор

Elektroisoliermaterial *n* электроизоляционный материал

Elektrokapillarität *f* электрокапиллярные явления

Elektrokardiograf *m* электрокардиограф

Elektrokarren *m* электрокар; аккумуляторная тележка

Elektrokatze *f см.* **Elektrozug**

Elektrokeramik *f* электротехническая керамика, электрокерамика

Elektrokessel *m* электрокотёл

elektrokinetisch электрокинетический

Elektrokochplatte *f* электроплитка

Elektrokohle *f* электротехнический уголь

Elektrokorund *m* электрокорунд

Elektrolok(omotive) *f* электровоз

Elektrolumineszenz *f* электролюминесценция

ELEKTROLUMINESZENZ...

Elektrolumineszenzanzeige f электролюминесцентный индикатор; электролюминесцентная индикаторная панель
Elektrolumineszenzdiode f светоизлучающий диод, светодиод, СИД
Elektrolumineszenzdisplay n электролюминесцентный дисплей; электролюминесцентный индикатор
Elektrolumineszenzeffekt m эффект электролюминесценции
Elektrolyse f электролиз
Elektrolysenhalle f электролизный цех
Elektrolysenschlamm m электролитный шлам
Elektrolysenzelle f, **Elektrolyseur** m электролизёр
Elektrolyt m электролит
Elektrolyteisen n электролитическое железо
Elektrolytblei n электролитический свинец
elektrolytisch электролитический
Elektrolytkondensator m электролитический конденсатор
Elektrolytkupfer n электролитическая [катодная] медь
Elektrolytmetall n электролитический металл
Elektrolytpulver n электролитический (металлический) порошок
Elektrolytschmelzen f pl расплавленные солевые электролиты
Elektrolytzink n электролитический цинк
Elektromagnet m электромагнит
elektromagnetisch электромагнитный
Elektromagnetismus m электромагнетизм
Elektromagnetkupplung f электромагнитная муфта
Elektromaschinenbau m электромашиностроение
Elektromaschinenregler m электромашинный регулятор
Elektromaschinenverstärker m электромашинный усилитель
Elektromechanik f электромеханика
elektromechanisch электромеханический
Elektromeßtechnik f электроизмерительная техника; электрометрия
Elektrometallurgie f электрометаллургия
Elektrometer n электрометр
Elektrometerröhre f электрометрическая лампа
Elektromobil n электромобиль
Elektromontagearbeiten f pl электромонтажные работы

Elektromotor m электродвигатель, электрический двигатель
~, **polumschaltbarer** многоскоростной электродвигатель
Elektron n электрон
~, **äußeres** внешний электрон
~, **freies** свободный электрон
~, **gebundenes** связанный электрон
~, **heißes** горячий электрон
~, **inneres** внутренний электрон
~, **primäres** первичный электрон
~, **sekundäres** вторичный электрон
elektronegativ электроотрицательный
Elektronegativität f электроотрицательность
Elektron-Elektron-Stoß m соударение электрона с электроном
Elektronenaffinität f сродство к электрону
Elektronenanordnung f электронная конфигурация
Elektronenanreicherung f обогащение электронами
Elektronenanteil m электронная составляющая (тока)
Elektronenbahn f электронная орбита
Elektronenbelichtungsanlage f установка электронолитографии
Elektronenbeschuß m электронная бомбардировка
Elektronenbeugung f дифракция электронов
Elektronenbeugungsdiagramm n электронограмма
Elektronenbeugungskamera f электронограф
Elektronenbeweglichkeit f подвижность электронов
Elektronenbildprojektion f проекционная электронолитография
Elektronenbildprojektor m установка проекционной электронолитографии
Elektronenbindung f электронная связь
Elektronenblitz m см. Elektronenblitzgerät
Elektronenblitzgerät n фотоосветитель с импульсной лампой, электронная фотовспышка
Elektronenblitzröhre f импульсная лампа
Elektronenbündel n электронный пучок, пучок электронов; электронный луч
Elektronen-Defektelektronen-Paar n электронно-дырочная пара
Elektronendichte f концентрация электронов
Elektronendichtegefälle n градиент концентрации электронов
Elektronendiffraktografie f электронография

ELEKTRONENSTRAHL...

Elektronendurchtunnelung *f* туннелирование электронов
Elektroneneinfang *m* электронный захват, K-захват
Elektronenemission *f* электронная эмиссия
~, lichtelektrische фотоэлектронная эмиссия, фотоэмиссия
~, thermische термоэлектронная эмиссия
Elektronenemissionsmikroskop *n* эмиссионный электронный микроскоп
Elektronenfalle *f* электронная ловушка, ловушка захвата электронов
Elektronenfehlstelle *f* электронная вакансия, дырка
Elektronengas *n* электронный газ
Elektronengleichgewichtsdichte *f,* Elektronengleichgewichtskonzentration *f* равновесная концентрация электронов
Elektronenhaftstelle *f см.* Elektronenfalle
Elektronenhalbleiter *m* электронный полупроводник, полупроводник *n*-типа
Elektronenhülle *f* электронная оболочка
Elektroneninjektion *f* инжекция электронов
Elektronenkanone *f* электронная пушка
Elektronenkonzentraion *f см.* Elektronendichte
Elektronenladung *f* 1. элементарный заряд, заряд электрона 2. отрицательный заряд (*напр. заряд накопленных в базе электронов*)
~, bewegliche подвижный отрицательный заряд
Elektronenlaufzeit *f* время пролёта электрона
Elektronenlebensdauer *f* время жизни электронов
elektronenleitend с электронной проводимостью, с проводимостью *n*-типа
Elektronenleitfähigkeit *f* удельная электронная проводимость
Elektronenleitung *f* электронная проводимость, электронная электропроводность
Elektronenleitungsstrom *m* электронный ток
Elektronenlinse *f* электронная линза
Elektronenlithografie *f* электронолитография
Elektronen-Löcher-Streuung *f* электронно-дырочное рассеяние
Elektronen-Löcher-Übergang *m* электронно-дырочный переход
Elektronenlücke *f* электронная вакансия, дырка
Elektronenmasse *f* электронная масса, масса электрона
Elektronenmikroskop *n* электронный микроскоп

~, hochauflösendes электронный микроскоп высокого разрешения
Elektronenmikroskopie *f* электронная микроскопия
Elektronenniveau *n* электронный уровень
Elektronenoptik *f* электронная оптика
Elektronenpaar *n* электронная пара
Elektronenprojektionsverfahren *n* метод проекционной электронографии
Elektronenprojektrionsanlage *f* установка проекционной литографии
Elektronenrastermikroskop *n* растровый [сканирующий] электронный микроскоп
Elektronenrechenmaschine *f* электронная вычислительная машина, ЭВМ
Elektronenrechner *m см.* Elektronenrechenmaschine
Elektronenreflektor *m* электронное зеркало
Elektronenresist *m* электронный резист, электронорезист
Elektronenresonanz *f см.* Elektronenresonanz, paramagnetische
~, paramagnetische электронный парамагнитный резонанс, ЭПР
Elektronenröhre *f* электронная лампа
Elektronenschale *f* электронная оболочка (*атома*)
Elektronensekundäremission *f* вторичная электронная эмиссия
Elektronensonde *f* электронно-лучевой зонд
Elektronenspektroskopie *f* электронная спектроскопия
Elektronenspiegel *m* электронное зеркало
Elektronenspin *m* спин электрона
Elektronenspinresonanz *f* электронный парамагнитный резонанс, ЭПР
Elektronenstrahl *m* электронный луч
Elektronenstrahlabtragen *n* электронно-лучевая обработка
Elektronenstrahlanlage *f* электронно-лучевая установка
~, lithografische установка электронно-лучевой литографии, установка электронолитографии
Elektronenstrahlätzen *n* электронно-лучевое травление; электронно-лучевая гравировка
Elektronenstrahlausheilung *f* электронно-лучевой отжиг (*дефектов*)
Elektronenstrahlbearbeitung *f* электронно-лучевая обработка

ELEKTRONENSTRAHL...

Elektronenstrahlbearbeitungsanlage f установка электронно-лучевой обработки

Elektronenstrahlbelichtung f электронно-лучевое экспонирование

Elektronenstrahlbelichtungsanlage f установка электронно-лучевого экспонирования; установка электронно-лучевой литографии, установка электронолитографии

Elektronenstrahlbelichtungsautomat m автоматическая установка электронно-лучевой литографии, автоматическая установка электронолитографии

Elektronenstrahlbildgenerator m электронно-лучевой генератор изображений (*фотошаблонов*)

Elektronenstrahldirektbelichtung f электронно-лучевое экспонирование с непосредственным формированием изображения [топологического рисунка] на пластине, прямое экспонирование электронным пучком; сканирующая электронолитография

Elektronenstrahldirektschreiben n формирование изображения [топологического рисунка] с помощью сканирующего электронного луча непосредственно на пластине [шаблоне], сканирующая электронолитография

Elektronenstrahldirektschreiber m электронно-лучевая установка для непосредственного формирования изображения [топологического рисунка] на пластине [шаблоне], сканирующая электронная установка

Elektronenstrahldotierung f электронно-лучевое легирование

Elektronenstrahlerwärmung f электронно-лучевой нагрев

Elektronenstrahlerzeuger m электронный прожектор, электронная пушка

Elektronenstrahlkodier(ungs)röhre f кодирующая электронно-лучевая трубка

Elektronenstrahllithografie f электронно-лучевая литография, электронолитография

~, **direktschreibende** электронолитография с непосредственным формированием изображения [топологического рисунка] на пластине [шаблоне], сканирующая электронолитография

Elektronenstrahlmaschine f электронно-лучевой станок

Elektronenstrahlofen m электронно-лучевая печь

Elektronenstrahloszillograf m, **Elektronenstrahloszilloskop** n электронно-лучевой осциллограф

Elektronenstrahlröhre f электронно-лучевая трубка, ЭЛТ

Elektronenstrahlschalter m электронно-лучевой переключатель

Elektronenstrahlschmelzen n электронно-лучевая плавка

Elektronenstrahlschreiben n формирование изображения [топологического рисунка] с помощью сканирующего электронного луча, сканирующая электронолитография

Elektronenstrahlschreiber m установка для формирования изображений [топологических рисунков] сканированием, сканирующая электронная установка

Elektronenstrahlschweißen n электронно-лучевая сварка, сварка электронным лучом в вакууме

Elektronenstrahlstrukturierung f формирование топологической структуры методом сканирующей электронолитографии

Elektronenstrahltechnik f электронно-лучевая технология

Elektronenstrahlung f облучение электронами

Elektronenstrahlverdampfer m электронно-лучевой испаритель

Elektronenstrahlverdampfung f электронно-лучевое испарение; электронно-лучевое напыление

Elektronenstrom m 1. электронный ток 2. поток электронов

Elektronenstromdichte f плотность электронного тока

Elektronenteleskop n электронный телескоп

Elektronentransfer m перенос электронов

Elektronentransfer(bau)element n прибор с переносом электронов; прибор на эффекте междолинного перехода электронов; прибор (на эффекте) Ганна; генератор [диод] Ганна

Elektronentransferverstärker m усилитель на приборе Ганна

Elektronenübergang m переход электрона (*напр. с уровня на уровень*); переброс электронов (*напр. из валентной зоны в зону проводимости*)

Elektronenverarmung f обеднение электронами

Elektronenvervielfacher m электронный умножитель

Elektronenvolt n электронвольт, эВ

Elektronenwanderung f дрейф электронов

Elektronenwechseldichte *f* переменная концентрация электронов
Elektronenzustand *m* электронное состояние
~, **besetzter** занятое электронное состояние
~, **unbesetzter** незанятое [свободное] электронное состояние
Elektronenzyklotron *n* микротрон
Elektronik *f* электроника
~, **industrielle** промышленная электроника
~, **integrierte** интегральная электроника
elektronisch электронный
Elektron-Loch-Paar *n* электронно-дырочная пара
Elektron-Loch-Paarerzeugung *f* генерация [рождение] электронно-дырочных пар
Elektron-Loch-Rekombination *f* электронно-дырочная рекомбинация
Elektron-Loch-Stoß *m* соударение электрона с дыркой
Elektron-Loch-Wechselwirkung *f* электронно-дырочное взаимодействие, взаимодействие электрона с дыркой
Elektronografie *f* электронография
Elektron-Positron-Paar *n* *яд.* электронно-позитронная пара
Elektron-Positron-Speicherringsystem *n* *яд.* электрон-позитронный коллайдер
Elektron-Positron-Vernichtung *f* *яд.* аннигиляция пары электрон — позитрон
Elektronvolt *n* электронвольт, эВ
Elektroofen *m* электропечь
Elektrooptik *f* электрооптика
Elektroosmose *f* электроосмос
Elektrooxidation *f* электроокисление, электрохимическое окисление
Elektropflug *m* электроплуг
Elektrophor *m* электрофор
Elektrophorese *f* электрофорез
Elektrophotographie *f* электрофотография
Elektroplattieren *n* нанесение гальванических покрытий, гальваностегия
Elektropleochroismus *m* электроплеохроизм
Elektroporzellan *n* электротехнический фарфор, электрофарфор
elektropositiv электроположительный
Elektropumpe *f* электронасос; электронасосный агрегат
Elektroreinigung *f* электроочистка
Elektrorüttler *m* электрический вибратор
Elektrosäge *f* электропила, электрическая пила
Elektroschiff *n* электроход

Elektroschlackeschweißen *n* электрошлаковая сварка
Elektroschlacke-Umschmelzofen *m* печь электрошлакового переплава
Elektroschlacke-Umschmelzung *f* электрошлаковый переплав
Elektroschlacke-Umschmelzungsofen *m* *см.* Elektroschlacke-Umschmelzofen
Elektroschlacke-Umschmelzverfahren *n* электрошлаковый переплав
Elektroschlepper *m* электротрактор, электрический трактор
Elektroschmelzen *n* электроплавка
Elektroschrauber *m* электрогайковёрт
Elektroschweißen *n* электросварка
Elektroschweißer *m* электросварщик
Elektroschweißung *f* электросварка
Elektroseilzug *m* канатная электроталь, канатный (электро)тельфер
Elektroskop *n* электроскоп
Elektrospanner *m* *маш.* зажимное приспособление с электроприводом
Elektrostahl *m* электросталь
Elektrostahlverfahren *n* электросталеплавильный процесс
Elektrostapler *m* электроштабелёр
Elektrostatik *f* электростатика
elektrostatisch электростатический
Elektrostauchen *n* *мет.-об.* электровысадка
Elektrostriktion *f* электрострикция
Elektrotechnik *f* электротехника
elektrotechnisch электротехнический
Elektrothermie *f* электротермия
elektrothermisch электротермический
Elektrotraktion *f* электрическая тяга, электротяга
Elektrotraktor *m* электротрактор
Elektrovakuumgerät *n* электровакуумный прибор
Elektrovalenz *f* электровалентность
Elektrowärme... электротермический
Elektrowärmetechnik *f* электротермия
Elektroweidezaun *m* электроизгородь, электропастух
Elektrowerkzeug *n* электрифицированный инструмент, электроинструмент
Elektrozug *m*, **Elektrozugkatze** *f* электрическая таль, электроталь, (электро)тельфер *(термин «(электро)тельфер» считается устаревающим)*
Elektrozugkran *m* кран-балка

ELEKTROZÜNDER

Elektrozünder *m* электровзрыватель
Element *n* 1. элемент; деталь; звено 2. *хим.* элемент
~, **ausgefallenes** отказавший элемент
~, **chemisches** химический элемент
~, **elektrochemisches** электрический элемент
~, **fotoelektrisches** фотоэлектрический элемент
~, **galvanisches** гальванический элемент
~, **gediegenes** самородный элемент
~, **kryogenisches** криогенный элемент
~, **ladungsgekoppeltes** прибор с переносом заряда, ПЗС
~, **lichtempfindliches** фоточувствительный элемент
~, **logisches** логический элемент
~, **nasses** мокрый элемент
~, **nicht ausgefallenes** неотказавший [исправно работающий] элемент
~, **parasitäres** паразитный элемент
~, **pneumatisches** пневмоэлемент
~, **radioaktives** радиоактивный элемент
~, **seltenes** редкий элемент
~, **strömungsmechanisches** струйный модуль
~, **volumenladungsgekoppeltes** ПЗС с объёмным каналом
elementar элементарный
Elementaranalyse *f* элементный анализ
Elementarfaden *m* элементарная нить
Elementarfaser *f* элементарное волокно
Elementarladung *f* элементарный заряд
Elementarsensor *m* чувствительный элемент датчика
Elementarteilchen *n pl* элементарные частицы
Elementarteilchenphysik *f* физика элементарных частиц
Elementarteiler *m* элементарный делитель
Elementarzelle *f* элементарная ячейка (*кристаллической решетки*)
Elemente *n pl* **der seltenen Erden** редкоземельные элементы
Elementenpaar *n* кинематическая пара
Elementhalbleiter *m* простой полупроводник
Elementredundanz *f* поэлементное резервирование
Elevation *f* 1. *астр.* высота (*светила*) 2. угол места (*угол между проекцией направления на цель в горизонтальной плоскости и направлением на цель*)
Elevator *m* элеватор (*полочный, люлечный, ковшовый*)
~, **hydraulischer** гидроэлеватор

Elimination *f* исключение
~ **von Unbekannten** исключение неизвестных
Eliminationsverfahren *n* метод исключения
Eliminierung *f хим.* элиминирование, отщепление, реакция отщепления
Elionik *f* элионика, элионная технология
Elko *m см.* **Elektrolytkondensator**
Ellipse *f* эллипс
Ellipsenbahn *f* эллиптическая орбита
ellipsenförmig эллиптический
Ellipsenzirkel *m* эллипсограф
Ellipsoid *n* эллипсоид
~, **abgeplattetes** сплющенный [сжатый] эллипсоид
~, **gestrecktes** вытянутый [удлинённый] эллипсоид
elliptisch эллиптический
Elmsfeuer *n* огни Эльма
E-Lok *f* электровоз
Elongation *f астр.* элонгация
Eloxalverfahren *n см.* **Eloxieren**
Eloxieren *n* анодирование
Eluieren *n см.* **Elution** 1.
Elution *f* 1. вымывание, элюирование (*из адсорбента*) 2. проявление элюированием (*в хроматографии*)
Elutionsanalyse *f* проявительный (хроматографический) анализ
Elutionsmittel *n* 1. растворитель для вымывания, элюент 2. растворитель для проявительного анализа
Eluvium *n геол.* элювий
Elysieren *n* электрохимическая обработка
Elysierschleifen *n* электрохимическое шлифование
E-Mail *f* электронная почта; система электронной почты
Email *n* эмаль
Emailfarbe *f* надглазурная (керамическая) краска
Emaille *f* эмаль
Emaillierung *f* 1. эмалирование 2. эмалевое покрытие
Emailüberzug *m* эмалевое покрытие
Emanation *f* эманация
Emanometrie *f горн.* эманационный метод (*разведки*)
Emballage *f* тара
Emission *f* излучение; эмиссия; испускание
~, **induzierte** [**stimulierte**] вынужденное [индуцированное] излучение

Emissionsgrenzwerte *m pl* предельно допустимые выбросы *(вредных веществ в атмосферу)*, ПДВ
Emissionskataster *m, n* кадастр вредных выбросов
Emissionskatode *f* эмиссионный катод, эмиттер
Emissionslinien *f pl* линии спектра испускания, эмиссионные линии
Emissionsmikroskop *n* эмиссионный электронный микроскоп
Emissionsspektrum *n* спектр испускания, эмиссионный спектр
Emissionsstrom *m* эмиссионный ток
Emissionsvermögen *n* 1. излучательная способность 2. *см.* **Emissionsvermögen, spektrales**
~, **spektrales** спектральная плотность излучательности *(тела)*
Emissionswellenlänge *f* длина волны излучения
Emitter *m* эмиттер
Emitteranschluß *m* вывод эмиттера
Emitterbahngebiet *n* область распределённого сопротивления эмиттера
Emitterbahnwiderstand *m* распределённое сопротивление эмиттера
Emitter-Basis-Diode *f* диод эмиттер — база, эмиттерный диод
Emitter-Basis-Durchbruchspannung *f* пробивное напряжение эмиттер — база
Emitter-Basis-pn-Übergang *m* p — n-переход эмиттер — база, эмиттерный p — n-переход
Emitter-Basis-Spannung *f* напряжение эмиттерного перехода [на эмиттерном переходе], напряжение эмиттер — база, напряжение между эмиттером и базой
Emitter-Basis-Sperrschicht *f* обеднённый слой эмиттерного перехода
Emitter-Basis-Strecke *f см.* **Emitter-Basis-Diode**
Emitter-Basis-Übergang *m* эмиттерный переход, переход эмиттер — база, переход база — эмиттер
Emitterbereich *m см.* **Emittergebiet**
Emitterdiode *f* эмиттерный диод, диод эмиттер — база
Emitterelektrode *f* электрод эмиттера, эмиттерный электрод
Emitterfolger *m* эмиттерный повторитель
Emitterfolgerlogik *f* логика на эмиттерных повторителях, ЭПЛ-логика, ЭПЛ; логические схемы на эмиттерных повторителях
Emittergebiet *n* эмиттерная область, область эмиттера
Emitterkapazität *f* ёмкость эмиттерного перехода, эмиттерная ёмкость
Emitter-Kollektor-Restspannung *f* остаточное напряжение эмиттер — колектор
Emitterkopplung *f* эмиттерная связь
Emitterkreis *m* эмиттерная цепь, цепь эмиттера
Emitter-pn-Übergang *m* эмиттерный p — n-переход
Emitterpotential *n* потенциал эмиттера
Emitterraumladungszone *f* область пространственного [объёмного] заряда в приграничном слое эмиттерного перехода, обеднённый слой эмиттерного перехода
Emitterreststrom *m* обратный ток эмиттера [эмиттерного перехода], обратный ток утечки через эмиттерный переход
Emitterschaltung *f* схема с общим эмиттером
Emitterschicht *f* эмиттерный слой
Emitterspannung *f* эмиттерное напряжение, напряжение эмиттера [на эмиттере]
Emittersperrschicht *f* обеднённый слой эмиттерного перехода
Emittersperrschichtkapazität *f* барьерная ёмкость эмиттерного перехода, эмиттерная барьерная ёмкость, ёмкость обеднённого слоя эмиттерного перехода
Emittersperrstrom *m* обратный ток эмиттера
Emitterstrom *m* ток эмиттера, эмиттерный ток
Emitterübergang *m* эмиттерный переход
Emitterverstärker *m* усилитель в схеме с общим эмиттером
Emittervorspannung *f* напряжение смещения на эмиттере, смещение эмиттера
Emitterwiderstand *n* 1. (нагрузочный) резистор в цепи эмиттера, эмиттерный резистор; эмиттерная нагрузка 2. сопротивление эмиттера
Emitterwirkungsgrad *m* коэффициент эффективности [эффективность] эмиттера, коэффициент инжекции (эмиттера)
EMK [elektromotorische Kraft] *f* эдс, электродвижущая сила
Empfang *m* приём; радиоприём
Empfänger *m* 1. приёмник 2. (радио)приёмник 3. получатель; грузополучатель
~, **lichtelektrischer** фотоэлектрический полупроводниковый приёмник излучения, фотоприёмник

Empfänger-IC n, **Empfänger-IS** n, **Empfängerschaltkreis** m ИС приёмника (данных)
Empfangsantenne f приёмная антенна
Empfangsaufforderung f, **Empfangsaufruf** m запрос готовности (*станции сети передачи данных*) к приёму
Empfangsgerät n приёмный аппарат; приёмное устройство
Empfangsgüte f качество приёма
Empfangskanal m канал приёма, приёмный канал
Empfangslocher m реперфоратор
Empfangsstation f 1. приёмная станция 2. *вчт* подчинённая [ведомая] станция
Empfangsterminal n принимающий терминал, принимающая [приёмная] станция
empfindlich чувствительный
Empfindlichkeit f чувствительность
~, **spektrale** спектральная чувствительность
Empfindlichkeitscharakteristik f, **spektrale** спектральная характеристика
Empfindlichkeitsschwelle f порог чувствительности; порог восприятия
empirisch эмпирический
Emscherbrunnen m двухъярусный отстойник
Emulation f эмуляция
Emulator m эмулятор, эмулирующая программа
Emulgator m эмульгатор
Emulgieren n эмульгирование
Emulgiermaschine f эмульсор
Emulgiermittel n эмульгатор
Emulgierung f эмульгирование
Emulsion f 1. эмульсия 2. *фото* фотографическая эмульсия; эмульсионный [светочувствительный] слой (*фотоматериала*)
~, **fotografische** фотографическая эмульсия
~, **lichtempfindliche** светочувствительная эмульсия
~, **wäßrige** водная эмульсия
Emulsionsablösung f отслаивание эмульсии
Emulsions(foto)maske f эмульсионный фотошаблон
Emulsionsmittel n эмульгатор
Emulsionsspalter m деэмульгатор
Enable-Ausgang m разрешающий выход, выход разрешающего сигнала
Enable-Eingang m разрешающий вход, вход разрешающего сигнала; отпирающий вход
Enable-Impuls m разрешающий импульс; отпирающий импульс

Enable-Signal n разрешающий сигнал; отпирающий сигнал
Enanthiomorphie f энантиоморфизм
Enantiomere n pl энантиомеры
Enantiomerie f оптическая изомерия, энантиомерия
Enantiotropie f энантиотропия
Encoder m кодирующее устройство, кодер; шифратор
Endanschlag m концевой упор, концевой ограничитель перемещения
Endbearbeitung f финишная обработка
Enddruck m предельное остаточное давление (вакуумного насоса)
Ende n 1. конец 2. задняя часть; хвостовик
Endeffektor m рабочий [исполнительный] орган (*робота*); исполнительное звено (*рабочего органа манипулятора*)
Endeinrichtung f, **Endgerät** n оконечное устройство, терминал
Endenbearbeitungsmaschine f *мет.-об.* центровально-подрезной станок
Enderzeugnis n *см.* Endprodukt
Endform f отштампованная поковка
Endgeschwindigkeit f конечная скорость
Endgravur f *мет.-об.* чистовой ручей (*штампа*)
Endlage f крайнее положение
Endlagengeber m *см.* Endpunktsensor
Endlagenschalter m *см.* Endschalter
Endlager n могильник (*для захоронения радиоактивных отходов*)
Endlagerung f захоронение (*радиоактивных отходов*)
Endleistung f выходная мощность
endlich *физ., мат.* конечный
Endlichkeit f *физ., мат.* конечность
Endlospapier n фальцованная бумага
Endlosschleife f бесконечный цикл; зацикливание (*программы*)
Endmaß m плоскопараллельная [концевая] мера длины
Endmoment n опорный изгибающий момент
Endnutzer m конечный пользователь
endogen эндогенный
Endomorphismus m, **Endomorphose** f эндоморфизм
endotherm эндотермический
Endprodukt n конечный продукт
Endprodukthersteller m (фирма-)изготовитель комплексного оборудования на основе по-

ENERGIENIVEAUDICHTE

купных комплектующих изделий, (фирма-)изготовитель конечной продукции
Endprüfung *f* выходной контроль
Endpunktsensor *m* *маш.* датчик конечного положения (*подвижного органа*)
Endschalter *m* концевой [конечный] выключатель
Endsteckverbinder *m* оконечный разъём
Endstelle *f* оконечное устройство, терминал; оконечное абонентское устройство; абонентский пункт
Endstellenrechner *m* терминальная ЭВМ
Endstellung *f* крайнее положение
Endstück *n* 1. хвостовик 2. *мет.-об.* задняя опорная цапфа (*протяжки*)
Endstufe *f* оконечный [выходной] каскад
Endvakuum *n* предельный вакуум
Endverstärker *m* оконечный усилитель
Endverzweiger *m* *эл.* распределительная коробка
Endwert *m* верхний предел, конечная точка шкалы (*напр. АЦП*)
Endwertabgleich *m* компенсация погрешности преобразования в конечной точке шкалы (*АЦП, ЦАП*)
Endwertfehler *m* погрешность преобразования в конечной точке шкалы (*АЦП, ЦАП*)
Endzapfen *m* *маш.* хвостовик (*вала*)
Energetik *f* энергетика
energetisch энергетический
Energie *f* энергия
~, **chemische** химическая энергия
~, **elektrische** электрическая энергия, электроэнергия
~, **elektromagnetische** электромагнитная энергия
~, **freie** свободная энергия
~, **freigewordene** высвободившаяся энергия
~, **gebundene** связанная энергия
~, **innere** внутренняя энергия
~, **kinetische** кинетическая энергия
~, **kritische** критическая энергия
~, **mechanische** механическая энергия
~, **potentielle** потенциальная энергия
~, **thermische** тепловая энергия
~, **thermonukleare** термоядерная энергия
Energieabstand *m* *физ.* энергетическая щель, запрещённая зона; ширина запрещённой зоны; энергетический интервал
Energieanlage *f* энергетическая установка
Energieaufwand *m* затраты энергии, энергетические затраты
Energieausbeute *f* выход по энергии
Energieausfall *m* отказ питания
Energieausstrahlung *f* излучение энергии
Energieaustausch *m* энергообмен
Energieband *n* энергетическая зона
~, **erlaubtes** разрешённая зона
~, **verbotenes** запрещённая зона
Energiebanddiagramm *n* диаграмма энергетических зон, зонная диаграмма
Energiebändermodell *n*, **Energiebandmodell** *n* зонная модель; зонная диаграмма, диаграмма энергетических зон
Energiebandschema *n* диаграмма энергетических зон, зонная диаграмма
Energiebandstruktur *f* зонная структура (*полупроводника*); структура энергетических зон
Energiebereich *m* диапазон энергий, энергетический диапазон
Energiebilanz *f* энергобаланс
Energiebrennstoff *m* энергетическое топливо
Energiedichte *f* плотность энергии
Energiedosis *f* поглощённая доза излучения
Energiedosisleistung *f*, **Energiedosisrate** *f* мощность (поглощённой) дозы излучения
Energieerhaltungsprinzip *n* закон сохранения энергии
Energieform *f* вид энергии
Energiegefälle *n* гидравлический уклон
Energieinhalt *m* внутренняя энергия
Energieintensität *f* энергоёмкость
energieintensiv энергоёмкий
Energielücke *f* *физ.* энергетическая щель, запрещённая зона
Energiemaschinenbau *m* энергомашиностроение
Energie-Massen-Äquivalenz *f* *физ.* эквивалентность массы и энергии
Energieminimum *n* минимум энергии
Energienetz *n* энергосеть
Energieniveau *n* *физ.* уровень энергии, энергетический уровень
~, **besetztes** заполненный уровень энергии
~, **diskretes** дискретный уровень энергии
~, **entartetes** вырожденный уровень энергии
~, **erlaubtes** разрешённый уровень энергии
~, **unbesetztes** свободный уровень энергии
Energieniveaudichte *f* *физ.* плотность уровней энергии

ENERGIENIVEAUSCHEMA

Energieniveauschema *n*, **Energieschema** *n* *физ.* диаграмма уровней энергии
Energieprinzip *n* *см.* Energiesatz
Energiequant *n* квант энергии
Energiequellen *f pl* источники энергии; энергоресурсы
Energiereaktor *m* энергетический реактор
Energiereserven *f pl* энергетические ресурсы, энергоресурсы
Energierückgewinn *m* регенерация энергии
Energiesatz *m* закон сохранения энергии, закон сохранения и превращения энергии
energiesparend энергосберегающий
Energiespeicherung *f* аккумулирование энергии
Energiespektrum *n* энергетический спектр
Energiestreuung *f* рассеяние энергии
Energiestrom *m* поток энергии
Energiesystem *n* энергетическая система, энергосистема
~, **einheitliches** единая энергосистема
~, **vereinigtes** объединённая энергосистема
Energietechnik *f* энергетика
Energieterm *m* *физ.* уровень энергии, энергетический уровень
~, **erlaubter** разрешённый уровень энергии
Energietermdichte *f* *физ.* плотность энергетических состояний
Energieträger *m* энергоноситель
Energieübertragung *f*, **elektrische** электропередача
Energieumrichter *m* вентильный преобразователь электроэнергии; преобразовательный агрегат с вентильными преобразователями
~, **statischer** статический преобразователь электроэнергии; статический преобразовательный агрегат
Energieumsatz *m* энергообмен
Energieverbrauch *m* потребление энергии, энергопотребление
Energieverluste *pl* потери энергии; энергетические потери
Energieversorgung *f* энергоснабжение
Energievorrat *m* запас энергии
Energiewesen *n* энергетика
Energiewirtschaft *f* 1. энергетика *(в широком смысле)* 2. энергетическое хозяйство
Engen *n* *мет.-об.* обжим в штампе, обжим *(обработка полой заготовки в штампе путём одновременного воздействия инструмента штампа на заготовку по всему её* периметру, *обеспечивающая уменьшение размеров поперечного сечения этой заготовки)*
Engländer *m* разводной ключ
Englergrad *m* градус Энглера
Englischrot *n* крокус *(полировальный порошок на основе оксида железа)*
Engobe *f* ангоб *(покрытие в виде тонкого слоя белой или цветной глины, наносимого на керамические изделия для заличовки дефектов их поверхности и придания ей какого-либо цвета)*
Engschrift *f* сжатый [узкий] шрифт
Engschriftdruck *m* сжатая печать, печать сжатым [узким] шрифтом
Enhancement-Betrieb *m* режим обогащения
Enhancement-FET *m* МДП-транзистор [МОП-транзистор] с обогащением канала [с индуцированным каналом], МДП-транзистор [МОП-транзистор], работающий в режиме обогащения
Enhancement-MISFET *m*, **Enhancement-MIS-Transistor** *m* МДП-транзистор с обогащением канала [с индуцированным каналом], МДП-транзистор, работающий в режиме обогащения
Enhancement-MOSFET *m* МОП-транзистор с обогащением канала [с индуцированным каналом], МОП-транзистор, работающий в режиме обогащения
Enkoder *m* кодирующее устройство, кодер; шифратор
Enneode *f* девятиэлектродная лампа
Enol *n* *хим.* енол
Ensemble *n* ансамбль
~, **statistisches** статистический ансамбль
Ensemblemittelwert *m* среднее по ансамблю
Entaktivierung *f* дезактивация
entartet вырожденный
Entartung *f* вырождение
Entaschung *f* обеззоливание; золоудаление
Entbasten *n* обесклеивание, отварка *(натурального шелка)*
Entblockung *f* деблокирование, деблокировка
Entbrummen *n* устранение [подавление] фона (переменного тока)
Entbrummer *m* подавитель фона (переменного тока)
Entchlorung *f* дехлорирование
Entdämpfung *f* компенсация затухания [потерь]

Enteisenung *f* обезжелезивание
Enteisungsmittel *n* противообледенительное средство
Enter-Taste *f* вчт клавиша «Enter», клавиша <ET>, клавиша «ВВОД»
Entfärben *n* обесцвечивание
Entfernen *n* 1. удаление 2. извлечение
Entfernung *f* 1. удаление 2. извлечение 3. расстояние; дистанция; удаление; удалённость; дальность; отстояние
Entfernungsmeßanlage *f*, **Entfernungsmeßgerät** *n* ав. (радио)дальномер; установка дальномерного оборудования
Entfernungsmesser *m* дальномер
Entfernungsmessung *f* измерение дальности
Entfernungssichtgerät *n* индикатор дальности
Entfernungsskala *f* дистанционная шкала, шкала дальностей
Entfestigung *f* разупрочнение
Entfetten *n*, **Entfettung** *f* обезжиривание
Entfeuchter *m* осушитель
Entfeuchtung *f* обезвоживание, удаление влаги, осушение
entflammbar воспламеняющийся, воспламеняемый
Entflammbarkeit *f* воспламеняемость
Entflammung *f* воспламенение
Entflammungspunkt *m* температура [точка] воспламенения
Entflechtung *f* трассировка (*печатных плат*)
~, **automatische** автоматическая трассировка
Entflechtungssystem *n* система автоматической трассировки (*печатных плат*)
Entfleischen *n* кож. мездрение
Entfleischmaschine *f* кож. мездрильная машина
Entformung *f* 1. извлечение [выемка] из (пресс-)формы 2. стр. распалубка
Entfrosten *n* пищ. дефростация
Entfroster *m* 1. см. **Enteisungsmittel** 2. пищ. дефростер 3. авто обогреватель (*стекла*)
Entgaser *m* дегазатор; деаэратор
Entgasung *f* 1. дегазация 2. сухая перегонка; коксование; пиролиз
Entgiftung *f* обеззараживание
Entgiftungsfahrzeug *n* дегазационная машина
Entgiftungsstoff *m* дегазирующее вещество
Entglasung *f* расстекловывание
Entgleisungsweiche *f* ж.-д. сбрасывающая стрелка

Entgraten *n* удаление грата [заусенцев]; зачистка
Entgrat(ungs)presse *f* обрезной пресс, пресс для обрубки заусенцев
Enthaaren *n* обезволашивание
Enthaarmaschine *f* волососгонная машина
Enthalpie *f* энтальпия
~, **freie** свободная энтальпия, изобарно-изотермический потенциал, энергия Гиббса
Enthärtung *f* умягчение (*воды*)
Enthülsen *n* лущение; шелушение
entionisiert деионизованный (*напр. о воде*)
Entionisierung *f* деионизация (*напр. воды*)
Entkalkung *f* 1. обезызвествление 2. кож. обеззоливание
Entkarbonisierung *f* декарбонизация, устранение карбонатной жёсткости воды
Entkeimen *n* стерилизация; обеззараживание
Entkeimungsstrahler *m* бактерицидная лампа
Entkernen *n* выбивка стержней
Entkieselung *f* обескремнивание
Entkohlen *n*, **Entkohlung** *f* обезуглероживание
Entkonservierung *f* расконсервация (*напр. космической станции*)
Entkopplung *f* 1. элн, эл. развязка 2. расстыковка (*космических кораблей*)
Entkopplungskondensator *m* разделительный конденсатор
Entkopplungskreis *m* развязывающая цепь
Entkopplungsschaltung *f* развязывающая схема, схема развязки
Entkopplungsverstärker *m* развязывающий усилитель
Entkopplungswiderstand *m* развязывающий резистор
Entkörnungsmaschine *f* текст. волокноотделитель
Entkupferung *f* обезмеживание
Entladeförderer *m* разгрузочный транспортёр
Entladehochgleis *n* разгрузочная эстакада
Entladekammer *f* разгрузочная камера
Entlademaschine *f* разгрузочная машина
Entladen *n* 1. разгрузка; выгрузка 2. эл. разряд, разрядка
Entlader *m* разгрузчик, разгрузочная машина
Entladeschleuse *f* разгрузочный шлюз
Entladespannung *f* разрядное напряжение
Entladestrom *m* разрядный ток
Entladevorrichtung *f* разгрузочное устройство; выгрузное устройство
Entladezeit *f* время разряда

ENTLADEZEITKONSTANTE

Entladezeitkonstante *f* постоянная времени разряда
Entladung *f* 1. (электрический) разряд 2. разряд, разрядка *(напр. конденсатора)* 3. разгрузка; выгрузка
~, **atmosphärische** атмосферный разряд
~, **elektrische** электрический разряд
~, **elektrodenlose** безэлектродный разряд
~, **elektrostatische** электростатический разряд
~ **von Haftstellen** разряд ловушек
Entladungsfunken *m* разрядная искра
Entladungslampe *f* газоразрядная лампа
Entladungsröhre *f* газоразрядная лампа; газоразрядная трубка
Entladungsspannung *f* разрядное напряжение
Entladungsstrom *m* разрядный ток
Entlastung *f* разгрузка, снятие [уменьшение] нагрузки
Entlastungskerbe *f вчт* противодеформационный вырез *(дискеты)*
Entlastungsüberfall *m гидр.* водосброс
Entlaubungsmittel *n* дефолиант
Entlaugung *f целл.* отбор щёлока; отделение щёлока от волокнистого полуфабриката
Entleerung *f* опорожнение, выгрузка; разгрузка
Entleerungsventil *n* спускной клапан; сливной клапан
Entlöten *n* выпайка, выпаивание; демонтаж
Entlötgerät *n* устройство для выпайки
Entlüfter *m* 1. деаэратор 2. вытяжной вентилятор 3. воздухоспускное устройство 4. сапун *(напр. в картере ДВС)* 5. вытяжка, отдушина
Entlüfterstutzen *m см.* Entlüfter 3.
Entlüftung *f* 1. деаэрация 2. удаление воздуха 3. вентиляция
Entlüftungsanlage *f* вентиляционная установка; вытяжная система
Entlüftungsaufsatz *m* дефлектор
Entlüftungshahn *m* воздушный кран
Entlüftungskanal *m* вентиляционное отверстие; вентиляционный канал
Entlüftungsloch *n* 1. вентиляционное отверстие 2. выпор *(см. тж* Entlüftungssteiger*)*
Entlüftungsrohr *n* 1. вентиляционная (вытяжная) труба 2. воздушная труба *(котельных и водогрейных установок)*
Entlüftungsschacht *m* вытяжная шахта
Entlüftungssteiger *m* выпор *(вертикальный канал для выхода воздуха и газов из литейной формы)*

Entlüftungsventil *n* воздушный [воздуховыпускной] клапан
~, **automatisches** воздухоотводчик
Entmagnetisierung *f* размагничивание
Entmagnetisierungsapparat *m* размагничивающее устройство
Entmischung *f* 1. расслоение *(смеси)*; деэмульгирование 2. *мет.* ликвация
~ **einer Emulsion** разрушение эмульсии
Entnahme *f* 1. отбор *(напр. пара)* 2. забор *(напр. воды)* 3. отбор, взятие, забор *(пробы)* 4. выемка, извлечение
Entnahmeeinrichtung *f* разгрузочное устройство
Entnahmehahn *m* разборный кран
Entnahmeturbine *f* турбина с отбором пара
Entnetzen *n*, **Entnetzung** *f* образование несмачиваемых припоем участков
Entnieten *n* расклёпка
Entölen *n* 1. маслоотделение; обезжиривание; удаление масла; спуск масла; удаление масляных пятен [масляных загрязнений] 2. нефтеотдача *(пласта)*, отбор [извлечение] нефти *(из пласта)*
Entparaffinieren *n* депарафинизация
Entphosphorung *f* дефосфоризация, обесфосфоривание
Entprell-Flipflop *n* противодребезговый триггер
Entprellschaltung *f* антидребезговая схема, схема для устранения дребезга *(контактов)*
Entprellung *f* устранение дребезга *(контактов)*
Entrahmungsseparator *m* молочный сепаратор
Entrappungsmaschine *f* гребнеотделитель
Entregung *f* гашение возбуждения
Entriegeln *n* разблокировка
Entriegelung *f* разблокировка; отмена блокировки, отмена блокирования *(записи, файла)*
Entrindung *f дер.-об.* окорка
Entrindungsmaschine *f дер.-об.* окорочный станок; окорочная машина
Entropie *f* энтропия
Entropie... энтропийный
Entrosten *n* удаление ржавчины
Entroster *m* средство [состав] для удаления ржавчины, антикоррозионное средство
Entsafter *m* соковыжималка
Entsalzung *f* обессоливание; опреснение
Entsättigung *f элн* выход *(напр. транзистора)* из (состояния) насыщения
Entsäuerung *f* нейтрализация

ENTWICKLUNGSPAPIER

Entschäumen *n* пеногашение
Entschäumer *m* пеногаситель
Entscheidung *f* решение
Entscheidungssystem *n* система (поддержки) принятия решений
Entscheidungstabelle *f* таблица решений
Entschlacken *n* шлакоудаление
Entschlichten *n* расшлихтовка
Entschlüsselung *f* дешифр(ир)ование, декодирование
Entschwefelung *f* обессеривание, десульфурация
Entseuchung *f* обеззараживание; дезактивация
Entsilberung *f* обессеребривание
Entsorgung *f* удаление [устранение] отходов (*напр. радиоактивных*); удаление вредных продуктов; удаление отходящих газов
Entspanner *m* расширитель (*для пара*)
Entspannung *f* 1. декомпрессия 2. снятие напряжений; релаксация 3. отжиг (*стекла*)
Entspannungsglühen *n* отжиг со снятием напряжений, релаксационный отжиг
Entspannungsgrad *m* степень расширения
Entspannungsmaschine *f* детандер
Entspannungsturbine *f* турбодетандер
Entspannungsventil *n* расширительный клапан
Entspannungsverhältnis *n* коэффициент расширения; степень расширения
Entspannungsversuch *m* испытание на релаксацию напряжений
Entspannungsvorrichtung *f* устройство для создания разрежения
Entspiegeln *n*, Entspiegelung *f* 1. просветление (*оптики*) 2. подавление бликов (*на экране дисплея*)
Entspiegelungsüberzug *m* антибликовое покрытие (*экрана дисплея*)
Entstapelmaschine *f* штабелеразборщик
Entstatisierung *f* снятие [нейтрализация] электростатических зарядов
Entstauber *m* пылеуловитель, пылеулавливающий аппарат
Entstaubung *f* обеспыливание, пылеулавливание, удаление пыли
Entstaubungsanlage *f* пылеотсасывающее устройство
Entstörfilter *n* противопомеховый фильтр, фильтр (для) подавления помех
Entstörgerät *n* противопомеховое устройство
Entstörkondensator *m* помехоподавляющий конденсатор

Entstörung *f* подавление помех, защита от помех
Entstrahlung *f* дезактивация; санитарная обработка
Enttrübung *f* 1. отделение пульпы, отделение тяжёлой суспензии 2. *рад.* освобождение сигнала от помех
Entwässerung *f* 1. обезвоживание 2. осушение 3. дренирование, дренаж; водоотлив
Entwässerungsarbeiten *f pl* 1. осушительные работы 2. канализационные работы
Entwässerungsgraben *m* 1. осушительный канал, осушитель 2. (водо)отводящий канал
Entwässerungskanal *m* 1. осушительный канал 2. дренажный канал
Entwässerungsnetz *n* осушительная сеть
Entwässerungspumpe *f* водоотливной [дренажный] насос
Entwässerungsrohr *n* дренажная труба
Entwässerungsstollen *m* водоотливная [дренажная] штольня
Entwässerungssystem *n* осушительная система
Entweichen *n* утечка; выход; вытекание, отток
Entwickeln *n фото* проявление
Entwickler *m фото* проявитель
~, langsam arbeitender медленноработающий [медленный] проявитель
~, rasch arbeitender быстроработающий [быстрый] проявитель
Entwicklerbad *n фото* ванна с проявителем
Entwicklerpackung *f фото* капсула с проявляюще-фиксирующей пастой
Entwicklerpaste *f фото* проявляющая паста; проявляюще-фиксирующая паста
Entwicklung *f* 1. разработка; создание 2. *фото* проявление 3. *мат.* разложение (в ряд) 4. выделение (*газа, тепла*) 5. развитие
~, farbgebende цветное проявление
Entwicklungsbad *n фото* проявляющий раствор, проявитель
Entwicklungsdose *f фото* проявочный бачок
Entwicklungsfarbstoffe *m pl* проявляющиеся красители
Entwicklungshilfsmittel *n pl см.* Entwicklungswerkzeuge
Entwicklungsingenieur *m* инженер-разработчик
Entwicklungsmaschine *f фото, кино* проявочная машина
Entwicklungspapier *n* фотобумага с проявлением (*в отличие от фотобумаги с видимой печатью*)

183

Entwicklungsschale *f фото* кювета (для проявления)
Entwicklungssystem *n прогр.* система разработки; система поддержки программных разработок [разработки программного обеспечения], инструментальная система
Entwicklungs-Toolkit *n прогр.* инструментальный пакет разработчика; пакет инструментальных средств
Entwicklungsumgebung *f прогр.* инструментальная среда
Entwicklungsunterstützung *f прогр.* поддержка программных разработок, поддержка разработки программного обеспечения
Entwicklungswerkzeuge *n pl прогр.* средства разработки (*программного обеспечения*), инструментальные средства
Entwurf *m* 1. проект 2. проектирование 3. картографическая проекция
~, **computergestützter** [**rechnergestützter**] автоматизированное проектирование
~, **topologischer** топологическое проектирование
Entwürfler *m элн* дескремблер
Entwurfsautomatisierung *f* автоматизация проектирования
Entwurfsmodus *m вчт* режим печати среднего качества
Entwurfsqualität *f вчт* печать среднего качества
Entwurfsregeln *f pl* проектные нормы (*определяющие минимальные топологические размеры элементов ИС*)
Entwurfszeichnung *f* топологический чертёж
Entzerrer *m элн, свз* корректор, компенсатор искажений
Entzerrung *f* 1. *элн, свз* коррекция, компенсация искажений 2. коррекция, устранение искажений
Entzerrungsgerät *n геод., ав.* фототрансформатор
Entzifferung *f* дешифр(ир)ование
entzündbar воспламеняющийся, воспламеняемый; возгораемый
Entzündbarkeit *f* воспламеняемость; возгораемость
Entzundern *n* удаление окалины
Entzündung *f* 1. воспламенение 2. возгорание 3. розжиг (*напр. угля при подземной газификации*)

Entzündungstemperatur *f* температура воспламенения
Enveloppe *f мат.* огибающая
Enzym *n* фермент
enzymatisch энзиматический, ферментативный
Eozän *n геол.* эоцен
Ephemeriden *f pl астр.* эфемериды
Ephemeridenzeit *f астр.* эфемеридное время
Epiabtaster *m* телеэпидатчик
Epiabtastung *f* эпипроекция
Epidiaskop *n* эпидиаскоп
Epiplanartransistor *m* планарно-эпитаксиальный транзистор
Epiplanarübergang *m* эпипланарный [эпитаксиальный планарный] переход
epitaktisch, epitaxial эпитаксиальный
Epitaxialbereich *m* эпитаксиальная область
Epitaxial-Planar-Diode *f* планарно-эпитаксиальный диод
Epitaxial-Planar-Transistor *m* планарно-эпитаксиальный транзистор
Epitaxialschicht *f* эпитаксиальный слой
Epitaxialstruktur *f* эпитаксиальная структура
Epitaxialtechnik *f* эпитаксиальная технология
Epitaxialtransistor *m* (планарно-)эпитаксиальный транзистор
Epitaxialübergang *m* эпитаксиальный переход
Epitaxialwachstum *n* 1. эпитаксиальное выращивание, выращивание эпитаксиального слоя; эпитаксиальное наращивание 2. рост эпитаксиального слоя, эпитаксиальный рост
Epitaxialzüchtung *f* эпитаксиальное выращивание, выращивание эпитаксиального слоя
Epitaxie *f* эпитаксия, эпитаксиальное наращивание
~ **aus der Gasphase** эпитаксия из газовой [паровой] фазы
Epitaxieanlage *f* установка эпитаксиального выращивания, установка (для) эпитаксии
Epitaxiediffusionstransistor *m* эпитаксиально-диффузионный транзистор
Epitaxieofen *m* эпитаксиальный реактор
Epitaxie-Planar-Diode *f* планарно-эпитаксиальный диод
Epitaxie-Planar-Struktur *f* планарно-эпитаксиальная структура
Epitaxie-Planar-Technik *f*, **Epitaxie-Planar-Technologie** *f* планарно-эпитаксиальная [эпитаксиально-планарная] технология
Epitaxieplanartransistor *m* планарно-эпитаксиальный транзистор

Epitaxiereaktor m эпитаксиальный реактор
Epitaxieschicht f эпитаксиальный слой
Epitaxietechnik f эпитаксиальная технология
Epitaxieübergang m эпитаксиальный переход
Epitaxieverfahren n метод эпитаксиального выращивания; эпитаксиальная технология
Epizentrum n эпицентр
Epizykloide f эпициклоида
Epizykloidenverzahnung f *маш.* эпициклоидное зацепление
Epoche f (геологическая) эпоха
Epoxi(d)harz n эпоксидная смола
Epoxi(d)harzkleber m клей на основе эпоксидных смол
Epoxi(d)harzlack m эпоксидный лак
Epoxi(d)leim m эпоксидный клей
Epoxiglas n стеклоэпоксид
Epoxikevlar n эпокси-кевлар, эпоксидная смола-кевлар (*материал для изготовления многослойных печатных плат*)
Epoxi-Leiterplatte f эпоксидная печатная плата
Epoxy(d)... *см.* Epoxi(d)...
EPROM [Erasable PROM] m программируемое ПЗУ со стиранием УФ-излучением, стираемое ППЗУ, СППЗУ
E²PROM [Electrically Erasable PROM] m электрически стираемое программируемое ПЗУ, ЭСППЗУ, электрически перепрограммируемое ПЗУ, ЭППЗУ
EPROM-Programmiergerät n программатор с ППЗУ
Epsomit m *мин.* эпсомит
Equalizer m *рад., элн* эквалайзер (*устройство для управления звуком, с помощью которого можно ослаблять или усиливать звуковые колебания в отдельных участках диапазона звукопередачи, напр. подчёркивать звучание низких или высоких частот*)
Erbium n эрбий, Er
Erdachse f земная ось
Erdalkalien n pl щелочные земли
Erdalkalimetalle n pl щёлочноземельные металлы
Erdanschlußklemme f зажим заземления
Erdanziehung f земное притяжение
Erdarbeiten f pl земляные работы
Erdatmosphäre f атмосфера Земли
Erdaufschüttung f земляная насыпь
Erdaushub m выемка грунта
Erdaußenstation f околоземная космическая станция

~, **ständig bemannte** околоземная космическая станция с постоянным экипажем
Erdbahn f орбита Земли, земная орбита
Erdball m земной шар
Erdbau m земляные работы
Erdbaumaschine f землеройная машина
Erdbeben n землетрясение
erdbenfest сейсмостойкий
Erdbebenfuge f антисейсмический шов
Erdbebengebiet n сейсмоактивная зона; район землетрясения
Erdbebenherd m очаг землетрясения
Erdbebenkunde f сейсмология
erdbebensicher сейсмостойкий
Erdbebensicherheit f сейсмостойкость
Erdbebenstärke f сила землетрясения
Erdbebenvorhersage f прогнозирование землетрясений; предсказание землетрясения, сейсмический прогноз
Erdbebenwarte f сейсмическая станция
Erdbebenwellen f pl сейсмические волны
Erdbebenzone f сейсмоактивная зона
Erdbeschleunigung f ускорение свободного падения, ускорение силы тяжести
Erdbeton m грунтобетон
Erdbewegungsmaschine f землеройно-транспортная машина
Erdboden m почва
Erddamm m земляная плотина
Erddruck m давление грунта
Erde f 1. *астр.* Земля (*планета*) 2. земля; почва; грунт 3. *эл.* земля
Erdelektrode f заземлитель
Erden f pl *хим.* земли
~, **alkalische** щелочные земли
~, **seltene** редкие земли
Erdentfernung f удаление от Земли
Erder m заземлитель; заземление
Erderkundungssatellit m спутник для дистанционного зондирования Земли
Erdfarben f pl *см.* Erdpigmente
Erdfeld n земное поле, поле Земли (*гравитационное, магнитное*)
Erdferne f *астр.* апогей
Erdfernerkundung f дистанционное зондирование Земли (*из космоса*), исследование Земли дистанционными методами
Erdfunkstelle f земная станция (системы) космической связи, земная [наземная] станция
Erdgas n природный газ
Erdgasfernleitung f магистральный газопровод

ERDGASLEITUNG

Erdgasleitung *f* газопровод
Erdgeschoß *n* первый этаж
Erdgravitation *f* земное тяготение; земное притяжение
Erdhobel *m* грейдер
Erdinduktor *m* индукционный инклинатор (*прибор для измерения магнитного наклонения*)
Erdinnere(s) *n* недра Земли, недра
Erdkabel *n* подземный кабель
Erdkampfflugzeug *n* штурмовик
Erdkern *m* ядро Земли
Erdklemme *f* заземляющий зажим, зажим заземления
Erdkorrosion *f* почвенная коррозия
Erdkruste *f* земная кора
Erdkugel *f* земной шар
Erdkunde *f* география
Erdleitung *f* 1. *эл.* заземляющий провод, заземление 2. *эл.*, *элн* заземляющая шина, шина «земли» 3. линия инженерных коммуникаций
Erdmagnetfeld *n* геомагнитное поле, магнитное поле Земли
erdmagnetisch геомагнитный
Erdmagnetismus *m* земной магнетизм, геомагнетизм
Erdmantel *m* мантия Земли
Erdmetalle *n pl хим.* земельные металлы (*понятие, объединяющее элементы* Al, Sc, Y *и лантаноиды, оксиды которых называются* Erden)
Erdmittelpunkt *m* центр Земли
Erdnähe *f астр.* перигей
Erdoberfläche *f* земная поверхность, поверхность Земли
Erdöl *n* нефть
~, **aromatisches** ароматическая нефть, нефть ароматического основания
~, **asphaltbasisches** асфальтовая нефть, нефть асфальтового основания
~, **gemischtbasisches** нефть смешанного основания
~, **getopptes** отбензиненная нефть
~, **naphthenbasisches** нафтеновая нефть, нефть нафтенового основания
~, **paraffinbasisches** парафиновая нефть, нефть парафинового основания
~, **raffiniertes** очищенная нефть
~, **rohes** неочищенная [сырая] нефть
Erdöl- und Erdgasleitung *f* нефтегазопровод

Erdölbehälter *m* нефтяной резервуар
Erdölbohrung *f* нефтяная скважина
Erdölchemie *f* нефтехимия
Erdöldestillat *n* нефтяной дистиллят, нефтяной погон, погон нефти
Erdöldestillation *f* перегонка нефти, нефтеперегонка; очистка нефти перегонкой; разгонка [фракционирование] нефти
Erdölemulsion *f* нефтяная эмульсия
Erdölerkundung *f*, **Erdölexploration** *f* разведка на нефть; разведка нефтяных месторождений; поиски (месторождений) нефти
Erdölfalle *f геол.* структурная [фациальная] ловушка нефти; тектоническая ловушка нефти
Erdölfang *m*, **Erdölfänger** *m* нефтеловушка
Erdölfangstruktur *f см.* Erdölfalle
Erdölfernleitung *f* магистральный нефтепровод
Erdölfontäne *f* нефтяной фонтан
Erdölförderstätte *f* нефтяной промысел
Erdölförderung *f* 1. добыча нефти, нефтедобыча 2. объём нефтедобычи
erdölführend нефтеносный
Erdölführung *f* нефтеносность
Erdölgas *n* нефтяной газ
Erdölgewinnung *f* добыча нефти, нефтедобыча
erdölhaltig нефтеносный
Erdölhaltigkeit *f* нефтеносность
Erdölhorizont *m* нефтяной [нефтеносный] горизонт
Erdölindustrie *f* нефтяная промышленность
Erdölingenieur *m* инженер-нефтяник
Erdöllager *m* 1. нефтяная залежь, залежь нефти 2. нефтесклад; нефтебаза
Erdöllagerstätte *f* нефтяное месторождение, месторождение нефти
Erdölleitung *f* нефтепровод
Erdölpech *n* нефтяной пек
Erdölprodukte *n pl* нефтепродукты
Erdölquelle *f* нефтяной источник
Erdölraffinerie *f* нефтеперегонный завод; нефтеперерабатывающий завод
Erdölsonde *f* нефтяная скважина
Erdöltank *m* нефтяной резервуар; нефтехранилище
Erdöltiefpumpe *f* (глубинный) нефтяной насос
Erdölturm *m* нефтяная вышка
Erdölverarbeitung *f* переработка нефти, нефтепереработка
Erdölverarbeitungswerk *n* нефтеперерабатывающий завод

Erdölvorkommen *n см.* **Erdöllagerstätte**
Erdpigmente *n pl* природные неорганические пигменты
Erdpol *m* полюс Земли
~, **magnetischer** магнитный полюс Земли
Erdpotential *n* 1. *эл.* потенциал «земли» 2. земной потенциал, геопотенциал
Erdreich *n* грунт
Erdrotation *f* вращение Земли
Erdrutsch *m* оползень
Erdsatellit *m* спутник Земли
~, **künstlicher** искусственный спутник Земли, ИСЗ
Erdschluß *m* эл. замыкание на землю
Erdschlußspule *f* эл. дугогасительная катушка (в цепи) заземления
Erdseil *n* грозозащитный трос
Erdstaudamm *m* земляная плотина
Erdstoff *m* грунт
Erdstoffstabilisierung *f* стабилизация грунта
Erdströme *m pl* земные токи; теллурические токи
~, **induzierte [tellurische]** теллурические токи
Erdteil *m* континент
Erdtransport *m* транспортировка грунта
Erdumlaufbahn *f* околоземная орбита ◇ **in die ~ bringen** выводить на околоземную орбиту
Erdumrundung *f* виток на околоземной орбите, виток вокруг Земли; облёт Земли
Erdung *f* эл. заземление
Erdungsanlage *f* заземляющее устройство
Erdungsklemme *f* заземляющий зажим, зажим заземления
Erdungsleitung *f* заземляющий провод, провод заземления
Erdungsmesser *m* измеритель (сопротивления) заземления
Erdungsschalter *m* заземляющий разъединитель
Erdvermessung *f* геодезия
Erdwachs *m* 1. *мин.* озокерит, горный воск 2. парафин (*продукт нефтеперегонки*)
Erdwall *m* земляной вал
Erdwärme *f* тепло земной коры; тепловые процессы в земной коре
Erdwärmekraftwerk *n* геотермальная электростанция
Erdzeitalter *n геол.* эра
Ereignis *n* событие
~, **eingetroffenes** наступившее событие
~, **nichteingetroffenes** ненаступившее событие
~, **zufälliges** случайное событие
Erfahrungswert *m* эмпирическое значение, эмпирическая величина
Erfassung *f* 1. сбор; учёт 2. захват (*цели*)
Erfindung *f* изобретение
Erfindungsschrift *f* описание изобретения к патенту
Erfüllung *f* выполнение (*условий*)
Erg *n* эрг, эрг (*единица работы, энергии и количества теплоты в системе единиц СГС*)
Ergänzung *f* дополнение
Ergebnis *n* результат
Ergebnisregister *n прогр.* регистр временного хранения результата
Ergibtanweisung *f прогр.* оператор присваивания
Ergibtzeichen *n вчт* символ операции присваивания
Ergiebigkeit *f* 1. производительность 2. дебит (*буровой скважины, колодца, водозаборного сооружения*); расход 2. *гидр.* модуль стока 4. укрывистость (*лака, краски*) 5. *с.-х.* плодородие (*почвы*)
Ergodensatz *m* эргодическая теорема
Ergonomik *f* эргономика
Erguß *m* 1. излияние 2. *см.* **Effusion**
Ergußgesteine *n pl см.* **Effusivgesteine**
Erhaltung *f* сохранение
~ **der Parität** *физ.* сохранение чётности
Erhaltungsgröße *f* инвариантная величина
Erhaltungssätze *m pl физ.* законы сохранения
Erhärtung *f* твердение; затвердевание; отвердевание
Erhebungswinkel *m* угол возвышения; угол места (*см. тж* **Elevation** 2.)
Erhitzer *m* нагреватель; подогреватель
Erhitzung *f* нагревание; нагрев; разогревание; разогрев
Erhöhung *f* 1. повышение; увеличение 2. возвышение
Erhöhungswinkel *m* угол возвышения
Erholung *f* 1. *мет.* отдых (*металлов*); возврат (*отдых и полигонизация*) 2. *элн* восстановление
Erholungstemperatur *f* температура начала процесса отдыха; температура начала процесса возврата
Erholzeit *f* 1. *элн* время восстановления 2. время повторной готовности
Erichsentiefung *f* 1. глубина вытяжки по Эриксену 2. вытяжка по Эриксену

ERKALTEN

Erkalten *n* охлаждение
Erkennung *f* 1. опознавание 2. распознавание (*напр. образов*)
Erkennungsalgorithmus *m* алгоритм распознавания
Erkennungsmatrix *f* распознающая матрица (*матрица, обеспечивающая распознавание образа*)
Erkennungssensor *m* воспринимающий элемент; рецептор
Erkennungszeichen *n* опознавательный знак
Erkundung *f* разведка (*месторождений полезных ископаемых*)
~, aeroelektrische [aeromagnetische] аэромагнитная разведка, аэромагниторазведка
~ aus der Luft аэроразведка
~, elektrische электрическая разведка, электроразведка
~, eingehende детальная разведка
~, geologische геологическая разведка, геологоразведка; геологические изыскания
~, geophysikalische геофизическая разведка
~, gravimetrische гравиметрическая разведка
~, magnetische магнитная разведка, магниторазведка
~, radiometrische радиометрическая разведка
~, seismische сейсморазведка
Erkundungsbohrung *f* 1. разведочное бурение 2. разведочная скважина
Erkundungssonde *f* разведочная скважина
Erkundungstrupp *m* (геолого)разведочная партия
Erlöschen *n* потухание; погасание
Ermittlung *f* определение; вычисление; расчёт
Ermittlungs- und Vorarbeiten *f pl* изыскательские работы
Ermüdung *f* 1. утомление (*материала*) 2. усталость
Ermüdungsbruch *m* усталостное разрушение
Ermüdungsbruchfläche *f* усталостный излом
Ermüdungsfestigkeit *f* сопротивление усталости
Ermüdungsgrenze *f* предел усталости
Ermüdungsprüfung *f см.* Ermüdungsversuch
Ermüdungsriß *m* усталостная трещина
Ermüdungsschutzmittel *n* противоусталостная добавка, противоутомитель
Ermüdungsversuch *m* испытание на усталость [на выносливость]
Ernte *f* 1. урожай 2. уборка (урожая); жатва
Ernteertrag *m* 1. урожайность 2. урожай
Erodieren *n* электроэрозионная обработка

Erosion *f* 1. эрозия 2. *см.* Erodieren
Erosionsbasis *f* базис эрозии
Erosionsbeständigkeit *f* эрозиестойкость
Erosionsdiskordanz *f* эрозионное несогласие
Erosionskessel *m* эрозионная котловина
Erosionsschutz *m* защита от эрозии
Erosionsterrasse *f* эрозионная терраса, терраса размыва
Erosivbearbeitung *f см.* Erodieren
Erprobung *f* опробование; испытание
~, betriebliche промышленные испытания
Erprobungsgelände *n* испытательный полигон
Erregerkreis *m* 1. эл. цепь возбуждения 2. элн контур задающего генератора, возбуждающий контур
Erregermaschine *f* возбудитель (электрических машин)
Erregerstrom *m* ток возбуждения
Erregerwicklung *f* обмотка возбуждения
Erregung *f* возбуждение
Ersatz *m* 1. замена 2. заменитель
Ersatzantenne *f* эквивалент антенны
Ersatzgröße *f* эквивалентная величина
Ersatzinduktivität *f* эквивалентная индуктивность
Ersatzkapazität *f* эквивалентная ёмкость
Ersatzlast *f* эквивалентная нагрузка
Ersatzrad *n* запасное колесо
Ersatzreifen *m* запасная шина
Ersatzschaltbild *n*, Ersatzschaltung *f* эквивалентная схема, схема замещения
Ersatzstoff *m* материал-заменитель, заменитель; суррогат
Ersatzteile *n pl* запасные части, запчасти
Ersatzteillager *n* склад запасных частей
Ersatzvierpol *m* эквивалентный четырёхполюсник
Ersatzwerkzeug *n* сменный инструмент
Ersatzwiderstand *m* эквивалентное сопротивление
Erscheinung *f* явление
Erschmelzung *f* плавка; выплавка
Erschöpfung *f* истощение
Erschütterung *f* сотрясение
Erschütterungsfestigkeit *f* тряскостойкость, устойчивость к тряске, вибростойкость
Erstarren *n*, Erstarrung *f* 1. застывание; затвердевание 2. схватывание (*напр. строительного раствора*) 3. кристаллизация (*из раствора, расплава*)

Erstarrungsgesteine *n pl* магматические [изверженные] горные породы
Erstarrungspunkt *m* точка затвердевания; точка кристаллизации
Erstarrungstemperatur *f* температура затвердевания
Ersteichung *f* первичная поверка (*средств измерений*)
Erstellungsdatum *n вчт* дата создания (*файла*)
Erstluft *f* первичный воздух
ertragreich высокоурожайный
Ertragsvermögen *n* урожайность
Eruption *f* 1. *астр.* вспышка; всплеск 2. *геол.* извержение 3. фонтанирование (*скважины*)
~, **freie** свободное фонтанирование
Eruptionsarmatur *f* фонтанная арматура
Eruptionskanal *m* канал извержения
Eruptionskegel *m* вулканический конус
Eruptionsschlot *m* жерло вулкана
Eruptionsspalte *f* эруптивная трещина
Eruptivfördersonde *f* фонтанная скважина; фонтанирующая скважина
Eruptivförderung *f* фонтанная эксплуатация (*нефтяных и газовых месторождений*)
Eruptivgang *m* дайка, жила магматической [изверженной] породы
Eruptivgesteine *n pl* 1. *уст.* магматические [изверженные] горные породы 2. вулканические породы
Eruptivsonde *f см.* **Eruptivfördersonde**
Erwärmung *f* 1. нагревание; нагрев; подогрев; разогрев; разогревание; обогрев 2. потепление
~, **aerodynamische** аэродинамический нагрев
~, **dielektrische** диэлектрический нагрев
~, **elektrische** электрический нагрев, электронагрев
~, **induktive** индукционный нагрев
~, **kapazitive** диэлектрический нагрев
Erwärmungseinrichtung *f* нагреватель
Erwärmungstemperatur *f* температура нагрева
Erwartungswert *m* математическое ожидание
Erweichung *f* размягчение
Erweichungspunkt *m*, **Erweichungstemperatur** *f* температура [точка] размягчения
Erweitern *n* раздача (*отверстия*)
Erweiterung *f* 1. расширение 2. расширение, увеличение 3. раствор (*сопла*) 4. выходной конус (*сопла*)
Erweiterungsbaustein *m вчт* модуль расширения

Erweiterungseingang *m вчт* вход (для подключения модуля) расширения
erweiterungsfähig *вчт* расширяемый, наращиваемый
Erweiterungsfähigkeit *f вчт* расширяемость
Erweiterungsgatter *n*, **Erweiterungsglied** *n вчт* логический расширитель, элемент-расширитель
Erweiterungskarte *f вчт* расширительная плата, плата (модуля) расширения
Erweiterungskörper *m мат.* расширение поля
Erweiterungsmodul *m вчт* модуль расширения
Erweiterungsplatine *f см.* **Erweiterungskarte**
Erweiterungsport *m вчт* порт-расширитель
Erweiterungsprogramm *n* расширяемая программа
Erweiterungsspeicher *m вчт* память для расширения системы, ЗУ расширения, расширительное ЗУ
Erweiterungssteckplatz *m вчт* гнездо (для подключения) платы расширения; разъём расширения
Erythemlampe *f* эритемная лампа
Erz *n* руда
~, **abbauwürdiges** рентабельная руда
~, **angereichertes** обогащённая руда
~, **armes** бедная руда
~, **polymetallisches** комплексная [полиметаллическая] руда
~, **reiches** богатая руда
Erzaufbereitung *f* обогащение руд(ы)
Erzauslaugung *f*, **Erzbeizen** *n* выщелачивание руд(ы)
Erzbergbau *m* 1. разработка рудных месторождений 2. горнорудная промышленность
Erzbrecher *m* рудодробилка
Erzeugende *f мат.* образующая
Erzeugnis *n* изделие
~, **keramisches** керамическое изделие
~, **wasserfestes** водозащищённое изделие
Erzeugnisse *n pl*, **feuerfeste** огнеупоры
Erzeugung *f* 1. производство; получение 2. генерация, генерирование; образование, генерация; формирование
Erzeugungsrad *n маш.* производящее колесо
Erzflöz *n* рудный пласт
erzführend рудоносный
Erzgang *m* рудная жила
Erzgestein *n* рудоносная порода
erzhaltig рудоносный
Erzklauben *n* рудоразборка

ERZKLAUBTISCH

Erzklaubtisch *m* рудоразборный стол
Erzkonzentrat *n* рудный концентрат
Erzkörper *m* рудное тело; рудный массив
~, anstehender рудный массив
Erzlagerstätte *f* рудное месторождение
erzlos безрудный
Erzmasse *f* рудная масса
Erzmineral *n* рудный минерал
Erzmühle *f* рудоразмольная мельница
Erzmuster *n* рудный штуф
Erznieren *f pl* рудные почки
Erzrevier *n* рудный бассейн
Erzrolle *f горн.* рудоспуск
Erzröstofen *m* рудообжигательная печь
Erzsäule *f* рудный столб
Erzschicht *f* рудный слой; рудный пласт
Erzschiff *n* рудовоз
Erzschlamm *m* рудный шлам
Erzschmelzofen *m* рудотермическая печь
Erzschmitz *m* рудный прожилок
Erzstahlverfahren *n* рудный процесс плавки стали
Erzstufe *f* рудный штуф
Erzverfahren *n см.* Erzstahlverfahren
Erzvorkommen *n* рудное месторождение
Erzvorräte *m pl* запасы руды
Erzwäsche *f* рудопромывочная установка; рудомойка
erzwungen вынужденный
Esaki-Diode *f* туннельный диод, диод Эсаки
Escape-Code *m вчт* управляющий код
Escape-Folge *f вчт* управляющая последовательность, Esc-последовательность
Escape-Taste *f вчт* клавиша выхода (*из текущего режима*), клавиша возврата к предыдущему [основному] режиму, клавиша ESC, клавиша «КЛЮЧ»
Escape-Zeichen *n вчт* символ начала управляющей последовательности, символ ESC
ESC-Code *m вчт см.* Escape-Code
E-Schweißen *n см.* Elektrodenhandschweißen
Esc-Taste *f см.* Escape-Taste
ESC-Zeichen *n см.* Escape-Zeichen
Esse *f* дымовая труба
Essenz *f* эссенция
Essig *m* уксус
Essigessenz *f* уксусная эссенция
essigsauer уксуснокислый
Essigsäure *f* уксусная кислота, CH_3COOH
Essigsäurealdehyd *m* уксусный альдегид, ацетальдегид, CH_3CHO
Essigsäureanhydrid *m* уксусный ангидрид, $(CH_3CO)_2O$
Essigsäureäthylester *m*, **Essigsäureethylester** *m* уксусноэтиловый эфир, этилацетат, $CH_3COOC_2H_5$
Eßkohle *f* отощённо-спекающийся уголь *(12 — 18% летучих)*
Ester *m хим.* сложный эфир
Estrich *m* бесшовный [монолитный, сплошной] пол, бесшовное [монолитное] покрытие пола
Etage *f* этаж
~, erste второй этаж
Etagenofen *m* многоэтажная [многоподовая] печь
Etalon *n* эталон
Ethan *n см.* Äthan
Ethanol *n см.* Äthanol
Ethen *n см.* Äthen
Ether *m см.* Äther
Ethin *n см.* Äthin
Ethyl... *см.* Äthyl...
Ethylen *n см.* Äthen, Äthylen
Ethylen... *n см.* Äthylen...
Etikett *n* 1. *вчт* метка 2. этикетка; маркировка
Etikettendrucker *m* маркирующее устройство
Eudiometer *n* эвдиометр
Eukalyptusöl *n* эвкалиптовое масло
Eukonal *n мат., опт.* эйконал
Euroconnector *m* европейский унифицированный соединитель, евросоединитель
Eurokarte *f см.* Europakarte
Euronorm *f* 1. европейский стандарт, евростандарт 2. стандартная европейская каркасная система печатных плат, система европлат
Europaformat *n* стандартный европейский формат
Europakarte *f* европлата, плата европейского формата, стандартная европейская плата *(100 x 160 мм²)*
Europalette *f* европалета
Europium *n* европий, Eu
Euro-Stecker *m* вилка европейского унифицированного соединителя
Eutektikum *n* эвтектика
eutektisch эвтектический
Eutektoid *n* эвтектоид
eutroph эвтрофный (*о водоемах с высокой биопродуктивностью*)
Eutrophierung *f* эвтрофикация (*водоема*)
Evakuieren *n* откачивание, откачка, создание вакуума

Evaporation *f* 1. выпаривание 2. *геол.* процесс образования месторождений (*напр. соляных*) за счёт химического осаждения веществ при испарении раствора

Evolute *f* эволюта

Evolution *f* эволюция

Evolvente *f* эвольвента

Evolventenprüfgerät *n маш.* эвольвентомер

Evolventenprüfung *f маш.* контроль эвольвентного профиля (зуба)

Evolventenverzahnung *f маш.* эвольвентное зубчатое зацепление

E-Welle *f* волна типа E, поперечно-магнитная волна

Excimerlaser *m* эксимерный лазер

Exciton *n см.* Exziton

Exekutivprogramm *n*, **Exekutivroutine** *f* исполнительная программа; управляющая программа; системная программа

Exergie *f* эксергия

ex-geschützt *см.* explosionsgeschützt

Exhaustor *m* 1. эксгаустер (*вентилятор, создающий разрежение*) 2. *пищ.* эксгаустер

Existenz *f мат.* существование

Existenzsätze *m pl мат.* теоремы существования

EXKLUSIV-NOR *n* исключающее ИЛИ — НЕ

Exklusiv-NOR-Gatter *n* логический элемент «исключающее ИЛИ — НЕ», вентиль «исключающее ИЛИ — НЕ», вентиль равнозначности [эквивалентности]

EXKLUSIV-ODER *n* исключающее ИЛИ

Exklusiv-ODER-Gatter *n* логический элемент «исключающее ИЛИ», вентиль «исключающее ИЛИ»

Exklusiv-ODER-Operation *f* операция «исключающее ИЛИ»

EXOR-Gatter *n см.* Exklusiv-ODER-Gatter

exotherm экзотермический

Expander *m* 1. *вчт* расширитель 2. экспандер (*вилка с коническим расширителем*)

Expandereingang *m вчт* вход (для подключения модуля) расширения

Expansion *f* расширение

Expansionsbus *m вчт* магистраль [шина] расширения (*дополнительная системная шина для подключения модулей расширения и дополнительных периферийных устройств*)

Expansionsdüse *f* расширительное сопло; дроссель

Expansionsgerät *n вчт* устройство расширения, расширитель

Expansionsgrad *m* степень расширения

Expansionsinterface *n вчт* (системный) интерфейс расширения

Expansionsmaschine *f* детандер

Expansionsport *m вчт* порт-расширитель

Expansionsturbine *f* турбодетандер

Expansionsventil *n* расширительный клапан

Expedition *f* экспедиция

Expeditionsschiff *n* экспедиционное судно

Experiment *n* эксперимент; опыт

experimental экспериментальный, опытный

Experimentalphysik *f* экспериментальная физика

Experimentalwerte *m pl* экспериментальные данные

experimentell экспериментальный, опытный

Experimentierkarte *f*, **Experimentiersteckplatte** *f* плата с контактными гнёздами под выводы микросхем

Expertensystem *n* экспертная система

Explosion *f* взрыв

~, **nukleare** ядерный взрыв

~, **thermonukleare** термоядерный взрыв

~, **unterirdische** подземный взрыв

explosionsgefährdet взрывоопасный

explosionsgeschützt взрывозащищённый; взрывобезопасный

Explosionsgrenzen *f pl* пределы взрывоопасной концентрации (*газовоздушной смеси, запылённого воздуха*)

Explosionsklappe *f* взрывной клапан

Explosionsschutz *m* взрывозащита; обеспечение взрывобезопасности

Explosionsschweißen *n* сварка взрывом

explosionssicher взрывобезопасный

Explosionsstampfer *m* взрывная трамбовка, трамбовка взрывного типа

Explosionsumformen *n см.* Explosivumformen

explosiv взрывчатый

Explosivstoffe *m pl* взрывчатые вещества

Explosivumformen *n* взрывная штамповка

Exponent *m* 1. *мат.* показатель степени 2. *вчт* порядок (*числа с плавающей точкой*)

~, **verschobener** смещённый порядок, характеристика

Exponente *f* экспонента, экспоненциальная кривая

Exponentenschrift *f* шрифт для печати верхних [надстрочных] индексов

Exponentialfunktion f показательная [экспоненциальная] функция
Exponentialgleichung f показательное уравнение
Exponentialkurve f экспоненциальная кривая, экспонента
Exponentialröhre f лампа с переменной крутизной
Exponieren n экспонирование
Exposition f экспозиция
Exsikkator m эксикатор
Exsudation f выпотевание
Extender m разбавитель (напр. каучука)
Extenderkarte f см. Erweiterungskarte
extensiv экстенсивный
extern внешний
Externbus m внешняя шина
Externgerät n внешнее устройство
Externspeicher m внешнее ЗУ, ВЗУ
Extinktion f опт. экстинкция, ослабление (излучения)
Extinktionskoeffizient m, **Extinktionskonstante** f коэффициент [показатель] ослабления (излучения)
Extrahierbarkeit f экстрагируемость
Extrahieren n экстрагирование
Extrakt m экстракт
Extraktion f экстракция, экстрагирование
Extraktionsapparat m экстрактор
Extraktionsbenzin n экстракционный бензин
Extraktionsmittel n экстрагент, экстрагирующий агент
Extraktionssonde f вытяжной зонд
Extraktivdestillation f экстрактивная перегонка
Extraktor m экстрактор
Extrapolation f экстраполяция
extremal экстремальный
Extremalregler m экстремальный регулятор
Extremum n экстремум
Extremwert m экстремальное значение, экстремум
Extremwertregelung f экстремальное регулирование
Extremwertregler m экстремальный регулятор
Extrinsic-Halbleiter m примесный полупроводник
Extrinsic-Leitfähigkeit f, **Extrinsic-Leitung** f примесная проводимость, примесная электропроводность
Extruder m (червячный) экструдер
Extruderwerkzeug n головка экструдера

Extrudieren n экструзия (полимеров)
Extrusion f геол. экструзия
Exzenter m эксцентрик
Exzenterantrieb m эксцентриковый привод
Exzenterbuchse f эксцентриковая втулка
Exzentergetriebe n эксцентриковый механизм
Exzenterhub m ход эксцентрика
Exzenterpresse f эксцентриковый пресс
Exzenterpumpe f эксцентриковый насос
Exzenterscheibe f эксцентриковый диск
Exzenterschneckenpumpe f одновинтовой насос
Exzenterstange f эксцентриковая тяга
Exzenterwelle f эксцентриковый вал
exzentrisch эксцентрический, эксцентричный; внецентренный
Exzentrizität f эксцентриситет
Exzeß m мат. избыток, эксцесс
~, **sphärischer** 1. мат. сферический избыток, сферический эксцесс 2. эксцесс (в математической статистике) 3. мат. дефект (матрицы)
Exzeß-3-Kode m вчт код с избытком три
Exziton n физ. экситон
Exzitonenband n физ. экситонная зона
Exzitonenniveau n физ. экситонный уровень
Exzitonenrekombination f физ. экситонная рекомбинация
Exzitonenübergang m физ. экситонный переход

F

Fabrik f завод; фабрика
~, **bedienarme** завод малолюдного производства
~, **unbemannte** безлюдный (автоматизированный) завод, безлюдное производство
Fabrikat n фабрикат; изделие
Fabrikation f производство; изготовление
Fabrikationsstreuung f разброс параметров при изготовлении
Fabrikmarke f заводская марка; фабричная марка; заводское клеймо; фабричное клеймо; заводской знак; фабричный знак
Fabrikmutterschiff n плавучая база, плавбаза
Fabrikschild n фирменная табличка; заводская табличка; шильдик

Fabriktrawler *m* траулер-рыбозавод
Fabrikzeichen *n см.* **Fabrikmarke**
Fabry-Perot-Interferometer *n* интерферометр Фабри — Перо
Face-Down-Montage *f* монтаж (кристалла ИС) лицевой стороной вниз; монтаж методом перевёрнутого кристалла
Facette *f* фацет; грань
Facettieren *n* гранение
Face-Up-Montage *f* монтаж (кристалла ИС) лицевой стороной вверх
Fach *n* 1. полка; (выдвижной) ящик; отделение 2. *текст.* зев
Facharbeiter *m* квалифицированный рабочий
Fachbereichstandard *m* отраслевой стандарт
Fachbildung *f текст.* зевообразование
Fachbildungsvorrichtung *f текст.* зевообразовательный механизм
Fachen *n текст.* трощение
Fächerantenne *f* веерная антенна
Fachexperte *m* специалист по предметной области
Fachgebiet *n* 1. область науки; отрасль техники 2. предметная область
Fachmann *m* специалист
Fachmaschine *f текст.* тростильная машина
Fachwerk *n* 1. каркас; фахверк 2. решётчатая конструкция; ферма 3. *ав.* ферменная конструкция
Fachwerkausleger *m* решётчатая стрела (*крана*)
Fachwerkbalken *m* сквозная балка
Fachwerkbrücke *f* мост с решётчатыми фермами
Fachwerkholm *m ав.* лонжерон ферменной конструкции
Fachwerkkonstruktion *f* решётчатая конструкция
Fachwerkrumpf *m ав.* фюзеляж ферменной конструкции
Fachwerkträger *m* решётчатая [сквозная] ферма
Fachwerkträgerbrücke *f см.* **Fachwerkbrücke**
Faden *m* 1. нить 2. нитка
~, **elastischer** 1. эластичная [высокорастяжимая] (текстурированная) нить 2. эластомерная нить
~, **endloser** комплексная нить
~, **strukturierter** текстурированная нить
~, **voluminöser** (высоко)объёмная нить
Fadenbruch *m текст.* обрыв нити

Fadenbruchzahl *f текст.* обрывность нити
Fadenführer *m*, **Fadenführungsvorrichtung** *f текст.* нитеводитель; нитенаправитель
Fadenheftmaschine *f полигр.* ниткошвейная машина
Fadenkonstruktion *f мат.* построение (*напр. конического сечения*) с помощью нити
Fadenkreuz *n* 1. *опт.* перекрестие, крест нитей (*в бинокле, окуляре*); сетка нитей 2. *текст.* ценовый крест
Fadenkristalle *m pl* нитевидные кристаллы, усы
Fadenleger *m текст.* нитераскладчик
Fadenmikrometer *n* микрометр с сеткой нитей
Fadenmoleküle *n pl хим.* нитевидные [линейные, цепные] молекулы
Fadenöffner *m текст.* концервальная машина
Fadensonde *f ав.* шелковинка; насадок с шелковинкой (*для визуализации потока*)
Fadenströmung *f* струйное течение; ламинарное течение
Fadenwächter *m текст.* 1. нитенаблюдатель 2. автоостанов, самоостанов (*напр. бобинажно-перемоточной машины*)
Fadenzähler *m текст.* ткацкая лупа, лупа с делениями, счётный глазок (*для подсчета основных и уточных нитей, определения плотности*)
Fadenzuführungseinrichtung *f текст.* механизм подачи нити
Fading *n* 1. *рад.* замирание, фединг 2. *авто* снижение эффективности торможения
Fahlerze *n pl* блёклые руды
Fahlleder *n кож.* мостовьё
Fahnen *f pl* 1. *полигр.* гранки 2. *тлв* тянущиеся продолжения (*изображения*), «тянучки»
Fahnenbildung *f тлв* образование тянущихся продолжений (*изображения*), образование «тянучек»
Fahrauftrag *m* путевой лист
Fahrbahn *f* проезжая часть; дорожное полотно
Fahrbahnmarkierung *f* разметка проезжей части
fahrbar передвижной; подвижной, подвижный
Fahrbenzin *n* автомобильный бензин; бензин для карбюраторных ДВС; топливо для карбюраторных ДВС
Fahrbereich *m* 1. *авто* запас хода 2. *мор.* дальность плавания, запас хода 3. *авто* диапазон изменения передаточного числа (*в ав-*

FAHRBETRIEB

томатической коробке передач); диапазон преселекции
Fahrbetrieb *m ж.-д.* тяга
~, **elektrischer** электрическая тяга, электротяга
Fahrdamm *m* 1. дорожное полотно; проезжая часть 2. дорожная насыпь
Fahrdienst *m ж.-д.* служба движения
Fahrdienstleiter *m ж.-д.* поездной диспетчер
Fahrdienstverbindung *f ж.-д.* поездная диспетчерская связь
Fahrdraht *m* контактный провод, троллей
Fahrdynamik *f* динамика движения
Fähre *f* 1. паром 2. посадочный блок; лунный посадочный блок; космический корабль многоразового использования, многоразовый корабль; модуль многоразового использования
Fahreigenschaften *f pl* 1. ходовые качества 2. ездовые качества *(шины)*
Fahrenheitsgrad *m* градус Фаренгейта
Fahrenheitsskala *f* шкала Фаренгейта
Fahrenheitstemperatur *f* температура по Фаренгейту [по шкале Фаренгейта]
Fahrer *m* водитель; шофёр
Fahrerhaus *n* кабина водителя
Fahrerlaubnis *f* удостоверение на право управления транспортным средством; водительские права
Fahrerlaubnisentzug *m* лишение водительских прав
Fahrerprobung *f* ходовое испытание; дорожное испытание
Fahrerstand *m* 1. *ж.-д.* пульт управления машиниста 2. кабина вагоновожатого *(трамвая)* 3. *горн.* пульт *(машиниста)*
Fahrfußhebel *m авто* педаль акселератора
Fahrgastschiff *n* пассажирское судно
Fahrgeschwindigkeit *f* 1. скорость движения, скорость 2. скорость хода *(судна, корабля)*
~, **effektive** техническая скорость
Fahrgestell *n* 1. *ав., авто* шасси 2. тележка
Fahrgestellrahmen *m ж.-д.* рама тележки
Fahrkorb *m* кабина лифта
Fahrkran *m* передвижной кран
Fahrlader *m* 1. самоходный погрузчик 2. *горн.* погрузочно-транспортная машина
Fahrleitung *f* 1. контактная сеть 2. контактный провод
Fahrleitungsanlage *f* контактная сеть
Fahrleitungsmast *m* опора контактной сети
Fahrleitungsnetz *n* контактная сеть
Fahrmotor *m* тяговый (электро)двигатель

Fahrort *m горн.* ходок
Fahrpedal *n авто* педаль акселератора
Fahrplan *m* расписание движения *(напр. поездов)*; график
Fahrpult *n* пульт управления
Fahrrad *n* велосипед
Fahrraddecke *f* велосипедная покрышка, велопокрышка
Fahrradkettenschaltung *f* переключатель передач [скоростей] (велосипеда)
Fahrradreifen *m* велосипедная шина, велошина
Fahrradschlauch *m* камера велосипедной шины, велосипедная камера
Fahrrinne *f* фарватер *(реки)*
Fahrrolle *f*, **Fahrrolloch** *n горн.* ходовой гезенк
Fahrschalter *m ж.-д.* контроллер *(машиниста)*
Fährschiff *n* паром
Fahrschulgelände *n* автодром
Fahrsperre *f ж.-д.* автостоп
Fahrspur *f* 1. *авто* полоса движения 2. *авто* колея 3. транспортный проезд *(на промышленном предприятии)*
Fahrstabilität *f* устойчивость *(напр. автомобиля)* при движении
Fahrsteig *m* пассажирский конвейер; движущийся тротуар
Fahrstrahl *m мат.* радиус-вектор
Fahrstraße *f ж.-д.* маршрут
Fahrstrecke *f горн.* ходовая выработка, ходок
Fahrstufe *f авто* ступень *(коробки передач)*, передача
~, **eingelegte** включённая передача
Fahrstuhl *m* лифт; подъёмник
Fahrt *f* 1. езда; движение 2. рейс; ездка 3. *мор.* ход; скорость хода *(судна, корабля)* 4. *ав.* воздушная скорость
~, **große** полный ход
Fahrtbereich *m мор.* район плавания *(судна)*
Fahrtmesser *m* 1. *ав.* указатель скорости 2. *мор.* лаг
Fahrtrainer *m* тренажёр для обучения управлению автомобилем
Fahrtreppe *f* эскалатор
Fahrtrichtungsanzeiger *m авто* указатель поворота
Fahrtrum(m) *n горн.* 1. лестничное отделение *(напр. шахтного ствола)* 2. ходовое отделение, ходок *(напр. в крутой лаве)*
Fahrtschreiber *m* 1. *авто* спидограф; тахоспидограф 2. *ж.-д.* регистрирующий скоростемер

Fahrtweite *f мор.* дальность [автономность] плавания (*в морских милях*)
Fahrtwender *m ж.-д.* реверсор
Fahrtwiderstand *m* сопротивление движению
Fahrung *f горн.* передвижение [перевозка] людей (*в шахте*); спуск-подъём людей (*по шахтному стволу*)
Fährverkehr *m* паромное сообщение; паромная переправа
Fahrversuch *m* ходовое испытание; дорожное испытание
Fahrwasser *n мор.* фарватер
Fahrwasserzeichen *n pl* створные знаки
Fahrweise *f* 1. способ управления (*напр. автомобилем*); способ вождения 2. *ж.-д.* способ вождения (*поезда машинистом*) 3. *ж.-д.* режим движения 4. технологический режим; режим эксплуатации (*напр. установки*); режим (*работы*)
Fahrwerk *n* 1. ходовая часть 2. *ав.* шасси
Fahrzeitrechner *m ж.-д.* прибор для определения времени хода (*поезда*)
Fahrzeug *n* 1. транспортное средство; автомобиль 2. *ж.-д.* единица подвижного состава, подвижная единица; экипаж
Fahrzeugdetektor *m* проходной детектор автотранспорта
Fahrzeugführer *m* водитель
Fahrzeugmagnet *m ж.-д.* локомотивный индуктор (*системы автоматической локомотивной сигнализации точечного типа с автостопом*)
Fahrzeugzubehörteile *n pl* запасные части к автомобилям
Fail-safe-Prinzip *n* принцип защищённости от отказов; принцип безаварийности
Fäkalwasserkanalisation *f* хозяйственно-фекальная канализация
Faksimiledrucker *m* факсимильное печатающее устройство, факсимильный принтер
Faksimilegerät *n*, **Faksimileschreiber** *m* факсимильный аппарат, факсимильный [фототелеграфный] приёмопередатчик
Faksimile-Telegrafie *f* факсимильная связь; фототелеграфия
Faksimile-Übertragung *f* факсимильная передача
Faktis *m* фактис
Faktor *m* 1. коэффициент; фактор 2. *мат.* множитель; сомножитель; фактор
Faktorgruppe *f мат.* фактор-группа

Faktorielle *f мат.* обобщённый факториал
Faktorisierung *f мат.* факторизация, разложение на множители
Faktorzerlegung *f см.* **Faktorisierung**
Fakturiermaschine *f* фактурная машина
Fakultät *f мат.* факториал
Fall *m* 1. падение 2. падение, наклон 3. *мор., косм.* фал 4. *мат.* случай
~, **freier** свободное падение
Fällbad *n* осадительная ванна
Fallbär *m* баба (*копра*)
Fallbeschleunigung *f* ускорение свободного падения, ускорение силы тяжести
Fallbügel *m* падающая дужка (*измерительного прибора*)
Fallbügelschreiber *m* самопишущий прибор с падающей дужкой
Falleitung *f* стояк (*в системе внутренней канализации*)
Fallen *n* 1. падение 2. *геол., горн.* падение (*напр. пласта*) 3. падение, убывание
Fällen *n см.* **Fällung**
Fallgewichtsprüfung *f*, **Fallgewichtsversuch** *m* (ударное) испытание падающим грузом, испытание на копре с падающим грузом, определение ударной вязкости с помощью свободнопадающего груза
Fallhammer *m* падающий молот, (ковочный) молот простого действия
Fallhammergerät *n* (маятниковый) копёр (*для испытания на ударную вязкость*)
Fallhammergesenk *n* штамповочный молот с падающей бабой
Fallhärte *f* твёрдость по Шору, твёрдость, определяемая методом упругого отскока
Fallhärteprüfung *f* определение твёрдости методом упругого отскока, метод Шора
Fallhöhe *f* 1. *гидр.* напор 2. ход бабы молота
Fällmittel *n* осадитель
Fallnahtschweißen *n* сварка (вертикального шва) сверху вниз
Fallort *m горн.* забой по падению; (слабонаклонная) выработка по падению
Fallout *m* радиоактивный осадок
Fallreep *n* забортный трап
Fallrohr *n* 1. опускная труба (*в котлах*) 2. напорная труба (*напр. воздушного подъёмника*) 3. стояк
Fallschirm *m* парашют
Fallschirmkappe *f* купол парашюта
Falltür *f горн.* ляда, опускная дверь

FÄLLUNG

Fällung *f* 1. осаждение, выделение 2. рубка, валка (*леса*)
~ **durch Elektrolyse** электроосаждение
~, **fraktionierte** дробное осаждение
Fällungsmittel *n* осадитель
Fallversuch *m* испытание сбрасыванием; испытание свободным падением; испытание падающим телом
Falschdraht *m* *текст.* ложное кручение, ложная крутка
Falschdrahtgarn *n* *текст.* нить ложного кручения, текстурированная нить, полученная методом ложного кручения
Falschdrahtverfahren *n* *текст.* метод ложного кручения
Falschfarbenfotografie *f* спектрозональная фотография; спектрозональная фотосъёмка
Falschluft *f* воздух, подсасываемый через неплотности; подсос воздуха через неплотности
Faltdipol *m* *рад.* петлевой симметричный вибратор
Falte *f* 1. складка; сгиб 2. *геол.* складка
Fältelung *f* *геол.* плойчатость
Faltenachse *f* *геол.* шарнир складки
Faltenbalg *m* 1. сильфон 2. *ж.-д.* суфле, гармоника (*межвагонного перехода*)
Faltenbildung *f* складкообразование
Faltenfilter *n* складчатый фильтр
Faltenscheitel *m* *геол.* замок складки
Faltenschenkel *m* *геол.* крыло складки
Faltenverwerfung *f* *геол.* складчатый взброс
Faltrohr *n* сильфон
Faltrohrausgleicher *m* сильфонный компенсатор
~, **lyraförmiger** лирообразный [лирный] сильфонный компенсатор
~, **U-förmiger** П-образный сильфонный компенсатор
Faltschachtel *f* складная [штампованная] (картонная) коробка
Faltung *f* 1. складчатость 2. *мат.* свёртка
Faltungsintegral *n* *мат.* интеграл свёртки
Faltversuch *m* испытание на загиб (*тонколистового металла*); испытание (*тонкостенных труб*) на складкообразование
Faltwerk *n* *стр.* складчатая конструкция
Falz *m* фальц; сгиб
Falzapparat *m* *полигр.* фальцаппарат
Falzen *n* 1. *полигр.* фальцевание; фальцовка 2. строгание, строжка 3. *дер.-об.* выборка четверти [паза]

Falzer *m* 1. *полигр.* фальцаппарат 2. *полигр.* фальцер (*аппарат для определения сопротивления бумаги или картона излому*) 3. фальцовочный станок
Falzmaschine *f* 1. кромкозагибочная машина 2. *полигр.* фальцевальная машина 3. фальцовочный станок
Falzung *f* 1. см. Falzen 2. перегиб (*при испытании на излом*)
Falzziegel *m* пазовая черепица
Familie *f* семейство
FAMOS [Floating Gate MOS] *f* лавинно-инжекционная МОП-структура с плавающим затвором
FAMOS-Feldeffekttransistor *m*, **FAMOS-FET** *m* лавинно-инжекционный МОП-транзистор с плавающим затвором
FAMOS-Struktur *f* лавинно-инжекционная МОП-структура с плавающим затвором
FAMOST *m* лавинно-инжекционный МОП-транзистор с плавающим затвором
FAMOS-Technik *f* технология (изготовления) лавинно-инжекционных МОП-транзисторов с плавающим затвором
Fang *m* 1. захват (*напр. носителей заряда*) 2. лов (*рыбы*)
Fang- und Gefrierschiff *n* рыболовно-морозильное судно; рыболовно-морозильный траулер
Fang- und Verarbeitungsschiff *n* траулер-рыбозавод, рыбообрабатывающий траулер
Fangdamm *m* перемычка
Fangdiode *f* ограничительный [фиксирующий] диод; антизвонный диод
Fangdorn *m* ловильный метчик, метчик
Fänger *m* 1. *в буровой технике:* ловильный инструмент, ловитель 2. ловитель (*кабины лифта*) 3. *горн.* ловитель (*вагонеток*)
Fanggerät *n* 1. *горн.* ловильный инструмент 2. орудие лова, рыболовное орудие
Fanggitter *n* защитная сетка
Fanggraben *m* нагорный канал; ловчий канал; водоотводный канал
Fangleine *f* стропа (*парашюта*)
Fangrechen *m* *лес.* запань
Fangschaltung *f* устройство для установления номера звонившего абонента, схема «поимки»
Fangschiff *n* промысловое судно
Fangstelle *f* ловушка захвата (*носителей заряда*), ловушка

Fangvorrichtung *f* ловильное приспособление; ловитель
Fangwerkzeug *n см.* **Fanggerät 1.**
Fan-in *n англ. элн* коэффициент объединения по входу
Fan-out *n англ. элн* коэффициент объединения по выходу, нагрузочная способность
Farad *n* фарад, Ф
Faraday-Effekt *m физ.* эффект Фарадея
Faraday-Käfig *m эл.* клетка Фарадея
Faraday-Konstante *f физ.* постоянная Фарадея
Faraday-Zahl *f физ.* число Фарадея
Farb... *см. тж* **Farben...**
Farbabgleich *m тлв* регулировка цветового баланса
Farbabschalter *m тлв* выключатель цветности
Farbabweichung *f опт.* хроматическая аберрация
Farbanpassung *f* цветовая адаптация
Farbanstrich *m* красочное покрытие
Farbart *f* цветность
Farbartsignal *n тлв* сигнал цветности
Farbauftragen *n* 1. нанесение краски 2. *полигр.* накат [накатывание] краски
Farbauszug *m* 1. цветоделённое изображение 2. *полигр.* цветоделённый негатив 3. цветоделение
Farbauszugsfilter *n* цветоделительный (свето)фильтр
Farbbalkenfolge *f тлв* последовательность цветных полос, испытательная таблица цветного телевидения
Farbbalkengenerator *m тлв* генератор цветных полос
Farbbalkensignal *n тлв* сигнал цветных полос
Farbbalkentestsignale *n pl тлв* испытательные сигналы цветных полос
Farbband *n* красящая лента (*напр. для пишущих машин*)
Farbbild *n* цветное изображение
Farbbilddisplay *n* цветной дисплей
Farbbildröhre *f* кинескоп [приёмная телевизионная трубка] для цветного телевидения, цветной кинескоп
Farbbildschirm *m* цветной экран; цветной дисплей
Farbbildschirmgerät *n* цветной дисплей
Farbbildwiedergaberöhre *см.* **Farbbildröhre**
Farbdekoder *m* декодер цветного телевидения, декодер

Farbdemodulator *m тлв* демодулятор цветности
Farbdia *n* цветной диапозитив; (цветной) слайд
Farbdifferenzsignal *n тлв* цветоразностный сигнал
Farbdiffusionsverfahren *n* цветной диффузионный фотографический процесс, цветной фотографический процесс с диффузионным переносом изображения
Farbdisplay *n* цветной дисплей
Farbdreieck *n* цветовой треугольник
Farbe *f* 1. цвет 2. цветность 3. краска; пигмент
~, **angeriebene** тёртая краска
~, **deckende** кроющая [покрывная] краска
~, **streichfertige** краска, готовая к употреблению
~, **temperaturanzeigende** термочувствительная краска
Färbebad *n* красильная ванна, красильный раствор
Farbechtheit *f текст.* устойчивость окраски
Färbefehler *m текст.* порок крашения
Färbeflotte *f текст.* красильная ванна, красильный раствор
Färbemaschine *f текст.* красильная машина
Farben... *см. тж* **Farb...**
Färben *n* крашение; окрашивание; окраска
~, **direktes** прямое [субстантивное] крашение
Farbenadaptation *f* цветовая адаптация
Farbendruck *m* цветная печать
Farbenfotografie *f* цветная фотография
Farbenindex *m астр.* показатель цвета (*характеристика цветовой температуры поверхности звезды*)
Farbenkarte *f текст.* каталог красителей с окрашенными образцами
Farbenlehre *f* учение о цвете, цветоведение
Farbenraum *m* цветовое пространство
Farbensehen *n* цветовое [цветное] зрение
Farbensystem *n* 1. цветовая система 2. система образования цветов
Farbentrennung *f* цветоделение
Farben- und Lackindustrie *f* лакокрасочная промышленность
Färberei *f* 1. красильное производство; крашение 2. красильное отделение, красильный цех
Färbeverfahren *n текст.* способ крашения
Farbexzeß *m астр.* избыток цвета (*характеристика изменения цвета звезды при прохож-*

FARBFEHLER

дении звездного света через межзвездное вещество)
Farbfehler *m опт.* хроматическая аберрация
Farbfernsehbildröhre *f см.* Farbbildröhre
Farbfernsehempfänger *m* телевизионный приёмник цветного изображения, цветной телевизор
Farbfernsehen *n* цветное телевидение
Farbfernsehgerät *n* цветной телевизор
Farbfernsehkamera *f* цветная телевизионная (передающая) камера, передающая камера цветного телевидения, цветная телекамера
Farbfernsehportable *m* портативный цветной телевизор
Farbfernsehprogramm *n* программа цветного телевидения
Farbfernsehröhre *f см.* Farbbildröhre
Farbfernsehsignal *n*, **vollständiges** полный цветовой видеосигнал
Farbfilm *m* цветная плёнка
Farbfilter *n* цветной светофильтр
Farbfotografie *f* цветная фотография
Farbgebung *f* 1. окрашивание, окраска 2. *полигр.* подача краски
Farbglas *n* цветное стекло
Farbgleichung *f* цветовое уравнение
Farbgrafikadapter *m* адаптер монитора цветной графики
Farbgrafikdisplay *n* цветной графический дисплей
Farbgrafikkarte *f* плата цветной графики
Farbgrafikmonitor *m* монитор цветной графики
Farbgrafikplatine *f* плата цветной графики
Farbgrafik *f* цветная графика
Farbhilfsträger *m тлв* цветовая поднесущая
farbig цветной
Farbigkeit *f* цветность
Farbindikator *m* цветной индикатор
Farbkanal *m* 1. канал сигнала цветности (*в цветном телевидении*) 2. канал цветового сигнала
Farbkoder *m* кодер цветного телевидения, кодер
Farbkontrast *m* цветовой контраст
Farbkörper *m* 1. цветовое тело (*понятие в метрике цвета*) 2. *уст.* краситель; пигмент 3. красящее вещество (*для керамических красок, цветных глазурей*); красящий окисел, краситель (*для цветных стекол*)
Farbkorrektor *m тлв* цветокорректор
Farbkorrektur *f* цветокоррекция

Farbkreis *m* хроматический круг
Farbkreisel *m* цветовой волчок; цветовой секторный диск, диск Максвелла
Farbkuppler *m* цветная [цветообразующая] компонента
Farblacke *m pl* органические лаки (*нерастворимые органические красящие вещества, получаемые переводом растворимых красителей в их нерастворимые соединения; не являются лаками в собственном смысле этого термина*)
farblos 1. бесцветный 2. ахроматический
Farbmarke *f* цветная маркировка (*резистора*)
Farbmessung *f* цветовые измерения; колориметрия
Farbmetrik *f* метрика цвета
Farbmischung *f* смешение цветов
~, **additive** аддитивное смешение цветов
~, **subtraktive** субтрактивное смешение цветов
Farbmonitor *m* цветной монитор, монитор цветного изображения
~, **grafischer** монитор цветной графики
Farbort *m* точка цветности (*на цветовом графике*)
Farbpulver *n* сухая краска; цветной порошок, цветной пигмент
Farbpunkt *m см.* Farbort
Farbreibwerk *n* краскотёрка
Farbreinheit *f* чистота цвета
Farbreiz *m* цветовой стимул (*излучение определенного спектрального состава, вызывающее в глазу ощущение цвета*)
Farbsättigung *f* насыщенность цвета
Farbscanner *m полигр.* электронный цветоделитель(-корректор)
Farbscheibe *f* цветовой секторный диск, диск Максвелла
Farbsensor *m* датчик цветного изображения; формирователь цветового видеосигнала
Farbsignal *n* цветовой сигнал
Farbsignalverstärker *m тлв* усилитель цветности
Farbspektrum *n* цветовой спектр
Farbspritzanlage *f* окрасочный агрегат
Farbspritzapparat *m* краскопульт
Farbspritzerei *f* окрасочный цех, окрасочное отделение
Farbspritzpistole *f* пистолет-распылитель, краскораспылитель
Farbsprühverfahren *n* аэрография

Farbstich *m* цветоискажающий оттенок; цветовой оттенок
Farbstoff *m* краситель
~, **adjektiver** протравной краситель
~, **direkter** прямой [субстантивный] краситель
~, **echter** прочный [стойкий] краситель
~, **reaktiver** (реакционно-)активный краситель
~, **substantiver** субстантивный [прямой] краситель
Farbstoffindikator *m* цветной индикатор
Farbstofflaser *m* лазер на красителе
Farbstrahldruckverfahren *n* струйная печать (*с разбрызгиванием красителя*)
Farbsychronsignal *n* тлв сигнал цветовой синхронизации
Farbsynchronisation *f* тлв цветовая синхронизация
Farbsynchronsignalverstärker *m* тлв усилитель сигнала цветовой синхронизации
Farbtafel *f* 1. цветовая диаграмма, цветовой график, диаграмма цветности 2. цветная таблица
Farbtemperatur *f* цветовая температура
Farbton *m* 1. цветовой тон 2. оттенок; тон окраски
Farbtonregler *m* тлв регулятор цветового тона
Farbträger *m* 1. субстрат (*краски*) 2. хромофор 3. тлв цветовая поднесущая
Farbträgergenerator *m* тлв генератор цветовой поднесущей
Farbtripel *n* тлв триада
Farbumkehrfilm *m* фото, кино цветная обращаемая плёнка
Farbumkehrpapier *n* цветная обращаемая фотобумага
Farbumschalter *m* тлв коммутатор цветности
Färbung *f* 1. крашение; окрашивание; окраска 2. окраска (*слой нанесенной краски*) 3. цветность (*воды*)
Farbvalenz *f* цветовой стимул (*в колориметрии: совокупность трех цветовых координат, определяющих непосредственно воспринимаемый глазом цвет*)
Farbvektor *m* цветовой вектор
Farbvideokamera *f* цветная видеокамера
Farbwerk *n* красочный аппарат
Farbwertanteile *m pl* координаты цветности
Farbwerte *m pl* цветовые координаты, координаты цвета
Farbwertsignal *n* тлв сигнал основного цвета

Farbwiedergabe *f* цветопередача (*напр. в цветной фотографии, цветном телевидении*)
Fase *f* фаска; лыска
Fasen *n* снятие фаски
Faser *f* волокно
~, **gekräuselte** извитое волокно
~, **gerichtete** ориентированное волокно
~, **regellose** неориентированное волокно
~, **spinnbare** прядильное волокно
~, **ungeordnete** неориентированное волокно
Faserband *n* текст. 1. волокнистая лента 2. мычка
Faserbeton *m* бетон, армированный высокопрочными непрерывными волокнами
Faserbrei *m* волокнистая масса; целлюлозная пульпа
Faserflor *m* текст. 1. ватка, прочёс 2. начёс, ворс (*на ворсованных тканях, трикотажных изделиях*)
Faserfüllstoff *m* волокнистый наполнитель
Faserglas *n* стекловолокнит
Fasergut *n* текст. волокнистый материал, волокно
Faserhalbstoff *m* волокнистый полуфабрикат (*целлюлозно-бумажного производства*)
Faserholz *n* балансы (*сырье для целлюлозно-бумажного производства*)
faserig волокнистый
Faserkohle *f* волокнистый уголь
Faserlichtleiter *m* волоконный световод
Faserlitze *f* волоконный жгут
Fasermetall *n* волокновый материал (*в порошковой металлургии*)
Faseroptik *f* волоконная оптика
Faserplatte *f* (древесно-)волокнистая плита
Faserschreiber *m* автоматическая ручка с капиллярным пишущим стержнем, фломастер
Faserstoff *m* 1. волокно; волокнистый материал 2. волокнистая масса
Faserstrang *m* текст. 1. мычка 2. чесальная лента
Faserstruktur *f* 1. волокнистая структура 2. структура волокна
Faser-Verbundstoff *m* волокнистый композит, волокнистый композиционный материал
Faser-Verbundwerkstoff *m* волокнистый композиционный материал, волокнистый композит; волокновый материал (*материал из порошкового волокна*)
Faserverlauf *m* расположение волокон (*напр. в материале формуемого изделия*)

FASERVLIES

Faservlies *n текст.* волокнистый холст
Faserwerkstoff *m* волокнит *(пластмасса на основе рубленого волокна, пропитанного термореактивной синтетической смолой)*
Faserzementrohr *n* фиброцементная труба
Faß *n* 1. бочка 2. *кож.* барабан
Fassade *f* фасад
Fassung *f* 1. обойма 2. оправа 3. *эл.* патрон; цоколь 4. *гидр.* каптаж
Fassungskanal *m гидр.* каптажный канал
Fassungsvermögen *n* ёмкость; вместимость
Faulbecken *n* септик
Faulbehälter *m* метантенк
Fäule *f* гниль
Faulgas *n* биохимический газ
Faulgrube *f* септик
Faulkammer *f* 1. септик 2. камера брожения; гнилостная камера
Fäulnis *f* гниение
fäulnishindernd антисептический, противогнилостный
Fäulnisschutzsmittel *n*, **Fäulnisverhinderungsmittel** *n* антисептическое средство, антисептик
Faulraum *m* 1. метантенк 2. иловая [гнилостная] камера *(двухъярусного отстойника)*
Faulschlamm *m* сапропель
Faulturm *m* метантенк
Faust... грубый, приближённый; эмпирический
Fäustel *n* (горный) молоток; балда, молот
Faustformel *f* эмпирическая формула; упрощённая формула *(для приближенного расчета)*
Faustregel *f* эмпирическое правило; практическое правило
Faustwert *m* приближённое значение; эмпирическая величина
Faxgerät *n* факс, телефакс, факсовый аппарат *(аппарат системы факсимильной связи по линиям телефонной сети)*
Fax-Modem *n* факс-модем
Fayence *f* фаянс
Fazies *f* фация
FBAS-Signal [Farb-Bild-Austast-Synchron-...] *n* полный цветовой видеосигнал
Feder *f* 1. пружина 2. рессора 3. *маш.* (призматическая) шпонка 4. *дер.-об.* гребень *(шпунтового соединения)* 5. перо ◇ eine ~ wickeln навивать пружину
~, **gewickelte** витая рессора
~, **unverlierbare** невыпадающая пружина

Federaufhängung *f* 1. пружинная подвеска; рессорная подвеска 2. подвешивание рессоры
Federausgleicher *m* пружинный компенсатор
Federbein *n ав., авто* амортизационная стойка
Federblatt *n* лист рессоры, рессорный лист
Federbock *m* рессорный кронштейн, кронштейн рессоры
Federbremse *f* пружинный тормоз
Federbrett *n текст.* нажимная доска *(жаккардовой машины)*
Federbund *m* рессорная обойма, рессорный хомут, хомут рессоры
Federdynamometer *n* пружинный динамометр
Federgehänge *n* рессорная подвеска
Federgetriebe *n* пружинный механизм
Federhammer *m* рессорно-пружинный молот
Federkasten *m текст.* коробка пружинок жаккардовых игл, коробка «животиков» *(в жаккардовой машине)*
Federklinke *f* пружинная защёлка
Federkonstante *f* коэффициент жёсткости пружины, рессоры *или* упругого элемента
Federkontakt *m* пружинный контакт
Federlasche *f* серьга рессоры, рессорная серьга
Federmanometer *n* пружинный манометр
Federnut *f маш.* шпоночный паз *(для соединения без натяга)*
Federring *m* пружинная шайба; пружинное (замковое) кольцо, разрезное кольцо
~, **aufgebogener** пружинная шайба с отогнутыми концами
Federrohrvakuummeter *n* деформационный вакуумметр
Federrolle *f* витой ролик *(подшипника)*
Federschalter *m* пружинный выключатель
Federscheibe *f* упругая шайба
Federscheiben-Durchflußmesser *m* поплавково-пружинный расходомер
Federstahl *m* пружинная сталь; рессорная сталь
Federteller *m* 1. (опорная) тарелка пружины 2. тарелка буфера
Federung *f* 1. подвеска; рессорная подвеска 2. подрессоривание, рессорное подвешивание 3. пружинящее действие 4. *дер.-об.* соединение в шпунт и гребень; пазогребневое соединение
Federungsarbeit *f* работа, затрачиваемая на упругую деформацию
Federverbindung *f* 1. *маш.* шпоночное соеди-

нение 2. *дер.-об.* соединение в шпунт и гребень

Federwaage *f* 1. пружинные весы 2. пружинный динамометр

Federweg *m* ход [прогиб] рессоры; прогиб [величина хода] рессоры; ход пружины; ход подвески (*напр. мотоцикла*)

Federwerk *n* пружинный механизм

Federwickelmaschine *f* пружинонавивочный станок

Federwickeln *n* навивание пружины

Federwindung *f* виток пружины

Federzungenweiche *f* *ж.-д.* отжимная стрелка

Feedback *n англ. автм* обратная связь, цепь обратной связи

Feeder *m* фидер

Fehlanpassung *f* рассогласование

Fehlansprechen *n* неправильное срабатывание

Fehldurchflutung *f* магнитодвижущая сила [мдс] несрабатывания (*магнитоуправляемого контакта*), значение несрабатывания (*магнитоуправляемого контакта*)

Fehler *m* 1. ошибка (вычислений); погрешность (измерений) 2. дефект 3. порок 4. неисправность; повреждение; сбой 5. *геод.* невязка

~, **absoluter** абсолютная погрешность; абсолютная ошибка

~, **intermittierender** перемежающийся отказ

~, **maximal zulässiger** предел допускаемой погрешности (*средства измерений*)

~, **mittlerer** средняя погрешность

~, **mittlerer quadratischer** среднеквадратичная погрешность

~, **programmabhängiger** программно-зависимый отказ

~, **relativer** относительная погрешность; относительная ошибка

~, **stationärer** установившаяся ошибка

~, **systematischer** систематическая ошибка

~, **verdeckter** скрытый дефект

~, **wahrscheinlicher** вероятная ошибка

~, **zufälliger** случайная ошибка

Fehlerabschätzung *f* оценка погрешности

Fehlerabstand *m*, **mittlerer** (средняя) наработка на отказ

Fehlerbehandlung *f* обработка ошибок

Fehlerbehandlungsprogramm *n* программа обработки ошибок

Fehlerbereich *m* диапазон погрешностей

Fehlerbeseitigung *f* 1. устранение неисправностей 2. *вчт* отладка

Fehlerbündel *n* пакет ошибок

Fehlerdiagnose *f* 1. диагностика неисправностей; диагностика повреждений; диагностика дефектов; диагностика отказов 2. диагностика ошибок

Fehlerdreieck *n* треугольник погрешностей

Fehlereingrenzung *f* локализация неисправностей *или* повреждений

Fehlererkennung *f* 1. обнаружение [распознавание] ошибок 2. обнаружение неисправностей *или* повреждений

Fehlererkennungskode *m* код с обнаружением ошибок

Fehlerermittlung *f* обнаружение ошибки

Fehlerfortpflanzung *f* распространение ошибок

Fehlerfortpflanzungsgesetz *n* закон распространения ошибок

Fehlergleichung *f* уравнение ошибок

Fehlergrenze *f* 1. предел допускаемой погрешности (*напр. при измерении*); наибольшая погрешность (*напр. при изготовлении*) 2. *мат.* граница погрешности

Fehlerhäufigkeit *f* 1. частота (появления) ошибок, относительная частота ошибок 2. частота отказов

Fehlerkorrektur *f* 1. коррекция ошибок (*напр. при передаче сигналов*) 2. исправление ошибок

Fehlerkorrekturkode *m* код с исправлением ошибок

Fehlerkurve *f* кривая (плотности) распределения ошибок

Fehlermaßnahmeprogramm *n* программа (контроля и обработки) ошибок; программа коррекции ошибок

Fehlermelder *m* сигнализатор ошибки

Fehlermeldung *f* сообщение об ошибке

Fehlerortsbestimmung *f*, **Fehlerortung** *f* 1. определения места повреждения 2. локализация неисправностей *или* повреждений

Fehlerquelle *f* источник ошибки

Fehlerrate *f* 1. доля дефектных изделий 2. *автм* интенсивность отказов 3. (относительная) частота ошибок (*отношение искаженных при приеме единиц информации к их общему числу*)

Fehlersignal *n* сигнал ошибки; сигнал рассогласования

Fehlerspannung *f* 1. *эл.* напряжение корпуса

FEHLERSPANNUNGS...

[на корпусе] относительно земли при повреждении (изоляции), корпусное напряжение; аварийный потенциал (*при повреждении изоляции*) **2.** *автм* напряжение сигнала рассогласования

Fehlerspannungsschutzschalter *m* автоматический выключатель, действующий при появлении корпусного напряжения; автомат защитного выключения при появлении корпусного напряжения; автомат защиты от аварийного потенциала

Fehlerspannungsschutzschaltung *f* схема защиты от корпусного напряжения; защита на отключение, действующая при появлении корпусного напряжения

Fehlerstrom *m* **1.** ток повреждения; ток утечки **2.** ток небаланса

Fehlerstromschutzschalter *m* автоматический выключатель, действующий при появлении тока повреждения *или* тока утечки; автомат защитного отключения тока повреждения *или* тока утечки; автомат защиты от тока утечки

Fehlerstromschutzschaltung *f* схема защиты от тока повреждения *или* тока утечки; защита на отключение, действующая при появлении тока повреждения *или* тока утечки

Fehlersuch- und Korrekturprogramm *n* *вчт* отладочная программа, отладчик

Fehlersuche *f* **1.** поиск неисправностей **2.** *вчт* режим отладки

Fehlersucher *m* искатель неисправностей *или* повреждений

Fehlersuchgerät *n* дефектоскоп

Fehlersuchprogramm *n* *вчт* диагностическая программа; отладочная программа, отладчик

Fehlertheorie *f* теория ошибок

Fehlertoleranz *f* *вчт* нечувствительность к отказам, отказоустойчивость

Fehlerverteilungsgesetz *n* закон распределения ошибок

Fehlerwahrscheinlichkeit *f* вероятность ошибки

Fehlerzustandsanzeiger *m* диагностический индикатор, индикатор неисправностей

Fehlfunktion *f* сбой; работа со сбоями

Fehlgußteil *n* дефектная отливка

Fehlimpuls *m* неотработанный импульс

Fehlkante *f* *дер.-об.* обзол

Fehloperation *f* сбой, работа со сбоями

Fehlordnung *f* неупорядоченность; дефектность

(*кристаллической решетки*); дефект (*кристаллической структуры*)

Fehlstelle *f* **1.** *крист.* дефект; вакансия **2.** *элн* дырка

Fehlstellendichte *f* плотность [концентрация] дефектов

Fehlstellenhalbleiter *m* дырочный полупроводник, полупроводник *p*-типа

Fehlzündung *f* *авто* перебои с зажиганием [с воспламенением рабочей смеси]

Feile *f* напильник

~, **flachspitze** плоский остроносый напильник

Feilen *n* опиливание, обработка напильником

Feilkloben *m* ручные тиски, тисочки

Feilmaschine *f* опиловочный станок

Feilspäne *pl* (металлические) опилки

fein 1. тонкий **2.** мелкий **3.** точный

Feinabgleichkondensator *m* подстроечный конденсатор, триммер

Feinablesung *f* точный отсчёт

Feinabstimmung *f* тонкая настройка

Feinausdrehmaschine *f* отделочно-расточный станок

Feinbearbeitung *f* точная [прецизионная] обработка

Feinblech *n* тонкий лист; тонколистовой металл; тонколистовой прокат; тонколистовая сталь

Feinbohren *n* отделочное растачивание

Feinbohrmaschine *f*, **Feinbohrwerk** *n см.* **Feinausdrehmaschine**

Feinbrechen *n* тонкое [мелкое] дробление

Feindestillation *f* чёткая ректификация

feindispers мелкодисперсный; высокодисперсный

Feindraht *m* микропровод

Feine *n см.* **Feingehalt**

Feineinsteller *m* верньер

Feineinstellschraube *f* микрометрический винт

Feineinstellung *f* **1.** точная установка **2.** точная настройка **3.** точная [микрометрическая] регулировка

Feinen *n* **1.** рафинирование (*напр. стали*) **2.** доводка (*плавки*) **3.** повторная купеляция (*напр. серебра*) **4.** измельчение, получение тонкой структуры

Feinerz *n* мелкая руда, рудная мелочь

feinfaserig тонковолокнистый

Feinfilter *n* фильтр тонкой очистки

Feingefüge *n* микроструктура

Feingehalt *m* содержание, проба (*благородного металла*)
feingemahlen тонкомолотый
Feingerätebau *m* точное приборостроение
Feingerätetechnik *f см.* Feinwerktechnik
Feingestalt *f* микрогеометрия (*поверхности*)
Feingewinde *n* мелкая резьба, резьба с мелким шагом
Feingießform *f* форма для точного литья
Feingrafik *f* графика высокого разрешения
Feinguß *m* точное литьё
Feingut *n* мелкий [мелкозернистый] продукт; мелкий [мелкозернистый] материал
Feinheit *f* 1. *текст.* линейная плотность, толщина (*волокна, нити, пряжи*); плотность (*трикотажного полотна*) 2. *текст.* частота игольного деления (*трикотажных машин*) 3. тонкость (*напр. помола*) 4. содержание, проба (*благородного металла*) 5. дискретность (*задания или отработки перемещений рабочих органов металлообрабатывающих станков*) 6. разрешающая способность (*интерполятора*)
Feinhonen *n мет.-об.* суперфиниширование
Feinjustiermarke *f элн* знак совмещения; фигура совмещения
Feinjustierung *f элн* точное совмещение
Feinkeramik *f* тонкая керамика
Feinkohle *f* 1. мелкий уголь, угольная мелочь 2. угольный штыб
Feinkoks *m* коксик
Feinkorn *n* 1. мелкая частица, мелкое зерно 2. мелкий [мелкозернистый] продукт; тонкий [мелкий] класс; тонкая [мелкая] фракция
Feinkornentwickler *m фото* мелкозернистый проявитель
feinkörnig мелкозернистый; тонкозернистый
Feinleiterbild *n элн* (топологический) рисунок с высоким разрешением
Feinmahlung *f* тонкий помол, тонкое измельчение
Feinmahlwalzwerk *n* рафинировочные вальцы
Feinmechanik *f* точная механика
Feinmechaniköl *n* приборное масло
Feinmeßgerät *n* точный [прецизионный] измерительный прибор; микромер
Feinmeßokular *n* окуляр-микрометр, окулярный винтовой микрометр
Feinmeßschraube *f* микрометр (*инструмент для измерений длин от 0 до 25 мм*)
Feinmeßuhr *f маш.* индикатор часового типа

Feinmessung *f* точное [прецизионное] измерение
Feinmeßzeug *n* прецизионный измерительный инструмент
Feinmetall *n* чистый [рафинированный] металл
Feinofen *m* рафинировочная печь
Feinpositionierung *f* точное [прецизионное] позиционирование
Feinsand *m* мелкий [мелкозернистый] песок
~, **lehmiger** супесь
Feinschleifen *n* тонкое шлифование
Feinschlichtfeile *f* бархатный напильник
Feinschliff *m* микрошлиф
Feinspektrum *n* спектр тонкой структуры
Feinsprit *m* спирт-ректификат высшей очистки
Feinstaub *m* высокодисперсная [тонкая] пыль
Feinstahl *m* мелкосортная сталь
Feinstellschraube *f* микрометрический винт
Feinstraße *f мет.* мелкосортный стан
Feinstkorn *n* 1. тонкодисперсная [мелкодисперсная] частица 2. тонкодисперсный [мелкодисперсный] материал; тонкодисперсный [мелкодисперсный] класс; тонкодисперсный [мелкодисперсный] продукт; тонкодисперсная [мелкодисперсная] фракция
Feinstleiterbild *n* (топологический) рисунок с особо высоким разрешением
Feinstleitertechnik *f* технология печатных плат с особо высокой плотностью соединений
Feinstruktur *f* тонкая структура; микроструктура
Feinstrukturanalyse *f* микроструктурный анализ
Feinstrukturspektroskopie *f* спектроскопия высокого разрешения
Feinstschlichtfeile *f* бархатный напильник
feinstverteilt высокодисперсный
Feintaster *m маш.* индикатор (*напр. с механическим измерительным стержнем*)
Feintrimmen *n* точная подгонка
Feinüberdeckung *f* точное совмещение
Feinung *f см.* Feinen
Feinvakuum *n* средний вакуум (*100 — 0,1 Па*)
Feinverstellung *f см.* Feineinstellung
Feinwaschmittel *n* мягкое [мягкодействующее] моющее средство
Feinwerktechnik *f* техника точных приборов; точное приборостроение
Feinzeiger *m маш.* индикатор; компаратор

FEINZEIGERMESSCHRAUBE

Feinzeigermeßschraube *f маш.* рычажный [индикаторный] микрометр
Feinzerstäuber *m* атомизатор
Feinzeug *n* готовая бумажная масса
Feinziehschleifen *n см.* **Feinhonen**
Feld *n* 1. поле 2. *стр.* пролёт 3. *эл.* панель (*распределительного щита*)
~, **antreibendes** ускоряющее поле
~, **elektrisches** электрическое поле
~, **elektromagnetisches** электромагнитное поле
~, **erdmagnetisches** геомагнитное поле, магнитное поле Земли
~, **logisches** логическая матрица; логическая матричная ИС
~, **magnetisches** магнитное поле
~, **programmierbares logisches** программируемая логическая матрица, ПЛМ
~, **retardierendes** тормозящее поле
Feldbau *m* земледелие; полеводство
Feldeffekttransistor *m* полевой транзистор
~ **des Anreicherungstyps** МДП-транзистор с обогащением канала [с индуцированным каналом], МДП-транзистор, работающий в режиме обогащения
~ **mit isoliertem Gate [mit isolierter Steuerelektrode]** полевой транзистор с изолированным затвором, МДП-транзистор
~, **modulationsdotierter** модуляционно-легированный полевой транзистор, полевой транзистор с модулируемым [регулируемым] уровнем легирования
~, **pn-gesteuerter** полевой транзистор с управляющим *p — n*-переходом
~ **des Verarmungstyps** МДП-транзистор с обеднением канала, МДП-транзистор, работающий в режиме обеднения
Feldelektronenemission *f см.* **Feldemission**
Feldelektronenmikroskop *n* электронный проектор, автоэлектронный микроскоп
Feldemission *f* автоэлектронная [полевая, туннельная] эмиссия
Feldemissionskatode *f* автоэмиссионный [холодный] катод
Feldgraswirtschaft *f* травопольная система земледелия; травопольный севооборот, севооборот с многолетними травами
Feldhäcksler *m с.-х.* косилка-измельчитель
Feldionenmikroskop *n* ионный проектор, автоионный микроскоп
Feldionenmikroskopie *f* автоионная микроскопия

Feldionisation *f*, **Feldionisierung** *f* электростатическая ионизация
Feldlinien *f pl* силовые линии (поля)
~, **magnetische** магнитные силовые линии
Feldlinse *f опт.* полевая линза, коллектив
Feldmeldewesen *n* связь
~, **elektrisches** электросвязь
Feldmeßbake *f* веха
Feldmeßgerät *n* геодезический инструмент, геодезический прибор
Feldmeßkunde *f* геодезия (*собственно геодезия, в задачи которой входит разработка способов измерений, применяемых в топографии и инженерном деле*)
Feldmoment *n стр.* пролётный момент
Feldoxid *n* защитный оксидный слой; защитный слой SiO_2
Feldplatte *f* магниторезистор
Feldprüfung *f* полевые испытания
Feldquanten *n pl физ.* кванты поля
Feldregelung *f эл.* регулирование возбуждения
Feldregler *m эл.* (автоматический) реостат (для регулирования) возбуждения, реостат в цепи возбуждения
Feldspat *m мин.* полевой шпат
Feldspule *f эл.* катушка возбуждения
Feldstärke *f* напряжённость поля
~, **elektrische** напряжённость электрического поля
~, **magnetische** напряжённость магнитного поля
Feldstärkeverlauf *m* распределение напряжённости электрического поля; диаграмма изменения напряжённости электрического поля
Feldstecher *m* полевой бинокль
Feldsteinmauerwerk *n* бутовая кладка
Feldtheorie *f физ.* теория поля
~, **allgemeine** всеобщая теория поля
~, **einheitliche** единая теория поля
Feldvermessung *f* 1. *см.* **Feldmeßkunde** 2. полевые геодезические работы 3. *горн.* съёмка шахтного *или* карьерного поля
Feldwaage *f* полевой магнитометр
~, **erdmagnetische** полевой магнитометр
Feldwicklung *f эл.* обмотка возбуждения
Felge *f* обод
~, **geteilte** разъёмный обод
Fell *n* шкура; шкурка; мех
Fels *m* скальная (горная) порода
Felsboden *m* скальный грунт; скальное основание
Felsgestein *n* скальная (горная) порода

Felsmechanik f механика горных пород
Fe-Metalle n pl чёрные металлы
Femtometer n фемтометр, фм
Femtosekunde f фемтосекунда, фс
Fender m pl *мор.* кранцы
Fensterfutter n оконная коробка
Fensterglas n оконное стекло
Fensterheber m *авто* стеклоподъёмник
~, **elektrischer** электрический стеклоподъёмник
Fensterkitt m оконная [стекольная] замазка
Fensterkurbel f *авто* ручка стеклоподъёмника
Fensteröffnung f оконный проём
Fensterrahmen m оконная рама
Fensterscheibe f оконное стекло
Fensterstock m оконная коробка
Fenstertechnik f полиэкранный режим (*работы дисплея*); организация полиэкранного режима (*работы дисплея*); управление окнами (*на экране дисплея*)
Fensterzarge f оконная коробка
Ferment n фермент
Fermentation f ферментация
Fermenter m ферментёр
Fermi-Dirac-Statistik f *физ.* статистика Ферми — Дирака
Fermi-Dirac-Verteilung f *физ.* распределение Ферми — Дирака
Fermi-Energie f *физ.* Ферми-энергия, энергия Ферми
Fermi-Kante f *физ.* граничная энергия Ферми
Fermi-Niveau n *физ.* уровень Ферми
Fermium n фермий, Fm
Fernabstimmung f дистанционная настройка
Fernamt n междугородная телефонная станция
Fernanzeige f телесигнализация
Fernauslöser m приспособление для дистанционного спуска затвора (*фотоаппарата*); приспособление для дистанционного включения лампы-вспышки
Fernauslösung f 1. дистанционное включение; дистанционное срабатывание 2. дистанционный спуск (*затвора фотоаппарата*); дистанционное включение лампы-вспышки
Fernbedienplatz m удалённый терминал
Fernbedienung f дистанционное управление
Fernempfang m дальний приём
Fernerkundung f дистанционное зондирование (*Земли*); изучение Земли дистанционными методами, изучение Земли из космоса
~ **der Erde** дистанционное зондирование Земли

Ferngas n газ, транспортируемый на большие расстояния; газ дальнего газоснабжения, магистральный газ; сетевой газ
Ferngasleitung f магистральный газопровод
Ferngasversorgung f дальнее газоснабжение
Ferngeber m дистанционный [телеметрический] датчик, теледатчик
Ferngespräch n междугородный разговор
Fernglas n бинокль
Fernheizkraftwerk n теплоэлектроцентраль, ТЭЦ
Fernheizleitung f 1. теплотрасса 2. теплопровод
Fernheizung f 1. централизованное теплоснабжение; теплофикация 2. система централизованного теплоснабжения
Fernheizungsnetz n тепловая сеть, сеть централизованного теплоснабжения
Fernheizwerk n теплоцентраль
Fernhörer m 1. телефон (*напр. микротелефонной трубки*) 2. микрофон
Fernkabel n кабель дальней связи; *тлф* междугородный кабель
Fernkompaß m дистанционный компас
Fernkontrolle f дистанционный контроль, телеконтроль
Fernkopieren n телекопирование, передача факсимиле по телефонным каналам (связи)
Fernkopierer m телекопир
Fernlastzug m автопоезд для грузовых междугородных перевозок
Fernleitung f 1. линия электропередачи, ЛЭП; линия дальней электропередачи 2. линия дальней связи; *тлф* междугородная (кабельная) линия (связи)
Fernleitungsnetz n *свз* магистральная сеть
Fernlenkflugzeug n беспилотный [телеуправляемый] самолёт
Fernlenkung f дистанционное управление, управление на расстоянии, телеуправление
Fernlicht n *авто* дальний свет
Fernlichtscheinwerfer m *авто* фара дальнего света
Fernmeldekabel n кабель связи
Fernmeldekanal m канал связи
Fernmeldeleitung f, **Fernmeldelinie** f линия связи
Fernmeldenetz n сеть связи; *тлф* сеть междугородной связи
~, **diensteintegrierendes digitales** цифровая сеть связи с интеграцией служб, ЦСИС, цифровая сеть интегрального обслуживания

FERNMELDER

Fernmelder *m* дистанционный указатель, телеуказатель, телеиндикатор
Fernmeldesatellit *m* спутник связи
Fernmeldesystem *n* система телесигнализации
Fernmeldetechnik *f* связь; техника связи
Fernmeldeverbindung *f* 1. (дальняя) связь 2. линия (дальней) связи
Fernmeldung *f* телесигнализация
Fernmeßeinrichtung *f* телеметрическое [телеизмерительное] устройство
Fernmeßgeber *m* телеметрический датчик
Fernmeßsystem *n* телеметрическая [телеизмерительная] система
Fernmeßtechnik *f* техника дистанционных [телеметрических] измерений, техника телеизмерений
Fernmessung *f* дистанционные [телеметрические] измерения; телеизмерения, телеметрия
Fernmeßwandler *m* телеметрический [телеизмерительный] преобразователь
Fernnetz *n* междугородная телефонная сеть
Fernobjektiv *n* телеобъектив
Fernordnung *f* дальний порядок
Fernregelung *f* дистанционное регулирование
Fernrohr *n* 1. телескоп 2. зрительная труба 3. оптический прицел
Fernrohrmontierung *f астр.* монтировка телескопа
Fernschalter *m* дистанционный выключатель
Fernscheinwerfer *m авто* фара дальнего света
Fernschnellzug *m* поезд дальнего следования
Fernschnellzugwagen *m* вагон дальнего следования
Fernschreibempfang *m* буквопечатающий радиоприём
Fernschreiben *n* 1. телетайпная связь 2. телеграфия 3. сообщение, принятое [передаваемое] по телетайпу; телексограмма 4. телеграмма
Fernschreiber *m* телетайп; стартстопный (телеграфный) аппарат; буквопечатающий телеграфный аппарат
Fernschreibkode *m* телетайпный код
Fernschreibleitung *f* линия телетайпной связи
Fernschreibmaschine *f см.* **Fernschreiber**
Fernschreibnetz *n* телетайпная сеть
Fernschreibschaltstelle *f* телеграфный коммутатор
Fernschreibteilnehmer *m* абонент телетайпной связи; абонент системы абонентской телеграфной связи
Fernschreibverbindung *f* 1. телетайпная связь 2. линия телетайпной связи
Fernschreibverkehr *m* телетайпная связь; обмен по линиям телетайпной связи
Fernschreibvermittlung *f* телеграфный коммутатор
Fernschreibvermittlungsdienst *m* абонентский телеграф
Fernschreibvermittlungsplatz *m* телеграфный коммутатор
Fernsehabtastung *f* телевизионная развёртка
Fernsehanlage *f* телевизионная установка
~, **industrielle** промышленная телевизионная установка
Fernsehantenne *f* телевизионная антенна
Fernsehapparat *m* телевизор, телевизионный приёмник
Fernsehaufnahmekamera *f* передающая телевизионная камера
Fernsehaufnahmeröhre *f* передающая телевизионная трубка
Fernsehaufnahmewagen *m* передвижная телевизионная станция, ПТС
Fernsehaufzeichnung *f* запись телевизионных программ
Fernsehbild *n* телевизионное изображение
Fernsehbildröhre *f* кинескоп, приёмная телевизионная трубка
Fernsehempfang *m* телевизионный приём
Fernsehempfänger *m* телевизионный приёмник, телевизор
Fernsehen *n* телевидение
Fernsehfrequenzumsetzer *m* преобразователь частоты телевизионных каналов
Fernsehgerät *n* телевизор, телевизионный приёмник
Fernsehhilfsstation *f* телевизионный ретранслятор
Fernsehimpulsgenerator *m тлв* синхрогенератор
Fernsehkabel *n* телевизионный кабель
Fernsehkamera *f* телевизионная (передающая) камера, телекамера
Fernsehkanal *m* телевизионный канал, радиоканал вещательного телевидения
Fernsehkanalumsetzer *m* телевизионный ретранслятор
Fernsehnetz *n* телевизионная сеть
Fernsehnorm *f* телевизионный стандарт

FERNÜBERTRAGUNG

Fernsehraster *m* телевизионный растр
Fernsehrelaiskette *f*, **Fernsehrelaisstrecke** *f* телевизионная (радио)релейная линия
Fernsehreportage *f* внестудийная (телевизионная) передача
Fernsehröhre *f см.* **Fensehbildröhre**
Fernsehrundfunk *m* вещательное телевидение
Fernsehrundfunkkanal *m* радиоканал вещательного телевидения
Fernsehsatellit *m* телевизионный спутник-ретранслятор
Fernsehsender *m* радиовещательная станция телевидения
Fernsehsendung *f* 1. телевизионное вещание 2. телевизионная передача
Fernsehsignal *n* телевизионный сигнал
~, **vollständiges** полный телевизионный сигнал
Fernseh-Stereoradiorecorder *m* видеола
Fernsehstudio *n* телевизионная студия, телестудия
Fernsehstudioanlage *f* аппаратно-студийный блок, АСБ
Fernsehstudiokomplex *m* телевизионный центр, телецентр
Fernsehteam *n* съёмочная группа телевидения
Fernsehtelefon *n* видеотелефон
Fernsehtestbild *n* телевизионная испытательная таблица
Fernsehtonkanal *m тлв* канал звукового сопровождения; тракт звукового сопровождения
Fernsehtruhe *f* радиотелекомбайн
Fernsehturm *m* телевизионная башня
Fernsehübertragung *f* телевизионная передача, телепередача
Fernsehübertragungskanal *m* тракт вещательного телевидения
Fernsehübertragungswagen *m* передвижная телезионная станция, ПТС
Fernsehumsetzer *m* 1. преобразователь (телевизионного) стандарта 2. телевизионный ретранслятор
Fernsehzentrum *n* телевизионный центр, телецентр
Fernsehzubringer *m* телевизионный ретранслятор
Fernsehzubringerlinie *f*, **Fernsehzubringerstrecke** *f* телевизионная (радио)релейная линия
Fernsetzmaschine *f* теленаборная машина
Fernsignalisierung *f* телесигнализация

Fernsprechamt *n* телефонная станция
Fernsprechanschluß *m* абонентский ввод; абонентская точка; абонентский телефонный аппарат
Fernsprechapparat *m* телефонный аппарат
Fernsprechautomat *m* телефон-автомат, таксофон
Fernsprechen *n* телефонная связь
Fernsprecher *m* телефон; телефонный аппарат
Fernsprechfernverkehr *m* междугородная телефонная связь
Fernsprechgerät *m* телефонный аппарат
Fernsprechhauptanschluß *m* основной телефонный аппарат; абонентский номер
Fernsprechkabel *n* телефонный кабель
Fernsprechkanal *m* телефонный канал
Fernsprechleitung *f* телефонная линия
Fernsprechlinie *f* телефонная линия
Fernsprechnebenstellenanlage *f* учрежденческая телефонная станция (с выходом в общую сеть), УТС, учрежденческая АТС
Fernsprechnetz *n* телефонная линия
Fernsprechtechnik *f* телефония
Fernsprechübertrager *m* телефонный трансформатор
Fernsprechverbindung *f* телефонная связь
Fernsprechverkehr *m* телефонная связь
Fernsprechvermittlung *f* телефонный коммутатор, коммутатор
Fernsprechvermittlungsstelle *f* телефонная станция
Fernsprechverstärker *m* телефонный усилитель
Fernsprechwählverkehr *m* автоматическая междугородная телефонная связь
Fernsprechweitverkehr *m* междугородная телефонная связь
Fernsprechzelle *f* телефонная будка
Fernsprechzentrale *f* телефонный узел
Fernspruch *m* телефонограмма
Fernsteuern *n* дистанционное управление, телеуправление
Fernsteuerung *f* 1. дистанционное управление, телеуправление 2. система дистанционного управления
Fernsteuerungssystem *n* система дистанционного управления
Fernstraße *f* автомагистраль
Fernterminal *n* удалённый терминал
Fernthermometer *n* дистанционный термометр
Fernübertragung *f* 1. дистанционная передача 2. дальняя электропередача

FERNÜBERWACHUNG

Fernüberwachung *f* дистанционный контроль
Fernverarbeitung *f вчт* телеобработка
Fernverkehr *m* **1.** дальняя связь; междугородная (телефонная) связь **2.** *авто* междугородные перевозки; междугородное сообщение **3.** *ж.-д.* дальнее следование; дальнее сообщение; дальние перевозки
Fernverkehrsautobus *m* автобус дальнего следования, междугородный автобус
Fernverkehrsstraße *f* автомагистраль
Fernwahl *f тлф* дальнее искание; дальний набор
Fernwärme *f* тепло от системы централизованного теплоснабжения
Fernwärmebezieher *m* тепловой потребитель, потребитель тепла (от тепловой сети), абонент от тепловой сети
Fernwärmekraftwerk *n* теплоэлектроцентраль
Fernwirkanlage *f* телемеханическая система
Fernwirkkanal *m* телемеханический канал
Fernwirksignal *n* телемеханический сигнал
Fernwirksystem *n* телемеханическая система
Fernwirktechnik *f* телемеханика
Fernwirkung *f* **1.** дистанционное воздействие; телемеханическое воздействие **2.** дальнодействие
Fernzug *m* поезд дальнего следования
Fernzugriff *m вчт* дистанционный доступ
Fernzünder *m* дистанционный взрыватель
Ferrarisinstrument *n эл.* измерительный прибор индукционной системы, индукционный измерительный прибор
Ferrarismeßwerk *n эл.* измерительный механизм индукционной системы
Ferrarismotor *m* асинхронный электродвигатель с полым немагнитным ротором
Ferrariszähler *m эл.* индукционный счётчик
ferrimagnetischферримагнитный
Ferrimagnetismus *m* ферримагнетизм
Ferrit *m* феррит
Ferritantenne *f* ферритовая антенна
Ferritdiodenzelle *f* ферритдиодная ячейка
Ferrit-Granat *m* феррогранат
Ferritkern *m* ферритовый сердечник
Ferritkernspeicher *m*, **Ferritspeicher** *m* память [ЗУ] на ферритовых сердечниках
Ferritstabantenne *f* ферритовая антенна
Ferritventil *n* ферритовый вентиль
Ferrochrom *n* феррохром
Ferroelektrika *n pl* сегнетоэлектрика
ferroelektrisch сегнетоэлектрический

Ferroelektrizität *f* сегнетоэлектричество
Ferroflüssigkeit *f* магнитная жидкость
Ferrogranat *m* феррогранат
Ferrolegierung *f* ферросплав
Ferromagnetika *n pl* ферромагнетики
ferromagnetisch ферромагнитный
Ferromagnetismus *m* ферромагнетизм
Ferromangan *n* ферромарганец
Ferromolybdän *n* ферромолибден
Ferronickel *n* ферроникель
Ferrosilizium *n* ферросилиций
Ferrotitan *n* ферротитан
Ferrovanadin *n* феррованадий
Ferrowolfram *n* феррольфрам
Fertigbau *m* **1.** сборное строительство; монтаж зданий и сооружений из сборных деталей и конструкций **2.** сооружение из сборных деталей и конструкций
Fertigbauteil *n стр.* сборный элемент, сборная деталь
Fertigbearbeitung *f* чистовая обработка; окончательная [финишная] обработка
Fertigbohrer *m* чистовое сверло
Fertigerzeugnis *n* готовое изделие
Fertiggesenk *n* чистовой штамп; калибровочный штамп
Fertigkaliber *n* чистовой калибр
Fertigmaß *n* окончательный размер; чистовой размер
Fertigputzen *n* обрубка (*напр. отливки*)
Fertigschleifen *n мет.-об.* чистовое шлифование
Fertigschneider *m мет.-об.* чистовой метчик
Fertigstraße *f* чистовая линия, чистовая группа (*прокатного стана*)
Fertigteil *n* сборный элемент
Fertigteilbau *m см.* Fertigbau
Fertigteilbauweise *f* сборное строительство
Fertigteilelager *n* склад готовых изделий
Fertigteilkonstruktion *f* сборная конструкция
~ **mit monolithischem Verbund** сборно-монолитная конструкция
Fertigung *f* производство; изготовление; выпуск
~, **bedienarme** малолюдное производство
~, **bedienerlose** [**bedienfreie, bedienlose**] автоматизированное производство без обслуживающего персонала; безлюдное производство
~, **fehlerfreie** бездефектное изготовление продукции
~, **flexible** гибкое производство

FESTBASIS

~, **fließende** поточное производство
~, **mannlose** безлюдное производство
~ **mit breitem Teilesortiment** многономенклатурное производство
~, **rechnerintegrierte** интегрированное производство
~, **unbemannte** безлюдное производство
Fertigungsablauf *m* технологический маршрут
Fertigungsabschnitt *m* 1. *см.* **Fertigungsabschnitt, flexibler** 2. производственный участок
~, **flexibler** гибкая производственная ячейка (*на базе нескольких станков*), ГПЯ
~, **prozeßflexibler** многоцелевая гибкая производственная ячейка, многоцелевая ГПЯ
~, **robotisierter** роботизированный (производственный) участок
Fertigungsart *f* тип производства
Fertigungsausbeute *f* выход годных (изделий); процент выхода годных (изделий)
Fertigungsautomation *f* автоматизация производства
Fertigungsbereich *m* производственный участок
~, **flexibel automatisierter** гибкий автоматизированный участок, ГАУ
Fertigungseigenschaften *f pl* технологические свойства
Fertigungsfluß *m* технологический поток; маршрутная технология
Fertigungsfolge *f* технологический маршрут
fertigungsgerecht технологичный
Fertigungsgerechtheit *f* технологичность изготовления
Fertigungsinsel *f* автономный производственный участок
Fertigungskomplex *m*, **robotisierter** роботизированный технологический комплекс, РТК
Fertigungskosten *pl* расходы на изготовление; производственные расходы
Fertigungsleitrechner *m* ЭВМ системы централизованного управления производством
Fertigungslinie *f* технологическая линия
~ **zum Umformen** кузнечно-прессовая линия
~, **roboterbestückte** роботизированная линия
Fertigungslos *n* партия изделий
Fertigungsmaß *n* технологический размер
Fertigungsoperation *f* технологическая операция
Fertigungsorganisation *f* организация производства

fertigungsreif готовый к внедрению в производстве
Fertigungsroute *f* технологический маршрут
Fertigungsstraße *f*, **Fertigungsstrecke** *f* автоматическая линия; технологическая линия
~, **robotisierte** роботизированная (технологическая) линия
Fertigungsstreuung *f* разброс параметров при изготовлении
Fertigungssystem *n* производственная система
~, **flexibles** гибкая производственная система, ГПС
~, **integriert-automatisiertes** интегрированная производственная система
~, **rechnergestütztes** производственная система с централизованным управлением от ЭВМ
~, **rechnerintegriertes** интегрированная производственная система с (централизованным) управлением от ЭВМ
~, **robotisiertes** роботизированная производственная система; робототехническая система
~, **unbemanntes** безлюдная производственная система
Fertigungstechnik *f* технология
fertigungstechnisch технологический
Fertigungstoleranz *f* производственный допуск; допуск на изготовление
Fertigungsunterlagen *pl* технологическая документация
Fertigungsverfahren *n* способ изготовления; технологический метод
Fertigungsvorbereitung *f* (технологическая) подготовка производства
Fertigungsvorlauf *m* (производственный) задел
Fertigungszeichnung *f* рабочий чертёж
Fertigungszelle *f* гибкий производственный модуль, ГП-модуль
~, **flexible** гибкий производственный модуль, ГП-модуль
Fertigwalzgut *n* готовый прокат
Fertigwaren *f pl* готовые изделия
Fertigwarenlager *n* склад готовой продукции
Fesselballon *m* привязной аэростат
fest 1. прочный 2. твёрдый 3. постоянный; фиксированный; жёсткий 4. неподвижный
Festanschlag *m* жёсткий упор
Festanschlagsteuerung *f* управление от упоров, управление с ограничением перемещений жёсткими упорами
Festauflager *n* неподвижная опора
Festbasis *f маш.* жёсткая база

FESTBETT

Festbett *n* стационарный [неподвижный] слой (*напр. катализатора*)
Festbettreaktor *m хим.* реактор с неподвижным катализатором
Festbrennen *n* пригорание, пригар
Festeis *n* припай
Festfrequenz *f* фиксированная [постоянная] частота
Festfressen *n* заедание
Festfunkstelle *f* стационарная радиостанция
Festglas *n* силикат-глыба
Festhalteschaltung *f* *элн* фиксирующая схема
Festigkeit *f* 1. прочность 2. стойкость, устойчивость 3. крепость
~, **dielektrische** (ди)электрическая прочность
~, **elektrische** (ди)электрическая прочность
~, **elektrodynamische** электродинамическая устойчивость
~, **rechnerische** расчётная прочность
Festigkeitslehre *f* сопротивление материалов, сопромат; теория прочности
Festigkeitsprüfung *f* 1. механические испытания материалов 2. испытание на прочность
Festigkeitsreserve *f* запас прочности
Festklemmen *n* 1. заклинивание 2. заедание; защемление 3. зажим(ание)
Festkomma *n* фиксированная точка, фиксированная запятая
Festkommaarithmetik *f* арифметика [арифметические операции] с фиксированной точкой [с фиксированной запятой]
Festkommadarstellung *f* представление (чисел) с фиксированной точкой [с фиксированной запятой]
Festkommarechnung *f* вычисления с фиксированной точкой [с фиксированной запятой]
Festkommazahl *f* число с фиксированной точкой [с фиксированной запятой]
Festkoordinatensystem *n* постоянная система координат
Festkörper *m* твёрдое тело
Festkörperbauelement *n* твердотельный элемент; твердотельный компонент; твердотельный прибор
Festkörperbildsensor *m*, **Festkörperbildwandler** *m* твердотельный [полупроводниковый] датчик изображения; (матричный) твердотельный [полупроводниковый] формирователь видеосигналов
Festkörperelektronik *f* твердотельная электроника; полупроводниковая электроника

Festkörperlaser *m* твердотельный лазер
Festkörperlogik *f* твердотельные логические схемы
Festkörperphysik *f* физика твёрдого тела
Festkörperschaltkreis *m* твердотельная (интегральная) микросхема, твердотельная ИС
~, **integrierter** твердотельная интегральная микросхема, твердотельная ИС; полупроводниковая ИС
~, **monolithisch integrierter** монолитная ИС
Festkörperschaltkreistechnik *f* технология полупроводниковых ИС, монолитная технология
Festkörperschaltung *f см.* Festkörperschaltkreis
Festkörpersensor *m* твердотельный [полупроводниковый] датчик
Festkörpertechnik *f* твердотельная технология
Festlager *n* неподвижная опора
Festland *n* суша; материк, континент
Festlandsabhang *m* материковый [континентальный] склон
Festlandsockel *m* (континентальный) шельф, материковая отмель
Festmacheleine *f мор.* швартов
Festmachen *n* 1. закрепление 2. *мор.* швартовка
Festmacher *m мор.* швартов
Festmeter *n* кубометр плотной массы (древесины), фестметр
Festplatte *f* жёсткий (магнитный) диск, ЖМД
Festplatten-Controller *m* контроллер накопителя [накопителей] на жёстких магнитных дисках, контроллер НЖМД
Festplattenlaufwerk *n* дисковод для жёстких дисков; накопитель на жёстком магнитном диске, НЖМД
Festplattenspeicher *m* память [ЗУ] на жёстких магнитных дисках; накопитель на жёстком магнитном диске, НЖМД
Festpunkt *m* 1. *геод.* репер; опорная точка 2. *мат.* неподвижная точка 3. *вчт* фиксированная точка
Festpunkt... *см. тж* Festkomma...
Festpunktnivellelement *n геод.* нивелирование опорных точек; геометрическое нивелирование
Festsetzungsvorrichtung *f* (сварочный) кондуктор
Festspannungsregler *m* стабилизатор с фиксированным выходным напряжением

Feststellbremse *f авто* 1. стояночный тормоз 2. противоугонный тормоз

Feststeller *m маш.* фиксатор

Feststellung *f* установление; идентификация, отождествление, распознавание

Feststoff *m* 1. твёрдое вещество; твёрдый материал; твёрдая фаза 2. твёрдое (ракетное) топливо

Feststoff-Raketenantrieb *m*, **Feststoff-Raketentriebwerk** *n* твёрдотопливный ракетный двигатель

Feststofftreibsatz *m* заряд твёрдого (ракетного) топлива

Festtreibstoff *m* твёрдое ракетное топливо

Festwalzdrehmaschine *f* токарно-накатный станок

Festwalzen *n* 1. укатывание 2. *мет.-об.* упрочняющее накатывание

Festwalzmaschine *f* накатный станок

Festwert *m* 1. фиксированное значение; константа 2. *автм* уставка

Festwertkondensator *m* конденсатор постоянной ёмкости

Festwertoptimierung *f* автоматическая оптимизация параметров

Festwertregelung *f* автоматическая стабилизация; управление с фиксированной уставкой

Festwertregelungssystem *n автм* система автоматической стабилизации, САР с фиксированной уставкой

Festwertspeicher *m вчт* постоянное запоминающее устройство, постоянное ЗУ, ПЗУ

~, **programmierbarer** программируемое ПЗУ, ППЗУ

~, **wiederprogrammierbarer** репрограммируемое ПЗУ

Festwertsteuerung *f* управление с фиксированной уставкой

Festwiderstand *m* постоянный резистор

Festzielunterdrückung *f* селекция подвижных целей

FET [Feldeffekttransistor] *m* полевой транзистор

~, **selbstleitender** МОП-транзистор со встроенным каналом [с обеднением канала]

~, **selbstsperrender** МОП-транзистор с индуцированным каналом [с обогащением канала]

Fett *n* 1. жир 2. консистентная [пластичная, густая] смазка

Fettabscheider *m* жироотделитель

Fettalkohole *m pl хим.* алифатические спирты

Fettbüchse *f см.* **Fettschmierbüchse**

Fette *n pl* жиры

Fettfang *m* жироловка

Fetthärtung *f* гидрогенизация жиров

fettig 1. жирный 2. маслянистый (*о смазочном материале*)

Fettigkeit *f* 1. жирность 2. маслянистость (*смазочного материала*)

Fettkohle *f* жирный уголь; коксующийся уголь

Fettnippel *m* пресс-маслёнка, ниппель под пластичную [густую] смазку

Fettpresse *f* смазочный шприц (*для пластичной смазки*)

Fettreihe *f хим.* алифатический [жирный] ряд

Fettsäuren *f pl хим.* жирные кислоты

Fettschmierbüchse *f* (колпачковая) маслёнка для пластичной [густой] смазки

Fettschweiß *m* жиропот

Fettspaltung *f* расщепление жиров

Fettspritze *f см.* **Fettpresse**

Feuchte *f* влажность

Feuchtegehalt *m* влагосодержание, влажность

Feuchtesatz *m* **eines Stoffes** относительная массовая влажность материала

Feuchtesensor *m* датчик влажности

Feuchtetest *m* испытания на влагостойкость

Feuchtigkeit *f* 1. влажность 2. влага

Feuchtigkeitsaufnahme *f* влагопоглощение

feuchtigkeitsbeständig влагостойкий; влагонепроницаемый

Feuchtigkeitsbeständigkeit *f* влагостойкость; влагонепроницаемость

feuchtigkeitsdurchlässig влагопроницаемый

feuchtigkeitsfest влагостойкий; влагонепроницаемый

Feuchtigkeitsfestigkeit *f* влагостойкость; влагонепроницаемость

Feuchtigkeitsgehalt *m* влагосодержание, влажность

Feuchtigkeitsmesser *m* 1. психрометр 2. гигрометр

Feuchtigkeitsniederschlag *m* конденсация влаги

Feuchtigkeitstest *m* испытания на влажность

Feuchtwerden *n* отсыревание

Feuer *n* 1. огонь 2. маяк 3. *эл.* искрение

feuerbeständig *см.* **feuerfest**

Feuerbeständigkeit *f см.* **Feuerfestigkeit**

Feuerbeton *m* жаростойкий бетон

~, **feuerbeständiger** огнеупорный жаростойкий бетон

FEUERBETON

~, hitzebeständiger жароупорный жаростойкий бетон
~, hochfeuerbeständiger высокоупорный жаростойкий бетон
Feuerbüchse *f* огневая коробка
Feueresse *f* дымовая труба
feuerfest 1. огнестойкий; огнеупорный 2. жаростойкий
Feuerfestbeton *m* см. Feuerbeton
Feuerfestigkeit *f* 1. огнестойкость; огнеупорность 2. жаростойкость
Feuerfeststein *m* огнеупорный кирпич
Feuerfeststoff *m* огнеупор, огнеупорный материал
Feuergas *n* топочный газ
feuergefährdet пожароопасный
feuergefährlich огнеопасный
Feuerleiter *f* пожарная лестница
Feuerleitradar *n* РЛС управления огнём
Feuerlöschanlage *f* система пожаротушения, противопожарная система
Feuerlöschanlagen *f pl* противопожарное оборудование
Feuerlöschausrüstung *f* противопожарное оборудование
Feuerlöschbrause *f* дренчерная головка, дренчер (*дренчерной системы пожаротушения*)
Feuerlöschbrause *f* спринклер
Feuerlöschen *n* пожаротушение
Feuerlöscher *m* огнетушитель
Feuerlöschfahrzeug *n* пожарный автомобиль
Feuerlöschgerät *n* 1. огнетушитель 2. противопожарный инвентарь
Feuerlöschhydrant *m* пожарный гидрант
Feuerlöschmittel *n pl* средства пожаротушения
Feuerlöschpumpe *f* пожарный насос
Feuerlöschschlauch *m* пожарный рукав
Feuermeldeanlage *f* пожарная сигнализация; система пожарной сигнализации; установка пожарной сигнализации
Feuermelder *m* 1. пожарный извещатель 2. пожарный сигнализатор, прибор пожарной сигнализации
Feuermetallisieren *n* диффузионная металлизация
Feuerpolitur *f* огневая полировка
Feuerraum *m* топочная камера; топочное пространство; топочный объём; топка
Feuerrohr *n* дымогарная труба; жаровая труба
Feuerschutz *m* пожарная охрана; противопожарная защита, меры противопожарной защиты; защита от огня
Feuerschutzanstrich *m* огнестойкая окраска; огнезащитное покрытие
Feuerschutzmittel *n* огнезащитное средство
Feuerschutzstoff *m* антипирен
Feuerschweißen *n* печная сварка
feuersicher огнестойкий, невоспламеняющийся
Feuerspritze *f* ствол (*в пожарной технике*)
Feuerstein *m* кремень
Feuerton *m* огнеупорная глина
Feuerung *f* 1. топка 2. топочная камера; топочное пространство
Feuerungskühlschirm *m* топочный экран
Feuerungsrost *m* колосниковая решётка
Feuerungstür *f* топочная дверца
Feuerverzinnen *n*, Feuerverzinnung *f* горячее лужение
Feuerwaffen *f pl* огнестрельное оружие
Feuerwehrleiter *f* пожарная лестница
Feuerwehrschlauch *m* пожарный рукав
Feuerwiderstand *m* огнестойкость
Fiber *f* фибра
Fiberoptik *f* волоконная оптика
Fibonacci-Folge *f мат.* ряд Фибоначчи
fibrillär фибриллярный
Fichte *f* ель
~, gemeine ель обыкновенная, ель европейская, *Picea abies, Picea excelsa*
Fichtenholz *n* еловая древесина
FIFO-Speicher [First-In-First-Out-...] *m* память [ЗУ] обратного магазинного типа
Figur *f* 1. фигура 2. рисунок 3. эпюра
~, geometrische геометрическая фигура
Figuren *f pl*, Lissajoussche фигуры Лиссажу
Filament *n текст.* элементарное волокно; элементарная нить
Filamentgarn *n* «филаментная» нить (*понятие, объединяющее комплексные нити и монониты*)
File *n вчт* файл
Filearbeit *f вчт* работа с файлами
Fileattribut *n вчт* атрибут файла
Filehierarchie *f вчт* иерархическая структура файлов; дерево файлов
Filekopf *m вчт* заголовок файла
Filename *m вчт* имя файла
Filenamenzusatz *m вчт* расширение имени файла
Fileverzeichnis *n вчт* каталог файлов

FIRMENZEICHEN

Film *m* 1. плёнка 2. плёнка; фотоплёнка; киноплёнка 3. (кино)фильм
~, **einkristalliner** монокристаллическая плёнка
Filmabtaster *m* телекинодатчик; телекинопроектор
Filmabtastung *f* телекинопроекция
Filmaufnahme *f* киносъёмка
Filmaufnahmekamera *f см.* **Filmkamera**
Filmband *n* (гибкий) ленточный носитель, (гибкая) лента-носитель (*для монтажа кристаллов ИС*)
Filmbandträger *m* (гибкий) ленточный носитель для автоматизированной сборки ИС
Filmbildner *m* плёнкообразующее вещество, плёнкообразователь
Filmbonden *n* монтаж кристаллов ИС на (гибком) ленточном носителе; сборка ИС на (гибком) ленточном носителе
~, **automatisches** автоматизированная сборка ИС на (гибком) ленточном носителе
Filmdosimeter *n* фотодозиметр
Filmentwicklungsmaschine *f* кинопроявочная машина
Filmfäden *m pl текст.* плёночные нити (*пригодные для текстильной переработки нити, получаемые из полимерных пленок*)
Filmkamera *f* киносъёмочная камера, кинокамера, киносъёмочный аппарат
Filmkanal *m* фильмовый канал
Filmkopie *f* фильмокопия
Filmkopiermaschine *f* кинокопировальный аппарат
Filmpack *n фото* фильмпак (*комплект листов форматной фотоплёнки стандартного размера, напр. для фотоаппаратов одноступенчатого процесса фирмы «Полароид»*)
Filmplakette *f* фотодозиметр
Filmprojektion *f* кинопроекция
Filmprojektor *m* кинопроектор
Filmschaltkreis *m*, **Filmschaltung** *f* плёночная (интегральная) микросхема, плёночная ИС; тонкоплёночная *или* толстоплёночная ГИС
Filmschnitt *m* монтаж кинофильма
Filmstudio *n* киностудия
Filmtechnik *f* 1. *элн* плёночная технология 2. кинотехника
Filmträger *m* 1. основа плёнки 2. подложка
Filmtransport *m* перемотка (фото)плёнки
Filmvertonung *f* озвучивание (кино)фильма
Filmvorführer *m* киномеханик

Filmvorführgerät *n* кинопроекционный аппарат, кинопроектор
Filmwand *f* (кино)экран, кинопроекционный экран
Filmwiderstand *m* 1. плёночный резистор 2. удельное сопротивление слоя
Filter *n* фильтр
~, **holografisches** голографический фильтр
Filtereigenschaft *f* фильтрующая способность
Filtereinsatz *m* фильтрующий элемент; фильтрующий пакет
Filterfaktor *m* кратность светофильтра
Filterfeinheit *f* тонкость фильтрации
Filtergewebe *n* фильтровальная ткань
Filterglas *n* стекло для светофильтров
Filterglied *n* ячейка фильтра
Filtergrenzfrequenz *f элн, рад.* частота среза фильтра
Filterkuchen *m* фильтровальный осадок, осадок на фильтре, кек; осадок в фильтр-прессе, корж
Filtermittel *n* фильтрующий материал
Filtern *n* фильтрование, фильтрация
Filterpapier *n* фильтровальная бумага
Filterpresse *f* фильтр-пресс
Filterschicht *f* фильтрующий слой
Filtertuch *n* фильтровальная ткань
Filterung *f* фильтрование, фильтрация
Filterzelle *f* фильтрационная ячейка
Filtrat *n* фильтрат
Filtration *f* фильтрование, фильтрация
Filtrierbarkeit *f* фильтруемость, способность фильтроваться
Filtrierpapier *n* фильтровальная бумага
Filtrierung *f* фильтрование, фильтрация
Filz *m* 1. войлок; фетр 2. (техническое) сукно (*напр. сукно бумагоделательной машины*)
Filzdichtung *f* войлочное уплотнение
Filzschreiber *m см.* **Faserschreiber**
Finalerzeugnis *n* конечный продукт
Finalprodukthersteller *m* изготовитель конечной продукции
Finite-Elemente-Verfahren *n* метод конечных элементов
Finsternis *f астр.* затмение
~, **partielle** частное затмение
~, **totale** полное затмение
Firmenschild *n* фирменная табличка; шильдик
Firmenzeichen *n* 1. фирменный знак 2. фирменное клеймо

213

FIRMWARE

Firmware *f прогр.* микропрограммное обеспечение

Firnis *m* 1. фирнис *(общий термин для непигментированных лакокрасочных продуктов или покрытий на основе масел или смол или их смесей)* 2. олифа 3. лак

First I *m* конёк *(крыши)*

First II *f см.* Firste

Firste *f горн.* кровля; потолочина

~, **falsche** ложная кровля

Firstenbau *m горн.* потолкоуступная выемка, выемка потолкоуступным забоем

Firstenbruch *m горн.* обрушение кровли

Firstenkohle *f горн.* подкровельная толща [подкровельная пачка] угля; уголь пород кровли

Firstenpfeiler *m горн.* потолочина

Firstenstempel *m горн.* верхняк

Firstenstoß *m горн.* потолкоуступный забой

Firstpfette *f* коньковый прогон *(крыши)*

Firstziegel *m* коньковая черепица

Fischdurchlaß *m* рыбопропускное сооружение

Fischerei *f* рыбный промысел, промышленное рыболовство

Fischereifahrzeug *n* рыбопромысловое судно

Fischereiflotte *f* рыбопромысловый флот

Fischereigerät *n* рыболовное орудие; рыболовная снасть

Fischereischiff *n* (рыбо)промысловое судно

Fischfang *m* лов рыбы; рыбный промысел

Fischfangschiff *n* рыболовное [добывающее] судно, судно-ловец

Fischgarn *n* невод

Fischindustrie *f* рыбная промышленность

Fischkonservenfabrik *f* рыбоконсервный завод

Fischleim *m* рыбий клей

Fischmehl *n* рыбная мука

Fischnetz *n* рыболовная сеть; невод

Fischpaß *m* рыбоход

Fischschwarm *m* косяк рыбы

Fischtran *m* ворвань

FI-Schutzschalter *m см.* Fehlerstromschutzschalter

FI-Schutzschaltung *f см.* Fehlerstromschutzschaltung

Fission *f* расщепление *(атомного ядра)*

Fissur *f* микротрещина

Fitting *n маш.* фитинг

Fitzen *n текст.* провязывание *(мотков)*

Fitzschnur *f текст.* провязка, шнур для провязывания мотков

Fixator *m* фиксатор

Fixierbad *n фото* раствор закрепителя, фиксажный раствор, закрепитель, фиксаж

~, **härtendes** дубящий фиксаж

~, **saures** кислый фиксаж

Fixieren *n* 1. фиксирование, фиксация 2. *фото* закрепление

Fixierentwickler *m фото* фиксирующий проявитель, проявляюще-фиксирующий раствор

Fixierentwicklung *f фото* фиксирующее проявление *(одновременное проявление и фиксирование изображения)*; проявление и фиксирование в одном растворе, однорастворная обработка *(фотоматериала)*

Fixiernatron *n* тиосульфат натрия, гипосульфит

Fixiersalz *n фото* закрепитель *(тиосульфат натрия)*

Fixierung *f* 1. фиксирование; фиксация 2. *фото* закрепление

Fixpunkt *m* 1. *мат.* неподвижная точка 2. *геод.* репер, опорная точка 3. *физ.* постоянная точка *(шкалы)* 4. контрольная точка *(в программе)*

Fixspannungsregler *m* стабилизатор с фиксированным выходным напряжением

Fixstern *m астр.* неподвижная звезда, звезда *(в отличие от планеты)*

flach 1. плоский 2. пологий *(о кривой)* 3. мелкий

Flachband *n физ.* плоская зона

Flachbandkabel *n* плоский кабель

Flachbandpotential *n*, **Flachbandspannung** *f физ.* напряжение плоских зон

Flachbettplotter *m* планшетный графопостроитель

Flachbildschirm *m* плоский экран

Flachbodenkolben *m* плоскодонная колба

Flachdach *n* 1. *стр.* плоская крыша; плоское покрытие *(здания)* 2. *горн.* плоская кровля

Flachdisplay *n* дисплей с плоским экраном

Flachdruck *m полигр.* плоская печать

Flachdruckmaschine *f полигр.* плоскопечатная машина

Fläche *f* 1. плоскость; поверхность 2. площадь 3. грань 4. равнина, низменность

Flacheisen *n см.* Flachstahl

Flächenabstand *m* межплоскостное расстояние, расстояние между атомными плоскостями кристалла

Flächenantenne *f* плоская антенна

Flächenbedarf *m* полезная площадь; занимаемая площадь
Flächenbelastung *f* 1. удельная нагрузка на поверхность, нагрузка на единицу поверхности 2. *ав.* удельная нагрузка на крыло
Flächenbestückung *f* плоскостной [поверхностный] монтаж
Flächendefekt *m* поверхностный дефект
Flächen-Deviationsmoment *n* см. Flächen-Zentrifugalmoment
Flächendichtung *f* контактное уплотнение
Flächendiode *f* плоскостной диод, диод с плоскостным p–n-переходом
Flächeneinheit *f* единица площади
Flächenemitter-Lumineszenzdiode *f* светодиод поверхностного излучения [с поверхностным излучением]
Flächengewicht *n* вес (*бумаги, картона*) в г/м^2, плотность (*бумаги, картона*)
flächengleich *мат.* равновеликий (*о фигурах*)
Flächeninhalt *m* площадь
Flächenintegral *n* поверхностный интеграл, интеграл по поверхности
Flächeninterpolation *f* интерполяция в одной из (задаваемых) плоскостей
Flächenkrümmung *f* кривизна поверхности
Flächenladungsdichte *f* поверхностная плотность заряда
Flächenmaß *n* мера площади, квадратная мера
Flächenmesser *n*, **Flächenmeßgerät** *n* планиметр
Flächenmoment *n* статический момент (сечения)
Flächenmontage *f* плоскостной [поверхностный] монтаж
Flächenmontagetechnik *f* метод плоскостного [поверхностного] монтажа
Flächenpressung *f* удельное давление (*на поверхности контакта двух деталей*)
Flächensensor *m* матричный формирователь видеосигналов
Flächentheorie *f* теория поверхностей
Flächen-Trägheitsmoment *n* момент инерции сечения, момент второго порядка
~, **äquatoriales [axiales]** осевой момент инерции сечения
~, **polares** полярный момент инерции сечения
Flächentragwerk *n* *стр.* многогранная пространственная конструкция
Flächentransistor *m* плоскостной транзистор, транзистор с плоскостными p — n-переходами
Flächenübergang *m* плоскостной p — n-переход
Flächenwiderstand *m* 1. удельное поверхностное электрическое сопротивление 2. удельное сопротивление слоя
Flächenwinkel *m* двугранный угол
Flächen-Zentrifugalmoment *n* центробежный момент инерции сечения
Flachführung *f* *маш.* плоская направляющая
Flachgang *m* *геол.* пологопадающая жила
Flachgehäuse *n* см. Flat-Pack-Gehäuse
Flachgewinde *n* прямоугольная резьба
Flachglas *n* листовое стекло
Flachgründung *f* фундамент мелкого заложения
Flachhammer *m* плющильный молот, гладилка
Flachkegelbrecher *m* короткоконусная дробилка
Flachkeil *m* *маш.* шпонка на лыске
Flachknüppel *m* *мет.* сутунка
Flachkondensator *m* плоский конденсатор
Flachkopf *m* *маш.* цилиндрическая скруглённая головка
Flachkopfschraube *f* *маш.* винт с цилиндрической скруглённой головкой
Flachkulierwirkmaschine *f* *текст.* плоская кулирная [плоская поперечно-вязальная] трикотажная машина; котонная машина
Flachkurve *f* плоский кулачок
Flachmeißel *m* зубило; плоское долото
Flachrelais *n* реле с плоским сердечником
Flachriemen *m* плоский ремень
Flachriementrieb *m* *маш.* плоскоремённая передача
Flachrundkopf *m* *маш.* полупотайная головка
Flachrundschraube *f* *маш.* винт с полупотайной головкой
Flachs *m* лён
~, **gemeiner** лён-долгунец
flachschlagen плющить
Flachsentsamungsmaschine *f* льномолотилка
Flachsfaser *f* льняное волокно
Flachsieb *n* плоское сито; плоский грохот
Flachssamenöl *n* льняное масло
Flachstahl *m* полосовая сталь; (стальная) полоса
Flachstahlwalzwerk *n* полосовой стан
Flachstrickmaschine *f* плосковязальная машина
Flachverzahnung *f* *маш.* плоское зацепление

FLACHWAGEN

Flachwagen *m* вагон-платформа
Flachzange *f* плоскогубцы
Flackern *n* мигание
Flackerzeichen *n* проблесковый сигнал
Flag *n* вчт признак, флаг, флажок
Flaggensignal *n* флажный сигнал
Flaggensignalisieren *n* флажная сигнализация
Flagregister *n* вчт регистр признаков, флаговый регистр
Flakartillerie *f* зенитная артиллерия
Flamme *f* пламя; факел
~, **leuchtende** светящееся пламя
~, **rußende** коптящее пламя
Flammenfotometrie *f* пламенная фотометрия
Flammenfront *f* фронт (распространения) пламени
Flammenhärtung *f* пламенная закалка
Flammenschutzmittel *n* огнезащитное средство
Flammhärten *n* газопламенная закалка
Flammkohle *f* длиннопламенный уголь (с содержанием летучих свыше 40%)
Flammlöten *n* газопламенная пайка
Flammofen *m* пламенная печь; отражательная печь
Flammofenraffination *f* огневое рафинирование
Flammpunkt *m* температура вспышки
Flammrohr *n* жаровая труба
Flammrohrkessel *m* жаротрубный котёл
Flammrohr-Rauchrohrkessel *m* жаротрубно-дымогарный котёл
Flammschutzmittel *n* огнезащитное средство; антипирен
Flammspritzen *n* газопламенное напыление
Flammstrahlbohren *n* огневое [термическое] бурение
Flammstrahlen *n* огневая зачистка
Flammtemperatur *f* температура вспышки
flammwidrig невоспламеняющийся
Flanke *f* 1. бок; боковая сторона 2. боковина (шины) 3. фронт (импульса) 4. маш. боковая поверхность зуба
Flankendauer *f* длительность фронта (импульса)
Flankendurchmesser *m* маш. средний диаметр (цилиндрической) резьбы
Flankenformfehler *m* маш. погрешность профиля зуба
Flankenkehlnaht *f* св. фланговый шов
Flankenpressung *f* маш. контактное напряжение на боковой поверхности зуба
Flankenschutz *m* авто защита боковых сторон кузова; защитные накладки боковых сторон кузова, накладки для защиты боковых сторон кузова
Flankenspiel *n* маш. боковой зазор (в зубчатом зацеплении)
Flankensteilheit *f* крутизна фронта (импульса)
Flankensteuerung *f* синхронизация (триггера) фронтом; управление по фронту импульса
Flankentriggerung *f* 1. запуск фронтом импульса 2. синхронизация (триггера) фронтом
Flansch *m* 1. фланец 2. полка (тавровой балки, гнутого профиля)
~, **loser** свободный фланец
Flanschfitting *n* фланцевое соединение (трубопроводов)
Flanschkupplung *f* маш. фланцевая муфта
Flanschmotor *m* фланцевый электродвигатель, электродвигатель с фланцевым креплением
Flanschmutter *f* маш. гайка с фланцем
Flanschverbindung *f* маш. фланцевое соединение
Flanschwelle *f* маш. фланцевый вал, вал с фланцем
Flasche *f* 1. бутылка; бутыль 2. склянка 3. баллон (для газа) 4. обойма (блока)
~, **magnetische** открытая магнитная ловушка (для удержания плазмы); пробкотрон
Flaschengas *n* газ в баллонах (напр. сжатый)
Flaschengasanlage *f* газобаллонная установка
Flaschenzug *m* 1. полиспаст 2. таль
~ **mit Elektromotorantrieb** электрическая таль, электроталь
Flatpack *n* см. Flat-pack-Gehäuse
Flat-Pack-Gehäuse *n* плоский корпус (ИС) с планарными выводами [с двух- или четырёхсторонним расположением планарных выводов]
Flat-Square-Bildröhre *f* прямоугольный кинескоп с малой кривизной поверхности экрана, «плоский» кинескоп с прямыми [спрямлёнными] углами
Flattereffekt *m* ав. флаттер
Flattern *n* 1. вибрация, дрожание 2. шимми (вибрации передних колес автомобиля) 3. ав. флаттер
Flatterschwingung *f* ав. флаттер
Flaum *m* пух
Flechtmaschine *f* плетельная машина
Flechtwerk *n* 1. стр. структурная конструкция, перекрёстно-стержневая пространственная

конструкция 2. плетнёвое крепление 3. *текст.* плетельное изделие
Fleckenentferner *m* пятновыводитель
Fleischseite *f кож.* 1. мездровая сторона (*шкуры*) 2. бахтарма (*нижняя сторона выдубленной кожи*)
Fleischwolf *m* мясорубка
flexibel гибкий; эластичный
Flexibilität *f* гибкость; эластичность
Flexodruck *m полигр.* флексографская печать, флексография
Flexometer *n* флексометр
Flexowriter *m* флексорайтер (*печатающее устройство с управлением от перфоленты*)
Flexur *f геол.* флексура
fliegend: ◇ ~ **gelagert** консольный
Flieger *m* лётчик
Fliegerabwehrkanone *f* зенитная пушка
Fliegeranzug *m* лётный костюм
Fliegerbombe *f* авиационная бомба, авиабомба
Flieger-Kosmonaut *m* лётчик-космонавт
Fliegerkräfte *pl* военная авиация
Fliegerstützpunkt *m* авиационная база, авиабаза
Fliehkraft *f* центробежная сила
Fliehkraftabscheider *m* центробежный сепаратор
Fliehkraftbremse *f* центробежный тормоз
Fliehkraftkupplung *f* центробежная муфта, центробежное сцепление
Fliehkraftluftfilter *n* инерционный воздухоочиститель
Fliehkraftmühle *f* центробежная мельница
Fliehkraftregler *m* центробежный регулятор
Fliehkraftzerstäuber *m* центробежная форсунка
Fliehmoment *n* центробежный момент
Fliese *f* (керамическая) глазурованная плитка
Fließband *n* конвейер
Fließbandfertigung *f* конвейерное производство
Fließbandmontage *f* конвейерная сборка, сборка на конвейере
Fließbandverfahren *n* конвейерный [поточный] способ (производства)
Fließbarkeit *f* текучесть
Fließbett *n* псевдоожиженный [кипящий] слой
Fließbettverfahren *n* псевдоожижение
Fließbild *n* технологическая схема; мнемосхема
Fließdrücken *n мет.-об.* ротационное выдавливание с утонением стенки заготовки, раскатка
Fließen *n* течение (*материала*)

Fließfähigkeif *f* 1. текучесть; жидкотекучесть; растекаемость 2. *стр.* подвижность, текучесть (*бетона, бетонной смеси*) 3. растекаемость (*цементного раствора для тампонирования нефтяных и газовых скважин*)
Fließfertigung *f* поточное производство
Fließfiguren *f pl* фигуры течения
Fließfördermittel *n* средство непрерывного транспорта
Fließförderung *f* 1. непрерывный транспорт 2. самотёчный транспорт
Fließgefüge *n геол.* флюидальная текстура
Fließgleichgewicht *n* динамическое равновесие
Fließgrenze *f* предел текучести
~, **definierte** условный предел текучести
Fließheck *n авто* задняя часть кузова с полого опускающейся крышей; модель кузова с полого опускающейся крышей
Fließkomma... *см.* **Gleitpunkt...**
Fließkunde *f* реология
Fließlinie *f* поточная линия
Fließlöten *n* пайка волной припоя
Fließmontage *f* конвейерная сборка, сборка на конвейере
Fließpressen *n мет.-об.* выдавливание, прессование выдавливанием, штамповка выдавливанием
Fließpreßteil *n* изделие, полученное выдавливанием
Fließpreßwerkzeug *n* штамп для выдавливания
Fließprobe *f* 1. испытание на текучесть, определение текучести 2. *мет.* испытание (*формовочной смеси*) на жидкотекучесть
Fließpunkt *m* точка [температура] текучести
Fließreihe *f* поточная линия
Fließscheide *f мет.* нейтральное сечение (*вертикальное сечение, разделяющее очаг деформации при прокатке на зону отставания и зону опережения*)
Fließschema *n см.* **Fließbild**
Fließspan *m* сливная стружка
Fließspannung *f* напряжение (пластического) течения; предел текучести (*материала, имеющего площадку текучести*)
Fließstraße *f* поточная линия
~, **automatische** автоматическая линия
Fließtechnologie *f* поточная технология
Fließverfahren *n* поточный метод
Fließvermögen *n* 1. текучесть 2. *мет.* жидкотекучесть
Fließversatz *m горн.* самотёчная закладка (с

FLIEßWIDERSTAND

подачей закладочного материала по трубам)
Fließwiderstand *m* сопротивление пластическому течению
Fließzahl *f* показатель текучести
Flimmerfrequenz *f* кино, тлв частота мельканий (*изображения*)
Flimmern *n* 1. мигание; мелькание; мерцание 2. мерцание (*экрана дисплея*) 3. мелькания (*при кинопроекции*)
Flint *m* 1. кремень 2. см. Flintglas
Flintenschrot *m* охотничья дробь
Flintglas *n* флинт (*оптическое стекло*)
Flintpapier *n* наждачная [шлифовальная] бумага
Flintsteinmühle *f* галечная мельница
Flipchip *m* перевёрнутый кристалл
Flip-Chip-Bonden *n* монтаж методом перевёрнутого кристалла
Flip-Chip-Bondtechnik *f* метод перевёрнутого кристалла; монтаж методом перевёрнутого кристалла
Flip-Chip-Montage *f* см. Flip-Chip-Bonden
Flip-Chip-Technik *f*, **Flip-Chip-Verfahren** *n* метод перевёрнутого кристалла; монтаж методом перевёрнутого кристалла
Flipflop *n* триггер
~, **getaktetes** синхронный триггер
~, **flankengesteuertes** [**flankengetriggertes**] триггер, синхронизируемый фронтом
Flip-Flop-Schaltung *f* триггерная схема, триггер; мультивибратор с двумя устойчивыми состояниями
Floatglas *n* полированное листовое стекло (*вырабатываемое на расплаве металла*)
Floatglasanlage *f* установка для выработки полированного листового стекла
Floating-Gate-Technik *f* технология МОП-транзисторов с плавающим затвором; технология МОП-транзисторных ИС с плавающим затвором
Floating-Gate-Transistor *m* МОП-транзистор с плавающим затвором
Floating-Point-Prozessor *m* процессор (для выполнения операций) с плавающей точкой
Floating-Point-System *n* система (вычислений) с плавающей точкой
Floating-Zone-Verfahren *n* метод бестигельной зонной плавки
Flockdruck *m* набивка ворсом

Flocken *n* 1. см. Flockung 2. мет. образование флокенов
Flocken *pl* 1. хлопья 2. мет. флокены
Flockenbildung *f* хлопьеобразование, флокуляция
Flockenfärbung *f* крашение (волокна) в массе
Flockung *f* коагулирование, коагуляция; флокуляция
Flockungsfähigkeit *f* коагулирующая способность; флокулирующая способность
Flockungsmittel *n* коагулянт, коагулирующий агент; флокулянт, флокулирующий агент
Floppy-Disk *f* вчт гибкий магнитный диск, гибкий диск, ГМД
Floppy-Disk-Drive *n* см. Floppy-Disk-Laufwerk
Floppy-Disk-Laufwerk *n* дисковод для гибких (магнитных) дисков; накопитель на гибком магнитном диске, НГМД
Floppydrive *n* см. Floppy-Disk-Laufwerk
Floppy-Laufwerk *n* см. Floppy-Disk-Laufwerk
Flor *m* 1. текст. ватка, (тонкий) прочёс 2. ворс 3. газ (*легкая шелковая ткань*)
Florfaden *m* текст. ворсовая нить
Florgewebe *n* текст. ворсовая ткань
Floß *n* плот
Floßbrücke *f* плотовой наплавной мост
Flosse *f* ав. стабилизатор
Flößen *n* лесосплав, сплав леса
flößen сплавлять (*лес*)
Flößerei *f* лесосплав
Flößereianlage *f* лесопропускное сооружение
Flößung *f* лесосплав
Flotation *f* флотация
Flotationsapparat *m* флотационная машина, флотомашина
Flotationsberge *pl* отходы [хвосты] флотации, флотохвосты
Flotationskonzentrat *n* флотоконцентрат
Flotationsmittel *n* флотореагент
Flotte I *f* текст. ванна (*красильная, отделочная*); жидкость; раствор
Flotte II *f* флот
Flottenverhältnis *n* текст. модуль ванны, водный модуль (*ванны*)
Flottierung *f*, **Flottung** *f* текст. 1. накладные (*основные или уточные*) нити; нити настилочного переплетения, незакреплённый настил 2. протяжка (*в трикотажном полотне*) 3. неподработанные нити; неподработанная нить (*порок ткани*)
Flöz *n* пласт (*напр. угольный*)

~, abbauwürdiges промышленный [кондиционный] пласт
~, einfallendes наклонный пласт
~, flach einfallendes слабонаклонный пласт
~, flaches [flachgelagertes] пологий пласт
~, gasführendes газоносный пласт
~, steil einfallendes [steil gelagertes] крутой пласт; крутопанельный пласт
Flözbank *f* пачка пласта
Flözberg *m* пластовый уклон, пластовая наклонная выработка
Flözbergbau *m* разработка пластовых месторождений
Flözeinfallen *n* падение пласта; угол падения [залегания] пласта
Flözergiebigkeit *f* производительность пласта
Flözfolge *f* 1. свита пластов 2. последовательность залегания пластов
Flözförderberg *m* пластовый транспортный уклон
Flözlagerstätte *f* пластовое месторождение
Flözlagerung *f* залегание пласта
Flözmächtigkeit *f* мощность пласта
Flözpaket *n* свита пластов
Flözstrecke *f* пластовый штрек; пластовая подготовительная выработка
Flözverdrückung *f* пережим пласта
Fluate *n pl хим.* флюаты (*кремнефториды металлов, применяемые для различных технических целей*)
Fluatieren *n хим.* флюатирование
Flucht *f см.* Fluchtlinie 1.
Fluchtbahn *f* 1. *косм.* траектория полёта со второй космической скоростью, траектория убегания 2. *астр.* траектория удаления (*галактики*)
Fluchtbewegung *f астр.* разбегание галактик
Fluchten *n* 1. провешивание (линии) 2. установка [расположение] в одну линию 3. расположение на одной прямой 4. соосность
fluchtend соосный; находящийся на одной прямой; находящийся в створе
Fluchtgerade *f см.* Fluchtlinie 2.
Fluchtgeschwindigkeit *f* скорость убегания, вторая космическая скорость
flüchtig 1. летучий; нестойкий 2. *вчт* энергозависимый (*о запоминающем устройстве*)
Flüchtigkeit *f* летучесть; нестойкость
Fluchtlinie *f* 1. *стр.* красная линия, линия застройки 2. линия схода (*начертательная геометрия*)
Fluchtlinientafel *f* номограмма из выравненных точек
Fluchtplan *m* план эвакуации (*людей, напр. при пожаре*); план аварийного выхода
Fluchtpunkt *m* 1. точка схода (*начертательная геометрия*) 2. *астр.* апекс 3. *астр.* вертекс (*точка небесной сферы, к которой направлены собственные движения звезд*)
Fluchtstab *m* веха
Fluchtung *f* 1. соосность 2. прямолинейность; расположение на одной прямой
Fluenz *f физ.* флюенс
Flug *m* 1. полёт 2. пух (*при чесании, прядении*)
~, **interplanetarer** межпланетный полёт
Flugabwehr... зенитный
Flugasche *f* летучая зола; зола уноса, унос
Flugbahn *f* траектория полёта
~, **absteigende** нисходящая траектория; нисходящая ветвь траектории
~, **aufsteigende** восходящая траектория; восходящая ветвь траектории
Flugbenzin *n* авиационный бензин
Flugboot *n* летающая лодка (*гидросамолет*)
Flugdatenregistriergerät *n*, **Flugdatenschreiber** *m см.* **Flugschreiber**
Flugdeckschiff *n* корабль со взлётной палубой; крейсер со взлётной палубой
Flügel *m* 1. крыло 2. лопасть; лопатка 3. *маш.* барашек 4. створка 5. вертушка; гидрометрическая вертушка
~, **hydrometrischer** гидрометрическая вертушка
Flügelmischer *m* лопастный смеситель, лопастная мешалка
Flügelmoment *n ав.* момент крыла
Flügelmutter *f* гайка-барашек
Flügelpumpe *f* крыльчатый насос
Flügelrad *n* 1. крыльчатка 2. вертушка
Flügelradturbine *f* лопастно-регулируемая турбина
Flügelrakete *f* крылатая ракета
Flügelschiene *f ж.-д.* усовик (крестовины)
Flügelschraube *f маш.* винт-барашек
Flügelstreckung *f ав.* удлинение крыла
Flügeltiefe *f ав.* хорда крыла
Flügeltür *f* створчатая дверь
Flügelzellenmotor *m* шиберный [лопастной] гидро- или пневмомотор
Flügelzellenpumpe *f* шиберный насос; пластинчатый насос
Flugerprobung *f* лётное испытание

FLUGFELD

Flugfeld *n* лётное поле
Flugfläche *f ав.* эшелон полёта, эшелон
Flugfunk *m* авиационная радиосвязь
Fluggastraum *m* (пассажирский) салон (*самолёта*)
Fluggeschwindigkeit *f* скорость полёта
Fluggewicht *n см.* **Flugmasse**
Flughafen *m* аэропорт
Flughafenbefeuerung *f* светотехническое оборудование аэропорта; система светосигнальных устройств аэропорта; аэродромные огни
Flughafen(betriebs)gebäude *n* аэровокзал; здание аэровокзала
Flughöhe *f* высота полёта
Flugkapitän *m ав.* командир корабля
Flugkolben... *см.* **Freikolben...**
Flugkontrolle *f ав.* управление воздушным движением
Flugkörper *m* летательный аппарат, ЛА; ракета
Flugkorridor *m ав.* воздушный коридор
Flugkraftstoff *m* авиационное топливо
Fluglageregelung *f* (автоматическая) стабилизация (*напр. самолёта*) в полёте; ориентация (*космического аппарата*)
Flugleistungen *pl ав.* лётно-технические характеристики
Flugleiter *m* 1. авиадиспетчер 2. *косм.* руководитель полёта
Flugleitzentrum *n косм.* центр управления полётом
Fluglinie *f* авиалиния; авиатрасса, воздушная трасса
Fluglotse *m* авиадиспетчер; диспетчер КДП
Flugmasse *f ав.* полётная масса
Flugmechanik *f* механика полёта; динамика полёта
Flugmeteorologie *f* авиационная метеорология
Flugmodell *n* модель летательного аппарата, летающая модель; авиамодель
Flugmodellbau *m* авиамоделизм; авиамоделестроение
Flugmotor *m* поршневой авиационный двигатель
Flugnavigation *f* аэронавигация
Flugplatz *m* аэродром
Flugplatzdecke *f* аэродромное покрытие
Flugplatzfeuer *n* аэродромный маяк
Flugprogramm *n косм.* программа полёта
Flugprüfung *f* лётное испытание

Flugregler *m* 1. автопилот 2. автомат стабилизации (*ракеты*)
Flugschneise *f ав.* воздушный коридор
Flugschrauber *m* вертолёт с тянущим (воздушным) винтом, самолёт-вертолёт
Flugschreiber *m ав.* бортовой самописец, «чёрный ящик»
Flugsicherheit *f* безопасность полётов
Flugsicherung *f* обеспечение безопасности полётов; управление воздушным движением
Flugsicherungskontrolldienst *m* служба управления воздушным движением
Flugsicherungskontrolleur *m* авиадиспетчер; диспетчер КДП
Flugsimulator *m* лётный тренажёр
Flugstabilität *f* устойчивость самолёта
Flugstaub *m* 1. витающая [летучая] пыль 2. (пыле)унос
Flugsteuersystem *n* система управления полётом; система управления летательным аппаратом
Flugstrecke *f* 1. маршрут (полёта) 2. авиатрасса, воздушная трасса
Flugtrainer *m* лётный тренажёр
Flugtriebwerk *n* авиационный двигатель
Flugverkehrskontrolldienst *m* служба управления воздушным движением
Flugwegrechner *m ав.* навигационный автомат
Flugwegschreiber *m ав.* бортовой самописец пути
Flugwerk *n* планёр [пла́нер] ЛА; планёр [пла́нер] самолёта
Flugwetterdienst *m* авиационная метеослужба
Flugzeit *f* 1. *физ.* пролётное время; время пролёта (*частицы*) 2. (полное) время полёта; полётное [лётное] время
Flugzeitmethode *f физ.* метод времени пролёта
Flugzeug *n* самолёт
~, **unbemanntes** беспилотный самолёт
Flugzeugantenne *f* самолётная антенна
Flugzeugbau *m* самолётостроение
Flugzeugbesatzung *f* экипаж самолёта
Flugzeugführer *m* лётчик; командир корабля
Flugzeugführung *f* пилотирование; самолётовождение
Flugzeugfunkstelle *f* самолётная радиостанция
Flugzeuggeschoß *n* самолёт-снаряд
Flugzeughalle *f* ангар
Flugzeugindustrie *f* авиационная промышленность, авиапромышленность

FLÜSSIGKEITS...

Flugzeugkompaß *m* авиационный компас, авиакомпас
Flugzeugkonstrukteur *m* авиаконструктор
Flugzeugmodellbau *m* авиамоделизм
Flugzeugmotorenöl *n* авиационное масло
Flugzeugreifen *m* авиационная шина
Flugzeugschlepp *m* воздушная буксировка
Flugzeugträger *m* авианосец; авианесущий корабль
Flugzeugwerk *n* авиационный завод, авиазавод
Flugzustand *m* режим полёта
Fluid *n* вещество в жидком *или* газообразном состоянии; флюид, текучая среда
Fluidalgefüge *n геол.* флюидальная текстура
Fluidik *f* струйная техника
Fluidikelement *n* струйный элемент
Fluidik-Speicher *m* память [ЗУ] на струйных элементах
Fluidisation *f* 1. псевдоожижение 2. *геол.* флюидизация
Fluidität *f* текучесть
Fluidtechnik *f* струйная техника
Fluid-Transport *m* 1. аэрозольный транспорт 2. транспортировка (*тяжелых крупногабаритных объектов*) на флюидной (*газовой, жидкостной*) подушке
Fluktuation *f* флуктуация
Fluor *n* фтор, F
Fluorchlorkohlenwasserstoffe *m pl* фторхлоруглеводороды
Fluoreszenz *f* флюоресценция, флуоресценция
Fluoreszenzanalyse *f* флюоресцентный анализ
Fluorid *n* фторид
Fluoridierung *f* фторирование (*напр. питьевой воды*)
Fluorieren *n хим.* фторирование
Fluorimeter *n* (спектро)флуориметр
Fluorimetrie *f* (спектро)флуориметрия
Fluorit *m мин.* флюорит, плавиковый шпат
Fluorkarbone *n pl хим.* фторуглероды, перфторуглеводороды
Fluorkohlenwasserstoffe *m pl хим.* фторуглеводороды
Fluorkunststoffe *m pl* фторопласты
Fluormethode *f* фтортест
Fluorofasern *f pl* фторволокно
Fluorokieselsäure *f* кремнефтористоводородная [кремнефтороводородная] кислота, H_2SiF_6
Fluorometer *n* (спектро)флуорометр
Fluorometrie *f* (спектро)флуорометрия
Fluoroplaste *m pl* фторопласты

Fluorosilikate *n pl* кремнефториды, фторосиликаты
Fluortest *m* фтортест
Fluorwasserstoff *m* фторид водорода, фтористый водород, фтороводород, HF
Fluorwasserstoffsäure *f* фтористоводородная [фтороводородная, плавиковая] кислота, HF (*водный раствор фтороводорода*)
Flurförderer *m* 1. напольный конвейер, напольный транспортёр 2. *горн.* напочвенная (рельсовая) дорога
Flurförderfahrzeug *n* напольное транспортное средство; напольная транспортная тележка
Flurfördermittel *n pl* 1. средства напольного транспорта; напольный транспорт 2. *горн.* напочвенные транспортные средства
Flurförderwagen *m* напольная транспортная тележка; напольное транспортное средство (*напр. в ГПС*)
Flurförderzeug *n см.* Flurförderfahrzeug
Flurroboter *m* напольный робот
Fluse *f текст.* узелок, утолщение, шишка
Flusigkeit *f текст.* шишковатость (*нити*)
Fluß *m* 1. течение 2. поток 3. *мет.* флюс, плавень 4. река
~, **magnetischer** магнитный поток
Flußbau *m гидр.* регуляционные работы; речное строительство
Flußbauwerk *n гидр.* регуляционное сооружение
Flußbecken *n* речной бассейн, бассейн реки
Flußbereich *m* область пропускания; линейная область (*диода с р — n-переходом*)
Flußbetrieb *m элн* режим пропускания; режим прямого тока; прямой активный режим
Flußbett *n* (речное) русло; ложе реки
Flußdiagramm *n* блок-схема (*напр. программы*); структурная схема
Flußdichte *f*, **magnetische** магнитная индукция
Flußgebiet *n* бассейн реки, речной бассейн, речной водосбор
Flußharz *n* (свежая) живица
flüssig жидкий
Flüssiggas *n* сжиженный газ
Flüssigkeit *f* жидкость
Flüssigkeitsantrieb *m* гидравлический привод, гидропривод
Flüssigkeitsbehälter *m* гидробак
Flüssigkeitsbremse *f* гидравлический тормоз
Flüssigkeitschromatografie *f* жидкостная хроматография

FLÜSSIGKEITS...

Flüssigkeitsgetriebe *n* гидравлическая передача
~, **dynamisches** гидродинамическая передача
~, **statisches** гидростатическая передача
Flüssigkeitskühlung *f* жидкостное охлаждение
Flüssigkeitskupplung *f* гидравлическая муфта, гидромуфта
Flüssigkeitslaser *m* жидкостный лазер
Flüssigkeitsmanometer *n* жидкостный манометр
Flüssigkeitspumpe *f* жидкостно-кольцевой вакуумный насос
Flüssigkeitspunkt *m* точка [температура] ожижения, точка [температура] перехода в жидкое состояние
Flüssigkeitsraketentriebwerk *n* жидкостный ракетный двигатель, ЖРД
Flüssigkeitsringpumpe *f* жидкостно-кольцевой вакуумный насос
Flüssigkeitsschalter *m* жидкостный выключатель
Flüssigkeitsstand *m* уровень жидкости
Flüssigkeitsstoßdämpfer *m* гидравлический амортизатор
Flussigkeitsstrahlpumpe *f* жидкостно-струйный вакуумный насос
Flüssigkeitsthermometer *n* жидкостный термометр
Flüssigkristallanzeige жидкокристаллический индикатор, ЖКИ
Flüssigkristalldisplay *n* жидкокристаллический дисплей, ЖК-дисплей
Flüssigkristalle *n pl* жидкие кристаллы
~, **cholesterinische** холестерические жидкие кристаллы, холестерики
~, **nematische** нематические жидкие кристаллы, нематики
~, **smektische** смектические жидкие кристаллы, смектики
Flüssigluft *f* жидкий воздух
Flüssigphasenepitaxie *f* жидкофазная эпитаксия
Flußkennlinie *f* характеристика (*полупроводникового прибора с p — n-переходом*) при прямом смещении
Flußmeter *n эл.* веберметр, флюксметр
Flußmittel *n* флюс
Flußmittel-Löten *n* флюсовая пайка
Flußpolung *f* прямое смещение
Flußpunkt *m* точка [температура] ожижения, точка [температура] перехода в жидкое состояние

Flußregelung *f* регулирование рек(и); регулирование (речного) русла
Flußrichtung *f* прямое направление (*в полупроводниковых приборах с p — n-переходом*) ◇ **in** ~ **vorgespannt** прямосмещённый
Flußsäure *f см.* **Fluorwasserstoffsäure**
Flußschiffahrt *f* речная навигация
Flußschlauch *m см.* **Fluxon**
Flußspannung *f* прямое напряжение (*в полупроводниковых приборах с p — n-переходом*)
Flußspat *m мин.* плавиковый шпат, флюорит
Flußstahl *m* мягкая [низкоуглеродистая] сталь
Flußstrom *m* 1. ток в прямом направлении, прямой ток (*в полупроводниковых приборах с p — n-переходом*) 2. ток в открытом состоянии (*тиристора*)
Flußverkettung *f эл.* потокосцепление
Flußvorspannung *f* прямое смещение (*в полупроводниковых приборах с p — n-переходом*)
Flußwiderstand *m* прямое сопротивление; прямое сопротивление (*p — n-*)перехода
Flut *f* 1. прилив 2. паводок
Flutbecken *n* эстуарий
Flutdock *m* наливной док
Fluten *n* 1. затопление 2. заполнение водой (*напр. котлована*) 3. заводнение (*нефтяной залежи*)
Flutklappe *f* кингстон
Flutlicht *n* заливающий свет
Flutlichtbeleuchtung *f* освещение заливающим светом
Flutlichtscheinwerfer *m* прожектор заливающего света
Flutstrom *m* приливное течение
Fluttrichter *m* эстуарий
Flutventil *n* кингстон
Fluxmeter *n*, **Fluxometer** *n* флюксметр
Fluxon *n физ., элн* флюксон, магнитный вихрь (*нить нормальной фазы в сверхпроводниках II рода, окружённая экранирующим вихревым током сверхпроводимости*)
Flyback-Trafo *m тлв* выходной трансформатор строчной развёртки
Fly-by *n* 1. *см.* **Fly-by-Manöver** 2. пролёт (*космического аппарата*) вблизи планеты; пролёт (*космического аппарата*) мимо планеты
Fly-by-Manöver *n косм.* пертурбационный манёвр (*маневр ускоренного достижения планеты назначения за счет использования си-

лы притяжения другой планеты, в поле тяготения которой пролетает космический аппарат)
Flyer *m текст.* 1. рогулечная ровничная машина 2. рогулька, рогульчатый нитепроводник
Flysch *m геол.* флиш
FM-Demodulator *m* частотный детектор, детектор ЧМ-сигналов, ЧМ-детектор
FM-Empfänger *m* приёмник ЧМ-сигналов, ЧМ-приёмник
FM-Modulation *f* частотная модуляция, ЧМ
FM-Signal *n* ЧМ-сигнал, частотно-модулированный сигнал
FM-ZF-Verstärker *m* УПЧ ЧМ-тракта, УПЧ-ЧМ
~, **integrierter** ИС УПЧ ЧМ-тракта
FM-ZF-Verstärkerschaltkreis *m* ИС УПЧ ЧМ-тракта
Fokus *m* фокус
Fokusnachführung *f* подфокусировка
Fokussiereinrichtung *f* фокусирующее устройство
Fokussiersystem *n* фокусирующая система
Fokussierung *f* фокусировка, фокусирование
~, **automatische** автофокусировка
Fokussierungsfehler *m* погрешность фокусировки
Fokussierungslinse *f* собирающая [фокусирующая] линза
Fokussierungssystem *n* фокусирующая система, система автофокусировки
~, **automatisches** система автофокусировки
Folge *f* 1. последовательность; чередование 2. *мат.* последовательность 3. *геол.* свита (*напр. пластов*)
Folgeantrieb *m* следящий привод
Folgeausfall *m* зависимый отказ
Folgeregelung *f* следящее регулирование
Folgeschaltung *f* повторитель
Folgesteuerung *f* следящее управление
Folgesystem *n* следящая система
Folgetransistor *m* управляемый [нагрузочный] транзистор
Folgeverbundwerkzeug *n см.* **Folgewerkzeug**
Folgeverstärker *m* отслеживающий усилитель
Folgewerkzeug *n* штамп последовательного действия
Folie *f* 1. плёнка 2. фольга
Foliefäden *m pl см.* **Filmfäden**
Folienbondanlage *f* установка (для) автоматизированной сборки ИС на (гибком) ленточном носителе, АСЛН-установка
Folienbonden *n* монтаж кристаллов ИС на (гибком) ленточном носителе; сборка ИС на (гибком) ленточном носителе
~, **automatisches** автоматизированная сборка ИС на (гибком) ленточном носителе
Folienbondtechnik *f* технология автоматизированной сборки ИС на (гибком) ленточном носителе
Folien-DMS *m* фольговый тензорезистор
Foliendruck *m* печать на фольге
Folienkondensator *m* плёночный конденсатор
Folienmaske *f* фольговый шаблон, фольговый трафарет
Folienschalter *m см.* **Folientastschalter**
Folienspeicher *m* память [ЗУ] на гибких магнитных дисках; накопитель на гибком магнитном диске, НГМД
Foliensubstrat *n* основа плёнки
Folientastatur *f* клавиатура с плёночно-контактной структурой, плёночно-контактная клавиатура
Folientastschalter *m* плёночно-контактный переключатель
Folsäure *f хим.* фолиевая кислота (*витамин* B_c)
Fond *m см.* **Fondraum**
Fondraum *m* задняя часть кузова (*легкового автомобиля*), внутренняя часть кузова за передними сиденьями
Fonoautomat *m* (бытовой) электропроигрыватель с автоматическим управлением, проигрыватель с автоматическим управлением
Fonogerät *n*, **Fonokoffer** *m* электрофон
Fonoteil *n* звуковая приставка; звуковой блок
Font *n вчт* шрифтокомплект; шрифт
~, **skalierbares** масштабируемый шрифт
Fontur *f текст.* игольница, фонтура
Förderanlage *f* транспортное устройство; транспортная [конвейерная] установка; подъёмная установка
Förderband *n* (ленточный) конвейер, (ленточный) транспортёр; конвейерная [транспортёрная] лента
Förderberg *m горн.* наклонная транспортная выработка, бремсберг; уклон
Förderbohrung *f* добывающая [эксплуатационная] скважина
Förderbrücke *f* транспортно-отвальный мост

Förderdruck *m* 1. напор 2. рабочее [эксплуатационное] давление
Förderer *m* конвейер, транспортёр
~, **fahrbarer** передвижной конвейер
~, **kurvengängiger** изгибающийся конвейер
~, **rückbarer** передвижной конвейер
~, **speichernder** транспортёр-накопитель
~, **tragbarer** переносный конвейер
Fördererrinne *f* горн. конвейерный рештак
Fördererstrang *m* конвейерный став
Fördererz *n* рядовая руда
Förderfahrt *f* горн. транспортный ходок
Förderfahrzeug *n* транспортная тележка
Förderflüssigkeit *f* перекачиваемая жидкость
Fördergebiet *n* горнопромышленный район
Fördergefäß *n* скип; подъёмный сосуд; бадья
Fördergerüst *n* (надшахтный) копёр
Fördergestell *n* см. Förderkorb
Fördergurt *m* конвейерная [транспортёрная] лента
Fördergut *n* 1. транспортируемый груз 2. транспортируемый материал; добываемый материал
Förderhöhe *f* напор, величина напора (напр. насоса); высота подъёма; высота подачи
Förderkapazität *f* 1. производственная [добычная] мощность (шахты, карьера) 2. производительность подъёмного или транспортного устройства
Förderkette *f* рабочая цепь; тяговая цепь; конвейерная цепь; элеваторная цепь
Förderkohle *f* рядовой уголь
Förderkorb *m* горн. (подъёмная) клеть
Förderleistung *f* 1. производительность (конвейера, экскаватора, насоса) 2. производственная мощность (напр. шахты)
Förderleitung *f* 1. подающий [нагнетательный] трубопровод 2. линия нагнетания топлива (в дизелях) 3. пульпопровод
Fördermaschine *f* 1. горн. подъёмная машина 2. подъёмник; лифт
Fördermenge *f* 1. добыча, объём добычи (напр. угля); производительность (напр. выемочной машины, очистного забоя); нагрузка (напр. на очистной забой) 2. подача (насоса)
Fördermittel *n* 1. транспортное средство 2. горн. подъёмный сосуд; транспортный сосуд 3. рабочая среда (жидкость, сжатый воздух, газ)
Fördermittel *n pl* транспортные средства
~, **innerbetriebliche** внутризаводской транспорт

Förderofen *m* конвейерная печь
Förderpumpe *f* 1. перекачивающий насос 2. топливоподкачивающий насос (напр. дизеля)
Förderrate *f* 1. дебит (скважины) 2. уровень добычи
Förderrinne *f* (транспортный) лоток; (транспортный) жёлоб; (конвейерный) рештак
Förderroboter *m* транспортный робот
Förderrolle *f*, **Förderrolloch** *n* горн. скат; углеспуск; рудоспуск; породоспуск
Förderroute *f* транспортный маршрут
Förderrutsche *f* спускной рештак
Förderschacht *m* горн. подъёмный ствол, шахтный ствол с подъёмной установкой
Förderschale *f* 1. люлька (конвейера) 2. горн. (подъёмная) клеть
Förderschnecke *f* 1. транспортный шнек 2. винтовой конвейер
Förderseil *n* горн. 1. подъёмный канат 2. тяговый канат (канатной откатки)
Fördersohle *f* горн. откаточный горизонт; транспортный горизонт; транспортная выработка
Fördersonde *f* см. Förderbohrung
Förderstrecke *f* горн. 1. откаточный штрек 2. участок [перегон] транспортного пути
Förderstrom *m* 1. подача, производительность (насоса, компрессора) 2. ж.-д. грузопоток
Fördersystem *n* транспортная система
Fördertechnik *f* подъёмно-транспортное оборудование
Fördertrum(m) *n* горн. подъёмное [грузовое] отделение шахтного ствола
Förderturm *m* (надшахтный) копёр
Förder- und Handhabeoperationen *f pl* транспортно-погрузочные работы
Förder- und Speichersystem *n* транспортно-накопительная система
Förderung *f* 1. транспорт, транспортирование, транспортировка 2. добыча; эксплуатация (нефтяных скважин) 3. добыча, добывание 4. горн. добыча, объём добычи 5. горн. транспорт; подъём; доставка; откатка 6. подача, нагнетание
~, **eruptive** фонтанная эксплуатация (нефтяных и газовых месторождений)
~, **gleisgebundene** рельсовый транспорт
~, **gleislose** безрельсовый транспорт
~, **hydraulische** гидравлический транспорт, гидротранспорт

FORMGEDÄCHTNIS...

~, **pneumatische** пневматический транспорт, пневмотранспорт
Fördervolumen *n* *горн.* 1. объём добычи, добыча 2. производительность (*напр. шахты, выемочной машины, экскаватора, конвейера*)
Förderwagen *m* 1. шахтная [рудничная] вагонетка; вагонетка 2. *см.* **Förderzeug**
Förderweg *m* транспортный маршрут
Förderzeug *n* *маш.* транспортная тележка
~, **ferngesteuertes** дистанционно-управляемая тележка
Form *f* 1. форма; вид; конфигурация 2. форма; пресс-форма 3. фурма (*напр. доменной печи*)
~, **aerodynamisch günstige** аэродинамическая [обтекаемая] форма
~, **strömungsgünstige** обтекаемая [аэродинамическая] форма
~, **verlorene** разовая (литейная) форма
~, **windschnittige** обтекаемая [аэродинамическая] форма
~, **zusammengebaute** форма в сборе
formal формальный
Formaldehyd *m* *хим.* формальдегид
Formalin *n* *хим.* формалин
formalisiert формализованный
Formalisierung *f* формализация
Formänderung *f* формоизменение; деформация
~, **bezogene** относительная деформация
Formänderungsarbeit *f* (удельная) работа деформации
Formänderungsenergie *f* энергия деформации
Formänderungsfestigkeit *f* сопротивление (пластической) деформации, сопротивление (пластическому) деформированию, напряжение (пластического) течения
Formänderungskoeffizient *m* коэффициент деформации
Formänderungsvermögen *n* деформируемость, способность деформироваться, способность к деформации
Formänderungswiderstand *m* 1. *см.* **Formänderungsfestigkeit** 2. полное сопротивление (пластической) деформации [(пластическому) деформированию]
Formänderungzone *f* зона [очаг] деформации
Format *n* формат
~, **gepacktes** *вчт* упакованный формат
~, **ungepacktes** *вчт* неупакованный формат
Formatieren *n* *вчт* форматирование
Formation *f* *геол.* формация
Formationsflug *m* *косм.* групповой полёт
Formatpapier *n* форматная бумага
Formätzen *f* профильное травление
formbar пластичный; формующийся
Formbarkeit *f* пластичность; формуемость
Formbeständigkeit *f* теплостойкость (*по Мартенсу или Вика*)
Formbiegen *n* *мет.-об.* гибка (*операция листовой штамповки*); получение листовых профилей гибкой
Formbrett *n* подмодельная плита
Formdichtung *f* фасонное уплотнение
Formdrehmaschine *f* фасонно-токарный станок
Formel *f* формула
~, **Heronische** формула Герона
Formelzeichen *n* буквенное обозначение (*величины в уравнениях и формулах*); символ
~, **chemisches** химический символ
Formen *n* формование, формовка
Formenordnung *f* *маш.* 1. морфологическая классификация деталей, классификация деталей по форме 2. классификатор деталей
Formentgraten *n* *маш.* электрохимическая зачистка с помощью фасонного электрода
Former *m* формовщик
Formerei *f* 1. формовочное отделение 2. формовка
Formerwerkzeug *n* формовочный инструмент
Formfaktor *m* 1. формфактор 2. фактор формы
Formfräsen *n* *мет.-об.* профильное фрезерование, фрезерование фасонных поверхностей
Formfräser *m* *мет.-об.* профильная [фасонная] фреза
Formfräsmaschine *f* *мет.-об.* фасонно-фрезерный станок
Formfüllungsvermögen *n* жидкотекучесть (*разливаемого металла*)
Formfüllzeit *f* время заливки литейной формы
Formgebung *f* формование
~, **bildsame [plastische]** пластическое деформирование
~, **span(abheb)ende** обработка резанием, механическая обработка
~, **spanlose** обработка без снятия стружки
Formgedächtnis *n* память формы, эффект памяти (формы) (*способность изделий из сплавов металлов изменять и восстанавливать свою первоначальную форму в зависимости от температуры*)
Formgedächtnislegierung *f* сплав с памятью, сплав с эффектом памяти (формы)

FORMGESENK

Formgesenk *n* фасонный штамп
Formgestalter *m* дизайнер
Formgestaltung *f* художественное конструирование, дизайн
~, **industrielle** промышленный дизайн
Formguß *m* фасонное литьё
Formgußstahl *m* фасонная сталь
Formgußteil *n* фасонная отливка
Formhälfte *f* полуформа
~, **obere** верхняя полуформа
~, **untere** нижняя полуформа
Formhobeln *n* мет.-об. профильное строгание, строгание фасонных поверхностей
Formiat *n* хим. формиат
Formieren *n* 1. формовка (*напр. аккумуляторов*) 2. формирование
Formierung *f* 1. формирование 2. *см.* **Formieren** 1.
Formkasten *m* опока
Formkern *m* 1. формовочный стержень 2. фигурный стержень
Formkernguß *m* отливка с фигурным стержнем
Formkneten *n* мет.-об. профильная радиально-ковочная вытяжка
Formkörper *m* мет. порошковая формовка
Formlehm *m* формовочная глина
Formlehre *f* маш. шаблон
Formling *m* 1. формованное изделие 2. сырец 3. заготовка (*промежуточное изделие, полученное формованием*)
Formmaschine *f* формовочная машина
Formmaskenverfahren *n* литьё в оболочковые формы
Formmasse *f* формовочная масса
Formmeißel *m* мет.-об. фасонный резец
Formoberteil *n* верхняя часть формы; верхняя полуформа
Formpaarung *f* маш. геометрическое замыкание
Formplatte *f* 1. неподвижная матрица (*ковочно-штамповочного пресса*) 2. модельная плита (*в формовке*) 3. пласт. плита формы
Formpressen *n* 1. мет.-об. объёмная штамповка 2. пласт. компрессионное прессование (*в горячих пресс-формах*)
Formprofil *n* сложный [фасонный] профиль
Formpuder *m* припыл (*для литейных форм*)
Formrecken *n* мет.-об. профильная подкатка
Formrundkneten *n* мет.-об. профильное радиальное обжатие
Formsand *m* формовочная смесь

Formschäumen *n* пласт. изготовление вспененных изделий в формах, фасонное вспенивание, вспенивание в форме
Formschleifen *n* мет.-об. профильное шлифование, шлифование фасонных поверхностей
Formschlichte *f* формовочная краска
Formschluß *m см.* **Formpaarung**
formschlüssig *мет.* с геометрическим замыканием
Formschräge *f* формовочный уклон (*напр. на стенках литейной модели*)
Formschwärze *f* формовочная краска
Formstahl *m* фасонная сталь, фасонный профиль, фасонные профили сортового проката
Formstahlschere *f* сортовые ножницы
Formstahlstraße *f*, **Formstahlwalzwerk** *n* сортовой [сортопрокатный] стан (*стан для прокатки фасонных профилей*)
Formstanzen *n* 1. мет.-об. рельефная формовка; получение листовых профилей вытяжкой и формовкой 2. пласт. термоштампование
Formstauchen *n* мет.-об. профильная вытяжка
Formstein *m* фасонный кирпич
Formstoff *m* 1. формовочный материал 2. пласт. пресс-материал
~, **fließfähiger** жидкоподвижная смесь
Formstoßen *n* мет.-об. профильное долбление, долбление фасонных поверхностей
Formstück *n* фитинг, фасонная деталь (*для трубопроводов*)
Formung *f* формование, формовка
~, **spanende** обработка резанием
~, **spanlose** обработка без снятия стружки
Formunterlage *f* (под)модельная плита
Formunterteil *n* нижняя часть (*формы*); нижняя полуформа
Formwalzen *n* мет.-об. формообразующая накатка
Formwerkzeug *n* фасонный инструмент
Formzahl *f* 1. коэффициент формы 2. теоретический коэффициент концентрации напряжений
Forschung *f* (научное) исследование; (научные) исследования ◊ ~ **und Entwicklung** научно-исследовательские и опытно-конструкторские работы
Forschungsinstitut *n* научно-исследовательский институт
Forschungslabor *n* исследовательская лаборатория

Forschungsrakete f исследовательская ракета
Forschungsreaktor m исследовательский реактор
Forschungsschiff n научно-исследовательское судно; экспедиционное судно
Forschungsstation f косм. научная станция
Forstabschätzung f таксация леса
Forstbahn f лесовозная дорога
Forstbetrieb m 1. лесхоз 2. леспромхоз
Forstrevier n лесоучасток
Forstwirtschaft f лесное хозяйство
Fortpflanzung f распространение (напр. волн)
Fortpflanzungsgeschwindigkeit f скорость распространения (напр. света, звука)
fortschreitend поступательный
fossil ископаемый; окаменевший
Fossilien pl геол. ископаемые, ископаемые остатки, окаменелости
Fotoabzug m фотоотпечаток
Fotoapparat m фотоаппарат
Fotoätzen n фототравление
Fotoätztechnik f метод фототравления
Fotochemie f фотохимия
fotochemisch фотохимический
Fotochrom n фотохромный материал
Fotochromanzeige f фотохромный индикатор
Fotochromanzeigeschirm m фотохромный (индикаторный) экран
Fotodetektor m фотоприёмник, фотоэлектрический полупроводниковый приёмник излучения
Fotodiode f фотодиод
~, kantenbeleuchtete фотодиод с торцевым входом
Fotodiodenarray n, Fotodiodenmatrix f фотодиодная матрица, матрица фотодиодов
Fotodissoziation f фотодиссоциация
Fotodruck m текст. фотопечать, светопечать
Fotoeffekt m фотоэффект, фотоэлектрический эффект
~, äußerer внешний фотоэффект
~, innerer внутренний фотоэффект
fotoelektrisch фотоэлектрический
Fotoelektrizität f фотоэлектричество
Fotoelektron n фотоэлектрон
Fotoelektronenemission f см. Fotoemission
Fotoelektronenleitfähigkeit f электронная фотопроводимость
Fotoelektronenstrom m фотоэлектронный ток, фототок

Fotoelektronenvervielfacher m фотоэлектронный умножитель, ФЭУ
Fotoelement n фотоэлемент (с запирающим слоем), вентильный фотоэлемент
Fotoemission f фотоэлектронная эмиссия, фотоэмиссия
~, feldstimulierte автоэлектронная фотоэмиссия
Fotoemissionszelle f фотоэлемент с внешним фотоэффектом, эмиссионный фотоэлемент
Fotoemitter m фотоэмиттер; фотокатод
Foto-EMK f фотоэдс
Fotoempfänger m см. Fotodetektor
Fotoemulsion f фотографическая эмульсия, фотоэмульсия
Fotoemulsionsschablone f эмульсионный фотошаблон
Fotoemulsionsschicht f эмульсионный слой, слой фотографической эмульсии
Fotoepitaxie f фотоэпитаксия
Fotografie f фотография; фотографирование
Fotografieren n фотографирование
fotografisch фотографический
Fotogrammetrie f фотограмметрия
~, terrestrische наземная фотограмметрия
Fotograviermaschine f фотогравировальная машина
Fotogravüre f фотогравюра
Fotoionisation f фотоионизация
Fotokamera f фотографический аппарат, фотоаппарат; фотокамера
Fotokapazitätsdiode f фотоёмкостный диод
Fotokatode f фотокатод
~, sensibilisierte очувствлённый катод
Fotokeramik f фотокерамика
Fotokopie f 1. фотоотпечаток 2. фотокопия
Fotokopierapparat m фотокопировальный станок
Fotokopiereinrichtung f, Fotokopiergerät n фотокопир
Fotokopierlack m жидкий фоторезист
Fotokopierverfahren n фотокопирование; фотопечать
Fotolabor(atorium) n фотолаборатория
Fotolack m фоторезист
Fotolackbeschichtungsanlage f установка нанесения фоторезиста
Fotolackmaske f фоторезистная [фоторезистивная] маска, маска фоторезиста
Fotolackschicht f слой фоторезиста
Fotoladungsträger m pl фотоносители
Fotolampe f фотолампа

Fotoleiter *m* фоторезистор
Fotoleitfähigkeit *f* фотопроводимость
Fotoleitung *f* фотопроводимость
Fotoleitungseffekt *m* эффект фотопроводимости
Fotolithografie *f* фотолитография
~, lichtoptische оптическая фотолитография, фотолитография в оптическом диапазоне длин волн
~ nach dem Step-and-Repeat-Verfahren фотолитография с последовательным шаговым экспонированием
Fotolumineszenz *f* фотолюминесценция
Fotolyse *f* фотолиз
Fotomaske *f* фотошаблон; фотомаска
Fotomaskenbildgenerator *m* генератор изображений фотошаблонов
Fotomaskenoriginalbild *n* (фото)оригинал для изготовления фотошаблонов
Fotomaskensatz *m* комплект фотошаблонов
Fotomaterial *n* фотографический материал, фотоматериал
fotomechanisch фотомеханический
Fotometer *n* фотометр
Fotometerbank *f* фотометрическая скамья
Fotometerprismenkeil *m* фотометрический клин
Fotometerwürfel *m* фотометрический кубик
Fotometrie *f* фотометрия
fotometrisch фотометрический
Fotomultiplier *m* см. Fotovervielfacher
Foton *n* фотон
Fotonenantrieb *m* фотонный двигатель
Fotonenfluß *m* фотонный поток
Fotonenflußdichte *f* плотность фотонного потока
Fotoobjektiv *n* фотографический объектив
Fotopapier *n* фотографическая бумага, фотобумага
Fotoplatte *f* фотопластинка
Fotoplotter *m* фотопостроитель, графопостроитель с фотовыводом
Fotopolymerisation *f* фотополимеризация
Fotorekombination *f* фоторекомбинация
Fotorepeatanlage *f* установка последовательной шаговой мультипликации; фотоповторитель
Fotorepeater *m* фотоповторитель
Fotorepeaterkamera *f* камера фотоповторителя
Fotorepeattechnik *f* последовательная шаговая мультипликация (*изображений фотошаблонов*)

Fotoresist *m* фоторезист
Fotoresistablöseverfahren *n* метод удаления фоторезиста
Fotoresistätzen *n* травление с использованием фоторезистивной маски
Fotoresistbild *n* изображение в слое фоторезиста
Fotoresistentwicklung *f* проявление фоторезиста
Fotoresistschicht *f* слой фоторезиста
Fotoresisttechnik *f* техника применения фоторезистов
Fotoschablonenentwicklung *f* проявление изображений промежуточного оригинала фотошаблона
Fotoschicht *f* фотослой, фоточувствительный слой
Fotosensor *m* фоточувствительный элемент, фотодатчик; фотоприёмник
Fotosetzmaschine *f* фотонаборная машина
Fotospannung *f* фотоэдс
Fotospannungseffekt *m* фотогальванический эффект
Fotospannungswandler *m* фотогальванический преобразователь
Fotospannungszelle *f* фотогальванический элемент
Fotosperrschicht *f* фотозапирающий слой
Fotosphäre *f* фотосфера
Fotostativ *n* фотографический штатив
Fotostrom *m* фототок, фотоэлектронный ток
Fotostromkennlinie *f* люксамперная характеристика
Fotosynthese *f* фотосинтез
Fototechnik *f* фототехника
Fototräger *m pl* фотоносители
Fototransistor *m* фототранзистор
Fotovervielfacher *m* см. Fotoelektronenvervielfacher
Fotovitrokeramik *f* фотоситаллы
Fotovoltaikanlage *f* солнечная энергетическая установка; фотогальваническая энергетическая установка
Fotovoltaikgenerator *m* солнечный фотогальванический генератор
Fotowandler *m* 1. фотоэлектрический преобразователь, фотоприёмник 2. формирователь видеосигналов на фото-ПЗС
Fotowiderstand *m* 1. фоторезистор 2. обратное сопротивление (*фотодиода*)
Fotowiderstandszelle *f* фоторезистор

Fotozelle *f* фотоэлемент (с внешним фотоэффектом)
~, **gasgefüllte** ионный [газонаполненный] фотоэлемент
Foucault-Ströme *pl* токи Фуко, вихревые токи
Foulard *m* 1. *текст.* плюсовка 2. фуляр (*лёгкая шёлковая ткань*)
Fourier-Analyse *f* анализ Фурье, гармонический анализ
Fourier-Bild *n*, **Fourier-Image** *n* фурье-образ
Fourier-Integral *n* интеграл Фурье
Fourier-Prozessor *m* фурье-процессор
Fourier-Reihe *f* ряд Фурье
Fourier-Spektrometer *n* фурье-спектрометр
Fourier-Transformation *f* преобразование Фурье
Fourier-Transformierte *f* фурье-образ
Fracht *f* 1. груз 2. фрахт
Frachtbrief *m* 1. накладная 2. коносамент
Frachtenbahnhof *m* грузовая станция
Frachter *m см.* **Frachtschiff**
Frachtgut *n* ж.-д. груз малой скорости
Frachtraum *m* грузовой отсек
Frachtschiff *n* грузовое судно; транспорт
Frachtstück *n* грузовое место
Frachttarif *m* грузовой тариф
Frachtverkehr *m* грузовые перевозки; грузовое сообщение
Fraktion *f* фракция
Fraktionierkolonne *f* ректификационная колонна
Fraktionierung *f* фракционирование, разделение на фракции
Fraktions-Öldiffusionspumpe *f*, **Fraktionspumpe** *f* фракционирующий насос
Frame *n* 1. фрейм (*структура данных, включающая ссылку на суперпонятие (родовое понятие) или понятие (объект), с которым устанавливается аналогия, и состоящая из набора ячеек, каждая из которых содержит значение того или иного атрибута объекта или признака понятия*) 2. *вчт* кадр данных, кадр
Francis-Turbine *f* радиально-осевая (гидравлическая) турбина
Francium *n см.* **Frankium**
Frankium *n* франций, Fr
Franse *f* бахрома
Fräse *f* 1. фреза 2. дорожная фреза 3. почвенная фреза
Fräsen *n* фрезерование

Fräser *m* 1. фреза 2. фрезеровщик
~, **drallgenuteter** цилиндрическая фреза с винтовыми зубьями
~ **mit eingesetzten Messern** фреза со вставными ножами
Fräsermesser *n* фрезерный нож
Fräserschaft *m* хвостовик фрезы
Fräskopf *m* фрезерная головка
Fräsmaschine *f* фрезерный станок
Frässpindelstock *m* фрезерная бабка
Freezer *m* фризер
Freiauspuffturbine *f* импульсная турбина
Freiballon *m* воздушный шар; свободный [беспривязный] аэростат (*с экипажем*)
Freibord *m* 1. *мор.* надводный борт 2. *гидр.* возвышение берега над уровнем воды; возвышение гребня сооружения над горизонтом воды
Freibordmarke *f* грузовая марка (*судна*)
Freifahrturbine *f* свободная турбина, турбина со свободным валом отбора мощности, силовая турбина (*турбина, механически не связанная с компрессором*)
Freifläche *f* 1. *мет.-об.* задняя поверхность (*лезвия режущего инструмента*) 2. *стр.* открытая [незастроенная] площадь
Freiflug *m* свободный полёт
Freiflugbahn *f* 1. пассивный участок траектории (*полёта ракеты*) 2. траектория свободного полёта (*космического аппарата*)
Freiformen *n см.* **Freiformschmieden**
Freiformschmiedehammer *m* ковочный молот
Freiformschmieden *n* свободная ковка
Freiformschmiedepresse *f* ковочный пресс
Freigabe *f* *вчт, элн* разрешение
Freigabeausgang *m* *вчт, элн* разрешающий выход, выход разрешающего сигнала
Freigabeeingang *m* *вчт, элн* разрешающий вход, вход разрешающего сигнала; отпирающий вход
Freigabeimpuls *m* *вчт, элн* разрешающий импульс; отпирающий импульс
Freigabesignal *n* *вчт, элн* разрешающий сигнал; отпирающий сигнал
Freihandlinie *f* волнистая линия
Freihandschleifen *n* ручное шлифование
Freiheitsgrad *m* степень свободы
Freikolbenmaschine *f* свободнопоршневая машина
Freikolbenturboanlage *f* свободнопоршневой генератор газа

Freikolbenverdichter *m* свободнопоршневой (дизель-)компрессор
Freiladegut *n* навалочный груз
Freilauf *m* свободный ход; муфта свободного хода; обгонная муфта; механизм свободного хода
Freilaufdiode *f* безынерционный диод
Freilaufgetriebe *n* механизм свободного хода
Freilaufkupplung *f* муфта свободного хода, обгонная муфта
Freileitung *f* воздушная ЛЭП, воздушная линия электропередачи
Freileitungsisolator *m* линейный изолятор
Freileitungsmast *m* опора воздушной ЛЭП
Freileitungsnetz *n* воздушная сеть
Freiluftanlage *f эл.* открытая (электро)установка
Freiluftaufstellung *f эл.* наружная установка, установка на открытом воздухе
Freiluftschaltanlage *f эл.* распределительное устройство наружной установки, открытое распределительное устройство, открытое распредустройство
~, fabrikfertige комплектное распределительное устройство наружной установки
Freiluftumspannstation *f,* **Freiluftunterwerk** *n* открытая подстанция
Freilutftisolator *m* изолятор для наружной установки
Freispiegelleitung *f* 1. безнапорный трубопровод 2. самотёчный [гравитационный] водовод 3. самотёчный коллектор (*в канализационных сетях*)
Freispiegelrohrleitung *f* безнапорный трубопровод
Freispiegelstollen *m гидр.* безнапорный туннель
Freistrahlturbine *f* ковшовая (гидравлическая) турбина
Freistrompumpe *f* свободновихревой насос
Freiton *m тлф* тональный сигнал готовности
freitragend свободнонесущий
Freiträger *m* консоль
Freivorbau *m* навесной монтаж, навесная сборка, сборка без подмостей (*мостостроение*)
Freiwerden *n* высвобождение (*энергии*)
Freiwerdezeit *f эл., элн* время выключения (*тиристора*) по основной цепи, время выключения (*тиристора*)
Freiwinkel *m мет.-об.* задний угол

~ an der Nebenschneide вспомогательный задний угол
Fremdatom *n* примесный атом, атом примеси
Fremdbelüftung *f* искусственное [принудительное] воздушное охлаждение
Fremderregung *f* независимое возбуждение
Fremdfehlordnung *f* примесный дефект
Fremdion *n* примесный ион, ионное загрязнение
Fremdkörper *m pl* 1. посторонние примеси 2. *текст.* сор
Fremdspannungsabstand *m* уровень напряжения помех; относительный уровень помех (*напр. в канале записи — воспроизведения магнитофона*)
Fremdstoff *m* постороннее вещество; примесь
Fremdstoffadsorption *f* адсорбция примесей
Fremdstoffatome *n pl* атомы примеси, примесные атомы
Fremdstoffdiffusion *f* диффузия примеси
Fremdstoffeinlagerung *f* внедрение примеси
Fremdstoffgebiet *n* примесная область
Fremdstoffgehalt *m* содержание примеси
Fremdstoffhalbleiter *m* примесный полупроводник
Fremdstoffimplantation *f* имплантация примеси
Fremdstoffion *n* примесный ион
Fremdstromkorrosion *f* электрокоррозия, коррозия блуждающими токами
Fremdzündung *f* принудительное воспламенение, воспламенение (*рабочей смеси ДВС*) от постороннего источника
Frenkel-Defekt *m,* **Frenkel-Fehlordnung** *f,* **Frenkel-Paar** *n,* **Frenkel-Störstelle** *f крист.* дефект по Френкелю, пара типа «примесь внедрения — вакансия», пара типа «атом в междоузлии — вакансия»
Freon *n* фреон
Frequenz *f* частота
Frequenzabstand *m* разнос частот, разнос по частоте
Frequenzabweichung *f* девиация частоты
Frequenzband *n* полоса частот
Frequenzbandkompression *f,* **Frequenzbandpressung** *f* сжатие полосы частот
Frequenzbereich *m* диапазон частот
Frequenzcharakteristik *f* частотная характеристика
Frequenzfilter *n* частотный фильтр
Frequenzgang *m* частотная характеристика

Frequenzganganalysator *m* частотный анализатор

Frequenzgangkompensation *f*, Frequenzgangkorrektur *f* частотная коррекция, коррекция частотной характеристики [частотных характеристик]

Frequenzhub *m* девиация частоты

Frequenzkennlinie *f* частотная характеристика

Frequenz-Leistung-Regelung *f* регулирование частоты и мощности

Frequenzmesser *m* частотомер

Frequenzmethode *f* частотный метод

Frequenzmitnahme *f* затягивание частоты

Frequenzmodulation *f* частотная модуляция, ЧМ

~, lineare линейная ЧМ, ЛЧМ

Frequenzmultiplex *n* 1. *см.* Frequenzmultiplexverfahren 2. *см.* Frequenzmultiplexsystem

Frequenzmultiplexsystem *n* система с частотным разделением каналов; линия связи с частотным уплотнением

Frequenzmultiplexverfahren *n* частотное разделение каналов; частотное уплотнение линии связи

Frequenznachstimmung *f* подстройка частоты

Frequenznormal *n* эталон частоты

Frequenzrelais *n* реле частоты

Frequenzschachtelung *f см.* Frequenzstaffelung

Frequenzselektion *f* частотная селекция

Frequenz-Spannungs-Wandler *m* преобразователь частота — напряжение

Frequenzspektrum *n* спектр частот

Frequenzsperre *f* полосовой заградительный фильтр

Frequenzstabilisator *m* стабилизатор частоты

Frequenzstabilisierung *f* стабилизация частоты

Frequenzstaffelung *f* частотное разделение (каналов)

Frequenzstandard *m* эталон частоты

Frequenzsynthesizer *m* синтезатор частот(ы)

Frequenzteiler *m* делитель частоты

Frequenzteilung *f* 1. деление частоты 2. *см.* Frequenzstaffelung

Frequenzumformer *m* эл. преобразователь частоты

~, rotierender вращающийся преобразователь частоты; электромашинный преобразователь частоты

~, ruhender статический преобразователь частоты

~, starrer вращающийся преобразователь частоты с двумя электрическими машинами на одном валу

Frequenzumformung *f* преобразование частоты

Frequenzumrichter *m* преобразователь частоты

~, statischer статический преобразователь частоты

Frequenzumsetzer *m* тлв частотный конвертор, конвертор

Frequenzumtastung частотная манипуляция, ЧМн

Frequenzverdoppler *m* удвоитель частоты

Frequenzverdopplung *f* удвоение частоты

Frequenzverfahren *n* частотный метод

Frequenzvervielfacher *m* умножитель частоты

Frequenzvervielfachung *f* умножение частоты

Frequenzverzerrung *f* частотное искажение

Frequenzwandler *m см.* Frequenzumformer

Frequenzwandlung *f см.* Frequenzumformung

Frequenzweiche *f* частотный разделительный фильтр

Frequenzwobbelung *f* качание частоты

Fresnel-Linse *f* линза Френеля

Fressen *n* 1. разъедание 2. заедание 3. задирание

Fresser *m* задир

Frigen *n* фреон

Frigistor *m* фригистор, элемент Пельтье

Friktion *f* 1. передача усилий или моментов с помощью сил трения 2. фрикция, соотношение (окружных) скоростей валков

Friktionieren *n* прорезинивание, промазка (*резиновой смесью*)

Friktionsantrieb *m* фрикционный привод

Friktionsgetriebe *n* фрикционная передача

Friktionskalander *m* промазочный каландр

Friktionskupplung *f* фрикционная муфта

Friktionsrad *n* фрикционное колесо

Friktionsscheibe *f* фрикционный диск

Frischbeton *m* (свежая) бетонная смесь; свежеуложенный бетон

Frischbetonwerk *n* бетонный завод

Frischeisen *n* кричное железо

Frischen *n мет.* передел чугуна (в сталь), второй передел; окислительная плавка (*для удаления избытка углерода, кремния, марганца, фосфора и других примесей*), плавка с продувкой

Frischluft *f* свежий воздух; приточный [наружный] воздух

Frischlüfter *m* приточный вентилятор

Frischlüftung *f* приточная вентиляция; приточная система вентиляции
Frischwasser *n* 1. свежая (технологическая) вода 2. *мор.* пресная вода
Frischwetter *pl горн.* свежий воздух
Frischwetterschacht *m горн.* воздухоподающий ствол
Fritte *f* фритта
Fritten *n* фриттование
Front *f* 1. *метео* фронт 2. *физ., элн* фронт 3. *стр.* фасад
frontal фронтальный; лобовой
Frontalanalyse *f* фронтальный (хроматографический) анализ
Frontantrieb *m авто* привод на передние колёса
Front-end-Prozessor *m* 1. входной буферный процессор 2. процессор телеобработки данных (*в сети телеобработки*)
Front-end-Rechner *m* сателитная ЭВМ
Front-end-Schnittstelle *f вчт* внешний интерфейс
Frontlader *m* фронтальный погрузчик
Frontlenker *m* (грузовой) автомобиль с кабиной над *или* перед двигателем
Frontplatte *f* передняя [лицевая] панель
Frontscheibe *f* 1. *авто* ветровое стекло 2. *ав.* переднее стекло (*фонаря кабины лётчика или экипажа*); козырёк (*кабины*)
Frontzapfwelle *f* передний вал отбора мощности
frostbeständig морозостойкий; незамерзающий
Frostbeständigkeit *f* морозостойкость
Frostboden *m* мёрзлый грунт
~, ewiger вечномёрзлый грунт, вечная мерзлота
Froster *m пищ.* фризер
frostfrei незамерзающий
Frostriß *m* морозобойная трещина
Frostschutzmittel *n* антифриз
Fruchtessenz *f* фруктовая эссенция
Fruchtessig *m* плодово-ягодный уксус
Fruchtfolge *f* севооборот
Fruchtzucker *m* фруктоза
Frühbeet *n* парник
Frühjahrskultur *f с.-х.* яровая культура
Frühlingspunkt *m* весеннее равноденствие, точка весеннего равноденствия
Frühwarnradargerät *n* РЛС раннего [дальнего] обнаружения
Frühwarnsystem *n* система раннего [дальнего] обнаружения, система раннего оповещения

Frühwarnsatellit *m* спутник для раннего [дальнего] обнаружения ракет, спутник с РЛС раннего [дальнего] обнаружения
Frühwarnung *f* раннее оповещение (*о ракетном нападении*), раннее [дальнее] обнаружение
Frühzündung *f* раннее зажигание (*ДВС*)
Fruktose *f* фруктоза
FSK-Modulation *f* частотная манипуляция, ЧМн
FS-Kontrolldienst *m* авиационно-диспетчерская служба
Fuchs *m* боров; дымоход
Fuchsin *n* фуксин
Fuchsschwanz *m*, **Fuchsschwanzsäge** *f* ножовка
Fugazität *f* фугитивность
Fuge *f* шов; зазор; стык
~, verstemmte прочеканенный шов
Fügeeinrichtung *f* стыковочное устройство
Fügeisen *n* расшивка (*инструмент для расшивки швов*)
Fügemaschine *f* 1. *маш.* сборочная машина 2. *дер.-об.* фуговальный станок
Fugen *n* расшивка (*швов*)
Fügen *n* 1. *маш.* соединение; стыкование; сборка 2. *дер.-об.* сплачивание (*элементов деревянных конструкций*) 3. *дер.-об.* фугование (*обработка фуганком, строгание на фуговальном станке*)
Fugenabdichtung *f* гидроизоляция швов; уплотнение швов; зачеканка швов
Fugenausguß *m* заливка швов
Fugeneisen *n см.* Fugeisen
fugenlos бесшовный
Fugenvorbereitung *f* разделка (*свариваемых*) кромок
Fühlelement *n* чувствительный элемент
Fühler *m* 1. щуп; зонд 2. первичный измерительный преобразователь, датчик
Fühlglied *n* чувствительный элемент (*первичного измерительного преобразователя*)
Fühllehre *f маш.* щуп (*для проверки зазоров*)
Fühlorgan *n см.* Fühlglied
Führer *m* водитель; машинист
Führerbremsventil *n* тормозной кран машиниста
Führerhaus *n* кабина водителя; кабина машиниста; кабина управления
Führerkabine *f* 1. кабина водителя 2. кабина лётчика; кабина экипажа

FUNKANLAGE

Führerraum *m* 1. кабина лётчика 2. кабина управления; кабина экипажа

Führerschein *m* удостоверение на право управления транспортным средством; водительские права

Führerstand *m* 1. кабина управления 2. кабина машиниста, пост управления 3. кабина лётчика 4. кабина крановщика

Führerstandsignale *n pl*, **Führerstandsignalisation** *f* ж.-д. локомотивная сигнализация

Führung *f* 1. направляющая; направляющие 2. *маш.* замок штампа, контрзамок 3. проводка (*прокатного стана*) 4. управление (*транспортным средством*); вождение 5. управление (*процессом*); ведение (*процесса*)

Führungen *f pl* направляющие

Führungsbahn *f* направляющая

Führungsbuchse *f* направляющая втулка

Führungsgestell *n* пакет штампа

Führungsgröße *f автм* задающее воздействие

Führungskraft *f* реакция связи

Führungsrolle *f* направляющий блок

Führungsscheibe *f* направляющий шкив

Führungsschiene *f* ж.-д. контррельс, направляющий рельс

Führungssignal *n* управляющий сигнал

Führungssteuerung *f* следящее управление

Füllanlage *f* заправочная станция

Füllbehälter *m* наполнительный бак (*напр. насосно-аккумуляторной станции*)

Full-custom-IC *n* полностью заказная ИС (*интегральная микросхема, топология которой полностью соответствует желанию заказчика*)

Fülldraht *m* порошковая проволока (*для сварки*)

Füllelement *n* (гальванический) элемент с жидким электролитом

Füllen *n* 1. наполнение 2. заполнение 3. загрузка; засыпка

Full-Flat-Square-Bildröhre *f* прямоугольный кинескоп с плоским экраном, кинескоп с плоским экраном и прямыми [спрямлёнными] углами

Füllgut *n* загружаемый материал

Füllkörper *m* 1. наполнитель 2. *стр.* элемент заполнения, заполнение (*балочной клетки перекрытия*) 3. *хим.* элемент насадки

Füllmittel *n* наполнитель

Füllöler *m* заправочная маслёнка

Füllort *m горн.* околоствольный двор; приёмная площадка околоствольного двора

Füllpresse *f* заправочный шприц (*для смазки*)

Füllringe *m pl* насадочные кольца, кольцевая насадка

Füllsand *m* наполнительная формовочная смесь

Full-Screen-Editor *m вчт* экранный редактор

Füllstand(s)geber *m* датчик уровня

Füllstandsmesser *m* уровнемер

Füllstandsmessung *f* измерение уровня

Füllstoff *m* 1. наполнитель 2. заполнитель

Fülltrichter *m* загрузочная воронка; заправочная воронка

Füllung *f* 1. *см.* **Füllen** 2. *стр.* филёнка

Füllventil *n* наполнительный клапан

Fumarolen *f pl хим.* фумаролы

Fumarsäure *f* фумаровая кислота

Fumingverfahren *n мет.* фьюмингование

Fundament *n* фундамент

Fundamentalkonstante *f физ.* универсальная постоянная

Fundamentaltriangulation *f геод.* основная триангуляция, триангуляция 1-го класса

Fundamentaushub *m* рытьё котлована

Fundamentgrube *f* котлован под фундамент

Fundamenthülse *f стр.* башмак стаканного типа, башмак со стаканом; стаканный фундаментный блок

Fundamentkante *f* обрез фундамента

Fundamentplatte *f* фундаментная плита

Fundamentschraube *f маш.* анкерный [фундаментный] болт

Fundamentsohle *f* подошва фундамента

Fünfeck *n* пятиугольник

Fünfflach *n* пятигранник, пентаэдр

fünfflächig пятигранный

Fünfganggetriebe *n авто* пятиступенчатая коробка передач

Fünfpolröhre *f элн* пятиэлектродная лампа, пентод

Fünfschichtdiac *m* триак, симметричный триодный тиристор, симистор

Fünfwegeventil *n* пятилинейный (гидро- или пневмо-)распределитель

Fungizid *n* фунгицид

Funk *m* радио

Funk... радио... (*см. тж* **Rundfunk...**, **Radio...**)

Funkamateur *m* радиолюбитель

Funkanlage *f* 1. радиостанция; радиоустановка 2. радиоаппаратура

FUNKAUFKLÄRUNG

Funkaufklärung *f* радиоразведка
Funkbake *f* радиомаяк
Funkbeschickung *f* 1. уничтожение радиодевиации 2. радиодевиация
Funkboje *f* радиобуй
Funkdienst *m* радиослужба
Funke *m* искра
Funkecho *n* радиоэхо
Funkeleffekt *m* элн фликкер-эффект, шумы фликкер-эффекта
Funkeln *n* мерцание
Funken *m* искра
Funkenbildung *f* искрение
Funkenentladung *f* искровой разряд
Funkenerodieren *n* электроэрозионная обработка, электроискровая обработка
Funkenerodiermaschine *f* электроэрозионный станок, станок для электроэрозионной обработки; электроискровой станок, станок для электроискровой обработки
Funkeninduktor *m* индукционная катушка
Funkenkammer *f* 1. *мет.* искрогаситель *(ваг-ранки)* 2. *яд.* искровая камера
Funkenlöscher *m* искрогаситель
Funkenlöschkammer *m* искрогасительная камера
Funkenlöschkondensator *m* искрогасительный конденсатор; *авто* искрогасящий конденсатор *(в системе батарейного зажигания ДВС)*
Funkenlöschspule *f* искрогасительная катушка
Funkenlöschung *f* искрогашение
Funkenprobe *f* искровая проба *(для определения вида металла)*
Funkenspektrum *n* искровой спектр
Funkenstrecke *f* искровой разрядник; искровой промежуток
Funkentfernungsmesser *m* радиодальномер
Funkenzähler *m яд.* искровой счётчик
Funkenzündung *f* искровое зажигание
Funkenüberschlag *m* искровой пробой, (искровое) перекрытие
Funker *m* радист
Funkerkabine *f*, **Funkerraum** *m* кабина радиста; радиорубка
Funkfehlweisung *f* радиодевиация
Funkfernmessung *f* радиотелеметрия
Funkfernmessungen *f pl* радиотелеизмерения
Funkfernschreiben *n* радиотелеграфия, радиотелеграфная связь
Funkfernsteuerung *f* радиотелеуправление

Funkfernsprechen *n* радиотелефонная связь
Funkfeuer *n* радиомаяк
~, **gerichtetes** радиомаяк направленного действия, направленный радиомаяк
~, **ungerichtetes** радиомаяк ненаправленного действия, ненаправленный [всенаправленный] радиомаяк
Funkgerät *n* 1. радиоаппаратура 2. радиостанция
~, **tragbares** переносная радиостанция
Funkhöhenmesser *m* радиовысотомер
Funkkompaß *m ав.* (автоматический) радиокомпас, АРК
Funkkontakt *m* сеанс радиосвязи; радиоконтакт
Funkleitstelle *f* радиоузел
Funkmast *m* радиомачта
Funkmeß... радиолокационный *(см. тж* **Radar...**)
Funkmeßdaten *pl* данные телеметрической информации
Funkmeßtechnik *f* радиолокация
Funknavigation *f* радионавигация
Funknavigationssystem *n* радионавигационная система
Funknetz *n* радиосеть
Funkortung *f* радиолокация; радиообнаружение
Funkpeiler *m* радиопеленгатор
Funkpeilgerät *n* радиопеленгатор
Funkpeilung *f* 1. радиопеленгация, радиопеленгование 2. радиопеленг
Funkraum *m* радиорубка
Funkrelaislinie *f*, **Funkrelaisstrecke** *f* радиорелейная линия
Funkrelaisverbindung *f* радиорелейная связь
Funksendestelle *f* передающая радиостанция
Funksicht *f* радиовидимость; зона радиовидимости
Funksignal *n* радиосигнал
Funksprechgerät *n* радиотелефон
Funksprechverbindung *f*, **Funksprechverkehr** *m* радиотелефонная связь
Funkspruch *m* радиограмма
Funkstation *f см.* **Funkstelle**
Funkstelle *f* радиостанция
~, **(orts)feste** стационарная радиостанция
~, **tragbare** переносная радиостанция
Funkstörungen *f pl* радиопомехи
Funkstrecke *f* радиолиния
Funktechnik *f* радиотехника
funktechnisch радиотехнический

FUNKTIONSGRUPPE

Funktelefon n радиотелефон
Funktelefonie f см. Funkfernsprechen
Funktelefonieverkehr m радиотелефонная связь
Funktelegraf m радиотелеграф
Funktelegrafie f см. Funkfernschreiben
Funktelegrafieverkehr m радиотелеграфная связь
Funktion f 1. функция 2. работа; действие
~, abgeleitete производная функция
~, abnehmende убывающая функция
~, algebraische алгебраическая функция
~, analytische аналитическая функция
~, charakteristische характеристическая функция
~, dissipative диссипативная функция, функция рассеяния
~, doppelt periodische двояко-периодическая функция
~, eindeutige однозначная функция
~ einer komplexen Variablen функция комплексной переменной
~, einwertige однолистная функция
~, elementare элементарная функция
~, erzeugende производящая функция
~, explizite явная функция
~, fastperiodische почти периодическая функция
~, ganze rationale [ganzrationale] целая рациональная функция
~, ganze целая функция
~, gebrochene дробная функция
~, gebrochenlineare дробно-линейная функция
~, gebrochenrationale дробно-рациональная функция
~, gerade чётная функция
~, halbstetige полунепрерывная функция
~, harmonische гармоническая функция
~, homogene однородная функция
~, implizite неявная функция
~, inverse обратная функция
~, irrationale иррациональная функция
~, lineare линейная функция
~, komplexwertige комплекснозначная функция
~, logische логическая функция
~, mehrdeutige многозначная функция
~, mittelbare сложная функция, функция от функции
~, monotone монотонная функция
~, periodische периодическая функция
~, primitive первообразная функция
~, rationale рациональная функция

~, reellwertige вещественнозначная функция
~, quadratische рациональная функция
~, reguläre регулярная функция
~, rekursive рекурсивная функция
~, schlichte однолистная функция
~, stetige непрерывная функция
~, stückweise stetige кусочно-непрерывная функция
~, transzendente трансцендентная функция
~, trigonometrische тригонометрическая функция
~, ungerade нечётная функция
~, unstetige разрывная функция
~, verallgemeinerte обобщённая функция
~, wachsende возрастающая функция
~, zunehmende возрастающая функция
~, zusammengesetzte сложная функция
~, zyklometrische обратная тригонометрическая функция
Funktional n функционал
funktional функциональный
Funktionalanalyse f функциональный анализ
Funktionale f функционал
Funktionalelektronik f функциональная электроника
Funktionalelement n функциональный элемент
Funktionalgleichung f функциональное уравнение
funktionell функциональный
Funktionentheorie f теория функций; теория аналитических функций
Funktionsaufruf m вчт вызов функции
Funktionsdauer f наработка; наработка между отказами; наработка до (первого) отказа, время безотказной работы
~, mittlere среднее время безотказной работы, (средняя) наработка на отказ
Funktionseinheit f функциональный блок; функциональный узел
Funktionselektronik f функциональная электроника
Funktionserzeuger m функциональный преобразователь; генератор функций
Funktionsfähigkeit f работоспособное состояние, работоспособность; исправное состояние
Funktionsgeber m генератор функций
Funktionsgenerator m см. Funktionserzeuger
Funktionsgleichung f уравнение функции
Funktionsglied n функциональный элемент
Funktionsgruppe f функциональный узел

FUNKTIONSMODELL

Funktionsmodell n действующая модель
Funktionsmuster n действующий образец; макет
Funktionsprobe f эксплуатационное испытание
Funktionsprüfung f 1. эксплуатационное испытание; отладка 2. проверка работоспособности; функциональный тест
Funktionsreihe f функциональный ряд
Funktionsschaltbild n функциональная схема
funktionssicher надёжный в эксплуатации
Funktionssicherheit f надёжность в эксплуатации, эксплуатационная надёжность
Funktionstaste f функциональная клавиша
Funktionstest m функциональный тест; проверка работоспособности
Funktionstoleranz f маш. допуск на неточность изделия
Funktionstüchtigkeit f работоспособность
Funktionsunfähigkeit f неисправное состояние
Funktionsverfügbarkeit f автм коэффициент оперативной готовности
Funktionswandler m функциональный преобразователь
Funktionsweise f принцип действия
Funktionswert m значение функции
Funkturm m радиобашня
Funkverbindung f радиосвязь
Funkverkehr m радиосвязь; радиообмен
Funkwellen f pl радиоволны
Furan n фуран
Furanharz n фурановая смола
Furche f борозда
Furfural n фурфурол
Furfuran n см. Furan
Furnier n шпон; фанера
Furnieren n фанерование
Furnierhobelmaschine f фанерострогальный станок
Furnierplatte f фанерная плита
Furniersäge f пила для заготовки шпона
Furniersägemaschine f фанеропильный станок
Furnierschälen n лущение шпона
Furnierschälmaschine f лущильный станок
FU-Schutzschalter m см. Fehlerspannungsschutzschalter
FU-Schutzschaltung f см. Fehlerspannungsschutzschaltung
Fuselöl n сивушное масло
Fusion f 1. слияние (ядер) 2. ядерный синтез
~, kalte «холодный» термоядерный синтез, «холодный термояд»

Fusionspunkt m точка [температура] плавления
Fusionsreaktor m термоядерный реактор
Fusit m фузит
Fuß m 1. нога 2. ножка (напр. лампы, зуба) 3. лапа (напр. станины) 4. пята (опоры, стойки, свода) 5. основание 6. фут
Fußantrieb m ножной привод
Fußbetätigung f ножное [педальное] управление
Fußbodenbelag m покрытие (для) пола; настил (для) пола
Fußbodenfliesen f pl, Fußbodenplatten f pl керамические плитки для настила пола; половая плитка
Fußbremse f ножной тормоз
Fußgängerbrücke f пешеходный мост; надземный (пешеходный) переход
Fußgängertunnel m пешеходный тоннель; подземный (пешеходный) переход
Fußgängerüberweg f пешеходный переход
Fußhebel m педаль
Fußkreis m маш. окружность впадин (зубчатого колеса)
Fußlinie f маш. прямая впадин (зубчатой рейки)
Fußmotor m электродвигатель на лапах
Fußpunkt m 1. мат. основание (перпендикуляра) 2. астр. надир
Fußraste f подножка
Fußschalter m ножной выключатель, педаль
Futter n 1. маш. патрон 2. стр. коробка (оконная, дверная) 3. с.-х. корм; корма 4. текст. подкладка 5. подкладка (обуви)
Futterarbeit f мет.-об. обработка в патроне
Futterautomat m мет.-об. 1. патронный автомат 2. автокормушка
Futterbacke f мет.-об. (зажимный) кулачок патрона
Futterdämpfer m кормозапарник
Futterdrehautomat m мет.-об. патронный токарный автомат
Futterhefe f кормовые дрожжи
Futterleder n подкладочная кожа
Futtermasse f футеровочный материал
Futtermischer m кормосмеситель
Futtermittel n корм; фураж
Futterrohr n обсадная труба
Futterrohrschuh m башмак колонны обсадных труб
Futterteil- und Spitzen-Drehmaschine f

мет.-об. токарный станок для патронных и центровых работ

Futterteildrehautomat *m мет.-об.* патронный токарный автомат

Futterteildrehmaschine *f мет.-об.* патронный токарный станок

F/V-Wandler *m* преобразователь частота — напряжение

G

GaAs *n* арсенид галлия, GaAs

GaAs-Bauelement *n* прибор на арсениде галлия [на GaAs]

GaAs-Einkristall *m* монокристалл арсенида галлия, монокристалл GaAs

GaAs-FET *m* полевой транзистор (Шоттки) на арсениде галлия [на GaAs]

GaAs-IS *f* ИС на арсениде галлия [на GaAs], арсенидгаллиевая ИС

GaAs-MESFET *m*, **GaAs-Schottky-FET** *m* полевой транзистор (с затвором) Шоттки на арсениде галлия [на GaAs]

Gabelgreifer *m* вильчатый захват

Gabelpunkt *m* 1. точка разветвления 2. *мат.* точка разветвления [бифуркации]

Gabelrohr *n* развилка (*трубы*)

Gabelstapler *m* вилочный автопогрузчик, автопогрузчик с вилочным захватом

Gabelung *f* развилка, раздвоение; разветвление

Gadolinium *n* гадолиний, Gd

Galaxie *f астр.* галактика

Galaxis *f астр.* 1. галактика 2. Галактика, система Млечного пути

Galenit *m мин.* галенит, свинцовый блеск

gallertartig студенистый

Gallertbildung *f* застудневание

Gallerte *f хим.* студень

Gallium *n* галлий, Ga

Galliumarsenid *n* арсенид галлия, GaAS

Galliumarsenid-Gunnelement *n* прибор Ганна на арсениде галлия [на GaAS]

Galliumarsenid-IS *f см.* GaAS-IS

Galliumarsenidlaser *m* арсенидгаллиевый лазер

Gallusgerbsäure *f* таннин

Gallussäure *f* галловая кислота

Galvanisation *f* гальванизация

galvanisch гальванический

Galvanisierbad *n* 1. гальваническая ванна 2. электролит для нанесения гальванических покрытий

Galvanisierbetrieb *m* гальванический цех, цех гальванопокрытий

Galvanisieren *n* нанесение гальванических покрытий; метод электролитического осаждения металлических покрытий

Galvanisierglocke *f* барабан для нанесения гальванических покрытий (*на мелкие детали*)

Galvanisierzelle *f* электролизёр для нанесения гальванических покрытий

Galvano *n полигр.* гальваностереотип

Galvanometer *n* гальванометр

Galvanoplastik *f* гальванопластика

galvanoplastisch гальванопластический

Galvanostegie *f* гальваностегия

Galvanotechnik *f* гальванотехника

Galvanotypie *f* гальванотипия

Gamma-Aktivität *f* гамма-активность

Gamma-Astronomie *f* гамма-астрономия

Gamma-Bestrahlung *f* облучение гамма-лучами; гамма-облучение

Gamma-Bohrlochmessung *f* гамма-каротаж

Gamma-Defektoskopie *f* гамма-дефектоскопия

Gamma-Dosis *f* доза гамма-излучения

Gamma-Eisen *n* гамма-железо

Gamma-Emission *f* гамма-излучение; испускание гамма-квантов; испускание гамма-лучей

Gamma-Funktion *f* гамма-функция

Gammakorrektur *f* гамма-коррекция

Gamma-Laser *m*, **Gammastrahlen-Laser** *m* гамма-лазер

Gammamessung *f* гамма-каротаж

Gamma-Quant *n* гамма-квант

Gamma-Spektrometer *n* гамма-спектрометр

Gamma-Spektroskopie *f* гамма-спектроскопия

Gamma-Spektrum *n* гамма-спектр, спектр гамма-излучения

Gamma-Strahlen *pl* гамма-лучи

Gammastrahlendetektor *m* детектор гамма-излучения

Gamma-Strahler *m* гамма-излучатель

Gamma-Strahlung *f* гамма-излучение

Gamma-Zählrohr *n* счётчик гамма-квантов

Gamma-Zerfall *m* гамма-распад

Gang *m* 1. ход 2. цикл; операция 3. *авто* передача, ступень (*коробки передач*), *разг.*

GANG

скорость 4. точность хода (*часов*) 5. *геол.* жила; дайка (*жила, сложенная горными породами*) 6. нитка (*резьбы*) 7. виток (*резьбы*) 8. постав (*напр. для размола зерен крупяных культур*) ◊ den ~ einlegen *авто* включать передачу

~, toter мёртвый ход, люфт

Gangart *f* жильные минералы (*нерудные материалы, сопровождающие рудное месторождение*)

4-Gangautomatik *f авто* четырёхступенчатая автоматическая коробка передач

Gangerz *n геол.* жильная руда

Ganggestein *n геол.* (изверженная) жильная порода

Ganghebel *m авто* рычаг переключения передач

Ganghöhe *f* 1. ход (многозаходной) резьбы 2. шаг (однозаходной) резьбы 3. *эл.* шаг (*витков обмотки*)

Gangkörper *m геол.* жильное тело

Ganglagerstätte *f геол.* жильное месторождение

Gangmineral *n геол.* жильный минерал

Gangregler *m* регулятор (*узел часового механизма, регулирующий спуск пружины и создающий колебательное движение со строго определённым периодом колебаний*)

Gangreserve *f* запас хода (*часов*)

Gangschaltung *f* 1. *авто* включение передачи; переключение передач 2. *авто* механизм переключения передач 3. *авто* переключатель передач [скоростей] (*велосипеда*)

Gangspill *n мор.* кабестан

Gangstufe *f авто* ступень коробки передач, передача

Gangunterschied *m опт.* разность хода

Gangwähler *m авто* преселектор

Gangway *f ав.* трап

Gangzahl *f* 1. число витков (*напр. червяка*) 2. число ниток (*резьбы*)

ganzgeschmiedet цельнокованый

ganzgeschweißt цельносварной

ganzgewalzt цельнокатаный

ganzgezogen цельнотянутый

Ganzmetall... цельнометаллический

Ganzscheibenbelichtung *f* экспонирование по всему полю полупроводниковой пластины

Ganzscheibenbelichtungsanalage *f* установка литографии по всему полю полупроводниковой пластины

Ganzscheibenintegration *f* формирование СБИС на целой полупроводниковой пластине

Ganzscheibenlithografie *f* литография по всему полю полупроводниковой пластины

Ganzscheibenschaltkreis *m* СБИС, сформированная на целой полупроводниковой пластине

Ganzstahlbauweise *f* цельнометаллическая конструкция

Ganzstahlreifen *m* (радиальная) шина с каркасом и брекером из металлокорда, металлокордная радиальная шина

Ganzstoff *m см.* **Ganzzeug**

g-Anzug *m* противоперегрузочный костюм

Ganzwölber *m* арочный кирпич

Ganzzeug *n* (готовая) бумажная масса

Ganzzeugholländer *m* массный ролл

Garbenbinder *m с.-х.* сноповязалка

Gärbottich *m* бродильный чан

Gärfutter *n* силос

Gärfutterbehälter *m* силосохранилище

Garkupfer *n* медь огневого рафинирования; рафинированная медь для отливки анодов

Garn *n* 1. пряжа; нить 2. комплексная нить

~, elastisches безразмерная [эластичная] нить

~, gekämmtes гребенная пряжа

~, gezwirntes кручёная пряжа

~, texturiertes текстурированная нить

Garnfeinheit *f* линейная плотность пряжи, толщина пряжи

Garnitur *f* гарнитура

Garnkörper *m текст.* паковка

Garschmelzen *n* доводка (*плавки*)

Gärung *f* 1. брожение 2. сбраживание

Gärungsstoff *m* закваска

Gasabscheider *m* 1. газовый сепаратор, газосепаратор 2. газонефтяной сепаратор, газоуловитель, трап

Gasabzug *m* газоотвод

Gasanalysator *m* газоанализатор

Gasanalyse *f* газовый анализ, анализ [исследование] газов [газовых смесей]; анализ [исследование] газа [газовой смеси]

Gasanstalt *f* газовый завод

Gasanzeiger *m* 1. газовый индикатор 2. индикатор утечки газа

Gasanzünder *m* (газовый) запальник

Gasatmosphäre *f* газовая атмосфера, газовая среда

Gasaufbereitung *f* очистка газов, газоочистка

Gasaufkohlung f газовая цементация
Gasausbruch m газовый фонтан; (внезапный) выброс газа
Gasauslaßventil n газосбросный клапан
Gasaustausch m газообмен
Gasbackofen m 1. духовой шкаф, духовка (*газовой плиты*) 2. газовая хлебопекарная печь
Gasballastpumpe f газобалластный насос
Gasbehälter m 1. газгольдер 2. газовый баллон; ёмкость для сжатого *или* сжиженного газа
Gasbenzin n газовый бензин
Gasbeton m газобетон
Gasbilanz f газовый баланс
Gasblase f газовый пузырь, раковина
Gasblasen n газовое дутьё
Gasbohrloch n дегазационная скважина
Gasbrenner m газовая горелка
Gaschromatografie f газовая хроматография
Gas-Dampfturbinenanlage f парогазотурбинная установка
gasdicht газонепроницаемый, газоплотный
Gasdichtewaage f газовые весы
Gasdiffusion f газовая диффузия
Gasdiffusionsverfahren n метод газовой диффузии, метод диффузии из газовой фазы
Gasdiode f газотрон
Gasdrossel f газовая заслонка
Gasdruck m давление газа
Gasdruckkabel n газонаполненный кабель (с внутренним давлением)
Gasdruckregler m регулятор давления газа
gasdurchlässig газопроницаемый
Gasdurchlässigkeit f газопроницаемость
Gasdynamik f газовая динамика
Gaseinschlüsse m pl газовые включения
Gaselektrode f газовый электрод
Gasen n кипение (*аккумулятора*)
Gasentartung f *физ.* вырождение газа
Gasentladung f газовый разряд, электрический разряд в газе
Gasentladungsanzeige f газоразрядный [плазменный] индикатор; газоразрядная [плазменная] индикаторная панель
Gasentladungsgefäß n газоразрядный прибор
Gasentladungslampe f газоразрядный источник света, газоразрядная лампа
Gasentladungslaser m газоразрядный лазер
Gasentladungsplasma n газоразрядная плазма
Gasentladungsröhre f ионный [газоразрядный] прибор; газоразрядный источник излучения; газоразрядная лампа

Gasentwickler m, **Kippscher** аппарат Киппа
Gasentwicklung f газообразование; газовыделение
Gaserhitzer m газоподогреватель
Gaserzeuger m газогенератор
Gasfaktor m газовый фактор
Gasfeld n месторождение природного газа, газовое месторождение; газоносный участок
Gasfernleitung f магистральный газопровод
Gasfeuerung f газовая топка
Gasfilter n газовый фильтр
Gasflammhärtung f газопламенная закалка
Gasflammkohle f газовый уголь (*уголь с содержанием летучих 35 — 40%*)
Gasflasche f газовый баллон
gasförmig газообразный; газовый
Gasfraktionieranlage f газофракционирующая установка
gasfrei обезгаженный; вакуумный
gasführend газоносный
Gasführung f газоносность
Gasfüllungslampe f газонаполненная [газополная] лампа
Gasfußhebel m *авто* педаль акселератора
Gasgebläse n газодувка
gasgefüllt газонаполненный; газополный
Gasgemisch n газовая смесь
Gasgenerator m газогенератор
Gasgeneratoranlage f газогенераторная установка
Gasgleichrichterröhre f газотрон
Gasgleichung f, **universelle** *физ.* уравнение Клапейрона, уравнение состояния идеального газа
gashaltig газоносный
Gashebel m 1. *авто* акселератор, педаль акселератора; рычаг управления подачей топлива; ручка тяги ручного управления акселератором 2. *ав.* рычаг управления двигателем; дроссельный рычаг 3. *ав.* сектор газа
Gasheizung f газовое отопление
Gasherd m газовая плита
Gas-Hydraulik-Hammer m газогидравлический молот
Gasinhalt m газоносность (*напр. угольного пласта*)
Gasinjektion f нагнетание [закачка] газа (*напр. в нефтяной пласт*)
Gasinstallateur m слесарь по монтажу и ремонту газовой сети
Gaskammer f газовая камера

GASKAPPE

Gaskappe *f геол.* газовая шапка (*месторождения*)
Gaskarbonitrieren *n* газовое цианирование
Gaskocher *m* 1. конфорка (*газовой плиты*); конфорочная горелка 2. газовая плитка
Gaskohle *f* газовый жирный уголь, жирный уголь (*уголь с содержанием летучих 28 — 35%*)
Gaskoks *m* газовый кокс
Gaskondensat *n* газовый конденсат, газоконденсат, конденсат нефтяного газа
Gaskondensatsonde *f* газоконденсатная скважина
Gaskonstante *f физ.* газовая постоянная (*в уравнении состояния идеального газа*)
~, **universelle** *см.* **Gaskonstante**
Gaskühler *m* 1. газоохладитель 2. газовый холодильник
Gaslagerstätte *f* газовое месторождение
Gaslaser *m* газовый лазер
Gasleitung *f* газопровод
Gasliftförderung *f* газлифтная эксплуатация, газлифтная добыча (*нефти*), добыча (*нефти*) газлифтным способом
Gasliftsonde *f* скважина
Gasliftverfahren *n* газлифтный способ (*добычи нефти*)
Gas-Luft-Gemisch *n* газовоздушная смесь
Gasmaschine *f см.* **Gasmotor**
Gasmaske *f* противогаз
Gasmedium *n* газовая среда
Gasmesser *m* газовый счётчик
Gasmeßgerät *n* газоанализатор, газоопределитель
Gasmotor *m* газовый двигатель, газовый ДВС
Gasnachweis *m* обнаружение газа
Gasnebel *m астр.* газовая туманность
Gasnitrieren *n* газовое азотирование
Gasofen *m* газовая печь
Gasohol *n* газохол (*смесь чистого этанола и неэтилированного бензина, используемая в качестве топлива для двигателей внутреннего сгорания*)
Gasöle *n pl* газойль
Gasolin *n* газолин
Gas-Öl-Verhältnis *n* газовый фактор
Gasometer *n* газометр
Gaspedal *n* педаль акселератора
Gasphase *f* газовая фаза
Gasphasenabscheidung *f* осаждение из газовой фазы

Gasphasendiffusion *f* диффузия из газовой фазы
Gasprüfer *m* газоанализатор
Gaspumpe *f* газовый насос
Gasquelle *f* газовый источник
Gasraumheizer *m* газовый воздухонагреватель, газовый отопительный прибор
Gasregelklappe *f* газовая заслонка
Gasreiniger *m* газоочиститель
Gasreinigung *f* очистка газов, газоочистка
Gasrohr *n* газопроводная труба
Gasruß *m* газовая сажа
Gasschalter *m* газовый выключатель
Gasschmelzschweißen *n* газовая сварка
Gasschneiden *n* газовая [кислородная] резка
Gasschutzgerät *n* (рудничный) респиратор
Gasschutzhülle *f* защитная атмосфера
Gasschutzmaske *f* противогаз
Gasschweißapparat *m* газосварочный аппарат
Gasschweißen *n* газовая сварка
Gasschweißmaschine *f* газосварочная машина
Gasschweißung *f* газовая сварка
gassicher газонепроницаемый
Gassicherung *f* клапан-отсекатель
Gassonde *f* газовая скважина
Gasspeicher *m* 1. газохранилище 2. *геол.* газовый коллектор
Gasspeicherung *f* хранение газа
Gasspürgerät *n* 1. индикатор утечки газа 2. *горн.* газоанализатор [газоопределитель] с индикаторными трубками
Gasstrahler *m* газовый излучатель
Gasstrahlpumpe *f* 1. газоструйный насос 2. газоструйный вакуумный насос
Gastanker *m* газовоз
Gasthermometer *n* газовый термометр
Gastrennung *f* разделение газов [газовых смесей], газоразделение
Gastriebverfahren *n* (вторичный) метод добычи нефти закачкой газа в месторождение
Gastrocknung *f* осушка газов
Gasturbine *f* газовая турбина
Gasturbinenanlage *f* газотурбинная установка
Gasturbinenkraftwerk *n* газотурбинная электростанция
Gasturbinenlokomotive *f* газотурбовоз
Gasturbinentriebwerk *n* газотурбинный двигатель, ГТД
Gasturbinenwerk *n* газотурбинная электростанция
Gasturbosatz *m* газотурбинный агрегат

Gasuhr газовый счётчик
Gasverflüssigung *f* ожижение [сжижение] газов [газа]
Gasverschluß *m* газовый затвор
Gasversorgung *f* газоснабжение
Gasversorgungsnetz *n* газовая сеть
Gasvolumeter *n* волюмометр
Gasvolumetrie *f* газоволюметрия
Gasvorkommen *n* газовое месторождение
Gasvorwärmer *m* газоподогреватель
Gaswaage *f см.* **Gasdichtewaage**
Gaswäscher *m* газопромыватель
Gaswasser *n*, **teerhaltiges** надсмольная [аммиачная] вода
Gaswechsel *m* газообмен
Gaswerk *n* газовый завод
Gaszähler *m* газовый счётчик
Gaszentrifuge *f яд.* газовая центрифуга
Gaszentrifugenverfahren *n яд.* разделение изотопов методом центрифугирования газовой смеси
Gaszug *m* газоход; дымоход
Gate *n* 1. *элн* затвор (*полевого транзистора*) 2. *эл., элн* управляющий электрод (*тиристора*) 3. *вчт* логический вентиль, вентиль; логический элемент 4. стробирующая схема 5. стробирующий импульс, строб-импульс
Gateanschluß *m* вывод затвора
Gate-Array *n* матрица логических элементов, вентильная матрица
Gate-Array-Design *n* проектирование матричных БИС
Gate-Array-Schaltkreis *m* матричная БИС
Gate-Drain-Spannung *f* напряжение затвор — сток
Gateoxidschicht *f* оксидный слой затвора, подзатворный оксид
Gate-Reststrom *m* ток утечки затвора
Gate-Schaltung *f* схема с общим затвором
Gate-Source-Spannung *f* напряжение затвор — исток
Gate-Spannung *f* напряжение затвора, (управляющее) напряжение на затворе
Gate-Steuerspannung *f* управляющее напряжение на затворе
Gate-Substrat-Spannung *f* напряжение затвор — подложка
Gateverstärker *m* усилитель (в схеме) с общим затвором
Gatsch *m хим.* (парафиновый) гач
Gatter *n* 1. *вчт* логический вентиль, вентиль; логический элемент 2. *см.* **Gattersägemaschine** 3. *текст.* рамка, шпулярник
Gatteranordnung *f* матрица логических элементов, вентильная матрица
Gatterlaufzeit *f см.* **Gatterverzögerung**
Gattermatrix *f см.* **Gatteranordnung**
Gattersäge *f* 1. рамная пила 2. лесопильная рама
Gattersägemaschine *f* лесопильная рама
Gatterschaltung *f см.* **Gatter 1.**
Gatterverzögerung *f*, **Gatterverzögerungszeit** *f* вентильная задержка, (среднее) время задержки распространения сигнала (*параметр логического элемента*)
Gattieren *n* 1. *мет.* шихтовка, шихтование 2. *текст.* смешивание хлопка (*перед прядением*)
Gattierung *f* 1. *см.* **Gattieren** 2. шихта; шихтовые материалы
Gattungsmuster *m* типовой образец
GAU [**Größter Anzunehmender Unfall**] *m яд.* максимально опасная возможная авария
Gaufrieren *n* гофрирование
gaufriert гофрированный
Gauß *n* гаусс, Гс (*единица магнитной индукции в системе СГС*)
Gaußverteilung *f мат.* нормальное распределение, распределение Гаусса
Gautschpresse *f* гауч-пресс
Gautschwalze *f* гауч-вал
Gaze *f* 1. металлическая сетка; металлическая ткань 2. марля
Gazesieb *n* проволочный [сетчатый] фильтр
Gebälk *n* 1. *стр.* система балок, балки; балки перекрытия 2. антаблемент (*верхняя часть архитектурного ордера*)
Gebäude *n* здание; строение
Geben *n свз* работа ключом; передача
Geber *m* датчик
~, **induktiver** индуктивный датчик
Geberselsyn *n* сельсин-датчик
Gebiet *n* область; зона
~, **n-leitendes** область (с проводимостью) *n*-типа, *n*-область, область электронной проводимости
~, **p-leitendes** область (с проводимостью) *p*-типа, *p*-область, область дырочной проводимости
Gebirge *n* 1. горные породы, толща (горных пород); породный массив 2. горы; горный массив

GEBIRGSBILDUNG

Gebirgsbildung *f* горообразование
Gebirgsdruck *m* горное давление, давление горных пород
Gebirgsmechanik *f* механика горных пород
Gebirgsschlag *m* горный удар
Gebläse *n* воздуходувка; нагнетатель; компрессор; вентилятор
Gebläsebrenner *m* паяльная горелка
Gebläserad *n* импеллер
Gebotszeichen *n авто* предписывающий знак
gebrannt обожжённый; жжёный
Gebrauchsanweisung *f* инструкция по эксплуатации
gebrauchsfähig готовый к употреблению
Gebrauchsgüter *n pl* предметы [товары] широкого потребления
Gebrauchsmuster *n* полезная модель
Gebrauchsnormal *n* рабочий эталон; рабочая образцовая мера
Gebrauchswasser *n* хозяйственная вода
Gebrauchswert *m* потребительская ценность
Gebrauchswerteigenschaften *f pl* потребительские свойства
gebrochen 1. дроблёный 2. *мат.* дробный
gedacht воображаемый
Gedankenexperiment *n* 1. *физ.* мысленный эксперимент 2. умозрительный эксперимент
gediegen самородный
Gefährdungsraum *m* опасная зона (*напр. робота*)
Gefälle *n* 1. *геод., ж.-д., стр., гидр.* уклон 2. перепад; градиент
Gefälleleitung *f* самотёчный коллектор
Gefällemesser *m* эклиметр
Gefälleöler *m* безнапорная маслёнка
Gefändefahrzeug *n* вездеход; автомобиль повышенной проходимости
Gefäß *n* 1. сосуд 2. стандартный конструктив, унифицированный типовой конструктив 3. ковш (*экскаватора*) 4. *горн.* скип
Gefäßaufzug *m* скиповой подъёмник
Gefäßbagger *m* ковшовый экскаватор
Gefäße *n pl,* **kommunizierende** сообщающиеся сосуды
Gefäßförderanlage *f* скиповая подъёмная установка
Gefechtsladung *f* боевой заряд
Geflecht *n* 1. плетёное изделие; мат 2. *текст.* плетельное изделие
Geflügelfarm *f* птицеферма
Geflügelzucht *f* птицеводство

gefräst фрезерованный
Gefrieren *n* 1. замораживание 2. замерзание
Gefrierer *m* фризер
Gefriergründung *f* устройство фундамента методом замораживания грунта
Gefrierpunkt *m* точка [температура] замерзания
Gefrierpunktserniedrigung *f* понижение температуры замерзания
Gefrierraum *m* морозильная камера
Gefrierschrank *m* (шкаф-)морозильник
Gefrierschutzmittel *n* антифриз
Gefriertemperatur *f* температура [точка] замерзания
Gefriertrawler *m* (рыболовно-)морозильный траулер
Gefriertrocknung *f* сублимационная сушка
Gefriertruhe *f* морозильный [низкотемпературный] ларь
Gefrierverfahren *n стр.* замораживание грунта
Gefüge *n* структура; текстура; сложение
Gefügeaufnahme *f* структурная микрофотография
Gefügeumwandlung *f* структурное превращение
Gegendampf *m* контрпар
Gegendruck *m* противодавление
Gegendruckturbine *f* турбина с противодавлением
Gegen-EMK *f эл.* противоэдс
gegengekoppelt с отрицательной обратной связью; охваченный цепью отрицательной обратной связи
Gegengewicht *n* противовес
Gegenhalter *m* 1. кронштейн изделия (*напр. в зубофрезерном станке*) 2. поддержка (*для клепки*)
Gegenhalterarm *m* хобот (*фрезерного станка*)
Gegeninduktion *f эл.* взаимоиндукция, взаимная индукция
Gegeninduktionskoeffizient *m эл.* коэффициент взаимоиндукции, взаимная индуктивность
Gegeninduktivität *f эл.* взаимная индуктивность, коэффициент взаимоиндукции
Gegenkathete *f* противолежащий катет
Gegenkeil *m* контрклин
Gegenkolbenmotor *m* двигатель с расходящимися [с противоположно движущимися] поршнями
Gegenkopplung *f* отрицательная обратная связь, отрицательная ОС, ООС

Gegenkopplungsschleife *f* цепь [петля] отрицательной ОС, цепь [петля] ООС
Gegenkraft *f* сила реакции, противодействующая сила
Gegenlast *f* противовес
Gegenlauf *m* встречное вращение
Gegenlauffräsen *n* встречное фрезерование, фрезерование против подачи
gegenläufig встречный
Gegenlichtaufnahme *f* фото съёмка против света
Gegenlichtblende *f* фото светозащитная бленда
Gegenmoment *n* эл. противодействующий (вращающий) момент; нагрузочный момент, момент нагрузки
Gegenmutter *f* контргайка
Gegennaht *f* св. подварочный шов
Gegenort *n* горн. встречный забой
Gegenparallelschaltung *f* эл. встречное включение
Gegenpfeiler *m* стр. контрфорс
Gegenphase *f* эл. противофаза
Gegenprobe *f* поверочное испытание; контрольное испытание
Gegenschaltung *f* эл. встречное включение
Gegenscheinleitwert *m* эл. полная межэлектродная проводимость
Gegenschiene *f* контррельс
Gegenschlaghammer *m* бесшаботный молот
Gegenschreiben *n* дуплексная телеграфная связь, дуплексное телеграфирование
Gegenspannung *f* эл. противоэдс
Gegensprechanlage *f* тлф станция дуплексной связи
Gegensprechen *n* дуплексная телефонная связь
Gegensprechleitung *f* тлф дуплексная линия
Gegenständer *m* задняя стойка (*напр. зубофрезерного станка*)
Gegenstandsweite *f* опт. расстояние от передней главной точки до осевой точки предмета
Gegenstrom *m* противоток
Gegenstrom... противоточный
Gegenstrombrennkamer *f* противоточная камера сгорания
Gegenstromprinzip *n* принцип противотока (*при тепло- и массообмене*)
Gegenstück *n* сопряжённая деталь
Gegentaktendstufe *f* двухтактный выходной каскад
Gegentaktmikrofon *n* дифференциальный микрофон
Gegentaktmischer *m* балансный смеситель
Gegentaktmodulator *m* тлв балансный модулятор
Gegentaktschaltung *f* двухтактная [балансная] схема
Gegentaktsignal *n* дифференциальный сигнал
Gegentaktverstärker *m* двухтактный усилитель
gegenüberliegend противолежащий
Gegenwinkel *m* противолежащий угол
Gegenwirkung *f* противодействие; реакция
Ge-Halbleiterscheibe *f* германиевая пластина
Gehänge *n* 1. подвеска 2. вешала (*напр. для сушки*)
Gehängeförderer *m* подвесной конвейер, подвесной транспортёр
gehärtet закалённый
Gehäuse *n* 1. корпус; кожух 2. картер 3. коробка; ящик
~, **hochpoliges** корпус (ИС) с большим числом выводов
Gehäuseanschluß *m* вывод корпуса (ИС)
Gehäuseteil *n* маш. корпусная деталь
Gehrung *f* 1. *дер.-об.* соединение на ус, усовое соединение 2. *дер.-об.* фуга усового соединения 3. скос
Gehrungswinkel *m* угол скоса
Geiger-Müller-Zählrohr *n* счётчик Гейгера — Мюллера, счётчик Гейгера
Geiger-Zähler *m* счётчик Гейгера (— Мюллера)
Geißfuß *m* 1. гвоздодёр 2. косое (долбёжное) долото
Geisterbild *n* тлв повторное изображение, «повтор»
gekörnt гранулированный; зернистый
Gekrätz *n* мет. съёмы, дроссы (*на поверхности расплава*); изгарь
Ge-Kristall *m* кристалл германия
Gel *n* гель
geladen заряженный
Geländeaufnahme *f* съёмка местности
Geländegang *m* авто понижающая передача, передача для движения в тяжёлых дорожных условиях *или* на крутых подъёмах
Geländegängigkeit *f* проходимость (*напр. автомобиля по бездорожью*)
Geländer *n* перила; поручни
Geländerpfosten *m* балясина
Gelatine *f* желатина

Gelatinierung *f* желатинирование, застудневание
Gelbfilter *n* жёлтый светофильтр
Gelbglut *f* жёлтое каление
Gelbildung *f* гелеобразование
Geldwechselautomat *m* автомат для размена монет, разменный автомат
Gelenk *n* шарнир; сочленение
Gelenkausbau *m* *горн.* шарнирная крепь
Gelenkbus *m* сочленённый автобус
Gelenkgetriebe *n* шарнирный механизм
gelenkig шарнирный
Gelenkkappe *f* *горн.* шарнирный верхняк; шарнирное перекрытие (*секции механизированной крепи*)
Gelenkkette *f* шарнирная цепь
Gelenkkonstruktion *f* шарнирно-сочленённая конструкция
Gelenkkoordinatensystem *n* поворотная система координат
Gelenkkupplung *f* шарнирная муфта
Gelenkmaßstab *m* складная линейка
Gelenkomnibus *m* сочленённый автобус
Gelenktrieb *m* шарнирный механизм
Gelenkverbindung *f* шарнирное соединение
Gelenkviereck *n* шарнирный четырёхзвенник
Gelenkwelle *f* шарнирный вал; карданный вал
Gelenkwellenantrieb *m* карданная передача
Geleucht *n* рудничная лампа; шахтёрский светильник
Gelieren *n* желатинизация
Gemeinschaftsantenne *f* антенна коллективного пользования, коллективная антенна
Gemeinschaftswelle *f* *рад.* общая волна
Gemenge *n* 1. смесь 2. шихта
Gemengebereitung *f* шихтование, шихтовка
Gemisch *n* 1. смесь 2. горючая смесь (*в ДВС*)
~, **angereichertes** обогащённая (горючая) смесь
~, **azeotropes** азеотропная смесь
~, **fettes** богатая (горючая) смесь
~, **mageres** обеднённая (горючая) смесь
~, **überfettetes** переобогащённая (горючая) смесь
Gemischanreicherung *f* обогащение (горючей) смеси
Gemischbildung *f* смесеобразование (*в ДВС*)
~, **äußere** внешнее смесеобразование
~, **innere** внутреннее смесеобразование
Gemischdosierung *f* *авто* дозировка горючей смеси

Gemischschmierung *f* смазывание (*двухтактного ДВС*) (масляно-)топливной смесью
gemittelt усреднённый
Gen *n* ген
Genauigkeit *f* точность
~, **dynamische** динамическая точность
Genauigkeitsklasse *f* класс точности
Genauschmiedestück *n* точная поковка
Generalauftragnehmer *m* генеральный подрядчик, генподрядчик
Generalreparatur *f* капитальный ремонт
Generalüberholung *f* капитальный ремонт
Generation *f* 1. генерация; генерирование 2. поколение (*напр. ЭВМ*)
Generationsrauschen *n* генерационный шум
Generations-Rekombinations-Rauschen *n* генерационно-рекомбинационный шум
Generations-Rekombinations-Strom *m* генерационно-рекомбинационный ток
Generations-Rekombinations-Zentrum *n* центр генерации — рекомбинации (*носителей*)
Generationsstrom *m* ток генерации
Generationszentrum *n* центр генерации, генерационный центр
Generator *m* генератор
~, **fremderregter** генератор с внешним возбуждением
~, **magnetohydrodynamischer** магнитогидродинамический генератор, МГД-генератор
~, **selbsterregter** генератор с самовозбуждением
~, **thermoelektrischer** термоэлектрогенератор
~, **Van de Graaffscher** генератор Ван-де-Граафа
Generatorgas *n* генераторный газ
Generatorgasmotor *m* газогенераторный двигатель
Generatorkohle *f* генераторный уголь
Generatorröhre *f* генераторная лампа
Generatorsatz *m* генераторный агрегат
Genetik *f* генетика
genetisch генетический
Genom *n* *биол.* геном
genormt 1. нормированный 2. нормализованный, стандартный; нормативный
Gentechnik *f*, **Gentechnologie** *f* генная инженерия
Geochemie *f* геохимия
Geochronologie *f* геохронология
Geodäsie *f* геодезия
Geodäte *f* *мат.* геодезическая линия, геодезическая

geodätisch геодезический
Geodätische f см. Geodäte
Geodynamik f геодинамика
Geoelektrik f электроразведка (*комплекс геофизических методов разведки полезных ископаемых и изучения строения земной коры*)
Geofernerkundung f дистанционное зондирование Земли, дистанционное изучение Земли из космоса
Geohydrologie f геология суши
Geoid n геоид
Geologenhammer m геологический молоток
Geologie f геология
geologisch геологический
Geomagnetik f магниторазведка
geomagnetisch геомагнитный
Geomagnetismus m геомагнетизм
Geometrie f геометрия
~, **darstellende** начертательная геометрия
geometrisch геометрический
Geomorphologie f геоморфология
Geophon n геофон
Geophysik f геофизика, физика Земли
geophysikalisch геофизический
Geopotential n 1. геопотенциал (*потенциал силы тяжести, обусловленный притяжением масс Земли*) 2. потенциал (*электрического поля*) Земли
Geosynklinale f геосинклиналь
Geothermie f геотермика, геотермия
Geothermik f (внутренняя) теплота Земли
geothermisch геотермический; геотермальный
Geowissenschaften f pl науки о Земле
Gerade f прямая линия, прямая
gerade 1. прямой 2. чётный
Geraden f pl, **windschiefe** *мат.* скрещивающиеся прямые
Geradenbündel n *мат.* связка прямых
Geradflankenverzahnung f *маш.* прямобочное зацепление
Geradförderer m линейный конвейер, линейный транспортёр
Geradführung f *маш.* прямолинейная направляющая
Geradkegelrad n *маш.* прямозубое коническое колесо
geradlinig прямолинейный
Geradstirnradgetriebe n *маш.* прямозубая цилиндрическая передача

Geradverzahnung f *маш.* прямозубое зацепление
Geradzahn m *маш.* прямой зуб
Geradzahnkegelrad n см. Geradkegelrad
Geradzahnrad n *маш.* прямозубое (зубчатое) колесо
Gerät n 1. прибор; аппарат 2. инструмент 3. с.-х. орудие 4. инвентарь
~, **peripheres** *вчт* периферийное [внешнее] устройство
Geräte n pl инструмент, инструменты; инвентарь
Geräte- und Antriebsteil m *косм.* приборно-агрегатный отсек
Gerätebau m приборостроение
Gerätefehler m 1. аппаратурная [инструментальная] погрешность 2. аппаратная неисправность; аппаратный отказ 3. *вчт* аппаратная ошибка; ошибка, возникающая в устройстве
Geräteglas n аппаратное стекло
Gerätekapsel f *косм.* приборный отсек
Gerätekombination f *с.-х.* агрегатирование разных орудий в сцепку; агрегатирование машин *или* орудий в сцепку
Geräteraum m 1. аппаратная 2. *косм.* приборный отсек
Gerätesektion f *косм.* приборный отсек
Gerätestützenisolator m штыревой опорный изолятор
Gerätetafel f приборная доска; приборный щиток
Geräteträger m *с.-х.* самоходное шасси
Gerätetreiber m *вчт* драйвер внешнего устройства
Gerätewart m приборист
Geräusch n шум; шумы
Geräuschabstand m отношение сигнал/шум
Geräuschmesser m шумомер
Geräuschpegel m уровень шума
Geräuschpeiler m шумопеленгаторная станция, шумопеленгатор
Geräuschspannung f напряжение шумов, псофометрическое напряжение
Geräuschspannungsabstand m уровень напряжений шумов; относительный уровень шумов (*в канале записи — воспроизведения магнитофона*)
Gerbbrühe f дубильный сок
Gerben n дубление
Gerberei f 1. дубление 2. кожевенный завод

GERBERLOHE

Gerberlohe *f* дубильное корьё
Gerbfaß *n* дубильный барабан
Gerbgrube *f* дубильный чан
Gerblohe *f*, **Gerbrinde** *f* дубильная кора; дубильное корьё
Gerbsäure *f* дубильная кислота; таннин
Gerbstoff *m* дубящее [дубильное] вещество, дубитель
Gerbung *f* дубление
geriffelt рифлёный; гофрированный
gerillt желобчатый; рифлёный
Gerinnsel *n* коагулят
Gerinnung *f* свёртывание; коагуляция
Gerinnungsmittel *n* коагулянт
Gerippe *n* 1. каркас; остов; скелет 2. *ав.* силовой набор
Gerippebau *m* 1. каркасная конструкция; каркасно-панельная конструкция 2. строительство с применением каркасных *или* каркасно-панельных конструкций
gerippt ребристый; оребрённый
Germanium *n* германий, Ge
Germaniumdiode *f* германиевый диод
Germaniumeinkristall *m* монокристалл германия
Germaniumkristall *m* кристалл германия
Germaniumtransistor *m* германиевый транзистор
Geröll *n геол.* галька (*обломки горных пород, перенесённые и переотложенные горными потоками*)
Geruchverschluß *m* сифон
Gerüst *n* 1. леса; подмости 2. каркас; скелет 3. клеть (*прокатного стана*) 4. (геодезический) сигнал
~, **zerlegbares** сборно-разборные леса
Gerüstbauweise *f ав.* каркасная конструкция
Gerüsteiweißstoffe *m pl биол.* склеропротеины
Gesamtanordnung *f* компоновка
Gesamtansicht *f* общий вид
Gesamtausbeute *f* 1. общий выход (*продукта*) 2. валовая добыча
Gesamtbelichtungszeit *f* полное время экспонирования
Gesamtdosis *f* суммарная [интегральная] доза (*облучения*)
Gesamtdruck *m* полное давление потока
Gesamtempfindlichkeit *f* интегральная чувствительность
Gesamtenergie *f* общая [полная] энергия
Gesamtfehler *m* суммарная погрешность

Gesamtheit *f* совокупность
Gesamtkrümmung *f* полная кривизна
Gesamtlaufabweichung *f* полное биение
Gesamtlauftoleranz *f* допуск полного биения
Gesamtleistung *f* 1. полная мощность; суммарная мощность 2. общая мощность
Gesamtquerschnitt *m* полное сечение
Gesamtrauschen *n* полный шум; полная мощность шумов
Gesamtschlag *m* полное биение
Gesamtstrahlungspyrometer *n* пирометр полного излучения
Gesamtstrahlungstemperatur *f физ.* радиационная температура
Gesamtstrom *m* полный ток
Gesamtsystemredundanz *f* общее резервирование
Gesamtteilungsabweichung *f*, **Gesamtteilungsfehler** *m маш.* накопленная погрешность шага (*напр. зубчатого колеса*)
Gesamtwerkzeug *n* штамп совмещённого действия (*напр. для вырубки и вытяжки*)
Gesamtwert *m* суммарная величина
Gesamtwiderstand *m* полное сопротивление
Gesamtwirkungsgrad *m* общий коэффициент полезного действия, общий кпд
Gesamtwirkungsquerschnitt *m* полное сечение
gesättigt насыщенный
Geschäftsgrafik *f* деловая графика
Geschiebe *n* 1. *геол.* валун, валуны; моренный материал 2. донные наносы
Geschirr *n* 1. *текст.* ремиз (*набор ремизок ткацкого станка*); ремизки 2. подвеска
geschlossen 1. закрытый 2. замкнутый
Geschmacksmuster *n* промышленный образец, промобразец
Geschmackstoff *m* вкусовое вещество
Geschoß *n* 1. этаж 2. снаряд; пуля
Geschoßbau *m* многоэтажное здание
Geschoßdecke *f* междуэтажное перекрытие
Geschoßteilchen *n pl* бомбардирующие частицы
Geschoßwerfer *m* реактивная пусковая установка
Geschütz *n* орудие
geschweißt сваренный; сварной
Geschwindigkeit *f* скорость
~, **erste kosmische** первая космическая скорость
~, **zweite kosmische** вторая космическая скорость

Geschwindigkeitsbegrenzer *m* ограничитель скорости
Geschwindigkeitsbereich *m* диапазон скоростей
Geschwindigkeitsdruck *m* скоростной напор
Geschwindigkeitsfehler скоростная погрешность; рассогласование по скорости
Geschwindigkeitsgradient *m* градиент скорости
Geschwindigkeitshöhe *f* скоростной напор
Geschwindigkeitsleistung *f* скоростная характеристика
Geschwindigkeitsmesser *m* 1. тахометр 2. *ав.* измеритель скорости 3. *ж.-д.* скоростемер 4. *авто* спидометр
Geschwindigkeitsparallelogramm *n* параллелограмм скоростей
Geschwindigkeitsplan *m* план скоростей (*механизма*)
Geschwindigkeitssensor *m* датчик скорости
Geschwindigkeitsvektor *m* вектор скорости
Gesenk *n* 1. *мет.-об.* штамп для (горячей) объёмной штамповки, штамп 2. *горн.* гезенк
~, **geschlossenes** закрытый штамп
~, **geteiltes** разъёмный штамп
Gesenkbiegen *n* гибка в штампе
Gesenkdrücken *n* калибровка (тонкостенных деталей) в штампе
Gesenkeinsatz *m* (сменная) вставка штампа, штамповая вставка
Gesenkformen *n* объёмная штамповка
Gesenkschmiedeautomat *m* кузнечно-прессовый автомат
Gesenkschmiedehammer *m* штамповочный молот
Gesenkschmieden *n* горячая объёмная штамповка
~, **gratfreies** безоблойная штамповка
~ **unter Hammer** молотовая штамповка
Gesenkschmiedepresse *f* горячештамповочный пресс, пресс для горячей объёмной штамповки, ковочно-штамповочный пресс
Gesenkschmiedestück *n* 1. штамповка, штампованная поковка, штампованная деталь 2. штамповая заготовка
Gesenkschräge *f* штамповочный уклон
Gesenkstahl *m* штамповая сталь
Gesetz *n* закон
~, **Ohmsches** закон Ома
Gesichtsfeld *n* поле зрения
Gesichtslinie *f* 1. *астр.* луч зрения 2. *опт.* линия зрения, линия визирования
Gesichtswinkel *m* угол зрения

Gesims *n* карниз
gesintert спечённый
Gespann *n* *мет.* поддон (*металлическая плита для установки изложниц при разливке металла*)
gespannt 1. напряжённый 2. затянутый (*о пружине*)
Gespärre *n* *стр.* стропила
Gesperre *n* 1. ограничитель движения; останов; фиксатор; зажим 2. стопорный механизм; храповой механизм
Gespinst *n* пряжа; продукт прядения
Gestalt *f* 1. вид; форма; конфигурация 2. вид, габитус (*напр. минерала*)
Gestaltänderung *f* формоизменение
Gestalterkennung *f* распознавание образов
Gestaltfestigkeit *f* (усталостная) прочность, обусловленная формой детали
Gestaltlosigkeit *f* аморфность; бесформенность
Gestaltung *f* 1. оформление; выполнение 2. дизайн; художественное конструирование
Gestänge *n* 1. тяги; система тяг (и рычагов); рычажная передача 2. бурильные трубы 3. насосные штанги
Gestängebohren *n* штанговое бурение
Gestängepumpe *f* штанговый насос
Gestängerohre *n pl* бурильные трубы
Gestängestrang *m* 1. бурильная колонна, колонна бурильных труб 2. колонна насосных штанг
Gestehungskosten *pl* себестоимость
Gestein *n* горная порода
~, **erzhaltiges** рудоносная порода
~, **taubes** пустая порода
Gesteinsbohrer *m* породный бур
Gesteinsbohrmaschine *f* бурильная машина для работ по породе
Gesteinsfaser *f* минеральное волокно
Gesteinsfestigkeit *f* крепость (горной) породы
Gesteinsglas *n* вулканическое стекло (*напр. обсидиан*)
Gesteinsgrus *m* *геол.* дресва
Gesteinskunde *f* петрография
Gesteinsprobe *f* проба грунта
Gesteinsstaub *m* породная пыль
Gesteinstrum(m) *n, m горн.* породное отделение
Gesteinswolle *f* минеральная вата
Gesteinszertrümmerung *f* разрушение горных пород
Gestell *n* 1. станина; рама 2. стеллаж; стойка

3. тележка (*транспортного средства*) 4. *горн.* (подъёмная) клеть 5. стойка (*механизма*) 6. горн (*доменной печи*)
Gestelloberteil *n* верхняя плита (*штампа*)
Gestellsäge *f* лучковая пила
Gestellunterteil *n* нижняя плита (*штампа*)
gesteuert управляемый
~, **hydraulisch** с гидроуправлением
~, **pneumatisch** с пневмоуправлением
Gestirn *n астр.* светило
Gestrick *n* 1. трикотажное полотно, трикотаж 2. трикотажное изделие; вязаное изделие
geteilt разъёмный
Getreide *n* зерно; хлеб
Getreideförderer *m* зернопогрузчик
Getreidefrucht *f* зерновая культура
Getreidemähdrescher *m* зерноуборочный комбайн
Getreidemähmaschine *f* жатка
Getreidesilo *n, m* (зерновой) элеватор
Getreidetrockner *m* зерносушилка
Getreideverladegerät *n* зернопульт
Getreidevollerntemaschine *f* зерноуборочный комбайн
Getriebe *n* передача; механизм; коробка передач; редуктор; коробка скоростей (*станка*)
~, **automatisches** *авто* автоматическая коробка передач
~, **ebenes** плоский механизм
~, **formschlüssiges** жёсткая передача
~, **hydraulisches** гидравлическая передача; гидравлическая трансмиссия
~, **hydrostatisches** гидрообъёмная передача
~ **mit Übersetzung ins Schnelle** повышающая передача
~, **räumliches** пространственный механизм
~, **selbsthemmendes** самотормозящая передача
~, **sphärisches** сферический механизм
~, **stufenloses** [**stufenlos regelbares, stufenlos verstellbares**] вариатор, бесступенчатая передача
Getriebeautomat *m авто* автоматическая коробка передач
Getriebebremse *f авто* трансмиссионный [центральный] тормоз, тормозной механизм, действующий на трансмиссию
Getriebegang *m авто* передача, ступень коробки передач
Getriebegehäuse *n* 1. *авто* картер коробки передач 2. *маш.* корпус коробки передач [коробки скоростей]; корпус редуктора

Getriebelehre *f* теория механизмов и машин, ТММ
Getriebemotor *m* редукторный двигатель
getrieben ведомый
Getriebeöl *n* трансмиссионное масло
Getriebeplan *m маш.* кинематическая схема
Getriebesynthese *f* синтез механизмов
Getriebeübersetzung *f* 1. *авто* передаточное число коробки передач 2. *маш.* передаточное число редуктора
Getriebewelle *f* 1. *авто* вал коробки передач 2. *маш.* вал редуктора
Getriebezimmerung *f горн.* забивная крепь
Getriebezug *m маш.* кинематическая цепь
Getter *m* геттер, газопоглотитель
Gettern *n* геттерирование
Getterpumpe *f* геттерный насос
Geviert *n горн.* венец [четырёхугольная рама] крепи
Geviertausbau *m,* **Geviertzimmerung** *f горн.* венцовая крепь; станковая крепь
gewalzt катаный
Gewände *n* косяк
Gewässer *n* водоём; водоток
~, **oberirdisches** поверхностные воды, верховодка
Gewässerkunde *f* гидрология
Gewässerschutz *m* охрана водоёмов
Gewebe *n* ткань
~, **angerauhtes** *см.* Gewebe, gerauhtes
~, **bedrucktes** набивная ткань
~, **gerauhtes** ворсованная ткань, ткань с начёсом
Gewebeabzugsbaum *m* вальян (*ткацкого станка*)
Gewebeausrüstung *f* отделка тканей
Gewebebaum *n* товарный валик (*ткацкого станка*)
Gewebekante *f* кромка ткани
Geweberand *m* опушка ткани
Geweberiemen *m* цельнотканый ремень
Gewebeveredelung *f* отделка тканей
Gewebewickel *m см.* Gewebebaum
Gewehrgranatgerät *n* винтовочный гранатомёт
Gewehrgranatwerfer *m* автоматический станковый гранатомёт
gewellt волнистый; гофрированный
Gewicht *n* 1. вес 2. *непр.* масса 3. *непр.* гиря
~, **spezifisches** удельный вес
Gewichtsanalyse *f* гравиметрический [весовой] анализ

GEWINN

~ , elektrolytische электровесовой анализ
Gewichtsbelastung *f* весовая нагрузка
Gewichtsdose *f* датчик веса
Gewichtsdosierung *f* весовое дозирование
Gewichtsfunktion *f мат.* весовая функция, вес
Gewichtskraft *f физ.* вес
Gewichtslosigkeit *f* невесомость
Gewichtsmauer *f* гравитационная плотина
Gewichtsmenge *f* весовое количество
Gewichtsprozent *n* весовой процент
Gewichtssatz *m* разновес
Gewichtsstück *n* 1. гиря 2. разновеска
Gewichtsverhältnis *n* весовое отношение
Gewinde *n* резьба; нарезка
~, eingängiges однозаходная резьба
~, mehrgängiges многозаходная резьба
~, zweigängiges двухзаходная резьба
Gewindeauslauf *m* сбег резьбы
Gewindebohrer *m* метчик
Gewindebohrmaschine *f* гайконарезной станок
Gewindebolzen *m маш.* шпилька с резьбой по всей длине
Gewindedorn *m* оправка с резьбой
Gewindedrehen *n* нарезание (наружной) резьбы резцом
Gewindedrehmeißel *m* резьбовой резец
Gewindedurchmesser *m* диаметр резьбы
Gewindeflanke *f* боковая сторона резьбы
Gewindeflankenwinkel *m* угол профиля резьбы
Gewindefräsen *n* резьбофрезерование
Gewindefräser *m* резьбовая фреза
Gewindefräsmaschine *f* резьбофрезерный станок
Gewindefurchen *n* накатывание внутренней резьбы
Gewindefurcher *m* метчик-накатник, резьбовой раскатник
Gewindegang *m* 1. нитка резьбы 2. виток резьбы
Gewindeganglehre *f см.* Gewindelehre
Gewindehülse *f* резьбовая втулка
Gewindekernloch *n* отверстие под резьбу
Gewindelehrdorn *n* резьбовая (калиберная) пробка (*для контроля внутренней резьбы*)
Gewindelehre *f* 1. резьбомер (*для измерения шага резьбы*) 2. резьбовой калибр
Gewindemeißel *m* резьбовой резец
Gewindeprofil *n* профиль резьбы
Gewinderille *f* 1. проточка для выхода резьбы 2. впадина резьбы

Gewinderillenfräser *m* гребенчатая резьбовая фреза
Gewinderinglehre *f* резьбовое кольцо (*для контроля нарезанной резьбы*)
Gewinderolle *f* резьбонакатный ролик
Gewinderollen *n см.* Gewindewalzen
Gewinderollkopf *m* резьбонакатная головка
Gewinderollmaschine *f* резьбонакатный станок
Gewindeschablone *f* резьбомер, резьбовой шаблон
Gewindeschälen *n* вихревое резьбофрезерование
Gewindeschälkopf *m* вихревая резьбофрезерная головка
Gewindeschleifautomat *m* резьбошлифовальный автомат
Gewindeschleifen *n* резьбошлифование
Gewindeschleifmaschine *f* резьбошлифовальный станок
Gewindeschneidautomat *m* резьбонарезной (станок-)автомат
Gewindeschneiden *n* нарезание резьбы, резьбонарезание
Gewindeschneidkopf *m* винторезная головка
Gewindeschneidwerkzeug *n* резьбонарезной инструмент
Gewindesockel *m* винтовой цоколь
Gewindesteigung *f* шаг однозаходной резьбы; ход многозаходной резьбы
Gewindestift *m маш.* 1. установочный винт 2. *см.* Gewindebolzen
Gewindestopfen *m* резьбовая пробка
Gewindestrehlen *n* нарезание резьбы резьбовой гребёнкой
Gewindestrehler *m* резьбовая гребёнка
Gewindeteilung *f* шаг многозаходной резьбы
Gewindetiefe *f* высота номинального профиля (резьбы)
Gewindeverbindung *f* резьбовое соединение
Gewindewalzautomat *m* резьбонакатный автомат
Gewindewalzbacke *f* накатная плашка
Gewindewalzen *n* накатывание резьбы, резьбонакатывание
Gewindewalzrolle *f* резьбонакатный ролик
Gewindewalzwerkzeug *n* резьбонакатный инструмент
Gewindewirbeln *n* вихревое резьбофрезерование
Gewinn *m* 1. *рад., элн* усиление; коэффициент усиления 2. выигрыш

249

GEWINNUNG

Gewinnung *f* 1. получение 2. *горн.* добывание, добыча; выемка; отбойка; извлечение 3. добыча, объём добычи; разработка
~, **hydraulische** гидравлическая добыча, гидродобыча; выемка гидравлическим способом
~, **hydromechanische** гидромеханизированная выемка
Gewinnungskopf *m см.* Gewinnungsorgan
Gewinnungsmaschine *f горн.* очистная [добычная] машина; очистной [добычной] агрегат
Gewinnungsorgan *n горн.* рабочий [исполнительный] орган добычной машины
Gewinnungssystem *n горн.* очистной механизированный комплекс
Gewirke *n* 1. трикотажное полотно, трикотаж 2. трикотажное изделие
Gewitter *n* гроза; буря
~, **magnetisches** магнитная буря
Gewitteranzeiger *m* грозоотметчик
Gewitterelektrizität *f* грозовое электричество
Gewitterfront *f* грозовой фронт
Gewitterschreiber *m* грозописец, бронтограф
Gewölbe *n* свод
Gewölbestaumauer *f* арочная плотина
Gezähe *n* горный инструмент (*инструменты для горных работ*)
Gezeiten *f pl* приливы и отливы
Gezeitenkraftwerk *n* приливная гидроэлектростанция
Gezeitenstrom *m* приливное течение
Gezeitenwelle *f* приливная волна
GHz-Bereich *m* гигагерцевый диапазон
Gibbs-Energie *f* энергия Гиббса, изобарно-изотермический потенциал, свободная энтальпия
Gibbs-Funktion *f* изобарно-изотермический потенциал, энергия Гиббса, свободная энтальпия
Gicht *f* 1. колошник (*шахтной печи*) 2. колошниковая площадка 3. колоша; шихта
Gichtboden *m*, **Gichtbühne** *f мет.* колошниковая площадка
Gichtgas *n* колошниковый [доменный] газ
Gichtstaub *m* колошниковая пыль
Gichtwagen *m* скип (*напр. для загрузки шихты в доменную печь*); загрузочная вагонетка
Giebel *m* фронтон; щипец (*крыши*)
Giebeldach *n* двускатная крыша; щипцовая крыша

Gieren *n* 1. рыскание 2. поворот (*напр. руки робота*) относительно вертикальной оси
Giermoment *n ав.* момент рыскания
Gierwinkel *m* угол рыскания
Gießbarkeit *f* литейные свойства; жидкотекучесть
Gießeigenschaften *f pl* литейные свойства
Gießen *n* 1. *мет.* литьё, отливка; разливка 2. *пласт.* литьё
~, **fallendes** 1. литьё сверху 2. разливка сверху
~ **im Gespann** групповая разливка
~ **in der Neige** литьё в форму с наклонной полостью
~, **liegendes** 1. литьё в форму с горизонтально расположенной полостью 2. горизонтальная разливка
~, **stehendes** 1. литьё в форму с вертикально расположенной полостью 2. вертикальная разливка
~, **steigendes** сифонная разливка
Gießer *m* литейщик
Gießerei *f* 1. литьё; литейное производство 2. литейный цех
Gießereimodell *n* литейная модель
Gießereiroheisen *n* литейный чугун
Gießfähigkeit *f* литейные свойства; литейное качество; жидкотекучесть
Gießform *f* 1. литейная форма 2. изложница
Gießgrube *f* 1. литейная яма 2. литейный приямок, литейный колодец
Gießharz *n* литьевая смола
Gießharzisolation *f* литая изоляция
Gießkarussell *n* карусельная разливочная машина
Gießkokille *f* 1. кокиль 2. кристаллизатор (*установки непрерывной разливки*)
Gießkran *m* литейный кран
Gießmaschine *f* разливочная машина
Gießmasse *f* масса для шликерной формовки фасонных изделий
Gießpfanne *f* разливочный ковш
Gießschlicker *m см.* Gießmasse
Gießsystem *n* литниковая система
Gießtemperatur *f* температура металла *или* сплава при разливке
Gießtümpel *m* литниковая чаша
Gießwagen *m* разливочная тележка
Giftstoff *m* ядовитое вещество; отравляющее вещество
Giga... гига... (*частица, соответствующая величинам порядка* 10^9)

Gilbert *n* гильберт, Гб (*единица магнитодвижущей силы в системах СГС и СГСМ*)
Gipfelhöhe *f* потолок (*самолета*)
Gips *m* гипс
Gipsbinder *m* гипсовое вяжущее; гипсовый цемент
Gipsmörtel *m* гипсовый раствор
Gipsplatte *f* гипсовая плита
Gipsschwefelsäure *f* серная кислота, получаемая из гипса (*с получением цемента в качестве побочного продукта*)
Gitter *n* 1. решётка 2. сетка (*электронной лампы*)
~ **des Diamanttyps** решётка типа алмаза
~ **des Zinkblendentyps** решётка типа цинковой обманки
~, **flächenzentriertes** гранецентрированная решётка
~, **gestörtes** дефектная решётка
~, **hexagonales** гексагональная решётка
~, **innenzentriertes** объёмно центрированная решётка
~, **kubisches** кубическая решётка
~, **raumzentriertes** объёмно центрированная решётка
Gitterabstand *m* период(ичность) кристаллической решётки
Gitteratom *n* атом кристаллической решётки
Gitteraufbau *m* строение [структура] кристаллической решётки
Gitterausleger *m* решётчатая стрела
Gitterbasisschaltung *f* элн схема с общей [заземлённой] сеткой
Gitterbatterie *f* элн сеточная батарея
Gitterbaufehler *m* дефект кристаллической решётки
Gitterbaustein *m* структурный элемент кристаллической решётки
Gitterbeweglichkeit *f* подвижность носителей (заряда) при рассеянии на решётке
Gitterbindung *f* связь кристаллической решётки
Gitterbindungskräfte *pl* силы связи кристаллической решётки
Gitterbrücke *f* ферменный мост
Gitterdefekt *m см.* Gitterbaufehler
Gitterebene *f* плоскость кристаллической решётки; атомная плоскость
Gitterenergie *f* энергия кристаллической решётки
Gitterfehlpassung *f* несоответствие (кристаллических) решёток, несогласование постоянных (кристаллических) решёток
Gitterfehlstelle *f* вакансия (кристаллической) решётки
gitterförmig решётчатый
Gittergerade *f* ряд кристаллической решётки
Gittergleichrichter *m* элн сеточный детектор
Gittergleichrichtung *f* элн сеточное детектирование
Gitterhauptachse *f* главная ось кристаллической решётки
Gitterkonstante *f* постоянная кристаллической решётки; период кристаллической решётки
Gitterkreis *m* элн сеточный контур; цепь сетки
Gitterleerplatz *m* пустой [вакантный] узел (кристаллической) решётки
Gitterlücke *f см.* Gitterfehlstelle
Gittermast *m* решётчатая опора (*напр. линии электропередачи*)
Gittermauerwerk *n* насадка (*напр. регенератора*)
Gitternetz *n* 1. координатная сетка 2. сетчатая номограмма
Gitterplatz *m* узел кристаллической решётки
Gitterpunktmethode *f мат.* метод сеток
Gitterrastermaß *n* шаг кристаллической решётки
Gitterrost *m* колосниковая решётка
Gitterrührer *m* рамная мешалка
Gitterschwingungen *f pl* колебания кристаллической решётки
~, **thermische** тепловые колебания кристаллической решётки
Gitterspannung *f* напряжение в (кристаллической) решётке
Gittersteg *m* элн траверса сетки
Gitterstein *m* насадочный кирпич
Gittersteuerung *f* элн сеточное управление
Gitterstörung *f* дефектность [дефект] кристаллической решётки
Gitterstreuung *f* рассеяние на решётке [на тепловых колебаниях решётки]
Gitterstrom *m* элн сеточный ток
Gitterstruktur *f* структура кристаллической решётки
Gitterträger *m* решётчатая [сквозная] балка; решётчатая [сквозная] ферма
Gitterung *f* насадка (*напр. регенератора*)
Gitterunregelmäßigkeit *f* несовершенство кристаллической решётки; дефектность кристаллической решётки

GITTERVORSPANNUNG

Gittervorspannung *f* элн сеточное смещение, напряжение сеточного смещения
Gitterwalze *f* решётчатый каток
Gitterwerk *n* насадка (*напр. регенератора*)
Glanz *m* блеск
Glanzkobalt *m* *мин.* кобальтовый блеск, кобальтин
Glanzkohle *f* кларен
Glanzkohlewiderstand *m* клареновый резистор
Glanzpapier *n* глянцевая бумага
Glanzwinkel *m* *крист.* угол скольжения, угол брэгтовского отражения
Glas *n* стекло
~, **organisches** органическое стекло, оргстекло
~, **splittersicheres** безосколочное стекло; триплекс
~, **vorgespanntes** закалённое стекло
glasartig стекловидный
Glasbaustein *m* стеклоблок
Glasbeton *m* стеклобетон
Glasbiegen *n* моллирование стекла
Glasbildner *m* стеклообразователь, стеклообразующий окисел
Glasblasen *n* выдувание стекла; стеклодувные работы
Glasbläserlampe *f* стеклодувная горелка
Glasbläserpfeife *f* стеклодувная трубка
Glasblasmaschine *f* стеклодувная машина
Glasdachstein *m см.* **Glasdachziegel**
Glasdachziegel *m* стеклянная черепица
Glasdurchführung *f* стеклянный ввод
Glaselektrode *f* стеклянный электрод
Glasepoxidleiterplatte *f* стеклоэпоксидная печатная плата
Glaserkitt *m* оконная [стекольная] замазка
Glasfaden *m* стеклянная нить, стеклонить
Glasfaser *f* стеклянное волокно, стекловолокно
Glasfaserkabel *n* волоконно-оптический [оптический] кабель
Glasfaserkunststoff *m* стеклопластик
Glasfaserlunte *f* стеклянная ровница
Glasfasermatte *f* стекломат
Glasfaseroptik *f* волоконная оптика
Glasfaserschichtstoff *m* слоистый стеклопластик
Glasfaserstoff *m* стекловолокно
Glasfaserstrang *m* ровинг (*стекложгут для армирования стеклопластиков*)
Glasfaserverbundpreßstoff *m* стекловолокнистый композиционный пресс-материал

glasfaserverstärkt армированный стекловолокном
Glasfaservlies *n* стекловолокнистый холст, стеклохолст
Glasfilter *n* стеклофильтр
Glasfluß *m* стекломасса
Glasgewebe *n* стеклоткань
Glashalbleiter *m* стеклообразный полупроводник
Glashalbleiterbauelement *n* элемент на основе стеклообразного полупроводника; прибор на стеклообразном полупроводнике
Glashartgewebe *n* стеклотекстолит
Glashauseffekt *m* парниковый эффект
Glashütte *f* стекольный завод
Glasieren *n* 1. глазурование 2. *пищ.* глазирование
Glasigwerden *n* остекловывание
Glaskeil *m* оптический клин
Glaskeramik *f* стеклокерамика; стеклокерамические материалы, ситаллы
Glaslot *n* стеклоприпой
Glaslotabdichtung *f*, **Glaslotverschluß** *m* герметизация стеклом
Glasmacherpfeife *f* стеклодувная трубка
Glasmasse *f* стекломасса
Glasmetalle *n pl* металлические стёкла (*материалы состава переходный металл — металлоид, обладающие аморфной структурой при температурах до 400 — 500°C и кристаллизующиеся при более высоких температурах*)
Glaspassivierung *f* пассивация стеклом
Glasphase *f* стекловидная фаза, стеклофаза
Glasplättchen *n*, **Glasplatte** *f*, **Glasplattenträger** *m* стеклянная подложка
Glasposten *m* баночка (*в стекольном производстве*)
~, **geblasener** пулька
Glaspulver *n* порошок стекла, фритта
Glasrohr *n* стеклянная трубка; стеклянная труба
Glasscheibe *f* стекло
Glasscherben *m pl* стеклобой
Glasschliff *m* декоративная шлифовка стекла
Glasschmelze *f* расплав стекла, стекломасса
Glasschmelzen *n* стекловарение
Glasschmelzhafen *m* стекловаренный горшок
Glasschmelzofen *m* стекловаренная печь
Glasschmelzwanne *f* ванная стекловаренная печь

Glasschneiden *n* резка стекла
Glasschneider *m* стеклорез
Glasseide *f* элементарные стеклонити, некручёная стеклонить
Glasseidenzwirn *m* кручёная стеклонить
Glasstahlbeton *m* стеклобетон
Glasstahlbetonbau *m* строительство с применением стеклобетонных конструкций
Glassubstrat *n*, **Glasträger** *m* элн стеклянная подложка
Glastränen *pl* хим. батавские слёзки
Glasur *f* глазурь
Glaswannenofen *m см.* **Glasschmelzwanne**
Glaswatte *f* стекловата
Glaswolle *f* стеклянный войлок, стекловойлок
Glasziegel *m* стеклянная черепица
Glättbohle *f* выглаживающий брус
Glätte *f* 1. мин. глёт 2. гладкость (напр. бумаги)
Glatteis *n* гололёд
Glätteisen *n* гладилка
Glätten *n* 1. лощение 2. маш. выглаживание; дорнование 3. стр. железнение (цементом)
Glättkalander *m* 1. лощильный каландр 2. рез. листовальный каландр
Glattputz *m* затирка
Glättung *f* 1. эл., элн сглаживание 2. см. **Glätten**
Glättungsfaktor *m* эл., элн коэффициент сглаживания
Glättungsfilter *n* эл., элн сглаживающий фильтр
Glattwalze *f* 1. гладкий валок 2. каток с гладкими вальцами
Glattwalzen *n* мет.-об. накатное полирование, отделочное накатывание
Glattwalzmaschine *f* накатно-полировальная машина
Glaubersalz *n* глауберова соль, мирабилит
Glaziologie *f* гляциология
gleichachsig соосный
Gleichanteil *m* постоянная составляющая (напряжения, тока)
gleicharmig равноплечий
gleichbedeutend равносильный
Gleichdick *n* огранка (при измерении круглости)
Gleichdruckbrenner *m* безынжекторная горелка, горелка высокого давления
Gleichdruckturbine *f* активная турбина

Gleichdruck-Überdruck-Turbine *f* активно-реактивная турбина
gleichförmig равномерный
Gleichförmigkeit *f* равномерность
Gleichförmigkeitsbeiwert *m* коэффициент однородности
Gleichgang *m* синхронный ход; синхронность
Gleichganggelenk *n см.* **Gleichlaufgelenk**
Gleichgewicht *n* равновесие
~, **indifferentes** безразличное равновесие
~, **thermisches** тепловое равновесие
~, **thermodynamisches** термодинамическое равновесие
Gleichgewichtsapparat *m* вестибулярный аппарат
Gleichgewichtsdichte *f* равновесная концентрация (носителей заряда)
Gleichgewichtsdomänen *f pl* равновесные домены
Gleichgewichtsgefüge *n* равновесная структура
Gleichgewichtskonstante *f* хим. константа равновесия
Gleichgewichtskonzentration *f см.* **Gleichgewichtsdichte**
Gleichgewichtskraft *f* уравновешивающая сила
Gleichgewichtsschaltung *f* балансная схема
Gleichgewichtsstrahlung *f* равновесное излучение
Gleichgewichtstemperatur *f* равновесная температура
Gleichgewichtsverteilung *f* равновесное распределение (концентраций носителей заряда)
Gleichgewichtszustand *m* состояние равновесия
gleichgroß равновеликий
Gleichhalter *m* стабилизатор
Gleichhaltung *f* стабилизация
Gleichheit *f* равенство
Gleichheitszeichen *n* знак равенства
Gleichlauf *m* 1. синхронизм; синхронность; синхронный ход; синхронное вращение 2. равномерный ход; равномерное движение
Gleichlaufantrieb *m* синхронный привод
Gleichlaufeinrichtung *f* 1. авто синхронизатор (коробки передач) 2. синхронизирующее устройство
gleichlaufend 1. синхронный 2. равнонаправленный; параллельный
Gleichlauffehler *m* коэффициент колебания скорости записи [воспроизведения]
Gleichlauffräsen *n* попутное фрезерование, фрезерование по подаче

GLEICHLAUFGELENK

Gleichlaufgelenk *n авто* шарнир равных угловых скоростей
Gleichlaufgenerator *m* синхрогенератор
Gleichlaufimpuls *m* синхронизирующий импульс, синхроимпульс
Gleichlaufregelung *f* 1. синхронно-следящее регулирование 2. синхронно-следящая САР 3. управление (электроприводом) по схеме «электрического вала»
Gleichlaufregler *m* синхронно-следящий регулятор
Gleichlaufschaltung *f эл.* система электрического вала, система синхронного вращения
Gleichlaufsignal *n* сигнал синхронизации
Gleichlaufsteuerung *f* 1. *маш.* синхронизатор 2. *маш.* выравнивающее устройство, устройство для обеспечения параллельности хода 3. *вчт* синхронизация
gleichmäßig равномерный
Gleichmäßigkeit *f* равномерность
gleichphasig синфазный
Gleichphasigkeit *f* синфазность
Gleichrichter *m* выпрямитель; детектор
Gleichrichterbetrieb *m* режим выпрямления
Gleichrichterbrücke *f* выпрямительный мост
Gleichrichterdiode *f* выпрямительный диод
Gleichrichtereffekt *m* выпрямляющий эффект; выпрямляющее действие
Gleichrichterkontakt *m* выпрямляющий контакт
Gleichrichterröhre *f* выпрямительная лампа
Gleichrichterschaltung *f* выпрямительная схема
Gleichrichtertransformator *m* выпрямительный трансформатор
Gleichrichterwirkung *f* выпрямляющее действие; выпрямляющий эффект
Gleichrichtung *f* выпрямление; детектирование
Gleichschlagseil *n* канат односторонней свивки
gleichseitig равносторонний
Gleichspannung *f* постоянное напряжение
Gleichspannungsaussteuerung *f* модуляция постоянного напряжения
Gleichspannungspegel *m* 1. уровень постоянного напряжения 2. уровень постоянной составляющей *(входного или выходного напряжения)*
Gleichspannungsstabilisator *m* стабилизатор постоянного напряжения
Gleichspannungsverstärker *m* усилитель постоянного напряжения
Gleichspannungsverstärkung *f* усиление по постоянному напряжению; коэффициент усиления по постоянному напряжению
Gleichspannungswandler *m* преобразователь постоянного напряжения; стабилизатор постоянного напряжения
Gleichstrom *m* 1. *эл.* постоянный ток 2. прямоток
Gleichstromantrieb *m* электропривод постоянного тока
Gleichstrombelastung *f* нагрузка по постоянному току
Gleichstrombetrieb *m* работа на постоянном токе
Gleichstrombrücke *f* мост постоянного тока
Gleichstromgegenkopplung *f* отрицательная обратная связь по постоянному току
Gleichstromgenerator *m* генератор постоянного тока
Gleichstromkopplung *f элн* гальваническая связь, связь по постоянному току
Gleichstromkreis *m* цепь постоянного тока
Gleichstromleistung *f* мощность постоянного тока
Gleichstromleistungsverstärker *m* усилитель мощности постоянного тока
Gleichstrommaschine *f* электрическая машина постоянного тока
Gleichstrommotor *m* электродвигатель постоянного тока
~ **mit großem Drehmoment** высокомоментный электродвигатель (постоянного тока)
Gleichstromnetzwerk *n* цепь постоянного тока
Gleichstromprinzip *n* принцип прямотока *(при массо- и теплообмене)*
Gleichstromreihenschlußmotor *m* электродвигатель постоянного тока с последовательным возбуждением
Gleichstromschalter *m* выключатель постоянного тока
Gleichstromspülung прямоточная продувка *(двухтактных ДВС)*
Gleichstromsteller *m* преобразователь-регулятор постоянного напряжения
Gleichstromtransformator *m* трансформатор постоянного тока
Gleichstromtrockner *m* прямоточная сушилка
Gleichstromübertragung *f* 1. *эл.* передача электроэнергии постоянным током 2. *элн* передача (сигналов) постоянным током, связь по постоянному току
Gleichstromumformer *m эл., рад.* умформер

GLEISSTOPFMASCHINE

Gleichstromumrichter *m* вентильный преобразователь постоянного напряжения
Gleichstromversorgung *f* питание постоянным током; подача [подвод] постоянного напряжения
Gleichstromverstärker *m* усилитель постоянного тока
Gleichstromverstärkung *f* усиление по постоянному току; коэффициент усиления по постоянному току
Gleichstromverstärkungsfaktor *m* коэффициент усиления по постоянному току
Gleichstromvorspannung *f* подача постоянного смещения; постоянное смещение
Gleichstromwiderstand *m* сопротивление (по) постоянному току
Gleichtaktbetrieb *m* синфазный режим
Gleichtaktschwingungen *pl* синфазные колебания
Gleichtaktsignal *n* синфазный сигнал; синфазная составляющая (*входного сигнала дифференциального усилителя*)
Gleichtaktspannung *f* синфазное напряжение, напряжение синфазного сигнала
Gleichtaktstörung *f* синфазные помехи
Gleichtaktunterdrückung *f* подавление [ослабление] синфазной составляющей; коэффициент подавления [ослабления] синфазной составляющей
Gleichtaktunterdrückungsmaß *n*, **Gleichtaktunterdrückungsverhältnis** *n* коэффициент подавления [ослабления] синфазной составляющей
Gleichtaktverstärkung *f* усиление синфазной составляющей; коэффициент усиления синфазной составляющей
Gleichung *f* уравнение; равенство
Gleichungssystem *n* система уравнений
Gleichverteilungssatz *m* закон равномерного распределения энергии (*по степеням свободы*)
Gleichwelle *f рад.* общая волна
Gleichwellenfunk *m* радиопередачи на общей волне
gleichwertig равнозначный, эквивалентный
gleichzeitig одновременный
Gleichzeitigkeit *f* одновременность
Gleis *n* 1. (железнодорожный) путь 2. (железнодорожная) колея
~, **stoßfreies** бесстыковой путь
~, **totes** тупик

Gleisanlage *f* рельсовый путь; рельсовые пути
Gleisbau *m* строительство, ремонт и обслуживание железнодорожного пути; путевые работы; укладка (железнодорожного) пути
Gleisbauarbeiten *pl* путевые работы
Gleisbaumaschinen *f pl* путевые машины
Gleisbauzug *m* путеукладочный поезд
Gleisbett *n* полотно железной дороги; балластная постель
Gleisbettung *f* балластная постель
Gleisbild *n* выносное табло (*пульта-манипулятора со схемой путевого развития станции*); схема путевого развития (*станции*)
Gleisbildstellwerk *n* пост (управления) маршрутно-релейной централизации с пультом-табло; пульт-манипулятор с выносным табло
Gleisbogen *m* кривая [закругление] пути
Gleisbremsanlage *f*, **Gleisbremse** *f* вагонный замедлитель
Gleisbrückenwaage *f* вагонные весы
Gleisdreieck *n* поворотный треугольник
Gleisfahrzeugwaage *f* вагонные весы
Gleisförderung *f* рельсовый транспорт
Gleisgitter *n* путевая [рельсо-шпальная] решётка
Gleisgrube *f* смотровая канава
Gleishebewinde *f* путеподъёмник; путевой домкрат
Gleisjoch *n* рельсовое [путевое] звено
Gleiskette *f* гусеница, гусеничная лента
Gleiskettenantrieb *m* гусеничный ход
Gleiskettenfahrzeug *m* транспортное средство на гусеничном ходу
Gleiskrümmung *f*, **Gleiskurve** *f* кривая [закругление] пути
Gleislegemaschine *f* путеукладчик
Gleismagnet *m* ж.-д. путевой индуктор
Gleismeßwagen *m* путеизмерительный вагон
Gleisplan *m* схема путей; схема путевого развития (*станции*)
Gleisrichtmaschine *f* рихтовочная машина
Gleisrichtung *f* рихтовка пути
Gleisrückmaschine *f* путепередвигатель
Gleissperre *f* путевое заграждение
Gleissperrsignal *n* указатель путевого заграждения
Gleisspur *f* рельсовая колея
Gleisstopfmaschine *f* шпалоподбивочная машина

GLEISSTOPF-NIVELLIER-...

Gleisstopf-Nivellier-Richtmaschine *f* ж.-д. выправочно-подбивочно-отделочная машина
Gleisstopfung *f* подбивка пути
Gleisstromkreis *m* рельсовая цепь
Gleisverlegekran *m* путеукладочный кран
Gleisverlegung *f* укладка пути
Gleiswaage *f* вагонные весы
Gleiswanderung *f* угон пути
Gleitbahn *f* 1. *ав.* глиссада 2. направляющая; направляющая скольжения 3. участок планирования (*участок траектории, на котором ракета совершает планирующий спуск*)
Gleitbauweise *f стр.* метод непрерывного бетонирования
Gleitbetrieb *m* скользящий режим
Gleitboot *n* глиссер
Gleitbruch *m* пластическое разрушение
Gleitebene *f крист.* плоскость скольжения [трансляции]
Gleiten *n см.* Gleitung
Gleitentladung *f эл.* скользящий разряд
Gleitfertiger *m* бетоноотделочная машина со скользящими формами; бетоноукладчик со скользящими формами
Gleitfläche *f* 1. поверхность скольжения 2. *см.* Gleitebene
Gleitflug *m* планирующий полёт, планирование; полёт по глиссаде (*при заходе на посадку*)
Gleitflugzeug *n* планёр, пла́нер
Gleitführung *f*, **Gleitführungsbahn** *f маш.* направляющая скольжения
Gleitfunkbake *f ав.* глиссадный радиомаяк
Gleitfunken *m эл.* скользящая искра, скользящий искровой разряд
Gleitherdofen *m* печь с шагающим подом
Gleitkomma *n см.* Gleitpunkt
Gleitkommaarithmetik *f см.* Gleitpunktarithmetik
Gleitkommarechnung *f см.* Gleitpunktrechnung
Gleitkontakt *m* скользящий контакт
Gleitlager *n* подшипник скольжения
Gleitlagerlegierungen *f pl* антифрикционные сплавы (*для подшипников скольжения*)
Gleitlinie *f* линия скольжения, линия сдвига
Gleitlinien *f pl* линии скольжения
Gleitmittel *n* смазка (*напр. для отделения изделий от пресс-формы*)
Gleitmodul *m* модуль сдвига
Gleitpassung *f маш.* скользящая посадка

Gleitpfad *m* 1. *см.* Gleitweg 2. глиссадный (радио)луч, луч глиссадного радиомаяка
Gleitpunkt *m вчт* плавающая точка, плавающая запятая
Gleitpunktarithmetik *f вчт* арифметика с плавающей точкой [с плавающей запятой]
Gleitpunktrechnung *f вчт* выполнение вычисления с плавающей точкой [с плавающей запятой]
Gleitreibung *f* трение скольжения
Gleitringdichtung *f маш.* торцевое уплотнение
Gleitschalung *f стр.* скользящая [подъёмно-передвижная] опалубка
Gleitschalungsbauweise *f стр.* метод непрерывного бетонирования с применением скользящей опалубки
Gleitschuh *m* 1. *эл.* контактный башмак 2. *маш.* опорный башмак
Gleitschutzkette *f* цепь противоскольжения
Gleitsitz *m маш.* скользящая посадка
Gleitspiegelebene *f крист.* плоскость скользящего отражения
Gleitspiegelung *f крист.* скользящее отражение
Gleitstein *m маш.* ползун (*кривошипного механизма*); ползун (*кулисы*), кулисный камень; сухарь
Gleitstück *n маш.* ползун
Gleitung *f* 1. проскальзывание; буксование; ж.-д. боксование 2. *крист.* скольжение, трансляция; относительный сдвиг 3. угловая деформация
Gleitverhältnis *n ав.* аэродинамическое качество (*отношение подъемной силы к лобовому сопротивлению летательного аппарата*)
Gleitweg *m ав.* глиссада
Gleitwegsender *m ав.* глиссадный радиомаяк
Gleitwerkstoff *m* антифрикционный (порошковый) материал
Gleitwiderstand *m* сопротивление скольжению
Gleitwinkel *m* угол скольжения
Gleitzahl *f ав.* обратное аэродинамическое качество (*отношение лобового сопротивления летательного аппарата к подъемной силе*)
Gletscher *m* ледник
Gletscherkunde *f* гляциология
Glied *n* 1. звено; элемент 2. член (*уравнения*)
~, **freies** свободный член
~, **lineares** линейное звено
~, **logisches** логический элемент

~, trägheitsbehaftetes инерционное звено
Gliederband *n* гусеничная лента
Gliederbandförderer *m* пластинчатый конвейер, пластинчатый транспортёр
Gliederheizkörper *m* радиатор
Gliedermaßstab *m* складная линейка
Gliederpaar *n* кинематическая пара
Gliederzug *m* сочленённый поезд
Glimmen *n* свечение; тление
Glimmentladung *f* тлеющий разряд
Glimmentladungslampe *f* см. Glimmlampe
Glimmer *m* слюда
Glimmerkondensator *m* слюдяной конденсатор
Glimmerschiefer *m* слюдистый сланец
Glimmlampe *f* лампа тлеющего разряда
Glimmlicht *n* свечение
Glimmrelais *n* ионное реле
Glimmstabilisator *m* стабилитрон тлеющего разряда, газоразрядный стабилизатор напряжения
Glitch *n* элн импульсная помеха, импульс выброса, (паразитный) выброс; кратковременный сбой (*при импульсных помехах*)
Globoid... глобоидный
Globoidschnecke *f* глобоидный червяк
Glocke *f* 1. колокол; колпак 2. колпачок (*ректификационной колонны*) 3. (загрузочный) конус (*доменной печи*)
Glockenboden *m* колпачок (*ректификационной колонны*)
Glockenbodensäule *f* колпачковая (ректификационная) колонна
Glockenfilter *n* тлв цепь коррекции сигнала цветности (*в канале цветности декодера СЕКАМ*)
glockenförmig колоколообразный
Glockenmühle *f* конусная дробилка
Glockenstufe *f* тлв блок коррекции сигнала цветности (*декодера СЕКАМ*)
Glühbrand *m* предварительный обжиг, прокалка (*керамических изделий с тонким черепком*)
Glühdraht *m* эл. тело накала (*лампы накаливания*)
Glühelektron *n* термоэлектрон
Glüh(elektronen)emission *f* термоэлектронная эмиссия
Glühemissionsstrom *m* термоэлектронный ток
Glühen *n* 1. прокаливание; накаливание 2. *мет.* отжиг; томление 3. свечение (*при накаливании*)

glühend раскалённый
Glühfaden *m* нить накала
Glühfadenpyrometer *n* (оптический) пирометр с исчезающей нитью
Glühfarben *f pl* цвета каления
Glühhitze *f* калильный жар
Glühkasten *m* ящик для отжига
Glühkatode *f* термокатод, накаливаемый [подогревный] катод
Glühkerze *f* свеча накаливания (*в ДВС*)
Glühkopf *m* калоризатор
Glühkopfmotor *m* калоризаторный двигатель
Glühkörper *m* газокалильная сетка, газокалильный колпачок
Glühlampe *f* лампа накаливания
Glühofen *m* отжигательная печь, печь для отжига
Glühstrumpf *m* см. Glühkörper
Glühtopf *m* цементационный горшок
Glühzünder *m* электродетонатор
Glukose *f* глюкоза
Glukosid *n* глюкозид
Gluonen *n pl* яд. глюоны
Glut *f* жар; накал; каление
Glutaminsäure *f* глутаминовая кислота, $HOOC-(CH_2)_2-CH(NH_2)-COOH$
Gluten *n* клейковина
Glycin *n* см. Glyzin
Glykogen *n* гликоген
Glykokoll *n* см. Glyzin
Glykol *n* гликоль; этиленгликоль
Glykoläther *m pl* простые эфиры гликолей
Glykolipide *n pl* гликолипиды (*сложные липиды, содержащие остатки сахаров; см. тж* Lipide)
Glykolsäure *f* гликолевая кислота, $OHCH_2-COOH$
Glykolyse *f* гликолиз
Glykoside *n pl* гликозиды
Glyptalharze *n pl* глифталевые смолы
Glyzeride *n pl* глицериды
Glyzerin *n* глицерин
Glyzin *n* глицин, аминоуксусная кислота
GMT [Greenwich Mean Time] *f* см. Greenwich-Zeit, mittlere
Gneis *m* гнейс
Gold *n* золото, Au
~, gediegenes самородное золото
~, ververztes пиритное золото, золото, рассеянное в пирите

Golddiffusion *f* диффузия золота, диффузионное легирование золотом
Golddotierung *f* легирование золотом
Goldeutektik *f* эвтектика на основе золота
goldplattiert золочёный
Goldprobe *f* проба золота
Gon *n* град, гон (*1/100 прямого угла*)
Gondel *f* гондола
Goniometer *n* 1. гониометр 2. (радио)гониометр
Goniometrie *f* гониометрия
Go/NoGo-Prüfung *f* испытания по критерию «годен — негоден», отбраковочные испытания; контроль по альтернативному принципу
Gooch-Tiegel *m* тигель Гуча
Graben I *m* 1. траншея; канава; ров 2. (оросительный) канал 3. *элн* канавка 4. *геол.* грабен
Graben II *n* 1. копание 2. рытьё
Grabenaushub *m* 1. рытьё траншей 2. выемка канала [каналов]; разработка каналов
Grabenbagger *m* 1. канавокопатель, каналокопатель 2. траншейный экскаватор
Grabenentwässerung *f* осушение открытыми каналами
Grabenfräse *f* 1. фрезерный канавокопатель, фрезерный каналокопатель 2. фреза, фрезерный рабочий орган (*фрезерного канавокопателя*)
Grabenisolation *f* изоляция (элементов ИС) канавками с диэлектрическим материалом
Grabenisolationstechnik *f* метод изоляции (элементов ИС) канавками с диэлектрическим материалом
Grabenkondensator *m* щелевой конденсатор
Grabenpflug *m* плужный канавокопатель, плужный каналокопатель
Grabenräummaschine *f* каналоочиститель
Grabensilo *m* силосная траншея
Grabenwalze *f* каток для уплотнения обратной засыпки (*траншеи, канавы*); каток для уплотнения (грунта в) насыпи
Grabenzieher *m* канавокопатель, каналокопатель
Grabhöhe *f* высота копания, высота резания (*грунта экскаватором*)
Grad *m* 1. степень 2. коэффициент 3. градус
Gradation *f* градация
Grader *m* грейдер
Gradient *m* градиент
Gradientenfaser *f* градиентное (оптическое) волокно (*с плавным уменьшением показателя преломления от оси к периферии*)
Gradientenindex *m* градиентный профиль показателя преломления (*оптического волокна*)
Gradientenlichtleiter *m* градиентный световод
Gradientenprofilfaser *f см.* **Gradientenfaser**
Gradmesser *m* транспортир
Gradnetz *n* градусная сеть
Graduierung *f* градуирование; градуировка
Grafik *f* графика, машинная [компьютерная] графика
Grafikanzeige *f* устройство вывода графических данных; графический дисплей
Grafikarbeitsplatz *m* графическое АРМ, автоматизированное рабочее место [АРМ] с графическим терминалом
~, **intelligenter** интеллектуальное графическое АРМ
Grafikauflösung *f* разрешающая способность графического устройства
Grafikausgabe *f* 1. графический вывод, вывод графической информации 2. устройство графического вывода
Grafikdisplay *n* графический дисплей
Grafikdrucker *m* графическое печатающее устройство
Grafik-Editor *m* графический редактор, программа редактирования графической информации
Grafikeingabe *f* 1. графический ввод, ввод графической информации 2. устройство графического ввода
Grafikgrundelement *n*, **Grafikgrundtyp** *m* графический примитив, выходной примитив (*базовый графический элемент, напр. точка, отрезок прямой, окружность, прямоугольник и т. д., используемый для вывода изображения на экран дисплея*)
Grafikkarte *f* плата машинной графики
Grafik-Mode *m* графический режим
Grafikplatine *f* плата машинной графики
Grafikprozessor *m* графический процессор, процессор графического вывода
Grafikschnittstelle *f* графический интерфейс, интерфейс машинной графики
Grafiksimulator *m* графическое моделирующее устройство
Grafik-Software *f* программное обеспечение машинной графики

Grafikspeicher *m* память графических данных, графическое ЗУ
Grafiktablett *n* графический планшет
Grafikterminal *n* графический терминал
Grafikverarbeitung *f* обработка графических данных
Grafik-Workstation *f* графическая рабочая станция
grafisch графический
Graftkopolymer *n* привитой сополимер, графтсополимер
Graftkopolymerisation *f* сополимеризация прививкой
Graftmischpolymerisat *n* привитой сополимер, графтсополимер
Graftmischpolymerisation *f* сополимеризация прививкой
Graftpolymerisat *n см.* Graftmischpolymerisat
Graftpolymerisation *f см.* Graftmischpolymerisation
Gramm *n* грамм, г
Grammäquivalent *n уст.* грамм-эквивалент
Grammatom *n уст.* грамм-атом
Grammkalorie *f* грамм-калория
Grammolekül *n уст.* грамм-молекула
Granalien *f pl* гранулы
Granat *m мин.* гранат
Granate *f* снаряд
Granatwerfer *m* миномёт
Granit *m* гранит
Granulat *n* гранулят, гранулированный продукт
Granulation *f* грануляция
Granulator *m* гранулятор
Granulieren *n* гранулирование, грануляция
Granuliermaschine *f* гранулятор
granuliert гранулированный
Granulierung *f* 1. *см.* Granulieren 2. зернистость
Granulometrie *f* гранулометрия
granulometrisch гранулометрический
Graph *m мат.* граф
~, **bipartiter** двудольный [бихроматический] граф
Graphentheorie *f мат.* теория графов
Graphit *m* графит
Graphitelektrode *f* графитовый электрод
Graphitgußeisen *n* графитизированный чугун
Graphitierung *f* графитизация
Graphitmoderator *m яд.* графитовый замедлитель

Graphitreaktor *m яд.* графитовый реактор
Graphitschiffchen *n* графитовая лодочка
Graphitschmierung *f* графитовая смазка
Graphitstahl *m* графитизированная сталь
Graphittiegel *m* графитовый тигель
Graphoepitaxie *f* графоэпитаксия
Grasanbau *m* травосеяние
Gräser *pl* 1. злаки 2. травы
Grasmähmaschine *f* сенокосилка
Grasnarbe *f* дернина, дёрн
Grat *m* 1. облой; заусенец 2. *геол.* гребень (*горы*); скальный гребень (*хребта*) 3. *стр.* пересечение плоскостей крыши; ребро; конёк 4. *текст.* рубчик, диагональ
Gratabstreifer *m* съёмник (*заусенцев с изделия*)
Gratansatz *m* часть заусенца, остающаяся после обрезки
gratfrei безоблойный
Gratkante *f*, **Gratlinie** *f* линия разъёма штампа
Gratlinie *f мат.* ребро возврата
Gratrille *f* облойная [заусенечная] канавка
Gratverbindung *f дер.-об.* соединение внагрят
Graufilter *n* нейтральный светофильтр
Grauguß *m* серый чугун
Graugußform *f* чугунная форма
Graugußrohr *n* чугунная труба
Graukeil *m* 1. *опт.* серый [нейтральный, градационный] клин 2. *тлв* градационный (полутоновый) клин (*испытательной таблицы*)
Graupenmühle *f пищ.* крупорушка
Grauskala *f* серая шкала, шкала яркости
Grauspießglanz *m мин.* антимонит, сурьмяный блеск
Graustufenkeil *m см.* Graukeil
Graustufung *f* градация серой шкалы
Grauton *m* серый тон, оттенок серого
Grauwert *m* градация серой шкалы, уровень серого; уровень яркости (*черно-белого изображения*)
Gravieren *n* гравирование, гравировка
Gravierfräser *m* гравировальная фреза
Graviermaschine *f* гравировальный станок
Gravimeter *n* гравиметр
Gravimetrie *f* гравиметрия
Gravitation *f* гравитация, тяготение
Gravitationsfeld *n* гравитационное поле, поле тяготения
Gravitationsförderer *m* гравитационный транспортёр

GRAVITATIONSGESETZ

Gravitationsgesetz *n* закон всемирного тяготения
Gravitationskonstante *f* гравитационная постоянная
Gravitationskraft *f* сила тяготения, сила гравитационного притяжения
Gravitationsmanöver *n* косм. гравитационный манёвр
Gravitationsmasse *f* гравитационная масса
Gravitationspotential *n* гравитационный потенциал
Gravitationsquant *n* гравитон
Gravitationstheorie *f* теория гравитации
Gravitationswellen *f pl* гравитационные волны
Graviton *n* гравитон
Gravur *f* 1. *мет.-об.* ручей (*штампа*) 2. *полигр.* гравированная печатная форма 3. *полигр.* гравированный штамп
Gravurschräge *f* штамповочный уклон, уклон ручья штампа
Gray-Kode *m вчт* код Грея
Greenwich-Zeit *f см.* Greenwich-Zeit, mittlere
~, **mittlere** гринвичское среднее время, всемирное время
Greifarm *m* 1. подгребающая [загребающая] лапа (*напр. погрузчика*) 2. механическая рука (*робота*); автооператор
Greifbacke *f* (зажимной) кулачок схвата [захвата] (*руки робота*)
Greifer *m* 1. захват 2. схват, захват (*руки робота*) 3. *текст.* рапира
Greiferarm *m см.* Greifarm
Greiferbacke *f см.* Greifbacke
Greiferbagger *m* грейферный экскаватор
Greiferkran *m* грейферный кран
Greiferschützen *m текст.* микрочелнок
Greiferschützenwebautomat *m,* **Greiferschützenwebmaschine** *f* микрочелночный ткацкий станок
Greifervorrichtung *f* захватное приспособление
Greifstellung *f* позиция захвата (*напр. заготовки*)
Greifvorrichtung *f* захватный механизм
Greifzange *f* челюстной захват
Greifzirkel кронциркуль
Grenzaufgabe *f* краевая задача
Grenzbeanspruchung *f* предельное напряжение
Grenzbedingung *f* граничное условие
Grenzbelastung *f* предельная нагрузка
Grenzbereich *m* предельный диапазон
Grenzbetrieb *m* критический режим

Grenze *f* граница; предел
Grenzfehler *m* предельная погрешность
Grenzfläche *f* поверхность раздела; граница раздела фаз
Grenzflächeneffekte *m pl,* **Grenzflächenphänomene** *n pl* явления на поверхностях раздела
Grenzflächenspannung *f* поверхностное натяжение
Grenzflächenzustände *m pl* состояния на поверхностях раздела
Grenzfrequenz *f рад., элн* граничная частота; предельная частота; частота среза
Grenzgeschwindigkeit *f* предельная скорость
Grenzkennlinie *f* граничная характеристика
Grenzkohlenwasserstoffe *m pl* предельные углеводороды
Grenzkonzentration *f* предельно допустимая концентрация (*вредных веществ*), ПДК
Grenzlast *f* 1. предельная нагрузка 2. предельная грузоподъёмность
Grenzlastspielzahl *f* (циклическая) долговечность
Grenzlehrdorn *m маш.* предельный калибр-пробка
Grenzlehre *f маш.* предельный калибр
Grenzmaß *n* предельный размер
Grenzpunkt *m* 1. граничная точка 2. *мат.* предельная точка
Grenzrachenlehre *f маш.* предельный калибр-скоба
Grenzsatz *m* предельная теорема
Grenzschalter *m* путевой [предельный] выключатель; концевой выключатель
Grenzschicht *f* 1. поверхность раздела 2. (по)граничный слой
Grenzschichtzustände *m pl* состояния на поверхности раздела (*двух полупроводников*)
Grenzstrom *m* предельный ток
Grenzviskosität *f* характеристическая вязкость
Grenzwert *m* 1. *мат.* предел 2. предельно допустимая концентрация (*вредных веществ*), ПДК
~, **dynamischer** предельное значение по динамической стойкости
Grenzwertregelung *f* 1. *автм* предельное [граничное] регулирование 2. *маш.* адаптивное управление (*режимом резания*) с предельным [граничным] регулированием
Grenzwinkel *m* предельный угол
Grenzzustand *m* предельное состояние
Grieß *m* 1. крупный песок; (мелкий) гравий 2.

угольная *или* рудная мелочь 3. зернистая фракция (*обогащаемого материала*) 4. порошок, крупка (*тонкоразмолотый материал*) 5. *пищ.* крупка 6. *тлв* дробовой эффект

Griff *m* 1. рукоятка; ручка 2. приём (*часть операции*) 3. *текст.* гриф, туше, качество на ощупь

Griffinmühle *f* вальцово-пружинная [пружинная] мельница

Griffleiste *f* грунтозацеп

Grignard-Verbindungen *f pl хим.* соединения Гриньяра, магнийорганические соединения

Grill *m* (электро)гриль

Grobabstimmung *f* грубая настройка

Grobblech *n* толстолистовая сталь

Grobblechstraße *f* толстолистовой прокатный стан

Grobbrechen *n* крупное дробление

grobdispers крупнодисперсный, грубодисперсный

Grob-Fein-Schalter *m* реле изменения точности (*напр. измерения*)

Grobfilter *n* фильтр грубой очистки

Grobgefüge *n* макроструктура

Grobgestalt *f* макрогеометрия (*поверхности*)

Grobgewinde *n* крупная резьба

Grobkessel *m* лудильная ванна

Grobkorn *n* крупная фракция; крупный класс

grobkörnig крупнозернистый

Grobmahlung *f* грубый [крупный] помол; грубое измельчение

Grobpositionierung *f* 1. *маш.* грубое позиционирование 2. грубоприближённое совмещение

Grobsand *m* крупнозернистый песок; мелкий гравий

Grobschleifen *n* грубая шлифовка, обдирка

Grobschleifmaschine *f* обдирочно-шлифовальный станок

Grobstrukturuntersuchung *f* макроскопия

grobstückig крупнокусковой

Grobvakuum *n* низкий вакуум

Großbildkamera *f* крупноформатный фотоаппарат

Großblockbauweise *f* 1. крупноблочная конструкция 2. метод крупноблочного строительства, крупноблочное строительство

Großdumper *m* автомобиль-самосвал большой грузоподъёмности для работы в условиях бездорожья, внедорожный автомобиль-самосвал большой грузоподъёмности

Größe *f* 1. величина 2. крупность 3. размер; размеры 4. габарит; габариты

Größenbeiwert *m*, **Größeneinflußfaktor** *m* коэффициент влияния абсолютных размеров поперечного сечения, масштабный коэффициент

Größenordnung *f* порядок величины; порядок (*степень десяти*) ◇ in der ~ von ... порядка ...

Großintegration *f элн* высокая степень интеграции

Großintegrationsschaltung *f элн* большая интегральная (микро)схема, БИС

Großintegrationstechnik *f элн* технология БИС

Großkipper *m* автомобиль-самосвал большой грузоподъёмности

Großkraftwerk *n* мощная [крупная] электростанция

Großlochbohrmaschine *f* буросбоечная машина

Großplattenbauweise *f* 1. крупнопанельная конструкция 2. метод крупнопанельного строительства, крупнопанельное строительство

Großrastermaß *n стр.* (производный) укрупнённый модуль

Großraumwagen *m* большегрузный вагон

Großrechner *m* большая ЭВМ; универсальная ЭВМ

Großreifen *m* большегрузная шина

Großserienfertigung *f* крупносерийное производство

Großtafelbau *m* крупнопанельное строительство

Großteile *n pl* крупногабаритные детали

Größtintegration *f элн* сверхвысокая степень интеграции

Größtmaß *n* наибольший (предельный) размер

Größtspiel *n* наибольший зазор

Größtwert *m* максимальная величина

Großversuchsanlage *f* опытно-промышленная установка

Großvorschub *m* ускоренная подача

Grubber *m с.-х.* культиватор

Grubbern *n* культивация

Grübchenkorrosion *f* язвенная коррозия

Grube *f* 1. шахта; рудник; горное предприятие 2. котлован 3. *авто* осмотровая канава 4. потенциальная яма 5. *элн* карман

Grubenausbau *m* 1. горная [рудничная, шахтная] крепь 2. крепление горных выработок

Grubenbahn *f* рудничные откаточные пути

Grubenbau *m* горная выработка ◇ **einen ~ auffahren** проходить выработку
Grubenbewetterung *f* рудничная вентиляция
Grubenbrand *m* подземный пожар; пожар в (угольной) шахте; рудничный пожар
Grubenexplosion *f* рудничный взрыв; взрыв рудничного газа; взрыв в шахте
Grubenförderung *f* 1. подземный транспорт; рудничный транспорт; рудничная откатка 2. шахтный подъём; рудничный подъём
Grubenformen *n* формовка в яме
Grubengas *n* рудничный газ, метан
Grubenholz *n* крепёжный лесоматериал
Grubenhund *m* рудничная [шахтная] вагонетка
Grubeninstrument *n* маркшейдерский инструмент
Grubenkorb *m* шахтная клеть
Grubenlampe *f* рудничная лампа; шахтёрская лампа
Grubenlokomotive *f* рудничный локомотив
~, elektrische рудничный электровоз
Grubenluft *f* рудничный воздух, рудничная атмосфера; шахтный воздух, шахтная атмосфера
Grubenpumpe *f* рудничный насос
Grubenrettungswesen *n* горноспасательное дело
Grubensand *m* карьерный песок
Grubensilo *m* силосная яма
Grubenstempel *m* рудничная стойка
Grubenwasser *n* рудничные воды; шахтные воды
Grubenwasserhaltung *f* рудничный водоотлив
Grubenwehr *f* шахтная горноспасательная команда
Grubenwetter *pl* рудничная атмосфера, рудничный воздух; шахтная атмосфера, шахтный воздух
Grund *m* 1. грунт; почва; земля 2. основание; фундамент 3. дно
Grundablaß *m* донный водоспуск
Grundabmaß *m* *маш.* основное отклонение (*размера*)
Grundanstrich *m* грунтовое покрытие; грунтовка, грунт
Grundausführung *f* базовая модель
Grundbau *m* фундаментостроение
Grundbett *n* ложе русла
Grundbohrung *f* глухое отверстие

Grunddaten *pl* исходные данные; основные данные
Grundeinheit *f* основная единица
Grundeis *n* донный лёд
Grundelement *n* базовая деталь
Grundfarbe *f* грунтовая краска
Grundfarben *f pl* основные цвета
Grundfehler *m* основная погрешность (*средства измерений*)
Grundfehlermittelwert *m* средняя основная погрешность
Grundfläche *f* 1. *мат.* основание; площадь основания 2. *маш.* базовая поверхность
Grundfrequenz *f* частота первой гармоники, основная частота
Grundgatter *n* *вчт* базовый логический элемент
Grundgleichung *f* основное уравнение
Grundgröße *f* основная величина
Grundierung *f* 1. грунтовка, грунт 2. грунтование
Grundkonzentration *f* фоновая концентрация (*примесей*)
Grundkreis *m* 1. *маш.* основная окружность (*зубчатого колеса*) 2. *крист.* основной круг проекции (*в стереографических проекциях*)
Grundkreisdurchmesser *m* *маш.* основной диаметр (*зубчатого колеса*)
Grundkreisteilung *f* *маш.* основной шаг (*зубьев*)
Grundlager *n* коренной подшипник
Grundlinie *f* 1. *мат.* основание (*фигуры*) 2. *мат., геод.* базис 3. *маш.* базовая линия; линия впадин (*профиля*) (*при определении шероховатости поверхности*)
Grundmaß *n* 1. *стр.* основной модуль 2. *маш.* базовый размер
Grundmaster *m* *элн* базовый матричный кристалл, БМК
Grundmaterial *n* исходный материал
Grundmetall *n* основной металл (*сплава*)
Grundmischung *f* маточная смесь
Grundmodell *n* базовая модель
Grundnetz *n* донный трал
Grundplatte *f* 1. опорная плита; фундаментная плита 2. основание
Grundprofil *n* см. **Grundlinie**
Grundrechenarten *f pl* основные действия арифметики
Grundriß *m* план, горизонтальная проекция

Grundrißebene *f* плоскость горизонтальных проекций
Grundschaltung *f* основная схема включения
Grundschleppnetz *n* донный трал
Grundschwingung *f* 1. основная гармоническая составляющая; первая [основная] гармоника 2. основное колебание; основная мода
Grundstoffe *m pl* 1. основные сырьевые материалы (*уголь и руда*); сырьё 2. химические элементы
Grundstoffindustrie *f* промышленность основных материалов
Grundton *m* основной тон
Gründung *f* 1. фундамент; основание (*сооружения*) 2. устройство фундамента; закладка фундамента
Gründungssohle *f* подошва фундамента
Gründungstiefe *f* глубина заложения (*фундамента*)
Gründüngung *f* 1. зелёное удобрение 2. сидерация
Grundviskosität *f* характеристическая вязкость
Grundwasser *n* грунтовые [подземные] воды
~, **gespanntes** напорные грунтовые [напорные подземные] воды (*напр. артезианские*)
Grundwasserabsenkung *f* понижение уровня грунтовых [подземных] вод
Grundwasserhebung *f* подъём уровня грунтовых [подземных] вод; подтопление
Grundwasserhorizont *m* водоносный горизонт
Grundwasserleiter *m* водоносный слой; водоносный горизонт
Grundwassersenkung *f* см. **Grundwasserabsenkung**
Grundwassersohle *f* водоупорное ложе (*водоносного слоя*); подошва водоносного слоя
Grundwasserspiegel *m* зеркало [поверхность] грунтовых [подземных] вод; уровень грунтовых [подземных] вод
~, **freier** свободный уровень грунтовых [подземных] вод
Grundwasserstand *m* уровень грунтовых [подземных] вод
Grundwasserstauer *m* водоупорный пласт; водоупорный слой; водоупорное ложе (*водоносного слоя*)
Grundwasserträger *m* см. **Grundwasserleiter**
Grundwert *m* основное значение; опорное значение
Grundzahl *f* 1. кардинальное [количественное] число 2. основание (*системы логарифмов*)
Grundzeit *f* основное технологическое время (*напр. основное машинное время*)
Grundzustand *m* физ. основное [невозбуждённое] состояние (*квантовой системы*)
Grünfilter *n* зелёный светофильтр
Grünguß *m* 1. литьё в сырую песчаную форму 2. отливка, полученная в сырой песчаной форме
Grünlicht *n* зелёный огонь (*светофора*)
Grünpellets *n pl* мет. сырые [необожжённые] окатыши
Grünspan *m* ярь-медянка
Gruppe *f* 1. группа 2. узел 3. секция
Gruppenantrieb *m* групповой привод
Gruppenbearbeitung *f* групповая обработка
Gruppenfräser *m* наборная фреза
Gruppengeschwindigkeit *f* групповая скорость
Gruppengetriebe *n* авто делитель
Gruppenlaufzeit *f* 1. групповое время задержки 2. групповое время распространения (*мод в световоде*)
Gruppentechnologie *f* групповая технология
Gruppentheorie *f* мат. теория групп
Gruppenwahl *f* тлф групповое искание
Gruppenwähler *m* тлф групповой искатель
Gruppenwerkzeugmaschine *f* многоинструментальный станок
Grus *m* 1. мелочь (*угольная, рудная, породная, коксовая*) 2. геол. дресва
Gruskohle *f* угольная мелочь
GTO-Thyristor [Gate-Turned-Off-...] *m* запираемый [двухоперационный] тиристор
Gummi I *m* 1. резина 2. каучук
Gummi II *n* камедь
Gummiarabikum *n* гуммиарабик
Gummibindung *f* вулканитовая связка
Gummidichtung *f* резиновое уплотнение
Gummidrehschubfeder *f* блочная пружина кручения
Gummidruck *m* 1. офсетная печать 2. печать с резиновых форм
Gummidruckfeder *f* блочная пружина сжатия
Gummieren *n*, **Gummierung** *f* 1. прорезинивание; обрезинивание 2. гуммирование (*покрытие резиной или эбонитом*)
Gummifeder *f*, **Gummifederelement** *n* резиновый упругий элемент
Gummigeweberiemen *m* прорезиненный ремень
Gummiisolation *f* резиновая изоляция
Gummikabel *n* кабель с резиновой изоляцией

GUMMILINSE

Gummilinse *f разг.* объектив с переменным фокусным расстоянием, вариообъектив

Gummilösung *f* резиновый клей

Gummimanschette *f* резиновая манжета

Gummi-Metall-Kupplung *f* резинометаллическая муфта

Gummimetallwaren *f pl* резинометаллические изделия

Gummimischer *m* (закрытый) резиносмеситель

Gummiradwalze *f* каток на пневматических шинах, пневмокаток

Gummirohr *n* резиновая трубка

Gummischlauch *m* резиновый рукав

Gummistempel *m* упругий [эластичный, резиновый] пуансон

Gummiwaren *f pl* резиновые изделия

Gunn-Diode *f* диод Ганна

Gunn-Domäne *f* ганновский домен

Gunn-Effekt *m* эффект Ганна

Gunn-Effekt-Oszillator *m* генератор (на приборе) Ганна

Gunn-Element *n* диод Ганна; прибор (на эффекте) Ганна

Gunn-Oszillator *m* генератор (на приборе) Ганна; диод Ганна

Gunn-Verstärker *m* усилитель на приборе Ганна

Gurt *m* **1.** *стр.* пояс *(фермы)* **2.** лента **3.** ремень (безопасности) **4.** гибкий ленточный носитель *(для монтажа интегральных компонентов)*

Gurtbandförderer *m см.* **Gurtförderer**

Gurtbogen *m* подпружная арка

Gürtel *m* **1.** брекер *(радиальной шины)*; слой (текстильного *или* стального) корда *(брекера радиальной шины)* **2.** пояс

Gürtelreifen *m* радиальная шина

Gurtförderer *m* ленточный конвейер, ленточный транспортёр

Gurt(schloß)straffer *m авто* автоматический ремень безопасности, ремень безопасности с предварительным натяжением [с устройством предварительного натяжения]

Gurtzeug *n* подвесная система *(парашюта)*

Guß *m* **1.** литьё; разливка **2.** отливка *(изделие)*; отливки

~, **kernloser** отливка без стержней

~, **liegender** горизонтальная разливка

~, **stehender** вертикальная разливка

Gußasphalt *m* литой асфальт

Gußbeton *m* литой бетон

Gußblock *m* слиток

Gußbronze *f* литейная бронза

Gußeisen *n* чугун

~, **duktiles** ковкий чугун

~, **meliertes** половинчатый чугун

~, **mit Kugelgraphit** чугун с шаровидным графитом

~, **mit Lamellengraphit** чугун с чешуйчатым [с пластинчатым] графитом, серый чугун

~, **mit Stahlzusatz** сталистый [малоуглеродистый] чугун

~, **sphärolitisches** чугун с шаровидным графитом

Gußeisenform *f* изложница, кокиль

Gußfehler *m* дефект литья [отливки]; литейный порок

Gußlegierung *f* литейный сплав

Gußmodell *n* литейная модель

Gußputzen *n* очистка [обрубка] литья

Gußschräge *f* литейный уклон

Gußstahl *m* литая сталь

Gußstück *n* отливка

Gußteil *n* отливка

~, **hochfestes** литая деталь для тяжёлых условий работы

~, **wärmebehandeltes** термообработанная отливка

Gut *n* **1.** материал; продукт **2.** груз **3.** *мор.* такелаж

~, **laufendes** бегучий такелаж

~, **stehendes** стоячий такелаж

Gutachten *n* заключение; экспертиза

Gut-Ausschuß-Prüfung *f* испытания по критерию «годен — брак», отбраковочные испытания; контроль по альтернативному признаку

Güte *f* **1.** качество **2.** *эл., элн* добротность *(напр. колебательного контура)*

Gütebewertung *f* оценка качества

Gütefaktor *m* **1.** *эл., элн* коэффициент добротности, добротность *(напр. резонатора)* **2.** *вчт* фактор качества, произведение мощность — задержка *(параметр логических элементов)* **3.** *рад.* качество приёмной системы *(отношение усиления антенны в дБ к шумовой температуре приемной системы в °K)*

Gütefaktormesser *m* измеритель добротности, куметр

Gütegrad *m см.* **Gütefaktor 1.**

Güteklasse *f* класс качества *(продукции)*

Gütekontrolle *f* контроль качества

Gütekriterium *n* критерий качества
Güterbahnhof *m* грузовая станция
Güterbeförderungsleistung *f* грузооборот
Güterboden *m* складская площадка
Güterschuppen *m* пакгауз
Güterstrom *m* грузопоток
Gütertransportleistung *f* грузооборот
Güterumschlag *m* 1. перегрузка грузов; перевалка грузов 2. грузооборот *(порта)*
Güterverkehr *m* грузовые перевозки; перевозки грузов
Güterwagen *m* грузовой вагон
~, **offener** полувагон
Güterzug *m* грузовой поезд
Güteschalter *m* модулятор добротности
Güteschaltung *f* модуляция добротности *(оптического резонатора лазера)*
Gütesicherung *f* гарантия качества
Gütevorschrift *f* технические условия
Gütezahl *f* показатель качества
Gütezeichen *n* знак качества
Gutgrenze *f*, **Gutlage** *f* допустимый уровень качества; приёмочный уровень дефектности
Gutlehre *f маш.* проходной калибр
Gut-Schlecht-Prüfung *f см.* **Gut-Ausschuß-Prüfung**
Gutseitenmaß *n маш.* проходной предел (размера)
Guttapercha *f* гуттаперча
Gyralbewegung *f* гироскопическое движение
Gyrator *m* гиратор
Gyroantrieb *m* гироэлектродвигатель
Gyrobus *m* гиробус
Gyrolokomotive *f горн.* (рудничный) гировоз
gyromagnetisch гиромагнитный
Gyroskop *n* гироскоп
gyroskopisch гироскопический

H

Haar *n* 1. волос 2. шерсть
haarfein волосной
Haarkristalle *n pl* нитевидные кристаллы, «усы»
Haarlineal *n* лекальная линейка
Haarriß *m* волосовина, волосная трещина
Haarröhrchen *n* капилляр
Haarseite *f* 1. лицевая сторона *(кожи)* 2. ворсистая сторона *(ткани)*
Haartrockner *m* фен
Haber-Bosch-Verfahren *n* синтез аммиака по Габеру — Бошу
Habitus *m* габитус *(кристалла)*
Hacke *f* мотыга
Hackfrüchte *f pl* 1. пропашные культуры 2. корнеплоды
Hackgeräte *n pl с.-х.* пропашные орудия
Hackmaschine *f* 1. *бум.* рубительная [рубильная] машина, дроворубка 2. *с.-х.* пропашное орудие; пропашник
Hackschnitzel *pl* щепа *(промежуточный продукт в технологии получения волокнистых полуфабрикатов целлюлозно-бумажного производства)*
Häckselmaschine *f с.-х.* соломосилосорезка; измельчитель
Hadern *pl текст.* лоскут; тряпьё
Hadronen *n pl яд.* адроны
Hafen I *m* порт; гавань
Hafen II *m* горшок *(горшковой стекловаренной печи)*
Hafendamm *m* мол
Hafenofen *m* горшковая (стекловаренная) печь
Haff *n* лагуна, лиман
Hafnium *n* гафний, Hf
Haftelektron *n физ.* захваченный электрон
Haften *n* 1. *см.* **Haftung** 2. сцепление *(шины с поверхностью дороги)*
Haftfähigkeit *f* адгезионная способность; адгезия; сцепляемость
Haftfehler *вчт* константная неисправность, залипание *(напр. неисправность типа константный нуль или константная единица)*
Haftfestigkeit *f* прочность сцепления; адгезионная прочность
Haftgrundmittel *n* химическая активная грунтовка, реакционная грунтовка; контактная (двухкомпонентная) грунтовка
Haftkoeffizient *m* коэффициент сцепления
Haftkraft *f* сила сцепления; сцепляемость
Haftmittel *n* активатор адгезии, средство, улучшающее адгезию
Haftniveau *n физ.* уровень захвата
Haftreibung *f* трение сцепления; трение покоя, статическое трение
Haftreibungsbeiwert *m*, **Haftreibungszahl** *f* ко-

эффициент сцепления (*напр. шины с поверхностью дороги*)
Haftschale *f* контактная линза
Haftschicht *f* слой с хорошей адгезией к подложке
Haftstelle *f* ловушка захвата (*носителей заряда*), ловушка
Haftstellendichte *f* концентрация ловушек
Haftstellenladung *f* заряд ловушки [ловушек]
Haftstellenrekombination *f* рекомбинация на ловушках
Haftstellentiefe *f* глубина ловушки захвата
Haftstellenumladung *f* перезаряд ловушек
Haftterm *m* уровень захвата
Haftung *f* **1.** адгезия (*напр. слоя к подложке*); сила адгезии; сцепление; прилипание **2.** захват (*носителей заряда*)
Haftungsquerschnitt *m* *физ.* эффективное сечение захвата
Haftvermögen *n см.* Haftfähigkeit
Haftwasser *n* плёночная [адсорбционная, адгезионная] вода
Hahn *m* кран
Häkelnadel *f текст.* тамбурная игла; тамбурный крючок
Haken *m* **1.** крюк **2.** крючок **3.** гак
~, **einfacher** однорогий крюк
Hakenblatt *n дер.-об.* врубка зубом, замковое сопряжение [замок] с зубом
Hakenflasche *f* подвижная (блочная) обойма полиспаста (с крюком), крюковая обойма, подвеска (*полиспаста*)
Hakengeschirr *n* крюковая подвеска
Hakenleistung *f* мощность на крюке
Hakennagel *m ж.-д.* путевой костыль
Hakenschraube *f* костыльковый болт
Hakenstütze *f* изоляторный крюк
Hakenstützenisolator *m* штыревой изолятор
Hakenzugkennlinie *f* тяговая характеристика; характеристика силы тяги на крюке
Hakenzugkraft *f* сила тяги на крюке
H-aktiv с активным высоким потенциалом (*напр. о выходе*); с высоким активным уровнем (*о сигнале*)
Halbachse *f* полуось
Halbadder *m вчт* полусумматор
Halbautomat *m* полуавтомат
halbautomatisch полуавтоматический
Halbbild *n* **1.** (левое *или* правое) изображение стереопары **2.** *тлв* поле, полукадр (*при чересстрочной развертке*)

Halbbild... *см.* Teilbild...
Halbbrücke *f*, **Halbbrückenschaltung** *f* полумостовая схема, схема полумоста
Halbbyte *n вчт* полубайт, тетрада
Halbdach *n* односкатная крыша
Halbdauerpreßform *f* полустационарная пресс-форма
Halbduplexbetrieb *m* полудуплексный режим
halbdurchlässig **1.** полупрозрачный **2.** полупроницаемый
Halbebene *f* полуплоскость
Halbedelstein *m* полудрагоценный камень
Halbfabrikat *n* полуфабрикат
Halbfertigteile *n pl* детали незавершённого производства; полуфабрикаты
Halbgerade *f* полупрямая; луч
Halbierende *f* биссектриса
Halbierung *f* деление пополам
Halbierungssuchverfahren *n* дихотомический поиск
Halbkettentraktor *m* полугусеничный трактор
Halbkoks *m* полукокс
Halbkreis *m* полукруг; полуокружность
Halbkreisbogen *m* полуциркульная арка
Halbkugel *f* полушарие; гемисфера, полусфера
Halb-Kunden-IS *f*, **Halbkundenschaltkreis** *m* полузаказная ИС
Halbleiter *m* полупроводник
~, **amorpher** аморфный полупроводник
~, **direkter** полупроводник с прямыми переходами
~, **eigenleitender** собственный [беспримесный] полупроводник
~, **entarteter** вырожденный полупроводник
~, **glasartiger** стеклообразный полупроводник
~, **indirekter** полупроводник с непрямыми переходами
~, **kompensierter** (с)компенсированный полупроводник
~, **kristalliner** кристаллический полупроводник
~, **nichtentarteter** невырожденный полупроводник
~, **ungestörter** беспримесный полупроводник
Halbleiterbandstruktur *f* зонная структура полупроводника
Halbleiterbauelement *n* полупроводниковый элемент; полупроводниковый компонент; полупроводниковый прибор
Halbleiterbildsensor *m*, **Halbleiterbildwandler** *m* полупроводниковый [твердотельный] датчик изображения; полупроводниковый

[твердотельный] формирователь видеосигналов
Halbleiterchip *m* полупроводниковый кристалл
Halbleiterdetektor *m* полупроводниковый детектор
Halbleiterdiode *f* полупроводниковый диод
Halbleitereinkristall *m* монокристалл полупроводника, полупроводниковый монокристалл
Halbleiterelektronik *f* полупроводниковая электроника
Halbleiterfotodiode *f* полупроводниковый фотодиод
Halbleiterfotozelle *f* полупроводниковый фотоэлемент
Halbleitergebiet *n* полупроводниковая область
~, **n-leitendes** (полупроводниковая) область (с проводимостью) *n*-типа [с электронной проводимостью], *n*-область
~, **p-leitendes** (полупроводниковая) область (с проводимостью) *p*-типа [с дырочной проводимостью], *p*-область
Halbleitergerät *n* полупроводниковый прибор
Halbleitergleichrichter *m* полупроводниковый выпрямитель; полупроводниковый вентиль
Halbleiter-IC *n*, **Halbleiter-IS** *f*, **Halbleiterschaltkreis** *m* полупроводниковая ИС
Halbleiterkristall *m* полупроводниковый кристалл
Halbleiterkühlelement *n*, **Halbleiter-Peltierelement** *n* фригистор, элемент Пельтье
Halbleiterlaser *m* полупроводниковый лазер
Halbleiterleistungsbauelement *n* силовой полупроводниковый прибор
Halbleitermaterial *n* полупроводниковый материал
~, **n-leitendes** полупроводниковый материал (с проводимостью) *n*-типа
~, **p-leitendes** полупроводниковый материал (с проводимостью) *p*-типа
Halbleiter-Metall-Kontakt *m* контакт металл — полупроводник; барьер Шоттки
Halbleiterphotozelle *f* полупроводниковый фотоэлемент
Halbleiterphysik *f* физика полупроводников
Halbleiterschaltkreis *m* полупроводниковая ИС
~, **gehäuseloser** бескорпусная ИС
~, **integrierter** полупроводниковая ИС
~, **unverkappfer** бескорпусная ИС
Halbleiterschaltung *f* полупроводниковая ИС
Halbleiterscheibe *f* полупроводниковая пластина

Halbleiterschicht *f* полупроводниковый слой
Halbleitersensor *m* полупроводниковый датчик
Halbleiterspeicher *m* полупроводниковая память, полупроводниковое ЗУ
Halbleiterstromrichter *m* полупроводниковый преобразователь электроэнергии, полупроводниковый преобразователь
Halbleiterstruktur *f* полупроводниковая структура
Halbleitertechnik *f* полупроводниковая техника; полупроводниковая технология
Halbleiterthermoelement *n* полупроводниковый термоэлемент
Halbleitertriode *f* полупроводниковый триод, транзистор
Halbleiterventil *n* полупроводниковый вентиль
Halbleiterverstärker *m* полупроводниковый усилитель
Halbleiterwafer *m* полупроводниковая пластина
Halbleiterwerkstoff *m* полупроводниковый материал
Halbleiterwiderstand *m* полупроводниковый резистор
Halbmesser *m* радиус
Halbmetalle *n pl хим.* полуметаллы
Halbmikroanalyse *f* полумикроанализ
Halbperiode *f* полупериод
Halbprodukt *n* полупродукт; промежуточный продукт, промпродукт
Halbrückschritt-Taste *f вчт* клавиша половинного пробела
Halbrundkopf *m* полукруглая головка
Halbrundniet *m* заклёпка с полукруглой головкой
Halbrundschraube *f* винт с полукруглой головкой
~ **mit Schlitz** *см.* Halbrundschraube
Halbschatten *m* полутень
Halbschattenapparat *m* полутеневой аппарат, полутеневой поляриметр
Halbschattenwinkel *m* полутеневой угол
Halbschwingung *f* полупериод; полуволна; *эл.* полупериод переменного напряжения
Halbstahl *m* сталистый чугун
Halbstoff *m бум.* полумасса
Halbstoffholländer *m бум.* полумассный ролл
Halbsubtrahierer *m вчт* полувычитатель
halbtechnisch полупромышленный
Halbton *m* полутон
Halbtonbild *n* полутоновое изображение
Halbverkokung *f* полукоксование

HALBVERSENKNIET

Halbversenkniet *m* полупотайная заклёпка
halbversenkt полупотайной
Halbwassergas *n* полуводяной газ
Halbweggleichrichter *m* однополупериодный выпрямитель
Halbwelle *f* полуволна
Halbwellenantenne *f* полуволновая антенна
Halbwellenstrahler *m* полуволновой вибратор
Halbwertsbreite *f физ., элн* полуширина, ширина (*напр. характеристической кривой, полосы пропускания фильтра*) на уровне 0,5
Halbwertsdauer *f элн* длительность (импульса) на уровне 0,5 [по уровню половинной амплитуды]; полная длительность (*импульсной переходной характеристики*) по полувысоте
Halbwertsdicke *f физ.* толщина (слоя) половинного ослабления [половинного поглощения]
Halbwertsschicht *f физ.* слой половинного ослабления [половинного поглощения]
Halbwertszeit *f физ., хим.* период полураспада
Halbzellstoff *m* полуцеллюлоза
Halbzeug *n* 1. полуфабрикат; заготовка 2. *мет.* заготовка, полупродукт
Halbzeugstraße *f мет.* заготовочный стан
Halde *f горн.* отвал; терриконик, террикон
Haldenberg *m горн.* терриконик, террикон
Haldenpflug *m с.-х.* отвальный плуг
Halit *m мин.* галит
Halle *f* 1. цеховой пролёт; цех 2. ангар
Hall-Effekt *m* эффект Холла
Hall-Element *n* элемент Холла, прибор на эффекте Холла
Hall-EMK *f* эдс Холла
Hall-Generator *m* генератор Холла
Hall-IC *n*, Hall-IS *f*, Hall-Schaltkreis *m* холловская ИС, ИС (на элементах) Холла
Hallraum *m* реверберационная камера
Hall-Sensor *m* датчик [преобразователь] Холла
Hall-Spannung *f* напряжение Холла, холловское напряжение; эдс Холла
Hall-Urspannung *f* эдс Холла
Halo *m метео, астр.* гало
Halogene *n pl* галогены
Halogenglühlampe *f*, Halogenlampe *f* галогенная лампа
Halogenierung *f* галогенирование
Halogen-Metalldampflampe *f* металлогалогенная (дуговая) лампа

Halogenscheinwerfer *m авто* галогенная фара, фара с галогенной лампой
Halogensilber *m* галоидное серебро
Hals *m* 1. горловина 2. шейка 3. *мор.* галс
Halszapfen *m* шейка (*вала*)
Halt *m вчт* останов
~, programmierter программируемый останов
~, wahlweiser останов по выбору
Halt-Befehl *m вчт* команда останова
haltbar стойкий; долговечный ◇ ~ machen консервировать
Haltbarkeit *f* 1. стойкость; долговечность; срок службы 2. жизнеспособность (*напр. клея*) 3. прочность 4. сохраняемость, стойкость при хранении 5. сохраняемость (*теория надёжности*) 6. стабильность (*эмульсии*) 7. износостойкость; прочность
Haltbarmachung *f* консервирование; антисептирование (*древесины*)
Haltebremse *f* стояночный тормоз
Haltedurchflutung *f* магнитодвижущая сила [мдс] удерживания контакта
Haltegurte *m pl авто* ремни безопасности
Haltekode *m вчт* код останова
Haltekondensator *m* конденсатор хранения (*в схеме выборки — хранения*)
Haltemagnet *m* удерживающий магнит
Haltepunkt *m* 1. точка остановки (*на температурной кривой*) 2. *ж.-д.* остановочный пункт (*без путевого развития*); станция 3. остановочный пункт (*автобусной линии*) 4. контрольная точка, точка контрольного останова (*программы*); точка останова по условию
Halter *m* держатель; державка
Haltering *m* стопорное кольцо
Halterung *f* держатель; система крепления; устройство крепления
~, magnetische магнитная ловушка
Halteschaltung *f* фиксирующая схема
Halteschraube *f* стопорный винт
Halteseil *n* 1. оттяжка; ванта 2. привязной трос (*аэростата*); строп(а)
Haltespannung *f* напряжение хранения (*в схеме выборки — хранения*)
Haltestation *f маш.* позиция останова
Haltestelle *f* остановка; *ж.-д.* остановочный пункт
Haltestift *m* штифтовый ограничитель
Haltestromkreis *m* блокировочная цепь
Haltezeit *f* 1. выдержка; время выдержки 2.

HÄNGEBRÜCKE

время удержания **3.** время хранения **4.** время простоя, простой
Haltsignal *n* сигнал остановки; стоп-сигнал
Halt-Taste *f вчт* клавиша останова
Haltung *f* **1.** *гидр.* бьеф **2.** (само)удержание (*реле*)
Haltwert *m* нормируемый параметр невозврата (*напр. реле*)
Haltzustand *m вчт* состояние останова
Hämatit *m мин.* гематит
Hamilton-Funktion *f мат.* функция Гамильтона, гамильтониан
Hammer *m* **1.** молот **2.** молоток
Hammerbär *m* ударная часть [баба] молота
hämmerbar ковкий
Hammerbrecher *m* молотковая дробилка
Hammergesenk *n* молотовый штамп
Hammermühle *f* молотковая мельница
Hammerschlag *m* кузнечная [молотобойная] окалина, молотобоина
Hammerschlaglack *m* молотковая эмаль, молотковый лак
Hammerschlagprobe *f* испытание на расковку
Hammerschraube *f* болт с Т-образной головкой
Hammerschweißen *n* кузнечная сварка
Hamming-Abstand *m вчт* хэммингово расстояние, расстояние Хэмминга
Hamming-Kode *m вчт* код Хэмминга
Handantrieb *m* ручной привод
Handapparat *m* микротелефон, микротелефонная трубка (*конструктивный узел телефонного аппарата в виде трубки с микрофоном и телефоном*)
Handbedienung *f* ручное управление
Handbelichtungsmesser *m фото* портативный экспонометр
Handbetätigung *f* ручное управление
Handbohrmaschine *f* ручная сверлильная машина, дрель
Handbremse *f* ручной тормоз; *авто* рычаг включения стояночного тормоза [стояночной тормозной системы]
Handelsbeton *m* товарный бетон
Handelsdünger *m* минеральное удобрение
Handelserz *f* товарная руда
Handelsflotte *f* торговый флот
Handelsmarke *f* торговый знак, торговая марка
Handelsschiff *m* торговое судно
Handfeuerlöscher *m* ручной огнетушитель
Handgelenk *n* запястье (*руки робота*)
Handhaberoboter *m* робот-манипулятор, манипуляционный робот; (транспортно-)загрузочный робот, робот для транспортировки и загрузки обрабатываемых деталей
Handhabevorrichtung *f* манипулятор
Handhabung *f* манипулирование; подача и перемещение; межоперационная транспортировка
Handhabungsgerät *n* (автоматический) манипулятор
Handheld-Computer *m* карманная ПЭВМ
Handkettensäge *f* цепная пневматическая *или* электрическая ручная пила
Handkreissäge *f* дисковая пневматическая *или* электрическая ручная пила
Handkreuz *n*, **elektronisches** электронный штурвал
Handlauf *m* поручень
Handling *n англ.* манипуляция; манипулирование
Handrad *n* **1.** маховик; маховичок **2.** штурвал **3.** маховое колесо (*швейной машины*)
Handsäge *f* ручная пила; ножовка
Handschalthebel *m авто* рычаг переключения; рычаг ручного управления
Handshake *n англ. вчт* квитирование, подтверждение
Handshakebetrieb *m вчт* режим работы с квитированием; обмен с квитированием
Handshake-Bus *m вчт* шина обмена с квитированием
Handshakemode *m*, **Handshakemodus** *m см.* **Handshakebetrieb**
Handshakesignal *n вчт* сигнал квитирования
Handsteuerung *f* ручное управление
Handstrickgarn *n* пряжа для ручного вязания
Handstück *n геол.* образец, штуф (*кусок горной породы, отобранный для исследования*)
Handterminal *n* переносной терминал
Handtuchtrockner *m* полотенцесушитель
Handwerkzeug *n* ручной инструмент
Handwinde *f* ручная лебёдка
Handzeit *f* ручное время, время на ручные операции
Hanf *m* **1.** конопля **2.** пенька
Hanfseil *n* пеньковый канат
Hang *m* **1.** откос (*насыпи*) **2.** склон; скат
Hangbefestigung *f* крепление откоса
Hängebahn *f* подвесная дорога
Hängebank *f горн.* верхняя приёмная площадка (*шахтного ствола*)
Hängebrücke *f* висячий мост

HÄNGEGERÜST

Hängegerüst *n* висячие леса; висячие подмости
Hängegewölbe *n* подвесной свод *(печи)*
Hängeisolator *m* подвесной изолятор
Hängekorb *m* люлька
Hängenbleiben *n* 1. зависание *(материала)*, сводообразование 2. застревание *(в канале, трубе)*
Hangendes *n горн., геол.* кровля *(пласта, очистной выработки, залежи)*; висячий бок *(жилы, рудного тела, залежи; см. тж* **Nebengestein, hangendes***)*
Hängepult *n* подвесной пульт
Hänger *m ж.-д.* струна *(контактной подвески)*
Hängerüstung *f см.* **Hängegerüst**
Hängesteckdose *f* фишка
Hängeträger *m,* **verankerter** *стр.* вантовая ферма
Hängetragwerk *n,* **verankertes** *стр.* вантовая конструкция; вантовая ферма
Hängewerk *n стр.* висячая конструкция; висячая система
Hang-up *n англ.* зависание *(программы)*
Hardcopy *f вчт* документальная копия; твёрдая копия *(информации, отображаемой на экране дисплея)*
Hardcopy-Terminal *n* терминал с выдачей документальных копий, печатающий терминал
Harddisk *f,* **Hard-Disk** *f* жёсткий (магнитный) диск, ЖМД
Hard-Disk-Cartridge *n* кассетный жёсткий (магнитный) диск; накопитель на кассетном жёстком (магнитном) диске
Hard-Disk-Controller *m* контроллер накопителя на жёстком (магнитном) диске, контроллер НЖМД
Hard-Disk-Laufwerk *n* дисковод для жёстких (магнитных) дисков; накопитель на жёстком (магнитном) диске, НЖМД
Hardtop *n авто* кузов *(типа)* хард-топ, кузов с жёсткой цельносъёмной крышей и без боковых стоек
Hardware *f вчт* аппаратные средства
Hardwareaufwand *m вчт* схемные затраты
Hardwarefehler *m вчт* аппаратная ошибка; аппаратная неисправность; аппаратный отказ
~, **permanenter** устойчивая аппаратная неисправность; аппаратный отказ
Hardware-Interrupt *m вчт* аппаратное прерывание, прерывание от аппаратных средств

hardwarekompatibel *вчт* аппаратно-совместимый
Hardwarekompatibilität *f вчт* аппаратная совместимость
Hardwarekonfiguration *f вчт* состав аппаратных средств
Hardware-Polling *n вчт* аппаратный опрос *(периферийных устройств)*, опрос по последовательно-приоритетной схеме
Hardwareprüfung *f вчт* аппаратный контроль
Hardware-Redundanz *f вчт* 1. аппаратное резервирование 2. аппаратная избыточность
Hardwareschnittstelle *f вчт* аппаратный интерфейс
Hardware-Tools *n pl англ. вчт* аппаратные средства
harmonisch гармонический
Harmonische *f физ.* гармоника
~, **geradzahlige** чётная гармоника
~, **höhere** высшая гармоника
Harnisch *m текст.* аркатная подвязь, аркатная ошнуровка *(в жаккардовых машинах)*
Harnischbrett *n текст.* кассейная [делительная] доска *(жаккардовой машины)*
Harnischschnüre *f pl текст.* аркатные шнуры
Harnsäure *f* мочевая кислота
Harnstoff *m* мочевина, карбамид
Harnstoff-Formaldehydharz *n,* **Harnstoffharz** *n* мочевино-формальдегидная смола
hart 1. твёрдый 2. жёсткий
härtbar 1. закаливаемый, поддающийся закалке 2. отверждаемый; термореактивный
Härtbarkeit *f* 1. закаливаемость 2. отверждаемость
Hartblei *n* 1. гартблей *(сплавы свинца с сурьмой и/или мышьяком)* 2. *полигр.* гарт, типографский сплав
Härte *f* 1. твёрдость 2. жёсткость *(воды, излучения)* 3. контрастность *(напр. фотобумаги)*; контраст
~, **bleibende** постоянная жёсткость *(воды)*
~, **vorübergehende** временная жёсткость *(воды)*
Härtebad *n* 1. закалочная ванна 2. дубящая ванна, дубящий раствор
Härtebeschleuniger *m* ускоритель твердения
Härtebildner *m* 1. добавка для повышения твёрдости бетона 2. соль жёсткости, накипеобразователь
Härtefähigkeit *f* закаливаемость
Härteflüssigkeit *f* закалочная жидкость
Härtegrad *m* 1. градус жёсткости *(воды)* 2. сте-

пень контрастности; коэффициент контрастности
Härtemesser *m* склерометр
Härtemittel *n* 1. закалочная среда 2. отвердитель 3. дубитель, дубящее вещество
Härten *n* 1. закалка, закаливание 2. отверждение 3. дубление, задубливание
Härteofen *m* закалочная печь
Härteöl *n* закалочное масло
Härteprüfer *m* твердомер
Härteprüfung *f* 1. определение твёрдости 2. определение жёсткости (*воды*)
Härter *m* отвердитель
Härteriß *m* закалочная трещина
Härteskala *f* шкала твёрдости
Härtetemperatur *f* температура закалки
Härtezahl *f* число твёрдости
Hartfaserplatte *f* твёрдая древесноволокнистая плита
Hartgasschalter *m* *эл.* автогазовый выключатель
Hartgewebe *n* текстолит
Hartgummi *m* эбонит
Hartguß *m* отбелённый чугун, чугун с отбелённой поверхностью
Hartgußteil *n* кокильная отливка из отбелённого чугуна, отливка с отбелённым поверхностным слоем
Hartholz *n* древесина твёрдых пород
Hartkopie *f* *вчт* документальная копия; твёрдая копия (*информации, отображаемой на экране дисплея*)
Hartkopieausgabe *f* *вчт* выдача документальных копий
Hartkopieterminal *n* *вчт* терминал с выдачей документальных копий, печатающий терминал
Härtling *m* 1. *геол.* останец 2. печная настыль, «козёл»
Hartlot *n* тугоплавкий припой
Hartlöten *n* высокотемпературная пайка
hartmagnetisch магнитожёсткий
Hartmetall *n* твёрдый сплав
Hartmetallbohrer *m* сверло с твердосплавными пластинами
Hartmetallplättchen *n* твердосплавная пластина
Hartmetallwendeplatte *f* *мет.-об.* неперетачиваемая пластина
Hartpapier *n* гетинакс
Hartsektorierung *f* *вчт* жёсткая разметка, жёсткое разбиение (*дискеты*) на секторы

Härtung *f* 1. закалка, закаливание 2. отверждение 3. твердение, затвердевание
Harz *n* смола
Harzgehalt *m* смолистость
Harzsäure *f* смоляная кислота
Hash-Algorithmus *m* *вчт* алгоритм хеширования
Hash-Funktion *f* *вчт* хеш-функция, функция расстановки
Hashing *n* *вчт* хеширование, хэширование, перемешивание; метод хеширования
Hash-Tabelle *f* *вчт* хеш-таблица
Haspel *f* 1. (подъёмный) ворот; лебёдка 2. *текст., с.-х.* мотовило 3. *мет.* моталка 4. *кож.* баркас
Haspelberg *m* *горн.* уклон
Haspelmaschine *f* мотальная машина
Haspeln *n* 1. мотка, мотание 2. *текст.* кокономотание
Haube *f* 1. колпак 2. капот (*двигателя*) 3. *ав.* обтекатель 4. кожух; чехол
Hauch *m* налёт
Haue *f* 1. мотыга 2. кайла, кайло
Hauer *m* забойщик
Häuer *m* забойщик
Häufeln *n* *с.-х.* окучивание
Häufigkeit *f* 1. частота (*события*) 2. распространённость (*элемента в природе*)
~ **der Elemente** распространённость элементов в природе
~, **relative** (относительная) частота (*события*)
Häufigkeitskurve *f* кривая распределения
Häufigkeitsverteilung *f* статистическое распределение
Häufungspunkt *m* *мат.* предельная точка, точка накопления
Haufwerk *n* *горн.* навал (*отбитого ископаемого, породы*); отбитое ископаемое; отбитая порода; отбитая руда; отбитый уголь
Hauptabmessungen *f pl* главные [основные] размеры; габаритные размеры
Hauptabteilung *f* основной цех
Hauptachse *f* главная ось
Hauptamt *n* центральная телефонная станция
Hauptanschluß *m* *свз* 1. основной абонентский аппарат 2. основной телефонный аппарат; абонентский номер
Hauptantrieb *m* *мор.* главный (судовой) двигатель
Hauptantriebsanlage *f* *мор.* главная энергетическая установка (*судна*)

HAUPTARBEITSGÄNGE

Hauptarbeitsgänge *m pl* основные рабочие операции
Hauptbahn *f* магистральная железная дорога; железнодорожная магистраль
Hauptbaugruppe *f* основной узел
Hauptdeck *n* верхняя [главная] палуба
Hauptdüse *f* топливный жиклёр (*турбореактивного двигателя*)
Hauptebene *f опт.* главная плоскость
Haupteinheit *f* основной (резервный) элемент (*в системе резервирования*)
Hauptförderschacht *m горн.* главный ствол
Hauptgasleitung *f* газовая магистраль
Hauptgerät *n вчт* ведущее устройство, задатчик
Hauptgerät-Nebengerät-Struktur *f вчт* структура типа «ведущий — ведомый»
Hauptgleis *n* главный путь
Hauptkabel *n* магистральный кабель
Hauptkühlmittelpumpe *f яд.* главный циркуляционный насос
Hauptlager *n* коренной подшипник
Hauptleitung *f* 1. магистраль; магистральный трубопровод 2. *свз* магистраль, магистральная линия 3. основная линия (*системы гидропривода*); главный [магистральный] трубопровод
Hauptmaschinen *f pl* главные двигатели (*судна*)
Hauptmauer *f* капитальная стена
Hauptmenü *n вчт* главное меню
Hauptnenner *m* общий знаменатель
Hauptplatine *f вчт* основная [базовая, системная] плата; базовая [системная] ячейка, основной модуль
Hauptprozessor *m вчт* главный [основной] процессор
Hauptpunkt *m опт.* 1. главная точка (*напр. оптической системы*) 2. центр перспективы
Hauptregelgröße *f* конечная регулируемая величина
Hauptregister *n pl вчт* основные регистры
Hauptreihe *f астр.* главная последовательность
Hauptrohrleitung *f* магистральный трубопровод
Hauptrolle *f* ведущий шкив
Hauptrückführung *f* главная обратная связь
Hauptrücksetzsignal *n вчт, элн* сигнал общего [системного] сброса
Hauptsätze *m pl* **der Thermodynamik** [**der Wärmelehre**] начала термодинамики

Hauptschlußmaschine *f* (электрическая) машина последовательного возбуждения
Hauptschlußmotor *m* электродвигатель последовательного возбуждения
Hauptschnittbewegung *f мет.-об.* главное движение, движение резания
Hauptspant *n мор.* мидель-шпангоут
Hauptspantquerschnitt *m мор.* миделевое сечение
Hauptspeicher *m вчт* основная память, основное ЗУ; оперативное ЗУ, ОЗУ
Hauptständer *m* передняя стойка (*станка*)
Hauptstraße *f* магистральная дорога
Hauptstrecke *f* (железнодорожная) магистраль
Hauptstreckenlokomotive *f* магистральный локомотив
Hauptstromkreis *m* силовая (электрическая) цепь
Hauptstrommaschine *f см.* **Hauptschlußmaschine**
Hauptstrommotor *m см.* **Hauptschlußmotor**
Haupttaktgeber *m* задающий генератор, ведущий тактовый генератор
Haupttangente *f* главная касательная, асимптота
Haupttriebwerk *n* основной двигатель; маршевый двигатель
Hauptverkehrsstunde *f свз* час наибольшей нагрузки
Hauptvermittlungsstelle *f свз* главная коммутационная станция
Hauptverteiler *m свз* главный распределитель, главный кросс
Hauptwelle *f* коренной вал; главный вал
Hauptzeit *f* основное технологическое время
Hauptzweig *m* главное плечо (*вентильного преобразователя электроэнергии*)
Hauptzylinder *m* главный цилиндр
H-Ausgangsspannung *f* выходное напряжение высокого уровня
Haushalt *m* баланс; режим
Haushaltelektronik *f* бытовая электронная аппаратура
Haushaltgefrierschrank *m* домашний морозильный шкаф
Haushaltkühlschrank *m* домашний холодильник
Hausvermittlung *f*, **automatische** учрежденческая АТС без выхода в общую сеть
Haut *f* 1. кожа; шкура 2. кожа; кожица 3. плёнка 4. корка

Hautcreme *f* крем для ухода за кожей
Hauteffekt *m* скин-эффект, поверхностный эффект
Hautleim *m* мездровый клей
Havarie *f* авария
HCH-Mittel *n* препарат гексахлорана
HCMOS-IC [High-speed CMOS-...] *n*, **HCMOS-IS** *f*, **HCMOS-Schaltkreis** *m* быстродействующая КМОП ИС
HCMOS-Schaltkreise *m pl* быстродействующие КМОП ИС
HDD [Hard Disk Drive] *n* дисковод для жёстких (магнитных) дисков; накопитель на жёстком (магнитном) диске [на ЖМД], НЖМД
HDD-Controller *m* контроллер накопителя на жёстком (магнитном) диске
HD-Diskette [High-Density-...] *f* дискета с высокой плотностью записи
HD-Polymerisation *f* полимеризация под высоким давлением
HDTV-Kamera [High-Definition TV-...] *f* камера (телевидения) высокой чёткости, камера ТВЧ
Headup-Display *n* 1. *ав.* коллиматорный индикатор 2. дисплей на лобовом стекле (*автомобиля*) 3. нашлемный индикатор; индикатор, встроенный в шлем лётчика
Heaviside-Kennely-Schicht *f см.* Heaviside-Schicht
Heaviside-Schicht *f* слой Е (*ионосферы*), слой Хэвисайда (— Кеннели)
Hebdrehwähler *m тлф* декадно-шаговый искатель
Hebebaum *m* 1. *мор.* аншпуг 2. вага 3. грузовая стрела (*плавучего крана*)
Hebebock *m* домкрат
Hebebühne *f* подъёмная платформа; автомобильный подъёмник с платформой
Hebegabel *f* вильчатый подъёмник
Hebel *m* рычаг
Hebelantrieb *m* рычажная передача, рычажный привод
Hebelarm *m* плечо рычага
Hebelgesetz *n* правило рычага
Hebelgestänge *n* рычажная система, система рычагов
Hebelgetriebe *n* рычажный механизм
Hebelpresse *f* рычажный пресс
Hebelschalter *m* рычажный выключатель; рубильник

Hebelschere *f* ножницы с качающимся ножом, рычажные [аллигаторные] ножницы
Hebelsteuerung *f* рычажное управление
Hebelübersetzung *f* 1. рычажная передача 2. передаточное отношение (рычага)
Hebelverhältnis *n* отношение плеч рычага
Hebelwaage *f* рычажные весы
Hebelwerk *n* рычажный механизм
Hebemagnet *m* грузовой магнит
Hebemaschine *f* грузоподъёмная машина
Heber *m* 1. сифон 2. домкрат
~ , **hydraulischer** гидравлический домкрат
~ , **pneumatischer** пневматический домкрат
Heberad *n* водоподъёмное колесо
Heberolle *f* подъёмный ролик
Heberwehr *n гидр.* плотина с сифонным водосбросом
Hebe- und Fördermittel *n pl* подъёмно-транспортное оборудование
Hebevorrichtung *f* подъёмное приспособление; подъёмный механизм
Hebezeug *n* 1. грузоподъёмное устройство; подъёмный механизм; грузоподъёмная машина 2. грузоподъёмное оборудование
Hebezylinder *m* подъёмный цилиндр
Hechel *f текст.* гребень для чесания
hecheln чесать (*лен*)
Heck *n* 1. корма 2. кормовая часть; хвост, хвостовая часть 3. *авто* задняя часть (*кузова*); задок (*кузова*)
Heckantrieb *m авто* привод на задние колёса (*с размещением силового агрегата в задней части транспортного средства*)
Heckflosse *f* аэродинамический стабилизатор в задней части кузова (*легкового автомобиля*)
Heckklappe *f* задняя дверь (*легкового автомобиля*)
Hecklastigkeit *f* 1. *мор.* дифферент на корму 2. *ав.* склонность к кабрированию
Heckleitwerk *n ав.* хвостовое оперение
Heckmotor *m авто* двигатель, расположенный в задней части транспортного средства
Heckrotor *m* рулевой винт (*вертолёта*)
Heckscheibe *f авто* заднее стекло, стекло заднего окна (*кузова автомобиля*)
Heckspoiler *m авто* задний спойлер
Heckzapfwelle *f* задний вал отбора мощности
Hede *f* очёс, очёсы; пакля
Hefe *f* дрожжи
Hefnerkerze *f опт.* свеча Хефнера, свеча Геф-

HEFTAPPARAT

нера *(устаревшая единица силы света, равная 0,903 кд)*
Heftapparat *m* полигр. швейный аппарат *(проволоко- или ниткошвейной машины)*
Heften *n* 1. *полигр.* шитьё, сшивание; (швейное) скрепление *(тетрадей)* 2. прихватка *(напр. сваркой)* 3. *текст.* смётывание
Heftmaschine *f* полигр. швейная машина *(обычно употребляются термины: проволокошвейная машина, ниткошвейная машина)*
Heftschweißen *n* стежковая сварка
Heimathafen *m* порт приписки
Heimcomputer *m* бытовая ЭВМ
Heimelektronik *f* бытовая электроника
Heimterminal *n* абонентский терминал
H-Eingangsspannung *f* входное напряжение высокого уровня
Heißanlauf *m* горячий запуск *(газотурбинного двигателя)*
Heißdampf *m* перегретый пар
Heißgasmotor *m* двигатель Стирлинга, двигатель внешнего сгорания
Heißlauf *m*, **Heißlaufen** *n* 1. перегрев *(напр. подшипника)* 2. *ж.-д.* грение *(буксы)*
Heißleiter *m* (термо)резистор с отрицательным ТКС [с отрицательным температурным коэффициентом сопротивления]
Heißluftdusche *f* фен
Heißpressen *n* горячее прессование
Heißsiegeln *n* термосварка *(термопластичных пленок)*
Heißwasserbereiter *m* водонагреватель; бойлер
Heißwind *m* горячее дутьё
Heizakkumulator *m* аккумулятор накала
Heizanlage *f* отопительная установка
Heizapparat *m* вулканизационный аппарат
Heizaufwand *m* мощность накала
Heizbad *n* нагревательная баня
Heizbatterie *f* батарея накала
Heizdampfentnahmeturbine *f* теплофикационная турбина
Heizdraht *m* (проволочный) нагреватель
Heizelement *n* (электро)нагревательный элемент; электронагреватель
Heizen *n* 1. нагревание, нагрев; обогрев 2. отопление
~, **elektrisches** электрообогрев
Heizer *m* 1. вулканизатор 2. элн подогреватель (катода)
Heizfaden *m* нить накала

Heizfläche *f* поверхность нагрева
Heizflächenbelastung *f* тепловая нагрузка поверхности нагрева
Heizgas *n* 1. горючий газ; газовое топливо 2. отходящий газ
Heizgerät *n* нагревательный прибор; нагреватель; отопительный прибор
Heizkessel *m* отопительный котёл
Heizkissen *n* электрическая грелка, электрогрелка
Heizklappe *f* топочная дверца
Heizkörper *m* 1. электрорадиатор 2. калорифер 3. электронагреватель; (электро)нагревательный элемент
Heizkraftnetz *n* тепловая сеть
Heizkraftturbine *f* теплофикационная турбина
Heizkraftversorgung *f* теплоснабжение; теплофикация
Heizkraftwerk *n* теплоэлектроцентраль, ТЭЦ
Heizkraftwirtschaft *f* теплофикация
Heizkreis *m* цепь накала
Heizlampe *f* нагревательная лампа, рефлектор
Heizleiter *m* электронагреватель
Heizleitung *f* теплотрасса; теплопровод
Heizlüfter *m* калорифер с вентилятором; отопительно-вентиляционный агрегат
Heizmantelpumpe *f* обогреваемый насос
Heiznetz *n* тепловая сеть
Heizöl *n* мазут, жидкое котельное топливо
Heizperiode *f* отопительный сезон
Heizpresse *f* форматор-вулканизатор
Heizrohr *n* 1. труба системы отопления 2. *уст.* дымогарная труба
Heizrohrkessel *m* *уст.* дымогарный котёл
Heizschlauch *m* варочная камера
Heizsonne *f* электрокамин со сферическим отражателем
Heizspannung *f* напряжение накала
Heizspirale *f* нагревательная спираль
Heizspule *f* катушка индукционного [высокочастотного] нагрева
Heizstoff *m* горючий материал; топливо
Heizstrahler *m* камин; электрокамин
Heizstrom *m* ток накала
Heiztransformator *m* трансформатор накала
Heizung *f* 1. нагревание; нагрев 2. отопление 3. *эл.* накал
~, **elektrische** 1. электрообогрев 2. электрическое отопление
Heizvorrichtung *f* обогреватель
Heizwendel *f* нагревательная спираль

Heizwerk *n* 1. теплоэлектроцентраль, ТЭЦ 2. котельная
Heizwert *m* теплота сгорания; низшая теплота сгорания
~, **oberer** высшая теплота сгорания
Heizwiderstand *m* 1. нагревательный резистор; нагревательный резисторный элемент 2. реостат накала; резистор в цепи накала 3. сопротивление нити накала
Hektar *n* гектар, га
Hektopascal *n* гектопаскаль, гПа
helikoidal винтовой, геликоидальный
Helium *n* гелий, He
Helium-Neon-Laser *m* гелий-неоновый лазер
Helladaptation *f* световая адаптация
Hellbezugswert *m* коэффициент яркости (*цвета в колориметрии*)
Helligkeit *f* 1. яркость 2. светлота (*цвета*) 3. *астр.* блеск (*звезды*); звёздная величина
Helligkeitssignal *n тлв* сигнал яркости
Helligkeitsstufe *f* градация яркости
Helling *f* эллинг
Hellstrahler *m* высокотемпературный инфракрасный излучатель
Hellstrom *m* фототок фотоприёмника
Helm *m* 1. каска; шлем 2. рукоятка (*инструмента*)
Helm-Display *n ав.* нашлемный индикатор; дисплей, встроенный в шлем лётчика
Helmvisier *n*, **Helmvisiersystem** *n ав.* нашлемный прицел; нашлемный визир
HELP-Fenster *n*, **Help-Fenster** *n вчт* окно подсказки
HELP-Funktion *f*, **Help-Funktion** *f вчт* функция HELP, функция выдачи диалоговой документации, функция помощи оператору [пользователю]
Help-Zeile *f вчт* строка подсказки, строка-подсказка
Hemisphäre *f* гемисфера; полушарие
Hemizellulose *f* гемицеллюлоза
Hemmschaltwerk *n см.* **Hemmwerk**
Hemmschuh *m ж.-д.* тормозной башмак
Hemmstoff *m* ингибитор
Hemmung *f* 1. торможение; замедление 2. анкерный ход, спуск (*часового механизма*)
Hemmungsmittel *n* ингибитор
Hemmwerk *n маш.* спусковой механизм, спуск
Henry *n* генри, Гн
Heptan *n* гептан
Heptode *f* гептод, пентагрид

Herbizid *n* гербицид
Herbstfurche *f* зябь
Herbstpunkt *m* точка осеннего равноденствия, осеннее равноденствие
Herd *m* 1. под, подина (*печи*) 2. концентрационный стол (*для обогащения полезных ископаемых*) 3. очаг
Herdboden *m* лещадь
Herdflächenleistung *f* напряжение пода (*печи* в кг/м^2·ч); проплав (*т/м^2·ч*)
Herdformerei *f* формовка в почве
Herdfrischen *n* кричный передел
Herdfrischverfahren *n мет.* выплавка стали в подовых [ванных] печах (*мартеновский и электросталеплавильный процессы, а также применявшийся в прошлом процесс пудлингования*)
Herdguß *m* литьё в песчаные формы
Herdmauer *f* зуб плотины
Herdofen *m* подовая печь
Herdsohle *f* лещадь
Herdwagenofen *m* печь с выдвижным подом
Hereinbrechen *n горн.* обрушение
Herleitung *f мат.* вывод
hermetisch герметический; герметичный
Hersteller *m* изготовитель
Herstellerbetrieb *m* завод-изготовитель
Herstellerrisiko *n* риск поставщика
Herstellerwerk *n* завод-изготовитель
Herstellung *f* 1. изготовление; производство 2. *вчт* составление (*программы*) 3. *хим.* получение
~ **von Chlor** получение хлора
Herstellungskosten *pl* расходы на изготовление; издержки производства
Herstellungsverfahren *n* способ изготовления; способ производства
Hertz *n* герц, Гц
Hertzstück *n ж.-д.* крестовина (*стрелочного перевода*)
Herzschrittmacher *m* кардиостимулятор, ритмоводитель
Heterodiode *f* гетеродиод, диод с гетероструктурой, диод на гетеропереходе
Heteroepitaxie *f* гетероэпитаксия
Heterofotodiode *f* фотодиод с гетероструктурой, гетерофотодиод
heterogen гетерогенный
Heterojunction *n* гетеропереход, гетероструктурный переход
Heteromorphismus *m* гетероморфизм

Hetero-pn-Übergang *m* *p* — *n*-гетеропереход, гетероструктурный *p* — *n*-переход
heteropolar гетерополярный
Heterostruktur *f* гетероструктура
Heteroübergang *m* гетеропереход, гетероструктурный переход
heterozyklisch гетероциклический
Heuhaufensammler *m* *с.-х.* сенокопнитель
Heuristik *f* эвристика, эвристические методы
heuristisch эвристический
Heuwender *m* *с.-х.* сеноворошилка
Hexadezimalkode *m* *вчт* шестнадцатеричный код
Hexadezimalsystem *n* шестнадцатеричная система счисления
Hexadezimalzahl *f* *вчт* шестнадцатеричное число
Hexaeder *m* гексаэдр, шестигранник
Hexagon *n* шестиугольник
Hexan *n* гексан
Hexcode *m* *см.* **Hexadezimalkode**
Hexdump *m* *вчт* шестнадцатеричный дамп, дамп в шестнадцатеричной форме; распечатка (*напр. программы*) в шестнадцатеричном коде
Hex-Format *n* *вчт* шестнадцатеричный формат
Hexode *f* гексод
HF-... высокочастотный (*см. тж* **Hochfrequenz...**)
Hieb *m* 1. насечка 2. рубка (*леса*)
Hierarchie *f* иерархия
hierarchisch иерархический
hieven поднимать (*напр. с помощью лебёдки*); выбирать (*канат, трос*)
HiFi-... *рад.* высококачественный
HiFi-Anlage *f* *рад.* система с высокой верностью воспроизведения
HiFi-Tuner *m* *рад.* тюнер с высокой верностью воспроизведения
HiFi-Verstärker *m* *рад.* усилитель высокой верности, высококачественный усилитель, усилитель категории Hi-Fi
HiFi-Videorecorder *m* (бытовой) видеомагнитофон с высокой верностью воспроизведения звука
high-aktiv возбуждаемый высоким уровнем сигнала; активный при высоком уровне напряжения
High-Com-Schaltung *f* *элн* компандерный шумоподавитель «хай-ком», компандерный шумоподавитель с высокой степенью компандирования
High-end-Bereich *m* область высоких характеристик; класс устройств с высокими техническими характеристиками
High-end-Computer *m*, **High-end-Rechner** *m* микроЭВМ старшей модели
High-end-Mikroprozessor *m* высокопроизводительный [высококачественный] микропроцессор; микропроцессор специального назначения
High-level *m* *англ.* высокий уровень напряжения, Н-уровень
High-Logik *f* положительная логика (*логика, в которой уровень единицы больше уровня нуля*)
High-Low-Flanke *f см.* **H-L-Flanke**
High-Pegel *m см.* **H-Pegel**
High-Signal *n* сигнал высокого уровня, сигнал Н-уровня
High-Speed-Fotografie *f* высокоскоростная фотография
Highway *m* 1. (скоростная) автомагистраль, автострада 2. *элн, свз* тракт передачи 3. магистраль, общая шина (*сети передачи данных*)
High-Zustand *m* состояние с высоким уровнем напряжения; состояние логической единицы (*в положительной логике*)
Hilbert-Raum *m* *мат.* гильбертово пространство
Hilfefunktion *f см.* **HELP-Funktion**
Hilfe-Taste *f* *вчт* кнопка вызова диалоговой документации, кнопка вызова помощи пользователю
Hilfsabteilung *f* вспомогательный [подсобный] цех
Hilfsanode *f* 1. вспомогательный анод 2. дежурный анод
Hilfsarbeiter *m* подсобный рабочий
Hilfsbetrieb *m* вспомогательный [подсобный] цех
Hilfsbremse *f* *авто* запасная тормозная система, запасной тормоз
Hilfseinrichtung *f* 1. вспомогательный механизм 2. вспомогательное оборудование
Hilfsmaschinen *f pl* *мор.* вспомогательные двигатели
Hilfsmotor *m* 1. вспомогательный двигатель 2. серводвигатель
Hilfssatz *m* вспомогательная теорема, лемма

Hilfsschaltwerk *n эл.* вспомогательный механизм
Hilfsträger *m* поднесущая (частота)
Hilfsventil *n* сервоклапан
Hilfswagen *m* автомобиль технической помощи
Hilfszeit *f* вспомогательное время
Hilfszug *m* восстановительный поезд
Himmelskugel *f* небесная сфера
Himmelsmechanik *f* небесная механика
Hin- und Herbewegung *f* возвратно-поступательное движение
Hin- und Herverschiebung *f* возвратно-поступательное перемещение
Hingang *m* прямой ход
Hinlauf *m* прямой ход (*напр. электронного луча*)
Hinreaktion *f* прямая реакция
hinreichend достаточный
Hinterachsantrieb *m авто* **1.** главная передача (заднего моста) **2.** привод заднего моста
Hinterachsdifferential *n авто* дифференциал заднего моста
Hinterachse *f* задняя ось; *авто* задний мост
Hinterachsgetriebe *n см.* **Hinterachsantrieb 1.**
Hinterachswelle *f авто* задняя полуось, полуось заднего (ведущего) моста
Hinterarbeitungskurve *f*, **Hinterdrehkurve** *f мет.-об.* затыловочный кулачок
Hinterdrehmaschine *f мет.-об.* токарно-затыловочный станок
Hinterdrehung *f мет.-об.* **1.** затылование **2.** поднутрение, внутренняя проточка, карман
Hinterdrehvorrichtung *f мет.-об.* затыловочное приспособление
Hintereinanderschaltung *f эл.* последовательное соединение
Hinterflanke *f* срез импульса
Hinterfüllung *f* забутовка
Hintergrund *m* фон
Hintergrundbeleuchtung *f* задняя подсветка
Hintergrundbild *n* фоновое изображение; фоновая картинка (*на экране дисплея*)
Hintergrundfarbe *f* цвет фона
Hintergrundjob *m вчт* фоновое задание; фоновая задача
Hintergrundprogramm *n вчт* фоновая программа, программа с низким приоритетом
Hintergrundprojektion *f* рир-проекция
Hintergrundstrahlung *f физ., астр.* фоновое излучение

~, **kosmische** фоновое излучение Вселенной, космический фон, реликтовое излучение
Hintergrundtask *f вчт* фоновая задача
Hintergrundverarbeitung *f вчт* фоновая обработка
Hintermaschine *f эл.* машина, включаемая на ротор («передней» машины), «задняя» [вспомогательная] машина (*электромашинного каскада*)
Hintermauerung *f стр.* забутка
Hinterrad *n* заднее колесо
Hinterradantrieb *m* привод на задние колёса
Hinterradgabel *f* задняя вилка, вилка заднего колеса (*напр. мотоцикла*)
Hinterradschwinge *f* задняя маятниковая подвеска, маятниковая подвеска заднего колеса (*напр. мотоцикла*)
Hinterradschwinggabel *f* задняя вилка, маятниковая вилка подвески заднего колеса (*напр. мотоцикла*)
Hinterschleifen *n мет.-об.* затыловочное шлифование
Hinterschleifwinkel *m мет.-об.* угол шлифуемого затылка
Hinterschraube *f ав.* задний воздушный винт (*соосной спарки*); толкающий воздушный винт
Hin-und-Her-Biegeversuch *m* испытание на перегиб
Hinweis *m вчт* приглашение (*к вводу команды*)
Hinweisregister *n вчт* регистр-указатель
Hinweiszeichen *n* **1.** знак, указатель (*напр. направления движения*) **2.** *авто* указательный знак
Histogramm *n* гистограмма
Hitrate *f вчт* коэффициент совпадения; коэффициент эффективности выборки (*при обращении к ЗУ*); коэффициент эффективности поиска (*при выборке записей из файла*)
Hitzdrahtanemometer *n* термоанемометр
Hitzdrahtinstrument *n* тепловой измерительный прибор, измерительный прибор с нагреваемой нитью
Hitzdrahtrelais *n* тепловое реле
Hitzebarriere *f* тепловой барьер
hitzebeständig *см.* **hitzefest**
hitzefest жаропрочный; жаростойкий
Hitzefestigkeit *f* жаропрочность; жаростойкость
hitzehärtbar термореактивный (*о пластмассах*)

HITZE-KÄLTE-TEST

Hitze-Kälte-Test *m* испытания на стойкость к термоциклированию
Hitzemauer *f* тепловой барьер
Hitzeschild *n* тепловая защита (*напр. спускаемого аппарата, космического корабля*); теплозащитный экран
HKZA [Hochspannungs-Kondensator-Zündanlage] *f авто* высоковольтная конденсаторная система зажигания
H-L-Flanke [High-Low-...] *f* отрицательный фронт, срез (*напр. тактового импульса*)
H-Logik *f* положительная логика (*логика, в которой уровень единицы больше уровня нуля*)
H-L-Taktflanke *f* отрицательный фронт тактового импульса, срез тактового импульса
HL-Übergang *m* 1. отрицательный перепад потенциала, спад (*входного или выходного потенциала*) 2. переход с уменьшением концентрации примеси (*p — p*-переход, *n — n*-переход)
HMOS [High-Performance MOS] *f* 1. высококачественные МОП ИС 2. *см.* **HMOS-Technik**
HMOS-Technik *f*, **HMOS-Technologie** *f* HMOS-технология, технология (изготовления) высококачественных МОП ИС
HNIL [High Noise-Immunity Logik] *f* логические схемы с высокой помехоустойчивостью
Hobel *m* 1. рубанок 2. струг
Hobelbank *f* столярный верстак
Hobelkamm *m мет.-об.* зуборезная гребёнка
Hobelmaschine *f мет.-об., дер.-об.* строгальный станок
Hobelmeißel *m* 1. *мет.-об.* строгальный резец 2. железко (*рубанка*)
Hobeln *m* строгание
Hoch *n см.* **Hochdruckgebiet**
Hochatmosphäre *f* верхние слои атмосферы
Hochbagger *m* экскаватор верхнего копания
Hochbahn *f* 1. надземная железная дорога 2. эстакада
Hochbau *m* 1. надземное строительство 2. прокладка воздушных линий связи
Hochbauschgarn *n* высокообъёмная пряжа
Hochbehälter *m* 1. (водо)напорный резервуар 2. напорный сосуд; напорная ёмкость; напорный бак
Hochbild *n* рельеф (*местности*)
Hochbordwagen *m* полувагон, грузовой вагон с высокими бортами

Hochbrechen *n* проходка (*горных выработок*) снизу вверх
Hochdamm *m* высотная плотина
Hochdecker *m ав.* высокоплан
hochdispers высокодисперсный
hochdotiert сильнолегированный
Hochdruck *m* 1. высокое давление 2. высокая печать
~, **indirekter** высокая офсетная печать, высокий офсет
Hochdruckgebiet *n метео* область высокого [повышенного] давления, антициклон
Hochdruckkessel *m* котёл высокого давления
Hochdruckphysik *f* физика высоких давлений
Hochdruckpreßformen *n* формовка прессованием при высоком давлении
Hochdruckpumpe *f* насос высокого давления
Hochdruckreifen *m* шина высокого давления
Hochdruckrücken *m метео* гребень повышенного давления
Hochdruckturbine *f* турбина высокого давления
Hochdruckwind *m* острое дутьё
Hochdruckzylinder *m* цилиндр высокого давления
Hochebene *f* высокогорное плато
Hochenergiephysik *f* физика высоких энергий
Hochfahren *n* 1. форсировка (*котла, топки*) 2. разгон (*турбины, двигателя*); *ав.* прогон (*двигателя перед взлётом*)
hochfeuerfest высокоогнеупорный
Hochflut *f* 1. половодье; паводок 2. высокий прилив
hochfrequent высокочастотный
Hochfrequenz *f* высокая частота
Hochfrequenz... высокочастотный
Hochfrequenzaufnahme *f* высокоскоростная (кино)съёмка
Hochfrequenz-Deemphasis *f тлв* коррекция (предыскажения) сигнала цветности (*в декодере СЕКАМ*)
Hochfrequenzentladung *f* высокочастотный разряд
Hochfrequenzerwärmung *f* высокочастотный нагрев
Hochfrequenzgenerator *m* генератор высокой частоты
Hochfrequenzhärten *n* высокочастотная закалка
Hochfrequenzheizung *f* 1. высокочастотный (индукционный) нагрев 2. катушка высоко-

частотного [индукционного] нагрева, ВЧ-подогреватель
Hochfrequenzimpuls *m* радиоимпульс
Hochfrequenzkabel *n* радиочастотный кабель
Hochfrequenzkanal *m* высокочастотный канал
Hochfrequenzkeramik *f* высокочастотная [радиотехническая] керамика
Hochfrequenzkinematografie *f* высокоскоростная киносъёмка
Hochfrequenzofen *m* высокочастотная печь
Hochfrequenzphysik *f* радиофизика
Hochfrequenzporzellan *n* радиотехнический фарфор
Hochfrequenz-Preemphasis *f тлв* предыскажение сигнала цветности (*в декодере СЕКАМ*)
Hochfrequenzschweißen *n* высокочастотная сварка
Hochfrequenzspektroskopie *f* радиоспектроскопия
Hochfrequenzspule *f* катушка высокой частоты
Hochfrequenzstrom *m* ток высокой частоты
Hochfrequenztechnik *f* техника высоких частот; техника радиочастот
Hochfrequenztrocknung *f* высокочастотная сушка, сушка токами высокой частоты, ВЧ-сушка
Hochfrequenzverstärker *m* усилитель радиочастоты, УРЧ
Hochgeschwindigkeitsbus *m вчт* «быстрая» [высокоскоростная] шина
Hochgeschwindigkeitsfotografie *f* высокоскоростная фотография
Hochgeschwindigkeits-IS *f*, **Hochgeschwindigkeitsschaltkreis** *m*, **Hochgeschwindigkeitsschaltung** *f* быстродействующая ИС
Hochglanz *m* зеркальный блеск
Hochgleis *n* эстакада
Hochhaus *n* высотное здание, высотный дом
Hochhausbau *m* высотное строительство, строительство высотных зданий
Hochhubwagen *m* высокоподъёмный погрузчик
Hochintegration *f элн* высокая степень интеграции
Hochintegrationstechnologie *f* технология ИС с высокой степенью интеграции, технология БИС
hochkant: ◇ ~ **stellen** ставить на ребро
Hochlauf *m* разгон (*напр. двигателя*)
hochlegiert высоколегированный
Hochleistungsmaschine *f* высокопроизводительная машина
Hochleistungs-MOSFET *m* мощный МОП-транзистор
Hochleistungs-MOS-Technik *f см.* **HMOS-Technik**
Hochleistungsmotor *m* мощный двигатель
Hochlöffel *m* прямая лопата (*тип экскаватора; рабочий орган экскаватора*)
Hochlöffelbagger *m* (одноковшовый) экскаватор с прямой лопатой
hochmolekular высокомолекулярный
Hochofen *m* доменная печь, домна
Hochofenbeton *m* шлакобетон
Hochofenbetrieb *m* доменное производство; доменный цех
Hochofengas *n* доменный [колошниковый] газ
Hochofenkoks *m* доменный [металлургический] кокс
Hochofenmann *m* доменщик; горновой
Hochofenschlacke *f* доменный шлак
Hochofentragring *m* опорное кольцо шахты доменной печи, маратор
Hochofenverfahren *n* доменный процесс, доменная плавка
Hochofenwerk *n* доменный цех
Hochofenzement *m* шлакопортландцемент
Hochöfner *m* доменщик; горновой
Hochohmigkeit *f* высокоимпедансное состояние (*третье состояние тристабильного выхода*)
Hochohmwiderstand *m* высокоомный резистор
Hochpaß *m* фильтр верхних частот
Hochpegellogik *f* (помехоустойчивые) логические схемы с высокими уровнями переключения
Hochpolymere *n pl* высокополимеры
hochproduktiv высокопродуктивный; высокопроизводительный
Hochpunkt *m геод.* высотный пункт, высотный репер
Hochregallager *n* многоярусный склад; многоярусный стеллаж
Hochreißen *n ав.* кабрирование
hochschmelzend тугоплавкий
Hochschnitt *m* верхнее копание
Hochseefischerei *f* морское рыболовство; океаническое рыболовство
Hochseeflotte *f* морской флот
Hochseeschiff *n* океанский корабль, лайнер
Hochsilo *m* силосная башня
Hochspannung *f* высокое напряжение

HOCHSPANNUNGSANLAGE

Hochspannungsanlage f высоковольтная установка
Hochspannungsentladung f высоковольтный разряд
Hochspannungsisolator m высоковольтный изолятор
Hochspannungskabel n 1. высоковольтный кабель 2. *авто* провод высокого напряжения (*в системе зажигания*)
Hochspannungskreis m высоковольтная цепь, (электрическая) цепь тока высокого напряжения
Hochspannungsleitung f высоковольтная линия, линия (электропередачи) высокого напряжения
Hochspannungsmast m опора высоковольтной линии электропередачи [высоковольтной ЛЭП]
Hochspannungsprüffeld n высоковольтная испытательная лаборатория
Hochspannungsschalter m высоковольтный выключатель
Hochspannungssicherung f высоковольтный предохранитель
Hochspannungsstrom m ток высокого напряжения
Hochspannungstechnik f высоковольтная техника, техника высоких напряжений
Hochspannungstransformator m высоковольтный трансформатор, трансформатор высокой частоты
Höchstbelastung f максимальная нагрузка
Höchstdruck m 1. сверхвысокое давление 2. предельное давление (*напр. насоса*)
Höchstfrequenz f сверхвысокая частота
Höchstfrequenzbauelement n СВЧ-прибор
Höchstfrequenzdiode f СВЧ-диод
Höchstfrequenztechnik f СВЧ-техника, техника сверхвысоких частот
Höchstfrequenztransistor m СВЧ-транзистор
Höchstfrequenzen f pl сверхвысокие частоты, СВЧ
Höchstgeschwindigkeit f 1. *авто* максимальная скорость 2. *ав.* максимальная [предельная] скорость (полёта) 3. *ж.-д.* конструктивная скорость; максимальная скорость 4. *мор.* максимальная [наибольшая] скорость
Höchstgeschwindigkeitsschaltkreis m сверхскоростная [сверхбыстродействующая] ИС, ССИС

Höchstintegration f *элн* сверхвысокая степень интеграции
Höchstlast f максимальная нагрузка
Höchstleistung f максимальная мощность; максимальная производительность
Höchstleistungs... сверхмощный
Hochstollen m грунтозацеп
Hochstraße f эстакадная дорога
Hochstrecke f эстакада
Höchstspannung f сверхвысокое напряжение
Höchsttemperatur f 1. максимальная температура 2. сверхвысокая температура
Höchstvakuum n сверхвысокий вакуум
Höchstwert m максимальное [наибольшее] значение, максимум
Höchstwertigkeit f *хим.* высшая валентность
Hochtechnologie f передовая технология, технология высокого уровня
Hochtemperaturreaktor m *яд.* высокотемпературный реактор
Hochtemperatur-Supraleiter m высокотемпературный сверхпроводник
Hochtemperatur-Supraleitung f высокотемпературная сверхпроводимость
Hochtöner m *см.* Hochtonlautsprecher
Hochtonlautsprecher m громкоговоритель для воспроизведения высоких частот, высокочастотный громкоговоритель
hochtourig высокоскоростной; высокооборотный
Hochvakuum n высокий вакуум
Hochvakuumphotozelle f вакуумный фотоэлемент
Hochvakuumpumpe f высоковакуумный насос
Hochvakuumtechnik f высоковакуумная техника
Hochveredelung f *текст.* высококачественная отделка (*с приданием ткани несминаемости и безусадочности*)
Hochverzug m *текст.* высокая вытяжка
hochviskos высоковязкий
Hochwasser n 1. паводок; паводковые воды 2. полная вода (*прилива*)
Hochwasserschutzbecken n водоём для задержки паводка
Hochwasserspeicherung f аккумулирование паводка
hochwertig высококачественный
Hochzahl f показатель степени
Hochzeilenfernsehen n телевидение высокой чёткости, ТВЧ

Höcker *m* столбиковый вывод (*корпуса ИС*)
Hodograf *m* годограф
Hof *m* *астр.* ореол
Höhe *f* высота
~, **lichte** высота в свету
Höhenabstand *m* расстояние по высоте
Höhenanzug *m* высотный костюм
Höhenatemgerät *n* кислородный прибор
Höhenbetriebskennlinie *f* высотная характеристика (*авиационного двигателя*)
Höhenbetriebsverhalten *n* высотность (*авиационного двигателя*)
Höhenfestpunkt *m* *геод.* опорная точка нивелирной сети, высотный репер
Höhenfinder *m* радиовысотомер
Höhenflosse *f* *ав.* стабилизатор (*горизонтального оперения*)
Höhenflugzeug *n* высотный самолёт
Höhenförderer *m* элеватор; элеваторный питатель
Höhenforschung *f* исследование верхних слоёв атмосферы
Höhenforschungsrakete *f* ракета для исследования верхних слоёв атмосферы
Höhenkote *f* *геод.* отметка высоты, высотная [нивелирная] отметка
Höhenkurve *f* *геод.* горизонталь, изогипса, линия равных высот
Höhenleistung *f* высотная характеристика (*авиационного двигателя*)
Höhenleitwerk *n* *ав.* горизонтальное оперение
Höhenlinie *f* 1. *см.* **Höhenkurve** 2. линия уровня
Höhenmarke *f* *геод.* репер
Höhenmesser *m* 1. *ав.* высотомер 2. гипсотермометр, термобарометр
Höhenmessung *f* измерение высот, гипсометрия; нивелирование
Höhenmonteur *m* монтажник-высотник, верхолаз
Höhenmotor *m* *ав.* высотный двигатель
Höhenplan *m* гипсометрический план
Höhenpunkt *m* 1. *мат.* ортоцентр 2. *см.* **Höhenfestpunkt**
Höhenrakete *f* *см.* **Höhenforschungsrakete**
Höhenregler *m* *рад.* регулятор высоких частот [высоких тонов]
Höhenruder *n* *ав.* руль высоты
Höhensatz *m* *мат.* теорема о высоте в прямоугольном треугольнике

Höhenschicht *f* высотный интервал; ступень рельефа местности
Höhenschichtenkarte *f* гипсометрическая карта
Höhenschreiber *m* *ав.* высотомер-самописец
Höhenschutzanzug *m* 1. *ав.* высотный компенсирующий костюм 2. *косм.* высотно-спасательный скафандр
Höhenstrahlung *f* космические лучи
Höhenstrahlungsteilchen *n pl* космические частицы
Höhentauglichkeit *f* высотность (*авиационного двигателя*)
Höhenwinkel *m* угол места
Hohlbalken *m* полая балка
Hohlblockstein *m* *стр.* пустотелый блок
Hohlbohrer *m* кольцевое сверло
Hohldiele *f* *стр.* многопустотный настил
Hohlkabel *n* шланговый провод (*напр. в сварочной машине*)
Hohlkehle *f* 1. галтель; выкружка 2. желобок, канавка
Hohlkeil *m* *маш.* фрикционная шпонка
Hohlkolben *m* пустотелый поршень
Hohlkörper *m* полое тело
Hohlladung *f* кумулятивный заряд
Hohlleiter *m* волновод
Hohlleitung *f* *см.* **Hohlrohrleitung**
Hohllinse *f* вогнутая линза
Hohlmaß *n* мера ёмкости, мера объёма сыпучих и жидких тел
Hohlmeißel *m* полукруглое долото
Hohlprägen *n* *мет.-об.* рельефная формовка, листовая чеканка
Hohlprägewerkzeug *n* *мет.-об.* чеканочный [рельефно-формовочный] штамп
Hohlrad *n* *маш.* зубчатое колесо с внутренними зубьями
Hohlraum *m* 1. полость 2. пустота; раковина; каверна
Hohlraumbildung *f* кавитация
Hohlraumfilter *n* объёмный фильтр, фильтр из объёмных резонаторов
Hohlraumkörper *m см.* **Hohlraumstrahler**
Hohlraumresonator *m*, **Hohlraumschwinger** *m* объёмный резонатор
Hohlraumstrahler *m* *физ.* полный излучатель
Hohlraumstrahlung *f* *физ.* тепловое излучение чёрного тела
Hohlrohr *n* волновод
Hohlrohrkabel *n* волновод
Hohlrohrleiter *m* волновод

Hohlrohrleitung *f* волноводная линия
hohlschleifen затачивать по вогнутой поверхности; шлифовать вогнутые поверхности
Hohlseil *n* полый многопроволочный провод
Hohlsog *m* кавитация
Hohlsogreserve *f* кавитационный запас (*насоса*)
Hohlspiegel *m* вогнутое зеркало; вогнутый (зеркальный) отражатель
Hohlspindel *f* полый шпиндель
Hohlsteg *m* *полигр.* бабашка
Hohlstein *m* пустотелый камень; пустотелый кирпич
Hohlträger *m* полая балка
Hohlverzahnung *f* *маш.* внутреннее зацепление
Hohlwalzen *n* прошивка (*операция получения пустотелых гильз в трубопрокатном производстве*)
Hohlwalzwerk *n* прошивной стан
Hohlwelle *f* полый вал
Hohlziegel *m* пустотелый кирпич
Hohlzylinder *m* полый цилиндр
Hold-Kondensator *m* конденсатор хранения (*в схеме выборки — хранения*)
Hold-Mode *m*, **Hold-Modus** *m* режим хранения (*в схеме выборки — хранения*)
Holländer *m* *бум.* ролл, голландер
Höllenstein *m* ляпис
Holm *m* 1. *стр.* (деревянный) прогон 2. *ав.* лонжерон
Holmium *n* гольмий, Ho
Holoedrie *f* голоэдрия
holoedrisch голоэдрический
Holografie *f* голография
Hologramm *n* голограмма
holomorph голоморфный
Holphase *f* *вчт* цикл выборки (*команды*)
Holz *n* 1. древесина 2. лес, лесоматериал
Holzabfuhr *f* вывозка древесины, вывозка леса
Holzabfuhrweg *m* лесовозная дорога
Holzart *f* древесная порода
Holzausbau *m* деревянная крепь
Holzausformungsplatz *m* нижний лесопромышленный склад, нижний лесосклад
Holzbalken *m* деревянная балка
Holzbau *m* 1. строительство с применением деревянных конструкций [деревянных элементов] 2. деревянное сооружение; сооружение с использованием деревянных конструкций [деревянных элементов]

Holzbearbeitung *f* деревообработка; обработка древесины
Holzbearbeitungsmaschine *f* деревообрабатывающий станок
Holzbeize *f* краситель для древесины
Holzbeizen *n* крашение древесины
Holzbelag *m* деревянный настил
Holzbeschaffung *f* лесозаготовки, заготовка леса
Holzbiegemaschine *f* гнутарный станок
Holzbiegen *n* гнутьё древесины
Holzdestillation *f* сухая перегонка [пиролиз] древесины
Holzdraht *m* 1. спичечная соломка 2. древесная нить; соломка для плетения (*напр. штор*)
Holzdübel *m* 1. деревянная пробка; шпонка 2. шкант
Holzeinschlag *m* рубка леса; лесозаготовки
Holzessig *m* древесный уксус
Holzfärbung *f* крашение древесины (*пропиткой с сохранением текстуры*)
Holzfaser *f* древесное волокно
Holzfaserplatte *f* древесноволокнистая плита
Holzflößerei *f* сплав леса, лесосплав
Holzgas *n* древесный газ
Holzgeist *m* древесный [метиловый] спирт, метанол, CH_3OH
Holzhammer *m* деревянный молоток, киянка
Holzimprägnierung *f* пропитка древесины
Holzindustrie *f* лесная и деревообрабатывающая промышленность
Holzkohle *f* древесный уголь
Holzkonstruktion *f* деревянная конструкция
Holzlager *n* лесопромышленный склад, лесосклад
Holzmehl *n* древесная мука
Holznagel *m* 1. нагель 2. деревянная (обувная) шпилька
Holzöl *n* 1. древесное [тунговое] масло 2. сухоперегонный скипидар
Holzpaß *m* лесоспуск
Holzpfahl *m* деревянная свая
Holzpfeiler *m* *горн.* костровая крепь
Holzplattenbauweise *f* щитовая конструкция
Holzriese *f* бревноспуск
Holzrücken *n* трелёвка (*деревьев, хлыстов и/или сортиментов*)
Holzrückschlepper *m* трелёвочный трактор
Holzschleifen *n* *бум.* дефибрирование (*древесины*)
Holzschleifer *m* *бум.* дефибрер

Holzschleifmaschine *f* шлифовальный станок по дереву
Holzschliff *n* древесная масса; дефибрерная древесная масса (*древесная масса, полученная дефибрированием древесины*)
Holzschraube *f* шуруп
Holzschutz *m* защита [консервирование] древесины
Holzschutzmittel *n* консервант для древесины; антисептик для древесины
Holzschwelle *f* деревянная шпала
Holzspaltmaschine *f* дровокольный станок
Holzspan *m* 1. древесная стружка 2. щепа
Holzspanplatte *f* древесностружечная плита
Holzstoff *m* древесная масса (*полуфабрикат в производстве бумаги, картона*)
Holzteer *m* древесная смола
Holztrocknung *f* сушка древесины
Holzverarbeitung *f* деревопереработка; переработка древесины
Holzverbindungen *f pl* соединения деревянных элементов
Holzvergasermotor *m* газогенераторный двигатель
Holzvergütung *f* повышение качества древесины
Holzverkohlung *f* 1. термолиз древесины 2. углежжение
Holzverzuckerung *f* гидролиз [осахаривание] древесины
Holzwolle *f* тонкая древесная стружка; древесная шерсть
Holzzellulose *f* древесная целлюлоза
Holzzucker *m* 1. ксилоза, древесный сахар 2. гидролизный сахар
Holzzurichtung *f* отделка древесины
Home-Computer *m* бытовая ЭВМ
Home-Taste *f* вчт клавиша возврата в исходное положение, клавиша HOME
homogen гомогенный
Homogenisator *m* гомогенизатор
Homogenisierung *f* гомогенизация
Homogenität *f* гомогенность, однородность
Homolog *n* гомолог
homolog гомологичный
Homologie *f* гомология
homomorph гомоморфный
Homomorphie *f*, **Homomorphismus** *m* гомоморфизм
homöomorph *мат.* гомеоморфный

Homöomorphie *f*, **Homöomorphismus** *m* *мат.* гомеоморфность
Homöostase *f* гомеостаз, гомеостазис
Homöostat *m* гомеостат
Homo-pn-Übergang *m* p — n-гомопереход, гомоструктурный p — n-переход
Homotopie *f* *мат.* гомотопия
Homoübergang *m* гомопереход, гомоструктурный переход
Honahle *f* *мет.-об.* хонинговальная головка, хон
Honen *n* *мет.-об.* хонингование
Honleiste *f* *мет.-об.* колодка хона
Honmaschine *f* *мет.-об.* хонинговальный станок
Honrad *n* *мет.-об.* зубчатый хон; абразивный шевер
Honstein *m* *мет.-об.* хонинговальный брусок
Honwerkzeug *n* *мет.-об.* хон
Hopper *m* бункерный питатель
Hörbarkeit *f* слышимость
Hörbereich *m* диапазон слышимых частот, звуковой диапазон
Horchgerät *n* звукоулавливатель
Horde *f* 1. решётка (*сушилки*) 2. стеллаж (*напр. сушилки*); полка 3. хордовая насадка (*скруббера*) 4. *с.-х.* клавиша (*соломотряса*)
Hordendarre *f* стеллажная сушилка
Hordenschhüttler *m* *с.-х.* клавишный соломотряс
Hordentrockner *m* сушилка с решётками
Hörer *m* телефонная трубка
Hörfrequenz *f* звуковая частота
Hörgebiet *n* зона слышимости
Hörgerät *n*, **Hörhilfe** *f* слуховой аппарат
Horizont *m* горизонт
~, **künstlicher** авиагоризонт
~, **scheinbarer** видимый горизонт
~, **wahrer** истинный горизонт
horizontal горизонтальный
Horizontalablenkgenerator *m* *тлв* генератор строчной развёртки
Horizontalablenkspulen *f pl* катушки горизонтального отклонения; *тлв* строчные катушки
Horizontalablenkstufe *f* *тлв* блок строчной развёртки
Horizontalablenkung *f* *элн* горизонтальная развёртка; *тлв* строчная развёртка
Horizontalausgangsübertrager *m* *тлв* выходной

HORIZONTALAUSTAST...

трансформатор строчной развёртки, строчный трансформатор
Horizontalaustastsignal *n*, **Horizontalaustastimpuls** *m тлв* гасящий импульс строки, строчный гасящий импульс
Horizontale *f* горизонтальная линия, горизонталь
Horizontalfrequenz *f тлв* частота строчной развёртки
Horizontalfrequenzgenerator *m тлв* генератор строчной развёртки
Horizontalprojektion *f* горизонтальная проекция
Horizontalschnitt *m* горизонтальное сечение
Horizontalsynchronimpuls *m тлв* синхронизирующий импульс строк, строчный синхронизирующий импульс, строчный синхроимпульс
Horizontalverschiebung *f геол.* сдвиг
Horizontalwinkel *m* горизонтальный угол
Horizontierung *f* 1. установка в горизонтальное положение 2. проверка горизонтальности (*с помощью уровня*)
Hörkopf *m* головка воспроизведения
Horn *n авто* звуковой сигнал
Hornantenne *f* рупорная антенна
Hornblende *f мин.* роговая обманка
Hörnerableiter *m* роговой разрядник
Hornsubstanz *f* кератин
Hörrundfunk *m* звуковое радиовещание
Hörschwelle *f* порог слышимости
Hörsignal *n* акустический сигнал
Horst *m геол.* горст
Hosenboje *f* смерчевой буй
Hosenrohr *n* развилка, у-образный симметричный тройник
Hostbus *m вчт* шина главного [основного] процессора
Hostprozessor *m вчт* главный [основной] процессор
Hostrechner *m вчт* главная [ведущая] ЭВМ; центральная ЭВМ
Hotbox-Kernformmaschine *f* машина для изготовления стержней в нагреваемых ящиках (*литейное производство*)
Hotline *f* «горячая» [«прямая»] линия, (специальная) линия прямой связи
Hotline-Service *m* прямая связь, организация связи по «горячей» [прямой] линии
Hot-standby-Betrieb *m*, **Hot-standby-Mode** *m* режим «горячего» резерва, режим с «горячим» резервированием
H-Pegel *m* высокий уровень напряжения (*в логических схемах*)
H-Potential *n* высокий уровень потенциала, высокий потенциал
HP-Schale *f стр.* оболочка в виде гиперболического параболоида
HS-CMOS [High-Speed...] *f* 1. быстродействующая КМОП ИС 2. технология (изготовления) быстродействующих КМОП ИС
HSI^{2}L [High-Speed...] *f*, **HSIIL** *f* 1. быстродействующая И^{2}Л, быстродействующие схемы И^{2}Л 2. И^{2}Л-технология, технология ИС на И^{2}Л
H-Signal *n* сигнал высокого уровня
Hub *m* 1. ход (*напр. поршня*) 2. такт (*напр. в двигателях внутреннего сгорания*) 3. подъём; высота подъёма 4. размах (*сигнала, напряжения*) 5. девиация (*частоты*) 6. дрейф, изменение (*выходного напряжения*)
~, **logischer** размах логического сигнала
~, **verstellbarer** ход регулируемой длины
Hubbalkenofen *m* печь с шагающими балками
Hubbegrenzer *m* ограничитель хода; ограничитель подъёма
Hubbrücke *f* подъёмный мост
Hubeinrichtung *f* подъёмно-транспортное устройство
Hubgebläse *n* подъёмный вентилятор (*аппарата на воздушной подушке*); подъёмный (турбо)вентиляторный агрегат (*самолёта вертикального взлёта и посадки*)
Hubhöhe *f* высота подъёма; величина [длина] хода, ход
Hubkette *f* грузовая цепь
Hubkolbenmaschine *f* поршневая машина
Hubkolbenpumpe *f* 1. поршневой насос 2. поршневой вакуумный насос
Hubkolbenverdichter *m* поршневой компрессор
Hubleistung *f* грузоподъёмность (*напр. робота*)
Hubmagnet *m* (грузо)подъёмный [грузовой] магнит
Hubmesser *m текст.* 1. нож (*ремизоподъемной каретки*) 2. нож (*подъемного механизма жаккардовой машины, имеющий возвратно-поступательное перемещение в вертикальном направлении*)
Hubplattenbauweise *f стр.* метод подъёма перекрытий

Hubraum *m* рабочий объём (*цилиндра, двигателя*); литраж
Hubraumleistung *f* литровая мощность (*двигателя*)
Hubschrauber *m* вертолёт
Hub-Schub-Triebwerk *n* подъёмно-маршевый двигатель
Hubseil *n* грузоподъёмный канат; подъёмный канат
Hubstapler *m* автопогрузчик (*с вертикальной рамой*)
Hubstrahler *m* турболёт (*летательный аппарат без аэродинамических поверхностей, у которого необходимая для взлета подъемная сила создается тягой турбореактивного двигателя, направленной вертикально вниз, а необходимая для полета пропульсивная сила (горизонтальная тяга) создается этим же двигателем за счет управления вектором тяги*)
Hubtisch *m* подъёмная платформа
Hubtor *n* подъёмные ворота (*шлюза*)
Hubtriebwerk *n* подъёмный двигатель (*самолета вертикального взлета и посадки, предназначенный для создания вертикальной тяги на режимах взлета, висения и посадки*)
Hubventil *n* подъёмный клапан
Hubverhältnis *n* отношение длины хода поршня к диаметру цилиндра (*параметр поршневой машины*)
Hubverlegung *f* позиционирование в пределах хода
Hubverstellung *f* регулирование длины хода
Hubvolumen *n см.* **Hubraum**
Hubwagen *m* тележка с грузоподъёмным устройством
Hubwerk *n* подъёмный механизм; грузоподъёмное устройство
Hubwinde *f* домкрат; грузоподъёмная лебёдка
Hubzapfen *m* шатунная шейка (*коленчатого вала*)
Huckepackgehäuse *f* корпус с панелькой для монтажа дополнительной микросхемы
Huckepacksatellit *m косм.* составной спутник
Huckepacksockel *m* панелька для монтажа дополнительной микросхемы (*панелька, смонтированная на корпусе ИС и предназначенная для монтажа другой микросхемы*)
Huckepackverkehr *m ж.-д.* контрейлерные перевозки

Hülle *f* 1. оболочка 2. чехол
Hüllkurve *f мат.* огибающая
Hüllkurvendemodulator *m* детектор огибающей
Hülltrieb *m* передача с гибкой связью (*напр. ременная, цепная*)
Hülse *f* 1. втулка; гильза 2. *текст.* шпуля; патрон; гильза 3. *яд.* оболочка (*тепловыделяющего элемента*)
Hülsenfundament *n стр.* стаканный фундамент, фундамент стаканного типа
Hülsenfundamentblock *m стр.* стаканный фундаментный блок, фундаментный блок стаканного типа; башмак стаканного типа
Hülsenkette *f* втулочная цепь
Hülsenkupplung *f* втулочная муфта; продольно-свёртная муфта
Huminsäuren *f pl* гуминовые кислоты
Hund *m см.* **Hunt**
Hunt *m* рудничная [шахтная] вагонетка, вагонетка
Hupe *f* звуковой сигнал (*автомобиля*)
Hutmutter *f* глухая [колпачковая] гайка
Hutschraube *f* болт с колпачковой головкой
Hütte *f* 1. металлургический завод 2. стекольный завод 3. (*метеорологическая*) будка
Hüttenbims *m* термозит, шлаковая пемза
Hüttenblei *n* черновой свинец, веркблей
Hüttenindustrie *f* металлургическая промышленность
Hütteningenieur *m* инженер-металлург
Hüttenkoks *m* металлургический [доменный] кокс
Hüttenkunde *f* металлургия
Hüttenkupfer *n* медь огневого [пирометаллургического] рафинирования
Hüttenschlacke *f* шлак металлургического производства
Hüttensteine *m pl* шлакоблоки, шлакобетонные камни
Hüttenwerk *n* металлургический завод; металлургический комбинат
Hüttenwesen *n* металлургия
Hüttenwolle *f* шлаковата
Hüttenzement *m* шлаковый цемент, шлакоцемент
H-Welle *f* волна типа H, поперечно-электрическая волна
Hybridantrieb *m* 1. *авто* комбинированный привод 2. гибридный (ракетный) двигатель
Hybridflügel *m ав.* крыло с аэродинамическими гребнями

HYBRIDGROßINTEGRATIONS...

Hybridgroßintegrationsschaltung *f* большая гибридная ИС, гибридная БИС
Hybrid-IC *n*, **Hybrid-IS** *f* гибридная ИС, ГИС
Hybrid-Raketenantrieb *m*, **Hybrid-Raketentriebwerk** *n* гибридный ракетный двигатель
Hybridrechner *m* гибридная [аналого-цифровая] вычислительная машина
Hybridschaltkreis *m* гибридная ИС, ГИС
~, **integrierter** гибридная ИС, ГИС
Hybridschaltung *f* гибридная ИС, ГИС
~, **integrierte** гибридная ИС, ГИС
Hybridschaltungsentwurf *m* проектирование ГИС
Hybridtechnik *f* гибридная технология, технология ГИС
Hydrant *m* 1. (пожарный) гидрант 2. водоразборная колонка
Hydrapulper *m* гидроразбиватель
Hydratation *f* гидратация
Hydrate *n pl хим.* гидраты
Hydratieren *n*, **Hydratierung** *f см.* Hydratation
Hydratisierung *f* гидратация
Hydratwasser *n* гидратная вода
Hydratzellulose *f* гидратцеллюлоза
Hydraulik *f* 1. гидравлика 2. гидросистема, гидравлическая система; гидропривод
Hydraulikanlage *f* гидравлическая система, гидросистема
Hydraulikantrieb *m* (объёмный) гидропривод
Hydraulikbremse *f* гидравлический тормоз
Hydraulikflüssigkeit *f* рабочая [гидравлическая] жидкость
Hydraulikmotor *m* гидравлический двигатель, гидродвигатель
Hydrauliköl *n* масло для гидравлических систем; рабочая [гидравлическая] жидкость
Hydraulikschwenkmotor *m* поворотный гидродвигатель
Hydraulikspeicher *m* гидроаккумулятор
Hydraulikstempel *m горн.* гидростойка
Hydraulikzylinder *m* гидравлический цилиндр, гидроцилиндр
hydraulisch гидравлический
Hydrazin *n хим.* гидразин
Hydrid *n хим.* гидрид
Hydrierung *f* гидрирование, гидрогенизация
Hydroabbau *m* гидродобыча
Hydroabbauverfahren *n* гидромеханизация
Hydroakustik *f* гидроакустика
Hydrochemie *f* гидрохимия
Hydrochinon *n* гидрохинон

Hydrochlorid *n* гидрохлорид
Hydrocracken *n* гидрокрекинг
Hydrodynamik *f* гидродинамика
hydrodynamisch гидродинамический
Hydroförderung *f* гидротранспорт
Hydroforming-Prozeß *m*, **Hydroformverfahren** *n* гидроформинг
Hydrogenchlorid *n см.* Hydrochlorid
Hydrogenisation *f* гидрогенизация, гидрирование
Hydrogenkarbonate *n pl* гидрокарбонаты, бикарбонаты
Hydrogensulfate *n pl* гидросульфаты, бисульфаты
Hydrogensulfide *n pl* гидросульфиды
Hydrogensulfite *n pl* гидросульфиты, бисульфиты
Hydrogeologie *f* гидрогеология
Hydrogewinnung *f* гидродобыча
Hydrografie *f* гидрология (суши)
Hydroisolation *f* гидроизоляция
Hydrolenkung *f авто* рулевое управление с гидравлическим усилителем
Hydroliseur *m* гидролизёр
Hydrologie *f* гидрология
Hydrolyse *f* гидролиз
Hydromechanik *f* гидромеханика
Hydromelioration *f* гидромелиорация
Hydrometallurgie *f* гидрометаллургия
Hydrometeore *n pl* гидрометеоры
Hydrometeorologie *f* гидрометеорология
Hydrometer *n* 1. гидрометр 2. ареометр
Hydrometrie *f* гидрометрия
Hydromonitor *m* гидромонитор
Hydromotor *m* объёмный гидравлический двигатель, объёмный гидродвигатель; гидромотор
Hydroperoxid *n* гидропероксид, гидроперекись
hydrophil гидрофильный
hydrophob гидрофобный, водоотталкивающий
Hydrophobierung *f* гидрофобизация, водоотталкивающая отделка
Hydrophon *m* гидрофон
Hydropumpe *f* гидронасос
Hydrosol *n* гидрозоль
Hydrosphäre *f* гидросфера
Hydrostatik *f* гидростатика
hydrostatisch 1. гидростатический 2. объёмный, гидростатический (*о двигателе*)
Hydrosulfit *n* гидросульфит
Hydrotechnik *f* гидротехника

hydrotechnisch гидротехнический
Hydrotreating *n* гидроочистка (*нефтепродуктов*)
Hydrotypie *f* гидротипия
Hydroxide *n pl хим.* гидроксиды, гидроокиси
Hydroxidion *n хим.* гидроксид-ион, гидроксид-анион, ион OH⁻
Hydroxybenzoesäuren *f pl хим.* оксибензойные кислоты
Hydroxylamin *n хим.* гидроксиламин, NH_2OH
Hydroxylgruppe *f хим.* гидроксильная группа, гидроксил
Hydroxylzahl *f хим.* гидроксильное число
Hydroxysäuren *f pl хим.* оксикислоты
Hydrozyklon *m* гидроциклон
Hygrometer *n* гигрометр
hygroskopisch гигроскопический
Hygroskopizität *f* гигроскопичность
Hyperbel *f* гипербола
Hyperbelbahn *f* гиперболическая орбита
Hyperbelfunktionen *f pl мат.* гиперболические функции
Hyperboloid *n* гиперболоид
Hyperboloidverzahnung *f маш.* гиперболоидное зацепление
Hyperebene *f* гиперплоскость
hypereutektoid заэвтектический
Hyperfeinstruktur *f* сверхтонкая структура
Hyperfeinstrukturniveau *n физ.* сверхтонкий уровень
Hyperfläche *f* гиперповерхность
Hyperfokale *f* гиперфокальное расстояние
Hyperfragment *n* гиперядро
Hypergol *n* гиперголь (*самовоспламеняющееся двухкомпонентное ракетное топливо*)
Hyperkern *m* гиперядро
Hyperladung *f* гиперзаряд
Hyperon *n* гиперон (*элементарная частица с массой, большей массы нуклона*)
Hyperoxid *n хим.* надпероксид
Hyperschallflugzeug *n* гиперзвуковой самолёт
Hyperschallgeschwindigkeit *f* гиперзвуковая скорость
Hypersensibilisator *m* гиперсенсибилизатор
Hypersensibilisierung *f* гиперсенсибилизация
hypersonisch сверхзвуковой
Hypersorption *f* гиперсорбция
Hypochlorit *n* гипохлорит
Hypodiphosphorsäure *f* гипофосфорная кислота, гексаоксодифосфат тетраводорода, $H_4P_2O_6$

Hypoidgetriebe *n маш.* гипоидная передача
Hypoidrad *n маш.* гипоидное (зубчатое) колесо
Hypoidverzahnung *f маш.* гипоидное зацепление
Hypophosphorsäure *f см.* Hypodiphosphorsäure
Hyposulfit *n* гипосульфит
Hypotenuse *f* гипотенуза
Hypozentrum *n* гипоцентр, очаг (*землетрясения*)
Hypozykloide *f* гипоциклоида
Hypozykloidverzahnung *f маш.* гипоциклоидное зацепление
Hypsometer *n см.* Hypsothermometer
Hypsothermometer *n* гипсотермометр, термобарометр
Hysterese *f* гистерезис
~, **elastische** упругий гистерезис
Hysterese-Eingang *m элн* вход с гистерезисом
hysteresefrei безгистерезисный
Hysteresekurve *f* петля гистерезиса
Hysteresemotor *m* гистерезисный двигатель
Hystereseschleife *f* петля гистерезиса
Hysteresespannung *f элн* напряжение гистерезиса (*разность пороговых напряжений переключения*)
Hystereseverhalten *n* гистерезисная характеристика
Hystereseverluste *pl* потери на гистерезис
Hysteresezahl *f* коэффициент потерь на гистерезис
Hysteresis *f* гистерезис
Hysteresiskoeffizient *m* коэффициент потерь на гистерезис
H-Zustand *m* состояние с высоким уровнем напряжения; состояние логической единицы (*в положительной логике*)

I

I^2L [Integrale Injektionslogik] *f* интегральная инжекционная логика, И²Л, схемы И²Л, И²Л-схемы, транзисторная логика с инжекционным питанием, ТЛИП
I^2L-**Gatter** *n* элемент [вентиль] И²Л

I²L-SCHALTKREISE

I²L-Schaltkreise *m pl* И²Л-схемы, схемы интегральной инжекционной логики
I²L-Schaltungstechnik *f* И²Л-схемотехника, схемотехническое проектирование И²Л-схем
I²L-Technik *f*, **I²L-Technologie** *f* И²Л-технология, технология ИС на И²Л
I³L [Isoplanare I²L] *f* изопланарная интегральная инжекционная логика, изопланарная И²Л, И³Л
IC [Integral Circuit] *n* интегральная (микро)схема, ИС, ИМС
~, **anwendungsspezifisches** специализированная ИС
~, **digitales** цифровая ИС
~, **halbkundenspezifisches** полузаказная ИС
~, **kundenspezifisches** заказная ИС
~, **ungekapseltes** бескорпусная ИС
IC-Bauelement *n* компонент на основе ИС; интегральная (микро)схема, ИС
IC-Bausatz *m* комплект ИС
IC-Chip *m* кристалл ИС
IC-Fassung *f* корпус ИС; кристаллоноситель, кристаллодержатель
IC-Gehäuse *n* корпус ИС
IC-Generation *f* поколение ИС
IC-Karte *f* карточка со встроенной микросхемой, карточка *(напр. кредитная)* на ИС с интеллектом
Icon *n* пиктограмма
IC-Serie *f* серия ИС
IC-Sockel *m* панелька (для) ИС; кристаллоноситель, кристаллодержатель
IC-Technik *f*, **IC-Technologie** *f* технология интегральных (микро)схем, технология ИС
Idealkristall *m* идеальный кристалл
Identblatt *n маш.* идентификационная карта *(напр. обрабатываемых изделий в ГПС)*
Identifikationskode *m* идентифицирующий код
identisch 1. идентичный 2. тождественный
Identität *f* 1. идентичность 2. *мат.* тождество 3. тождественность
IFET [Isolated Gate FET] *m* полевой транзистор с изолированным затвором, ПТИЗ; МДП-транзистор
IFF-Gerät [Identification Friend or Foe...] *n ав.* прибор (системы) опознавания «свой — чужой»
i-Gebiet *n* область (с проводимостью) *i*-типа, *i*-область, область собственной проводимости
Igelwalze *f* игольчатый валик
IGFET *m см.* **IFET**

IGFET-Logik *f* логические схемы на полевых транзисторах с изолированным затвором, логические схемы на ПТИЗ
I-Glied *n автм* интегральное звено
IGMOS [Isolated Gate MOS] *f* МОП-структура с изолированным затвором
Ignitron *n* игнитрон
i-Halbleiter *m* собственный [беспримесный] полупроводник
IIIL *f см.* **I³L**
IIL *f см.* **I²L**
Ikon *n вчт* пиктограмма
Ikonoskop *n* иконоскоп
Ikosaeder *n* икосаэдр
Ikositetraeder *n* икоситетраэдр
i-Leitung *f* собственная проводимость, собственная электропроводность
Ilmenit *m мин.* ильменит
ILS *n см.* **Instrumentenlandesystem**
Image-Orthikon *n тлв* суперортикон
imaginär *m* 1. *мат.* мнимый *(напр. о числе)* 2. воображаемый
Imaginärteil *m мат.* мнимая часть *(комплексного числа)*
Immersion *f* иммерсия
Immersionsanalyse *f* иммерсионный анализ
Immersionsflüssigkeit *f* иммерсионная жидкость
Immersionslinse *f* иммерсионная линза
Immersionsmethode *f* иммерсионный метод
Immission *f*, **Immissionen** *f pl* загрязнители; загрязнения; вредные факторы окружающей среды
Immissionskataster *m, n* кадастр загрязнителей окружающей среды
Immissionskonzentration *f* концентрация загрязнителей *(в приземном слое атмосферы)*
Impact-Drucker *m* печатающее устройство [принтер] ударного действия, ударное печатающее устройство
IMPATT-Diode *f* лавинно-пролётный диод, ЛПД
Impedanz *f* 1. полное сопротивление *f* 2. резистор *(в цепи переменного тока)*
Impedanzanpassung *f* согласование полных сопротивлений
Impedanzmesser *m* прибор для измерения полных сопротивлений
Impedanztransformator *m* (согласующий) трансформатор полного сопротивления

Impedanzwandler *m* преобразователь полных сопротивлений
impermeabel непроницаемый
Impermeabilität *f* непроницаемость
Impfkeim *m см.* **Impfkristall**
Impfkristall *m* затравочный кристалл, затравка
Implantation *f* (ионное) имплантация, ионное легирование
Implantationsanlage *f* установка ионной имплантации [ионного легирования]
Implantationsverfahren *n* метод ионной имплантации [ионного легирования]
Implanter *m см.* **Implantationsanlage**
Implementierung *f* реализация (*напр. системы программирования*)
Implikation *f* импликация
implizit *мат.* неявный
Implosion *f* разрушение (*колбы электровакуумного прибора*) внешним давлением; взрыв (*напр. кинескопа*)
Imprägnieren *n см.* **Imprägnierung**
Imprägniermaschine *f* пропиточная машина
Imprägnierung *f* пропитка, пропитывание
Impuls *m* 1 импульс 2. *физ.* импульс, количество движения
~, **spezifischer** удельный импульс; удельная тяга (*реактивного двигателя*)
Impulsabfallzeit *f* время спада импульса, длительность среза импульса
Impulsabstand *m* интервал между импульсами, межимпульсный интервал
Impulsabstandsmodulator *m* фазоимпульсный модулятор
Impulsamplitude *f* амплитуда импульса
Impulsanstiegszeit *f* время нарастания импульса, длительность фронта импульса
Impulsantwort *f* импульсный отклик, реакция на импульсное воздействие
impulsartig импульсный
Impulsausgang *m* импульсный выход
Impulsbelastung *f* импульсная нагрузка
Impulsbetrieb *m* импульсный режим
Impulsbreite *f см.* **Impulsdauer**
Impulsdach *n* вершина импульса
Impulsdachschräge *f* скос [спад] вершины импульса
Impulsdauer *f* длительность импульса
Impulsdehner *m* расширитель [схема расширения] импульсов
Impulsdehnung *f* увеличение длительности импульсов

Impulsdichtemesser *m* измеритель скорости счёта
Impulsdiskriminator *m* селектор импульсов
Impulsechoverfahren *n* 1. *маш.* эхо-метод (ультразвуковой дефектоскопии), ультразвуковая эхо-дефектоскопия 2. *см.* **Impuls-Laufzeit-Verfahren** 1.
Impulseingang *m* импульсный вход
Impulselement *n* импульсный элемент
Impulsenergie *f* энергия импульса
Impulserhaltungssatz *m* физ. закон сохранения импульса, закон сохранения количества движения
Impulserhitzung *f* импульсный нагрев
~, **indirekte** косвенный импульсный нагрев
Impulserneuerer *m* схема регенерации импульсов
Impulserneuerung *f* регенерация импульсов
Impulserzeugung *f* генерирование импульсов; формирование импульсов
Impulsflanke *f* фронт импульса
Impulsfolge *f* последовательность импульсов; серия импульсов
Impulsfolgefrequenz *f* частота повторения [следования] импульсов
Impulsformer *m* формирователь импульсов
impulsförmig импульсный
Impulsformung *f* формирование импульсов
Impulsfrequenz *f* частота повторения [следования] импульсов
Impulsfront *f* фронт импульса
Impuls-Funkverkehr *m* импульсная радиосвязь
Impulsgabe *f* посылка импульсов; подача импульсов
Impulsgatter *n* импульсный вентиль
Impulsgeber *m* импульсный датчик, датчик импульсов; импульсный генератор, генератор импульсов
Impulsgenerator *m* импульсный генератор, генератор импульсов
Impulsglied *n* импульсный элемент
Impulshinterflanke *f* срез импульса
Impulshöhe *f* высота [амплитуда] импульса
Impulshöhenanalysator *m* амплитудный анализатор
Impulshöhenanalyse *f* амплитудный анализ (*импульсного процесса*)
Impulskode *m* импульсный код
Impulskreis *m* импульсная цепь
Impulslänge *f см.* **Impulsdauer**
Impuls-Laufzeit-Verfahren *n* 1. импульсный

метод измерения дальности 2. *см.* **Impulsechoverfahren 1.**
Impulsleistung *f* мощность в импульсе, импульсная мощность
Impulslöten *n* импульсная пайка
Impulsmodulation *f* импульсная модуляция, ИМ
Impulsmoment *n физ.* момент импульса, момент количества движения
Impulspaket *n* пачка [пакет] импульсов
Impulspause *f* интервал между импульсами, межимпульсный интервал
Impuls-Pausen-Verhältnis *n* коэффициент заполнения (*отношение длительности импульса к длительности межимпульсного интервала*)
Impulsperiode *f* период повторения [следования] импульсов
Impulsradar *n* импульсная радиолокация
Impulsradaranlage *f* импульсная РЛС
Impulsradarverfahren *n см.* **Impulsradar**
Impulsrate *f см.* **Impulsfolgefrequenz**
Impulsrauschen *n* импульсный шум, импульсные шумы; импульсные помехи
Impulsreaktor *m яд.* импульсный реактор
~, **schneller** импульсный реактор на быстрых нейтронах
Impulsregenerator *m см.* **Impulserneuerer**
Impulsregler *m* импульсный регулятор
Impulsrückflanke *f* срез импульса
Impulssatz *m см.* **Impulserhaltungssatz**
Impulsschweißen *n* импульсная сварка
Impulssender *m* импульсный передатчик
Impulsserie *f* серия импульсов
Impulsspannung *f* импульсное напряжение
Impulssteuerung *f* импульсное управление
Impulstastverhältnis *n* коэффициент заполнения (*величина, обратная скважности; см. тж* **Impulsverhältnis, Impuls-Pausen-Verhältnis**)
Impulstechnik *f* импульсная техника
Impulstransformator *m* импульсный трансформатор
Impulsübertrager *m* импульсный трансформатор
Impulsverbreiterung *f* уширение импульса
Impulsverdichtung *f* сжатие импульса
Impulsverhältnis *n* скважность (*отношение периода следования импульсов к их длительности; скважностью называют также отношение длительности межимпульсного интервала к длительности импульса*)
Impulsverstärker *m* импульсный усилитель
Impulsverzerrung *f* искажение формы импульса
Impulsverzögerung *f* задержка (следования) импульсов
Impulsvorderflanke *f* фронт импульса
Impulszähler *m* счётчик импульсов
Impulszahlkode *m* импульсный цифровой код
Impulszeit *f* длительность импульса
Impulszeitmodulation *f* времяимпульсная модуляция, ВИМ
I-Naht *f св.* бесскосный шов
Inaktivierung *f* инактивация
Inchromieren *n*, **Inchromierung** *f* диффузионное хромирование
In-Circuit-Adapter *m* внутрисхемный адаптер
In-Circuit-Emulation *f* внутрисхемная эмуляция
In-Circuit-Emulator *m* внутрисхемный эмулятор
In-Circuit-Test *m* внутрисхемный контроль; внутрисхемное тестирование
In-Circuit-Tester *m*, **In-Circuit-Testsystem** *n* внутрисхемный тестер
Index *m* индекс
~, **oberer** верхний [надстрочный] индекс
~, **unterer** нижний [подстрочный] индекс
Indexbolzen *m см.* **Indexstift**
Indexeinrichtung *f маш.* делительное устройство; делительный механизм; индексирующее устройство
Indexfehler *m маш.* погрешность деления; погрешность индексации
Indexierung *f маш.* деление; индексация, индексное деление
Indexloch *n вчт* индексное отверстие (*гибкого магнитного диска*), отверстие маркера начала дорожки, индексный маркер
Indexmarke *f вчт* индексный маркер, маркер начала дорожки, маркер «Начало дорожки»
Indexmineral *n* индекс-минерал (*прогрессивного метаморфизма*)
Indexnut *f* ориентирующий паз (*печатной платы или её заготовки*)
Indexregister *n вчт* индексный регистр
Indexrepetierbarkeit *f см.* **Indexwiederholgenauigkeit**
Index-Revolver-Tisch *m маш.* револьверный стол с индексным делением

Indexring *m маш.* делительный диск
Indexscheibe *f см.* **Indexring**
Indexstift *m маш.* фиксатор делительного устройства; фиксатор индексирующего устройства
Indexwiederholgenauigkeit *f маш.* повторяемость отсчётов при индексации
Indigo *m, n* индиго (*органический краситель синего цвета*)
Indikator *m* индикатор; указатель
~, **radioaktiver** изотопный [радиоактивный] индикатор
Indikatordiagramm *n* индикаторная диаграмма
Indikatordosis *f* индикаторная доза
Indikatormethode *f* индикаторный метод, метод изотопных индикаторов
Indikatorpapier *n хим.* реактивная бумага
Indikatrix *f* индикатриса
indirekt косвенный
~ **proportional** обратно пропорциональный
Indium *n* индий, In
Indiumarsenid *n* арсенид индия, InAs
Indiumoxid *n* оксид индия, In_2O_3
Indiumphosphid *n* фосфид индия, InP
Indizierung *f* индексация
Induktionszähler *m* индукционный счётчик
Induktanz *f* индуктивное сопротивление
Induktion *f* 1. *эл.* индукция; наведение 2. *мат.* индукция
Induktionserwärmung *f* индукционный нагрев
Induktionsfluß *m* поток магнитной индукции, магнитный поток
induktionsfrei безындукционный
Induktionsgesetz *n* закон электромагнитной индукции, закон Фарадея
Induktionshärten *n*, **Induktionshärtung** *f* индукционная закалка
Induktionsheizung *f* 1. индукционный нагрев 2. катушка индукционного [высокочастотного] нагрева
Induktionskonstante *f* магнитная постоянная
Induktionslöten *n* индукционная пайка
Induktionsmaschine *f* асинхронная электрическая машина
Induktionsmeßinstrument *n* измерительный прибор индукционной системы, индукционный измерительный прибор
Induktionsmotor *m* асинхронный электродвигатель
Induktionsofen *m* индукционная электропечь
Induktionspumpe *f* индукционный насос
Induktionsregler *m* индукционный регулятор, поворотный трансформатор
Induktionsrelais *n* индукционное реле
Induktionsrinnenofen *m* канальная индукционная электропечь
Induktionsschweißen *n* индукционная сварка
Induktionsspannung *f* индуктированное напряжение; индуктированная эдс
Induktionsspule *f* индукционная катушка
Induktionsstrom *m* индукционный ток
Induktionstiegelofen *m* тигельная индукционная электропечь
Induktionsurspannung *f* индуктированная эдс
Induktionszähler *m* индукционный счётчик
induktiv индуктивный
Induktivität *f* 1. индуктивность, коэффициент самоиндукции 2. индуктивность, катушка индуктивности
~, **gedruckte** печатная катушка индуктивности
Induktivitätskasten *m см.* **Induktivitätsmagazin**
Induktivitätsmagazin *n* магазин индуктивностей
Induktivitätsspule *f* катушка индуктивности
Induktor *m* индуктор
Induktorgenerator *m* индукторный генератор
Induktormaschine *f* индукторная электрическая машина
Induktosyn *n* индуктосин
~, **translatorisches** датчик линейных перемещений типа «индуктосин», линейный индуктосин
Indusi *f ж.-д.* автоматическая локомотивная сигнализация с автостопом
~, **linienförmig wirkende** автоматическая локомотивная сигнализация непрерывного типа с автостопом
~, **punktförmig wirkende** автоматическая локомотивная сигнализация точечного типа с автостопом, АЛСТ
Indusimagnet *m ж.-д.* локомотивный индуктор (*системы автоматической локомотивной сигнализации с автостопом*)
Industrie *f* промышленность, индустрия
Industrieabfälle *pl* промышленные отходы
Industrieabwässer *n pl* промышленные сточные воды, промышленные стоки, промстоки
Industriebau *m* промышленное строительство
Industriediamant *m* технический алмаз
Industrieerprobung *f* промышленные испытания
Industrielärm *m* промышленный шум
Industrieofen *m* промышленная печь

INDUSTRIEROBOTER

Industrieroboter *m* промышленный робот
Industrieroboterkomplex *m* робототехнический комплекс
Industriestörungen *f pl* промышленные [индустриальные] помехи
Industriewaren *f pl* промышленные товары
induzieren индуцировать; наводить
inert инертный; неактивный
Inertgas *n* инертный газ; защитный газ
Inertgasschweißen *n* (дуговая) сварка в защитном газе
inertial инерциальный
Inertialnavigation *f* инерциальная навигация
Inertialsystem *n* *физ.* инерциальная система отсчёта
Inertions... инерционный
Inferenz *f* (логический) вывод, логическое умозаключение
Inferenzalgorithmus *m* алгоритм логического вывода
Inferenzmaschine *f* механизм (логического) вывода
Inferenzregel *f* правило (логического) вывода
Infiltration *f* инфильтрация
Infinitesimalrechnung *f* исчисление [анализ] бесконечно малых (*дифференциальное и интегральное исчисление*)
Infixnotation *f*, **Infixschreibweise** *f* *вчт* инфиксная запись
Influenz *f* (электростатическая) индукция
Influenzkonstante *f* электрическая постоянная
Influenzmaschine *f* электростатический генератор
Influenzwirkung *f* индуцирование, наведение
Informatik *f* информатика
Information *f* информация
Informationsausgang *m* информационный выход
Informationsauskunftssystem *n* информационно-справочная система
Informationsballast *m* информационный [поисковый] шум
Informationsblock *m* блок информации
Informationsdienst *m* служба информации
Informationseingang *m* информационный вход
Informationseinheit *f* единица информации
Informationsensemble *n* ансамбль сообщений
Informationsfluß *m* поток информации
Informationsgehalt *m* количество информации (*напр. в сообщении*)
Informationsgewinnung *f* сбор информации
Informationskanal *m* канал передачи информации
Informationsmaschine *f* информационная машина
Informationsmenge *f* количество информации
Informationsparameter *m* информационный параметр
Informationsrecherchesystem *n* информационно-поисковая система, ИПС
Informationsspeicherung *f* хранение информации
Informationssprache *f* информационный язык
Informationssuche *f* информационный поиск, поиск информации
Informationssucheinrichtung *f* информационно-поисковое устройство
Informationssystem *n* информационная система
Informationstechnologie *f* информационная технология
Informationstheorie *f* теория информации
Informationsträger *m* носитель информации
Informationsübertragung *f* передача информации
Informationsverarbeitung *f* обработка информации
Informationsverluste *pl* информационные потери, потери информации
infrarot инфракрасный, ИК
Infrarotbereich *m* инфракрасный диапазон, ИК-диапазон
Infrarotemitterdiode *f* светодиод ИК-диапазона, ИК-диод
Infrarotempfänger *m* приёмник ИК-излучения, ИК-приёмник
Infraroterwärmung *f* инфракрасный нагрев
Infrarotfernmessung *f* инфракрасная дальнометрия
Infrarot-Fernsteuerung *f* инфракрасное дистанционное управление, дистанционное управление на ИК-лучах
Infrarotfotografie *f* инфракрасная фотография
Infrarotheizung *f* инфракрасный нагрев
Infrarotlampe *f* инфракрасная лампа
Infrarotlenkung *f* инфракрасное наведение
Infrarotlichtschranke *f* инфракрасный барьер
Infrarotlichtvorhang *m* инфракрасная (защитная) завеса
Infrarotlöten *n* пайка инфракрасными лучами
Infrarotofen *m* печь инфракрасного нагрева

Infrarotortung *f* инфракрасное обнаружение, ИК-обнаружение
Infrarotortungssystem *n* система ИК-обнаружения
Infrarotpeiler *m* инфракрасный пеленгатор, ИК-пеленгатор
Infrarotquelle *f* источник ИК-излучения
Infrarotsensor *m* инфракрасный датчик, ИК-датчик
Infrarotsichtgerät *n* инфракрасный прибор [ИК-прибор] ночного ви́дения; тепловизор
Infrarotspektroskopie *f* инфракрасная спектроскопия, ИК-спектроскопия
Infrarotstrahler *m* инфракрасный излучатель, ИК-излучатель
Infrarotstrahlung *f* инфракрасное излучение, ИК-излучение
Infrarottechnik *f* инфракрасная техника
Infrarottomografie *f* ИК-томография
Infrarottrockenanlage *f* установка инфракрасной сушки
Infrarottrocknen *n* инфракрасная сушка
Infrarottrockner *m см.* **Infrarottrockenanlage**
Infrarottrocknung *f* инфракрасная сушка
Infrarotzielsuchkopf *m* инфракрасная головка самонаведения
Infraschall *m* инфразвук
Infrastruktur *f* инфраструктура
Infratot *n* инфракрасная область спектра
Infusorienerde *f* инфузорная земля, кизельгур
Ingenieurarbeitsplatz *m* инженерное АРМ
Ingenieurbau *m* 1. строительство крупных инженерных сооружений (*мостов, сооружений со стальным каркасом или каркасом из сборного или монолитного железобетона, высотных зданий, промышленных объектов, плотин, гидротехнических сооружений*) 2. (крупное) инженерное сооружение
Ingenieurgeologie *f* инженерная геология
Ingenieurvermessung *f* инженерные изыскания (*в районе предстоящего строительства*)
Ingenieurwissenschaften *f pl* технические дисциплины; технические науки
Ingot *m* 1. слиток 2. кокильная стальная отливка
Inhalt *m* 1. содержание 2. ёмкость; вместимость; объём 3. *мат.* площадь; объём 4. *мат.* мера
inhaltsgleich равновеликий
Inhibitor *m* ингибитор
inhomogen неоднородный, негомогенный

Inhomogenität *f* неоднородность, негомогенность
Initialisierung *f* инициализация
Initialsprengstoff *m* инициирующее взрывчатое вещество
Initialzündung *f* инициирование заряда (*взрывчатого вещества*)
Initiator *m* инициатор, датчик инициирующих импульсов
Initiierung *f* инициирование
Initiierungsmittel *n* инициирующее средство
Injektion *f* 1. инжекция (*напр. носителей заряда*) 2. закачка, нагнетание (*напр. воды в пласт*)
Injektionsbohrung *f* нагнетательная скважина
Injektionslaser *m* инжекционный лазер
Injektionslogik *f* инжекционная логика, (интегральные) логические схемы с инжекционным питанием
~, **integrierte** интегральная инжекционная логика, И²Л, транзисторная логика с инжекционным питанием, ТЛИП
~, **isoplanare integrierte** изопланарные И²Л-схемы, И³Л-схемы
~, **Schottky-integrierte** И²Л с диодами Шоттки
Injektionsniveau *n*, **Injektionspegel** *m* уровень инжекции
Injektionspumpe *f* насос для нагнетания (*напр. цементного раствора*)
Injektionsrauschen *n* шумы инжекции
Injektionssonde *см.* **Injektionsbohrung**
Injektionsstrom *m* ижекционный ток, ток инжекции
Injektor *m* инжектор
Injektorbrenner *m* инжекторная горелка
Ink-Jet-Plotter *m* струйный графопостроитель
Inklination *f* 1. магнитное наклонение 2. *астр.* наклонение (*плоскости орбиты*)
~, **magnetische** магнитное наклонение
Inkohlung *f* углефикация
inkommensurabel несоизмеримый
Inkommensurabilität *f* несоизмеримость
inkompressibel несжимаемый
Inkompressibilität *f* несжимаемость
Inkonstanz *f* нестабильность; непостоянный характер
Inkreis *m* вписанная окружность
Inkrement *n* приращение
Inkrementalgeber *m* инкрементный датчик, датчик, работающий в приращениях

INKREMENTALMEßSYSTEM

Inkrementalmeßsystem *n* измерительная система с отсчётом в приращениях
Inkrementalsteuerungssystem *n* инкрементная система управления, система управления по приращениям
Inkrementgröße *f* величина [шаг] приращения, приращение
Inkrementierer *m вчт* инкрементор, блок инкремента
Inkrementierung *f вчт* инкремент, увеличение на 1
Inkrementzähler *m* инкрементный счётчик
In-line-Bildröhre *f*, **In-line-Farbbildröhre** *f* планарный [компланарный] кинескоп, цветной кинескоп с компланарным расположением прожекторов
Innenbandübergang *m* внутризонный переход
Innenbaugruppe *f* 1. внутренний блок (*приемной установки спутникового телевидения*) 2. *тлв, рад.* входное усилительно-преобразовательное устройство, усилительно-преобразовательный блок (*системы коллективного приема*)
Innendrehmaschine *f* расточный станок
Innendrehmeißel *m* расточный резец
Innendurchmesser *m* внутренний диаметр
Innenelektron *n* внутренний электрон
Innenfläche *f* внутренняя поверхность
Innengeschoß *n стр.* технический этаж
Innengewinde *n* внутренняя резьба
Innengewindeschneiden *n* нарезание резьбы метчиком
Innenglattwalzen *n мет.-об.* раскатывание
Innengrat *m* перемычка, остающаяся после прошивки
Innenkeilnutenfräsen *n* обработка внутренних шпоночных пазов
Innenkreis *m* внутренняя цепь
Innenleistung *f* индикаторная мощность
Innenloch *n* центральное [установочное] отверстие (*гибкого магнитного диска*)
Innenmessung *f* 1. *маш.* измерение внутренних размеров 2. *фото* встроенное экспонометрическое устройство (*зеркального фотоаппарата*)
Innenpolmaschine *f* (электрическая) машина с внутренними полюсами
Innenraumanlage *f эл.* внутренняя установка
Innenraumeinrichtung *f эл.* изделие внутренней установки

Innenräumen *n мет.-об.* внутреннее протягивание
Innenraumleitung *f* внутренняя электропроводка
Innenraumschaltanlage *f эл.* закрытое распредустройство
Innenraumumspannstation *f эл.* закрытая подстанция
Innenräumwerkzeug *n мет.-об.* внутренняя протяжка
Innenreibradgetriebe *n маш.* фрикционная передача внутреннего касания
Innenrollkopf *m мет.-об.* раскатник
Innenrundschleifen *n мет.-об.* внутреннее шлифование
Innenrundschleifmaschine *f мет.-об.* внутришлифовальный станок
Innenrüttler *m стр.* глубинный вибратор
Innensechskant *m* шестигранное углубление (*напр. под ключ*)
Innentaster *m маш.* нутромер
innenverzahnt *маш.* с внутренним зацеплением
Innenverzahnung *f маш.* внутреннее зацепление
Innenwiderstand *m* внутреннее сопротивление (*напр. источника сигнала*)
Innenwinkel *m* внутренний угол
Innenzahnradgetriebe *n маш.* передача внутреннего зацепления
Innenzentrierung *f маш.* центрирование по внутреннему диаметру
innig 1. плотный (*о контакте или соединении*) 2. тщательный (*о перемешивании*)
Input-Output-Port *m вчт* порт ввода-вывода
Input-Output-Prozessor *m вчт* процессор ввода-вывода
Input-Parameter *m* входной параметр
Insektenvertilgungsmittel *n* инсектицид
Insektizid *n* инсектицид
Insel *f* островок (*в кристалле ИС, эпитаксиальном слое*)
~, **isolierte** (изолированный) островок; (изолированный) карман
Inselbetrieb *m автм* автономная работа
Inselnetz *n* изолированная сеть
In-Situ-Processing *n* обработка in situ; обработка в замкнутом объёме
In-Situ-Prozeß *m* процесс, проводимый in situ
Insolation *f* инсоляция
instabil неустойчивый; нестабильный
Instabilität *f* неустойчивость; нестабильность

INTEGRIERT

Installateur *m* слесарь; слесарь-сантехник; (слесарь-)водопроводчик; электромонтёр

Installation *f* **1.** установка (*газового, водопроводного, санитарно-технического оборудования, электроарматуры*) **2.** (электро)проводка **3.** *вчт* инсталляция, установка (*программной системы на определенный тип ЭВМ*)

Installationsdiskette *f вчт* инсталляционная дискета, дискета (с программами и командными файлами) для инсталляции [для установки] системы (*на определенный тип ПЭВМ*)

Installationskeramik *f* установочная керамика

Installationsmaterial *n* (электро)установочный материал

Installationsprogramm *n вчт* программа инсталляции, программа для инсталляции [для установки] системы (*на определенный тип ПЭВМ*)

Installationsrohr *n* труба для электропроводки

Installationszelle *f* сантехнический узел, санузел

Instandhaltbarkeit *f автм* вероятность восстановления (*работоспособного состояния*)

Instandhaltung *f* содержание в исправном состоянии; техническое обслуживание; профилактическое обслуживание; восстановление (*работоспособного состояния*)

~, **planmäßige** плановый ремонт

~, **vorbeugende** планово-предупредительный ремонт

Instandhaltungsabstand *m*, **mittlerer** средняя продолжительность межремонтного периода

Instandhaltungsdauer *f автм* время восстановления

~, **mittlere** среднее время восстановления

Instandhaltungsfaktor *m автм* коэффициент восстановления

Instandhaltungsrate *f автм* интенсивность восстановления

Instandsetzung *f* ремонт

Instandsetzungshelling *f* судоремонтный эллинг

Instruktion *f вчт* инструкция, машинная команда

Instruktionssatz *m вчт* система команд

Instruktionsspeicher *m вчт* память команд

Instrument *n* инструмент; прибор; измерительный прибор

Instrumentenbesteck *n* набор инструментов

Instrumentenbrett *n* приборная доска; щиток приборов

Instrumentenflug *m ав.* полёт по приборам

Instrumentenlandesystem *n ав.* инструментальная система посадки, (курсоглиссадная) система ИЛС, радиомаячная система посадки метрового диапазона

Instrumententafel *f см.* **Instrumentenbrett**

intakt исправный; годный (*об изделии*)

Integerarithmetik *f* целочисленная арифметика

Integerformat *n* формат целых чисел

Integer-Operation *f* целочисленная операция, операция над целыми числами

Integer-Zahl *f* целое число

Integral *n* интеграл

~, **dreifaches** тройной интеграл

~, **mehrfaches** кратный интеграл

integral интегральный

Integralgleichung *f* интегральное уравнение

Integralkurve *f* интегральная кривая

Integralrechnung *f* интегральное исчисление

Integralregelung *f* астатическое регулирование

Integralregler *m см.* **I-Regler**

Integralschleifen *n мет.-об.* силовое шлифование

Integraltank *m ав.* кессонный бак (*топливный бак в кессоне крыла самолета*); бак-отсек

Integralzeichen *n* знак интеграла

Integrand *m* подынтегральная функция; подынтегральное выражение

Integration *f* **1.** *мат.* интегрирование **2.** интеграция

~, **numerische** численное интегрирование

~, **partielle** интегрирование по частям

Integrationsdichte *f* плотность упаковки (элементов) ИС; степень интеграции ИС

Integrationsgrad *m*, **Integrationsstufe** *f* степень [уровень] интеграции

Integrationskreis *m* интегрирующая цепь

Integrator *m* интегратор

Integrieranlage *f* интегрирующее устройство

Integrierer *m* интегратор

~, **inkrementaler** инкрементный интегратор

~, **summierender** суммирующий интегратор

Integriergerät *n* интегратор

Integrierglied *n* интегрирующее звено

Integriernetzwerk *n* интегрирующая схема; интегрирующая цепь; интегрирующее устройство

Integrierschaltung *f* интегрирующая схема

integriert интегрированный; интегральный

295

INTEGRIERUNG

Integrierung *f* интегрирование
Integrierverstärker *m* интегрирующий усилитель
Intelligenz *f* развитая логика; интеллект
~, **künstliche** искусственный интеллект
Intensität *f* интенсивность; напряжённость
intensiv интенсивный
interaktiv интерактивный
Interbandabsorption *f* межзонное поглощение
Interbandstreuung *f* межзонное рассеяние
Intercarrierverfahren *n* *тлв* метод разностной несущей, метод одноканального приёма звукового сопровождения
Interdiffusion *f* взаимная диффузия
Interdigitalwandler *m* встречно-штыревой преобразователь, (акустоэлектрический) преобразователь со встречно-штыревой структурой (*электродов*)
Interface *n* интерфейс
Interface-Adapter *m* адаптер интерфейса, адаптер (устройства) сопряжения
~, **asynchroner** адаптер последовательного интерфейса асинхронного обмена
~, **synchroner serieller** адаптер последовательного интерфейса синхронного обмена
Interfaceeinheit *f* устройство сопряжения; интерфейсный блок
Interface-IC *n*, **Interface-IS** *f* интерфейсная БИС
Interfacekabel *n* интерфейсный кабель, кабель интерфейса
Interfacekarte *f* интерфейсная плата
Interfacekonverter *m* *см.* Interfacewandler
Interfacelogik *f* интерфейсная логика, интерфейсные логические БИС
Interface-Port *m* порт интерфейса ввода-вывода
Interface-Schaltkreis *m* интерфейсная БИС
~, **programmierbarer paralleler** БИС программируемого параллельного интерфейса
~, **programmierbarer serieller** БИС программируемого последовательного интерфейса
Interfacewandler *m* интерфейсный преобразователь, преобразователь интерфейса
Interferenz *f* интерференция
Interferenzfarben *f pl* интерференционные цвета
Interferenzfiguren *f pl* интерференционные фигуры
Interferenzfilter *n* интерференционный (свето)фильтр

Interferenzkomparator *m* интерференционный компаратор
Interferenzlänge *f* длина когерентности
Interferenzmikroskop *n* интерференционный микроскоп
Interferenzringe *m pl* интерференционные кольца
Interferenzspiegel *m* интерференционное зеркало; интерференционный отражатель
Interferenzstreifen *m pl* интерференционные полосы
Interferometer *n* интерферометр
interkontinental межконтинентальный
Interkontinentalrakete *f* межконтинентальная баллистическая ракета, МБР
interkristallin межкристаллический; межкристаллитный (*о коррозии*)
Interleaving *n* 1. *вчт* расслоение; чередование 2. перемежение (*отсчетов кодируемого сигнала в процессе цифровой звукозаписи*)
Interlockgestrick *n* интерлочное трикотажное полотно
Interlock-Großrundstrickmaschine *f*, **Interlockmaschine** *f*, **Interlock-Rundstrickmaschine** *f* *текст.* интерлочная машина, интерлок(-машина) (*двухфонтурная кругловязальная машина большого диаметра*)
Interlockware *f* интерлочный трикотаж
intermediär 1. промежуточный 2. средний (*о горной породе*)
intermittierend прерывистый, периодический
Intermodulation *f* взаимная модуляция
intermolekular интермолекулярный
internuklear межъядерный
interplanetar межпланетный
Interplanetarverkehr *m* межпланетное сообщение
Interpolation *f* интерполяция
Interpolator *m* интерполятор
Interpolierung *f* интерполирование
Interpreter *m* интерпретатор, интерпретирующая программа
Interrupt *m, n* *вчт* прерывание
~, **gerichteter** векторное прерывание
~, **höchstpriorisierter** прерывание с наивысшим приоритетом
~, **maskierbarer** маскируемое прерывание
~, **nichtmaskierbarer** немаскируемое прерывание
~, **nichtvektorisierter** невекторное прерывание
~, **vektorisierter** векторное прерывание

Interruptanerkennungssignal *n* сигнал подтверждения прерывания
Interruptanforderung *f* запрос прерывания [на прерывание]
Interruptanforderungseingang *m* вход запроса прерывания
Interruptanforderungsleitung *f* линия запроса прерывания
Interruptanforderungssignal *n* сигнал запроса прерывания
Interruptbefehl *m* команда (обслуживания) прерывания
Interruptbehandlung *f* обработка прерывания [прерываний]; обслуживание прерывания [прерываний]; управление прерыванием [прерываниями]
Interruptbehandlungsprogramm *n* программа обслуживания (запроса) прерывания
Interruptbestätigung *f* подтверждение (запроса) прерывания
Interruptbestätigungssignal *n* сигнал подтверждения прерывания
Interruptbetrieb *m* режим прерываний
Interruptcontroller *m* контроллер прерываний
~, **programmierbarer** программируемый контроллер прерываний, ПКП
Interruptebene *f* уровень (запроса) прерывания
Interrupteingang *m* вход (запроса) прерывания
~, **externer** вход прерывания от внешнего источника
Interrupteingangssignal *n* входной сигнал прерывания (*от внешнего источника*)
Interruptflag *n* признак [флаг] разрешения прерывания
Interrupt-Handler *m* обработчик прерываний; модуль обработки прерываний; программа обработки прерываний
Interruptkode *m* код (уровня запроса) прерывания
Interruptlogik *f* логика прерываний
Interruptmaske *f* маска прерываний
Interruptmaskenbit *n* бит [разряд] маски прерываний
Interruptmaskenregister *n* регистр маскирования (запросов) прерываний, регистр маски (прерываний)
Interruptmode *m* режим прерываний
Interruptpriorität *f* приоритет прерывания
Interruptprioritätsregister *n* регистр приоритетов прерывания
Interruptprogramm *n* прерывающая программа, программа обслуживания (запроса) прерывания
Interruptregister *n* регистр (вектора) прерываний
Interruptserviceroutine *f* (под)программа обслуживания (запроса) прерывания
Interruptsignal *n* сигнал (запроса) прерывания
~, **externes** сигнал прерывания от внешнего источника
Interruptsteuereinheit *f*, **programmierbare** программируемый контроллер прерываний, ПКП
Interruptsteuerlogik *f* логика управления прерываниями
Interruptsteuerregister *n* регистр управления прерываниями
Interruptsystem *n* система прерываний
Interrupttabelle *f* таблица векторов прерываний
Interruptunterprogramm *n* подпрограмма обслуживания (запроса) прерывания
Interruptvektor *m* вектор прерывания
Interruptvektoradresse *f* адрес вектора прерывания
interstellar межзвёздный
Interstörstellenrekombination *f* межпримесная рекомбинация
Interstörstellenübergang *m* межпримесный переход
Intervall *n* интервал
Intervallzeitgeber *m* интервальный таймер
Interzonenübergang *m* межзонный переход
Intrabandabsorption *f* внутризонное поглощение
Intrabandstreuung *f* внутризонное рассеяние
Intra-Donator-Übergang *m* внутридонорный переход
intrazellular внутриклеточный
Intrinsic-Dichte *f* собственная концентрация, концентрация собственных носителей (заряда)
Intrinsic-Halbleiter *m* собственный [беспримесный] полупроводник
Intrinsic-Leitfähigkeit *f*, Intrinsic-Leitung *f* собственная проводимость, собственная электропроводность
Intrinsic-Schicht *f* слой с собственной проводимостью, *i*-слой
Intrinsic-Verluste *m pl* внутренние [собственные] потери

Intrinsic-Zone *f* область собственной проводимости

Intrittfallen *n*, **Intrittkommen** *n* вхождение [втягивание] в синхронизм

Intrusion *f* геол. интрузия

intrusiv геол. интрузивный

Intrusivgang *m* геол. дайка (жила, сложенная изверженной горной породой)

Intrusivgestein *n* геол. интрузивная [глубинная изверженная] горная порода

Intrusivkörper *m* геол. интрузивное тело, интрузив

Invar *n* инвар

invariant инвариантный

Invariante *f* инвариант

Invarianz *f* инвариантность

invers обратный; инверсный

Inverse *f* мат. обратная матрица

Inversion *f* инверсия

Inversionsdichte *f* плотность носителей (заряда) в инверсионном слое

Inversionsdiode *f* обращённый диод

Inversionskanal *m* инверсионный канал

Inversionskapazität *f* ёмкость инверсионного слоя

Inversionsschicht *f* инверсионный слой

Inverter *m* инвертор

Invertierung *f* инвертирование

Investbau *m*, **Investobjekt** *n*, **Investvorhaben** *n* объект капитального строительства

Investitionen *f pl* капиталовложения

Investitionsbau *m* капитальное строительство

Investitionskosten *pl* капитальные затраты

Invest(itions)träger *m* застройщик

Involute *f* мат. эвольвента

Involution *f* мат. инволюция

inzident мат. инцидентный

Inzidenz *f* мат. инцидентность

I/O-Driver *m* драйвер (устройств) ввода-вывода

Ion *n* ион

~, **ortsfestes** неподвижный ион; неподвижный ионный заряд

Ionenableiter *m* ионный разрядник

Ionenaktivität *f* ионная активность

Ionenantrieb *m* ионный (ракетный) двигатель

Ionenätzen *n* ионное травление

~, **reaktives** реактивное ионное травление

Ionenaustausch *m* ионный обмен, ионообмен

Ionenaustauschchromatographie *f* ионообменная хроматография

Ionenaustauscher *m* ионит, ионообменник

Ionenaustauscherharz *n* ионообменная смола

Ionenaustauschmembran *f* ионитовая мембрана

Ionenbeschuß *m* ионная бомбардировка

Ionenbeziehung *f* ионная связь

Ionenbindung *f* ионная связь

Ionendosis *f* экспозиционная доза (ионизирующего излучения)

Ionendosisleistung *f*, **Ionendosisrate** *f* мощность экспозиционной дозы (ионизирующего излучения)

Ionendotierung *f* ионное легирование

Ioneneinlagerung *f*, **Ioneneinpflanzung** *f* ионное внедрение

Ionenemission *f* ионная эмиссия

Ionenfalle *f* ионная ловушка

Ionenfleck *m* ионное пятно

Ionengetterpumpe *f* геттерно-ионный (вакуумный) насос

Ionengitter *n* ионная решётка

Ionengleichrichter *m* ионный вентиль

Ionenimplantation *f* ионная имплантация

Ionenimplantationsanlage *f* установка ионной имплантации [ионного легирования]

Ionenimplantationsschicht *f* слой, полученный ионной имплантацией, ионно-имплантированный слой

Ionenimplantationstechnik *f* метод ионной имплантации

Ionenkonzentration *f* ионная концентрация, концентрация ионов

Ionenkristall *m* ионный кристалл

Ionenleiter *m* проводник второго рода

Ionenleitung *f* ионная проводимость, ионная электропроводность

Ionenlithographie *f* ионная литография

Ionenmikroskop *n* ионный микроскоп

Ionenpolymerisation *f* ионная полимеризация

Ionenpumpe *f* ионный насос

Ionenquelle *f* ионный источник, источник ионов

Ionenradius *m* ионный радиус

Ionenröhre *f* ионный [газоразрядный] прибор (напр. тиратрон)

Ionenstärke *f* ионная концентрация, концентрация ионов

Ionenstörstelle *f* ионная примесь

Ionenstrahl *m* ионный пучок, пучок ионов

Ionenstrahlätzanlage *f* установка ионно-лучевого травления

Ionenstrahlätzen *n* ионно-лучевое травление

~, **reaktives** реактивное ионно-лучевое травление
Ionenstrahldotierung *f* ионно-лучевое легирование
Ionenstrahlepitaxie *f* ионно-лучевая эпитаксия
Ionenstrahllitographie *f* ионно-лучевая литография
Ionenstrom *m* ионный ток
Ionentriebwerk *n* ионный ракетный двигатель
Ionenventil *n см.* **Ionengleichrichter**
Ionenzerstäuberpumpe *f* магнитный электроразрядный вакуумный насос
Ionenzerstäubung *f* ионное распыление
Ionisation *f* ионизация
Ionisationsdosimeter *n* ионизационный дозиметр
Ionisationsenergie *f* энергия ионизации
Ionisationsgrad *m* степень ионизации
Ionisationskammer *f* ионизационная камера
Ionisationskoeffizient *m* коэффициент ионизации
Ionisationsmanometer *n* ионизационный вакуумметр
Ionisationspotential *n* ионизационный потенциал, потенциал ионизации
Ionisationspumpe *f* ионизационный насос
Ionisationsstoß *m* вспышка космического излучения
Ionisator *m* ионизатор
Ionisierenergie *f* энергия ионизации
Ionisierspannung *f* напряжение ионизации
ionisiert иониз(ир)ованный
Ionisierung *f* ионизация
Ionisierungsenergie *f* энергия ионизации
Ionisierungsfähigkeit *f* ионизационная способность
Ionisierungspotential *n* потенциал ионизации
Ionnitrieren *n* азотирование в тлеющем разряде, ионное азотирование
Ionosphäre *f* ионосфера
I/O-Port *m* порт ввода-вывода
I/O-Prozessor *m* процессор ввода-вывода
I/O-Unterbrechung *f* прерывание по запросу ввода-вывода, прерывание по вводу-выводу
I-Profil *n* двутавровый профиль, двутавр
Iraser *m* иразер, лазер ИК-диапазона
Irdengut *n см.* **Irdenware**
Irdenware *f* пористая керамика, керамика с пористым черепком, изделия с пористым черепком
IRED *f см.* **Infrarotemitterdiode**

I-Regelung *f* астатическое регулирование
I-Regler *m* астатический регулятор
IR-Fotografie *f см.* **Infrarotfotografie**
Iridium *n* иридий, Ir
Irisblende *f* ирисовая диафрагма
irrational иррациональный
Irrationalität *f* иррациональность
irreduzibel неприводимый
irregulär иррегулярный
irrelevant нерелевантный
Irrelevanz *f* 1. нерелевантность 2. (информационный) шум
irreversibel необратимый
Irreversibilität *f* необратимость
Irrstrom *m* блуждающие токи
IR-Sensor *m* инфракрасный датчик, ИК-датчик
IS *f* интегральная (микро)схема, ИС
~, **digitale** цифровая ИС
~, **kundenspezifische** заказная ИС; специализированная ИС
~, **monolithische** монолитная ИС
~, **ungekapselte** бескорпусная ИС
i-Schicht *f* i-слой, слой с собственной проводимостью
ISDN [Integrated Service Digital Network, diensteintegrierendes Digitalnetz] *n* цифровая сеть с интеграцией служб, ЦСИС, цифровая сеть интегрального обслуживания
Isobare *f* изобара
Isobathe *f* изобата
Isobutan *n* изобутан
Isobuten *n* изобутилен
Isochore *f* изохора
isochrom(atisch) изохроматический
isochron изохронный
Isochronismus *m* изохронизм, изохронность
isodrom изодромный
Isodromglied *n* изодром
Isodromregelung *f* изодромное регулирование
Isodromregler *m* изодромный регулятор
Isodromvorrichtung *f* изодром
Isofläche *f* изоповерхность
Isogon *n* правильный многоугольник
Isogone *f* изогона
Isohyete *f* изогиета
Isohypse *f* изогипса, горизонталь
Isokline *f* изоклина
Isokone *f* изокона
Isolation *f* 1. изоляция 2. изолирование
~, **elektrische** электроизоляция

ISOLATIONS...

Isolations... изоляционный (*см. тж* **Isolier...**)
Isolationsauftrag *m* наложение изоляции
Isolationsdurchschlag *m* пробой изоляции
Isolationsfestigkeit *f* прочность изоляции
Isolationsgebiet *n* изолирующая область
Isolationskammer *f* сурдокамера
Isolationslack *m* изоляционный лак
Isolationsmesser *m* меггер, мегомметр
Isolationsoxid *n* изолирующий оксид
Isolationspappe *f* изоляционный картон
Isolationsprüfer *m* измеритель сопротивления изоляции
Isolationsschaden *m* повреждение изоляции
Isolationsschicht *f* изолирующий [разделительный] слой; слой диэлектрика
Isolationsspannung *f* напряжение развязки
Isolationsstrom *m* ток утечки (*через изоляцию*)
Isolationsvermögen *n* изолирующая способность
Isolationsverstärker *m* развязывающий усилитель
Isolationswiderstand *m* сопротивление изоляции
Isolator *m* 1. изолятор 2. диэлектрик
Isolatorenkette *f* гирлянда изоляторов
Isolatorschicht *f* изолирующий [разделительный] слой; слой диэлектрика
Isolatorschirm *m* ребро [юбка] изолятора
Isolatorstütze *f* штырь изолятора
Isolierband *n* изоляционная лента, изолента
Isolierei *n* орешковый изолятор
Isoliereigenschaften *f pl* изоляционные свойства
Isolieren *n* изолирование
Isolierkörper *m* 1. изоляционная часть (*изолятора*) 2. изолятор (*свечи зажигания*)
Isolierlack *m* изоляционный лак
Isoliermasse *f* изоляционная масса, изоляционный компаунд
Isolieröl *n* изоляционное масло
Isolierpapier *n* изоляционная бумага
Isolierschicht *f*, **Isolierschlauch** *m* 1. изоляционный слой 2. изолирующий [разделительный] слой
Isolierstein *m* теплоизоляционный кирпич
Isolierstoff *m* 1. изоляционный материал 2. диэлектрик
Isolierstoß *m* изолирующий стык
isoliert изолированный
Isolierung *f* изолирование; изоляция
~, **elektrische** электроизоляция

Isolinie *f* изолиния
Isomer *n* изомер
Isomerie *f* изомерия
Isomerierung *f* изомеризация
Isomerisation *f* изомеризация
Isomerisierung *f* изомеризация
Isometrie *f* изометрия
isomorph изоморфный
Isomorphie *f* изоморфизм (*свойство веществ, различных по химическому составу, кристаллизоваться в одинаковых формах*)
Isomorphismus *m мат.* изоморфизм
Isopanfilm *m* изопанхроматическая плёнка
isoplanar изопланарный
Isoplanar-IIL *f*, **Isoplanar-I^{2}L** *f* изопланарная интегральная инжекционная логика, изопланарная И^{2}Л, И^{3}Л
Isoplanartechnik *f*, **ISOPLANAR-Technik** *f*, **Isoplanartechnologie** *f* изопланарная технология
Isoplete *f* изоплета
Isopotential *n* изопотенциал
Isopren *n* изопрен
ISO-Qualität *f* квалитет ИСО, квалитет МОС [Международной организации по стандартизации]
Isospin *m физ.* изотопический спин, изоспин
Isostasie *f* изостазия
Isosterie *f* изостерия
Isotache *f* изотаха
isotaktisch изотактический
isotherm изотермический
Isotherme *f* изотерма
Isothermhärtung *f* изотермическая закалка
Isothermie *f* изотермия
isothermisch изотермический
Isotop *n* изотоп
~, **radioaktives** радиоактивный изотоп
Isotopenanalyse *f* изотопный анализ
Isotopenbatterie *f* радиоизотопная батарея
Isotopengenerator *m* радиоизотопный генератор
Isotopenhäufigkeit *f* распространённость изотопа
Isotopenindikator *m* изотопный индикатор
Isotopenmarke *f* изотопная метка
Isotopentrennung *f* разделение изотопов
isotrop изотропный
Isotropie *f* изотропность, изотропия
Isotropisierung *f* изотропизация

IS-Sockel *m* панелька (для) ИС; кристаллоноситель, кристаллодержатель
Ist-Leistung *f* фактическая мощность
Istmaß *n* действительный размер; фактический размер
Istposition *f* 1. фактическое положение 2. фактическая [текущая] координата (*напр. рабочего органа*)
I-Stumpfnaht *f* *св.* бесскосный стыковой шов
Istwert *m* действительное значение
Iteration *f* итерация
Iterationsschleife *f* итерационный [итеративный] цикл
Iterationsschritt *m* шаг итерации
Iterationsverfahren *n* итерационный метод
I-U-Kennlinie *f* вольт-амперная характеристика, ВАХ
I-Verhalten *n* *автм* интегральное воздействие
i-Zone *f* область собственной проводимости, *i*-область

J

Jackard-Gewebe *n* *текст.* жаккардовая ткань
Jackard-Karte *f* *текст.* карта жаккардовой машины, карта
Jacquard-Maschine *f* *текст.* жаккардовая машина
Jade *m, f* *мин.* жад (*жадеит и нефрит*)
Jagdbomber *m* истребитель-бомбардировщик
Jagdflugzeug *n* (самолёт-)истребитель
Jahresförderung *f* годовая добыча, годовой объём добычи
Jahresring *m* годичное кольцо (*древесины*)
Jahresspeicher *m* водохранилище годового регулирования
Jahresspeicherung *f* годовое регулирование (*речного стока*)
Jahrring *m* *см.* **Jahresring**
Jalousie *f* жалюзи
Jamming *n* *англ.* глушение (*радиопередач*)
Jaspis *m* *мин.* яшма
Jet *m* 1. *см.* **Jet-Flugzeug** 2. струя
Jet-Flugzeug *n* реактивный самолёт
Jetstream *m* струйное течение

JFET [Junction FET] *m* полевой транзистор с *p — n*-переходом
Jigger *m* *текст.* роликовая красильная машина, джиггер
Jitter *m* (фазовое) дрожание (*фронтов импульсов*); фазовые флуктуации (*цифровых сигналов*)
JK-Flipflop *n* JK-триггер
~, **flankengetriggertes** JK-триггер, синхронизируемый фронтом
JK-Master-Slave-Flipflop *n* триггер MS-типа на базе JK-триггеров
Job *m* *вчт* задание; задача
Jobdatei *f* *вчт* файл задания
Jobscheduler *m* *вчт* планировщик заданий
Jobsteueranweisung *f* *вчт* оператор управления заданиями
Jobsteuerung *f* *вчт* управление заданиями
Jobverwaltungsprogramm *n* *см.* **Jobscheduler**
Joch *n* 1. *ж.-д.* звено, рельсовое [путевое] звено 2. *эл.* ярмо 3. *стр.* деревянная опора (*свайная или рамная*)
Jochpunkt *m* *мат.* точка перевала
Jod *n* иод, J
Jodlampe *f* иодная лампа
Jodometrie *f* иодометрия
Jodsäure *f* иодноватая кислота, HJO_3
Jodwasserstoff *m* иодид водорода, иодистый водород, иодоводород, HJ
Jodwasserstoffsäure *f* иодистоводородная [иодоводородная] кислота, HJ (*водный раствор иодоводорода*)
Jodzahl *f* иодное число
Josephson-Bauelement *n* прибор на переходах Джозефсона
Josephson-Effekte *m pl* эффекты Джозефсона
Josephson-Element *n* *см.* **Josephson-Bauelement**
Josephson-IC *n* ИС на приборах с переходами Джозефсона
Josephson-Kontakt *m* контакт Джозефсона, джозефсоновский [туннельный] контакт
Josephson-Technik *f* технология приборов на переходах Джозефсона
Josephson-Übergang *m* переход Джозефсона, джозефсоновский переход
Joule *n* джоуль, дж
Joystick *m* *вчт* джойстик, координатная ручка
JR-Flipflop *n* JR-триггер
Juchten *m* юфть
Jumper *m* *эл., элн* перемычка

Junction-FET *m* полевой транзистор с *p — n*-переходом

Jupiter-Sonde *f* космический аппарат для исследования Юпитера

Jura *m геол.* юра, юрский период; юрская система

Justage *f* юстировка; выверка

Justier- und Belichtungsanlage *f* установка совмещения и экспонирования, установка литографии

Justieren *n см.* **Justierung**

Justierfehler *m* 1. погрешность юстировки; погрешность регулировки 2. погрешность совмещения

Justiergenauigkeit *f* 1. точность юстировки; точность регулировки 2. точность совмещения

Justierlatte *f* поверочная линейка

Justiermarke *f* знак [фигура] совмещения

Justierung *f* 1. юстировка; выверка; регулировка 2. совмещение (*операция микролитографии*)

Just-in-Time-Fertigung *f* организация производства по принципу «точно по графику»; система производства «точно по графику»

Jute *f* джут

К

Kabel *n* кабель
~, **abgeschirmtes** экранированный кабель
~, **armiertes** *см.* **Kabel, bewehrtes**
~, **bewehrtes** бронированный кабель
~, **gummiisoliertes** кабель с резиновой изоляцией
~, **koaxiales** коаксиальный кабель
~, **kryoresistives** криопроводящий кабель
~, **mehradriges** многожильный кабель
~ **mit äußerem Überdruck** газонаполненный кабель с внешним давлением
~, **paarverseiltes** кабель парной скрутки
~, **papierisoliertes** кабель с бумажной изоляцией
~, **pupinisiertes** пупинизированный кабель
~, **sternverseiltes** кабель звёздной скрутки
~, **supraleitendes** сверхпроводящий кабель
~, **verseiltes** скрученный кабель

Kabelader *f* жила кабеля
Kabelanschluß *m* кабельный ввод
Kabelbagger *m* башенный экскаватор
Kabelbewehrung *f* кабельная броня, металлорукав (кабеля)
Kabeldurchführung *f* кабельный ввод
Kabelendverschluß *m* концевая кабельная муфта
Kabelfernsehen *n* кабельное телевидение
Kabelführung *f* кабелепровод
Kabelgarnitur *f* кабельная арматура
Kabelgraben *m* кабельная траншея
Kabelkanal *m* кабельный канал; кабельная канализация
Kabelkanalanlage *f* кабельная канализация
Kabelkran *m* кабельный кран, кабель-кран
Kabellänge *f мор.* кабельтов
Kabellegemaschine *f* кабелеукладчик
Kabelleger *m* кабельное судно
Kabellegung *f* укладка кабеля
Kabelleitung *f* кабельная линия
Kabelmantel *m* оболочка кабеля, кабельная оболочка
Kabelmuffe *f* кабельная муфта
Kabelschacht *m* кабельный колодец
Kabelschuh *m* кабельный наконечник
Kabelseele *f* сердечник кабеля
Kabelseil *n* канат кабельной свивки
Kabelsteckverbinder *m* кабельный соединитель
Kabelsucher *m см.* **Kabelsuchgerät**
Kabelsuchgerät *n* кабелеискатель
Kabeltrommel *f* 1. канатный барабан 2. кабельный барабан (*напр. экскаватора*)
Kabelturm *m* кабельная мачта
Kabelvergußmasse *f* кабельная (заливочная) масса
Kabelverlegung *f* прокладка кабеля
Kabelverzweiger *m* свз (кабельный) распределительный шкаф
Kabine *f* 1. кабина 2. вагон (*подвесной канатной дороги*)
~, **absprengbare** [**abwerfbare**] отделяемая кабина
Kabinenbahn *f* пассажирская подвесная канатная дорога с вагонным подвижным составом, вагонная подвесная канатная дорога
Kabinendach *n* фонарь (*кабины летчика*); сдвижная [откидная] часть фонаря (*кабины летчика*)

KALOMELELEKTRODE

Kabriolett *n* легковой автомобиль с кузовом кабриолет, кабриолет
Kachel *f* изразец, кафель; плитка
Kadmieren *n* кадмирование
Kadmium *n* кадмий, Cd
Kadmiumselenid *n* селенид кадмия, CdSe
Kadmiumsulfid *n* сульфид кадмия, CdS
Käfig *m* сепаратор (*подшипника качения*)
Käfiganker *m см.* **Käfigläufer**
Käfigankermotor *m см.* **Käfigläufermotor**
Käfigläufer *m эл.* короткозамкнутый ротор типа беличьей клетки
Käfigläufermotor *m* асинхронный электродвигатель с короткозамкнутым ротором типа беличьей клетки
Käfigwicklung *f эл.* беличья клетка, обмотка ротора типа беличьей клетки
Kai *m* 1. набережная 2. причал
Kai-Anlage *f* грузовой причал
Kaimauer *f* причальная стенка
Kalander *m* каландр
Kalandrieren *n* каландр(ир)ование
Kalfatern *n* конопачение
Kali *n* 1. калийные соли 2. *см.* **Kaliumoxid**
Kaliaufkommen *n* объём добычи калийных солей
Kaliber *n* 1. калибр 2. *мет.* калибр (*просвет между прокатными валками, образуемый двумя ручьями и зазором между ними*)
Kalibereinschnitt *m* ручей (*прокатного валка*)
Kalibergesenk *n* чистовой штамп
Kaliberring *m* калиберное кольцо
Kaliberwalzen *f pl* ручьевые валки
Kalibrator *m* калибратор
Kalibrieren *n* калибрование, калибровка
Kalibriergesenk *n* калибровочный штамп
Kalibrierung *f см.* **Kalibrieren**
Kalibrierwalzwerk *n* калибровочный стан
Kalidüngemittel *n* калийное удобрение
Kalifornium *n* калифорний, Cf
Kaliglimmer *m* мусковит
Kalilauge *f* калийный щёлок, раствор едкого кали
Kalisalpeter *m* калийная селитра
Kalisalzbergbau *m* разработка месторождений калийных солей; калийная промышленность
Kalisalze *n pl* калийные соли
Kalisalzlagerstätte *f* месторождение калийных солей, калийное месторождение
Kalium *n* калий, K

Kaliumdichromat *n* дихромат калия, $K_2Cr_2O_7$, калиевый хромпик
Kaliumeisen(III)-Zyanid *n см.* **Kaliumhexazyanoferrat(III)**
Kaliumferrozyanid *n см.* **Kaliumhexazyanoferrat(II)**
Kaliumhexazyanoferrat(II) *n* гексацианоферрат(II) калия, жёлтая кровяная соль
Kaliumhexazyanoferrat(III) *n* гексацианоферрат(III) калия, красная кровяная соль
Kaliumhydroxid *n* гидроксид калия, едкое кали
Kaliumkarbonat *n* карбонат калия, поташ
Kaliumoxid *n* оксид [окись] калия, K_2O
Kaliumpermanganat *n* перманганат калия, марганцовокислый калий, $KMnO_4$
Kaliumzyanoferrat(II) *n см.* **Kaliumhexazyanoferrat(II)**
Kaliumzyanoferrat(III) *n см.* **Kaliymhexazyanoferrat(III)**
Kalk *m* известь
~, **gebrannter** жжёная известь; (известь-)кипелка
~, **gelöschter** гашёная известь
Kalkbinder *m* известковое вяжущее
Kalkbrei *m* известковое тесто
Kalkdüngemittel *n* известковое удобрение
Kalkdüngung *f* известкование
Kalkfarbe *f* известковая краска, побелка
Kalkgrube *f* известняковый карьер
Kalkhärte *f* кальциевая жёсткость (*воды*)
Kalklöscher *m* известегасилка, гидратор
Kalklöschmaschine *f* известегасильная машина
Kalkmilch *f* известковое молоко
Kalkmörtel *m* известковый раствор
Kalkofen *m* печь для обжига известняка, известеобжигательная печь
Kalksalpeter *m* кальциевая селитра
Kalksandbeton *m* силикатобетон
Kalksandstein *m* 1. силикатный кирпич 2. *геол.* известковистый [известковый] песчаник
Kalkspat *m мин.* кальцит
Kalkstein *m* известняк
Kalksteinmehl *n* известковая мука
Kalkül *m* исчисление
Kalkulationsprogramm *n вчт* программа обработки электронных таблиц
Kalkulationstabelle *f вчт* электронная таблица
Kalkung *f* известкование
Kalkwasser *n* известковая вода
Kalomel *n* каломель
Kalomelelektrode *f* каломельный электрод

KALORIE

Kalorie *f* калория, кал
Kaloriengehalt *m* калорийность
kalorienreich калорийный; высококалорийный
Kalorimeter *n* калориметр
Kalorimetrie *f* калориметрия
Kalotte *f мат.* шаровой сегмент
Kaltarbeitsstahl *m* нетеплостойкая сталь
Kaltbandstraße *f* стан холодной прокатки полос
~, **kontinuierliche** непрерывный стан холодной прокатки полос
Kaltbandwalzwerk *n* стан холодной прокатки полос
Kaltblasen *n* холодное дутьё
Kaltbruch *m мет.* хладноломкость
kaltbrüchig *мет.* хладноломкий
Kaltbrüchigkeit *f мет.* хладноломкость
Kaltdampfmaschine *f* паровая холодильная машина
Kälte *f* холод
Kälteanlage *f* холодильная установка
kältebeständig хладостойкий, холодостойкий, холодоустойчивый; морозостойкий
Kältebeständigkeit *f* хладостойкость, холодостойкость, холодоустойчивость; морозостойкость
Kälteeinbruch *m метео* вторжение холодного воздуха
Kälteerzeuger *m* хладогенератор, генератор холода
Kälteerzeugung *f* производство холода
Kältefaktor *m* холодильный коэффициент
kältefest *см.* **kältebeständig**
Kälteisolation *f* холодильная изоляция, теплоизоляция
Kältekammer *f* камера для испытаний на холодоустойчивость
Kältekreislauf *m*, **Kältekreisprozeß** *m* холодильный цикл
Kälteleistung *f* 1. холодопроизводительность 2. холодильная мощность
Kältemaschine *f* холодильная машина
Kältemaschinenöl *n* рефрижераторное масло
Kältemischung *f* охлаждающая [холодильная] смесь
Kaltemission *f* холодная [автоэлектронная] эмиссия
Kältemittel *n* холодильный агент, хладагент
Kältemittelverdampfer *m* (холодильный) испаритель
Kältemittelverdichter *m см.* **Kälteverdichter**

Kälteprozeß *m* холодильный процесс; холодильный цикл
Kältetechnik *f* холодильная техника
Kältetest *m* испытания на холодоустойчивость; испытания на морозостойкость
Kälteträger *m* (холодильный) теплоноситель, хладоноситель
Kältetransport *m* 1. передача холода 2. холодильный транспорт
Kälteverdichter *m* холодильный компрессор
Kälteversuch *m* испытания при низких температурах
Kaltfärben *n* холодное крашение; крашение без нагревания
Kaltfließpreßautomat *m мет.-об.* автомат для холодного выдавливания
Kaltfließpressen *n мет.-об.* холодное выдавливание
Kaltfront *f метео* холодный фронт
Kaltgasmaschine *f* газовая холодильная машина
Kaltgasturbine *f* турбодетандер
kaltgewalzt холоднокатаный
kaltgezogen холоднотянутый
Kaltkatode *f* холодный катод
Kaltkatodenröhre *f* лампа с холодным катодом
Kaltkatodenstrahlröhre *f* электронно-лучевая трубка с холодным катодом
Kaltlagerung *f* холодильное хранение
Kaltleiter *m* (термо)резистор с положительным ТКС, позистор
Kaltlichtbeleuchtung *f* люминесцентное освещение
Kaltlichtspiegel *m* интерференционное зеркало («холодного света»)
Kaltlötstelle *f* холодный спай
Kaltluft *f* холодный воздух
Kaltmassivumformung *f мет., маш.* холодная обработка нелистового материала давлением (*напр.* холодная объёмная штамповка, холодная высадка и др.; *см. тж* **Massivumformung**)
Kaltnietung *f* холодная клёпка
Kaltpolymerisation *f* полимеризация при пониженной температуре [«на холоду»], низкотемпературная полимеризация
Kaltpressen *n* 1. *мет.-об.* холодное прессование; холодная штамповка 2. *пласт.* холодное прессование
Kaltprobe *f* испытание в холодном состоянии; испытание на холоду

Kaltschmieden *n* холодная ковка
Kaltschweißen *n* холодная сварка
Kaltschweißstelle *f* непровар
Kaltstart *m* 1. холодный запуск (*двигателя*), пуск (*двигателя*) в холодном состоянии, пуск холодного двигателя 2. пуск в холодном состоянии 3. *вчт* «холодный» пуск (*полностью отключенной системы*), «холодный» перезапуск
Kaltstartlader *m вчт* программа «холодного» пуска, начальный [«холодный»] загрузчик
Kaltstauchautomat *m мет.-об.* автомат для холодной высадки, холодновысадочный автомат
Kaltstauchen *n мет.-об.* холодная высадка
Kaltstauchmaschine *f см.* **Kaltstauchpresse**
Kaltstauchpresse *f мет.-об.* холодновысадочный пресс
Kaltstauchstahl *m* катаная сталь для холодной высадки
Kaltstrecken *n мет.-об.* холодная вытяжка
Kaltumformen *n* холодная обработка давлением
kaltverfestigt нагартованный
Kaltverfestigung *f* наклёп, нагартовка
Kaltversuch *m* холодное испытание; испытание в холодном состоянии
Kaltwalzen *n* холодная прокатка
Kaltwalzwerk *n* 1. стан холодной прокатки 2. цех холодной прокатки
Kaltwind *m* холодное дутьё
Kaltziehen *n мет.-об.* холодное волочение
Kalzination *f* кальцинация
Kalzinieren *n* кальцинирование
Kalzit *m см.* **Kalkspat**
Kalzium *n* кальций, Ca
Kalziumkarbid *n* карбид кальция, CaC_2
Kalziumkarbonat *n* карбонат кальция, углекислый кальций, $CaCO_3$
Kambrik *m* кембрик (*лакотканевая изоляция*)
Kambrium *n геол.* кембрий, кембрийская система; кембрийский период
Kamera *f* камера
~, **einäugige** однообъективный (зеркальный) фотоаппарат
~, **fotografische** фотографический аппарат, фотоаппарат
Kamerakran *m кино* операторский кран
Kameramann *m тлв, кино* оператор
Kamerarecorder *m см.* **Kamkorder**
Kameraschwenkung *f тлв* панорамирование (*камерой*); *кино* панорамирование (*плавный разворот киносъемочного аппарата в горизонтальной или вертикальной плоскости при панорамной киносъемке*)
Kamerawagen *m тлв, кино* операторская тележка
Kamin *m* камин
Kaminkühler *m* градирня с естественной тягой
Kamkorder *m* видеокамера (*конструктивное объединение бытовой телекамеры и кассетного видеомагнитофона*)
Kamm *m* 1. гребень 2. гребёнка 3. *текст.* бёрдо
Kämmaschine *f текст.* гребнечесальная машина
Kammeißel *m мет.-об.* зуборезная гребёнка, долбяк-гребёнка
Kämmen *n* 1. *текст.* (гребне)чесание 2. зацепление (*напр. зубчатых колес*)
Kammer *f* камера
Kammerbau *m горн.* выемка [разработка] камерами, камерная выемка; камерная система разработки
Kammerbauverfahren *n горн.* камерная система разработки
Kammerfeuerung *f* камерная топка
Kammerkessel *m* камерный котёл
Kammerofen *m* камерная печь
Kammerpfeilerbau *m горн.* камерно-столбовая выемка, камерно-столбовая разработка; камерно-столбовая система разработки
Kammerschleuse *f* камерный шлюз
Kammertrockner *m* камерная сушилка
Kammfräser *m* гребенчатая фреза
Kammgarn *n* гребенная [камвольная] пряжа
Kammgarnspinnerei *f* гребенное [камвольное] прядение
Kammgarnstoff *m* камвольная ткань
Kammgarnwolle *f* гребенная шерсть
Kammlager *n* гребенчатый упорный подшипник
Kämmling *m* (гребенной) очёс
Kammwelle *f* гребенчатый вал
Kammzug *m* гребенной прочёс, гребенная лента
Kampfer *m* камфара
Kämpfer *m* 1. пята (*арки, свода*) 2. импост (*оконной коробки*) 3. импост (*колонны*)
Kämpferdruck *m* опорное давление, давление в пяте свода
Kampferöl *n* камфарное масло
Kampfflugzeug *n* боевой самолёт

KAMPFFÜHRUNG

Kampfführung *f*, **elektronische** радиоэлектронная борьба, РЭБ
Kampfhubschrauber *m* боевой вертолёт
Kampfsatz *m* боекомплект
Kampfstoffe *m pl* боевые вещества
~, **chemische** боевые отравляющие вещества
~, **flüchtige** нестойкие отравляющие вещества
~, **lang wirkende** стойкие отравляющие вещества, стойкие ОВ
Kanal *m* 1. канал 2. (канализационный) коллектор; (канализационный) канал
~, **eingeschnürter** *элн* перекрытый канал; суженный канал
~, **gestörter** канал с помехами
~, **leitender [leitfähiger]** проводящий канал
~, **störungsfreier** канал без помех
~, **vergrabener** *элн* скрытый канал
~, **verrauschter** канал с шумами
Kanalabschnürspannung *f элн* напряжение отсечки
Kanalabschnürung *f* перекрытие канала (*полевого транзистора*), отсечка
Kanalanlage *f эл.* кабельная канализация
Kanalbrücke *f* мост-канал
Kanaldämpfung *f элн* межканальное затухание, переходное затухание (между каналами)
Kanaldämpfung *элн* затухание в канале
Kanaleinschnürung *f элн* перекрытие канала; сужение канала
Kanalelektronenvervielfacher *m* канальный электронный умножитель
Kanalgase *n pl* газы из канализационной сети, канализационные газы
Kanalisation *f* канализация
Kanalisationsnetz *n* канализационная сеть
Kanalisationspumpe *f* канализационный насос
Kanalisationsrohr *n* канализационная труба
Kanalisationsschacht *m* канализационный колодец, смотровой колодец (*на канализационной сети*)
Kanalisierung *f* канализирование
Kanalkapazität *f свз, вчт* пропускная способность канала
Kanalkodierung *f* канальное кодирование
Kanalleitung *f физ.* канализирование; эффект канализирования
Kanalleitwert *m* проводимость канала
Kanalofen *m* туннельная печь
Kanalquerschnitt *m* поперечное сечение канала
~, **wirksamer** эффективное сечение канала
Kanalrohr *n см.* **Kanalisationsrohr**
Kanalschacht *m см.* **Kanalisationsschacht**
Kanalstrahlen *pl* каналовые лучи
Kanalstufe *f гидр.* бьеф
Kanalumschaltung *f* коммутация каналов
Kanalwähler *m* селектор телевизионных каналов
Kanalwiderstand *m элн* сопротивление канала
Kanne *f* 1. бидон; фляга; канистра 2. *текст.* таз
Kanonenbohrer *m* пушечное сверло
Känozoikum *n геол.* кайнозой, кайнозойская эра; кайнозойская группа
Kante *f* 1. кромка; край 2. ребро (*напр. призмы, графа*) 3. бровка (*насыпи, выемки, уступа откоса*) 4. борт (*карьера*)
~, **gerichtete** ориентированное ребро (*графа*)
~, **überhängende** нависающая кромка (*слоя фоторезиста*)
~, **verdeckte** невидимое ребро (*трехмерной модели объекта в машинной графике*)
Kantenbrechen *n* притупление кромок
Kantenfolge *f* цепочка рёбер (*графа*)
Kantenhobelmaschine *f* кромкострогальный станок
Kantenschärfe *f* 1. резкость края (*изображения*) 2. резкость контуров (*напр. при оптическом считывании*)
Kantenunschärfe *f* 1. размытость края (*изображения*) 2. нерезкость контуров (*напр. при оптическом считывании*)
Kantenverbindung *f* торцовое соединение (*сварка*)
Kantenvorbereitung *f* разделка (свариваемых) кромок
Kantenwinkel *m* плоский угол (*многогранника*)
Kantholz *n* 1. брусок; брус 2. чистообрезной пиломатериал
Kanzel *f ав.* (застеклённая) кабина; фонарь (*кабины экипажа, летчика*)
Kaolin *n* каолин
Kapazität *f* 1. ёмкость 2. пропускная способность (*канала, линии передачи*) 3. мощность 4. *вчт* ёмкость, объём (*памяти*)
~, **parasitäre** паразитная ёмкость
Kapazitäts... ёмкостный
Kapazitätsdiode *f* варикап
Kapazitätskasten *m см.* **Kapazitätsmagazin**
Kapazitätsmagazin *n* магазин ёмкостей

Kapazitätsmesser *m* фарадметр
kapazitiv ёмкостный
Kapellation *f мет.* купеляция
Kapellenofen *m мет.* купеляционная печь
kapillar капиллярный
Kapillaranalyse *f* капиллярный анализ
Kapillaraszension *f* капиллярный подъём
Kapillardepression *f* капиллярное понижение
Kapillardruck *m* капиллярное давление
Kapillare *f* капилляр
Kapillarerscheinungen *f pl* капиллярные явления
Kapillarität *f* капиллярность
Kapillarkondensation *f* капиллярная конденсация
Kapillarröhrchen *n* капиллярная трубка, капилляр
Kapillarviskosimeter *n* капиллярный вискозиметр
Kapillarwasser *n* капиллярная вода
Kaplan-Turbine *f* (осевая) поворотно-лопастная (гидравлическая) турбина
Kappe *f* 1. колпак; колпачок; крышка 2. *горн.* верхняк 3. *горн.* перекрытие (*секции механизированной крепи*) 4. купол (*парашюта*)
Kappen *n* торцовка, поперечная распиловка
Kappengewölbe *n* сегментный свод
Kappenisolator *m* тарельчатый изолятор
Kappsäge *f* торцовка
Kaprolaktam *n* капролактам
Kapsel *f* 1. капсюль 2. капсула 3. *косм.* модуль
Kapselfedermanometer *n* деформационный вакуумметр
Kapselgebläse *n* ротационная воздуходувка
Kapselpumpe *f* пластинчатый насос
Kapselung *f* 1. герметизация; капсюляция 2. установка в корпус, монтаж в корпусе, корпусирование (*напр. ИС*)
Karabinerhaken *m* карабин
Karat *n* карат
Karbamid *n* карбамид, мочевина
Karbamidharz *n* мочевино-формальдегидная [карбамидная] смола
Karbamidleim *m* карбамидный [карбамидоформальдегидный] клей
Karbazol *n* карбазол
Karbid *n* карбид
Karbidlampe *f* карбидная [ацетиленовая] лампа
Karbolsäure *f* карболовая кислота, фенол

Karbon *n геол.* карбон, каменноугольная система; каменноугольный период
Karbonate *n pl* карбонаты
Karbonathärte *f* карбонатная жёсткость (*воды*)
Karbonisation *f*, **Karbonisieren** *n* карбонизация
Karbonitrieren *n мет.* азотонауглероживание, цианирование; нитроцементация, газовое цианирование
Karbonpapier *n* копировальная бумага
Karbonsäuren *f pl* карбоновые кислоты
Karbonyl *n см.* **Karbonylgruppe**
Karbonyleisen *n* карбонильное железо
Karbonyleisenkern *m* карбонильный сердечник
Karbonylgruppe *f хим.* карбонильная группа, карбонил
Karborundum *n* карборунд
Karboxyl *n см.* **Karboxylgruppe**
Karboxylgruppe *f хим.* карбоксильная группа, карбоксил
Karboxylierung *f* карбоксилирование
Karboxymethylzellulose *f* карбоксиметилцеллюлоза
Karburieren *n*, **Karburierung** *f* 1. карбюрирование (*газов*) 2. *мет.* науглероживание, цементация
Karburierungsmittel *n мет.* карбюризатор
Kardan *n* кардан
Kardanantrieb *m* карданная передача
Kardangabel *f* вилка карданного шарнира
Kardangelenk *n* карданный [универсальный] шарнир; карданный механизм, кардан
Kardangelenkkreuz *n* крестовина кардана
Kardangetriebe *n* карданная передача
Kardanrohr *n* труба карданного вала
Kardanwelle *f* карданный вал
Karde *f текст.* кардочесальная машина
Kardenband *n текст.* чесальная лента (*продукт чесания*)
Kardenbeschlag *m*, **Kardengarnitur** *f текст.* игольчатая гарнитура; кардолента, игольчатая лента
Kardieren *n текст.* кардочесание, чесание (*волокнистых материалов*)
Kardinalpunkt *m мат.* кардинальная точка
Kardinalzahl *f мат.* кардинальное [количественное] число
Kardioide *f* кардиоида
Karkasse *f* каркас (*пневматической шины*)
Karnallit *m мин.* карналлит
Karosserie *f* кузов (*автомобиля*)
~, **selbsttragende** несущий кузов

KARRE

Karre f тачка
Karren m 1. тачка 2. тележка; кар(а)
Karst m карст
Karsthöhle f карстовая пещера
Karstwasser n карстовые воды
Karte f 1. карта 2. карточка (*напр. магнитная карточка, карточка со встроенной микросхемой*)
Kartei f картотека
Kartenaufnahme f картографическая съёмка
Kartendoppler m вчт репродуктор
Karteneinschub m сменная плата, сменная ячейка
Kartenkurs m истинный курс
Kartenlocher m вчт карточный перфоратор
Kartenmischer m вчт раскладочно-подборочная машина
Kartennetz n картографическая сетка
Kartennetzentwurf m картографическая проекция
Kartenprojektion f картографическая проекция
Kartenzeichen n pl условные (топографические) знаки
Kartierung f картографирование
Kartoffelkombine f картофелеуборочный комбайн
Kartoffellegemaschine f картофелесажалка
Kartoffelroder m картофелекопатель
Kartoffelvollerntemaschine f см. **Kartoffelkombine**
Karton m картон (*весом примерно от 150 до 450 г/м²*)
Kartonagen pl картонажные изделия
Kartonmaschine f картонажная машина
Karusseldrehmaschine f карусельный [токарно-карусельный] станок
Karussellmagazin n поворотный [карусельный] магазин
Karussellrevolverdrehmaschine f токарно-карусельный станок с револьверной головкой
Karussellwerkzeugmagazin n поворотный инструментальный магазин
Karusselofen m карусельная печь
Karusselspeicher m карусельный накопитель
Karzinotron n карцинотрон
Kaschieren n кашированиe; дублирование
Käseherstellung f сыроделие
Kasein n казеин
Kaseinfarbe f казеиновая краска
Kaseinleim m казеиновый клей
Kaskade f каскад

Kaskadengenerator m каскадный генератор
Kaskadenregelung f каскадное регулирование
Kaskadenschaltung f 1. каскадное включение 2. каскад
Kaskadenumformer m каскадный преобразователь
Kaskadenwandler m каскадный (измерительный) трансформатор
Kassenbon m кассовый чек
Kassenterminal n (компьютерный) кассовый терминал
Kassette f кассета
Kassettenabspielgerät n магнитофон-проигрыватель, плейер
Kassettenbandlaufwerk n кассетный накопитель на магнитной ленте, кассетный НМЛ
Kassettendeck n кассетная магнитофонная приставка; кассетная магнитофонная панель
Kassettenlaufwerk n 1. кассетный лентопротяжный механизм, кассетный ЛПМ 2. кассетный накопитель
Kassettenmagnetbandspeicher m кассетное ЗУ (на магнитной ленте), кассетный накопитель (на магнитной ленте), кассетный НМЛ
Kassettenplattenlaufwerk n дисковый кассетный накопитель, накопитель на кассетном диске
Kassettenportable n переносной кассетный магнитофон
Kassettenrecorder m кассетный магнитофон
Kassettenstation f кассетное устройство
Kassettenstreamer m, **Kassetten-Streaminggerät** n кассетный стример, кассетный накопитель на бегущей (магнитной) ленте
Kassettenvideorecorder m кассетный видеомагнитофон
Kassiterit m мин. касситерит
Kasten m 1. ящик 2. короб; коробка 3. эл. магазин (*напр. сопротивлений*) 4. опока (*приспособление, применяемое в литейном производстве*) 5. горн. костёр, костровая крепь
~, «schwarzer» киб. «чёрный ящик»
Kastenbandförderer m коробчатый конвейер, коробчатый транспортёр
Kastenfahrzeug n автомобиль-фургон
kastenförmig коробчатый
Kastengestell n коробчатая станина
Kastenguß m 1. литьё в опоку 2. отливка, полученная литьём в опоку
Kastenkipper m думпкар

Kastenträger *m* коробчатая балка, балка коробчатого сечения
Kastenzimmerung *f* станковая крепь
Katalysator *m* 1. *хим.* катализатор 2. *авто* каталитический нейтрализатор *(отработавших газов ДВС)*
Katalyse *f* катализ
katalytisch каталитический
Katamaran *m* катамаран
Kataphorese *f* катафорез
Katapult *m* катапульта
Katapultieren *n* катапультирование
Katapultiervorrichtung *f* катапультирующее устройство
Katapultsitz *m* катапультируемое сиденье
Kataster *m* кадастр
Kathete *f* катет
Kathode *f см.* **Katode**
Kation *n* катион
Kationenaustauscher *m* катионит
Katode *f* катод
~, **direkt geheizte** катод прямого накала
~, **indirekt geheizte** катод с косвенным подогревом
Katodenfallableiter *m* разрядник катодного падения
Katodenfleck *m* катодное пятно
Katodenfolger *m*, **Katodenfolgeschaltung** *f* катодный повторитель
Katodengleichrichtung *f* катодное детектирование
Katodenkupfer *n* катодная медь
Katodenlicht *n* катодное свечение
Katodenraum *m* катодное пространство
Katodenstrahlen *pl* катодные лучи
Katodenstrahloszillograph *m* электронно-лучевой осциллограф
Katodenstrahlröhre *f* электронно-лучевая трубка, ЭЛТ
Katodenstrahlung *f* катодные лучи
Katodenstrom *m* катодный ток
Katodenverstärker *m* катодный повторитель
Katodenzerstäubung *f* катодное распыление
Katolyt *m* католит
Kattun *m* ситец; миткаль
Katze *f* 1. (крановая) тележка; монорельсовая тележка 2. кошка *(ловильный инструмент, приспособление в подъёмных механизмах)* 3. каретка *(напр. подвесного конвейера)*
Kausalitätsprinzip *n* принцип причинности
Kausch(e) *f* коуш

Kaustifizierung *f* каустификация
Kaustik *f опт.* каустика
kaustisch каустический, едкий
Kautschuk *m* каучук
Kautschukpflanze *f* каучуконос
Kavalierperspektive *f* военная перспектива
Kavitation *f* кавитация
Kegel *m* 1. конус 2. кегль *(шрифта)*
~, **abgeschnittener [abgestumpfter]** усечённый конус
Kegelbrecher *m* конусная дробилка
Kegeldorn *m* конусная оправка
Kegelfläche *f* коническая поверхность
kegelförmig конический; конусный
Kegelfräser *m* коническая фреза
Kegelgewinde *n* коническая резьба
kegelig конический; конусный
Kegelkupplung *f* 1. конусная муфта 2. *авто* конусное сцепление
Kegellehrhülse *f* (конусная) калиберная втулка
Kegelrad *n* коническое (зубчатое) колесо
Kegelrad-Differentialgetriebe *n* конический дифференциал
Kegelradgetriebe *n* коническая зубчатая передача
Kegelradhobelkamm *m* зубострогальный резец
Kegelrad-Regelreibgetriebe *n* конусный фрикционный вариатор
Kegelreibradgetriebe *n* коническая фрикционная передача
Kegelrollenlager *n* конический роликовый подшипник
Kegelschnitt *m* коническое сечение
Kegelsenker *m мет.-об.* (коническая) зенковка
Kegelsitz *m* коническое седло
Kegelstift *m* конический штифт
Kegelstumpf *m* усечённый конус
Kegelventil *n* клапан с коническим седлом
Kegelverhältnis *n* конусность
Kegelwinkel *m* угол конусности
Kegelzapfen *m* коническая цапфа
Kehldurchmesser *m* средний диаметр вершин зубьев *(червячного колеса)*
Kehle *f* 1. калёвка *(фигурный профиль бруска, доски)*; выкружка 2. *стр.* ендова, разжелобок 3. (полукруглый) желобок; выкружка; галтель
Kehleisen *n* (круглая) раскатка
Kehlen *n* выборка калёвки
Kehlhobel *m* калёвка, калёвочник

Kehlhobelmaschine f калёвочно-строгальный станок
Kehlkopfmikrofon n ларингофон
Kehllinie f *мат.* стрикционная линия, линия сжатия
Kehlmaschine f калёвочный станок
Kehlnaht f *св.* угловой шов
Kehlpunkt m *мат.* точка перехвата
Kehlung f калёвка (*фигурный профиль бруска, доски*)
Kehre f 1. *ав.* разворот 2. *авто* (крутой) поворот; вираж
Kehrkurve f *ав.* разворот
Kehrmatrix f *мат.* обратная матрица
Kehrpflug m *с.-х.* оборотный плуг
Kehrsatz m *мат.* обратная теорема
Kehrschleife f поворотная петля
Kehrturbine f реверсивная турбина
Kehrwert m обратное значение
Keil m 1. клин 2. *маш.* шпонка
Keilbeilage f контрклин
Keilfeder f клиновая шпонка
Keilfederverbindung f шпоночное соединение
keilförmig клиновидный
Keilhaue f кайла
Keilmeßebene f *мет.-об.* инструментальная главная секущая плоскость
Keilnut f шпоночный паз (*для соединения с натягом*)
Keilnutenfräser m шпоночная фреза
Keilnutenfräsmaschine f шпоночно-фрезерный станок
Keilnutenräumnadel f шпоночная протяжка
Keilriemen m клиновой ремень
Keilriementrieb m клиноремённая передача
Keilscheibe f косая шайба
Keilschubgetriebe n *маш.* клиновой механизм
Keilverbindung f 1. клиновое соединение 2. *маш.* шпоночное соединение
Keilwelle f шлицевый [зубчатый] вал
Keilwellenschleifmaschine f шлицешлифовальный станок
Keilwinkel m угол заострения (*режущего инструмента*)
Keim m 1. *с.-х.* зародыш; росток 2. зародыш; затравка; центр кристаллизации
Keimfähigkeit f *с.-х.* всхожесть
Keimkristall m затравочный кристалл, затравка (для кристаллизации)
Keimprobe f *с.-х.* испытание на всхожесть
keimtötend бактерицидный

Keimtötung f стерилизация, обеспложивание
Keimung f 1. прорастание 2. всхожесть
K-Einfang m *физ.* K-захват
Kelle f кельма, мастерок
Keller m *см.* **Kellerspeicher**
Kellerbefehl m стековая команда, команда работы со стеком
Kelleroperation f стековые операции, операции над стеком
Kellerrechner m ЭВМ со стековой организацией
Kellerregister n стековый регистр, регистр стека
Kellerspeicher m 1. стек, магазин 2. память магазинного типа, стековая память, (аппаратный) стек
Kellerspeicheradressierung f стековая адресация, адресация по указателю стека
Kellerspeichersegment n стековый сегмент (памяти)
Kellerspeichertiefe f глубина стека
Kellerung f запись [занесение] в стек
Kellerzeiger m указатель (вершины) стека
Kelter f давильный пресс
Kelvin n кельвин, K
Kelvingrad m градус Кельвина
Kelvinskala f шкала Кельвина
Kenndaten pl технические характеристики; технические данные
Kenngröße f характеристическая величина; параметр
Kennkarte f (технический) паспорт
~, **technische** технический паспорт
Kennkurve f характеристическая кривая, характеристика
Kennlicht n *мор.* сигнально-отличительный огонь; *ав.* бортовой огонь
Kennlinie f характеристика
~, **dynamische** динамическая характеристика
~, **spektrale** спектральная характеристика
~, **statische** статическая характеристика
Kennlinienbereich m область рабочих характеристик (*напр. транзистора*)
Kennlinienfeld n *см.* **Kennlinienschar**
Kennlinienschar f семейство характеристик
Kennliniensteigung f наклон характеристики
Kennliniensteilheit f крутизна характеристики
Kennlinienteil m участок характеристики
Kennsatz m *вчт* метка
Kennsatzfeld n *вчт* поле метки
Kennung f 1. опознавание 2. код опознавания

KERNBOHRMEIßEL

3. сигнал опознавания 4. *вчт* тег, признак 5. идентификатор (*напр. сообщения*)
Kennungsabfragegerät *n* запросчик системы опознавания, запросчик
Kennungskode *m* код опознавания
Kennungswandler *m* *авто* преобразователь крутящего момента и/или частоты вращения
Kennwert *m* показатель; характеристика
Kennwiderstand *m* характеристическое сопротивление
Kennzahl *f* 1. показатель 2. *тлф* код (*напр. зоны нумерации, в которой находится вызываемый абонент*)
Kennzeichen *n* 1. отметка; маркировка; специальный знак 2. номерной знак (*автомобиля*) 3. *вчт* признак, флаг
Kennzeichenfeld *n* *вчт* поле признака
Kennzeichenregister *n* *вчт* регистр признаков, флаговый регистр
Kennzeichnung *f* обозначение; маркировка; разметка
Kennziffer *f* 1. показатель; балл 2. числовая характеристика; характеристика (*логарифма*)
Kenotron *n* кенотрон
Kenotrongleichrichter *m* кенотронный выпрямитель
Keramfarbe *f* керамическая краска
Keramik *f* 1. керамика 2. керамическое изделие, изделие из керамики
Keramikisolator *m* керамический изолятор
Keramikkondensator *m* керамический конденсатор
Keramikplatte *f* керамическая плитка
Keramikschneidplatte *f* керамическая режущая пластина
Keramiksubstrat *n*, **Keramikträger** *m* керамическая подложка
keramisch керамический
Kerbe *f* 1. надрез 2. запил 3. паз 4. зарубка; засечка 5. насечка 6. зазубрина 7. *горн.* вертикальный вруб
Kerbeinflußzahl *f* *см.* **Kerbwirkungszahl**
Kerbempfindlichkeit *f* чувствительность к надрезу; чувствительность к концентрации напряжений; коэффициент чувствительности к концентрации напряжений
Kerbempfindlichkeitszahl *f* коэффициент чувствительности к концентрации напряжений
Kerbschlagbiegeversuch *m*, **Kerbschlagversuch** *m* испытание на ударный изгиб, испытание

образца с надрезом на ударную вязкость; определение ударной вязкости
Kerbschlagzähigkeit *f* (удельная) ударная вязкость (образца с надрезом)
Kerbspannung *f* местное напряжение (в окрестности надреза)
Kerbstift *m* *маш.* просечной штифт
Kerbtiefe *f* глубина надреза
Kerbverzahnung *f* *маш.* мелкошлицевое соединение; мелкошлицевый профиль
Kerbwirkung *f* влияние надреза; концентрация напряжений в надрезе [в окрестности надреза]
Kerbwirkungszahl *f* 1. коэффициент концентрации напряжений (*характеристика концентрации напряжений при упругопластическом деформировании, выражаемая отношением местных напряжений к номинальным*) 2. эффективный коэффициент концентрации напряжений (*отношение предела выносливости образца без концентрации напряжений к пределу выносливости образца с концентрацией напряжений, имеющего такие же абсолютные размеры сечения, как и гладкий образец*)
Kerbzahnprofil *n* *маш.* мелкошлицевый профиль
Kerko *m* керамический конденсатор
Kerma *f* *физ.* керма, К (*единица кермы в СИ — грэй, ранее называвшаяся джоулем на килограмм*)
Kermaleistung *f* *физ.* мощность кермы (*единица мощности кермы в СИ — Гр/с*)
Kermet *n* кермет
Kern *m* 1. ядро 2. *эл.* сердечник 3. (литейный) стержень 4. *горн.* керн
Kernbindemittel *n* литейный крепитель
Kernbinder *m* *см.* **Kernbindemittel**
Kernblasmaschine *f* пескодувная стержневая машина
Kernböckchen *n* жеребейка
Kernbohranlage *f* станок колонкового бурения
Kernbohren *n* 1. колонковое бурение, бурение с отбором керна 2. *маш.* кольцевое сверление
Kernbohrer *m* 1. колонковый бур 2. *маш.* кольцевое сверло
Kernbohrgarnitur *f* колонковый буровой снаряд, колонковый набор
Kernbohrmeißel *m* колонковое долото, долото для колонкового бурения

KERNBOHRUNG

Kernbohrung *f* 1. колонковая скважина, скважина колонкового бурения 2. *см.* **Kernbohren**
Kernbombe *f* ядерная бомба
Kernbrennstoff *m* ядерное топливо (*смесь материалов, загружаемая в ядерный реактор*); ядерное горючее (*делящиеся материалы*)
~, **abgebrannter** отработавшее ядерное топливо
Kernbrennstoffelement *n* тепловыделяющий элемент (*ядерного реактора*), ТВЭЛ
Kernbrennstoffkassette *f* яд. топливная [тепловыделяющая] кассета, тепловыделяющая сборка
Kernbrennstoffzyklus *m* топливный цикл (*ядерного реактора*)
Kernchemie *f* ядерная химия
Kerndraht *m* электродный стержень, электродная проволока (*напр. для сварки*)
Kernemulsion *f* ядерная фотографическая эмульсия, ядерная фотоэмульсия
Kernen *n* отбор керна; бурение с отбором керна
Kernenergetik *f* ядерная энергетика
Kernenergie *f* ядерная энергия
Kernenergieanlage *f* ядерная энергетическая установка
Kernenergieantrieb *m* ядерный двигатель; ядерная энергетическая установка
Kernenergieschiff *n* атомоход (*судно с ядерной энергетической установкой*)
Kernenergie-Triebwerk *n* ядерный (ракетный) двигатель
Kernexplosion *f* ядерный взрыв
~ **innerer Wirkung** камуфлетный ядерный взрыв
~, **unterirdische** подземный ядерный взрыв
Kernfaden *m текст.* стержневая нить
Kernform *f* стержневая (литейная) форма
Kernformmaschine *f* стержневая машина
Kernformmasse *f* стержневая смесь
Kernformverfahren *n* стержневая формовка
Kernfotoeffekt *m* ядерный фотоэффект, фотоядерные реакции (*ядерные реакции, вызываемые γ-квантами высокой энергии*)
Kernfotografie *f* ядерная фотография
Kernfusion *f* ядерный синтез
~, **gesteuerte** управляемый термоядерный синтез
~, «**kalte**» «холодный» термоядерный синтез, «холодный термояд»

Kernfusionsenergie *f* термоядерная энергия
Kernguß *m* отливка со стержнями
Kernheizkraftwerk *n* атомная ТЭЦ
Kernholz *n* 1. ядровая древесина 2. ядро древесины
Kerninduktion *f* ядерная индукция
Kernisomer *n* ядерный изомер
Kernisomerie *f* ядерная изомерия
Kernkasten *m* стержневой ящик
~, **heißer** нагреваемый стержневой ящик
Kernkraftwerk *n* атомная электростанция, АЭС
Kernladung *f* заряд (атомного) ядра
Kernladungszahl *f* заряд атомного ядра, атомный номер
Kernloch *n* отверстие под резьбу
Kernmagneton *n* ядерный магнетон
Kern-Mantel-Faser *f* (оптическое) волокно с сердцевиной и покрытием
Kernmarke *f* стержневой знак (*литейной формы*)
Kernmasse *f* масса атомного ядра
Kernmasseneinheit *f* атомная единица массы
Kernmauer *f* диафрагма (*плотины*)
Kernmodell *n* ядерная модель, модель атомного ядра
Kernmoment *n* ядерный момент, магнитный момент ядра
Kernnagel *m* жеребейка
Kernphysik *f* ядерная физика
Kernplatte *f* ядерная фотопластинка
Kernquadrupolresonanz *f* ядерный квадрупольный резонанс, ЯКР
Kernreaktion *f* ядерная реакция
Kernreaktor *m* ядерный реактор
~, **schneller** быстрый реактор, (ядерный) реактор на быстрых нейтронах
Kernresonanz *f* ядерный магнитный резонанс, ЯМР
~, **magnetische** ядерный магнитный резонанс, ЯМР
~, **paramagnetische** ядерный магнитный резонанс, ЯМР
Kernrohr *n* колонковая труба, грунтоноска
Kernsand *m см.* **Kernformmasse**
Kernschießmaschine *f* пескострельная машина (*для изготовления литейных стержней*)
Kernspaltung *f* деление (атомного ядра)
Kernspektroskopie *f* ядерная спектроскопия
Kernspektrum *n* ядерный спектр
Kernspin *m* ядерный спин
Kernspinresonanz *f см.* **Kernresonanz**

Kernschießautomat *m* пескострельный автомат
Kernspintomograf *m* ЯМР-томограф
Kernspintomografie *f* ЯМР-томография (*томография на основе ядерного магнитного резонанса*)
Kernsprengkopf *m* ядерная боевая часть (*ракеты*), ядерная боеголовка
Kernsprengladung *f* ядерный боевой заряд; ядерный боеприпас
Kernspur(en)emulsion *f см.* Kernemulsion
Kernspurfotografie *f* ядерная фотография
Kernspurplatte *f* ядерная фотопластинка
Kernstopfmaschine *f* мундштучная (стержневая) машина
Kernstrahlung *f* ядерное излучение
Kernstrahlungskontrolle *f* дозиметрический контроль
Kernstütze *f* жеребейка
Kernsynthesereaktion *f* термоядерная реакция, реакция термоядерного синтеза
Kerntechnik *f* ядерная техника
Kerntrocknung *f* сушка стержней
Kernverschmelzung *f* слияние ядер
Kernwaffen *pl* ядерное оружие
Kernwaffenpotential *n* ядерный потенциал
Kernwaffenschutz *m* противоатомная защита
Kernwaffentest *m* испытание ядерного оружия
Kernwaffenträger *m* носитель ядерного оружия; средство доставки ядерного оружия
Kernwaffenversuch *m см.* Kernwaffentest
Kerr-Effekt *m* эффект [явление] Керра
Kerr-Zelle *f* ячейка Керра
Kerze *f* 1. *авто* свеча 2. *опт. уст.* свеча, св (*единица силы света, замененная канделой*)
Kerzenstecker *m авто* (контактный) наконечник свечи зажигания
Kerzenzündung *f* воспламенение (горючей смеси) свечой зажигания, воспламенение (горючей смеси) от электрической искры
Kessel *m* 1. котёл 2. резервуар; цистерна 3. *геол.* котловина
~, liegender горизонтальный котёл
~, stehender вертикальный котёл
Kesselanlage *f* 1. котлоагрегат 2. котельная
Kesselbrunnen *m* шахтный колодец
Kesselfeuerung *f* котельная топка
Kesselhaus *n* 1. котельная 2. котельный цех
Kesselmantel *m* кожух котла
Kesselraum *m* котельная
Kesselrohr *n* котельная труба
Kesselschmiede *f* котельный цех

Kesselspeisewasser *n см.* Kesselwasser
Kesselstahl *m* котельная сталь
Kesselstein *m* накипь
Kesseltrommel *f* барабан котла
Kesselüberwachung *f* котлонадзор
Kesselwagen *m* 1. автоцистерна, автомобильная цистерна 2. вагон-цистерна
Kesselwasser *n* котловая [питательная] вода
Kesselzubehör *n* гарнитура котла
Kettbaum *m текст.* навой
Kette *f* 1. цепь 2. гирлянда (*изоляторов*) 3. *текст.* основа 4. гусеница
~, Gallsche плоскозвенная шарнирная цепь
Kettelmaschine *f текст.* кеттельная машина
Ketteln *n текст.* кеттлёвка (*соединение открытых крайних петель частей трикотажных изделий кеттельным швом*)
Kettelnaht *f текст.* кеттельный шов
Kettenantrieb *m* 1. цепная передача 2. гусеничный ход; гусеничный движитель
Kettenbaum *m см.* Kettbaum
Kettenbolzen *m* цепной валик, цевка
Kettenbruch *m* непрерывная дробь
Kettenbrücke *f* цепной мост
Kettendrucker *m* печатающее устройство с цеп(оч)ным литероносителем, печатающее устройство цеп(оч)ного типа, цеп(оч)ное печатающее устройство
Ketteneinstellung *f* регулировка натяжения цепи
Kettenfaden *m см.* Kettfaden
Kettenfahrzeug *n* гусеничная машина
Kettenförderer *m* цепной конвейер, цепной транспортёр; скребковый конвейер, скребковый транспортёр
Kettengetriebe *n* цепная передача
Kettengewirke *n текст.* основовязаный [продольновязаный] трикотаж; основовязаное трикотажное полотно
Kettenglied *n* 1. звено цепи 2. трак (*гусеничной ленты*)
Kettenisolator *m* гирляндный изолятор, изолятор гирлянды
Kettenkratzerförderer *m* скребковый конвейер, скребковый транспортёр
Kettenlaufwerk *n* гусеничный движитель
Kettenleiter *m эл., элн, свз* многозвенная [цепочечная, лестничная] схема, схема лестничного типа
Kettenleitrad *n* 1. направляющее колесо [звёз-

дочка] цепи 2. направляющее колесо гусеницы
Kettenlinie *f* цепная линия
Kettenmagazin *n маш.* цепной магазин
Kettenmaßpositionierung *f маш.* позиционирование (*подвижного органа*), задаваемое приращениями
Kettenmaßprogrammierung *f маш.* программирование (перемещений) в приращениях
Kettennuß *f*, **Kettenrad** *n* звёздочка; цепной блок
Kettenreaktion *f* цепная реакция
Kettenregel *f* цепное правило
Kettenrolle *f* 1. цепной блок; зубчатый блок 2. ролик (*цепной передачи*)
Kettenschlepper *m* гусеничный тягач
Kettenschlinge *f* цепной строп
Kettenschloß *n* соединительное звено цепи
Kettenstern *m* цепная звёздочка (*экскаватора, конвейера*)
Kettenstich *m* цепной стежок
Kettenstich-Nähmaschine *f* швейная машина цепного стежка
Kettenteilung *f* шаг цепи
Kettentrieb *m* цепная передача
Kettentriebrad *n* 1. ведущая шестерня цепной передачи 2. ведущее колесо гусеницы
Kettenvorhang *m* цепная завеса
Kettenwerkzeugmagazin *n маш.* цепной инструментальный магазин
Kettenwinde *f* цепная лебёдка
Kettenwirkmaschine *f текст.* основовязальная машина
Kettenwirkware *f текст.* основовязаный [продольновязаный] трикотаж
Kettfaden *m текст.* основная нить, нить основы
Kettfäden *m pl текст.* основа
Kettfadenwächter *m текст.* основонаблюдатель
Kettgarn *n текст.* основная пряжа
Keule *f* лепесток (*диаграммы направленности антенны*)
Keyboard *n англ.* 1. клавиатура; клавишная панель 2. клавишный электромузыкальный инструмент
Keypad *n англ.* малая клавиатура; вспомогательная клавиатура; дополнительная клавиатура
Kfz-Transport *m* автомобильный транспорт, автотранспорт

KI [künstliche Intelligenz] *f* искусственный интеллект
Kickdown *m англ. авто* 1. резкое нажатие до упора на педаль акселератора 2. педаль акселератора, акселератор
Kickstarter *m* педальный пусковой механизм, кикстартер (*напр. мотоцикла*); педаль пускового механизма, пусковая педаль
Kiefernholz *n* сосновая древесина
Kiel *m мор.* киль
Kielflosse *f ав.* киль (*вертикального оперения самолета*)
Kiellegung *f* закладка (*судна*)
Kielpalle *f мор.* киль-блок
Kielschwein *n мор.* кильсон
Kielstapel *m см.* **Kielpalle**
Kielwasser *n* кильватер; кильватерная струя
Kienholz *n* смольё, осмол, смолистая древесина
Kienöl *n* сухоперегонный скипидар
Kies *m* 1. гравий; галька 2. *мин.* колчедан
Kiesabbrand *m мет.* пиритный огарок
Kiesel *m* 1. кремнистая галька 2. кремень
Kieselboden *m* хрящеватый грунт
Kieselerde *f* кремнезём
Kieselgel *n* силикагель
Kieselglas *n* кварцевое стекло
Kieselgur *f* кизельгур, диатомовая [инфузорная] земля
Kieselgurziegel *m* трепельный кирпич
Kieselsäuregel *n* силикагель
Kieselsäuren *f pl* кремниевые кислоты
Kiesgrube *f* гравийный карьер
Kiessand *m* хрящеватый песок
Kieswaschanlage *f* гравиемойка
Kiloelektronvolt *n* килоэлектронвольт, кэВ
Kilogramm *n* килограмм, кг
Kilogrammprototyp *m*, **Internationaler** международный прототип килограмма (*прототип килограмма в виде цилиндрической гири из платино-иридиевого сплава, хранимый в Международном бюро мер и весов в Севре, Франция*)
Kilohertz *n* килогерц, кГц
Kilokalorie *f* килокалория, ккал
Kilometer *n* километр, км
Kilometerzähler *m авто* счётчик пройденного пути
Kilopond *n* килограмм-сила, кгс, килопонд (*1 кгс = 9,80665 Н*)
Kilopondmeter *n* килограмм-сила-метр, кгс·м

KLANG

Kilovolt *n* киловольт, кВ
Kilovoltampere *n* киловольт-ампер, кВА
Kilowatt *n* киловатт, кВт
Kilowattstunde *f* киловатт-час, кВт·ч
Kilowattstundenzähler *m* счётчик киловатт-часов
Kimberlit *m* геол. кимберлит
Kimm *f* 1. *ав., мор.* линия горизонта; видимый горизонт 2. *мор.* скула (*судна*)
Kimmpalle *f*, **Kimmstapel** *m* *мор.* скуловой блок
Kimmtiefe *f* депрессия горизонта, наклонение видимого горизонта
Kimmung *f* *см.* Kimm 1.
Kinefilm *m* киноплёнка
Kinematik *f* кинематика
kinematisch кинематический
Kinetik *f* кинетика
kinetisch кинетический
Kinotechnik *f* кинотехника
kippbar опрокидывающийся; опрокидной
Kippdauer *f* *см.* Kippzeit
Kippe *f* *горн.* отвал
Kippen *n* 1. опрокидывание 2. *горн.* выгрузка в отвал
Kipper *m* 1. (автомобиль-)самосвал 2. опрокидыватель; вагоноопрокидыватель
Kippflügel *m* *ав.* поворотное крыло (*крыло с изменяемым углом установки*)
Kippflügelflugzeug *n* *ав.* самолёт с поворотным крылом
Kippgefäß *n* опрокидной [поворотный] бункер
Kippgenerator *m*, **Kippgerät** *n* *элн* релаксационный генератор, генератор релаксационных колебаний
Kipphebel *m* *маш.* коромысло; поворотный рычаг
Kippkraft *f* опрокидывающая сила
Kippkübel *m* скип
Kippkübelaufzug *m* скиповой подъёмник
Kipplager *n* балансирная [шарнирная] опора
Kipplore *f* вагонетка с опрокидным кузовом, опрокидная вагонетка
Kippmoment *n* 1. опрокидывающий момент 2. эл. опрокидывающий момент (*электродвигателя переменного тока*) 3. *ав.* момент тангажа
Kippregel *f* *геод.* кипрегель
Kipprelais *n* кипп-реле
Kippschalter *m* тумблерный переключатель, тумблер

Kippschaltung *f* *элн* спусковая схема; мультивибратор
~, **astabile** автоколебательный мультивибратор, мультивибратор с самовозбуждением
~, **bistabile** мультивибратор с двумя устойчивыми состояниями; бистабильная ячейка
~, **monostabile** ждущий мультивибратор, мультивибратор с одним устойчивым состоянием
Kippschwingungen *f pl* релаксационные колебания
Kippschwingungsgenerator *m* *см.* Kippgenerator
Kippspannung *f* напряжение релаксационных колебаний, релаксационное напряжение
Kippstufe *f* триггерный каскад; мультивибратор
~, **astabile** автоколебательный мультивибратор, мультивибратор с самовозбуждением
~, **bistabile** мультивибратор с двумя устойчивыми состояниями, триггер
~, **monostabile** ждущий мультивибратор, мультивибратор с одним устойчивым состоянием
Kippverstärker *m* усилитель в релейном режиме
Kippvorrichtung *f* опрокидывающий механизм
Kippwagen *m* 1. самосвал 2. вагонетка с опрокидным кузовом, опрокидная вагонетка
Kippwerk *n* опрокидывающий механизм
Kippzeit *f* *элн* время переброса, время перехода из одного устойчивого состояния в другое; время релаксации
Kirschrotglut *f* вишнёво-красное каление
KI-Sprache *f* (близкий к естественному) язык, используемый в системах искусственного интеллекта
Kiste *f* ящик
KI-System *n* система искусственного интеллекта
Kitt *m* замазка
KI-Workstation *f* рабочая станция с искусственным интеллектом
Klaffen *n* зазор; щель, неплотное соприкосновение; раскрытие (*напр. шва*)
Klammer *f* 1. скоба 2. *мат.* скобка
Klammerdiode *f* *см.* Klemmdiode
Klammergabel *f* вильчатый захват
Klampe *f* *мор.* кнехт; киповая планка; (крепительная) утка
Klang *m* звучание
~, **dreidimensionaler** стереофонический звук, стереозвук

Klangfarbe *f* тембр (звука)
Klangfiguren *f pl* фигуры Хладни
Klanggüte *f* качество звучания
Klanghöhe *f* высота звука
Klangregler *m* регулятор тембра; регулировка тембра
Klappboden *m* откидное днище
Klappbrücke *f* разводной мост
Klappe *f* 1. заслонка 2. (откидная) крышка 3. створка (*напр. радиатора двигателя внутреннего сгорания*) 4. *ав.* закрылок; щиток
Klappenverschluß *m* клапанный затвор
~, **zweiteiliger** двустворчатый затвор
Klappschraube *f* откидной болт
Klapptragfläche *f ав.* складывающееся крыло
Kläranlage *f* 1. очистные сооружения, комплекс очистных сооружений (*напр. промышленного предприятия*) 2. очистная станция, станция очистки сточных вод 3. (водо)очистная установка, установка для очистки сточных вод
Klärbecken *n* отстойник (*бассейн*)
Klärbehälter *m* отстойник, отстойный резервуар
Klärfaß *n* отстойный чан
Klärmittel *n* осветлитель; коагулянт
Klärschlamm *m* 1. осадок (при очистке) сточных вод 2. *горн.* сгущённый шлам, шлам после осветления
Klarschriftleser *m* устройство (для) оптического ввода [оптического считывания] символов, оптическое устройство ввода, оптическое считывающее устройство
Klartext *m* открытый текст
Klärung *f* осветление; очистка
Klärwerk *n* очистная станция, станция очистки сточных вод
Klasse *f* класс
Klassieren *n* классификация; сортировка
Klassierer *m* классификатор
~, **hydraulischer** гидроклассификатор
Klassiergerät *n см.* Klassierer
Klassierung *f* классификация; сортировка
Klassifikation *f* классификация
Klassifizierung *f* классификация; классифицирование
Klaubarbeit *f* рудоразборка
Klauben *n* рудоразборка; сортировка
Klaue *f маш.* кулачок
Klauengetriebe *n авто* коробка передач с переключением передач кулачковыми муфтами
Klauenkupplung *f маш.* кулачковая муфта
Klebemittel *n* клеящее вещество; клей
Kleben *n* склеивание; склейка
Kleber *m* 1. клейковина 2. *см.* Klebstoff
Klebfähigkeit *f* клеящая способность; клейкость
Klebkraft *f* клеящая способность
klebrig клейкий; липкий
Klebrigkeit *f* клейкость; липкость
Klebstoff *m* клей
Klebverbindung *f* клеевое соединение
Kleiderfabrik *f* швейная фабрика
Kleie *f* отруби
Kleinbildkamera *f* малоформатный фотоаппарат
Kleinbus *m* особо малый автобус (*вместимость до 17 пассажиров*)
Kleineisenteile *pl* метизы
Kleingewerbe *n* кустарное производство
Kleinintegrationstechnik *f* технология ИС малой степени интеграции
Kleinkohle *f* мелкий уголь
Kleinkoks *m* коксик
Kleinkraftrad *n* мопед
Kleinlebewesen *n pl* микроорганизмы
Kleinleistungslogik *f* маломощные ТТЛ-схемы, ТТЛ-схемы с низкой [малой] потребляемой мощностью
Kleinleistungs-Operationsverstärker *m* маломощный операционный усилитель
Kleinlokomotive *f* мотовоз
Kleinmechanisierung *f* малая механизация
Kleinmotor *m* 1. малолитражный двигатель 2. моторчик
Kleinrastermaß *n стр.* дробный модуль
Kleinrechner *m* малая ЭВМ
Kleinreparatur *f* мелкий ремонт
Kleinschlagdecke *f* макадам
Kleinserienfertigung *f* мелкосерийное производство
Kleinstantrieb *m* микропривод
Kleinstmaß *n маш.* наименьший предельный размер
Kleinstmotor *m* микродвигатель
Kleinstspiel *n* наименьший зазор
Kleinstwert *m* наименьшее значение
Kleintriangulation *f геод.* триангуляция низшего класса
Kleinwagen *m* легковой автомобиль особо малого класса; малолитражный автомобиль

Kleinwasser *n* межень

Kleinwinkelkorngrenze *f крист.* малоугловая граница

Klemmbrett *n эл.* клеммный щиток

Klemmdiode *f* фиксирующий [ограничительный] диод; антизвонный диод

Klemme *f эл.* зажим, клемма

Klemmenspannung *f эл.* напряжение на зажимах

Klemmhülse *f маш.* зажимная втулка

Klemmkasten *m эл.* клеммная коробка

Klemmleiste *f эл.* клеммник

Klemmschaltung *f* схема фиксации; фиксатор уровня

Klemmverbindung *f эл.* клеммовое соединение

Klemmvorrichtung *f* зажимное приспособление

Klempner *m* жестянщик

Klettereisen *n* (монтёрские) когти

Kletterfähigkeit *f авто* высота преодолеваемого вертикального уступа; высота преодолеваемой вертикальной стенки

Kletterkran *m* самоподъёмный кран

Kletterschalung *f стр.* подъёмно-передвижная [скользящая] опалубка

Klimaanlage *f* установка кондиционирования воздуха, кондиционер

Klimagerät *n* автономный кондиционер; климатизёр

Klimakammer *f* 1. климатическая камера, камера искусственного климата; климатрон 2. термобарокамера 3. камера для климатических испытаний

Klimakunde *f см.* Klimatologie

Klimaprüfkammer *f см.* Klimakammer 1.

Klimaregelung *f см.* Klimatisierung

Klimaschrank *m* 1. вертикальный автономный кондиционер, кондиционер шкафного типа 2. камера для климатических испытаний

Klimaschutz *m* защита (*машин, деталей*) от атмосферных воздействий

Klimatest *m* климатические испытания

Klimatisierung *f* климатизация (*создание искусственного климата в помещениях*)

Klimatisierungsanlage *f см.* Klimaanlage

Klimatologie *f* климатология

Klimatruhe *f* горизонтальный автономный кондиционер

Klinge *f* лезвие

Klingel *f* звонок

Klinke *f* 1. *маш.* собачка; защёлка 2. *свз уст.* гнездо (*ручного телефонного коммутатора*)

Klinkengesperre *n* храповой останов, храповой механизм

Klinkenkupplung *f* храповая муфта

Klinkenrad *n* храповое колесо, храповик

Klinken-Steckverbinder *m* концентрический соединитель

Klinker *m* клинкер, клинкерный кирпич

Klinkerstein *m*, **Klinkerziegel** *m см.* Klinker

Klirrfaktor *m элн* коэффициент гармоник

Klirrfaktormesser *m элн* измеритель нелинейных искажений

Klirrgrad *m см.* Klirrfaktor

Klischee *n* клише

Kloben *m* 1. канатный блок; обойма (*полиспаста, тали*) 2. ручные тиски, тисочки

Klopfbenzin *n* низкооктановый бензин

Klopfbremse *f* антидетонатор, антидетонационная присадка

Klopfen *n* детонация; стук (*в двигателе*)

Klopffestigkeit *f* детонационная стойкость (*топлива*)

Klöppel *m* 1. коклюшка (*для ручного плетения кружев*) 2. плетельное веретено, веретено кружевоплетельной [плетельной] машины; плетельная шпуля

Klöppelei *f* 1. плетельное производство; кружевное производство 2. плетение кружев на коклюшках

Klöppelmaschine *f* коклюшечная кружевная машина, кружевоплетельная машина; коклюшечная плетельная машина

Klöppeln *n* плетение кружев на коклюшках; плетение (*напр. тесьмы*)

Klosettbecken *n* унитаз

Klotz *m* колодка

Klotzbremse *f* колодочный тормоз

Klotzen *n текст.* плюсование

Klotzkupplung *f* колодочная муфта

Klotzmaschine *f текст.* (отделочная) плюсовка

Kluft *f геол.* трещина

Klüftung *f геол.* трещиноватость

Klumpen *m* 1. глыба 2. ком; комок; сгусток 3. самородок

Kluppe *f маш.* клупп

Klüse *f мор.* клюз

Klystron *n элн* клистрон

K-Meson *n физ.* К-мезон

Knabberschere *f* высечные ножницы

Knackgeräusch *n* треск
Knagge *f* 1. кулак; кулачок 2. выступ; бобышка 3. (деревянная) подушка; упор
Knallgas *n* гремучий газ
Knallgaszelle *f* водородно-кислородный элемент
Knallquecksilber *n* гремучая ртуть
Knallsäure *f* гремучая кислота
Knarre *f* маш. 1. ключ с трещоткой; динамометрический ключ 2. трещотка (*проскальзывающая храповая муфта*)
Knäuelmolekül *n* макромолекулярный клубок, макромолекула, свёрнутая в клубок
Knautschzone *f* зона деформации (*напр. передней или задней части кузова автомобиля при столкновениях*)
Knebel *m* закрутка; костыль
Kneifzange *f* кусачки, острогубцы
Kneten *n* 1. перемешивание; разминание 2. пластикация
Kneter *m* смеситель; пластикатор
Knetlegierung *f* деформируемый сплав
Knettrog *m* дежа
Knick *m* 1. перелом; перегиб; сгиб; изгиб; продольный изгиб 2. изгиб (*характеристики*); излом (*кривой, характеристики*)
Knickbruchfestigkeit *f* стойкость к многократным изгибам; устойчивость к двойным изгибам
Knickfestigkeit *f* 1. сопротивление продольному изгибу, критическое напряжение при продольном изгибе 2. см. **Knickbruchfestigkeit**
Knickkraft *f*, **Knicklast** *f* критическая нагрузка при продольном изгибе
Knickpunkt *m* точка излома; критическая точка
Knickspannung *f* критическое напряжение при продольном изгибе
Knickstab *m* продольно-сжатый стержень
Knickstütze *f* шарнирная опора
Knickung *f* 1. продольный изгиб 2. деформация при продольном изгибе
Knickversuch *m* 1. испытание на продольный изгиб 2. испытание на (многократный) изгиб; испытание на двойные изгибы
Knie *n* колено
Knieblech *n* мор. кница
Kniehebel *m* коленчатый рычаг
Kniehebelgetriebe *n* кривошипно-коленный механизм
Kniehebelpresse *f* кривошипно-коленный пресс
Kniestück *n* колено; отвод
Knietischfräsmaschine *f* консольно-фрезерный станок
knitterarm текст. малосминаемый
Knitterechtausrüstung *f* см. **Knitterfestausrüstung**
Knittereigenschaften *f pl* текст. сминаемость
knitterfest текст. несминаемый
Knitterfestausrüstung *f* текст. несминаемая отделка
Knitterfestigkeit *f* текст. несминаемость
knitterfrei текст. несминаемый
Knochenkohle *f* костяной уголь
Knochenleim *m* костяной клей
Knochenöl *n* костяное масло
Knolle *f* клубень
Knollen *m* 1. см. **Knolle** 2. комок
Knoophärte *f* твёрдость по шкале Кнупа
Knopf *m* 1. кнопка 2. ручка (*напр. настройки*)
Knopfschalter *m* кнопка управления
Knopfzelle *f* миниатюрный элемент питания
Knoten *m* узел
Knotenbahnhof *m* узловая станция
Knotenfänger *m* узлоуловитель
Knotenpunkt *m* 1. узловая точка 2. мат. узел (*особая точка дифференциального уравнения*) 3. вершина (*графа*) 4. (транспортный) узел; узловая станция
Knoter *m* узловязатель
Know-how *n* секреты производства, «ноу-хау»
Know-how-Transfer *m* передача «ноу-хау»
Knudsen-Manometer *n* манометр Кнудсена
Knüpfen *n* вязка
Knüpfer *m* текст. узловязатель
Knüpfung *f* мат. связка
Knüppel *m* 1. мет. сортовая заготовка (*заготовка для сортовых или трубопрокатных станов*) 2. ав. ручка управления
Knüppelabschnitt *m* мерная заготовка, отрезанная от прутка
Knüppelwalzwerk *n* мет. заготовочный стан
Koagulans *n*, **Koagulant** *m* см. **Koagulationsmittel**
Koagulat *n* коагулят
Koagulation *f* коагуляция
Koagulationsmittel *n* коагулянт, коагулирующий агент
Koagulationsvermögen *n* коагулирующая способность

koagulieren коагулировать; свёртываться
Koagulierung *f* коагулирование
Koagulierungsmittel *n см.* **Koagulationsmittel**
Koaleszenz *f* коалесценция
koaxial коаксиальный; соосный
Koaxialfilter *n* коаксиальный фильтр
Koaxialkabel *n* коаксиальный кабель
Koaxialleitung *f* коаксиальная линия
Koazervat *n* коацерват
Koazervation *f* коацервация
Kobalt *n* кобальт, Co
Kobaltblau *n* кобальтовая синь
Kobaltbombe *f* кобальтовая бомба
Kobaltglanz *m см.* **Kobaltin**
Kobaltglas *n* смальта
Kobaltin *n мин.* кобальтин, кобальтовый блеск
Kobaltlegierung *f* кобальтовый сплав
Kocher *m* 1. кипятильник 2. варочный котёл
Kochherd *m* (кухонная) плита
Kochkessel *m* варочный котёл
Kochplatte *f* (электро)плитка
Kochsalz *n* поваренная соль
Kode *m* код (*см. тж* **Code**)
~, fehlererkennender код с обнаружением ошибок
~, fehlerkorrigierender код с исправлением ошибок
~, mnemonischer мнемокод
Kodedrehgeber *m* кодовый датчик угловых перемещений [углового положения]
Kodeformat *n* формат кода
Kodeimpuls *m* кодовый импульс
Kodeimpulsmodulation *f* импульсно-кодовая модуляция, ИКМ
Kodeleser *m* устройство считывания кодовых комбинаций
Kodelineal *n* кодовый датчик линейных перемещений
Koder *m* кодер, кодирующее устройство
Kodewort *n* кодовое слово
~, digitales слово цифрового кода
Kodier... кодирующий (*см. тж* **Codier...**)
Kodieren *n* кодирование
Kodierer *m* кодирующее устройство
Kodiergerät *n* кодирующее устройство
Kodierröhre *f* кодирующая (электронно-лучевая) трубка
Kodierung *f* кодирование
Kodierungseinrichtung *f* кодирующее устройство
Kodierungsröhre *f см.* **Kodierröhre**

Koeffizient *m* коэффициент
koerzitiv коэрцитивный
Koerzitivfeldstärke *f* коэрцитивная сила
Koerzitivkraft *f* коэрцитивная сила; коэрцитивность
Kofferaufbau *m* (кузов-)фургон
Kofferradio *n* портативный радиоприёмник
Kofferraum *m авто* багажное отделение; багажник
kohärent *физ.* когерентный
Kohärenz *f физ.* когерентность
Kohärenzlänge *f физ.* длина когерентности
Kohäsion *f* когезия
~, spezifische удельное сцепление
Kohäsionsdruck *m* когезионное давление
Kohäsionskoeffizient *m* коэффициент сцепления
Kohle *f* уголь
~, aktive активный [активированный] уголь
~, aufbereitete обогащённый уголь
~, backende спекающийся уголь
~, kokende коксующийся уголь
Kohleaufkommen *n* объём добычи угля
Kohlebergwerk *n* угольная шахта
Kohlebürste *f эл.* угольная щётка
Kohlechemie *f* углехимия
Kohleelektrode *f* угольный электрод
Kohlefasern *pl см.* **Kohlenstoff-Fasern**
Kohleflöz *n* угольный пласт
kohleführend угленосный
Kohlehydrierung *f* гидрогенизация угля
Kohlelader *m* углепогрузчик
Kohlemikrofon *n* угольный микрофон
Kohlen *n* науглероживание, цементация
Kohlenbau *m* выемка [добыча] угля, угледобыча; отбойка угля
Kohlenaufbereitung *f* обогащение угля, углеобогащение
Kohlenbank *f* угольная пачка, пачка угля
Kohlenbecken *n* угольный бассейн
Kohlenbergbau *m* 1. разработка угольных месторождений; угольная промышленность 2. угледобывающее предприятие; угольная шахта
Kohlenbrecher *m* угледробилка
Kohlenbrikett *n* угольный брикет
Kohlenbunker *m* угольный бункер
Kohlendioxid *n* диоксид [двуокись] углерода, угольный ангидрид, углекислый газ, CO_2
~, festes твёрдый диоксид углерода, сухой лёд

KOHLENDIOXIDSCHNEE

Kohlendioxidschnee *m* сухой лёд, твёрдый диоксид углерода
Kohlendisulfid *n* сероуглерод, CS_2
Kohlenfeuerung *f* угольная топка
Kohlenfirste *f горн.* уголь потолочины
Kohlenflöz *n* угольный пласт
Kohlenförderung *f* 1. выдача угля из шахты; подъём угля на поверхность 2. объём добычи угля; добыча угля (*напр. суточная*)
Kohlenförderwagen *m* угольная вагонетка
Kohlengas *n* каменноугольный газ
Kohlengewinnung *f* выемка угля; отбойка угля; добыча [добывание] угля, угледобыча
Kohlengewinnungsmaschine *f* угледобычная машина
Kohlengries *m см.* **Kohlengrus**
Kohlengrube *f* угольная шахта
Kohlengrus *m* угольная мелочь; штыб
Kohlenhobel *m* угольный струг
Kohlenhydrate *n pl* углеводы
Kohlenindustrie *f* угольная промышленность
Kohlenklein *n* угольная мелочь
Kohlenkombine *f см.* **Kohlenschrämlader**
Kohlenlagerstätte *f* угольное месторождение, месторождение угля
Kohlenlösche *f* угольная мелочь
Kohlenmeiler *m* костёр [куча] для углежжения
Kohlenmonoxid *n см.* **Kohlenoxid**
Kohlenmühle *f* угольная мельница
Kohlenoxid *n* оксид [окись] углерода, CO, угарный газ
Kohlenoxidgas *n* угарный газ
Kohlenoxidvergiftung *f* отравление угарным газом, угар
Kohlenpfeiler *m* угольный целик, целик угля
Kohlenrevier *n* углепромышленный район; угольный бассейн
Kohlensack *m мет.* распар (*доменной печи*)
Kohlensäure *f* угольная кислота, H_2CO_3
~, **feste** *см.* **Kohlendioxid, festes**
Kohlensäureanhydrid *n* угольный ангидрид
Kohlensäureeis *n* сухой лёд, твёрдый диоксид углерода
Kohlensäuregas *n* углекислый газ
Kohlensäurepatrone *f* баллончик для автосифона
Kohlensäureschnee *m см.* **Kohlensäureeis**
Kohlenschrämlader *m* угольный комбайн
Kohlensorte *f* сорт угля; марка угля
Kohlenstaub *m* угольная пыль
Kohlenstaubexplosion *f* взрыв угольной пыли
Kohlenstaubfeuerung *f* пылеугольная топка
Kohlenstaubgemisch *n* пылеугольная смесь
Kohlenstoff *m* углерод, C
~, **radioaktiver** радиоуглерод
Kohlenstoffentzug *m* обезуглероживание, декарбонизация
Kohlenstoff-Fasern *pl*, **Kohlenstoffaserstoff** *m* углеродные волокна
Kohlenstoffmethode *f* радиоуглеродный метод (*определения абсолютного возраста горных пород, ископаемых остатков, древесины и др.*)
Kohlenstoffmonoxid *n см.* **Kohlenoxid**
Kohlenstoffstahl *m* углеродистая сталь
Kohlenstofftetrachlorid *n* тетрахлорметан, четырёххлористый углерод, CCl_4
Kohlenstoffverbindungen *f pl* соединения углерода
Kohlenstoß *m* угольный забой; угольный бок (*пластовой выработки*)
Kohlenstoßabweiser *m*, **Kohlenstoßfänger** *m* противоотжимной щиток (*щиток на призабойной консоли секции механизированной крепи*)
Kohlentagebau *m* 1. угольный карьер 2. разработка угля открытым способом
Kohlenteer *n* каменноугольная смола
Kohlenwasserstoffe *m pl* углеводороды
~, **alizyklische** алициклические углеводороды
~, **aromatische** ароматические углеводороды
~, **azyklische** ациклические углеводороды
~, **gesättigte** предельные [насыщенные] углеводороды
~, **aliphatische** алифатические углеводороды
~, **polyzyklische** полициклические углеводороды
~, **ungesättigte** непредельные [ненасыщенные] углеводороды
~, **zyklische** циклические углеводороды
Kohlepapier *n* копировальная бумага
Kohleveredlung *f* обогащение угля; переработка угля; получение вторичных продуктов из угля
Kohleverflüssigung *f* ожижение угля; конверсия угля в жидкое топливо, получение синтетического топлива из угля
Kohlevergasung *f* газификация угля
~, **unterirdische** подземная газификация угля
Kohle-Zink-Zelle *f* элемент Лекланше
Kohlung *f* науглероживание, цементация
koinzident коинцидентный

Koinzidenz *f* совпадение
Koinzidenzdemodulator *m* квадратурный демодулятор, квадратурный детектор
Koinzidenzdetektor *m* детектор совпадений
Koinzidenzfehler *m* погрешность счёта совпадений
Koinzidenzkurve *f* кривая совпадений
Koinzidenzlibelle *f* оптический уровень
Koinzidenzmessungen *f pl* измерения по методу совпадений
Koinzidenzmethode *f* метод совпадений
Koinzidenzmikrofone *n pl* совмещённые микрофоны (*для стереофонии*)
Koinzidenzrate *f* скорость счёта совпадений
Koinzidenzschaltung *f* схема совпадений
Koinzidenzspektrometer *n* спектрометр на совпадениях
Koinzidenzspektrum *n* спектр совпадений
Koinzidenzzählrate *f см.* Koinzidenzrate
Koken *n* коксование
Kokerei *f* коксохимический завод, предприятие по производству кокса; коксохимическое производство
Kokereigas *n* коксовый газ
Kokereiofen *m* коксовая [коксовальная] печь
Kokereiteer *m* коксовая смола
Kokille *f* 1. кокиль, постоянная металлическая форма; изложница 2. кристаллизатор (*в установке непрерывной разливки*)
Kokilleneinsatz *m* жеребейка
Kokillengießmaschine *f* кокильная машина
Kokilleguß *m* литьё в кокиль, кокильное литьё
Kokillengußstück *n* кокильная отливка
Kokon *m* кокон
Koks *m* кокс
Koksausstoßer *m* коксовыталкиватель
Kokschemie *f* коксохимия
Koksfilter *n* коксовый фильтр
Koksgrus *m*, **Koksklein** *n* коксовая мелочь; коксик
Kokskohle *f* коксующийся уголь
Kokslöschen *n* тушение кокса
Koksofen *m* коксовая [коксовальная] печь
Koksofenbatterie *f* коксовая батарея
Koksofengas *n* коксовый газ
Koksofenteer *m* коксовая смола
Kölbel *m* баночка (*заготовка для получения стеклодувного изделия*)
Kolben *m* 1. поршень 2. *хим.* колба 3. баллон (*лампы*); колба

Kolbenbolzen *m* поршневой палец
Kolbengebläse *n* поршневая воздуходувка
Kolbenhub *m* ход поршня
Kolbenkontakt *m* плунжерный контакт
Kolbenleistung *f* поршневая мощность (*двигателя*)
Kolbenlöten *n* пайка паяльником
Kolbenmanometer *n* поршневой манометр
~, **gewichtsbelastetes** грузопоршневой манометр
Kolbenmantel *m* юбка поршня
Kolbenmaschine *f* поршневая машина
Kolbenmotor *m* поршневой двигатель
Kolbenpumpe *f* поршневой насос
Kolbenring *m* поршневое кольцо
Kolbenschaft *m* юбка поршня
Kolbenschieber *m* поршневой [цилиндрический] золотник
Kolbenspiel *n* зазор между поршнем и цилиндром [между юбкой поршня и стенкой цилиндра]
Kolbenstange *f* поршневой шток, шток
Kolbenstangenraum *m* штоковая полость (*цилиндра*)
Kolbentriebwerk *n* поршневой двигатель
Kolbenventil *n* поршневой гидро- или пневмоаппарат
Kolbenverdichter *m* поршневой компрессор
Kolk *m* 1. воронка размыва, размыв, вымоина 2. *маш.* лунка износа, лунка (*на поверхности инструмента*)
Kollektor *m* 1. *эл.* коллектор 2. *элн* коллектор (*биполярного транзистора*) 3. *опт.* собирающая линза
~, **vergrabener** скрытый коллектор, скрытый слой коллектора
Kollektoranschluß *m* вывод коллектора
Kollektorausgang *m*, **offener** выход с открытым коллектором
Kollektor-Basis-Spannung *f* напряжение коллекторного перехода [на коллекторном переходе], напряжение коллектор — база
Kollektor-Basis-Sperrschicht *f* обеднённый слой коллекторного перехода
Kollektor-Basis-Strom *m* ток коллектор — база, коллекторный ток (*биполярного транзистора в схеме с общей базой*)
Kollektor-Basis-Übergang *m* коллекторный переход
Kollektorbereich *m см.* Kollektorgebiet
Kollektorbürste *f эл.* коллекторная щётка

KOLLEKTORELEKTRODE

Kollektorelektrode *f* электрод коллектора, коллекторный электрод
Kollektor-Emitter-Spannung *f* напряжение коллектор — эмиттер
Kollektorgebiet *n* коллекторная область, область коллектора
Kollektorkapazität *f* ёмкость коллекторного перехода, коллекторная ёмкость
Kollektorkreis *m* коллекторная цепь, цепь коллектора
Kollektorlastwiderstand *m* коллекторная нагрузка
Kollektor-pn-Übergang *m* коллекторный *p* — *n*-переход, *p* — *n*-переход коллектор — база [база — коллектор]
Kollektorpotential *n* потенциал коллектора
Kollektorschaltung *f* схема с общим коллектором
Kollektorspannung *f* коллекторное напряжение, напряжение коллектора [на коллекторе]
Kollektorsperrschicht *f* обеднённый слой коллекторного перехода
Kollektorsperrschichtkapazität *f* барьерная ёмкость коллекторного перехода, коллекторная барьерная ёмкость, ёмкость обеднённого слоя коллекторного перехода
Kollektorstrom *m* ток коллектора, коллекторный ток
Kollektorübergang *m* коллекторный переход
Kollektorverlustleistung *f* рассеиваемая мощность коллектора, мощность, рассеиваемая на коллекторе
Kollektorwiderstand *m* 1. резистор в цепи коллектора, коллекторный резистор; коллекторная нагрузка 2. сопротивление коллектора
Kollektorzone *f см.* Kollektorgebiet
Kollektorlastwiderstand *m* коллекторная нагрузка
Kollergang *m* бегуны
Kollimation *f опт.* коллимация
Kollimator *m опт.* коллиматор
Kollision *f* 1. столкновение 2. *вчт* конфликтная ситуация, конфликт
Kollodium *n* коллодий
Kollodiumwolle *f* коллоксилин
Kolloid *n* коллоид
kolloidal коллоидный
Kolloidchemie *f* коллоидная химия
Kolloidlösung *f* коллоидный раствор
Kolloidmühle *f* коллоидная мельница

Kolmatage *f стр.* кольматаж
Kolmatation *f* глинизация
Kolmation *f стр.* кольматаж
Kolonne *f* 1. колонна; колонка 2. колонна; бригада
Kolophonium *n* канифоль
Kolorimeter *n* колориметр
~, **objektives** фотоколориметр
Kolorimetrie *f* колориметрия
Kolumbit *m мин.* колумбит
Kolumne *f полигр.* полоса
Kolumnentitel *m полигр.* колонтитул
Kolumnenziffer *f полигр.* колонцифра
Koma *f* 1. *опт.* кома 2. *астр.* кома (*оболочка ядра кометы*)
Kombi *m см.* Kombiwagen
Kombination *f* 1. комбинация; сочетание 2. *мат.* сочетание 3. комбинезон
Kombinationsanzug *m* комбинезон
Kombinationsschaltung *f вчт* комбинационная схема, схема комбинационной логики
Kombinationstechnik *f* комбинированная технология
Kombinations(trick)verfahren *n* способ комбинированной киносъёмки; комбинированная киносъёмка
Kombinatorik *f мат.* комбинаторика
kombinatorisch *мат.* комбинаторный
Kombine *f* комбайн
Kombiwagen *m* (легковой) автомобиль с кузовом универсал, автомобиль-универсал
Kombizange *f* пассатижи
Komet *m* комета
~, **Halleyscher** комета Галлея
Komma *n вчт* запятая, точка
~, **festes** фиксированная запятая, фиксированная точка
~, **gleitendes** плавающая запятая, плавающая точка
Kommando *n* команда
Kommandobrücke *f* (судовой) мостик
Kommandodatei *f* командный файл
Kommandogeber *m* датчик команд
Kommandogerät *n* 1. командоаппарат 2. командный прибор
Kommandointerpreter *m* процессор командного языка, командный процессор; диалоговый процессор, диалоговый монитор; процессор консольных команд; интерпретатор команд (*компонент управляющей программы операционной системы*)

Kommandokode *m* код команды
Kommandolenkung *f* командное управление
Kommandomenü *n* командное меню
Kommandooberfläche *f* интерактивная пользовательская оболочка
Kommandoprozedur *f* командная процедура, процедура на командном языке
Kommandoprozessor *m* командный процессор, процессор командного языка; процессор консольных команд; диалоговый процессор, диалоговый монитор
Kommandosprache *f* 1. командный язык; язык управления заданиями 2. командный [входной] язык (*язык формального и содержательного описания интерфейса связи между ОС вычислительной системы и пользователем*)
Kommandosteuerwort *n* управляющее слово
Kommandozeile *f* командная строка
kommensurabel соизмеримый (*напр. об отрезках*)
Kommunikation *f* связь
Kommunikationsadapter *m* коммуникационный адаптер, адаптер дистанционной связи, АДС
Kommunikationsinterface *n см.* **Kommunikationsschnittstelle**
Kommunikationsmodul *m* коммуникационный модуль; связной модуль, модуль коммуникационного [связного] адаптера
Kommunikationsnetz *n* сеть связи
Kommunikationsport *m* коммуникационный порт, порт связи
Kommunikationsprotokoll *n* 1. протокол обмена (*в микропроцессорной системе*) 2. протокол передачи данных, протокол обмена, связной протокол (*в сетях передачи данных*)
Kommunikationsprozessor *m* связной [коммуникационный] процессор
Kommunikationsrechner *m* связнáя [коммуникационная] ЭВМ
Kommunikationssatellit *m* спутник связи
Kommunikationsschnittstelle *f* связной интерфейс, интерфейс связи
Kommunikationsschnittstellenmodul *m* связной интерфейсный модуль, модуль интерфейса связи
Kommunikationssystem *n* система связи
~, kosmisches система космической связи
Kommunikationsterminal *n* связной терминал
Kommutation *f* 1. *эл.* коммутация 2. *мат.* замена

kommutativ *мат.* коммутативный
Kommutativgesetz *n мат.* коммутативность, переместительный закон
Kommutator *m* 1. *эл.* коллектор 2. коммутатор; переключатель 3. *мат.* коммутатор
Kommutatorbürste *f эл.* коллекторная щётка
Kommutatorgruppe *f мат.* коммутант
Kommutatorlamelle *f см.* **Kommutatorsegment**
Kommutatormaschine *эл.* коллекторная машина
Kommutatormotor *m* коллекторный электродвигатель
Kommutatorsegment *n эл.* коллекторная пластина, пластина коллектора
Kommutierung *f* 1. *эл.* коммутация 2. коммутирование, переключение (*силового полупроводникового прибора*) из открытого в закрытое *или* обратное непроводящее состояние
kompakt компактный
Kompaktbaustein *m* узел с высокой плотностью монтажа, модуль
Kompaktbauweise *f* 1. компактное исполнение 2. *стр.* блокирование производственных зданий ◇ **in ~** блокированный (*о производственном здании*)
Kompakt-Diskette *f вчт* компакт-диск
Kompaktkassette *f* компакт-кассета
Kompander *m рад.*, *элн* компандер, компандерный шумоподавитель
Komparator *m* компаратор
Kompaß *m* компас
Kompaßrose *f* картушка (*компаса*); роза ветров
Kompaßstrich *m* румб
kompatibel совместимый
Kompatibilität *f* совместимость
Kompensation *f* компенсация; коррекция
~, thermische термокомпенсация
Kompensationshalbleiter *m* (с)компенсированный полупроводник
Kompensationskondensator *m* корректирующий конденсатор, конденсатор коррекции
Kompensator *m* компенсатор
Kompilationsmethode *f* метод компиляции
Kompilierer *m* компилятор, компилирующая программа
Komplanation *f мат.* квадратура поверхностей
Komplement *n мат.*, *вчт* дополнение
komplementär дополнительный

KOMPLEMENTÄRAUSGANG

Komplementärausgang *m* инверсный выход (*микросхемы*)
Komplementäreingang *m* счётный вход (*триггера*)
Komplementärfarben *pl* дополнительные цвета
Komplementarität *f физ.* дополнительность; принцип дополнительности
Komplementaritätsprinzip *n физ.* принцип дополнительности
Komplementärschaltung *f* комплементарная схема
Komplementärtechnik *f* технология КМДП-транзисторных [КМОП-транзисторных] ИС
Komplementärtransistoren *m pl* комплементарные транзисторы
Komplementärtransistorlogik *f* логические схемы на комплементарных транзисторах
Komplementgatter *n вчт* вентиль обратного кода
Komplementkode *m вчт* дополнительный код; обратный код
Komplementwinkel *m мат.* дополнительный угол
komplett комплектный
Komplettierung *f* комплектация; комплектование
Komplettierungslager *n* комплектовочный склад
Komplex *m* комплекс
komplex комплексный
Komplexautomatisierung *f* комплексная автоматизация
Komplexbildner *m хим.* комплексообразователь
Komplexbildung *f хим.* комплексообразование
Komplexierung *f* комплексирование
Komplexität *f элн* (функциональная) сложность; степень интеграции
Komplexmechanisierung *f* комплексная механизация
Komplexometrie *f хим.* комплексометрия
Komplexon *n хим.* комплексон, комплексообразующее [хелатообразующее] соединение, хелатообразователь
Komplexsalz *n хим.* комплексная соль
Komplexverbindungen *f pl хим.* комплексные соединения
Komplikation *f* компликация (*механизм управления стрелкой секундомера*)
kompliziert сложный
Komponente *f* 1. компонент; составная часть 2. *мат.* компонента, составляющая

Kompost *m* компост
Kompound *m* компаунд, композиция, состав
Kompounderregung *f эл.* смешанное возбуждение
Kompoundgenerator *m эл.* генератор смешанного возбуждения
Kompoundierung *f эл.* компаундирование
Kompoundierungssystem *n эл.* система компаундирования
Kompoundkern *m* составное [промежуточное] ядро
Kompoundmaschine *f* (электрическая) машина смешанного возбуждения
Kompoundmotor *m* электродвигатель смешанного возбуждения
Kompoundwicklung *эл.* компаундная обмотка
Kompressibilität *f* сжимаемость
Kompression *f* сжатие; компрессия
Kompressionsarbeit *f* работа сжатия
Kompressionsgrad *m* степень сжатия
Kompressionskältemaschine *f* компрессионная холодильная машина
Kompressionskühlschrank *m см.* **Kompressorkühlschrank**
Kompressionsmanometer *n* компрессионный вакуумметр
Kompressionsmodul *m* модуль упругости при всестороннем сжатии, модуль объёмной упругости [объёмной деформации]; модуль объёмного [всестороннего] сжатия
Kompressionsraum *m* камера сжатия
Kompressionsring *m* компрессионное (поршневое) кольцо
Kompressionsverhältnis *n* степень сжатия
Kompressionswärme *f* теплота сжатия
Kompressionswelle *f* (продольная) волна сжатия
Kompressionszündung *n* (само)воспламенение от сжатия
Kompressor *m* 1. компрессор 2. нагнетатель [компрессор] наддува (*ДВС*)
Kompressorkühlschrank *m* компрессорный холодильник
Kompressormotor *m* двигатель с наддувом
Kompressorstation *f* компрессорная станция
komprimiert сжатый
Konchoide *f* конхоида
Kondensat *n* конденсат
Kondensatableiter *m* конденсатоотводчик
Kondensation *f* конденсация

~, **fraktionierte** дробная [фракционированная] конденсация
Kondensationsgefäß *n* сборник конденсата
Kondensationskeim *m*, **Kondensationskern** *m* ядро [центр] конденсации
Kondensationsmaschine *f* конденсационная (паровая) машина
Kondensationspumpe *f* конденсационный вакуумный насос
Kondensationspunkt *m* точка конденсации
Kondensationsstoß *m* скачок конденсации
Kondensationsturbine *f* конденсационная турбина
Kondensationswärme *f* теплота конденсации
Kondensatlagerstätte *f* газоконденсатное месторождение
Kondensator *m* конденсатор
~, **fester** конденсатор постоянной ёмкости
~, **veränderlicher** конденсатор переменной ёмкости
Kondensatorbelag *m* обкладка конденсатора
Kondensatorenbatterie *f* конденсаторная батарея
Kondensatorkammer *f* конденсаторная ионизационная камера
Kondensatorkapazität *f* ёмкость конденсатора
Kondensatormikrofon *n* конденсаторный микрофон
Kondensatormotor *m* конденсаторный асинхронный электродвигатель
Kondensatoröl *n* конденсаторное масло
Kondensatorpapier *n* конденсаторная бумага
Kondensatorplatte *f* пластина конденсатора
Kondensatpumpe *f* конденсатный насос
Kondensieren *n* 1. конденсирование, сгущение 2. конденсация
Kondensmilch *f* сгущённое молоко
Kondensor *m* конденсор
Kondensorsystem *n* конденсорная система
Kondensstreifen *m* конденсационный след (*реактивного самолета*)
Kondenstopf *m* конденсационный горшок
Kondenswasser *n* конденсационная вода
Kondenswasserableiter *m* конденсатоотводчик
Konditionieren *n* кондиционирование
Konditionierung *f* 1. кондиционирование 2. тренировка (*напр. схемных элементов*)
Konduktanz *f* эл. активная проводимость
konduktiv кондуктивный
Konduktometrie *f* кондуктометрия

Konduktor *m* 1. кондуктор 2. эл. кондуктор; проводник
Konfektion *f* 1. (массовое) производство готового платья 2. конфекция, готовое платье 3. сборка, клейка (*резиновых и резинотканевых изделий*)
Konfektionieren *n* см. Konfektion 3.
Konfektionsindustrie *f* швейная промышленность
Konferenzschaltung *f* схема циркулярной связи; схема конференц-связи
Konferenzverkehr *m* циркулярная связь; циркулярная передача
Konfidenzintervall *n* мат. доверительный интервал
Konfiguration *f* конфигурация
Konfluenz *f* слияние
konfokal конфокальный, софокусный
konform конформный
Konformation *f* хим. конформация
Konformationsanalyse *f* хим. конформационный анализ
Konglomerat *n* конгломерат
kongruent мат. 1. конгруэнтный, равный 2. сравнимый (*в алгебре, теории чисел*)
Kongruenz *f* мат. 1. конгруэнтность, равенство (*в геометрии*) 2. конгруэнция (*напр. прямых*) 3. сравнение (*в алгебре, теории чисел*)
König *m* королёк (*металла*)
Königswasser *n* хим. царская водка
Konimeter *n* кониметр
konisch конусный; конический
Konizität *f* конусность
Konjugation *f* сопряжение
Konjugiert-Komplexe *f* мат. комплексно-сопряжённая матрица
Konkatenanz *f* вчт конкатенация; операция конкатенации
konkav вогнутый
Konkavität *f* вогнутость
konkav-konvex вогнуто-выпуклый
Konkavlinse *f* вогнутая линза
Konkavspiegel *m* вогнутое зеркало; вогнутый (зеркальный) отражатель
Konkordanz *f* 1. геол. согласное залегание (*пластов*) 2. конкорданция (*понятие вычислительной лингвистики*)
Konkretionen *f pl* геол., мин. конкреции
Konoidschale *f* стр. коноидальная оболочка

KONSERVENBÜCHSE

Konservenbüchse *f*, **Konservendose** *f* (жестяная) консервная банка
Konservierung *f* 1. консервирование 2. консервация
Konservierungsmittel *n* консервант
konsistent консистентный
Konsistenz *f* консистенция
Konsistometer *n* консистометр
Konsole *f* 1. консоль 2. *вчт* пульт оператора, консоль
~ **mit Bildschirmgerät** дисплей-консоль
Konsolfräsmaschine *f* консольно-фрезерный станок
Konsolkran *m* консольный кран
Konsolträger *m* консольная балка
konstant постоянный
Konstantan *n* константан (*медно-никелевый сплав*)
Konstantandraht *m* константановый провод; константановая проволока
Konstante *f* постоянная, константа
~, **Faradaysche** число Фарадея
~, **Kerrsche** постоянная Керра
~, **konzentrierte** сосредоточенная постоянная
~, **Plancksche** постоянная Планка
~, **universelle** фундаментальная физическая постоянная
~, **verteilte** распределённая постоянная
Konstanthalter *m* стабилизатор
Konstanthaltung *f* стабилизация
Konstantspannung *f* постоянное напряжение; стабильное [стабилизированное] напряжение
Konstantspannungsquelle *f* стабилизированный источник напряжения, источник стабилизированного напряжения
Konstantstrom *m* стабильный [стабилизированный] ток; постоянная величина тока
Konstantstromquelle *f* стабилизированный источник тока, источник стабилизированного тока
Konstantstomregelung *f* регулирование тока на постоянную величину
Konstantwert *m* постоянная величина
Konstanz *f* постоянство, стабильность
Konstellation *f* 1. *астр.* конфигурация (*характерное взаимное положение планет, Луны и других тел Солнечной системы относительно Земли и Солнца*) 2. *астр.* расположение звёзд 3. *хим.* конформация
Konstitutionswasser *n* конституционная вода

Konstrukteur *m* конструктор
Konstruktion *f* 1. конструкция 2. конструирование 3. *мат.* построение
~ **mit Zirkel und Lineal** построение с помощью циркуля и линейки
~, **rechnergestützte** автоматизированное конструирование; автоматизированное проектирование
~, **statisch bestimmte** статически определимая конструкция
~, **statisch unbestimmte** статически неопределимая конструкция
Konstruktionsarbeitsplatz *m* автоматизированное рабочее место [АРМ] конструктора
~, **rechnergestützter** АРМ конструктора
Konstruktionsaufgabe *f* *мат.* задача на построение
Konstruktionsausfall *m* конструкционный отказ
Konstruktionsbüro *n* конструкторское бюро, КБ
Konstruktionselement *n* конструктивный элемент
Konstruktionsfehler *m* конструктивный порок, дефект конструкции
Konstruktionsmaß *n* *стр.* конструктивный размер
Konstruktionsmethode *f* метод конструирования
Konstruktionsstahl *m* конструкционная сталь
Konstruktionsteil *n* конструктивный элемент; деталь конструкции
Konstruktionswerkstoff *m* конструкционный материал
konstruktiv конструктивный
Konsumentenrisiko *n* риск потребителя
Konsumgüter *n pl* товары широкого потребления
Konsumgüterelektronik *f* бытовая электроника; бытовая электронная аппаратура
Kontakt *m* 1. *эл.* контакт 2. катализатор контактного типа
~, **angeschmorter** обгоревший [подгоревший] контакт
~, **befeuchteter** смачиваемый контакт
~, **enger** плотный контакт
~, **fester** неподвижный контакт
~, **gepolter** поляризованный контакт
~, **nichtsperrender** незапирающий контакт
~, **ohmscher** омический [невыпрямляющий] контакт

~, sperrender [sperrfähiger] запирающий контакт
~, sperrfreier незапирающий контакт
~, sperrschichtfreier невыпрямляющий [омический] контакт
Kontaktabbrand *m* обгорание контактов
Kontaktabstand *m* зазор в контактах, зазор между (разомкнутыми) контактами
Kontaktabzug *m* контактный (фото)отпечаток
Kontaktarm *m* контактодержатель
Kontaktbelichten *n*, **Kontaktbelichtung** *f* контактное экспонирование
Kontaktbelichtungsanlage *f см.* **Kontaktjustier- und Belichtungsanlage**
Kontaktbelichtungsverfahren *n* метод контактного экспонирования; метод контактной литографии, контактная литография; метод контактной фотолитографии, контактная фотолитография
Kontaktbelüftung *f* контактная аэрация *(сточных вод)*
Kontaktbürste *f* контактная щётка
Kontaktdruck *m* 1. контактное напряжение 2. контактное давление; нажатие контакта 3. контактная (фото)печать
Kontaktfeder *f* контактная пружина
Kontaktfehler *m* неисправный контакт; неисправность контакта
Kontaktfläche *f* 1. *эл.* контактная поверхность; поверхность контакта 2. поверхность соприкосновения; площадь контакта 3. контактная площадка *(ИС)*
Kontaktfotolithografie *f* контактная фотолитография
Kontaktgabe *f* замыкание контактов
Kontaktgeber *m* контактный датчик
Kontaktgesteine *n pl геол.* контактово-метаморфические породы
Kontaktgift *n* 1. *хим.* катализаторный [контактный] яд 2. контактный яд
Kontakthügel *m* столбиковый вывод *(корпуса ИС)*
Kontaktieren *n* контактирование
Kontaktierfläche *f* поверхность контактирования
Kontaktierung *f* контактирование
Kontaktjustier- und Belichtungsanlage *f* установка контактной литографии; установка контактной фотолитографии
Kontaktkopie *f* 1. *см.* **Kontaktabzug** 2. фильмокопия, отпечатанная контактным способом

Kontaktkopieranlage *f* установка контактной печати фотошаблонов
Kontaktkopieren *n* 1. *фото* контактная печать 2. *кино* контактная печать (фильмокопий) 3. *элн* контактная печать; контактная фотолитография
Kontaktlinse *f* контактная линза
Kontaktlithografie *f* контактная литография
Kontaktloch *n* металлизированное отверстие *(печатной платы)*; сквозное отверстие *(печатной платы)*
kontaktlos бесконтактный
Kontaktmaske *f* контактный фотошаблон; контактная маска
Kontaktmessung *f* контактное измерение
Kontaktmetallisierung *f* металлизация контактов
Kontaktmetamorphose *f геол.* контактовый метаморфизм
Kontaktofen *m* контактная печь
Kontaktpapier *n* (фото)бумага для контактной печати
Kontaktplatte *f* контактная накладка
Kontaktpotential *n* 1. *эл.* контактная разность потенциалов 2. высота потенциального барьера
Kontaktprellen *n* дребезг контактов; вибрация контактов
Kontaktring *m эл.* контактное кольцо
Kontaktsatz *m эл.* контактная группа
Kontaktschiene *f* контактный рельс
Kontaktschraube *f эл.* контактный винт
Kontaktspannung *f* 1. *эл.* контактная эдс 2. *эл.* контактная разность потенциалов 3. высота потенциального барьера 4. контактное напряжение, контактное усилие
Kontaktstift *m* штырьковый вывод *(корпуса ИС)*
Kontaktstoff *m хим.* катализатор контактного типа
Kontaktthermometer *n* электроконтактный термометр
Kontaktverfahren *n* 1. контактная (фото)печать 2. контактный способ *(получения серной кислоты)*
Kontaktverschleiß *m* 1. контактный износ 2. износ контактов
Kontaktverunreinigung *f* загрязнение контактов
Kontaktwiderstand *m* контактное сопротивление; сопротивление контакта
Kontaktwinkel *m* краевой угол

KONTAKTZÜNDER

Kontaktzünder *m* контактный взрыватель
Kontaktzündung *f* контактное зажигание
Kontamination *f* заражение, загрязнение (*радиоактивными веществами*)
Kontern *n* 1. контрение, контровка, законтривание 2. крепление (*резьбы*)
Kontinentalabhang *m* континентальный склон
Kontinentalschelf *m*, **Kontinentalsockel** *m* континентальный шельф
kontinuierlich непрерывный
Kontinuität *f* непрерывность; неразрывность
Kontinuitätsgleichung *f* физ. уравнение неразрывности [непрерывности]
Kontinuum *n* 1. *мат.* континуум 2. *физ.* сплошная среда 3. континуальная [непрерывная] среда
Kontinuumsmechanik *f* механика сплошных сред
Konti-Straße *f* непрерывный прокатный стан
Kontraktion *f* 1. сжатие 2. образование шейки, местное сужение образца (*при испытаниях на растяжение*)
Kontraktionskoeffizient *m* коэффициент сжатия
Kontrast *m* контраст; контрастность
Kontrastentwickler *m* фото контрастный [контрастно работающий] проявитель
kontrastreich контрастный
Kontrastumfang *m* опт., фото диапазон контрастности; интервал плотностей (*напр. фотографического изображения*); интервал яркостей
Kontravarianz *f* контравариантность
Kontrollablesung *f* считывание контрольной информации, контрольное считывание
Kontrollbildgerät *n* видеоконтрольное устройство, (видео)монитор
Kontrolle *f* контроль
~, **betriebstechnische** технический контроль
~ **nach der Bearbeitung** послеоперационный контроль
~, **statistische** статистический контроль
~ **zwischen den Arbeitsstufen** межпереходный контроль
Kontrollehre *f* контрольный калибр
Kontroller *m* контроллер
Kontrolleuchte *f* авто сигнализатор
Kontrollgerät *n* 1. контрольный прибор 2. *см.* Kontrollbildgerät
Kontrollkabel *n* контрольный кабель

Kontrollmeßeinrichtung *f* контрольно-измерительное устройство
Kontrollmeßinstrument *n* контрольно-измерительный прибор
Kontrollmeßmaschine *f* контрольно-измерительная машина
Kontrollmeßtechnik *f* контрольно-измерительная техника
Kontrollmessung *f* контрольное измерение
Kontrollprüfung *f* контрольное испытание
Kontrollschacht *m* смотровой колодец
Kontrollstab *m* контрольный образец
Kontrollturm *m* ав. командно-диспетчерский пункт, КДП; диспетчерская вышка, вышка КДП
Kontrollziffer *f* контрольная цифра
Kontur *f* контур
~, **verdeckte** скрытый контур
Konturbearbeitung *f* контурная обработка
Konturenschärfe *f* резкость контуров; резкость границ деталей изображения
Konturensessel *m* косм. ложемент
Konus *m* конус
Konusmembran *f* рад. диффузор
Konvektion *f* конвекция
Konvektionsheizkörper *m* конвектор
Konvektionsstrom *m* конвекционный ток
Konvektor *m* конвектор
Konvektortruhe *f* напольный конвектор
konvergent сходящийся, конвергентный
Konvergenz *f* 1. конвергенция, сходимость 2. *тлв* сведение лучей
Konvergenzbereich *m* мат. область сходимости
Konvergenzkreis *m* мат. круг сходимости
Konvergenzkriterium *n* мат. критерий сходимости
Konvergenzpunkt *m* мат. точка сходимости
Konvergenzschaltung *f* тлв схема сведения
Konversion *f* конверсия; превращение; преобразование
Konversionsreaktor *m см.* Konverter 2.
Konversionssteilheit *f* крутизна преобразования
Konversionswirkungsgrad *m* коэффициент преобразования
Konversionszeit *f* время преобразования
Konverter *m* 1. *мет.* конвертер 2. *яд.* реактор-конвертер, конвертер 3. *элн* преобразователь
Konverterbetrieb *m* 1. бессемерование, бессемеровский процесс; бессемерование [конвертирование] штейна 2. конвертерный цех

Konverterkupfer *n* конвертерная медь
Konverterstahl *m* конвертерная сталь
Konverterstahlwerk *n* конвертерный цех
Konvertierung *f* 1. *хим.* конверсия 2. *вчт* преобразование
Konvertiplan *m* преобразуемый ЛА, конвертоплан
konvex выпуклый
konvex-konkav выпукло-вогнутый
Konvexlinse *f* выпуклая линза
Konzentrat *n* концентрат
Konzentration *f* концентрация
~, **gravimetrische** весовая концентрация
Konzentrationsapparat *m* концентратор
Konzentrationsprofil *n* профиль распределения концентрации (*примеси, носителей заряда*)
Konzentrationsstein *m мет.* белый штейн
Konzentrationsverlauf *m* распределение концентрации (*примеси, носителей заряда*)
Konzentrator *m* концентратор
Konzentrierung *f* концентрирование
konzentrisch концентричный; концентрический
Koordinate *f* координата
Koordinaten *f pl* координаты
~, **kartesische** декартовы координаты
~, **laufende** текущие координаты
~, **rechtwinklige** прямоугольные координаты
~, **schiefwinklige** косоугольные координаты
Koordinatenachse *f* ось координат
Koordinatenanfangspunkt *m* начало координат
Koordinatenausdrehmaschine *f* координатно-расточный станок
Koordinatenbohrmaschine *f* 1. координатно-сверлильный станок 2. *см.* Koordinatenausdrehmaschine
Koordinatenbohrwerk *n см.* Koordinatenausdrehmaschine
Koordinatendrehung *f маш.* поворот (системы) координат (*с помощью устройства ЧПУ*)
Koordinatenmeßgerät *n* координатомер
Koordinatenmeßmaschine *f* координатно-измерительная машина
Koordinatennetz *n* координатная сетка
Koordinatenpapier *n* диаграммная бумага, бумага с координатной сеткой
Koordinatenschalter *m свз* координатный соединитель
Koordinatenschreiber *m* координатный графопостроитель, координатограф
Koordinatensystem *n* система координат

~, **drehbares** поворотная система координат
Koordinatentisch *m* координатный стол
Koordinatenursprung *m* начало координат
Koordinatenwandler *m* синус-косинусный преобразователь
Koordinationslehre *f* химия координационных [комплексных] соединений
Koordinationsverbindungen *f pl хим.* координационные [комплексные] соединения
Koordinationszahl *f хим., крист.* координационное число
Koordinatograf *m* координатограф
Kopal *m хим.* копал
Köper *m текст.* саржа
Köperbindung *f текст.* саржевое переплетение
Kopf *m* 1. головка 2. шляпка (*гвоздя*)
~, **versenkter** потайная головка
Kopfbahnhof *m* головная станция
Kopfdrehmaschine *f* лоботокарный станок
Kopfdüngung *f* поверхностное внесение удобрений (*без заделки*); подкормка
Kopffläche *f* поверхность вершин (зубьев)
Kopfgleis *n ж.-д.* тупик
Kopfhaube *f* 1. шлемофон 2. маска-шлем
Kopfhöhe *f* высота головки зуба (*зубчатого колеса*)
Kopfhörer *m pl* (стереофонические) наушники, стереотелефоны, головные телефоны
Kopfkegel *m* конус вершин (зубьев)
Kopfkreis *m* 1. окружность вершин зубьев (*зубчатого колеса*) 2. верхняя окружность (*напр. синхронного шкива*)
Kopfkreisdurchmesser *m* 1. диаметр вершин зубьев (*зубчатого колеса*) 2. диаметр вершин витков (*червяка*)
Köpflader *m с.-х.* ботворезатель-погрузчик
Kopflastigkeit *f мор.* дифферент на нос
Kopflinie *f* 1. прямая вершин зубьев (*зубчатой рейки*) 2. верхняя линия (*напр. синхронного ремня*)
Kopfrad *n* диск видеоголовок
Kopfrücknahme *f* глубина модификации профиля головки (зуба)
Kopfscheibe *f см.* Kopfrad
Kopfschraube *f* винт с головкой
Kopfsenken *n мет.-об.* цилиндрическое зенкование
Kopfsenker *m мет.-об.* цилиндрическая зенковка

Kopfspiel *n* радиальный зазор (*в зубчатой передаче*)
Kopfstation *f*, **Kopfstelle** *f* входное устройство, наружный блок (*приемной установки спутникового телевидения*)
Kopfstein *m* булыжник
Kopfstelle *f тлв* головная станция
Kopfstütze *f* подголовник
Kopfwalze *f* выносной [консольный] валок
Kopierdrehmaschine *f* копировально-токарный станок
Kopiereffekt *m* копир-эффект
Kopiereinrichtung *f* копировальное устройство
Kopieren *n* копирование
Kopierfräsautomat *m* копировально-фрезерный автомат
Kopierfräsen *n* фрезерование по копиру
Kopiergerät *n* 1. копировальное [копировально-множительное] устройство 2. *фото* копировальный аппарат, копировальный станок
Kopierlack *m элн* фоторезист
Kopiermaschine *f* 1. кинокопировальный аппарат 2. *полигр.* копировально-множительная машина
Kopierrahmen *m* копировальная рамка
Kopierschablone *f маш.* копир
Kopolymere *n pl* сополимеры
Kopolymerisation *f* сополимеризация
Koppel *f* шатун (*кривошипного механизма*)
Koppelanordnung *f свз* коммутирующее [коммутационное] устройство (*коммутационной системы*)
Koppelbesteck *n* 1. счисление пути, счисление 2. счислимое место (*напр. самолета, судна*)
Koppeldämpfung *f* затухание в ответвлении; потери в стыках (*оптического кабеля*)
Koppelelement *n*, **Koppelglied** *n эл., элн* элемент связи
Koppelgerät *n с.-х.* сцепка
Koppelgetriebe *n* кривошипный механизм; кривошипно-шатунный механизм
Koppelimpedanz *f* полное сопротивление связи
Koppelkurs *m* счислимый курс
Koppelmodul *m* модуль сопряжения
Koppeln *n* счисление пути (*в навигации*)
Koppelnavigation *f ав.* навигация счислением (и прокладкой) пути; *мор.* судовождение методом счисления пути
Koppelort *m* счислимое место (*напр. самолета, судна*)

Koppelschleife *f* 1. петля связи 2. *см.* **Kurbelschleife**
Koppelvierpol *m* связывающий четырёхполюсник
Koppelwirkungsgrad *m* коэффициент связи
Koppler *m* 1. *эл., элн* ответвитель 2. *эл., элн* элемент связи 3. *элн* устройство сопряжения
~, **akustischer** устройство сопряжения (с телефонной сетью) на базе акустического модема, телефонный адаптер
Kopplung *f* 1. *эл., автм* связь 2. *физ.* связь 3. *косм.* стыковка
Kopplungsbahn *f косм.* орбита стыковки
Kopplungselement *n* элемент связи
Kopplungsfaktor *m* коэффициент связи
Kopplungsflug *m косм.* полёт в состыкованном состоянии, совместный полёт состыкованных космических кораблей
Kopplungsglied *n см.* **Kopplungselement**
Kopplungsgrad *m см.* **Kopplungsfaktor**
Kopplungsimpedanz *f* полное сопротивление связи
Kopplungskondensator *m* конденсатор связи
Kopplungskonstante *f физ.* константа связи
Kopplungsmanöver *n косм.* стыковка
Kopplungsoptron *n* оптопара
Kopplungsspule *f* катушка связи
Kopplungsstutzen *m косм.* стыковочный узел
Kopplungstransformator *m* трансформатор связи
Kopplungsvierpol *m* связывающий четырёхполюсник
Kopplungswiderstand *m* сопротивление связи
Koprozessor *m вчт* сопроцессор
Kops *m текст.* початок
Korb *m* 1. корзина 2. *горн.* клеть 3. *с.-х.* дека
Korbflasche *f* оплетённая бутыль
Kord *m* корд, кордная ткань
Kordelkopf *m* головка с перекрёстно-косой [с ромбической] накаткой, головка с накаткой
Kordeln *n мет.-об.* накатывание перекрёстно-косых [косых, ромбических] рифлений
Kordelrädchen *n мет.-об.* накатный ролик (с косыми рифлениями)
Kordfaden *m* кордная нить, нить корда
Kordgewebe *n* кордная ткань, корд
Kordieren *n см.* **Kordeln**
Kordierung *f* 1. *см.* **Kordeln** 2. перекрёстно-косая [ромбическая] накатка
Kordlage *f* слой корда
Kork *m* пробка

Korkenzieherregel *f* эл. правило буравчика
Korn *n* 1. зерно, частица 2. фракция (*зернового состава*) 3. королёк (*металла*) 4. с.-х. зерно; хлеб
Kornbereich *m* гранулометрический класс, класс крупности; фракция крупности
Körner *m* мет.-об. кернер
Kornfraktion *f* фракция зернового состава
Korngrenze *f* граница частицы [частиц], граница зерна [зёрен], межзёренная граница
Korngröße *f* размер [крупность] частицы [частиц], размер [крупность] зерна [зёрен]
Korngrößenanalyse *f* гранулометрический анализ
Korngrößenklase *f см.* Kornklasse
Korngrößenverteilung *f* распределение частиц [зёрен] по размерам [по крупности]; гранулометрический состав
Korngruppe *f* фракция зернового состава
körnig зернистый
Körnigkeit *f* 1. зернистость 2. *кино, фото* зернистость; гранулярность
Kornklasse *f* гранулометрический класс, класс крупности
Kornspeicher *m* зернохранилище
Kornstruktur *f* зернистая структура
Körnung *f* 1. крупность [размер] частиц [зёрен]; зернистость, размер зерна 2. класс крупности, гранулометрический класс 3. гранулометрический состав 4. крупность [размер] абразивных зёрен; зернистость (*абразивного материала*)
Körnungslücke *f* пропуск в зерновом составе
Kornverteilungsfaktor *m* гранулометрический фактор
Kornzusammensetzung *f* гранулометрический состав, гранулометрия
Korona *f* 1. эл. корона; коронный разряд; коронирование 2. астр. (солнечная) корона
Koronaentladung *f* эл. коронный разряд
Körper *m* 1. тело 2. мат. поле
~, **absolut schwarzer** физ. (абсолютно) чёрное тело, полный излучатель
~, **fester** физ. твёрдое тело
~, **freigemachter** свободное тело (*в теоретической механике*)
~, **grauer** физ. серое тело
~, **schwarzer** физ. чёрное тело, полный излучатель
~, **starrer** абсолютно твёрдое тело (*в теоретической механике*)

Körpererweiterung *f* мат. расширение поля
Körperfarbe *f* пигмент
Körpergrafik *f* графика монолитных тел [монолитных конструкций]
Körperlärm *m* корпусный [механический] шум
Körpermodell *n* объёмная [монолитная] модель
Körpermodellierung *f* объёмное моделирование, построение объёмных [монолитных] моделей
Körperschluß *m* эл. замыкание на корпус [на массу]
Korpuskel *n* корпускула
korpuskular корпускулярный
Korpuskularstrahlung *f* корпускулярное излучение
Korpuskulartheorie *f* корпускулярная теория (*света*)
Korrasion *f* геол. корразия
Korrektion *f* коррекция
Korrektionsgröße *f* величина коррекции
Korrektur *f* 1. коррекция; компенсация 2. корректирование, корректировка 3. поправка 4. полигр. корректура
Korrektureinrichtung *f* корректор
Korrekturelement *n* корректирующий элемент
Korrekturfaktor *m* поправочный коэффициент
Korrekturglied *n* корректирующее звено
Korrekturkreis *m* корректирующая цепь
Korrekturtabelle *f* поправочная таблица
Korrekturtriebwerk *n* корректирующий (ракетный) двигатель
Korrelation *f* корреляция
Korrelationselektronik *f* корреляционная электроника
Korrelationsfunktion *f* корреляционная функция
Korrelationskoeffizient *m* коэффициент корреляции
Korrelationsmesser *m* коррелометр
Korrelationsrechnung *f* корреляционное исчисление
korrelativ коррелятивный; соотносительный
Korrelator *m* коррелятор
Korrespondenzprinzip *n* физ. принцип соответствия
Korrigieren *n* 1. корректирование, корректировка, исправление 2. коррегирование (*зубчатых колёс*)
Korrosion *f* коррозия
Korrosionsanfälligkeit *f* склонность к коррозии
Korrosionsangriff *m* коррозионное воздействие

KORROSIONSBESTÄNDIG

korrosionsbeständig коррозионностойкий, коррозионноустойчивый
Korrosionsbeständigkeit *f* коррозионная стойкость
Korrosionselemente *n pl* коррозионные элементы
Korrosionsermüdung *f* коррозионная усталость
korrosionsfest *см.* korrosionsbeständig
Korrosionsinhibitor *m* ингибитор коррозии
Korrosionsprüfung *f* коррозионное испытание
Korrosionsprüfverfahren *n* метод коррозионных испытаний
Korrosionsschutz *m* защита от коррозии
Korrosionsschutzlack *m* антикоррозионный лак
Korrosionsschutzmittel *n* средство защиты от коррозии, антикоррозионное средство
Korrosionsschutzüberzug *m* антикоррозионное покрытие
korrosionssicher антикоррозионный
Korrosionsversuch *m* коррозионное испытание
Korund *m* корунд
Kosekans *m* косеканс
Kosinus *m* косинус
Kosinuslinie *f* косинусоида
kosmisch космический
Kosmochemie *f* космохимия
Kosmogonie *f* космогония
Kosmologie *f* космология
kosmologisch космологический
Kosmonaut *m* космонавт
Kosmonautik *f* космонавтика
Kosmos *m* космос
Kotangens *m* котангенс
Kote *f* 1. *геод.* отметка высоты, высотная [нивелирная] отметка 2. *мат.* аппликата
Kotflügel *m* крыло (*кузова автомобиля*)
Kotonisieren *n* котонизация
Kottonöl *n* хлопковое масло
Kötzer *m см.* Kops
kovalent ковалентный
Kovalenz *f* ковалентность
Kovar *n* ковар
Kovareinschmelzung *f* коваровый впай
kovariant ковариантный
Kovarianz *f* ковариантность
Krackanlage *f* крекинг-установка
~, thermische установка термического крекинга
Krackbenzin *n* крекинг-бензин
Krackdestillation *f* термический крекинг
Kracken *n* крекинг
Krackgas *n* крекинг-газ

Krackrückstand *m* крекинг-остаток
Krackverfahren *n* крекинг-процесс, крекинг
Krad *n см.* Kraftrad
Kraft *f* 1. сила; усилие 2. энергия ◇ eine ~ erzeugen развивать усилие
~, eingeprägte активная [задаваемая] сила
~, elektromotorische электродвижущая сила, эдс
~, thermoelektrische термоэдс
Kraftangriff *m* приложение силы
Kraftanlage *f* силовая установка
Kraftantrieb *m* механический привод, привод от двигателя; силовой привод
Kraftarm *m* плечо силы
Kraftaufnehmer *m см.* Kraftsensor
Kraftdraisine *f* мотодрезина
Kräfteaddition *f* сложение сил
Krafteck *n см.* Kräftepolygon
Kräftediagramm *n* эпюра сил
Kräftedreieck *n* треугольник сил
Kräftegleichgewicht *n* равновесие сил
Krafteinheit *f* единица силы
Kräftepaar *n* пара сил
Kräfteparallelogramm *n* параллелограмм сил
Kräfteplan *m* диаграмма усилий, диаграмма (Максвелла —)Кремоны
Kräfteplan *m* план сил
Kräftepolygon *n* силовой многоугольник
Kräftesystem *n* система сил
Kräftezerlegung *f* разложение сил
Kräftezusammensetzung *f* сложение сил
Kraftfahrer *m* автомобилист; водитель
Kraftfahrstraße *f см.* Kraftfahrzeugstraße
Kraftfahrzeug *n* автотранспортное средство; автомобиль
Kraftfahrzeugbau *m* автомобилестроение
Kraftfahrzeugelektrik *f* автомобильное электрооборудование; электрооборудование автомобиля
Kraftfahrzeughalle *f* автогараж
Kraftfahrzeugindustrie *f* автомобильная промышленность
Kraftfahrzeugpark *m* автобаза
Kraftfahrzeugstraße *f* автомобильная дорога
Kraftfeld *n* силовое поле
Kraftfluß *m эл.* поток силовых линий
Kraftflüssigkeit *f* рабочая жидкость
Kraftfutter *n с.-х.* концентрат
Kraftgetriebe *n* силовая передача; силовой редуктор

KRAFTWAGENGETRIEBE

Kraftheber *m* 1. *см.* **Kraftheberanlage** 2. подъёмник

Kraftheberanlage *f* с.-х. (гидравлическая) навесная система *(трактора)*

Kraftimpuls *m* импульс силы

Kraftkabel *n* силовой кабель

Kraftkennlinie *f* эпюра сил

Kraftlinie *f* 1. эл. силовая линия 2. эпюра сил

Kraftlinien *f pl* силовые линии *(электрического и магнитного полей)*

Kraftlinienfeld *n см.* **Kraftfeld**

Kraftlinienfluß *m см.* **Kraftfluß**

Kraftmaschine *f* энергетическая машина

Kraftmaschinenbau *m* энергомашиностроение

Kraftmeßdose *f* динамометрический датчик

Kraftmesser *m* динамометр

Kraftmoment *n* момент силы

Kraftpaarung *f см.* **Kraftschluß**

Kraftpapier *n* крафт-бумага

Kraftrad *n* 1. мотоцикл 2. одноколейное транспортное средство с двигателем *(мотоцикл, мопед, мотороллер)*

Kraftreflexion *f*, **Kraftrückführung** *f* отражение усилий *(от рабочего органа манипулятора на ведущую руку и/или руку человека-оператора)*

Kraftschalter *m* силовой элемент

Kraftschluß *m* силовое замыкание

Kraftschlußbeiwert *m* коэффициент сцепления *(шины с поверхностью дороги)*

kraftschlüssig с силовым замыканием

Kraftsensor *m* датчик силы

Kraftsollwert *m* уставка силы; заданное усилие

Kraftstoff *m* топливо *(для ДВС)*

~, **heizwertreicher** высокоэнергетическое топливо

~, **(hoch)klopffester** высокооктановый бензин; высокоантидетонационное топливо

~, **verbleiter** этилированный бензин

Kraftstoffanlage *f* топливная система, система питания *(ДВС)*; топливная аппаратура *(совокупность устройств топливной системы ДВС)*

Kraftstoffanzeiger *m* указатель уровня топлива *(в баке)*

Kraftstoffaufnahme *f* заправка

Kraftstoffbehälter *m* топливный бак

Kraftstoffbeständigkeit *f* стойкость к воздействию топливной смеси

Kraftstoffdüse *f* 1. жиклёр 2. (топливная) форсунка

Kraftstoffeinspritzdüse *f* (топливная) форсунка

Kraftstoffeinspritzpumpe *f* топливный насос высокого давления, ТНВД

Kraftstoffeinspritzung *f* впрыскивание топлива

Kraftstoff-Förderpumpe *f см.* **Kraftstoffförderpumpe**

Kraftstoff-Förderung *f см.* **Kraftstoffförderung**

Kraftstoffgemisch *n* 1. горючая смесь 2. топливная смесь

Kraftstoffhahn *m* топливный кран

Kraftstoffilter *n* топливный фильтр

Kraftstofflager *n* топливный склад; бензохранилище

Kraftstoffleitung *f* топливопровод

Kraftstoff-Luft-Gemisch *n* топливовоздушная смесь

Kraftstoffmesser *m* топливомер; бензиномер

Kraftstoffförderpumpe *f* 1. топливоподкачивающий насос *(насос для подачи топлива к системе впрыска, напр. дизеля)* 2. *см.* **Kraftstoffpumpe**

Kraftstoffförderung *f* подача топлива

Kraftstoffpumpe *f* топливный насос *(насос для подачи топлива к карбюратору карбюраторного двигателя)*

Kraftstoffsystem *n см.* **Kraftstoffanlage**

Kraftstofftank *m* топливный бак

Kraftstofftankwagen *m* топливозаправщик

Kraftstoffverbrauch *m* расход топлива

Kraftstoffzerstäubung *f* карбюрация

Kraftstoffzufuhr *f* подача топлива

Kraftstromkreis *m* силовая (электрическая) цепь

Krafttransformator *m* силовой трансформатор

Kraftübersetzung *f* передаточное отношение *(рычага)*

Kraftübertragung *f* 1. передача усилия 2. эл. силовая передача; передача энергии 3. силовая передача; трансмиссия

Kraftverkehr *m* движение автотранспорта; автомобильный транспорт, автотранспорт

Kraftverkehrsbetrieb *m* автохозяйство

Kraft-Verlängerungs-Diagramm *n*, **Kraft-Verlängerungs-Schaubild** *n* диаграмма растяжения *(график зависимости между силой, приложенной к образцу, и абсолютным удлинением образца)*

Kraftwagen *m* автомобиль

~, **geländegängiger** автомобиль повышенной проходимости

Kraftwagengetriebe *n* авто трансмиссия

KRAFTWAGENGETRIEBE

~, halbautomatisches полуавтоматическая трансмиссия
~, vollautomatisches автоматическая трансмиссия
Kraftwagenmotor *m* автомобильный двигатель
Kraftwerk *n* электростанция
Kraftwerkskaskade *f* каскад гидроэлектростанций, каскад ГЭС
Kraftwerkskessel *m* энергетический котёл
Kraftwerksreaktor *m* (ядерный) реактор для (атомной) электростанции; энергетический реактор
Kraftwerkszug *m* энергопоезд
Kraftzug *m* механическая тяга
Kraftzylinder *m* силовой цилиндр
Kragarm *m* кронштейн; консоль
Kragbalken *m* консольная балка
Kragenziehen *n* разбортовка
Kragplatte *f* консольная плита
Kragstück *n* кронштейн
Kragstütze *f* кронштейн; консоль
Kragträger *m* консольная балка; консоль
Krählarm *m* гребок
Kralle *f* лапка
Kran *m* кран
~, luftbereifter пневмоколёсный кран
~ mit eingespanntem Fuß жестконогий кран
~, schwenkbarer радиальный кран (кран с перемещением относительно одной стационарной опоры)
~, transportabler переставной кран
Kranbahn *f* подкрановый путь
Kranbahnträger *m* подкрановая балка
Kranfahrer *m* крановщик
Krängung *f мор.* крен
Krängungsversuch *m мор.* кренование
Kranhubschrauber *m* вертолёт-кран
Krankatze *f* крановая тележка
Kranmoment *n* грузовой момент крана
Kranwaage *f* крановые весы
Kranwagen *m* автомобильный кран, автокран
Kranwindwerk *n* крановая лебёдка
Kranz *m* 1. венец 2. обод (*колеса*)
Krarup(is)ierung *f* крарупизация
Krarupkabel *n* крарупизированный кабель
Krater *m* кратер; лунка
Kratzbandförderer *m см.* **Kratzerförderer**
Krätze *f мет.* съёмы, дроссы (*на поверхности расплава*); изгарь
Kratzenband *n текст.* игольчатая лента, кардолента

Kratzenbeschlag *m текст.* игольчатая гарнитура
Kratzer *m* 1. скребок 2. царапина; задир
Kratzerförderer *m* скребковый конвейер, скребковый транспортёр
Kratzfestigkeit *f* стойкость к царапанию
Kräuselfaser *f* извитое волокно
Kräuselgarn *n* текстурированная нить
Kräuselung *f* 1. извитость (*волокна*) 2. гофрирование, придание извитости (*нити, волокну*) 3. ратинирование (*ткани*)
Kreide *f* 1. мел 2. *геол.* меловой период, мел
Kreidekalk *m* меловой известняк
Kreiden *n* меление
Kreis *m* 1. круг 2. окружность 3. *эл., рад.* цепь; контур 4. *автм* контур; цепь
~, einbeschriebener вписанная окружность
~, geschlossener замкнутая цепь; замкнутый контур
~, offener разомкнутая цепь; разомкнутый контур
~, umbeschriebener описанная окружность
Kreisabschnitt *m мат.* (круговой) сегмент
Kreisausschnitt *m мат.* (круговой) сектор
Kreisbahngeschwindigkeit *f* первая космическая скорость, круговая скорость
Kreisbeschleuniger *m яд.* циклический ускоритель
Kreisbogen *m* дуга окружности
Kreisbogenverzahnung *f маш.* зацепление круговыми зубьями
Kreisdämpfung *f* затухание контура; коэффициент демпфирования контура
Kreisdiagramm *n* круговая диаграмма; секторная диаграмма
Kreise *m pl*, **gekoppelte** связанные контуры
Kreisel *m* гироскоп
Kreiselbewegung *f* гироскопическое движение
Kreiselbrecher *m* конусная дробилка
Kreiseleffekt *m* гироскопический эффект
Kreiselgebläse *n* 1. лопаточная воздуходувная машина; *мет.* турбовоздуходувка 2. центробежный или осевой вентилятор
Kreiselhorizont *m* авиагоризонт
Kreiselkompaß *m* гирокомпас
Kreisellot *n* гировертикаль
Kreisellüfter *m* центробежный *или* осевой вентилятор
Kreiselmagnetkompaß *m* гиромагнитный компас
Kreiselmoment *n* гироскопический момент

Kreiselplattform *f* гиростабилизированная платформа, гироплатформа
Kreiselpumpe *f* лопастной насос; центробежный насос
Kreiselradpumpe *f* лопастной насос
Kreiselradverdichter *m* лопаточный компрессор
Kreiselstabilisator *m* гиростабилизатор
Kreiselstabilisierung *f* гиростабилизация
Kreiseltheodolit *m* гироскопический теодолит
Kreiselverdichter *m* лопаточный компрессор; турбокомпрессор
Kreiselvertikale *f см.* **Kreisellot**
Kreisförderer *m* подвесной (круговой) конвейер, круговой транспортёр
kreisförmig круговой
Kreisfrequenz *f* угловая [круговая] частота
Kreisfunkfeuer *n* всенаправленный радиомаяк, радиомаяк ненаправленного действия
Kreisfunktion *f* круговая функция, обратная тригонометрическая функция
Kreisgüte *f* добротность контура
Kreisinterpolation *f* круговая интерполяция
Kreiskegel *m* круговой конус
Kreiskolbenmotor *m* 1. роторно-поршневой двигатель; двигатель Ванкеля 2. коловратный гидромотор; коловратный пневмомотор
Kreiskolbenpumpe *f* 1. ротационно-поршневой насос 2. трохоидный вакуумный насос
Kreislauf *m* 1. круговорот (*напр. воды в природе*) 2. циркуляция 3. *тепл., яд.* контур
~, **geschlossener** замкнутый цикл
~, **hydraulischer** гидросистема
~, **offener** разомкнутый цикл
kreisläufig циклический
Kreisläufigkeit *f* цикличность
Kreislaufmotor *m* двигатель замкнутого цикла (*для подводных лодок*)
Kreislinie *f* окружность
Kreismesser *n* дисковый нож (*дисковых ножниц*)
Kreisprozeß *m* круговой [циклический] процесс, цикл
~, **Carnotscher** цикл Карно
Kreisquerschnitt *m* круглое сечение
Kreissäge *f* 1. дисковая [круглая, циркульная, циркулярная] пила 2. *дер.-об.* круглопильный станок 3. *мет.-об.* круглая пила, отрезная фреза
Kreissägeblatt *n* пильный диск
Kreissägemaschine *f дер.-об.* круглопильный (отрезной) станок
Kreisschere *f* дисковые ножницы
Kreisstrom *m* контурный ток
Kreisverkehr *m* круговое движение (*автотранспорта*)
Kreisvorschubspindelstock *m маш.* бабка с круговой подачей
Kreisvorschubsupport *m маш.* суппорт с круговой подачей
Kreiszylinder *m* круговой цилиндр
Krempel *f текст.* (кардо)чесальная машина; кардочесальный аппарат (*в аппаратном прядении шерсти*)
Krempelband *n текст.* чесальная лента (*продукт чесания*)
Krempeln *n* кардочесание, чесание (*волокнистых материалов*)
Kreuz *n* крест; крестовина
Kreuzer *m* крейсер
kreuzförmig крестообразный
Kreuzgelenk *n маш.* карданный шарнир (с крестовиной)
~, **einfaches** (карданный) шарнир неравных угловых скоростей
Kreuzgelenkkette *f маш.* карданная цепь
Kreuzgelenkkupplung *f маш.* карданная [крестово-шарнирная] муфта
Kreuzgewölbe *n* крестовый свод
Kreuzkopf *m маш.* ползун, крейцкопф
Kreuzmeißel *m* крейцмейсель
Kreuzmodulation *f* перекрёстная модуляция
Kreuzprofil *n* тавр
Kreuzrändel *n мет.-об.* прямоугольная накатка (*инструмент*)
Kreuzrändeln *n мет.-об.* накатывание прямоугольных рифлений [прямоугольной сетки]
Kreuzscheibenkupplung *f маш.* крестовая муфта
Kreuzschienenschalter *m*, **Kreuzschienenverteiler** *m* матричный коммутатор, матричный переключатель
Kreuzschlagseil *n* канат крестовой свивки
Kreuzschleife *f маш.* 1. крестовая [прямолинейно-движущаяся, поступательно-движущаяся] кулиса 2. *см.* **Kreuzschubkurbel**
Kreuzschlitz *m* крестообразный шлиц
Kreuzschubkurbel *f маш.* кривошипно-кулисный механизм с крестовой [прямолинейно-движущейся, поступательно-движущейся] кулисой
Kreuzspule *f текст.* бобина крестовой намотки

KREUZSPULINSTRUMENT

Kreuzspulinstrument *n* логометр со скрещёнными катушками
Kreuzspulmaschine *f текст.* бобинажно-перемоточная машина крестовой намотки
Kreuzstab *m текст.* цёна, ценовая намотка, ценовый пруток
Kreuzstrom *m* перекрёстный ток
Kreuzstück *n* 1. крестовина 2. *маш.* крест
Kreuztisch *m маш.* крестовый стол
Kreuzung *f* 1. пересечение; скрещивание 2. скрещивание, транспозиция (*проводов*) 3. перекрёсток
~, **höhengleiche** *см.* Kreuzung, niveaugleiche
~, **niveaugleiche** пересечение дорог в одном уровне
~, **planfreie** транспортная развязка
Kreuzungsbauwerk *n* путепровод
Kreuzungspunkt *m* точка пересечения
Kreuzungstoleranz *f* допуск пересечения осей
Kreuzverband *m стр.* крестовая перевязка
Kreuzzapfen *m маш.* цапфа [шип] крестовины (*напр. кардана*)
Kriechen *n* ползучесть, крип
Kriechentladung *f* поверхностный разряд, поверхностный пробой
Kriechfestigkeit *f* сопротивление ползучести [крипу], предел ползучести
Kriechgang *m авто* понижающая передача, (самая) низшая передача переднего хода (*для движения с очень малой скоростью*)
Kriechgeschwindigkeit *f авто* очень малая скорость движения (*на низшей передаче*), «ползучая» скорость движения
Kriechgrenze *f* предел ползучести
Kriechgruppe *f* ходоуменьшитель (*дополнительный понижающий редуктор в коробке передач трактора*)
Kriechspur *f* полоса для движения с очень малой скоростью (*на подъёмах автомагистралей*)
Kriechstrom *m эл.* ток (поверхностной) утечки
Kristall I *m* кристалл
~, **dotierter** легированный (*примесью*) кристалл
~, **gedopter** *см.* Kristall, dotierter
~, **gestörter** кристалл с нарушенной структурой, несовершенный кристалл
~, **n-leitender** кристалл (с проводимостью) *n*-типа, кристалл с электронной проводимостью

~, **piezoelektrischer** пьезоэлектрический кристалл, пьезокристалл
~, **p-leitender** кристалл (с проводимостью) *p*-типа, кристалл с дырочной проводимостью
Kristall II *m* хрусталь
Kristallachse *f* кристаллографическая ось
Kristallaufbau *m* строение кристалла; кристаллическая структура
Kristallbau *m* строение кристалла
Kristallbaufehler *m* дефект кристаллической решётки
Kristallbearbeitung *f* обработка кристаллов
Kristallbindung *f* связь кристаллической решётки
Kristallchemie *f* кристаллохимия
Kristalldetektor *m* кристаллический детектор
Kristalldiode *f* кристаллический диод
Kristallebene *f* кристаллографическая плоскость
Kristallerholung *f мет.* возврат (*частичное восстановление кристаллической структуры и свойств деформированных металлов и сплавов*)
Kristallfehler *m* дефект (структуры) кристалла
Kristallform *f* (простая) форма кристаллов
Kristallgestalt *f см.* Kristallhabitus
Kristallgitter *n* кристаллическая решётка
~ **vom Diamanttyp** алмазоподобная решётка, кубическая решётка типа алмаза
Kristallgitterplatz *m* узел кристаллической решётки
Kristallglas *n* хрусталь
Kristallhabitus *m* габитус [идеальная форма] кристалла
Kristallhydrat *n* кристаллогидрат
kristallin кристаллический
Kristallisation *f* кристаллизация
~, **fraktionierte** дробная кристаллизация
Kristallisationsfähigkeit *f* кристаллизуемость, способность кристаллизоваться
Kristallisationskeim *m*, **Kristallisationskern** *m*, **Kristallisationszentrum** *n* центр кристаллизации
Kristallisator *m* кристаллизатор
Kristallisierapparat *m* кристаллизатор
Kristallisierbarkeit *f* кристаллизуемость, способность кристаллизоваться
Kristallit *m* кристаллит
~, **nadelförmiger** игольчатый кристаллит
Kristallkeim *m* затравочный кристалл, затравка

Kristallklasse *f* класс кристаллов, кристаллографический класс
Kristallmikrofon *n* кристаллический микрофон
Kristallnadel *f* игольчатый кристалл
Kristallographie *f* кристаллография
Kristalloptik *f* кристаллооптика
Kristallorientierung *f* кристаллографическая ориентация; ориентация кристалла [кристаллографической плоскости]
Kristallperfektion *f* совершенство кристалла; кристаллографическое совершенство
Kristallphysik *f* кристаллофизика
Kristallprobe *f* кристаллический образец
Kristallseife *f* россыпь кристаллов
Kristallseigerung *мет.* дендритная ликвация
Kristallsoda *f* кристаллическая сода
Kristallstab *m* монокристаллический слиток
Kristallstörung *f* дефект кристаллической решётки; дефектность структуры кристалла
Kristallstruktur *f* кристаллическая структура
Kristallsymmetrie *f* симметрия кристаллов
Kristallsystem *n* сингония (кристаллов), кристаллографическая система
~, **hexagonales** гексагональная сингония
~, **isoklinisches** ромбическая сингония
~, **isometrisches** кубическая сингония
~, **kubisches** кубическая сингония
~, **monoklines** моноклинная сингония
~, **reguläres** кубическая сингония
~, **rhombisches** ромбическая сингония
~, **rhomboedrisches** тригональная сингония
~, **tetragonales** тетрагональная сингония
~, **trigonales** гексагональная сингония
~, **triklines** триклинная сингония
Kristalltracht *f* форма кристалла
Kristallversetzung *f* дислокация (*дефект кристаллической решетки*)
Kristallverstärker *m* кристаллический усилитель
Kristallwasser *n* кристаллизационная вода
Kristallzähler *m* кристаллический счётчик
Kristallziehen *n* вытягивание кристалла (*из расплава*); выращивание монокристаллов методом вытягивания
Kristallziehverfahren *n* метод вытягивания кристаллов, выращивание монокристаллов методом вытягивания
Kristallzüchtung *f* выращивание (моно)кристаллов
Kristallzüchtungsanlage *f* установка для выращивания (моно)кристаллов

Kriterium *n* критерий
kritisch критический
Krone *f* 1. *горн.* коронка 2. гребень (*напр. плотины*)
Kronenmutter *f* корончатая гайка
Kronglas *n* кронглас, крон
Kröpfung *f* 1. изгиб; выгиб 2. выемка (*в станине станка*) 3. колено (*коленчатого вала*) 4. раскреповка
Kröpfungswinkel *m* *мет.-об.* угол отгиба (*резца*)
Krümel *m* (рыхлая) комковатая структура (*почвы*)
Krümelpflug *m* плуг-рыхлитель
Krümelstruktur *f* *см.* **Krümel**
Krümmer *m* отвод; колено
krummlinig криволинейный
Krümmung *f* 1. кривизна 2. искривление; изгиб (*трубы, вала*)
Krümmungshalbmesser *m* *мат.* радиус кривизны
Krümmungskreis *m* *мат.* соприкасающаяся окружность, круг кривизны
Krümmungsmittelpunkt *m* *мат.* центр кривизны
krumpfecht *текст.* безусадочный
Krumpfen *n* *текст.* 1. усадка 2. декатирование, декатировка
krumpffest безусадочный
Kruste *f* 1. корка 2. *мет.* настыль (*в ковше*) 3. кора (*напр. земная*)
Kryoelektronik *f* криоэлектроника
Kryogenspeicher *m* *вчт* криогенная память, криогенное ЗУ
Kryokabel *n* криогенный кабель, криокабель
Kryologik *f* криогенные логические схемы
Kryomittel *n* криоагент
Kryomotor *m* криогенный двигатель
Kryopumpe *f* (вакуумный) крионасос, криогенный насос
Kryorechner *m* ЭВМ на криогенных элементах
Kryosar *m* криосар
Kryoskopie *f* криоскопия
Kryospeicher *m* *см.* **Kryogenspeicher**
Kryostat *m* криостат
Kryotechnik *f* криогенная техника
Kryotron *n* криотрон
Krypton *n* криптон, Kr
Kryptonlampe *f* криптоновая лампа
Kubatur *f* кубатура
Kübel *m* ковш; бадья; чан

KÜBELINHALT

Kübelinhalt *m* ёмкость ковша
Kübelwagen *m* легковой автомобиль повышенной проходимости со съёмным тентом и без боковых окон; открытый вездеход (*с кузовом без боковых окон*)
Kubieren *n* возведение в куб
Kubikinhalt *m* кубатура
Kubikmeter *n* кубический метр, кубометр
Kubikwurzel *f* кубический корень
Kubikzahl *f* куб (*третья степень числа*)
kubisch кубический
Kuchen *m* фильтровальный осадок, осадок (на фильтре); осадок (в фильтр-прессе), корж
Kuchendiagramm *n* секторная диаграмма; круговая диаграмма
Küchenmaschine *f* кухонный комбайн
Kufe *f* 1. лыжа 2. полоз 3. *горн.* скользящее основание (*секции механизированной крепи*)
Kugel *f* 1. шар; сфера 2. шарик
~, **Ulbrichtsche** фотометрический шар, шаровой фотометр, шар Ульбрихта
Kugelabschnitt *m мат.* шаровой сегмент
Kugelausschnitt *m мат.* шаровой сектор
Kugelbehälter *m* шаровой [сферический] резервуар, шаровая [сферическая] ёмкость
Kugelblitz *m* шаровая молния
Kugeldreieck *n* сферический треугольник
Kugeldruckhärte *f* твёрдость при вдавливании шарика, твёрдость по Бринеллю
Kugeldruckversuch *m* определение твёрдости при вдавливании шарика
~ **nach Brinell** определение твёрдости по Бринеллю
Kugelfallmethode *f* метод падающего шарика, метод Стокса (*метод определения вязкости*)
Kugelfallviskosimeter *n* вискозиметр с падающим шариком
kugelförmig шаровой; шарообразный; сферический
Kugelführung *f* шариковая направляющая
Kugelfunkenstrecke *f эл.* шаровой разрядник
Kugelfunktion *f мат.* шаровая функция
Kugelgelenk *n* шаровой шарнир
Kugelgewölbe *n* сферический свод
Kugelgraphit *m* шаровидный [сфероидальный] графит
Kugelhaube *f*, **Kugelkappe** *f* шаровой свод
Kugelkoordinaten *f pl* сферические координаты

Kugelkopf *m* сферическая головка; шаровая головка
Kugelkopfdrucker *m* печатающее устройство со сферическим литероносителем [с шаровой головкой]
Kugellager *n* шарикоподшипник
Kugelmühle *f* шаровая мельница
Kugelmutter *f* шариковая гайка
Kugelpaar *n маш.* сферическая пара
Kugelpackung *f* шаровая упаковка (*атомов в кристаллической решетке*)
Kugelphotometer *n см.* Kugel, Ulbrichtsche
Kugelregenreinigung *f* дробеструйная очистка
Kugelschaufler *m* фрезерный экскаватор
Kugelschraubtrieb *m* шариковая винтовая передача
Kugelschreiber *m* шариковая авторучка
Kugelsegment *n мат.* шаровой сегмент
Kugelsektor *m мат.* шаровой сектор
Kugelspiegel *m* сферическое зеркало
Kugelspindel *f* шариковый винт
Kugelspurzapfen *m* шаровая пята
Kugelstrahlen *n* дробеструйная обработка, дробеструйная очистка
Kugelstrahler *m физ.* изотропный излучатель
Kugelstrahlverfestigung *f мет.-об.* дробеструйный наклёп
Kugelumlaufmutter *f* шариковая гайка
Kugelumlaufspindel *f* шариковый винт
Kugelventil *n* шариковый клапан
Kühl- und Gefrierschiff *n* рефрижераторное морозильное судно
Kühl- und Transportschiff *n* рефрижераторное транспортное судно
Kühlaggregat *n* холодильный агрегат
Kühlanlage *f* холодильная установка; холодильник
Kühlbatterie *f* охлаждающая батарея
Kühlbehälter *m* изотермический контейнер
Kühlbett *n* 1. холодильник (*прокатного стана*) 2. стеллаж для охлаждения (*пищевых продуктов*)
Kühlcontainer *m см.* Kühlbehälter
Kühlen *n* 1. охлаждение 2. *сткл* отжиг
Kühler *m* 1. охладитель, холодильник 2. *авто, тепл.* радиатор
Kühlergitter *n*, **Kühlergrill** *m авто* решётка радиатора
Kühlerklappen *f pl* жалюзи радиатора
Kühlfalle *f* вакуумная ловушка
Kühlfläche *f* поверхность охлаждения

KUNDENWUNSCH...

Kühlflüssigkeit *f* охлаждающая жидкость
Kühlhaus *n* (промышленный) холодильник
Kühlkammer *f* холодильная камера
Kühlkette *f* холодильная цепь
Kühlkörper *m* радиатор, теплоотвод (*напр. транзистора, генератора*)
Kühlkreislauf *m* *яд.* контур [система] охлаждения
Kühllager *n*, **Kühllagerhaus** *n* холодильник
Kühllagerung *f* холодильное хранение
Kühllast *f* тепловая нагрузка (*холодильного оборудования*), расход холода; тепловая нагрузка (*системы кондиционирования*)
Kühlluft *f* охлаждающий воздух
Kühlmantelpumpe *f* охлаждаемый насос
Kühlmischung *f* охлаждающая смесь
Kühlmittel *n* **1.** холодоноситель; охлаждающее вещество; охлаждающая жидкость; охлаждающая среда **2.** *яд.* теплоноситель
Kühlmittelanlage *f* система охлаждения (*станка*)
Kühlmittelkreislauf *m* *яд.* контур циркуляции теплоносителя
Kühlmittelpumpe *f см.* **Kühlpumpe**
Kühlmöbel *n pl* торговое холодильное оборудование
Kühlofen *m* печь для отжига стекла, отжигательная печь
Kühlpumpe *f* охлаждающий насос
Kühlraum *m* холодильная камера; холодильное отделение
Kühlrippe *f* охлаждающее ребро
Kühlschiff *n* рефрижераторное судно, рефрижератор
Kühlschlange *f* охлаждающий змеевик
Kühlschmierflüssigkeit *см.* **Kühlschmiermittel**
Kühlschmiermittel *n маш.* смазочно-охлаждающая жидкость
Kühlschrank *m* **1.** холодильный шкаф **2.** домашний холодильник, холодильник (*в виде шкафа*)
Kühlsole *f* охлаждающий рассол
Kühlstoff *m см.* **Kühlmittel 2.**
Kühlsystem *n* система охлаждения
Kühlteich *m* пруд-охладитель
Kühltruhe *f* **1.** холодильный ларь **2.** морозильный [низкотемпературный] ларь
Kühlturm *m* градирня
Kühlung *f* **1.** охлаждение **2.** отжиг (*стекла*)
~, **selbsttätige** самоохлаждение
Kühlvitrine *f* охлаждаемая витрина

Kühlwagen *m* **1.** изотермический вагон; вагон-ледник; вагон-рефрижератор **2.** изотермический автомобиль; автомобиль-рефрижератор
Kühlwasser *n* охлаждающая вода; охлаждающая жидкость (*в системах охлаждения ДВС*)
Kühlwasserpumpe *f авто* водяной насос (*системы жидкостного охлаждения ДВС*)
Kühlwasserumlauf *m* циркуляция охлаждающей воды; циркуляция охлаждающей жидкости
Kühlzug *m* рефрижераторный поезд
Küken *n* пробка (*крана*)
Külbel *m* баночка (*заготовка для получения стеклодувного изделия*)
Kuliergewirk *n текст.* кулирный [поперечновязаный] трикотаж; кулирное трикотажное полотно
Kulierwirkmaschine *f текст.* кулирная машина
Kulierwirkware *f текст.* кулирный [поперечновязаный] трикотаж
Kulisse *f маш.* кулиса
Kulissenmechanismus *m маш.* кулисный механизм
Kulissenstein *m маш.* ползун (кулисы), кулисный камень
Kulissenwerk *n см.* **Kulissenmechanismus**
Kulmination *f астр.* кульминация
Kultivator *m с.-х.* культиватор
Kultivierungskammer *f биол.* культурная камера
Kumaron-Indenharz *n* кумароно-инденовая смола
Kümo *n см.* **Küstenmotorschiff**
Kümpelhammer *m мет.-об.* листоштамповочный [разгонно-штамповочный] молот
Kümpeln *n мет.-об.* разгонная (листовая) штамповка
Kümpelpresse *f мет.-об.* разгонно-штамповочный пресс
Kumulation *f* кумуляция
kumulativ кумулятивный
Kunden-IC *n*, **Kunden-IS** *f* заказная ИС, заказная интегральная (микро)схема
Kunden-LSI-Schaltkreis *m* заказная БИС
Kundenschaltkreis *m см.* **Kunden-IC**
Kundenwunschentwurf *m*, rechnergestützter автоматизированная разработка заказных ИС

KUNDENWUNSCH...

Kundenwunschschaltkreis *m* специализированная ИС, специализированная интегральная (микро)схема; заказная ИС
Kunstdruckpapier *n* мелованная бумага
Kunstdünger *m* искусственное удобрение
Kunstdüngerstreuer *m* тукоразбрасыватель
Kunstfasern *pl* искусственное волокно
Kunstflug *m* высший пилотаж
Kunstfolienkondensator *m см.* **Kunststoffolienkondensator**
Kunstharz *n* синтетическая смола
Kunstharz-Ionenaustauscher *m* синтетический органический ионит, ионообменная смола
Kunstleder *n* искусственная кожа
Kunstleitung *f* искусственная линия
künstlich искусственный
Kunstseide *f* искусственные комплексные нити
Kunststoff *m* синтетический материал; пластмасса, пластик
~, **thermoplastischer** термопласт
Kunststoffbeschichtung *f* 1. полимерное покрытие 2. нанесение полимерных покрытий
Kunststoffgehäuse *n* пластмассовый корпус
Kunststoffkondensator *m* плёночный конденсатор
Kunststoffolie *f* полимерная плёнка
Kunststoffolie(n)kondensator *m* плёночный конденсатор
~, **metallisierter** металлоплёночный конденсатор
Kunststoffspritzverfahren *n* литьё (пластмасс) под давлением; метод литья под давлением
Kunststoffumhüllmasse *f* герметизирующий компаунд
Kunststoffverarbeitung *f* переработка пластмасс
Kuoxamfasern *pl*, **Kuoxamfaserstoff** *m* медно-аммиачное волокно
Küpe *f текст.* куб (*раствор восстановленного кубового красителя*)
Kupellation *f*, **Kupellieren** *n мет.* купеляция
Küpenfärberei *f* кубовое крашение, крашение кубовыми красителями
Küpenfarbstoffe *m pl* кубовые красители
Kupfer *n* медь, Cu
~, **gediegenes** самородная медь
Kupferblech *n* листовая медь; медный лист
Kupferdraht *m* медная проволока; медный провод
Kupfererz *n* медная руда

Kupfererzbergbau *m* меднорудная промышленность
Kupferfolie *f* медная фольга
~, **elektrolytische** электролитическая медная фольга
Kupferglanz *m мин.* халькозин, медный блеск
Kupferhütte *f* медеплавильный завод
Kupfer(II)-Sulfat *n* сульфат меди(II), $CuSO_4$; медный купорос
kupferkaschiert фольгированный медью
Kupferkies *m мин.* халькопирит, медный колчедан
Kupferkunstseide *f уст.* медно-аммиачные комплексные нити
Kupferlegierung *f* медный сплав
Kupfermine *f* медный рудник
Kupfer-Nickel-Legierung *f* медно-никелевый сплав
Kupferoxidammoniak *n* куприаммингидрат, комплексная медно-аммиачная соль (*реактив Швейцера*)
Kupferoxidelement *n* меднооксидный элемент
Kupferschiefer *m* медистый сланец
Kupferschmelzofen *m* медеплавильная печь
Kupferstein *m мет.* медный штейн
Kupfervitriol *m* медный купорос
Kupferzellwolle *f уст.* медно-аммиачное штапельное волокно
Kupolofen *m мет.* вагранка
Kuppel *f* купол
Kuppelgewölbe *n* купольный свод
Kuppelhaken *m см.* **Kupplungshaken**
Kuppelstange *f* соединительная тяга
Kuppler *m pl фото* краскообразующие компоненты, компоненты цветного проявления
Kupplung *f* 1. *маш.* муфта 2. *авто* сцепление 3. *авто* (тягово-)сцепное устройство 4. *ж.-д.* сцепка ◇ **die ~ ausrücken** выключать сцепление; **die ~ betätigen [einrücken]** включать сцепление
~, **ausrückbare** сцепная [разъёмная] муфта
~, **automatische** 1. *маш.* самоуправляемая [автоматическая] сцепная муфта 2. *авто* автоматическое сцепление 3. *ж.-д.* автосцепка
~, **bewegliche** подвижная муфта; подвижное соединение
~, **drehelastische [drehfedernde, elastische]** упругая муфта
~, **ein- und ausrückbare** сцепная муфта
~, **elektromagnetisch schaltbare** муфта с элект-

ромагнитным замыканием, электромагнитная муфта
~, elektromagnetische электромагнитная муфта
~, feste глухая муфта; жёсткое соединение
~, formschlüssige муфта с кинематическим замыканием
~, fremdgeschaltete управляемая сцепная муфта, муфта с замыканием от постороннего источника
~, hydraulische гидромуфта
~, hydrodynamische гидродинамическая муфта
~, kraftschlüssige муфта с силовым замыканием
~, nichtschaltbare постоянная соединительная муфта
~, selbstschaltende самоуправляемая [автоматическая] сцепная муфта
~, starre глухая [жёсткая] муфта
~, steuerbare управляемая муфта
~, stoßfreie плавающая муфта
Kupplungsautomat *m авто* автоматическое сцепление
Kupplungsbetätigung *f авто* управление сцеплением
Kupplungsbuchse *f* соединительная втулка
Kupplungsfußhebel *m авто* педаль сцепления
Kupplungshaken *m ж.-д.* крюк сцепки, сцепной крюк
Kupplungshälfte *f* полумуфта
Kupplungshebel *m авто* рычаг выключения сцепления, рычаг сцепления
Kupplungskomponenten *f pl см.* **Kuppler**
Kupplungsleistung *f* мощность на валу (*машины*); мощность на ведущем валу сцепления *или* муфты
Kupplungsmuffe *f* соединительная муфта
Kupplungspedal *n авто* педаль сцепления
Kupplungsreaktionen *f pl хим.* реакции сочетания
Kupplungsscheibe *f авто* диск сцепления
Kupplungsvorrichtung *f* сцепное устройство; сцепная муфта
Kuproxgleichrichter *m* купроксный выпрямитель
Kurbel *f* 1. рукоятка; ручка 2. кривошип
Kurbelarm *m* плечо кривошипа
Kurbelgehäuse *n* картер (*напр. двигателя*)
Kurbelgelenkkette *f* кривошипно-рычажный механизм
Kurbelgetriebe *n* кривошипный механизм; кривошипно-шатунный механизм

Kurbelkröpfung *f* 1. шейка кривошипа 2. колено вала
Kurbellager *n* коренной подшипник, подшипник коленчатого вала
Kurbelnabe *f* (коренная) втулка кривошипа
Kurbelpresse *f* кривошипный пресс
Kurbelschere *f* ротационные ножницы
Kurbelschleife *f* 1. кривошипно-кулисный механизм 2. кулисный механизм (*напр. поперечно-строгального станка*)
Kurbelschwinge *f* кривошипно-коромысловый механизм
Kurbeltrieb *m* кулачковый механизм
Kurbelwange *f* щека коленчатого вала
Kurbelwelle *f* коленчатый вал
Kurbelzapfen *m* 1. шип [палец] кривошипа 2. шатунная шейка (*коленчатого вала*)
Kurs *m* курс ◇ den ~ absetzen прокладывать курс
~, mißweisender магнитный курс
~, rechtweisender истинный курс
Kursabweichung *f* отклонение от курса
Kursanzeiger *m ав.* указатель отклонения от курса
Kursfunkfeuer *n ав.* курсовой радиомаяк
Kursivschrift *f* курсивный шрифт, курсив
Kurskreisel *m ав.* гироскоп направления, гироазимут, курсовой гироскоп, гирополукомпас
Kursschreiber *m* курсограф
Kurswinkel *m* курсовой угол
Kurtschatovium *n* курчатовий, Ku
Kurvatur *f* кривизна
Kurve *f* 1. кривая; график; характеристика; эпюра 2. кривая; закругление (*пути*) 3. поворот (*дороги*) 4. *ав.* вираж; разворот 5. *маш.* кулачок
Kurvenabtaster *m* графоповторитель, устройство считывания кривых, графическое устройство ввода данных (*с преобразованием данных из графической формы в код*)
Kurvenantrieb *m* кулачковый привод
Kurvenast *m* ветвь кривой
Kurvengenerator *m* генератор кривых
Kurvengetriebe *n маш.* кулачковый механизм
Kurvenhebel *m* коромысло, кулачковый рычаг
Kurvenintegral *n* криволинейный интеграл
Kurvenkörper *m* кулачок
Kurvenleser *m см.* **Kurvenabtaster**
Kurvenlineal *n* лекало
Kurvenmesser *m* курвиметр

KURVENSCHABLONE

Kurvenschablone *f* копир; шаблон
Kurvenschar *f* семейство кривых
Kurvenscheibe *f* *маш.* дисковый кулачок
Kurvenschere *f* дисковые ножницы для криволинейных профилей, ножницы для криволинейных профилей
Kurvenschreiber *m* *вчт* графопостроитель
Kurvensteilheit *f* крутизна кривой
Kurvenverhalten *n* *авто* устойчивость (*напр. автомобиля*) на поворотах [при поворотах]; поворачиваемость, поворотливость, управляемость при движении по кривой
Kurvenwelle *f* распределительный [кулачковый] вал
Kurvimeter *n* курвиметр
Kurzbelastung *f* кратковременная нагрузка
Kurzbetrieb *m* кратковременный режим (*работы, эксплуатации*)
Kurzbezeichnung *f* условное (буквенное) обозначение
Kurzflamm(en)... короткопламенный
kurzgeschlossen замкнутый накоротко, короткозамкнутый, закороченный
Kurzhobelmaschine *f*, **Kurzhobler** *m* поперечно-строгальный станок
Kurzhubhonen *n* *мет.-об.* суперфиниширование
Kurzhubhonkopf *m* *мет.-об.* суперфинишная головка
Kurzhubhonmaschine *f* *мет.-об.* суперфинишный станок
Kurzhubhonstein *m* *мет.-об.* (абразивный) суперфинишный брусок
Kurzkanal-Feldeffekttransistor *m* полевой транзистор с укороченным [с коротким] каналом
Kurzleistung *f* кратковременно допускаемая мощность
Kurzprüfung *f* ускоренное испытание
Kurzschließen *n* закорачивание
Kurzschließer *m* короткозамыкатель
Kurzschluß *m* короткое замыкание
~, **dreipoliger** трёхфазное (короткое) замыкание
~, **mehrpoliger** междуфазное (короткое) замыкание
~, **zweipoliger** двухфазное (короткое) замыкание
Kurzschlußankermotor *m* *см.* **Kurzschlußläufermotor**
Kurzschlußbremsung *f* реостатное торможение
Kurzschlußbrücke *f* закорачивающая перемычка
kurzschlußfest устойчивый к короткому замыканию [к коротким замыканиям]; защищённый от коротких замыканий, с защитой от коротких замыканий
Kurzschlußfestigkeit *f* устойчивость к короткому замыканию [к коротким замыканиям]; защищённость от коротких замыканий
Kurzschlußimpedanz *f* *эл.* полное сопротивление до точки короткого замыкания
Kurzschlußkäfig *m* *эл.* беличья клетка
Kurzschlußläufer *m* *эл.* короткозамкнутый ротор
Kurzschlußläufermotor *m* асинхронный электродвигатель с короткозамкнутым ротором
Kurzschlußschalter *m* закорачивающий переключатель
Kurzschlußschutz *m* защита от коротких замыканий
Kurzschlußspannung *f* напряжение короткого замыкания
Kurzschlußstrom *m* ток короткого замыкания
Kurzschlußversuch *m* *эл.* испытание при коротком замыкании; опыт короткого замыкания
Kurzschlußwicklung *f* *эл.* короткозамкнутая обмотка
Kurzstapelbaumwolle *f* коротковолокнистый хлопок
Kurzstart *m* короткий взлёт, взлёт с коротким разбегом
Kurzstartflugzeug *n* самолёт короткого взлёта и посадки
Kurzstreckenrakete *f* (управляемая) ракета малой дальности, РМД
Kürzung *f* сокращение
Kurzwahl *f* *свз* вызов (абонента) сокращённым кодом
Kurzwellen *f pl* короткие волны
Kurzwellenantenne *f* коротковолновая антенна
Kurzwellenband *n* коротковолновый диапазон
Kurzwellenbandspreizung *f* растягивание коротковолнового диапазона; растянутый коротковолновый диапазон
Kurzwellenbereich *m* коротковолновый диапазон
Kurzwellenempfänger *m* коротковолновый радиоприёмник
Kurzwellenlupe *f* экспандер коротковолнового диапазона

Kurzwellensender *m* коротковолновый передатчик
Kurzzeichen *n* условное (буквенное) обозначение
Kurzzeitbetrieb *m см.* **Kurzbetrieb**
Kurzzeitmessung *f* измерение малых интервалов времени
Kurzzeitprüfung *f* ускоренное испытание
Küste *f* морской берег, побережье
Küstenmotorschiff *n* каботажное судно
Küstenradarstation *f* береговая РЛС
Küstenschiffahrt *f* каботаж
Kuvelage *f*, **Küvelage** *f горн.* **1.** тюбинговая крепь **2.** крепление тюбинговой крепью
Küvette *f* кювета
KW-Bereich *m* коротковолновый диапазон
Kybernetik *f* кибернетика
~, **technische** техническая кибернетика
kybernetisch кибернетический

L

Lab *m см.* **Labferment**
Labferment *n* сычужный фермент
labil неустойчивый; лабильный
Labilität *f* неустойчивость; лабильность
Labor *n* лаборатория
~, **heißes** горячая лаборатория
Laboratorium *n* лаборатория
Laborgeräte *n pl* химическая посуда
Laborglas *n* химико-лабораторное стекло
Labormuster *n* макетный образец
Laborofen *m* лабораторная печь
Laborprüfung *f* лабораторное испытание
Laborspüle *f* лабораторная мойка
Laborversuch *m* лабораторное испытание; эксперимент
Labrador *m см.* **Labradorit**
Labradorit *m мин.* лабрадор
Labyrinthdichtung *f маш.* лабиринтное уплотнение
Labyrinthproblem *n киб.* задача о лабиринте, задача поиска пути в лабиринте
Lachgas *n* веселящий газ (*закись азота*)
Lack *m* **1.** лак **2.** *элн* (фото)резист
~, **fetter** жирный лак

~, **flüchtiger** быстросохнущий лак
~, **halbfetter** лак средней жирности
~, **lufttrocknender** лак холодной [воздушной] сушки
~, **ofentrocknender** лак горячей [печной] сушки
~, **ölarmer** тощий лак
Lack- und Farbstoffe *m pl* лакокрасочные материалы
Lackanstrich *m* лаковое покрытие
Lackätzmittel *n* травитель для фоторезиста
Lackbeizmittel *n* растворитель лака; растворитель лаков и красок
Lackbenzin *n* бензин-растворитель (*уайт-спирит*)
Lackbeschichten *n*, **Lackbeschichtung** *f* нанесение (слоя) фоторезиста
Lackbeschichtungsanlage *f* установка для нанесения фоторезиста
Lackbild *n* рисунок слоя фоторезиста
Lackdraht *m* эмалированный провод, провод с эмалевой изоляцией
Lackfarbe *f* эмалевая краска
Lackgewebe *n* лакоткань
Lackhaftmaske *f* фоторезистная маска, маска фоторезиста
Lackhaftung *f* адгезия фоторезиста
Lackieren *n* лакирование
Lackierung *f* **1.** лакирование **2.** лаковое покрытие; лакокрасочное покрытие
Lackkabel *n* кабель с эмалевой изоляцией
Lackmaske *f см.* **Lackhaftmaske**
Lackmaskierung *f* формирование фоторезистной маски; фоторезистное маскирование; фотолитографический процесс
Lackmus *n* лакмус
Lackmuspapier *n* лакмусовая бумажка; лакмусовая бумага
Lackschicht *f* **1.** слой лака **2.** слой фоторезиста
Lacküberzug *m* лаковое покрытие
Lade *f текст.* батан
Ladebaum *m* (судовая) грузовая стрела
Ladebefehl *m вчт* команда загрузки
Ladebühne *f* погрузочная платформа, погрузочная эстакада
Ladedruck *m* давление наддува (*в ДВС*)
Ladedruckverhältnis *n* степень наддува (*в ДВС*)
Ladeeinrichtung *f* **1.** *см.* **Ladegerät 2.** погрузочное устройство **3.** *мор.* грузовое устройство (*судна*) **4.** *мор.* грузовые устройства (*судна*)

Ladefähigkeit f 1. грузоподъёмность 2. ёмкость (*аккумуляторной батареи*)
Ladefläche f 1. погрузочная площадка 2. грузовая платформа
Ladegebläse n нагнетатель
Ladegenerator m зарядный генератор
Ladegerät n эл. зарядное устройство
Ladegeschirr n 1. грузоподъёмные устройства (*судна*) 2. см. Ladebaum
Ladegewicht n 1. см. Lademasse 2. масса свежего заряда (*горючей смеси, подаваемой в цилиндры ДВС*)
Ladegreifer m грейферный погрузчик
Ladegut n груз
Ladehof m грузовой двор
Ladeinhalt m грузовместимость
Ladekammer f загрузочная камера
Ladekapazität f 1. грузоподъёмность (*автомобиля, вагона*) 2. зарядная ёмкость (*аккумулятора*)
Ladekondensator m зарядный конденсатор
Ladekran m погрузочный кран
Ladeluke f грузовой люк
Lademarke f грузовая марка (*судна*)
Lademaschine f 1. погрузчик, погрузочная машина 2. *горн.* погрузочная машина
Lademaß n 1. *ж.-д.* габаритные ворота 2. *ж.-д.* габарит погрузки 3. габарит груза
Lademasse f 1. масса груза; полезный груз 2. *ав.* полезная нагрузка; масса полезной нагрузки
Laden n 1. погрузка 2. *вчт* загрузка 3. *эл.* зарядка, заряд
Ladenachse f *текст.* подбатанный вал
Ladenbaum m *текст.* батанный брус, брус батана
Ladepritsche f бортовая платформа (*грузового автомобиля*)
Ladeprofil n *ж.-д.* габарит погрузки
Ladeprofilmaße n pl *ж.-д.* габаритные размеры
Ladeprogramm n загрузчик, загрузочная программа
Ladepumpe f нагнетатель
Lader m 1. погрузчик 2. нагнетатель, компрессор (*системы наддува ДВС*)
Laderampe f погрузочная платформа
Laderaum m 1. *мор.* грузовой трюм 2. *косм.* грузовой отсек
Ladeschaufel f 1. ковш; погрузочный ковш 2. фронтальный погрузчик

Ladeschütte f лоток для спуска грузов (*напр. в подвал*), спускной лоток
Ladespannung f зарядное напряжение
Ladestation f зарядная станция
Ladestrom m зарядный ток
Ladewiderstand m зарядный резистор
Ladezeit f время заряда
Ladezeitkonstante f постоянная времени заряда
Ladung f 1. *эл., физ.* заряд 2. заряд (*взрывчатого вещества*) 3. груз
~, **bewegliche** подвижный заряд
~, **elektrische** электрический заряд
~, **gespeicherte** накопленный заряд
~, **induzierte** индуцированный заряд
~, **ortsfeste** фиксированный заряд
~, **ruhende** неподвижный заряд
~, **unbewegliche** фиксированный заряд
Ladungsabtastung f считывание заряда; выборка [считывание] (накопленных информационных) зарядов (*в ППЗ*)
Ladungsanteil m зарядовый пакет
Ladungsaufbau m процесс накопления заряда
Ladungsausbreitung f растекание заряда
Ladungsausgleich m компенсация зарядов
Ladungsbild n потенциальный рельеф
Ladungsdichte f концентрация зарядов
Ladungsdomäne f зарядовый домен
Ladungsdomänenbauelement n прибор с зарядовыми доменами
Ladungseinheit f зарядовый пакет
Ladungserhaltung f сохранение заряда
Ladungsinfluenz f наводка [наведение] заряда [зарядов]; наведение заряда в приповерхностном слое полупроводника (*под действием электрического поля или поверхностных состояний*)
Ladungsinjektionsbauelement n, **Ladungsinjektionselement** n прибор с зарядовой инжекцией, ПЗИ
Ladungskompensation f компенсация зарядов
Ladungskopplung f зарядовая связь
Ladungskopplungselement n прибор с зарядовой связью, ПЗС
Ladungsneutralität f нейтральность заряда
Ladungspaket n зарядовый пакет
Ladungsspeicher m накопитель заряда; накопительный конденсатор, конденсатор для хранения заряда [зарядового пакета]
Ladungsspeicherdiode f диод с накоплением заряда, ДНЗ

Ladungsspeicherung f накопление заряда; хранение заряда
Ladungsspeicherzeitkonstante f постоянная времени накопления заряда
Ladungsträger m pl носители заряда
~, **bewegliche** подвижные носители заряда
~, **freie** свободные носители заряда
Ladungsträgerakkumulation f накопление носителей заряда
Ladungsträgeranhäufung f скопление носителей заряда
Ladungsträgerausbeute f выход носителей заряда
Ladungsträgerausgleich m выравнивание концентраций носителей заряда (*электронов и дырок*)
Ladungsträgerbeweglichkeit f подвижность носителей заряда
Ladungsträgerbewegung f движение носителей заряда
Ladungsträgerdichte f концентрация носителей заряда
Ladungsträgerdichteverteilung f распределение концентрации носителей заряда
Ladungsträgerdiffusion f диффузия носителей заряда
Ladungsträgererzeugung f генерация носителей заряда
Ladungsträgerfluß m поток носителей заряда
Ladungsträgergas n электронный газ; дырочный газ
Ladungsträgergeschwindigkeit f скорость носителей заряда
Ladungsträgerinjektion f инжекция носителей заряда
Ladungsträgerlebensdauer f время жизни носителей заряда
Ladungsträgerpaare n pl электронно-дырочные пáры
Ladungsträgerreichweite f пробег носителей заряда
Ladungsträgerrekombination f рекомбинация носителей заряда
Ladungsträgersorte f тип носителей заряда
Ladungsträgertransport m перенос носителей заряда
Ladungsträgervernichtung f аннигиляция носителей заряда
Ladungsträgerverteilung f распределение носителей заряда
Ladungstransfer m перенос заряда

Ladungstransferelement n, **Ladungsverschiebeelement** n прибор с переносом заряда, ППЗ
Ladungsverschiebung f перенос заряда; перенос [перемещение] зарядового пакета
Ladungsverteilung f распределение зарядов; распределение (пространственного) заряда
Ladungswechsel m *авто* смена заряда (*воздуха, рабочей смеси в цилиндре ДВС*), газообмен; газораспределение
Ladungswert m величина заряда
Lage f 1. положение 2. слой 3. *геол.* пласт
~, **extreme** крайнее положение
Lageabweichung f позиционное отклонение
Lageenergie f потенциальная энергия
Lagefehler m ошибка положения
Lagenholz n слоистая древесина
Lager n 1. подшипник 2. *маш., стр.* опора 3. *геол.* залежь 4. склад
~, **selbsteinstellendes** самоустанавливающийся подшипник
Lagerbeständigkeit f, **Lagerhaltungslebensdauer** f сохраняемость
Lagerbuchse f втулка подшипника (скольжения), втулка скольжения (*втулка, являющаяся вкладышем подшипника скольжения*)
Lagerdeckel m крышка подшипника
Lagerfutter n заливка вкладыша
Lageregelung f ориентация; управление положением в пространстве
Lageregelungssystem n *косм.* система ориентации (*космического аппарата*)
Lageregelungstriebwerk n *косм.* двигатель системы ориентации
Lagerfähigkeit f сохраняемость; срок хранения
Lagergehäuse n корпус подшипника
Lagerhaltung f 1. управление складским хозяйством; управление складом 2. хранение на складе 3. управление запасами
Lagerhaltungslebensdauer f срок сохраняемости
Lagerhaltungstheorie f теория управления запасами
Lagerkörper m корпус подшипника
Lagermetall n антифрикционный сплав; подшипниковый сплав
Lagern n 1. хранение 2. выдерживание (*напр. шликера*) 3. вылёживание; лёжка
Lagerpalette f складской поддон
Lagerraum m складское помещение; склад
Lagerreibung f трение в опорах

Lagerring *m* кольцо подшипника
Lagerschale *f* вкладыш (подшипника)
Lagerspiel *n* зазор в подшипнике
Lagerstätte *f* месторождение (*полезных ископаемых*)
~, **abbauwürdige** промышленное месторождение
Lagerstättenbegrenzung *f* оконтуривание месторождения
Lagersystem *n* складская система
Lagertest *m* испытания на сохраняемость [на длительное хранение]
Lagerung *f* 1. установка на подшипниках 2. установка на опорах 3. опора; подшипниковая опора; подшипниковый узел 4. *геол.* залегание 5. вылёживание; лёжка 6. хранение
~, **fliegende** консольное крепление
Lagerungsbeständigkeit *f* сохраняемость
Lagerwerkstoff *m* антифрикционный материал; подшипниковый материал
Lagerwirtschaft *f* складское хозяйство
Lagerzapfen *m* коренная шейка (*коленчатого вала*)
Lagesensor *m* датчик положения
Lagesicherungselement *n* *маш.* ложемент
Lagetoleranz *f* позиционный допуск; допуск на точность позиционирования (*в станках с ЧПУ*)
Lake *f* рассол
L-aktiv *элн* с активным низким потенциалом (*напр. о выходе*)
Laktose *f* лактоза
Lambert *n* ламберт, Лб
lamellar пластинчатый
Lamelle *f* ламель; пластин(к)а; сегмент
Lamellenbremse *f* пластинчатый тормоз
Lamellenfilter *n* пластинчатый фильтр
Lamellenkühler *m* пластинчатый радиатор
Lamellenkupplung *f* многодисковая муфта
Lamellieren *n* *эл.* шихтовка
laminar ламинарный
Laminarströmung *f* ламинарное течение
Laminat *n* слоистый [многослойный] материал; слоистый пластик
Laminieren *n* 1. формирование [получение] слоистых [многослойных] материалов; получение слоистых пластиков 2. набор слоёв, прослаивание; дублирование 3. накатывание, наслаивание (*сухого фоторезиста на полупроводниковую пластину*) 4. *полигр.* припрессовывание (*плёнки*) к оттиску, ламинирование

Lampe *f* лампа; лампочка
~, **elektrische** электрическая лампа, электролампа
~, **gasgefüllte** газонаполненная [газополная] лампа
~, **mattierte** матированная [матовая] лампа
~, **stoßfeste** вибростойкая лампа
~, **verspiegelte** зеркальная лампа
Lampenfassung *f* ламповый патрон, патрон лампы накаливания
Lampenfeld *n* ламповая панель
Lampenruß *m* ламповая сажа
LAN [Local Area Network] *n* локальная (вычислительная) сеть, ЛВС
Landeanflug *m* *ав.* заход на посадку
Landeapparat *m* *косм.* спускаемый аппарат
Landeauslauf *m* *ав.* (после)посадочный пробег, пробег
Landebahn *f* *ав.* взлётно-посадочная полоса, ВПП
Landebahnfeuer *n pl*, **Landebahnleuchten** *f pl* огни ВПП
Landefähre *f* *косм.* посадочный отсек (с экипажем), посадочный модуль; посадочный корабль
Landeführungssystem *n* *ав.* система обеспечения посадки
Landefunkfeuer *n* *ав.* посадочный радиомаяк
Landegeschwindigkeit *f* *ав.* посадочная скорость
Landehilfe *f* *ав.* (аэродинамическое) вспомогательное взлётно-посадочное устройство; элемент механизации крыла
Landehilfen *f pl* *ав.* 1. (взлётно-)посадочная механизация (*крыла*); бортовые средства обеспечения посадки 2. наземные (радиотехнические) средства обеспечения посадки
Landekapsel *f* спускаемый аппарат (*беспилотного космического аппарата*), посадочная капсула (*с приборами*)
Landeklappe *f* *ав.* (посадочный) закрылок
Landekorridor *m* *ав.* посадочный коридор
Landekurssender *m* *ав.* курсовой (посадочный) радиомаяк
Lander *m* *косм.* посадочный блок
Landesaufnahme *f* топографическая съёмка
Landeskennzahl *f* *тлф* код страны
Landesteg *m* сходни
Landestufe *f* *косм.* посадочная ступень
Landesvermessung *f см.* **Landesaufnahme**
Landesystem *n* *ав., косм.* система посадки

~, automatisches автоматическая система посадки
Landeteil *m см.* **Landestufe**
Landmaschine *f* сельскохозяйственная машина
Landmaschinenbau *m* сельскохозяйственное машиностроение
Landtechnik *f* сельскохозяйственная техника
Landung *f ав., косм.* посадка; приземление
~, weiche мягкая посадка
Landungsfeuer *n pl ав.* посадочные огни
Landungsschiff *n* десантный корабль
Landwirtschaft *f* сельское хозяйство
landwirtschaftlich сельскохозяйственный
Langbinder *m* ложок, ложковый кирпич
Langdrehautomat *m* токарный автомат продольного точения
Langdrehmeißel *m* (токарный) проходной резец
Länge *f* 1. длина; протяжённость 2. (географическая) долгота
~ über alles габаритная длина
Längenausdehnung *f* линейное расширение
Längenausdehnungskoeffizient *m*, **thermischer** температурный коэффициент линейного расширения
Längeneinheit *f* единица длины
Längenkreis *m* круг долготы; меридиан
Längenmaß *n* мера длины, линейная мера
Längenmessung *f* 1. измерение длины 2. измерение длин; измерение линейных размеров
Langfräsmaschine *f* продольно-фрезерный станок
Langgut *n* длинномерный материал
Langhobel *m* фуганок
Langhobelmaschine *f* продольно-строгальный станок
Langhobeln *n* обработка на продольно-строгальном станке
Langholz *n* 1. долготьё; длинномерный лесоматериал, длинномерный сортимент 2. хлыст
Langhonen *n см.* **Langhubhonen**
Langhubhonen *n мет.-об.* хонингование
Langhubhonstein *m мет.-об.* (абразивный) хонинговальный брусок
Langlebigkeit *f* долговечность
Langlochbohrmaschine *f* станок для глубокого сверления
Langlochfräser *m* шпоночная фреза
Langlochfräsmaschine *f* шпоночно-фрезерный станок
Langlochnaht *f св.* прорезной шов

Langsambinder *m* медленносхватывающееся вяжущее; медленносхватывающийся цемент
Langsamläufer *m* 1. тихоходная машина 2. высокомоментный гидромотор
Längsband *n мор.* пояс наружной обшивки судна, пояс обшивки; продольный пояс (палубы)
Längsbewegung *f* продольное движение
Längsfuge *f* продольный шов
Längshub *m* продольный ход
Längskeil *m маш.* клиновая шпонка
Längskeilverbindung *f маш.* шпоночное соединение; соединение с помощью клиновой шпонки
Längsmoment *n ав., косм.* момент тангажа
Längsnaht *f св.* продольный шов
Längsneigung *f ав., косм.* 1. тангаж 2. угол тангажа
Längsneigungswinkel *m ав., косм.* угол тангажа
Langspielplatte *f* долгоиграющая грампластинка
Längsriß *m* 1. продольный разрез; продольный профиль 2. *мор.* проекция бока, бок (*на теоретическом чертеже судна*) 3. продольная трещина
Längsschieberventil *n* золотник
Längsschlagseil *n* канат прямой свивки
Längsschmieden *n* ковка в направлении волокон
Längsschnitt *m* продольный разрез; продольное сечение
Längsspiel *n* осевой зазор
Längsstabilität *f* продольная устойчивость
Langstabisolator *m* стержневой подвесной изолятор
Langstapelbaumwolle *f* длинноволокнистый хлопок
Langstrecken-Interferometer *n* радиоинтерферометр с длинной базой
Längsträger *m* продольная балка
Langstreckenrakete *f* ракета большой дальности, ракета дальнего действия
Langstreckenverkehrsflugzeug *n* воздушный лайнер, магистральный скоростной пассажирский самолёт
Längstwellen *f pl* сверхдлинные волны
Längsverband *m* 1. *стр.* продольная связь 2. *мор.* продольный набор (*корпуса судна*)
Längsvorschub *m маш.* продольная подача
Langwellen *f pl* длинные волны

Langwellenantenne *f* длинноволновая антенна
Langwellenbereich *m* длинноволновый диапазон
Langzeitflug *m* длительный космический полёт
Langzeitrepetierbarkeit *f см.* **Langzeitwiederholgenauigkeit**
Langzeitstabilität *f* долговременная стабильность
Langzeitstation *f* долговременная космическая станция
Langzeitwiederholgenauigkeit *f маш.* долговременная стабильность позиционирования
LAN-Netz *n см.* **LAN**
Lanolin *n* ланолин
Lanthan *n* лантан, La
Lanthaniden *n pl см.* **Lanthanoide**
Lanthanoide *n pl хим.* лантаноиды
Laplace-Operator *m мат.* лапласиан, оператор Лапласа, дельта-оператор
Laplace-Transformation *f мат.* преобразование Лапласа
Läppaste *f* доводочная паста
Läppen *n мет.-об.* доводка; притирка
Lappen *m* 1. лапка 2. лепесток (*диаграммы направленности антенны*)
Läpphülse *f* кольцевой притир
Läppmaschine *f* доводочный станок; притирочный станок
Läppmittel *n* притирочная паста
Läppscheibe *f* доводочный диск, (дисковый) притир
Läppschleifmaschine *f* шлифовально-притирочный станок
Läppwerkzeug *n* доводочный инструмент, притир
Laptop-Computer *m* портативная ПЭВМ
Lärm *m* шум
Lärmbekämpfung *f* борьба с шумом
Lärmbelastung *f* шумовое загрязнение; шумовое воздействие
Lärmbewertungszahl *f* критерий оценки шумности
Lärmgrenze *f* предельно допустимый уровень шума
Larmor-Präzession *f физ.* прецессия Лармора, ларморовская прецессия
Lärmpegel *m* уровень шума
Lärmschutz *m* защита от шума
Lärmschutzwand *f* шумозащитный забор; шумозащитная стена (*вдоль железных дорог, автострад*); шумозащитный экран

Lärmstärke *f* уровень шума
Lasche *f* 1. серьга 2. (соединительная) накладка; стыковая накладка (*напр. для соединения рельсов*) 3. пластина (*цепи*)
Laschenkette *f* пластинчатая цепь
Laschennaht *f* (сварной) шов с накладкой
Laschennietung *f* стыковое заклёпочное соединение; заклёпочный шов с накладкой
Laschenverbindung *f* соединение с накладкой
Laschung *f мор.* найтов
Laser *m* лазер
~, **abstimmbarer** перестраиваемый лазер
~, **gepulster** импульсный лазер, лазер в импульсном режиме
~, **gütegeschalteter** лазер, работающий в режиме с модулированной добротностью, лазер с модулированной добротностью
~, **nukleargepumpter** лазер с ядерной накачкой
Laserabtaster *m* лазерный звукосниматель
Laseranlage *f* лазерная технологическая установка
Laserätzen *n* лазерное травление
Laserbelichtung *f* лазерное экспонирование
Laserbohren *n* лазерное сверление
Laserbonden *n* лазерная (микро)сварка
Laserbündel *n* пучок лазерного излучения, лазерный пучок
Laserdiode *f* лазерный диод
Laser-Disk *f* лазерный диск
Laser-Doppler-Anemometer *n* лазерно-доплеровский анемометр
Laser-Doppler-Geschwindigkeitsmesser *m* лазерно-доплеровский измеритель скорости
Laserdrucker *m* лазерное печатающее устройство, лазерный принтер
Laserentfernungsmesser *m* лазерный дальномер
Laserfusion *f* лазерный термоядерный синтез
Lasergerät *n* лазерный прибор
Lasergyroskop *n см.* **Laserkreisel**
Laserhärtung *f* лазерная закалка; лазерное упрочнение
Laserinterferometer *n* лазерный интерферометр
Laserkanone *f* лазерная пушка
Laserkreisel *m* лазерный гироскоп
Laserlenkung *f* лазерное наведение
Laserlicht *n* лазерное излучение (*оптического диапазона*)
Laserlithografie *f* лазерная литография

Laserlithografieanlage *f* установка лазерной литографии
Laserlöten *n* лазерная пайка
Lasermedium *n* активная [рабочая] среда лазера
Lasermeßsystem *n* лазерная измерительная система
Laserortung *f* лазерная локация
Laserpumpen *n* лазерная накачка
Laserrastermikroskop *n* лазерный растровый [лазерный сканирующий] микроскоп
Laserreflektor *m* лазерный отражатель
Laserscanner *m* лазерное сканирующее устройство, лазерный сканер
Laserschneidemaschine *f* станок для лазерной резки, лазерный отрезной станок
Laserschneiden *n* лазерная резка
Laserschweißen *n* лазерная сварка
Lasersondierung *f* лазерное зондирование
Laserstrahl *m* лазерный луч, лазерный пучок, пучок лазерного излучения
Laserstrahllöten *n* лазерная пайка
Laserstrahlung *f* лазерное излучение
Laserunterbrecher *m* лазерный затвор
Laserverstärker *m* лазерный усилитель
Laservision *f*, **Laservision-System** *n* система лазерной видеозаписи
Laserwaffen *pl* лазерное оружие
Laserwellenleiter *m* лазерный световод
Laserwerkzeugmaschine *f* станок для лазерной обработки
Laserzelle *f* лазерная кювета
Laserzielsuchkopf *m* лазерная головка самонаведения
Last *f* 1. нагрузка 2. груз
~, **aktive** активная [омическая] нагрузка
~, **konzentrierte** сосредоточенная нагрузка
~, **kritische** критическая нагрузка
~, **ohmsche** омическая [активная] нагрузка
~, **rechnerische** расчётная нагрузка
~, **spezifische** удельная нагрузка
~, **stetige** равномерно распределённая нагрузка
Lastabsenktiefe *f* глубина опускания груза
Lastannahme *f* расчётная нагрузка
Lastarmmanipulator *m* сбалансированный манипулятор
Lastaufnahmemittel *n* грузозахватное приспособление; захват
Lastdrehzahl *f* частота вращения под нагрузкой

Lasteinheit *f* 1. единичная нагрузка 2. стандартная единичная нагрузка
Lastelement *n* нагрузочный элемент
Lastenaufzug *m* грузовой подъёмник, грузовой лифт
Lastenförderung *f* транспортирование грузов
Lastfaktor *m* *эл* коэффициент нагрузки (*по входу или выходу*)
Lastfallschirm *m* грузовой парашют
Lastfassungsvermögen *n* грузовместимость
Lastfehler *m* ошибка, обусловленная подключением нагрузки, ошибка из-за подключения нагрузки
Lastgehänge *n* грузовая подвеска
Lasthaken *m* 1. грузовой [грузоподъёмный] крюк 2. *мор.* грузовой гак
Lasthebemagnet *m* подъёмный электромагнит
Lasthubbereich *m* диапазон подъёма (груза)
Lasthubhöhe *f* высота подъёма груза
Lastigkeit *f* 1. *мор.* дифферент (*судна*) 2. *ав.* центровка (*самолёта*)
Lastigkeitsregelung *f* центровка (*самолёта*)
Lastimpedanz *f* 1. полное нагрузочное сопротивление 2. (нагрузочный) резистор (*в цепи переменного тока*)
Lastkahn *m* баржа
Lastkapazität *f* 1. ёмкость нагрузки 2. нагрузочная ёмкость
Lastkarren *m* грузовая тележка
Lastkennlinie *f* нагрузочная характеристика
Lastkette *f* грузовая цепь
Lastkraftwagen *m* грузовой автомобиль
Lastkreis *m* цепь нагрузки
Lastleitwert *m* проводимость нагрузки
Lastmoment *n* грузовой момент (*напр. крана*)
Lastrolle *f* грузоподъёмный блок
Lastrollenzug *m* грузовой полиспаст
Lastschalter *m* *эл.* выключатель
Lastseil *n* грузоподъёмный [грузовой] канат
Lastspannung *f* напряжение на нагрузке
Lastspiel *n* цикл нагружения; цикл напряжений
~ **im Schwellbereich** отнулевой цикл напряжений
Lastspielfrequenz *f* частота циклов нагружения, частота (циклического) нагружения
Lastspielzahl *f* число циклов нагружения; циклическая долговечность
Laststrom *m* ток нагрузки
Lasttransistor *m* нагрузочный транзистор

Lasttrennschalter *m эл.* выключатель нагрузки, выключатель-разъединитель
Lasttrum *m, n* ведущая ветвь (*приводного ремня*); грузовая [рабочая] ветвь (*напр. конвейерной ленты*)
Lastverlauf *m* эпюра нагрузки
Lastverlaufsplanung *f эл.* составление графика нагрузки, распределение нагрузки
Lastverteilersystem *n эл.* система диспетчерского управления
Lastverteilerwarte *f* диспетчерский пульт, диспетчерский пункт
Lastvielfaches *n* коэффициент нагрузки
Lastwinde *f* грузовая [грузоподъёмная] лебёдка
Lastzug *m* (грузовой) автопоезд
Lasurfarbe *f* лессирующая [лазурная] краска
Lasurit *m мин.* лазурит
Latch *n элн, вчт* схема с фиксацией состояния, «защёлка»
Latchen *n элн, вчт* «защёлкивание», эффект «защёлкивания» (*пробой вследствие паразитных эффектов*)
Latchflipflop *n элн, вчт* триггер-защёлка
Latchregister *элн, вчт* регистр-защёлка
Latch-up *n,* **Latch-up-Effekt** *m см.* Latchen
latent скрытый, латентный
Latenzzeit *f* латентный период
lateral продольный
Lateraltransistor *m* горизонтальный транзистор, транзистор с горизонтальной структурой [с горизонтальным каналом]
Latex *m* латекс
Latexfarbe *f* латексная краска
Latexleim *m* латексный клей
Latte *f* рейка; брусок
Lattenkreissäge *f дер.-об.* реечный круглопильный станок
Lattenpegel *m* водомерная рейка; футшток
Lattenwerk *n* обрешётка
Lattenzaun *m* штакетник
Lattung *f* обрешётка
Laubholz *n* древесина лиственных пород
Laubsäge *f* лобзик
Laue-Diagramm *n крист.* лауэграмма
Lauf *m* 1. ход; работа (*машины*) 2. *эл.* ход; вращение 3. ход (*электронного луча*) 4. ход; движение 5. пробег (*частицы*); пролёт (*напр. электронов*) 6. марш (*лестницы*) 7. *воен.* ствол (*оружия*) 8. *вчт* прогон (*программы*)
~, **gezogener** нарезной ствол

~, **gleichmäßiger** равномерное вращение
~, **ruhiger** плавный ход
Laufachse *f ж.-д.* бегунковая [поддерживающая] ось
Laufbahn *f* 1. дорожка, дорожка качения (*в подшипниках качения*) 2. орбита; траектория 3. направляющая (*пусковой установки*)
Laufbuchse *f маш.* гильза цилиндра, гильза
Läufer *m* 1. *эл.* ротор (*напр. электродвигателя, турбины*) 2. бегунок 3. движок (*напр. реостата*) 4. *см.* Läuferstein 5. *мор.* лопарь
Läufer *m pl* потёки, натёки, наплывы (*на лакокрасочном покрытии*)
Läuferkäfig *m эл.* беличье колесо, беличья клетка
Läuferrute *f* направляющая стрела (*копра*)
Läuferschicht *f* ложковый ряд
Läuferstein *m* ложок, ложковый кирпич
Läufersteinmauerung *f* ложковая кладка
Läuferstrich *m* визирная линия (*бегунка логарифмической линейки*)
Läuferteller *m* чаша бегунов
Läuferwicklung *f эл.* обмотка ротора, роторная обмотка
Lauffeldröhre *f элн* лампа бегущей волны, ЛБВ
Lauffläche *f* 1. рабочая поверхность (*напр. поршня*); *ж.-д.* поверхность катания (*колеса*) 2. дорожка качения (*подшипника*) 3. протектор (*шины*); беговая дорожка (*протектора шины*)
Laufflächenprofil *n* рисунок протектора (*шины*)
Laufkarte *f* карта операционной технологии, операционная карта; маршрутная карта (*технологического процесса*)
Laufkatze *f* тележка (*напр. электротали*); грузовая тележка (*напр. мостового крана*)
Laufkran *m* мостовой кран
Laufkranz *m ж.-д.* 1. гребень бандажа, реборда (*колеса*) 2. круговой [кольцевой] рельс (*поворотного круга*)
Laufkreis *m ж.-д.* круг катания
Laufleistung *f* 1. ходимость (*шины*) 2. *ж.-д.* пробег
Laufmittel *n* растворитель (*в хроматографии*)
Laufpassung *f маш.* ходовая посадка
Laufrad *n* 1. рабочее колесо (*турбины, компрессора, насоса*) 2. ходовое колесо 3. опорный каток (*гусеницы*) 4. *ж.-д.* бегунковое [поддерживающее] колесо (*локомотива*)

Laufradgitter *n* рабочая решётка
Laufraum *m* элн пролётное пространство
Laufrichtung *f* направление движения; направление вращения
Laufring *m* обойма (*подшипника качения*)
Laufrolle *f* 1. каток; опорный каток 2. направляющий ролик 3. ходовой ролик
Laufruhe *f* 1. плавность хода 2. точность вращения
Laufschaufel *f* рабочая лопатка (*напр. турбины*)
Laufschrift *f* бегущая надпись (*световая реклама из движущихся букв*)
Laufsteg *m* пешеходный [переходный] мостик; мостки
Laufstreifen *m* протектор (*шины*)
Laufwerk *n* 1. ж.-д., авто ходовой механизм 2. ходовая часть (*напр. тельфера*) 3. лентопротяжный механизм (*напр. магнитофона*) 4. вчт дисковод; накопитель (*дисковый, ленточный*) 5. вчт движущий механизм (*накопителя*)
Laufzahl *f* коэффициент быстроходности (*напр. центробежного насоса*)
Laufzeit *f* 1. элн, автм время задержки; запаздывание 2. время распространения (*сигнала*) 3. элн время пролёта, пролётное время 4. срок службы, ходимость (*шины*)
~ **der Ladungsträger durch die Basis** время пролёта носителей (заряда) через базу (*биполярного транзистора*)
Laufzeitdecoder *m*, **Laufzeitdemodulator** *m* тлв блок разделения, блок разделения ПАЛ (*блок с линией задержки на одну строку в канале цветности декодера ПАЛ, предназначенный для разделения составляющих сигнала цветности*)
Laufzeitentzerrer *m* схема коррекции задержки
Laufzeitglied *n* звено (временно́й) задержки
Laufzeitkette *f* линия задержки
Laufzeitleitung *f* тлв линия задержки (на строку); блок задержки (*блок в канале цветности декодера ПАЛ или СЕКАМ, осуществляющий задержку сигнала на время, равное длительности одной строки*)
Laufzeitröhre *f* электровакуумный прибор [электронная лампа] с модуляцией электронного потока по скорости
Laufzeitspeicher *m* вчт память [ЗУ] на линиях задержки
Laufzeitverzerrung *f* фазовое искажение
Laufzeitverzögerung 1. элн, автм время задержки 2. элн время задержки пролёта носителей (*через базу*)
Laufzeit-Verzögerungszeit *f* вчт (среднее) время задержки (*параметр логического элемента*)
Lauge *f* щёлочь; щёлок
Laugenbeständigkeit *f* щёлочестойкость, устойчивость к действию щёлочи
Laugenbrüchigkeit *f*, **Laugensprödigkeit** *f* щелочная хрупкость
Laugenwasser *n* щелочная вода
Laugung *f* выщелачивание
L-Ausgangsspannung *f* выходное напряжение низкого уровня
Läutern *n* 1. промывка (*руды при обогащении*) 2. рафинирование; очистка 3. осветление (*стекломассы*)
Lautsprecher *m* громкоговоритель
Lautsprecherbox *f* (выносная) акустическая система
Lautsprechverbindung *f* громкоговорящая связь
Lautstärkebereich *m* диапазон громкости
Lautstärkeeinstellung *f* регулировка громкости
Lautstärkepegel *m* уровень громкости
Lautstärkeregelung *f* автоматическая регулировка усиления, АРУ; автоматическая регулировка чувствительности, АРЧ
Lautverständlichkeit *f* артикуляция
Lavaldüse *f* сопло Лаваля
Lawine *f* лавина
Lawinenbildung *f* возникновение лавины; возникновение лавинного разряда
Lawinendiode *f* лавинный диод
Lawinendurchbruch *m* лавинный пробой
Lawineneffekt *m* лавинный эффект; лавинное умножение, эффект лавинного умножения
Lawinenentladung *f* лавинный разряд
Lawinenfotodiode *f* лавинный фотодиод
Lawineninjektion *f* лавинная инжекция
Lawineninjektionsdiode *f* лавинно-инжекционный диод, диод с лавинной инжекцией
Lawinenlaufzeitdiode *f* лавинно-пролётный диод
Lawinenlaufzeiteffekt *m* лавинно-пролётный эффект
Lawinenrauschen *n* лавинный шум, шум лавинного умножения
Lawinentransistor *m* лавинный транзистор
Lawinenvervielfachung *f* лавинное умножение

LAWINENVERVIELFACHUNGS...

Lawinenvervielfachungsfaktor *m* коэффициент лавинного умножения
Lawrentium *n* лауренсий, Lw
Layout *n* 1. расположение (*схемных элементов*); топология (*напр. интегральной микросхемы, печатной платы*) 2. топологический макет; топологический чертёж 3. разработка топологии
Layoutentwurf *m* проектирование топологии ИС
Layoutentwurfsregel *f* топологическая проектная норма
LC-Bauelement *n* LC-компонент
LCCC-Gehäuse [1. Leadless Ceramic Chip Carrier... 2. Leaded Ceramic Chip Carrier...] *n* 1. безвыводной керамический кристаллоноситель 2. керамический кристаллоноситель с выводами
LCC-Gehäuse [1. Leadless Chip Carrier... 2. Leaded Chip Carrier...] *n* 1. безвыводной кристаллоноситель 2. кристаллоноситель с выводами
LCD-Anzeige [Liquid Crystal Display...] *f* жидкокристаллический индикатор, индикатор на жидких кристаллах, ЖК-индикатор
LC-Display *n* жидкокристаллический дисплей, ЖК-дисплей
LC-Glied *n* LC-элемент
LC-Netzwerk *n* LC-схема, индуктивно-ёмкостная схема
LC-Oszillator *m* LC-генератор
LDAC-Verfahren *n* мет. ЛД-АЦ-процесс, двухшлаковый кислородно-конвертерный процесс (*продувки фосфористого чугуна сверху с вводом молотой извести в струю кислорода*)
LD-Konverter *m* мет. ЛД-конвертер, кислородный конвертер для ЛД-процесса
LD-Verfahren *n* мет. ЛД-процесс (*разработанный фирмой Линн-Донавитц, Австрия, в 1952 г. способ кислородно-конвертерного передела с продувкой обычного чугуна технически чистым кислородом сверху через водоохлаждаемую фурму с медным соплом*)
Lead-Frame *n* англ. выводная рамка (*для монтажа кристаллов ИС*)
Lead-through-Programmierung *f* программирование с помощью пульта обучения
Lean-Produktion *f* производство с минимальными издержками
Learn-Mode *m* англ. режим обучения

Lebensdauer *f* 1. физ. время жизни (*частиц, изотопов*) 2. долговечность; срок службы
~, **effektive** эффективное время жизни
~ **der Ladungsträger** время жизни носителей заряда
~, **mittlere** 1. средний срок службы; средний ресурс 2. среднее время жизни (*носителей заряда*)
~, **des Motors** ресурс двигателя
~, **γ-prozentuale** гамма-процентный срок службы
Lebensdauercharakteristik *f* кривая срока службы; график зависимости интенсивности отказов от времени
Lebensdauererwartung *f* математическое ожидание срока службы, средний срок службы; математическое ожидание ресурса, средний ресурс
Lebensdauerkennlinie *f* см. Lebensdauercharakteristik
Lebensdauerprüfung *f* 1. испытания на долговечность; ресурсные испытания 2. испытание на стойкость (*напр. режущего инструмента*)
Lebenserhaltung *f* жизнеобеспечение
Lebenserhaltungssystem *n* система жизнеобеспечения
Lebensmittel *n pl* пищевые продукты
~, **leicht verderbliche** скоропортящиеся продукты
Lebensmittelfarbstoffe *m pl* пищевые красители
Lebensmittelindustrie *f* пищевая промышленность
Lebensmittelkonzentrat *n* пищевой концентрат
Lebenssicherung *f* жизнеобеспечение
Lebenssicherungssystem *n* система жизнеобеспечения
Lebenszyklus *m* жизненный цикл (*напр. интегральной микросхемы, программного продукта*)
Lecher-Leitung *f* лехеровская линия
Leck *n* 1. течь 2. утечка
Leckage *f* 1. образование течи; течь 2. утечка
Lecken *n* течь
Leckleitwert *m* проводимость утечки
Leckprüfung *f* испытание на герметичность
Leckrate *f* интенсивность натекания, течь
lecksicher 1. течезащищённый; протектированный (*о баке*) 2. не имеющий течи
Lecksicherheit *f* 1. живучесть, непотопляемость

(*судна*) 2. течезащищённость 3. отсутствие течи
Leckstelle *f* неплотность; место течи, течь
Leckstrom *m* ток утечки
Lecksucher *m*, **Lecksuchgerät** *n* течеискатель
Leckverlust *m* утечка
Leckwiderstand *m* сопротивление утечки
Leclanché-Zelle *f* элемент Лекланше
LED [Light Emitting Diode, lichtemittierende Diode] *f* светоизлучающий диод, светодиод
~, **blauleuchtende** светодиод голубого свечения
~, **rotleuchtende** светодиод красного свечения
LED-Anzeige *f* светодиодный индикатор
Ledeburit *m* ледебурит (*структурная составляющая железоуглеродистых сплавов, главным образом чугунов*)
Leder *n* кожа
~, **gegerbtes** дублёная кожа
~, **genarbtes** кожа с накатанной мереёй
~, **gepreßtes** тиснёная кожа
~, **lohgares** [**rotgares**] *см.* Leder, rotgegerbtes
~, **rotgegerbtes** краснодубная кожа, кожа растительного дубления
~, **weißgares** сыромятная кожа
~, **weißgegerbtes** сыромятная кожа
Lederersatz *m* кожзаменитель
Lederfaser *f* кожевенное волокно, кожволокно
Lederfaserwerkstoff *m* кожволокнистый материал
Lederindustrie *f* кожевенная промышленность
Lee *f мор.* подветренная сторона
Leerbefehl *m вчт* холостая команда
Leere *f* пустота; вакуум; разрежение
Leergang *m*, **Leerhub** *m* холостой ход
Leerlauf *m* 1. холостой ход 2. холостой выпуск (*турбины*) 3. самоход (*электрического счётчика*) 4. порожний пробег (*вагона*) ◇ im ~ вхолостую
Leerlaufprüfung *f* испытание на холостом ходу, холостое испытание
Leerlaufrad *n* холостое колесо
Leerlaufscheibe *f* холостой шкив
Leerlaufspannung *f* напряжение холостого хода
Leerlaufstrom *m* ток холостого хода
Leerlaufverluste *m pl* потери холостого хода
Leermasse *f* 1. *авто* снаряжённая масса, собственная масса (*транспортного средства*); масса снаряжённого транспортного средства 2. *ав.* масса пустого ЛА; масса пустого самолёта 3. масса ракеты без топлива и полезного груза
Leerstelle *f* вакансия (*в кристаллической решетке*)
Leerstellenbeweglichkeit *f* подвижность вакансий
Leerstellendiffusion *f* диффузия по вакансиям [по вакантным узлам]
Leerstellenkonzentration *f* концентрация вакансий
Leerstellenpaar *n* парная вакансия, дивакансия
Leerstellenwanderung *f* миграция вакансий
Leerstellen-Zwischengitterplatz-Paar *n* пара вакансия — междоузлие, пара вакансия — атом в междоузлии, пара Френкеля
Leertaste *f вчт* клавиша пробела
Leertrum *m, n* ведомая ветвь (*напр. приводного ремня*); нерабочая [тяговая] ветвь (*напр. конвейерной ленты*)
Leerwagen *m* порожний вагон
Leerwagen *m pl ж.-д.* порожняк
Leerzeichen *n вчт* символ пробела
Lefa *n см.* Lederfaserwerkstoff
Legierung *f* 1. сплав 2. легирование (*примесью*), введение примесей (*в полупроводник*)
~, **binäre** двойной сплав
~, **korrosionsbeständige** антикоррозионный сплав
~, **ternäre** тройной сплав
~, **thermisch aushärtbare** термообрабатываемый сплав
~ **zweiter Schmelze** вторичный сплав
Legierungsdotierung *f* 1. легирование примесью 2. легирующая примесь
Legierungsfront *f* фронт сплавления
Legierungsmetall *n* легирующий металл
Legierungstemperatur *f* температура сплавления
Legierungstransistor *m* сплавной транзистор
Legierungsverfahren *n* сплавная технология
Legierungszusatz *m* легирующая добавка
Lehm *m* глина; суглинок
~, **sandiger** супесь
Lehmboden *m* суглинок; суглинистый грунт
Lehmgrube *f* глиняный карьер
Lehmkneter *m* глиномялка
Lehmmörtel *m* глинистый раствор
Lehmsand *m* супесь
Lehmziegel *m* глиняная черепица
Lehrdorn *m маш.* калибр-пробка

LEHRE

Lehre *f* 1. калибр 2. шаблон
Lehrenausdrehmaschine *f*, **Lehrenbohrmaschine** *f*, **Lehrenbohrwerk** *n* координатно-расточный станок
Lehrgerüst *n* стр. кружала
Lehrmaschine *f* обучающая машина
Lehrprogramm *n* обучающая программа
Lehrring *m* маш. калибр-кольцо
Lehrsatz *m* теорема
~, **Pythagoreischer** теорема Пифагора
Lehrstück *n* (из)мерительная плитка; калибровочная плитка
Leichtbau *m* строительство с применением лёгких строительных конструкций
Leichtbauplatte *f* облегчённая плита
Leichtbaustoffe *m pl* лёгкие строительные материалы
Leichtbauweise *f* см. **Leichtbau**
Leichtbeton *m* лёгкий бетон, бетон на лёгком заполнителе
Leichter *m* лихтер
Leichter-Trägerschiff *n* лихтеровоз, баржевоз
leichtflüchtig легколетучий
Leichtgängigkeit *f* лёгкость [плавность] хода
Leichtindustrie *f* лёгкая промышленность
Leichtkonstruktion *f* облегчённая конструкция
Leichtkraftstoff *m* лёгкое топливо
leichtlegiert низколегированный, малолегированный
Leichtlegierung *f* лёгкий сплав
Leichtmetalle *n pl* лёгкие металлы
Leichtmetallegierung *f* лёгкий сплав
Leichtmetallfelge *f* авто обод (колеса) из лёгкого сплава
Leichtöl *n* лёгкое масло (*нефтяное масло с температурой выкипания 80 — 100°C*)
Leichtpetroleum *n* петролейный эфир
leichtschmelzend легкоплавкий
Leichtstein *m* легковесный теплоизоляционный кирпич
Leichtwasserreaktor *m* яд. легководный реактор
Leichtziegel *m* легковесный (строительный) кирпич
Leihverpackung *f* 1. возвратная тара 2. инвентарная тара
Leim *m* клей; животный клей
Leimen *n* 1. клейка; склеивание 2. проклеивание
Leimfarbe *f* клеевая краска
leimig клейкий

Leimigkeit *f* клейкость
Leimschicht *f* клеевой слой
Leimverbindung *f* клеевое соединение
Leimwalze *f* клеевые вальцы
Lein *m* лён
Leine *f* 1. *линейное текстильное изделие диаметром от 5 до 12 мм:* шнур; бечева; верёвка; (тонкий) канат 2. строп 3. *мор.* линь; конец 4. *мор.* швартов
Leinen *n* полотно; холст; парусина; брезент
Leinengewebe *n* льняная ткань
L-Eingangsspannung *f* входное напряжение низкого уровня
Leinkombine *f* льноуборочный комбайн
Leinöl-Blasöl-Firnis *m* оксоль
Leinölfirnis *m* льняная олифа
Leinöl-Standöl *n* льняное полимеризованное масло, штандоль
Leinvollerntemaschine *f* см. **Leinkombine**
Leinwand *f* 1. (кино)экран 2. полотно; холст
Leinwandbindung *f* текст. полотняное переплетение
Leiste *f* 1. планка; рейка; брусок 2. колодка 3. *текст.* кромка (ткани)
Leisten *m* мет.-об. мастер-пуансон
Leistung *f* мощность; производительность
~, **effektive** эффективная мощность
~ **an der Welle** мощность на валу
~, **ausgebaute** установленная мощность
~, **indizierte [innere]** индикаторная мощность
~, **installierte** установленная мощность
~, **projektierte** проектная мощность
~, **verbrauchte** поглощённая мощность
~, **verfügbare** располагаемая мощность
Leistungsabfall *m* ухудшение рабочих характеристик; деградация
Leistungsabgabe *f* 1. отдача мощности 2. отдаваемая мощность
Leistungsaufnahme *f* 1. потребляемая мощность 2. потребление мощности
~, **geringe** низкое [малое] потребление мощности
Leistungsbauelement *n* мощный функциональный элемент
Leistungsbedarf *m* потребная [требуемая] мощность
Leistungsdichte *f* 1. удельная мощность 2. *яд.* удельное энерговыделение (*в активной зоне ядерного реактора*), энерговыделение
Leistungseinheit *f* единица мощности

Leistungselektronik *f* силовая полупроводниковая техника

leistungsfähig мощный; (высоко)производительный

Leistungsfähigkeit *f* эффективность; производительность; пропускная способность; мощность

Leistungsfaktor *m* 1. эл. коэффициент мощности 2. яд. коэффициент использования (установленной) мощности (АЭС)

Leistungsfaktormesser *m* эл. измеритель коэффициента мощности

Leistungs-FET *m* мощный полевой транзистор

Leistungsgeber *m* датчик электрической мощности

Leistungsgewicht *n* см. Leistungsmasse

Leistungsgewinn *m* эл. коэффициент усиления по мощности

Leistungshalbleiter *m* мощный полупроводниковый прибор; силовой полупроводниковый прибор

Leistungskoeffizient *m* яд. мощностной коэффициент реактивности

Leistungskreis *m* эл. силовая цепь

Leistungsmangel *m* эл. дефицит мощности

Leistungsmasse *f* удельная масса (*двигателя, транспортного средства, напр. автомобиля*)

Leistungsmeßgerät *n* ваттметр

Leistungsminderung *f* см. Leistungsabfall

Leistungs-MOSFET *m* мощный МОП-транзистор

Leistungsreaktor *m* энергетический (ядерный) реактор

Leistungsreserve *f* эл. резерв мощности; резервная мощность

Leistungsschalter *m* 1. эл. силовой выключатель 2. мощный транзисторный ключ

Leistungsschalttransistor *m* мощный коммутирующий транзистор; мощный транзисторный ключ

Leistungsschild *n* заводской щиток; фирменная табличка

leistungsschwach маломощный

leistungsstark мощный

Leistungs-Stör-Abstand *m* отношение сигнал/шум по мощности

Leistungsstufe *f* 1. каскад усиления мощности 2. мощный каскад

Leistungstransformator *m* эл. силовой трансформатор

Leistungstransistor *m* мощный транзистор; силовой транзистор

Leistungstrennschalter *m* эл. выключатель нагрузки (*выключатель с предохранителями, способный отключать токи больше номинального*)

Leistungsüberschuß *m* эл. избыточная мощность

Leistungsverstärkung *f* эл. усиление по мощности; коэффициент усиления по мощности

Leistungsverstärkungskoeffizient *m* эл. коэффициент усиления по мощности

Leistungs-Verzögerungs-Produkt *n* вчт произведение мощность — задержка, работа переключения (*параметр логических элементов*)

Leistungswicklung *f* эл. силовая обмотка

Leistungswirkungsgrad *m* отдача по мощности

Leistungszahl *f* эл. коэффициент мощности 2. сортность (*бензина*)

Leistungsziffer *f* 1. эл. коэффициент мощности 2. холодильный коэффициент

Leistungszufuhr *f* эл. подвод мощности; подводимая мощность

Leit- und Zugspindeldrehmaschine *f* токарно-винторезный станок

Leitapparat *m* направляющий аппарат (*лопаточной машины, напр. гидравлической или паровой турбины; термин «Leitapparat» охватывает, в отличие от «Leitrad», все типы как лопаточных, так и безлопаточных направляющих аппаратов*); сопловой аппарат (*термин «сопловой аппарат» используется применительно к газовым турбинам и некоторым другим лопаточным машинам*)

Leitbahn *f* токопроводящая [токоведущая] дорожка; межсоединение

Leitbahnebene *f* слой межсоединений; уровень разводки

Leitbahnerzeugung *f* формирование межсоединений; формирование разводки

Leitbahnstruktur *f* рисунок межсоединений

Leitband *n* зона проводимости

Leitbandelektronen *n pl* электроны зоны проводимости

Leitbandoberkante *f* верхняя граница зоны проводимости

Leitbandunterkante *f* нижняя граница [дно] зоны проводимости

Leitblech *n* дефлектор

LEITDRAHT

Leitdraht *m*, **induktiver** кабель индуктивного управления (*напр. в ГПС*)
Leitdrahtführung *f*, **Leitdrahtsteuerung** *f* управление перемещением (*напр. тележки в ГПС*) с помощью (смонтированного под полом) ведущего кабеля
Leiter I *m* **1.** проводник; **2.** провод
~, **magnetischer** магнитопровод
~, **stromdurchflossener** проводник с током
Leiter II *f* **1.** лестница; приставная лестница; стремянка **2.** шкала (*номограммы*)
Leiterabstand *m* расстояние между проводниками; расстояние между печатными проводниками
Leiterbahn *f* **1.** проводящая полоска (*проводящего рисунка печатной платы*) **2.** печатный проводник **3.** токопроводящая [токоведущая] дорожка
~, **gedruckte** печатный проводник
Leiterbahnauflösung *f* минимальная ширина токопроводящей [токоведущей] дорожки
Leiterbahnführung *f* трассировка межсоединений
Leiterbild *n* проводящий рисунок, рисунок расположения проводников (*печатной платы*)
Leiterbildoriginal *n* оригинал (*топологии печатной платы*); эталонный чертёж
Leiterebene *f* плоскость проводящего слоя (*печатной платы*)
Leiterplatte *f* печатная плата
~, **bestückte** смонтированная печатная плата
~, **doppelseitig bedruckte** двусторонняя печатная плата
~, **durchkontaktierte** печатная плата со сквозными металлизированными отверстиями
~, **flexible** гибкая печатная плата
~, **unbestückte** несмонтированная печатная плата
Leiterplattenbestückung *f* установка [монтаж] навесных компонентов на печатные платы; монтаж печатных плат
Leiterplattenentflechtung *f* трассировка печатных плат
Leiterplattenentwurf *m* проектирование печатных плат
~, **automatisierter** автоматизированное проектирование печатных плат
Leiterplattenentwurfssystem *n* система автоматизированного проектирования печатных плат

~, **rechnerunterstütztes** система автоматизированного проектирования печатных плат
Leiterplattenlayout *n* **1.** чертёж печатной платы **2.** топология печатной платы **3.** разработка топологии печатных плат
Leiterplattenoriginal *n* оригинал топологии печатной платы
Leiterplattenprüfgerät *n* см. **Leiterplattentester**
Leiterplattenprüfung *f* испытания печатных плат
Leiterplattentester *m* тестер (для испытания) печатных плат
Leiterplattentopologie *f* топология печатной платы
Leiterplattenzeichnung *f* чертёж печатной платы
Leiterrahmen *m* выводная рамка (*для монтажа кристаллов ИС*)
Leiterschicht *f* проводящий слой (*печатной платы*)
Leiterunterbrechung *f* эл. разрыв фазы
Leiterwerkstoff *m* проводниковый материал
Leiterzug *m* **1.** токопроводящая [токоведущая] дорожка **2.** проводящая полоска (*проводящего рисунка печатной платы*); печатный проводник
Leiterzugabstand *m* **1.** расстояние [зазор] между токопроводящими [токоведущими] дорожками **2.** расстояние между печатными проводниками
Leiterzugbreite *f* **1.** ширина токопроводящей [токоведущей] дорожки **2.** ширина печатного проводника
Leiterzugebene *f* плоскость размещения печатных проводников, плоскость размещения проводящего рисунка печатной платы; проводящий слой (*печатной платы*)
Leiterzugkreuzung *f* **1.** пересечение токопроводящих [токоведущих] дорожек **2.** пересечение печатных проводников
Leiterzugunterätzung *f* (боковое) подтравливание печатных проводников
Leiterzugwachstum *n* разрастание печатного проводника
Leitfähigkeit *f* **1.** проводимость **2.** электрическая проводимость, электропроводность
~, **elektrische** электрическая проводимость, электропроводность
~, **lichtelektrische** фотопроводимость
~, **spezifische** удельная (электрическая) проводимость, удельная электропроводность

Leitfähigkeitstyp m тип проводимости
Leitfähigkeitszone f зона проводимости
Leitflosse f стабилизатор (*ракеты*)
Leitgerät n *автм* станция управления
Leitgitter n направляющая решётка
Leitisotop n изотопный индикатор, меченый атом
Leitkabel n ведущий кабель
Leitkoeffizient m старший коэффициент
Leitkranz m *см.* Leitschaufelkranz
Leitlinie f *мат.* директриса
Leitmineral n *геол.* индекс-минерал (*прогрессивного метаморфизма*); минерал-индикатор (*осадочных пород*)
Leitrad n 1. (лопаточный) направляющий аппарат (*напр. турбины*) 2. *авто* реактор (*гидротрансформатора*)
Leitradgitter n направляющая решётка; сопловая решётка
Leitradpumpe f насос с направляющим аппаратом
Leitrechner m ведущая [главная] ЭВМ; центральная (управляющая) ЭВМ (*напр. ГПС*)
Leitring m кольцевой (безлопаточный) диффузор (*напр. осевого компрессора*)
~, **glatter [schaufelloser]** безлопаточный диффузор (*напр. осевого компрессора*)
Leitrolle f направляющий ролик
Leitschaufel f направляющая лопатка; сопловая лопатка (*газовой турбины*)
Leitschaufelkranz m, **Leitschaufelring** m направляющий венец, венец направляющих лопаток; лопаточный венец (*соплового аппарата газовой турбины*); (сопловая) диафрагма
Leitscheibe f направляющий шкив
Leitschicht f проводящий слой
Leitschiene f контррельс; направляющий рельс
Leitspindel f ходовой винт (*токарного станка*)
Leitstand m пост управления; пульт управления
Leitstation f 1. станция наведения 2. *см.* Leitgerät 2. управляющая станция (*сети передачи данных*)
Leitstrahl m 1. ведущий луч; равносигнальная зона (*радиомаяка*) 2. *мат.* радиус-вектор
Leitstrahllenkung f наведение по лучу
Leitung f 1. линия 2. (электро)проводка 3. фидер 4. проводимость; электропроводность 5. трубопровод; магистраль

~, **abgeschirmte** экранированная линия
~, **bespulte** пупинизированная линия
~, **elektrische** 1. электрическая линия 2. электрический провод, провод 3. электропроводка
~, **lichtelektrische** фотопроводимость
~, **pupinisierte** пупинизированная линия
~, **verdeckte** скрытая проводка
~, **verdrillte** витая пара, линия [магистраль] в виде витой пары проводов
λ/2-Leitung f полуволновая линия
λ/4-Leitung f четвертьволновая линия
Leitungsabschluß m 1. нагрузка линии; согласование линии с нагрузкой 2. оконечная нагрузка шины, заглушка шины
Leitungsanpassung f согласование линии [линий]
Leitungsart f тип проводимости
Leitungsband n зона проводимости
Leitungsbandelektronen n pl электроны зоны проводимости
Leitungsbandkante f граница зоны проводимости
Leitungsbandoberkante f верхняя граница зоны проводимости
Leitungsbandunterkante f нижняя граница [дно] зоны проводимости
Leitungsbündel n магистральная группа каналов связи
Leitungselektronen n pl электроны проводимости, валентные электроны
Leitungsführung f 1. разводка (*межсоединений ИС*) 2. трассировка соединений (*печатной платы*)
~, **gedruckte** печатный монтаж
Leitungsimpedanz f полное сопротивление линии
Leitungsinduktivität f 1. индуктивность линии 2. индуктивность вывода [выводов]
Leitungskapazität f 1. ёмкость линии 2. ёмкость (соединительных) проводов 3. ёмкость проводников 4. ёмкость соединений
Leitungskonstanten f pl эл. параметры (длинной) линии
Leitungskreuzung f пересечение проводников; кроссовер
Leitungsmechanismus m механизм проводимости
Leitungsmuster n 1. рисунок токопроводящих [токоведущих] дорожек 2. рисунок расположения проводников (*печатной платы*),

LEITUNGSNETZ

проводящий рисунок 3. рисунок межсоединений
Leitungsnetz *n* 1. сеть связи; электрическая сеть 2. водопроводная сеть
Leitungsplan *m* схема электропроводки
Leitungsrauschen *n* шум в линии
Leitungsreflexionen *f pl* отражения в линии
Leitungsresonator *m* резонансная линия; коаксиальный резонатор
Leitungsrohr *n* водопроводная труба
Leitungsschiene *f* контактный рельс
Leitungsselektronen *n pl* электроны проводимости, валентные электроны
Leitungsstrom *m* ток проводимости
Leitungstransformator *m* эл. линейный трансформатор
Leitungstreiber *m* вчт магистральный усилитель-формирователь
Leitungstunnel *m*, **begehbarer** кабельный коллектор
Leitungstyp *m* тип проводимости
Leitungstypinversion *f* инверсия типа проводимости
Leitungsübertrager *m см.* **Leitungstransformator**
Leitungsvermittlung *f* вчт коммутация каналов (*в сети передачи данных*)
Leitungsverstärker *m* эл. линейный усилитель
Leitungswasser *n* водопроводная вода
Leitungswiderstand *m* 1. (активное) сопротивление линии 2. сопротивление токопроводящих [токоведущих] дорожек 3. сопротивление межсоединений
Leitvermögen *n* проводимость
Leitwarte *f* диспетчерская (*здания, группы зданий*)
Leitwegführung *f* трассировка (*межсоединений ИС*)
~, **automatische** автотрассировка
Leitweglenkung *f*, **Leitwegsuchen** *n* маршрутизация
Leitwegverfahren *n* метод маршрутизации
Leitwerk *n* 1. (хвостовое) оперение (*самолета, ракеты*); оперение, стабилизатор (*бомбы*) 2. вчт устройство управления (*ЭВМ*) 3. гидр. направляющее сооружение 4. гидр. струенаправляющее устройство; струенаправляющая дамба
~, **gepfeiltes** стреловидное оперение
Leitwert *m* проводимость
~, **elektrischer** электрическая проводимость
~, **magnetischer** магнитная проводимость
~, **spezifischer** удельная проводимость
Leitzahl *f* ведущее число (*лампы-вспышки*)
Lemma *n мат.* лемма
Lemniskate *f мат.* лемниската
Lenkachse *f ж.-д.* самоустанавливающаяся ось
Lenkantrieb *m* рулевой привод
Lenkbarkeit *f* управляемость
Lenkbombe *f* управляемая авиационная бомба
Lenkeinrichtung *f* система управления (*ракеты*)
Lenker *m* 1. *маш.* поводок; приводное коромысло; передаточный рычаг; водило 2. *авто* рычаг (независимой) подвески (колеса) 3. руль (*велосипеда, мотоцикла*)
Lenkflugkörper *m* управляемая ракета, УР
Lenkgestänge *n авто* рулевые тяги
Lenkgestell *n ж.-д.* бегунковая тележка
Lenkgetriebe *n* 1. *авто* рулевой механизм 2. механизм управления (*гусеничного трактора*)
Lenkhilfe *f авто* усилитель рулевого управления
Lenkhydraulik *f авто* гидравлическая система рулевого управления
Lenkrad *n* 1. рулевое колесо (*автомобиля*) 2. штурвал
Lenkradschloß *n авто* замок вала рулевого колеса (*противоугонное средство*)
Lenksäule *f авто* колонка рулевого управления
Lenkschloß *n см.* **Lenkradschloß**
Lenkservo *m* сервомеханизм рулевого управления
Lenkspindel *f авто* вал рулевого управления
Lenkstange *f авто* продольная рулевая тяга
Lenksystem *n* 1. система наведения (*ракет*) 2. *авто* система рулевого управления, рулевая система
Lenkung *f* 1. управление 2. *авто* рулевое управление 3. наведение (*ракеты*) 4. *см.* **Lenkgetriebe 1.**
Lenzen *n мор.* откачка воды (*из трюма, внутренних помещений судна*)
Lenzpumpe *f мор.* водоотливной [трюмный] насос
Lenzsystem *n мор.* водоотливная система (*судна*)
Leonard-Satz *m эл.* агрегат генератор — двигатель

Leonard-Schaltung *f* эл. схема генератор — двигатель, схема Леонарда
Leptonen *n pl* яд. лептоны
Lernbetrieb *m* режим самообучения
Lernmaschine *f* обучающаяся машина
Lernmatrix *f* обучаемая матрица
Lernprogrammierung *f* программирование (*напр. роботов*) в режиме обучения
Lernsteuerung *f* самообучающееся устройство управления
Leseautomat *m* читающий автомат
Lesebefehl *m* команда чтения
Lesegerät *n* читальный аппарат, устройство для чтения микрофильмов
Lesekopf *m* головка считывания
Lesemaschine *f* читающее устройство
Leser *m* 1. считывающее устройство, устройство считывания 2. читающее устройство
Lese-Schreib-Speicher *m* память для записи/считывания, ЗУ с произвольной выборкой, ЗУПВ
Lesespeicher *m* постоянное ЗУ, ПЗУ
Letter *f* литера
Letternmetall *n* гарт, типографский сплав
Leuchtbake *f* светящийся бакен
Leuchtbild *n* см. Leuchtschaltbild
Leuchtbildtafel *f* 1. ж.-д. световое (диспетчерское) табло 2. световая мнемосхема
Leuchtbombe *f* осветительная авиационная бомба
Leuchtdichte *f* опт. яркость
Leuchtdichtekontrast *m* опт. яркостный контраст
Leuchtdichtepyrometer *n* яркостный пирометр
Leuchtdichtesignal *n* тлв сигнал яркости
Leuchtdichtesignalverstärker *m* тлв усилитель сигнала яркости
Leuchtdiode *f* светоизлучающий диод, светодиод
Leuchte *f* 1. светильник 2. фонарь
Leuchten *n* свечение
leuchtend светящийся
Leuchtfarbe *f* люминесцентная краска
Leuchtfeuer *n* 1. маяк; световой маяк 2. мор. огонь; светящийся навигационный знак 3. авто сигнальный огонь
Leuchtflamme *f* светящееся пламя
Leuchtfleck *m* тлв светящееся пятно (*на экране кинескопа*)
Leuchtgas *n* светильный газ
Leuchtkörper *m* тело накала

Leuchtkraft *f* астр. светимость (*звезды*)
Leuchtmasse *f* светящийся [люминесцентный] состав
Leuchtöl *n* осветительное масло
Leuchtpunkt *m* светящаяся точка
Leuchtröhre *f* газосветная трубка
Leuchtsatz *m* осветительный состав
Leuchtschaltbild *n* световая мнемосхема
Leuchtschirm *m* (люминесцентный) экран
Leuchtskala *f* светящаяся шкала
Leuchtspurgeschoß *n* трассирующая пуля; трассирующий снаряд
Leuchtspursatz *m* трассирующий состав
Leuchtstab *m* авто светящийся жезл (*регулировщика уличного движения, автоинспектора*)
Leuchtstoff *m* люминофор
Leuchtstofflampe *f* люминесцентная лампа
Leuchtstoffpunkt *m* люминофорная точка
Leuchtstoffstreifen *m* люминофорный штрих
Leuchttableau *n* световое табло
Leuchttonne *f* светящийся буй
Leuchtturm *m* маяк
Leuchtturmröhre *f* маячковая лампа
Leukometer *n* лейкометр
Leukoverbindungen *f pl* лейкосоединения
Leuzit *m* мин. лейцит
Levitation *f* левитация
Lezithin *n* лецитин
LHD-Technik [Load-Haul-Dump-...] *f* 1. технология подземных горных работ с использованием самоходных пневмоколёсных погрузочно-транспортных машин 2. самоходное пневмоколёсное погрузочно-транспортное оборудование
L-H-Flanke *f* положительный фронт (*импульса*)
Libelle *f* уровень (*инструмент*)
Libration *f* астр. либрация
Librationspunkte *m pl*, **Librationszentren** *n pl* астр. точки либрации
Licht *n* свет
~, **einfallendes** падающий свет
~, **gestreutes** рассеянный свет
~, **indirektes** отражённый свет
Lichtaberration *f* аберрация света
Lichtabsorption *f* поглощение света
Lichtalterung *f* световое старение
Lichtanlage *f* осветительная установка
Lichtäquivalent *n* механический эквивалент света

LICHTÄQUIVALENT

~, mechanisches *см.* Lichtäquivalent
Lichtausbeute *f* световая эффективность потока излучения, световая эффективность
Lichtausstrahlung *f*, spezifische светимость
Lichtbeständigkeit *f* светостойкость
Lichtbild *n* 1. фотографический снимок, фотоснимок; фотография 2. диапозитив
Lichtbildtopografie *f* аэрофототопография
Lichtblitz *m* световая вспышка
Lichtbogen *m* (электрическая) дуга
~, eingeschnürter сжатая дуга
Lichtbogenentladung *f* дуговой разряд
Lichtbogenfestigkeit *f* дугостойкость
Lichtbogenlöschkammer *f* дугогасительная камера
Lichtbogenlöschspule *f* дугогасительная катушка
Lichtbogenlöschung *f* гашение дуги
Lichtbogenofen *m* дуговая печь
Lichtbogenschmelzen *n* плавка в дуговой печи, дуговая плавка
Lichtbogenschneiden *n* дуговая резка
Lichtbogenschweißen *n* дуговая сварка
~, offenes сварка открытой дугой; сварка дугой прямого действия
~, verdecktes сварка закрытой дугой; сварка погружённой дугой
Lichtbogenschweißung *f см.* Lichtbogenschweißen
Lichtbogenspritzen *n* электродуговое напыление, электродуговая металлизация
Lichtbogenstrecke *f* дуговой разрядник
Lichtbrechung *f* светопреломление, рефракция света
Lichtbündel *n* световой пучок
lichtdicht светонепроницаемый
Lichtdruck *m* 1. *физ.* давление света 2. *полигр.* фототипия
Lichtdurchlässigkeit *f* светопроницаемость
Lichtechtheit *f текст.* светоустойчивость, устойчивость к действию света
Lichteinheit *f* световая единица
Lichteinkopplung *f* ввод светового излучения (*напр. в световод*)
lichtelektrisch фотоэлектрический
Lichtelektrizität *f* фотоэлектричество
Lichtemissionsdiode *f* светоизлучающий диод, светодиод
Lichtemitteranzeige *f см.* LED-Anzeige
Lichtemitterdiode *см.* Lichtemissionsdiode
lichtempfindlich светочувствительный

Lichtempfindlichkeit *f* светочувствительность
Lichten *n лес.* 1. *см.* Lichtstellung 2. осветление (*при рубке ухода*)
Lichtenergie *f* световая энергия
Lichter *m мор.* лихтер
Lichterscheinung *f* оптическое явление
Lichtfaser *f* оптическое волокно
Lichtfaserkabel *n* оптоволоконный кабель
Lichtfilter *n* светофильтр
Lichtgeschwindigkeit *f физ.* скорость света
Lichthieb *m лес.* рубка ухода
Lichthof *m* 1. *стр.* патио, внутренний дворик 2. *фото* ореол
Lichthofschutzschicht *f* противоореольный слой
Lichthupe *f* световой сигнал
Lichtinterferenz *f* интерференция света
Lichtjahr *n астр.* световой год
Lichtkegel *m* световой конус
Lichtkoppler *m* оптопара
Lichtkranz *m* гало
Lichtleiter *m* световод
Lichtleiterbrechungsindex *m* показатель преломления световода
Lichtleitergrenzwellenlänge *f* критическая длина волны в световоде
Lichtleiternachrichtentechnik *f* техника волоконно-оптической связи
Lichtleiterübertragungstechnik *f* техника передачи информации по световодам; техника волоконно-оптической связи
Lichtleitfaser *f* оптическое волокно; волоконный световод
Lichtleitkabel *n* оптический кабель
Lichtmagnetzünder *m авто* магдино, маховичное магнето
Lichtmarke *f* световой указатель
Lichtmaschine *f авто* генератор
Lichtmaß *n* размер в свету
Lichtmenge *f* световая энергия
Lichtmessungen *f pl* световые измерения
Lichtmodulation *f* 1. модуляция света, оптическая модуляция 2. световая модуляция (*в факсимильной связи*)
Lichtmodulator *m* модулятор света
~, räumlicher пространственный модулятор света, управляемый транспарант
Lichtpausapparat *m* светокопировальный аппарат
Lichtpause *f* светокопия
Lichtpauspapier *n* светокопировальная бумага
Lichtpausverfahren *n* светокопирование

Lichtpolarisation *f* поляризация света
Lichtpolymerisation *f* фотополимеризация
Lichtpunktabtastung *f* развёртка бегущим лучом
Lichtquant *n* световой квант, фотон
Lichtquelle *f* источник света
Lichtraumprofil *n* *ж.-д.* габарит приближения строений
Lichtreflexion *f* отражение света
Lichtreflexionssensor *m* фотоотражательный датчик
Lichtrelais *n* оптическое реле
Lichtsatz *m* *полигр.* фотонабор
Lichtschacht *m* 1. *стр.* шахта с зенитным фонарём 2. *фото* световая [светозащитная] шахта (*напр. видоискателя*)
Lichtschranke *f* фотоэлектрический барьер; фотореленая защита, светозащита; фотореленый клапан
Lichtschutzblende *f* светозащитная бленда
Lichtschutzmittel *n* противосветостаритель
Lichtsetzmaschine *f* фотонаборная машина
Lichtsignal *n* 1. световой сигнал 2. *ж.-д.* световой сигнал; светофор
Lichtsignaltafel *f* световое табло
Lichtstärke *f* 1. сила света 2. *опт., фото* светосила (*объектива*)
Lichtstellung *f* *лес.* изреживание, прореживание
Lichtstift *m* световое перо
Lichtstrahl *m* световой луч
Lichtstrahloszillograf *m* светолучевой осциллограф
Lichtstrahlung *f* световое излучение
Lichtstreuung *f* рассеяние света, светорассеяние
Lichtstrom *m* световой поток
Lichtstrommesser *m* люменметр, интегрирующий фотометр
Lichtstrommessung *f* измерение светового потока
Lichttechnik *f* светотехника
Lichttonverfahren *n* фотографический [оптический] метод звукозаписи
Lichtundurchlässigkeit *f* светонепроницаемость
Lichtvektor *m* световой вектор
Lichtverbindung *f* оптическая связь
Lichtverschluß *m* оптический затвор
Lichtwelle *f* световая волна
Lichtwellenleiter *m* световод
Lichtwert *m* *фото* экспозиционное число

Lidar *m* лидар (*лазерный локатор ИК-диапазона*)
Liderung *f* *маш.* набивка
Liderungsring *m* *маш.* уплотнительное кольцо
Lieferbeton *m* заводской [товарный] бетон
Liefergrad *m* коэффициент подачи (*насоса*)
Lieferschein *m* накладная
Lieferung *f* 1. поставка 2. доставка
Lieferwagen *m* автомобиль для доставки малотоннажных грузов
Lieferwerk *n* завод-поставщик
Liege *f* 1. кресло для полулежачего положения (*космонавта*) 2. кушетка
Liegemöbel *n pl* спальная мебель
Liegendes *n* *геол.* почва (*пласта, залежи*); лежачий бок (*залежи, жилы, рудного тела*)
Liegendschicht *f* *геол.* подстилающий пласт
Liegeplatz *m* место стоянки (*судна*)
Liegesessel *m* кресло-кровать
Liegesitz *m* кресло с откидной спинкой; сиденье с откидываемой (назад) спинкой
Liegesofa *n* диван-кровать
Liegestuhl *m* 1. кресло для лежачего положения (*космонавта*) 2. шезлонг
LIFO-Speicher [Last-In-First-Out-...] *m* *вчт* стековая память, память [ЗУ] магазинного типа
Lift *m* лифт, подъёмник
Liftförderung *f* компрессорная эксплуатация (*нефтяной скважины*); компрессорная добыча нефти
Lift-Off-Technik *f*, Lift-Off-Verfahren *n* метод обратной фотолитографии
Liganden *m pl* *хим.* лиганды
Lignin *n* лигнин
Lignit *m* лигнит
Ligroin *n* лигроин
Limes *m* *мат.* предел
Limnimeter *n*, Limnograph *m* лимниграф
Limnologie *f* лимнология
Limonit *m* *мин.* лимонит, бурый железняк
Limousine *f* лимузин
Lineal *n* линейка
linear линейный
Linearachse *f* *маш.* линейная (управляемая) координата
Linearbeschleuniger *m* *яд.* линейный ускоритель
Lineareinheit *f* *маш.* устройство управления линейными перемещениями
Lineargeschwindigkeit *f* линейная скорость

LINEARINDUKTOSYN

Linearinduktosyn *n* линейный индуктосин, датчик линейных перемещений типа «индуктосин»
Linearinterpolation *f* линейная интерполяция
Linearisierung *f* линеаризация
Linearität *f* линейность
Linearmaßstab *m* линейный масштаб
Linearmotor *m* линейный электродвигатель
Linearoptimierung *f* линейная оптимизация
Linearperspektive *f* линейная перспектива
Linearprogrammierung *f* линейное программирование
Linearskale *f* линейная шкала
Linearverstärker *m* линейный усилитель
Linguistik *f,* **mathematische** математическая лингвистика
Linie *f* 1. линия 2. эпюра 3. *полигр.* линейка
~, **ausgezogene** сплошная линия
~, **elastische** упругая линия, эластика
~, **gebrochene** ломаная линия, ломаная
~, **geodätische** геодезическая линия, геодезическая
~, **gerade** прямая линия, прямая
~, **mittlere** *маш.* средняя линия профиля
~, **punktierte** пунктирная линия
~, **strichpunktierte** штрихпунктирная линия
~, **volle** сплошная линия
Linienbus *m* маршрутный автобус
Linienführung *f* 1. трасса 2. трассирование 3. обводы корпуса (*судна*)
Liniengeometrie *f* линейная геометрия
Linienintegral *n* линейный [криволинейный] интеграл
Linienriß *m* теоретический чертёж (*судна*)
Linienschiff *n* рейсовое судно
Linienspektrum *n* *физ.* линейчатый спектр
Linienstrom *m* линейный ток
Linkehandregel *f* *эл.* правило левой руки
Linker *m* *прогр.* редактор связей, компоновщик
Linksdraht *m* левая крутка (*нити*)
linksdrehend левовращающий (*о кристаллах*)
Linksgewinde *n* левая резьба
Linkslauf *m* левое вращение
Linksschlag *m* левая свивка, левая крутка (*о канате*)
Linksverkehr *m* левостороннее движение
Linoleum *n* линолеум
Linotype *f* *полигр.* линотип
Linse *f* 1. *опт.* линза 2. *геол.* линза (*геологическое тело, выклинивающееся в обе стороны*)
~, **bikonkave** двояковогнутая линза
~, **bikonvexe** двояковыпуклая линза
~, **konkavkonvexe** вогнуто-выпуклая линза
~, **konvexkonkave** выпукло-вогнутая линза
~, **plankonkave** плосковогнутая линза
~, **plankonvexe** плосковыпуклая линза
Linsenantenne *f* линзовая антенна
Linsenfernrohr *n* линзовый телескоп, рефрактор
Linsenkuppe *f* сферический конец (*напр. винта*)
Linsenniet *m* заклёпка с полупотайной головкой
Linsensenkkopf *m* полупотайная головка (*напр. винта*)
Linsensenkschraube *f* винт с полупотайной головкой
Linsenstruktur *f* линзовидная структура
Linters *pl* хлопковый пух, линтер
Lipide *n pl* липиды (*группа природных органических соединений, включающая органические жиры и содержащиеся в клетках всех живых растительных и животных организмов жироподобные вещества; см. тж* Lipoide)
Lipoide *n pl* липиды (*немецкий термин «Lipoide» относится к жироподобным веществам, содержащимся во всех живых клетках; русский термин «липиды» обычно употребляется как общее обозначение органических жиров и жироподобных веществ — см. тж* Lipide)
Lippendichtung *f,* **Lippenring** *m* *маш.* манжета
liquid жидкий
Liquiduskurve *f,* **Liquiduslinie** *f* ликвидус, линия ликвидуса
Liquidustemperatur *f* температура перехода в жидкое состояние
Liste *f* список; ведомость
Liter *n* литр, л
Literleistung *f* литровая мощность (*двигателя*)
Lithium *n* литий, Li
Lithiumzelle *f* литиевый элемент питания
Lithografie *f* литография
Lithologie *f* литология
Lithopon *n* литопон
Lithosphäre *f* литосфера
litoral литоральный
Litze *f* 1. жгут 2. прядь (*каната*) 3. *текст.* га-

лево, галь 4. *текст.* лица *(жаккардовой машины)* 5. *эл.* многопроволочная жила, многопроволочный проводник
Litzendraht *m эл.* высокочастотный обмоточный провод
Litzenmaschine *f* прядевьющая машина
Livesendung *f рад., тлв* прямая передача
LKW [Lastkraftwagen] *m* грузовой автомобиль
LKW-Anhänger *m* автомобильный прицеп, автоприцеп
Loch *n* 1. *элн* дырка 2. отверстие
~, **durchkontaktiertes** металлизированное отверстие *(печатной платы)*; монтажное отверстие *(печатной платы)*
Lochband *n* перфолента
Lochbandleser *m* устройство ввода с перфоленты
Lochbandstanzer *m* ленточный перфоратор
Lochblech *n* перфорированный лист
Lochdorn *m* 1. пробойник, бородок 2. пуансон *(прошивного пресса)*; прошивной пуансон; пробивной пуансон 3. прошивень *(для прошивки при ковке)*; прошивень, оправка *(прошивного стана)*
Loch-Elektron-Stoß *m* соударение дырки с электроном
Loch-Elektron-Wechselwirkung *f* взаимодействие дырок с электронами
Lochen *n* 1. перфорация, перфорирование 2. пробивка отверстий 3. *мет.* прошивка
Locher *m* 1. перфоратор 2. пробивной штамп
Löcherbeweglichkeit *f* подвижность дырок
Löcherhalbleiter *m* дырочный полупроводник, полупроводник *p*-типа
löcherig ноздреватый
Löcherkonzentration *f* концентрация дырок
Löcherlebensdauer *f* время жизни дырок
Löcherleitfähigkeit *f* удельная дырочная проводимость, удельная дырочная электропроводность
Löcherleitung *f* дырочная проводимость, дырочная электропроводность
Lochfraß *m*, **Lochfraßkorrosion** *f* точечная [питтинговая] коррозия, питтинг; сквозная коррозия
Lochgesenk *n* пробивной штамп
Lochkarte *f* перфокарта
Lochkartenleser *m* устройство для ввода с перфокарт
Lochkartenstanzer *m* карточный перфоратор

Lochkreis *m маш.* окружность центров отверстий *(напр. под болты)*
Loch-Loch-Stoß *m* соударение дырки с дыркой
Loch-Loch-Wechselwirkung *f* дырочно-дырочное взаимодействие, взаимодействие дырки с дыркой
Lochmaschine *f* прошивной пресс
Lochmaske *f тлв* теневая маска *(с круглыми отверстиями)*
Lochmaskenbildröhre *f*, **Lochmaskenröhre** *f* масочный кинескоп
Lochmatrize *f* прошивная матрица
Lochnadel *f* игла, тонкий пуансон *(пробивного штампа, инструмента для прошивки)*
Lochnaht *f св.* пробочный шов
Lochpresse *f* прошивной пресс
Lochschnitt *m см.* Lochstanze
Lochstanze *f* (листовой) пробивной штамп
Lochstanzmaschine *f* пресс для пробивки отверстий
Lochstempel *m* пуансон *(пробивного штампа)*
Lochstreifen *m* перфолента
Lochstreifendaten *pl* данные, вводимые с перфоленты
Lochstreifenempfänger *m* реперфоратор
Lochstreifensender *m* трансмиттер
Lochung *f см.* Lochen
Lochwalzwerk *n* прошивной стан
Lochwerkzeug *n* инструмент для прошивки; пробивной инструмент
Lochzange *f* дыропробивные клещи
Lochziegel *m* дырчатый кирпич
Lockerer *m* рыхлитель
Lockergestein *n* рыхлая горная порода
Lockerung *f* 1. (раз)рыхление 2. (само)развинчивание; ослабление, расшатывание *(соединения)*
Lockmittel *n* аттрактант *(вещество со специфическим запахом, привлекающим насекомых)*
LOCMOS [Local Oxidation CMOS] *f*, **LOCMOS-Technik** *f* технология КМОП ИС с оксидной изоляцией
Löffel *m* ковш
Löffelbagger *m* одноковшовый экскаватор
Löffelbohrer *m* 1. пушечное сверло 2. ложечный бур
Log *m мор.* лаг
Logarithmenpapier *n* логарифмическая бумага
Logarithmentafel *f* таблица логарифмов
Logarithmierung *f* логарифмирование

LOGARITHMISCH

logarithmisch логарифмический
Logarithmus *m* логарифм
~, **dekadischer** десятичный логарифм
Logarithmusfunktion *f* логарифмическая функция
Logbuch *n* судовой журнал
Logge *f мор.* лаг
Loggebesteck *n* счислимое место (*судна*)
Logger *m* логгер
Logik *f* логика
~, **anwenderprogrammierbare** логические схемы, программируемые пользователем
~, **emittergekoppelte** эмиттерно-связанная логика, ЭСЛ
~, **festverdrahtete** жёстко закоммутированные логические схемы, встроенная [«зашитая»] логика
~, **gesättigte** насыщенные логические схемы, логические схемы для работы в режиме насыщения
~, **vorverdrahtete** схемная логика с предварительной прошивкой
Logikanalysator *m* логический анализатор
Logikanordnung *f* логическая матрица
~, **programmierbare** программируемая логическая матрица, ПЛМ
~, **unverdrahtete** нескоммутированная логическая матрица
Logik-Array *n* логическая матрица; логическая матричная ИС; логическая матричная БИС
~, **programmierbares** программируемая логическая матрица, ПЛМ
Logikbaustein *m* логический модуль; логическая ИС
Logikbefehl *m* логическая команда
Logikblock *m* блок логики
Logikfamilie *f* семейство логических элементов
Logikfeld *n* логическая матрица
~, **programmierbares** программируемая логическая матрица, ПЛМ
Logikgatter *n* логический элемент; логический вентиль
Logikhub *m* размах логического сигнала; логический перепад, перепад логических уровней
Logik-IC *n*, **Logik-IS** *f* логическая ИС
Logikkonsole *f* консоль логики управления, логическая консоль
Logikpegel *m* логический уровень
Logikschaltkreis *m* логическая ИС

Logistik *f* материально-техническое обеспечение (*производства*)
Lohe *f* дубильная кора, (дубильное) корьё
Lohgerberei *f* растительное дубление
Lohgrube *f* дубильный чан
Lok *f* локомотив
lokal локальный; местный
Lokalelemente *n pl* микроэлементы
Lokalkorrosion *f* местная коррозия
Lokführer *m* машинист (*локомотива*)
Lokmagnet *m ж.-д.* локомотивный индуктор
Lokomobile *f* локомобиль
Lokomotivbetriebswerk *n* локомотивное депо
Lokomotive *f* локомотив
~, **dieselelektrische** дизельэлектровоз
~, **elektrische** электровоз
Lokomotivpark *m* локомотивный парк
Lokomotivsignalisation *f* локомотивная сигнализация
longitudinal продольный
Longitudinalwelle *f* продольная волна
Looping *m ав.* петля Нестерова, мёртвая петля
Lore *f* вагонетка
Lorentz-Kraft *f физ.* сила Лоренца
Lorentz-Transformation *f физ.* преобразование Лоренца
Los *n* партия (изделий)
lösbar 1. растворимый 2. *мат.* разрешимый 3. *маш.* разъёмный
Lösbarkeit *f* 1. растворимость 2. *мат.* разрешимость
Losbrechmoment *n эл.* момент трогания
Löschdämpfung *f* стираемость (*напр. записи на магнитной ленте*)
Löschdiode *f* гасящий диод
Löschen *n* 1. гашение; тушение 2. стирание (*записи, информации*) 3. *мор.* разгрузка
Löschfahrzeug *n* пожарный автомобиль
Löschgitter *n* дугогасительная решётка
Löschimpuls *m* 1. гасящий импульс 2. импульс стирания, стирающий импульс
Löschkalk *m* гашёная известь
Löschkammer *f* дугогасительная камера
Löschkontakt *m* дугогасительный [разрывной] контакт
Löschkopf *m* головка стирания
Loschmidt-Konstante *f хим.* число Лошмидта
Löschmittel *n* огнегасящее средство
Löschpapier *n* промокательная бумага
Löschrohrableiter *m* трубчатый разрядник

Löschspannung *f* потенциал гашения (*разряда*)
Löschspule *f* дугогасительная катушка
Löschtaste *f вчт* клавиша стирания [гашения]
Löschung *f см.* **Löschen**
Löschwinkel *m* угол погасания
lose: ◇ **in ~m Zustand** навалом
Lösearbeit *f горн.* отбойка
Lösegefäß *n* растворитель (*аппарат*)
Lösemittel *n* растворитель
Lösen *n* 1. растворение 2. решение 3. разобщение; ослабление (*резьбового соединения*); (само)отвинчивание 4. отслоение; расслоение 5. отбойка (*угля*)
~, **hydraulisches** гидроотбойка
~, **selbsttätiges** самоотвинчивание
Löserührwerk *n* мешалка-растворитель
Losgröße *f* объём партии (*изделий*)
löslich растворимый
Löslichkeit *f* растворимость
Löslichkeitskurve *f* кривая растворимости
Löslichkeitsprodukt *n хим.* произведение растворимости
Losrolle *f* холостой блок
Löß *m* лёсс
Losscheibe *f* холостой шкив
Lösung *f* 1. раствор 2. решение
~, **gesättigte** насыщенный раствор
~, **konzentrierte** концентрированный раствор
~, **schwere** тяжёлая жидкость, тяжёлый раствор
~, **verdünnte** разбавленный раствор
Lösungsbenzin *n* бензин-растворитель, уайт-спирит
Lösungsbenzol *n* сольвент-нафта
Lösungsdruck *m хим.* упругость растворения
Lösungsfaktor *m* коэффициент растворимости
Lösungsmenge *f мат.* множество решений
Lösungsmittel *n* растворитель
Lösungsreaktor *m яд.* растворный реактор, реактор с топливным раствором
Lösungsschar *f* семейство решений
Lösungsstärke *f* концентрация раствора
Lösungsstrahl *m* луч [полупрямая] решений
Lösungstension *f см.* **Lösungsdruck**
Lösungswärme *f хим.* теплота растворения
Lot *n* 1. припой 2. отвес 3. *мат.* перпендикуляр 4. *мор.* лот
Lotabweichung *f* отклонение отвеса
Lotaufschmelzen *n* оплавление припоя; расплавление припоя

Lötbad *n* ванна пайки
Lötbrenner *m* паяльная горелка
Löten *n* пайка
~, **elektrisches** электропайка
~, **flußmittelloses** бесфлюсовая пайка
Lötfahne *f* монтажный лепесток (*для пайки*)
Lötflußmittel *n* флюс для пайки
Lotion *f* лосьон
Lötkolben *m* паяльник
~, **elektrischer** электропаяльник
Lötlampe *f* паяльная лампа
Lötmaschine *f* установка групповой пайки
Lötmaske *f* маска из припоя, припойная маска
Lötmetall *n* компонент припоя; припой
Lötmittel *n* припой
Lötnaht *f* паяный шов
Lötofen *m* печь для пайки, паяльная печь
Lötöse *f* монтажный лепесток (*в форме ушка или петли*)
Lötpulver *n* паяльный флюс
lotrecht вертикальный; перпендикулярный; отвесный
Lötrohr *n* паяльная трубка
Lötrohrprobe *f хим.* анализ паяльной трубкой, метод паяльной трубки
Lotse *m* лоцман
Lotsenhandbuch *n* лоция
Lötspitze *f* жало паяльника
Lötstation *f* установка пайки
Lötstelle *f* спай (*термоэлемента*)
Löttemperatur *f* температура пайки
Lötung *f* 1. пайка, паяние 2. спай
~, **elektrische** электропайка
Lötverbindung *f* паяное соединение
Lötzinn *n* третник
Low-High-Flanke *f см.* **L-H-Flanke**
Low-High-Übergang *m* положительный перепад потенциала, нарастание потенциала
Low-Power-Logik *f* маломощная логика; маломощные ИС, ИС с низкой [с малой] потребляемой мощностью
Low-Power-Schottky-TTL *f* маломощные ТТЛ ИС с диодами Шоттки, маломощные ТТЛШ ИС, ТТЛШ ИС с низкой [с малой] потребляемой мощностью
Low-Power-TTL *f* маломощные ТТЛ ИС, ТТЛ ИС с низкой [с малой] потребляемой мощностью
Loxodrome *f* локсодромия
L-Pegel *m элн, вчт* низкий уровень напряжения

LSI

LSI [Large Scale Integration] *f* высокая степень интеграции
LSI-Bauelement *n* большая интегральная (микро)схема, БИС
LSI-CMOS-Baustein *m* КМОП БИС, БИС на КМОП-структуре
LSI-Schaltkreis *m* ИС с высокой степенью интеграции, БИС
LSI-Schaltkreisentwurf *m* проектирование [разработка] БИС
LSI-Schaltung *f см.* LSI-Schaltkreis
LSI-Technik *f*, **LSI-Technologie** *f* технология БИС
LS-TTL *f см.* Low-Power-TTL
Lücke *f* 1. зазор 2. пропуск, пробел
Luft *f* 1. воздух 2. зазор, люфт
Luftabschluß *m:* ◇ unter ~ без доступа воздуха
Luftansaugstutzen *m* воздухозаборный патрубок (*ДВС*)
Luftaufbereitung *f* воздухоподготовка
Luftaufnehmer *m* воздухосборник, ресивер
Luftballon *m* аэростат; воздушный шар
Luftbedarfszahl *f* коэффициент избытка воздуха
Luftbefeuchter *m* увлажнитель воздуха
Luftbehandlung *f* воздухоподготовка
Luftbereifung *f* пневматические шины
Luftbetankung *f ав.* дозаправка в воздухе
Luftbild *n* аэрофотоснимок
Luftbildaufnahme *f* аэрофотосъёмка, аэросъёмка
Luftbildaufnahmegerät *n* аэрофотоаппарат
Luftbildentzerrungsgerät *n* фототрансформатор
Luftbildinterpretation *f* дешифрирование аэрофотоснимков
Luftbildmeßkamera *f* аэрофотограмметрическая камера
Luftbildmessung *f* аэрофотограмметрия
Luftbildskizze *f* фотосхема
Luftbremse *f* 1. пневматический тормоз 2. *ав.* воздушный [аэродинамический] тормоз
Luftdatenrechner *m ав.* вычислитель воздушных сигналов [воздушных параметров]
luftdicht воздухонепроницаемый, герметический
Luftdrossel *f эл.* реактор с воздушным сердечником
Luftdruck *m* атмосферное давление; давление воздуха
Luftdruckgradient *m* градиент атмосферного давления, барический градиент

Luftdruckschreiber *m* барограф
Luftdrucksystem *n* барическая система
Luftdurchlässigkeit *f* воздухопроницаемость
Lufteinlaßstutzen *m см.* Luftansaugstutzen
Lufteinlauf *m* воздухозаборник
~, **verstellbarer** регулируемый воздухозаборник
Lufteinlaufkanal *m* канал воздухозаборника; воздухозаборник
Lufteintrittsöffnung *f* входное отверстие воздухозаборника; воздухозаборник
Luftelektrizität *f* атмосферное электричество
Lüfter *m* вентилятор
Lufterhitzer *m* воздухонагреватель; калорифер
Luftfahrt *f* воздухоплавание; авиация
~, **zivile** гражданская авиация
Luftfahrzeug *n* летательный аппарат, ЛА
Luftfederung *f* пневматическая подвеска
Luftfeuchte *f* влажность воздуха
Luftfeuchtigkeit *f* 1. влажность воздуха 2. атмосферная влага
Luftfeuchtigkeitsmesser *m* психрометр
Luftfilter *n* воздушный фильтр; воздухоочиститель (*в ДВС*)
Luftförderer *m* пневматический транспортёр
Luftgas *n* воздушный [генераторный] газ
Lufthammer *m* пневматический молот
Lufthärtung *f* воздушная закалка
Luftheber *m* эрлифт
Luftheizer *m* воздухонагреватель
Luftheizung *f* воздушное отопление
Luftion *n* атмосферный ион
Luftkabel *n* воздушный кабель
Luftkalk *m* воздушная известь
Luftkältemaschine *f* воздушная холодильная машина
Luftkammer *f* воздушная камера
Luftkanal *m* воздуховод
Luftkissenfahrzeug *n* аппарат на воздушной подушке
Luftkissenschiff *n* судно на воздушной подушке
Luftklappe *f* дроссельная заслонка
Luftkondensator *m* воздушный конденсатор
Luftkorrekturdüse *f* воздушный жиклёр
Luftkräfte *pl* аэродинамические силы
Luftkraftmoment *n* аэродинамический момент
Luft-Kraftstoff-Gemisch *n* топливовоздушная смесь
Luft-Kraftstoff-Verhältnis *n* соотношение масс воздуха и топлива (*соотношение, характе-*

LUFTVERKEHR

ризующее состав горючей смеси); стехиометрическое соотношение
~, **stöchiometrisches** стехиометрическое соотношение (*соотношение, указывающее количество воздуха в кг, теоретически необходимое для полного сгорания 1 кг бензина или дизельного топлива*)
Luftkühler *m* 1. воздухоохладитель 2. воздушный холодильник
Luftkühlung *f* воздушное охлаждение
Luftlager *n* аэростатический подшипник
Luftlagerung *f* воздушная подушка, аэростатическая опора
luftleer безвоздушный; вакуумный
Luftleitung *f* воздуховод
Luftloch *n* отдушина
Luftmörtel *m* стр. раствор воздушного твердения, воздушный раствор
Luftnavigation *f* аэронавигация
Luftpfeife *f* выпор
Luftpinsel *m* аэрограф
Luftpumpe *f* воздушный насос
Luftrate *f* кратность воздухообмена
Luftreifen *m* пневматическая шина
Luftreifenaufbautrommel *f* барабан для сборки покрышек пневматических шин
Luftreinheitsklasse *f* класс чистоты воздуха, класс чистоты воздушной среды
Luftreiniger *m* воздухоочиститель
Luftröhrenkühler *m* сотовый радиатор
Luftsack *m* 1. воздушная пробка 2. *авто* надувная подушка безопасности
Luftsauerstoffelemente *n pl* воздушно-кислородные элементы
Luftsäule *f* воздушный столб, столб воздуха
Luftschiff *n* дирижабль
Luftschlauch *m* 1. камера; автокамера 2. воздушный рукав
Luftschleier *m*, **Luftschleieranlage** *f* воздушная завеса
Luftschleuse *f* 1. воздушный шлюз; шлюзовая камера 2. *стр.* шлюзовой аппарат (*кессона*) 3. *косм.* шлюзовая камера, переходной шлюз, баротамбур; шлюзовой отсек
Luftschraube *f* воздушный винт, пропеллер
~, **starre** воздушный винт неизменяемого шага
~, **verstellbare** воздушный винт изменяемого шага, ВИШ
Luftschraubenantrieb *m* винтомоторная установка
Luftschraubenblatt *n* лопасть воздушного винта

Luftschraubenschub *m*, **Luftschraubenzug** *m* тяга [сила тяги] воздушного винта
Luftschutzbunker *m*, **Luftschutzraum** *m* (противовоздушное) убежище
Luftseilbahn *f* канатная подвесная дорога
Luftspalt *m* воздушный зазор
Luftspeicherdieselmotor *m*, **Luftspeichermotor** *m* воздушнокамерный дизель, дизель со вспомогательной воздушной камерой
Luftspeicher-Gasturbinen-Kraftwerk *n* воздухо-аккумулирующая газотурбинная электростанция
Luftspiegelung *f* мираж
Luftspule *f* эл. катушка с воздушным сердечником
Luftspülung *f* продувка (*скважин при бурении*)
Luftsteiger *m* выпор
Luftstörungen *f pl рад.* атмосферные помехи, атмосферики
Luftstrahltriebwerk *n* воздушно-реактивный двигатель, ВРД
Luftstraße *f ав.* воздушный коридор
Luftstrom *m* 1. воздушный поток, поток воздуха 2. воздушный поток; атмосферное течение
Luftstromsichter *m* воздушный сепаратор
Luftströmung *f* атмосферное течение; воздушный поток
Lufttemperatur *f* температура воздуха
Lufttransport *m* воздушный транспорт, авиатранспорт
lufttrocken воздушносухой
Lufttür *f* воздушная завеса
Luftüberschußzahl *f* коэффициент избытка воздуха ($K > 1$)
Luftüberwachung *f* атмосферный мониторинг, мониторинг качества воздуха
luftundurchlässig воздухонепроницаемый
Luftundurchlässigkeit *f* воздухонепроницаемость
Lüftung *f* 1. вентиляция; проветривание 2. оттормаживание, растормаживание (*пневмотормоза*) 3. сброс давления (*в пневмосистеме*)
Lüftungskanal *m* вентиляционный канал
Lüftungsschacht *m* вентиляционная шахта
Luftventil *n* воздушный клапан
Luftverdichter *m* воздушный компрессор
Luftverflüssigung *f* сжижение воздуха
Luftverhältnis *n* коэффициент избытка воздуха
Luftverkehr *m* воздушное сообщение

LUFTVERTEILER

Luftverteiler *m* воздухораспределитель
Luftverunreinigung *f* загрязнение воздуха; загрязнение воздушной среды
Luftvorwärmer *m* воздухоподогреватель (*в котельном агрегате*)
Luftwäscher *m* воздухоочиститель
Luftwechsel *m* воздухообмен (*в помещениях*)
Luftwelle *f* воздушная волна; атмосферная волна
Luftwertrechner *m см.* **Luftdatenrechner**
Luftwiderstand *m* сопротивление воздуха; аэродинамическое сопротивление
Luftwirbelspinnen *n текст.* аэродинамическое прядение
Luftzerlegung *f хим.* разделение воздуха (*на составные части*)
Luftzutritt *m* доступ воздуха
Luke *f* люк
Lumen *n* люмен, лм
Lumensekunde *f* люмен-секунда, лм·ч (*единица световой энергии СИ*)
Luminanzsignal *n тлв* сигнал яркости
Lumineszenz *f* люминесценция
Lumineszenzanalyse *f* люминесцентный анализ
Lumineszenzanzeige *f* люминесцентный индикатор
Lumineszenzdefektoskopie *f* люминесцентная дефектоскопия
Lumineszenzdiode *f* светоизлучающий диод, светодиод
Lumineszenzgift *n* тушитель люминесценции
Lumineszenzlöschung *f* тушение люминесценции
Lumineszenzspektrum *n* спектр люминесценции
Luminophor *m* люминофор
Luminosität *f яд.* светимость (*установки со встречными пучками*)
Lumpen *m pl бум., текст.* тряпьё; лоскут
Lünette *f маш.* люнет
Lünettenständer *m маш.* задняя стойка (*горизонтально-расточного станка*)
Lunker *m* усадочная раковина
Lunte *f текст.* ровница
Lupe *f* лупа
Luppe *f* 1. *мет.* крица 2. трубная заготовка
Lüster *m* люстр
Lüstern *n* люстрирование
Lutetium *n* лютеций, Lu
Lutte *f горн.* вентиляционная труба

Luttenstrang *m горн.* вентиляционный трубопровод, рудничный воздуховод
Luv *f*, **Luvseite** *f мор.* наветренная сторона
Luvo *m см.* **Luftvorwärmer**
Lux *n* люкс, лк
Luxmeter *n* люксметр
Luxsekunde *f* люкс-секунда, лк·с (*единица световой экспозиции СИ*)
lyophil лиофильный
Lyophilisierung *f* лиофилизация
lyophob лиофобный
Lyrabogen *m* лирообразный [лирный] компенсатор
Lysin *n* лизин

M

Mäanderstruktur *f* структура меандра
Machmeter *n* махметр, указатель числа М
Mächtigkeit *f* 1. *горн.* мощность (*напр. пласта*) 2. *мат.* мощность (*множества*)
Machzahl *f* число Маха, число М
Madenschraube *f* потайной винт; потайной штифт
Magazin *n* 1. магазин; накопитель 2. склад
Magazinierung *f* магазинирование
Magerbeton *m* тощий бетон
Magerkalk *m* тощая известь
Magerlack *m* тощий лак
Magerton *m* тощая глина
Magerung *f* отощание, отощение
Magerungsmittel *n* отощающая добавка, отощитель
Magma *n геол.* магма
Magnesia *f* (жжёная) магнезия
Magnesiabinder *m см.* **Magnesitbinder**
Magnesiahärte *f* магниевая жёсткость (*воды*)
Magnesiazement *m см.* **Magnesitzement**
Magnesit *m* магнезит
Magnesitbinder *m* магнезиальное вяжущее
Magnesiterzeugnisse *n pl* магнезитовые огнеупоры
Magnesitstein *m* магнезитовый кирпич, магнезитовый огнеупор
Magnesitzement *m* магнезиальный цемент, цемент Сореля

MAGNETSCHEIDER

Magnesium *n* магний, Mg
Magnet *m* магнит
~, **permanenter** постоянный магнит
Magnetanlasser *m* магнитный пускатель
Magnetband *n* магнитная лента
Magnetbandgerät *n* магнитофон
Magnetbandkassettengerät *n* кассетный магнитофон
Magnetbandspeicher *m* *вчт* память [ЗУ] на магнитной ленте
magnetbetätigt с электромагнитным управлением
Magnetbildaufzeichnung *f* магнитная видеозапись, запись на видеоленту
Magnetbildaufzeichnungsgerät *n* видеомагнитофон
Magnetbildverfahren *n* магнитная видеозапись, система магнитной видеозаписи
Magnetblasenspeicher *m* память [ЗУ] на ЦМД, ЦМД-память, ЦМД ЗУ
Magnetbremse *f* электромагнитный тормоз
Magnetdiode *f* магнитодиод
Magneteisenstein *m см.* **Magnetit**
magnetelektrisch магнитоэлектрический
Magnetfalle *f* магнитная ловушка
Magnetfeld *n* магнитное поле
Magnetfilm *m* магнитная плёнка
Magnetfilter *n* магнитный фильтр
Magnetfluß *m* магнитный поток
Magnetfolienscheibe *f* *вчт* гибкий магнитный диск, ГМД
Magnetfolienspeicher *f* *вчт* накопитель на гибком магнитном диске [на ГМД]
Magnetika *n pl* магнетики (*магнитные материалы кроме диамагнетиков*)
magnetisch магнитный
Magnetisieren *n* намагничивание
Magnetisierung *f* 1. намагничивание 2. намагниченность
Magnetisierungsstrom *m* ток намагничивания
Magnetisierungswicklung *f* обмотка возбуждения
Magnetismus *m* магнетизм
Magnetit *m мин.* магнетит, магнитный железняк
Magnetkarte *f* магнитная карточка
Magnetkern *m* 1. магнитный сердечник 2. магнитопровод (*трансформатора*)
Magnetkissenbahn *f см.* **Magnetschwebebahn**
Magnetkompaß *m* магнитный компас
Magnetkopf *m* магнитная головка

Magnetkörper *m* магнитопровод (*трансформатора*)
Magnetkupplung *f* электромагнитная муфта
Magnetkurs *m* магнитный курс
Magnetnadel *f* магнитная стрелка
Magnetochemie *f* магнетохимия
Magnetodielektrikum *n* магнитодиэлектрик
Magnetodiode *f* магнитодиод
magnetoelastisch магнитоупругий
magnetoelektrisch магнитоэлектрический
Magnetoelektronik *f* магнитоэлектроника
Magnetofluidodynamik *f см.* **Magnetohydrodynamik**
Magnetohydrodynamik *f* магнитогидродинамика
Magnetometer *n* магнитометр
Magneton *n* магнетон
~, **Bohrsches** магнетон Бора
Magnetooptik *f* магнитооптика
Magnetopyrit *m мин.* пирротин
Magnetorotation *f* вращение плоскости поляризации света в магнитном поле, фарадеевское вращение, эффект Фарадея
Magnetosphäre *f* магнитосфера (*Земли*)
Magnetostatik *f* магнитостатика
Magnetostriktion *f* магнитострикция
Magnetostriktionseffekt *n* магнитострикционный эффект
Magnetostriktionswandler *m* магнитострикционный преобразователь
Magnetostriktionswerkstoff *m* магнитострикционный материал
Magnetowiderstand *m* магниторезистор
Magnetowiderstandseffekt *m* магниторезистивный эффект
Magnetplatte *f вчт* жёсткий магнитный диск
Magnetplattenspeicher *m вчт* память [ЗУ] на жёстких магнитных дисках; накопитель на жёстком магнитном диске
Magnetpol *m* магнитный полюс; полюс магнита
Magnetpulver *n* магнитный порошок
Magnetpulververfahren *n* магнитопорошковая дефектоскопия
Magnetrelais *n* электромагнитное реле
Magnetron *n* магнетрон
Magnetschalter *m* 1. электромагнитный выключатель, выключатель с соленоидным приводом 2. *авто* тяговое реле (*стартера*)
Magnetscheiden *n* магнитная сепарация
Magnetscheider *m* магнитный сепаратор

MAGNETSCHEIDUNG

Magnetscheidung f магнитная сепарация
Magnetschicht f магнитный слой
Magnetschichtspeicher m вчт память [ЗУ] на магнитных плёнках
Magnetschnellbahn f скоростная дорога на магнитной подвеске
Magnetschwebebahn f дорога на магнитной подвеске
Magnetspektrometer n магнитный спектрометр (ядерных излучений)
Magnetspule f катушка реле или электромагнита
Magnetstahl m магнитная сталь
Magnetstreifenkarte f карточка (напр. кредитная) с магнитной полоской [с магнитным кодом], магнитная карточка
Magnettonband n магнитофонная лента
Magnettongerät n магнитофон
Magnettonkopf m магнитная головка
Magnettonträger m магнитный звуконоситель
Magnettonverfahren n магнитная звукозапись
Magnettrommel f магнитный барабан
Magnettrommelspeicher m память [ЗУ] на магнитном барабане
Magnetventil n магнитный клапан
Magnetverstärker m магнитный усилитель
Magnetwerkstoff m магнитный материал
Magnetzünder m магнето
Magnetzündung f зажигание от магнето
Magnitude f магнитуда (единица измерения интенсивности землетрясения)
MAG-Schweißen n (дуговая) сварка плавящимся электродом в активном газе [в среде активного газа]; (дуговая) сварка в углекислом газе
Mähbalken m с.-х. режущий брус
Mähbinder m с.-х. жатка-сноповязалка
Mähdrescher m с.-х. зерноуборочный комбайн
Mähdrescherführer m комбайнер
Mäher m с.-х. косилка
Mähhäcksler m с.-х. косилка-измельчитель
Mahlen n помол, размол, измельчение
Mahlfeinheit f тонкость помола
Mahlgang m жерновой постав
Mahlgerät n размалывающий аппарат
Mahlgut n помол, размолотый материал; размалываемый [измельчаемый] материал
Mahlkörper m 1. мелющее тело 2. жёрнов
Mahlstein m жёрнов
Mahlteller m чаша бегунов

Mahlwirkungsgrad m эффективность измельчения
Mähmaschine f 1. машина для скашивания трав или колосовых культур 2. косилка
Mähwerk n косилочный рабочий орган
Mailbox f вчт «почтовый ящик» (системы электронной почты)
Mainframe n 1. центральный процессор 2. большая ЭВМ; универсальная ЭВМ
Maische f 1. затор (смесь на основе затертого солода) 2. бражка; сусло 3. мезга; плодово-ягодная мезга 4. утфелемешалка-кристаллизатор (в сахарном производстве)
Maischedestillierapparat m брагоперегонный аппарат
Maisöl n кукурузное масло
Maisvollerntemaschine f с.-х. кукурузоуборочный комбайн
Majolika f майолика
Majorante f мат. мажоранта
Majoritätsgatter n вчт мажоритарный вентиль, элемент мажоритарной логики
Majoritätsglied n вчт мажоритарный элемент
Majoritätsladungsträger m pl элн основные носители заряда
Majoritätslogik f вчт мажоритарная логика
Majoritätsträger m pl элн основные носители (заряда)
Majoritätsträgerdichte f элн концентрация основных носителей (заряда)
Majoritätsträgerfluß m элн поток основных носителей (заряда)
Majoritätsträgerstrom m элн ток основных носителей (заряда)
Makadam m, n, **Makadamdecke** f макадам, щебёночное дорожное покрытие
Makadamstraße f дорога щебёночным покрытием
Mäkler m направляющая стрела (копра)
Makro n 1. прогр. макрокоманда 2. элн макроячейка (базового матричного кристалла)
Makroanalyse f макроанализ
Makroassembler m прогр. макроассемблер
Makroaufruf m прогр. макровызов
Makrobefehl m прогр. макрокоманда
Makrobibliothek f 1. прогр. библиотека макроопределений, макробиблиотека 2. элн макробиблиотека, библиотека макроэлементов (и макроячеек)
Makrofotografie f макрофотография; макро(фото)съёмка

Makrogeometrie *f* макрогеометрия
Makrokinetik *f* макрокинетика
Makrokode *m прогр.* макрокод
Makrokosmos *m* макрокосм, макрокосмос
Makromolekül *n* макромолекула
Makroobjektiv *n* объектив для макро(фото)съёмки
Makrophysik *f* макрофизика
Makropotential *n* макропотенциал
makroskopisch макроскопический
Makrostruktur *f* макроструктура
Makrountersuchung *f* макроисследование
Makrozellen-IC *n* макроэлементная ИС; матричная БИС с макроячейками
Makulatur *f* макулатура
MAK-Wert [maximaler Arbeitskonzentrations-Wert] *m* предельно допустимая концентрация (*вредных веществ на рабочем месте*), ПДК
Malachit *m мин.* малахит
Maleinatharze *n pl* малеиновые смолы, полималеинаты
Maleinsäure *f* малеиновая кислота
Malerfarbe *f* малярная краска, колер; строительная краска
Malerpinsel *m* малярная кисть
Malonsäure *f* малоновая кислота
Malteserkreuz *n см.* **Malteserkreuzgetriebe**
Malteserkreuzgetriebe *n* мальтийский механизм, мальтийский крест
Maltose *f* мальтоза
Malz *n* солод
Malzeichen *n* знак умножения
Mälzen *n*, **Mälzung** *f* солодоращение, соложение
Mammutpumpe *f* эрлифт
Mandelöl *n* миндальное масло
Mangan *n* марганец, Mn
Manganerz *n* марганцевая руда
Manganindraht *m* манганиновый провод; манганиновая проволока
Manganknollen *f pl* (железо)марганцевые конкреции
Mangan(VII)säure *f* марганцовая кислота, $HMnO_4$
Manganstahl *m* марганцовистая сталь
Mangel I *m* 1. недостаток; дефект 2. дефицит
Mangel II *f* 1. *текст.* отделочный каток 2. валок (*напр. отжимной*)
Mangelhalbleiter *m* дырочный полупроводник, полупроводник *p*-типа
Mangelleitung *f* дырочная проводимость, дырочная электропроводность, проводимость *p*-типа
Manipulator *m* манипулятор
Mannigfaltigkeit *f мат.* многообразие
Mannloch *n* люк; лаз
Mannose *f* манноза
Manometer *n* манометр
Manometerdruck *m* манометрическое давление
manometrisch манометрический
Manövrierfähigkeit *f* маневренность
Manschette *f маш.* манжета
~, **versteifte** армированная манжета
Mantel *m* 1. рубашка 2. кожух; корпус 3. оболочка (*напр. кабеля*) 4. покрытие (*напр. световода, электрода*) 5. юбка (*поршня, изолятора*) 6. *мат.* боковая поверхность (*цилиндра, конуса*)
Mantelblech *n* лист обшивки
Manteldrahtschweißung *f* сварка покрытым электродом
Mantelelektrode *f св.* покрытый электрод
Mantellinie *f* образующая (*цилиндра, конуса*)
Mantelmoden *f pl* моды, распространяющиеся в покрытие, моды покрытия
Mantelrohr *n горн.* обсадная труба
Manteltransformator *m эл.* броневой трансформатор, трансформатор броневого типа
Mantisse *f* мантисса (*логарифма*)
manuell ручной; вручную
Marinekessel *m* судовой котёл
Mark I *n* сердцевина
Mark II *f* межа
Markasit *m мин.* марказит
Marke *f* 1. метка, отметка 2. клеймо 3. *геод.* репер 4. след 5. марка; сорт
Markierbeil *n* маркшейдерский молоток
Markierer *m свз* маркёр (*управляющее устройство АТС координатной системы*)
markieren 1. маркировать 2. размечать 3. ставить клеймо 4. метить (*изотопным индикатором*)
markiert меченый (*об атомах*)
Markierung *f* 1. маркировка 2. разметка 3. клеймение 4. мечение (*изотопным индикатором*) 5. метка, отметка
Markierungsfunkfeuer *n ав.* маркёрный [мáркерный] радиомаяк, радиомаркёр
Markierungsisotop *n* изотопная метка
Markscheidekunde *f* маркшейдерия
Markscheider *m* маркшейдер

Markscheiderzug *m* маркшейдерское измерение
Marmor *m* мрамор
Marschflugkörper *m* крылатая ракета
Marschrichtungszahl *f* азимут
Marschtriebwerk *n* маршевый двигатель
Marsmobil *n* марсоход
Marssonde *f* автоматическая станция для исследования Марса
Martensit *m* *мет.* мартенсит
Martensitstahl *m* сталь мартенситного класса
Martinstahl *m* мартеновская сталь
Masche *f* 1. ячейка (*напр. сита*) 2. меш (*единица измерения частоты сита*) 3. *текст.* петля 4. *эл.* замкнутый контур; петля
Maschendraht *m* проволочная [металлическая] сетка
maschenfest *текст.* неспускающийся (*о петле*); с неспускающимися петлями (*о чулочном изделии*)
Maschengleichung *f* *эл.* уравнение контурных токов
Maschenregel *f* *эл.* правило контуров
Maschenstrom *m* *эл.* контурный ток
Maschenwaren *f pl* трикотажные изделия, трикотаж
maschinell машинный; механический
Maschine *f* машина; станок
~, **kommutatorlose** бесколлекторная электрическая машина
Maschinenadresse *f* *вчт* машинный адрес; физический адрес
Maschinenantrieb *m* механический привод
Maschinenauslastung *f* загрузка станка; загрузка станков; загрузка оборудования
Maschinenausnutzungskoeffizient *m* коэффициент использования станка
Maschinenausrüstung *f* машинное оборудование
Maschinenbau *m* машиностроение
Maschinenbaubetrieb *m* машиностроительный завод
Maschinenbauindustrie *f* машиностроительная промышленность
Maschinenbauzeichnung *f* машиностроительный чертёж
Maschinenbearbeitung *f* машинная обработка
Maschinenbefehl *m* *вчт* машинная команда, инструкция
Maschinenelemente *n pl* детали машин
Maschinenfabrik *f* машиностроительный завод
Maschinenfett *n* тавот
Maschinenformerei *f* машинная формовка
Maschinenführer *m* машинист; оператор
Maschinengenerator *m* электромашинный генератор
Maschinengewehr *n* пулемёт
Maschinengrundzeit *f* основное машинное время
Maschinenguß *m* машинное литьё
Maschinenhalle *f* машинный зал
Maschinenhammer *m* механический молот
Maschinenhaus *n* 1. машинное здание (*электростанции*) 2. машинное помещение, машинное отделение 3. кабина для механизмов крана
Maschineningenieur *m* инженер-механик; инженер-машиностроитель
Maschinenkanone *f* автоматическая пушка
Maschinenkarte *f* паспорт машины; паспорт станка
Maschinen-Kaskadenschaltung *f* электромашинный каскад
Maschinenkombination *f* *с.-х.* агрегатирование (разных) машин в сцепку
Maschinenkopplung *f* *с.-х.* агрегатирование машин
Maschinenkunde *f* машиноведение
Maschinenleuchte *f* станочный светильник
Maschinenmelken *n* машинная дойка, машинное доение
Maschinennietung *f* машинная клёпка
Maschinennull *f* *вчт.* машинный нуль
Maschinenöl *n* машинное масло
Maschinenoperation *f* машинная операция
Maschinenpark *m* машинный парк
Maschinenpistole *f* пистолет-пулемёт, автомат
Maschinenraum *m* 1. машинное отделение; машинный зал 2. *мор.* машинное помещение
Maschinenreibahle *f* *мет.-об.* машинная развёртка
Maschinenreihe *f* станочная линия; технологическая линия
Maschinensäge *f* отрезной станок
Maschinensatz *m* 1. машинный агрегат 2. *полигр.* машинный набор
Maschinenschere *f* механические ножницы
Maschinenschmieden *n* машинная ковка
Maschinenschram *m* *горн.* машинный вруб
Maschinensehen *n* машинное зрение
Maschinensprache *f* *прогр.* машинный язык
Maschinenstraße *f* станочная линия

Maschinensystem *n* станочная линия; автоматическая станочная линия
Maschinenteile *n pl* части машин; детали
Maschinentelegraf *m мор.* машинный телеграф
Maschinenübersetzung *f* машинный перевод
Maschinenumformer *m* электромашинный преобразователь (тока)
Maschinenverkettung *f* соединение станков в автоматическую линию
Maschinenverstärker *m эл.* электромашинный усилитель
Maschinenvisionssystem *n* система машинного зрения; видеосистема станка
Maschinenwaffe *f* автоматическое оружие
Maschinenwort *n прогр.* машинное слово
Maschinenzeit *f* машинное время
Maschinist *m* машинист; оператор
Maser *m* мазер
~, **kontinuierlicher** мазер непрерывного действия
~, **optischer** мазер оптического диапазона, лазер
Masergenerator *m* мазер-генератор
Maserholz *n* свилеватая древесина
Maseroszillator *m* мазер-генератор
Maserstrahl *m* молекулярный пучок
Maserung *f* рисунок; текстура
Maserverstärker *m* мазер-усилитель
Maske *f* 1. маска 2. элн шаблон; фотошаблон
Maskenform *f* оболочковая [корковая] форма
Maskenformen *n* изготовление оболочковых форм
Maskenformverfahren *n*, **Maskenguß** *m* литьё в оболочковые формы
Maskenjustier- und Belichtungsanlage *f* установка совмещения и экспонирования, установка литографии; установка фотолитографии
Maskenprogrammierung *f* масочное программирование
Maskenprojektionsjustier- und Belichtungsanlage *f* установка проекционной литографии; установка проекционной фотолитографии
Maskenprojektionsverfahren *n* метод проекционной литографии; метод проекционной фотолитографии; метод проекционной печати
Maskenröhre *f тлв* масочный кинескоп
Masken-ROM *m, n вчт* масочное ПЗУ, ПЗУ с масочным программированием
Maskenüberdeckung *f* совмещение (фото)шаблонов

Maskenüberdeckungsfehler *m* погрешность совмещения (фото)шаблонов
Maskenverfahren *n* маскирование
Maskenvervielfältigung *f* 1. мультиплицирование изображений фотошаблонов 2. тиражирование фотошаблонов
Maskenvervielfältigungsanlage *f* установка для мультиплицирования изображений фотошаблонов, фотоповторитель
Maskenvorlage *f* оригинал (фото)шаблона
Maskierung *f* 1. маскирование 2. маскировка
Maß *n* 1. мера 2. размер
~, **lichtes** размер в свету
Maßabweichung *f* отклонение от номинального [от заданного[размера
Maßanalyse *f хим.* титриметрический анализ
Maßbezugslinie *f* выносная линия *(на чертеже)*
Masse *f* 1. масса 2. *эл., элн,* заземление, «земля»
~, **aktive** активная [эффективная] масса
~, **effektive** эффективная масса
~, **kritische** критическая масса
~, **wirksame** эффективная масса
Masseanschluß *m эл.* 1. соединение с корпусом; соединение с землёй; соединение с заземляющей шиной 2. зажим [клемма] для соединения с корпусом
Masseausgleich *m см.* Massenausgleich
Massebestimmung *f хим.* весовое определение
Massebetrag *m* величина массы
Massedefekt *m см.* Massendefekt
Massedurchsatz *m* весовой расход
Masseeinheit *f* единица массы
~, **atomare** атомная единица массы
Masse-Energie-Beziehung *f* соотношение между массой и энергией, эквивалентность массы и энергии
Maßeinheit *f* единица измерения, единица
Maßeintragung *f* нанесение размеров *(на чертеже)*
Massekernwerkstoff *m* магнитодиэлектрик
Massel *f мет.* чушка; чугунная чушка; штык
Masselbrecher *m мет.* чушколоматель
Masse-Leistungs-Verhälnis *n* отношение масса/мощность; удельная масса *(транспортного средства)*
Masseleitung *f элн* заземляющая шина, шина «земли»
Masselform *f*, **Masselgießform** *f мет.* мульда
Masselgießmaschine *f мет.* разливочная ма-

MASSEMITTELPUNKT

шина (*машина для разливки чугуна в чушки*)
Massemittelpunkt *m* см. **Massenmittelpunkt**
Massenanteil *m* массовая доля, доля [относительное содержание] по массе
Massenanziehung *f* притяжение масс; гравитация
Massenausgleich *m* балансировка, уравновешивание масс; корректировка масс (*при балансировке*)
Massenbedarfsartikel *m pl* предметы широкого потребления
Massenbeton *m* массовый бетон (*бетон для центральной части массивных гидротехнических сооружений, массивных фундаментов и т. п.*)
Massendefekt *m* яд. дефект массы
Massendurchfluß *m* массовый расход (*жидкости, газа*)
Massendurchflußmesser *m* массовый расходомер
Masseneinheit *f* единица массы
Massenerhaltungssatz *m* закон сохранения массы
Massenfertigung *f* массовое производство
Massengut *n* массовый груз
Massengutfrachtschiff *n* мор. сухогруз общего назначения, навалочник, балкер
Massenkonzentration *f* весовая концентрация
Massenkraftaufbereitung *f* гравитационное обогащение
Massenkraft *f* массовая [объёмная] сила; сила инерции
Massenmittelpunkt *m* центр инерции, центр масс
Massenpunkt *m* материальная точка
Massenresonanzen *f pl* физ. резонансы, резонансные частицы
Massensatz *m* разновес
Massenseparator *m* яд. масс-анализатор, масс-сепаратор
Massenspeicher *m* вчт память [ЗУ] большой ёмкости, массовая память
Massenspektralanalyse *f* масс-спектрометрический анализ
Massenspektrograph *m* масс-спектрограф
Massenspektrometer *n* масс-спектрометр
Massenspektrometrie *f*, **Massenspektroskopie** *f* масс-спектроскопия
Massenspektrum *n* масс-спектр

Massentrenner *m* яд. масс-анализатор, масс-сепаратор
~, **magnetischer** (электро)магнитный масс-анализатор, (электро)магнитный масс-сепаратор
Massenverhältnis *n* отношение масс
Massenvernichtungswaffe *f* оружие массового поражения
Massenwirkungsgesetz *n* закон действующих масс
Massenwirkungskonstante *f* константа равновесия
Massenzahl *f* массовое число
Massepotential *n* потенциал «земли»
Masseprozent *n* весовой процент
Massepunkt *m* 1. материальная точка 2. точка соединения с «землёй» [с заземляющей шиной]
Masseschluß *m* замыкание на корпус
Massestücke *n pl* разновески
Masseverbindung *f* соединение с корпусом
Massezahl *f* см. **Massenzahl**
maßgerecht с соблюдением размеров
Maßhaltigkeit *f* выдерживание заданных размеров; сохранение точности размеров
Maßhilfslinien *f pl* выносные линии (*на чертеже*)
Massivumformen *n* см. **Massivumformung**
Massivumformung *f* мет., маш. обработка нелистового материала давлением (*обработка давлением, т.е. свободной ковкой, объёмной штамповкой, холодной высадкой, «массивных» изделий — кузнечных заготовок, слитков, прутков, сортовых заготовок и др.*)
Maßkette *f* размерная цепь
Maßkontrolle *f* размерный контроль, контроль размеров
Maßlinien *f pl* размерные линии (*на чертеже*)
Maßlösung *f* хим. титрованный раствор
Maßordnung *f* стр. модульная система
Maßstab *m* 1. масштаб 2. масштабная линейка; шкала
~, **großer** крупный масштаб
~, **kleiner** мелкий масштаб
Maßstabänderung *f* 1. изменение масштаба 2. масштабирование
Maßstabeinführung *f* масштабирование
Maßstabeinheit *f* единица масштаба
Maßstabfaktor *m* масштабный множитель, масштабный фактор

Maßstabgröße *f* величина масштаба
Maßstablineal *n* масштабная линейка
Maßstabsbestimmung *f* масштабирование
Maßsynthese *f* размерный синтез (*механизмов*)
Maßsystem *n* система единиц (*физических величин*)
~, **Internationales** Международная система единиц, СИ
~, **metrisches** метрическая система мер
~, **technisches** практическая система единиц
Maßtheorie *f мат.* теория меры
Maßtoleranz *f* допуск на размеры
Maßverkörperung *f* мера
Maßwalzwerk *n* калибровочный стан
Maßzahl *f* числовая мера; статистическая мера
Mast *m* 1. *мор.* мачта 2. мачта (*сооружение, состоящее из ствола с закреплёнными в анкерных устройствах оттяжками*) 3. *эл.* опора (*линии электропередачи*) 4. столб
~, **abgespannter** мачта с оттяжками
Master *m* 1. *вчт* задатчик, задающий модуль, активное [ведущее] устройство 2. *вчт* главная станция (*сети передачи данных*) 3. *вчт* основной файл 4. *вчт* основная [главная] лента; лента-оригинал 5. *элн* базовый матричный кристалл, БМК
Masterarm *m* ведущая рука (*манипулятора, робота*)
Masterbatch *m* маточная смесь
Master-Slave-Flipflop *n* MS-триггер, триггер MS-типа
Master-Slave-Manipulator *m* копирующий манипулятор
Master-Slave-Steuerung *f* управление с задающим и ведомым органами
Master-Slave-System *n* *вчт* система «ведущий — ведомый»
Master-Slice *n* *элн* базовый матричный кристалл, БМК
Master-Slice-Schaltkreis *m* *элн* (матричная) БИС на основе БМК
Master-Slice-Technik *f* 1. метод базового матричного кристалла, метод БМК, метод проектирования (матричных) БИС на основе БМК 2. технология (изготовления) БИС на основе БМК
Mastikat *n* пластикат
Mastikation *f* пластикация
Mastikator *m* пластикатор
Mastix *m* мастика

Mastwerk *n мор.* рангоут
Masut *n* мазут
Mater *f полигр.* матрица; стереотипная матрица
Material *n* материал
~, **aktives** активное вещество
~, **korrosionsbeständiges** антикоррозионный [коррозионностойкий] материал
~, **radioaktives** радиоактивный материал
~, **rollendes** *ж.-д.* подвижной состав
~, **spaltbares** *яд.* делящийся материал
Materialaufwand *m* расход материала
Materialeinsatz *m* расход материала; металлоёмкость
Materialermüdung *f* усталость материала
Materialintensität *f* материалоёмкость
materialintensiv материалоёмкий
Materialkonstante *f* постоянная материала
Materialprüfung *f* испытание материалов
materialsparend материалосберегающий
Materie *f* материя
materiell материальный
Materiewellen *pl физ.* волны де Бройля
Matern *n* матрицирование
Maternpappe *f* матричный картон
Maternprägen *n* матрицирование
Mathematik *f* математика
~, **höhere** высшая математика
mathematisch математический
Matrix *f мат.* матрица
~, **gestürzte** транспонированная матрица
~, **hermitesche** эрмитова [самосопряжённая, эрмитово-симметрическая] матрица
~, **inverse** обратная матрица
~, **komplex-konjugierte** комплексно-сопряжённая матрица
~, **schiefhermitesche** *см.* **Matrix, hermitesche**
~, **schiefsymmetrische** кососимметрическая матрица
~, **symmetrische** симметрическая матрица
~, **transponierte** транспонированная матрица
~, **unitäre** унитарная матрица
Matrixdisplay *n* матричный дисплей (на жидких кристаллах), матричный ЖК-дисплей
Matrixdrucker *m* матричное печатающее устройство, матричный принтер
Matrix-LSI-Schaltkreis *m* матричная БИС
Matrixprozessor *m* матричный процессор
Matrixschaltkreis *m* матричная ИС; матричная БИС
Matrize *f* матрица

MATRIZE

~, einteilige цельная матрица
~, geteilte *см.* Matrize, zweiteilige
~, mehrteilige секционная [составная] матрица
~, zweiteilige разъёмная [составная] матрица
Matrizenmechanik *f* матричная механика
Matrizenrechnung *f* матричное исчисление
Matrizen-RNS *f* *биол.* информационная [матричная] РНК
Matrizieren *n* матрицирование
Mattätzung *f* матовое травление
Matte *f* 1. мат 2. мат, холст (*стекломат, стеклохолст*) 3. коврик
Mattglas *n* матовое стекло
Mattierung *f* 1. матирование, матировка 2. матировка, матовое покрытие 3. матирующее средство
Mattierungsmittel *n* матирующее средство
Mattscheibe *f* *фото* матовое стекло
Mattscheibenbild *n* *фото* изображение на матовом стекле
Mattscheibenlupe *f* (матированная) коллективная линза (*зеркального фотоаппарата*)
Mattscheibenscharfeinstellung *f* *фото* наводка на резкость по изображению на матовом стекле
Mattscheibensucher *m* *фото* видоискатель с матовым стеклом
Mattschweiße *f* плёна (*дефект проката*)
Mauer *f* стена
Mauerabsatz *m* обрез стены
Mauerkelle *f* кельма, мастерок
Mauermörtel *m* кладочный раствор, раствор для кладки
Mauerstein *m* *стр.* камень (*для кладки стен*)
Mauerung *f* 1. кладка; каменная кладка; кирпичная кладка 2. *горн.* каменная крепь
Mauerverband *m* перевязка (каменной) кладки
Mauerwerk *n* кладка; каменная кладка; кирпичная кладка
Mauerziegel *m* (строительный) кирпич
Mauken *n* вылёживание (*глины, керамической массы*)
Maul *n* 1. отверстие, зев (*гаечного ключа*) 2. зев, выемка (*напр. станины*) 3. загрузочное отверстие (*дробилки*)
Maulschere *f* двухрычажные ножницы
Maulschlüssel *m* гаечный ключ с открытым зевом
Maulweite *f* размер зева (*гаечного ключа*)
Maulwurfsdränung *f* кротовый дренаж
Maurer *m* каменщик
Maurerarbeiten *f pl* каменные работы
Maurerhammer *m* (молоток-)кирочка
Maurerkelle *f* кельма, мастерок
Maus *f* *вчт* мышь, манипулятор типа «мышь» (*устройство ввода координат в интерактивных системах*)
maximal максимальный
Maximalausschalter *m* *эл.* максимальный автомат
Maximalbelastung *f* максимальная нагрузка
Maximalleistung *f* максимальная мощность
Maximaltemperatur *f* максимальная температура
Maximalwert *m* максимальное значение; амплитудное значение
Maximalwertauslöser *m* *см.* **Maximalausschalter**
Maximum *n* максимум
Maximum-Minimum-Methode *f* *мат.* метод минимакса
Maximum-Minimum-Thermometer *n* максимально-минимальный термометр
Maximumthermometer *n* максимальный термометр
Maxwell *n* максвелл, Мкс
Maxwell-Boltzmann-Statistik *f* *физ.* распределение Максвелла — Больцмана
Mazerierung *f* мацерация
M-Bahn *f см.* **Magnetschwebebahn**
McLeod-Manometer *n* манометр Мак-Леода
McPherson-Achse *f*, **McPherson-Federbein-Achse** *f* *авто* мост (с независимой подвеской колёс) на стойках Макферсона
McPherson-Federung *f* *авто* рычажно-телескопическая подвеска, независимая подвеска колёс на стойках Макферсона
Mechanik *f* механика
~ des starren Körpers механика твёрдого тела
Mechanikerdrehmaschine *f* настольный токарный станок
mechanisch механический
Mechanisierung *f* механизация
Mechanismus *f* механизм
Mechanochemie *f* механохимия
Mechanostriktion *f* механострикция
Mediane *f* медиана
Medianwert *m* медиана (*характеристика распределения значений случайной величины*)
Medium *n* среда
~, aktives активная среда (*лазера*)
~, dichtes сплошная среда

MEHRFACHFOTOREPEATER

~, turbulentes турбулентная среда
Medizinelektronik f медицинская электроника
Meer n 1. море 2. Мировой океан, океан
Meeresablagerungen f pl морские отложения
Meeresbergbau m морские разработки (*разработка полезных ископаемых, залегающих на шельфе, на морском дне и в морских недрах*)
Meeresbohrinsel f морская буровая платформа
Meeresbohrung f морская скважина
Meereshöhe f высота над уровнем моря
Meereskraftwerk n приливная электростанция
Meereskunde f океанология
Meeresniveau n уровень моря
Meeressedimente n pl см. Meeresablagerungen
Meeresspiegel m уровень моря
Meeresströmungen f pl океанские [океанические, морские] течения
Meerestechnik f технические средства и методы изучения и освоения Мирового океана; комплексная научная и инженерно-техническая дисциплина, занимающаяся проблемами изучения и освоения Мирового океана
Meeresverschmutzung f загрязнение морей; загрязнение Мирового океана
Meereswärmekraftwerk n гидротермальная электростанция (*электроустановка для выработки электроэнергии за счет использования температурного градиента воды на различных глубинах морей и океанов*)
Meersalz n морская соль
Meerwasser n морская вода
Meerwasserentsalzung f опреснение морской воды
Megahertz n мегагерц, МГц
Megaohm n мегом, МОм
Megaphon n мегафон
Megapond n тонна-сила, тс
Megawatt n мегаватт, МВт
Megger m см. Megohmmeter
Megohmmeter n мегомметр, меггер
mehratomig многоатомный
Mehl n мука
Mehrachsbearbeitung f многокоординатная обработка
mehrachsig многоосный
Mehrachs(kraft)wagen m многоосный автомобиль
Mehrachswerkzeugmaschine f многокоординатный станок

Mehradreßbefehl m вчт многоадресная команда
mehradrig многожильный
Mehratomigkeit f многоатомность
mehrbasisch многоосновный
Mehrbelastung f избыточная нагрузка
Mehrbenutzersystem n вчт многопользовательская система, система с коллективным доступом
Mehrbereichmeßgerät n многодиапазонный [многошкальный] измерительный прибор
Mehrbereichsstruktur f многодиапазонная [многошкальная] система (*напр. измерительного прибора*)
Mehrchipbaueinheit f многокристальная микросборка
Mehrchipmikroprozessor m многокристальный микропроцессор
Mehrchipschaltkreis m, **Mehrchipschaltung** f многокристальная ИС
mehrdeutig многозначный; неоднозначный
Mehrdeutigkeit f многозначность; неоднозначность
mehrdimensional многомерный
Mehrdraht... многопроводной
Mehrebenenintegration f технология ИС с многоуровневой структурой; технология приборов с многоуровневой структурой
Mehrebenenleitbahnen f pl многоуровневые межсоединения; многоуровневая разводка
Mehrebenenstruktur f многоуровневая структура
Mehrebenenverdrahtung f многоуровневая разводка
Mehrelementantenne f многовибраторная антенна
Mehremittertransistor m многоэмиттерный транзистор
mehrfach кратный; многократный
Mehrfachausnutzung f свз уплотнение (*каналов*)
Mehrfachdiffusion f многократная диффузия
Mehrfachdrehkondensator m блок конденсаторов переменной ёмкости
Mehrfachemittertransistor m многоэмиттерный транзистор
Mehrfachempfang m рад. приём на разнесённые антенны
Mehrfachfotorepeater m элн многопозиционный фотоповторитель

377

MEHRFACHFOTOWIDERSTAND

Mehrfachfotowiderstand *m* многоэлементный фоторезистор

Mehrfachfrequenzimpulssystem *n* многоканальная частотно-импульсная система

Mehrfachfrequenzssystem *n* многочастотная телеизмерительная система

Mehrfachgegenkopplung *f* многопетлевая отрицательная обратная связь

Mehrfachgesenk *n* многоместный штамп, штамп для многоштучной штамповки, многорядный ковочный штамп (*ковочный штамп с двумя или более ручьями одинаковой формы*)

Mehrfachgravurgesenk *n* многоручьевой штамп

Mehrfachgreifer *m* многоместный захват, многоместный схват

Mehrfachimpulsregler *m* регулятор с несколькими воздействиями

Mehrfachimpulssystem *n* многосвязная импульсная система

Mehrfachintegral *n* кратный интеграл

Mehrfachkanal *m* уплотнённый канал (связи), мультиплексный канал

Mehrfachkette *f* многорядная цепь

Mehrfachkollektortransistor *m* многоколлекторный транзистор

Mehrfachkorrelation *f* множественная корреляция

Mehrfachleitung *f* 1. многопроводная линия 2. уплотнённая линия (связи)

Mehrfachlichtbogenschweißung *f* многодуговая сварка

Mehrfachmeldung *f* многократное сообщение

Mehrfach-Mikroprozessor-System *n* мультимикропроцессорная система

Mehrfachmodulation *f* многократная модуляция

Mehrfachnachrichtenstrecke *f* многоканальная линия связи

Mehrfachpreßwerkzeug *n* многоместная пресс-форма

Mehrfachprogrammierung *f* мультипрограммирование

Mehrfachpunkt *m мат.* кратная точка

Mehrfachquantenmulde *f элн* многоквантовая яма

Mehrfachquantenübergang *m элн* многоквантовый переход

Mehrfachregelung *f см.* **Mehrgrößenregelung**

Mehrfachrückkopplung многопетлевая обратная связь

Mehrfachschalter *m* многоконтактный переключатель

Mehrfachschreiber *m* многоканальный самописец

Mehrfachsprengkopf *m* разделяющаяся головная часть (*баллистической ракеты*), головная часть (*баллистической ракеты*) с разделяющимися боевыми частями индивидуального наведения

Mehrfachspritze *f* многоразовый шприц

Mehrfachsystem *n* многосвязная система

Mehrfachtelefonie *f* многоканальная [высокочастотная] телефонная связь, ВЧ-телефонирование; высокочастотная телефония, ВЧ-телефония

Mehrfachtelegrafie *f* многоканальное телеграфирование

Mehrfachvorrichtung *f см.* **Mehrstellenspannvorrichtung**

Mehrfachwerkzeug *n* 1. *маш.* комбинированный инструмент 2. многогнёздная пресс-форма

Mehrfachzugriff *m* 1. *вчт* коллективный доступ 2. многостанционный доступ (*в системе спутниковой связи*)

Mehrfachzugriffssystem *n* система с коллективным доступом

Mehrfarbendruck *m* многокрасочная печать

Mehrfeldbalken *m* многопролётная балка

Mehrfeldträger *m* многопролётная балка

Mehrfenstertechnik *f* полиэкранный режим (*работы дисплея*)

Mehrgefäßbagger *m* многоковшовый элеватор

Mehrgitterröhre *f элн* многосеточная лампа

Mehrgrößenregelung *f автм* многосвязное регулирование

Mehrgrößenregelungssystem *n автм* система многосвязного регулирования

Mehrheitsglied *n вчт* мажоритарный элемент

Mehrheitslogik *f вчт* мажоритарная логика

Mehrheitsträger *m pl элн* основные носители (заряда)

Mehrkammerofen *m* многокамерная печь

Mehrkammerraketentriebwerk *n* многокамерный (ракетный) двигатель

Mehrkanalfunkverkehr *m* многоканальная радиосвязь

Mehrkanalübertragung *f* многоканальная связь

Mehrkanalverbindung *f* многоканальная связь

Mehrkanalverkehr *m* многоканальная (радио)связь

Mehrkomponententreibstoff *m* многокомпонентное ракетное топливо
Mehrkörperproblem *n* задача многих тел
Mehrlagenleiterplatte *f* многослойная печатная плата
Mehrlagenschweißen *n* многослойная сварка
Mehrlagenwicklung *f* многослойная обмотка
mehrlagig многослойный
Mehrleistung *f* избыточная мощность
Mehrleiter... многопроводной; многожильный
Mehrleiterkabel *n* многожильный кабель
Mehrlochbohrung *f* кустовое бурение
Mehrmaschinenabschnitt *m* многостаночный участок
Mehrmaschinenbedienung *f* многостаночное обслуживание
Mehrmaschinenstraße *f* многостаночная линия
Mehrmeißelhalter *m* многоинструментальный резцедержатель
Mehrmetallplatte *f* *полигр.* полиметаллическая печатная [полиметаллическая офсетная] форма; полиметаллическая формная пластина (*для офсетной печати, напр. на биметалле или триметалле*)
Mehrmodenlaser *m* многомодовый лазер
Mehrmodenlichtleiter *m* многомодовый световод
Mehrmotorenantrieb *m* многодвигательный привод
Mehrnährstoffdünger *m* *с.-х.* многостороннее [комплексное] минеральное удобрение
Mehrnutzerbetrieb *m* *вчт* режим коллективного доступа
Mehrnutzersystem *n* *вчт* многопользовательская система, система с коллективным доступом
Mehrpaß-Compiler *m* *прогр.* многопроходный компилятор
Mehrphasenmotor *m* многофазный электродвигатель
Mehrphasenstrom *m* многофазный ток
Mehrphasenstromkreis *m* многофазная цепь
Mehrphasensystem *n* многофазная система
mehrphasig многофазный
Mehrplatzsystem *n* *см.* Mehrnutzersystem
Mehrpol *m* *эл.* многополюсник
mehrpolig *эл.* многополюсный
Mehrproduktfließstraße *f* многономенклатурная поточная линия
Mehrprozessorsystem *n* многопроцессорная система; многопроцессорный вычислительный комплекс
Mehrpunktregelung *f* многопозиционное регулирование
Mehrpunktregler *m* многопозиционный регулятор
Mehrrechnersystem *n* многомашинная система; многомашинный вычислительный комплекс
mehrreihig многорядный
Mehrschalengreifer *m* многочелюстной грейфер
Mehrscharpflug *m* *с.-х.* многолемешный плуг
Mehrscheibenkupplung *f* многодисковая муфта
Mehrschichtdiode *f* многослойный диод
mehrschichtig многослойный
Mehrschichtkeramik *f* многослойная керамика
Mehrschichtmetallisierung *f* многослойная [многоуровневая] металлизация
Mehrschichtresist *n* многослойный резист
Mehrschichtstruktur *f* многослойная структура
Mehrschichtsystem *n* многослойная система; многослойная структура
Mehrschichtwicklung *f* многослойная обмотка
mehrschneidig многолезвийный (*об инструменте*)
Mehrspindelautomat *m* многошпиндельный (станок-)автомат
Mehrspindeldrehautomat *m* многошпиндельный токарный автомат
Mehrspindelkopf *m* многошпиндельная головка
Mehrspindelpumpe *f* многовинтовой насос
Mehrspuraufzeichnung *f* многодорожечная запись
Mehrständerpresse *f* многостоечный пресс
Mehrstationenmaschine *f* многопозиционный агрегатный станок
Mehrstellenschweißanlage *f* многопостовая сварочная установка
Mehrstellenspannvorrichtung *f*, Mehrstellenvorrichtung *f* *маш.* многоместное зажимное приспособление
Mehrstoffgemisch *n* многокомпонентная смесь
Mehrstoffsystem *n* многокомпонентная система
Mehrstufenautomat *m* *мет.-об.* многопозиционный автомат
Mehrstufengesenk *n* многоручьевой штамп
Mehrstufenpresse *f* многопозиционный пресс
Mehrstufenpumpe *f* многоступенчатый насос
Mehrstufenrakete *f* многоступенчатая ракета
Mehrstufenturbine *f* многоступенчатая турбина

MEHRSTUFENVERDICHTER

Mehrstufenverdichter *m* многоступенчатый компрессор
Mehrstufenverstärker *m* многокаскадный усилитель
mehrstufig многоступенчатый; многокаскадный
mehrteilig разъёмный; разборный; составной
Mehrverbrauch *m* перерасход
Mehrwegeaufbaumaschine *f* многосторонний агрегатный станок
Mehrwegeverpackung *f* многооборотная тара
mehrwertig 1. многовалентный; многоатомный 2. *мат.* многозначный
Mehrwertigkeit *f* 1. многовалентность; многоатомность 2. *мат.* многозначность
Mehrzweckmaschine *f* станок многоцелевого назначения; универсальный станок
Mehrzweckrechner *m* универсальная ЭВМ
Mehrzweckschlepper *m* универсальный трактор
Mehrzylindermotor *m* многоцилиндровый двигатель
Meile *f* миля
Meiler *m* 1. костёр [куча] для углежжения 2. атомный [урановый] котёл
Meißel *m* 1. резец 2. (буровое) долото 3. зубило; долото
~, **abgesetzter** оттянутый резец
~, **gebogener** отогнутый резец
Meißelblock *m* резцовый блок *(режущий инструмент для растачивания отверстий, состоящий из вставных резцов, установленных в гнездах державки и получающих от нее вращение)*
Meißelform *f* геометрия резца
Meißelhalter *m* резцедержатель
Meißeln *n* 1. обработка зубилом; обрубание зубилом 2. рубка *(металла)*
Meißelschlitten *m* резцовые салазки *(узел металлорежущего станка)*
Meister *m* мастер-пуансон
Meistergesenk *n* мастер-штамп
Meisterschablone *f* контрольный шаблон
Meisterschalter *m* контроллер; командоконтроллер
Meisterstück *n* эталонная деталь; шаблон; копир
Meisterwalze *f* барабанный контроллер; барабанный командоконтроллер
Melamin *n* меламин
Melamin-Formaldehydharz *n* меламино-формальдегидная смола

Melange *f* 1. меланж 2. меланжевая ткань 3. меланжевая пряжа
Melangieren *n* меланжирование
Melasse *f* меласса, кормовая патока
Meldelampe *f* сигнальная лампа; сигнальная лампочка
Melder *m* сигнализатор
Meldung *f* сигнализация
Melioration *f* мелиорация
Meliorationsbau *m* мелиоративное строительство
Melken *n* доение, дойка
~, **elektrisches** электродоение, машинное доение
Melkmaschine *f* доильная установка
~, **elektrische** доильная установка
Membran *f* мембрана; диафрагма
Membranantrieb *m* мембранный привод *(гидро- или пневмопривод с мембранным гидро- или пневмоцилиндром)*
Membrandruckmesser *m см.* Membranmanometer 1.
Membrane *f см.* Membran
Membranmanometer *n* 1. мембранный манометр 2. мембранный вакуумметр
Membranpumpe *f* диафрагменный насос
Membranventil *n* мембранный клапан
Membranzylinder *m* мембранный гидро- или пневмоцилиндр
Memory-Legierung *f* сплав с памятью, сплав с эффектом памяти (формы)
Mendelevium *n* менделевий, Md
Menge *f* 1. количество 2. *мат.* множество
~, **abzählbare** счётное множество
Mengenfluß *m* расход
Mengenlehre *f мат.* теория множеств
Mengenleistung *f* производительность, объём выпуска
Mengenleistungsflexibilität *f* гибкость *(производства)* по объёму выпуска
mengenmäßig количественный
Mengenmesser *m* расходомер
Mengenregelung *f* регулирование расхода
Mengenregler *m* регулятор расхода
Meniskus *m* мениск
Mennige *f* (свинцовый) сурик
Mensch-Maschine-Kommunikation *f* человеко-машинное общение, общение человека с машиной; человекомашинный диалог
Mensch-Maschine-Dialog *m* человекомашинный диалог

Mensch-Maschine-Kommunikation f человеко-машинный диалог, диалог «человек — машина»; связь «человек — машина»
Mensch-Maschine-System n человекомашинная система
Menthol n ментол
Menü n вчт меню
Menüführung f вчт управление в режиме меню
Mercerisation f, **Mercerisieren** f мерсеризация
Mergel m мергель
Meridian m меридиан
Meridianschnitt m меридиональное сечение
Merzerisieren n мерсеризация
Mesadiode f мезадиод
Mesa-Epitaxie-Technik f технология изготовления эпитаксиальных мезатранзисторов
Mesastruktur f мезаструктура
Mesatechnik f, **Mesatechnologie** f мезатехнология, технология получения мезаструктур
Mesatransistor m мезатранзистор
MESFET [Metal Semiconductor FET, Metall-Halbleiter-Feldeffekttransistor] m полевой транзистор (с затвором) Шоттки, полевой транзистор с контактом металл — полупроводник
Mesoatom n мезоатом
Mesomerie f мезомерия
Meson n яд. мезон
μ-Meson n яд. мю-мезон
Mesopause f мезопауза
Mesosphäre f мезосфера
Mesozoikum n геол. мезозой, мезозойская эра
Meßanlage f измерительная установка
Meßanordnung f измерительное устройство
Meßapparat m измерительный прибор
Meßauflösung f разрешающая способность измерительного прибора
Meßaufnehmer m первичный измерительный преобразователь, датчик
~, piezoresistiver тензорезистивный датчик, тензодатчик
Meßband n мерная [измерительная] лента
meßbar измеримый
Meßbasis f измерительная база
Meßbereich m диапазон измерений
Meßbereichseinstellung f установка диапазона измерений
Meßbereichsumschaltung f переключение диапазонов измерений
Meßbild n фотограмма
Meßbildkamera f см. **Meßkammer**
Meßblende f расходомерная диафрагма
Meßbrücke f эл. измерительный мост
Meßbügel m 1. измерительная скоба 2. динамометрическая скоба
Meßdose f динамометрический датчик, месдоза
Meßdraht m 1. эл. реохорд; калиброванная проволока (для электроизмерительного прибора) 2. маш. измерительная проволочка
Meßdruck m давление [нажатие] при измерении; непр. измерительное усилие (см. тж **Meßkraft**)
Meßdüse f измерительное сопло
Meßeinrichtung f измерительное устройство
Meßeinsatz m измерительный наконечник
Meßelektrode f измерительный электрод
Messen n измерение; замер
Messer I m измеритель
Messer II n нож (напр. фрезы)
Messerfurnier n строганый шпон
Meßergebnis n результат измерения
Messerkasten m см. **Messerkorb**
Messerkontakt m рубящий [ножевой] контакт
Messerkopf m мет.-об. 1. (зуборезная) резцовая головка 2. фрезерная резцовая головка, торцовая фреза со вставными ножами
Messerkorb m текст. ножевая рама (жаккардовой машины)
Messerschalter m рубильник
Messerstahl m ножевая сталь
Messertrommel f ножевой барабан
Meßfehler m погрешность измерения
Meßfrequenz f измерительная частота
Meßfühler m чувствительный элемент (первичного измерительного преобразователя); первичный измерительный преобразователь, датчик
Meßgeber m телеметрический датчик
Meßgefäß n мерный сосуд, мерник
Meßgefäße n pl измерительная посуда
Meßgenauigkeit f точность измерений
Meßgenerator m измерительный генератор
Meßgerät n измерительный прибор; измерительный инструмент
Meßglas n мензурка
Meßglied n чувствительный элемент средства измерений; измерительный элемент
Meßgrenze f предел измерений (наибольшее и наименьшее значение диапазона измерений)
Meßgröße f измеряемая величина
Meßgrößenaufnehmer m см. **Meßaufnehmer**

MEẞGRÖẞENUMFORMER

Meßgrößenumformer *m*, **Meßgrößenwandler** *m* см. **Meßumformer**
Messing *n* латунь
Messing... латунный
Meßinstrument *n* измерительный инструмент; измерительный прибор
Meßkammer *f* фотограмметрический аппарат
Meßkeil *m* измерительный клин
Meßkolben *m* мерная колба
Meßkopf *m* измерительная головка
Meßkraft *f* измерительное усилие (*сила, с которой измерительный наконечник воздействует на поверхность измеряемого объекта в зоне их контакта*)
Meßkreis *m* 1. измерительная цепь 2. лимб
Meßleitung *f* измерительная линия
Meßmaschine *f* измерительная машина
Meßmethode *f* метод измерений
~, **hochfrequenztechnische** метод радиоизмерений
~, **radiotechnische** метод радиоизмерений
Meßokular *n* окуляр-микрометр
Meßorgan *n* см. **Meßglied**
Meßplatte *f* 1. *маш.* поверочная плита 2. измерительная пластина (*осциллографа*) 3. испытательная пластина (*фотометра*)
Meßprojektor *m* измерительный проектор
Meßrädchen *n* курвиметр
Meßraum *m* измерительное пространство
Meßreihe *f* серия измерений
Meßschaltung *f* измерительная схема
Meßschieber *m* штангенциркуль
Meßschraube *f* микрометр
Meßschreiber *m* самопишущий измерительный прибор
Meßsender *m* измерительный генератор
Meßsonde *f* измерительный зонд
Meßspitze *f* измерительный наконечник
Meßspule *f* измерительная катушка
Meßstelle *f* точка измерения, точка замера
Meßsteuern *n*, **Meßsteuerung** *f* активный контроль (*контроль, в ходе которого при обнаружении отклонений от заданных параметров выдаются соответствующие сигналы на корректирующие устройства для автоматического устранения этих отклонений*)
Meßsystem *n* измерительная система
~, **inkrementales** измерительная система с отсчётом в приращениях

~, **rechnergestütztes** автоматизированная измерительная система
Meßtafel *f* щит [панель] измерительных приборов
Meßtank *m* мерный резервуар, мерник
Meßtaster *m* контактная измерительная головка
Meßtechnik *f* измерительная техника
Meßtisch *m геод.* мензула
Meßtischblatt *n геод.* мензуальный планшет
Meßtransformator *m* измерительный трансформатор
Meßuhr *f* 1. *маш.* индикатор часового типа 2. *пласт.* индикаторный толщиномер (*напр. для пленок, листов*)
Meßumformer *m* измерительный преобразователь
Messung *f* 1. измерение; замер 2. промер (*глубины*) 3. *горн.* каротаж (*см. тж* **Messungen**)
~, **exakte** [**genaue**] точное [прецизионное] измерение
~, **geomagnetische** магнитная разведка, магнитометрия
~, **prozeßbegleitende** измерение в процессе обработки
~, **zusammengesetzte** совокупное измерение
Messungen *f pl* измерения (*см. тж* **Messung**)
~, **direkte** прямые измерения
~, **elektrische** электрические измерения
~, **indirekte** [**mittelbare**] косвенные измерения
~, **radiotechnische** радиоизмерения
~, **unmittelbare** прямые измерения
Meßunsicherheit *f* погрешность измерения
Meßverfahren *n* метод измерения [измерений]
Meßverstärker *m* измерительный усилитель
Meßvorrichtung *f* измерительное устройство
Meßwandler *m* 1. *эл.* измерительный трансформатор 2. измерительный преобразователь
Meßwarte *f* диспетчерский пункт
Meßwerk *n* измерительный механизм
Meßwert *m* измеренная величина; результат измерений
Meßwerterfassung *f* регистрация результатов измерений
Meßwertgeber *m* датчик измеряемой величины; телеметрический датчик
Meßumwertformer *m см.* **Meßumformer**
Meßwesen *n*, **elektrisches** электрометрия
Meßzylinder *m* мерный цилиндр
Metagalaxis *f астр.* метагалактика

METALLOXID...

Metall *n* металл
~, **raffiniertes** металл особой чистоты, особо чистый металл
~ **technischer Reinheit** рафинированный металл
Metallamellenverschluß *m фото* затвор с металлическими шторками
Metallanteil *m* 1. металлоёмкость *(конструкции)* 2. доля [содержание] металла; металлическая фракция
Metallasbestdichtung *f* металло-асбестовая прокладка
Metallausbau *m горн.* металлическая крепь
Metallbearbeitung *f* металлообработка, обработка металлов
Metallbearbeitungsmaschine *f* металлообрабатывающий станок
Metallblattsäge *f* слесарная ножовка
Metallbürste *f* крацовка
Metalldampf *m* пары металла
Metalldampflampe *f* паросветная лампа, лампа с разрядом в парáх металла
Metalldichtung *f* металлический уплотнительный элемент
Metalldraht-Dehnungsmeßstreifen *m* проволочный тензометр
Metalle *n pl*, **seltene** редкие металлы
Metalleichtbau *m* строительство с применением лёгких металлических конструкций; строительство с применением лёгких стальных конструкций
Metallelektrode *f* металлический электрод
Metallfaden *m* металлическая нить
Metallfärbung *f* оксидирование (и/или пассивирование) металлов *(получение защитных или декоративных пленок на поверхности металлических изделий)*
Metallfaser *f* металлическое волокно
Metallfilmwiderstand *m* металлоплёночный резистор
Metallfolie *f* металлическая фольга
Metallform *f* металлическая (литейная) форма
Metallgefüge *n* структура металла
Metallgehäuse *n* металлический корпус
Metallglanz *m* металлический блеск
Metallgummi *m* металлорезина
Metall-Halbleiter-Feldeffekttransistor *m* полевой транзистор (с затвором) Шоттки, полевой транзистор с контактом металл — полупроводник
Metall-Halbleiter-Fotodiode *f* фотодиод Шоттки, фотодиод со структурой металл — полупроводник
Metall-Halbleiter-Übergang *m* переход металл — полупроводник; барьер Шоттки
Metallhütte *f* завод цветной металлургии
Metallhüttenkunde *f* цветная металлургия
Metallhüttenwesen *n* цветная металлургия
Metallindustrie *f* 1. металлопромышленность 2. цветная металлургия
Metall-Inertgas-Schweißen *n см.* MIG-Schweißen
Metallisation *f геол.* рудная минерализация
metallisch металлический
Metallisierung *f* металлизация
Metallisierungskontakt *m* металлизированный контакт
Metallisierungsmuster *n* рисунок металлизации
Metall-Isolator-Halbleiterstruktur *f* структура металл — диэлектрик — полупроводник, МДП-структура
Metallkeramik *f* 1. *уст.* порошковая металлургия 2. кермет
Metallkeramikgehäuse *n* металлокерамический корпус
Metallkeramikwiderstand *m* керметный резистор
Metallkleben *n* склеивание металлов; крепление к металлу *(специальным клеем)*
Metallklebstoff *m* клей для металлов
Metallkonstruktion *f* металлическая конструкция, металлоконструкция, стальная конструкция
Metallkontakt *m* металлический контакт
Metallkreissäge *f* 1. отрезная фреза 2. фрезерно-отрезной станок
Metallkreissägemaschine *f* фрезерно-отрезной станок
Metallkunde *f* металловедение
Metallnetz *n* металлическая сетка
Metall-Nitrid-Oxid-Halbleiterstruktur *f* структура металл — нитрид — оксид — полупроводник, МНОП-структура
Metallographie *f* металлография
Metalloide *n pl* неметаллы
Metalloptik *f* металлооптика
Metallothermie *f* металлотермия
Metall-Oxid-Feldeffekttransistor *m* МОП-транзистор
Metalloxidwiderstand *m* металлооксидный резистор

METALLPAPIER...

Metallpapierkondensator *m* бумажный конденсатор с металлизированными обкладками
Metallphysik *f* металлофизика, физика металлов
Metallplattierung *f* плакирующее покрытие
Metallpulver *n* металлический порошок
Metallsäge *f* слесарная ножовка
Metallschere *f* ножницы для (резки) металла
Metallschichtwiderstand *m* металлоплёночный резистор
Metallschliff *m* шлиф (металла)
Metallschutz *m* защита металлов (*напр. от коррозии*)
Metallspritzen *n* металлизация распылением
Metallspritzpistole *f* металлизатор
Metallspritzverfahren *n* см. Metallspritzen
Metallstaub *m* металлическая пыль, металлические опилки
Metallüberzug *m* металлическое покрытие, металлопокрытие
Metallurgie *f* металлургия
Metallwaren *pl* металлические изделия, метизы
Metallweiß *n* белила
Metamerie *f* метамерия
Metamorphose *f* *геол.* метаморфизм
Metasäure *f* метакислота
Metasomatose *f* метасоматоз, метасоматизм
Metasprache *f* метаязык
metastabil метастабильный
Metaverbindung *f* метасоединение
Metazentrum *n* метацентр
Meteor *m* метеор
Meteorit *m* метеорит
Meteoriteisen *n* метеоритное железо
Meteorograph *m* метеорограф
Meteorologie *f* метеорология
Meteorstein *m* каменный метеорит
Meteorwasser *n* гидрометеоры
Meter *n* метр, м
~, **laufendes** погонный метр
Meter-Kilopond-Sekunde-System *n* система единиц МКГСС
Meterlast *f* ж.-д. нагрузка на погонный метр
Metermaß *n* складной метр
Meterprototyp *m* прототип метра
Meterwellen *pl* метровые волны
Meterzahl *f* метраж
Methakrylat *n* метакрилат
Methakrylsäure *f* метакриловая кислота
Methan *n* метан

Methanol *n* метанол, метиловый спирт, C_2H_5OH
Methanzahl *f* метановое число (*показатель антидетонационных свойств газообразных топлив*)
Methode *f* метод, способ
~, **analytische** аналитический метод
~, **direkte** прямой метод
~ **der ersten Näherung** метод первого приближения
~, **exakte** строгий метод
~, **graphische** графический метод
~, **indirekte** косвенный метод
~ **der kleinsten Quadrate** метод наименьших квадратов
~ **der Knotenspannungen** метод узловых потенциалов
~ **der Maschenströme** метод контурных токов
~, **mittelbare** косвенный метод
~, **numerische** численный метод
~, **parameterfreie** непараметрический метод
~, **qualitative** качественный метод
~, **quantitative** количественный метод
~ **der schrittweisen Näherung** метод последовательных приближений
~ **der selbständigen Maschen** метод контурных токов
~ **der sukzessiven Approximation** метод последовательных приближений
~ **des systematischen Probierens** метод проб и ошибок
~ **der unbestimmten Koeffizienten** метод неопределённых коэффициентов
~, **unmittelbare** прямой метод
~ **der Wurzelverteilung** метод распределения корней
Methylalkohol *m* метиловый спирт, метанол, C_2H_5OH
Methylenblau *n* метиленовый синий
Methylierung *f* метилирование
Methylkautschuk *m* метилкаучук
Methylmethakrylat *n* метилметакрилат
Methylorange *n* метиловый оранжевый, метилоранж
Methylviolett *n* метиловый фиолетовый
Methylzellulose *f* метилцеллюлоза
Metrik *f* метрика
metrisch метрический
Metrologie *f* метрология
Metronom *n* метроном

MIKROPROGRAMM...

MHD-Generator *m* МГД-генератор, магнитогидродинамический генератор

MHD-Kraftwerk *n* МГД-электростанция, электростанция с магнитогидродинамическими установками [с МГД-установками]

MHz-Bereich *m* мегагерцевый диапазон

Michelson-Versuch *m* *физ.* опыт Майкельсона

Miete *f* *с.-х.* **1.** бурт **2.** кагат *(свёклы)*

Migration *f* миграция

MIG-Schweißen [Metall-Inertgas-...] *n* (дуговая) сварка плавящимся электродом в инертном газе [в среде инертного газа]

Mikanit *n* миканит *(прессованная слюда)*

Mikapapier *n* миканитовая бумага

Mikratbild *n* микрофотокопия

Mikroampere *n* микроампер, мкА

Mikroamperemeter *n* микроамперметр

Mikroanalyse *f* микроанализ

~, **chemische** микрохимический анализ

Mikroanalysenwaage *f* микроаналитические весы

Mikroantrieb *m* микропривод

Mikroaufnahme *f* **1.** микросъёмка; микрофотографирование, микрофотография **2.** микрофотография, фотографическое изображение микрообъекта

Mikrobaueinheit *f* микросборка

Mikrobaustein *m* микромодуль; микрокомпонент

Mikrobauteil *n* микрокомпонент

Mikrobefehl *m* *вчт* микрокоманда

Mikrobefehlsspeicher *m* *вчт* память микрокоманд

Mikrobiologie *f* микробиология

Mikrobus *m* микроавтобус

Mikrocomputer *m* микроЭВМ

Mikrodefekt *m* микродефект

Mikroelektronik *f* микроэлектроника

Mikroelektronikindustrie *f* микроэлектронная промышленность

Mikroelement *n* микроэлемент

Mikrofarad *n* микрофарад, мкФ

Mikrofiche *f* микрофиша

Mikrofilm *m* микрофильм

Mikrofilmgerät *n* микрофильмирующий аппарат

Mikrofilmtechnik *f* микрофильмирование

Mikro-Floppy-Disk *f* микродискета *(дискета диаметром 3 1/2 или 3 дюйма, т.е. 89 мм или 76 мм)*

Mikrofon *n* микрофон

Mikrofoneffekt *m*, **Mikrofonie** *f* микрофонный эффект

Mikrofonstrom *m* микрофонный ток

Mikrofonverstärker *m* микрофонный усилитель

Mikrofotografie *f* микрофотография; микрофотосъёмка; микросъёмка

Mikrofotometer *n* микрофотометр

Mikrogeometrie *f* микрогеометрия

Mikrohärte *f* микротвёрдость

Mikrokarte *f* микрокарта

Mikrokator *m* микрокатор

Mikroklima *n* микроклимат

Mikrokopie *f* микро(фото)копия

Mikrokorrosion *f* микрокоррозия

Mikrolegierungstransistor *m* микросплавной транзистор

Mikrolegierungsübergang *m* микросплавной переход

Mikroleiter *m* микропроводник

Mikrolinienlithografie *f* прецизионная литография

Mikrolinienmetallisierung *f* прецизионная металлизация

Mikrolinienstruktur *f* (топологический) рисунок с высоким разрешением, (топологический) рисунок с элементами уменьшенных размеров

Mikrolithografie *f* микролитография

Mikromanometer *n* микроманометр

Mikrometer *n* **1.** микрометр, мкм *(единица длины, равная 10^{-6} м)* **2.** *опт., маш.* микрометр

Mikrometerbereich *m* микронный диапазон

Mikrometerschraube *f* микрометр

Mikrominiaturisierung *f* микроминиатюризация

Mikromodul *m* микромодуль

Mikromodultechnik *f* микромодульная техника

Mikron *n* *уст.* микрон *(не подлежащее употреблению наименование единицы длины, заменённое на «микрометр»; см.* **Mikrometer 1.***)*

Mikronährstoff *m* микроэлемент

Mikroorganismen *m pl* микроорганизмы

Mikrophon *n* см. **Mikrofon**

Mikroplatte *f* микроплата

mikroporös микропористый

Mikroprogramm *n* микропрограмма

Mikroprogrammsteuerung *f* **1.** микропрограммное управление **2.** блок микропрограммного управления

MIKROPROGRAMM...

Mikroprogrammsteuerwerk *n* блок микропрограммного управления
Mikroprozessor *m* микропроцессор
Mikroprozessorsteuerung *f* 1. микропоцессорное управление 2. микропроцессорное устройство управления
Mikroprozessorsystem *n* микропроцессорная система
Mikroprozessortechnik *f* микропроцессорная техника
Mikropulver *n* микропорошок
Mikrorelief *n* микрорельеф
Mikrorille *f* микроканавка; микрозапись
Mikroriß *m* микротрещина
Mikroschaltung *f* микросхема
Mikroschaltungsbaustein *m*, **Mikroschaltungsmodul** *m* микромодуль, интегральный модуль
Mikroschaumgummi *m* микропористая резина
Mikroschliff *m* микрошлиф
Mikroschweißung *f* микросварка
Mikroskop *n* микроскоп
~, **akustisches** акустический микроскоп
Mikroskopie *f* микроскопия
mikroskopisch микроскопический
Mikrosteuereinheit *f*, **Mikrosteuerung** *f*, **Mikrosteuerwerk** *n* микроконтроллер
Mikrostörung *f* микродефект
Mikrostreifenleitung *f*, **Mikrostripleitung** *f* элн микрополосковая линия (передачи)
Mikrostruktur *f* 1. микроструктура 2. микрорисунок, топологический рисунок [рисунок ИС] с элементами уменьшенных размеров
Mikrosystem *n* микросистема
Mikrotechnik *f* микротехника
Mikroteilchen *n* микрочастица
Mikrotelefon *n* микротелефонная трубка
Mikrotom *n* микротом
Mikrotron *n* микротрон
Mikroübergang *m* микропереход
Mikrovolt *n* микровольт, мкВ
Mikrovoltmeter *n* микровольтметр
Mikrowaage *f* микровесы
Mikrowellen *pl* волны длиной от 30 см до 0,3 мм, микроволны
Mikrowellenanordnung *f* СВЧ-устройство
Mikrowellenbauelement *n* (микроэлектронный) СВЧ-прибор
Mikrowellenbaugruppe *f* СВЧ-узел, (функциональный) узел СВЧ
Mikrowellenbereich *m* микроволновый диапозон, СВЧ-диапазон
Mikrowellendiode *f* СВЧ-диод
Mikrowellenelektronik *f* СВЧ-электроника
Mikrowellenelement *n* см. **Mikrowellenbauelement**
Mikrowellenerwärmung *f* СВЧ-нагрев
Mikrowellen-Feldeffektransistor *m* полевой СВЧ-транзистор
Mikrowellenfrequenz *f* сверхвысокая частота, СВЧ
Mikrowellengenerator *m* СВЧ-генератор, генератор СВЧ-диапазона
Mikrowellenhalbleiterbauelement *n* полупроводниковый СВЧ-прибор
Mikrowellen-IC *n*, **Mikrowellen-IS** *f* СВЧ ИС, ИС СВЧ-диапазона
Mikrowellenlaser *m* лазер СВЧ-диапазона
Mikrowellenmagnetron *m* СВЧ-магнетрон
Mikrowellenofen *m* микроволновая печь, СВЧ-печь
Mikrowellenoszillator *m* СВЧ-генератор, генератор СВЧ-диапазона
Mikrowellenresonator *m* СВЧ-резонатор
Mikrowellenschaltkreis *m* СВЧ ИС, ИС СВЧ-диапазона
~, **integrierter** СВЧ ИС, ИС СВЧ-диапазона
Mikrowellenschaltung *f* СВЧ ИС, ИС СВЧ-диапазона
~, **integrierte** СВЧ ИС, ИС СВЧ-диапазона
Mikrowellenspektroskopie *f* микроволновая радиоспектроскопия
Mikrowellentechnik *f* СВЧ-техника
Mikrowellentransistor *m* СВЧ-транзистор
Mikrowellenverstärker *m* СВЧ-усилитель, усилитель СВЧ-диапазона
MIK-Wert [maximaler Immissionskonzentrations-Wert] *m* максимальная иммиссионная концентрация
Milchglas *n* молочное стекло
Milchstraße *f* астр. Млечный Путь
Milchsäure *f* молочная кислота
Milchstraßensystem *n* астр. Галактика (система Млечного Пути)
Milliampere *n* миллиампер, мА
Milliamperemeter *n* миллиамперметр
Milliarde *f* миллиард, биллион
Millibar *n* миллибар, мбар
Milligramm *n* миллиграмм, мг
Milliliter *n* миллилитр, мл
Millimeter *n* миллиметр, мм

Millimeterpapier *n* миллиметровая бумага, миллиметровка
Millimeterwellen *f pl* миллиметровые волны
Millione *f* миллион
Millivolt *n* милливольт, мВ
Millivoltmeter *n* милливольтметр
Milliwatt *n* милливатт, мВт
Minderheitsträger *m pl* элн неосновные носители (заряда)
minderwertig низкосортный; недоброкачественный
Mindestgröße *f* минимальная величина
Mine *f* 1. мина 2. рудник; шахта 3. грифель (*карандаша*) 4. (запасной) стержень (*для шариковых авторучек*)
Minenräumboot *n* тральщик
Mineral *n* минерал
~, **gestein(s)bildendes** породообразующий минерал
~, **typomorphes** типоморфный минерал, минерал-индикатор
mineral минеральный
Mineraldünger *m* минеральное удобрение
Mineralfaser *f* минеральное волокно
Mineralisation *f*, **Mineralisierung** *f* минерализация
Mineralogie *f* минералогия
Mineralöl *n* 1. минеральное масло 2. *непр.* нефть
Mineralöle *n pl* нефтяные [минеральные] масла
Mineralquelle *f* минеральный источник
Mineralsäuren *f pl* минеральные кислоты
Mineralstoffzusatz *m* минеральная добавка
Mineralwasser *n* минеральная вода
Mineralwolle *f* минеральная вата
Miniaturbaustein *m* миниатюрный элемент; миниатюрный компонент
Miniaturisierung *f* миниатюризация, микроминиатюризация
Miniaturröhre *f* миниатюрная лампа
Minicomputer *m* мини-ЭВМ
Minifloppy *n*, **Mini-Floppy-Disk** *f* гибкий магнитный мини-диск, 5-дюймовая дискета (*дискета диаметром 5,25 дюйма, или 133 мм*)
minimal минимальный
Minimalalarm *m* аварийная сигнализация по минимальному пределу
Minimalwasser *n* межень
Minimalwert *m* минимальное значение

Minimax *m* минимакс
Minimierung *f* минимизация
Minimum *n* минимум
Minimumthermometer *n* минимальный термометр
Minoflop *n* элн одновибратор, ждущий мультивибратор
Minor *m* *мат.* минор
Minorante *f* *мат.* миноранта
Minoritätsladungsträger *f* элн неосновные носители заряда
Minoritätsladungsträgerinjektion *f* инжекция неосновных носителей заряда
Minoritätsträger *m* элн неосновные носители (заряда)
Minoritätsträgerfluß *m* поток неосновных носителей (заряда)
Minoritätsträgerinjektion *f* инжекция неосновных носителей (заряда)
Minoritätsträgerladung *f* заряд неосновных носителей
Minoritätsträgerlebensdauer *f* время жизни неосновных носителей (заряда)
Minoritätsträgerstrom *m* ток неосновных носителей
Minoritätsträgertransport *m* перенос неосновных носителей (заряда)
Minuend *m* *мат.* уменьшаемое
Minus *n* минус
Minuspol *m* отрицательный полюс, минусовый зажим, минус
Minusstrom *m* ток отрицательной полярности
Minustemperatur *f* отрицательная температура
Minustoleranz *f* минусовый допуск
Minuszeichen *n* знак минус, минус
Minute *f* минута, мин
Minzöl *n* мятное масло
Miozän *n* *геол.* миоцен
Mipor *n* мипора
Mirabilit *m* мирабилит, глауберова соль
MIS-Bauelement [Metal-Insulator-Semiconductor-...] *n* МДП-прибор; МДП ИС
Mischbarkeit *f* смешиваемость
Mischbauweise *f* сборно-монолитное строительство
Mischdiode *f* смесительный диод
Mischdüse *f* смесительное сопло
Mischen *n* 1. перемешивание; размешивание; смешивание; замешивание 2. смешение 3. микширование (*при записи*) 4. *тлф* кроссировка

MISCHER

Mischer *m* 1. смеситель; мешалка 2. *рад.* смеситель, смесительный каскад 3. микшер 4. *мет., пищ.* миксер 5. раскладочно-подборочная машина (*для перфокарт*)
Mischerz *n* комплексная руда
Mischfarbe *f* составной цвет
Mischfutter *n* комбикорм
Mischgas *n* смешанный газ
Mischhahn *m* смесительный кран, кран-смеситель
Mischkanalisation *f* общесплавная канализация
Mischkode *m* комбинированный код
Mischkristalle *n pl* смешанные кристаллы (*твёрдые растворы*)
Mischlicht *n* смешанное освещение; смешанный свет
Mischlichtleuchte *f* лампа смешанного света
Mischmaschine *f* смеситель; мешалка
Mischpolymere *n pl* сополимеры
Mischpolymerisation *f* сополимеризация
Mischpult *n* микшерский пульт
Mischröhre *f* элн смесительная [преобразовательная] лампа
Mischstufe *f* смесительный каскад, каскад преобразования частоты
Mischsystem *n* общесплавная система канализации
Mischtriode *f* смесительный [приёмно-усилительный] триод
Mischung *f* 1. смесь 2. *стр.* замес 3. *рад., тлв* смешение 4. *см.* Mischen 2.—4.
~, beschwerte наполненная смесь
Mischungsverhältnis *n* состав [дозировка] смеси
Mischungswärme *f* теплота смешения
Mischventil *n* смеситель (*для ванны, мойки*)
MIS-Feldeffekttransistor *m,* **MISFET** [Metal Insulator Semiconductor FET] *m* МДП-транзистор, полевой транзистор со структурой металл — диэлектрик — полупроводник
MIS-Halbleiterbauelement *n* полупроводниковый элемент с МДП-структурой
MIS-Kondensator *m* МДП-конденсатор
mißgriffsicher рассчитанный на необученный персонал [на неквалифицированное обслуживание]
MIS-Struktur *f* МДП-структура, структура металл — диэлектрик — полупроводник
Mißweisung *f* магнитное склонение
MIS-Technik *f* МДП-технология
Mistgas *n* биохимический газ, биогаз

MIS-Transistor *m* МДП-транзистор, (полевой) транзистор со структурой металл — диэлектрик — полупроводник
Miststreuer *m* навозоразбрасыватель
Mitfällung *f* соосаждение
Mitkopplung *f* автм, элн положительная обратная связь
Mitnahme *f* 1. унос; увлечение; захват 2. *эл.* затягивание (*частоты*)
Mitnehmer *m* 1. *маш.* поводок 2. *маш.* поводковый патрон 3. захват; ведущая деталь 4. скребок (*скребкового конвейера*)
Mitnehmerbolzen *m* поводковый палец
Mitnehmerförderer *m* скребковый конвейер, скребковый транспортёр; скребковый элеватор; самотаска
Mitnehmerfutter *n* маш. поводковый патрон
Mitnehmerkette *f* скребковая цепь
Mitnehmerscheibe *f* 1. *маш.* поводковый патрон 2. *авто* ведомый диск (*сцепления*)
Mitreißen *n* увлечение; унос
Mittagskreis *m* небесный меридиан
Mittel *n* 1. *мат.* среднее 2. средство 3. среда 4. *горн., геол.* прослоек, прослой
~, arithmetisches среднее арифметическое
~, chemisches химическое средство
~, filmbildendes плёнкообразующее вещество, плёнкообразователь
~, geometrisches среднее геометрическое
~, harmonisches среднее гармоническое
~, quadratisches среднее квадратическое
Mitteldecker *m* ав. среднеплан
Mitteldruckverdichter *m* компрессор среднего давления
Mittelfrequenzmaschine *f* индукторная (электрическая) машина
Mittelintegration *f* элн средняя степень интеграции
Mittelkraft *f* равнодействующая
Mittellage *f* среднее положение; центральное положение
Mittellinie *f* 1. осевая линия 2. *маш.* линия центров 3. *мат.* средняя линия (*треугольника, трапеции*)
Mittelöl *n* среднее масло (*нефтяное масло с температурой выкипания 180 — 230°C*)
Mittelpunkt *m* центр
Mittelpunktsleiter *m* эл. общий провод; нулевой провод, нейтраль
Mittelpunktswinkel *m* мат. центральный угол
Mittelsenkrechte *f* мат. медиатриса

MODULATION

Mittelspannung *f* среднее напряжение цикла
Mittelstellung *f* среднее положение
Mittelstreckenrakete *f* ракета средней дальности
Mittelstreifen *m* разделительная полоса (автострады)
Mittelung *f* усреднение
Mittelwellen *pl* средние волны
Mittelwellenbereich *m* средневолновый диапазон
Mittelwellenempfänger *m* средневолновый радиоприёмник
Mittelwert *m* среднее значение
~, **quadratischer** среднеквадратичное значение
Mittelwertbildung *f* усреднение; формирование среднего значения
Mittelwertkarte *f* контрольная карта средних арифметических
Mittelwertsatz *m* *мат.* теорема о среднем
Mittenbohrung *f* *маш.* центральное отверстие
Mitteneinstellung *f* центрирование, центровка
Mittenfrequenz *f* центральная частота (диапазона)
Mittenrauhwert *m* *маш.* среднее арифметическое отклонение профиля (микронеровностей шероховатой поверхности от средней линии)
Mittschiffsebene *f* диаметральная плоскость (судна)
Mitziehen *n* *эл.* затягивание (частоты)
Mizelle *f* мицелла
MKSA-System *n* система единиц МКСА
MKS-System *n* система единиц МКС
MMK [magnetomotorische Kraft] *f* магнитодвижущая сила, мдс
MMU [Memory Management Unit] *f* *вчт* устройство управления памятью
MNOS-Feldeffekttransistor [Metal-Nitride-Oxide-Semiconductor-...] *m* МНОП-транзистор, транзистор со структурой металл — нитрид — оксид — полупроводник
MNOS-Struktur *f* МНОП-структура, структура металл — нитрид — оксид — полупроводник
MNOS-Technik *f* МНОП-технология, технология получения МНОП-структур
mobil подвижной, подвижный; мобильный
Mobilfunk *m* подвижная радиосвязь
Mobiltelefon *n* мобильный (радио)телефон
Modalitätenlogik *f* модальная логика
Modalwert *m* *мат.* мода

Mode I *f* 1. *мат.* мода 2. *элн* мода (тип собственных электромагнитных колебаний, возбуждаемых в резонаторе или распространяющихся в волноводе, световоде и т. п.)
Mode II *m* *англ. элн, вчт* режим
Modell *n* 1. модель 2. макет
~, **arbeitendes** действующая модель
~, **geteiltes** разъёмная (литейная) модель
Modellaufnahme *f* макетная киносъёмка
Modellausschmelzverfahren *n* литьё по выплавляемым моделям
Modellbauwerkstatt *f* модельный цех
Modellbrett *n* подмодельная плита
Modelldarstellung *f* моделирование
Modellformen *n* формовка по модели
Modelliereinrichtung *f* моделирующее устройство
Modellierung *f* моделирование
Modellmacher *m* модельщик
Modellprojektierung *f* модельно-макетный метод (проектирования), объёмный метод проектирования
Modellsand *m* облицовочная [модельная] смесь
Modellschlepprinne *f* гидроканал
Modelltechnik *f* моделирование (физических процессов)
Modelltischlerei *f см.* **Modellbauwerkstatt**
Modellversuch *m* испытание на модели, модельное испытание; модельно-макетный метод испытаний
Mode-Locking *n* *англ.* синхронизация мод (лазера)
Modem *n* *элн, вчт* модем
Modendispersion *f* дисперсия мод
Modenkopplung *f* синхронизация мод (лазера)
Moderator *m* *яд.* замедлитель
Modernisierung *f* модернизация
Modifikation *f* модификация, видоизменение
Modifikator *m* модификатор
Modifiziermittel *n* модификатор
Modul *m* 1. модуль 2. *маш.* модуль зацепления
~, **Joungscher** модуль Юнга, модуль упругости
Modularisierung *f* модуляризация, модульное исполнение; модульное построение
Modularität *f* модульность; модульный принцип, принцип модульной организации; принцип модульного построения
Modularsystem *n* модульная система
Modulation *f* модуляция

MODULATIONSFREQUENZ

Modulationsfrequenz *f* частота модулирующего сигнала
Modulationsgrad *m* коэффициент (амплитудной) модуляции, глубина модуляции
Modulationsgradmesser *m* модулометр
Modulationsindex *m* индекс частотной модуляции
Modulationsmesser *m* модулометр
Modulationsverstärker *m* усилитель модулирующего напряжения, подмодулятор; усилитель с модуляцией (входного) сигнала
Modulator *m* модулятор
Modulbaustein *m* (микро)модуль, (микро)модульный элемент
Modulbauweise *f* модульная конструкция; модульное исполнение; модульный принцип исполнения
Modulfunktion *f мат.* модулярная функция
Modulierfrequenz *f* модулирующая частота
Modultechnik *f* модульная техника; модульная технология
Modus *m* режим
~, **interaktiver** интерактивный режим
Mofa [Motorfahrrad] *n* мотовелосипед
Mohorovičič-Diskontinuität *f геол.* граница [поверхность] Мохоровичича (*граница мантии и земной коры*)
Moiré *n* муар
Mokick *n* мокик (*мопед без педалей, двигатель которого запускается кикстартером*)
Mol *n хим.* моль (*единица количества вещества в СИ*)
Molalität *f хим.* моляльность
molar *хим.* мольный, молярный
Molarität *f хим.* молярность
Mole *f* мол
Molekül *n* молекула
molekular молекулярный
Molekularattraktion *f* молекулярное притяжение
Molekularbewegung *f* молекулярное движение
~, **Brownsche** броуновское движение
Molekularbiologie *f* молекулярная биология
Molekulardestillation *f* молекулярная перегонка
Molekulardispersion *f* молекулярная дисперсия
Molekulardrehung *f* молекулярное вращение
Molekulardruck *m* молекулярное давление
Molekularelektronik *f* молекулярная электроника
Molekulargewicht *n см.* **Molekularmasse**
Molekularkette *f* молекулярная цепь
Molekularkräfte *pl* молекулярные силы
Molekularluftpumpe *f см.* **Molekularpumpe**
Molekularmasse *f* (относительная) молекулярная масса
Molekularorbital *n хим.* молекулярная орбиталь
Molekularphysik *f* молекулярная физика
Molekularpumpe *f* молекулярный насос
Molekularsieb *n* молекулярное сито
Molekularstrahl *m* молекулярный пучок
Molekularstruktur *f* молекулярная структура
Molekularverstärker *m* молекулярный квантовый усилитель, мазер
Molekülenkette *f* молекулярная цепь
Molekülorbital *n хим.* молекулярная орбиталь
~, **bindendes** связывающая (молекулярная) орбиталь
~, **lockerndes** разрыхляющая (молекулярная) орбиталь
Molekülspektrum *n* молекулярный спектр
Molenbruch *m хим.* мольная [молярная] доля
Molke *f пищ.* (молочная) сыворотка
Möller *m мет.* шихта; колоша
Möllerung *f мет.* шихтование, шихтовка
Mollieren *n* моллирование (*стекла*)
Molprozent *n хим.* мольный [молярный] процент
Molverhältnis *n хим.* мольное [молярное] отношение
Molvolum(en) *n хим.* мольный [молярный] объём
Molwärme *f* молярная теплоёмкость
Molybdän *n* молибден, Mo
Molybdänglanz *m см.* **Molybdänit**
Molybdänit *m мин.* молибденит
Molybdänstahl *m* молибденовая сталь
Molzahl *f хим.* число молей
Moment I *n физ.* момент
~, **antreibendes** движущий момент
~, **elektrisches** электрический момент
~ **einer Kraft** момент силы
~ **eines Kräftepaares** момент пары сил
~, **kritisches** критический [опрокидывающий] момент
~, **lineares** момент первого порядка
~, **magnetisches** магнитный момент
~, **motorisches** движущий момент
~, **statisches** статический момент
~, **synchronisierendes** синхронизирующий момент
~, **treibendes** движущий момент

Moment II *m* момент (*времени*)
momentan мгновенный
Momentanausfall *m* сбой, однократный самоустраняющийся отказ
Momentanbelastung *f* мгновенная нагрузка
Momentanbeschleunigungspol *m* мгновенный центр ускорений
Momentangeschwindigkeit *f* мгновенная скорость
Momentangeschwindigkeitspol *m* мгновенный центр скоростей
Momentankraft *f* мгновенная сила
Momentanlast *f* мгновенная нагрузка
Momentanleistung *f* мгновенная мощность
Momentanpol *m* мгновенный центр вращения
Momentanwert *m* мгновенное значение
Momentdrehmeldergeber *m* сельсин-датчик вращающего [крутящего] момента
Momentenabgleich *m* уравнивание моментов
Momentengleichung *f* уравнение моментов
Momentenkurve *f*, **Momentenlinie** *f* эпюра моментов
Momentenmotor *m* высокомоментный электродвигатель, моментный двигатель, электродвигатель с большим крутящим моментом
Momentensatz *m физ.* теорема моментов
Momentenschaubild *n* эпюра моментов
Momentsensor *m* датчик вращающего [крутящего] момента
Momentverschluß *m* моментальный затвор
Monazit *m мин.* монацит
Mond *m* 1. Луна 2. спутник планеты (*в широком смысле*)
Mondauto *n см.* Mondmobil
Mondfähre *f см.* Mondlandefähre
Mondfahrzeug *n* лунный самоходный аппарат, луноход
Mondfinsternis *f* лунное затмение
Mondfluchtgeschwindigkeit *f косм.* скорость выхода из сферы действия Луны, параболическая селеноцентрическая скорость, селеноцентрическая скорость выхода
Mondlandefähre *f косм.* лунный модуль, лунная кабина, лунный (посадочный) отсек, посадочный корабль
Mondlandung *f косм.* посадка на Луну; высадка на Луну
Mondmobil *n* луноход, лунный самоходный аппарат
Mondraumschiff *n* космический аппарат для полёта к Луне, лунный космический аппарат; космический корабль для полёта на Луну
Mondsatellit *m* (искусственный) спутник Луны
Mondsonde *f* автоматическая лунная станция, автоматическая станция для исследования Луны
Mondstation *f* лунная станция (*проект постоянной станции на Луне*)
Mondumkreisung *f* облёт Луны
Mondumlaufbahn *f* селеноцентрическая орбита
Monel *n см.* Monelmetall
Monelmetall *n* монель-металл
Moniereisen *n*, **Monierstahl** *m* арматурная сталь; арматурная проволока
Monitor *m* 1. (видео)монитор 2. гидромонитор
~, **monochromer** чёрно-белый монитор
Monitoring *n* мониторинг
Mono *m см.* Monoflop
monochromatisch монохроматический
Monochromator *m* монохроматор
Monofil *n*, **Monofilament** *n*, **Monofilfaden** *m*, **Monofilseide** *f* мононить
Monoflop *n* одновибратор, ждущий мультивибратор
Monokristall *m* монокристалл
monokular монокулярный
Monolith *m* монолит
Monolithbalken *m* монолитная балка
monolithisch монолитный
Monolithtechnik *f* монолитная технология, технология монолитных [полупроводниковых] ИС
Monom *n* одночлен
Monomer *n* мономер
Monomode-Faser *f*, **Monomodenfaser** *f* одномодовое волокно
Monomoden-Stufenprofilleiter *m* одномодовый (волоконный) световод со ступенчатым профилем показателя преломления
monomolekular мономолекулярный
Monopol *m яд.* монополь
Monosaccharide *n pl* моносахариды
Monoschicht *f* мономолекулярный слой
Monosilizium *n* монокристаллический кремний
Monoskop *n*, **Monoskopröhre** *f* моноскоп
monoton монотонный
Monotonie *f* монотонность
Monoxid *n* монооксид, моноокись
Monozelle *f авто* аккумулятор (аккумуляторной батареи), банка моноблока
Montage *f* монтаж; сборка; установка

MONTAGE

~, **klassische** *рад., элн* навесной монтаж
~, **schrittweise** поэтапный монтаж
Montage- und Versuchshalle *f косм.* монтажно-испытательный корпус, МИК
Montageabteilung *f* сборочный цех
Montageanweisung *f* инструкция по монтажу
Montagearbeiten *f pl* монтажные работы
Montageband *n* сборочный конвейер
Montagebau *m* сборное строительство, строительство с применением сборных конструкций
Montagebauweise *f* 1. *см.* **Montagebau** 2. сборная конструкция
Montagebock *m см.* **Montage-Schweißstand**
Montagedraht *m* монтажный провод
Montageeinheit *f* сборочная единица; монтажный узел
Montagefließband *n см.* **Montageband**
Montagehalle *f* сборочный цех; сборочный пролёт
Montageinsel *f* гибкий сборочный участок
Montagekran *m* монтажный кран
Montagemaß *n* сборочный размер
Montagenaht *f св.* монтажный шов
Montageniet *m* монтажная заклёпка
Montageplatte *f* монтажная плата; монтажная панель
Montageplatz *m* сборочный стенд
Montageroboter *m* сборочный робот, робот-сборщик
Montageschlosser *m* слесарь-сборщик
Montage-Schweißstand *m* сборочно-сварочный стенд
Montagestand *m* сборочный стенд
Montagestraße *f* сборочный конвейер; монтажный конвейер; сборочная линия; сборочный пролёт
Montagetisch *m* монтажный стол
Montageverbundkonstruktion *f* сборно-монолитная конструкция
Montagewerkzeug *n* монтажный [сборочный] инструмент
Montagezeichnung *f* сборочный чертёж
Montagezelle *f,* **flexible** гибкий сборочный модуль, сборочный ГП-модуль *(см. тж* **Fertigungszelle, flexible***)*
Montan... горный
Monteur *m* 1. (слесарь-)сборщик 2. монтажник
Montiereisen *n см.* **Montierhebel**
Montierhebel *m* монтажная лопатка, лопатка для монтажа шин

Moor *n* торфяник, (торфяное) болото
Moorschlepper *m* болотный трактор
Moped *n* мопед
Moräne *f геол.* морена
Morse-Alphabet *n* код Морзе
Morse-Apparat *m* аппарат Морзе
Morse-Kegel *m* конус Морзе
Mörser *m* 1. ступа; ступка 2. миномёт
Mörtel *m* (строительный) раствор
~, **hydraulischer** гидравлический раствор
Mörteldruckgerät *n* растворонагнетатель
Mörtelmischanlage *f* растворный узел
Mörtelmischer *m* растворосмеситель
Mörtelpumpe *f* растворонасос
Mörtelspritzverfahren *n* торкретирование
Mörtelzuschlagstoff *m* заполнитель для раствора
Mosaikdrucker *m* мозаичное печатающее устройство
Mosaikkatode *f* мозаичный (фото)катод, мишень
Mosaikstruktur *f* мозаичная структура
MOS-Bauelement [Metal-Oxide-Semiconductor-...] *n* МОП-компонент; МОП ИС
MOS-Feldeffekttransistor *m,* **MOSFET** [Metal Oxide Semiconductor FET] *m* МОП-транзистор, полевой транзистор со структурой металл — оксид — полупроводник
~, **komplementärer** комплементарный МОП-транзистор, КМОП-транзистор
MOS-Gate *n см.* **MOS-Gatter**
MOS-Gatter *n* логический элемент на МОП-транзисторах, вентиль на МОП-транзисторах, элемент [вентиль] МОПТЛ, МОП-вентиль
MOS-IC *n,* **MOS-IS** *f* МОП ИС, МОП-транзисторная ИС
MOS-Kapazität *f,* **MOS-Kondensator** *m* МОП-конденсатор
MOS-Schalter *m* МОП-транзисторный ключ
MOS-Schaltkreis *m,* **MOS-Schaltung** *f см.* **MOS-IC**
MOS-Struktur *f* МОП-структура, структура металл — оксид — полупроводник
Most *m* сусло
MOS-Technik *f* МОП-технология
MOS-Transistor *m* МОП-транзистор
Motherboard *n англ. вчт* объединительная плата
Motor *m* двигатель; мотор ◇ **den ~ abstellen** заглушать двигатель

MOTORWINDE

~, **elektrischer** электрический двигатель, электродвигатель
~, **explosionsgeschützter** взрывозащищённый (электро)двигатель
~, **geschlossener** закрытый двигатель
~, **hydraulischer** гидродвигатель
~, **hydrostatischer** объёмный гидродвигатель
~, **kompressorloser** бескомпрессорный двигатель
~, **liegender** горизонтальный двигатель
~, **luftgekühlter** двигатель воздушного охлаждения
~ **mit Direkteinspritzung** двигатель с непосредственным впрыскиванием горючей смеси
~ **mit Fremdzündung** двигатель с принудительным воспламенением горючей смеси
~ **mit Reduktionsgetriebe** редукторный двигатель; мотор-редуктор
~, **obengesteuerter** двигатель с верхним расположением клапанов
~, **pneumatischer** пневмодвигатель
~, **polumschaltbarer** электродвигатель с переключением числа полюсов, многоскоростной электродвигатель
~, **schlagwettergeschützter** *горн.* взрывозащищённый (электро)двигатель
~, **ventilloser** бесклапанный двигатель
~, **warmgelaufener** прогретый двигатель
~, **wassergekühlter** двигатель жидкостного охлаждения
Motorbelüftung *f* вентиляция картера двигателя
Motorboot *n* моторная лодка; катер
Motorbremse *f авто* 1. моторный тормоз (*вспомогательной тормозной системы*) 2. торможение двигателем
Motorcharakteristik *f* характеристика двигателя
Motordraisine *f* автодрезина, мотодрезина
Motordrehzahl *f* 1. частота вращения двигателя; частота вращения вала двигателя 2. частота вращения электродвигателя
Motorenkraftstoff *m* моторное топливо
Motorenöl *n* моторное масло
Motorenraum *m* моторный отсек
Motorenwart *m* моторист
Motorfahrrad *n* мотовелосипед
Motorgehäuse *n* 1. картер (коленчатого вала) двигателя 2. корпус электродвигателя
Motorgenerator *m эл.* 1. двигатель-генераторный агрегат, мотор-генератор 2. мотоагрегат
Motorgüterschiff *n* самоходная баржа

Motorhaube *f* капот (двигателя)
motorisiert моторизованный
Motorisierung *f* моторизация
Motorkahn *m см.* Motorgüterschiff
Motorkarren *m* автокар
Motorkettensäge *f* цепная моторная пила
Motorlagerung *f авто* крепление [установка, подвеска] двигателя
Motorleistung *f* мощность двигателя
~, **effektive** эффективная мощность двигателя
~, **indizierte** индикаторная мощность двигателя
Motorlokomotive *f* мотовоз
Motormasse *f* масса двигателя
~, **hubraumbezogene** литровая масса двигателя
~, **leistungsbezogene** удельная масса двигателя
Motor-Oktanzahl *f* октановое число по моторному методу
Motorpflug *m* самоходный плуг
Motorpumpe *f* 1. мотопомпа 2. насос-мотор, насосная установка, насосный агрегат
Motorrad *n* мотоцикл
Motorraddecke *f* мотоциклетная покрышка, мотопокрышка
Motorradfahrer *m* мотоциклист
Motorraum *m* 1. машинное отделение 2. моторное отделение 3. *авто* подкапотное пространство
Motorregler *m* регулятор двигателя
Motorroller *m* мотороллер
Motorsäge *f* бензомоторная пила
Motorschiff *n* теплоход
Motorschlitten *m* аэросани
Motorsegler *m* 1. мотопланёр 2. парусно-моторное судно
Motorspritze *f* мотонасосный агрегат (*для пожаротушения*)
Motorspülung *f* продувка двигателя
Motorstärke *f* мощность двигателя
Motorsteuerung *f* 1. управление двигателем 2. система (автоматического) управления двигателем 3. механизм газораспределения (*в ДВС*)
Motorstörung *f* неисправность двигателя
Motorstraßenhobel *m* автогрейдер
Motorstunden *f pl* ресурс двигателя (в часах), моторесурс
Motorwagen *m ж.-д.* моторный вагон
Motorwähler *m* машинный искатель
Motorwalze *f* самоходный дорожный каток
Motorwanne *f* масляный картер двигателя
Motorwinde *f* моторная лебёдка

MOTOR-ZOOM-OBJEKTIV

Motor-Zoom-Objektiv *n* вариообъектив с электрическим приводом
Motorzustand *m* (техническое) состояние двигателя
MS-Flipflop *n* MS-триггер, триггер MS-типа
MSI-Schaltkreis [Medium-Scale-Integration-...] *m*, **MSI-Schaltung** *f* ИС средней степени интеграции
MTBF-Wert [Mean-Time-Between-Failures-...] *m* средняя наработка на отказ
MTS-System *n* система единиц MTS
MTTF-Wert [Mean-Time-To-Failure-...] *m* средняя наработка до отказа, среднее время безотказной работы
MTTR-Wert [Mean-Time-To-Repair-...] *m* среднее время восстановления (работоспособного состояния)
Muffe *f* муфта
Muffel *f* муфель
Muffelfarbe *f* муфельная [надглазурная] краска
Muffelofen *m* муфельная печь
Muffelrückstand *m* мет. раймовка
Muffenkupplung *f* жёсткая втулочная муфта
Muffenrohr *n* раструбная труба, труба с раструбом; раструб
Muffenrohrverbindung *f* раструбное соединение
Muffenverbindung *f* муфтовое соединение
Mühle *f* мельница
Mühlenfeuerung *f* шахтномельничная топка
Mühlgang *m* мельничный постав
Mühlstein *m* жёрнов
Mulde *f* 1. мульда; впадина; лощина 2. *геол.* синклиналь 3. *мет.* мульда 4. лоток
Muldenkipper *m* автомобиль-самосвал с ковшовой платформой
Müllabfuhrwagen *m* автомобиль-мусоровоз
Müllschlucker *m* мусоропровод
Müllverbrennungsanlage *f* мусоросжигательная установка
Multicar *m* мультикар, многоцелевой (дизельный) автокар (*с закрытой кабиной*)
Multiemittertransistor *m* многоэмиттерный транзистор
Multifil *n*, **Multifilament** *n*, **Multifilfaden** *m*, **Multifilseide** *f* комплексная нить
Multifunktions... многофункциональный
Multiklon *m* мультициклон, батарейный циклон

Multikollektortransistor *m* многоколлекторный транзистор
Multimeter *n* мультиметр, многопредельный измерительный прибор
Multimikroprozessorsystem *n* мультимикропроцессорная система
Multimodefaser *f* многомодовое волокно
Multimode-Gradientenfaser *f* многомодовое градиентное волокно
Multimode-Gradientenleiter *m* многомодовый (волоконный) световод с градиентом показателя преломления, многомодовый градиентный световод
Multimode-Stufenindexfaser *f* многомодовое волокно со ступенчатым показателем преломления
Multimode-Stufenprofilleiter *m* многомодовый (волоконный) световод со ступенчатым показателем преломления
Multiplett *n* физ. мультиплет
Multiplettaufspaltung *f* физ. мультиплетное расщепление
Multiplexbetrieb *m* мультиплексный режим
Multiplexbus *m* вчт мультиплексированная шина
Multiplexer *m* мультиплексор
Multiplexkanal *m* мультиплексный канал
Multiplexsignal *n* уплотнённый сигнал
Multiplextechnik *f см.* Multiplexverfahren
Multiplexverfahren *n* мультиплексный метод (*передачи*)
Multiplier *m* англ. фотоумножитель, фотоэлектронный умножитель, ФЭУ
Multiplikand *m* мат. множимое
Multiplikation *f* 1. умножение 2. яд. размножение (нейтронов)
Multiplikationsfaktor *m* 1. коэффициент умножения 2. яд. коэффициент размножения (нейтронов)
Multiplikationstabelle *f* таблица умножения
Multiplikationszeichen *n* знак умножения
Multiplikator *m* 1. мат. множитель 2. фото мультипликатор
Multipliziereinheit *f*, **Multipliziereinrichtung** *f* вчт перемножающее [множительно-делительное] устройство, блок перемножения
Multiplizieren *n* умножение
Multiplizierer *m* множительное устройство, перемножитель, умножитель
Multiplizität *f* яд. мультиплетность
Multipol *m* яд. мультиполь

Multipolordnung f *физ.* порядок мультипольности, мультипольность

Multiportspeicher m *вчт* многопортовое ЗУ

Multiprocessing n *англ. вчт* мультиобработка, мультипроцессорная обработка

Multiprogrammierung f мультипрограммирование

Multiprozessorbetrieb m режим мультипроцессорной обработки, мультипроцессорная обработка, мультиобработка

Multiprozessorsystem n многопроцессорная [мультимикропроцессорная] система; многопроцессорный вычислительный комплекс

Multiquantenwanne f *элн* многоквантовая яма

Multiquantenwannenlaser m лазер на многоквантовых ямах

Multisensor m многофункциональный датчик

Multispektralfotografie f многозональная фотография

Multispektralkamera f многозональный космический фотоаппарат

Multitasking n *англ. вчт* мультизадачная обработка

Multitasksystem n *вчт* многозадачная [мультизадачная] система

Multivibrator m мультивибратор; автоколебательный мультивибратор, мультивибратор с самовозбуждением

Multizyklon m *см.* Multiklon

Mundstück n 1. мундштук; насадка 2. *тлф* амбушюр

Mündung f 1. устье 2. входное отверстие; горловина 3. срез сопла 4. дульный срез

Mündungschalldämpfer m глушитель (звука выстрела)

Münzautomat m монетный автомат

Münzfernsprecher m таксофон, телефон-автомат

Mure f сель

Muschelkalk m *геол.* раковинный известняк

Musikbox f музыкальный автомат

Muster n 1. образец 2. рисунок

~, **industrielles** промышленный образец

Mustererkennung f распознавание образов

Mustergesenk n мастер-штамп

Mutation f мутация

Mutter f гайка

~, **gerändelte** гайка с накаткой

~, **geschlitzte** прорезная гайка

Mutterboden m почвенно-растительный слой (грунта)

Muttergenerator m *элн* задающий генератор

Muttergewinde n гаечная резьба

Muttergewindeschneidautomat m гайконарезной автомат

Muttergewindeschneidmaschine f гайконарезной станок

Mutterlauge f маточный раствор

Muttermetall n основной металл

Mutterschiene f *ж.-д.* рамный рельс

Mutterschiff n плавучая база, плавбаза

Mutterschloß n *маш.* маточный замок; маточная гайка

Muttersicherung f *маш.* 1. гаечный замок (элемент, препятствующий самоотвинчиванию гаек) 2. стопорение гайки

Muttersubstanz f исходное вещество

Mylar n майлар

Myon n *яд.* мюон

Myriameterwellen pl мириаметровые волны (диапазон очень низких частот)

M-Zahl f число Маха, число М

N

Nabe f 1. ступица 2. втулка

Nabelpunkt m *мат.* точка округления, омбилическая точка

Nabla-Operator m *мат.* набла-оператор, оператор Гамильтона, гамильтониан

Nachauftragnehmer m субподрядчик

Nachbarkanal m *свз* смежный канал

Nachbearbeitung f последующая обработка; окончательная [заключительная] обработка

Nachbehandlung f 1. последующая обработка (особенно термическая, химическая) 2. отделка

Nachbelichtung f *фото* вторая экспозиция; второе экспонирование

Nachbildung f 1. моделирование; имитация 2. *эл.* эквивалент; эквивалентная схема 3. *свз* балансный контур

Nachbohrer m чистовое сверло

Nachbrennen n 1. догорание 2. дожигание

Nachbrenner m, **Nachbrennkammer** f форсажная камера (сгорания) (воздушно-реактивного двигателя)

Nachdüngen n, **Nachdüngung** f с.-х. подкормка
Nacheilung f запаздывание, отставание
Nacheil(ungs)winkel m угол запаздывания
Nachentzerrung f элн компенсация предыскажений
Nachfall m горн. 1. ложная кровля 2. обрушение (ложной кровли вслед за выемкой полезного ископаемого)
Nachfallpacken m горн. ложная кровля, пачка ложной кровли
Nachfolgesteuerung f следящее управление
Nachformdrehen n обточка по копиру, токарно-копировальная обработка
Nachformdrehmaschine f копировально-токарный станок
Nachformen n копирование, копировальная обработка
Nachformfräsen n фрезерование по копиру
Nachformfräsmaschine f копировально-фрезерный станок
Nachführsystem n 1. следящая система 2. система точного позиционирования, система микропозиционирования
Nachführung f 1. автм слежение 2. сопровождение
Nachgerben n, **Nachgerbung** f кож. додубливание
nachgiebig податливый; упругий
Nachgiebigkeit f податливость; упругость
Nachhall m реверберация
nachhallend реверберирующий; гулкий
Nachhallgerät n ревербератор
Nachhallmesser m ревербероометр
Nachhallzeit f время реверберации
Nachladen n 1. подзаряд, подзарядка 2. дозарядка
Nachlauf m 1. хим. последний [хвостовой] погон 2. авто продольный наклон шкворня 3. автм слежение
Nachlaufachse f авто поддерживающий мост
Nachläufer m pl заключительные (сейсмические) толчки (с затухающей амплитудой)
Nachläufer m авто (прицеп-)роспуск
Nachlauffehler m ошибка отслеживания
Nachlaufregelung f следящее регулирование
Nachlaufsteuergerät n следящее устройство; сервомеханизм
Nachlaufsteuerung f 1. следящее управление 2. следящая система
Nachlaufstrom m спутная струя
Nachlaufsystem n следящая система

Nachleitrad n спрямляющий [выходной направляющий] аппарат (лопаточной машины)
Nachleitschaufel f спрямляющая лопатка
Nachleuchten n послесвечение
Nachnahmebohrer m бур-расширитель
Nachpressen n допрессовка
Nachraümer m (бур-)расширитель
Nachricht f сообщение
Nachrichteneinheit f единица информации
Nachrichtenkanal m канал связи
~, **optischer** оптический канал связи
Nachrichtenleitung f линия связи
Nachrichtenmenge f количество информации
Nachrichtenmittel n pl средства связи
Nachrichtennetz n сеть связи
Nachrichtensatellit m спутник связи
~, **geostationärer** геостационарный спутник связи
Nachrichtensystem n система связи
Nachrichtentechnik f связь; техника связи
~, **drahtgebundene** проводная связь
~, **drahtlose** беспроводная связь
Nachrichtenübertragung f передача сообщений; связь
Nachrichtenverarbeitung f обработка сообщений; обработка информации
Nachrichtenwesen n связь
~, **elektrisches** электросвязь
Nachschleifen n 1. дополнительное шлифование; подшлифовка; перешлифовка 2. переточка (режущего инструмента)
Nachschleifwerkzeuge n pl перетачиваемые инструменты
Nachschliff m переточка (режущего инструмента)
Nachschmelzen n оплавление
Nachschneiden n зачистка, обрезка (заусенцев, облоя)
Nachschneid(e)werkzeug n зачистной [обрезной] штамп
Nachspannvorrichtung f 1. ж.-д. компенсатор (натяжное приспособление для уменьшения стрел провеса контактного провода) 2. натяжное устройство, натяжное приспособление
Nachstellen n 1. (под)регулировка; коррекция 2. подналадка (напр. инструментов)
Nachstimmen n подстройка
Nachsynchronisieren n 1. последующее озву-

чивание (*кинофильма*) **2.** дублирование (*кинофильма*)
Nachtanken *n* дозаправка
Nachtsichtgerät *n* прибор ночного видения
Nachtspeicherofen *m* (отопительная) электропечь с аккумулированием тепла в ночное время
Nachübertrager *m* выходной трансформатор
Nachverbrennung *f* **1.** дожигание (*ракетного топлива в форсажной камере*); форсаж **2.** *авто* дожигание, нейтрализация (*отработавших газов*)
Nachweis *m* определение; обнаружение
Nachweisgrenze *f хим.* предел обнаружимости
Nachwirkung *f* последействие
~, **elastische** упругое последействие
Nacktchip *m элн* бескорпусная ИС; бескорпусный компонент
Nadel *f* **1.** игла **2.** стрелка (*напр. компаса*)
Nadelbett *n* **1.** *текст.* игольница, (игольная) фонтура **2.** *элн* матрица контактных штырьков (*для проверки печатных плат*)
Nadelbrett *n текст.* игольная доска (*жаккардовой машины*)
Nadeldrucker *m* игольчатое печатающее устройство, печатающее устройство с однорядным (игольчатым) знакосинтезирующим механизмом
Nadelfeile *f* надфиль
Nadelfilter *n* иглофильтр
Nadelhalter *m* иглодержатель
Nadelholz *n* древесина хвойных пород
Nadelkristalle *m pl* нитевидные кристаллы, «усы»
Nadellager *n* игольчатый роликовый подшипник, игольчатый роликоподшипник
Nadelöler *m* игольчатая маслёнка
Nadelrüttler *m* вибробулава
Nadeltonverfahren *n* механическая звукозапись
Nadelventil *n* игольчатый натекатель, натекатель игольчатого типа; игольчатый вентиль, игольчатый клапан
Nadelvibrator *m* вибробулава
Nadelvliesstoff *m текст.* иглопрошивное (нетканое) полотно, иглопрошивной (нетканый) материал
Nadir *m астр.* надир
Nagel *m* **1.** гвоздь **2.** нагель
Nagelauszieher *m* гвоздодёр
Nagelverbindung *f* гвоздевое соединение
Nagler *m* ручная гвоздезабивная машина

Nahaufnahme *f кино* съёмка крупным планом; крупный план
Näherung *f* приближение; аппроксимация
Näherungsbruch *m* подходящая дробь
Näherungsformel *f* приближённая формула
Näherungskurve *f* аппроксимирующая кривая
Näherungsmethode *f* приближённый метод
Näherungsschalter *m*, **Näherungssensor** *m* датчик присутствия; датчик приближения объекта
Näherungswert *m* приближённое значение
Nahewirkung *f* близкодействие
Nähgewirk *n текст.* вязально-прошивное полотно, вязально-прошивной материал
Nähmaschine *f* швейная машина
Nähnadel *f* швейная игла
Nahordnung *f* ближний порядок
Nährboden *m* питательная среда
Nährstoff *m* питательное вещество
Nahrungsmittel *n pl* пищевые продукты; продовольственные товары
Nahrungsmittelindustrie *f* пищевая промышленность
Naht *f* шов
nahtlos бесшовный ◇ ~ **gezogen** цельнотянутый
Nahtlosrohr *n* бесшовная труба
Nahtrohr *n* шовная [сварная] труба
Nahtschenkel *m св.* катет (углового) шва
Nahtschweißen *n* шовная (контактная) сварка
Nahtstelle *f вчт* стык; интерфейс
Nahtüberhöhung *f* выпуклость (сварного) шва
Nahtwurzel *f св.* корень шва
Nahverkehr *m* пригородное сообщение
Nahverkehrsmittel *n pl* пригородный транспорт
Nähwirken *n* изготовление текстильных полотен вязально-прошивным способом; вязально-прошивная технология
Nähwirkmaschine *f текст.* вязально-прошивная машина
Nähwirktechnik *f текст.* вязально-прошивная технология
NAND-Gatter *n вчт* логический элемент И — НЕ, вентиль И — НЕ
NAND-Glied *n вчт* элемент И — НЕ
Nanolithografie *f* нанолитография
Nanometer *n* нанометр, нм
Nanosekunde *f* наносекунда, нс
Napalm *n* напалм
Napalmbombe *f* напалмовая бомба

NÄPFCHENZIEHVERSUCH

Näpfchenziehversuch *m* испытание на вытяжку колпачков
Naphta *n хим.* лигроин
Naphtalin *n* нафталин
Naphtaquelle *f* нефтяной источник
Naphten *n* нафтен
Naphtensäuren *n pl* нафтеновые кислоты
Naphtol *n* нафтол
Narbe *f* 1. язва; оспина 2. дернина
Narben *m* лицо, лицевая поверхность, лицевой слой *(выделанной кожи)*; мерея
Narbenbild *n кож.* мерея
Narbenleder *n* кожа с естественной мереёй
Narbung *f кож.* мерея
narrensicher рассчитанный на необученный персонал [на неквалифицированное обслуживание]
Nase *f* 1. выступ 2. ус, усик *(винта)* 3. головка *(шпонки)* 4. лапка *(стопорной шайбы)*
Nasenflachkeil *m* (клиновая) шпонка на лыске с головкой
Nasenkeil *m* (клиновая) шпонка с головкой
Nasenkopf *m* головка *(напр. винта)* с усом
Naßanalyse *f* анализ мокрым путём
Naßätzen *n* жидкостное [влажное] травление
Naßätzverfahren *n* метод жидкостного [влажного] травления
Naßaufbereitung *f* мокрое обогащение
Naßbagger *m* землечерпательный снаряд, землечерпалка; драга
Naßdampf *m* влажный (насыщенный) пар
Naßelement *n* мокрый [наливной] элемент
Naßentwicklung *f* проявление жидкими химическими реактивами
Naßformen *n* формовка по-сырому
Naßformsand *m* сырая формовочная смесь
Naßgewinnung *f горн.* гидродобыча *(угля)*
Naßguß *m* 1. литьё в сырую песчаную форму 2. отливка, полученная в сырой песчаной форме
Naßgußform *f* сырая (литейная) форма
Naßgußformen *n см.* **Naßformen**
Naßgut *n* мокрый [влажный] материал
Naßkippe *f* гидроотвал
Naßklassierer *m* гидравлический классификатор
Naßklassierung *f* гидравлическая классификация
Naßmetallurgie *f* гидрометаллургия
Naßmotorpumpe *f* мокростаторный электронасос

Naßpressen *n* 1. мокрое прессование *(брикетов)* 2. *бум.* мокрое прессование 3. пластичное прессование, прессование пластичных керамических масс
Naßputzkammer *f* гидропескоструйная очистная камера
Naßreinigung *f* мокрая очистка
Naßschleifen *n* мокрое шлифование
Naßverbrennung *f хим.* мокрое сожжение
Nasturan *n мин.* уранинит, настуран
Natrium *n* натрий, Na
Natriumdampflampe *f* натриевая лампа
Natriumhydrogenkarbonat *n* гидрокарбонат натрия, пищевая сода, $NaHCO_3$
Natriumhydroxid *n* гидроксид натрия, едкий натр, каустическая сода, NaOH
Natriumkarbonat *n* карбонат натрия, кальцинированная сода, Na_2CO_3
Natriumlampe *f см.* **Natriumdampflampe**
Natron *n* пищевая [питьевая] сода
Natronkalk *m* натровая известь
Natronlauge *f* натровый щёлок *(раствор едкого натра)*
Natronsalpeter *m* натриевая селитра
Naturfaser *f* природное волокно
Naturharz *n* природная смола
Naturkautschuk *m* натуральный каучук
Naturkonstante *f* фундаментальная физическая постоянная
Naturseide *f* натуральный шёлк
Natursteinbauweise *f* каменная конструкция
Naturstoffe *m pl* природные соединения
Naturwissenschaft *f* естествознание
Naturwissenschaften *f pl* естественные науки
Naturwolle *f* натуральная шерсть
Nautik *f* навигация
nautisch навигационный
Navigation *f* навигация; судовождение; самолётовождение
Navigationsgeräte *n pl* навигационные приборы; навигационная аппаратура
Navigationssatellit *m* навигационный спутник
Navigationssystem *n* система навигации
Navigationszeichen *n* навигационный знак
Navigator *m* штурман
n-Bereich *m см.* **n-Gebiet**
NC-Bahnbearbeitung [Numerical Control...] *f* контурная обработка с управлением от системы ЧПУ
NC-Bahnsteuerung *f* контурное ЧПУ
NC-Drehtisch *m* поворотный стол с ЧПУ

NC-Einrichtung *f* устройство ЧПУ
~, festverdrahtete аппаратное устройство ЧПУ
NC-Kode *m* код УП для систем ЧПУ; язык подготовки УП для систем ЧПУ
NC-Maschine *f* станок с ЧПУ
~, bahngesteuerte станок с контурной системой ЧПУ
NC-Maschinensystem *n* система станков с ЧПУ
NC-Programm *n* управляющая программа, УП (*для систем ЧПУ*)
NC-Programmiersprache *f* язык подготовки УП (*для систем ЧПУ*)
NC-Programmierung *f* подготовка УП для систем ЧПУ
NC-Roboter *m* робот с ЧПУ
NC-Sprache *f* см. NC-Programmiersprache
NC-Steuerung *f* 1. числовое программное управление, ЧПУ 2. устройство ЧПУ
~, speicherprogrammierte 1. ЧПУ от системы с ЗУ 2. устройство ЧПУ с ЗУ
~, anwenderprogrammierte устройство ЧПУ, программируемое пользователем
~, festverdrahtete 1. управление от аппаратного устройства ЧПУ 2. аппаратное устройство ЧПУ
~, freiprogrammierbare программируемое устройство ЧПУ
~, inkrementale устройство ЧПУ с отсчётом перемещений в приращениях
~, programmierbare программируемый контроллер, встроенный в систему ЧПУ
~, lernprogrammierte система ЧПУ, программируемая в режиме обучения
NC-Streckensteuerung *f* прямолинейное [прямоугольное] ЧПУ
NC-System *n* система ЧПУ
~, bahngesteuertes контурная система ЧПУ
~, lernprogrammiertes система ЧПУ, программируемая в режиме обучения
NC-Teil *n* деталь, обработанная на станке с ЧПУ
n-Dichte *f* концентрация донорной примеси, концентрация примеси *n*-типа
n-Diffusion *f* диффузия донорной примеси, диффузия примеси *n*-типа
n-Dotieren *n* легирование донорной примесью, легирование примесью *n*-типа
n-dotiert легированный донорной примесью [примесью *n*-типа]
n-Dotierung *f* 1. легирование донорной примесью, легирование примесью *n*-типа 2. концентрация донорной примеси, концентрация примеси *n*-типа
n-Dotierungsstoff *m* донорная примесь, примесь *n*-типа, донор
Nd:YAG-Laser *m* лазер на алюмоиттриевом гранате, легированном неодимом
Nebel *m* 1. туман 2. *астр.* галактика, внегалактическая туманность 3. *астр.* (галактическая) туманность
Nebelauflösung *f* рассеивание тумана (*напр. в зоне аэропорта*), борьба с туманом
Nebelgerät *n* аэрозольный генератор
Nebelkammer *f* *физ.* камера Вильсона
Nebelmittel *n* дымовое средство
Nebelscheinwerfer *m* *авто* противотуманная фара
Nebelschlußleuchte *f* *авто* задняя противотуманная фара
Nebelwand *f* дымовая завеса
Nebenachse *f* 1. малая ось (*эллипса*) 2. мнимая ось (*гиперболы*)
Nebenanlagen *f pl* вспомогательное оборудование
Nebenausstrahlung *f* паразитное излучение
Nebenband *n* *физ.* подзона
Nebengestein *n* *горн., геол.* боковая порода; вмещающая порода (*термин «вмещающая порода» в геологии применяют обычно при пологом залегании полезного ископаемого*)
~, hangendes породы кровли, кровля (*залежи; термин употребляется при горизонтальном и пологом залегании полезного ископаемого*); висячий бок (*залежи; термин употребляется при наклонном и крутом залегании полезного ископаемого*)
~, liegendes породы почвы, почва (*залежи; термин употребляется при горизонтальном и пологом залегании полезного ископаемого*); лежачий бок (*залежи; термин употребляется при наклонном и крутом залегании полезного ископаемого*)
Nebengruppe *f* *хим.* подгруппа (*периодической таблицы элементов*)
Nebenkapazität *f* паразитная ёмкость
Nebenklasse *f* *мат.* смежный класс
Nebenmetalle *n pl* сопутствующие металлы
Nebenprodukt *n* побочный продукт
Nebenschaltung *f* *эл.* параллельное включение, шунтирование
Nebenschluß 1. *эл.* шунт 2. ответвление, бай-

пас, обводная [байпасная] линия (*в гидросистеме*)
Nebenschlußgenerator *m* эл. генератор параллельного возбуждения
Nebenschlußkasten *m* эл. магазин шунтов
Nebenschlußmaschine *f* эл. машина параллельного возбуждения
Nebenschlußmotor *m* электродвигатель параллельного возбуждения
Nebenschlußschaltung *f* эл. параллельное соединение, шунтирование
Nebenschlußwiderstand *m* эл. шунт
Nebenschneide *f* *мет.-об.* вспомогательная режущая кромка
Nebenschneidenfreiwinkel *n* *мет.-об.* вспомогательный задний угол
Nebenspektrum *n* вторичный спектр
Nebensprechdämpfung *f* свз переходное затухание
Nebensprechen *n* свз переходные помехи; переходное затухание
Nebenstellenanlage *f*, **Nebenstellenzentrale** *f* учрежденческая АТС; телефонная подстанция
Nebenstromverhältnis *n* *ав.* степень двухконтурности (*двухконтурного ТРД*), отношение расходов воздуха в наружном и внутреннем контурах (*двухконтурного ТРД*)
~, großes большая степень двухконтурности
~, kleines малая степень двухконтурности
Nebensymmetrieachse *f* вторичная ось симметрии (*кристалла*)
Nebenwinkel *m pl мат.* смежные углы
Nebenzeit *f* вспомогательное время (*при расчёте штучного времени*)
Negation *f* вчт отрицание (*логическая функция или операция*)
Negationsschaltung *f см.* NICHT-Schaltung
Negativ *n* негатив
negativ 1. отрицательный 2. негативный
Negativbild *n* негативное изображение
Negativdruck *n* полигр. печать белым по чёрному, выворотная печать
Negativkopieverfahren *n* полигр. способ негативного копирования
Negativlack *m* негативный фоторезист
Negativmaske *f* негативный фотошаблон
Negativplatte *f* отрицательная пластина
Negativ-Positiv-Verfahren *n* негативно-позитивный способ (*получения фотографических изображений*)

Negativresist *m* негативный фоторезист
Negativschnitt *m кино* монтаж негатива
Negator *m* вчт инвертор
Neigung *f* 1. уклон 2. наклон 3. крен 4. склонность
Neigungsmaßstab *m* масштаб заложения
Neigungsmesser *m* 1. *ав.* указатель крена 2. *геод.* эклиметр 3. *горн.* инклинометр
Neigungswaage *f* циферблатные весы
Neigungswinkel *m* 1. угол наклона 2. *ав.* угол крена
Neigungszeiger *m* уклоноуказатель, указатель уклона
NE-Metalle *n pl* цветные металлы
Nennanschlußspannung *f* эл. номинальное напряжение питающей сети
Nennausschaltleistung *f* эл. номинальная мощность отключения, номинальная отключаемая мощность
Nennbelastung *f* номинальная нагрузка
Nenndaten *pl* номинальные технические характеристики; номинальные параметры
Nenndrehzahl *f* номинальная частота вращения
Nenndruck *m* номинальное давление; условное давление
Nenndüse *f* нормализованное сопло
Nenner *m* знаменатель
Nenngröße *f* 1. характеристический параметр 2. номинальная величина 3. типоразмер
Nennlast *f* номинальная нагрузка
Nennleistung *f* номинальная мощность
Nennmaß *n* 1. номинальный размер 2. *стр.* номинальный модульный размер
Nennmoment *n* номинальный крутящий момент, вращающий момент при номинальной нагрузке
Nennspannung *f* номинальное напряжение
Nennstrom *m* 1. эл. номинальный ток 2. номинальный поток (*в гидросистеме*)
Nennweite *f* условный проход (*арматуры, трубопровода*)
Nennwert *m* номинальное значение; номинальная величина; номинал
Neodym *n* неодим, Nd
Neodymglaslaser *m* лазер на неодимовом стекле
Neodym-YAG-Laser *m см.* Nd:YAG-Laser
Neon *n* неон
Neonlampe *f* неоновая лампа
Neonröhre *f* неоновая трубка; неоновая лампа

NEUTRONENBEUGUNG

Neozoikum *n геол.* кайнозой, кайнозойская эра; кайнозойская группа
Neper *n* непер, Нп
Nephelin *m* нефелин
Nephelinschlamm *m* нефелиновый шлам
Nephelinsyenit *m геол.* нефелиновый сиенит
Nephelinzement *m* нефелиновый цемент
Nephelometer *n* нефелометр
Nephelometrie *f* нефелометрия
Nephrit *m мин.* нефрит
Neptunium *n* нептуний, Np
Nestbohrung *f* кустовое бурение
Nettogewicht *n* вес нетто
Nettoraumgehalt *m,* **Nettoraumzahl** *f мор.* чистая регистровая вместимость *(судна)*
Nettoregistertonne *f мор.* регистровая тонна нетто, нетто-регистровая тонна
Nettostörstellendichte *f,* **Nettostörstellenkonzentration** *f* 1. результирующая концентрация (легирующей) примеси 2. результирующая плотность дефектов *(кристаллической решетки)*
Netz *n* 1. сеть 2. сетка
~, **integriertes** интегрированная сеть, сеть с интеграцией служб
~, **lokales** локальная (вычислительная) сеть, ЛВС
Netzanschlußgerät *n* сетевой прибор
Netzanschlußtransformator *m см.* **Netztransformator**
Netzausfall *m* отказ (сетевого) питания; авария сетевого питания; исчезновение напряжения сети
Netzbelastung *f* нагрузка сети
Netzbetrieb *m* сетевое питание, питание от сети
Netzbrumm *m* фон сети (переменного тока)
Netzebene *f* плоскость кристаллической решётки
Netzelektrode *f* сетчатый электрод
Netzen *n* смачивание
Netzentwurf *m* картографическая проекция
Netzfrequenz *f* частота сети
Netzgerät *n эл.* блок питания *(от сети)*
Netzgleichrichter *m* сетевой выпрямитель
Netzkabel *n* кабель сетевого питания
Netzknoten *m* 1. узел сети 2. *свз, вчт* сетевой узел
Netzmittel *n* смачиватель
Netzplantechnik *f* сетевое планирование

Netzspannung *f* сетевое напряжение, напряжение сети
Netzstrom *m* ток сети, ток в сети
Netztafel *f* сетчатая номограмма
Netzteil *n* блок питания *(от сети)*; источник питания
Netztransformator *m* сетевой трансформатор
Netzwerk *n* 1. *эл.* цепь 2. *сткл* сетка 3. сетевой график 4. сеть
Netzwerkanalysator *m* схемный анализатор
Netzwerkdiagramm *n* сетевой график
Netzwerkplanung *f* сетевое планирование
Netzwerktechnik *f* сетевое планирование
Netzwerktheorie *f эл.* теория цепей
Neuaufschluß *m горн.* вскрытие новых месторождений
Neugrad *m* град *(1/100 прямого угла)*
Neuheit *f* (техническая) новизна
Neuland *n* целина, целинные земли
Neupunkt *m* определяемая точка
Neuristor *m* нейристор
Neuron *n* нейрон
Neusilber *n* нейзильбер
Neustart *m вчт* повторный пуск
neutral 1. нейтральный 2. электронейтральный
Neutralisationszahl *f хим.* число нейтрализации
Neutralisierung *f* нейтрализация
Neutralität *f* 1. нейтральность 2. электронейтральность
Neutralitätsbedingung *f* условие (электро)нейтральности
Neutralleiter *m эл.* нейтраль
Neutrallinie *f* нейтральная ось
Neutrino *n* нейтрино
Neutron *n* нейтрон
Neutronen *n pl* нейтроны
~, **schnelle** быстрые нейтроны
~, **thermische** тепловые нейтроны
Neutronenabsorber *m* поглотитель нейтронов
Neutronenabsorption *f* поглощение нейтронов
Neutronenaktivierung *f* нейтронная активация, активация нейтронами
Neutronenaktivierungsanalyse *f* нейтронный активационный анализ
Neutronenbeschuß *m* нейтронная бомбардировка, бомбардировка нейтронами
Neutronenbestrahlung *f* облучение нейтронами; нейтронная бомбардировка, бомбардировка нейтронами
Neutronenbeugung *f* дифракция нейтронов

NEUTRONENBEUGUNGS...

Neutronenbeugungsuntersuchung *f* нейтронография
Neutronenbombe *f* нейтронная бомба
Neutroneneinfang *m* захват нейтронов
Neutronenfalle *f* нейтронная ловушка
Neutronenfluß *m* нейтронный поток, плотность нейтронного потока (*характеристика ядерного реактора*)
Neutronengift *n* сильный поглотитель нейтронов
Neutronenquelle *f* нейтронный источник, источник нейтронов
Neutronenreflektor *m* отражатель нейтронов
Neutronenspektrometer *n* нейтронный спектрометр
Neutronenstern *m* астр. нейтронная звезда
Neutronenstrom *m* поток нейтронов
Neutronenwaffe *f* нейтронное оружие
Neutronenzahl *f* число нейтронов в (атомном) ядре
Neutronenzähler *m* нейтронный счётчик, счётчик нейтронов
Newton *n* ньютон, N
Newtonmeter *n* ньютон-метр, Н·м
NF-Filter *n* низкочастотный фильтр
NF-Leistungsverstärker *m* усилитель мощности звуковой частоты, УМЗЧ
NF-Signal *n* низкочастотный сигнал
NF-Verstärker *m* усилитель звуковой частоты, УЗЧ
n-Gate *n* управляющий электрод *n*-типа
n-Gate-Thyristor *m* тиристор с управляющим электродом *n*-типа
n-Gebiet *n* область *n*-типа, *n*-область
n-Halbleiter *m* полупроводник *n*-типа, электронный полупроводник
Nibbelschere *f* высечные ножницы
Nichrom *n* нихром
Nichtansprechwert *m* параметр несрабатывания (*напр. реле*)
nichtbackend неспекающийся
Nichteisenmetalle *n pl* цветные металлы
Nichterze *n pl* нерудные минералы
NICHT-Gatter *n* вчт вентиль НЕ
Nichtgleichgewichtsdichte *f*, **Nichtgleichgewichtskonzentration** *f* неравновесная концентрация (*носителей заряда*)
Nichtgleichgewichtsträger *m pl* неравновесные носители (заряда)
NICHT-Glied *n* вчт элемент НЕ
Nichtkoinzidenz *f* несовпадение

nichtleitend непроводящий
Nichtleiter *m* диэлектрик; изолятор
Nichtleiterwerkstoff *m* диэлектрический материал, диэлектрик
nichtlinear нелинейный
Nichtlinearität *f* нелинейность
nichtmagnetisch немагнитный, антимагнитный
Nichtmetalle *n pl* неметаллы
Nichtoxidierbarkeit *f* неокисляемость
Nichtrest *m* мат. невычет
nichtrostend нержавеющий
NICHT-Schaltung *f* вчт (логическая) схема НЕ
nichtselektiv неизбирательный, неселективный
nichtstandardisiert нестандарт(изован)ный
Nichtstöchiometrie *f* нестехиометричность
nichtumkehrbar необратимый
Nichtverfügbarkeit *f* коэффициент простоя (*в теории надежности*)
Nickbewegung *f* см. Nicken
Nickel *n* никель, Ni
Nickel-Eisen-Akkumulator *m* никель-железный [железо-никелевый] аккумулятор
Nickelin I *m* мин. никелин
Nickelin II *m* никелин (сплав)
Nickel-Kadmium-Akkumulator *m* никель-кадмиевый аккумулятор
Nickellegierung *f* никелевый сплав
Nicken *n* 1. авто колебания (*кузова транспортного средства*)` относительно поперечной оси, продольная качка 2. ав. тангаж
Nicol *n* опт. призма Николя
Niederbringen *n* проходка (*скважины*)
Niederdruck *m* низкое давление
Niederdruckkammer *f* камера низкого давления; камера разрежения
Niederdruckkessel *m* котёл низкого давления
Niederdruckpumpe *f* насос низкого давления
Niederdruckreifen *m* шина низкого давления
Niederdruckturbine *f* турбина низкого давления
Niederdruckzylinder *m* цилиндр низкого давления
niederfrequent низкочастотный
Niederfrequenzen *f pl* звуковые частоты; диапазон звуковых частот
Niederfrequenzfernsprechen *n* низкочастотное телефонирование
Niederfrequenzgenerator *m* генератор звуковой частоты
Niederfrequenzofen *m* низкочастотная печь

Niederfrequenzstrom *m* ток низкой частоты
Niederfrequenztransformator *m* трансформатор низкой частоты
Niederfrequenzverstärker *m* усилитель звуковой частоты, УЗЧ
Niederführung *f* снижение (*антенны*)
Niederhalter *m* прижим
Niederhubwagen *m* средство напольного транспорта [тележка] с малой высотой подъёма груза
Niederohm..., **niederohmig** низкоомный
Niederquerschnittsreifen *m* низкопрофильная шина
Niederschlag *m* 1. конденсат; осадок 2. конденсация; выпадение осадка 3. *метео* осадки
~, **galvanischer** гальванический осадок; гальваническое покрытие
Niederschlagshöhe *f* высота слоя осадков
Niederschlagskanalisation *f* дождевая [ливневая] канализация
Niederschlagsmenge *f* количество осадков
Niederschlagsmesser *m* осадкомер, дождемер; плювиограф
~, **selbstregistrierender** плювиограф
Niederschlagsmessung *f* измерение осадков
Niederschlagsmittel *n* осадитель
Niederschlagsschmelzen *n* осадительная плавка
Niederschlagswasser *n* вода атмосферных осадков
Niederspannung *f* низкое напряжение
Niederspannungsanlage *f* низковольтная установка
Niederspannungsquelle *f* источник низкого напряжения
Niederspannungsschalter *m* низковольтный выключатель
Niederspannungssicherung *f* низковольтный предохранитель
Niederspannungsstrom *m* ток низкого напряжения
Niedertemperaturreaktor *m* низкотемпературный реактор
Niedervolt... низковольтный, низкого напряжения
Niederwasser *n см.* Niedrigwasser
niedrigdotiert, **niedriglegiert** слаболегированный
Niedrigleistungs-Schottky-TTL *f* маломощные логические схемы ТТЛ-Шоттки, ТТЛШ ИС с низкой [с малой] потребляемой мощностью

Niedrigwasser *n* 1. низкая [меженная] вода 2. малая вода (*прилива*)
Niedrigwasserhöhe *f* меженный уровень
Niedrigwasserperiode *f* межень, меженный период
Niet *m* заклёпка
Nieten *n* клёпка; заклёпывание; склёпывание
Nietendöpper *m* обжимка для заклёпок
Nietkonstruktion *f* клёпаная конструкция
Nietkopf *m* головка заклёпки
Nietkopfsetzer *m см.* Nietendöpper
Nietloch *n* заклёпочное отверстие, отверстие под заклёпку
Nietmaschine *f* клепальная машина
Nietnaht *f* заклёпочный шов
Nietpresse *f* клепальный пресс
Nietschaft *m* стержень заклёпки
Nietung *f* 1. клёпка; склёпывание; заклёпывание 2. заклёпочный шов
Nietverbindung *f* заклёпочное соединение
Nietwerkzeug *n* клепальный инструмент
Nietzieher *m* обжимка
Ni-Fe-Akkumulator *m*, **Ni-Fe-Sammler** *m* никель-железный [железо-никелевый] аккумулятор
n-Insel *f элн* островок *n*-типа; карман *n*-типа
Niob *n* ниобий, Nb
Nioblegierung *f* ниобиевый сплав
Nippel *m* ниппель
Nirosta *m* нержавеющая сталь
n-Isolationswanne *f элн* изолирующий карман *n*-типа
Nitrat *n* нитрат
Nitrid *n* нитрид
Nitrieren *n* 1. *хим.* нитрование 2. *мет.* азотирование
Nitrierhärten *n*, **Nitrierhärtung** *f мет.* азотирование
Nitrierstahl *m* азотируемая сталь; азотированная сталь
Nitrierung *f см.* Nitrieren
Nitrifikation *f* нитрификация
Nitril *n* нитрил
Nitrit *n* нитрит
Nitroanilin *n* нитроанилин
Nitroäther *m pl* нитроэфиры
Nitrobenzol *n* нитробензол
Nitrofarbstoff *m* нитрокраситель
Nitroglyzerin *n* нитроглицерин
Nitrogruppe *f* нитрогруппа
Nitrolack *m* нитролак

NITROSOGRUPPE

Nitrosogruppe *f* нитрозогруппа
Nitrotoluol *n* нитротолуол
Nitroverbindungen *f pl* нитросоединения
Nitrozellulose *f* нитроцеллюлоза, нитрат целлюлозы
Nitrozelluloselackfarbe *f* нитроэмаль
Nitschelhose *f текст.* сучильный рукав
Nitscheln *n текст.* сучение *(ровницы)*
Niveau *n* уровень
~, **flaches** мелкий уровень
~, **tiefliegendes** глубокий уровень
Niveauabstand *m маш.* уровень сечения профиля *(при измерении шероховатости поверхности)*
Niveaubesetzung *f физ.* заселённость уровня
Niveaudichte *f физ.* плотность уровней энергии
Niveauentartung *f физ.* вырождение уровня
Niveaufläche *f* **1.** *физ., эл.* эквипотенциальная поверхность **2.** *геод.* уровенная поверхность **3.** *мат.* поверхность уровня
Niveaulinie *f* **1.** линия уровня; горизонталь **2.** *эл.* эквипотенциальная линия **3.** *мат.* линия уровня
Nivellement *n* нивелирование
Nivellierinstrument *n* нивелир
Nivellierlatte *f* нивелирная рейка
Nivellierlinie *f* нивелирная линия
Nivellierung *f* нивелирование
n-JFET *m* *n*-канальный полевой транзистор с *p — n*-переходом
n-Kanal *m* канал с проводимостью *n*-типа, *n*-канал
n-Kanal-Anreicherungs-MOSFET *m* МОП-транзистор с индуцированным каналом *n*-типа, *n*-канальный МОП-транзистор, работающий в режиме обогащения
n-Kanal-Feldeffekttransistor *m*, **n-Kanal-FET** *m* *n*-канальный полевой транзистор, полевой транзистор с каналом *n*-типа
n-Kanal-JFET *m* *n*-канальный полевой транзистор с *p — n*-переходом
n-Kanal-MOS-Bauelement *n* *n*-канальный МОП-прибор
n-Kanal-MOSFET *m* *n*-канальный МОП-транзистор, МОП-транзистор с каналом *n*-типа
n-Kanal-MOS-Technik *f*, **n-Kanal-MOS-Technologie** *f* *n*-МОП-технология, технология (изготовления) *n*-канальных МОП-приборов; технология (изготовления) *n*-канальных МОП-транзисторов

n-Kanal-SFET *m* *n*-канальный полевой транзистор с *p — n*-переходом
n-Kanal-Si-Gate-Technik *f*, **n-Kanal-Silicongate-Technologie** *f* технология *n*-канальных МОП ИС с (самосовмещёнными) поликремниевыми затворами
n-Kanal-Sperrschicht-FET *m* *n*-канальный полевой транзистор с *p — n*-переходом
n-Kanal-Transistor *m* *n*-канальный транзистор, транзистор с каналом *n*-типа
n-Kanal-Verarmungs-MOSFET *m* МОП-транзистор со встроенным каналом *n*-типа, работающий в режиме обеднения
n-Kristall *m* кристалл (с проводимостью) *n*-типа
n-leitend с проводимостью *n*-типа, с электронной проводимостью
n-Leitung *f* проводимость *n*-типа, электронная проводимость, электронная электропроводность
n-MOS *f см.* **n-MOS-Technik**
n-MOS-Schaltkreis *m*, **NMOS-Schaltkreis** *m*, **n-MOS-Schaltung** *f*, **NMOS-Schaltung** *f* ИС на *n*-МОП-транзисторах, *n*-МОП-транзисторная ИС, *n*-МОП-схема
n-MOS-Silizium-Gate-Technik *f*, **NMOS-Silizium-Gate-Technik** *f* технология (изготовления) *n*-МОП-транзисторных ИС с (самосовмещёнными) поликремниевыми затворами
n-MOS-Technik *f*, **NMOS-Technik** *f*, **n-MOS-Technologie** *f*, **NMOS-Technologie** *f* *n*-МОП-технология, технология (изготовления) *n*-канальных МОП-приборов
n-MOS-Transistor *m*, **NMOS-Transistor** *m* *n*-канальный МОП-транзистор, МОП-транзистор с каналом *n*-типа, *n*-МОП-транзистор
NN *см.* **Normalnull**
Nobelium *n* нобелий, No
Nocken *m* кулачок; кулак
Nockenantrieb *m* кулачковый привод
Nockenhebel *m* коромысло, кулачковый рычаг
Nockenschaltwerk *n* кулачковый контроллер
Nockensteuerschalter *m* кулачковый командоконтроллер
Nockensteuerung *f* **1.** кулачковый механизм **2.** кулачковое распределение *(в ДВС)*; кулачковое управление
Nockenwelle *f* распределительный вал; распределительный [кулачковый] вал *(в ДВС)*

No-Iron-Ausrüstung *f текст.* отделка «стирай — носи» (*не требующая глаженья*)
Nomenklatur *f* номенклатура
Nomogramm *n* номограмма
Nomographie *f* номография
Nonius *m* нониус, верньер
Nonstop-Flug *m* беспосадочный полёт; беспосадочный перелёт
Non-woven-fabric *англ. текст.* нетканый материал
Noppe *f текст.* 1. шишка; узелок; утолщение 2. ворсовая петля, петля ворса
Nord *m* 1. норд; север 2. северный ветер
Norden *m* север
Nordlicht *n* северное сияние
Nordpol *m* Северный полюс
NOR-Gatter *n вчт* логический элемент ИЛИ — НЕ, вентиль ИЛИ — НЕ
NOR-Glied *n вчт* элемент ИЛИ — НЕ
Norm *f* 1. норма; норматив 2. стандарт 3. *мат.* норма
~, **technisch begründete** технически обоснованная норма
Normal *n* 1. нормаль; стандарт 2. эталон; эталонная мера; образцовая мера 3. эталонный калибр
~, **internationales** международный эталон
normal 1. нормальный 2. нормальный; стандартный 3. *мат.* нормальный (*направленный под прямым углом*)
Normalantenne *f* эталонная антенна
Normalatmosphäre *f* стандартная атмосфера
Normalbedingungen *pl физ.* нормальные условия
Normalbenzin *n* бензин для умеренно форсированных двигателей (*с октановым числом до 92 по исследовательскому методу*)
Normalbeschleunigung *f* нормальное ускорение
Normalbeton *m* обычный [тяжёлый] бетон
Normaldruck *m* нормальное давление
Normaldruckeinheit *f* стандартная атмосфера
Normale *f мат.* нормаль
Normalebene *f* нормальная плоскость
Normalelektrode *f* стандартный электрод
Normalelement *n хим.* нормальный элемент
Normalform *f мат.* нормальная форма
Normalfrequenz *f* эталонная частота
Normalgewinde *n* стандартная резьба
Normalgleichung *f* нормальное уравнение
Normalglühen *n* нормализация (*способ термической обработки стали*)

Normalhöhe *f* нормальная высота
Normalisieren *n* нормализация
Normalität *f хим.* нормальность (*раствора*)
Normalkopie *f* эталон-копия
Normalkraft *f* нормальная сила
Normallehre *f маш.* стандартный калибр
Normallösung *f хим.* нормальный раствор
Normally-Off-Transistor *m* нормально закрытый транзистор, транзистор с индуцированным каналом
Normally-On-Transistor *m* нормально открытый транзистор, транзистор со встроенным каналом
Normalmaß *n* эталонная мера; образцовая мера
Normalnull *f* нормальный нуль (*исходная высота над уровнем моря*); нуль футштока
Normalpotential *n* нормальный [стандартный] потенциал (*в электрохимии*)
Normalreihe *f* 1. стандартный ряд 2. *мат.* нормальный ряд
Normalsalz *n* средняя [нейтральная] соль
Normalschnitt *m* нормальное сечение
Normalspannung *f* нормальное напряжение
Normalspannungsquelle *f* эталонный источник напряжения, эталон напряжения
Normalspur *f* нормальная колея
Normalstab *m* стандартный [нормальный] образец
Normalstromquelle *f* эталонный источник тока, эталон тока
Normalteiler *m мат.* нормальный делитель
Normalteilung *f маш.* нормальный шаг зубьев
Normaltemperatur *f* нормальная температура
Normaluhr *f* эталонные часы; первичные (электрические) часы
Normalverteilung *f мат.* нормальное [гауссово] распределение
Normalverteilungsdichte *f мат.* плотность нормального распределения
Normalwasserstoffelektrode *f* стандартный водородный электрод
Normalwert *m* эталонная величина
Normalwiderstand *m* эталонный резистор
Normativ *n* норматив
Normenumsetzer *m* преобразователь телевизионных стандартов
Normfallbeschleunigung *f* стандартное [нормальное] ускорение свободного падения
Normfrequenz *f* стандартная частота
Normierungsfaktor *m* нормирующий множитель

NORMSPANNUNG

Normspannung *f* стандартное напряжение
Normteil *n* стандартная [стандартизованная] деталь
Normung *f* нормирование; нормализация; стандартизация
Normverbrauch *m* *авто* расход топлива (*в л/100 км; техническая характеристика автомобиля*)
Normwert *m* 1. нормативное значение 2. стандартный номинал (*напр. резистора, конденсатора*)
Normwiderstand *m* стандартный резистор
Normzeit *f* норма времени
Normzustand *m* нормальные условия (*для газов*)
NOR-ODER-Gatter *n* *вчт* логический элемент ИЛИ — ИЛИ/НЕ, вентиль ИЛИ — ИЛИ/НЕ
Notabschaltung *f* аварийное отключение, аварийное выключение
Notaggregat *n* аварийный агрегат
Notation *f* 1. нотация 2. *вчт* запись; представление (*чисел в определенной системе счисления, коде*)
Not-Aus-Druckknopf *m* кнопка аварийного выключения
Notausschalter *m* аварийный выключатель
Notausschaltung *f* аварийное выключение, аварийное отключение
Not-Aus-Taste *f*, **Not-Aus-Taster** *m* кнопка аварийного выключения
Notbetrieb *m* аварийный режим; работа [эксплуатация] в аварийном режиме
Notbetriebszustand *m* чрезвычайный режим (работы)
Notbremse *f* 1. *ж.-д.* экстренный тормоз 2. *см.* **Notbremshahn** 3. *авто* запасная тормозная система 4. аварийный тормоз
Notbremshahn *m* *ж.-д.* кран экстренного торможения, стоп-кран
Notbremsung *f* 1. *ж.-д.* экстренное торможение 2. аварийное торможение
Notbremsventil *n* *ж.-д.* кран экстренного торможения, стоп-кран
Notch-Filter *n* узкополосный режекторный фильтр, фильтр-пробка
Notendschalter *m* аварийный конечный выключатель
Notenergieversorgung *f* аварийное энергоснабжение

Notfallbedienung *f* аварийное [экстренное] (техническое) обслуживание
Notfrequenz *f* радиоволна бедствия
NOT-Gate *n* *см.* **NICHT-Gatter**
Nothalt *m* аварийный останов, авост
Notizblockspeicher *m* *вчт* сверхоперативное ЗУ, СОЗУ
Notizbuch-Computer *m* ПЭВМ блокнотного типа
Notkühlung *f* аварийное охлаждение
Notlandung *f* *ав.* вынужденная посадка
Notrückzug *m* *мет.-об.* аварийный отвод (*режущего инструмента*)
Notruf *m* сигнал бедствия
Notschacht *m* *горн.* аварийный ствол
Notschalter *m* аварийный выключатель
Notschutz *m* 1. аварийная защита; система аварийной защиты 2. противоаварийная защита; система противоаварийной защиты
Notsignal *m* аварийный сигнал; сигнал бедствия
Notstopp *m* аварийный останов, авост
Notstoppvorrichtung *f* аварийный останов, авост
Notstromaggregat *n*, **Notstromanlage** *f* аварийный (генераторный) агрегат; агрегат аварийного питания
Notstromversorgung *f* 1. аварийное энергоснабжение 2. аварийное питание
Notventil *n* аварийный вентиль
Notzeichen *n* сигнал бедствия
Nova *f* (*pl* **Novae**) *астр.* новая звезда, новая
Novolak *m*, **Novolakharz** *n* новолак, новолачная смола
NPSH [Net Positive Suction Head] *n* допускаемый кавитационный запас (*кавитационный запас, обеспечивающий работу насоса без изменения основных технических показателей; см. тж* **Saugfähigkeit 3.**); наибольшее значение допустимой геометрической высоты всасывания; критическая высота всасывания (*наибольшая геометрическая высота всасывания, при которой возможна нормальная бескавитационная работа насоса*)
n-p-Übergang *m* *n — p*-переход, электронно-дырочный переход
NRZ-Kode [Non-Return-To-Zero-...] *m* код без возвращения к нулю
NRZ-Verfahren *n* способ записи [запись] без возвращения к нулю

n-Schicht *f* n-слой, слой (с проводимостью) n-типа
NTC-Widerstand [Negative-Temperature-Coefficient-...] *m*, **NTK-Widerstand** *m* (термо)резистор с отрицательным ТКС
NTSC-Coder *m* тлв кодер НТСЦ
n-Tupel *n* *мат.* кортеж из n-элементов
n-Typ-Halbleiter *m* полупроводник n-типа, электронный полупроводник
nuklear ядерный
Nuklearantrieb *m* атомный привод, привод от ядерной энергетической установки
Nuklearwaffen *f pl* ядерное оружие
Nukleinsäuren *f pl* нуклеиновые кислоты
Nukleon *n* нуклеон
Nukleotide *n pl* нуклеотиды
Nuklide *n pl* нуклиды
Null *f* нуль
Nullabgleich *m* 1. уравновешивание (*при измерении по нулевому методу*) 2. коррекция нуля
~, **automatischer** автокоррекция нуля
Nullachse *f* нейтральная ось
Nullage *f* нулевое положение
Nullageverschiebung *f* смещение нуля
Nullanzeiger *m* нуль-индикатор
Nulldurchgang *m* прохождение [переход] через нуль
Nulleingang *m* вход установки в состояние «0», вход «0»
Nulleinstellung *f* установка нуля; установка на нуль
Nulleiter *m* *эл.* нулевой провод, нейтраль
Nullen *n см.* **Nullung**
Nullfehlerfertigung *f*, **Nullfehlerproduktion** *f* бездефектное производство
Nullfläche *f* 1. *мат.* нулевая поверхность 2. нейтральная плоскость, нейтральный слой
Nullfolge *f* нулевая последовательность
Nullfrequenz *f* *эл.* нулевая частота
Nullimpedanz *f* *эл.* полное сопротивление нулевой последовательности
Nullindikator *m* нуль-индикатор
Nullinie *f* 1. *маш.* нулевая линия 2. нейтральная ось (*линия, соответствующая номинальному размеру, от которой откладываются отклонения размеров при графическом изображении допусков и посадок*)
Nullinstrument *n* нулевой прибор; нуль-индикатор

Nullkomponente *f* *эл.* составляющая нулевой последовательности
~ **der Spannung** напряжение нулевой последовательности
~ **des Stroms** ток нулевой последовательности
Nullmeridian *m* нулевой [начальный] меридиан
Nullmethode *f* нулевой [компенсационный] метод (*измерений*)
Nullorgan *n* нуль-орган
Nullpotential *n* нулевой потенциал
Nullpunkt *m* 1. нулевая точка; нуль 2. нулевая отметка, нуль; начало отсчёта 3. *эл.* нулевая точка, нейтраль
~, **absoluter** *физ.* абсолютный нуль температуры; температура абсолютного нуля
Nullpunktabgleich *m* балансировка нуля
Nullpunktabweichung *f* смещение нуля
Nullpunktdrift *f* дрейф нуля
Nullpunkteinstellung *f* установка нуля
Nullpunktfehler *m* 1. погрешность, обусловленная дрейфом нуля; ошибка из-за дрейфа нуля 2. смещение нуля
Nullpunktkorrektur *f* коррекция нуля
Nullpunktsenergie *f* *физ.* нулевая энергия
Nullpunktsteller *m* корректор нуля
Nullpunktunterdrückung *f* подавление нуля (*при измерениях*)
Nullpunktverschiebung *f* смещение нуля
Nullpunktwanderung *f* дрейф нуля; смещение нуля
Nullreaktanz *f* *эл.* реактивное сопротивление нулевой последовательности
Nullschicht *f* нейтральный слой
Nullschnittkristall *m* кварц нулевого среза
Nullserie *f* опытная серия (*изделий*); установочная серия
Nullspannung *f* *эл.* 1. напряжение нулевой последовательности 2. нулевое напряжение
Nullspannungsauslöser *m* *эл.* расцепитель минимального напряжения, минимальный расцепитель (*расцепитель, отключающий автомат при исчезновении или понижении напряжения*)
Nullspannungsauslösung *f* *эл.* автоматическое выключение цепи при исчезновении *или* понижении напряжении
Nullspannungsmesser *m* *эл.* нулевой вольтметр
Nullspannungsschalter *m* *эл.* нулевой автомат
Nullspant *n* *мор.* мидель-шпангоут
Nullstellen *f pl* *мат.* нули (*функции*)

NULLSTELLUNG

Nullstellung *f* 1. нулевое положение 2. установка нуля; установка на нуль
Nullstrom *m эл.* 1. ток нулевой последовательности 2. нулевой ток
Nullsystem *n эл.* система нулевой последовательности
Nullsystemrelais *n эл.* реле нулевой последовательности
Nullsystemschutz *m эл.* защита нулевой последовательности
Nullteiler *m мат.* делитель нуля
Nullung *f* 1. *эл.* зануление 2. обнуление, установка в нуль
Nullverfahren *n см.* **Nullmethode**
Nullwiderstand *m ав.* активное сопротивление нулевой последовательности
Numeration *f* нумерация
Numerierungsbereich *m тлф* зона нумерации
Numerik-Steuerung *f маш.* числовое программное управление, ЧПУ
numerisch 1. численный 2. цифровой
Numerus *m мат.* 1. логарифмируемое число 2. антилогарифм
Nummer *f* номер
~, **magische** магическое число
Nummernschalter *m тлф* номеронабиратель
Nummernschild *n авто* номерной знак
Nummernwahl *f* набор номера
Nur-Lese-Speicher *m вчт* память, допускающая только чтение; постоянное ЗУ, ПЗУ
Nuß *f* звёздочка (*цепной передачи*)
Nußkohle *f* уголь-орешек
Nut *f* паз; канавка
Nutation *f* нутация
Nuten *n* прорезание [фрезерование] пазов; прорезание [фрезерование] канавок
Nutenfräser *m* пазовая фреза; прорезная фреза; шпоночная (концевая) фреза
Nutenkeil *m* врезная шпонка
Nutenmeißel *m* канавочный резец, резец для прорезания канавок
Nutenschleifen *n* заточка канавок
Nutenstanzautomat *m* пазный (пресс-)автомат
Nutenwelle *f маш.* зубчатый [шлицевый] вал
Nuthobel *m* шпунтубель
Nutmutter *f* шлицевая гайка
Nutzarbeit *f* полезная работа
Nutzbarmachung *f* 1. освоение 2. использование, утилизация
Nutzbelastung *f* полезная нагрузка
Nutzbremsung *f* рекуперативное торможение

Nutzdauer *f* срок службы
Nutzeffekt *m* 1. эффективность; отдача; коэффициент полезного действия, кпд 2. экономический эффект; экономическая эффективность
Nutzenergie *f* полезная энергия
Nutzer *m* пользователь
Nutzfläche *f* полезная площадь
Nutzholz *n* деловая древесина
Nutzinhalt *m* полезный объём; полезная вместимость
Nutzkapazität *f* полезная ёмкость
Nutzkraft *f* полезная сила; эффективная сила
Nutzlast *f* 1. полезная нагрузка 2. *см.* **Nutzmasse** 1. 3. полезный груз (*ракеты*) 4. *стр.* эксплуатационная нагрузка
Nutzmasse *f* 1. полезная масса 2. *авто* полезная нагрузка
Nutzleistung *f* полезная [эффективная] мощность
Nutzquerschnitt *m* полезное сечение
Nutzraum *m* 1. полезный объём 2. полезная ёмкость
Nutz-Stör-Abstand *m* отношение сигнал/шум
Nutzungsdauer *f* срок службы
Nutzwiderstand *m* полезное сопротивление
Nuvistor *m* нувистор
n-Wanne *f элн* карман (с проводимостью) *n*-типа, *n*-карман
n-Wannen-CMOS-Technologie *f*, **n-Wannen-Technologie** *f элн* технология КМОП ИС с карманами *n*-типа, КМОП-технология с карманами *n*-типа
nW-Bereich *m* нановаттный диапазон
n-Well-CMOS-Prozeß *m см.* **n-Wannen-CMOS-Technologie**
Nylon *n* найлон, нейлон
n-Zone *f см.* **n-Gebiet**

O

Oberbau *m ж.-д.* верхнее строение пути
Oberbaumeßwagen *m ж.-д.* путеизмерительный вагон
Oberbett *n маш.* верхняя станина (*напр. горизонтально-протяжного станка*)

OBERFLÄCHEN...

Oberdampfhammer *m* паровоздушный молот
Oberdeck *n* верхняя палуба *(судна)*
Oberdruckhammer *m* (паровоздушный) молот двойного действия
Oberfläche *f* поверхность
oberflächenaktiv поверхностно-активный
Oberflächenaktivität *f* поверхностная активность
Oberflächenätzung *f* поверхностное травление
Oberflächenbehandlung *f* поверхностная обработка, обработка поверхности *(напр. химическая, химико-термическая)*
Oberflächenbeschaffenheitssymbol *n маш.* условное обозначение шероховатости
Oberflächen-CCD *n*, **Oberflächen-CCD-Bauelement** *n* ПЗС с поверхностным каналом; ПЗС с поверхностной структурой
Oberflächendefekt *m* поверхностный дефект
Oberflächendiffusion *f* поверхностная диффузия
Oberflächendurchbruch *m* поверхностный пробой
Oberflächeneffekt *m* поверхностный эффект
Oberflächenenergieband *n физ.* энергетическая зона поверхностных состояний
Oberflächenentladung *f* поверхностный разряд
Oberflächenentwässerung *f* 1. открытый поверхностный дренаж 2. осушение открытыми каналами
Oberflächenfeldeffekttransistor *m*, **Oberflächen-FET** *m* полевой транзистор с приповерхностным каналом
Oberflächengüte *f маш.* чистота поверхности
Oberflächenhärten *n* поверхностная закалка
Oberflächenintegral *n мат.* поверхностный интеграл, интеграл по поверхности
Oberflächenkanal *m* (при)поверхностный канал
Oberflächenkonzentration *f* поверхностная концентрация
Oberflächenkriechstrom *m* ток поверхностной утечки
Oberflächenladung *f* поверхностный заряд
Oberflächenladungsdichte *f* концентрация поверхностных зарядов
Oberflächenleitfähigkeit *f*, **Oberflächenleitung** *f* поверхностная проводимость
Oberflächenmeßgerät *n маш.* профилометр *(прибор для измерения параметров шероховатости поверхности)*

Oberflächenmontage *f эл.* поверхностный монтаж, монтаж на поверхность
Oberflächenmontagetechnik *f элн* технология поверхностного монтажа, технология монтажа на поверхность
Oberflächennormal *n маш.* эталон [образец] шероховатости
Oberflächenpassivierung *f* пассивация поверхности
Oberflächenrauheit *f маш.* шероховатость поверхности
Oberflächenrauhigkeiten *f pl маш.* микронеровности поверхности
Oberflächenraumladungszone *f* приповерхностная область пространственного заряда
Oberflächenreinigung *f* очистка поверхности; удаление поверхностных загрязнений
Oberflächenrekombination *f* поверхностная рекомбинация
Oberflächenspannung *f физ.* поверхностное натяжение; коэффициент поверхностного натяжения
Oberflächenstreuung *f* поверхностное рассеяние
Oberflächenterm *m физ.* поверхностный уровень (энергии)
Oberflächenüberschlag *m* поверхностный пробой, поверхностный разряд
Oberflächenveredlung *f* отделка поверхности; декоративная обработка поверхности
Oberflächenverfestigung *f мет.-об.* поверхностное упрочнение, наклёп
Oberflächenvergleichsstück *n маш.* образец [эталон] шероховатости
Oberflächenverunreinigung *f* загрязнение поверхности
Oberflächenwelle *f* поверхностная волна
Oberflächenwellen *pl* поверхностные волны
~, **akustische** поверхностные акустические волны, ПАВ
Oberflächenwellen-Bauelement *n элн* элемент на поверхностных акустических волнах [на ПАВ], ПАВ-элемент
Oberflächenwellenfilter *n* фильтр на ПАВ, ПАВ-фильтр
Oberflächenwellenverstärker *m* усилитель на ПАВ
Oberflächenwiderstand *m* поверхностное сопротивление
~, **spezifischer** удельное поверхностное сопротивление

OBERFLÄCHEN...

Oberflächenzeichen *n маш.* обозначение шероховатости поверхности
Oberflügel *m* фрамуга
Oberhieb *m* верхняя [вспомогательная] насечка *(напильника)*
oberirdisch надземный
Oberkante *f физ.* верхняя граница, потолок *(напр. валентной зоны)*
Oberkörper *m мат.* надполе
Oberlauf *m* верхнее течение *(реки)*
Oberleder *n* кожа для верха обуви; заготовка верха обуви
Oberleitung *f* 1. *ж.-д.* контактный провод 2. подвесной [троллейный] провод *(троллейбусной контактной сети)*
Oberleitungsomnibus *m* троллейбус
Oberlicht *n* 1. верхний свет 2. *стр.* фонарь; световой фонарь; зенитный фонарь 3. *мор.* светлый люк
Oberlichtbeleuchtung *f* верхнее освещение
Oberlichtflügel *m* фрамуга
Oberschlitten *m* верхние (резцовые) салазки, верхняя [резцовая] каретка *(крестового суппорта токарного станка)*
Oberschwingungen *pl физ.* гармонические колебания
Oberton *m* обертон
Oberwasser *n гидр.* бьеф
Oberwellen *f pl* (высшие) гармоники
Oberwellenanalysator *m* гармонический анализатор, анализатор гармоник
Oberwellenfilter *n* фильтр подавления гармоник
Oberwellengenerator генератор гармоник, генератор гармонического сигнала
Oberzug *m стр.* прогон для подвешивания балок
Objektebene *f опт.* предметная плоскость
Objektiv *n* объектив
~, **vergütetes** просветлённый объектив
Objektivverschluß *m* апертурный затвор *(фотоаппарата)*; межлинзовый затвор *(фотоаппарата)*
Objektkode *m прогр.* объектный код; объектная программа
Objektprogramm *n прогр.* объектная программа
Objekttisch *m* предметный столик *(микроскопа)*
Objektträger *m* предметное стекло
Observatorium *n* обсерватория
Obstmühle *f* плододробилка

Obus *m*, **O-Bus** *m* троллейбус
OC-Ausgang *m элн* выход с открытым коллектором
OC-Funktion *f*, **OC-Kennlinie** *f* оперативная характеристика *(плана выборочного контроля)*
Ocker *m* охра
ODER *n вчт* схема ИЛИ; логический элемент ИЛИ, вентиль ИЛИ
~, **exklusives** исключающее ИЛИ
~, **verdrahtetes** проводное [монтажное] ИЛИ
ODER-Gatter *n вчт* логический элемент ИЛИ, вентиль ИЛИ
~, **verdrahtetes** проводное [монтажное] ИЛИ
ODER-Glied *n вчт* элемент ИЛИ
ODER-Schaltung *f вчт* схема ИЛИ
ODER-Verknüpfung *f вчт* (логическая) операция ИЛИ
Odorant *m* одорант
Odorierung *f* одоризация
Odorierungsmittel *n* одорант
OEM-Baugruppe [Original-Equipment-Manufacturer-...] *f* комплектующее устройство
OEM-Computer *m* комплектующая (микро)ЭВМ
OEM-Hersteller *m* изготовитель комплексного оборудования *(на основе покупных комплектующих)*
Ofen *m* печь
Ofenbär *m мет.* настыль *(привар в печи)*
Ofenbeschickung *f* загрузка печи
Ofenboden *m см.* **Ofensohle**
Ofengewölbe *n* свод печи
Ofenheizung *f* печное отопление
Ofenherd *m см.* **Ofensohle**
Ofenkoks *m* печной кокс
Ofenlack *m* лак горячей [печной] сушки
Ofenreise *f* эксплуатационный период печи
Ofenruß *m* печная сажа
Ofensau *f* настыль, «козёл» *(на лещади металлургической печи, напр. доменной)*
Ofensohle *f* под печи; лещадь печи *(напр. доменной)*
offen 1. открытый 2. разомкнутый
Offen-End-Rotorspinnen *n текст.* безверетённое пневмомеханическое прядение
Offenendspinnverfahren *n текст.* безверетённое прядение
Offenpreßwerkzeug *n* открытая пресс-форма
Offenschleifenverstärkung *f элн* коэффициент

усиления при разомкнутой цепи обратной связи
Off-line-Betrieb *m вчт* автономный режим, режим «оф-лайн»
Off-line-System *n вчт* автономная система; оперативно-недоступная система
Öffnen *n* 1. открывание; раскрывание, раскрытие 2. *эл.* отпирание; размыкание 3. разрыхление (*напр. хлопка*); распушка (*волокна*)
Öffner *m* 1. *см.* **Öffnungskontakt** 2. *текст.* разрыхлитель; кипоразрыхлитель
Öffnung *f* 1. отверстие 2. *фото* отверстие диафрагмы (объектива); действующее [световое] отверстие диафрагмы (объектива); величина действующего [светового] отверстия диафрагмы (объектива), значение диафрагмы (объектива) ◇ die ~ der Blende einstellen установить величину действующего [светового] отверстия диафрагмы (объектива), установить диафрагму 3. проём 4. амбразура 5. зев; раскрытие; раствор; раскрыв
Öffnungsautomat *m* автомат раскрытия парашюта
Öffnungsblende *f опт., фото* апертурная диафрагма
Öffnungsfehler *m опт.* сферическая аберрация
Öffnungsfunken *m эл.* искра размыкания
Öffnungskontakt *m эл.* нормально-замкнутый [размыкающий] контакт
Öffnungsstoß *m* динамический удар при раскрытии парашюта
Öffnungsverhältnis *n опт., фото* относительное отверстие (объектива)
Öffnungswinkel *m* 1. *опт.* апертурный угол 2. угол раствора (*луча, пучка*) 3. *св.* угол разделки кромок
Offset *m* 1. *элн* смещение; напряжение смещения 2. *вчт* смещение
Offsetabgleich *m* компенсация напряжения смещения; коррекция смещения нуля, компенсация напряжения смещения нуля (*напр. в АЦП*)
Offsetdruck *m полигр.* офсетная печать, офсет
Offsetdruckplatte *f полигр.* офсетная печатная форма
Offsetfehler *m* напряжения смещения нуля (*напр. в АЦП*)
Offsetmaschine *f полигр.* офсетная (печатная) машина
Offsetpapier *n* офсетная бумага
Offsetspannung *f элн* напряжение смещения

Offsetstrom *m элн* ток смещения
Offshore-Plattform *f* морская (буровая) платформа
Offshore-Technik *f* техника морского бурения
OFW-Bauelement *n* прибор на ПАВ, ПАВ-прибор, ПАВ-элемент
OFW-Filter *n* фильтр на ПАВ, ПАВ-фильтр
Ohm *n* ом, Ом
Ohmmeter *n* омметр
Okklusion *f* окклюзия
Ökologie *f* экология
ökologisch экологический
Ökosystem *n* экологическая система, экосистема
Oktaeder *n* октаэдр, восьмигранник
Oktalsystem *n* восьмеричная система счисления
Oktan *n* октан
Oktant *m* октант
Oktanzahl *f* октановое число
Oktanzahlwähler *m* октан-корректор
Oktett *n физ.* октет
Oktode *f* октод
Okular *n* окуляр
Öl *n* 1. масло 2. нефть
~, **aromatisches** ароматическое масло
~, **ätherisches** эфирное масло
~, **polymerisiertes** (льняное) полимеризованное масло, штандоль
Ölabscheider *m* маслоотделитель
Ölabsorption *f* маслоёмкость (*пигмента*)
Ölabstreifring *m* маслосъёмное (поршневое) кольцо
Ölabweiser *m* маслоотражатель
Ölaufnahme *f см.* **Ölabsorption**
Ölbad *n* 1. масляная баня 2. масляная ванна
Ölbehälter *m* 1. нефтеналивная цистерна 2. масляный бак 3. резервуар для масла
Ölbeständigkeit *f* маслостойкость
Ölbremse *f* гидравлический тормоз
Ölbrenner *m* форсунка для (жидкого) котельного топлива, мазутная форсунка
öldicht маслонепроницаемый
Öldiffusionspumpe *f* паромасляный диффузионный насос
Öldruck *m* давление масла
Öldruckbremse *f* тормоз [тормозная система] с гидравлическим приводом; гидравлический тормоз
Öldruckkabel *n* маслонаполненный кабель
Öldruckmesser *m* масляный манометр

OLEFINE

Olefine *n pl хим.* олефины, алкены
Olein *n* олеин
Öleinfüllstutzen *m* маслоналивная горловина
Oleinsäure *f см.* **Ölsäure**
Ölemulsion *f* масляная эмульсия
Öler *m* маслёнка
~ **mit aussetzender Zuführung** маслёнка периодической подачи
Ölerhitzer *m* маслоподогреватель
Oleum *n* дымящая серная кислота, олеум
Ölfalle *f* нефтеловушка
Ölfänger *m* маслосборник; маслоуловитель
Ölfarbe *f* масляная краска
Ölfeld *n* нефтяная залежь; нефтяной промысел, нефтепромысел
Ölfestigkeit *f* маслостойкость
Ölfeuerung *f* топка на (жидком) котельном топливе, мазутная топка
Ölfilm *m* масляная плёнка
Ölfilter *n* масляный фильтр; маслоочиститель
ölführend нефтеносный
Ölhärten *n* закалка в масле
Ölheizung *f* отопление (жидким) котельным топливом, мазутное отопление
ölig маслянистый
Oligomere *n pl* олигомеры
Ölisolation *f* масляная изоляция
Olivin *m мин.* оливин
Ölkanne *f* ручная маслёнка
Ölkohle *f авто* (масляный) нагар
Ölkraftwerk *n* тепловая электростанция на жидком топливе
Ölkuchen *m с.-х.* жмых
Ölkühler *m* 1. маслоохладитель 2. *авто* масляный радиатор
Ölkühlung *f* масляное охлаждение
Öllack *m* масляный лак
Öllänge *f* жирность (*лака*)
Ölleinen *n* кембрик
Ölleitung *f авто* масляная магистраль; маслопровод; *ав.* маслопровод
öllöslich маслорастворимый
Ölluftpumpe *f* масляный вакуумный насос
Ölmanometer *n* масляный манометр
Ölmesser *m* масломер
Ölpapierisolation *f* бумажно-масляная изоляция
Ölpumpe *f* масляный насос
Ölraffinerie *f* нефтеперегонный завод
Ölregenerierung *f* регенерация масла
Ölreiniger *m* маслоочиститель
Ölreinigung *f* маслоочистка, очистка масла
Ölrohrleitung *f* маслопровод
Ölsand *m* нефтеносный песок
Ölsäure *f* олеиновая кислота
Ölschalter *m* масляный выключатель
Ölschauglas *n* маслоуказатель
Ölschiefer *m* горючий [битуминозный] сланец
Ölschleuder *f см.* **Ölschleuderring**
Ölschleuderring *m* брызговое кольцо, брызговик (*в смазочной системе*)
Ölstand *m* уровень масла
Ölstandanzeiger *m* указатель уровня масла
Ölstoßdämpfer *m* гидравлический амортизатор
Ölströmungsschalter *m* (высоковольтный) выключатель с масляным дутьём, струйный выключатель
Ölsumpf *m авто* масляная ванна
Öltransformator *m* масляный трансформатор
Ölverbrauch *m* 1. расход масла 2. *см.* **Ölabsorption**
Ölverlust *m* утечка масла
Ölverschluß *m* масляный затвор
Ölwaggon *n* нефтеналивная цистерна
Ölwanne *f авто* поддон (*картера*)
Ölzahl *f* маслоёмкость (*пигмента*)
Ölzapfsäule *f* маслораздаточная колонка
Ölzuspeisungsleitung *f* магистраль подпитки
Omnibus *m* автобус
Omnibusbahnhof *m* автовокзал; (пассажирская) автостанция
On-Chip-Oszillator *m* встроенный генератор, генератор, расположенный на кристалле
On-Chip-Prozessor *m* встроенный микропроцессор
On-Chip-Speicher *m* встроенное ЗУ, ЗУ, интегрированное в кристалле
On-line-Betrieb *m вчт* оперативный режим, режим «он-лайн»
On-line-Speicher *m вчт* память, работающая под управлением центрального процессора; оперативно-доступная память
On-line-Steuerung *f вчт* управление в оперативном режиме
On-line-System *n вчт* оперативно-доступная система
Oolith *m геол.* оолитовая порода
Opakglas *n* непрозрачное стекло
Opal *m* опал
Opaleszenz *f* опалесценция
Opalglas *n* опаловое стекло

Open-Collector-Ausgang *m* *элн* выход с открытым коллектором
Open-Collector-Stufe *f* *элн* каскад (с выходом) с открытым коллектором
Open-loop-Verstärkung *f* коэффициент усиления при разомкнутой цепи обратной связи
Operand *m* *вчт* операнд
Operandenadresse *f* *вчт* адрес операнда
Operateur *m* оператор; диспетчер *(энергосистемы)*
~, **automatischer** автооператор
Operation *f* операция
~, **bemannte** операция, выполняемая с участием обслуживающего персонала
Operationscharakteristik *f* оперативная характеристика *(плана выборочного контроля)*
Operationsforschung *f* исследование операций
Operationsgeschwindigkeit *f* скорость выполнения операции
Operationskode *m* *вчт* код операции
Operationsleuchte *f* операционный светильник; хирургический светильник
Operationsstufe *f* (технологический) переход
~, **technologische** технологический переход
Operationsstufenfolge *f* последовательность (технологических) переходов
Operationsverstärker *m* операционный усилитель, ОУ
Operator *m* 1. оператор 2. *прогр.* знак операции
~, **Laplacescher** оператор Лапласа
~, **linearer** линейный оператор
Operatorenrechnung *f* *мат.* операторное исчисление
Optik *f* оптика
~, **auswechselbare** сменная оптика, сменный объектив
~, **fotografische** фотографическая оптика
~, **geometrische** геометрическая оптика
Optikator *m* оптикатор
optimal оптимальный
Optimalwert *m* оптимальное значение; оптимальная величина
Optimeter *n* оптиметр
Optimiergerät *n* оптимизатор
Optimierregelung *f* адаптивное управление с оптимизацией выходных параметров
Optimierung *f* оптимизация
Optimierungsgerät *n* оптимизатор
Optimisator *m* оптимизатор
optisch оптический

Optoelektronik *f* оптоэлектроника
Optoentkopplung *f* оптронная развязка; узел оптронной развязки
Opto-IC *n* оптоэлектронная ИС
Optokoppler *m* оптопара; оптрон
Optokopplung *f* оптронная связь
Optoplatte *f* оптический диск (для записи данных)
Optosensor *m* оптоэлектронный датчик
Optothyristor *m* фототиристор
Optotransistor *m* оптотранзистор
Optron *n* оптрон
Optronik оптроника; оптоэлектроника
OPV [Operationsverstärker] *m*, **OP-Verstärker** *m* операционный усилитель, ОУ
Orangenhaut *f*, **Orangenschaleneffekt** *m* дефект типа «апельсиновая корка»
Orbit *m* орбита
Orbital *n* *хим.* орбиталь
Orbitaleinheit *f см.* Orbitalteil
Orbitalflug *m* *косм.* орбитальный полёт
Orbitalgeschwindigkeit *f* *косм.* орбитальная скорость
Orbitalstation *f* *косм.* орбитальная станция
Orbitalteil *m* *косм.* орбитальный отсек
Orbiter *m* *косм.* орбитальный корабль; орбитальный блок
Ordinalzahl *f* порядковое число
Ordinate *f* ордината
Ordinatenachse *f* ось ординат
Ordnung *f* 1. порядок 2. упорядочение
~ **der Harmonischen** номер гармоники
Ordnungsnummer *f* порядковый номер
Ordnungszahl *f* 1. *хим.* порядковый номер *(элемента в периодической таблице)* 2. порядковое число
Organ *n* орган
Organisationstechnik *f* оргтехника
organisch органический
OR-Gate *n*, **OR-Gatter** *n см.* ODER-Gatter
Orgelzimmerung *f* *горн.* органная крепь
Orgware *f* оргтехника
Orientation *f* ориентация; ориентирование
Orientierung *f* ориентирование; ориентация
~, **handgesteuerte** ручная ориентация
Orientierungsgeber *m* датчик ориентации
Orientierungssystem *n* система ориентации *(космического корабля)*
Original *n* оригинал
Originalbildnegativ *n* *кино* оригинальный (ки-

ORIGINALMASKE

но) негатив, оригинальный негатив (кино) изображения
Originalmaske *f см.* Originalschablone
Originalmuster *n* рисунок оригинала; оригинал
Originalnegativ *n кино* оригинальный негатив, негатив-оригинал
Originalschablone *f* эталонный фотошаблон
Originalvorlage *f* оригинал; фотооригинал; фототрафарет
Originalzeitmaßstab *m* истинный [реальный] масштаб времени
O-Ring *m* резиновое кольцо круглого сечения
Orkan *m* ураган
Ornamentglas *n* узорчатое стекло
Orogen *n* ороген
Orogenese *f* орогенез; горообразование
Orographie *f* орография
Orsatapparat *m хим.* аппарат Орса
Ort I *m* место
~, **geometrischer** геометрическое место точек
Ort II *n* 1. *горн.* забой 2. *горн.* орт; горизонтальная (подземная) выработка (*вкрест простирания в месторождениях с крутым залеганием полезного ископаемого*) 3. *горн.* камера (*в пологом относительно маломощном пласте*)
Ortbeton *m* монолитный бетон
Ortbetonfundament *n* монолитный фундамент
Örterbau *m горн.* выемка камерами (*в относительно маломощных пластах*)
Örterpfeilerbau *m горн.* 1. разработка подэтажными штреками 2. камерно-столбовая выемка
Orthikon *n тлв* ортикон
orthochromatisch ортохроматический
Orthodrome *f* ортодромия
orthogonal *мат.* ортогональный
Orthogonalität *f мат.* ортогональность
Orthogonalsystem *n мат.* ортогональная система
Orthoklas *m мин.* ортоклаз
Orthonormalsystem *n мат.* ортонормальная система
Ortho-Para-Isomerie *f хим.* орто-пара-изомерия
Orthophosphorsäure *f* фосфорная кислота, H_3PO_4 (*в названии этой кислоты приставка орто- обычно опускается*)
Orthosäure *f* ортокислота
Ortpfahl *m* набивная свая
~, **gebohrter** буронабивная свая

Ortsamt *n* городская телефонная станция
Ortsbestimmung *f* определение координат
ortsbeweglich подвижной, передвижной
Ortsbrust *f горн.* (проходческий) забой; поверхность [лоб] забоя
ortsfest стационарный
Ortskennzahl *f тлф* код населённого пункта, код города
Ortskurve *f* годограф
Ortsmeridian *m* von Greenwich Гринвичский меридиан
Ortsnetz *n* местная сеть; местная электросеть; городская телефонная сеть
Ortsnetzkennzahl *f см.* Ortskennzahl
Ortsreservehaltung *f* местное резервирование
Ortsstirn *f см.* Ortsbrust
Ortsstoß *m горн.* плоскость [лоб] забоя, забой
Ortsvektor *m мат.* радиус-вектор
ortsveränderlich передвижной
Ortsverbindung *f* местная связь
Ortsverkehr *m* 1. местная связь 2. местное сообщение
Ortsvermittlungsstelle *f* городская телефонная станция
Ortszeit *f* местное время
Ortung *f* 1. определение местоположения 2. локация
Ortungsgerät *n* локатор
~, **akustisches** звуколокатор
Öse *f* 1. ушко; проушина; петля; рым 2. прицеп (*пружины растяжения*)
OSI-Modell *n вчт* (семиуровневая) базовая эталонная модель взаимодействия открытых систем
Oskulationskreis *m мат.* соприкасающаяся окружность, круг кривизны
Osmium *n* осмий, Os
Osmose *f* осмос
osmotisch осмотический
Oszillation *f* осцилляция, осциллирование; колебание; качание
Oszillator *m* 1. генератор; осциллятор 2. вибратор
~, **freilaufender** автономно-работающий генератор
~, **freischwingender** несинхронизируемый генератор; автономно-работающий генератор
~, **phasenstarrer** параметрон
~, **quarzgesteuerter** генератор с кварцевой стабилизацией частоты

~, **selbsterregter** автогенератор, генератор с самовозбуждением

~, **spannungsgesteuerter** генератор, управляемый напряжением, ГУН

~, **stromgesteuerter** генератор, управляемый током

~, **symmetrischer** балансный генератор

Oszillatortriode *f* генераторный триод

oszillierend осциллирующий

Oszillogramm *n* осциллограмма

Oszillograph *m* осциллограф

Oszillographenröhre *f* осциллографическая трубка

Oszillographie *f* осциллография

Oszilloskop *n* осциллоскоп; осциллограф

Ottokraftstoff *m* лёгкое топливо для двигателей с принудительным воспламенением горючей смеси; топливо для карбюраторных двигателей, бензин

Ottomotor *m* двигатель с принудительным воспламенением горючей смеси (от электрической искры); карбюраторный двигатель

Otto-Vergasermotor *m* карбюраторный двигатель

Output *m англ. вчт, автм* 1. выход 2. выходной сигнал; выходное воздействие

Oval *n* овал

oval овальный

Overall *n* комбинезон

Overdrive *m англ. авто* повышающая [ускоряющая] передача

Override *n маш.* ручная коррекция (величины) подачи (*в системе ЧПУ*)

Oversampling *n англ. элн* супердискретизация, передискретизация, выборка с запасом по частоте дискретизации

Oxalat *n хим.* оксалат

Oxalsäure *f хим.* щавелевая кислота

Oxazinfarbstoffe *m pl* оказиновые красители

Oxid *n* оксид, окись; окисел

Oxidation *f* окисление; оксидирование

~, **anodische** анодное окисление; анодирование

Oxidation-Reduktionspotential *n* окислительно-восстановительный потенциал

Oxidationsfähigkeit *f* окислительная способность

Oxidationsgeschwindigkeit *f* скорость окисления

Oxidationskatalysator *m* катализатор окисления

Oxidationsmedium *n* окислительная среда

Oxidationsmittel *n* окислитель

Oxidationsreaktion *f* окислительная реакция, реакция окисления

Oxidationsstufe *f* степень окисленности, степень окисления (*химического элемента*)

Oxidationsverzögerer *m* ингибитор окисления

Oxidationswärme *f* теплота окисления

Oxidationszahl *f* окислительное число (*химического элемента*)

Oxidationszone *f геол.* зона окисления

Oxidator *m* окислитель (*ракетного топлива*)

Oxiddicke *f* толщина оксидного слоя; толщина слоя SiO_2

Oxiddurchbruch *m* пробой оксидной изоляции (*затвора МОП-транзистора*); пробой оксидного слоя

Oxidfenster *n* окно в оксидном слое

Oxidhalbleiter *m* оксидный полупроводник

Oxidhaut *f* оксидная плёнка; плёнка оксидов

Oxidieren *n см.* Oxidation

Oxidimetrie *f* редоксметрия

Oxidisolation *f* оксидная изоляция; изоляция слоем SiO_2

Oxidkatode *f* оксидный катод

Oxidkeramik *f* оксидная керамика, керамика на основе оксидов

Oxidlösungsmittel *n* паяльный флюс

Oxidmaske *f* оксидная маска; SiO_2-маска

Oxidmaskierung *f* оксидное маскирование; защита оксидным слоем

Oxid-Nitrid-Maskierung *f* маскирование оксидом и нитридом кремния, оксидно-нитридное маскирование

Oxidpassivierung *f* оксидная пассивация, пассивация слоем оксида

Oxidreaktor *m* реактор для плазменного оксидирования

Oxidschicht *f* 1. оксидный слой; слой SiO_2 2. оксидная плёнка; плёнка оксидов

Oxidschichtdicke *f*, **Oxidschichtstärke** *f* толщина оксидного слоя

Oxidstufe *f* оксидная ступенька, ступенька в оксидном слое

Oxokarbonsäuren *f pl* оксокарбоновые кислоты

Oxoniumion *n* ион [катион] оксония, оксоний

Oxosäuren *f pl* оксокислоты, кислородсодержащие кислоты

~, **organische** органические оксокислоты

Oxosynthese *f* оксосинтез

Oxyäthylzellulose *f* оксиэтилцеллюлоза

Oxychlorierung *f* оксихлорирование

Oxychlorid *n* оксихлорид

OXYDANS

Oxydans *n* см. **Oxidationsmittel**
Oxydation *f* см. **Oxidation**
Oxydations... см. **Oxidations...**
Oxydierung *f* см. **Oxidation**
Oxydimetrie *f* редоксметрия
Oxyliquitsprengstoff *m* оксиликвит
Oxynitril *n* оксинитрил
Oxysäuren *f pl* оксикислоты, гидроксикарбоновые кислоты
Oxyverbindung *f* оксисоединение
Ozeanographie *f* океанография
Ozeanologie *f* океанология
Ozokerit *m* *мин.* озокерит, горный воск
Ozon *n* озон
Ozonapparat *m* озонатор
Ozonbehandlung *f* озонирование
Ozonbeständigkeit *f* озоностойкость
Ozongerät *n*, **Ozonisator** *m* озонатор
Ozonisierung *f* озонирование
Ozonloch *n* озонная дыра, дыра в озоновом слое
Ozonschicht *f* озоновый слой
Ozonung *f* озонирование

P

Paar *n* пара
Paarbildung *f* см. **Paarerzeugung**
Paarerzeugung *f* *физ.* образование [генерация] электронно-дырочных пар; образование пар «частица — античастица» (*напр. электронно-позитронных*)
Paarung *f* сопряжение (*деталей, поверхностей*)
Paarungsflächen *f pl* сопрягаемые поверхности
Paarungslehre *f* двухпредельный калибр
Paarungsmaß *n* сопрягаемый размер
Paarungsteile *n pl* сопрягаемые детали
Paarvernichtung *f* *физ.* аннигиляция пары (*частиц*); аннигиляция пар
Paarverseilung *f* скрутка парами, парная скрутка (*кабеля*)
P-Abweichung *f* *автм* статическое отклонение; статическая погрешность (*при пропорциональном регулировании*)
Packer *m* пакер (*устройство для разобщения пластов в нефтяной или газовой скважине при их раздельной эксплуатации*)
Packlage *f* каменное основание (*дороги*)
Packpapier *n* обёрточная бумага; упаковочная бумага
Packschnur *f* набивочный жгут
Packung *f* 1. упаковка 2. набивка (*напр. сальника*) 3. *хим.* насадка
~, **dichte** плотная упаковка
Packungsanteil *m* упаковочный коэффициент, упаковочный множитель
Packungsdichte *f* плотность упаковки (*напр. атомов в кристаллической решётке*); плотность монтажа (*схемных элементов*)
Packungsmaterial *n* набивочный материал
Packungsring *m* уплотнительное кольцо
Packwerk *n* *гидр.* тюфячная кладка
Paddle *n* орган ручного управления; пульт ручного управления (*электронной игрой*)
Pad-Grid-Array *n* матрица штырьковых выводов (*корпуса интегрального прибора*)
Pad-Grid-Gehäuse *n* плоский корпус с матрицей штырьковых выводов, матричный корпус
Page-Mode *m*, **Page-Modus** *m* *вчт* 1. страничный режим, режим постраничного считывания и/или постраничной записи данных 2. режим постраничного вывода (*информации на экран дисплея*)
Pager *m* *англ.* пейджер
Paket *n* пакет
Paketieren *n* пакетирование
Paketierung *f* пакетирование
Paketierpresse *f* пакетировочный пресс
Paketvermittlung *f* *вчт* коммутация пакетов
Paketvermittlungsnetz *n* *вчт* сеть с коммутацией пакетов
Paläozoikum *n* *геол.* палеозой, палеозойская эра; палеозойская группа
PAL-Coder *m* *тлв* кодер ПАЛ (*см. тж* **PAL-System**)
Palette *f* 1. поддон; палета 2. *маш.* палета, спутник (*в гибких автоматизированных системах*)
Palettenablagestation *f* станция выгрузки палет
Palettenförderer *m* транспортёр палет
Palettenförderwagen *m* см. **Palettenwagen**
Palettenmagazin *n* накопитель палет
Palettenregal *n* стеллаж для (хранения) палет
Palettenrundtaktspeicher *m* поворотный накопитель палет

Palettenschalttisch *m* индексируемый стол-спутник
Palettenspeicher *m* накопитель палет
Palettentisch *m* стол-спутник
Palettenwagen *m* тележка для (транспортировки) палет
Palettenwechsel *m* автоматическая смена палет
~, **automatischer** *см.* **Palettenwechsel**
Palettenwechselstation *f* станция автоматической смены палет
Palettenwechsler *m* устройство автоматической смены палет *(с обрабатываемыми деталями)*
Palettenzuführstation *f* станция загрузки палет
Palettieren *n*, **Palettierung** *f* 1. укладка (грузов) на поддоны 2. установка *(обрабатываемых деталей)* на палеты
Palladium *n* палладий, Pd
PAL-Schalter *m* *тлв* коммутатор фазы (ПАЛ)
PAL-System *n*, **PAL-Verfahren** *n* система (цветного телевидения) ПАЛ
Paneel *n* панель
Panamabindung *f* *текст.* переплетение «панама», переплетение «рогожка» [в рогожку], шашечное переплетение
panchromatisch панхроматический
Panne *f* (дорожная) авария
Panning *n* прокрутка *(изображения на экране дисплея)*
Panorama *n* 1. панорама 2. панорамное кино
Panoramabild *n* панорамное изображение, панорама
Panoramagerät *n* РЛС кругового обзора
Panoramieren *n* панорамирование
Pantograph *m* пантограф *(чертежное приспособление)*
Panzer *m* 1. танк 2. стальная футеровка *(мельницы)* 3. броня
Panzerbüchse *f* реактивный противотанковый гранатомёт
Panzerförderer *m* панцирный конвейер
Panzerglas *n* бронестекло
Panzerplatte *f* броневая плита
Panzerschlauch *m* бронированный рукав, рукав в металлической оплётке
Panzerstahl *m* броневая сталь
Panzerung *f* 1. бронирование 2. броня
Panzerweste *f* бронежилет
Papier *n* бумага
~, **fotografisches** фотографическая бумага, фотобумага
~, **geleimtes** проклеенная бумага
~, **gestrichenes** мелованная бумага
Papierabfälle *m pl* бумажные отходы, макулатура
Papierbahn *f* бумажное полотно
Papierbrei *m* бумажная масса
Papierchromatographie *f* хроматография на бумаге
Papierfilter *n* бумажный фильтр
Papierherstellung *f* бумажное производство
Papierholz *n* балансы, балансовая древесина
Papierindustrie *f* бумажная промышленность
Papierisolation *f* бумажная изоляция
papierisoliert с бумажной изоляцией
Papierkabel *n* кабель с бумажной изоляцией
Papierkondensator *m* бумажный конденсатор
Papiermaschine *f* бумагоделательная машина
Papierstoff *m* бумажная масса
Papiertransport *m см.* **Papiervorschub**
Papiervorschub *m* подача [протяжка] бумаги *(в печатающем устройстве)*
Papierwolf *m* *бум.* волк-машина
Papierzellstoff *m* целлюлоза для бумаги
Pappe *f* картон *(плотностью свыше 300 г/м^2)*
Pappguß *m* бумажное литьё
Pappnagel *m* толевый гвоздь
Parabel *f* парабола
Parabolantenne *f* параболическая антенна
Parabolbahn *f* параболическая орбита
parabolisch параболический
Paraboloid *n* параболоид
Parabolspiegel *m* параболическое зеркало
Paraffine *n pl* *хим.* парафины, алканы, алифатические предельные углеводороды
Paraffinierung *f* 1. парафинирование 2. парафинизация
Paraffinkohlenwasserstoffe *m pl* *хим.* парафиновые углеводороды
Paraffinöl *n* парафинистая нефть, нефть парафинового основания 2. парафиновое масло *(дистиллятное масло из нефтей парафинового или смешанного основания)* 3. вазелиновое масло
Paragenese *f* парагенезис *(минералов)*
Parallaxe *f* параллакс
Parallaxenwinkel *m* параллактический угол
parallel параллельный
Paralleladdierer *m* сумматор параллельного действия, параллельный сумматор
Parallelbetrieb *m* 1. *эл.* параллельная работа 2. *вчт* параллельный режим работы

Parallelbewegung *f* параллельное движение
Parallele *f* параллельная прямая, параллельная
Parallelendmaß *n* плоскопараллельная концевая мера длины
Parallelepiped *n*, **Parallelflächner** *m* параллелепипед
Parallelführung *f* параллелограммный механизм
Parallelimpedanz *f* полное сопротивление параллельной цепи [параллельных цепей]
Parallelinterface *n* параллельный интерфейс
Parallelität *f* параллельность
Parallelkreis *m* параллель (*на сфере*)
Parallelkurbel *f* шарнирный параллелограмм, механизм параллельных кривошипов
Parallelmaschine *f см.* Parallelrechenmaschine
Parallelogramm *n* параллелограмм
Parallelogrammsatz *m* закон параллелограмма
Parallelprojektion *f* параллельная проекция
~, **orthogonale** [**rechtwinklige**] *см.* Parallelprojektion, senkrechte
~, **schiefwinklige** [**schräge**] косая проекция
~, **senkrechte** ортогональная [прямоугольная] проекция
Parallelrechenmaschine *f* (вычислительная) машина параллельного действия
Parallelreißer *m* рейсмус (*слесарный*)
Parallelrückkopplung *f* обратная связь со сложением токов
Parallelschaltung *f* эл. параллельное соединение
Parallelschere *f* ножницы с параллельными ножами
Parallelschiene *f* двухголовчатый рельс
Parallelschnittstelle *f* параллельный интерфейс
Parallelschwingkreis *m* эл. параллельный резонансный контур, параллельный (колебательный) контур
Parallel-Serien-Rechenmaschine *f* (вычислительная) машина параллельно-последовательного действия
Parallel-Serien-Wandler *m* параллельно-последовательный преобразователь
Parallelstrombrenner *m* прямоточная горелка
Parallelträger *m* балка с параллельными поясами
Parallelübertrag *m* ускоренный перенос
Parallelübertragsaddierwerk *n* сумматор с ускоренным переносом
Parallelübertragsschaltung *f* логическая схема ускоренного переноса

Parallelumsetzungsverfahren *n* метод параллельного преобразования
Parallelverschiebung *f* 1. параллельный перенос (*в геометрии*) 2. *крист.* трансляция, трансляционное скольжение
Parallelwicklung *f* параллельная обмотка
Parallelwiderstand *m* шунтовое [параллельное] сопротивление, шунт
Paramagnetikum *n* парамагнетик
paramagnetisch парамагнитный
Paramagnetismus *m* парамагнетизм
Parameter *m* параметр
~, **informationstragender** информационный параметр
~, **kontinuierlicher** распределённый параметр
~, **konzentrierter** сосредоточенный параметр
~, **verteilter** распределённый параметр
Parameterdrift *f* уход параметров
Parameterstreuung *f* разброс параметров
Parität *f* чётность
Paritätsbit *f n вчт* бит (контроля) чётности
Paritätserhaltung *f физ.* сохранение чётности
Paritätsfehler *m* ошибка чётности; ошибка по чётности; ошибка паритета
Paritätsflag *n* признак [флаг] чётности
Paritätsgenerator *m* генератор бита (контроля) чётности
Paritätskontrolle *f*, **Paritätsprüfung** *f вчт* проверка чётности, контроль по чётности
Parkbahn *f косм.* орбита ожидания; промежуточная орбита
Parkerisieren *n* паркеризация
Parkes-Entsilberung *f*, **Parkesieren** *n*, **Parkes-Verfahren** *n мет.* обессеребривание свинца при помощи цинка, обессеребривание по Паркесу, паркесирование
Parkettbrettchen *n см.* Parkettstab
Parkettstab *m* паркетная дощечка, паркетная планка, (паркетная) клёпка
Parkett-Tafeln *f pl* щитовой паркет; паркетные щиты
Parkleuchte *f авто* стояночный фонарь; подфарник
Parkplatz *m* (авто)стоянка; место стоянки
Parksperre *f авто* механизм (*коробки передач*), запирающий трансмиссию автомобиля на стоянке
Parkuhr *f* счётчик времени (*на платной стоянке*)
Parsec *n астр.* парсек, пк
Parterre *n* первый этаж

partial парциальный; частичный
Partialbruch *m* простейшая [элементарная] дробь
Partialbruchzerlegung *f* разложение на простейшие [элементарные] дроби
Partialdruck *m* парциальное давление
Partialsumme *f* частичная сумма
Partialturbine *f* парциальная турбина
Partialvolumen *n* парциальный объём
partiell 1. частный 2. парциальный; частичный
Partikel *f* частица
Pascal *n* паскаль, Па (*единица давления в СИ*)
Paß *m* 1. *мат.* перевал 2. *эл.* фильтр
Passage *f* проход
Passageinstrument *n* *астр.* пассажный инструмент
Paßarbeit *f* пригонка, припасовка
Passer *m* *полигр.* приводка
Paßfeder *f* *маш.* призматическая шпонка
Paßfederverbindung *f* *маш.* шпоночное соединение; соединение с помощью призматической шпонки
Passivator *m* пассиватор
Passivierschicht *f* пассивирующий слой
Passivierung *f* пассивирование, пассивация
Passivierungsschicht *f* пассивирующий слой
Passivität *f* пассивность
Passivstörungen *f pl* пассивные помехи
Paßläppen *n* *мет.-об.* притирка
Paßläppmaschine *f* притирочный станок
Paßmarke *f* знак совмещения
Paßmethode *f* *мат.* метод перевала
Paßpunkt *m* *мат.* точка перевала
Paßschaft *m* *маш.* увеличенный стержень, стержень увеличенного диаметра (*посадочный стержень, диаметр которого больше номинального диаметра резьбы*)
Paßschraube *f* *маш.* призоновый болт
Paßstift *m* 1. *маш.* установочный штифт 2. установочный [ориентирующий] щтырёк
Paßsystem *n* *маш.* система (допусков и) посадок
Paßtoleranz *f* *маш.* допуск на посадку
Passung *f* 1. *маш.* посадка 2. пригонка, припасовка
~ **mit Übermaß** посадка с натягом
Passungskurzzeichen *n* *маш.* обозначение посадки
Paste *f* паста
Pasteurisierapparat *m* пастеризатор
Pasteurisieren *n* пастеризация

Patent *n* патент
Patentanmeldung *f* заявка на патент, патентная заявка
Patentansprüche *m pl* формула изобретения
Patentieren *n* 1. патентование 2. патентирование (*проволоки*)
Patentreinheit *f* патентная чистота
Patentschrift *f* описание изобретения к патенту, патентное описание
Paternoster *m* лифт непрерывного действия, многокабинный пассажирский подъёмник
Patina *f* патина
Patinieren *n* патинирование
Patrize *f* 1. верхний штамп; пуансон 2. *полигр.* патрица
Patronenschmelzsicherung *f* *эл.* 1. пробочный предохранитель 2. (высоковольтный) патронный предохранитель
Patterngenerator *m* 1. генератор изображений (*фотошаблонов*) 2. генератор тестовых структур
Pauli-Prinzip *n* *физ.* принцип запрета (Паули), принцип Паули
Pause *f* 1. калька (*копия чертежа*) 2. калькирование
Pausen *n* калькирование
Pausendauer *f* интервал между импульсами, межимпульсный интервал
Pauspapier *n* калька
p-Bereich *m см.* p-Gebiet
PC [Personal Computer, Personalcomputer] *m* персональный компьютер, ПК, персональная ЭВМ, ПЭВМ
PCM [Puls-Code-Modulation] *f* импульсно-кодовая модуляция, ИКМ
PCM-Prozessor *m* ИКМ-процессор
PCM-Recorder *m* цифровой магнитофон, магнитофон с цифровой системой записи и воспроизведения
PCM-Signal *n* ИКМ-сигнал, сигнал импульсно-кодовой модуляции
PC-Software *f* программное обеспечение [программные средства] персональных ЭВМ
PC-Workstation *f* рабочая станция на персональной ЭВМ [на ПЭВМ]
p-Dichte *f* концентрация акцепторной примеси [примеси *p*-типа]
p-Diffusion *f* диффузия акцепторной примеси [примеси *p*-типа]
p-Dotieren *n* легирование акцепторной примесью [примесью *p*-типа]

p-dotiert легированный акцепторной примесью [примесью *p*-типа]
p-Dotierung *f* 1. легирование акцепторной примесью [примесью *p*-типа] 2. концентрация акцепторной примеси [примеси *p*-типа]
PDP-Produkt [Power-Delay-Product-...] *n*, **PDP-Wert** *m* произведение мощность — задержка, работа переключения *(параметр логических элементов)*
PD-Regler [Proportional-Differential-...] *m автм* пропорциональный регулятор с предварением, ПД-регулятор
Peak-Detektor *m* пиковый детектор
Pech *n* пек; вар; смола
Pechblende *f мин.* урановая смолка, настуран
Pedal *n* педаль
Pedalsteuerung *f* педальное управление
Pegel *m* 1. водомерная рейка; футшток 2. *физ., элн, вчт* уровень
Pegelanpassung *f* согласование уровней напряжения
Pegelband *n кино* тест-фильм
pegelgesteuert синхронизируемый уровнем *(напр. о триггере)*; управляемый уровнем [по уровню] сигнала
Pegelgrenze *f* предельно допустимый уровень напряжения
Pegellinie *f* гипсограмма
Pegelschalter *m* реле уровня
Pegelschreiber *m свз* самопишущий уровнемер
Pegelschwelle *f* пороговый (логический) уровень
Pegelstelle *f* водомерный пост
Pegelsteuerung *f* синхронизация *(напр. триггера)* уровнем; управление по уровню (сигнала)
Pegeltriggerung *f* переключение уровнем (сигнала)
Pegelumsetzung *f* преобразование (логического) уровня; сдвиг уровня
Pegelverschiebung *f* сдвиг уровня
Pegelwandler *m* преобразователь (логического) уровня; схема сдвига уровня; транслятор уровня
Pegmatit *m геол.* пегматит
Peilboot *n мор.* промерное судно
Peilen *n* 1. пеленгация, пеленгование 2. замер, измерение уровня жидкости *(напр. в резервуаре)*; *мор.* измерение уровня жидкости в цистернах 3. *мор.* промер [измерение] глубины; измерение глубин
Peiler *n* (радио)пеленгатор
Peilgerät *n* пеленгаторное устройство
Peilrahmen *m* рамочная антенна *(радиопеленгатора)*
Peilung *f* 1. пеленг 2. см. Peilen 1., 3.
~, **mißweisende** магнитный пеленг
~, **rechtweisende** истинный пеленг
Peirce-Element *n вчт* логический элемент ИЛИ — НЕ
Pellet *n* 1. *мет.* окатыш 2. *яд.* топливная таблетка
Pelletanlage *f мет.* (агломерационная) установка для производства окатышей, установка для окомкования *(руд)*
Pelletieren *n*, **Pelletisieren** *n*, **Pelletisierung** *f мет.* получение окатышей, окомкование *(руд)*
Peltier-Effekt *m* (электротермический) эффект Пельтье
Peltier-Element *n* элемент Пельтье, фригистор
Pendel *n* маятник
~, **Foucaultsches** маятник Фуко
Pendelachse *f авто* (шарнирный) ведущий мост с качающимися полуосями
Pendelbewegung *f* качательное [маятниковое] движение
Pendelempfänger *n* суперрегенеративный радиоприёмник
Pendelfehler *m авто* потери на рыскание
Pendelfrequenz *f* 1. вспомогательная частота *(при суперрегенеративном приеме)* 2. частота качаний
Pendelhalter *m* плавающая втулка
Pendelhammer *m* маятниковый копёр
Pendellager *n* самоустанавливающийся подшипник (качения), сферический подшипник
Pendelleuchte *f* подвесной светильник, подвес
Pendelmühle *f* маятниковая мельница
Pendeln *n* 1. качание 2. *автм* рыскание
Pendelroboter *m* робот на качающейся подвеске
Pendelrückkopplung *f рад.* суперрегенерация
Pendelrutsche *f* качающийся жёлоб
Pendelsäge *f* маятниковая пила
Pendelschlagwerk *n* маятниковый копёр *(для испытаний на ударную вязкость)*
Penduluhr *f* маятниковые часы
Pendelung *f см.* **Pendeln**
Pendelwiege *f* люлька *(вагонной тележки)*

Penetration *f* 1. пенетрация, проницание, проникание; глубина внедрения 2. пенетрация *(единица измерения консистенции вязких тел, напр. битумов)*
Penetrometer *n* пенетрометр
Pen-Plotter *m* перьевой графопостроитель
Pentaeder *n* пентаэдр, пятиугольник
Pentagon *n* пятиугольник
Pentagondodekaeder *n* правильный додекаэдр, правильный двенадцатигранник
Pentan *n* пентан
Pentode *f* пентод
Pentoxid *n* пентаоксид, пятиокись
Peptisation *f* пептизация
Peptisator *m*, **Peptisierungsmittel** *n* пептизатор
Perchlorate *n pl* перхлораты *(соли хлорной кислоты)*
Perchlorsäure *f* хлорная кислота, $HClO_4$
Perforation *f* перфорация; перфорирование
Perforator *m* перфоратор
Perforiermaschine *f* перфорационная машина
Perforierpresse *f* 1. дыропробивной пресс 2. перфорационный (пресс-)автомат
Performance *f англ.* рабочая характеристика; рабочие характеристики; производительность
Pergamentpapier *n* пергаментная бумага, пергамент
Perigäum *n астр.* перигей
Perihel *n астр.* перигелий
Perimeter *n* периметр
Periode *f* период
Periodendauer *f* 1. период 2. период повторения [следования] импульсов; период *(импульса)*
Periodensystem *n хим.* периодическая система элементов
~, **Mendelejewsches** периодическая система элементов Менделеева
periodisch периодический
Periodizität *f* периодичность
Peripheralpumpe *f* вихревой насос
Peripherie *f* периферия; *вчт* периферийное оборудование; периферийные [внешние] устройства
Peripherieadapter *m вчт* адаптер внешних устройств, периферийный адаптер
Peripherieanschluß *m вчт* сопряжение с внешними устройствами; устройство сопряжения с внешними устройствами, адаптер внешних устройств, периферийный адаптер

Peripheriebaustein *m вчт* периферийный модуль
Peripheriegeräte *n pl вчт* периферийные [внешние] устройства; периферийное оборудование
Peripheriegeschwindigkeit *f* окружная скорость
Peripheriekanal *m вчт* канал связи с внешними устройствами
Peripherieport *m вчт* порт периферийного устройства
Peripherieprozessor *m вчт* периферийный процессор
Peripherieschnittstelle *f вчт* интерфейс внешних устройств, периферийный интерфейс
Peripherieschnittstellenadapter *m вчт* адаптер периферийного интерфейса
Peripheriewinkel *m мат.* вписанный угол
Periselen *n астр.* периселений
Periskop *n* перископ
Perkolation *f* перколяция
Perkolator *m* перколятор
Perle *f* королёк *(металла)*
Perlen *f pl* 1. бусины; бусинки; бусы 2. перлы *(напр. буры)*
Perlit *m* перлит
Perlitbeton *m* перлитобетон
Perlitguß *m* перлитный чугун
Perlon *n* перлон
Perm *n геол.* пермская система, пермь
Permalloy *n* пермаллой
Permanent-Appretur *f текст.* несмываемая отделка
Permanentmagnet *m* постоянный магнит
Permanganate *n pl* перманганаты, соли марганцовой кислоты
Permangansäure *f* марганцовая кислота, $HMnO_4$
permeabel проницаемый
Permeabilität *f* 1. проницаемость 2. *физ., эл.* магнитная проницаемость; абсолютная магнитная проницаемость
Permeabilitätsmesser *m* пермеаметр
Permeabilitätszahl *f* (относительная) магнитная проницаемость
Permeameter *n* пермеаметр
Permutation *f мат.* перестановка *(из n элементов)*; подстановка, перестановка
Permutationsgruppe *f мат.* группа преобразований [подстановок]
Peroxid *n* пероксид
Peroxosäuren *f pl* пероксокислоты

PEROXYSÄUREN

Peroxysäuren *f pl* пероксикислоты
Persäure *f* надкислота
Personalcomputer *m* персональный компьютер, ПК, персональная ЭВМ, ПЭВМ
Personenaufzug *m* пассажирский подъёмник, пассажирский лифт
Personenbeförderung *f* пассажирские перевозки, пассажироперевозки, пассажирский транспорт
Personenkraftwagen *m* легковой автомобиль
Personentransport *m см.* **Personenbeförderung**
Personenwagen *m* 1. пассажирский вагон 2. легковой автомобиль
Personenzug *m* пассажирский поезд
Perspektive *f* перспектива
Perspektivität *f мат.* 1. перспективное отображение 2. перспективное соответствие
Perverbindungen *f pl* перекисные соединения
Pestizid *n* пестицид; ядохимикат
Petersen-Spule *f эл.* дугогасительная катушка
Petit *f полигр.* петит
Petrischale *f* чашка Петри
Petrographie *f* петрография
Petroläther *m* петролейный эфир
Petrolchemie *f* нефтехимия, химия нефти
Petroleum *n* керосин
Petrolkoks *m* нефтяной кокс
Petrologie *f* петрология
Pfaffe *m мет.-об.* мастер-пуансон
Pfahl *m* 1. свая 2. кол
~, **schwebender** висячая свая
Pfahlbündel *n* свайный куст, куст свай
Pfahlgründung *f* свайный фундамент
Pfahlhammer *m* свайный молот
Pfahlramme *f* копёр
Pfahlrost *m* ростверк свайного фундамента
Pfahlrüttler *m* вибропогружатель (свай)
~ **mit abgefederter Auflast** вибропогружатель с подрессоренной пригрузкой
Pfahlschuh *m* свайный башмак
Pfählung *f* свайные работы
Pfahlzieher *m* сваевыдёргиватель
Pfanne *f* 1. *мет.* ковш 2. (выпарной) чрен 3. противень 4. голландская черепица
Pfannenmetallurgie *f* ковшовая металлургия
Pfeil *m* 1. стрела (*напр. стрела прогиба*) 2. стрелка (*напр. на чертеже*)
Pfeiler *m* 1. *стр.* столб; опора; контрфорс 2. *стр.* пилон 3. опора (*моста*); бык (*моста*); устой (*моста*) 4. *гидр.* контрфорс (*плотины*)

Pfeilermoment *n* опорный момент
Pfeilersperre *f*, **Pfeilerstaumauer** *f* контрфорсная плотина
Pfeilflügel *m ав.* стреловидное крыло
pfeilförmig стреловидный
Pfeilhöhe *f* 1. *стр.* стрела подъёма (*арки, свода*) 2. стрела прогиба 3. *эл.* стрела провеса (*провода*)
Pfeilrad *n* шевронное (зубчатое) колесо
Pfeilung *f* стреловидность
Pfeilwinkel *m* угол стреловидности
Pfeilzahn *m* шевронный зуб
Pferdestärke *f* лошадиная сила, л.с.
Pfette *f стр.* прогон
Pfettendach *n* крыша с наслонными стропилами
Pfettendachverband *m* наслонные стропила
Pflanzenfaser *f* растительное волокно
Pflanzengummi *n* камедь
Pflanzenharz *n* растительная смола
Pflanzenleim *m* растительный клей
Pflanzenöl *n* растительное масло
Pflanzenschutzmittel *n pl* (химические) средства защиты растений
Pflanzmaschine *f* посадочная машина
Pflaster *n* мостовая
Pflasterstein *m* брусчатка
Pflock *m* кол; колышек; столбик
Pflug *m* плуг
~, **doppelschariger** двухкорпусный [двухлемешный] плуг
~, **elektrischer** электрический плуг, электроплуг
~, **mehrschariger** многолемешный [многокорпусный] плуг
Pflügen *n* вспашка; пахота
Pflugtiefe *f* глубина вспашки
Pfosten *m* 1. стойка 2. косяк (*напр. дверной*)
Pfostenschwenkkran *m* кран-укосина
Pfriem *m* шило
Pfropfen *m* 1. пробка 2. затычка; заглушка
Pfropfkopolymere *n pl* привитые сополимеры
Pfropfkopolymerisation *f* сополимеризация прививкой
PGA [Programmable Gate Array] *n* 1. программируемая матрица логических элементов, программируемая вентильная матрица 2. матрица штырьковых выводов
PGA-Fassung *f* плоский корпус с матрицей штырьковых выводов, матричный корпус
PGA-Sockel *m* панелька для ИС в корпусе с

матрицей штырьковых выводов [в матричном корпусе]
p-Gate n управляющий электрод p-типа
p-Gate-Thyristor m тиристор с управляющим электродом p-типа
p-Gebiet n область p-типа, p-область, область с проводимостью p-типа [с дырочной проводимостью]
p-Germanium n германий (с проводимостью) p-типа
p-Halbleiter m полупроводник p-типа, дырочный полупроводник
Phantomkreis m фантомная схема
Phantomleitung f фантомная цепь
Phase f фаза ◇ in ~ bringen фазировать; in ~ (liegend) синфазный
Phasenanschnittschaltung f, Phasenanschnittsteuersystem n система импульсно-фазового управления, СИФУ
Phasenanschnittsteuerung f фазовое управление; система импульсно-фазового управления, СИФУ
Phasenanzeiger m фазоуказатель, указатель порядка чередования фаз
Phasen-Array-Radar n РЛС с фазированной антенной решёткой, РЛС с ФАР
Phasenaufspaltestufe f фазорасщепитель
Phasenbrücke f фазовый мост
Phasencharakteristik f фазовая характеристика
Phasendetektor m, Phasendiskriminator m фазовый детектор; фазовый демодулятор
Phasendiagramm n хим. диаграмма состояния, фазовая диаграмма
Phasendifferenz f разность фаз
Phasendreher m фазовращатель
Phasendrehglied n фазовращающая цепь, фазовращатель
Phaseneinstellung f фазировка, фазирование
~, automatische автофазировка
phasenempfindlich фазочувствительный
Phasenentzerrer m фазокомпенсатор; схема фазовой коррекции; блок фазовой коррекции
Phasenentzerrung f фазовая коррекция, коррекция фазовых искажений
Phasenfolge f чередование фаз; порядок чередования фаз
Phasen-Frequenz-Charakteristik f, Phasenfrequenzkennlinie f фазочастотная характеристика
Phasengang m фазочастотная характеристика

Phasengeschwindigkeit f фазовая скорость
phasengleich синфазный
Phasengleichgewicht n фазовое равновесие
Phasengleichheit f синфазность, совпадение фаз
Phasengrenze f граница [поверхность] раздела фаз
Phasengrenzfläche f поверхность раздела фаз
Phasenhub m 1. фазовый сдвиг, фазовый угол (величина изменения фазы колебания при фазовой модуляции) 2. отклонение [качание] фазы
Phasenjitter m фазовое дрожание (фронтов импульсов); фазовые флуктуации (цифровых сигналов)
Phasenkennlinie f фазовая характеристика
Phasenkomparator m фазовый компаратор
Phasenkompensation f фазовая компенсация, компенсация сдвига фаз; фазовая коррекция
Phasenkompensationsnetzwerk n схема фазовой коррекции
Phasenkonstante f фазовая постоянная
Phasenkontrastverfahren n метод фазового контраста
Phasenlagesignal n фазирующий сигнал
Phasenläufer m фазный ротор
Phasenlaufzeit f задержка по фазе
Phasenmaß n фазовая постоянная (четырехполюсника)
Phasenmesser m фазометр
Phasenmodulation f фазовая модуляция
Phasennacheilung f отставание по фазе
Phasenraum m фазовое пространство
Phasenregel f правило фаз
~, Gibbssche правило фаз Гиббса
Phasenregelkreis m система фазовой автоподстройки частоты, система ФАПЧ
Phasenregler m фазорегулятор
Phasenrelais n фазное реле
Phasenschieber m 1. устройство для компенсации реактивных параметров цепей или реактивной мощности нагрузок (генератор реактивной мощности, косинусный конденсатор) 2. фазосдвигающее устройство; фазовращатель
Phasenschiebereinrichtung f фазосдвигающее устройство
Phasenschieberschaltung f фазосдвигающая цепь
Phasenspannung f фазное напряжение
Phasensprung m скачок фазы

Phasensteilheit *f* крутизна фазовой характеристики
Phasenstrom *m* фазный ток
Phasenteiler *m* расщепитель фаз
Phasenteilerstufe *f* фазорасщепляющий каскад
Phasenteilung *f* расщепление фазы
Phasenübereinstimmung *f см.* **Phasengleichheit**
Phasenübergang *m* фазовый переход
Phasenumformer *m* фазовый преобразователь
Phasenumkehrstufe *f* фазоинвертор
Phasenumtastung *f* фазовая манипуляция
Phasenumwandlung *f* фазовое превращение
Phasenunterschied *m* разность фаз
Phasenverschiebung *f* сдвиг фаз
Phasenverschiebungswinkel *m* угол сдвига фаз
Phasenverzögerung *f* запаздывание по фазе
Phasenvoreilung *f* опережение по фазе
Phasenvorhaltschaltung *f* схема опережения
Phasenwicklung *f* фазная обмотка, обмотка фазы
Phasenwinkel *m* фазовый угол
Phasotron *n* фазотрон
Phenol *n* фенол
Phenolaldehydharz *n* фенoло-альдегидная смола
Phenolformaldehydharz *n* фенoло-формальдегидная смола
Phenolharz *n* фенольная смола
Phenolphthalein *n* фенолфталеин
Phenoplast *m* фенопласт
Phenylierung *f* фенилирование
Phon *n* фон
Phonoautomat *m* (электро)проигрыватель с автоматическим управлением
Phonogramm *n* фонограмма
Phonokombination *f* радиола
Phonometer *n* фонометр
Phonometrie *f* фонометрия
Phonon *n* фонон, квант (акустических *или* оптических) колебаний
Phonosuper *m* радиола
Phosgen *n* фосген
Phosphat *n* фосфат
Phosphatide *n pl* фосфолипиды (*сложные липиды, содержащие фосфорную кислоту; см. тж* Lipide, Lipoide)
Phosphatieren *n*, **Phosphatierung** *f* фосфатирование
Phosphid *n* фосфид
Phosphinsäure *f* фосфорноватистая кислота, H_3PO_2, диоксодигидрофосфат(I) водорода, $H(PH_2O_2)$
Phosphit *n* фосфит
Phospholipide *n pl*, **Phospholipoide** *n pl см.* **Phosphatide**
Phosphor I *n* фосфор, P
Phosphor II *m* (кристалло)фосфор (*люминофор, применяемый, например, для изготовления экранов электронно-лучевых приборов*)
Phosphorentzug *m* обесфосфорирование, дефосфорация
Phosphoreszenz *f* фосфоресценция
phosphorig фосфористый
Phosphorit *m* фосфорит
Phosphoritmehl *n* фосфоритная мука
Phosphorsäure *f* фосфорная кислота, H_3PO_4 (*см. тж* **Orthophosphorsäure**)
Phosphorsäuren *pl* фосфорные кислоты
Phosphorylase *f* фосфорилаза
Phosphorylierung *f* фосфорилирование
Phot *n* фот
Photo... *см. тж сочет. с* **Foto...**
Photoapparat *m* фотоаппарат
Photoätzung *f* фототравление
Photochemie *f* фотохимия
Photodiode *f* фотодиод
Photoeffekt *m* фотоэффект, фотоэлектрический эффект
~, **äußerer** внешний фотоэффект
~, **innerer** внутренний фотоэффект
photoelektrisch фотоэлектрический
Photoelektrizität *f* фотоэлектричество
Photoelektron *n* фотоэлектрон
Photoelektronenstrom *m* фотоэлектронный ток, фототок
Photoelektronenvervielfacher *m* фотоэлектронный умножитель, ФЭУ
Photoelement *n* фотоэлемент (*с запирающим слоем*)
Photoemission *f* фотоэлектронная эмиссия, внешний фотоэффект
Photoemissionszelle *f* фотоэлемент с внешним фотоэффектом, эмиссионный фотоэлемент
Photo-EMK *f* фотоэлектродвижущая сила, фотоэдс
Photoemulsion *f* фотографическая [светочувствительная] эмульсия, фотоэмульсия
Photogrammetrie *f* фотограмметрия
~, **terrestrische** наземная фотограмметрия
Photographie *f* фотография; фотографирование

Photographieren *n* фотографирование
photographisch фотографический
Photograviermaschine *f* фотогравировальная машина
Photokamera *f см.* **Photoapparat**
Photokatode *f* фотокатод
~, **sensibilisierte** очувствлённый катод
Photokopie *f* 1. фотокопия 2. фотокопирование 3. фотопечать
Photokopierapparat *m* фотокопировальный станок
Photolabor(atorium) *n* фотолаборатория
Photolack *m см.* **Photoresist**
Photolampe *f* фотолампа
Photoleitfähigkeit *f* фотопроводимость
Photoleitung *f* фотопроводимость
Photolithografie *f* фотолитография
Photolumineszenz *f* фотолюминесценция
Photolyse *f* фотолиз
Photomaterial *n* фотографический материал, фотоматериал
photomechanisch фотомеханический
Photometer *n* фотометр
Photometerbank *f* фотометрическая скамья, линейный фотометр
Photometerprismenkeil *m* фотометрический клин
Photometrie *f* фотометрия
Photomultiplier *m см.* **Photovervielfacher**
Photon *n* фотон
Photonenantrieb *m* фотонный двигатель
Photonenrakete *f* фотонная ракета
Photoobjektiv *n* фотографический объектив, фотообъектив
Photopapier *n* фотографическая бумага, фотобумага
Photoplatte *f* фотопластинка
Photopolymerisation *f* фотополимеризация
Photoresist *m* фоторезист
Photoschicht *f* фотослой
Photosetzmaschine *f* фотонаборная машина
Photosphäre *f* фотосфера
Photostativ *n* фотографический штатив
Photostrom *m* фототок, фотоэлектронный ток
Photosynthese *f* фотосинтез
Phototechnik *f* фототехника
Phototransistor *m* фототранзистор
Photovervielfacher *m* фотоумножитель, фотоэлектронный умножитель, ФЭУ
Photovoltaikanlage *f* (солнечная) фотогальваническая энергетическая установка

Photowiderstand *m*, **Photowiderstandszelle** *f* фоторезистор
Photozelle *f* фотоэлемент (*с внешним фотоэффектом*)
~, **gasgefüllte** газовый [газонаполненный] фотоэлемент
Phthalozyanin *n* фталоцианин
Phthalsäure *f* фталевая кислота
pH-Wert *m хим.* водородный показатель, pH
Physik *f* физика
physikalisch физический
physikalisch-chemisch физико-химический
Phytotron *n с.-х.* фитотрон, станция искусственного климата
Pichen *n* осмолка, осмаливание
Pickel *m кож.* пикель
Pickeln *n кож.* пикелевание
Picker *m текст.* гонок
Pickhammer *m* отбойный молоток
Pick-up *m* звукосниматель
Picofarad *n* пикофарад, пФ
Pier *m* пирс
PID-Regler [Proportional-Integral-Differential-...] *m автм* изодромный регулятор с предварением, ПИД-регулятор
Piepton *m* звуковой сигнал
Piezoachse *f* пьезоэлектрическая ось
Piezodiode *f* тензодиод
Piezodruckmesser *m* пьезометр
Piezoeffekt *m* пьезоэлектрический эффект, пьезоэффект
piezoelektrisch пьезоэлектрический
Piezoelektrizität *f* пьезоэлектричество
Piezofilter *n* пьезоэлектрический фильтр
Piezojunctionseffekt *m* тензорезистивный эффект
Piezokristall *m* пьезокристалл, пьезоэлектрический кристалл
Piezometer *n* пьезометр
Piezoquarz *m* пьезокварц, кварцевый резонатор
piezoresistiv тензорезистивный, пьезорезистивный
Piezowiderstand *m* тензорезистор
Piezowiderstandseffekt *m* тензорезистивный эффект
PI-Glied [Proportional-Integral-...] *n автм* изодром
Pigment *n* пигмент
Pigmentfarbstoffe *m pl* пигментные красители
Pigmentprozeß *m* пигментный процесс

Pikoprozessor *m* пикопроцессор, процессор с пикосекундным быстродействием
Pikrinsäure *f* пикриновая кислота
Piktogramm *n* пиктограмма
Pilaster *m* пилястр
Pile I *m* ядерный реактор
Pile II *f* вторичный элемент (*электрохимия*)
Pilgerschrittschweißen *n* обратноступенчатая сварка
Pilger(schritt)walzwerk *n* пилигримовый стан
Pille *f* таблетка (*легирующей примеси*)
Pilotanlage *f* опытно-промышленная [полузаводская] установка
Pilotballon *m* шар-пилот
Pilotfrequenz *f* контрольная частота
Pilotton *m* пилот-сигнал
Pilottonverfahren *n* 1. *кино*, *тлв* метод «магнитной перфорации» (*метод одновременной записи сигналов тональной и котрольной частот на магнитную плёнку*) 2. метод одноканальной стереофонической передачи
Pilzdecke *f* грибовидное перекрытие
Pilzvertilgungsmittel *n* фунгицид
Pi-Meson *n* *яд.* пи-мезон
Pin *n* штырьковый вывод (*напр. корпуса ИС*)
Pinbelegung *f* расположение выводов (*напр. корпуса ИС*); распайка выводов
Pincheffekt *m* пинч-эффект (*сжатие разряда в газах под действием протекающего тока*); пинч-эффект, сжатие плазмы, самостягивание плазменного шнура
Pinch-Entladung *f* самостягивающийся разряд
pinch-off-Effekt *m* отсечка (*перекрытие проводящего канала полевого транзистора*)
pinch-off-Spannung *f* напряжение отсечки
pinch-off-Strom *m* ток отсечки
pin-Diode *f*, **PIN-Diode** *f* $p-i-n$-диод, диод с $p-i-n$-структурой
Pin-Grid-Array *n* матрица штырьковых выводов (*корпуса интегрального прибора*)
Pin-Grid-Array-Gehäuse *n*, **Pin-Grid-Gehäuse** *n* плоский корпус с матрицей штырьковых выводов, матричный корпус
pin-kompatibel совместимый по выводам [по разводке выводов, по разъёмам]
Pin-Kompatibilität *f* совместимость по выводам [по разводке выводов, по разъёмам]
Pinne *f* *мор.* румпель
Pinning *n* 1. расположение выводов (*корпуса ИС*); разводка выводов (*корпуса ИС*) 2. пиннинг (*зацепление или закрепление вихрей магнитного потока на неоднородностях полупроводника*)
Pinole *f* пиноль
Pinout *n* *англ.* 1. разводка выводов (*корпуса ИС*) 2. наружные выводы (*корпуса ИС*)
p-Insel *f* *элн* островок p-типа; карман p-типа
Pinsel *m* кисть
Pipeline *f* 1. магистральный трубопровод; магистральный нефтепровод; магистральный газопровод 2. трубопровод
Pipeline-Betrieb *m* *вчт* конвейерный режим
Pipeline-Prozessor *m* *вчт* конвейерный процессор
Pipette *f* пипетка
PIP-Signal [Picture-In-Picture-...] *n* *тлв* сигнал «кадр в кадре»
Pirani-Manometer *n* манометр Пирани
PI-Regelung [Proportional-Integral-...] *f* изодромное регулирование
PI-Regler *m* пропорционально-интегральный [изодромный] регулятор, ПИ-регулятор
p-Isolationsgebiet *n* изолирующая [разделительная] p-область
p-Isolationsschicht *f* изолирующий p-слой
Piste *f* *ав.* лётная полоса; взлётно-посадочная полоса, ВПП
Pistonieren *n* свабирование, поршневое тартание
Pit *n* микроуглубление (*компакт-диска*); микровыступ (*компакт-диска*)
Pitch *m* 1. питч, диаметральный шаг (*зубчатого колеса, зубчатой рейки*) 2. шаг (*напр. растра*) 3. высота тона; основной тон (*речевого сигнала*) 4. диапазон
Pitch-Teilung *f* *см.* Pitch 1.
Pitot-Rohr *n* трубка Пито; приёмник полного давления
Pitot-Sonde *f* приёмник полного давления
pi-Übergang *m* $p-i$-переход
Pixel *n* элемент изображения, пиксел
Pixel-Grafik *f* графика с поэлементным формированием изображения, растровая графика
p-JFET *m см.* p-Kanal-Feldeffekttransistor
p-Kanal *m* канал (с проводимостью) p-типа, p-канал
p-Kanal-Anreicherungs-MOSFET *m* МОП-транзистор с каналом p-типа. работающий в режиме обогащения
p-Kanal-Feldeffekttransistor *m*, **P-Kanal-FET** *m* p-канальный полевой транзистор, полевой транзистор с каналом p-типа

PLANIMETRIEREN

p-Kanal-JFET *m* p-канальный полевой транзистор с p — n-переходом
p-Kanal-MISFET *m* p-канальный МДП-транзистор, МДП-транзистор с каналом p-типа
p-Kanal-MOSFET *m* p-канальный МОП-транзистор, МОП-транзистор с каналом p-типа
p-Kanal-MOS-Technik *f*, **p-Kanal-MOS-Technologie** *f* p-МОП-технология, технология (изготовления) p-канальных МОП-приборов; технология (изготовления) p-канальных МОП-транзисторов
p-Kanal-MOS-Transistor *m* p-канальный МОП-транзистор, МОП-транзистор с каналом p-типа
p-Kanal-SFET *m* p-канальный полевой транзистор с p — n-переходом
p-Kanal-Si-Gate-FET *m* p-канальный МОП-транзистор с поликремниевым затвором
p-Kanal-Si-Gate-Technik *f*, **p-Kanal-Silicon-Gate-Technologie** *f* технология (изготовления) p-канальных МОП-транзисторных ИС с (самосовмещёнными) поликремниевыми затворами
p-Kanal-Technik *f*, **p-Kanal-Technologie** *f* технология (изготовления) p-канальных МОП-приборов; технология (изготовления) p-канальных МОП-транзисторов
p-Kanal-Transistor *m* p-канальный транзистор, транзистор с каналом p-типа
p-Kanal-Verarmungs-MISFET *m*, **p-Kanal-Verarmungstyp** *m* МДП-транзистор с каналом p-типа [со встроенным каналом p-типа], работающий в режиме обеднения
p-Karte *f* контрольная карта числа дефектных единиц продукции [дефектных изделий] или числа дефектов
PKW [Personenkraftwagen] *m* легковой автомобиль
PLA [Programmable Logic Array] *n* программируемая логическая матрица, ПЛМ
Plagioklas *m мин.* плагиоклаз
plan плоский
Plan *m* 1. план 2. эпюра 3. график; расписание 4. горизонтальная проекция, план
~, **grafischer** график
Planansicht *f* вид [изображение] в плане
Planar-Diffusions-Technik *f* диффузионно-планарная технология
Planardiode *f* планарный диод
Planar-Epitaxial-Technik *f*, **Planar-Epitaxie-Technik** *f* планарно-эпитаксиальная технология
Planargeometrie *f* планарная геометрия
Planarisierung *f* планаризация, создание планарной структуры
Planarstruktur *f* планарная структура
Planartechnik *f*, **Planartechnologie** *f* планарная технология
Planartransistor *m* планарный транзистор
Planarwiderstand *m* плоский резистор
Plandrehen *n мет.-об.* подрезание [подрезка] торца
Plandrehkopf *m мет.-об.* подрезная головка
Plandrehmaschine *f* лоботокарный станок
Plandrehmeißel *m мет.-об.* подрезной резец
Plane *f* брезент; тент
Planet *m* планета
Planetengetriebe *n* 1. *маш.* планетарная передача, планетарный механизм 2. *авто* планетарная коробка передач
Planetenmischer *m* планетарная мешалка
Planetenrad *n маш.* планетарное колесо, сателлит
Planetenschleifmaschine *f* планетарный внутришлифовальный станок
Planetensonde *f косм.* межпланетная автоматическая станция
Planetoid *n астр.* астероид
Planfilm *m* плоская (форматная) плёнка
Planfläche *f* 1. плоская поверхность 2. *маш.* торцевая поверхность, торец
Planfräsen *n* фрезерование плоскостей
Planfräser *m* торцовая фреза
Planfräsmaschine *f* продольно-фрезерный станок
Planierbagger *m* экскаватор-планировщик (поперечного копания), экскаватор-струг
Planieren *n* 1. планировка, выравнивание; разравнивание 2. *мет.-об.* правка, рихтовка
Planierhobel *m* струг
Planiermaschine *f* планировщик, планировочная машина
Planiermaschinen *f pl* планировочные машины
Planierraupe *f* бульдозер
Planierschild *n* отвал (*бульдозера, грейдера*)
Planierschildträger *m* толкающий брус (*бульдозера*)
Planimeter *n* планиметр
Planimetrie *f* планиметрия
Planimetrieren *n* планиметрирование, опреде-

ление площадей плоских фигур неправильной формы с помощью планиметра
plankonkav плоско-вогнутый
plankonvex плоско-выпуклый
Plankopf *m мет.-об.* подрезная головка, головка для подрезки торцов
planparallel плоско-параллельный
Planrad *n маш.* 1. плоское (коническое) зубчатое колесо 2. лобовой диск (*лобовой фрикционной передачи*)
Planrad-Regelreibgetriebe *n маш.* лобовой фрикционный вариатор
Plan(reib)radgetriebe *n маш.* лобовая фрикционная передача; лобовой вариатор
~, **stufenloses** лобовой вариатор
Planscheibe *f маш.* планшайба
Planscheiben-Reibradgetriebe *n маш.* лобовая фрикционная передача
Planschleifen *n мет.-об.* торцовое шлифование
Planschleifmaschine *f* плоскошлифовальный станок
Plansenken *n мет.-об.* цекование
Plansenker *m мет.-об.* цековка
Plansichter *m* рассев
Plansieb *n* плоское сито
Planspiegel *m* плоское зеркало
Plantagenpflug *m* плантажный плуг
Plantagenschlepper *m* садово-огородный трактор
Planum *n* 1. земляное полотно (*автомобильной дороги, железнодорожного пути*); основная площадка земляного полотна 2. рабочая площадка (*экскаватора*)
Planunterlage *f* планшет; палетка
Planverzahnung *f маш.* плоское зацепление
Planvorschub *m мет.-об.* поперечная подача (*суппорта*)
Planwagen *m* фургон
Planzeiger *m* координатор
Plasma *n* плазма
~, **quasineutrales** электронно-ионная плазма
Plasmaantrieb *m* плазменный (ракетный) двигатель
Plasmaanzeige *f* плазменный [газоразрядный] индикатор; плазменная [газоразрядная] индикаторная панель
Plasmaanzeigefeld *n*, **Plasmaanzeigetafel** *f* плазменная [газоразрядная] индикаторная панель
Plasmaätzanlage *f* установка плазменного травления; реактор для плазменного травления, плазменный реактор
Plasmaätzen *n* плазменное травление
Plasmaätztechnik *f*, **Plasmaätzverfahren** *n* технология плазменного травления; метод плазменного травления
Plasmabeschichten *n* плазменное напыление
Plasmabildschirm *m* плазменный дисплей
Plasmabrenner *m* плазменный генератор; плазменная горелка (*ручной дуговой плазмотрон*)
Plasmachemie *f* плазмохимия, плазменная химия
Plasma-CVD-Technik *f* плазмохимический метод осаждения, плазмохимическое осаждение, метод химического осаждения из газовой [паровой] фазы с плазменным стимулированием
Plasmadisplay *n* плазменный дисплей
Plasmaeinschließung *f* удержание плазмы
Plasmafaden *m* плазменный шнур
Plasmakontraktion *f* сжатие плазмы, пинч-эффект
Plasmalebensdauer *f* время жизни плазмы; длительность удержания плазмы
Plasmalichtbogen *m* плазменная дуга
Plasmaofen *m* плазменная печь
Plasmaoxidation *f* плазменное оксидирование
Plasmaphysik *f* физика плазмы
Plasmareaktionskammer *f* камера для плазменного травления, плазмореакционная камера
Plasmareinigungssystem *n* установка плазменной очистки
Plasmaschlauch *m* плазменный шнур
Plasmaschmelzen *n* плазменная плавка
Plasmaschmelzofen *m* плазменно-дуговая печь
Plasmaschneiden *n* плазменная резка
Plasmaschweißen *n* плазменная сварка
Plasmasichtgerät *n* плазменный дисплей
Plasmaspritzen *n* плазменное напыление
Plasmasprühtechnik *f*, **Plasmasprühverfahren** *n* метод ионно-плазменного напыления
Plasmasputterätzanlage *f* установка ионно-плазменного травления
Plasmasputtern *n* плазменное распыление
Plasmastrahl *m* плазменная струя
Plasmatriebwerk *n* плазменный двигатель
Plasmatron *n* плазмотрон, плазматрон, плазменный генератор
Plasmazerstäubung *f* ионно-плазменное распыление, ионно-плазменное напыление

Plast *m* пластмасса, пластическая масса, пластик
~, **glasfaserverstärkter** стеклопластик
Plastbeton *m* пластбетон, полимербетон
~, **bewehrter** армопластбетон
Plast-Chip-Carrier-Gehäuse *n* пластмассовый кристаллоноситель
Plastfaserlichtleiter *m* пластмассовый (волоконный) световод
Plastfolie *f* полимерная плёнка
Plastifikator *m* пластификатор
Plastifizieren *n* пластификация
Plastifiziermittel *n* пластификатор
Plastifizierung *f* пластификация
Plastifizierungsmittel *n* пластификатор
Plastikat *n* пластикат
Plastikation *f* пластикация
Plastikator *m* 1. мягчитель 2. пластикатор
plastisch 1. пластичный 2. пластический
Plastizierung *f* пластикация
Plastizität *f* пластичность
Plastizitätsgrenze *f* предел пластичности
Plastizitätsmodul *m* модуль пластичности
Plastizitätszahl *f* число пластичности
Plastlichtleiter *m* пластмассовый световод
Plastmantel-Glasfaser *f* оптическое волокно с сердцевиной из кварцевого стекла и пластмассовой оболочкой
Plastspritzen *n* газопламенное напыление полимерных покрытий
Plastverkappung *f*, **Plastverkapselung** *f* герметизация *(интегральных микросхем)* пластмассой
Plastzementmörtel *m см.* **Plastbeton**
Platforming *n* платформинг
Platin *n* платина, Pt
Platine *f* 1. *элн* плата 2. *мет.* сутунка; тонкий сляб 3. *маш.* листовая заготовка 4. *текст.* крючок *(ремизоподъемной каретки, жаккардовой машины)* 5. *текст.* платина *(деталь трикотажной машины)*
Platinenboden *m текст.* рамная доска *(жаккардовой машины)*
Platinenlayout *n англ.* 1. чертёж печатной платы 2. топология печатной платы 3. разработка топологии печатных плат
Platinieren *n* платинирование
Platinkatode *f* платиновый катод
Platinmetalle *n pl* платиновые металлы
Platinsilizid *n* силицид платины, PtSi
Platte *f* 1. плита 2. панель 3. плитка 4. пластина; пластинка 5. фотопластинка 6. лист *(напр. обшивки судна)* 7. *элн* плата 8. *вчт* диск
~, **fotografische** фотопластинка
~, **gedruckte** печатная плата
~, **keramische** керамическая плитка
~, **negative** отрицательная пластина
~, **positive** положительная пластина
Plattenbandförderer *m* пластинчатый конвейер, пластинчатый транспортёр
Plattenbauweise *f* метод панельного строительства, панельное строительство
Plattenbetriebssystem *n вчт* дисковая операционная система
Plattenbrücke *f* плитный мост
Plattendatei *f вчт* файл на диске, дисковый файл
Plattenfeder *f* пластинчатая пружина; пластинчатая рессора
Plattenförderer *m см.* **Plattenbandförderer**
Plattenheizung *f* панельное отопление
Plattenkalander *m* листовальный каландр
Plattenkondensator *m* плоский конденсатор
Plattenlaufwerk *n вчт* дисковод для жёстких (магнитных) дисков; накопитель на жёстком (магнитном) диске
Plattenofen *m* многоподовая (обжигательная) печь
Plattenspeicher *m вчт* дисковое ЗУ, ЗУ на жёстких (магнитных) дисках; накопитель на жёстком (магнитном) диске
~, **optischer** накопитель на оптическом диске
Plattenspielautomat *m* музыкальный автомат
Plattenspieler *m* (электро)проигрыватель
~, **vollautomatischer** (электро)проигрыватель с автоматическим управлением
Plattenstapel *m вчт* пакет дисков, дисковый пакет
Plattentransportfahrzeug *n* панелевоз
Plattenwechsler *m* проигрыватель-автомат, (электро)проигрыватель с автоматической сменой грампластинок
Plattenziegel *m* плоская черепица
Plattenzylinder *m полигр.* формный цилиндр
Plattform *f* платформа
~, **kreiselstabilisierte** гиростабилизированная платформа
Plattformwagen *m* вагон-платформа
Plattieren *n* 1. *мет.* плакирование 2. *текст.* платировка
plattiert 1. плакированный 2. платированный

PLATZANGEBOT

Platzangebot *n* пассажировместимость
Platzeinflugzeichen *n ав.* средний маркерный радиомаяк
Platzfeuer *n pl* аэродромные огни
platzraubend громоздкий; крупногабаритный
Playback *n* 1. запись под фонограмму; съёмка под фонограмму 2. воспроизведение, режим воспроизведения (*записи*) 3. *маш.* отработка (ранее записанной) управляющей программы
Playback-Roboter *m* робот с записью управляющей программы методом обучения, обучаемый робот
Player *m* устройство воспроизведения записи; проигрыватель
Plazieren *n*, **Plazierung** *f* размещение (*напр. элементов на кристалле интегральной микросхемы*); установка, монтаж (*элементов на кристалле*)
Plazierungsalgorithmus *m* алгоритм размещения
Plazierungskopf *m* установочная [монтажная] головка
p-leitend с проводимостью *p*-типа, с дырочной проводимостью
p-Leitung *f* проводимость *p*-типа, дырочная проводимость, дырочная электропроводность
Pleochroismus *m* плеохроизм
Pleuel *m* шатун
Pleuelstange *f* шатун
Plexiglas *n* плексиглас (*органическое стекло*)
Plicht *f мор.* кокпит
Pließen *n*, **Pließten** *n* полирование кожаным кругом
Pliozän *n геол.* плиоцен
PLL [Phase-Locked Loop] *f* система фазовой автоподстройки частоты, ФАПЧ
PLL-Baustein *m* блок фазовой автоподстройки частоты, блок ФАПЧ
PLL-Regelkreis *m*, **PLL-Regelschleife** *f* система фазовой автоподстройки частоты, система ФАПЧ
PLL-Schaltung *f* система фазовой автоподстройки частоты, система ФАПЧ; блок фазовой автоподстройки частоты, блок ФАПЧ
PLM-Signal [Puls-Length-Modulation-...] *n* ШИМ-сигнал, сигнал широтно-импульсной модуляции
Plotter *m вчт* графопостроитель
Plumbat *n* плюмбат
Plumbit *n* плюмбит

Plunger *m* плунжер
Plungerlift *m* плунжерный лифт
Plungerpumpe *f* плунжерный насос
Plus-Eingang *m* плюсовой вход; неинвертирующий вход (*операционного усилителя*)
Plusplatte *f* положительная пластина
Pluspol *m* положительный полюс
Plusstrom *m* ток положительной полярности
Plustemperatur *f* положительная [плюсовая] температура
Plustolelanz *f* плюсовой допуск
Pluszeichen *n* знак плюс, плюс
Pluton *m геол.* интрузивный массив, плутон
Plutonismus *m геол.* интрузивный магматизм
Plutonite *m pl геол.* абиссальные [глубинные] интрузивные горные породы, плутонические горные породы
Plutonium *n* плутоний, Pu
Plutoniumreaktor *m* плутониевый реактор
Pluviograph *m* плювиограф
p-Material *n* (полупроводниковый) материал (с проводимостью) *p*-типа
p-MOS *f см.* p-Mos-Technik
p-MOS-Schaltkreis *m*, **PMOS-Schaltkreis** *m*, **p-MOS-Schaltung** *f*, **PMOS-Schaltung** *f* ИС на *p*-МОП-транзисторах, *p*-МОП-транзисторная ИС, *p*-МОП-схема
p-MOS-SGT *f*, **p-MOS-Silizium-Gate-Technik** *f* технология (изготовления) *p*-МОП-транзисторных ИС с (самосовмещёнными) поликремниевыми затворами
p-MOS-Technik *f*, **PMOS-Technik** *f*, **p-MOS-Technologie** *f*, **PMOS-Technologie** *f* *p*-МОП-технология, технология (изготовления) *p*-канальных МОП-приборов; технология (изготовления) *p*-канальных МОП-транзисторов
p-MOS-Transistor *m*, **PMOS-Transistor** *m* *p*-канальный МОП-транзистор, МОП-транзистор с каналом *p*-типа, *p*-МОП-транзистор
pn-Diode *f* диод с *p — n*-переходом
Pneu *m* пневматическая шина
Pneumatik *f* 1. пневматика 2. *авто* пневматические шины
pneumatisch пневматический
Pneumoautomatik *f* пневмоавтоматика
Pneumonik *f* пневмоника, струйная пневмоавтоматика
pn-Isolation *f*, **pn-Isolierung** *f* изоляция *p — n*-переходом

POLYADDITION

pn-Kristall *m* кристалл (полупроводникового) прибора с *p — n*-переходом
pn-Sperrschicht *f* обеднённый слой *p — n*-перехода
pn-Sperrschichtfeldeffekttransistor *m* полевой транзистор с *p — n*-переходом
pn-Struktur *f* *p — n*-структура
pn-Übergang *m* *p — n*-переход, электронно-дырочный переход
~, **gesteuerter** управляемый *p — n*-переход
~, **in Durchlaßrichtung vorgespannter** прямосмещённый *p — n*-переход, *p — n*-переход с прямым смещением
~, **in Sperrichtung vorgespannter** обратносмещённый *p — n*-переход, *p — n*-переход с обратным смещением
~, **vorgespannter** смещённый *p — n*-переход
Pöckeln *n* засолка; засол; посол
Podest *n, m* 1. (лестничная) площадка 2. помост
Pointer *m вчт* указатель
Poise *n* пуаз, П
Poisson-Gleichung *f* уравнение Пуассона
Poisson-Prozeß *m* пуассоновский процесс
Poisson-Verteilung *f* распределение Пуассона
Pol *m* полюс
polar полярный
Polardiagramm *n* полярная диаграмма
Polare *f* поляра
Polarimeter *n* поляриметр
Polarimetrie *f* поляриметрия
Polarisation *f* поляризация
Polarisationsdrehung *f* вращение плоскости поляризации
Polarisationsebene *f* плоскость поляризации
Polarisationsfilter *n* поляризационный светофильтр
Polarisationsfolie *f* поляризационная плёнка
Polarisationsmikroskop *n* поляризационный микроскоп
Polarisationsprisma *n* поляризационная призма
Polarisator *m* поляризатор
polarisierbar поляризуемый
Polarisierbarkeit *f* поляризуемость
polarisiert поляризованный
Polarität *f* полярность
Polaritätsgleichung *f* полярное уравнение
Polaritätsumkehr *f* изменение полярности (*напряжения*)
Polarkoordinaten *f pl* полярные координаты
Polarkreis *m* полярный круг

Polarlicht *n* полярное сияние
Polarogramm *n* полярограмма
Polarograph *m* полярограф
Polarographie *f* полярография
Polaroid *m* полароид, поляризационный светофильтр
Polarwinkel *m* полярный угол
Polen *n мет.* дразнение
Polhöhe *f* полярное расстояние
Polierballen *m* полировальный тампон
Polieren *n* 1. полирование, полировка 2. лощение
Polierläppen *n* полирование на тканевом притире, полирование тканевым кругом
Poliermaschine *f* полировальный станок
Poliermittel *n* полировальный материал
Polierrot *n* крокус
Polierscheibe *f* полировальный круг; полировальник
Polierstein *m* шлифовальный камень
Poliertrommel *f* полировальный барабан; галтовочный барабан
Politur *f* политура
Poller *m мор.* 1. кнехт; швартовный кнехт (*на палубе судна*) 2. причальная [швартовная] тумба
Polling *n вчт* опрос
Polonium *n* полоний, Po
Polradspannung *f эл.* синхронная эдс
Polschuh *m эл.* полюсный наконечник, полюсный башмак
Polstärke *f* магнитная масса полюса
~, **magnetische** *см.* **Polstärke**
Polster *m* 1. подушка; упругая подкладка 2. подушечный слой, брекер (*шины*)
Polsuchlampe *f* лампа для определения полярности
Polteilung *f* полюсный шаг
Polumschalter *m* 1. *см.* **Polwender** 2. переключатель числа (пар) полюсов
Polumschaltung *f* 1. изменение числа (пар) полюсов (*при регулировании частоты вращения электрических машин*) 2. переключение полярности, переключение полюсов
Polung *f* 1. *эл.* полярность 2. *элн* смещение
~ **in Durchlaßrichtung** прямое смещение
~ **in Sperrichtung** обратное смещение
Polwechselschalter *m см.* **Polwender**
Polwender *m* переключатель направления тока
Polyaddition *f* полиприсоединение, ступенчатая полимеризация

431

POLYADDUKT

Polyaddukt *n* полиаддукт, продукт ступенчатой полимеризации
Polyakrylat *n* полиакрилат
Polyakrylnitril *n* полиакрилонитрил
Polyamid *n* полиамид
Polyäther *m* (простой) полиэфир
Polyäthylen *n* полиэтилен
Polyäthylenoxid *n* полиоксиэтилен
Polyazetal *n* полиацеталь
Polyeder *n* многогранник, полиэдр
Polyester *m* (сложный) полиэфир
Polyesterfaser *f* полиэфирное волокно
Polyesterharz *n* полиэфирная смола
Polyfil *n*, **Polyfilseide** *f* комплексная нить
Polyflop *n* мультистабильная схема, мультивибратор с несколькими устойчивыми состояниями
Polyformaldehyd *n* полиформальдегид
Polyglykol *n* 1. полигликоль 2. полиоксиэтилен
Polygon *n* многоугольник
~ **der Kräfte** многоугольник сил
polygonal многоугольный; полигональный
Polygonierung *f* полигонометрия
Polygonnetz *n* полигонометрическая сеть
Polygonometrie *f* полигонометрия
polygonometrisch полигонометрический
Polygonverbindung *f маш.* профильное [многодуговое] соединение
Polygonzug *m* 1. *мат.* полигональная линия; ломаная 2. *геод.* полигонометрический [полигональный] ход
Polygraphie *f* полиграфия
Polyimidfilm *m* полиимидная плёнка
Polykaprolaktam *n* поликапроамид, поликапролактам
Polykarbonat *n* поликарбонат
Polykondensation *f* поликонденсация
Polykristall *m* поликристалл
polykristallin поликристаллический
Polykristallsilizium *m* поликристаллический кремний, поликремний
Polymer *n* полимер
polymer полимерный
Polymerbenzin *n* полимер-бензин, полимеризационный бензин
Polymerenchemie *f* химия полимеров
Polymerfaser *f* полимерное волокно
Polymerfilm *m* полимерная плёнка
Polymerhomolog *n* полимер-гомолог
Polymerisation *f* полимеризация

Polymerisationserreger *m* инициатор полимеризации
Polymerisationsgrad *m* степень полимеризации
Polymerisationskeim *m* центр полимеризации
Polymerisationsregler *m* регулятор полимеризации
Polymerkette *f* полимерная цепь
Polymerschicht *f* полимерное покрытие
Polymerwerkstoff *m* полимерный материал
Polymeth(yl)akrylat *n* полиметакрилат
Polymethylmethakrylat *n* полиметилметакрилат
polymolekular полимолекулярный
polymorph полиморфный
Polymorphie *f* полиморфизм
Polynom *n мат.* многочлен, полином
Polyolefine *n pl* полиолефины
Polypeptide *n pl* полипептиды
Polypropylen *n* полипропилен
Polysaccharide *n pl* полисахариды
Polysäure *f* поликислота
Poly-Si-Gate *n элн* поликремниевый затвор
Polysilicium *n*, **Polysilizium** *n* поликристаллический кремний, поликремний
Polysilizium-Gate *n элн* поликремниевый затвор
Polysiloxane *n pl* полиорганосилоксаны, силиконы, кремнийорганические полимеры
Polystyrol *n* полистирол
Polysulfid *n* полисульфид
polytechnisch политехнический
Polytetrafluoräthylen *n* политетрафторэтилен (*фторопласт-4, тефлон*)
Polytrifluormonochloräthylen *n* политрифторхлорэтилен (*фторопласт-3*)
Polytrope *f* политропа
Polytyp *m* политип, политипная модификация (*кристалла*)
Polytypie *f* политипизм
Polyurethane *n pl* полиуретаны
Polyurethanlack *m* полиуретановый лак
Polyurethanschaum(stoff) *m* пенополиуретан
polyvalent поливалентный, многовалентный
Polyvinylalkohol *m* поливиниловый спирт
Polyvinyläther *m* поливиниловый эфир
Polyvinylazetal *n* поливинилацеталь
Polyvinylazetat *n* поливинилацетат
Polyvinylchlorid *n* поливинилхлорид, ПВХ
Polyvinylidenchlorid *n* поливинилиденхлорид
Polyvinylkarbazol *n* поливинилкарбазол
Pond *n физ.* грамм-сила, гс
Ponton *n* понтон

Pontonbrücke *f* понтонный мост
Poop *f мор.* ют (*кормовая надстройка*)
Population *f биол.* популяция
Pop-up-Menü *n вчт* всплывающее меню
Poren *f pl* поры
Porenbeton *m* пористый бетон
Porenbildner *m* порообразователь
Porenfüller *m* порозаполнитель
Porensinter *m* керамзит
porig пористый
Porigkeit *f* пористость
Porofor *m* порофор (*порообразователь*)
porös пористый
Porosität *f* пористость
Porositätszahl *f* коэффициент пористости
Port *m вчт* порт
Portabilität *f вчт* мобильность (*программного обеспечения*)
Portable *m, n англ. элн* переносной аппарат; переносной телевизор; переносная магнитола; переносной магнитофон
Portadresse *f вчт* адрес порта
Portalfräsmaschine *f* портально-фрезерный станок, продольно-фрезерный станок портального типа, двухстоечный продольно-фрезерный станок
Portalhammer *m* арочный молот
Portalkran *m* портальный кран
Portalmaschine *f* портальный [двухстоечный] станок, станок портального типа
Portdaten *f вчт* данные, хранящиеся в порте
Portlandzement *m* портланд-цемент
Porzellan *n* фарфор
Porzellanerde *f* каолин
Porzellanisolator *m* фарфоровый изолятор
Posistor *m* позистор, терморезистор с (высоким) положительным ТКС
Position *f* 1. положение; позиция 2. *мор.* место (*судна*); *ав.* местоположение (*напр. самолета*); текущие координаты местоположения 3. *астр.* положение (*светила*)
Positionierachse *f* ось позиционирования
Positionierbewegung *f* координатное перемещение; позиционирование
Positioniereinrichtung *f* устройство позиционирования, позиционирующее устройство
Positionieren *n* позиционирование; (автоматическая) установка координаты
Positionierfehler *m* погрешность [ошибка] позиционирования

Positioniergenauigkeit *f* точность позиционирования
Positioniergeschwindigkeit *f* скорость координатного перемещения (*рабочего органа*); скорость позиционирования
Positioniertoleranz *f* допуск на точность позиционирования
Positionierung *f* позиционирование; (автоматическая) установка координаты
~, **inkrementale** позиционирование (*рабочего органа*), задаваемое приращениями
Positioniervorrichtung *f* позиционирующее устройство
Positionierwiederholgenauigkeit *f* повторяемость выхода на (заданную) координату, стабильность позиционирования (*рабочего органа*)
Positionsanzeige *f* 1. индикация координат 2. устройство индикации координат
~, **digitale** устройство цифровой индикации координат
Positionslichter *n pl* 1. *мор.* ходовые огни; сигнально-отличительные огни 2. *ав.* габаритные огни; аэронавигационные огни
Positionsrückführung *f* обратная связь по положению
Positionssensor *m* датчик положения
Positionssollwert *m* заданная координата
Positionswinkel *m* угол места
Positiv *n* позитив
positiv положительный
Positivbild *n* позитивное изображение
Positivlack *m* позитивный фоторезист
Positivpapier *n* фотобумага
Positivresist *m* позитивный фоторезист
Positivresistbild *n* изображение, получаемое в слое позитивного фоторезиста
Positron *n* позитрон
Positronium *n* позитроний
POS-Terminal [Point-Of-Sail-...] *n* компьютерный кассовый терминал
Potential *n* потенциал
~, **bioelektrisches** биопотенциал, биоэлектрический потенциал
Potentialbarriere *f*, **Potentialberg** *m* потенциальный барьер
Potentialdifferenz *f* разность потенциалов
Potentialfeld *n* потенциальное поле
Potentialfläche *f* эквипотенциальная поверхность
Potentialfunktion *f* 1. *мат.* гармоническая

функция 2. *мат., физ.* потенциальная функция, потенциал
Potentialgefälle *n* градиент потенциала
Potentialgleichung *f* уравнение Лапласа
Potentiallinien *f pl* эквипотенциальные линии
Potentialmulde *f* потенциальная яма
Potentialoskop *n* потенциалоскоп
Potentialregler *m* индукционный регулятор, потенциал-регулятор
Potentialschwelle *f* потенциальный барьер
Potentialsenke *f* потенциальная яма
Potentialsprung *m* скачок потенциала
Potentialströmung *f* потенциальное течение
Potentialtheorie *f* теория потенциала
Potentialtopf *m* потенциальная яма
Potentialtrennung *f* развязка по напряжению
Potentialunterschied *m* разность потенциалов
Potentialverfahren *n* метод потенциалов
Potentialverlauf *m* распределение потенциала; диаграмма изменения потенциала
Potentialverteilung *f* распределение потенциала
Potentialwall *m* потенциальный барьер
potentiell потенциальный
Potentiometer *n* потенциометр
Potentiometrie *f* потенциометрия
Potenz *f* степень
~, **dritte** третья степень, куб
~, **n-te** *n*-ная степень
~, **zweite** вторая степень, квадрат
Potenzfunktion *f* степенная функция
Potenzierung *f* возведение в степень, потенцирование
Potenzpapier *n* логарифмическая бумага
Potenzreihe *f* степенной ряд
Poti *n см.* **Potentiometer**
Pottasche *f* поташ
Power-Down-Betrieb *m*, **Power-Down-Mode** *m вчт* режим хранения; режим с пониженным потреблением мощности
Power-On-Reset *m вчт* общий [системный] сброс; установка в начальное состояние при включении питания
Poynting-Vektor *m* вектор Пойнтинга
Prädikatenlogik *f* логика предикатов, предикатная логика
Prägedruck *m* 1. *полигр.* конгрев, рельефное [конгревное] тиснение 3. *текст.* тиснение
Prägegesenk *n* чеканочный штамп
Prägekalander *m* каландр для тиснения
Prägekarton *m* матричный картон

Prägen *n* 1. *мет.-об.* чеканка; рельефная чеканка 2. *полигр.* тиснение
Prägepresse *f* 1. *мет.-об.* чеканочный пресс 2. *полигр.* пресс для тиснения
Prahm *m* понтон; паром; шаланда; баржа
Präkambrium *n геол.* докембрий
Prallblech *n* отбойный щиток
Prallbrecher *m* роторная [ударно-отражательная] дробилка
Pralldämpfer *m*, **Prallfänger** *m авто* буфер (хода) отбоя
Prallfläche *f* отражающая поверхность
Prallklappe *f* отражательная заслонка
Prallmühle *f* ударно-отражательная мельница
Prallplatte *f* 1. отбойная [отражательная] пластина 2. отбойная перегородка
Prandtl-Rohr *n*, **Prandtl-Staurohr** *n* (дифференциальная) трубка Пито — Прандтля
Prandtl-Zahl *f* число Прандтля
Präparat *n* препарат
Präparation *f* препарация (*химического волокна*)
Präparationsmittel *n* препарационный состав
Präsentationsgrafik *f вчт* иллюстративная графика
Praseodym *n* празеодим, Pr
Pratze *f* 1. лапа 2. захватка
Präzession *f* прецессия
Präzessionswinkel *m* угол прецессии
Präzipitat *n* преципитат
Präzipitatdünger *m* преципитат (*удобрение*)
Präzipitation *f* преципитация
Präzision *f* точность
Präzisionsgerät *n* прецизионный [точный] прибор
Präzisionsguß *m* точное литьё
Präzisionsmaschine *f* прецизионный станок
Präzisionsmeßgerät *n* прецизионный измерительный прибор
Präzisionsmessung *f* прецизионное [точное] измерение
Präzisionswaage *f* точные весы
Präzisionswiderstand *m* прецизионный резистор
Preemphasis *f тлв* предыскажение (*сигнала*)
P-Regelung *f автм* пропорциональное регулирование
P-Regler *m автм* пропорциональный регулятор
Prellbock *m* упорный брус
Prellen *n* дребезг (*контактов, клавиш*)

Prellschlag *m* жёсткий удар (*верхней половины штампа о нижнюю*)
Prellstein *m* тумба
Prellung *f* см. **Prellen**
Prellunterdrückung *f* устранение дребезга (*контактов, клавиш*)
Presse *f* пресс
~, **doppeltwirkende** пресс двойного действия
~, **einfachwirkende** пресс простого действия
~, **geradseitige** закрытый пресс
~, **hydropneumatische** пневмогидравлический пресс
~, **hydrostatische** стат (*пресс с непосредственным воздействием на материал жидкостной или газовой средой*)
Pressen *n* 1. *маш.* прессование; штамповка 2. *пласт.* прессование; формование
~, **elektrisches** электропрессование (*в порошковой металлургии*)
~ **im Gesenk** штамповка
Pressenhaupt *n*, **Pressenkopf** *m* (верхняя) поперечина пресса, архитрав (пресса)
Preßform *f* пресс-форма
Preßformarbeitsfläche *f* формообразующая поверхность пресс-формы
Preßgesenk *n* 1. обжимный штамп; высадочный штамп 2. прессовый штамп
Preßglas *n* прессованное стекло
Preßguß *m* литьё под давлением
Preßgut *n* прессуемый материал
Preßholz *n* прессованная древесина
Preßkraft *f* усилие пресса; усилие прессования
Preßkuchen *m* *с.-х.* жмых
Preßling *m* 1. брикет 2. прессованное изделие 3. прессовка, заготовка (*в порошковой металлургии*)
Preßluft *f* сжатый воздух
Preßluft... *см. тж сочет.* с **Druckluft...**
Preßlufterkrankung *f* кессонная болезнь
Preßluftförderung *f* пневматический транспорт, пневмотранспорт
Preßlufthammer *m* 1. пневматический молоток 2. пневматический молот
Preßluftrüttler *m* пневмовибратор
Preßluftwerkzeug *n* пневматический инструмент
Preßluftzylinder *m* пневмоцилиндр
Preßmasse *f* пресс-масса
Preßmatrize *f* матрица (*пресс-формы*)
Preßmischung *f* пресс-композиция, прессовочная смесь

Preßpassung *f* *маш.* посадка с натягом; прессовая посадка
Preßpolieren *n* дорнование
Preßpulver *n* пресс-порошок, прессовочный порошок
Preßrückstand *m* 1. выжимки 2. пресс-остаток
Preßschichtholz *n* древесно-слоистый пластик
Preßschmieden *n* ковка на прессах
Preßschweißen *n* сварка давлением
Preßsitz *m* прессовая посадка 2-го класса точности (*в системе посадок DIN*)
Preßspan *m* прессшпан; электропрессшпан, электрокартон
Preßspritzen *n* литьевое прессование
Preßstoff *m* пресс-материал
Preßstück *n* см. **Preßteil** 1., 2.
Preßstumpfschweißen *n* стыковая сварка сопротивлением, сварка сопротивлением
Preßteil *n* 1. *маш.* штампованная деталь 2. прессовка, заготовка (*в порошковой металлургии*) 3. прессованное изделие
Pressung *f* 1. сжатие; напряжение сжатия 2. разовый съём (*пресс-изделий*)
Preßverbindung *f* прессовое соединение
Preßversatz *m* *горн.* пневматическая закладка
Preßwasserspeicher *m* гидроаккумулятор
Preßwerkzeug *n* 1. (прессовый) штамп 2. пресс-форма
Preußischblau *n* *хим.* железная [берлинская] лазурь
Preventer *m* превентор, противовыбросовое устройство (*в буровой технике*)
prim *мат.* простой
primär первичный
Primärausfall *m* независимый отказ (*отказ, не обусловленный отказом другого объекта*)
Primärelektron *n* первичный электрон
Primärelement *n* первичный элемент
Primärkreis *m* 1. *эл.* первичная цепь 2. *яд.* первый контур (ядерного реактора) 3. внутренний контур (*двухконтурного турбореактивного двигателя*)
Primärluft *f* первичный воздух
Primärnormal *n* первичный эталон
Primär-Radar *n* радиолокация с пассивным ответом
Primärspule *f* см. **Primärwicklung**
Primärstrahlung *f* первичное излучение
Primärstrom *m* ток в первичной цепи
Primärteilchen *n* *физ.* первичная частица
Primärwicklung *f* *эл.* первичная обмотка

Primelement *n мат.* простой элемент
Primer *m* поверхностное защитное покрытие; нижний [грунтовочный] слой (*лакокрасочного покрытия*); первый слой (*напр. улучшающий адгезию покрытия к подложке*)
Primitivwurzel *f мат.* первообразный корень
Primkörper *m мат.* простое поле
Primzahl *f мат.* простое число
Prinzipschaltbild *n*, **Prinzipschaltung** *f* принципиальная схема
Priorität *f* приоритет
Prioritätenbaustein *m вчт* блок приоритетного прерывания
Prioritätsebene *f вчт* уровень приоритета
Prisma *n* призма
~, **bildumkehrendes** оборачивающая призма
~, **dreiflächiges** трёхгранная призма
~, **Nicolsches** призма Николя, николь
~, **reflektierendes** отражательная призма
~, **total reflektierendes** призма полного внутреннего отражения
prismatisch призматический
Prismatoid *n* призматоид
Prismenastrolab(ium) *n* призменная астролябия
Prismenfeldstecher *m* призменный полевой бинокль
Prismenfernglas *n* призменный бинокль
Prismenfestigket *f* призменная прочность (*бетона*)
Prismenfräser *m* двуугловая симметричная фреза
Prismenglas *n* 1. *см.* **Prismenfernglas** 2. призменная зрительная труба
Prismenkamera *f* призменная камера
Prismenspektrum *n* призменный спектр
Prismenstück *n маш.* установочная призма
Pritsche *f*, **Pritschenaufbau** *m авто* (бортовая) платформа
Pritschenwagen *m* грузовой автомобиль с бортовой платформой
Probe *f* 1. проба (*для испытаний*) 2. проба; испытание
Probebetrieb *m* опытная эксплуатация
Probebohrung *f* 1. пробная скважина; поисковая [разведочная] скважина 2. бурение пробных скважин; разведочное бурение
Probeentnahme *f см.* **Probenahme**
Probefahrt *f* 1. обкатка 2. ходовое испытание (*судна*)
Probekörper *m* образец для испытаний

Probelauf *m* обкатка
Probenahme *f* отбор [взятие] проб
Probenehmer *m* пробоотборник
Probestab *m* образец для испытаний (*в форме стержня*)
~, **gekerbter** образец с надрезом
Probestück *n см.* **Probekörper**
Probieranalyse *f* пробирный анализ
Probiergewicht *n* проба благородных металлов
Probierglas *n* пробирка
Probierstein *m* пробирный камень
Probierwaage *f* пробирные весы
Problem *n* проблема; задача
Produkt *n* 1. продукт 2. *мат.* произведение
Produktdemodulator *m*, **Produktdetektor** *m* синхронный детектор
Produktion *f* 1. производство; изготовление 2. продукция
~, **bedien(er)lose** безлюдное производство; автоматизированное производство без обслуживающего персонала
~, **schnellumrüstbare** быстро переналаживаемое производство
~, **unfertige** незавершённое производство
Produktionsabteilung *f* основной [производственный] цех
Produktionsauftrag *m* производственное задание
Produktionsausstoß *m* выпуск продукции
Produktionsautomatisierung *f* автоматизация производства
Produktionsbohrung *f* эксплуатационная скважина
Produktionsdurchlaufplan *m* производственный график
Produktionsfläche *f* производственная площадь
Produktionsgebäude *n* производственное здание
Produktionskapazitäten *f pl* производственные мощности
Produktionskühlhaus *n* промышленный холодильник
Produktionslärm *m* производственный шум
Produktionsleitsystem *n* система управления производством
Produktionslinie *f* сборочный конвейер; автоматическая линия; поточная линия
Produktionsmechanisierung *f* механизация производства
Produktionsmittel *n pl* средства производства

Produktionssonde *f* эксплуатационная скважина

Produktionsstraße *f* технологическая линия

Produktionssystem *n* производственная система

~, **bedienarmes** малолюдное производство

~, **flexibles** гибкая производственная система, ГПС

Produktionsvorlauf *m* (производственный) задел

Produktionszweig *m* отрасль производства

produktiv продуктивный; производительный

Produktivität *f* продуктивность; производительность

Produktpalette *f* номенклатура (выпускаемых) изделий

Produzent *m* производитель

Produzentenrisiko *n* риск производителя

Profil *n* 1. профиль; поперечный разрез 2. *мет.* профиль 3. *геол., горн.* разрез

~, **geologisches** геологический разрез

Profilabrichten *n* профильная [контурная] правка (*шлифовальных кругов*)

Profilbiegemaschine *f* сортогибочная машина

Profilbiegen *n* гибка (сортового проката), получение гнутых профилей

Profildiagramm *n* профилограмма

Profilfasern *f pl* профилированное волокно

Profilfräser *m* профильная фреза

Profilhöhe *f маш.* высота профиля резьбы

Profilieren *n* профилирование

profiliert профилированный

Profilierwalzwerk *n* профилегибочный стан

Profilierungswalzwerk *n* см. Profilierwalzwerk

Profilierwerkzeug *n* накатный инструмент, накатный ролик (*для профилирования шлифовальных кругов*)

Profilkaliber *n мет.* фасонный калибр

Profilwalze *f* 1. профильный валок, валок сортового стана 2. *мет.* профилирующий валок (*напр. бандажепрокатного стана*) 3. фасонный валок

Profilmeißel *m* фасонный [профильный] резец

Profilmesser *m* профилометр

Profilmittellinie *f маш.* делительная прямая (*зубчатой рейки*)

Profilograph *m* профилограф

Profilquerschnitt *m* форма поперечного сечения

Profilrolle *f* 1. профильный ролик 2. профилирующий ролик 3. *см.* Profilierwerkzeug

Profilschleifen *n мет.-об.* профильное [фасонное] шлифование

Profilschleifmaschine *f* профильно-шлифовальный станок

Profilschreiber *m* профилограф

Profilstahl *m* сортовой прокат, сортовой профиль, сортовая сталь

Profilstahlbiegemaschine *f* сортогибочная машина

Profilstraße *f* сортовой стан

Profiltraganteil *m маш.* относительная опорная длина профиля

Profilwalzen *n* профилирование листового металла (*на роликовой профилирующей машине*)

Profilwalzmaschine *f* роликовая профилирующая машина

Profilwalzwerk *n* сортовой стан

Profilwerkzeug фасонный инструмент

Programm *n* программа

Programmablauf *m* ход [процесс] выполнения программы

Programmablaufplan *m* блок-схема программы

Programmbibliothek *f* библиотека программ

Programmfehler *m* ошибка в программе

Programmfehlerbeseitigung *f* отладка программы

programmgesteuert с программным управлением

programmierbar программируемый

Programmieren *n* программирование

Programmierer *m* программист

Programmiergerät *n* программатор

Programmierhandgerät *n* ручной программатор

Programmiermethode *f* метод программирования

Programmiersprache *f* язык программирования

~, **höhere** язык высокого уровня

~, **maschinenorientierte** машинно-ориентированный язык

~, **problemorientierte** проблемно-ориентированный язык

Programmierung *f* программирование

~, **inkrementale** программирование (перемещений) в приращениях

Programmierungsgerät *n* программатор

Programmierungsterminal *n* терминал для программирования

Programmierverfahren *n* метод программирования

PROGRAMMREGELUNG

Programmregelung *f* программное регулирование
Programmregler *m* программный регулятор
Programmschema *n* схема программы
~, **logisches** логическая схема программы
Programmschleife *f* программный цикл
Programmspeicher *m* память программ
Programmstatusregister *n* регистр слова состояния программы
Programmstatuswort *n* слово состояния программы
Programmsteuerung *f* программное управление
Programmtest *m* программный тест; тестирование [проверка] программы
Programmverträglichkeit *f* программная совместимость
Programmverzweigung *f* ветвление программы
Programmwähler *m рад., тлв* переключатель программ; селектор телевизионных программ
Programmzähler *m вчт* программный счётчик, счётчик команд
Progression *f* прогрессия
Projekt *n* проект
Projektierung *f* проектирование
~, **rechnergestützte** автоматизированное проектирование
Projektion *f* проекция
~, **axonometrische** аксонометрическая проекция
~, **isometrische** изометрическая проекция
~, **winkeltreue** равноугольная проекция
Projektions- und Überdeckungsrepeater *m* установка последовательного шагового экспонирования; установка проекционной литографии с последовательным шаговым экспонированием; установка совмещения и мультипликации, мультипликатор
Projektionsanlage *f* 1. проекционная установка 2. элн проекционная установка; установка проекционной литографии
Projektionsapparat *m* проекционный аппарат, проектор
Projektionsbelichtung *f* проекционное экспонирование; проекционная литография; проекционная фотолитография
Projektionsbelichtungsanlage *f* установка проекционного (совмещения и) экспонирования, установка проекционной литографии; установка проекционной фотолитографии
Projektionsebene *f* плоскость проекции
Projektionsfotolithografie *f* проекционная фотолитография
Projektionsgerät *n см.* Projektionsapparat
Projektionsjustier- und Belichtungsanlage *f* установка проекционного совмещения и экспонирования, установка проекционной литографии; установка проекционной фотолитографии
Projektionslampe *f* проекционная лампа
Projektionslinse *f* проекционная линза
Projektionslithografie *f* проекционная литография
Projektionsmaske *f* шаблон для проекционной литографии
Projektionsmikroskop *n* проекционный микроскоп
Projektionsobjektiv *n* проекционный объектив
Projektionsoptik *f* проекционная система; проекционный объектив
Projektionsscheibenrepeater *m* установка проекционной литографии с последовательным шаговым экспонированием
Projektionssystem *n* проекционная система
Projektionswand *f* экран; киноэкран
projektiv проективный
Projektor *m* 1. проектор 2. кинопроектор
Projektunterlagen *pl* проектная документация
PROM [Programmable ROM] *m, n* программируемое ПЗУ, ППЗУ, ПЗУ с однократным программированием; ПЗУ, программируемое пользователем
Promethium *n* прометий, Pm
Promille *n* промилле, тысячная
Prompt *m вчт* подсказка *(оператору);* приглашение *(напр. к вводу команды)*
Propan *n* пропан
Propanol *n* пропиловый спирт
Propeller *m* 1. (воздушный) винт, пропеллер 2. гребной винт *(судна)*
Propellerflügel *m* лопасть рабочего колеса *(поворотно-лопастной турбины)*
Propellerflugzeug *n* винтовой самолёт
Propellermischer *m* пропеллерная мешалка
Propellerpumpe *f* осевой насос
Propellerrührwerk *n* пропеллерная мешалка
Propellerschlitten *m* аэросани
Propellerturbine *f* 1. пропеллерная турбина 2. *ав.* турбовинтовой двигатель
Propellerturbinen-Flugzeug *n* турбовинтовой самолёт
Propeller-Turbinen-Luftstrahltriebwerk *n* турбовинтовой двигатель
Propellerwelle *f* гребной вал

PRÜFUNGSPROTOKOLL

Propellerzug *m* тяга (воздушного) винта
Propen *n см.* **Propylen**
Propfan-Triebwerk *n* турбовентиляторный двигатель, турбореактивный двухконтурный двигатель, ТРДД, двухконтурный турбореактивный двигатель, двухконтурный ТРД, ДТРД
Propionsäure *f* пропионовая кислота
Proportion *f* пропорция
proportional пропорциональный
~, **direkt** прямо пропорциональный
~, **umgekehrt** обратно пропорциональный
Proportionalbereich *m автм* зона пропорционального регулирования
Proportionale *f* член пропорции
Proportionalität *f* пропорциональность
Proportionalitätsfaktor *m* коэффициент пропорциональности
Proportionalitätsgrenze *f* предел пропорциональности
Proportionalregelung *f автм* пропорциональное регулирование
Proportionalregler *m автм* пропорциональный регулятор
Proportionalzählrohr *n* пропорциональный счётчик
Propylen *n* пропилен, пропен
Prospektieren *n горн.* разведка
Prospektion *f горн.* разведка
~, **geoelektrische** электроразведка
Protaktinium *n* протактиний, Pa
Proteid *n* протеид
Protein *n* протеин
Protektor *m* протектор (*шины*)
Proterozoikum *n геол.* протерозой
Protium *n* проторий
Proton *n* протон
Protonensynchrotron *n* синхрофазотрон
Protonenzerfall *m* протонный распад
Protoplasma *n* протоплазма
Prototyp *m* 1. прототип 2. опытный образец; головной образец
Protuberanz *f* протуберанец
Prozedur *f вчт* процедура
Prozent *n* процент
Prozentgehalt *m* процентное содержание
Prozeß *m* процесс
Prozeßflexibilität *f* эксплуатационная гибкость; технологическая гибкость
Prozessor *m вчт* процессор
Prozeßrechner *m* ЭВМ для управления технологическими процессами; управляющая ЭВМ
Prozeßüberwachung *f* контроль выполнения технологического процесса
Prozeßüberwachungssensor *m* датчик активного контроля
Prozeßwasser *n* технологическая вода
Prüfbefund *m* акт испытания
Prüfdauer *f* продолжительность испытаний
Prüfeinrichtung *f* испытательное устройство; испытательная установка
Prüfer *m* контрольник; испытатель; тестер
Prüffeld *n* испытательная станция; испытательная лаборатория
Prüfgerät *n* испытатель; тестер; дефектоскоп
Prüfkennlinie *f* оперативная характеристика (*плана выборочного контроля*)
Prüfklemme *f* эл. испытательный [контрольный, поверочный] зажим
Prüfkörper *m* 1. образец для испытаний 2. индентор
~, **standardisierter** стандартный образец
Prüflehre *f* контрольный калибр
Prüflineal *n* поверочная линейка
Prüfling *m* образец для испытаний
Prüfmaschine *f* испытательная машина, машина для испытаний
Prüfmethode *f* метод испытаний
Prüfnormen *f pl* стандарты на методы испытаний
Prüfplatte *f* поверочная плита
Prüfplatz *m* испытательная установка; испытательный стенд
Prüfprogramm *n* тестовая программа
Prüfschalter *m* испытательная кнопка
Prüfsender *m* испытательный генератор
Prüfsiebnummer *f* номер сита
Prüfsignal *n* испытательный сигнал
Prüfspannung *f* испытательное напряжение
Prüfstand *m* испытательный стенд
Prüfstandversuch *m* стендовое испытание
Prüfstrom *m* испытательный ток
Prüftaste *f см.* **Prüfschalter**
Prüftransformator *m* испытательный трансформатор
Prüfung *f* 1. испытание; проба; тест; проверка; контроль 2. экспертиза
~, **zerstörungsfreie** испытание без разрушения образца, неразрушающее испытание
Prüfungsprotokoll *n* акт испытания

Prüfungsstelle *f* экспертиза (*отдел патентного ведомства*)
Prüfverfahren *n* метод испытаний
Prüfwinkel *m* поверочный угольник
Prüfziffer *f* контрольная цифра
Pseudobefehl *m вчт* псевдокоманда
Pseudokode *m вчт* псевдокод
Psychrometer *n* психрометр
PTC-Widerstand [Positive-Temperature-Coefficient-...] *m* позистор, (термо)резистор с положительным ТКС
PTP-Betrieb [Point-To-Point-...] *m см.* **Punktsteuerungsbetrieb**
PTP-Steuerung *f см.* **Punktsteuerung**
p-Typ-Halbleiter *m* полупроводник *p*-типа, дырочный полупроводник
Puddelstahl *m* пудлинговая сталь
Puddelverfahren *n* пудлингование
Puffer *m* 1. буфер; амортизатор 2. *вчт* буфер 3. *хим.* буферный раствор
Pufferbatterie *f* буферная батарея
Pufferhülse *f* стакан буфера
Pufferlösung *f* буферный раствор
Pufferspeicher *m* буферная память, буферное ЗУ
Pufferstufe *f* буферный каскад
Pulpe *f* пульпа
Pulper *m* гидроразбиватель
Pulsamplitudenmodulation *f* амплитудно-импульсная модуляция, АИМ
Pulsar *m астр.* пульсар
Pulsation *f* пульсация
Pulsbetrieb *m* импульсный режим
Pulsbreitenmodulation *f см.* **Pulslängenmodulation**
Pulscodemodulation *f* импульсно-кодовая модуляция, ИКМ
Pulsdauermodulation *f см.* **Pulslängenmodulation**
Pulserzeugung *f* генерация импульсов
Pulsfolgefrequenz *f,* **Pulsfrequenz** *f* частота повторения [следования] импульсов
Pulslängenmodulation *f* широтно-импульсная модуляция, ШИМ
Pulsmodulation *f* импульсная модуляция, ИМ
Pulsometer *n* пульсометр
Pulsostrahlrohr *n,* **Pulstriebwerk** *n* пульсирующий воздушно-реактивный двигатель, пульсирующий ВРД, ПуВРД
Pulsphasenmodulation *f* фазово-импульсная модуляция, ФИМ

Pulsregler *m* импульсный регулятор
Pultdach *n* односкатная крыша
Pulver *n* 1. порошок 2. порох 3. (сварочный) флюс
Pulveraufkohlung *f* цементация в твёрдом карбюризаторе, твёрдая цементация
Pulverbrennschneiden *n* кислородно-флюсовая резка
Pulverdraht *m* порошковая проволока (*для сварки*)
Pulverfarbe *f* порошковая краска, краска в порошке
pulverförmig порошкообразный
pulverig порошковый; порошкообразный
Pulverisieren *n* пульверизация
Pulverisiermaschine *f* пульверизационная машина, пульверизатор
Pulvermetallurgie *f* порошковая металлургия
Pulverpreßteil *n* порошковая формовка
Pulverschmieden *n* горячая штамповка (*порошковых формовок*)
Pulverstrangpressen *n* мундштучное формование (*металлического порошка*)
Pulverwerkstoff *m* порошковый материал
Pumpe *f* насос; помпа
~ **mit seitlichem Ansaugen** насос с боковым входом
~, **doppelflutige** двухпоточный насос
~, **doppeltwirkende** насос двойного действия
~, **einfachwirkende** насос одностороннего действия
~, **elektrische** электронасос
~, **kryogene** криогенный насос
~, **längsgeteilte** насос с осевым разъёмом
~ **mit seitlichem Ringkanal** открыто-вихревой насос
~, **quergeteilte** насос с торцевым разъёмом
~, **rotodynamische** динамический насос
~, **stopfbuchsenlose** герметичный насос
Pumpen *n* 1. перекачка (насосом) 2. насосный режим, помпаж 3. *элн* накачка
Pumpenaggregat *n* насосный агрегат
Pumpenanlage *f* насосная установка; насосная станция
Pumpenbagger *m* землесосный снаряд, земснаряд
Pumpenbock *m* (насос-)качалка
Pumpendruckhöhe *f* напор насоса
Pumpendüse *f авто* насос-форсунка
Pumpenförderung 1. (объёмная) подача насоса 2. насосная подача, подача насосом

Pumpengestängestrang *m* колонна насосных штанг (*штангового насоса*)
Pumpensatz *m* насосный агрегат
Pumpenschwengel *m* балансир
Pumpenstange *f*, **Pumpentreibstange** *f* насосная штанга
Pumpfrequenz *f* *элн* частота накачки
Pumpleistung *f* *элн* мощность накачки
Pumpröhrchen *n* штенгель
Pumpspeicher(kraft)werk *n* гидроаккумулирующая [насосно-аккумулирующая] электростанция, ГАЭС
Pumpstation *f*, **Pumpwerk** *n* насосная станция
Punkt *m* 1. точка 2. пункт 3. *полигр.* пункт
~, **erdfernster** максимальное расстояние от поверхности Земли (*в апогее*)
~, **erdnächster** минимальное расстояние от поверхности Земли (*в перигее*)
~, **typographischer** типографский пункт
Punktablenkung *f* точечная развёртка
Punktbahnsteuerung *f*, **Punkt-Bahn-Steuerung** *f* 1. контурно-позиционное ЧПУ 2. контурно-позиционное устройство ЧПУ
~, **numerische** *см.* Punktbahnsteuerung
Punktdefekt *m*, **Punktfehlstelle** *f* точечный дефект
Punktdiode *f* точечный диод
punktförmig точечный
punktiert пунктирный
Punktkontakt *m* точечный контакт
Punktkontaktdiode *f* точечный диод
Punktkontakttransistor *m* точечный транзистор
Punktkorrosion *f* точечная [питтинговая] коррозия; питтинг
Punktlampe *f см.* Punktlichtlampe
Punktlichtlampe *f* точечная лампа
Punktmasse *f физ.* материальная точка
Punktmenge *f мат.* точечное множество
Punktnaht *f св.* точечный шов
Punktprobe *f* точечная проба
Punktquelle *f* точечный источник
Punktraster *m* точечный растр
Punktschreiber *m* самописец с точечной записью
Punktschweißen *n* точечная сварка
Punktschweißpistole *f* пистолет для точечной сварки
Punktsteuerung *f* 1. позиционное управление; позиционное ЧПУ 2. позиционное устройство ЧПУ

Punktsteuerungsbetrieb *m* режим позиционного управления
Punktsteuerungssystem *n* позиционная система ЧПУ
~, **numerisches** позиционная система ЧПУ
Punkttransistor *m* точечный транзистор
Punkt-zu-Punkt-Bearbeitung *f* позиционная обработка
Pupille *f* входное отверстие (*оптической системы*)
Pupillenebene *f* плоскость входного отверстия (*оптической системы*)
Pupinisierung *f* пупинизация
Pupinkabel *n* пупинизированный кабель
Pupinleitung *f* пупинизированная линия
Pupinspule *f* пупиновская катушка
Putz *m* штукатурка
~, **schalldämmender** акустическая [звукоизоляционная] штукатурка
~, **wasserdichter** гидроизоляционная штукатурка
Putzen *n* 1. очистка (*литья*), зачистка (*отливок*) 2. чистка; очистка
Putzhobel *m* шлифтик
Putzleiste *f* плинтус
Putzmörtel *m* штукатурный раствор
Putzmühle *f* ситовейка
Putztrommel *f* очистной барабан; галтовочный барабан
Putzwolle *f* (обтирочные) концы; ветошь
Puzzolan *n* пуццолан
Puzzolanzement *m* пуццолановый цемент
PVC *n см.* Polyvinylchlorid
P-Verhalten *n автм* пропорциональное воздействие
p-Wanne *f элн* карман (с проводимостью) *p*-типа, *p*-карман
Pyknometer *n* пикнометр
Pylon *m* пилон
Pyramide *f* пирамида
Pyramidenstumpf *m* усечённая пирамида
Pyridin *n* пиридин
Pyrit *m мин.* пирит, серный [железный] колчедан
Pyritabbrand *m* пиритный огарок
Pyritschmelzen *n* пиритная плавка
Pyroceram *n* ситалл, «пирокерам»
pyroelektrisch пироэлектрический
Pyroelektrizität *f* пироэлектричество
Pyrogallol *n* пирогаллол
Pyrolusit *m мин.* пиролюзит

Pyrolyse f пиролиз
Pyrometallurgie f пирометаллургия
Pyrometer n пирометр
Pyrotechnik n пиротехника
Pyroxylin n пироксилин
Pyrrhotin n *мин.* пирротин
Pyrrol n пиррол
p-Zone f *см.* p-Gebiet

Q

Q-Meter n *рад., элн* измеритель добротности
Q-Schalter m, Q-switch *англ.* лазерный затвор, модулятор добротности (*оптического резонатора лазера*)
Quad-Flat-Pack n *англ.* плоский корпус с четырёхсторонним расположением планарных выводов
Quad-Cerpack-Gehäuse n (плоский) стеклокерамический корпус с четырёхсторонним расположением выводов
Quader m 1. тёсаный [штучный] камень 2. прямоугольный параллелепипед
Quadermauerwerk n тёсовая кладка
Quaderstein n *см.* Quader 1.
Quad-In-Line-Gehäuse n (плоский) корпус с четырёхрядным расположением выводов, четырёхрядный корпус
Quadpack n *см.* Quad-Flat-Pack
Quadrant m квадрант
Quadrant(en)elektrometer n квадрантный электрометр
Quadrat n квадрат
quadratisch 1. квадратический, квадратичный 2. квадратный
Quadratmeter n квадратный метр, м^2
Quadratmittel n *мат.* квадратичное среднее
Quadratnestpflanzung f *с.-х.* квадратно-гнездовая посадка
Quadratur f квадратура
~ des Kreises квадратура круга
Quadraturdemodulator m квадратурный демодулятор, квадратурный детектор
Quadraturmodulation f *тлв* квадратурная модуляция
Quadraturwurzel f квадратный корень

Quadrik f *мат.* 1. квадрика, кривая *или* поверхность второго порядка 2. квадрика (*в алгебраической геометрии*)
Quadrillion f септиллион, 10^{24} (*русский термин «квадриллион» обычно обозначает число 10^{15}*)
Quadrophonie f квадрофония
quadrophonisch квадрофонический
Quadrupel n *мат.* четвёрка
Quadruplexbetrieb m квадруплексная связь
Quadrupol m *физ.* квадруполь
Quadrupollinse f квадрупольная линза
Quadrupolschaltung f квадрупольная схема
Quadrupolstrahlung f *физ.* квадрупольное излучение
Qualifikationsprüfung f квалификационные испытания
Qualimetrie f квалиметрия, количественная оценка качества
Qualität f 1. качество 2. *маш.* квалитет; степень точности (*резьбового соединения, зубчатой передачи*)
qualitativ качественный
Qualitätskontrolle f контроль качества
~, statistische статистический контроль качества
Qualitätsmanagement n управление качеством
Qualitätssicherung f обеспечение качества; контроль качества
Qualitätsstahl m (высоко)качественная сталь
Quant n квант
Quantelung f квантование
Quantenausbeute f квантовый выход (*фотоэффекта*)
~, äußere внешний квантовый выход
Quantenchemie f квантовая химия
Quantenelektronik f квантовая электроника
Quantenfeldtheorie f квантовая теория поля
Quantengas n квантовый газ
Quantengenerator m квантовый генератор
Quanteninterferometer n сверхпроводящий квантовый интерференционный датчик, СКВИД
Quantenmechanik f квантовая механика
Quanten-Mikroelektronik f квантовая микроэлектроника
Quantenmulde f квантовая яма
Quantenoptik f квантовая оптика
Quantenphysik f квантовая физика
Quantensprung m квантовый переход
Quantenstatistik f квантовая статистика

QUELLCODE

Quantensystem *n* квантовая система
Quantentheorie *f* квантовая теория
Quantenübergang *m* квантовый переход
Quantenverstärker *m* квантовый усилитель
Quantenwanne *f* квантовая яма
Quantenwannenlaser *m* лазер на квантовых ямах
Quantenwirkungsgrad *m* квантовый выход (*фотоэффекта*); квантовая эффективность
Quantenzahl *f* квантовое число
Quantenzustand *n* квантовое состояние
Quantil *n* квантиль
Quantisierer *m* квантователь
Quantisierung *f* квантование (*сигналов*)
Quantisierungseinheit *f* шаг квантования
Quantisierungsfehler *m* погрешность квантования
Quantisierungsniveau *n*, **Quantisierungspegel** *m* уровень квантования
Quantisierungsrauschen *n* шум квантования
Quantisierungsstufe *f* ступень квантования
Quantität *f* количество
quantitativ количественный
Quantor *m* квантор
Quark *n* физ. кварк
Quartär *n* геол. четвертичная система
Quartogerüst *n*, **Quartowalzgerüst** *n* четырёхвалковая клеть (*прокатного стана*)
Quarto-Walzwerk *n* четырёхвалковый (прокатный) стан, стан кварто
Quarz *m* кварц
Quarzeichgenerator *m* кварцевый калибратор
Quarzfaden *m* кварцевая нить
Quarzfenster *n* кварцевое окно (*корпуса ИС*)
Quarzfilter *n* кварцевый фильтр
Quarzgenerator *m см.* **Quarzoszillator**
Quarzglas *n* кварцевое стекло
Quarzgut *n* плавленый кварц, непрозрачное кварцевое стекло
Quarzit *m* геол. кварцит
Quarzkeil *m* кварцевый клин
Quarzkiesel *m* кремнистая галька
Quarzkristall *m* кварцевый кристалл, кристалл кварца
Quarzlampe *f* кварцевая лампа
Quarzoszillator *m* кварцевый резонатор
Quarzplatte *f* кварцевая пластина
Quarzquecksilber(dampf)lampe *f* ртутно-кварцевая лампа
Quarzsand *m* кварцевый песок
Quarztiegel *m* кварцевый тигель

Quarzuhr *f* кварцевые часы
Quasar *m* астр. квазар (*квазизвездный источник радиоизлучения*)
quasielastisch квазиупругий
Quasi-Fermi-Niveau *n* физ. квазиуровень Ферми
quasiflüssig псевдоожиженный
Quasigrafik *f* вчт псевдографика
Quasiimpuls *m* квазиимпульс
quasilinear квазилинейный
Quasimoleküle *n pl* квазимолекулы
Quasioptik *f* квазиоптика
quasioptisch квазиоптический
quasiperiodisch квазипериодический
quasistatisch квазистатический
Quasiteilchen *n pl* квазичастицы
Quaternion *n* мат. кватернион
Quecksilber *n* ртуть, Hg
Quecksilberdampfgleichrichter *m* ртутный выпрямитель
Quecksilberdampflampe *f* ртутная лампа
Quecksilberdampfpumpe *f* (паро)ртутный насос
Quecksilberdampfröhre *f* ртутный вентиль
Quecksilberelektrode *f* ртутный электрод
Quecksilbergleichrichter *m* ртутный выпрямитель
Quecksilberkatode *f* ртутный катод
Quecksilberlampe *f см.* **Quecksilberdampflampe**
Quecksilberlegierungen *f pl* амальгамы
Quecksilbermanometer *n* ртутный манометр
Quecksilberoxidzelle *f* окиснортутный элемент
Quecksilberquarzlampe *f* ртутно-кварцевая лампа
Quecksilberrelais *n*, **Quecksilberschalter** *m* реле со смоченными ртутью контактами
Quecksilbersäulenhöhe *f* высота ртутного столба
Quecksilberschaltröhre *f* ртутный выключатель
Quecksilber-Schutzgaskontakt *m* ртутный (магнитоуправляемый) контакт, ртутный геркон
Quecksilberthermometer *n* ртутный термометр
Quecksilberverfahren *n* электролиз в ваннах с ртутным катодом
Quelladresse *f* вчт 1. исходный адрес 2. адрес источника (данных) 3. адрес операнда(-источника)
Quellbarkeit *f* набухаемость
Quellbeständigkeit *f* устойчивость к набуханию
Quellbeton *m* расширяющийся бетон
Quellcode *m см.* **Quellkode**

443

QUELLDATEI

Quelldatei *f вчт* исходный файл, файл-источник
Quelldiskette *f вчт* исходный [копируемый] диск, исходная дискета
Quelle *f* 1. источник *(подземных вод)* 2. *вчт* источник (данных) 3. *элн* исток *(полевого транзистора)*
Quellen *n* 1. набухание, разбухание 2. замачивание; вымачивание 3. вспучивание
Quellenadresse *f вчт* 1. адрес источника (данных) 2. адрес операнда (-источника)
Quellenfassung *f гидр.* каптаж источника
Quellengebiet *n элн* область истока, истоковая область
Quellenkode *m см.* Quellkode
Quellen-Senken-Spannung *f элн* напряжение сток — исток
Quellenspannung *f* 1. электродвижущая сила, эдс 2. *элн* напряжение истока [на истоке] *(полевого транзистора)*
Quellenstrom *m элн* ток истока
Quellkode *m вчт* исходный код; исходная программа
Quellmittel *n* агент набухания, средство, способствующее набуханию
Quellmodul *m вчт* исходный модуль
Quelloperand *m вчт* исходный операнд, операнд-источник *(в команде пересылки)*
Quelloperandenadresse *f вчт* адрес операнда (-источника)
Quellport *m вчт* порт источника данных, исходный порт
Quellprogramm *n вчт* исходная программа
Quellprogrammbibliothek *f вчт* библиотека исходных модулей
Quellregister *n вчт* исходный регистр; регистр-источник
Quellsprache *f вчт* исходный язык; входной язык
Quellstock *m* замочный чан
Quelltext *m вчт* исходный текст, текст исходной программы
Quellung *f см.* Quellen
Quellungsmittel *n см.* Quellmittel
Quellvermögen *n* набухаемость
Quellwasser *n* родниковая вода
Quellwiderstand *m эл., элн* внутреннее сопротивление источника сигнала
Quellzement *m* расширяющийся цемент
Querableitung *f эл., элн* поперечная утечка
Querachse *f* макроось *(кристалла)*

Querbalken *m* поперечная балка; поперечина; траверса
Querbau *m горн.* ортовая выемка, выемка поперечными заходками; выемка вкрест простирания
Querbiegung *f* поперечный изгиб
Querdehnung *f* поперечное расширение
Querdehnungszahl *f* коэффициент Пуассона, коэффициент поперечного расширения, коэффициент поперечной деформации при продольном сжатии стержня
Querfeldgenerator *m эл.* генератор поперечного поля [с поперечным полем]
Querfeldmaschine *f* 1. *см.* Querfeldgenerator 2. *см.* Querfeldverstärkermaschine
Querfeldverstärkermaschine *f* электромашинный усилитель поперечного поля, амплидин
Querfuge *f* поперечный шов
Querhaupt *n* верхняя поперечина; траверса
Querhobelmaschine *f* поперечно-строгальный станок
Querkontraktion *f* поперечное сжатие
Querkontraktionszahl *f* коэффициент Пуассона, коэффициент поперечного сжатия, коэффициент поперечной деформации при продольном растяжении стержня
Querkraft *f* поперечная сила; поперечное усилие
Querlage *f* крен
Querlastigkeit *f ав.* дифферент на крыло
Querlenker *m авто* поперечный рычаг (независимой) подвески
Quermodulation *f* перекрёстная модуляция
Quernaht *f* поперечный шов
Querneigung *f* 1. поперечный уклон 2. *ав.* крен
Querneigungswinkel *m ав.* угол крена
Querredundanzprüfung *f вчт* поперечный контроль *(контроль по избыточности, при котором контрольная величина вычисляется по разрядам каждого слова данных в отдельности)*
Querriegel *m* поперечный ригель, поперечная балка; поперечина
Querruder *n ав.* элерон
Querschlag *m горн.* квершлаг
Querschliff *m* поперечный шлиф
Querschmieden *n* ковка поперёк волокон
Querschneide *f* перемычка *(спирального сверла)*
Querschneider *m* саморезка *(машина для поперечной резки бумажного полотна)*

Querschnitt *m* 1. поперечное сечение; сечение ◇ im ~ в сечении; в поперечнике 2. *яд.* сечение взаимодействия *(напр. нейтронов)*
~, **aktiver** активное сечение
~, **freier** живое сечение
~, **gefährdeter** опасное сечение
~, **größter** мидель *(судна, фюзеляжа самолёта)*
~, **veränderlicher** переменное сечение; переменный [периодический] профиль
~, **wirksamer** активное сечение
Querschnittsabnahme *f* утонение
Querschnittsfläche *f* площадь поперечного сечения
Querschnittsform *f* профиль (сечения)
Querschnittskern *m* ядро сечения
Querschnittsregel *f ав.* правило площадей (поперечных сечений)
Querstabilität *f* 1. поперечная устойчивость 2. *мор.* поперечная остойчивость
Querstrahler *m*, **Querstrahlruder** *n мор.* (судовое) подруливающее устройство
Quersumme *f* сумма цифр числа
Querträger *m* 1. поперечная балка; поперечина; траверса 2. *ж.-д.* портальная опора *(контактной сети)*
Querverband *m* 1. *стр.* поперечная связь 2. *мор.* поперечный набор *(судна)* 3. *ав.* поперечная связь
Querverluste *m pl эл., элн* потери за счёт утечки в поперечном направлении, поперечная утечка
Quervorschub *m* поперечная подача
Querwalzen *n* поперечная прокатка
Quetschen *n* 1. смятие 2. раздавливание, дробление раздавливанием
Quetschgrenze *f* предел текучести при сжатии
Quetschhahn *m* винтовой зажим
Quetschkontakt *m* обжимной контакт
Quetschmaschine *f текст.* 1. мяльная машина *(для мягчения джута)* 2. давильные валы *(для дробления и удаления посторонних примесей из ватки кардочесальной машины)*
Quetschung *f см.* Quetschen
Quetschverbindung *f* соединение обжимом
QUIL-Gehäuse *n см.* Quad-In-Line-Gehäuse
Quintillion *f* нониллион, 10^{30} *(русский термин «квинтиллион» обычно обозначает число 10^{18})*

Quittierung *f свз, вчт* квитирование, подтверждение
Quittierungssignal *n свз, вчт* сигнал квитирования
Quittung *f свз, вчт* 1. квитанция 2. квитирование, подтверждение
Quittungsbetrieb *m свз, вчт* режим квитирования, режим работы с квитированием
Quotient *m* частное
Quotientenmesser *m*, **Quotientenmeßinstrument** *n*, **Quotientenmeßwerk** *n эл.* логометр
Quotientenregister *n вчт* регистр частного
Quotientenrelais *n* реле отношения величин

R

Races *pl англ. элн* гонки *(фронтов сигналов)*
Rachen *m* зев, отверстие *(калиберной скобы)*
Rachenlehre *f* калиберная скоба, калибр-скоба
Rad I *n* колесо
~, **geradverzahntes** прямозубое (зубчатое) колесо
~, **pfeilverzahntes** шевронное (зубчатое) колесо
~, **schrägverzahntes** косозубое (зубчатое) колесо
Rad II *m* рад *(единица поглощённой дозы ионизирующего излучения)*
Radar *n* 1. радиолокация 2. радиолокатор, радар; радиолокационная станция, РЛС
Radarabtastung *f* радиолокационный обзор
Radaranlage *f* радиолокационная станция, РЛС
Radarantwortbake *f* радиолокационный маяк-ответчик
Radaraufklärung *f* радиолокационная разведка
Radaraufnahme *f* 1. радиолокационная съёмка 2. *см.* Radarbild 2.
Radarbake *f* радиолокационный маяк
Radarbild *n* 1. *см.* Radarschirmbild 2. радиолокационное изображение, изображение, полученное с помощью радиолокационной съёмки
Radarecho *n* отражённый радиолокационный сигнал
Radarfoto *n см.* Radarbild 2.
Radargerät *n* радиолокационная станция, РЛС
Radarhorizont *m* радиолокационный горизонт

Radarkennung f радиолокационное опознавание
Radarkuppel f см. **Radom**
Radarleitstation f РЛС наведения, станция наведения
Radarortung f 1. *мор.* радиолокационное определение места судна 2. *ав.* определение местоположения радиолокационными средствами 3. радиолокационное обнаружение
Radarortungsstation f РЛС обнаружения, станция обнаружения
Radarreflektor m радиолокационный отражатель
Radarschirmbild n радиолокационное изображение, изображение на экране радиолокатора [индикатора РЛС]
Radarsichtgerät n индикатор РЛС
Radarstörungen f pl помехи радиолокации; помехи (работе) радиолокационных станций
Radartarnfarbe f противорадиолокационная [радиопоглощающая] краска
Radaufhängung f подвеска колеса; подвеска колёс (*напр. автомобиля*)
Radbelastung f см. **Raddruck**
Radbremse f 1. *авто* колёсный тормозной механизм 2. *ж.-д.* колёсный тормоз
Radbremszylinder m *авто* колёсный тормозной цилиндр
Raddruck m нагрузка на колесо
Radeinschlag m *авто* поворот управляемого колеса [управляемых колёс]; угол поворота управляемых колёс
Rädergetriebe n *маш.* 1. фрикционная передача 2. зубчатая передача
Räderpresse f пресс с зубчатым приводом, зубчатый пресс
Räderschere f гитара (*узел металлорежущего станка*)
Räderturbine f дисковая турбина
Räderwerk n колёсная система (*узел часового механизма*)
Radfelge f обод колеса
Radformel f колёсная формула (*автомобиля, локомотива*)
Radgreifer m грунтозацеп (*шины колеса*); почвозацеп (*шины сельскохозяйственной машины*)
radial радиальный
Radial-Axial-Kugellager n см. **Radialschrägkugellager**
Radial-Axial-Lager n радиально-упорный подшипник
Radialbeschleunigung f радиальное ускорение
Radialbohrmaschine f радиально-сверлильный станок
Radialgebläse n центробежная воздуходувка
Radialkolbenmotor m радиально-поршневой гидромотор
Radialkraft f радиальная сила; радиальное усилие
Radialkugellager n радиальный шарикоподшипник
Radiallager n радиальный подшипник
Radialreifen m радиальная шина
Radialschnittkraft f *мет.-об.* радиальная составляющая силы резания
Radialschrägkugellager n радиально-упорный шарикоподшипник
Radialspiel n радиальный зазор
Radialturbine f радиальная турбина
Radialventilator m центробежный вентилятор
Radialverdichter m центробежный компрессор
Radialziegel m лекальный [радиальный] кирпич
Radiant m 1. *мат.* радиан 2. *астр.* радиант
Radiation f 1. радиация, излучение 2. излучение, лучеиспускание
Radiator m радиатор; отопительная батарея
Radikal n *мат., хим.* радикал
Radikalpolymerisation f радикальная полимеризация
Radikand m *мат.* подкоренное выражение
Radio n 1. радио 2. радиоприёмник
radioaktiv радиоактивный
Radioaktivität f радиоактивность
Radioastronomie f радиоастрономия
Radioautographie f авторадиография
Radiobake f 1. *ав.* радиомаяк 2. *мор.* радиобуй
Radiobereich m радиодиапазон
Radiobiologie f радиобиология
radiocarbon dating *англ.* см. **Radiokarbonmethode**
Radiochemie f радиохимия
Radioelektronik f радиоэлектроника
Radioelement n радиоэлемент, (природный) радиоактивный элемент
Radiofrequenzspektroskopie f радиоспектроскопия
Radiofrequenzstrahlung f радиоизлучение
Radiogoniometer n радиогониометр
Radiogoniometrie f радиогониометрия

Radiographie f радиография
Radioindikator m изотопный индикатор; меченый атом
Radiointerferometer n радиоинтерферометр
Radioisotop n радиоизотоп, радиоактивный изотоп
Radiokarbonmethode f, **Radiokarbonverfahren** n, **Radiokohlenstoffdatierung** f радиоуглеродный метод (датировки), радиоуглеродный метод определения возраста (*минералов, горных пород, органических остатков*)
Radiokomparator m радиокомпаратор
Radiokompaß m радиокомпас
Radiologie f радиология
Radiolyse f радиолиз
Radiometeorologie f радиометеорология
Radiometer n радиометр
Radiometrie f радиометрия
Radionuklid n радионуклид, радиоактивный нуклид
Radionuklidbatterie f радиоизотопная батарея
Radioquelle f *астр.* источник радиоизлучения, радиоисточник
Radiorecorder m магнитола
Radiorelaislinie f радиорелейная линия, РРЛ
Radiosextant m радиосекстант, *мор. проф.* радиосекстан
Radiosonde f радиозонд
Radiostrahlung f радиоизлучение
~, **solare** солнечное радиоизлучение, радиоизлучение Солнца
Radiostrahlungsausbruch m всплеск радиоизлучения
Radiotechnik f радиотехника
radiotechnisch радиотехнический
Radiotelefonie f радиотелефонная связь
Radiotelegrafie f радиотелеграфия
Radioteleskop n радиотелескоп
Radiowecker m радиоприёмник — часы-будильник, переносной радиоприёмник, скомбинированный с часами-будильником
Radiowellen pl радиоволны
Radium n радий, Ra
Radiumemanation f *см.* Radon
Radius m радиус
Radiusvektor m радиус-вектор
Radizieren n извлечение корня
Radkappe f *авто* колпак колеса
Radkörper m 1. *ж.-д.* колёсный центр 2. *маш.* корпус [тело] зубчатого колеса [шестерни]
Radkurve f *мат.* циклоида

Radlast f нагрузка на колесо
Radlenker m pl *ж.-д.* контррельсы
Radnabe f втулка колеса; ступица колеса
Radom m обтекатель радиолокационной антенны
Radon n радон, эманация радия, Rn
Radreifen m *ж.-д.* бандаж (*колеса*)
Radsatz m *ж.-д.* колёсная пара, (колёсный) скат
Radsatzdrehmaschine f колёсотокарный станок, станок для обточки полускатов
Radschaufel f ковш роторного колеса (*роторного экскаватора*)
Radschlepper m колёсный трактор, колёсный тягач
Radspur f колея
Radstand m (колёсная) база (*автомобиля, вагона, локомотива*)
Radstern m 1. *ж.-д.* колёсный центр со спицами 2. *авто* ступица колеса со спицами 3. *авто* крестовина рулевого колеса
Radsturz m *авто* развал колёс; угол развала колёс
Radtaster m *ж.-д.* рельсовая педаль
Radwalzwerk n колёсопрокатный стан
Raffinatblei n рафинированный свинец
Raffination f 1. *мет., хим.* рафинирование 2. рафинация; очистка
Raffinatkupfer n рафинированная медь
Raffinerie f 1. нефтеперерабатывающий завод 2. (сахаро-)рафинадный завод
Raffineur m рафинёр
Raffinierofen m печь для рафинирования, рафинировочная печь
raffiniert рафинированный; очищенный
Rah(e) f *мор.* рей
Rahmen m 1. *стр.* рама 2. рамка 3. *маш.* рама; станина 4. каркас (*напр. сиденья*) 5. крейт (*системы CAMAC*) 6. *вчт* кадр (данных)
Rahmenadresse f адрес крейта
Rahmenantenne f рамочная антенна
Rahmenbrücke f рамный мост
Rahmenfehler m *вчт* ошибка кадра, искажение (принятого) кадра
Rahmenfolgenummer f *вчт* номер кадра
Rahmenkonstruktion f рамная конструкция
Rahmenpresse f рамный пресс
Rahmenschere f ножницы с наклонным ножом, гильотинные ножницы
Rahmensteuerung f контроллер крейта

RAHMENTAKT

Rahmentakt *m* вчт кадровый такт, такт кадровой синхронизации
Rahmung *f* вчт формирование кадра, кадрирование; кадровая синхронизация
Rakel *f* 1. ракель (*тонкая пластина в печатном устройстве машин глубокой и трафаретной печати*) 2. *текст., кож.* ракля 3. *бум.* шабер, ракля, скребок
Rakeldruck *m* давление ракеля
Rakeltiefdruck *m* ракельная глубокая печать
Rakete *f* ракета
~, **ballistische** баллистическая ракета
~, **(fern)gelenkte** управляемая ракета, УР
~, **interkontinentale** межконтинентальная (баллистическая) ракета
~, **mehrstufige** многоступенчатая ракета
Raketenabwehrrakete *f* антиракета
Raketenabwehrsystem *n* система противоракетной обороны, система ПРО
Raketenartillerie *f* реактивная артиллерия
Raketenbeschleuniger *m* ракетный ускоритель
Raketenflügel *m* стабилизатор ракеты
Raketenflugzeug *n* 1. ракетный самолёт, самолёт с ракетным двигателем 2. самолёт-ракетоносец
Raketengeschoß *n* реактивный снаряд
Raketengleiter *m* ракетоплан; космоплан
Raketenlenkung *f* наведение ракет
Raketenschiff *n* корабль-ракетоносец
Raketenschub *m* тяга ракетного двигателя
Raketenselbstfahrlafette *f* самоходная пусковая установка
Raketensilo *m* пусковая шахта; шахтная пусковая установка
Raketensonde *f* ракета для исследования верхних слоёв атмосферы
Raketenstart *m* пуск ракеты
Raketenstartplatz *m* 1. ракетодром; ракетный полигон 2. космодром
Raketenstufe *f* ступень ракеты, ракетная ступень
Raketentechnik *f* ракетная техника
Raketentestgelände *n* ракетный полигон
Raketenträger *m* 1. ракетоносец; самолёт-ракетоносец 2. транспортно-пусковая ракетная установка
Raketentreibsatz *m* заряд твёрдого ракетного топлива
Raketentreibstoff *m* ракетное топливо
Raketentriebwerk *n* ракетный двигатель

Raketen-U-Boot *n* подводная лодка-ракетоносец
Raketenvortrieb *m* тяга ракетного двигателя
Raketenwaffen *f pl* ракетное оружие
RAM [Random Access Memory] *m, n* ЗУ с произвольной выборкой, ЗУПВ; оперативное ЗУ, ОЗУ, оперативная память
~, **dynamischer** динамическое ЗУПВ, ДЗУПВ; динамическое ОЗУ
~, **ferroelektrischer** сегнетоэлектрическое [ферроэлектрическое] ЗУПВ, ФЗУПВ
~, **nichtflüchtiger** энергонезависимое ОЗУ
~, **pseudostatischer** [quasistatischer] квазистатическое ОЗУ, квазистатическая память
~, **statischer** статическое ЗУПВ, СЗУПВ; статическое ОЗУ
Raman-Effekt *m* физ. комбинационное рассеяние света, эффект Рамана
Rammarbeiten *f pl* свайные работы
Rammbär *m* баба копра
Ramme *f* 1. свайный молот; копёр (*для забивки свай*) 2. трамбовка
Rammen *n* трамбование, трамбовка
Rammpfahl *m* забивная свая
Rampe *f* 1. (наклонный) въезд, аппарель; рампа 2. *стр.* пандус 3. *горн.* транспортный уклон 4. пусковая установка
Rampenanlage *f* аппарельное устройство
RAM-Speicher *m см.* **RAM**
Rand *m* 1. край, закраина; кромка; реборда, буртик 2. *мат.* контур 3. рант (*обуви*)
Randausgleich *m* выравнивание (*текста*) по правому краю строки
Randbalken *m* рандбалка
Randbedingung *f* краевое условие
Randeffekt *m* краевой эффект
Rändel *n* накатка, накатный ролик (*ролик для накатывания прямых рифлений*)
Rändelkopf *m* рифлёная цилиндрическая головка с прямыми рифлениями, головка с (прямой) накаткой, накатанная головка
Rändelmaschine *f* станок для накатывания прямых рифлений
Rändelmutter *f* гайка с прямыми рифлениями, гайка с (прямой) накаткой
Rändeln *n* накатывание прямых рифлений
Rändelschraube *f* винт с рифлёной цилиндрической головкой и плоским концом; винт с накатанной головкой
Rändelung *f* 1. рифления 2. *см.* **Rändeln**

Rändelwerkzeug *n* накатный инструмент, накатник; накатный ролик

Randlogik *f элн* схемы обрамления [обслуживания]

Random-access-Speicher *m* ЗУ с произвольной выборкой, ЗУПВ; оперативная память, оперативное ЗУ, ОЗУ

Randomgenerator *m* генератор случайных чисел

Randomlogik *f* нерегулярная логика, логические ИС с нерегулярной структурой

Randomprüfung *f* проверка с применением случайных чисел [случайных кодов]

Randomsampling *n* случайная выборка

Randomspeicher *m* ЗУ с (прямым) произвольным доступом; ЗУ с произвольной выборкой, ЗУПВ

Random-Struktur *f* нерегулярная структура

Randschärfe *f* чёткость по краям (*изображения*)

Randschicht *f* (при)граничный слой; приповерхностный слой

Randstein *m* бордюрный [бортовой] камень; бордюр

Randversetzung *f крист.* краевая дислокация

Randwasserfluten *n* законтурное заводнение (*нефтяных месторождений*)

Randwertaufgabe *f,* **Randwertproblem** *n* краевая задача

Randwinkel *m* краевой угол

Rang *m* ранг

Rangierbahnhof *m ж.-д.* сортировочная станция

Rangierdienst *m ж.-д.* маневровая работа

Rangieren *n ж.-д.* маневровая работа; производство манёвров

Rangierfunk *m ж.-д.* маневровая радиосвязь

Rangierkolonne *f ж.-д.* маневровый состав

Rangierlok *f ж.-д.* маневровый локомотив; локомотив, производящий манёвры

Rangordnung *f* 1. ранжирование 2. иерархия

Rankheit *f* валкость (*корабля*)

Rankine-Prozeß *m* цикл Ранкина

Rankine-Skale *f* шкала Ранкина

Ranzigwerden *n пищ.* прогоркание

Rapidanalyse *f* экспресс-анализ

Rapidentwickler *m фото* быстрый [быстроработающий] проявитель

Rapport *m текст.* раппорт (*рисунка, переплетения*)

Raschelmaschine *f текст.* рашель-машина, плоская основовязальная машина с язычковыми иглами

Rasen *m* 1. газон 2. дёрн

Rasenmäher *m* газонокосилка

Raspel *f* рашпиль

Rast *f* 1. *маш.* впадина, паз (*под фиксатор*) 2. *мет.* заплечики (*доменной печи*)

Raste *f маш.* 1. впадина, паз (*под фиксатор*) 2. фиксатор

Raster *m* 1. растр 2. сетка; координатная сетка (*чертежа печатной платы*) 3. *стр.* модульная сетка 4. *тлв* поле

Rasterabstand *m* шаг растра

Rasterablenkung *f тлв* полевая развёртка

Rasterabtastung *f* растровое сканирование

Rasteranzeige *f* матричный индикатор; матричная панель

Rasterätzung *f полигр.* автотипия; растровое клише

Rasteraustastimpuls *m тлв* гасящий импульс полей, полевой гасящий импульс

Rasterbildschirm *m* растровый экран (*дисплея*)

Rasterbildwand *f кино* растровый (кино)экран

Rasterdecke *f* потолочная световая панель с экранирующей решёткой

Rasterdrucker *m* матричное печатающее устройство, матричный принтер

Rasterelektronenmikroskop *n* растровый [сканирующий] электронный микроскоп

Rasterelektronenstrahllithografie *f* сканирующая электронолитография, сканирующая электронно-лучевая литография

Rasterelement *n* элемент изображения

Rasterfeld *n* поле растра

Rasterfrequenz *f тлв* частота полей; частота полевой развёртки, полевая частота

Rastergenerator *m* генератор растра

Rastergitter *n* растровая сетка, растр

Rastergrafik *f* растровая графика

Rastergrafikdisplay *n* растровый графический дисплей

Rastergrafikterminal *n* растровый графический терминал, терминал с растровым графическим дисплеем

Rastergrundmaß *n* шаг растра

Rasterimpuls *m тлв* импульс полевой частоты

Rasterlinie *f стр.* модульная линия, линия модульной сетки

Rastermaß *n* 1. шаг растра 2. шаг координатной сетки (*чертежа печатной платы*) 3. *стр.* производный модуль

RASTERMIKROSKOP

Rastermikroskop *n* растровый микроскоп
Rasternetz *n* **1.** сетка растра, растровая сетка **2.** *стр.* модульная сетка
Rasteroptik *f* растровая оптика
Rasterplatte *f* плата с координатной сеткой
Rasterplotter *m* растровый графопостроитель
Rasterprozessor *m* растровый (графический) процессор
Rasterscantechnik *f*, **Rasterscanverfahren** *n* метод растрового сканирования; электронно-лучевая литография с растровым сканированием
Rastersichtgerät *n* растровый дисплей
Rastersynchron(isations)impuls *m* *тлв* синхронизирующий импульс полей, полевой синхронизирующий импульс
Raster-Tunnel-Mikroskop *n* растровый [сканирующий] туннельный микроскоп
Rasterung *f* **1.** формирование растра **2.** формирование координатной сетки (*чертежа печатной платы*)
Rastfeder *f* стопорная пружина; пружина фиксатора
Rastgesperre *n* храповой останов
Rastgetriebe *n* передаточный механизм с остановами
Raststift *m* стопорный штифт
Rastvorrichtung *f* стопорное [фиксирующее] устройство
Rate *f* **1.** доля; норма **2.** темп; скорость
rational рациональный
Ratsche *f* *маш.* трещотка (*проскальзывающая храповая муфта*)
Rätter *m* грохот
Rattrappante-Zeiger *m* вспомогательная стрелка (*двухстрелочного секундомера*)
Rauben *n* *горн.* **1.** извлечение (*крепи, целиков*); выбойка (*крепи*) **2.** погашение (*выработки*) **3.** разгрузка (*гидравлических стоек*)
Rauchabzug *m* дымоход
Räucherung *f* **1.** окуривание; фумигация **2.** копчение
Rauchgase *n pl* дымовые газы
Rauchgasprüfer *m* газоанализатор для дымовых газов
Rauchkammer *f* дымовая коробка
Rauchkanal *m* дымовой канал, дымоход
Rauchklappe *f* дымовая заслонка
rauchlos бездымный
Rauchpulver *n* чёрный порох
Rauchrohr *n* дымогарная труба

Rauchrohrkessel *m* дымогарный котёл; газотрубный котёл
Rauchwaren *pl* меха, пушнина
Rauchzug *m* дымоход, дымовой канал
rauh 1. шероховатый **2.** жёсткий (*о режиме, условиях*)
Rauhbank *f* фуганок
Rauheitsbezugsstrecke *f* *маш.* базовая длина (*при измерении параметров шероховатости поверхности*)
Rauheitssymbol *n* *маш.* условное обозначение шероховатости
Rauhen *n* *текст.* ворсование
Rauhmaschine *f* *текст.* ворсовальная машина
Rauhputz *m* обмазка, наброска, первый штукатурный намёт
Rauhtiefe *f* *маш.* высота неровностей профиля; наибольшая высота микронеровностей профиля
Rauhtiefen(profil)messer *m* *маш.* профилометр
Rauhware *f* *текст.* ворсованная ткань, ткань с начёсом; ворсовый [начёсный] трикотаж
Raum *m* **1.** *физ.* пространство **2.** пространство; объём **3.** зал; помещение **4.** камера; отсек
~, **erdnaher** околоземное пространство
Räum- und Sammelpresse *f* *с.-х.* пресс-подборщик
Raumakustik *f* архитектурная акустика
Raumanzug *m* космический скафандр
Räumasche *f* *мет.* раймовка
Raumbeständigkeit *f* постоянство объёма
Raumbild *n* объёмное [стереоскопическое] изображение
Raumbildaufnahme *f* стереосъёмка
Raumchemie *f* стереохимия
Räumdorn *m* *мет.-об.* протяжка толкающего типа, прошивка
Räumen *n* **1.** *мет.-об.* протягивание **2.** *лес.* очистка (*лесосеки*); уборка **3.** траление
Räumer *m* **1.** бур-расширитель **2.** *горн.* навалочное устройство; погрузчик (*напр. проходческого комбайна*)
Raumfähre *f* космический корабль многоразового использования, многоразовый корабль
~, **wiederverwendbare** космический корабль многоразового использования, многоразовый корабль
Raumfahrer *m* космонавт
Raumfahreranzug *m* космический скафандр
Raumfahrt *f* космонавтика

~, **bemannte** пилотируемые космические полёты, пилотируемая космонавтика
Raumfahrttransportsystem *n* ракетно-космическая транспортная система
Raumfahrzeug *n* космический корабль
Räumfahrzeug *n* тральщик
Raumfilmverfahren *n* стереокино, стереоскопическая кинематография
Raumflieger *m* лётчик-космонавт
Raumflug *m* космический полёт, полёт в космос
Raumflugkörper *m* космический аппарат, КА
Raumgehalt *m* вместимость (*судна*)
Räumgerät *n* трал
Raumgetriebe *n* пространственный механизм
Raumgewicht *n* объёмный вес
Raumgitter *n* пространственная решётка; кристаллическая решётка
Raumgleiter *m см.* **Raumfähre**
Raumgruppe *f мат.* пространственная группа
Rauminhalt *m* 1. объём; кубатура 2. ёмкость; вместимость; объём; литраж
Raumisomer *n* стереоизомер, пространственный изомер
Raumisomerie *f* стереоизомерия, пространственная изомерия
Raumkapsel *f* 1. отсек экипажа (*космического корабля*) 2. модуль (*космического аппарата*)
Raumklang *m* стереофоническое звучание
Raumklima *n* микроклимат (помещения)
Raumkoordinaten *f pl* пространственные координаты
Raumkrümmung *f физ.* кривизна пространства
Raumkurve *f мат.* пространственная кривая
Raumladung *f* объёмный [пространственный] заряд
Raumladungsdichte *f* плотность объёмного [пространственного] заряда
Raumladungsgebiet *n* область объёмного [пространственного] заряда
Raumladungskapazität *f* ёмкость области объёмного [пространственного] заряда, зарядная [барьерная] ёмкость
Raumladungsrandschicht *f* приграничная область объёмного [пространственного] заряда
Raumladungsschicht *f* область объёмного [пространственного] заряда
Raumladungsverteilung *f* распределение объёмного [пространственного] заряда

Raumladungswelle *f* волна объёмного [пространственного] заряда
Raumladungszone *f см.* **Raumladungsgebiet**
räumlich пространственный, объёмный
Räummaschine *f* протяжной станок
Raummaß *n* мера объёма, кубическая мера
Raummeter *n* складочный кубометр (*с учетом промежутков*)
Raummobil *n* автономное средство передвижения космонавта, «летающее кресло»
Raummultiplex *m*, **Raummultiplexverfahren** *n* мультиплексная передача (данных) с пространственным разделением каналов
Räumnadel *f мет.-об.* 1. протяжка (*тянущего типа*) для внутреннего протягивания, внутренняя протяжка 2. прошивка
Räumschar *n* (грейдерный) отвал
Raumschiff *n* космический корабль
~, **bemanntes** пилотируемый космический корабль
~, **interplanetares** межпланетный космический корабль
~, **unbemanntes** непилотируемый космический аппарат
~, **wiederverwendungsfähiges** космический корабль многоразового использования, многоразовый корабль
Raumschiffahrt *f* космонавтика
Räumschild *n см.* **Räumschar**
Raumsonde *f* космический зонд; автоматическая межпланетная станция
Raumspiegelung *f физ.* пространственная инверсия
Raumstation *f* космическая станция
~, **bemannte** космическая станция с экипажем
~, **ständig bemannte** [**ständig besetzte**] обитаемая космическая станция, орбитальная станция с постоянным экипажем
Raumstrahlung *f* фон (*помещения*), фон излучения (*в помещении*)
Raumsystem *n* пространственная система
Raumtemperatur *f* температура помещения; комнатная температура
Raumton *m* стереофонический звук, стереозвук; стереофоническое звучание
Raumtransporter *m* 1. транспортный [грузовой] космический корабль, «космический грузовик» 2. *см.* **Raumfähre**
Réaumurgrad *m* градус Реомюра
Réaumurskala *f* шкала Реомюра
Raumwelle *f* пространственная волна

RÄUMWERKZEUG

Räumwerkzeug *n* мет.-об. протяжка (*инструмент для обработки протягиванием*)
Raumwinkel *m* мат. телесный угол
Raumwinkelelement *n* мат. элементарный телесный угол
Raumwirkung *f* стереоскопический эффект
Raumzeit *f* физ. пространство-время
Raumzelle *f* стр. объёмный блок
~, **mobile** габаритный объёмный блок
Raumzellenbauweise *f* объёмно-блочное домостроение
Raupe *f* 1. гусеница 2. наплавленный валик (*сварного шва*)
Raupenantrieb *m* гусеничный ход
Raupenbagger *m* экскаватор на гусеничном ходу
Raupenfahrwerk *n* гусеничный движитель; гусеничный ход
Raupenfahrzeug *n* гусеничная машина
Raupenglied *n* звено гусеницы
Raupenkette *f* гусеница
Raupenkran *m* гусеничный кран
Raupenschlepper *m* гусеничный трактор; гусеничный тягач
Rauschabstand *m* запас помехоустойчивости; отношение сигнал/шум
rauscharm малошумящий
rauschbehaftet с шумами, зашумленный
Rauschdichte *f* плотность шумов
~, **spektrale** спектральная плотность шумов
Rauschdiode *f* шумовой (генераторный) диод
Rausch-EMK *f* эдс шума
Rauschen *n* шум; шумы
~, **allfrequentes [weißes]** белый шум
1/f-Rauschen *n* 1/f-шум, избыточный шум
Rauschersatzquelle *f* эквивалентный источник шумов
Rauschfaktor *m* (дифференциальный) коэффициент шума
rauschfrei без шумов, нешумящий
Rauschfreiheit *f* отсутствие шумов
Rauschgelb *n* аурипигмент
Rauschgenerator *m* генератор шума
Rauschgifte *n pl см.* Rauschmittel
Rauschgold *n* сусальное золото
Rauschgrenze *f* запас помехоустойчивости
Rauschkennlinie *f* шумовая характеристика
Rauschleistung *f* мощность шума [шумов], шумовая мощность
Rauschmaß *n* коэффициент шума
Rauschmittel *n pl* наркотики

Rauschpegel *m* уровень шума
Rauschquelle *f* источник шума
Rauschrot *n см.* Realgar
Rauschspannung *f* напряжение шумов, шумовое напряжение
Rauschspannungsabstand *m* отношение сигнал/шум по напряжению
~, **äquivalente** эквивалентное шумовое напряжение
~, **effektive** эффективное значение шумового напряжения; среднеквадратичное значение [спектральная плотность] шумового напряжения
Rauschspannungsabstand *m* отношение сигнал/шум по напряжению
Rauschspektraldichte *f* спектральная плотность шумов
Rauschspektrum *n* спектр шума
Rauschstörungen *f pl* шумовые помехи
Rauschstrom *m* шумовой ток, ток шумов
~, **effektiver** эффективное значение шумового тока; среднеквадратичное значение [спектральная плотность] шумового тока
Rauschstromanteil *m* составляющая шумового тока
Rauschstromgenerator *m* генератор шумового тока
Rauschtemperatur *f* шумовая температура
Rauschunempfindlichkeit *f* помехоустойчивость
Rauschunterdrückungssystem *n* рад., элн система шумопонижения
Rauschverhalten *n* шумовые свойства (*усилителя, транзистора*)
Rauschverhältnis *n* шумовое отношение
Rauschverstärker *m* шумящий усилитель
Rauschvierpol *m* шумящий четырёхполюсник
Rauschwiderstand *m* шумовое сопротивление
~, **äquivalenter** эквивалентное шумовое сопротивление
Rauschzahl *f см.* Rauschfaktor
Raute *f* ромб
RC-Filter *n* RC-фильтр
~, **aktives** активный RC-фильтр
RC-Glied *n* RC-звено, резистивно-ёмкостное звено
RC-Netzwerk *n* RC-цепочка, RC-цепь
RC-Oszillator *m* RC-генератор
RCTL [Resistor-Capacitor-Transistor Logic] *f*, **RCTL-Logik** *f* резистивно-ёмкостная транзисторная логика, РЕТЛ, транзисторная логи-

REAKTORBEHÄLTER

ка с резистивно-ёмкостными связями, ТЛРЕС
RC-Verstärker *m* усилитель с резистивно-ёмкостной связью
Read-Befehl *m* вчт команда чтения
Read-only-Speicher *m* вчт память, допускающая только чтение; постоянное ЗУ, ПЗУ
Reagens *n* реактив, реагент
Reagenzglas *n* пробирка
Reagenzpapier *n* реактивная бумага
Reaktanz *f* эл. реактивное сопротивление
Reaktanzdiode *f* параметрический диод
Reaktanzverstärker *m* параметрический усилитель
Reaktion *f* 1. хим. реакция 2. реакция, противодействие
~, **thermonukleare** термоядерная реакция
Reaktionsapparat *m* реакционный аппарат; химический реактор
Reaktionsbeschleunigung *f* ускорение реакции
reaktionsfähig реакционноспособный, реактивный
Reaktionsgas *n* химически активный газ
Reaktionsgeschwindigkeit *f* скорость реакции
Reaktionsgleichung *f* уравнение реакции
Reaktionsgrad *m* степень реактивности (*напр. турбины*)
Reaktionsgrundierung *f* реакционная [контактная, отверждающая] грунтовка, грунтовка-отвердитель
Reaktionskammer *f* реакционная камера; реактор
Reaktionskinetik *f* кинетика химических реакций, химическая кинетика
Reaktionskraft *f* реакция (*опоры*)
Reaktionslöten *n* контактно-реактивная пайка
Reaktionsmoment *n* реактивный момент
Reaktionsmotor *m* реактивный синхронный электродвигатель
Reaktionspartner *m pl* хим. вещества, участвующие в реакции
Reaktions-Primer *m* см. Reaktionsgrundierung
Reaktionsprinzip *n* закон действия и противодействия
Reaktionsquerschnitt *m* яд. сечение реакции
Reaktionstemperatur *f* температура реакции
Reaktionsturbine *f* реактивная турбина
Reaktionswärme *f* теплота [тепловой эффект] (химической) реакции
reaktiv реактивный

Reaktivfarbstoffe *m pl* (реакционно-)активные красители
Reaktivität *f* реактивность (*ядерного реактора*)
Reaktor *m* 1. (химический) реактор 2. ядерный реактор
~, **dispersionsgekühlter** реактор с дисперсионным теплоносителем
~, **druckwassergekühlter** реактор, охлаждаемый водой под давлением
~, **fast kritischer** подкритический реактор
~, **feststoffmoderierter** реактор с твёрдым замедлителем
~, **flüssigkeitsgekühlter** реактор с жидкостным охлаждением
~, **flüssigkeitsmoderierter** реактор с жидким замедлителем
~, **flüssigmetallgekühlter** реактор с жидкометаллическим теплоносителем
~, **gasgekühlter** газоохлаждаемый реактор
~, **graphitmoderierter** реактор с графитовым замедлителем, графитовый реактор
~, **kritischer** критический реактор
~, **langsamer** реактор на тепловых нейтронах, тепловой реактор
~, **leichtwassergekühlter** реактор с легководным охлаждением
~, **leichtwassermoderierter** реактор с легководным замедлителем
~, **mittelschneller** реактор на промежуточных нейтронах
~, **natriumgekühlter** реактор с натриевым охлаждением
~, **prompt-überkritischer** реактор в состоянии мгновенной надкритичности
~, **schneller** реактор на быстрых нейтронах, быстрый реактор
~, **schwerwassergekühlter** реактор с тяжеловодным охлаждением
~, **schwerwassermoderierter** реактор с тяжеловодным замедлителем
~, **stillgesetzter** [**stillgelegter**] остановленный реактор
~, **thermischer** реактор на тепловых нейтронах, тепловой реактор
~, **thermonuklearer** термоядерный реактор
~, **überkritischer** надкритический реактор
~, **unterkritischer** подкритический реактор
Reaktorabschaltung *f* останов реактора
Reaktorabschirmung *f* экранирование реактора; защита реактора
Reaktorbehälter *m* корпус (ядерного) реактора

REAKTORBLOCK

Reaktorblock *m* энергоблок АЭС
Reaktorbühne *f* площадка для обслуживания реактора
Reaktordruck *m* давление в реакторе
Reaktordruckbehälter *m* корпус реактора под давлением
Reaktorflutungssystem *n* система затопления активной зоны (*ядерного реактора*), система залива реактора
Reaktorgattung *f* тип реактора
Reaktorgift *n* реакторные шлаки (*продукты деления, отравляющие ядерный реактор*)
Reaktorgitter *n* решётка активной зоны, реакторная решётка
Reaktorhalle *f* реакторный зал, реакторное помещение
Reaktorkern *n* активная зона (ядерного) реактора
Reaktorkreislauf *m* контур реактора, (внутри)реакторный контур
Reaktorkühlkreislauf *m* контур охлаждения реактора
Reaktorkühlmittel *n* теплоноситель реактора
Reaktorkühlung *f* охлаждение реактора
Reaktorkuppel *f* купол (защитной оболочки) реактора
Reaktorleistung *f* мощность реактора
Reaktornotkühlsystem *n* система аварийного охлаждения реактора
Reaktornotkühlung *f* аварийное охлаждение реактора; аварийное охлаждение активной зоны реактора
Reaktorschnellabschaltsystem *n* система аварийного останова реактора
Reaktorschnellabschaltung *f* аварийный останов реактора
Reaktorschutz *m* защита реактора
Reaktorsicherheit *f* безопасность ядерного реактора
Real-Format *n* вчт вещественный формат, формат вещественных чисел
Realgar *m* мин. реальгар
Realteil *m* мат. действительная часть (*комплексного числа*)
Real-Time-Monitor *m* вчт монитор реального времени
Realwert *m* действительное значение
Realzahlen *f pl* мат. вещественные [действительные] числа
Realzeit *f* реальное время

Realzeitbetrieb *m* вчт режим реального времени; работа в режиме реального времени
Realzeitverarbeitung *f* вчт обработка в реальном времени
Reassembler *m* прогр. реассемблер
Reassemblierung *f* прогр. реассемблирование
Rechen *m* 1. решётка 2. грабли
Rechenanlage *f* вычислительная машина, ВМ (*см. тж* **Rechenmaschine**)
Rechenarten *f pl* арифметические действия
Rechenaufgabe *f* арифметическая задача
Rechenautomat *m* вычислительный автомат; вычислительная машина, ВМ (*см. тж* **Rechenmaschine**)
Recheneinheit *f* решающий блок
Rechenеinrichtung *f*, **Rechengerät** *n* вычислительное устройство
Rechenglied *n* решающий элемент
Rechenklassierer *m* реечный классификатор
Rechenmaschine *f* вычислительная машина, ВМ (*см. тж* **Rechner**)
~, **elektronische** электронная вычислительная машина, ЭВМ
~, **hybride** [**kombinierte**] гибридная вычислительная машина
~, **parallel arbeitende** вычислительная машина параллельного действия
Rechenmathematik *f* вычислительная математика
Rechenmodell *n* математическая модель
Rechenoperation *f* вычислительная операция
Rechenregister *n* вчт арифметический регистр
Rechenschaltung *f* счётная схема
Rechenschieber *m*, **Rechenstab** *m* логарифмическая линейка
Rechenstation *f* машиносчётная станция
Rechenstopp *m* останов решения
Rechentafel *f* вычислительная таблица; расчётная таблица
Rechentechnik *f* вычислительная техника
Rechenwerk *n* 1. арифметическое устройство (ЭВМ) 2. арифметический узел; устройство обработки (информации), операционный блок, операционное устройство (*микропроцессора, микропроцессорной системы*) 3. уст. арифметическо-логическое устройство, АЛУ
Recherche *f* поиск
Rechnen *n* 1. арифметика 2. счёт 3. вычисление
Rechner *m* вычислительная машина, ВМ; ком-

пьютер, электронная вычислительная машина, ЭВМ (*см. тж* Rechenmaschine)
~, speicherprogrammierter ЭВМ с хранимой (в памяти) программой
~, übergeordneter ЭВМ верхнего уровня
~, untergeordneter ЭВМ нижнего уровня
Rechneranalyse *f* моделирование на ЭВМ
rechnergestützt автоматизированный; выполняемый с помощью ЭВМ
Rechnergrundgerät *n* системный блок микроЭВМ; системный блок ПЭВМ
Rechnerinterface *n* машинный интерфейс
Rechnerkode *m* машинный код; состав команд ЭВМ
Rechnernetz *n* сеть ЭВМ; вычислительная сеть
~, lokales локальная вычислительная сеть, ЛВС
Rechnersimulation *f* моделирование на ЭВМ, машинное моделирование
Rechnersteuerung *f* 1. управление от [с помощью] ЭВМ 2. система управления от ЭВМ, управляющая ЭВМ
Rechnerstörung *f* сбой ЭВМ
Rechnerverbund *m* многомашинный вычислительный комплекс
Rechnerverbundbetrieb *m* мультипроцессорная обработка, мультиобработка
Rechnerverbundnetz *n* комплексированная вычислительная сеть
~, lokales объединение локальных вычислительных сетей
Rechnerverbundsystem *n* многомашинный вычислительный комплекс
Rechnung *f* 1. исчисление 2. счёт 3. вычисление
Rechteck *n* прямоугольник
Rechteckgenerator *m* генератор прямоугольных импульсов
Rechteckimpuls *m* прямоугольный импульс
Rechteckspannung *f* прямоугольное напряжение
Rechte-Hand-Regel *f эл.* правило правой руки
Rechtschreibprüfprogramm *n* программа-корректор; блок проверки орфографии (*в системе редактирования текста*)
Rechtsdraht *m* правая крутка
Rechtsdrehung *f* правое вращение
Rechtsfahrordnung *f* правостороннее движение
Rechtsgewinde *n* правая резьба
Rechtslauf *m* правое вращение
Rechtsschlag *m* правая свивка, правая крутка (*о канате*)

Rechtsschlagseil *n* канат правой свивки
Rechtsverkehr *m* правостороннее движение
rechtwinklig прямоугольный
Reckalterung *f* деформационное старение
Reckbiegen *n мет.-об.* обтяжка
Recken *n мет.-об.* вытягивание
Reckgravur *f* протяжной ручей (*штампа*)
Reckhammer *m* плющильный [расковочный] молот
Reckrichtmaschine *f* правильно-растяжная машина
Recksattel *m мет.-об.* протяжной боёк
Reckstauchen *n мет.-об.* подкатка
Reckwalze *f мет.-об.* ковочные вальцы
Reckwalzen *n мет.-об.* формовка в ковочных вальцах
Record *m вчт* запись
Recorder *m* 1. рекордер, записывающее устройство, устройство (магнитной) записи 2. (кассетный) магнитофон
Recycling *n англ.* вторичная переработка
Recyclingpapier *n* бумага вторичной переработки
Redler *m* скребковый конвейер с погружёнными скребками
Redoxharz *n* редоксионит, окислительно-восстановительная смола
Redoxpotential *n* окислительно-восстановительный потенциал
Redoxreaktionen *f pl* окислительно-восстановительные реакции, реакции окисления — восстановления
Redoxtitration *f* редоксметрия
Reduktion *f* 1. редукция; уменьшение; снижение; понижение; сокращение 2. *хим.* восстановление 3. *мат.* приведение
Reduktionsbad *n* восстановительная ванна
Reduktionsgas *n*, Reduktionsgasatmosphäre *f* активная (газовая) среда
Reduktionsmittel *n хим.* восстановитель
Reduktionsofen *m* восстановительная печь
Reduktions-Oxydations-Reaktionen *f pl см.* Redoxreaktionen
Reduktionsreaktion *f* восстановительная реакция
Reduktionsstufe *f* ступень уменьшения
Redundanz *f* 1. *автм* дублирование; резервирование; резерв 2. *вчт*, *мат.* избыточность
~, aktive постоянное резервирование; постоянно включённый резерв

REDUNDANZ

~, blinde резервирование замещением; элементы, находящиеся в резерве
~, dynamische динамическое резервирование (*резервирование с перестройкой структуры объекта при отказе*)
~, funktionsbeteiligte постоянное резервирование; постоянно включённый резерв
~, heiße нагруженный резерв; «горячий» резерв
~, kalte ненагруженный резерв
~, kombinierte смешанное резервирование
~, nicht funktionsbeteiligte [passive] резервирование замещением; элементы, находящиеся в резерве
~, warme облегчённый резерв
Redundanzabbau *m* сокращение избыточности
Redundanzeinheit *f* резервируемый элемент (*элемент, при отказе которого вступает в работу предусмотренный в системе резервный элемент*)
Redundanzgrad *m* *автм* кратность резерва [резервирования]
Redundanzkontrolle *f*, **Redundanzprüfung** *f* контроль по избыточности, контроль с введением избыточности
~, zyklische контроль циклическим избыточным кодом [с помощью циклического избыточного кода], CRC-контроль
Reduziergetriebe *n* *маш.* понижающая передача, редуктор
Reduzierstück *n* переходная деталь, переходник
Reduzierung *f см.* Reduktion 1., 3.
Reduzierventil *n* редукционный клапан, редуктор
Reduzierwalzwerk *n* редукционный стан
Reeder *m* судовладелец
Reederei *f* судоходная компания
Reed-Kontakt *m* геркон, герметизированный магнитоуправляемый контакт
Reed-Relais *n* реле с герконами [на герконах], герконовое реле
Reep *n* *мор.* 1. трос (*пеньковый, стальной*) 2. штуртрос
Reepleitung *f* *мор.* штуртросовая проводка
Referenzdiode *f* опорный диод
Referenzeingang *m* вход опорного сигнала
Referenzelement *n* эталонный элемент
Referenzgrenzwert *m* предельная основная погрешность
Referenzmodell *n* *вчт* (базовая) эталонная модель (*взаимодействия открытых систем*)

Referenzpunkt *m* начало отсчёта; точка отсчёта; база отсчёта; нулевая точка; опорная точка; репер
Referenzquelle *f* источник опорного напряжения
Referenzsignal *n* опорный сигнал
Referenzspannung *f* опорное напряжение; эталонное напряжение
Referenzspannungsquelle *f* источник опорного напряжения
Referenzträger *m* *тлв* опорная (цветовая) поднесущая
Referenzträgeroszillator *m* *тлв* генератор опорной поднесущей
Refiner *m* *бум.* рафинёр, массная мельница
Reflektometer *n* рефлектометр
Reflektor *m* 1. отражатель; рефлектор 2. рассеиватель 3. зеркальный телескоп, рефлектор
Reflektorantenne *f* зеркальная антенна (*антенна, выполненная в виде металлического зеркала*)
Reflektorspiegel *m* отражающее зеркало
Reflexion *f* отражение
Reflexionsebene *f* плоскость отражения
Reflexionsfaktor *m* *эл., свз* коэффициент отражения
Reflexionsgesetz *n* закон отражения
Reflexionsgrad *m* *физ., опт.* коэффициент отражения (*отношение отраженного потока излучения к падающему потоку излучения*)
Reflexionskoeffizient *m см.* Reflexionsfaktor
Reflexionsmesser *m* рефлектометр
Reflexionsprisma *n* отражательная призма
Reflexionsspiegel *m* отражающее зеркало
Reflexionsvermögen *n* 1. отражательная способность 2. *см.* Reflexionsgrad
Reflexionswinkel *m* угол отражения
Reflexklystron *n* отражательный клистрон
Reflexschaltung *f* рефлексная схема
Reflexsucher *m* *фото* зеркальный видоискатель
Reflow-Löten *n* пайка оплавлением припоя
Reformieren *n*, **Reforming** *n* риформинг
Refraktion *f* рефракция, преломление
Refraktionsprisma *n* спектральная [дисперсионная] призма
Refraktometer *n* рефрактометр
Refraktor *m* 1. линзовый телескоп, рефрактор 2. преломлятель
Refresh *n*, *m англ. см.* Refreshing

REGISTER

Refresh-Display *n вчт* дисплей с регенерацией изображения
Refreshing *n англ. вчт* **1.** регенерация, периодическое восстановление информации (*в ячейках динамических ОЗУ*) **2.** регенерация, периодическое восстановление изображения (*на экране дисплея*)
Refreshschaltung *f вчт* схема регенерации
Refreshsignal *n вчт* импульс регенерации
Refresh-Zeit *f вчт* период регенерации
Refresh-Zyklus *m вчт* цикл регенерации
Refrigerator *m* рефрижератор
Regal *n* **1.** полка; стеллаж; складской стеллаж (*напр. для хранения заготовок*) **2.** *полигр.* реал
~, **mehretagiges** вертикальный (многоярусный) стеллаж
Regallager *n* многоярусный склад
Regel *f* правило
Regelabweichung *f автм* рассогласование, отклонение регулируемой величины от заданного значения
~, **bleibende** установившая погрешность, установившееся значение погрешности регулятора; статическое отклонение
~, **dynamische** динамическая погрешность
Regelbereich *m* диапазон регулирования
Regeldetri *f* (простое) тройное правило
Regeleinrichtung *f* регулирующее устройство
Regelfehler *m* ошибка регулирования
Regelfläche *f мат.* линейчатая поверхность
Regelgenauigkeit *f* точность регулирования
Regelgetriebe *n*, **stufenloses** бесступенчатая передача, вариатор
Regelgröße *f* регулируемая величина; регулируемый параметр
Regelgüte *f* качество регулирования
Regelkreis *m* контур (системы) регулирования; система (автоматического) регулирования
Regellast *f* нормальная нагрузка
Regellaufradturbine *f* поворотно-лопастная турбина
Regellichtraum *m ж.-д.* нормальный [стандартный] габарит приближения строений
Regeln *n* регулирование; регулировка
Regelschleife *f автм* контур регулирования
~, **phasenstarre** система фазовой автоподстройки частоты, система ФАПЧ; блок фазовой автоподстройки частоты, блок ФАПЧ
Regelstab *m* регулирующий [управляющий] стержень (*ядерного реактора*)

Regelstrecke *f автм* объект регулирования
Regelung *f* **1.** регулирование; автоматическое регулирование **2.** регулирование; регулировка
~, **automatische** автоматическое регулирование
Regelungs- und Steuerungstechnik *f* техника автоматического регулирования и управления
Regelungsbauwerk *n гидр.* регуляционное сооружение
Regelungsgesetz *n* закон регулирования
Regelungssystem *n* система регулирования; система автоматического регулирования, САР
~, **automatisches** система автоматического регулирования, САР
Regelungstechnik *f* техника автоматического регулирования
Regelungstheorie *f* теория автоматического регулирования
Regelventil *n* регулирующий клапан
Regelverhalten *n* регулировочная характеристика (*напр. насоса*)
Regelwiderstand *m* переменный [регулируемый] резистор; потенциометр
Regelzeit *f* время регулирования
Regeneratgummi *m* регенерат, регенерированная резина
Regeneration *f* регенерация, регенерирование; восстановление
regenerativ регенеративный
Regenerativfeuerung *f* регенеративная топка
Regenerativofen *m* регенеративная печь, печь с регенераторами
Regenerativ-Wärmeübertrager *m* регенеративный воздухоподогреватель
Regenerator *m* регенератор
Regenerierfähigkeit *f* регенерируемость; восстанавливаемость
Regenerierung *f* регенерация; восстановление
Regenmesser *m* дождемер; осадкомер; плювиограф
Regenrinne *f* водосточный жёлоб
Regenrohr *n* водосточная труба
Regenschleier *m* водяная завеса
Regenwasserkanalisation *f* дождевая [ливневая] канализация
Regiebauweise *f* хозяйственный способ строительства
Regieraum *m* аппаратная; радиоаппаратная
Regime *n* режим
Register *n* **1.** *вчт* регистр **2.** *полигр.* приводка

457

REGISTER

~, **allgemeines** регистр общего назначения, РОН
~, **arithmetisches** арифметический регистр
~, **einstelliges** одноразрядный регистр
Registeradresse *f вчт* адрес регистра
Registeradressierung *f вчт* регистровая адресация
~, **indirekte** косвенная регистровая [косвенно-регистровая] адресация
Registerbank *f вчт* банк регистров
Registerfeld *n вчт* массив регистров
Registerlänge *f вчт* разрядность регистра
Registeroperand *m вчт* регистровый операнд, операнд, хранящийся в регистре
Registerpaar *n вчт* регистровая пара
Registerrettung *f вчт* сохранение содержимого регистра
Registersatz *m вчт* блок регистров, регистровый блок; регистровый файл
Registerspeicher *m вчт* регистровая память, регистровое ЗУ
Registertonne *f мор.* регистровая тонна
Registrierballon *m* шар-зонд
Registriergerät *n* регистрирующий [самопишущий] прибор, самописец
Registrierkasse *f* 1. (контрольный) кассовый аппарат, кассовая машина 2. контрольная касса
Registrierung *f* регистрация, запись
~, **fotografische** фотозапись
Regler *m* 1. регулятор 2. *элн* регулятор; стабилизатор 3. *см.* **Reglerschalter**
~, **differentialwirkender** дифференциальный регулятор
~, **direktwirkender** регулятор прямого действия
~, **indirektwirkender** регулятор непрямого действия
~, **integralwirkender** интегральный регулятор
~ **mit Hilfsenergie** регулятор непрямого действия
~ **mit Vorhalt** регулятор с предварением
~ **ohne Hilfsenergie** регулятор прямого действия
~, **proportionalwirkender** пропорциональный регулятор
Reglereinstellung *f* настройка регулятора
Reglerschalter *m авто* реле-регулятор
Regner *m* дождевальная установка
Regression *f* 1. *мат.* регрессия 2. регрессия, отступание (*моря*)
regulär 1. регулярный 2. правильный (*о геометрических фигурах, о кристаллах*) 3. правильный, обыкновенный, невырожденный
Regulierschraube *f* регулировочный винт
Regulierung *f* регулирование, регулировка
Regulierungsarbeiten *f pl гидр.* регуляционные [выправительные] работы
Regulierungsring *m* установочное кольцо
Regulus *m* королёк (*металла*)
Reibahle *f маш.* развёртка
Reibantrieb *m* фрикционный привод
Reiben *n* 1. затирка 2. *маш.* развёртывание 3. трение
Reibfallhammer *m см.* **Reibhammer**
Reibfläche *f* поверхность трения; трущаяся поверхность; фрикционная поверхность
Reibgetriebe *n* фрикционная передача
~, **stufenloses** фрикционный вариатор
Reibhammer *m* фрикционный молот
Reibkegel *m* фрикцион
Reibkraft *f* сила трения
Reibkupplung *f см.* **Reibungskupplung**
Reibrad *n* фрикционное колесо
Reibradgetriebe *n* фрикционная передача
Reibradpresse *f* фрикционный пресс
Reibradspindelpresse *f* винтовой фрикционный пресс
Reibschale *f* (фарфоровая) ступка
Reibscheibe *f* фрикционный диск; фрикционный шкив
Reibscheibenkupplung *f* дисковая муфта
Reibschluß *m* фрикционное [силовое] замыкание
Reibschweißen *n* сварка трением
Reibung *f* трение
Reibungsbeiwert *m* коэффициент трения
Reibungsbremse *f* фрикционный тормоз
Reibungselektrizität *f* триэлектричество
Reibungskoeffizient *m* коэффициент трения
Reibungskraft *f* сила трения
Reibungskupplung *f* 1. фрикционная муфта 2. *авто* фрикционное сцепление
Reibungsmanometer *n* 1. вязкостный манометр 2. вязкостный вакуумметр
Reibungsmoment *n* момент трения
Reibungsschweißung *f* сварка трением
Reibungsstoßdämpfer *m* фрикционный амортизатор
Reibungsverluste *m pl* потери на трение
Reibungswiderstand *m* сопротивление трения
Reibungswinkel *m* угол трения

~, **innerer** угол внутреннего трения
Reibungszahl *f* коэффициент трения
Reibwerkstoff *m* фрикционный порошковый материал
Reicherz *n* богатая руда
Reichgas *n* богатый [высококалорийный] газ
Reichschaum *m* *мет.* богатая [первая] пена *(напр. при обессеребривании свинца при помощи цинка)*
Reichweite *f* 1. дальность; дальность действия 2. дальность действия *(радиопередатчика, радиолокационной станции)*; дальность связи; дальность действия радиосвязи; дальность радиовидимости; дальность уверенного приёма 3. *ав.* дальность полёта 4. *авто* запас хода 5. *мор.* автономность *(судна)* 6. длина струи *(огнегасящего агента, напр. воды)* 7. *физ.* пробег, длина пробега *(частицы)*
Reife *f* зрелость
Reifen I *n* созревание; вызревание
Reifen II *m* 1. (пневматическая) шина 2. бандаж *(колеса)* 3. обруч
~, **schlauchloser** бескамерная шина
Reifenaufbau *m* 1. конструкция шины 2. сборка шин [покрышек]
Reifenaufbaumaschine *f* сборочный станок, станок для сборки шин [покрышек]
Reifenaufbautrommel *f* сборочный барабан, барабан для сборки шин [покрышек]
Reifenausdehner *m* форматор
Reifenausdehnung *f* формование шин [покрышек] *(перед вулканизацией)*
Reifendecke *f* покрышка *(пневматической шины)*
Reifendruck *m* давление в шинах
Reifendruckprüfer *m* шинный манометр
Reifenheizpresse *f* форматор-вулканизатор
~ **mit Balg** форматор-вулканизатор диафрагменного типа
Reifenindustrie *f* шинная промышленность
Reifeninnendruck *m см.* **Reifendruck**
Reifenkonfektion *f* сборка шин [покрышек]
Reifenprofil *n* рисунок протектора
Reifenunterbau *m* каркас шины
Reifenwulst *m* 1. борт покрышки 2. крыло борта покрышки
Reihe *f* 1. ряд; последовательность 2. *мат.* ряд 3. *мат.* прогрессия 4. *хим.* ряд 5. серия *(напр. измерений)* ◇ **eine ~ entwickeln** *мат.* разлагать в ряд; **in ~ schalten** *эл.* соединять последовательно
~, **aliphatische** алифатический ряд
~, **alizyklische** алициклический ряд
~, **alternierende** знакопеременный ряд
~, **arithmetische** арифметическая прогрессия
~, **aromatische** ароматический ряд
~, **divergente** расходящийся ряд
~, **geometrische** геометрическая прогрессия
~, **harmonische** гармонический ряд
~, **homologische** гомологический ряд
~, **konvergente** сходящийся ряд
~, **unendliche** бесконечный ряд
Reihenabstand *m* шаг рядов *(выводов корпуса интегральной микросхемы)*
Reihenentwicklung *f мат.* разложение в ряд
Reihenfertigung *f* серийное производство
Reihenfolge *f* последовательность; чередование; порядок
Reihenhaus *n* блокированный жилой дом
Reihenkolbenpumpe *f* многорядный насос
Reihenkreis *m эл.* последовательная цепь
Reihenkultivator *m с.-х.* пропашной культиватор
Reihenmeßkamera *f* аэрофотоаппарат для маршрутной фотограмметрической съёмки, маршрутный аэрофотограмметрический аппарат
Reihenmotor *m* рядный двигатель
Reihennietung *f* рядовая клёпка
Reihenparallelschaltung *f эл.* последовательно-параллельное соединение
Reihenprüfung *f* серийное испытание
Reihenresonanzkreis *m эл.* последовательный резонансный контур, последовательный (колебательный) контур
Reihenschlußgenerator *m эл.* генератор последовательного возбуждения
Reihenschlußmaschine *f* (электрическая) машина последовательного возбуждения
Reihenschlußmotor *m* электродвигатель последовательного возбуждения
Reihenschwingkreis *m см.* **Reihenresonanzkreis**
Reihentransformator *m эл.* последовательный [последовательно включённый] трансформатор
Reihenwicklung *f эл.* последовательная обмотка
rein чистый ◇ **chemisch ~** химически чистый
Reineisen *n* технически чистое железо
Reingas *n* очищенный газ
Reiniger *m* 1. очиститель 2. *текст.* чиститель
Reinigung *f* 1. очистка 2. чистка 3. зачистка

REINIGUNG

~, **biologische** биологическая очистка
~, **chemische** химическая чистка, химчистка
~, **elektrische** электроочистка
Reinigungsanlage f очистное сооружение; очистная станция
Reinigungsdiskette f вчт чистящая дискета
Reinigungsverfahren n метод очистки
Reinmetall n чистый металл
Reinraum m чистое (производственное) помещение; чистая комната
Reinststoff m особо чистое [сверхчистое] вещество; сверхчистый материал
Reise f 1. рейс 2. кампания (*печи*)
Reise(auto)bus m туристский автобус
Reisegeschwindigkeit f *ав.* крейсерская скорость; путевая скорость; *ж.-д.* маршрутная скорость (*с учетом стоянок на раздельных пунктах*); участковая скорость (*с учетом стоянок на промежуточных станциях*)
Reiseleistungen f pl *ав.* крейсерские характеристики
Reisezug m пассажирский поезд
Reisezugwagen m пассажирский вагон
Reißahle f *см.* **Reißnadel**
Reißbrett n чертёжная доска
Reißdehnung f разрывное удлинение, удлинение при разрыве (*образца из высокополимерного материала*)
Reißer m *см.* **Reißnadel**
Reißfasern f pl регенерированное волокно
Reißfeder f рейсфедер
Reißfestigkeit f разрывная прочность, прочность на разрыв
Reißlänge f разрывная длина (*напр. волокна, нити*)
Reißmaschine f разрывная машина, машина для испытания на разрыв
Reißnadel f чертилка, разметочная игла
Reißschiene f рейсшина
Reißspinnfasern f pl *см.* **Reißfasern**
Reißverschluß m застёжка-молния
Reißwinkel m (чертёжный) угольник
Reißwolf m 1. *текст.* щипальная машина, волчок 2. *бум.* волк-машина
Reißwolle f регенерированная шерсть
Reißzeug n готовальня
Reißzwecke f чертёжная кнопка
Reiter m бегунок
Reitstock m *маш.* задняя бабка (*напр. токарного станка*)
Rekombination f рекомбинация

~, **direkte** непосредственная [межзонная] рекомбинация
~, **erzwungene** вынужденная рекомбинация
~, **indirekte** рекомбинация на ловушках
~, **induzierte** вынужденная рекомбинация
~, **lineare** линейная рекомбинация
~, **nichtstrahlende** безызлучательная рекомбинация
~, **strahlende** излучательная рекомбинация
~, **strahlungslose** безызлучательная рекомбинация
Rekombinationsenergie f энергия рекомбинации
Rekombinations-Generations-Rauschen n рекомбинационно-генерационный [генерационно-рекомбинационный] шум
Rekombinationsgeschwindigkeit f скорость рекомбинации
Rekombinationsleuchten n рекомбинационное свечение
Rekombinationsmechanismus m механизм рекомбинации
Rekombinationsniveau n уровень рекомбинации, рекомбинационный уровень
Rekombinationsrate f скорость рекомбинации
Rekombinationsstrahlung f рекомбинационное излучение
Rekombinationsstrom m ток рекомбинации, рекомбинационный ток
Rekombinationsübergang m рекомбинационный переход
Rekombinationszentrum n центр рекомбинации, рекомбинационная ловушка
Rekonfiguration f реконфигурация; перестройка [изменение] структуры
rekonfigurierbar с перестраиваемой [с изменяемой] структурой
Rekorder m *см.* **Recorder**
Rekristallisation f рекристаллизация
Rekristallisationskeim m центр рекристаллизации
Rekristallisationstempern n рекристаллизационный отжиг
Rekristallisationszentrum n центр рекристаллизации
Rekristallisationszone f зона рекристаллизации
Rektaszension f *астр.* прямое восхождение
Rektifikat n ректификат
Rektifikation f 1. *хим.* ректификация 2. *мат.* спрямление
Rektifizierapparat m ректификатор

Rektifizierkolonne *f*, Rektifiziersäule *f* ректификационная колонна
Rekultivierung *f* рекультивация
Rekuperation *f* рекуперация
Rekuperativfeuerung *f* рекуперативная топка
Rekuperativofen *m* рекуперативная печь
Rekuperator *m* рекуператор
rekurrent рекуррентный
Rekursion *f* рекурсия
Rekursionsformel *f* рекуррентная формула
rekursiv рекурсивный
Relais *n* реле
~, lichtelektrisches фотореле
~, stromloses обесточенное реле
Relaisabfall *m* отпускание реле
Relaisbetrieb *m* ретрансляция
Relaisblock *m ж.-д.* релейная блокировка
Relaiselement *n*, Relaisglied *n* релейный элемент
Relaisregler *m* релейный регулятор
Relaissatellit *m* спутник-ретранслятор
Relaisschutz *m* релейная защита
Relaissender *m* 1. ретрансляционный передатчик; ретранслятор 2. радиорелейная станция
Relaissendung *f* ретрансляция
Relaisstation *f* радиорелейная станция
Relaisstelle *f* ретранслятор
Relaisstrecke *f* линия радиорелейной связи, радиорелейная линия, РРЛ
Relaissystem *n* релейная система
Relais- und Schützsteuerung *f* релейно-контакторное управление
Relation *f* отношение
Relationenalgebra *f* реляционная алгебра
Relationenkalkül *m* реляционное исчисление
Relationen-Modell *n* реляционная модель (данных)
relativ относительный
Relativadreßbefehl *m вчт* команда с относительной адресацией
Relativadresse *f вчт* относительный адрес
Relativadressierung *f вчт* относительная адресация
relativistisch релятивистский
Relativität *f* относительность
Relativitätsprinzip *n* принцип относительности
Relativitätstheorie *f* теория относительности
~, allgemeine общая теория относительности
~, spezielle специальная теория относительности

Relativlader *m прогр.* настраивающий загрузчик
Relativwert *m* относительная величина
Relaxation *f* релаксация
Relaxationsgenerator *m* релаксационный генератор, генератор релаксационных колебаний
Relaxationskurve *f* кривая релаксации; кривая снятия напряжений
Relaxationsschwingungen *f pl* релаксационные колебания
Relaxationszeit *f* время релаксации
Relief *n* рельеф
Reliefdarstellung *f* изображение рельефа
Reliefdruck *m полигр.* конгрев
Reliktstrahlung *f астр.* реликтовое излучение
Reling *f мор.* (бортовой) леер
Relingleiste *f мор.* планширь
Reluktanz *f* магнитное сопротивление
Reluktanzmaschine *f эл.* реактивная синхронная машина
Reluktanzmotor *m* реактивный синхронный электродвигатель
Rem *n* бэр (*внесистемная единица эквивалентной дозы излучения, замененная зивертом*)
Remanenz *f* остаточная намагниченность
Remanenzspannung *f* остаточное напряжение
Remission *f опт.* диффузное отражение
Remote-Steuerung *f* дистанционное управление
Remote-Terminal *n* удалённый терминал
Rendezvous *n* встреча (*космических кораблей*)
Renneisen *n* сыродутное железо
Rennverfahren *n* сыродутный процесс; кричнорудный процесс
Rennwagen *m* гоночный автомобиль
Reparatur *f* ремонт
~, laufende текущий ремонт
~, planmäßige vorbeugende планово-предупредительный ремонт
Reparaturarbeiter *m* ремонтник
Reparaturdock *n* ремонтный док
Reparaturgrube *f* ремонтная [осмотровая] канава
Reparaturintervall *n* межремонтный период; межремонтный пробег
Reparaturrate *f автм* частота ремонтов
Reparaturwerkstatt *f* ремонтная мастерская
Reparierbarkeit *f автм* ремонтопригодность
Repeater *m* 1. ретранслятор; повторитель 2. фотоповторитель (*в фотолитографии*); мультипликатор

REPETIERBARKEIT

Repetierbarkeit *f маш.* стабильность, повторяемость (*позиционирования*)
Replikation *f биол.* репликация
Reproduktion *f* 1. воспроизведение; репродукция 2. воспроизводство
Reproduktionsfotografie *f* фоторепродукция, фоторепродуцирование
Reproduktionskamera *f* репродукционный фотоаппарат
Reproduzierbarkeit *f* воспроизводимость (*напр. результатов измерений, эксперимента*)
Reproduzierung *f* воспроизведение; репродуцирование
Reprographie *f* репрография
Reprokamera *f см.* **Reproduktionskamera**
REPROM *m, n вчт* репрограммируемое ПЗУ, РПЗУ
Request *n англ.* запрос; сигнал запроса
Request-Impuls *m,* **Request-Signal** *n* сигнал запроса
Research-Methode *f* исследовательский метод (*оценки детонационной стойкости топлив*)
Research-Oktanzahl *f* октановое число по исследовательскому методу
Reserve *f* 1. резерв; запас 2. *автм* резерв
~, **blinde** ненагруженный резерв
~, **funktionsbeteiligte** нагруженный резерв
~, **teilweise funktionsbeteiligte** облегчённый резерв
Reserveauftrieb *m* запас плавучести
Reservebatterie *f* резервная батарея
Reservebetrieb *m вчт* режим резерва; режим хранения (*информации в ячейках памяти при малом потреблении мощности*)
Reservedruck *m текст.* резервное печатание
Reserveeinheit *f* 1. резервное устройство 2. *автм* резервный элемент; резерв
Reserveelement *n автм* резервный элемент
Reservegrad *m автм* кратность резерва [резервирования]
Reservehaltung *f автм* резервирование
Reservekopie *f вчт* резервная копия (*напр. файла*)
Reserveleistung *f* резервная мощность
Reserverad *n* запасное колесо
Reservezeit *f* резерв времени
Reset *n, m* сброс; общий [системный] сброс; сброс в начальное состояние, начальный сброс
Reset-Spannung *f* напряжение отпускания (*триггера*)

Reset-Eingang *m* вход (сигнала) сброса, R-вход; вход сигнала общего [системного] сброса
Reset-Schalter *m* переключатель общего [системного] сброса, переключатель установки в начальное состояние
Reset-Signal *n* сигнал общего [системного] сброса
Reset-Strom *m* ток отпускания (*триггера*)
Reset-Taste *f* кнопка сброса
resident *вчт* резидентный (*напр. о программе*)
residual остаточный
Residuum *n мат.* вычет (*функции*)
Resist *m* резист; фоторезист
Resistablösung *f* удаление резиста; удаление фоторезиста
Resistanz *f эл.* активное [омическое] сопротивление (*в цепи переменного тока*)
Resistbeschichtung *f* нанесение резиста; нанесение фоторезиста
Resistbild *n* изображение в слое фоторезиста
resistent стойкий, устойчивый
Resistenz *f* стойкость, устойчивость
Resistschicht *f* слой фоторезиста
Resit *n* резит
Resol(harz) *n* резол
Resolvente *f мат.* резольвента
Resolvometrie *f* резольвометрия
Resonanz *f* резонанс
~, **paramagnetische** парамагнитный резонанс
Resonanzabsorption *f* резонансное поглощение
Resonanzabsorptionsquerschnitt *m* сечение резонансного поглощения
Resonanzanzeiger *m* индикатор резонанса
Resonanzbedingung *f* условие резонанса
Resonanzbreite *f* острота резонанса
Resonanzeinfang *m* резонансный захват
Resonanzeinfangquerschnitt *m* сечение резонансного захвата, резонансное сечение
Resonanzfrequenz *f* резонансная частота
Resonanzintegral *n яд.* резонансный интеграл
Resonanzkreis *m* резонансный контур
Resonanzleitung *f* резонансная линия
Resonanzschwingungen *pl* резонансные колебания
Resonanzstrahlung *f* резонансное излучение
Resonanzstreuung *f* резонансное рассеяние
Resonanzüberhöhung *f* усиление при резонансе
Resonanzverstärker *m* резонансный усилитель

Resonanzwellenmesser *m* резонансный частотомер, резонансный волномер
Resonator *m* резонатор
Resorption *f* 1. резорбция; всасывание 2. *геол.* ассимиляция (*напр. оливина в базальтовой магме*)
Resorptionskältemaschine *f* резорбционная холодильная машина
Resorzin *n* резорцин
Resorzin-Formaldehyd-Harze *n pl* резорциноформальдегидные смолы
Rest *m* 1. остаток 2. *мат.* вычет
Restbruchfläche *f* долом
Restfehler *m* остаточная погрешность
Restglied *n мат.* остаточный член
Restklasse *f мат.* класс вычетов
Restklassenkode *m* код в остатках
Restleistung *f* остаточное энерговыделение; остаточное тепловыделение
Restmagnetisierung *f см.* **Remanenz**
Restseitenbandübertragung *f рад.* передача с частично подавленной боковой полосой (частот)
Restspannung *f* остаточное напряжение
Reststrahlung *f* остаточное излучение
Restwärme *f* остаточное тепло
Restwiderstand *m* остаточное сопротивление
Resultante *f* 1. *мат.* результант 2. равнодействующая
Resultierende *f* равнодействующая
Retention *f* 1. *хим.* задерживание; удерживание 2. задерживающая способность (*фильтровальной перегородки*)
Retentionszeit *f* время удерживания (*в хроматографии*)
Reticle *n см.* **Retikel**
Retikel *n* 1. промежуточный фотошаблон 2. промежуточный (фото)оригинал 3. масштабная сетка 4. визирное перекрестие
Retikelbild *n* рисунок промежуточного фотошаблона
Retikelschablone *f* промежуточный фотошаблон
Retorte *f* реторта
Retortenkohle *f* ретортный уголь
Retortenofen *m* ретортная печь
Retrievalsystem *n* информационно-поисковая система, ИПС; документальная информационная система
Retriggerimpuls *m* перезапускающий импульс
Retriggerung *f* перезапуск

Retriggerungsmode *m* режим с перезапуском, режим перезапуска
Rettung *f вчт* сохранение (*напр. состояния системы в памяти*); запись на диск, запись в дисковый файл, сохранение текущего файла на диске
~ **in den Stack** запоминание в стеке
Rettungsarbeiten *f pl* спасательные работы; горноспасательные работы
Rettungsbefehl *m вчт* команда сохранения, команда записи в сохраняемый файл
Rettungsboot *n* 1. спасательная шлюпка 2. спасательный катер
Rettungsbootaussetzvorrichtung *f* спусковое устройство спасательной шлюпки
Rettungsfloß *n* спасательный плотик
Rettungsinsel *f* спасательный плот (*с убирающимся тентом*)
Rettungsleine *f* 1. *мор.* спасательный трос, спасательный линь 2. предохранительный трос (*дыхательного аппарата*)
Rettungsluke *f* аварийно-спасательный люк
Rettungsmittel *n pl* спасательные средства
Rettungsring *m* спасательный круг
Rettungsschacht *m горн.* аварийный шахтный ствол (*шахтный ствол, используемый в качестве запасного аварийного выхода*)
Rettungssignal *n* сигнал бедствия
Rettungsumspeicherung *f вчт* защитный дамп; аварийный дамп
Return-Taste *f вчт* клавиша возврата каретки
Retusche *f* ретушь
Reusenantenne *f* цилиндрическая антенна
Reverberation *f* реверберация
reversibel реверсивный; обратимый
Reversibilität *f* обратимость
Reversierantrieb *m* реверсивный электропривод
reversierbar реверсивный; реверсируемый
Reversiereinrichtung *f* реверсирующее устройство; реверс
Reversieren *n* реверсирование
Reversiergetriebe *n* реверсивная передача
Reversiermotor *m* реверсивный двигатель
Reversiervorrichtung *f* реверсирующее устройство
Reversierwalzwerk *n* реверсивный прокатный стан
Reversierzähler *m* реверсивный счётчик
Reversionspendel *n* оборотный маятник
Reversosmose *f* обратный осмос
Revision *f* осмотр; освидетельствование

REVISIONSEINSTIEG

Revisionseinstieg *m* смотровой люк
Revolverbohrmaschine *f* сверлильный станок с револьверной головкой
Revolverdrehautomat *m* токарно-револьверный автомат
Revolverdrehmaschine револьверный [токарно-револьверный] станок
Revolverfräsmaschine *f* фрезерный станок с револьверной головкой
Revolverkopf *m* револьверная головка
Revolvermagazin *n* поворотный магазин (*напр. инструментальный*)
Revolverofen *m* вращающаяся [револьверная] печь
Revolverpresse *f* пресс с поворотной головкой для заготовок
Reyon *m, n* вискозная комплексная нить
Rezeptor *m* *биол.* рецептор
Rezipient *m* колпак; колокол
reziprok обратный
RGB-Ausgang [Rot-Grün-Blau-...] *m* выход сигнала основных цветов, RGB-выход
RGB-Eingang *m* вход сигнала основных цветов, RGB-вход
RGB-Farbmonitor *m* RGB-монитор
RGB-Signal *n* сигнал основных цветов, RGB-сигнал
Rhenium *n* рений, Re
Rheologie *f* реология
Rheostat *m* реостат
Rheostat(en)schieber *m* движок реостата
Rhodanid *n* роданид, тиоцианат
Rhodanwasserstoffsäure *f* тиоциановая [роданистоводородная] кислота, тиоцианат водорода, HSCN
Rhodium *n* родий, Rh
Rhodonit *m* *мин.* родонит, орлец
rhombisch ромбический
Rhomboeder *n* ромбоэдр
Rhombus *m* ромб
Rhombusantenne *f* ромбическая антенна
Ribonukleinsäure *f* *биол.* рибонуклеиновая кислота, РНК
Richtantenne *f* направленная антенна, антенна направленного излучения
Richtbake *f* *мор.* створный знак
Richtbohren *n* наклонно-направленное бурение
Richtcharakteristik *f см.* **Richtdiagramm**
Richtdiagramm *n* диаграмма направленности (*напр. антенны*)
Richten *n* *маш.* правка, рихтовка

Richter-Skala *f* шкала Рихтера
Richtfähigkeit *f* направленность
Richtfaktor *m* коэффициент направленного действия антенны, коэффициент направленности антенны
Richtfunk *m* радиорелейная связь
Richtfunkbetriebsstelle *f см.* **Relaisstation**
Richtfunkfeuer *n* направленный радиомаяк
Richtfunklinie *f см.* **Relaisstrecke**
Richtfunkstelle *f см.* **Relaisstation**
Richtfunkstrecke *f см.* **Relaisstrecke**
Richtfunkverbindung *f* радиорелейная связь
Richtgröße *f* восстанавливающий фактор, восстанавливающее воздействие
Richtkoppler *m* *элн* направленный ответвитель
Richtlatte *f* правѝло
Richtmaschine *f* правѝльная машина, правѝльный станок
Richtmaß *n* *стр.* модульный размер, размер в осях
Richtmikrofon *n* направленный микрофон
Richtmoment *n* восстанавливающий [возвратный] момент
Richtplatte *f* правѝльная [рихтовальная] плита
Richtpresse *f* правѝльный пресс
Richtscheit *n* правѝло
Richtstrahler *m* направленный излучатель
Richtung *f* направление
~, kristallographische кристаллографическое направление
Richtungsableitung *f мат.* производная по направлению
Richtungsanzeiger *m* 1. указатель [индикатор] направления 2. *авто* указатель поворота
Richtungsfunkfeuer *n* направленный радиомаяк
Richtungsgabel *f* *элн* циркулятор
Richtungskosinus *m* направляющий косинус
Richtungsleitung *f* *элн* однонаправленная линия
Richtungsphasenschieber *m* направленный фазовращатель
Richtungsschreiben *n* симплексное телеграфирование
Richtungstaktschrift *f* запись с фазовым кодированием
Richtungsverkehr *m* односторонняя связь
Richtungswender *m* (электрический) реверсор; *ж.-д.* реверсор
Richtungswinkel *m* 1. *геод.* дирекционный угол

2. направляющий угол **3.** угол азимута; угол пеленга

Richtungszeiger *m* указатель [индикатор] направления

Richtwalze *f* правильный валок, правильный ролик

Richtwerte *m pl* ориентировочные значения (*величин в расчётах*)

Richtwirkung *f* направленное действие, направленность

Riechstoff *m* душистое вещество

Riefe *f* **1.** бороздка; рифля **2.** царапина; задир **3.** риска (*дефект проката*)

Riegel *m* **1.** стопор; фиксатор **2.** *стр.* ригель

Riemen *m* **1.** ремень; передаточный ремень (*ременной передачи*) **2.** весло

Riemenantrieb *m* ремённый привод

Riemenboot *n* вёсельная шлюпка

Riemengetriebe *n*, **Riementrieb** *m* ремённая передача

Riemenscheibe *f* (ремённый) шкив, шкив ремённой передачи

Riemenschlupf *m* скольжение [проскальзывание, пробуксовывание] ремня

Riementrieb *m* ремённая передача

Ries *n* стопа (*бумаги*)

Riese I *m астр.* гигант, звезда-гигант

Riese II *f* бревноспуск

Rieselkondensator *m* оросительный конденсатор

Rieselturm *m* скруббер

Riesenstern *m см.* **Riese I**

Riffelblech *n* рифлёный лист

Riffelmaschine *f* рифельный станок

Riffelstahl *m* рифлёная сталь

Riffelung *f* рифление

Riffelwalze *f* рифлёный валок

Rille *f* **1.** канавка, дорожка (*граммпластинки*); бороздка; желобок **2.** жёлоб, желобок, ручей (*блока, шкива*)

Rillenabstand *m маш.* шаг неровностей профиля

~, **mittlerer** средний шаг неровностей профиля

Rillenfräser *m* гребенчатая (резьбовая) фреза

Rillenkugellager *n* радиальный шарикоподшипник

Rillenscheibe *f* желобчатый шкив (*для клиновых или круглых ремней*)

Rillenschiene *f* желобчатый рельс

Rindenschälmaschine *f* корообдирочный станок

Ring *m* **1.** кольцо **2.** *мат.* кольцо **3.** *хим.* цикл **4.** бунт, моток (*проволоки*) **5.** *мор.* рым

Ringbahn *f* окружная железная дорога

Ringbildung *f хим.* циклизация

Ringbus *m вчт* кольцевая шина

Ringfeder *f* кольцевая пружина

Ringfläche *f* тороидальная поверхность

ringförmig кольцеобразный; кольцевой

Ringkolbenzähler *m см.* **Ringzähler**

Ringlehre *f* калиберное кольцо, калибр-кольцо

Ringmühle *f* кольцевая мельница

Ringnetz *n*, **Ring-Netzwerk** *n* кольцевая сеть, кольцевая ЛВС

Ringnut *f* кольцевой паз

Ringofen *m* кольцевая печь

Ringoszillator *m элн* кольцевой генератор

Ringraum *m* **1.** кольцевая камера **2.** кольцевое пространство; межтрубное [затрубное] пространство (*в скважине*)

Ringschieben *n вчт* циклический сдвиг

Ringschieberegister *n вчт* регистр с циклическим сдвигом

Ringschluß *m хим.* циклизация, замыкание цикла

Ringschmierung *f* кольцевая смазка

Ringschneide *f* засверлённый конец (*напр. винта*)

Ringschuß *m* обечайка

Ringspinnen *n текст.* кольцевое прядение

Ringspinnmaschine *f текст.* кольцепрядильная машина

Ringtopologie *f* кольцевая топология, кольцевая конфигурация (*ЛВС*)

Ringventil *n* кольцевой клапан

Ringverbindungen *f pl хим.* циклические соединения

Ringwaage *f* кольцевые весы

Ringwalzwerk *n* кольцепрокатный стан

Ringwicklung *f* кольцевая обмотка

Ringwiderstand *m* кольцевой резистор

Ringzähler *m* **1.** кольцевой счётчик (*жидкости, газа*) **2.** *элн* кольцевой счётчик

Ringziegel *m* лекальный [радиальный] кирпич

Rinne *f* **1.** жёлоб; лоток; **2.** *горн.* рештак

Rinnenstrang *m горн.* рештачный став

Rippe *f* **1.** ребро **2.** *ав.* нервюра

Rippendecke *f стр.* ребристое перекрытие

Rippenheizkörper *m* ребристый радиатор

Rippenkühler *m* ребристый охладитель, ребристый холодильник

Rippenrohr *n* ребристая [оребрённая] труба

RIPPLE-CARRY-ADDIERER

Ripple-Carry-Addierer *m* сумматор со сквозным переносом
Ripple-Counter *m*, **Ripple-Zähler** *m* счётчик со сквозным переносом, асинхронный импульсный счётчик
RISC-Architektur [Reduced-Instruction-Set-Computer-...] *f вчт* RISC-архитектура, архитектура (*микропроцессора, компьютерной системы*) с сокращённым [с неполным] набором команд
RISC-Computer *m вчт* (микро)ЭВМ с сокращённым [с неполным] набором команд, RISC-компьютер
RISC-Prozessor *m вчт* RISC-процессор, (микро)процессор с RISC-архитектурой [с сокращённым набором команд]
Riß *m* 1. трещина, разрыв; надрыв 2. разрыв (*напр. проволоки, нити*) 3. чертёж, проекция 4. план; схема
Rißanfälligkeit *f*, **Rißempfindlichkeit** *f* склонность к образованию трещин [к растрескиванию]
Rißfestigkeit *f* трещиностойкость
rissig с трещинами; трещиноватый
Rissigkeit *f* наличие трещин; трещиноватость
Rissigwerden *n* образование трещин, растрескивание
Rißlinie *f* риска
Riet *n*, **Rietblatt** *n текст.* бёрдо
Ritze *f* риска скрайбирования
Ritzel *n* (малая) шестерня; звёздочка
Ritzelwelle *f* вал-шестерня, вал с нарезными зубьями
Ritzen *n* скрайбирование (*полупроводниковых пластин для последующего разделения на кристаллы*)
Ritzhärte *f* склерометрическая твёрдость, твёрдость, определяемая методом царапания
Ritzhärtemesser *m см.* **Ritzhärteprüfer**
Ritzhärteprüfer *m* склерометр
Ritzhärteprüfung *f* склерометрическое испытание, определение твёрдости методом царапания
Ritzprüfer *m см.* **Ritzhärteprüfer**
Rizinusöl *n* касторовое масло
R-Karte *f* контрольная карта (средних) размахов
RNS [Ribonukleinsäure] *f биол.* рибонуклеиновая кислота, РНК
Roadster *m* родстер, открытый легковой автомобиль с двухместным кузовом

Robocarrier *m* робокар (*тележка с роботом*)
Roboter *m* робот
~, **ablaufprogrammierter** робот с цикловым ПУ
~, **fahrbarer** *см.* **Roboter, mobiler**
~, **hydraulisch angetriebener** робот с гидроприводом
~, **intelligenter** робот с искусственным интеллектом, интеллектуальный робот
~, **lernprogrammierter** робот, программируемый в режиме обучения; обучаемый робот
~, **maschinenintegrierter** пристаночный робот
~ **mit Bildverarbeitugssystem** робот с видеосистемой
~, **mobiler** подвижный [передвижной] робот
~, **ortsfester** стационарный робот
~, **programmgesteuerter** робот с программным управлением, робот с ПУ
~, **punktgesteuerter** робот с позиционным управлением
~, **schienengebundener** рельсовый робот
~, **sprachgesteuerter** робот с речевым управлением
~, **steifer** робот жёсткой конструкции
~, **zweiarmiger** двурукий робот
Roboterabdeckung *f* защитное ограждение робота
Roboterarm *m* автооператор; механическая рука
robotergestützt роботизированный; осуществляемый с помощью робота
Roboterlinie *f* роботизированная линия
Roboterprogrammiersprache *f* язык программирования робота
Roboterschutz *n см.* **Roboterabdeckung**
Robotersteuerung *f* 1. управление роботом 2. устройство управления роботом, управляющее устройство робота
Robotertechnik *f*, **Robotik** *f* робототехника
Robotiktechnologie *f* технология роботизированного производства
Robotrailer *m см.* **Robocarrier**
Rockwell-Härte *f* твёрдость по Роквеллу
Rockwell-Härteprüfung *f* определение твёрдости по Роквеллу
Rodelader *m с.-х.* копатель-погрузчик; свеклокопатель-погрузчик; картофелекопатель-погрузчик
Rodemaschine *f* корчевальная машина
Roder *m* 1. *с.-х.* копатель; картофелекопатель; свеклокопатель 2. корчеватель
Rohbau *m* коробка (*здания*)

ROHRLEITUNG

Rohbaumwolle *f* хлопок-сырец
Rohblock *m* слиток; болванка; чушка
Rohdichte *f* кажущаяся плотность; объёмная масса
Roheisen *n* (доменный) чугун
~, **gefeintes** отбелённый чугун
~, **graues** серый чугун
~, **meliertes** половинчатый чугун
~, **weißes** белый чугун
Roheisenerzeugung *f* производство чугуна; выплавка чугуна
Roheisen-Erz-Verfahren *n* рудный процесс (*производства стали*)
Roheisenfrischverfahren *n* передел чугуна
Roheisenguß *m* чугунное литьё
Roheisenmassel *f* чугунная чушка
Roheisenmischer *m* *мет.* миксер
~, **beheizbarer** активный миксер, миксер с обогревом
Roheisenverfahren *n* передел чугуна
Roherz *n* сырая [рядовая] руда
Rohgas *n* неочищенный газ
Rohgußteil *n* термически необработанная отливка
Rohholz *n* древесное сырьё; сырьевая древесина
Rohkohle *f* рядовой [неотсортированный] уголь
Rohkupfer *n* черновая медь
Rohling *m* заготовка
~, **gelochter** прошитая заготовка; гильза (*в трубопрокатном производстве*)
Rohöl *n* сырая нефть
Rohprofil *n* *мет.* раскат; черновой [необработанный] профиль
Rohr *n* 1. труба 2. трубка 3. ствол (*напр. огнестрельного оружия*)
Rohrableiter *m* трубчатый разрядник
Rohrabschneider *m* трубoрез
Rohrabstechmaschine *f* трубоотрезной станок
Rohransatz *m* патрубок, насадка; штуцер
Rohraufweitemaschine *f*, **Rohraufweitewalzwerk** *n* расширительный стан, стан-расширитель
Rohrausgleicher *m* трубопроводный компенсатор, компенсатор (температурных удлинений трубопровода)
~, **lyraförmiger** лирообразный [лирный] компенсатор
~, **U-förmiger** П-образный компенсатор
Rohrbiegemaschine *f* трубогибочная машина
Rohrbruchventil *n* аварийный вентиль
Rohrbrunnen *m* трубчатый колодец
Rohrbündel *n* пучок труб; трубчатка
Röhrchenkondensator *m* трубчатый конденсатор
Rohrdehner *m* компенсатор трубопровода
Röhre *f* 1. трубка 2. (электронная) лампа; радиолампа 3. (электронная) трубка; (телевизионная) трубка, кинескоп
Rohreinziehmaschine *f* машина для обжатия труб
Röhren *f pl,* **kommunizierende** сообщающиеся сосуды
Röhrendränage *f* трубный дренаж
Röhrenerhitzer *m* трубчатка
Röhrenfassung *f* 1. ламповый цоколь, цоколь лампы 2. цоколёвка лампы 3. ламповая панель
Röhrenfuß *m* ножка лампы
Röhrengenerator *m* ламповый генератор
Röhrengitter *n* сетка (электронной) лампы
Röhrengleichrichter *m* ламповый выпрямитель
Röhrenkapazität *f,* **innere** междуэлектродная ёмкость лампы
Röhrenkennlinie *f* характеристика лампы
Röhrenkühler *m* трубчатый радиатор, трубчатый холодильник
Röhrenmanometer *n* **(nach Bourdon)** манометр с трубкой Бурдона
Röhrenofen *m* трубчатая печь
Röhrenoszillator *m* ламповый генератор
~, **selbsterregter** автогенератор
Röhrensockel *m* ламповый цоколь, цоколь лампы
Röhrensteilheit *f* крутизна (характеристики) лампы
Röhrenstreifen *m* *мет.* штрипс
Röhrentechnik *f* ламповая техника
Röhrenverstärker *m* ламповый усилитель
Röhrenvoltmeter *n* ламповый вольтметр
Rohrfahrt *f см.* **Rohrtour**
Rohrfänger *m* труболовка
Rohrfernleitung *f* магистральный трубопровод
Rohrformstück *n* фитинг, соединительная деталь трубопровода
Rohrgerüst *n* трубчатые леса
Rohrgewinde *n* трубная резьба
Rohrkolonne *f см.* **Rohrtour**
Rohrkondensator *m* трубчатый конденсатор
Rohrkrümmer *m* отвод; колено
Rohrkupplung *f* трубная муфта
Rohrleger *m* трубоукладчик
Rohrleitung *f* трубопровод; магистраль

ROHRLEITUNG

~, drucklose безнапорный трубопровод
Rohrleitungsbrücke *f* эстакада для трубопроводов
Rohrleitungsdurchführung *f* проходка для трубопровода
Rohrleitungsplan *m* схема трубопроводов
Rohrluppe *f мет.* трубная заготовка
Rohrmuffe *f* (соединительная) муфта для труб, трубная муфта; раструб трубы
Rohrmühle *f* трубчатая мельница
Rohrniet *m* пустотелая заклёпка; пустотелая заклёпка с плоской головкой, пистон
Rohrnippel *m* ниппель
Rohrpost *f* пневматическая почта, пневмопочта
Rohrschlange *f* змеевик
Rohrschlüssel *m* трубный ключ; газовый ключ
Rohrschneider *m* труборез
Rohrschweißanlage *f* трубосварочный агрегат
Rohrschweißwerk *n* трубосварочный стан
Rohrseele *f* канал ствола (орудия)
Rohrsicherung *f* трубчатый плавкий предохранитель
Rohrstrang *m* 1. нитка трубопровода; трубопровод 2. *горн.* став труб; трубопровод
Rohrstraße *f см.* **Rohrwalzstraße**
Rohrstreifen *m мет.* штрипс
Rohrtour *f* обсадная колонна, колонна обсадных труб
Rohrtrennmaschine *f* трубоотрезной станок
Rohrturbine *f* прямоточная (гидравлическая) турбина
Rohrverbindung *f* соединение труб
Rohrverkleidung *f* утепление труб
Rohrverlegung *f* прокладка труб; прокладка трубопровода; разводка трубопроводов
Rohrverschraubung *f* штуцерное соединение (*тонкостенных труб*) с развальцовкой
Rohrwalzanlage *f* трубопрокатный агрегат
Rohrwalzen *n* прокатка труб
Rohrwalzstraße *f* трубопрокатный агрегат
Rohrwalzwerk *n* трубопрокатный стан
~, kontinuierliches непрерывный трубопрокатный стан
Rohrzange *f* трубный ключ
Rohrzucker *m* тростниковый сахар
Rohseide *f* шёлк-сырец
Rohspiritus *f* спирт-сырец
Rohstoff *m* сырьё, сырьевой материал
Rohstoffbasis *f* (минерально-)сырьевая база
Rohteil *n маш.* заготовка

Rohteilfertigungsabschnitt *m маш.* заготовительный участок
Rohware *f текст.* суровьё
Rohziegel *m* кирпич-сырец
Rohzucker *m* сахар-сырец
Rollbahn *f ав.* рулёжная дорожка
Rollbahnfeuer *n pl ав.* рулёжные огни
Rollbalken *m вчт* линейка прокрутки
Rollbandmaß *n* измерительная рулетка, рулетка
Rolldorn *m* раскатник
Rolle *f* 1. ролик 2. блок 3. рулон 4. моток (*напр. проволоки*) 5. *ав.* бочка 6. *горн.* шарошка 7. *см.* **Rolloch**
~, **feste** неподвижный блок
~, **lose** подвижный блок
Rollen *n* 1. качение 2. закатывание; закатка (*напр. бортов*) 3. накатывание (*резьбы*) 4. раскатывание, обкатывание (*обработка внутренних поверхностей деталей роликами*) 5. *ав.* руление 6. *мор.* бортовая и килевая качка 7. *ав.* крен; вращение (*ЛА*) вокруг продольной оси 8. *авто* покачивание (*угловые колебания кузова автомобиля относительно продольной оси во время движения*) 9. *вчт* прокрутка (*изображения на экране дисплея*)
Rollenbahn *f* роликовый конвейер, роликовый транспортёр (*с цилиндрическими роликами*)
~, **angetriebene** рольганг с приводными роликами
Rollenbiegemaschine *f* роликовая гибочная машина
Rollenblock *m* блок
Rollenförderer *m* роликовый конвейер, роликовый транспортёр
Rollenführung *f* роликовая направляющая
Rollengehäuse *n* обойма блока
Rollenhalter *m* роликодержатель
Rollenherdofen *m* рольганговая печь
Rollenkalander *m* суперкаландр (*для рулонной бумаги*)
Rollenkette *f* роликовая цепь; втулочно-роликовая цепь
Rollenkettenantrieb *m* привод с роликовой цепью
Rollenlager *n* роликовый подшипник, ролико-подшипник (*см. тж* **Lager**)
Rollenlagerung *f* роликовая опора
Rollenmaschine *f* роликовая гибочная машина
Rollenmaterial *n* рулонный материал

Rollenmeißel *m* шарошечное долото
Rollennahtschweißen *n* шовная контактная сварка, шовная сварка
~ **von Stumpfstößen** шовно-стыковая сварка
Rollennaht-Stumpfschweißen *n* шовно-стыковая сварка
Rollenpapier *n* рулонная бумага
Rollenplotter *m* рулонный графопостроитель
Rollenstumpfschweißen *n* шовно-стыковая сварка
Rollentrockner *m* роликовая сушилка
Rollenumlaufschuh *m* роликовая опора, танкетка
Rollenverzug *m горн.* рулонная затяжка
Roller *m* мотороллер
Rollfaß *n* шлифовальный барабан; галтовочный барабан
Rollfeld *n ав.* лётное поле
Rollfilm *m* роликовая (фото)плёнка
Rollfilmkamera *f* плёночный фотоаппарат, фотоаппарат для роликовой фотоплёнки
Rollgang *m* рольганг
Rollgravur *f* подкатной ручей (*штампа*)
Rollieren *n* накатное полирование
Rollkopf *m* 1. раскатная роликовая головка 2. (резьбо)накатная головка 3. накатник (*для отделки*)
Rollkreis *m маш.* производящая окружность (*в циклоидальном зацеплении*)
Rollkugel *f* 1. координатный шар, шар трассировки (*устройство шарового типа для управления перемещениями курсора на экране дисплея*) 2. окатыш
Rollmoment *n ав.* момент крена
Rollo *n* 1. шторка (*затвора фотоаппарата*) 2. штора
Rolloch *n горн.* скат; рудоспуск; породоспуск; углеспускная печь; восстающий
Rollochförderung *f горн.* самотёчная доставка по углеспускным печам *или* восстающим
Roll-on-Roll-off-Schiff *n см.* Ro-Ro-Schiff
Rolloverschluß *m* шторный затвор (*фотоаппарата*)
Rollsteine *m pl* валуны
Rollstrecke *f см.* Rollweg 2.
Rolltreppe *f* эскалатор
Rollweg *m ав.* 1. рулёжная дорожка 2. разбег, длина разбега (*самолета при взлете*)
Rollwerkzeug *n* кромко(за)гибочный штамп; закаточный штамп
Rollwiderstand *m* сопротивление качению

ROM [Read Only Memory] *m, n* постоянное ЗУ, ПЗУ
~, **maskenprogrammierter** ПЗУ с масочным программированием, масочное ПЗУ
~, **programmierbarer** программируемое ПЗУ, ППЗУ
~, **umprogrammierbarer** перепрограммируемое ПЗУ, репрограммируемое ПЗУ, РПЗУ
ROM-Adresse *f вчт* адрес, хранящийся в ПЗУ; адрес ячейки ПЗУ
Roman-Zement *m* романцемент
ROM-BIOS *n вчт* базовая система ввода-вывода, находящаяся в ПЗУ, базовая система ввода-вывода в ПЗУ
ROM-Erweiterungsmodul *m вчт* модуль расширения ПЗУ
Rommeln *n* галтовка
ROM-Speicher *m см.* ROM
ROM-Urlader *m вчт* начальный загрузчик, хранящийся в ПЗУ; ПЗУ-резидентная программа начальной загрузки
Röntgen *n* рентген, Р
Röntgenäquivalent *n* рентген-эквивалент
~, **biologisches** биологический эквивалент рентгена, бэр
~, **physikalisches** физический эквивалент рентгена, фэр
Röntgenaufnahme *f*, **Röntgenbild** *n* рентгеновский снимок, рентгенограмма
Röntgenbelichtung *f* рентгеновское экспонирование
Röntgenbelichtungsanlage *f* установка рентгеновского экспонирования; рентгеновская установка совмещения и экспонирования, установка рентгенолитографии
Röntgenbestrahlung *f* облучение рентгеновскими лучами
Röntgendefektoskopie *f* рентгенодефектоскопия
Röntgendurchleuchtung *f* рентгеноскопия
Röntgenemissionsanalyse *f* рентгеноспектральный анализ
Röntgenemissionsspektrum *n* рентгеновский спектр испускания
Röntgenfeinstrukturuntersuchung *f* микроструктурный рентгеновский анализ
Röntgenfilm *m* рентгеновская плёнка
Röntgenfluoreszenzanalyse *f* рентгенофлюоресцентный анализ
Röntgen-Grobstrukturverfahren *n* рентгенодефектоскопия
Röntgenjustier- und Belichtungsanlage *f* рент-

геновская установка совмещения и экспонирования, установка рентгенолитографии
Röntgenlaser *m* рентгеновский лазер
~, **nukleargepumpter** рентгеновский лазер с ядерной накачкой
Röntgenlithografie *f* рентгенолитография
Röntgenlithografieanlage *f* установка рентгенолитографии
Röntgenmaske *f* рентгеношаблон, шаблон для рентгенолитографии
Röntgenmetallographie *f* рентгенография металлов
Röntgenmikroskopie *f* рентгеновская микроскопия
Röntgenogramm *n* рентгенограмма, рентгеновский снимок
Röntgenometrie *f* рентгенометрия
Röntgenprüfung *f* 1. рентгеновская дефектоскопия 2. рентгенодиагностика
Röntgenpulsar *m астр.* рентгеновский пульсар
Röntgenquelle *f* источник рентгеновского излучения
Röntgenresist *m* рентгенорезист
Röntgenröhre *f* рентгеновская трубка
Röntgenspektralanalyse *f* рентгеноспектральный анализ
Röntgenspektroskopie *f* рентгеновская спектроскопия
Röntgenspektrum *n* рентгеновский спектр
Röntgenstepper *m* установка рентгенолитографии с последовательным шаговым экспонированием
Röntgenstrahlen *pl* рентгеновские лучи
Röntgenstrahlenlaser *m см.* **Röntgenlaser**
Röntgenstrahllithografie *f см.* **Röntgenlithografie**
Röntgenstrahlung *f* рентгеновское излучение
Röntgenstrahlungsquelle *f* источник (космического) рентгеновского излучения, рентгеновский источник
~, **kosmische** источник космического рентгеновского излучения
Röntgenstrukturanalyse *f* рентгеноструктурный анализ
Röntgen-Werkstoffprüfung *f* рентгенодефектоскопия
Rootspumpe *f* двухроторный вакуумный насос
Ro-Ro-Laderaum *m мор.* грузовое помещение с горизонтальным способом грузообработки
Ro-Ro-Ladung *f мор.* груз для перевозки на судах с горизонтальным способом грузообработки
Ro-Ro-Schiff *n* ролкер, накатное судно, (трейлерно-контейнерное) судно с горизонтальным способом грузообработки [с горизонтальной погрузкой — выгрузкой]
Rost *m* 1. ржавчина 2. решётка; колосниковая решётка; колосник 3. (колосниковый) грохот 4. *стр.* ростверк
Röstarbeit *f* обжиг; режим обжига
Rostbeschicker *m* забрасыватель (*топлива*)
Röste *f* мочка (*льна, конопли*)
Rosten *n* ржавление
Rösten *n* 1. *мет.* обжиг 2. мочка (*льна, конопли*)
~, **oxidierendes** окислительный обжиг
~, **reduzierendes** восстановительный обжиг
Rostfeuerung *f* слоевая топка
rostfrei нержавеющий (*напр. о стали*)
Rostgrübchen *n см.* **Rostnarbe**
Rösthütte *f* обжиговый цех
Rostnarbe *f* коррозионная язва
Röstofen *m* обжиговая [обжигательная] печь, печь для обжига
Röstreaktionsverfahren *n* окислительный обжиг
Röstreduktionsverfahren *n* восстановительный обжиг
Rostschutzanstrich *m* антикоррозионная окраска, антикоррозионное покрытие
Rostschutzbehandlung *f* антикоррозионная обработка
Rostschutzfarbe *f* антикоррозионная краска
Rostschutzmittel *n* антикоррозионное средство
Rostschutzschicht *f* антикоррозионное покрытие
Roststab *m* колосник
Rostwerk *n* ростверк
Rotameter *n* ротаметр
Rotarybohren *n* вращательное [роторное] бурение
~, **schlagendes** ударно-вращательное бурение
Rotarykette *f* цепь с изогнутыми пластинами
Rotation *f* 1. вращение 2. *вчт* циклический сдвиг 3. *вчт* циклическая смена приоритетов 4. поворот, вращение (*элементов изображения в машинной графике*) 5. *мат.* ротор
Rotationsbefehle *m pl вчт* команды циклического сдвига
Rotationsdruck *m* ротационная печать

Rotationsdruckmaschine *f* ротационная печатная машина

Rotationsdruckübersetzer *m*, **Rotationsdruckumformer** *m* вращательный гидропреобразователь

Rotationsellipsoid *n* эллипсоид вращения

Rotationsfläche *f* поверхность вращения

Rotationsgebläse *n* ротационная воздуходувка

Rotationsisomerie *f* поворотная изомерия

Rotationskolbenmotor *m* роторно-поршневой двигатель

Rotationskörper *m* тело вращения

Rotationsmaschine *f* ротационная (печатная) машина

Rotationsmotor *m* роторный двигатель внутреннего сгорания, роторный ДВС

Rotationspumpe *f* 1. роторный насос 2. вращательный вакуумный насос

Rotationsquantenzahl *f* орбитальное квантовое число

Rotationsschale *f стр.* оболочка вращения

Rotationsspektrum *n* вращательный спектр

Rotationsteile *n pl* детали типа тел вращения

Rotationsverdichter *m* ротационный компрессор

Rotationsverdränger(vakuum)pumpe *f* вращательный вакуумный насос

rotatorisch вращательный

rotbrüchig красноломкий

Rotbrüchigkeit *f* красноломкость

Roteisenstein *m мин.* гематит

Rotglut *f* красное каление

Rotguß *m* красное [бронзовое] литьё

Rotlicht-LED *f* светодиод красного свечения

Rotor *m m* 1. ротор 2. *ав.* несущий винт (*вертолёта*) 3. *мат.* ротор

~, **beidseits gelagerter** межопорный ротор

Rotorflugzeug *n ав.* ЛА с несущим винтом

Rotorspinnen *n текст.* пневмомеханическое прядение

Rotorspinnmaschine *f текст.* пневмомеханическая прядильная машина

Rotorwicklung *f эл.* обмотка ротора

Rotverschiebung *f астр.* красное смещение

Routenwahl *f* выбор маршрута, маршрутизация

Router *m* 1. маршрутизатор (*блок, обеспечивающий выбор маршрута передачи данных между сетями передачи данных, имеющими различную архитектуру или различные протоколы*) 2. трассировщик (*программно-аппаратное средство трассировки межэлементных соединений интегральной микросхемы*)

Routh-Kriterium *n* критерий Рауса

Routine *f* подпрограмма; стандартная программа

Routineüberwachung *f* текущий контроль; запланированный контроль

Routinewartung *f* текущее обслуживание; плановое обслуживание; запланированное обслуживание; текущий ремонт; запланированный ремонт

Routing *n* 1. маршрутизация, выбор маршрута 2. трассировка (*межэлементных соединений при проектировании интегральных микросхем*) 3. разводка (*совокупность межэлементных соединений интегральной микросхемы*) 4. формирование разводки

Routingserver *m* сервер (сетевой) маршрутизации, сервер выбора маршрута

Routingsystem *n* система автоматической трассировки (*межсоединений ИС*)

Routing-Tabelle *f* таблица маршрутизации

Rovings *m pl текст.* ровница

RS-Flipflop *n* RS-триггер, триггер с раздельными входами

~, **getaktetes** синхронизируемый [тактируемый] RS-триггер, RST-триггер

RS-Latch *n* RS-триггер, синхронизируемый уровнем; RS-защёлка

RS-Master-Slave-Flipflop *n* триггер MS-типа на базе RS-триггеров

Rübenkombine *f* свеклоуборочный комбайн

Rübenköpfer *m* свекловичный ботвосрезатель

Rübenrodemaschine *f* свеклокопатель; корнеуборочная машина

Rübenschneidemaschine *f* свеклорезка

Rübenvollerntemaschine *f* свеклоуборочный комбайн

Rübenzucker *m* свекловичный сахар

Ruberoid *n* рубероид

Rubidium *n* рубидий, Rb

Rubin *m* рубин

Rüböl *n* сурепное масло

Rückansicht *f* вид сзади

Rückassembler *m прогр.* обратный ассемблер, реассемблер

Rückbau *m горн.* выемка обратным ходом; отработка в обратном порядке

Rückbildung *f* восстановление (*напр. упругое*)

Rückdiffusion *f* обратная диффузия

RÜCKDRUCK

Rückdruck *m* противодавление, реактивное давление
Rückelektrode *f* общий электрод (*в ЖК-индикаторе*)
Rücken I *m* 1. обух 2. задняя грань (*напр. резца*); затылок (*зуба фрезы*) 3. корешок (*книги*)
Rücken *n* II 1. лес. трелёвка (*деревьев, хлыстов и сортиментов*) 2. горн. передвижка (*конвейера*); передвижение (*крепи*) 4. ж.-д. передвижка (*пути*)
Rückfahrleuchte *f*, **Rückfahrscheinwerfer** *m* *авто* фонарь заднего хода
Rückfallzeit *f* время возврата
Rückfaltung *f* *мат.* обращение свёртки
Rückfederung *f* упругая отдача; упругое восстановление; упругое последействие
Rückflanke *f* срез импульса
Rückfluß *m* *хим.* флегма
Rückführung *f* 1. обратная связь 2. *маш.* механизм обратного хода 3. возврат; рециркуляция
~, **nachgebende** гибкая обратная связь
~, **starre** жёсткая обратная связь
~, **verzögerte** обратная связь с временной задержкой; запаздывающая обратная связь
~, **zusammengesetzte** многокомпонентная обратная связь
Rückführungsfaktor *m* коэффициент обратной связи
Rückgabe *f* возврат (*напр. монеты в автомате*)
Rückgangsverhältnis *n* коэффициент возврата (*напр. реле*)
rückgekoppelt с обратной связью; охваченный цепью обратной связи
Rückgewinnung *f* регенерация, регенерирование; рекуперация
Ruckgleiten *n* *маш.* прерывистое скольжение (*при наличии значительного трения*)
Rückglühen *n* отпуск (*стали*)
Rückhaltebecken *n* *гидр.* 1. аккумулирующий бассейн (*насосно-аккумулирующей электростанции*) 2. аккумулирующее водохранилище, водохранилище паводкового регулирования
Rückhaltefilter *n* обратный фильтр
Rückholfeder *f* возвратная пружина
Rückhördämpfung *f* *свз* затухание местного эффекта

Rückhördämpfungsschaltung *f* *свз* противоместная схема
Rückhören *n* *свз* местный эффект
Rückkehr *f* возврат; возвращение
~ **vom Interrupt** *вчт* возврат из прерывания
~ **vom Unterprogramm** *вчт* возврат из подпрограммы
Rückkehradresse *f* *вчт* адрес возврата
Rückkehrbefehl *m* *вчт* команда возврата
Rückkehrkabine *f* *косм.* возвращаемый модуль (*с экипажем*)
Rückkehrkapsel *f* *косм.* возвращаемый аппарат; спасаемая капсула (*с приборами*)
Rückkehrkode *m* код возврата
Rückkehrpunkt *m* *мат.* точка возврата
Rückkehrstufe *f* *косм.* взлётная ступень
Rückkehrteil *m* *косм.* возвращаемый модуль; возвращаемый отсек
Rückkohlung *f* рекарбюризация
Rückkopplung *f* обратная связь
Rückkopplungsfaktor *m* коэффициент обратной связи
Rückkopplungsgrad *m* глубина обратной связи
Rückkopplungsnetzwerk *n* цепь обратной связи
Rückkopplungsschaltung *f* регенеративная схема
Rückkopplungssignal *n* сигнал обратной связи
Rückkopplungsverstärker *m* усилитель с обратной связью; регенеративный усилитель
Rückkühlwasser *n* оборотная [циркуляционная] вода
Rücklauf *m* 1. *маш.* возвратное движение, возврат; обратный ход 2. *элн, тлв* обратный ход (*электронного луча*) 3. обратная перемотка (*ленты магнитофона*) 4. *мет.* возврат; оборотный материал 5. *хим.* флегма 6. слив; сток
Rücklaufgetriebe *n* механизм обратного хода
Rücklaufübertrag *m* *вчт* циклический перенос
Rücklaufzeit *f* время возврата; время обратного хода
Rücklesekontrolle *f* *вчт* эхо-контроль
Rücklicht *n*, **Rückleuchte** *f* *авто* задний свет, задний фонарь
Rückmeldung *f* подтверждение, квитирование; сигнал подтверждения [квитирования]
Rückprallelastizität *f* эластичность по отскоку
Rückprojektionsverfanren *n* метод рирпроекции (*метод комбинированной киносъёмки*)
Rückreaktion *f* обратная реакция
Rückschlag *m* 1. отдача 2. обратный удар

Rückschlagventil *n* обратный клапан

Rückschluß(körper) *m* эл. магнитопровод

Rücksetzbefehl *m* команда сброса

Rücksetzeingang *m* вход (сигнала) сброса, R-вход, вход обнуления; вход (сигнала) общего [системного] сброса; вход (сигнала) начальной установки

Rücksetzen *n* сброс (*напр. счетчика, триггера*); обнуление (*напр. счетчика*); установка в ноль (*напр. регистра*); возврат (в исходное состояние); общий [системный] сброс; установка в начальное состояние

Rücksetzimpuls *m* сигнал сброса; сигнал общего [системного] сброса

Rücksetzleitung *f* шина сброса; линия сброса

Rücksetzschalter *m* переключатель общего [системного] сброса; переключатель установки в начальное состояние

Rücksetzschwelle *f* порог отпускания

Rücksetzsignal *n* сигнал сброса; сигнал общего [системного] сброса

Rücksetzspannung *f* напряжение отпускания (*триггера*)

Rücksetzstrom *m* ток отпускания (*триггера*)

Rücksetztaste *f* 1. кнопка сброса 2. *вчт* клавиша возврата на одну позицию

Rücksetzung *f см.* **Rücksetzen**

Rückspannung *f эл.* обратное напряжение

Rückspiegel *m авто* зеркало заднего обзора

Rücksprung *m вчт* возврат (к основной программе)

~ **aus einem Unterprogramm** возврат из подпрограммы

~ **in das Programm** возврат в (основную) программу

Rücksprungadresse *f вчт* адрес возврата

Rücksprungbefehl *m вчт* команда возврата

Rücksprungstelle *f вчт* точка повторного входа (в программу)

Rückspulen *n* обратная перемотка

Rückstand *m* остаток; осадок

Rückstau *m* 1. *гидр.* обратный подпор 2. *мет.* отставание (*вход металла в прокатные валки со скоростью, меньшей окружной скорости валков*)

Rückstelleingang *m см.* **Rücksetzeingang**

Rückstellfeder *f* возвратная пружина

Rückstellkraft *f* 1. восстанавливающая сила; стабилизирующая сила 2. противодействующая сила (*в измерительных приборах*)

Rückstellmoment *n* 1. восстанавливающий момент; стабилизирующий момент 2. противодействующий момент (*в измерительных приборах*)

Rückstellung *f* возврат; сброс

Rückstoß *m* отдача

Rückstoßenergie *f* энергия отдачи

Rückstoßimpuls *m* импульс отдачи

Rückstoßkraft *f* реактивная сила

Rückstoßneutron *n* нейтрон отдачи

Rückstoßnukleon *n* нуклеон отдачи

Rückstoßproton *n* протон отдачи

Rückstrahler *m* 1. *авто* световозвращатель 2. отражатель, рефлектор

Rückstrahlung *f* отражение

Rückstrahlungswinkel *m* угол отражения

Rückstreumessung *f* измерение обратного рассеяния, измерение альбедо

Rückstreuquerschnitt *m* сечение обратного рассеяния

Rückstreuung *f* обратное рассеяние

Rückstrom *m эл.* обратный ток

Rücktrittbremse *f* педальный тормоз (*напр. велосипеда*)

Rückumlauf *m* рециркуляция

Rückverdrahtung *f* монтаж на кросс-плате; монтаж на задней панели

Rückverdrahtungsfeld *n* задняя панель (*для монтажа соединений*)

Rückverdrahtungsleiterplatte *f см.* **Rückverdrahtungsplatine**

Rückverdrahtungsplatine *f* кросс-плата

Rückverdrahtungsplatte *f* задняя панель (*для монтажа соединений*)

Rückvergrößerungsgerät *n* устройство для чтения микрофильмов и микрофишей

Rückwandplatine *f* кросс-плата; задняя панель (*для монтажа соединений*)

Rückwandverdrahtung *f* монтаж на кросс-плате; монтаж на задней панели

Rückwärtsbewegung *f* обратный ход; обратное движение

Rückwärtsdiode *f* обращённый диод

Rückwärtsgang *m* 1. *авто* передача заднего хода 2. *авто* задний ход 3. обратный ход

Rückwärtslauf *m* обратный ход

Rückwärtsrichtung *f* обратное направление

Rückwärtsschnitt *m* 1. *геод.* обратная засечка 2. *горн.* зарубка обратным ходом

Rückwärtsschritt *m вчт* возврат на одну позицию

RÜCKWÄRTSSCHRITTASTE

Rückwärtsschrittaste *f вчт* клавиша возврата на одну позицию
Rückwärtswellenröhre *f элн* лампа обратной волны, ЛОВ
Rückwärtszähler *m* счётчик обратного действия, вычитающий счётчик
Rückwärtszählimpuls *m* импульс обратного счёта
Rückweisegerade *f* линия отбраковки
Rückweisegrenzqualität *f* предельный уровень качества при отбраковке
Rückweisung *f* отбраковка; браковка
Rückweiswahrscheinlichkeit *f* вероятность браковки (*изделий*); вероятность забракования (*партии продукции*)
Rückwirkung *f* 1. обратное действие; реакция, противодействие 2. обратная связь 3. реактивное воздействие (*напр. выходных сигналов на входные*)
rückwirkungsfrei без реактивного воздействия (*напр. выходных сигналов на входные*)
Rückzug *m* отвод (*напр. резца*); обратный ход
Rückzündung *f* обратная вспышка
Ruder *n* руль ◇ **das ~ umlegen** *мор.* перекладывать руль
Ruderanlage *f мор.* рулевое устройство (*судна*)
Ruderantrieb *m* 1. *мор.* рулевой привод 2. *ав.* привод руля
Ruderausgleich *m* 1. *мор.* компенсация рулей 2. *ав.* компенсация рулей (*напр. аэродинамическая*)
Ruderausschlag *m ав.* отклонение руля
Ruderblatt *n мор.* перо руля
Ruderboot *n* вёсельная шлюпка
Rudergestänge *n мор.* рулевые тяги
Ruderhacke *f мор.* пятка руля
Ruderjoch *n мор.* поперечный румпель
Ruderkennwerte *m pl мор.* характеристики руля
Ruderkoker *m мор.* гельмпорт, гельмпортовая труба
Ruderlagenanzeiger *m мор.* рулевой указатель, аксиометр
Ruderlegen *n мор.* перекладка руля
Ruderleine *f мор.* штуртрос
Ruderleitung *f мор.* штуртросовая проводка
Rudermaschine *f* 1. *мор.* рулевая машина 2. *ав.* бустер (рулей)
Rudermoment *n мор.* момент на баллере руля
Ruderpinne *f мор.* румпель

Ruderquadrant *m мор.* рулевой сектор; секторный румпель
Ruderschaft *m мор.* баллер руля
Ruderschaftsnennmoment *n мор.* номинальный момент на баллере руля
Rudersteven *n мор.* рудерпост
Ruderwächter *m мор.* авторулевой
Ruderwinkel *m мор.* угол перекладки руля
Ruf *m* вызов
Rufbefehl *m вчт* команда вызова
Rufnummer *f* номер (абонента)
Rufschalter *m* вызывной ключ
Rufwelle *f* вызывная волна
Rufzeichen *n pl* 1. позывной (сигнал) 2. *тлф* вызывной (тональный) сигнал
Ruheenergie *f* энергия покоя
Ruhekontakt *m эл.* нормально-замкнутый [размыкающий] контакт
Ruhelage *f* положение покоя
Ruheleistung *f вчт* мощность, потребляемая в режиме хранения
Ruheleistungsaufnahme *f вчт* энергопотребление в режиме резерва; мощность, потребляемая в режиме хранения
Ruhemasse *f физ.* масса покоя (*напр. элементарной частицы*)
Ruhepotential *n* потенциал покоя, стационарный потенциал
Ruhereibung *f* трение покоя
Ruhespannung *f* напряжение покоя; напряжение при отсутствии сигнала; напряжение закрытого прибора (*напр. транзистора*)
Ruhestellung *f* положение покоя
Ruhestrom *m* 1. ток покоя; ток при отсутствии сигнала 2. *вчт* ток (потребления в режиме) хранения
Ruhestrombetrieb *m вчт* режим хранения
Ruhestromkontakt *m см.* **Ruhekontakt**
Ruhestromschaltung *f* схема цепи тока покоя
Ruhezustand *m* 1. состояние покоя 2. режим покоя; режим отсутствия сигнала 3. режим простоя 4. *вчт* режим резерва
Ruhmasse *f см.* **Ruhemasse**
Rührkessel *m* 1. ёмкость с мешалкой; реактор смешения, реактор с мешалкой 2. растворитель с мешалкой (*в производстве химического волокна*)
Rührreaktor *m* реактор смешения, реактор с мешалкой
Rührwerk *n* 1. мешалка 2. импеллер (*напр. флотационной машины*)

Rührwerkkessel *m* см. **Rührkessel**
Rührwerksapparat *m* аппарат с мешалкой
Rumpf *m* 1. корпус; остов 2. фюзеляж (*самолёта*) 3. с.-х. стойка (*плуга*)
Rundbiegen *n* гибка по кругу, круговая гибка
Rundblickaufnahme *f* панорамная съёмка
Rundblickradaranlage *f*, **Rundblickstation** *f* РЛС кругового обзора
Runderneuern *n*, **Runderneuerung** *f* восстановление (*шины*), наложение нового протектора
Rundförderer *m* круговой транспортёр
Rundformprüfgerät *n* кругломер
Rundfüller *m* карусельная разливочная машина
Rundfunk *m* радиовещание; радио
Rundfunkband *n* радиовещательный диапазон
Rundfunkempfänger *m* радиовещательный приёмник; радиоприёмник
Rundfunkfrequenz *f* радиочастота
Rundfunkgerät *n* радиоприёмник
Rundfunkleitungsnetz *n* радиотрансляционная сеть
Rundfunksender *m* радиовещательная станция
Rundfunksignal *n* радиосигнал
Rundfunktechnik *f* техника радиовещания
Rundfunkübertragung *f* радиовещание; радиотрансляция
Rundfunkwellenband *n* радиовещательный диапазон
Rundgewinde *n* круглая резьба
Rundgliederförderkette *f* круглозвенная тяговая цепь
Rundhämmermaschine *f* ротационно-ковочная машина
Rundhämmern *n* см. **Rundkneten**
Rundheitstoleranz *f* допуск круглости
Rundholz *n* круглые лесоматериалы, круглые сортименты
Rundholzstapler *m* бревноукладчик
Rundkneten *n* мет.-об. радиальное обжатие, ротационная ковка
Rundkolben *m* круглодонная колба
Rundkopfschraube *f* болт с полукруглой головкой; винт с полукруглой головкой
Rundlauf *m* см. **Rundlaufen**
Rundlaufen *n* строгоцентрированное вращение, вращение без радиального биения
Rundlauffehler *m* радиальное биение
Rundlaufgenauigkeit *f* точность вращения; точное [строгоцентрированное] вращение
Rundlaufschlag *m* радиальное биение

Rundlauftoleranz *f* допуск радиального биения
Rundmeißel *m* круглый резец
Rundmesser *n* дисковый нож (*дисковых ножниц*)
Rundmutter *f* круглая шлицевая гайка
Rundofen *m* круглая печь
Rundriemen *m* круглый ремень
Rundschalttisch *m* делительно-поворотный стол
Rundschalttischmaschine *f* станок с делительно-поворотным столом
Rundschleifen *n* мет.-об. круглое шлифование
Rundschleifmaschine *f* круглошлифовальный станок
Rundsichtbild *n* панорамное изображение, панорама
Rundsichtbus *m* панорамный автобус
Rundsichtgerät *n* 1. РЛС кругового обзора 2. индикатор кругового обзора
Rundsichtradar *n* РЛС кругового обзора
Rundskala *f* круговая шкала; лимб
Rundsprechanlage *f* селектор
Rundstange *f* круглый пруток
Rundsteuerung *f* эл. централизованное телеуправление
Rundstrahlantenne *f* ненаправленная [всенаправленная] антенна
Rundstrahldiagramm *n* круговая диаграмма направленности (*антенны*)
Rundstrahler *m* ненаправленный [всенаправленный] излучатель; ненаправленная [всенаправленная] антенна
Rundstrickmaschine *f* текст. круглотрикотажная [кругловязальная] машина
Rundstrick-Strumpfautomat *m* текст. круглочулочный автомат
Rundsuchanlage *f* РЛС кругового обзора
Rundtaktspeicher *m* маш. поворотный [карусельный] накопитель
Rundung *f* 1. закругление 2. мат. округление
Rundvorschub *m* круговая подача (*при шлифовании*)
Rundwebmaschine *f* круглоткацкий станок
Rundzange *f* круглогубцы
Rundzelle *f* круглый (первичный) элемент
Runge *f* стойка (*вагона, платформы*)
Ruß *m* 1. технический углерод, сажа 2. копоть
Rüssel *m* 1. хобот 2. концентратор (*в системе ультразвуковой обработки*)
Rußkohle *f* сажистый [землистый] уголь

Rüstung f 1. судостроительные леса 2. *стр.* сборка
Rüstungsbetrieb m военный завод
Rüstungsindustrie f военная промышленность
Rüstzeit f *маш.* подготовительно-заключительное время
Ruthen n *см.* Ruthenium
Ruthenium n рутений, Ru
Rutherford n резерфорд, Рд
Rutil m *мин.* рутил
Rutsch m 1. оползень 2. *см.* Rutschen 1.
Rutsche f 1. лоток; гравитационный лоток; спускной лоток, спускной жёлоб, спуск 2. *горн.* рештак
Rutschen n 1. скольжение; проскальзывание; пробуксовывание, пробуксовка 2. занос, юз (*автомобиля*)
Rutschkupplung f проскальзывающая муфта
Rutschung f сползание (*откоса*); оползень
Rutschzuführung f гравитационная подача, подача самотёком; загрузка самотёком
Rüttelbeton m вибробетон
Rüttelbohle f виброрейка, вибробрус
Rüttelbühne f виброплощадка (*см. тж* Rütteltisch*)*
rüttelfest вибростойкий
Rüttelfestigkeit f вибростойкость, виброустойчивость; вибропрочность, тряскостойкость
Rüttelformmaschine f встряхивающая формовочная машина
Rüttelgerät n вибратор
Rüttelhammer m вибромолот
Rüttelherdofen m печь с пульсирующим подом
Rüttellanze f вибробулава
Rüttelmagazin n вибробункер
Rütteln n 1. вибрация; вибрационная обработка 2. встряхивание 3. вибрирование (*бетона*), уплотнение (*бетонной смеси*) вибрацией
Rüttelplatte f виброплита
Rüttelsieb n виброгрохот; вибросито
Rütteltisch m 1. виброплощадка (*вибрационная установка для уплотнения бетонной смеси при изготовлении сборных железобетонных конструкций и изделий*) 2. вибростол
Rüttelverdichtung f виброуплотнение
Rüttelvorrichtung f встряхиватель
Rüttelwalze f виброкаток
Rüttler m вибратор
Rydbergkonstante f постоянная Ридберга
RZ-Kode [Return-to-Zero-...] m код с возвращением к нулю

S

Säapparat m высевающий аппарат (*сеялки*)
Saat f 1. сев; посев 2. посевы 3. *см.* Saatgut
Saatgut n семена, семенной [посевной] материал
Saatgutaufbereitung f семяобработка, обработка [очистка и сортировка] семенного материала
Saatgutbeizung f протравливание семян
Saatgutbereiter m семяочистительно-сортировальная машина; семяочистительная машина, веялка
Saatgutprüfung f проверка качества семян; проверка семян на всхожесть
Saatgutreinigungsanlage f семяочистительно-сортировальная машина
Saatgutreinigungsmaschine f семяочистительная машина
Saccharat n сахарат
Saccharimeter n сахариметр
Saccharimetrie f сахариметрия
Sacharat n *см.* Saccharat
Sacharimeter n *см.* Saccharimeter
Sacharimetrie f *см.* Saccharimetrie
Sacharose f сахароза
Sachverständige m эксперт
Sackfilter n мешочный фильтр
Sackloch n глухое отверстие
Sackung f осадка; просадка; неравномерное оседание
SACMOS [Self-Aligned CMOS] 1. КМОП-структура с самосовмещённым затвором 2. технология КМОП ИС с самосовмещёнными затворами
Saftpresse f соковыжималка
Säge f пила
Sägeblatt n пильное полотно, полотно пилы
Sägedach n *см.* Sheddach
Sägefurnier n пилёный шпон
Sägegatter n лесопильная рама; пилорама
Sägemaschine f пильный станок
Sägen n пиление, распиловка, распиливание
Sägengewinde n *маш.* упорная резьба
Sägespäne pl опилки

Sägewerk *n* лесопильный завод; лесопилка
Sägezahnbeschlag *m* текст. пильчатая гарнитура
Sagezähne *m pl* зубья пилы
sägezahnförmig пилообразный
Sägezahngenerator *m* генератор пилообразного напряжения, ГПН; генератор линейно изменяющегося напряжения, ГЛИН
Sägezahnsignal *n* пилообразный импульс
Sägezahnspannung *f* пилообразное напряжение
SAGMOS [Self-Aligned Gate MOS] *f* **1.** МОП-структура с самосовмещённым затвором; МОП ИС с самосовмещённым затвором **2.** технология МОП ИС с самосовмещёнными затворами
Saisonspeicher *m* водохранилище сезонного регулирования
Saitenelektrometer *n* струнный электрометр
Saitengeber *m* струнный датчик
Säkulargleichung *f* вековое уравнение
Säkularvariation *f* вековая вариация
Salinität *f* солёность (*воды*)
Salinometer *n* солемер
Salizylsäure *f* салициловая кислота
Salmiak *m* нашатырь
Salmiakgeist *m* нашатырный спирт
Salpeter *m* селитра
Salpeterdünger *m* нитратное удобрение
salpetersauer азотнокислый
Salpetersäure *f* азотная кислота, HNO_3
salpetrig азотистокислый
Salz *n* соль
Salzbad *n* солевая [соляная] ванна; солевая баня
Salzbadaufkohlung *f* жидкостная цементация
Salzbadnitrieren *n* азотирование в жидкой среде, жидкостное азотирование
Salzboden *m* **1.** солончак **2.** засолённая почва
Salzdom *m* соляной шток
Salzen *n* засол, засолка
Salzgehalt *m* содержание солей, солесодержание
Salzgehaltmesser *m* солемер
Salzhorst *m см.* **Salzdom**
Salzkohle *f* бурый уголь с повышенным содержанием окиси натрия [Na_2O]
Salzlager *n* соляная залежь
Salzlagerstätte *f* соляное месторождение
Salzlake *f* рассол; *кож.* тузлук
Salzlakebehandlung *f кож.* тузлукование
Salzlauge *f* рассол; маточный раствор

Salzlösung *f* солевой раствор; рассол
Salznebeltest *m* испытания на коррозионную стойкость в солевом тумане
salzsauer хлористоводородный
Salzsäure *f* соляная кислота, HCl
Salzschmelze *f* солевой расплав, расплав соли
Salzschmelzen *f pl* расплавленные солевые электролиты
Salzsole *f* рассол
Salzspiegel *m* соляное зеркало
Salzsprengung *f см.* **Salzverwitterung**
Salzstock *m см.* **Salzdom**
Salztektonik *f* соляная тектоника
Salzton *m* соленосная глина
Salzüberhang *m* соляной карниз (*в верхней части соляного штока*)
Salzverwitterung *f* соляное выветривание
Samarium *n* самарий, Sm
Sämaschine *f* сеялка
Samenbeizung *f* протравливание семян
Sämischgerbung *f* выделка замши; жировое *или* комбинированное формальдегидно-жировое дубление
Sämischleder *n* замша
Sammelbecken *n* сборный бассейн; сборный резервуар
Sammelbehälter *m* **1.** сборный резервуар; сборный бак; сборник **2.** приёмный резервуар (*насосной станции*)
Sammeldrän *m* (дрена-)коллектор
Sammelflasche *f* ресивер
Sammelkanal *m* **1.** *эл.* (кабельный) коллектор **2.** сборный канал, коллектор
Sammelleitung *f* коллектор
Sammellinse *f опт.* собирающая линза
Sammelpresse *f с.-х.* пресс-подборщик
Sammelroder *m с.-х.* копатель-подборщик; картофелеуборочный комбайн; свеклоуборочный комбайн
Sammelrohr *n* трубчатый коллектор
Sammelschalter *m тлф* концентратор
Sammelschaltung *f тлф* циркулярная схема
Sammelschiene *f* **1.** *эл.* сборная шина **2.** *вчт* магистраль, общая шина
Sammelschienensystem *n эл.* ошиновка
Sammler *m* **1.** *эл.* аккумулятор; аккумуляторная батарея **2.** коллектор (*напр. коллектор для осушения в мелиоративных системах*) **3.** *мет.* копильник (*вагранки*) **4.** *горн.* собиратель (*флотореагент*)
~, offener открытый коллектор

Sammlerzelle f аккумуляторный элемент
SAMNOS [Self-Aligned gate MNOS] f 1. МНОП-структура с самосовмещённым затвором; МНОП ИС с самосовмещённым затвором 2. *см.* **SAMNOS-Technik**
SAMNOS-Struktur f МНОП-структура с самосовмещённым затвором
SAMNOS-Technik f технология (изготовления) МНОП ИС с самосовмещёнными затворами
SAMOS [1.—2. Self-Aligned gate MOS 3.—4. Stacked gate Avalanche injection MOS] f 1. МОП-структура с самосовмещённым затвором 2. технология МОП ИС с самосовмещёнными затворами 3. лавинно-инжекционная МОП-структура с многоуровневыми затворами 4. технология получения лавинно-инжекционных МОП-структур с многоуровневыми затворами
SAMOS-Struktur f 1. МОП-структура с самосовмещённым затвором 2. лавинно-инжекционная МОП-структура с многоуровневыми затворами
SAMOS-Technik f 1. технология получения МОП-структур с самосовмещёнными затворами 2. технология получения лавинно-инжекционных МОП-структур с многоуровневыми затворами
Sample-and-Hold-Einheit f устройство выборки и хранения, УВХ
Sample-and-Hold-Schaltung f схема выборки и хранения; устройство выборки и хранения, УВХ
Sample-and-Hold-Verstärker m усилитель выборки и хранения
Sample-Hold-Schaltkreis m *см.* **Sample-and-Hold-Schaltung**
Sample-Hold-Verstärker m *см.* **Sample-and-Hold-Verstärker**
Sampler m элн дискретизатор
Sampling n элн (временна́я) дискретизация; взятие отсчётов; выборка
Samplingfrequenz f элн частота дискретизации
Samplingoszillograf m, **Samplingoszilloskop** m элн стробоскопический осциллограф, стробосциллограф
Samplingperiode f элн период дискретизации
Samplingrate f элн частота дискретизации
Samplingtheorem n теорема отсчётов, теорема о дискретном представлении (*аналогового сигнала*), теорема Котельникова
Samt m бархат

Sand m 1. песок 2. формовочная смесь, формовочный песок
~, **lehmiger** супесь
Sandaufbereitung f смесеприготовление, приготовление формовочной смеси
Sandaufbereitungsanlage f смесеприготовительная установка
Sandbaum m *текст.* вальян
Sandbeton m песчаный бетон
Sandboden m 1. песчаная почва 2. песчаный грунт
Sandeinschluß m 1. песчаная раковина 2. раскатанное [раскованное] загрязнение (проката), песочина
Sandfang m 1. песколовка 2. *бум.* песочница
Sandfilter n песочный фильтр
Sandform f песчаная форма
Sandformerei f формовка в почве [в формовочной яме]
Sandformguß m литьё в песчаные формы
Sandgrube f песчаный карьер
Sandguß m *см.* **Sandformguß**
Sandhaken m (формовочный) крючок
Sandkasten m 1. ящик с песком 2. песочница
Sandpapier n (грубая) наждачная бумага
Sandschleuder f пескомёт
Sandschliff m *геол.* корразия, обтачивание
Sandslinger m формовочный пескомёт
Sandstein m песчаник
Sandstrahlen n пескоструйная обработка
Sandstrahlgebläse n пескоструйный аппарат
Sandstrahlreinigung f пескоструйная очистка
Sandstreuer m 1. пескоразбрасыватель 2. песочница (*локомотива*)
Sandwaschanlage f *см.* **Sandwäsche**
Sandwäsche f пескомойка
Sandwichbauweise f 1. многослойная конструкция; многослойная составная конструкция 2. *ав.* многослойная [трёхслойная] конструкция с заполнителем
Sandwichplatte f многослойная печатная плата
Sandwichstruktur f многослойная структура, структура типа «сэндвич»
Sanftanlaufschaltung f *эл.*, *элн* схема плавного пуска
Sanitär-Installateur m слесарь-сантехник
Sanitärkeramik f санитарно-техническая керамика
Sanitärraumzelle f, **Sanitärzelle** f *стр.* санитарный узел

Sanitärtechnik *f* санитарная техника, сантехника

Sanitätsschutz *m* санитарная охрана

Sanitätsschutzgebiet *n* зона санитарной охраны

Saphir *m* сапфир

Saphirsubstrat *n* элн сапфировая подложка

Sapropel *m* сапропель

Sapropelit *m* сапропелит

Sapropelkohle *f* сапропелевый уголь

Sapropeltorf *m* сапропелевый торф

Sarder *m* *мин.* сердолик *(коричневый карнеол)*

Satellit *m* 1. *астр.* спутник, сателлит; *косм.* спутник 2. *маш.* сателлит, планетарное колесо ◇ einen ~en in die Umlaufbahn bringen выводить спутник на орбиту; einen ~en starten запускать спутник

~, künstlicher искусственный спутник

Satellitenantenne *f* спутниковая антенна

Satellitenbahn *f* орбита спутника

Satellitendirektfunk *m* непосредственное вещание через ИСЗ

Satellitenempfangsanlage *f* приёмная установка спутникового телевидения

Satellitenfernsehen *n* спутниковое телевидение, спутниковая система телевидения

Satellitenkommunikation *f* спутниковая связь

Satellitenlaserortung *f* лазерная локация искусственных спутников

Satelliten-Richtfunkverbindung *f* 1. радиорелейная связь с использованием ИСЗ 2. линия радиорелейной связи с ИСЗ

Satellitenstadt *f* город-спутник

Satin *m* сатин

Satinagekalander *m см.* Satinierkalander

Satinbindung *f* *текст.* сатиновое [атласное] переплетение

Satinieren *n* сатинирование

Satinierkalander *m,* **Satinier(walz)werk** *n* *бум.* суперкаландр

Sattdampf *m* насыщенный пар

Sattel *m* 1. седло; седловина 2. *геол.* антиклиналь 3. *геол.* седло; седловина 4. подушка; опора

Sattelanhänger *m* полуприцеп

Satteldach *n* двускатная крыша

Sattelgerät *n* *с.-х.* полунавесное орудие

Sattelkraftfahrzeug *n* седельный тягач с полуприцепом, автопоезд в составе седельного тягача и полуприцепа

Sattelpunkt *m* *мат.* 1. седловая точка 2. седло *(особая точка дифференциального уравнения 1-го порядка)*

Sattelschlepper *m,* **Sattelzugmaschine** *f* седельный тягач

Sättiger *m* сатуратор

Sättigung *f* 1. насыщение 2. насыщенность 3. *пищ.* сатурация

Sättigungsbereich *m* область насыщения

Sättigungscharakteristik *f* характеристика (полупроводникового) прибора в области насыщения

Sättigungsdampfdruck *m* *хим.* давление насыщенного пара (над раствором)

Sättigungsdruck *m* *хим.* давление насыщения; давление насыщенного пара (над раствором)

Sättigungsdurchflutung *f* магнитодвижущая сила [мдс] насыщения контакта

Sättigungsgebiet *n* область насыщения

Sättigungsgrad *m* степень насыщения, насыщенность; коэффициент насыщения

Sättigungsgrenze *f* предел насыщения

Sättigungsmagnetisierung *f* намагниченность насыщения

Sättigungsremanenz *f* остаточная намагниченность насыщения

Sättigungsspannung *f* напряжение насыщения

Sättigungsstrom *m* ток насыщения

Sättigungsstromanteil *m* составляющая тока насыщения

Sättigungsstromdichte *f* плотность тока насыщения

Sättigungsstromgebiet *n* область тока насыщения

Sättigungstemperatur *f* температура насыщения

Sättigungswiderstand *m* сопротивление насыщения

Saturateur *m* сатуратор

Saturation *f* сатурация

Satz *m* 1. теорема 2. комплект; набор 3. *полигр.* набор 4. осадок, отстой 5. шихта; колоша; садка; порция *(загружаемого материала)* 6. агрегат 7. магазин

Sau *f* настыль, «козёл» *(привар в печи)*

Sauberschleifen *n* чистовое шлифование

Säuberung *f* очистка; чистка

Säuberungshieb *m* *лес.* очистная рубка

Sauer *n* *пищ.* закваска

sauer кислый

Sauerfutter *n* *с.-х.* силос

Sauerstoff *m* кислород, O

SAUERSTOFFAUFBLAS...

Sauerstoffaufblasverfahren *n мет.* кислородно-конвертерный процесс (с продувкой кислородом сверху)
Sauerstoffaustreibung *f* обескислороживание
Sauerstoffblasen *n мет.* кислородное дутьё
Sauerstoff-Blaskonverter *m мет.* кислородный конвертер
Sauerstoffbrennschneiden *n* кислородная резка
Sauerstoffbrücke *f хим.* кислородный мостик
Sauerstoffdonator *m* донорная примесь кислорода
Sauerstoffentfernung *f* обескислороживание
Sauerstoffentzug *m* раскисление, восстановление
Sauerstoffflasche *f* кислородный баллон
Sauerstofffrischen *n мет.* плавка с продувкой кислородом
Sauerstoffgerät *n* кислородный прибор
Sauerstoffkonverter *m мет.* кислородный конвертер
Sauerstoffkonverterverfahren *n мет.* кислородно-конвертерный процесс
Sauerstoffmetallurgie *f* металлургические процессы с подачей кислорода *или* обогащённого кислородом воздуха
Sauerstoffplasma *n* кислородная плазма
Sauerstoffschneiden *n* кислородная резка
Sauerteig *m пищ.* закваска
Säuerung *f* 1. подкисление 2. *пищ.* квашение
Saugbagger *m* землесосный снаряд, земснаряд
Saugbaggerpumpe *f* грунтовой насос
Saugbeton *m* вакуумированный бетон
Saugdiesel *m* безнаддувный дизель, дизель без наддува
Saugdruck *m* давление всасывания
Saugdüse *f* отсасывающее сопло, отсос (*сопло для отсоса припоя*)
Saugentlöteinrichtung *f* устройство для выпайки с отсосом припоя
Sauger *m* 1. *см.* Saugbagger 2. *бум.* сосун 3. *см.* Saugkopf 4. *см.* Sauglüfter
Saugfähigkeit *f* 1. всасывающая способность 2. всасываемость 3. допускаемый кавитационный запас (*насоса; см. тж* **NPSH**) 4. впитываемость, впитывающая способность (*бумаги*)
Saugfilter *n* 1. приёмный фильтр (*всасывающего насоса*) 2. вакуум-фильтр
Saugflasche *f* отсосная склянка
Sauggeschwindigkeit *f см.* **Saugvermögen**
Sauggreifer *m* вакуумный присос

Saugguß *m* литьё вакуумным всасыванием
Saugheber *m* сифон
Saughöhe *f* 1. высота всасывания (*насоса*) 2. *гидр.* высота всасывания (*возвышение рабочего колеса реактивной турбины над уровнем нижнего бьефа*)
~, **geodätische** геометрическая высота всасывания (*жидкости центробежным насосом*)
Saughub *m* 1. такт впуска [всасывания] 2. ход всасывания (*в насосах*)
Saugkopf *m* 1. дефлектор 2. сосунная головка (*земснаряда*)
Saugkorb *m* сетка всасывающей трубы (*насоса*); сетка на линии всасывания
Saugkreis *m эл., рад.* поглощающий контур; отсасывающий контур
Saugkrümmer *m* 1. *гидр.* отсасывающая (изогнутая) труба 2. *гидр.* колено отсасывающей трубы 3. *авто* впускной коллектор
Saugleistung *f см.* **Saugvermögen**
Saugleitung *f* 1. всасывающая гидро- *или* пневмолиния 2. всасывающий трубопровод 3. *авто* впускной трубопровод
Saugluftbremse *f* 1. *авто* тормозная система с гидровакуумным усилителем 2. *ж.-д.* вакуумный тормоз, вакуум-тормоз
Saugluftbremsverstärker *m авто* гидровакуумный усилитель привода тормозов, гидровакуумный усилитель
Sauglüfter *m* вытяжной вентилятор
Sauglüftung *f* вытяжная система вентиляции; вытяжная вентиляция
Saugmotor *m* двигатель (внутреннего сгорания) без наддува, ДВС без наддува
Saugpipette *f* вакуумная пипетка
Saugpumpe *f* 1. всасывающий [откачивающий] насос 2. вакуумный насос
Saugrohr *f* 1. всасывающая труба 2. *гидр.* отсасывающая труба 3. *авто* впускной трубопровод
Saugrohrmündung *f* сосун (*земснаряда*)
Saugschlauch *m* 1. всасывающий рукав 2. *гидр.* отсасывающая (изогнутая) труба
Saugseite *f* сторона всасывания [разрежения]; сторона впуска
Saugstutzen *m* 1. всасывающий патрубок 2. *авто* впускной патрубок
Saugventil *n* всасывающий клапан
Saugventilation *f* вытяжная вентиляция
Saugventilator *m см.* **Sauglüfter**

Saugvermögen *n* скорость откачки (*параметр вакуумного насоса*)
Saugwindreiniger *m* аспиратор
Saugwirkung *f* всасывающее действие; подсос
Saugzahl *f* кавитационная поправка (*для центробежных насосов*)
Saugzug *m* дымосос
Säule *f* 1. *стр., арх.* колонна 2. столб 3. колонна; колонка
~, **Voltasche** Вольтов столб
Säulenbohrmaschine *f* вертикально-сверлильный станок на колонне
Säulenchromatografie *f* хроматография на колонне
Säulendiagramm *n* столбиковая диаграмма
Säulenfundament *n* столбчатый фундамент
Säure *f* кислота
~, **abreagierte** отработанная кислота
~, **arsenige** мышьяковистая кислота
~, **chlorige** хлористая кислота, $HClO_2$
~, **chromige** хромистая кислота, $HCrO_2$
~, **hypochlorige** *см.* **Säure, unterchlorige**
~, **hypojodige** йодноватистая кислота, HIO
~, **hypophosphorige** фосфорноватистая кислота, H_3PO_2, диоксодигидрофосфат(I) водорода, $H(PH_2O_2)$
~, **phosphorige** фосфористая кислота, H_3PO_3, триоксогидрофосфат(III) водорода, $H_2(PHO_3)$
~, **salpetrige** азотистая кислота, HNO_2
~, **schweflige** сернистая кислота, H_2SO_3
~, **selenige** селенистая кислота, H_2SeO_3
~, **tellurige** теллуристая кислота, H_2TeO_3
~, **unterbromige** бромноватистая кислота, HBrO
~, **unterchlorige** хлорноватистая кислота, HClO
~, **unterjodige** йодноватистая кислота, HIO
Säureakkumulator *m* свинцовый [кислотный] аккумулятор
Säurebad *n* 1. кислая ванна 2. кислый электролит
Säure-Base-Theorie *f* теория кислот и оснований
Säure-Base-Titration *f* кислотно-основное титрование
säurebeständig *см.* **säurefest**
Säurebeständigkeit *f см.* **Säurefestigkeit**
Säurechlorid *n* хлорангидрид кислоты
Säurefarbstoffe *m pl* кислотные красители
säurefest кислотостойкий, кислотоупорный
Säurefestigkeit *f* кислотостойкость, кислотоупорность
säurefrei бескислотный
Säurefunktion *f* кислотная функция
Säuregehalt *m* кислотность
Säuregrad *m* 1. градус крепости кислоты 2. кислотность
Säurekatalysator *m* кислотный катализатор
Säurepumpe *f* кислотный насос
Säureraffination (серно)кислотная очистка (*нефтепродуктов*)
Säurerest *m* кислотный остаток
Säureschlauch *m* кислотоупорный рукав
Säureschutzanstrich *m* кислотоупорная окраска
Säurestation *f* кислотная станция, цех кислотных растворов; кислотный отдел
Säureturm *m* кислотная башня
Säurezahl *f* кислотное число
SAVE *англ. вчт* 1. сохранение; запись в сохраняемый файл 2. команда сохранения; команда записи в сохраняемый файл
SAW-Bauelement [Surface Acoustic Waves...] *n элн* прибор на поверхностных акустических волнах, ПАВ-прибор, ПАВ-элемент
S-Bahn *f* городская железная дорога
SBC [Standard Buried Collector] *f см.* **SBC-Technik**
SBC-Schaltkreis *m* биполярная ИС со скрытым коллекторным слоем, изготовленная по базовой технологии
SBC-Technik *f*, **SBC-Technologie** *f* базовая технология ИС на биполярных транзисторах со скрытым коллекторным слоем
Scan-Code *m вчт* скэн-код, код идентификации (нажатой) клавиши
Scandium *n* скандий, Sc
Scanner *m* 1. сканирующее устройство, сканер 2. электронный цветокорректор
Scanning *n англ.* сканирование
Scanningelektronenmikroskop *n* сканирующий [растровый] электронный микроскоп
SCART-Anschluß *m* соединитель (типа) SCART
SCART-Buchse *f* розетка (соединителя) SCART, розетка-соединитель SCART
SCART-Stecker *m* вилка (соединителя) SCART, вилка-соединитель SCART
Scatter *n*, **Scattering** *n англ.* рассеяние (*ультракоротких радиоволн*)
Scattering-Richtfunkverbindung *f* 1. тропосферная радиосвязь; радиорелейная связь, использующая рассеяние (ультракоротких) ра-

диоволн на неоднородностях тропосферы 2. *см.* **Scatterstrecke**

Scatterstrecke *f* тропосферная радиорелейная линия, тропосферная РРЛ, радиорелейная линия [РРЛ] с использованием сверхдальнего тропосферного распространения ультракоротких радиоволн (*за счет их рассеяния на неоднородностях тропосферы*)

SCCD [Surface CCD] *n*, **SCCD-Bauelement** *n* ПЗС с поверхностным каналом; ПЗС с поверхностной структурой

Schäbe *f* костра

Schabeisen *n* шабер; скребок

Schaben *n* 1. *мет.-об.* шевингование 2. шабрение

Schaber *m* 1. *см.* **Schabwerkzeug** 2. шабер; скребок

Schabhobel *m* скобель

Schablone *f* 1. шаблон; *маш.* копир 2. шаблон; трафарет 3. *элн* шаблон; фотошаблон

Schablonendruck *m* трафаретная печать

Schablonenfeld *n* поле фотошаблона

Schablonenformen *n*, **Schablonieren** *n* формовка по шаблону

Schablonenkopie *f* копия (эталонного) фотошаблона

Schablonenkopiergerät *n* фотоповторитель для мультиплицирования изображений фотошаблонов

Schablonenmaske *f* трафарет

Schablonensatz *m* комплект фотошаблонов

Schablonenstruktur *f* изображение [рисунок] фотошаблона

Schablonenvervielfältigungsanlage *f*, **Schablonenvervielfältigungsgerät** *n* фотоповторитель для мультиплицирования изображений фотошаблонов

Schablonieren *n* формовка по шаблону

Schabotte *f* шабот

Schabrad *n* *мет.-об.* шевер

Schabwerkzeug *n* *маш.* шевер (*инструмент для шевингования*)

Schacht *m* 1. шахта (*печи, топки, лифта*) 2. *горн.* шахтный ствол, ствол

~, **seigerer** вертикальный ствол

~, **tonnlägiger** наклонный ствол

Schachtabteufen *n* *горн.* проходка (шахтного) ствола

Schachtausbau *m* *горн.* 1. крепь шахтного ствола, стволовая крепь 2. крепление шахтного ствола

Schachtbaufeld *n* *горн.* шахтное поле

Schachtbohrgerät *n* *горн.* 1. стволовая бурильная установка 2. буровая стволопроходческая установка

Schachtbohrmaschine *f* *горн.* буровая стволопроходческая машина

Schachtbrunnen *m* шахтный колодец

Schachtdurchdringung *f* *горн.* пересечение (шахтного) ствола вспомогательной выработкой; место пересечения (шахтного) ствола вспомогательной выработкой

Schachteinbauten *m pl* армировка (шахтного) ствола

Schachtel *f* коробка

Schachtelkarton *m*, **Schachtelpappe** *f* коробочный картон

Schachtfeld *n* *горн.* шахтное поле

Schachtfeuerung *f* шахтная топка

Schachtflügel *m* *горн.* крыло шахтного поля

Schachtförderanlage *f* *горн.* шахтная подъёмная установка, установка шахтного подъёма, шахтный подъём; установка рудничного подъёма

Schachtfördergefäß *n* *горн.* скип

Schachtfördergerät *n см.* **Schachtfördermaschine**

Schachtfördergerüst *n* *горн.* надшахтный копёр

Schachtförderkapazität *f* *горн.* производительность шахтного подъёма

Schachtförderleistung *f* *горн.* производительность шахтного подъёма; производительность подъёмной установки

Schachtfördermaschine *f* *горн.* (шахтная) подъёмная машина

Schachtförderturm *m* *горн.* башенный (надшахтный) копёр

Schachtförderung *f* *горн.* 1. подъём 2. шахтный подъём, (шахтная) подъёмная установка; рудничный подъём, установка рудничного подъёма

Schachtführung *f* *горн.* направляющий проводник (*шахтного ствола*)

Schachtgerüst *n см.* **Schachtfördergerüst**

Schachtgeviert *n* *горн.* венец крепи (шахтного) ствола

Schachthauer *m* проходчик шахтных стволов, шахтостроитель

Schachthochbrechen *n* *горн.* проходка (шахтного) ствола снизу вверх

Schachtkern *m* *горн.* 1. керн шахтного ствола (*при бурении кольцевым забоем*) 2. (незамо-

роженное) ядро ствола *(в полом ледопородном цилиндре)*
Schachtkernbohrverfahren *n горн.* способ бурения шахтных стволов кольцевым забоем
Schachtklappe *f горн.* ляда
Schachtkorb *m горн.* (шахтная) подъёмная клеть, клеть
Schachtlader *m горн.* стволопроходческая погрузочная машина
Schachtlutte *f горн.* труба для проветривания забоя (шахтного) ствола
Schachtmund *m*, **Schachtmundloch** *n*, **Schachtmündung** *f горн.* устье (шахтного) ствола
Schachtofen *m* шахтная печь
Schachtöffnung *f см.* **Schachtmund**
Schachtquerschnitt *m горн.* поперечное сечение (шахтного) ствола; площадь поперечного сечения (шахтного) ствола в свету
Schachtröhre *f горн.* цилиндрическая полость (шахтного ствола); шахтный ствол круглого поперечного сечения
Schachtscheibe *f горн.* поперечное сечение (шахтного) ствола
Schachtschrämmaschine *f горн.* стволопроходческая машина избирательного действия
Schachtschwebebühne *f горн.* подвесной проходческий полок
Schachtseil *n горн.* шахтный подъёмный канат
Schachtsicherung *f горн.* укрепление (крепи) шахтного ствола; ремонт крепи (шахтного) ствола
Schachtsohle *f горн.* забой (шахтного) ствола
Schachtsprenglochbohrgerät *n горн.* стволовая бурильная установка
Schachtstörung *f горн.* авария на шахтном подъёме
Schachtsumpf *m горн.* зумпф шахтного ствола, подстволок
Schachtteufe *f горн.* глубина (шахтного) ствола
Schachttransport *m горн.* транспорт (материалов) по (шахтному) стволу
Schachttrockner *m* шахтная сушилка
Schachtturbine *f* шахтная гидротурбина, гидротурбина в открытой камере
Schachtumbruch *m горн.* обгонная выработка околоствольного двора
Schachtumfahrungsstrecke *f*, **Schachtumtrieb** *m см.* **Schachtumbruch**
Schachtvermessung *f горн.* маркшейдерская съёмка шахтного ствола; маркшейдерские измерения в шахтных стволах

Schachtwasserhaltung *f горн.* шахтный водоотлив
Schachtwendel *f горн.* спиральный [винтовой] спуск в слепом стволе
Schaden *m* 1. вред 2. повреждение 3. дефект; неисправность; авария 4. ущерб
Schadenmeldesystem *n* система аварийной сигнализации
Schadenmeldung *f* аварийная сигнализация
Schadensignal *n* аварийный сигнал
schadhaft дефектный; неисправный
Schädlingsbekämpfung *f* борьба с вредителями (растений); защита (растений) от вредителей
Schädlingsbekämpfungsmittel *n pl* средства защиты (растений) от вредителей; пестициды, ядохимикаты
Schadstoff *m* вредное вещество
Schadstoffemission *f* выброс вредных веществ *(в окружающую среду)*
Schadwasser *n* агрессивная вода; агрессивные воды
Schaffußwalze *f* кулачковый каток
Schaft *m* 1. стержень *(напр. заклепки)* 2. *маш.* хвостовик *(режущего инструмента, напр. фрезы, сверла)* 3. *маш.* тело *(напр. вала, оси, резца)* 4. *текст.* ремизка 5. верх обуви; заготовка верха обуви
Schaftaufhänger *m текст.* ремизная подвеска, крючок для подвески ремизной рамки
Schäftestillstand *m текст.* выстой ремизок
Schaftexzenterwelle *f текст.* средний [проступной] вал, вал проступных эксцентриков
Schaftfräsen *n* фрезерование концевой фрезой
Schaftfräser *m* концевая фреза
Schafthebel *m текст.* ремизоподъёмный рычаг, журавлик
Schaftleisten *f pl текст.* ремизные планки
Schaftlitze *f текст.* галево ремизки
Schaftmaschine *f текст.* ремизоподъёмная каретка
Schaftregler *m текст.* крючок для выравнивания подвязи ремизок
Schaftreiter *m текст.* ремизная скобка, скобка для ремизки
Schaftschemel *m см.* **Schafthebel**
Schaftschnur *f текст.* подвязь ремизок, ремизная подвязь; ремизный шнур
Schaftsenker *m* хвостовой зенкер
Schaftstäbe *m pl текст.* ремизные планки
Schaftstütze *f текст.* ремизная стойка

SCHAFTTRITT

Schafttritt *m текст.* проступной рычаг
Schaftwebmaschine *f текст.* ремизный ткацкий станок
Schake *f* звено ковшовой [шарнирной] цепи (*многоковшового экскаватора*)
Schakenkette *f* ковшовая [шарнирная] цепь (*многоковшового экскаватора*)
Schakenteilung *f* шаг ковшовой [шарнирной] цепи (*многоковшового экскаватора*)
Schakung *f* шаг ковшовой [шарнирной] цепи (*многоковшового экскаватора*); шаг установки ковшей; расположение ковшей
Schäkel *m* (грузовая) петля; скоба
Schälchen *n* лодочка (*для выращивания кристаллов*)
Schale *f* 1. оболочка 2. *физ.* (электронная) оболочка (*атома*) 3. *стр., ав.* оболочка 4. вкладыш (*подшипника*) 5. ванночка, кювета (*для обработки негативов*) 6. чашка (*весов*); чаша 7. *с.-х.* скорлупа; кожура; чешуя; ~n *pl* шелуха; лузга 8. корка 9. *горн.* корж, отслоившаяся плита 10. *горн.* клеть (*подъёмника*) 11. челюсть (*грейфера*)
~, **doppelt gekrümmte** *стр.* оболочка двоякой кривизны
~, **einfach gekrümmte** *стр.* оболочка одинарной кривизны
Schälen *n* 1. *мет.-об.* бесцентровая обточка (*деталей типа валов*) 2. *дер.-об.* окорка 3. *с.-х.* лущение (*стерни*)
Schalenbauweise *f* 1. *стр.* оболочечная конструкция, оболочка 2. *ав.* монококковая конструкция
Schalendach *n стр.* покрытие в виде оболочки
Schalengewölbe *f стр.* свод-оболочка
Schalenhartgußteil *n* отбелённая (чугунная) отливка
Schalenkreuzanemometer *n* чашечный анемометр
Schalenkupplung *f* продольно-свёртная муфта
Schalenmodell *n* оболочечная модель (*атомного ядра*)
Schalenwaage *f* чашечные весы
Schäler *m см.* **Schälpflug**
Schälfurnier *n* лущёный шпон
Schälkante *f дер.-об.* обзол
Schall *m* звук
Schallabsorption *f* звукопоглощение
Schallabsorptionsgrad *m* коэффициент звукопоглощения

Schallabsorptionskoeffizient *m см.* **Schallabsorptionsgrad**
Schallaufnahme *f см.* **Schallaufzeichnung**
Schallaufzeichnung *f* звукозапись, запись звука
Schallausbreitung *f* распространение звука
Schallbrechung *f* рефракция звука
Schalldämmstoff *m* звукоизоляционный материал
Schalldämmung *f* звукоизоляция
Schalldämmzahl *f* коэффициент звукоизоляции
Schalldämpfer *m* глушитель шума, глушитель; глушитель звука (*напр. выстрела*), глушитель
Schalldämpfung *f* 1. шумоглушение; звукоизоляция от шума 2. *физ.* затухание звука
schalldicht звуконепроницаемый
Schalldruck *m* звуковое давление
Schalldruckpegel *m* уровень звукового давления; уровень громкости звука (*шум в слышимой полосе частот*)
schalldurchlässig звукопроницаемый
Schalldurchlässigkeit *f* звукопроницаемость
Schallehre *f* акустика
Schalleistung *f* звуковая [акустическая] мощность
Schalleistungspegel *m* уровень звуковой [акустической] мощности
Schalleitfähigkeit *f* звукопроводность
Schalleitwert *m* звукопроводность
Schallenergie *f* звуковая энергия
Schallfilter *n* акустический фильтр
Schallfortpflanzung *f* распространение звука
Schallgerät *n* звуколокатор
Schallgeschwindigkeit *f* скорость звука, звуковая скорость
Schallimpuls *m* звуковой импульс
Schallintensität *f* интенсивность [сила] звука
Schallmauer *f* звуковой барьер
Schallmessung *f* 1. акустические измерения 2. звукометрия
Schallortung *f* звуколокация; шумопеленгация
Schallpegel *m см.* **Schalldruckpegel**
Schallplatte *f* грампластинка
Schallplattenabspielgerät *n* электропроигрыватель; электропроигрывающее устройство, ЭПУ
Schallplattenaufnahme *f* грамзапись
Schallquant *n* фонон
Schallradar *n* звуколокатор
Schallreflexion *f* отражение звука
Schallrille *f* канавка записи

Schallschluckgrad *m см.* **Schallabsorptionsgrad**
Schallschluckstoff *m* звукопоглощающий материал
Schallschluckung *f см.* **Schallabsorption**
Schallschnelle *f* колебательная скорость *(колеблющейся частицы)*
Schallschutz *m* звукозащита; защита от шума; борьба с шумом
Schallschwingungen *f pl* звуковые колебания
Schallsichtgerät *n* ультразвуковой дефектоскоп
Schallspeicherung *f*, **Schallspeicherverfahren** *n* звукозапись, запись звука
Schallspektrum *n* спектр звука; спектр шума
Schallstärke *f см.* **Schallintensität**
Schallstrahlung *f* акустическое излучение
schalltot безэховый, глухой, нереверберирующий
Schallträger *m* звуконоситель
Schallundurchlässigkeit *f* звуконепроницаемость
Schallwandler *m* электроакустический преобразователь
Schallwelle *f* звуковая волна
Schallwiedergabe *f* звуковоспроизведение, воспроизведение звука
Schallzelle *f* акустическая камера
Schallzerstreuung *f* рассеяние звука
Schälmaschine *f* лущильный станок
Schälmesser *n* скобель
Schälpflug *m* (плуг-)лущильник
Schaltalgebra *f* алгебра переключательных схем; алгебра релейных цепей
Schaltanlage *f эл.* распределительное устройство, распредустройство
~, **blechgekapselte** комплектное распределительное устройство, КРУ
~, **feststoffisolierte** распределительное устройство с изоляцией из твёрдого диэлектрика
~, **gekapselte** 1. распределительное устройство с закрытыми ячейками 2. комплектное распределительное устройство, КРУ
~, **vorgefertigte** сборное распределительное устройство
Schaltbelegungstabelle *f* истинностная таблица, таблица истинности
Schaltbewegung *f маш.* делительный поворот
Schaltbild *n* схема; схема соединений
~, **hydraulisches** гидросхема
Schaltbrett *n* распределительная доска, распределительный пульт
Schaltbrücke *f* перемычка

Schaltdiode *f* переключательный диод
Schaltdraht *m* 1. схемный [соединительный] провод; монтажный провод 2. *свз* кроссовый провод
Schalteinrichtung *f* переключающее устройство
Schaltelement *n* 1. переключательный элемент 2. схемный элемент
Schalten *n* 1. включение; выключение; переключение; коммутация 2. *маш.* деление; делительный поворот
Schalter *m* 1. выключатель; переключатель; коммутатор 2. *свз* ключ 3. кнопка
~, **ölarmer** малообъёмный [маломасляный] выключатель
~, **elektronischer** электронный ключ
Schalterarray *n* матричная БИС переключателя [логического ключа]
Schalterbetrieb *m* ключевой режим
Schalterkondensator-Filter *n элн* фильтр с переключаемыми конденсаторами
Schaltertransistor *m* переключающий транзистор, транзисторный ключ
Schalterwirkungsgrad *m* коэффициент усиления тока транзисторного ключа
Schaltfehler *m* погрешность переключения
Schaltflanke *f* фронт тактового синхросигнала, синхронизирующий фронт
Schaltfotodiode *f* переключательный фотодиод
Schaltfrequenz *f* частота коммутации; частота переключений; частота включений
Schaltfunktion *f* переключательная функция, функция комбинационной логики
Schaltgenaugkeit *f* точность индексации (*напр. делительно-поворотного стола станка*)
Schaltgerät *n* коммутационный аппарат
Schaltgeschwindigkeit *f* скорость переключения; быстродействие
Schaltgesetze *n pl* законы коммутации
Schaltgetriebe *n* 1. *маш.* коробка скоростей (*напр. металлообрабатывающего станка*) 2. *авто* коробка передач 3. *маш.* механизм переключения 4. механизм деления (*механизм для преобразования непрерывного движения входного звена в прерывистое движение выходного звена*)
Schaltgruppe *f* группа соединений (*обмоток трансформатора*)
Schalthäufigkeit *f* частота включений; частота переключений
Schalthebel *m* переключающий рычаг; *авто* рычаг переключения передач

SCHALTHYSTERESE

Schalthysterese *f* *элн* напряжение гистерезиса, гистерезис переключения (*разность пороговых напряжений переключения*)
Schaltkarte *f* коммутационная плата
Schaltkasten *m* 1. *эл.* распределительная коробка 2. *маш.* ящик управления; пульт
Schaltklinke *f* собачка храпового механизма
Schaltkreis *m* 1. схема 2. микросхема, интегральная (микро)схема, ИС, ИМС
~, **analoger** аналоговая ИС
~, **anwendungsspezifischer** специализированная ИС
~, **bipolarer** биполярная ИС
~, **digitaler** цифровая ИС
~, **festverdrahteter** БИС с фиксированными межсоединениями
~, **halbkundenspezifischer** полузаказная ИС
~, **hochintegrierter** ИС с высокой степенью интеграции, большая ИС, БИС
~, **höchstintegrierter** ИС со сверхвысокой степенью интеграции, сверхбольшая ИС, СБИС
~, **integrierter** интегральная (микро)схема, ИС, ИМС
~, **kundenprogrammierbarer** ИС, программируемая пользователем [заказчиком]
~, **kundenspezifischer** заказная ИС
~, **linearer (integrierter)** линейная ИС
~, **magnetischer integrierter** магнитная ИС
~, **mikroelektronischer** микроэлектронная схема
~, **monolithischer** [**monolithisch-integrierter**] полупроводниковая [монолитная] ИС
~, **peripherer** периферийная ИС
~, **programmierbarer** программируемая ИС
~, **supergroßer integrierter** сверхбольшая ИС, СБИС
~, **supraleitender** сверхпроводниковая ИС
~, **unipolarer (integrierter)** ИС на полевых транзисторах
~, **verkappter (integrierter)** корпусная [корпусированная] ИС, ИС в корпусе
~, **vollkundenspezifischer** полностью заказная ИС
Schaltkreisausgang *m* выход схемы; выход (интегральной) микросхемы
Schaltkreisbild *n* рисунок схемы
Schaltkreischip *m* кристалл ИС
Schaltkreisdichte *f* плотность упаковки ИС; плотность компоновки схем
Schaltkreisebene *f* степень [уровень] интеграции ИС

Schaltkreiseingang *m* вход схемы; вход (интегральной) микросхемы
Schaltkreiselement *n* схемный элемент; элемент ИС; компонент ИС
Schaltkreisentwicklung *f* разработка схем; схемное [схемотехническое] проектирование
Schaltkreisfamilie *f* серия ИС; семейство логических элементов
Schaltkreisfassung *f* панелька (для) ИС
Schaltkreisfreigabesignal *n* сигнал для отпирающего входа микросхемы, сигнал разрешения кристалла [микросхемы], разрешающий сигнал
Schaltkreisfunktionsdichte *f* функциональная плотность ИС
Schaltkreiskomplexität *f* функциональная сложность ИС; степень интеграции ИС; топологический размер элементов ИС
Schaltkreiskonfiguration *f* конфигурация схемы; схемотехническая структура; топология схемы; топология ИС
Schaltkreis-Layout *n* топология схемы; топология ИС
Schaltkreismuster *n* схемный образец
Schaltkreispin *n* вывод ИС
Schaltkreisredundanz *f* схемная избыточность
Schaltkreissortiment *n* сортимент ИС
Schaltkreistechnik *f* схемотехника
~, **höchstintegrierte** схемотехника СБИС
~, **integrierte** схемотехника БИС
Schaltkreistester *m* схемный тестер, тестер для проверки ИС
Schaltkreistestung *f* проверка схем; тестирование ИС
Schaltkupplung *f* 1. *маш.* сцепная [управляемая] муфта, муфта включения; переключающая муфта 2. *авто* муфта переключения передач
~, **elektromagnetische** электромагнитная муфта скольжения
Schaltkurve *f* кулачок управления
Schaltleistung *f* 1. работа переключения 2. коммутируемая мощность
Schaltlogik *f* комбинационная логика
Schaltmatrix *f* переключательная матрица; коммутационная матрица
Schaltnetzteil *n* *элн* импульсный источник питания
Schaltnetzwerk *n* переключательная схема; ключевая схема

SCHALTUNGSANORDNUNG

Schaltpegel *m* уровень (напряжения) переключения; коммутационный уровень
Schaltplan *m эл.* схема соединений
Schaltplanentwurf *m* проектирование схем(ы); схемотехническое проектирование
Schaltplatte *f* коммутационная плата
Schaltpult *n* пульт управления, коммутационный пульт
Schaltpunkt *m* точка переключения
Schaltrad *n* храповое колесо
Schaltregler *m* импульсный стабилизатор (напряжения)
Schaltschema *n* схема включения; схема соединения
Schaltschrank *m* электрошкаф; шкаф распредустройства
Schaltschwelle *f элн* порог переключения; порог чувствительности (*ключевой схемы*)
Schaltspannung *f* 1. напряжение переключения; управляющее напряжение (*транзисторного ключа*); напряжение включения [отпирания] 2. коммутируемое напряжение
Schaltstange *f* тяга управления; тяга переключения, тяга рычага управления
Schaltstellung *f маш.* позиция индексации
Schaltstrom *m* коммутационный ток
Schaltstufe *f* 1. *элн* мультивибратор 2. ступень переключения; ступень включения
Schaltsystem *n* коммутационная система
Schalttafel *f* 1. *эл.* распределительный щит 2. *эл., автм* щит управления
Schaltteilliste *f* спецификация схемных элементов
Schalttisch(aufbau)maschine *f* (агрегатный) станок с многопозиционным делительно-поворотным столом
Schalttransistor *m* транзисторный ключ; переключательный транзистор; коммутирующий транзистор
Schaltüberspannung *f* коммутационное перенапряжение
Schaltuhr *f* таймер
Schaltung *f* 1. схема 2. переключение 3. *маш.* деление; делительный поворот
~, **abgeglichene** уравновешенная [симметричная] схема
~, **analoge integrierte** аналоговая ИС
~, **angepaßte** согласованная схема
~, **anwendungsspezifische** [**applikationsspezifische**] **integrierte** специализированная ИС
~, **bipolare integrierte** биполярная ИС
~, **digitale integrierte** цифровая ИС
~, **gedruckte** печатная схема
~, **gemischte integrierte** гибридная ИС, ГИС
~, **getaktete** тактируемая схема; синхронизируемая схема
~, **hybridintegrierte** гибридная ИС, ГИС
~, **integrierte** интегральная (микро)схема, ИС, ИМС
~, **invertierende** 1. инвертирующая схема, инвертор 2. инвертирующее включение (*операционного усилителя*)
~, **kombinatorische** комбинационная схема
~, **kundenspezifische** заказная ИС
~, **ladungsgekoppelte** ИС на ПЗС
~, **leistungsarme** схема с низкой [малой] потребляемой мощностью; маломощная ИС, ИС с низкой [малой] потребляемой мощностью
~, **lichtempfindliche** фоточувствительная схема
~, **maskenprogrammierbare** ИС с масочным программированием
~, **mehrlagige** [**mehrschichtige**] **gedruckte** многослойная печатная плата
~, **mikroelektronische** (интегральная) микросхема, ИС, ИМС
~ **mit diskreten Bauelementen** схема на дискретных элементах
~ **mit vergrabenem Kanal, ladungsgekoppelte** ПЗС со скрытым каналом
~, **monolithisch integrierte** полупроводниковая [монолитная] ИС
~, **nichtinvertierende** неинвертирующее включение (*операционного усилителя*)
~, **planare integrierte** планарная ИС
~, **programmierbare** ИС, программируемая пользователем [заказчиком]
~, **selbsttestende** схема с самотестированием
~, **sequentielle** последовательностная (цифровая) схема
~, **symmetrische** симметричная [уравновешенная] схема
~, **unipolare integrierte** ИС на полевых транзисторах
~, **unverkappte integrierte** бескорпусная ИС
~, **verhältnisbehaftete** схема «с отношением»
~, **verhältnisfreie** схема «без отношения»
Schaltungsanalysator *m* схемный анализатор
Schaltungsanalyse *f* схемный [схемотехнический] анализ
Schaltungsanordnung *f* схемное устройство; схема

SCHALTUNGSANORDNUNG

~, **integrierte** интегральная микросхема, ИС, ИМС
Schaltungsaufwand *m* схемные затраты
Schaltungsausgang *m* выход схемы
Schaltungsauslegung *f* компоновка схемы
Schaltungsbauelement *n* схемный компонент, компонент схемы
Schaltungsbelegung *f* комбинация сигналов на входе схемы
Schaltungsdichte *f* плотность компоновки схем(ы)
Schaltungsebene *f* степень [уровень] интеграции схем; степень сложности (компоновки) схем
Schaltungselement *n* схемный элемент
Schaltungsentwurf *m* схемотехническое проектирование; проектирование интегральных микросхем [ИС]
~, **rechnergestützter** автоматизированное проектирование ИС; автоматизированное проектирование БИС
Schaltungsfamilie *f* серия ИС; семейство логических элементов
Schaltungsfehler *m* схемная неисправность; сбой схемы
Schaltungsfunktion *f* функция, реализуемая логической схемой
Schaltungsgleichung *f* уравнение переходного процесса
Schaltungsintegration *f* интеграция на уровне схем
schaltungsintegriert схемно-интегрированный
Schaltungskapazität *f* ёмкость схемы; ёмкость монтажа
~, **parasitäre** паразитная ёмкость монтажа
Schaltungskomplexität *f* функциональная сложность ИС; степень интеграции ИС
Schaltungskonfiguration *f* конфигурация схемы; схемотехническая структура; топология схемы
Schaltungsmuster *n* схемный образец; рисунок печатной платы
schaltungsorientiert схемно-ориентированный
Schaltungsplatte *f* схемная плата
~, **gedruckte** печатная плата
Schaltungsprüfung *f* схемный контроль; проверка схем(ы)
Schaltungssimulation *f* схемотехническое моделирование; моделирование (проекта) БИС
Schaltungssynthese *f* синтез схем
Schaltungstechnik *f* схемотехника

Schaltungstopologie *f* топология ИС
Schaltungsverkappung *f* герметизация схем; корпусирование ИС
Schaltverhalten *n* переходная характеристика (процесса) переключения; переходные процессы при переключении; поведение (*напр. транзистора*) в режиме переключения
Schaltverhältnis *n* скорость коммутации; скорость переключения
Schaltverlustleistung *f* мощность потерь при переключении
Schaltvermögen *n* коммутационная способность; быстродействие
Schaltverstärker *m* коммутирующий усилитель; триггер Шмитта
Schaltverzögerung *f* задержка переключения [при переключении]
Schaltverzögerungszeit *f* время задержки при переключении
Schaltwalze *f* барабанный контроллер; барабан контроллера
Schaltwarte *f эл.* 1. главный щит управления 2. диспетчерский пост
Schaltwerk *n* 1. контроллер; включающий механизм 2. *маш.* механизм поворота; делительный механизм, механизм деления
Schaltweg *m* 1. ход переключения 2. *эл.* ход контакта
Schaltzeichen *n* графическое условное обозначение; схемное обозначение
Schaltzeit *f* время переключения
Schaltzeitverhalten *n* переходная характеристика (процесса) переключения
Schaltzentrale *f* центральный диспетчерский пост; центральный пост дистанционного управления
Schaltzustand *m* переключаемое состояние; коммутационное положение
Schalung *f* опалубка
~, **verlorene** разовая опалубка
~, **wiederverwendbare** инвентарная опалубка
Schälung *f см.* **Schälen** 2., 3.
Schälwühlpflug *m* плуг-рыхлитель
Schamotte *f* шамот
Schamottestein *m* шамотный кирпич, шамотный огнеупор
Schandeck *n мор.* планширь
Schanzkleid *n мор.* фальшборт
Schappe *f* 1. *горн.* ложечный бур 2. отходы натурального шёлка, отходы шёлкового производства

Schar I *f мат.* семейство
Schar II *f, n* лемех (*напр. плуга*); лапа (*культиватора*); сошник (*сеялки*); выкопочный рабочий орган (*машины для уборки корнеклубнеплодов*)
Schären *n текст.* снование
Schärfe *f* 1. острота; заострённость 2. резкость; чёткость
Schärfegrad *m см.* **Schlankheitsgrad 2.**
Scharfeinstellen *n,* **Scharfeinstellung** *f опт., фото* наводка на резкость
Schärfen *n* заточка
Schärfentiefe *f опт.* глубина резкости
Scharfschleifmaschine *f* заточный станок, станок для заточки (*режущего*) *инструмента*
Schärgatter *n текст.* шпулярник
Scharnier *n* 1. шарнир 2. *геол.* замок складки
Schattenverfahren *n* теневой метод (*исследования свилей*)
Schätzung *f* оценка
Schaubild *n* график, диаграмма
Schauer *m* ливень
~, **kosmischer** космический ливень, ливень космического излучения
Schaufel *f* 1. лопасть; лопатка 2. ковш (*погрузчика*) 3. лопата; совковая лопата
Schaufeldiffusor *m* лопаточный диффузор
Schaufelfuß *m* корень лопатки
Schaufelkranz *m* 1. обод лопаточного аппарата (*турбины*) 2. лопаточный венец (*компрессора*)
Schaufellader *m* ковшовый погрузчик
Schaufelrad *n* 1. колесо с рабочими *или* направляющими лопатками (*в лопаточных машинах; немецкий термин объединяет понятия* «Laufrad» *и* «Leitrad»); лопаточное колесо (*осевого вентилятора*) 2. ротор, роторное колесо (*роторного экскаватора*)
Schaufelradbagger *m* роторный экскаватор
Schaufler *m* ковшовый погрузчик
Schaukel *f* люлька
Schaukelförderer *m* люлечный конвейер, люлечный транспортёр
Schauloch *n* смотровой люк; глазок
Schauluke *f* смотровой люк
Schaum *m* 1. пена 2. накипь, шлак
Schaumbeton *m* пенобетон
~, **bewehrter** армопенобетон
Schaumbetonmischer *m* пенобетоносмеситель
Schaumbildner *m* пенообразователь; вспениватель

Schaumbildung *f* пенообразование; вспенивание
Schaumdämpfer *m* пеногаситель
Schäumen *n* вспенивание
Schäumer *m* вспениватель; пенообразователь
Schaumflotation *f горн.* пенная флотация
Schaumgenerator *m* пеногенератор
Schaumglas *n* пеностекло
Schaumgummi *m* пенорезина
Schaumkunststoffe *m pl* пенопласты
Schaumlöscher *m* пенный огнетушитель
Schaumlöschverfahren *n* пенотушение
Schaummittel *n* пенообразователь
Schaumpolystyrol *n* пенополистирол
Schaumschlacke *f* термозит
Schaumsilikat *n* пеносиликат
Schaumstoff *m* пеноматериал, вспененный материал
Schautafel *f* табло
Schautür *f* смотровой люк, смотровая дверца
Scheduler *m англ. вчт* планировщик (*часть управляющей программы, распределяющая ресурсы системы*)
Scheelit *m мин.* шеелит
Scheibchen *n* (полупроводниковая) пластина
Scheibe *f* 1. *маш.* шайба 2. диск 3. круг (*напр. шлифовальный*) 4. шкив 5. стекло (*оконное стекло, стекло автомобиля*) 6. элн (полупроводниковая) пластина 7. кристалл-подложка (*для эпитаксиального наращивания*) 8. *вчт* центральный процессорный элемент, микропроцессорная секция
~, **getönte** тонированное стекло
Scheibenarchitektur *f* разрядно-модульная архитектура, архитектура секционированных микропроцессоров
Scheibenbrecher *m* дисковая дробилка
Scheibenbremse *f* дисковый тормоз
Scheibendurchmesser *m* диаметр полупроводниковой пластины
Scheibenegge *f с.-х.* дисковый культиватор
Scheibenfeder *f* 1. *см.* **Scheibenkeil** 2. упругая шайба, упругий шайбовый элемент
Scheibenfräser *m* дисковая фреза
~, **dreiseitiger** [**dreiseitig schneidender**] трёхсторонняя дисковая фреза
Scheibenintegration *f* формирование СБИС на целой полупроводниковой пластине
Scheibenmaskierung *f* маскирование пластины (*слоем фоторезиста*)
Scheibenkeil *m маш.* сегментная шпонка

Scheibenkranz *m* обод шкива
Scheibenkupfer *n* розетная медь
Scheibenkupplung *f* 1. (фрикционная) дисковая муфта 2. *авто* дисковое сцепление
Scheibenmeißel *m* дисковый резец
Scheibenmesser *n* дисковый нож
Scheibenmikroprozessor *m* секционированный микропроцессор
Scheibenmühle *f* дисковая мельница
Scheibenrad *n* дисковое колесо; сплошное колесо
Scheibenrepeater *m* установка проекционной литографии с непосредственным переносом изображений на (полупроводниковую) пластину, установка совмещения и мультипликации, мультипликатор
Scheibenschere *f* дисковые ножницы
Scheibensech *n с.-х.* дисковый нож (*плуга*)
Scheibenthyristor *m* таблеточный тиристор
Scheibenträger *m* подложкодержатель
Scheibenturbine *f* дисковая турбина
Scheibenwerkzeugmagazin *n маш.* дисковый инструментальный магазин
Scheibenwischer *m авто* стеклоочиститель
Scheidearbeit *f* рудоразборка
Scheideerz *n* обогащённая руда
Scheider *m горн.* сепаратор
Scheidetrichter *m* делительная воронка
Scheidewand *f* перегородка; переборка; диафрагма
Scheidung *f* 1. разделение; сепарация 2. аффинаж, рафинирование (*благородных металлов*) 3. *пищ.* дефекация
~, **magnetische** магнитная сепарация
Scheinadresse *f вчт* фиктивный адрес
scheinbar кажущийся; мнимый
Scheinbogen *m* ложная арка
Scheindiskordanz *f геол.* ложное несогласие
Scheinfuge *f* ложный шов
Scheingewölbe *n* ложный свод
Scheinleistung *f эл.* полная мощность
Scheinleitwert *m эл.* полная проводимость
Scheinwerfer *m* 1. прожектор 2. *авто* фара
Scheinwiderstand *m эл.* полное сопротивление, импеданс
Scheinwiderstandsanpassung *f* согласование полных сопротивлений
Scheitel *m* 1. *мат.* вершина 2. замок, ключ (*свода, арки*) 3. *астр.* зенит
Scheitelhaltung *f гидр.* водораздельный бьеф

Scheitelpunkt *m* 1. *астр.* зенит 2. *мат.* вершина
Scheitelwert *m* пиковое [максимальное, амплитудное] значение, максимум; максимальная величина
Scheitelwinkel *m pl мат.* вертикальные углы
Schelf *m, n* (континентальный) шельф
Schellack *m* шеллак
Schellacklack *m* шеллачный лак
Schelle *f* хомут; хомутик; скоба; обойма
Schelleisen *n* (заклёпочная) обжимка
Schema *n* схема; диаграмма
Schematafel *f* графическая панель
schematisch схематический
Schemel *m* турникет
Schenkel *m* 1. ножка (*циркуля*) 2. сторона (*угла, треугольника*) 3. плечо (*угломера*) 4. *геол.* крыло (*складки*) 5. *мет.* полка (*углового или швеллерного профиля*)
Schenkelpolläufer *m эл.* явнополюсный ротор
Schenkelpolmaschine *f эл.* явнополюсная синхронная машина
Scherbeanspruchung *f* напряжение при сдвиге [при срезе]
Scherben *m* черепок
Scherben *m pl* бой (*стекла, керамики*)
Scherbolzen *m* срезной болт
Scherbolzenkupplung *f см.* Scherstiftkupplung
Schere *f* ножницы
~, **fliegende** летучие ножницы
~, **rotierende** дисковые ножницы
Scheren *n* 1. резка (*на ножницах*) 2. стрижка (*волоса*) 3. папильонирование, папильонаж (*земснаряда*)
Scherenfernrohr *n* стереотруба
Scherenstromabnehmer *m ж.-д.* пантографный токоприёмник, пантограф
Scherfestigkeit *f* прочность при сдвиге [при срезе]; сопротивление срезу; сопротивление скалыванию
Scherfläche *f* плоскость сдвига [среза]
Schering-Brücke *f эл.* мост Шеринга
Scherkluft *f* трещина скалывания
Scherkraft *f* 1. срезывающая сила; срезающее усилие; скалывающая сила 2. усилие резания (*при резке ножницами*)
Scherlinie *f* линия сдвига
Scherspannung *f* напряжение сдвига [среза]; касательное напряжение (*закон Гука*)
Scherstift *m* срезной штифт

SCHICHTMUSTER

Scherstiftkupplung *f* срезная предохранительная муфта
Scherung *f* 1. сдвиг, срез; скалывание 2. *геол.* скол, скалывание 3. *мат.* сдвиг
Scherungswinkel *m* угол сдвига
Scherversuch *m* испытание на сдвиг [на срез]
Scheuerfestigkeit *f* устойчивость к истиранию
Scheuerleiste *f* *мор.* привальный брус
Scheuermittel *n* средство для чистки, чистящее средство
Scheuern *n* очистка (*напр. отливок*) в барабанах; галтовка
Scheuertrommel *f* очистной барабан; галтовочный барабан
Schicht *f* 1. слой 2. слой; плёнка; покрытие 3. *геол.* пласт; слой 4. ряд (кирпичной) кладки 5. *метео* ярус 6. смена
~, **abbildende** слой формирования изображения
~, **aktive** активный слой
~, **begrabene** *элн* скрытый слой
~, **diffundierte** диффузионный слой
~, **diffusionshemmende** слой, препятствующий диффузии; противодиффузионный барьер
~, **eindiffundierte** диффузионный слой
~, **einkristalline** монокристаллический слой
~, **epitaktische** эпитаксиальный слой
~, **flachfallende** пологопадающий пласт
~, **fotoaktive** [**fotoempfindliche**] фоточувствительный [светочувствительный] слой
~, **fotoleitende** фотопроводящий слой
~, **implantierte** имплантированный слой, слой, полученный ионной имплантацией
~, **nichtsperrende** антизапирающий слой
~, **n-leitende** слой (с проводимостью) *n*-типа, *n*-слой
~, **p-leitende** слой (с проводимостью) *p*-типа, *p*-слой
~, **reflexionsmindernde** противоотражающий слой
~, **starkfallende** крутопадающий пласт
~, **unbemannte** «безлюдная» (рабочая) смена
~, **vergrabene** *элн* скрытый слой
Schichtabscheidung *f* осаждение слоя; осаждение плёнки
~, **lasergestützte** лазерное осаждение тонких плёнок
Schichtabtragung *f* снятие [удаление] слоя
Schichtabtragungsverfahren *n* метод снятия слоя
Schichtanordnung *f* слоистая [слоевая] структура; многослойная структура
Schichtarbeit *f* шихтование
Schichtaufnahmeverfahren *n* томография
Schichtbauelement *n* плёночный элемент
Schichtbaugruppe *f* плёночный (интегральный) модуль
Schichtboden *m* *мет.* шихтарник, шихтовая площадка
Schichtbrechzahl *f* коэффициент преломления слоя *или* плёнки
Schichtdicke *f* толщина слоя *или* плёнки
Schichtdickenmessung *f* измерение толщины слоя *или* плёнки
Schichtdrehwiderstand *m* (тонко)плёночный переменный резистор
Schichten *n* 1. шихтовка 2. *пласт.* набор пакета, пакетирование
Schichten *f pl*:
~, **diskordante** несогласнозалегающие пласты
~, **konkordante** согласнозалегающие пласты
Schichtendruck *m* пластовое давление
Schichtenfolge *f* свита (*пластов*)
Schichtenkarte *f* гипсометрическая карта
Schichtenlagerung *f* залегание
Schichtenmodell *n* многоуровневая модель, многоуровневая организация (*вычислительной сети*)
Schichtfestmeter *n* складочный кубический метр
Schichtfolge *f* последовательность расположения слоёв
Schichtgitter *n* *крист.* слоистая решётка
Schichtholz *n* клеёная древесина (*с параллельным направлением волокон*)
Schichthybridtechnik *f* гибридная плёночная технология, технология плёночных ГИС
Schichtintrusion *f* пластовая интрузия
Schichtkondensator *m* плёночный конденсатор
Schichtladung *f* послойный заряд (*топлива в цилиндре ДВС*); послойное распределение топлива в заряде
Schichtladungsmotor *m* ДВС с послойным смесеобразованием
Schichtlichtleiter *m* слоистый (диэлектрический) световод
Schichtlinie *f* изогипса, горизонталь; линия уровня
Schichtmächtigkeit *f* мощность пласта
Schichtmaske *f* многослойная маска
Schichtmaterial *n* слой материала, материал с многослойной структурой
Schichtmuster *n* рисунок слоя (*напр. пленоч-*

ной ИС); рисунок в слое; рисунок в плёнке (*напр. на поверхности фотошаблона*)
Schichtpreßstoff *m* слоистый пластик
Schichtschaltung *f* плёночная интегральная микросхема, плёночная ИС
Schichtspeicher *m* плёночная память, плёночное ЗУ
~, **supraleitender** сверхпроводниковая память
Schichtstoff *m* слоистый материал
Schichtstruktur *f* слоистая структура; многослойная структура
Schichtsystem *n* система слоёв
Schichttechnik *f* *элн* плёночная технология
Schichtung *f* 1. слоистость 2. *геол.* слоистость; напластование; наслоение 3. расслоение 4. *метео* стратификация 5. набор пакета, пакетирование
Schichtungsfehler *m* дефект упаковки
Schichtwachstum *n* рост слоя
Schichtwiderstand *m* 1. плёночный резистор 2. (удельное электрическое) сопротивление слоя; поверхностное удельное сопротивление
Schiebebefehl *m* *вчт* команда сдвига
~, **zyklischer** команда циклического сдвига
Schiebebühne *f* передвижная платформа
Schiebedach *n* *авто* крыша (*кузова*) со сдвижной панелью, сдвижная крыша; сдвижная панель крыши (*кузова*)
Schiebehülse *f* подвижная [передвижная] втулка
Schiebekarren *m* тачка
Schiebelehre *f* штангенциркуль
Schiebemuffe *f* втулка включения, включающая втулка (*механизма замыкания сцепной муфты*)
Schiebeoperation *f* *вчт* операция сдвига
Schiebepaar *n* поступательная пара
Schieber *m* 1. заслонка, шибер 2. золотник (*подвижной элемент системы управления потоком рабочей среды*) 3. *мор.* клинкет 4. движок (*напр. реостата*) 5. *маш.* толкатель (*для подачи*)
Schieberegister *n* *вчт* сдвиговый регистр
~, **ladungsgekoppeltes** сдвиговый регистр на ПЗС
Schieberegisterspeicher *m* *вчт* память на сдвиговых регистрах
Schieberegisterzähler *m* счётчик на сдвиговых регистрах
Schiebersteuerung *f* золотниковое распределение; *авто* газораспределение

Schieberventil *n* золотниковый гидро- *или* пневмоаппарат
Schiebewiderstand *m* реостат
Schiebezähler *m* счётчик со сдвигом, сдвигающий счётчик
Schieblehre *f* штангенциркуль
Schiebung *f* 1. *крист.* трансляция 2. угол сдвига
Schiedsanalyse *f* арбитражный анализ
Schiefe *f*:
~ **der Eklyptik** *астр.* наклон [наклонение] эклиптики, наклон плоскости эклиптики к плоскости небесного экватора
Schiefer *m* 1. сланец 2. шифер, шиферный [кровельный] сланец
Schieferöl *n* сланцевое масло
Schieferton *m* *геол.* аргиллит, сланцеватая глина
Schieferung *f* *геол.* 1. сланцеватость 2. рассланцевание
Schieflaufen *n* боковое смещение; сход (*напр. ленты*); перекос
Schiefrigkeit *f* рассланцевание
Schiefstellung *f* перекос
schiefwinklig косоугольный
Schiene *f* 1. рельс 2. *эл.* шина
Schienen- und Trägerwalzwerk *n* рельсобалочный стан
Schienenbahn *f* рельсовая дорога
Schienenbefestigung *f* *ж.-д.* рельсовое скрепление, скрепление рельсов со шпалами
Schienenbremse *f* *ж.-д.* рельсовый тормоз; вагонный замедлитель
Schienenbus *m см.* **Schienenomnibus**
Schienenfahrzeuge *n pl* железнодорожный [рельсовый] подвижной состав
Schienenfuß *m* *ж.-д.* подошва рельса
Schienengleis *n* рельсовый путь; железнодорожный путь
Schienenkarren *m* *ж.-д.* путевая тележка
Schienenkontakt *m* *ж.-д.* рельсовая педаль
Schienenkopf *m* головка рельса
Schienennagel *m* *ж.-д.* (путевой) костыль
Schienenomnibus *m* *ж.-д.* автомотриса
Schienenprofilschablone *f* *ж.-д.* профилометр
Schienenräumer *m* наметельник; рельсоочиститель (*локомотива*)
Schienenschraube *f* *ж.-д.* путевой болт
Schienenspurmaß *n* *ж.-д.* путевой шаблон
Schienenstahl *m* рельсовая сталь
Schienenstoß *m* *ж.-д.* рельсовый стык

Schienenstrang *m ж.-д.* рельсовая нитка
Schienenstromkreis *m ж.-д.* рельсовая цепь
Schienenverleger *m ж.-д.* рельсоукладчик
Schienenwagen *m* рельсовая тележка
Schienenwalzwerk *n* рельсопрокатный стан
Schienenwanderung *f ж.-д.* угон рельсов
Schießarbeit *f* взрывные работы
Schießbaumwolle *f* пироксилин
Schiff *n* судно; корабль
~, **flachgehendes** мелкосидящее судно, судно с малой осадкой
~, **kippsicheres** остойчивое судно
~, **offenes** беспалубное судно
~, **rankes** неостойчивое судно
~, **seetaugliches** *см.* Schiff, seetüchtiges
~, **seetüchtiges** судно с хорошими мореходными качествами
~, **stabiles** остойчивое судно
~, **tiefgehendes** глубокосидящее судно, судно с большой осадкой
Schiffahrt *f* 1. судоходство 2. мореплавание
Schiffahrtskanal *m* судоходный канал
Schiffahrtsperiode *f* навигация
Schiffahrtszeichen *n pl* навигационные знаки
schiffbar судоходный
Schiffbau *m* судостроение; кораблестроение
Schiffbaubetrieb *m* судостроительный завод
Schiffbauindustrie *f* судостроительная промышленность
Schiffbauversuchsanstalt *f* опытовый бассейн
Schiffbrücke *f* плашкоутный мост
Schiffchen *n* 1. лодочка (*для выращивания кристаллов*) 2. челнок (*швейной машины*)
Schiffsantrieb *m* 1. судовой двигатель 2. судовой привод
Schiffsbergung *f* судоподъём
Schiffsblech *n* судостроительная сталь
Schiffsführung *f* судовождение, кораблевождение; навигация
Schiffsgerippe *n* набор судна
Schiffshebewerk *n* судоподъёмник
Schiffshebung *f* судоподъём
Schiffskompaß *m* судовой компас
Schiffsleine *f* линь
Schiffslinien *pl* обводы (*судна*)
Schiffsort *m* место судна
Schiffsraum *m* 1. тоннаж (*судна*) 2. трюм
Schiffsreparaturdock *n* судоремонтный док
Schiffsrumpf *m* корпус судна
Schiffsschleuse *f* судоходный шлюз
Schiffsschraube *f* гребной винт
Schiffsschraubenwelle *f* гребной вал
Schiffsstabilität *f* остойчивость судна
Schiffstransport *m* водный транспорт
Schiffsturbine *f* судовая турбина
Schiffswerft *f* судостроительная верфь, судоверфь
Schiffswiderstand *m* сопротивление воды движению судна
Schiffswinde *f* судовая лебёдка
Schiffszeit *f* судовое время
Schild I *m* щит; щиток
~, **thermischer** тепловая защита (*ядерного реактора*)
Schild II *n* фирменная табличка; заводская табличка
Schildausbau *m горн.* щитовая [оградительно-поддерживающая] механизированная крепь, щитовая (механизированная) крепь
Schildausbaugestell *n горн.* секция щитовой механизированной крепи
Schildbauweise *f* щитовой способ строительства (туннелей)
Schildkröte *f* 1. (искусственная) черепаха 2. *вчт* черепашка (*курсор в системах черепашьей графики*)
Schildkrötengrafik *f вчт* черепашья графика
Schildvortrieb *m* щитовая проходка, щитовой способ проходки (*горных выработок, туннелей*)
Schilfrohr *n* тростник
Schimmel *m* плесень
Schimmelbeständigkeit *f*, **Schimmelfestigkeit** *f* плеснестойкость
Schimmelpilz *m* плесневый гриб(ок); плесень
Schimmelpilztest *m* испытания на плеснестойкость
Schindel *f* гонт, дранка, дрань
Schindelnagel *m* гонтовый гвоздь
Schippe *f* лопата
Schirm *m* 1. экран 2. козырёк 3. юбка (*изолятора*)
~, **biologischer** биологический экран
Schirmbild *n* изображение на экране (*радиолокационного*) индикатора
Schirmgenerator *m* зонтичный гидрогенератор
Schirmgitter *n рад., элн* защитная сетка; экранирующая сетка (*тетрода*)
Schlachthof *m* бойня
Schlachtschiff *n* линкор, линейный корабль
Schlacke *f* шлак ◇ **die ~ abziehen** скачивать [удалять] шлак

SCHLACKE

~, agglomerierte аглопорит
~, granulierte гранулированный шлак
Schlacken *n* шлакование; ошлакование
Schlackenabstich *m* выпуск шлака
Schlackenabzug *m* скачивание [удаление] шлака
Schlackenbeton *m* шлакобетон
~, agglomerierter аглопоритобетон
Schlackenbetonblock *m* шлакоблок
Schlackenbildung *f* шлакообразование
Schlackenbrecher *m* 1. шлакодробилка 2. шлакодробилка (в топке)
Schlackeneinschluß *m* шлаковое включение, шлаковина
Schlackenfang *m* шлакоуловитель
Schlackenfasern *f pl* шлаковолокно
schlackenfrei бесшлаковый
Schlackengranulat *n* гранулированный шлак
Schlackenhaken *m* шлакосниматель
Schlackenkammer *f* шлаковик
Schlackenöffnung *f* шлаковая лётка
Schlackensammler *m* шлаковик
Schlackenstein *m* шлаковый кирпич
Schlackenstich *m* выпуск шлака
Schlackenverblasen *n мет.* фьюмингование (извлечение остатков цинка, свинца и олова из жидкого шлака продувкой угольной пылью или природным газом)
Schlackenverschluß *m* шлаковый затвор
Schlackenwolle *f* шлаковата
Schlackenzement *m* шлаковый цемент, шлакоцемент
Schlafbetrieb *m вчт* режим хранения (с пониженным токопотреблением); режим с низким потреблением мощности
Schlaffheit *f* слабина (каната)
Schlafspannung *f вчт* пониженное напряжение питания (в режиме хранения)
Schlafstrom *m*, Schlafstromaufnahme *f вчт* ток (потребления в режиме) хранения, ток потребления по питанию в режиме хранения; мощность, потребляемая в режиме хранения
Schlag *m* 1. удар 2. биение 3. свивка, крутка (каната)
Schlagarbeit *f* работа удара
Schlagbeanspruchung *f* ударная нагрузка
Schlagbiegefestigkeit *f* сопротивление ударному изгибу
Schlagbiegeversuch *m* испытание на ударный изгиб
Schlagbohren *n* ударное бурение
Schlagbohrer *m* ударный бур, бур для ударного бурения
Schlagbohrmaschine *f* ударная дрель
Schlagbolzen *m* боёк; ударник
Schlagbrecher *m* ударная дробилка
Schlägel *m* 1. (горный) молоток 2. балда; молот ◇ «~ und Eisen» «молоток и кирка» (горная эмблема)
Schlagen *n* 1. биение 2. *текст.* трепание
Schläger *m* 1. било 2. погонялка (ткацкого станка) 3. трепало (трепальной машины) 4. батан (ленткоткацкого станка)
Schlagfestigkeit *f* ударная вязкость, ударная прочность
Schlagkörper *m* ударник
Schlagkreuzmühle *f* крестовая мельница
Schlaglänge *f* шаг свивки (каната)
Schlagleistentrommel *f* бильный барабан
Schlagmaschine *f* 1. канатовьющая машина 2. трепальная машина
Schlagmühle *f* ударная мельница
Schlagprallbrecher *m* ударно-отражательная дробилка
Schlagpresse *f* ковочный пресс
Schlagriemen *m текст.* ремень погонялки
Schlagschrauber *m* ударный винтовёрт; ударный гайковёрт
Schlagseite *f мор.* крен
Schlagtorsionsversuch *m* испытание на ударную вязкость при кручении, динамическое испытание на кручение
Schlagversuch *m* испытание на удар, ударное испытание
Schlagvorrichtung *f текст.* боевой механизм (ткацкого станка)
Schlagweite *f эл.* разрядное расстояние
Schlagwerk *n* 1. копёр (для ударных испытаний) 2. ударный механизм 3. механизм боя (часов)
Schlagwerkzeug *n* ударный инструмент
Schlagwetter *pl горн.* рудничный газ, (взрывчатая) метано-воздушная смесь
Schlagwetteranzeiger *m горн.* индикатор метана, метаноопределитель
Schlagwetterexplosion *f горн.* взрыв рудничного газа, взрыв метано-воздушной смеси
schlagwettersicher *горн.* безопасный по газу, газобезопасный, взрывобезопасный
Schlagzähigkeit *f* ударная вязкость
Schlagzahnfräsen *n* вихревое фрезерование

Schlagzahnfräser *m* однозубая фреза, летучий резец
Schlagzünder *m* ударный взрыватель, взрыватель ударного действия
Schlamm *m* 1. шлам 2. ил
~, **aktiver** активный ил
~, **belebter** активный ил
Schlämmanalyse *f* гранулометрический анализ методом отмучивания
Schlammbüchse *f* желонка
Schlammfänger *m* илоуловитель; грязеуловитель, грязевик
Schlammfaulanlage *f* метантенк
Schlammfaulanlagen *f pl* сооружения для биологической очистки сточных вод
Schlämmkreide *f* отмученный мел
Schlammlöffel *m* желонка
Schlammpumpe *f* 1. шламовый [грязевой] насос 2. иловый насос 3. грунтовой насос
Schlammsammler *m* грязеуловитель, грязевик; отстойник
Schlammstrom *m* сель, селевой поток
Schlammtrockenplatz *m* иловая площадка
Schlammwasser *n* илистая вода
Schlange *f* змеевик
Schlangenkühler *m* змеевиковый охладитель
Schlangenrohr *n* змеевик
Schlankheitsgrad *m* 1. гибкость стержня (*отношение приведённой длины стержня к наименьшему радиусу инерции его поперечного сечения, характеризующее способность стержня сохранять устойчивость при продольном изгибе*); гибкость балки 2. *мор.* коэффициент остроты
~ **der Säule** гибкость стойки
~ **des Stabes** гибкость стержня
~ **der Stütze** гибкость опоры
Schlankheitsverhältnis *n см.* **Schlankheitsgrad 1.**
Schlappseil *n* слабина (*каната*); провисший канат
Schlauch *m* 1. рукав; шланг 2. камера (*напр. шины*)
Schlauchboot *n* надувная (резиновая) лодка
Schlauchfilter *n* рукавный фильтр
Schlauchgewebe *n* рукавная ткань
Schlauchgewirk *n текст.* кругловязаный [трубчатый] трикотаж
Schlauchkops *m текст.* трубчатый початок
Schlauchkopsschützen *m текст.* челнок для трубчатых початков

Schlauchkupplung *f* (быстроразъёмная) соединительная муфта для рукавов
schlauchlos бескамерный
Schlechtgrenze *f*, **Schlechtlage** *f* браковочный уровень дефектности, допустимый уровень дефектных единиц продукции [дефектных изделий] (*в партии изделий*); допустимый уровень брака
Schlechtwetterlandung *f ав.* всепогодная посадка, посадка в любых метеоусловиях
Schleichen *n* 1. *авто* медленное движение (*напр. в колонне при образовании затора*) 2. *эл.* застревание (*асинхронного электродвигателя на полусинхронной скорости*)
Schleier *m* 1. завеса 2. *фото* вуаль
Schleifahle *f мет.-об.* хон
Schleifarbeit *f* шлифование, шлифовка
Schleifband *n* абразивная лента, шкурка
Schleifbearbeitung *f* абразивная обработка
Schleifbock *m* 1. *маш.* шлифовальная бабка 2. точило
Schleifdraht *m* реохорд
Schleife *f* 1. петля 2. *эл.* шлейф 3. *маш.* кулиса 4. *вчт* цикл (*программы*)
Schleifen *n* 1. шлифование; шлифовка 2. точка; заточка
Schleifenförderer *m* петлевой конвейер, петлевой транспортёр
Schleifenhebel *m* кулиса
~, **umlaufender** вращающаяся кулиса
Schleifenkoppler *m* шлейфный ответвитель
Schleifenoszillograph *m* светолучевой [шлейфовый] осциллограф
Schleifenverstärkung *f* петлевое усиление, коэффициент петлевого усиления; коэффициент усиления в цепи обратной связи
Schleifenwicklung *f эл.* петлевая обмотка
Schleifer *m* 1. *бум.* дефибрер 2. шлифовщик 3. точильщик
Schleifkohle *f авто* контактный уголёк (*крышки распределителя зажигания*), уголёк
Schleifkontakt *m* скользящий контакт
Schleifkopf *m* шлифовальная головка
Schleifkorn *n* 1. абразивное зерно (*частица абразивного материала*) 2. шлифовальное зерно, шлифзерно (*фракция абразивного материала*)
Schleifkörper *m* абразивный инструмент; шлифовальник
Schleifkörper *m см.* **Schleifscheibe**
Schleifkufe *f* контактный полоз

SCHLEIFLACK

Schleiflack *m* шлифуемое лаковое покрытие
Schleiflackierverfahren *n* лакирование с последующей шлифовкой каждого слоя покрытия
Schleifleinen *n* тканевая шлифовальная шкурка, шлифовальная шкурка на тканевой основе
Schleifmaschine *f* 1. шлифовальный станок 2. заточный станок
Schleifmittel *n* 1. абразивный материал, абразив 2. шлифовальный материал (*измельченный абразивный материал*)
~, **gebundenes** шлифовальный материал, закреплённый связкой
Schleifpapier *n* 1. шлифовальная бумага 2. бумажная шлифовальная шкурка, шлифовальная шкурка на бумажной основе
Schleifpaste *f* абразивная паста; шлифовальная паста
Schleifpulver *n* 1. абразивный порошок 2. шлифовальный порошок, шлифпорошок (*фракция абразивного материала*)
Schleifringe *m pl* эл. токосъёмные [контактные] кольца
Schleifringläufer *m* эл. фазный ротор
Schleifringläufermaschine *f* эл. асинхронная (электрическая) машина с фазным ротором
Schleifringläufermotor *m* асинхронный электродвигатель с фазным ротором
Schleifscheibe *f* шлифовальный круг; шлифовальник
~, **gerade** шлифовальный круг прямого профиля
~, **metallgebundene** шлифовальный круг на металлической связке
Schleifscheibenhärte *f* твёрдость шлифовального круга
Schleifschnecke *f* абразивный червяк
Schleifschuh *m* контактный башмак; башмак токоприёмника, токосъёмный башмак
Schleifspindel *f* шлифовальный шпиндель
Schleifspindelstock *m маш.* шлифовальная бабка
Schleifspindelträger *m маш.* шлифовальная бабка; шлифовальная головка
Schleifstein *m* 1. оселок 2. шлифовальный круг 3. *бум.* дефибрерный камень
Schleifstück *n* контактная накладка (*токоприёмника*)
Schleifsuspension *f* абразивная суспензия
Schleifwerkzeug *n* 1. абразивный инструмент; шлифовальный инструмент 2. точильный инструмент
Schleim *m* слизь
Schlempe *f* 1. жидкое известковое тесто 2. *пищ.* барда
Schleppantenne *f* траловая антенна
Schleppeinrichtung *f* буксирное устройство
Schleppen *n* буксирование, буксировка
Schlepper *m* 1. трактор; трактор-тягач, тягач 2. буксир, буксирное судно 3. (тележка-)тягач (*в автоматизированных транспортных системах*)
Schlepperaggregat *n* тракторный агрегат
Schlepperpflug *m* тракторный плуг
Schlepphaken *m* буксирный крюк
Schleppkahn *m* баржа
Schleppkettenförderer *m* скребковый конвейер
Schleppkurve *f мат.* трактриса
Schleppmitteldestillation *f* дистилляция с добавлением разделяющего агента
Schleppnetz *n* трал
Schlepprinne *f* гидроканал
Schleppschaufelbagger *m* (экскаватор-)драглайн
Schleppschiff *n* буксирное судно, буксир
Schleppseil *n* 1. буксирный канат, буксирный трос 2. *ав.* гайдроп
Schleppseilbagger *m* (экскаватор-)драглайн
Schlepptau *n см.* Schleppseil
Schlepptrosse *f* буксирный трос, буксирный канат
Schleppung *f геол.* волочение, растяжение (*изгиб слоёв горных пород вблизи поверхностей перемещения*)
Schleppversuchsanlage *f* гидроканал
Schleppwagen *m* тележка-тягач
Schleppzange *f* волочильные клещи
Schleppzeiger *m* вспомогательная стрелка (*двухстрелочного секундомера*)
Schleuder *f* центрифуга
Schleuderbandförderer *m* метательный конвейер
Schleuderdrehzahl *f* угонная скорость вращения
Schleuderformmaschine *f* (формовочный) пескомёт
Schleuderguß *m* центробежное литьё
Schleudergußmaschine *f* машина для центробежного литья
Schleudermaschine *f см.* Schleuderformmaschine

Schleudermühle *f* центробежная мельница; дезинтегратор
Schleudern *n* 1. *ж.-д.* боксование 2. *авто* занос (*транспортного средства*) 3. центрифугирование; фугование, фуговка
Schleuderputzstrahlen *n* дробемётная очистка
Schleuderradroder *m с.-х.* картофелекопатель-швырялка
Schleudersichter *m с.-х.* зернопульт
Schleudersitz *m ав., косм.* катапультируемое кресло (*пилота, космонавта*)
Schleuderstrahlen *n* дробемётная обработка
Schleuse *f* 1. шлюз 2. тамбур (*напр. холодильной камеры*)
Schleusenoberhaupt *n* голова шлюза
Schleusensohle *f* днище шлюза
Schleusentor *n* шлюзные ворота
Schleusenverschluß *m* шлюзовой затвор
Schleusung *f* шлюзование
Schlich *m* шлих
Schlichtbohrer *m* чистовое сверло
Schlichte *f* 1. *текст.* шлихта 2. замасливатель (*для стеклонитей*) 3. *мет.* формовочная краска
Schlichten *n* 1. *маш.* чистовая обработка 2. *текст.* шлихтование
Schlichtfeile *f* личной напильник
Schlichtgesenk *n* калибровочный штамп
Schlichthobel *m* рубанок; шлифтик
Schlichtmeißel *m* чистовой резец
Schlichtschleifen *n* чистовое шлифование
Schlichtschnitt *m мет.-об.* чистовой проход
Schlichtungslogik *f вчт* арбитражная логика
Schlicker *m* шликер
Schliere *f* 1. свиль (*напр. в стекле, минералах*) 2. *геол.* шлир
Schlierengerät *n* теневой прибор, прибор для исследования свилей (*в оптических деталях*)
Schlierenmethode *f см.* **Schlierenverfahren**
Schlierenverfahren *n* шлирен-метод (*метод обнаружения оптических неоднородностей в прозрачных преломляющих средах*); теневой метод
~, **elektronenoptisches** электронно-оптический шлирен-метод
~, **optisches** оптический шлирен-метод
~, **Töplersches** (теневой) метод Тёплера
Schließer *m*, **Schließkontakt** *m эл.* замыкающий [нормально-разомкнутый] контакт
Schließkopf *m* замыкающая головка

Schliff *m* 1. шлиф (*тонкая пластинка горной породы, минерала, подготовленная шлифованием для микроскопического исследования, образец металла или сплава для макро- или микроскопического исследования*) 2. *хим.* шлиф (*соединительный элемент для лабораторной химической посуды с пришлифованными поверхностями*) 3. шлифовка
Schliffgüte *f* шероховатость пришлифованной поверхности
Schliffhahn *m* притёртый кран
Schlinge *f* петля
Schlingenflor *m текст.* петельный ворс
Schlingerbewegung *f мор.* бортовая качка
Schlingerdämpfer *m*, **Schlingerdämpfungsanlage** *f мор.* успокоитель качки
Schlingern *n* 1. *мор.* бортовая качка 2. *ж.-д.* виляние (*локомотива, вагона*) 3. *авто* раскачивание; виляние (*напр. прицепа*)
Schlingertank *m мор.* успокоительная цистерна
Schlitten *m* 1. *маш.* салазки; каретка; суппорт 2. *мор.* салазки (*для спуска судна со стапеля*) 3. сани
Schlitz *m* 1. разрез; надрез; прорезь 2. шлиц; паз; канавка 3. щель 4. *горн.* отрезная щель
Schlitzanode *f* разрезной анод
Schlitzantenne *f* щелевая антенна
Schlitzbrenner *m* щелевая горелка
Schlitzdüse *f* 1. щелевая форсунка 2. щелевая фильера
Schlitzfräser *m* прорезная фреза
Schlitzfräsmaschine *f* шлицефрезерный станок
Schlitzmaske *f тлв* щелевая маска (*кинескопа с копланарным расположением прожекторов*)
Schlitzmaskenröhre *f тлв* кинескоп с щелевой маской, копланарный кинескоп
Schlitzmutter *f* прорезная гайка
Schlitzprobe *f* бороздовая проба
Schlitzprobeuntersuchung *f* бороздовое опробование
Schlitzring *m* разрезное кольцо
Schlitzschraube *f* винт с прямым шлицем
Schlitzschweißung *f* сварка в прорезь
Schlitzverschluß *m* шторный затвор (*фотоаппарата*)
Schloß *n* 1. замок 2. соединитель (*для ремней*)
Schlosser *m* слесарь
Schlosserschraubstock *m* слесарные тиски
Schlosserwerkzeug *n* слесарный инструмент
Schloßkasten *m см.* **Schloßplatte**

Schloßmutter *f* маточная гайка; гаечный замок (*ходового винта токарно-винторезного станка*)
Schloßplatte *f* фартук суппорта (*токарного станка*)
Schlot *m* 1. дымовая труба 2. жерло (*вулкана*)
Schlupf *m* 1. скольжение; проскальзывание; буксование, пробуксовка 2. эл. скольжение
Schlüpfen *n* ж.-д. скольжение (*колес*); боксование
Schlupffrequenz *f* эл. частота скольжений
Schlupfkupplung *f* муфта скольжения
schlüpfrig скользкий
Schluß *m* 1. замыкание 2. опушка (*ткани*) 3. заключение; вывод
Schlüssel *m* 1. ключ; код; шифр 2. (гаечный) ключ
~, **verstellbarer** разводной ключ
schlüsselfertig сдаваемый «под ключ»; готовый к немедленной эксплуатации ◇ ~ **übergeben** сдавать «под ключ»
Schlüseltechnologie *f* ключевая технология
Schlüsseltext *m* зашифрованный текст, зашифрованное сообщение; криптограмма
Schlüsselweite *f* 1. раствор [ширина зева] (гаечного) ключа 2. размер под ключ
Schlüsselwort *n* ключевое слово
Schlußfolgerung *f* (логический) вывод; рассуждение
Schlußfolgerungsmaschine *f* механизм (логического) вывода
Schlußfolgerungsverfahren *n* стратегия (логического) вывода
Schlußleuchte *f* авто задний фонарь
Schlußlicht *n* 1. авто задний свет; задний фонарь 2. ж.-д. хвостовой сигнальный огонь (*поезда*)
Schlußregel *f* правило (логического) вывода
Schlußsignal *n* см. **Schlußzeichen**
Schlußstein *m* стр. замковый камень
Schlußzeichen *n* тлф сигнал отбоя, отбой
Schmalbandfilter *n* узкополосный фильтр
Schmalfilm *m* узкая (кино)плёнка
Schmalfilmkamera *f* узкоплёночная кинокамера
Schmalrille *f* микрозапись; микроканавка
Schmalschrämlader *m* горн. узкозахватный (очистной) комбайн
Schmalschrift *f* сжатый [узкий] шрифт
Schmalschriftdruck *m* печатание сжатым [узким] шрифтом, сжатая печать
Schmalspur *f* ж.-д. узкая колея

Schmalspurbahn *f* узкоколейная железная дорога, узкоколейка
schmalspurig узкоколейный
Schmälze *f* замасливатель
Schmälzen *n* замасливание
Schmälzmittel *n* замасливатель
Schmalzonenhalbleiter *m* узкозонный полупроводник, полупроводник с узкой запрещённой зоной
Schmantlöffel *m* желонка
Schmelz *m* стеклоэмаль; глазурь
Schmelzarbeit *f* плавка; выплавка; плавление
schmelzbar плавкий
Schmelzbarkeit *f* плавкость, способность плавиться
Schmelzdiagramm *n* диаграмма плавкости
Schmelze *f* 1. плавка 2. расплав; ванна (*напр. жидкого металла*) 3. варка (*стекла*)
Schmelzeinsatz *m* плавкая вставка, плавкий элемент (*предохранителя*)
Schmelzelektrolyse *f* электролиз расплавов
Schmelzen *n* 1. плавление; расплавление 2. плавка; выплавление, выплавка 3. варка (*стекла*)
~, **niederschlagendes** осадительная плавка
~, **oxidierendes** окислительная плавка
Schmelzfluß *m* расплав; ванна (*напр. жидкого металла*)
Schmelzflußelektrolyse *f* см. **Schmelzelektrolyse**
schmelzflüssig расплавленный, жидкий
Schmelzflußmetallurgie *f* пирометаллургия
Schmelzkegel *m* пироскоп, конус Зегера
Schmelzmittel *n* (паяльный) флюс
Schmelzofen *m* 1. плавильная печь 2. стекловаренная печь
Schmelzpulver *n* плавленый (сварочный) флюс
Schmelzpunkt *m* точка [температура] плавления
Schmelzraum *m* плавильная камера
Schmelzschweißen *n* сварка плавлением
Schmelzsicherung *f* эл. плавкий предохранитель, предохранитель с плавкой вставкой
Schmelzsicherungsfestwertspeicher *m* вчт электрически программируемое ПЗУ, ЭППЗУ; ПЗУ, программируемое разрушением плавких перемычек
Schmelztemperatur *f* температура [точка] плавления
Schmelztiegel *m* плавильный тигель
Schmelzverbindung *f* вчт плавкая перемычка

SCHNECKE

Schmelzwanne *f* варочный бассейн (*ванной стекловаренной печи*)
Schmelzwärme *f* теплота плавления
Schmelzzone *f* зона расплава
Schmerzfarbe *f* надглазурная краска
Schmetterlingsantenne *f тлв* турникетная антенна
schmiedbar ковкий
Schmiedbarkeit *f* ковкость
Schmiede *f* кузница; кузнечный цех
Schmiedegesenk *m* ковочный штамп
Schmiedehammer *m* ковочный молот; кузнечный молот
Schmiedeherd *m* кузнечный горн
Schmiedehitze *f* ковочная температура
Schmiedekohle *f* кузнечный уголь
Schmiedemaschine *f* ковочная машина
schmieden: ◇ im Gesenk ~ штамповать
Schmieden *n* ковка
Schmiedeplatte *f* кузнечная плита
Schmiedepresse *f* ковочный пресс; ковочно-штамповочный пресс
~, **hydraulische** гидравлический ковочный пресс; гидравлический ковочно-штамповочный пресс
Schmiedepressenautomat *m* кузнечно-прессовый автомат
Schmiedepressenbetrieb *m* кузнечно-прессовое производство; кузнечно-прессовый цех
Schmiedepreßwerk *n* кузнечно-прессовый цех
Schmiedeprobe *f* испытание на ковкость, ковочная проба
Schmiedeschraubstock *m* кузнечные тиски
Schmiedesinter *m* (кузнечная) окалина, молотобоина
Schmiedestahl *m* кованая сталь
Schmiedestück *n* поковка
Schmiedewalze *f* ковочные вальцы
Schmiedewerkzeug *n* кузнечный инструмент
Schmiedezange *f* кузнечные клещи
Schmiegebene *f мат.* соприкасающаяся плоскость
Schmiegkreis *m мат.* соприкасающаяся окружность, круг кривизны
Schmiegkugel *f мат.* соприкасающаяся сфера
Schmiegtangente *f мат.* соприкасающаяся касательная
Schmieranlage *f* смазочная система
Schmierapparat *m* смазочный аппарат
Schmierbehälter *m* смазочный бак
Schmierbüchse *f* маслёнка

Schmierdruckleitung *f* напорная смазочная линия
Schmiereinrichtung *f* смазочное устройство
Schmieren *n* смазывание, смазка
Schmierfähigkeit *f* смазочная способность, маслянистость (*смазочного материала*)
Schmierfett *n* пластичная смазка
Schmiergefäß *n* маслёнка
Schmierhauptleitung *f* смазочная магистраль
schmierig 1. жирный (*напр. о бумажной массе*) 2. мазеобразный (*о смазочном материале*)
Schmierleckleitung *f* дренажная смазочная линия
Schmierleitung *f* 1. смазочная линия; масляная магистраль (*системы смазки*) 2. маслопровод
Schmierloch *n* смазочное отверстие
Schmiermittel *n* смазочный материал
Schmiermittelpumpe *f* смазочный насос
Schmiernippel *m* пресс-маслёнка, маслёнка
Schmiernut *f* смазочная канавка
Schmieröl *n* смазочное масло; жидкий смазочный материал
Schmierplan *m* схема смазки
Schmierpresse *f* смазочный шприц
Schmierpumpe *f* смазочный насос
Schmierpumpeneinheit *f* смазочный насосный агрегат
Schmiersprühdüse *f* смазочное сопло
Schmierstoff *m* смазочный материал
Schmierstoffleitung *f см.* **Schmierleitung**
Schmierstoffmanometer *n ав.* масляный манометр
Schmierstoffpumpe *f* смазочный насос; *ав.* масляный насос
Schmierung *f* смазывание, смазка
Schmierventil *n* смазочный аппарат
Schmiervorrichtung *f* смазочное устройство
Schmirgel *m* наждак
Schmirgelleinen *n* наждачное полотно, шкурка
Schmirgelpapier *n* наждачная бумага; шкурка
Schmirgelpaste *f* наждачная паста
Schmitt-Trigger *m* триггер Шмитта
Schmitt-Trigger-Inverter *m* инвертор на триггере Шмитта, инвертор Шмитта
Schmutzfänger *m авто* брызговик
Schmutzwasserpumpe *f* грязевой насос
Schnappverschluß *m* защёлка
Schnauze *f* носок (*напр. литейного ковша*)
Schnecke *f* червяк, шнек

SCHNECKE

~, **archimedische** архимедов червяк (*цилиндрический линейчатый червяк, теоретический торцовый профиль витка которого является архимедовой спиралью*)
Schneckenantrieb *m* червячный привод, червячная передача
Schneckenausleser *m* с.-х. сортировка «змейка»
Schneckenbohren *n* шнековое бурение
Schneckenelevator *m* винтовой [шнековый] элеватор
Schneckenförderer *m* винтовой конвейер, шнек
Schneckengetriebe *n* червячная передача; червячный редуктор
Schneckenlader *m* шнековый погрузчик
Schneckenlänge *f* длина нарезанной части червяка
Schneckenmischer *m* шнековый смеситель; шнековая мешалка
Schneckenpresse *f* червячный пресс, червячный экструдер
Schneckenpumpe *f* шнековый насос
Schneckenrad *n* червячное колесо
Schneckenradpaar *n* червячная пара
Schneckentrieb *m* червячная пара, червячная передача
Schneckenverzahnung *f* червячное зацепление
Schneebesenantenne *f* метёлочная антенна
Schneefräse *f* фрезерно-роторный снегоочиститель
Schneekette *f* цепь противоскольжения
Schneepflug *m* плужный снегоочиститель
Schneeräumer *m*, **Schneeräumgerät** *n* снегоуборочная машина
Schneeschleuder *f* роторный снегоочиститель
Schneidbacke *f* мет.-об. 1. резьбовая гребёнка (*резьбонарезной головки*) 2. нарезная плашка (*клуппа*) 3. полуплашка (*разъемной плашки*)
Schneidbohrer *m* метчик
Schneidbrenner *m* газовый резак
Schneideisen *n* мет.-об. плашка
Schneide *f* 1. резец; нож 2. режущая кромка 3. лезвие; остриё 4. опорная призма; ножевая опора
Schneidemaschine *f* реза(те)льная машина
Schneiden *n* 1. резание; резка 2. нарезание (*резьбы*)
~, **autogenes** газовая [газокислородная] резка
Schneidenform *f*, **Schneidengeometrie** *f* мет.-об. геометрия режущей кромки
Schneidenkalibrierung *f* мет.-об. размерная привязка (режущего) инструмента (*к системе координат станка*)
Schneidenkopf *m* мет.-об. 1. головка резца 2. режущая часть инструмента
Schneidenlagerung *f* мет.-об. ножевая опора
Schneidenteil *m* см. Schneidteil
Schneidetisch *m* кино монтажный столик
Schneidkante *f* мет.-об. режущая кромка
Schneidkeramik *f* мет.-об. минералокерамический режущий материал; минералокерамическая режущая пластина
Schneidkluppe *f* мет.-об. клупп
Schneidkopf *m* 1. режущая головка 2. мет.-об. резьбонарезная головка 3. разрыхлительная головка (*земснаряда*) 4. горн. (резцовый) исполнительный орган (*очистного комбайна*); скалывающая головка, скалыватель
Schneidkopfsaugbagger *m* землесосный снаряд с фрезерным разрыхлителем
Schneidkraft *f* усилие резания (*на ножах ножниц*)
Schneidplättchen *n* мет.-об. режущая пластина
Schneidplatte *f* 1. мет.-об. режущая пластина 2. см. Schneidring
Schneidrad *n* мет.-об. (зуборезный) долбяк
Schneidring *m* матрица (*штампа*)
Schneidschraube *f* резьбонарезающий винт
Schneidteil *m* мет.-об. режущая часть инструмента
Schneidwerk *n* 1. режущий механизм (*напр. ножниц*) 2. с.-х. режущий аппарат (*жатки, косилки*) 3. с.-х. жатка (*зерноуборочного комбайна*)
Schneidwerkzeug *n* мет.-об. режущий инструмент
Schnellabstellventil *n* аварийный клапан
Schnellanalyse *f* экспресс-анализ
Schnellarbeitsstahl *m* быстрорежущая сталь
Schnellarbeitsstahlwerkzeug *n* быстрорежущий инструмент
schnellaufend быстроходный; скоростной
Schnelläufer *m* 1. быстроходная машина 2. быстроходная турбина 3. быстроходный (электро)двигатель 4. быстроходный двигатель 5. ротор с высокой частотой вращения, высокооборотный ротор 6. ж.-д. хороший бегун, вагон с хорошими ходовыми качествами
Schnelläufer *m pl* астр. летящие звёзды (*звёзды населения II типа, перемещающиеся*

относительно Солнца со скоростями свыше 65 км/ч)
Schnelläuferturbine *f* быстроходная турбина
Schnellaufzug *m* скоростной подъёмник, скоростной лифт
Schnellauslöser *m* *эл.* 1. быстродействующий выключающий механизм; быстродействующий расцепитель 2. быстродействующий автомат, быстродействующий автоматический выключатель
Schnellbahn *f* 1. скоростная железная дорога 2. городская железная дорога
Schnellbearbeitung *f* скоростная обработка
Schnellbestimmung *f* экспресс-анализ
schnellbindend быстросхватывающийся
Schnellbinder *m* быстросхватывающийся цемент
Schnellboot *n* катер
Schnellbremsung *f* экстренное торможение
Schnelldrehen *n* скоростная токарная обработка
Schnelldrehmeißel *m* быстрорежущий резец
Schnelldrucker *m* быстродействующее печатающее устройство
Schnellentwickler *m* быстрый [быстроработающий] проявитель
schnellerhärtend быстротвердеющий
Schnellfeuerwaffe *f* скорострельное оружие
Schnellfräser *m* фреза для скоростного фрезерования
Schnellgang *m* 1. *авто* ускоряющая [повышающая] передача 2. *маш.* быстрый [ускоренный] ход
Schnellganggetriebe *n* *авто* коробка передач с ускоряющей [повышающей] передачей
Schnellhammer *m* быстроходный молот
Schnellinformation *f* экспресс-информация
Schnellkochtopf *m* кастрюля-скороварка
Schnellkupplung *f* быстродействующая муфта
Schnellmischer *m* быстродействующий смеситель
Schnellöffnungsventil *n* быстродействующий клапан
Schnellot *n* легкоплавкий [мягкий] припой
Schnellreaktor *m* *яд.* быстрый реактор
Schnellrelais *n* быстродействующее реле
Schnellschalter *m* *эл.* быстродействующий выключатель; быстродействующий автомат, быстродействующий автоматический выключатель

Schnellschaltventil *n* быстродействующий клапан
Schnellschluß *m* аварийный останов (*ядерного реактора*)
Schnellschlußabsperrventil *n* быстродействующий запорный клапан
Schnellschlußklappe *f* быстродействующая заслонка; быстродействующий клапан
Schnellschlußregler *m* автомат [регулятор] безопасности, предохранительный регулятор
Schnellschlußschalter *m* выключатель аварийной защиты (*ядерного реактора*), аварийный выключатель
Schnellschlußstab *m* стержень аварийной защиты (*ядерного реактора*), аварийный стержень
Schnellschlußsystem *n* аварийная защита, система аварийной защиты (*ядерного реактора*)
Schnellschlußventil *n* быстродействующий клапан-отсекатель
Schnellschreiber *m* быстродействующий самописец
Schnellspannfutter *n* *мет.-об.* быстрозажимный патрон
Schnellspanung *f* *мет.-об.* скоростное резание
Schnellspeicher *m* *вчт* быстродействующая [быстрая] память
Schnellstahl *m* быстрорежущая сталь
schnelltrocknend быстросохнущий
Schnellüberstromschutz *m* токовая отсечка
Schnellübertrag *m* ускоренный перенос
Schnellübertragsaddierer *m* сумматор с ускоренным переносом
Schnellverkehrsstraße *f* скоростная автомагистраль
Schnellverschluß *m* быстродействующий затвор
Schnellwechselfutter *n* *мет.-об.* быстросменный патрон
Schnellwechselwerkzeuge *n pl* *мет.-об.* быстросменные инструменты
Schnellwirkung *f* быстродействие
Schnellzugriffspeicher *m* *вчт* память с быстрым доступом [с быстрой выборкой, с малым временем доступа, с малым временем выборки]
Schnellzünder *m* взрыватель мгновенного действия
Schnitt *m* 1. резание 2. проход (*резца*) 3. разрез 4. срез 5. сечение; разрез 6. пересечение 7. монтаж (*кинофильма, магнитной ленты*)

SCHNITT

8. *маш.* вырубной штамп **9.** заходка (*при работе экскаватора*) **10.** *полигр.* обрез
~, **goldener** золотое сечение
Schnittanordnung *f см.* **Schnitteilanordnung**
Schnittbewegung *f мет.-об.* главное движение резания, главное движение
Schnittebene *f* **1.** плоскость резания **2.** плоскость реза **3.** плоскость сечения
Schnitteilanordnung *f* раскрой (*металла при штамповке*)
Schnittfläche *f* срез
Schnittgeschwindigkeit *f мет.-об.* скорость резания
Schnittgesenk *n* вырубной штамп
Schnitthöhe *f* **1.** высота среза **2.** высота копания, высота резания (*при разработке грунта экскаватором*)
Schnittholz *n* пиломатериал
~, **besäumtes** обрезной пиломатериал
~, **unbesäumtes** необрезной пиломатериал
Schnittiefe *f* глубина резания
Schnittkraft *f мет.-об.* усилие резания
Schnittlinie *f* **1.** линия пересечения **2.** линия реза
Schnittmatrize *f*, **Schnittplatte** *f* вырубная матрица, матрица вырубного штампа
Schnittpresse *f* вырубной пресс
Schnittpunkt *m* точка пересечения
Schnittstelle *f* интерфейс; стык
~, **benutzerfreundliche** дружественный интерфейс
~, **menügesteuerte** интерфейс на основе меню
~, **periphere** интерфейс периферийных устройств
~, **serielle** последовательный интерфейс
Schnittstellenadapter *m* адаптер интерфейса
Schnittstellenbaustein *m* интерфейсный модуль, модуль интерфейса; интерфейсный блок
Schnittstelleneinheit *f* устройство сопряжения; интерфейсный блок
Schnittstellenkonverter *m см.* **Schnittstellenwandler**
Schnittstellenmodul *m* интерфейсный модуль, модуль интерфейса
Schnittstellenplatine *f* интерфейсная плата
Schnittstellenschaltkreis *m* интерфейсная БИС
~, **serieller** БИС последовательного интерфейса
Schnittstellenschaltung *f* интерфейсная БИС
Schnittstellensteckverbinder *m* интерфейсный соединитель

Schnittstellenwandler *m* интерфейсный преобразователь, преобразователь интерфейса
Schnittstempel *m* вырубной пуансон
Schnittwerkzeug *n мет.-об.* режущий инструмент
Schnittwinkel *m мет.-об.* угол резания
Schnitzel *pl* **1.** обрезки; крошка **2.** *бум.* щепа
Schnitzen *n* резьба (*по дереву*)
Schnur *f* шнур
Schnürboden *m мор.* плаз
Schnurriemen *m* круглый ремень
Schobern *n с.-х.* скирдование; стогование
Scholle *f* **1.** *геол.* глыба **2.** (*большая*) льдина
Schöndruck *m* лицевая [односторонняя] печать
Schongang *m авто* ускоряющая [повышающая] передача
Schönschrift *f вчт* печать отличного [типографского] качества
Schönung *f* осветление; улучшение
Schönungsmittel *n* осветлитель
Schoop(is)ieren *n* шоопирование (*металлизация распылением*)
Schöpfbüchse *f* желонка
Schopfen *n* обрезка (*прибыльной части слитка*)
Schopfende *n* прибыльная часть слитка
Schöpfwerk *n* нория
Schornstein *m* дымовая труба
Schoßcomputer *m* портативная ПЭВМ
Schott *n* переборка
Schotter *m* щебень; гравий; галечник
Schotterbett *n ж.-д.* **1.** щебёночный балластный слой, щебёночное основание **2.** балластная постель
Schotterbettreinigungsmaschine *f ж.-д.* щебнеочистительная машина
Schotterbettung *f см.* **Schotterbett 1.**
Schotterdecke *f* щебёночное покрытие
Schottky-Barriere *f* барьер Шоттки
Schottky-Barrieren-Diode *f* диод (с барьером) Шоттки
Schottky-Barrieren-Feldeffekttransistor *m*, **Schottky-Barrieren-FET** *m* полевой транзистор (с барьером) Шоттки
Schottky-Defekt *m* дефект по Шоттки
Schottky-Diode *f* диод Шоттки
Schottky-Dioden-Eingang *m* вход с (фиксирующим) диодом Шоттки; входной (фиксирующий) диод Шоттки
Schottky-Dioden-FET-Logik *f* логика [логиче-

ские схемы] на полевых транзисторах и диодах Шоттки

Schottky-Dioden-(Transistor)-Transistor-Logik *f* (транзисторно-)транзисторная логика с диодами Шоттки, ТТЛ с диодами Шоттки, ТТЛШ-логика, ТТЛШ

Schottky-Effekt *m* эффект Шоттки

Schottky-Fehlordnung *f* дефект по Шоттки

Schottky-Feldeffekttransistor *m*, **Schottky-FET** *m* полевой транзистор Шоттки, ПТШ

Schottky-Fotodiode *f* фотодиод Шоттки, фотодиод со структурой металл — полупроводник

Schottky-Gate *n* затвор Шоттки

Schottky-Gate-Feldeffekttransistor *m* полевой транзистор (с затвором) Шоттки

Schottky-Gate-Übergang *m* переход на основе барьера Шоттки

Schottky-Gleichrichter *m* выпрямитель на диоде Шоттки

Schottky-Gleichrichterdiode *f* выпрямительный диод Шоттки

Schottky-Klemmdiode *f* фиксирующий диод Шоттки

Schottky-Kontakt *m* контакт (в виде барьера) Шоттки; барьер Шоттки

Schottky-Leerstelle *f* вакансия по Шоттки

Schottky-Logik *f*, **integrierte** интегральные логические схемы с диодами Шоттки в выходных цепях, интегральная Шоттки-логика, ИШЛ

Schottky-Paar *n* дефект по Шоттки

Schottky-Schaltkreis *m см.* Schottky-TTL-IC

Schottky-Sperschichtdiode *f* диод Шоттки

Schottky-Transistor *m* (биполярный) транзистор (с диодом) Шоттки

Schottky-Transistorlogik *f* Шоттки-транзисторная логика, ШТЛ

Schottky-Transistor-Transistor-Logik *f*, **Schottky-TTL** *f* ТТЛ с диодами Шоттки, ТТЛШ-логика, ТТЛШ

~, **hochentwickelte** усовершенствованные ТТЛ ИС с диодами Шоттки, усовершенствованные ТТЛШ ИС

~, **leistungsarme** маломощные ТТЛ ИС с диодами Шоттки, маломощные ТТЛШ ИС

Schottky-TTL-IC *n*, **Schottky-TTL-IS** *f*, **Schottky-TTL-Schaltkreis** *m*, **Schottky-TTL-Schaltung** *f* ТТЛ ИС [ТТЛ-схема] с диодом Шоттки, ТТЛШ ИС

Schottky-Übergang *m* переход на основе барьера Шоттки; барьер Шоттки

Schraffierung *f* штриховка

Schräge *f* 1. наклон 2. наклонная поверхность 3. фаска; наклонная лыска

Schrägflügel *m ав.* антисимметричное крыло

Schrägförderer *m* наклонный конвейер, наклонный транспортёр

Schrägkugellager *n* радиально-упорный шарикоподшипник

Schräglage *f* наклонное положение; наклон; крен

Schräglauf *m* боковой увод (*колеса*)

Schrägnaht *f св.* косой шов

Schrägrampe *f стр.* пандус

Schrägrohrkessel *m* горизонтально-водотрубный котёл

Schrägrollenrichtmaschine *f* правильно-полировальная машина

Schrägscheibenpumpe *f* наклонно-дисковый насос

Schrägschere *f* ножницы с наклонным ножом, гильотинные ножницы

Schrägschurre *f* наклонный жёлоб

Schrägseilbrücke *f* вантовый мост

Schrägsitzventil *n* прямоточный клапан, клапан с наклонным шпинделем

Schrägspuraufzeichnung *f* наклонно-строчная запись

Schrägstellung *f* перекос

Schrägstirnradgetriebe *n* косозубая (цилиндрическая) передача

Schrägstirn(zahn)rad *n* косозубое (цилиндрическое) колесо

Schrägung *f* скос

Schrägungswinkel *m* угол скоса, угол наклона (линии зуба)

Schrägverzahnung *f* косозубое зацепление

Schrägwalzen *n* винтовая [косая] прокатка; поперечно-винтовая прокатка

Schrägwalzwerk *n* 1. стан винтовой [косой] прокатки, косовалковый стан; стан поперечно-винтовой прокатки 2. прошивной стан

Schrägzahn *m* косой зуб

Schrägzahnrad *n* косозубое (зубчатое) колесо

Schram *m горн.* врубовая щель, вруб

Schrämarbeit *f горн.* зарубка

Schrämarm *m горн.* 1. бар (*исполнительный орган, напр. очистного комбайна*) 2. стрела, стреловидный исполнительный орган (*проходческого комбайна избирательного дейст-*

SCHRAMDICKE

вия) 3. поворотный редуктор, поворотная рукоять (*исполнительного органа шнекового комбайна*)
Schramdicke *f горн.* ширина [высота] врубовой щели
Schrämen *n горн.* зарубка
Schrämfeld *n*, **Schrämgasse** *f горн.* комбайновая дорога (*в лаве*)
Schrämkette *f горн.* 1. врубовая цепь 2. тяговая цепь (*очистного комбайна*)
Schrämklein *n горн.* зарубной штыб; угольный штыб
Schrämkleinräumer *m горн.* погрузчик (угольного) штыба; расштыбовщик
Schrämkopf *m горн.* 1. (резцовый) исполнительный орган, режущая часть (*очистного комбайна*) 2. резцовая коронка (*проходческого комбайна избирательного действия*)
Schrämlademaschine *f*, **Schrämlader** *m горн.* врубонавалочная машина; очистной комбайн, комбайн
Schrämmaschine *f горн.* 1. *уст.* врубовая машина 2. выемочная машина режущего действия; очистной комбайн, комбайн
Schramme *f* надир; царапина
Schrämmeißel *m*, **Schrämpicke** *f горн.* зубок (*врубовой цепи*)
Schrämwalze *f горн.* шнековый исполнительный орган, режущий шнек (*очистного комбайна*); барабанный исполнительный орган (*очистного комбайна*)
Schrämwalzenlader *m горн.* шнековый комбайн, (очистной) комбайн с шнековым исполнительным органом; (очистной) комбайн с барабанным исполнительным органом
Schrank *m* 1. шкаф 2. *тлф* коммутатор
Schranke *f* 1. *ж.-д.* шлагбаум 2. *мат.* граница 3. барьер
Schränkeisen *n* разводка (*инструмент для развода зубьев пилы*)
Schränken *n* развод (*зубьев пилы*)
Schränkung *f* 1. *см.* Schränken 2. развод, величина [степень] развода (*зубьев пилы*) 3. скрещивание; перекос
Schränkzange *f* разводные клещи
Schrapper *m* скреппер
Schrapperförderung *f* скреперование
Schraubautomat *m эл.* резьбовой автоматический предохранитель
Schraube *f* 1. винт; болт 2. *ав., мор.* винт
~, **Archimedische** архимедов винт (*водоподъёмная машина, изобретенная Архимедом в 3 в. до н. э.*)
~, **endlose** бесконечный винт, червяк
~, **selbstschneidende** самонарезающий винт
Schraubenachse *f крист.* винтовая ось
Schraubenbohrung *f* болтовое отверстие, отверстие под болт; отверстие под винт
Schraubendrehautomat *m* болторезный автомат
Schraubendreher *m* отвёртка
Schraubenfeder *f* винтовая пружина; винтовая рессора
Schraubenfederung *f авто* подвеска на винтовых пружинах
Schraubenfläche *f* винтовая поверхность, геликоид
Schraubenflügel *m* лопасть винта (*воздушного или гребного*)
schraubenförmig винтовой
Schraubengetriebe *n см.* Schraubgetriebe
Schraubengewinde *n* винтовая резьба; винтовая нарезка
Schraubeninterpolation *f* винтовая интерполяция
Schraubenkopf *m* головка винта; головка болта
Schraubenlinie *f* винтовая линия
Schraubenmutter *f* гайка
Schraubenpaar *n* винтовая пара
Schraubenpresse *f* винтовой пресс
Schraubenpumpe *f* винтовой насос
Schraubenquirl *m* винтовая мешалка
Schraubenrad *n* винтовое (зубчатое) колесо
Schraubenradgetriebe *n* винтовая (зубчатая) передача
Schraubenschlüssel *m* гаечный ключ
~, **verstellbarer** разводной ключ
Schraubenschneidemaschine *f* болторезный станок
Schraubenschub *m* тяга (воздушного) винта
Schraubensicherung *f* 1. стопорный элемент; стопор; гаечный замок 2. стопорение (*винта, гайки*); предохранение резьбовых соединений от саморазвинчивания
Schraubenspindel *f* ходовой винт
Schraubenverbindung *f* винтовое соединение
Schraubenverdichter *m* винтовой компрессор
Schraubenversetzung *f крист.* винтовая дислокация
Schraubenwelle *f* гребной вал
Schraubenwinde *f* винтовой домкрат
Schraubenzieher *m* отвёртка
Schraubenzug *m* тяга (воздушного) винта

Schrauber *m* винтовёрт; гайковёрт

~, **elektrischer** электровинтовёрт; электрогайковёрт

Schraubgetriebe *n* винтовой механизм; винтовая передача, передача «винт — гайка»

Schraubkegelradgetriebe *n* гипоидная передача

Schraubklemme *f* винтовой зажим, зажим Гофмана

Schraublehre *f* 1. резьбовой калибр 2. микрометр

Schraubmaschine *f см.* Schrauber

Schraubradgetriebe *n см.* Schraubenradgetriebe

Schraubsockel *m* винтовой цоколь

Schraubspanner *m* винтовой зажим

Schraubstock *m* тиски

Schraubstockbacke *f* зажимная губка, губка (тисков)

Schraubung *f* винтовое движение

Schraubverbindung *f* резьбовое соединение; болтовое соединение

Schraubzwinge *f* струбцин(к)а

Schreibbefehl *m вчт* команда записи

Schreiber *m,* **Schreibgerät** *n* самопишущий [регистрирующий] прибор, самописец

Schreibgeschwindigkeit *f* скорость записи

Schreibkopf *m* головка записи

Schreib-Lesekopf *m* головка записи — воспроизведения; головка чтения — записи

Schreib-Lese-Spalt *m* прорезь для доступа головки чтения — записи (*дисковода*), прорезь для считывания — записи (*данных с гибкого магнитного диска*)

Schreib-Lese-Speicher *m* память [ЗУ] для записи — считывания (с прямым произвольным доступом), ЗУ с произвольной выборкой, ЗУПВ; память [ЗУ] с оперативной записью и считыванием, оперативное ЗУ, ОЗУ

~, **dynamischer** динамическое ЗУПВ; динамическое ОЗУ

~ **mit wahlfreiem Zugriff** память для записи — считывания с (прямым) произвольным доступом, ЗУ с произвольной выборкой, ЗУПВ

~, **nichtflüchtiger** энергонезависимое ОЗУ

~, **statischer** статическое ЗУПВ; статическое ОЗУ

Schreibmaschine *f* пишущая машина, пишущая машинка

Schreibpapier *n* писчая бумага

Schreibsatz *m* машинописный набор

Schreibschutz *m* защита от записи

Schreibschutzkerbe *f* вырез для защиты (*гибкого магнитного диска*) от записи

Schreibsetzmaschine *f* наборно-пишущая машина

Schreibsperre *f* блокировка записи

Schreibverstärker *m* усилитель записи

Schreibweise *f* запись; форма записи

Schreibzeit *f* время записи

Schreibzugriff *m* доступ по записи, доступ в режиме записи

Schreibzyklus *m* цикл записи

Schreibzykluszeit *f* время цикла записи

Schreiner *m* столяр

Schreitausbau *m горн.* механизированная крепь

Schreitbagger *m* шагающий экскаватор

Schreitmechanismus *m* шагающее устройство (*напр. робота*)

Schreitplattform *f* шагающая платформа

Schreitroboter *m* шагающий робот

Schreitvorrichtung *f см.* Schreitmechanismus

Schrift *f* 1. шрифт 2. фонограмма

~, **skalierbare** масштабируемый шрифт

Schriftbild *n* 1. начертание шрифта 2. очко (*литеры*)

Schriftfeld *n* штамп, основная надпись (*на чертеже*)

Schriftfont *n вчт* шрифтокомплект

Schriftgarnitur *f* гарнитура шрифта

Schriftgießautomat *m* шрифтолитейный автомат

Schriftgrad *m* кег(е)ль шрифта

Schriftkassette *f вчт* шрифтовой картридж

Schriftkegel *m* кег(е)ль шрифта

Schriftmetall *n* типографский сплав, гарт

Schriftschablone *f* трафарет

Schriftzeichengenerator *m* знакогенератор

Schriftzeichenretikel *n* знакоместо

Schrinken *n текст.* декатировка

Schritt *m* 1. шаг 2. токовая посылка, посылка тока, импульс

Schrittbetrieb *m* пошаговый режим (работы)

Schrittförderer *m* шаговый конвейер, шаговый транспортёр

Schrittgröße *f* величина шага

Schrittmaßsteuerung *f* толчковое [шаговое] управление (*перемещениями*)

Schrittmotor *m* шаговый электродвигатель

~, **linearer** линейный шаговый двигатель, ЛШД

Schrittregelung *f* шаговое регулирование

SCHRITTSCHALTWERK

Schrittschaltwerk *n* 1. шаговый механизм 2. *см.* **Schrittwähler**
Schrittschweißen *n* шаговая сварка
Schrittspannung *f* шаговое напряжение
Schrittverhalten *n* *автм* ступенчатое воздействие
Schrittwahl *f тлф* шаговое искание
Schrittwähler *m тлф* шаговый искатель
Schrittweite *f* величина шага
Schrittwerk *n* механизм прерывистой подачи
Schrittzähler *m*, **Schrittzahlmesser** *m* шагомер
Schrödinger-Gleichung *f физ.* уравнение Шрёдингера
Schrot *m* дробь
Schroteffekt *m* дробовой эффект
Schroten *n* рубка зубилом
Schrotmeißel *m* кузнечное зубило
Schrotmühle *f* 1. дробильная мельница 2. зернодробилка
Schrotrauschen *n* дробовой шум
Schrotstrahlputzen *n* дробеструйная очистка
Schrott *m* 1. металлолом, скрап 2. отходы
Schrottverfahren *n* скрап-процесс
Schrotzimmerung *f горн.* венцовая крепь
schrumpfecht *текст.* неусаживающийся
Schrumpfen *n* усадка
Schrumpffolie *f* термоусаживающаяся плёнка
Schrumpfklammer *f* стяжная скоба
Schrumpfpassung *f см.* **Schrumpfsitz**
Schrumpfriß *m* усадочная трещина
Schrumpfsitz *m маш.* горячая посадка
Schrumpfung *f* усадка
Schrumpfverbindung *f маш.* горячее прессовое соединение
Schrupparbeit *f см.* **Schruppen**
Schruppen *n* черновая обработка, обдирка
Schruppfeile *f* драчёвый напильник
Schrupphobeln *n* черновое строгание
Schrupplehre *f* черновой калибр
Schruppmaschine *f* обдирочный станок
Schruppmeißel *m* черновой резец
Schruppschleifen *n* черновое [обдирочное] шлифование
Schruppschnitt *m* черновой проход
Schub *m* 1. тяга 2. реактивная тяга 3. сдвиг, срез; скалывание 4. *стр.* распор 5. упор (*гребного винта*)
~, **spezifischer** удельная тяга
Schubbeanspruchung *f* напряжение при сдвиге [при срезе]
Schubbeiwert *m* коэффициент тяги
Schubbetrieb *m авто* режим принудительного холостого хода (*для экономии топлива*)
Schubboot *n* (буксир-)толкач
Schubdüse *f* реактивное сопло; тяговое сопло
~, **einstellbare** регулируемое сопло
~ **mit Schrägschnitt** сопло с косым срезом, скошенное сопло
~, **schwenkbare** поворотное сопло
~, **speziell geformte** профилированное сопло
~, **starre** нерегулируемое сопло
Schubfahrzeug *n* (буксир-)толкач
Schubfestigkeit *f* прочность при сдвиге [при срезе], сопротивление сдвигу [срезу]; сопротивление скалыванию
Schubführung *f* прямолинейная направляющая
Schubgelenk *n* поступательная пара (скольжения)
Schubgewicht *n см.* **Schubmasse**
Schub-Gewicht-Verhältnis *n см.* **Schub-Massen-Verhältnis**
Schubimpuls *m* импульс тяги
Schubkarren *m* 1. тачка 2. тележка
Schubkoeffizient *m* 1. коэффициент сдвига 2. *см.* **Schubbeiwert**
Schubkraft *f* сила тяги; тяга
Schubkurbel *f*, **Schubkurbeltrieb** *m маш.* кривошипно-ползунный механизм
Schublager *n* упорный подшипник
Schublehre *f* штангенциркуль
Schubmasse *f* удельная масса, удельный вес (*реактивного двигателя*)
Schub-Massen-Verhältnis *n* тяговооружённость (*реактивного самолёта, ракеты-носителя*)
Schubmeßgerät *n* силоизмерительное устройство
Schubmodul *m* модуль сдвига
Schubschiff *n* (судно-)толкач
Schubschiffahrt *f* толкание (*способ буксировки несамоходных судов*)
Schubschleife *f маш.* ползунно-кулисный механизм
Schubspannung *f* напряжение сдвига [среза]; касательное напряжение (*закон Гука*)
~, **kritische** критическое сдвиговое напряжение
Schubstange *f* шатун
Schubstangenkopf *m* головка шатуна
Schubtraktor *m* механизм подачи бумаги толкающего типа (*в печатающих устройствах*)
Schubtransformator *m* (регулировочный) трансформатор с выдвижным сердечником

SCHÜTTUNG

Schubtrieb *m авто* сцепляющий [приводной] механизм (*стартера*)
Schubumkehr *f* реверс [реверсирование] тяги (*реактивного двигателя*)
Schubumkehranlage *f* реверсивное устройство (*реактивного двигателя*)
Schubvektor *m* вектор тяги
Schubvektorsteuerung *f* управление вектором тяги
Schubverband *m* толкаемый состав, толкаемый караван
Schubversuch *m* испытание на сдвиг [на срез]; испытание на скалывание
Schubzahl *f см.* Schubkoeffizient
Schuh *m* 1. башмак 2. *эл.* наконечник (*кабельный, полюсный*)
Schuko *m см.* Schutzkontakt
Schukosteckdose *f см.* Schutzkontaktsteckdose
Schukostecker *m см.* Schutzkontaktstecker
Schulter *f* 1. заплечик 2. *авто* полка (*обода колеса*)
Schummerung *f геод.* тушёвка, отмывка
Schuppen *f pl* чешуйка; чешуя
schuppig чешуйчатый
Schurf *m* шурф
Schürfarbeit *f горн.* разведочные работы; разведка шурфами
~, **bergmännische** разведка горными выработками
Schürfbohren *n* разведочное бурение
Schürfbohrung *f* разведочная скважина
Schürfen *n* 1. разведочные работы; разведка шурфами 2. проходка шурфов
~, **elektrisches** электроразведка
Schürfgrube *f* разведочная шахта; шурф
Schürfkübel *m* 1. драглайн (*рабочее оборудование экскаватора-драглайна*) 2. ковш (*скрепера*)
Schürfkübelbagger *m* (экскаватор-)драглайн
Schürfkübelraupe *f* самоходный скрепер на гусеничном ходу
Schürfkübelwagen *m* скрепер
Schürflader *m* грейдер-элеватор
Schürfloch *n* шурф; дудка; разведочная дудка
Schürfstollen *m* разведочная штольня
Schürfwagen *m см.* Schürfkübelwagen
Schurre *f* лоток; спускной лоток; жёлоб; спускной жёлоб; спуск
Schürze *f* 1. фартук 2. *гидр.* глубокий зуб (*плотины*)
Schuß *m* 1. *текст.* уток 2. обечайка (*напр.*

котла) 3. взрывной заряд; *горн.* заряд шпура, шпуровой заряд; заряд скважины 4. *горн.* шпур; заряженный шпур; взрывная скважина; заряженная скважина
Schußeintrag *m текст.* прокладка утка
Schußeintragvorrichtung *f см.* Schußfadeneintragvorrichtung
Schußfaden *m текст.* уточная нить, уток
Schußfäden *m pl текст.* уток
Schußfadeneintragvorrichtung *f текст.* прокладчик утка
Schußkamera *f* фотокинопулемёт
Schußrinne *f* быстроток
Schußspulautomat *m текст.* уточномотальный автомат
Schußspule *f текст.* уточная шпуля
Schußwächter *m текст.* уточный самоостанов, уточный нитенаблюдатель
Schußwächtergabel *f текст.* уточная вилочка
Schußwehr *n гидр.* водосливная [водосбросная] плотина с переливом воды по всей длине гребня
Schute *f* шаланда
Schutt *m* щебень
Schüttbeton *m* насыпной [нетрамбованный] бетон (*бетон, укладываемый в опалубку без уплотнения*)
Schüttboden *m стр.* насыпной грунт
Schüttdamm *m гидр.* насыпная плотина; набросная плотина
Schüttdichte *f* насыпной вес
schüttelfest стойкий к тряске; вибростойкий
Schüttelfestigkeit *f* тряскостойкость; вибростойкость
Schütteln *n* 1. взбалтывание 2. тряска
Schüttelprüfung *f* вибрационное испытание, испытание на вибростойкость
Schüttelrutsche *f* качающийся жёлоб; качающийся инерционный конвейер (*со скольжением транспортируемого материала по грузонесущему жёлобу*)
Schütteltest *m* испытание на вибростойкость
Schüttgewicht *n* насыпной вес
Schüttgut *n* сыпучий материал; сыпучий груз
Schüttgutfrachtschiff *n мор.* сухогруз для перевозки сыпучих грузов, навалочник, балкер
Schütthöhe *f* высота отсыпки
Schüttkegel *m* 1. насыпной конус 2. конус выноса
Schüttkörper *m* сыпучее тело
Schüttung *f* 1. засыпка 2. отсыпка

Schüttwinkel *m* угол естественного откоса
Schutz *m* 1. защита; предохранение 2. охрана
~, **chemischer** противохимическая защита
Schütz *n* 1. *эл.* контактор 2. *гидр.* (плоский) затвор; щит
Schutzanstrich *m* защитное (лакокрасочное) покрытие
Schutzanzug *m* защитный костюм; защитный комбинезон
Schutzauslösung *f эл.* срабатывание защиты
Schutzausrüstung *f* средства противохимической защиты
Schutzbekleidung *f* защитная одежда
Schutzbeton *m* защитный бетон
Schutzblech *n* предохранительный щиток; козырёк
Schutzdeck *n мор.* шельтердек
Schutzdecker *m мор.* шельтердечное судно
Schutzdiode *f* защитный диод
Schütze *f см.* **Schütz 1.**
Schutzeinrichtung *f* защитное устройство; предохранительное устройство
Schützen *m текст.* (ткацкий) челнок
Schützenkasten *m текст.* челночная коробка, челночница
Schützenpanzer *m* боевая машина пехоты, БМП
Schützenschlagvorrichtung *f текст.* боевой механизм (*ткацкого станка*)
Schützenwächter *m текст.* предупредитель
Schützenwehr *n гидр.* плотина с плоскими затворами
Schutzerdung *f* защитное заземление
Schutzfilter *n* защитный светофильтр
Schutzfunkenstrecke *f эл.* 1. защитный искровой разрядник 2. защитный искровой промежуток
Schutzgas *n* защитный газ; защитная атмосфера
Schutzgaskontakt *m* геркон, герметизированный магнитоуправляемый контакт
Schutzgaskontaktrelais *n* реле с герконами [на герконах], герконное реле
Schutzgaslichtbogenschweißen *n* (дуговая) сварка в защитном газе [в среде защитного газа]
Schutzgasschweißen *n* сварка в защитном газе [в среде защитного газа]
Schutzgehäuse *n* защитный кожух
Schutzgeländer *n* ограждение (*напр. машин*)
Schutzgitter *n* 1. решётка ограждения, предохранительная решётка; защитное ограждение 2. защитная сетка (*лампы*)
Schutzhelm *m* каска
Schutzkasten *m* (защитный) кожух
Schutzkolloid *n* защитный коллоид
Schutzkontakt *m* защитный [заземляющий] контакт
Schutzkontaktsteckdose *f* штепсельная розетка с защитным [заземляющим] контактом
Schutzkontaktstecker *m* штепсельная вилка с защитным [заземляющим] контактом, безопасная штепсельная вилка
Schutzkontaktsteckvorrichtung *f* штепсельный разъём с защитными [заземляющими] контактами
Schutzkreis *m* цепь защиты
Schutzleiter *m* защитный провод
Schutzmaske *f* защитная маска
Schutzpaste *f* предохранительная паста
Schutzrelais *n* защитное реле; реле защиты
Schutzschalter *m* предохранительный [защитный] выключатель; защитный автомат
Schutzschaltung *f* схема защиты
Schutzschicht *f* защитный слой; защитное покрытие
Schützsteuerung *f* контакторное управление
Schutzstreifen *m* полоса отчуждения
Schutzüberzug *m* защитное покрытие
Schutzvorrichtung *f* защитное приспособление; предохранительное приспособление, предохранитель
Schutzweiche *f ж.-д.* охранная стрелка
Schutzwiderstand *m* защитный резистор
Schutzwirkung *f эл.* действие защиты
Schutzzeichen *n* фирменное клеймо
Schwabbeln *n* полирование тканевым кругом, полирование на тканевом притире
Schwabbelscheibe *f* тканевый полировальный круг, тканевый притир
Schwachgas *n* бедный [низкокалорийный] газ
schwachlöslich малорастворимый
Schwachstrom *m* слабый ток
Schwachstromtechnik *f* слаботочная (электро)техника, техника слабых токов
Schwächung *f* 1. ослабление 2. утонение
Schwächungsfaktor *m* коэффициент ослабления
Schwad *m см.* **Schwaden 3.**
Schwaden *m* 1. выпар 2. *горн.* газообразные продукты взрыва 3. *с.-х.* валок

SCHWEFELHEXAFLUORID

Schwadmäher *m с.-х.* валковая жатка *(для раздельной уборки)*
Schwalbenschwanz *m* соединение в «ласточкин хвост» *(в деревянных конструкциях)*
Schwalbenschwanzführung *f* направляющая типа «ласточкин хвост»
Schwallöten *n*, **Schwallötverfahren** *n* пайка волной припоя
Schwamm *m* губка
Schwammgummi *m* губчатая резина
schwammig губчатый; ноздреватый
Schwankung *f* колебание; флуктуация
Schwankungsvorgänge *m pl* флуктуационные процессы
Schwanz *m* хвост; хвостовик
Schwanzlastigkeit *f ав.* 1. тенденция *(самолёта)* к (непроизвольному) кабрированию 2. наличие задней центровки, смещённой к хвостовой части самолёта, нарушение предельной задней центровки; перетяжелённость хвостовой части самолёта
Schwarte *f*, **Schwartenbrett** *n* горбыль; обапол
Schwarzblech *n* чёрная жесть
Schwarzdecke *f* асфальтовое (дорожное) покрытие; битумное (дорожное) покрытие
Schwärze *f* 1. чернь 2. формовочная краска, формовочные чернила
Schwarzerde *f* чернозём
Schwarzmetallurgie *f* чёрная металлургия
Schwarzpegel *m тлв* уровень чёрного
Schwarzpulver *n* чёрный порох
Schwarzschulter *f тлв* 1. *см.* **Schwarzschulter, hintere** 2. понятие, объединяющее обе — заднюю и переднюю — площадки строчного интервала гашения
~, **hintere** задняя площадка *(строчного интервала гашения)*
~, **vordere** передняя площадка *(строчного интервала гашения)*
Schwärzung *f* 1. почернение *(фотографического слоя)* 2. *см.* **Schwärzungsgrad**
Schwärzungsgrad *m* оптическая плотность почернения
Schwärzungskurve *f фото* характеристическая кривая
Schwärzungsmesser *m* денситометр
Schwärzungsmessung *f* денситометрия
Schwarzweißbild *n* чёрно-белое изображение
Schwarz-Weiß-Fernsehen *n* чёрно-белое телевидение
Schwarzweißfotografie *f* чёрно-белая фотография
Schwarzweißmonitor *m* чёрно-белый монитор
Schwarzwerden *n* почернение
Schwarzwert *m см.* **Schwarzpegel**
Schwebe *f горн.* потолочина
Schwebebahn *f* подвесная дорога
Schwebebühne *f горн.* подвесной полок *(при проходке шахтного ствола)*
Schwebefahrzeug *n* аппарат на воздушной подушке
Schwebeflug *m* висение, полёт на режиме висения *(вертолёта, самолёта вертикального взлёта и посадки)*
Schwebegut *n* взвешенный материал
Schwebekörper *m* поплавковый указатель, поплавок
Schwebemethode *f* 1. гидростатическое взвешивание, метод гидростатического взвешивания 2. *мин.* метод определения удельного веса минералов погружением в тяжёлые жидкости
Schweben *n* 1. *физ.* плавание тела *(в жидкости, газе)* 2. взвешенное состояние; витание 3. парение
schwebend 1. взвешенный; витающий 2. *горн.* восстающий; по восстанию
Schwebestaub *m* витающая пыль
Schwebezustand *m* взвешенное состояние
Schwebstoffe *m pl* 1. взвешенные вещества 2. *гидр.* взвешенные наносы
Schwebungen *f pl* биения
Schwebungsempfang *m рад.* гетеродинный приём
Schwebungsfrequenz *f* частота биений
Schwebungsfrequnzmesser *m* гетеродинный частотомер, гетеродинный волномер
Schwebungssummer *m* (звуковой) генератор на биениях, звуковой гетеродинный генератор
Schwebungsverfahren *n* метод биений
Schwefel *m* сера, S
~, **gediegener** самородная сера
schwefelarm малосернистый, с низким содержанием серы
Schwefeldioxid *n* диоксид [двуокись] серы, сернистый ангидрид, сернистый газ, SO_2
Schwefelfarbstoffe *m pl* сернистые красители
schwefelhaltig серосодержащий, содержащий серу
Schwefelhexafluorid *n* гексафторид серы, фторид серы(VI), SF_6 *(элегаз)*

SCHWEFELHEXAFLUORID...

Schwefelhexafluoridgas *n* элегаз
Schwefelkies *m мин.* пирит, серный [железный] колчедан
Schwefelkohlenstoff *m* сероуглерод, CS
Schwefeln *n* 1. *хим.* сульфитация 2. опыливание серой 3. окуривание серой
schwefelsauer сернокислый
schweflig сернистый
Schweifen *n* 1. *мет.-об.* односторонняя разгонка (*листового металла для получения дуговых заготовок*) 2. выпиливание выкружек
Schweifsäge *f* тонкая ножовка; выкружная пила
Schweifung *f* плавный изгиб
Schweigezone *f рад.* зона радиомолчания, мёртвая зона
Schweinfurter Grün *n хим.* швейнфуртская зелень
Schweinsleder *n* свиная кожа
Schweißaggregat *n* сварочный агрегат
Schweißapparat *m* сварочный аппарат
Schweißarm *m* хобот (*сварочного агрегата*)
Schweißautomat *m* сварочный автомат
Schweißbad *n* сварочная ванна
Schweißbarkeit *f* свариваемость
Schweißbrenner *m* горелка для газовой сварки, сварочная горелка, горелка
Schweißdraht *m* сварочная проволока
Schweiße *f* металл сварочной ванны; металл шва в расплавленном состоянии
Schweißelektrode *f* электрод для дуговой сварки (*угольный или металлический*), (сварочный) электрод
Schweißelektrodenspitze *f* рабочий конец сварочного электрода
Schweißen *n* сварка; сваривание
~, **atomares** атомно-водородная сварка
~, **autogenes** газовая сварка
~, **automatisches** автоматическая сварка
Schweißer *m* сварщик
Schweißfähigkeit *f* свариваемость
Schweißfehler *m* дефект сварки
Schweißflansch *m* приварной фланец
Schweißfuge *f* свариваемый стык; разделка кромок (*характер и форма подготовки кромок под сварку*); разделка, зазор (*между кромками*)
Schweißgenerator *m* сварочный генератор
Schweißgerät *n* сварочный аппарат

Schweißgleichrichter *m* сварочный выпрямитель
Schweißgut *n* 1. металл шва 2. наплавленный металл
~, **eingetragenes** наплавленный металл (*переплавленный присадочный металл, введенный в сварочную ванну или наплавленный на основной металл*)
Schweißkonstruktion *f* сварная конструкция
Schweißkopf *m* сварочная головка
Schweißmaschine *f* сварочная машина
Schweißmontagestraße *f* линия окончательной сварки
Schweißnaht *f* сварной шов
~ **mit Vorschweißung** сварной шов с подваркой
~ **ohne Vorschweißung** сварной шов без подварки
Schweißpistole *f* сварочный пистолет
Schweißpulver *n* сварочный флюс, флюс
Schweißraupe *f св.* валик
Schweißroboter *m* сварочный робот
Schweißstab *m* сварочный пруток
Schweißstrom *m* сварочный ток
Schweißtraktor *m* трактор для дуговой сварки, сварочный трактор
Schweißtransformator *m* сварочный трансформатор
Schweißumformer *m* сварочный преобразователь
Schweißung *f* 1. сварка; сваривание (*см. тж* **Schweißen**) 2. сварное соединение
Schweißverbindung *f* сварное соединение
Schweißzange *f* сварочные клещи
Schweißzusatzdraht *m* присадочная проволока
Schwelen *n* полукоксование, швелевание
Schwelerei *f* 1. установка (для) полукоксования; полукоксовый завод 2. полукоксование, швелевание; сухая перегонка (*древесины*)
Schwelgas *n* газ полукоксования, полукоксовый газ
Schwelkohle *f* уголь для полукоксования
Schwelkoks *m* полукокс
Schwellbeanspruchung *f* знакопостоянная [пульсирующая] нагрузка; знакопостоянный цикл (напряжений); отнулевой цикл (напряжений); пульсирующее напряжение
Schwellbecken *n гидр.* бассейн суточного регулирования
Schwelle *f* 1. шпала 2. *стр.* лежень 3. порог
Schwellenbecken *n см.* **Schwellbecken**
Schwellendosis *f* пороговая доза

SCHWERIONENPHYSIK

Schwellenelement *n* пороговый элемент
Schwellenenergie *f* пороговая энергия
Schwellensignal *n* пороговый сигнал
Schwellenspannung *f* пороговое напряжение
Schwellenstopfer *m* *ж.-д.* шпалоподбойка
Schwellenstopfmaschine *f* *ж.-д.* шпалоподбивочная машина
Schwellenwert *m* пороговое значение
Schwellenwertdetektor *m* пороговый детектор
Schwellenwertschaltung *f* пороговая схема
Schwellfeldstärke *f* критическая напряжённость электрического поля
Schwellfestigkeit *f* предел выносливости при отнулевом цикле напряжений
Schwellspannung *f* пороговое напряжение
Schwellwert *m* пороговое значение; пороговый уровень, порог
Schwellwertelement *n* пороговый элемент
Schwellwertgeber *m* пороговый датчик; триггер Шмитта
Schwellwertlogik *f* пороговая логика
Schwellwertschalter *m* пороговое устройство; триггер Шмитта
Schwellwertschaltung *f* пороговая схема
Schwellwertspannung *f* пороговое напряжение
Schwellwertverschiebung *f* смещение порогового значения
Schwelofen *m* печь для полукоксования [швелевания]
Schwelteer *n* полукоксовальный дёготь
Schwelung *f* полукоксование, швелевание
Schwelwasser *n* подсмольная вода
Schwemmboden *m* намывная почва
Schwemmfächer *m* *см.* Schwemmkegel
Schwemmgold *n* россыпное золото
Schwemmkegel *m* конус выноса (*форма рельефа*)
Schwemmland *n* нанос; наносный грунт
Schwemmstein *m* туф
Schwengel *m* 1. коромысло 2. балансир (*станка-качалки*)
Schwenkachse *f* 1. поворотная ось 2. ось поворота 3. ось качаний
Schwenkarm *m* поворотная (механическая) рука (*напр. робота*)
Schwenkarmgreifer *m* захватное устройство с поворотной рукой
Schwenkarmroboter *m* робот с поворотной рукой
schwenkbar поворотный
Schwenkdüsentriebwerk *n* (реактивный) двигатель с поворотным соплом [с поворотными соплами]; подъёмно-маршевый двигатель
Schwenken *n* *вчт* 1. панорамирование 2. горизонтальная прокрутка (*изображения на экране дисплея*)
Schwenkflügel *m* *ав.* 1. крыло с изменяемой (в полёте) стреловидностью, крыло изменяемой стреловидности 2. поворотное крыло
Schwenkflügelflugzeug *n* 1. самолёт с изменяемой стреловидностью крыла 2. самолёт с поворотным крылом
Schwenkgreifer *m* поворотное захватное устройство, поворотный захват
Schwenkhebel *m* поворотный рычаг
Schwenkkran *m* 1. неполноповоротный кран 2. настенный поворотный кран
Schwenkmotor *m* поворотный гидродвигатель; поворотный пневмодвигатель
Schwenkschaufellader *m* погрузчик с поворотным ковшом
Schwenkspanneisen *n* откидной прихват
Schwenkteil *m* поворотная часть (*напр. устройства автоматической смены плит-спутников*)
Schwenktransformator *m* фазосдвигающий трансформатор
Schwenkung *f* поворот; разворот
Schwenkwerk *n* механизм поворота, поворотный механизм
Schwerbeton *m* тяжёлый бетон
Schwere *f* 1. тяготение 2. *физ.* сила тяжести
Schwereanomalie *f* *физ.* аномалия силы тяжести
Schwereenergie *f* *физ.* гравитационная энергия
Schwerefeld *n* *физ.* поле тяготения, гравитационное поле
Schwerelosigkeit *f* невесомость
Schwerelosigkeitszustand *m* состояние невесомости
Schweretrennung *f* разделение (*напр. обогащаемого материала*) по удельному весу (*с помощью тяжелых жидкостей заданной плотности*), гравитационое разделение
Schwergewichtsmauer *f* *гидр.* гравитационная плотина
Schwergut *n* тяжёлый продукт (*в обогащении*)
Schwerhörigengerät *n* слуховой аппарат
Schwerindustrie *f* тяжёлая промышленность
Schwerionendetektor *m* детектор тяжёлых ионов
Schwerionenphysik *f* физика тяжёлых ионов

SCHWERKRAFT

Schwerkraft f физ. сила тяжести
Schwerkraftaufbereitung f гравитационное обогащение
Schwerkraftförderer m гравитационный конвейер, гравитационный транспортёр
Schwerkraftförderung f гравитационный транспорт; подача самотёком
Schwerkraftmethode f гравиметрический метод (*разведки*)
Schwerkraftschweißen n сварка наклонным электродом
Schwerlastfahrzeug n автомобиль большой грузоподъёмности, большегрузный автомобиль
Schwerlastrakete f тяжёлая ракета-носитель, тяжёлый носитель
Schwerlastwagen m автомобиль большой грузоподъёмности
Schwerlastzug m тяжеловесный состав
Schwermaschinenbau m тяжёлое машиностроение
Schwermetalle n pl тяжёлые металлы
Schwermetallegierung f тяжёлый сплав
Schwerminerale n pl тяжёлые минералы, минералы тяжёлой фракции
Schweröl n 1. тяжёлые фракции нефти; мазут 2. тяжёлое (моторное) топливо 3. тяжёлое масло, тяжёлая фракция каменноугольной смолы
Schwerölmotor m двигатель тяжёлого топлива
Schwerpunkt m центр тяжести
Schwerpunktexzentrizität f эксцентриситет массы (*напр. подлежащего балансировке ротора*)
Schwerpunktlage f 1. *ав.* вертикальная центровка, вертикальное положение центра тяжести (*летательного аппарата относительно его продольной оси*) 2. центровка, положение центра тяжести
schwerschmelzend тугоплавкий
Schwerspat m *мин.* барит, тяжёлый шпат
Schwerstange f утяжелённая бурильная труба, УБТ
Schwerstbeton m особо тяжёлый бетон
Schwerstoff m утяжелитель
Schwertrübeaufbereitung f, **Schwertrübesortierung** f обогащение в тяжёлых суспензиях [в тяжёлых средах] (*термин «тяжелые среды» в строгом употреблении включает в объем своего значения также и «тяжелые жидкости»*)
Schwertrübezyklon m тяжелосредный циклон

Schwerwasserreaktor m *яд.* тяжеловодный реактор
Schwerzuschlag m тяжёлый заполнитель (*для бетона*)
Schwimmaufbereitung f флотационное обогащение, флотация
Schwimmbadreaktor m *яд.* бассейновый реактор
Schwimmbagger m землечерпательный снаряд, землечерпалка; драга
Schwimmbrücke f наплавной мост
Schwimmdock n наливной док
Schwimmen n всплываемость (*пигмента*)
Schwimmer m 1. поплавок 2. кухтыль (*трала*)
Schwimmerdurchflußmesser m поплавковый расходомер
Schwimmergehäuse n поплавковая [топливная] камера (*карбюратора*)
Schwimmermanometer n поплавковый манометр
Schwimmerventil n поплавковый клапан
Schwimmfähigkeit f плавучесть
Schwimmfahrzeug n амфибия
Schwimmittel n 1. плавсредство 2. флотационный реагент, флотореагент
Schwimmkonzentrat m флотационный концентрат, флотоконцентрат
Schwimmkraft f плавучесть
Schwimmkraftwagen m *см.* **Schwimmwagen**
Schwimmkran m плавучий кран
Schwimmpanzer m танк-амфибия
Schwimmponton m понтон
Schwimmsand m плывун
Schwimmsperre f бон
Schwimmtor n батопорт
Schwimmwagen m автомобиль-амфибия, амфибия
Schwimmweste f спасательный жилет
Schwinden n 1. усадка 2. усушка
Schwindfuge f усадочный шов
Schwindmaß n усадочный метр
Schwindung f усадка; усушка
Schwindungskoeffizient m коэффициент усадки
Schwindungsriß m усадочная трещина
Schwindungszahl f *см.* **Schwindungskoeffizient**
Schwindzugabe f припуск на усадку
Schwingantrieb m вибрационный (электро)привод
Schwingbeanspruchung f повторно-переменная нагрузка; приложение к материалу *или* об-

разцу определённого числа циклов повторно-переменных напряжений, циклическое нагружение
Schwingbeiwert *m стр.* динамический коэффициент
Schwingbeschleunigung *f* виброускорение
Schwingbewegung *f* колебательное движение
Schwinge *f* 1. коромысло; балансир; кулиса 2. *см.* **Schwinghebel** 2.
Schwingen *n* 1. качание 2. трепание (*льна, конопли*)
Schwingenpendel *n ж.-д.* люлечная подвеска (*тележки*)
Schwinger *m* 1. вибратор 2. осциллятор
Schwingfestigkeit *f* вибропрочность
Schwingförderer *m* вибрационный конвейер; качающийся инерционный конвейер
Schwingförderrinne *f см.* **Schwingrinne**
Schwinggabel *f* маятниковая вилка (*напр. подвески заднего колеса мотоцикла*)
Schwinghebel *m* 1. балансир, коромысло; качающийся рычаг 2. *авто* маятниковый рычаг
Schwinghebelfederung *f* маятниковая подвеска (*напр. мотоцикла*)
Schwinghebelgabel *f* вилка маятниковой подвески (*напр. мотоцикла*)
Schwinghonen *n мет.-об.* суперфиниширование
Schwingkreis *m* колебательный контур
Schwingkreisgüte *f* добротность колебательного контура
Schwingläppen *n* ультразвуковая абразивная обработка
Schwinglast *f* вибрационная нагрузка
Schwingmetall *n* резинометаллический (упругий) элемент
Schwingmühle *f* вибрационная мельница
Schwingquarz *m* пьезокварц; кварцевый резонатор
Schwingrahmen *m* рама (*напр. мотоцикла*) с маятниковой подвеской заднего колеса
Schwingregler *m* вибрационный регулятор
Schwingrinne *f* вибрационный жёлоб, виброжёлоб; вибрационный (желобчатый) конвейер
Schwingschieberverschluß *m гидр.* секторный затвор
Schwingschleifen *n см.* **Schwinghonen**
Schwingsieb *n* виброгрохот
Schwingspiel *n* цикл напряжений; цикл деформаций

Schwingtisch *m* вибростол
Schwingung *f* колебание
Schwingungen *f pl* колебания
~, **gedämpfte** затухающие колебания
~, **ungedämpfte** незатухающие колебания
Schwingungsamplitude *f* амплитуда колебаний
Schwingungsausschlag *m* размах [амплитуда] колебаний
Schwingungsbauch *m* пучность колебания
Schwingungsdämpfer *m* демпфер, гаситель колебаний
Schwingungsdämpfung *f* затухание колебаний
Schwingungsdauer *f* период колебаний
Schwingungserregung *f* возбуждение колебаний
Schwingungserzeuger *m* генератор колебаний
Schwingungsfrequenz *f* частота колебаний
Schwingungsgeber *m* вибродатчик
Schwingungsgleichung *f* уравнение колебаний
Schwingungsglied *n* колебательное звено
schwingungsisoliert с виброизоляцией
Schwingungsisolierung *f* виброизоляция
Schwingungsknoten *m* узел колебаний
Schwingungsmeßtechnik *f* виброметрия
Schwingungsmittelpunkt *m* центр качаний (*физического маятника*)
Schwingungsperiode *f* период колебаний
Schwingungsphase *f* фаза колебаний
Schwingungsschreiber *m* виброграф
Schwingungsschutzarmatur *f* виброгаситель
Schwingungsspektrum *n* колебательный спектр
Schwingungssystem *n* колебательная система
Schwingungsüberlagerung *f* наложение колебаний
Schwingungsversuch *m* испытание на выносливость при знакопеременных нагрузках
Schwingungsvorgang *m* колебательный процесс
Schwingungsweite *f* амплитуда колебаний
Schwingwalzwerk *n* маятниковый стан (*прокатный стан, рабочие валки которого в процессе прокатки совершают качательные движения*)
Schwingweg *m* виброперемещение
Schwingzentrifuge *f* виброцентрифуга
Schwingziehschleifen *n см.* **Schwinghonen**
Schwitzen *n* 1. потение 2. выпотевание 3. отпотевание
Schwitzwasser *n* конденсат
Schwund *m* 1. *рад.* замирание 2. усадка 3. усушка
schwundfrei безусадочный

513

SCHWUNDREGELUNG

Schwundregelung *f* автоматическая регулировка усиления, АРУ
Schwungmasse *f* маховая масса
Schwungmoment *n* маховый момент
Schwungrad *n* маховик, маховое колесо
Schwungradantrieb *m* 1. гиропривод 2. (электро)привод через маховик
Scrambler *m* элн скремблер
Scraper *m* скрепер
Scratchpad-Speicher *m* вчт сверхоперативная [блокнотная] память, сверхоперативное ЗУ, СОЗУ
Scratch-Register *n* вчт оперативный [быстрый, блокнотный] регистр; регистр сверхоперативной памяти
Screeneditor *m* вчт экранный редактор
Scrollbalken *m* вчт линейка прокрутки
Scrollen *n*, **Scrolling** *n* (вертикальная) прокрутка (*изображения на экране дисплея*)
SCT [Surface-Controlled Transistor] *m*, **SCT-Element** *n* поверхностно-управляемый (биполярный) транзистор
SCTL [Schottky-Coupled Transistor Logic] *f* ТТЛ с транзисторами Шоттки, ТШЛ
SDFL [Schottky Diode FET Logic] *f* логика [логические схемы] на полевых транзисторах и диодах Шоттки
SDFL-Gatter *n* логический элемент на полевых транзисторах и диодах Шоттки
SECAM-Coder *m* тлв кодер СЕКАМ
SECAM-Decoder *m* тлв декодер СЕКАМ
SECAM-Verfahren *n* система (цветного телевидения) СЕКАМ
Sech *n* нож (*плуга*)
sechseckig шестиугольный
Sechsflächner *m* шестигранник, гексаэдр
Sechskantmutter *f* шестигранная гайка
Sechskantschraube *f* болт с шестигранной головкой
sechsstellig шестизначный; шестиразрядный
sechswertig шестивалентный
Sedezimalsystem *n* шестнадцатеричная система (счисления)
Sediment *n* 1. хим. осадок 2. геол. осадок, (осадочное) отложение
Sedimentation *f* 1. седиментация 2. геол. осадконакопление, осаждение (*осадочных пород*), седиментация
Sedimentationsanalyse *f* седиментационный анализ

Sedimentationsverfahren *n* седиментационный метод
Sedimentgestein *n* осадочная (горная) порода
Seebeck-Effekt *m* (термоэлектрический) эффект Зеебека
See-Erprobung *f* мор. ходовое испытание
Seefähigkeit *f см.* **Seetüchtigkeit**
Seefahrt *f* мореплавание
Seefischerei *f* морское рыболовство
Seegang *m* волнение (моря)
Seehafen *m* морской порт
Seehandbuch *n* лоция
Seehöhe *f* высота над уровнем моря
Seekabel *n* морской кабель
Seele *f* 1. сердечник (*каната*) 2. жила (*кабеля*) 3. канал ствола (*огнестрельного оружия, орудия*)
Seemeile *f* морская миля
Seenot *f* бедствие на море
Seenotruf *m* мор. сигнал бедствия
Seetüchtigkeit *f* мореходные качества (*судна*), мореходность
Seeventil *n* мор. кингстон
Seezeichen *n pl* морские навигационные знаки
Segelboot *n* 1. парусная лодка; парусно-гребная шлюпка 2. *см.* **Segelschiff** 3. спортивная парусная яхта
Segelflug *m* парящий полёт, парение (*планера*)
Segelflugzeug *n* планёр, пла́нер
Segelleinwand *f* парусина
Segeln *n* плавание под парусами
Segelschiff *n* парусное судно, парусник
Segelschlitten *m* буер
Segeltuch *n* парусина; брезент
Segerkegel *m* пироскоп, конус Зегера
Segment *n* 1. мат., вчт сегмент 2. маш. (зубчатый) сектор 3. сектор (*напр. ковочных вальцов*)
Segmentadresse *f* вчт сегментный адрес, (начальный) адрес сегмента
Segmentadreßregister *n* вчт регистр адреса сегмента, сегментный регистр
Segmentanfangsadresse *f* вчт начальный адрес сегмента, сегментный адрес
7-Segment-Anzeige *f* 7-сегментный индикатор
Segmentbasis *f* вчт начало сегмента; база [начальный адрес] сегмента
Segmentbasisadresse *f см.* **Segmentanfangsadresse**
Segmentierung *f* сегментация

SEILSCHLAGEN

Segmentregister *n вчт* сегментный регистр, регистр (адреса) сегмента
Segmentscheibe *f*, **Segmentschleifkörper** *m* сегментный шлифовальный круг
Segmentspeicher *m вчт* память с сегментной организацией, сегментированная память
Segmentwehr *n гидр.* 1. плотина с сегментными затворами 2. сегментный затвор
Segregation *f* сегрегация
Sehen *n* зрение; зрительное восприятие
Sehlinie *f* линия визирования
Sehne *f мат.* хорда
Sehnensatz *m мат.* теорема о хордах
Sehnentangentenwinkel *m мат.* угол между касательной (к окружности) и хордой (из точки касания)
Sehnenviereck *n мат.* вписанный четырёхугольник
Sehnenwinkel *m мат.* вписанный угол
Sehrohr *n* перископ
Sehvermögen *n* зрение
Seide *f* шёлк
Seidenbast *m* серицин
Seidenbau *m* шелководство
Seidenfaden *m* 1. шёлковая нить 2. шелковинка (*для визуализации потока*)
Seidengewebe *n* шёлковая ткань
Seidenleim *m* серицин
Seidenpapier *n* 1. шёлковая (упаковочная) бумага 2. шелковка
Seidenrasterdruck *m* шелкография, шёлкотрафаретная печать
Seidenraupe *f* шелковичный червь, гусеница тутового шелкопряда
Seidenspinner *m* тутовый шелкопряд
Seidenspinnerei *f* шёлкопрядение
Seidenzwirn *m* кручёный шёлк
Seife *f* 1. *геол.* россыпь 2. мыло
Seifenerz *n* россыпная руда
Seifengold *n* россыпное золото
Seifenlagerstätte *f* россыпное месторождение, россыпь
Seifensieden *n* мыловарение
Seifensiederei *f* мыловаренный завод
Seigern *n мет.* 1. зейгерование 2. ликвация, сегрегация (*процесс образования неоднородности сплава; ср.* **Seigerung**)
Seigerofen *m мет.* печь для зейгерования
Seigerschacht *m горн.* вертикальный ствол
Seigerung *f мет.* 1. зейгерование 2. ликвация, сегрегация (*неоднородность сплава по химическому составу, структуре и неметаллическим включениям, возникающая при кристаллизации слитка; процесс образования такой неоднородности*)
Seignette(di)elektrikum *n* сегнетоэлектрик
Seignette-Elektrizität *f* сегнетоэлектричество
Seignettesalz *n* сегнетова соль
Seignettesalzkristalle *m pl* кристаллы сегнетовой соли
Seihen *n* процеживание
Seiher *m* 1. сетчатый фильтр 2. цедилка; ситечко
Seil *n* 1. канат; трос 2. тросик 3. пассик
Seilaufzug *m* канатный подъёмник; фуникулёр
Seilbagger *m* башенный экскаватор
Seilbahn *f* канатная дорога
Seilbohren *n см.* **Seilschlagbohren**
Seilbremse *f* тормоз с тросовым приводом; *авто* тормозная система с тросовым приводом
Seilbruch *m* обрыв каната *или* троса
Seilbrücke *f* висячий мост с несущими кабелями
Seileck *n* верёвочный многоугольник
Seilerbahn *f* канатная дорога (*машина для производства неметаллических канатов*)
Seilerei *f* канатное производство
Seilerwaren *f pl* канатно-верёвочные изделия
Seilfahrt *f горн.* спуск и подъём [спуск-подъём] людей, людской подъём; спуск в шахту
Seilfahrtgestell *n горн.* клеть людского подъёма, клеть для (спуска и) подъёма людей
Seilförderer *m* канатный конвейер, канатный транспортёр
Seilförderung *f горн.* канатная откатка
Seilführung *f* запасовка каната; схема запасовки каната; обводка каната; схема обводки каната
Seilgehänge *n* 1. канатная подвеска; канатная [канатно-блочная] оснастка; тросовая оснастка; такелаж 2. канатный строп
Seilgetriebe *n* канатная передача
Seilkausche *f* (канатный) коуш
Seilkonstruktion *f стр.* вантовая конструкция
Seillitze *f* прядь каната
Seilpolygon *n см.* **Seileck**
Seilrille *f* ручей блока
Seilrolle *f* канатный блок
Seilscheibe *f* канатный шкив; канатный блок
Seilschlag *m* 1. свивка каната 2. шлаг троса
Seilschlagbohren *n* ударно-канатное бурение
Seilschlagen *n* свивка канатов

SEILSCHWEBEBAHN

Seilschwebebahn *f* подвесная канатная дорога
Seilspannung *f* натяжение каната *или* троса
Seiltragwerk *n см.* **Seilkonstruktion**
Seiltrieb *m* канатная передача; канатный привод
Seiltrommel *f* канатный барабан
Seilwaren *pl* снасти; такелаж
Seilwerk *n см.* **Seilkonstruktion**
Seilwinde *f* лебёдка
Seilzug *m* канатная тяга
Seiner *m* сейнер
S-Eingang *m* S-вход, вход (сигнала) установки, установочный вход (*триггера*)
Seismik *f* 1. сейсмология 2. сейсмическая разведка, сейсморазведка
seismisch сейсмический
Seismizität *f* сейсмичность
Seismograf *m* сейсмограф, сейсмоприёмник
Seismografie *f* сейсмография
seismografisch сейсмографический
Seismogramm *n* сейсмограмма
Seismologie *f* сейсмология
Seismometerstation *f* сейсм(ометр)ическая станция
Seismometrie *f* сейсмометрия
Seite *f* 1. сторона; бок 2. часть (*равенства, уравнения*)
Seitenabruf *m* вчт вызов [откачка] страницы (*из виртуальной памяти*) по запросу; подкачка страниц по обращению
Seitenabweichung *f* боковое отклонение
Seitenadresse *f* вчт адрес страницы
Seitenadressierung *f* вчт страничная адресация; страничная система адресации
Seitenansicht *f* вид сбоку
Seitenaufprallschutz *m* авто защитные накладки боковых сторон кузова, накладки для защиты боковых сторон кузова
Seitenaustausch *n* вчт страничный обмен, подкачка страниц
Seitenaustauschverfahren *n* вчт страничная организация памяти; режим страничного обмена, режим подкачки страниц
Seitenband *n* боковая полоса (частот)
Seitenbandübertragung *f* рад. передача на боковых полосах (частот)
Seitenbegrenzungsleuchte *f см.* **Seitenleuchte**
Seitenblättern *n* вчт листание (*страниц памяти, файла*)
Seitendruck *m* давление на стенки сосуда
Seitenfläche *f* боковая поверхность; грань

Seitenflosse *f* ав. киль вертикального оперения (*самолета*), киль
Seitenfrequenz *f* боковая частота
Seitengleitflug *m* ав. (планирующий) полёт с боковым скольжением [со скольжением на крыло]
Seitengummi *m* боковина (*покрышки пневматической шины*)
Seitenhalbierende *f* медиана (*треугольника*)
Seitenhalter *m* ж.-д. фиксатор (*контактного провода*)
Seitenkanalpumpe *f* открыто-вихревой насос (*вихревой насос, в котором жидкая среда подводится в неподвижный кольцевой канал через рабочее колесо*)
~ mit Radialstufe центробежно-вихревой насос
Seitenkipper *m* 1. ж.-д. вагон с опрокидывающимся кузовом, вагон-самосвал, думпкар; вагон с боковой разгрузкой 2. авто автомобиль-самосвал с боковой разгрузкой
Seitenlayout *n* 1. вёрстка полос 2. макет вёрстки полос 3. программа машинной вёрстки полос (*с выводом макета на экран дисплея*)
Seitenleitwerk *n* ав. вертикальное оперение (*самолета*)
Seitenleuchte *f*, **Seitenlicht** *n* ав. габаритный фонарь; подфарник
Seitenlinie *f* образующая (*напр. конуса, цилиндра*)
Seitenriß *m* профильная проекция
Seitenrißebene *f* профильная плоскость проекций
Seitenruder *n* ав. руль направления
Seitensichtradar *n* РЛС бокового обзора
Seitenspant *n* мор. бортовой шпангоут
Seitenstabilität *f* 1. поперечная [боковая] устойчивость 2. мор. поперечная остойчивость (*судна*)
Seitenteil *n* боковина
Seitenumbruch *m* 1. вёрстка полос 2. (автоматический) переход на новую страницу
~, harter «твёрдая» граница страницы, переход на новую страницу с сохранением «твёрдой» границы страницы
~, weicher «мягкая» граница страницы, «мягкий» переход на новую страницу
Seitenverhältnis *n* 1. формат изображения; формат кадра 2. отношение ширины к высоте [высоты к ширине]
Seitenwagen *m* коляска (*мотоцикла*)
Seitenwand *f* 1. боковая стенка 2. боковина

Seitenwechsel *m* *вчт* замещение страниц; страничный обмен, подкачка страниц
Seitenwechselrate *f* *вчт* интенсивность страничного обмена
Seitenwechselverfahren *n* *вчт* страничная организация памяти; замещение страниц; страничный обмен, подкачка страниц
Seitenwinkel *m* азимутальный угол, азимут
Seitenzugriff *m* *вчт* обращение к странице; страничная выборка, страничный доступ
Seitenzugriffszeit *f* *вчт* время обращения к странице
Sekans *m* *мат.* секанс
Sekante *f* *мат.* секущая
Sekantensatz *m* *мат.* теорема о секущих
Sektion *f* секция
Sektionskessel *m* секционный котёл
Sektor *m* сектор
Sektorieren *n* *вчт* разметка, форматирование (*гибкого магнитного диска*)
Sektorschütz *n* *гидр.* секторный затвор
Sektorverschluß *m см.* **Sektorschütz**
Sektorverzahnung *f* *вчт* чередование секторов
sekundär вторичный
Sekundärelektron *n* вторичный электрон
Sekundärelektronenemission *f* вторичная электронная эмиссия
Sekundärelektronenemitter *m* вторично-электронный эмиттер, динод
Sekundärelektronenvervielfacher *m* вторично-электронный умножитель, ВЭУ
Sekundärelement *n* вторичный элемент
Sekundäremission *f* вторичная эмиссия
Sekundäremissionskatode *f* вторично-эмиссионный катод
Sekundäremissionsröhre *f* лампа с вторичной эмиссией
Sekundärkreis *m* 1. вторичная цепь 2. наружный контур (*напр. двухконтурного ТРД*)
Sekundärluft *f* вторичный воздух
Sekundärmotor *m* вторичный двигатель
Sekundärnormal *n* вторичный эталон
Sekundärradar *n* 1. РЛС с активным ответом 2. радиолокация с активным ответом, активная радиолокация
Sekundärspannungsquelle *f* источник вторичного электропитания, вторичный источник питания, ВИП
Sekundärspule *f* вторичная катушка
Sekundärstation *f* вторичная станция
Sekundärstrahlung *f* вторичное излучение

Sekundärstrom *m* вторичный ток
Sekundärteilchen *n pl* вторичные частицы
Sekundärwicklung *f* *эл.* вторичная обмотка (*напр. трансформатора*)
Sekunde *f* секунда
Selbstabgleich *m* автокоррекция
Selbstabstellung *f* автоматический останов
Selbstähnlichkeit *f* самоподобие; автомодельность (*движения*)
Selbstanlassen *n* автоматический пуск
selbstanpassend самоприспосабливающийся; самонастраивающийся
Selbstaufzug *m* автоматический подзавод, автоподзавод (*пружины часового механизма*)
Selbstausgleich *m* самовыравнивание; автоматическая компенсация
Selbstauslöser *m* 1. *текст.* самоостанов 2. *фото* автоспуск
Selbstauslösung *f* 1. автоматическое срабатывание; автоматическое выключение 2. *фото* автоспуск
Selbstberührungspunkt *m* *мат.* точка самоприкосновения
Selbstbinder *m* *с.-х.* сноповязалка
Selbstblock *m* *ж.-д.* автоблокировка
Selbstbremsung *f* самоторможение
Selbstdiagnose *f* самодиагностика
Selbstdiagnosemethode *f* метод самодиагностики
selbstdichtend самоуплотняющийся
Selbstdiffusion *f* самодиффузия
Selbstdotierung *f* *элн* автолегирование
Selbstdotierungsstoff *m* *элн* самолегирующийся материал
Selbstdurchschreibpapier *n* самокопировальная бумага
selbsteinstellend 1. самонастраивающийся 2. самоустанавливающийся
Selbstentlader *m см.* **Selbstentladewagen**
Selbstentladewagen *m* саморазгружающийся вагон; хоппер
Selbstentladung *f* автоматическая разгрузка
Selbstentleerer *m* саморазгружающаяся вагонетка
Selbstentleerung *f* автоматическая разгрузка
Selbstentzündung *f* самовоспламенение; самовозгорание
Selbstentzündungstemperatur *f* температура самовоспламенения
Selbsterhitzung *f* саморазогрев
Selbsterregung *f* самовозбуждение

SELBSTERWÄRMUNG

Selbsterwärmung *f* саморазогрев
Selbstfahrer *m* *с.-х.* самоходная машина; самоходный комбайн
Selbstfahrlafette *f* самоходная артиллерийская установка, САУ
Selbstfluß *m*: ◇ **im** ~ самотёком
Selbstfokussierung *f* автофокусировка
Selbstfütterer *m* автокормушка
Selbsthaltekontakt *m* контакт самоблокировки; самоудерживающий контакт (*реле с самоудержанием*)
Selbsthalterelais *n* реле с самоудержанием
selbsthärtend самозакаливающийся
Selbsthärtung *f* самозакаливание
Selbstheilung *f* самовосстановление; самозалечивание (*дефектов*)
Selbstheizungsthermistor *m* терморезистор с самоподогревом
selbsthemmend *маш.* самотормозящийся
Selbsthemmung *f* *маш.* самоторможение
Selbstinduktion *f* *эл.* самоиндукция
Selbstinduktionskoeffizient *m* *эл.* коэффициент самоиндукции, индуктивность
Selbstinduktionsspannung *f* *эл.* эдс самоиндукции
Selbstinduktionsstrom *m* *эл.* экстраток
Selbstinduktivität *f* *эл.* индуктивность, коэффициент самоиндукции
Selbstionisation *f* автоионизация
Selbstisolierung *f* самоизоляция (*напр. элементов ИС*)
Selbstjustage *f* элн самосовмещение
selbstjustiert элн самосовмещённый
Selbstjustierung *f* элн самосовмещение
Selbstjustierungsgate *n* элн самосовмещённый затвор
Selbstkipper *m* автомобиль-самосвал, самосвал
Selbstklebefolie *f* самоклеящаяся плёнка
Selbstkosten *pl* себестоимость
Selbstkupplung *f* *ж.-д.* автосцепка
Selbstlenkung *f* автономное управление
Selbstorganisation *f* самоорганизация
selbstorganisierend самоорганизующийся
Selbstoxidation *f* самоокисление
Selbstprüfung *f* самоконтроль; самопроверка; самотестирование
selbstregelnd саморегулирующийся
Selbstregelung *f* саморегулирование; автоматическое регулирование
Selbstregulierung *f* авторегулировка
Selbstreinigung *f* самоочищение

Selbstschalter *m* автоматический выключатель
Selbstschärfen *n* самозатачивание
Selbstschlußventil *n* автоматический клапан
Selbstschwingungen *f pl* автоколебания
Selbstsperrung *f* 1. самоблокировка 2. *см.* **Selbsthemmung**
Selbststeuer *n см.* **Selbststeueranlage**
Selbststeueranlage *f*, **Selbststeuergerät** *n* *мор.* авторулевой, гирорулевой
Selbststeuerung *f* 1. автономное управление 2. *ав.* автоматическое управление (*полётом*) 3. *см.* **Selbststeueranlage**
Selbststrukturierung *f* самоструктурирование
Selbstsynchronisation *f* самосинхронизация
selbsttätig автоматический
Selbsttest *m* 1. самотестирование 2. самодиагностика; самоконтроль 3. тест самоконтроля; автотест
Selbsttestsystem *n* система самотестирования
selbsttragend самонесущий
Selbsttränke *f* *с.-х.* автопоилка
Selbstwählanlage *f* автоматическая телефонная станция, АТС
Selbstwählfernverkehr *m* автоматическая междугородная телефонная связь; международная автоматическая телефонная связь
Selbstwählverkehr *m* автоматическая телефонная связь
Selbstzünder *m* дизель, двигатель с воспламенением от сжатия, двигатель с самовоспламенением
~, **aufgeladener** дизель с наддувом
Selbstzündmotor *m см.* **Selbstzünder**
Selbstzündung *f* воспламенение (*дизельного топлива*) от сжатия
Selektieren *n*, **Selektierung** *f* селектирование; выбор, селекция
Selektion *f* 1. выбор, селекция 2. *с.-х.* селекция
selektiv избирательный, селективный
Selektivabsorption *f* избирательное поглощение
Selektivität *f* 1. избирательность, селективность 2. *хим.* селективность
Selektivruf *m* избирательный вызов
Selektivschutz *m* избирательная [селективная] защита
Selektivverstärker *m* избирательный усилитель
Selektor *m* селектор; искатель
Selektorkanal *m* селекторный канал
Selen *n* селен, Se
Selengleichrichter *m* селеновый выпрямитель

SENKRECHTRÄUMMASCHINE

Selengleichrichtersäule *f* селеновый выпрямительный столб
Selenit I *n хим.* селенит
Selenit II *m мин.* (природный) гипс
Selenografie *f* селенография
Selenologie *f* селенология
Selenzelle *f* селеновый элемент
Selfaktor *m* прядильная машина периодического действия, сельфактор
Selfok *m* сел(ь)фок, градиентный световод (*световод с самофокусировкой излучения относительно осевой линии*)
Selsyn *n* сельсин
Seltenerden *pl хим.* редкие земли (*оксиды редкоземельных элементов*)
Seltenerdmetalle *n pl хим.* редкоземельные элементы, редкоземельные металлы
Semi-custom-IC *n*, **Semi-custom-Schaltung** *f см.* Semi-Kunden-IS
Semi-Custom-Logik *f* полузаказные (интегральные) ИС
Semielektronik *f* (электронная) техника с использованием электронных и электромеханических элементов
Semi-Kunden-IS *f* полузаказная ИС
Semikunden-LSI-Schaltung *f* полузаказная БИС
Semikunden-Master-Slice *n* БМК для изготовления полузаказных матричных БИС
Semipermanentspeicher *m* полупостоянное ЗУ, одностороннее ЗУ, ОдЗУ
semipermeabel полупроницаемый
Sende- und Empfangsgerät *n* приёмопередатчик
Sendeantenne *f* передающая антенна
Sendeempfänger *m* приёмопередатчик
Sende-Empfangsstelle *f* приёмопередающая радиостанция
Sendekanal *m* канал передачи
Sendeleistung *f* излучаемая мощность
Sender *m* 1. передатчик; радиопередатчик 2. (передающая) радиостанция 3. *вчт* передатчик (данных)
Sender- und Empfängerbaustein *m* ИС приёмопередатчика; приёмопередатчик
Senderchip *m* кристалл ИС передатчика; ИС передатчика
Senderegister *n* передающий регистр
Sender/Empfänger *m* приёмопередатчик
Sender-IS *f* ИС передатчика
Senderleistung *f* мощность передатчика

Senderöhre *f* генераторная лампа
Sendersuchlauf *m* автоматический поиск радиовещательной станции
Sendesatellit *m* вещательный спутник, спутник непосредственного вещания
Sendestation *f* передающая радиостанция
Sendetriode *f* генераторный триод
Sendung *f* 1. передача; радиопередача 2. вещание
Sengen *n* опалка, опаливание
Senkblei *n* отвес
Senkbrunnen *m* 1. опускной колодец 2. дренажный колодец
Senke *f* 1. сток; теплосток 2. *элн* сток (*полевого транзистора*) 3. *вчт* приёмник (*данных*)
Senken *n мет.-об.* зенкерование
Senkenelektrode *f* электрод стока
Senkengebiet *n* область стока, стоковая область
Senkenmetallisierung *f* металлизация стока
Senkenstrom *m* 1. ток, поступающий в нагрузку 2. ток стока (*полевого транзистора*)
Senkenübergang *m* стоковый (*p — n-*)переход, (*p — n-*)переход стока
Senkenwiderstand *m* сопротивление стока
Senkenzone *f см.* Senkengebiet
Senker *m мет.-об.* зенкер
Senkfaschine *f гидр.* опускная фашина
Senkhammer *m*, **druckluftbetriebener** погружной пневмоударник
Senkkasten *m* кессон
Senkkastenkammer *f* кессонная камера
Senkkopf *m* потайная головка (*напр. болта*)
Senklot *n* отвес
Senkmutter *f* потайная гайка
Senkniet *m* потайная заклёпка
Senkrechtbohrmaschine *f* вертикально-сверлильный станок
Senkrechtdreh(bearbeitungs)zentrum *n* многоцелевой токарно-карусельный станок
Senkrechtdrehmaschine *f* вертикально-токарный станок; токарно-карусельный станок
Senkrechte *f* 1. перпендикуляр 2. вертикаль; вертикальная линия; отвесная линия ◇ **eine ~ errichten** восстанавливать перпендикуляр
Senkrechtförderer *m* вертикальный конвейер
Senkrechtfräsmaschine *f* вертикально-фрезерный станок
Senkrechthobelmaschine *f* вертикально-строгальный станок
Senkrechträummaschine *f* вертикально-протяжной станок

SENKRECHTSPINDEL...

Senkrechtspindelbearbeitungszentrum *n* вертикальный многоцелевой станок
Senkrechtstart *m* вертикальный взлёт
Senkrechtstarter *m*, **Senkrechtstartflugzeug** *n* самолёт вертикального взлёта и посадки, вертикальновзлетающий самолёт
Senkrechtstehen *n* перпендикулярность
Senkrechtstoßmaschine *f* долбёжный станок
Senkschacht *m горн.* 1. опускная крепь 2. (шахтный) ствол, пройденный с опускной крепью
Senkschraube *f* болт с потайной головкой; винт с потайной головкой
Senkspindel *f* ареометр
Senkung *f* 1. оседание, осадка (*грунта*) 2. *мет.-об.* раззенковка 3. впадина
Senkwaage *f* ареометр
Senkwerkzeug *n см.* Senker
Senkzimmerung *f горн.* погружная крепь
Sensibilisator *m* сенсибилизатор
Sensibilisierung *f* 1. *фото* сенсибилизация 2. очувствление (*робота*)
Sensibilisierungsfarbstoff *m* сенсибилизирующий краситель
Sensitometer *n* сенситометр
Sensitometerstreifen *m* сенситограмма
Sensitometrie *f* сенситометрия
Sensor *m* датчик
~, **faseroptischer** волоконно-оптический датчик
~, **induktiver** индуктивный датчик
~, **intelligenter** датчик с интеллектом
~, **lichtempfindlicher** фотоприёмник; фотодатчик
~, **optoelektronischer** оптоэлектронный датчик
~, **taktiler** тактильный датчик
Sensorbildschirm *m* сенсорный экран
Sensorchip *m* кристалл с датчиком
Sensor-Grafiktablett *n* сенсорный графический планшет
sensorisiert очувствлённый; сенсорный
Sensorschalter *m* сенсорный переключатель
Sensorsteuerung *f* сенсорное управление
Sensortaste *f* 1. клавиша сенсорного переключателя; сенсорная кнопка 2. сенсорная [экранная] клавиша
Separation *f* сепарация; отделение; разделение
Separator *m* сепаратор
sequentiell последовательный
Sequenzer *m* секвенсер
Sericin *n* серицин

Serie *f* серия ◇ in ~ überleiten внедрять в серийное производство
seriell последовательный
Seriellumsetzer *m* параллельно-последовательный преобразователь
Serienadder *m* последовательный сумматор
Seriendrucker *m* посимвольное печатающее устройство
Serienfertigung *f*, **Serienproduktion** *f* серийное производство
Serienkreis *m* последовательная цепь
Serien-Parallel-Umsetzer *m* последовательно-параллельный АЦП
Serienprüfung *f* серийное испытание
Serienrechenmaschine *f*, **Serienrechner** *m* ВМ последовательного действия
serienreif готовый к серийному производству
Serienreife *f* готовность к серийному производству
Serienresonanzkreis *m эл.* последовательный резонансный контур
Serienschaltung *f эл.* последовательное соединение
Serienschwingkreis *m см.* Serienresonanzkreis
Serizin *n см.* Sericin
Serpentin *m* 1. *мин.* серпентин, змеевик 2. *уст. геол.* серпентинит, змеевик
Serpentinasbest *m мин.* хризотил, хризотил-асбест
Serpentinit *m*, **Serpentinschiefer** *m геол.* серпентинит, змеевик
Serum *n* сыворотка
Server *m* 1. (сетевой) сервер, станция [узел] обслуживания (*напр. локальной вычислительной сети*); спецпроцессор 2. сервер (*базы данных*)
Servicemodul *m косм.* служебный отсек
Serviceroutine *f* сервисная (под)программа
Servobremse *f авто* тормоз [тормозной механизм] с самоусилением
Servolenkung *f авто* рулевой механизм с (гидравлическим *или* пневматическим) усилителем
Servomechanismus *m* сервомеханизм
Servomotor *m* серводвигатель; сервомотор
~ **mit großem Drehmoment** высокомоментный серводвигатель
Servosteuerung *f* сервоуправление
Servoventil *n* сервоклапан
Sessellift *m* канатно-кресельный [кресельный] подъёмник

SICHERHEITS...

Setzarbeit *f горн.* отсадка
Setzautomat *m* наборный автомат
Setzeingang *m* вход (сигнала) установки, S-вход
Setzer *m* наборщик
Setzerei *f* наборный цех
Setzfuge *f см.* Setzungsfuge
Setzhammer *m* (плоская) обжимка
Setzkasten *m* 1. *полигр.* (наборная) касса 2. *горн.* камера отсадочной машины 3. осадительный чан 4. ящик для рассады, рассадный ящик
Setzkopf *m* закладная головка *(заклепки)*
Setzlatte *f* нивелирная рейка
Setzlinie *f* наборная линейка
Setzmaschine *f* 1. *полигр.* наборная машина 2. *горн.* отсадочная машина
Setzprobe *f* испытание *(бетонной смеси)* на осадку конуса, определение подвижности бетонной смеси по усадке конуса
Setz-Rücksetz-Fliflop *n* RS-триггер, триггер с раздельными входами
Setzstock *m маш.* люнет
~, **feststehender** неподвижный люнет
~, **mitlaufender** подвижный люнет
Setzstocklager *n* задняя стойка *(горизонтально-расточного станка)*
Setzung *f* 1. *стр.* осадка *(деформация основания сооружения или самого сооружения, вызываемая уплотнением грунта)* 2. *геол.* уменьшение объёма, усадка
Setzungsfuge *f стр.* осадочный шов
Sexagesimalsystem *n* шестидесятеричная система счисления
Sextant *m* 1. секстант, *мор. проф.* секстан 2. *мат.* круговой сектор с центральным углом 60°
Sextillion *f* тысяча дециллионов, шестая степень миллиона, 10^{36} *(русский термин «секстиллион» обозначает обычно число 10^{21})*
SFET [Sperrschicht-FET] *m* полевой транзистор с (управляющим) *p — n*-переходом
SF$_6$-Schaltanlage *f эл.* (комплектное) распределительное устройство с элегазовой изоляцией
~, **gekapselte** комплектное распределительное устройство с элегазовой изоляцией
~, **vollisolierte** герметичное (комплектное) распределительное устройство с элегазовой изоляцией
SGT [1. Silicon-Gate Transistor 2. Silicon-Gate Technology] *m* 1. МОП-транзистор с поликремниевым затвором 2. технология МОП ИС с поликремниевыми затворами
SGT-MOS *f* технология МОП ИС с поликремниевыми затворами
Shaper *m*, **Shapingmaschine** *f* поперечно-строгальный станок
Shared-Zugriff *m вчт* совместный доступ, доступ к разделяемому ресурсу
Sheddach *n* шедовая крыша, шедовое покрытие
Shedschale *f стр.* шедовая оболочка
Sheffer-Funktion *f* штрих [функция] Шеффера, функция И — НЕ, функция отрицания конъюнкции
Shelterdeck *n мор.* шельтердек
Shelterdecker *m мор.* шельтердечное судно
Sherardisierung *f* шерардизация
SHF-... [Super-High Frequency...] сверхвысокочастотный, СВЧ-...
SHF-Bereich *m* диапазон сверхвысоких частот, СВЧ-диапазон; диапазон сантиметровых волн, сантиметровый диапазон
Shift-Lock-Taste *f вчт* клавиша переключения регистра, регистровая клавиша с фиксацией
Shiftoperation *f см.* Schiebeoperation
Shiftregister *n см.* Schieberegister
Shift-Taste *f вчт* клавиша смены регистра, регистровая клавиша, клавиша регистра
Shokley-Diode *f* диод Шокли
Shokley-Versetzung *f* частичная дислокация по Шокли
Shokley-Vierschichtdiode *f* диод Шокли
Shore-Härte *f* твёрдость по Шору
Shore-Härteprüfung *f* определение твёрдости по Шору
Shunt *m эл.* шунт
Shuntadmittanz *f эл.* параллельная проводимость
Shuntwiderstand *m эл.* шунт
S/H-Verstärker *m* усилитель выборки — хранения
Sicherheit *f* 1. безопасность 2. надёжность 3. достоверность 4. запас прочности
Sicherheitsabstand *m авто* интервал безопасности
Sicherheitsdosis *f* безопасная доза *(излучения)*
Sicherheitseinrichtung *f* предохранительное устройство; устройство безопасности

SICHERHEITS...

Sicherheitseinschluß *m* защитная оболочка (*ядерного реактора*)
Sicherheitsfahrschalter *m* ж.-д. рукоятка бдительности
Sicherheitsfahrschaltung *f* ж.-д. устройство безопасности; автостоп
Sicherheitsfaktor *m* 1. коэффициент запаса прочности; запас прочности 2. коэффициент безопасности 3. коэффициент надёжности
Sicherheitsfilm *m* безопасная [негорючая] (фото)плёнка; безопасная [негорючая] (кино)плёнка
Sicherheitsglas *n* безосколочное стекло
Sicherheitsgrad *m* запас прочности; коэффициент запаса прочности
Sicherheitsgurt *m* 1. ремень безопасности 2. *стр.* предохранительный [страховочный] пояс
Sicherheitskanal *m* канал аварийной защиты (*ядерного реактора*)
Sicherheitskopie *f* вчт резервная копия (*файла*)
Sicherheitskraftwagen *m* безопасный автомобиль
Sicherheitskupplung *f* предохранительная муфта
Sicherheitsluftventil *n* вакуумный кран
Sicherheitsregler *m* предохранительный регулятор; автомат безопасности
Sicherheitsreserve *f* запас прочности
Sicherheitsschalter *m* блокирующий [предохранительный] выключатель
Sicherheitsschloß *n* 1. замок с высокой секретностью (*напр. цилиндровый*) 2. *авто* безопасный замок (*замок, предупреждающий самопроизвольное открывание дверей при аварии*)
Sicherheitssprengstoff *m* предохранительное взрывчатое вещество
Sicherheitsstab *m* яд. аварийный стержень
Sicherheitstechnik *f* техника безопасности
Sicherheitsventil *n* предохранительный клапан
Sicherheitsvorschriften *f pl* правила техники безопасности
Sicherheitsweiche *f* ж.-д. охранная стрелка
Sicherheitszone *f* безопасная зона
Sicherung *f* 1. эл. предохранитель 2. маш. стопор; стопорный элемент 3. маш. стопорение; предохранение (*резьбовых соединений*) от саморазвинчивания
Sicherungsanlage *f* ж.-д. устройство СЦБ, устройство сигнализации, централизации и блокировки
Sicherungsautomat *m* эл. автоматический выключатель
Sicherungsblech *n* маш. стопорная шайба
Sicherungsdatei *f* вчт дублирующий файл, резервная копия файла
Sicherungsfeder *f* предохранительная пружина
Sicherungsmutter *f* маш. контргайка
Sicherungsring *m* маш. (пружинное) стопорное кольцо
Sicherungsschraube *f* маш. стопорный винт; стопорный болт
Sicherungstechnik *f* (im Eisenbahnwesen) ж.-д. техника СЦБ; железнодорожная автоматика и телемеханика
Sicht *f* 1. видимость 2. обзор
~, **optische** прямая видимость
Sichtanzeige *f* визуальная [оптическая] индикация
Sichtanzeiger *m* визуальный индикатор
sichtbar видимый
Sichtbarkeitsbereich *m* дальность видимости
Sichtbarmachung *f* визуализация
Sichtbeton *m* (архитектурно-)декоративный бетон с обнажёнными зёрнами заполнителя
Sichten *n* воздушная сепарация, воздушная классификация
Sichter *m* 1. воздушный классификатор, воздушный сепаратор; обеспыливатель 2. рассев; бурат; ситовая сортировка
Sichtfeld *n* зона видимости; обзор
Sichtflug *m* ав. визуальный полёт; полёт по правилам визуальных полётов
Sichtgerät *n* 1. дисплей 2. (радиолокационный) индикатор 3. визуальный индикатор
~, **grafisches** графический дисплей
Sichtkontrolle *f* визуальный контроль
Sichtnavigation *f* ав. визуальная навигация; самолётовождение по наземным ориентирам
Sichtpeiler *m* оптический пеленгатор
Sichtprüfstation *f* станция видеоконтроля
Sichtprüfung *f* визуальный контроль; осмотр
~, **automatisierte** видеоконтроль
Sichtung *f см.* Sichten
Sichtweite *f* дальность видимости
Sichtzeichen *n* визуальный сигнал
Sicken *n* мет.-об. рельефная формовка, зиговка
Sicken *f pl* зиги
Sickenmaschine *f* зигмашина

Sickeranlage f дренаж
Sickerbrunnen m инфильтрационный колодец
Sickergraben m осушительный канал
Sickerleitung f дрена; дренажная линия
Sickerrohr n дренажная труба
Sickerschicht f фильтрующий слой
Sickerung f 1. просачивание; фильтрация 2. инфильтрация
Sickerverlust m потери на фильтрацию
Sickerwasser n 1. фильтрационная вода 2. инфильтрационная вода
siderisch сидерический; звёздный
Siderit m 1. *мин.* сидерит, железный шпат 2. железный метеорит
Siderolith m *геол.* сидеролит
Si-Diode f кремниевый диод
Sieb n 1. сито 2. грохот; решето 3. *рад., свз* фильтр 4. трафарет (для трафаретной печати), сетчатый трафарет
Siebanalyse f ситовый анализ
Siebboden m дека (*грохота*); рабочая поверхность (*грохота*)
Siebdruck m трафаретная печать
Siebdruckmaschine f установка трафаретной печати
Siebdruckmaske f маска сетчатого трафарета
Siebdruckpaste f паста для трафаретной печати
Siebdruckverfahren n метод трафаретной печати, трафаретная печать
Siebdurchfall m, **Siebdurchgang** m подрешётный [нижний] продукт, просев
Sieben n 1. просеивание; отсеивание 2. грохочение
Siebenpolröhre f гептод
Siebensegmentanzeige f семиэлементный [семисегментный] (светодиодный) индикатор
Siebensegmentanzeigeelement n элемент семиэлементного индикатора
Siebensegmentdekoder m дешифратор двоично-десятичного кода в семиэлементный
Siebensegmentkode m семиэлементный код, код управления семиэлементным индикатором
Siebensegment-LED-Anzeige f семиэлементный [семисегментный] светодиодный индикатор
Siebfähigkeit f фильтрующая способность
Siebfilter n сетчатый фильтр
Siebgewebe n сетка для трафаретной печати, трафаретная сетка

Siebgewebe n ситовая ткань
Siebglied n ячейка фильтра
Siebkette f многозвенный фильтр
Siebklassierung f грохочение, классификация [сортировка] на грохоте
Siebkohle f сортовой [грохочёный] уголь
Sieblinie f кривая грохочения
Siebmaschine f грохот
Siebmaske f трафарет
Siebrost m колосниковый грохот
~, **fester** неподвижный грохот
Siebrückstand m 1. остаток на сите 2. надрешётный [верхний] продукт, отсев
Siebschablone f трафарет
Siebschaltung f электрический фильтр; режекторный фильтр
Siebüberlauf m надрешётный продукт
Siebung f 1. элн фильтрация 2. см. Sieben
Siebunterlauf m подрешётный продукт
Siedeanalyse f анализ разгонкой
Siedebereich m, **Siedegrenzen** f pl, **Siedeintervall** n (температурный) интервал кипения (*напр. фракции*); (температурный) интервал отбора фракции
Siedekurve f см. Siedeverlauf
Sieden n 1. кипение 2. кипячение
Siedepfanne f выпарной чрен
Siedepunkt m точка [температура] кипения
Siedepunktserhöhung f повышение температуры кипения
Sieder m кипятильник
Siederohr n кипятильная труба (*котла*)
Siedetemperatur f см. Siedepunkt
Siedethermometer n гипсотермометр
Siedetrennung f разгонка, дистилляция
Siedeverlauf m 1. кривая выкипания 2. кривая разгонки; характеристика разгонки
Siedewasserreaktor m *яд.* кипящий реактор
Siegellack m сургуч
SI-Einheit f единица СИ
Siel m 1. *гидр.* водопропускной шлюз в дамбе (*шлюз в дамбе для пропуска внешних вод в обвалованную местность*) 2. канализационный коллектор
Siemens n сименс, См
Siemens-Martin-Betrieb m мартеновское производство; мартеновский цех
Siemens-Martin-Ofen m мартеновская печь, мартен
Siemens-Martin-Roheisen n мартеновский чугун

SIEMENS-MARTIN-STAHL

Siemens-Martin-Stahl *m* мартеновская сталь
Siemens-Martin-Verfahren *n* мартеновское производство; мартеновский процесс
Sievert *n* зиверт, Зв (*единица эквивалентной дозы излучения в СИ*)
Si-FET *m* кремниевый полевой транзистор
Si-Fotodiode *f* кремниевый фотодиод
Si-Gate *n* кремниевый затвор; поликремниевый затвор
Si-Gate-Technik *f* технология МОП ИС с поликремниевыми затворами
Si-Gate-Transistor *m* МОП-транзистор с поликремниевым затвором
Sigma-Funktion *f* сигма-функция
Signal *n* 1. сигнал 2. *ж.-д.* железнодорожный сигнал
~, **akustisches** 1. акустический [звуковой] сигнал 2. *ж.-д.* звуковой (железнодорожный) сигнал
~, **analoges** аналоговый сигнал
~, **digitales** цифровой сигнал
~, **optisches [sichtbares]** *ж.-д.* видимый (железнодорожный) сигнал
Signalanlage *f* 1. сигнальное устройство 2. *ж.-д.* сигнализационное устройство; система сигнализации
Signalanlagen *f pl ж.-д.* устройства СЦБ
Signalausgang *m* сигнальный выход (*схемы*)
Signalausgangsleistung *f* мощность сигнального выхода (*схемы*)
Signalbegriff *m ж.-д.* показание сигнала
Signaldigitalisierung *f* цифровое кодирование (аналоговых) сигналов
Signaleingang *m* сигнальный вход (*схемы*)
Signaleinrichtung *f* 1. сигнальное устройство 2. *ж.-д.* сигнализационное устройство
Signalflußbild *n*, **Signalflußdiagramm** *n*, **Signalflußplan** *m* диаграмма потока сигналов
Signalgeber *m* сигнализатор
Signalgemisch *n* полный видеосигнал
Signalgenerator *m* генератор сигналов
Signalinformation *f* сигнальная информация
Signalisation *f* сигнализация
Signalisierung *f* сигнализация; подача сигнала
Signalisierungseinrichtung *f* сигнализационное устройство
Signalkode *m* сигнальный код
Signallampe *f* 1. сигнальная лампа; сигнализатор 2. *ж.-д.* светофорная лампа
Signallaufzeit *f* время распространения сигнала
Signalleistung *f* мощность сигнала
Signalleitung *f* сигнальная линия
Signallicht *n ж.-д.* сигнальный огонь
Signalpegel *m* уровень сигнала
Signalpegelumsetzer *m* преобразователь уровня сигнала
Signalprozessor *m* процессор обработки сигналов
~, **digitaler** цифровой процессор обработки сигналов
Signalquellenleitwert *m* внутренняя проводимость источника сигнала
Signalquellenwiderstand *m* (внутреннее) сопротивление источника сигнала
Signal-Rausch-Verhältnis *n* отношение сигнал/шум
Signalspannung *f* напряжение сигнала
Signalspeicherung *f* запоминание сигналов
Signalspektrum *n* спектр сигнала
Signal-Stör-Verhältnis *n* отношение сигнал/помеха, отношение сигнал/шум
Signalsynthese *f* синтез (речевых) сигналов
Signalsystem *n* система сигнализации; сигнализация
Signaltöne *m pl тлф* тональные сигналы
Signalträger *m* сигналоноситель
Signaltrennung *f* выделение сигнала
Signalverlauf *m* характеристика сигнала
Signalverstärker *m* усилитель сигнала
Signalverstärkung *f* усиление сигнала
Signalverzerrung *f* искажение сигнала
Signalverzögerung *f* задержка распространения сигнала
Signalwettlauf *m* гонки (фронтов) сигналов
Signatur *f* сигнатура
Signaturanalyse *f* сигнатурный анализ
Signierung *f* маркировка
signifikant *мат.* значимый
Signifikanz *f мат.* значимость
Signifikanztest *m* 1. *мат.* критерий значимости 2. проверка значимости (*напр. коэффициента*)
Sikkativ *n* сиккатив
Silage *f с.-х.* силос
Silane *n pl* силаны, кремневодороды
Silbentrennprogramm *n* программа автоматической расстановки переносов
Silbentrennung *f* перенос
Silbenverständlichkeit *f* артикуляция
Silber *n* серебро, Ag
Silberbild *n фото* изображение, состоящее из

металлического серебра, изображение из металлического серебра
Silbererz *n* серебряная руда
Silberfolie *f* серебряная фольга
Silberglanz *m мин.* аргентит, серебряный блеск
Silberstahl *m* сталь-серебрянка
Silber-Zink-Akkumulator *m* серебряно-цинковый аккумулятор
Silentblock *m маш.* резинометаллический (упругий) элемент
SIL-Gehäuse [Single-In-Line-...] *n* (плоский) корпус с однорядным расположением выводов, однорядный корпус
Silicid *n* силицид
Silicium *n см.* Silizium
Silicon-Compiler *m* компилятор кремниевых структур [кремниевых ИС], кремниевый компилятор
Silicone *n pl см.* Silikone
Silicon-Gate-Technik *f* технология МОП ИС с поликремниевыми затворами
Silicon-Gate-Transistor *m* МОП-транзистор с поликремниевым затвором
Silierung *f с.-х.* силосование
Silikagel *n* силикагель
Silikastein *m* динас, динасовый кирпич
Silikat *n* силикат
Silikatbeton *m* силикатный бетон
Silikatisation *f* силикатизация (*грунтов*)
Silikatstein *m* силикатный кирпич
Silikonbeschichtung *f* нанесение кремнийорганического [силиконового] покрытия
Silikone *n pl* кремнийорганические полимеры, силиконы; полиорганосилоксаны
Silikonfett *n* пластичная силиконовая смазка
Silikongummi *m* кремнийорганический [силиконовый] каучук
Silikonöle *n pl* кремнийорганические жидкости, силиконовые масла
Silizid *n* силицид
Silizieren *n*, **Silizierung** *f* силицирование
Silizium *n* кремний, Si
~, **amorphes** аморфный кремний
~, **n-dotiertes** кремний *n*-типа
~, **p-dotiertes** кремний *p*-типа
~, **polykristallines** поликристаллический кремний, поликремний
Silizium-auf-Dielektrikum-Struktur *f* структура (типа) «кремний на диэлектрике», КНД-структура
Silizium-auf-Saphir-Struktur *f* структура (типа) «кремний на сапфире», КНС-структура
Silizium-auf-Saphir-Technik *f*, **Silizium-auf-Saphir-Technologie** *f* технология ИС на структуре (типа) «кремний на сапфире», КНС-технология
Silizium-auf-Spinell-Struktur *f* структура (типа) «кремний на шпинели»
Siliziumbauelement *n* кремниевый элемент
Siliziumchip *m* кремниевый кристалл; кремниевая ИС
Siliziumdiode *f* кремниевый диод
Siliziumdioxid *n* диоксид кремния, SiO_2
Siliziumdioxidbeschichtung *f* нанесение слоя диоксида кремния [слоя SiO_2]
Siliziumdioxidmaskierung *f* маскирование слоем диоксида кремния [слоем SiO_2]
Siliziumdioxidschicht *f* слой диоксида кремния, слой SiO_2
Siliziumeinkristall *m* монокристалл кремния
Silizium-Epitaxie-Planar-Technik *f* эпитаксиально-планарная кремниевая технология
Siliziumgate *n* кремниевый затвор; поликремниевый затвор
Siliziumgate-CMOS-Technologie *f* технология КМОП ИС с поликремниевыми затворами
Siliziumgatetechnik *f* технология МОП ИС с поликремниевыми затворами
Siliziumgatetransistor *m* МОП-транзистор с поликремниевым затвором
Siliziumgleichrichter *m* кремниевый выпрямитель, кремниевый вентиль
~, **steuerbarer** управляемый кремниевый вентиль, тиристор
Silizium-IS *f* кремниевая ИС
Siliziumkarbid *n* карбид кремния, SiC
Siliziumkristall *m* кристалл кремния
Silizium-LSI-Schaltung *f* кремниевая БИС
Silizium-MOS-Schaltung *f* кремниевая МОП-транзисторная ИС, кремниевая МОП ИС
Silizium-MOS-Technik *f* технология кремниевых МОП ИС
Siliziumnitrid *n* нитрид кремния, Si_3N_4
Siliziumnitridpassivierung *f* пассивация нитридом кремния
Siliziumnitridschicht *f* слой нитрида кремния, слой Si_3N_4
siliziumorganisch кремнийорганический
Siliziumoxid *n* оксид кремния, SiO_2
Siliziumplanartechnik *f*, **Siliziumplanartechno-**

SILIZIUM...

logie *f* технология кремниевых планарных приборов, планарная кремниевая технология
Siliziumplanartransistor *m* кремниевый планарный транзистор
Silizium-pn-Fotodiode *f* кремниевый $p - n$-фотодиод
Silizium-pn-Übergang *m* $p - n$-переход в кремнии
Silizium-Saphir-Technik *f* технология получения структур (типа) «кремний на сапфире»; технология ИС со структурой типа «кремний на сапфире»
Siliziumschaltkreis *m* кремниевая ИС
~, **integrierter** кремниевая ИС
Siliziumschaltung *f см.* Siliziumschaltkreis
Siliziumscheibe *f* кремниевая пластина
Siliziumschicht *f* слой кремния
~, **polykristalline** слой поликристаллического кремния, поликремниевый слой
Siliziumschmelze *f* расплав кремния
Siliziumstab *m* кремниевый стержень, стержень из поликристаллического кремния; кремниевый слиток
~, **polykristalliner** стержень из поликристаллического кремния
Siliziumstahl *m* кремнистая сталь
Siliziumsubstrat *n* кремниевая подложка
Siliziumtechnik *f*, **Siliziumtechnologie** *f* кремниевая технология, технология (изготовления) кремниевых полупроводниковых приборов
Siliziumtor *n* поликремниевый затвор
Siliziumtortechnik *f*, **Siliziumtortechnologie** *f* технология МОП-транзисторных ИС с поликремниевыми затворами
~, **selbstjustierende** технология МОП-транзисторных ИС с самосовмещёнными поликремниевыми затворами
Siliziumtortransistor *m* МОП-транзистор с поликремниевым затвором
Siliziumwafer *m* кремниевая пластина
Siliziumwasserstoffe *m pl см.* Silane
Sillimanit *m мин.* силлиманит
Silo *n, m* **1.** бункер **2.** *с.-х.* элеватор **3.** *с.-х.* силосохранилище, силосное хранилище **4.** стартовая [пусковая] шахта, ракетная шахтная установка
Silofeldhäcksler *m см.* Silomähhäcksler
Silofutter *n* силос
Silofutterschneidemaschine *f*, **Silohäcksler** *m* силосорезка

Silomähhäcksler *m* силосоуборочный комбайн
Silospeicher *m вчт* память [ЗУ] обратного магазинного типа
Siloxane *n pl* силоксаны
Silumin *n* силумин
Silur *n геол.* силурийская система, силур
Simmerring *m маш.* кольцо для радиального уплотнения (*вала*); радиальное уплотнение (*вала*)
SIMOS [Stacked-gate Injection MOS] *f* **1.** лавинно-инжекционные МОП-структуры с составным [многоуровневым] затвором **2.** *см.* SIMOS-Technik
SIMOS-Technik *f*, **SIMOS-Technologie** *f* технология ИС на лавинно-инжекционных МОП-транзисторах с составным [многоуровневым] затвором
Simplex *n* **1.** *мат.* симплекс **2.** *текст.* двойной основовязаный трикотаж
Simplexbetrieb *m* **1.** симплексное телеграфирование **2.** *вчт* симплексный режим (*работы канала передачи данных*)
Simplexgewirke *n см.* Simplex 2.
Simplexkanal *m* симплексный канал
Simplexmethode *f* симплексный метод, симплекс-метод (*решения задач линейного программирования*)
Simplexschaltung *f* симплексная схема, симплекс
Simplexverkehr *m* симплексная (радио)связь
Sims *m* карниз
Simshobel *m* зензубель
Simulation *f* моделирование
Simulationssprache *f* язык (имитационного) моделирования
Simulator *m* **1.** моделирующее устройство; имитатор; тренажёр (*напр. полётный*) **2.** моделирующая программа; (программный) имитатор
Simultanarbeitsweise *f см.* Simultanbetrieb 2.
Simultanbetrieb *m* **1.** *рад.* работа на общую антенну **2.** *вчт* параллельный режим работы, режим (работы) с совмещением операций
Simultanverarbeitung *f вчт* параллельная обработка (*данных*)
Single-board-Computer *m* одноплатная микроЭВМ
Single-in-line-Gehäuse *n* (плоский) корпус с однорядным расположением выводов, однорядный корпус

Singlemodefaser *f*, **Single-Mode-Faser** *f* одномодовое волокно
singulär *мат.* особый, сингулярный
Singularität *f мат.* особенность, сингулярность
Singulett *n физ.* синглет
Singulettniveau *n физ.* синглетный уровень
Singulett-Term *m физ.* синглетный терм
Singulettübergang *m физ.* синглетный переход
Sinkanalyse *f* 1. фракционный анализ *(материала)* по плотности 2. гранулометрический анализ методом отмучивания
Sinkbrunnen *m* отстойный колодец
Sinkgut *n* осевший продукт *(при обогащении в тяжелых суспензиях)*
Sinkscheideverfahren *n*, **Sinkscheidung** *f* разделение в тяжёлых суспензиях [в тяжёлых средах]; обогащение в тяжёлых суспензиях [в тяжёлых средах] *(см. тж* **Schwertrübeaufbereitung***)*
Sinkstoffe *m pl* 1. взвешенный материал, (осаждающиеся) взвеси 2. осадочный материал
Sinkstück *n гидр.* фашинный тюфяк
Sinn *m* направление *(напр. вращения)*
Sinnbild *n* 1. условное (графическое) обозначение 2. пиктограмма
Sinter *m* 1. *геол.* натёки 2. агломерат
Sinteraluminium *n* спечённый порошок алюминия
Sinteranlage *f* 1. агломерационная установка; агломерационная машина 2. агломерационная фабрика
Sinterband *n* агломерационная лента; ленточная агломерационная машина
Sinterbetrieb *m*, **Sinterei** *f* агломерационный цех; агломерационная фабрика
Sinterfähigkeit *f* спекаемость
Sinterformteil *n* порошковое изделие *(изделие из металлического порошка)*
Sinterglas *n* спечённое стекло
Sintergut *n* спекаемый материал
Sinterhartmetall *n* порошковый твёрдый сплав
Sinterkeramik *f* металлокерамика
Sinterkorund *m* спечённый корунд
Sinterlegierung *f* металлокерамический сплав
Sintermaschine *f* агломерационная машина, агломашина
Sintermetall *n* 1. порошковый материал, изготовленный из металлического порошка 2. *см.* **Sinterlegierung**
~ **hoher Dichte** порошковый тяжёлый сплав

Sintermetallurgie *f* порошковая металлургия
Sintern *n* агломерирование, агломерация; спекание
Sinterofen *m* 1. агломерационная печь 2. печь для спекания
Sinterrost *m* колосниковая решётка, решётчатое дно *(спекательной тележки ленточной агломерационной машины)*
Sinterrösten *n* агломерационный [агломерирующий] обжиг, обжиг со спеканием
Sintertantal *n* спечённый порошок тантала
Sinterteil *n* спечённая порошковая формовка
Sintertonerde *f* спечённый глинозём
Sinterung *f см.* **Sintern**
Sinterware *f* (керамические) изделия с плотным спёкшимся черепком
Sinterwerkstoff *m* порошковый материал *(материал, изготовленный из металлического порошка или его смеси с неметаллическим порошком)*
Sinus *n* синус
Sinusgenerator *m* генератор синусоидальных колебаний; генератор синусоидального напряжения [синусоидального сигнала]
Sinusimpuls *m* импульс синусоидальной формы, синусоидальный импульс
Sinuskurve *f* синусоида
Sinuslineal *n* синусная линейка
Sinuslinie *f* синусоида
Sinusoidalspannung *f см.* **Sinusspannung**
Sinusoszillator *m см.* **Sinusgenerator**
Sinusquelle *f* источник синусоидального напряжения [синусоидального сигнала]
Sinussatz *m мат.* теорема синусов
Sinusschwingungen *f pl* синусоидальные колебания
Sinusspannung *f* синусоидальное напряжение, напряжение синусоидальной формы
Sinusspannungsgenerator *m* генератор синусоидального напряжения
SIO [Serial Input Output] *f*, **SIO-Baustein** *m вчт* контроллер последовательного ввода-вывода
SIO-Einheit *f вчт* блок последовательного ввода-вывода, блок управления последовательным вводом-выводом; контроллер последовательного ввода-вывода
SiO$_2$-Isolatorschicht *f* изолирующий слой SiO_2, изолирующий слой диоксида кремния
SIO-Port *m вчт* порт последовательного ввода-вывода

SIO-Schaltkreis *m* *вчт* контроллер последовательного ввода-вывода; БИС контроллера последовательного ввода-вывода

SiO₂-Schicht *f* слой SiO₂, слой диоксида кремния

SIP-Gehäuse [Single-In-line-Package-...] *n* *элн* плоский корпус с однорядным расположением выводов, однорядный корпус, SIP-корпус

Siphon *m* сифон

Sirene *f* сирена

Sirup *m* сироп; патока

Sisal *m*, **Sisalfaser** *f* сизаль

Si-Scheibe *f* кремниевая пластина

Si-Schicht *f* слой кремния

~, **einkristalline** слой монокристаллического кремния

Si-Substrat *n* кремниевая подложка

SI-System *n* Международная система единиц, СИ

Sitz *m* **1.** *маш.* посадка **2.** седло (*напр. клапана*) **3.** гнездо **4.** сиденье

~, **fester** глухая посадка

Sitzarbeitsplatz *m* рабочее место с креслом оператора

Sitzfläche *f* **1.** опорная поверхность; посадочная поверхность **2.** поверхность седла

Sitzpult *n* пульт с креслом оператора

Sitzung *f* *вчт* сеанс (*взаимодействия пользователя с абонентами сети, диалога между абонентами сети*), (логическое) сетевое соединение

Sitzventil *n* клапанный гидро- *или* пневмоаппарат, клапан

Si-Z-Diode *f* (полупроводниковый) стабилитрон

Skala *f* шкала

~, **kreisförmige** круговая шкала

~, **lineare** равномерная шкала, шкала с постоянной ценой деления

Skalar *m* *мат.* скаляр

skalar скалярный

Skalarfeld *n* *мат.* скалярное поле

Skalarprodukt *n* *мат.* скалярное произведение (*векторов*)

Skale *f см.* Skala

Skalenbereich *m* диапазон шкалы

Skalenblatt *n* циферблат шкалы

Skalenendwert *m* **1.** конечное значение шкалы; конечная отметка шкалы **2.** верхний предел шкалы (*АЦП*), предел шкалы, полный размах [значение полного размаха] шкалы (*АЦП*)

Skalenlampe *f* лампа [лампочка] освещения [подсветки] шкалы

Skalennullpunkt *m* нуль шкалы, нуль градуировки

Skalenscheibe *f* лимб

Skalenteil *m*, **Skalenteilung** *f* деление шкалы

Skalenwert *m* цена деления (шкалы)

Skalenwaage *f* циферблатные весы

Skalierung *f* **1.** линейное изменение; линейное увеличение; линейное уменьшение **2.** изменение масштаба изображения **3.** масштабирование, пропорциональное уменьшение размеров (*элементов ИС*) **4.** пересчёт

Skalierungsfaktor *m* **1.** коэффициент масштабирования **2.** коэффициент пересчёта

Skandium *n* скандий, Sc

Skaphander *m* скафандр

s-Karte *f* контрольная карта средних квадратических отклонений

Skelettbauweise *f* *стр.* каркасная конструкция; каркасно-панельная конструкция (*для строительства многоэтажных зданий*)

Skelettmontagebauweise *f* сборно-каркасная конструкция

Skelettplattenbauweise *f* каркасно-панельная конструкция (*для строительства многоэтажных зданий*)

Skew *m* перекос (*сигнала*); фазовый сдвиг, расфазировка (*тактирующих сигналов*)

Skiatron *n* скиатрон, (электронно-лучевая) трубка с темновой записью

Skineffekt *m* *эл.* скин-эффект, поверхностный эффект

Skip *m* *горн.* скип

Skipförderung *f* *горн.* скиповой подъём

Skizze *f* кроки; эскиз; набросок

Sklave *m см.* Slave

Sklave... *см.* Slave...

Sklerometer *n* склерометр

Sklerometrie *f* склерометрия

Skleroskop *n* склероскоп

Skleroskophärte *f* склероскопическая твёрдость

Skylight *n* *англ. мор.* светлый люк

Slave *m* *вчт* исполнитель, исполнительный модуль, пассивное [ведомое] устройство; подчинённый блок; подчинённый компонент

Slave-Controller *m* *вчт* ведомый [подчинённый] контроллер

Slave-Gerät *n вчт* пассивное [ведомое] устройство, исполнитель
Slave-Prozessor *m вчт* подчинённый процессор
Slave-Rechner *m вчт* подчинённая ЭВМ
Slave-System *n вчт* подчинённая система
Slave-Terminal *n вчт* подчинённый терминал
SLB-Befeuerung [Start-Lande-Bahn-...] *f ав.* огни взлётно-посадочной полосы, огни ВПП
Slice *n* центральный процессорный элемент, (микро)процессорная секция
Slice-Baustein *m* (микро)процессорная секция
Slice-Mikroprozessor *m*, **Slice-Prozessor** *m* секционированный микропроцессор (с наращиваемой разрядностью)
Slingerformen *n см.* **Slingern**
Slingerkopf *m* метательная головка (*для набивки литейных форм*)
Slingern *n* пескомётная формовка
Slip *m* 1. слип (*наклонная площадка для спуска или подъема судов*) 2. скольжение (*гребного винта, пропеллера*) 3. *ав.* (*внутреннее*) боковое скольжение, скольжение на крыло
Slippen *n см.* **Slip 3**.
SL-Kamera *f* быстроразряжаемый фотоаппарат
Slot *m вчт* гнездо (*напр. для платы расширения*); отсек (*для дискового накопителя*); щелевое отверстие, щель
SL-System *n* система быстрой разрядки (*малоформатного фотоаппарата*)
Slug *n* 1. сверхпроводящий низкоиндуктивный ондуляторный гальванометр, «слаг» 2. настроечный сердечник; переменная катушка с настроечным сердечником
Small-scale-Integration *f* малая степень интеграции
Smalte *f* смальта
Smaragd *m мин.* изумруд
Smart-Modem *n* интеллектуальный модем, смарт-модем, модем со встроенной микроЭВМ
SM-Bauteil *n см.* **SMD**
SM-Betrieb [Siemens-Martin...] *m* мартеновское производство; мартеновский цех
SMD [Surface Mount Device] *n*, **SMD-Bauelement** *n* компонент (для) поверхностного монтажа, компонент для монтажа на поверхность
SMD-IC *n* ИС (для) поверхностного монтажа, микросхема поверхностного монтажа
SMD-Montage *f* поверхностный монтаж, монтаж на поверхность; сборка компонентов (поверхностного монтажа) на плате
SMD-Platine *f* плата для (компонентов) поверхностного монтажа; плата с поверхностным монтажом
SMD-Schaltung *f* микросхема поверхностного монтажа, ИС (для) поверхностного монтажа
SMD-Technik *f*, **SMD-Technologie** *f* технология поверхностного монтажа
Smekal-Raman-Effekt *m физ.* комбинационное рассеяние света, эффект Рамана
Smithsonit *m мин.* смитсонит
SM-Ofen *m см.* **Siemens-Martin-Ofen**
Smog *m* смог
SNOS-Technologie [Semiconductor-Nitride-Oxide-Semiconductor-...] *f* КНОП-технология, технология получения КНОП-структур [структур кремний — нитрид — оксид — полупроводник]
SN-Stahl *m см.* **Siemens-Martin-Stahl**
Sockel *m* 1. цоколь 2. основание (*корпуса ИС*) 3. панелька (*для ИС*) 4. контактная панелька (*для кристаллоносителя*)
~, **steckbarer** панелька со штырьковыми выводами
Sockelgeschoß *n* цокольный этаж
Sockelung *f* цоколёвка (*лампы*)
Soda *f* сода
Soffittenlampe *f* софит
Sofortbildfotografie *f* способ одноступенной фотографии, моментальная фотосъёмка, «моментальная» фотография
Sofortbildkamera *f* фотоаппарат одноступенного процесса, портативная камера для моментальной фотосъёмки
Sofortkernstrahlung *f* проникающая радиация
Sofort-Schmalfilmsystem *n* система любительского 8-мм «моментального» кинематографа («Polavision») (*с использованием киноплёнки одноступенного процесса*)
Sofortwartung *f* аварийное [экстренное] (техническое) обслуживание
Softener *m текст.* 1. мяльная машина (*машина для мягчения волокна, напр. джутового*) 2. смягчающее средство, смягчающее вещество
Soft-error *m англ. вчт* «мягкий» отказ, функциональный сбой (*напр. при воздействии альфа-частиц на микросхемы ЗУПВ*)
Softkey *n вчт* программируемая клавиша,

SOFTKOPIE

клавиша с программируемой функцией (*устанавливаемой пользователем*)
Softkopie *f* недокументальная копия (*напр. изображения на экране дисплея*)
Softsektorierung *f* *вчт* программная разметка (*гибкого магнитного диска*)
Softspace *n* «мягкий» пробел (*изменяемый или полностью погашаемый пробел, используемый для выравнивания правого края строки при машинном форматировании текста*)
Soft-Start *m* плавное включение; плавный пуск
Soft-Touch-Taste *f* сенсорная кнопка; сенсорная клавиша
Software *f* программное обеспечение
~, **integrierte** интегрированные программные средства; интегрированный пакет
Softwareentwicklung *f* разработка программного обеспечения
~, **rechnergestützte** автоматизированная разработка программного обеспечения
Software-Entwicklungshilfsmittel *n pl см.* **Software-Tools**
Software-Entwicklungssystem *n* система разработки программного обеспечения
Software-Entwicklungsumgebung *f* инструментальная среда
Software-Interrupt *m* программное прерывание
Softwarekompatibilität *f* программная совместимость
Softwarekonfiguration *f* состав программного обеспечения
Softwarelebenszyklus *m* жизненный цикл программного изделия; жизненный цикл программного обеспечения
Softwaremonitor *m* программный монитор
Softwarepaket *n* пакет программ, программный пакет
~, **integriertes** интегрированный пакет
Softwareportabilität *f* мобильность программного обеспечения
Softwareprodukt *n* программное изделие; программный продукт
Softwareproduktwartung *f* сопровождение программного изделия
Softwaresimulation *f* программное моделирование
Software-Support *m* программная поддержка (*напр. для микропроцессора*); поддержка программного изделия, вспомогательное программное обеспечение

Softwaresystem *n* система программного обеспечения
Softwaretechnik *f* техника программного обеспечения, программотехника
Software-Tools *n pl* инструментальные (программные) средства
Software-Unterstützung *f см.* **Software-Support**
Softwarewartung *f* сопровождение (системы) программного обеспечения; сопровождение программ
Software-Werkzeuge *n pl см.* **Software-Tools**
Softwarezyklus *m см.* **Softwarelebenszyklus**
Sohlbalken *m* лежень
Sohle *f* 1. *геол., горн.* подошва (*пласта, выработки*) 2. *горн.* горизонт; этаж 3. забой (*скважины*) 4. под (*печи*); лещадь (*доменной печи, вагранки*)
Sohlenaustiefung *f см.* **Sohleneintiefung**
Sohlendeckwerk *n* дноукрепительное сооружение
Sohlendruck *m геол., горн.* 1. давление со стороны почвы (*пласта*) 2. забойное давление, давление на забое (*при бурении скважины*)
Sohleneintiefung *f* углубление дна, дноуглубительные работы
Sohlenkanal *m гидр.* водопроводная галерея
Sohlleder *n* подошвенная кожа
Sohlplatte *f* опорная [фундаментная] плита
Sohlpressung *f стр.* давление на грунт
SOI/CMOS [Silicon-On-Insulator-...] *f* КМОП ИС с КНД-структурой
SOI-IC *n* ИС на структуре (типа) «кремний на диэлектрике» [на КНД-структуре], КНД ИС
SOI-Struktur *f* структура типа «кремний на диэлектрике», КНД-структура
SOI-Technik *f*, **SOI-Technologie** *f* технология ИС на структуре (типа) «кремний на диэлектрике» [на КНД-структуре], КНД-технология
Sol *n* золь
Solaraktivität *f* солнечная активность
Solarbatterie *f* солнечная батарея
Solargenerator *m* солнечный фотоэлектрический генератор; солнечная батарея
Solarisation *f* соляризация
Solarkollektor *m* гелиоколлектор, солнечный коллектор
~, **konzentrierender** гелиоконцентратор
Solarkonstante *f* солнечная постоянная
Solarkraftwerk *n см.* **Sonnenkraftwerk**

Solaröl *n* соляровое масло, солярка
Solar-Panel *n* панель солнечных батарей
Solarzelle *f* солнечный элемент, элемент солнечной батареи
Solarzellenausleger *m* (развёртывающаяся) панель солнечных батарей
Sole *f* 1. рассол 2. соляной источник
Solekühlung *f* рассольное охлаждение, охлаждение рассолом
Solenoid *n* соленоид
Soliduslinie *f* солидус, линия солидуса
Solidustemperatur *f* температура перехода в твёрдое состояние
Solifluktion *f* солифлюкция
Sollbahn *f* заданная траектория (движения)
Sollfrequenz *f* номинальная частота; заданная частота
Sollgeschwindigkeit *f* заданная [расчётная] скорость
Solleistung *f* заданная мощность
Soll-Ist-Vergleich *m* сравнение заданной и действительной величин
Sollkoordinate *f* заданная координата
Sollmaß *n* заданный размер; требуемый размер
Sollposition *f* заданная позиция; заданное положение
Sollweg *m маш.* заданное перемещение (*напр. рабочего органа станка*)
Sollwert *m* заданное значение; *автм* уставка
Sollwertbereich *m* область заданных значений
Sollwertgeber *m* задатчик
Solo-Fonokoffer *m* проигрыватель-приставка
Solquelle *f* соляной источник
Solubilisation *f* солюбилизация
Solvatation *f* сольватация
Solventextraktion *f* селективная экстракция, экстракция селективными растворителями
Solventnaphtha *n* сольвент-нафта
Solvolyse *f* сольволиз
Sommerfrucht *f с.-х.* яровая культура
Sommergetreide *n с.-х.* яровые
Sommerzeit *f* декретное время
Sonde *f* 1. зонд; щуп 2. скважина 3. *метео* зонд 4. *косм.* межпланетная автоматическая станция; космический аппарат
Sondenanordnung *f* зондовая установка, установка зондового контроля
Sondenballon *m* шар-зонд
Sondenförderung *f* эксплуатация скважин
Sondenkopf *m* устьевое оборудование (*скважины*)

Sondenmessung *f* зондовое измерение
Sondenmethode *f* зондовый метод (*измерения, контроля*)
Sondenprüfverfahren *n* метод зондового контроля
Sondergußeisen *n* специальный чугун
Sondermaschine *f* специальный станок
Sonderstahl *m* специальная сталь
Sonnenaktivität *f* солнечная активность
Sonnenanlage *f* гелиоустановка
Sonnenatmosphäre *f* солнечная атмосфера
Sonnenausbruch *m см.* **Sonneneruption**
Sonnenbatterie *f* солнечная батарея
Sonnenbestrahlung *f* инсоляция
Sonnenblende *f* 1. *кино, фото* светозащитная [(противо)солнечная] бленда 2. *авто* солнцезащитный козырёк
Sonnendach *n* 1. *авто* крыша (*кузова*) со сдвижной панелью, сдвижная крыша (*кузова*); сдвижная панель крыши (*кузова*) 2. *мор.* тент
Sonneneinstrahlung *f* инсоляция
Sonnenenergie *f* солнечная энергия; энергия солнечной радиации
Sonnenenergieanlage *f* солнечная энергетическая установка, гелиоустановка
Sonneneruption *f* вспышка на Солнце, солнечная [хромосферная] вспышка
Sonnenferne *f* афелий
Sonnenfinsternis *f* солнечное затмение
~, **totale** полное солнечное затмение
Sonnenflecken *m pl* солнечные пятна
Sonnenkollektor *m см.* **Solarkollektor**
Sonnenkraftanlage *f см.* **Sonnenenergieanlage**
Sonnenkraftwerk *n* солнечная электростанция, гелиоэлектрическая станция
Sonnennähe *f* перигелий
Sonnenofen *m* солнечная печь
Sonnenrad *n маш.* центральное (зубчатое) колесо (*планетарной передачи*)
Sonnenschutz *m* бленда объектива
Sonnenschutzblende *f стр.* солнцезащитный экран
Sonnensegel *n* 1. *мор.* палубный тент 2. *косм.* солнечный парус
Sonnensensor *m* солнечный датчик; датчик системы солнечной ориентации
Sonnenstrahlung *f* солнечная радиация, излучение Солнца
Sonnensystem *n* Солнечная система
Sonnentag *m* солнечные сутки

Sonnenwind *m* солнечный ветер
Sonogramm *n* сонограмма
Sonotrode *f* волновод-концентратор
Sorbens *n* сорбент
Sorbit *m* сорбит
Sorbitisierung *f* сорбитизация
Sorelzement *m* цемент Сореля (*магнезиальное вяжущее*)
Sorption *f* сорбция
Sorptionsgetter *m* геттер, газопоглотитель
Sorptionsmittel *n* сорбент
Sorptionspumpanlage *f* установка безмасляной откачки
Sorptionspumpe *f* сорбционный вакуумный насос
Sorte *f* 1. сорт 2. марка (*бетона, угля, стали*)
Sortierfolge *f* сортирующая последовательность; схема упорядочения
Sortiermaschine *f* сортировальная машина; сортировка
Sortierprogramm *n* программа сортировки
Sortierschlüssel *m* ключ сортировки
Sortierung *f* сортировка; разбраковка
Sortierverfahren *n* метод сортировки
Sortiment *n* 1. сортимент; сортамент 2. ассортимент
SOS-IC [Silicon-On-Saphire-...] *n*, **SOS-Schaltkreis** *m*, **SOS-Schaltung** *f* ИС на КНС-структуре, КНС ИС
SOS-Schicht *f* слой со структурой (типа) «кремний на сапфире»
SOS-Struktur *f* структура (типа) «кремний на сапфире», КНС-структура
SOS-Technik *f*, **SOS-Technologie** *f* технология получения структур (типа) «кремний на сапфире» [КНС-структур]; технология ИС на структуре (типа) «кремний на сапфире» [на КНС-структуре], КНС-технология
SO$_2$-Test *m* испытания на коррозионную стойкость в атмосфере SO$_2$
Soundkarte *f* звуковая плата
Source *f* исток (*полевого транзистора*)
Sourceanschluß *m* вывод истока
Source-Code *m* исходный код
Source-Drain-Spannung *f* напряжение сток — исток
Source-Drain-Strom *m* ток в цепи исток — сток, ток стока
Source-Elektrode *f* электрод истока
Sourcefolger *m* истоковый повторитель

Source-Gate-Spannung *f* напряжение затвор — исток
Sourcegebiet *n* истоковая область, область истока
Source-pn-Übergang *m* истоковый *p* — *n*-переход, *p* — *n*-переход истока
Source-Schaltung *f* схема с общим истоком
Source-Spannung *f* напряжение истока [на истоке]
Source-Strom *m* 1. ток истока (*полевого транзистора*) 2. входной ток (*интегральной микросхемы*)
Sourceverstärker *m* усилитель в схеме с общим истоком
Source-Zone *f см.* **Sourcegebiet**
Space *n англ. вчт* пробел
Space-Taste *f вчт* клавиша пробела
Spachtel *m* шпатель
Spachtelklinge *f* шпатель
Spachtelmasse *f* шпаклёвка, шпатлёвка
Spallation *f яд.* скалывание, глубокое деление
Spalt *m* 1. щель; зазор 2. трещина 3. *кож.* спилок
Spaltanlage *f* крекинг-установка
Spaltbarkeit *f* 1. *крист.* спайность 2. *яд.* делимость
Spaltbenzin *n* крекинг-бензин
Spaltdichtung *f* щелевое уплотнение
Spalte *f* 1. колонка; столбец 2. *геол.* трещина
Spaltebene *f см.* **Spaltfläche** 1.
Spalten *n* 1. *см.* **Spaltung** 2. двоение (*кож*)
Spaltenadresse *f вчт* адрес столбца
Spaltenadreßregister *n вчт* регистр адреса столбца
Spaltenauswahl *f вчт* выбор столбца
Spaltenauswahlleitung *f вчт* шина выбора столбца
Spaltendekoder *m*, **Spaltenentschlüßler** *m вчт* дешифратор столбцов
Spaltenintrusion *f геол.* трещинная интрузия
Spaltenleitung *f* 1. шина столбца 2. разрядная шина (*ОЗУ, ПЗУ*) 3. числовая шина (*неполупроводникового ЗУ*) 4. ось (выборки) Y (*в ПЗИ*)
Spaltfeldmotor *m* электродвигатель с расщеплённой последовательной обмоткой (возбуждения)
Spaltfilter *m* щелевой фильтр
Spaltfläche *f* 1. *мин.* плоскость спайности 2. *геол.* плоскость отдельности
Spaltgas *n* крекинг-газ

SPANNUNGS...

Spaltlöten *n* капиллярная пайка
Spaltmaschine *f* кож. двоильная машина
Spaltmaterial *n* яд. делящийся материал
Spaltneutronen *n pl* яд. нейтроны деления
Spaltpolmotor *m* электродвигатель с расщеплёнными полюсами
Spaltprodukte *n pl* яд. продукты деления
Spaltruß *m* термическая сажа
Spaltstoff *m* яд. делящийся материал
Spaltstoffrückgewinnung *f* регенерация ядерного топлива
Spaltstück *n* 1. мерная заготовка, отрезанная от полосы 2. осколок деления (*ядра*)
Spaltung *f* 1. расщепление; раскалывание 2. яд. расщепление (*напр. атомного ядра*); деление 3. хим. расщепление; крекинг
Spaltungsenergie *f* энергия деления
Spaltungsreaktion *f* реакция деления
Spaltzone *f* активная зона (*ядерного реактора*)
Span *m* стружка; стружки ◇ den ~ abheben снимать стружку
Spanabhebung *f* снятие стружки
Spanbildung *f* стружкообразование
Spanbrecher *m* стружколом
Spanbrechernut *f* стружколомная канавка
Späne *m pl* 1. стружка; опилки 2. щепа
Späneabfuhr *f* удаление стружки
Späneentsorgung *f см.* **Späneabfuhr**
Späneförderer *m* транспортёр для удаления стружки
Spanen *n* резание, обработка резанием
Spanfläche *f* передняя поверхность лезвия (*режущего инструмента*)
Spanleitnut *f* стружкозавивающая канавка
Spannbackenwechseleinrichtung *f*, **Spannbackenwechsler** *m* устройство автоматической смены зажимных кулачков (*в патроне*)
Spannbeton *m* предварительно напряжённый железобетон
Spannbetonfertigteile *n pl* предварительно напряжённые сборные железобетонные элементы
Spannbolzen *m* эл. стяжная шпилька
Spannbuchse *f* зажимная втулка
Spanndraht *m* проволочная растяжка
Spanneinheit *f* универсально-сборное зажимное приспособление
Spanneisen *n* прихват
Spannelement *n* крепёжный элемент, деталь крепления

Spannen *n* 1. мет.-об. (за)крепление (*обрабатываемого изделия, инструмента*); зажим 2. натягивание 3. затягивание
Spannexzenter *m* эксцентриковый зажим
Spannfeld *n* эл. пролёт (*воздушной линии*); анкерный участок
Spannfutter *n* зажимной патрон
Spannhülse *f* зажимная втулка; закрепительная втулка (*для установки подшипников*)
Spannhydrauliktisch *m* стол с гидрозажимом
Spannisolator *m* натяжной изолятор
Spannkeil *m* 1. натяжной клин; затяжная шпонка 2. крепёжный клин
Spannkopf *m* зажимная головка
Spannmittel *n pl* крепёжная оснастка
Spannmuffe *f* стяжная муфта
Spannpalette *f* приспособление-спутник
Spannprisma *n* маш. установочная призма
Spannrahmen *m* рамка для натяжения сетки (*трафарета*)
Spannrolle *f* натяжной ролик
Spannschloß *n* стяжная муфта
Spannschraube *f* 1. стяжной болт 2. эл. стяжная шпилька
Spannseil *n* растяжка, оттяжка; ванта
Spannstift *m* пружинный штифт
Spannsystem *n* система зажимных приспособлений
Spannung *f* 1. напряжение 2. натяжение 3. *см.* **Spannen** 1., 2.
~, **bleibende** остаточное напряжение
~, **linear ansteigende** линейно нарастающее напряжение
~, **magnetische** магнитодвижущая сила, мдс
~, **maximal zulässige** максимально допустимое напряжение
~, **sägezahnförmige** пилообразное напряжение
Spannungen *f pl*, **innere** внутренние напряжения
Spannungsabfall *m* эл., элн падение напряжения
Spannungsabhängigkeit *f* зависимость от напряжения
Spannungs-Analogkomparator *m* аналоговый компаратор напряжений
Spannungsanhäufung *f см.* **Spannungskonzentration**
Spannungsanstiegsgeschwindigkeit *f* скорость нарастания (выходного) напряжения
Spannungsanzeigelampe *f* индикаторная лампа

SPANNUNGS...

Spannungsausschlag *m* амплитуда напряжений цикла (*при испытаниях на усталость*)
Spannungsaussteuerung *f* модуляция напряжения; коэффициент модуляции напряжения
Spannungsbegrenzer *m* ограничитель напряжения
Spannungsbelastbarkeit *f* нагрузочная способность по напряжению; допустимая нагрузка по напряжению, допустимое напряжение
Spannungsbelastung *f* нагрузка по напряжению
Spannungs-Dehnungs-Diagramm *n* диаграмма деформации при растяжении, диаграмма в координатах «напряжения — деформации», диаграмма напряжение — деформация, кривая удлинения
Spannungsdetektor *m* индикатор напряжения
Spannungsdiagramm *n* диаграмма напряжений
Spannungsdifferenz *f* разность напряжений
Spannungsellipsoid *n* эллипсоид напряжений
Spannungsempfindlichkeit *f* чувствительность по напряжению
Spannungserhöher *m* повыситель напряжения; вольтодобавочный трансформатор
Spannungserzeuger *m* генератор напряжения
spannungsfest устойчивый к повышенному [высокому] уровню напряжения, имеющий высокую электрическую прочность; прочный на пробой
Spannungsfestigkeit *f* электрическая прочность
Spannungsfolger *m* повторитель напряжения
Spannungsfreiglühen *n* отжиг для снятия (внутренних) напряжений, релаксационный отжиг
Spannungs-Frequenzumsetzer *m*, **Spannungs-Frequenzwandler** *m* преобразователь напряжение — частота
Spannungsgefälle *n* перепад напряжений; градиент потенциала
Spannungsgegenkopplung *f* отрицательная обратная связь по напряжению
spannungsgesteuert управляемый напряжением
Spannungsgleichgewicht *n* баланс напряжений
Spannungshub *m* пределы изменения напряжения; диапазон изменения напряжения
Spannungsimpuls *m* импульс напряжения
Spannungsinverter *m* преобразователь [инвертор] полярности напряжения (питания)
Spannungsklemmung *f* фиксация уровня напряжения

Spannungskomparator *m* компаратор напряжения
Spannungskonstanthalter *m* стабилизатор напряжения
Spannungskonverter *m см.* **Spannungswandler**
Spannungskonzentration *f* концентрация напряжений (*в материале*)
Spannungskopplung *f* связь по напряжению
Spannungskreis *m* цепь напряжения
~, **Mohrscher** круг Мора, круг напряжений
Spannungsmesser *m*, **Spannungsmeßgerät** *n* вольтметр
Spannungsnormal *n* эталон напряжения
Spannungsoffset *m* смещение напряжения
Spannungsoptik *f* фотоупругость, метод фотоупругости (*оптический метод исследования механических напряжений в нагруженных конструктивных элементах*)
Spannungspegel *m* уровень напряжения
Spannungspolarität *f* полярность напряжения
Spannungsprüfer *m* 1. эл. индикатор (наличия) напряжения 2. поляризационно-оптический индикатор механических напряжений
Spannungsquelle *f* источник напряжения; генератор напряжения
Spannungsreferenz *f* источник опорного напряжения
Spannungsregelröhre *f* (газоразрядный) стабилитрон
Spannungsregler *m* стабилизатор напряжения
Spannungsreihe *f хим.* ряд напряжений
Spannungsrelais *n* реле напряжения
Spannungsrelaxation *f* релаксация напряжений
Spannungsrisse *m pl* трещины вследствие внутренних напряжений
Spannungsrückkopplung *f* обратная связь по напряжению
Spannungsschwelle *f* пороговое напряжение, порог
Spannungsstabilisator *m* стабилизатор напряжения
Spannungsstabilisierung *f* стабилизация напряжения
Spannungssteuerung *f* управление по напряжению; управление напряжением
Spannungsstoß *m* импульс напряжения; всплеск напряжения
Spannungs-Strom-Charakteristik *f эл.*, *элн* вольт-амперная характеристика, ВАХ
Spannungssucher *m см.* **Spannungsprüfer** 1.

SPEICHER

Spannungsteiler *m* делитель напряжения
Spannungsteilerverhältnis *n* коэффициент деления напряжения
Spannungsteilung *f* 1. деление напряжения 2. коэффициент деления напряжения
Spannungstransformator *m* трансформатор напряжения
Spannungsverdopplung *f* удвоение напряжения
Spannungsverhältnis *n* коэффициент асимметрии цикла напряжений
Spannungsverlust *m* потеря напряжения; падение напряжения
Spannungsversorgung *f* 1. подача питания 2. источник питания
Spannungsverstärkung *f* усиление напряжения; коэффициент усиления по напряжению
Spannungsvervielfacher *m* умножитель напряжения
Spannungsvervielfachung *f* умножение напряжения
Spannungswandler *m* 1. *эл.* трансформатор напряжения 2. *элн* преобразователь (постоянного) напряжения
Spannungswiederkehr *f* восстановление напряжения
Spannungswirkungsgrad *m* коэффициент использования напряжения (питания)
Spannungszunahme *f* приращение напряжения
Spannungszustand *m* напряжённое состояние
Spannverschluß *m* взводной затвор (*фотоаппарата*)
Spannvorrichtung *f* 1. зажимное приспособление 2. натяжное приспособление; натяжное устройство 3. сварочный кондуктор, кондуктор
Spannwalze *f* натяжной валик
Spannweite *f* 1. пролёт (*напр. моста*); длина пролёта; расстояние между опорами 2. *ав.* размах крыла (*самолёта*)
~, **freitragende** пролёт в свету
Spannwerk *n* ж.-д. компенсатор (*натяжное приспособление для уменьшения стрелы провеса контактного провода*)
Spannzange *f* цанговый зажим
Spannzeug *n* (*станочное*) зажимное устройство
Spannzeuge *n pl см.* **Spannmittel**
Spanplatte *f* (древесно-)стружечная плита
Spant *n мор., ав.* шпангоут
Spantenabstand *m мор.* шпация
Spantriß *m мор.* корпус (*на теоретическом чертеже судна*)

Spanung *f* резание, обработка резанием
Spanwinkel *m* передний угол (*угол в секущей плоскости между передней поверхностью лезвия режущего инструмента и основной плоскостью*)
Sparbrenner *m* дежурная горелка
Spardüse *f* экономайзер
Sparleistung *f* экономическая мощность
Sparmetall *n* дефицитный металл
Sparren *m* стропило
Sparrendach *n* крыша с висячими стропилами (*и затяжками в виде балок перекрытия*)
Spartrafo *m см.* **Spartransformator**
Spartransformator *m эл.* автотрансформатор
Spat *m мин.* шпат
Spätausfall *m* отказ последнего периода эксплуатации, поздний отказ, отказ в период после выработки ресурса
Spateisenstein *m см.* **Siderit 1.**
Spaten *m* лопата; штыковая лопата; заступ
Spatium *n полигр.* шпация
Spätwirkung *f* последействие
Spätzündung *f авто* позднее зажигание
Speiche *f* спица
Speicher *m* 1. накопитель (*в разных значениях*) 2. *вчт* запоминающее устройство, ЗУ; память 3. аккумулятор (*в широком значении*) 4. *гидр.* (аккумулирующее) водохранилище; резервуар 5. *маш.* накопитель; магазин 6. склад
~, **bitorganisierter** память с битовой [с разрядной] организацией, память с поразрядной [с двухкоординатной] выборкой
~, **dynamischer** динамическая память, динамическое ЗУ; динамическое ОЗУ
~, **energieabhängiger** энергозависимая [разрушаемая] память, энергозависимое ЗУ
~, **externer** внешнее ЗУ, ВЗУ
~, **flüchtiger** энергозависимая [разрушаемая] память, энергозависимое ЗУ
~, **grafischer** память графических данных
~, **inhaltsadressierter** ассоциативная память, ассоциативное ЗУ
~ **mit freiem Zugriff** ЗУ с произвольной выборкой, ЗУПВ
~, **nichtflüchtiger** энергонезависимая [неразрушаемая] память, энергонезависимое ЗУ
~, **operativer** оперативная память, оперативное ЗУ, ОЗУ
~, **pneumohydraulischer** пневмогидроаккумулятор

SPEICHER

~, **seitenorganisierter** память со страничной организацией
~, **speicherprogrammierter** ЭВМ с запоминаемой [хранимой в памяти] программой
~, **statischer** статическая память, статическое ЗУ; статическое ОЗУ
~, **verschachtelter** расслоённая память, память с чередованием (адресов), память с расслоением
~, **virtueller** виртуальная память
~, **wortorganisierter** память с пословной организацией
Speicherabzug *m* дамп (памяти), разгрузка памяти
Speicheradresse *f* 1. адрес (ячейки) памяти 2. адрес блока памяти
Speicheradressenregister *n* регистр адреса (ячейки) памяти
Speicheradreßraum *m* адресное пространство памяти; объём адресуемой памяти
Speicherauffrischung *f* регенерация памяти, регенерация динамического ОЗУ
Speicherauszug *m* дамп (памяти), разгрузка памяти
~, **selektiver** выборочный дамп
Speicherbank *f* банк памяти
Speicherbankaufteilung *f* разбиение памяти на банки; организация памяти с разбиением на банки
Speicherbankbetrieb *m* режим работы с коммутацией банков памяти
Speicherbankumschaltung *f* коммутация банков памяти
Speicherbankverschachtelung *f* чередование банков памяти, расслоение памяти на банки
Speicherbaustein *m* модуль памяти, модуль ЗУ
Speicherbecken *n* гидр. (аккумулирующее) водохранилище; резервуар
Speicherbefehl *m* команда записи
Speicherbelegungsliste *f,* **Speicherbelegungsplan** *m* карта (распределения) памяти
Speicherbelegungsverdichtung *f* уплотнение памяти
Speicherbereich *m* область памяти
~, **geschützter** защищённая область памяти
Speicherbereichszuordnung *f* распределение памяти; выделение памяти под отдельные задачи
Speichercontroller *m* контроллер ЗУ
Speicherdichte *f* плотность записи (данных в ЗУ)

Speicherdiode *f* диод с накоплением заряда, ДНЗ
Speicherdump *m см.* **Speicherabzug**
Speicherebene *f* матрица памяти, матрица ЗУ; разрядная матрица
Speicherelektrode *f см.* **Speicherplatte**
Speicherelement *n* (элементарная) ячейка памяти; запоминающая ячейка, ЗЯ, запоминающий элемент
Speichererweiterung *f* расширение памяти
Speichererweiterungsbaustein *m* модуль расширения памяти
Speichererweiterungskarte *f* плата расширения памяти
Speicherflipflop *n* запоминающий триггер
Speichergebiet *n* область накопления заряда
Speichergestein *n геол., горн.* (порода-)коллектор
Speicherhierarchie *f* иерархия памяти
Speicher-IC *n* ИС памяти, микросхема памяти
Speicherinterface *n* интерфейс памяти
Speicher-IS *f см.* **Speicher-IC**
Speicherkapazität *f* 1. объём [ёмкость] памяти 2. объём хранимых данных; ёмкость 3. ёмкость накопителя 4. запоминающий [накопительный] конденсатор
Speicherkarte *f* плата памяти, плата ЗУ
Speicherkassette *f* кассетное ЗУ
Speicherkessel *m* котёл-аккумулятор
Speicherkondensator *m* запоминающий [накопительный] конденсатор
Speicherkontakt *m* запоминающий (магнитоуправляемый) контакт, гезакон
Speicherkraftwerk *n* гидроаккумулирующая электростанция, ГАЭС
Speicherladung *f* накопленный заряд
Speicherlesezyklus *m* цикл чтения (памяти)
Speichermatrix *f* матрица памяти, запоминающая матрица; матрица-накопитель
Speichermodul *m* модуль памяти, модуль ЗУ
Speichermulde *f* потенциальная яма для накопления информационного заряда (*в ПЗС*)
Speicherofen *m* аккумулирующая (бытовая) печь
Speicheroperand *m* операнд, хранящийся в памяти
Speicherphase *f* фаза накопления заряда
Speicherplatine *f* плата памяти, плата ЗУ
Speicherplatte *f* 1. диск для записи данных 2. мишень (*запоминающей ЭЛТ*)
~, **löschbare optische** оптический диск с пере-

записью информации, перезаписываемый оптический диск
~, magnetooptische магнитооптический диск (для записи данных)
~, optische оптический диск (для записи данных)
Speicherplatz *m* 1. ячейка памяти 2. *маш.* гнездо накопителя; гнездо магазина (*напр. инструментального*)
Speicherplatzadresse *f* адрес ячейки памяти
Speicherplatzbelegung *f* распределение памяти
Speicherplatzzuordnung *f* распределение памяти; выделение памяти (под отдельные задачи)
~, dynamische динамическое распределение памяти
Speicherrefresh *m* регенерация (динамической) памяти, регенерация динамического ОЗУ
Speicherregal *n* складской стеллаж (*напр. для хранения заготовок*)
Speicherregister *n* 1. регистр памяти 2. регистр хранения, накопительный регистр
Speicherring *m* *яд.* накопительное кольцо, накопитель
Speicherröhre *f* 1. запоминающая электронно-лучевая трубка, запоминающая ЭЛТ 2. передающая телевизионная трубка с накоплением заряда
Speicherschaltkreis *m* микросхема памяти, ИС памяти
~, hochintegrierter БИС памяти
~, höchstintegrierter СБИС памяти
Speicherschreibzyklus *m* цикл записи (в память)
Speicherschutz *m* защита памяти (*от несанкционированного доступа*)
Speicherschutzeinrichtung *f* устройство защиты памяти
Speichersegment *n* сегмент памяти
Speichersegmentierung *f* сегментация памяти
Speichersilo *n* цилиндрический накопитель, цилиндрический бункер
Speichersperre *f* блокировка памяти; замок памяти
Speichersteckkarte *f* сменная плата памяти; сменное ЗУ
Speichertisch *m* стол-накопитель
Speichertransfer *m* операция пересылки в память/из памяти

Speichertransistor *m* запоминающий транзистор
Speichertreiber *m* драйвер ЗУ
Speichertriebfahrzeug *n*, **Speichertriebwagen** *m* *ж.-д.* аккумуляторный моторный вагон
Speicherumschaltung *f* переключение блоков памяти
Speicherung *f* 1. запоминание; накопление, накапливание; хранение 2. накапливание, аккумулирование, аккумуляция
~, magnetische магнитная запись
Speichervaraktor *m* варикап [диод] с накоплением заряда
Speicherverschachtelung *f*, **Speicherverschränkung** *f* расслоение памяти, чередование адресов памяти
Speicherverwalter *m* администратор памяти
Speicherverwaltung *f* 1. управление памятью; управление распределением памяти; распределение памяти 2. устройство управления памятью, диспетчер памяти
Speicherverwaltungsbaustein *m* устройство управления памятью, диспетчер памяти; блок управления памятью; контроллер памяти
Speicherverwaltungseinheit *f* устройство управления памятью, диспетчер памяти; блок управления памятью
Speicherzeit *f* 1. время хранения 2. время накопления (*заряда*)
Speicherzeitkonstante *f* постоянная времени накопления (*заряда*)
Speicherzelle *f* ячейка памяти; запоминающая ячейка, ЗЯ; запоминающий элемент
Speicherzugriff *m* выборка (данных) из памяти; доступ к памяти; обращение к памяти
~, direkter прямой доступ к памяти
Speicherzugriffsbefehl *m* команда обращения к памяти
Speicherzugriffszeit *f* время доступа к памяти; время обращения к памяти
Speicherzusatzkarte *f* плата расширения памяти
Speicherzuteilung *f*, **Speicherzuweisung** *f* распределение памяти; выделение памяти (*под отдельные задачи*)
~, dynamische динамическое распределение памяти
Speicherzyklus *m* цикл обращения к памяти; цикл памяти
Speicherzykluszeit *f* время цикла памяти
Speise *f* *мат.* шпейза

SPEISEAPPARAT

Speiseapparat *m* питающий аппарат, питатель
Speisekabel *n* питающий кабель
Speisekreis *m* цепь питания
Speiseleistung *f* мощность питания
Speiseleitung *f* 1. *рад.* фидер 2. питающий трубопровод
Speiseöl *n* пищевое масло
Speisepumpe *f* питательный насос
Speiser *m* 1. питатель 2. прибыль (*отливки*)
Speisersystem *n* прибыльная система
Speisesoda *f* пищевая сода
Speisespannung *f* питающее напряжение, напряжение питания
Speisespannungsdrift *f* дрейф [уход] напряжения питания
Speisespannungsleitung *f* шина питания
Speisestrom *m* ток питания
Speiseteil *n* блок питания
Speisetransformator *m* трансформатор питания, питающий трансформатор
Speisewalzen *f pl* питательные вальцы
Speisewasser *n* питательная вода
Speisewasservorwärmer *m* водяной экономайзер
Speisung *f* 1. питание; подача; загрузка 2. (электро)питание
spektral спектральный
Spektralanalysator *m* анализатор спектра
Spektralanalyse *f* спектральный анализ
Spektralapparate *m pl* спектральные приборы
Spektralempfindlichkeit *f* спектральная чувствительность
Spektralfarben *f pl* цвета спектра
Spektralfotometer *n* спектрофотометр
Spektralkennlinie *f* спектральная характеристика
Spektrallinien *f pl* спектральные линии
Spektralserie *f* спектральная серия
Spektrograph *m* спектрограф
Spektrogramm *n* спектрограмма
Spektrometer *n* спектрометр
Spektrometrie *f* спектрометрия
Spektroskop *n* спектроскоп
Spektroskopie *f* спектроскопия
Spektrum *n* спектр
~, **kontinuierliches** непрерывный [сплошной] спектр
Spende *f гидр.* модуль стока
Sperrad *n* храповик, храповое колесо
Sperranstrich *m* обмазочная гидроизоляция
Sperrballon *m* аэростат заграждения

Sperrband *n рад.*, *элн* полоса задерживания, полоса заграждения (*фильтра*)
Sperrbereich *m* 1. *см.* Sperrband 2. *см.* Sperrgebiet
Sperrbeton *m* водонепроницаемый бетон
Sperrbreite *f рад.*, *элн* ширина полосы задерживания (*фильтра*)
Sperrdämpfung *f рад.*, *элн* затухание в полосе задерживания (*фильтра*)
Sperrdifferential *n авто* дифференциал повышенного трения; самоблокирующийся дифференциал
~ **mit begrenztem Schlupf** дифференциал повышенного трения
Sperre *f* 1. стопор, стопорное приспособление; фиксатор, останов 2. арретир 3. блокировка; блокировочное устройство 4. *эл.* замычка 5. *см.* Sperrfilter 6. запруда, плотина
Sperrfilter *n рад.*, *элн* заграждающий [режекторный] фильтр
Sperrflüssigkeit *f* затворная жидкость
Sperrfrequenz *f рад.*, *элн* частота (настройки) режекторного фильтра
Sperrfunktion *f* функция запрета
Sperrgebiet *n элн* область отсечки
Sperrgetriebe *n* храповой механизм
Sperrhaken *m* захватка
Sperrholz *n* фанера
Sperrichtung *f* обратное направление (*в полупроводниковых приборах с р — n-переходом*) ◊ **in ~ vorspannen** подавать обратное смещение
sperrig громоздкий
Sperrimpuls *m* запирающий импульс
Sperrkennlinie *f* обратная характеристика; обратная вольт-амперная характеристика, обратная ветвь вольт-амперной характеристики; вольт-амперная характеристика обратного непроводящего состояния (*тиристора*)
Sperrklinke *f* (храповая) собачка
Sperrklinkenmechanismus *m* храповой механизм
Sperrkondensator *m* блокировочный конденсатор
Sperrkontakt *m* запирающий контакт
Sperrkreis *m рад.*, *элн* 1. заграждающий контур 2. заграждающий [режекторный] фильтр
Sperrmauer *f* плотина
Sperrmörtel *m стр.* гидроизоляционный раствор

SPERRVERZÖGERUNGS...

Sperrpolung f обратное смещение; обратное направление смещения p — n-перехода

Sperrschicht f 1. элн обеднённый слой; запирающий слой 2. стр. гидроизоляционный слой

Sperrschichtbreite f ширина обеднённого слоя; ширина p — n-перехода

Sperrschicht-CCD-Struktur f ПЗС-структура на полевых транзисторах с p — n-переходом

Sperrschichtdiode f (полупроводниковый) диод с p — n-переходом

Sperrschichteffekt m см. Sperrschichtfotoeffekt

Sperrschichtelement n 1. вентильный элемент 2. см. Sperrschichtfotoelement

Sperrschichtfeldeffekttransistor m, **Sperrschicht-FET** m полевой транзистор с p — n-переходом; полевой транзистор с барьером Шоттки

Sperrschichtfläche f площадь p — n-перехода

Sperrschichtfotodetektor m фотогальванический детектор, фотодетектор на фотогальваническом эффекте

Sperrschichtfotoeffekt m вентильный фотоэффект, фотогальванический эффект

Sperrschichtfotoelement n, **Sperrschichtfotozelle** f фотогальванический элемент

Sperrschichtgleichrichter m вентильный выпрямитель, выпрямитель с p — n-переходом

Sperrschicht-Halbleiterbauelement n полупроводниковый прибор с p — n-переходом [с p — n-переходами]

Sperrschicht-Injektions-Laufzeitdiode f инжекционно-пролётный диод

Sperrschichtisolation f изоляция p — n-переходом [p — n-переходами]

Sperrschichtkapazität f 1. барьерная ёмкость (p — n-перехода); ёмкость p — n-перехода 2. полупроводниковый конденсатор

~, **integrierte** полупроводниковый конденсатор

Sperrschichtladung f заряд обеднённого слоя

Sperrschichtphotoeffekt m см. Sperrschichtfotoeffekt

Sperrschichtpotential n барьерный потенциал, высота потенциального барьера

Sperrschichtspannung f напряжение на p — n-переходе; напряжение отпирания p — n-перехода

Sperrschichtwiderstand m 1. сопротивление обеднённого слоя; сопротивление p — n-перехода 2. см. Sperrschichtwiderstand, integrierter

~, **integrierter** полупроводниковый резистор, интегральный резистор на обратносмещённом p — n-переходе

Sperrschichtzone f обеднённая область, обеднённый слой

Sperrschieberpumpe f плунжерный вакуумный насос

Sperrschwinger m блокинг-генератор

Sperrspannung f 1. обратное напряжение; напряжение обратного смещения, обратное смещение 2. *в технике выпрямительных диодов и тиристорной технике*: обратное напряжение; постоянное обратное напряжение; блокирующее напряжение, напряжение в закрытом состоянии (*тиристора*)

Sperrspannungsabfall m падение обратного напряжения

Sperrspannungsfestigkeit f пробивная прочность (*полупроводникового прибора, напр. диода, транзистора*); пробивная прочность p — n-перехода; пробивная прочность в обратном направлении

Sperrstelle f *гидр.* створ

Sperrstoffe m pl *стр.* гидроизоляционные материалы

Sperrstrom m обратный ток; обратный ток p — n-перехода; ток в обратном проводящем состоянии (*тиристора*)

Sperrstromstabilität f стабильность обратного тока

Sperrsynchronisierung f *авто* 1. инерционная синхронизация включения передач 2. инерционный синхронизатор (*коробки передач*)

Sperr-U-I-Kennlinie f обратная вольт-амперная характеристика, вольт-амперная характеристика при обратном включении

Sperrung f 1. *стр.* гидроизоляция; гидроизоляционная защита 2. *маш.* стопорение; фиксация 3. *маш.* стопорное устройство, стопор; фиксирующее устройство, фиксатор 4. запирание 5. *полигр.* разрядка

Sperrventil n запорный клапан

Sperrverhalten n поведение (*полупроводникового прибора*) при обратном смещении; запирающее действие

Sperrverlust m мощность обратных потерь

Sperrverlustleistung f мощность обратных потерь; мощность потерь в обратном непроводящем состоянии (*тиристора*); обратная рассеиваемая мощность (*диода*)

Sperrverzögerungszeit f, **Sperrverzug** m, **Sperr-**

SPERRVORRICHTUNG

verzugszeit *f* время восстановления обратного сопротивления
Sperrvorrichtung *f* стопорное устройство; останов
Sperrvorspannung *f* обратное смещение
Sperrwerk *n* 1. храповой механизм, храповой останов 2. блокировочный механизм 3. *гидр.* заградительное устройство
Sperrwiderstand *m* обратное сопротивление; обратное сопротивление *p — n*-перехода
Sperrwirkung *f* действие обратного напряжения, обратное смещение; запирающее действие
Sperrzeichen *n* сигнал блокировки
Sperrzone *f см.* **Sperrgebiet**
Sperrzweig *m* обратная ветвь (*характеристики*)
Spezialfall *m* частный случай
speziell частный; специальный
spezifisch удельный
Sphagnum *n* торфяной мох
Sphalerit *m мин.* сфалерит, цинковая обманка
Sphäre *f* сфера
sphärisch сферический
Sphäroguß *m*, **Spharo(lith)gußeisen** *n* чугун с шаровидным графитом
Sphäroid *n* сфероид
Sphäroidisation *f* сфероидизация
sphäroidisch сфероидальный
Sphäroidspiegel *m* сферическое зеркало
Sphärolith *m* сферолит
Sphärometer *n* сферометр
Spiegel *m* 1. зеркало 2. отражатель; рефлектор; зеркало 3. уровень, зеркало (*напр. жидкости в резервуаре*)
Spiegelantenne *f* зеркальная антенна; (двухзеркальная) параболическая антенна
Spiegelbild *n* 1. зеркальное изображение 2. зеркальное отображение
Spiegelebene *f* зеркальная плоскость симметрии
Spiegelfernrohr *n см.* **Spiegelteleskop**
Spiegelfläche *f* зеркальная поверхность
Spiegelglanz *m* зеркальный блеск
Spiegelglas *n* зеркальное стекло
spiegelgleich симметричный
Spiegelheck *n* транцевая корма
Spiegellinse *f* зеркальная линза
Spiegellinsenobjektiv *n* зеркально-линзовый объектив
Spiegelmaschine *f яд.* магнитная пробка (*открытой магнитной ловушки*), магнитное зеркало
Spiegelobjektiv *n* 1. *см.* **Spiegellinsenobjektiv** 2. *фото* зеркальный (съёмочный) объектив
Spiegeloptik *f* зеркальная оптическая система; зеркальный объектив
Spiegelprisma *n* отражательная призма
Spiegelreflex *f см.* **Spiegelreflexkamera**
Spiegelreflexkamera *f* зеркальный фотоаппарат
Spiegelskale *f* зеркальная шкала
Spiegelteleskop *n* зеркальный телескоп, рефлектор
Spiegeltrickverfahren *n кино* метод зеркального совмещения
Spiegelung *f* 1. (зеркальное) отражение; зеркальное отображение 2. *мат.* зеркальное отображение 3. зеркальность (*качество полированной поверхности*) 4. *физ.* инверсия
Spiegelungsebene *f* плоскость зеркального отражения
Spiel *n* 1. зазор; люфт 2. цикл 3. игра (*в теории игр*); (компьютерная) игра; видеоигра
Spielausgleich *m* выборка зазоров; компенсация зазоров
Spieldauer *f* время воспроизведения; время звучания
Spielhebel *m* джойстик, координатная ручка (*устройство координатного ввода в видеоиграх*)
Spielpassung *f маш.* подвижная посадка, посадка с зазором
Spielport *m вчт* игровой порт, гейм-порт
Spieltheorie *f* теория игр
Spielzeit *f* время звучания (*грампластинки, компакт-диска*)
Spierentonne *f* плавучая веха
Spießkant *n мет.* ромб, ромбический калибр
Spikes *pl англ.* 1. *авто* шипы противоскольжения 2. пики (*напр. тока питания*)
Spill *n мор.* шпиль
Spin *m яд.* спин (*частицы*)
Spindel *f* 1. *маш.* шпиндель; винт 2. ареометр 3. веретено
Spindelbohrer *m* сверло для глубокого сверления; пушечное сверло
Spindelgewinde *n* ходовая резьба
Spindelhalter *m* шпиндельная бабка
Spindelhebebock *m* винтовой домкрат
Spindelkasten *m* 1. передняя бабка (*токарного станка*); шпиндельная бабка 2. шпиндельная коробка (*агрегатного станка*)

Spindelkopf *m* шпиндельная головка
Spindelkopfwechseleinrichtung *f см.* **Spindelkopfwechsler**
Spindelkopfwechsler *m* устройство автоматической смены шпиндельных головок
Spindelöl *n* веретённое масло
Spindelpinole *f* пиноль
Spindelpresse *f* винтовой пресс
~, **hydraulische** винтовой пресс с гидроприводом
Spindelpumpe *f* винтовой насос
Spindelstock *m маш.* передняя бабка; шпиндельная бабка
Spinell *m мин.* шпинель
Spinnbad *n* осадительная ванна (*в производстве химических волокон*)
Spinnbadanlage *f* кислотная станция
Spinnband *n текст.* волокнистая лента; штапелированная лента
Spinnbandverfahren *n текст.* прядение [способ прядения] из ленты
Spinndüse *f* фильера
Spinndüsenplatte *f* пластинчатая фильера
Spinnen *n* 1. прядение 2. прядение, формование (*волокна*)
~, **ringloses** бескольцевое прядение
~, **spindelloses** безверетённое прядение
Spinnenbonden *n* присоединение кристаллов к паучковым выводам на гибкой ленте (*с выводными рамками*)
Spinnenbondtechnik *f* технология присоединения кристаллов к паучковым выводам на гибкой ленте, метод паучкового крепления
Spinnenmontage *f* паучковый монтаж, сборка и монтаж кристаллов в кристаллоносители с паучковыми выводами на гибкой ленте
Spinnerei *f* 1. прядение; прядильное производство 2. прядильная фабрика
Spinnfaserband *n текст.* волокнистая лента; штапелированная лента
Spinnfasern *pl* штапельное волокно
Spinnkabel *n текст.* жгут
Spinnkuchen *m* (прядильный) кулич
Spinnlösung *f* прядильный раствор
Spinnmaschine *f* прядильная машина
Spinnpumpe *f* прядильный насос
Spinntopf *m* прядильная кружка
Spinnverfahren *n* 1. система прядения 2. способ прядения 3. способ формования (*химического волокна*)
Spinnvlies *n* фильерный нетканый материал

Spinor *m мат., физ.* спинор
Spinthariskop *n* спинтарископ
Spiralbohrer *m* спиральное сверло
Spirale *f* спираль
~, **archimedische** архимедова спираль
Spiralfeder *f* спиральная пружина; спираль (*часового механизма*)
spiralförmig спиральный
Spiralfräser *m* спиральная фреза
Spiralgehäuse *n* 1. спиральная камера (*гидравлической турбины*), улитка 2. спиральный отвод, спиральный корпус (*насоса*) 3. спиральный кожух (*центробежного вентилятора*)
Spiralgehäusepumpe *f* насос со спиральным отводом
Spirallinie *f* спиральная линия
Spiralnebel *m астр.* спиральная галактика
Spiralrohr *n* спирально-сварная труба
Spiralschnecke *f* спиральный червяк
Spiralsenker *m* зенкер
Spiralturbine *f* турбина в спиральной камере
Spiritus *m* (этиловый) спирт (*90%-ный*)
Spiritusbrenner *m* спиртовка, спиртовая горелка
Spiritusbrennerei *f* спиртовой [спирто-водочный] завод
Spirituslack *m* спиртовой лак
Spirituswaage *f* спиртомер
Spitzbogen *m* стрельчатая арка
Spitzbohrer *m* перовое сверло, пёрка
Spitze *f* 1. остриё; (заострённый) конец 2. пик, максимум 3. *мат.* вершина 4. *маш.* (упорный) центр 5. *арх.* шпиль 6. *мат.* точка возврата, точка заострения (*особая точка*) 7. *текст.* кружево 8. буравчик шурупа
Spitzenbelastung *f эл.* пиковая нагрузка
Spitzendiode *f* точечный диод
Spitzenentladung *f* разряд между остриями
Spitzenkontakt *m* точечный контакт
Spitzenkontaktgleichrichter *m* точечный [точечно-контактный] выпрямитель
Spitzenkontaktgleichrichtung *f* точечно-контактное выпрямление
Spitzenkontaktgleichrichtungsverfahren *n* метод точечно-контактного выпрямления
Spitzenkraftwerk *n* пиковая электростанция
Spitzenlast *f* пик нагрузки; пиковая нагрузка
Spitzenleistung *f* максимальная [пиковая] мощность

SPITZENLINIE

Spitzenlinie *f маш.* линия выступов профиля (поверхности)
spitzenlos бесцентровый
Spitzenlos-Schleifen *n* бесцентровое шлифование
Spitzenlos-Schleifmaschine *f* бесцентрово-шлифовальный станок
Spitzentransistor *m* точечный транзистор
Spitzenwert *m* максимум, пиковое значение
Spitzenwertdetektor *m* пиковый детектор
Spitzenwinkel *m* угол при вершине
Spitzenzeit *f* часы пик
Spitzfänger *m* ловильный метчик, метчик
Spitzgewinde *n* треугольная резьба
Spitzputz *m* 1. набрызг; штукатурка, нанесённая торкретированием [набрызгом] 2. штукатурка набрызгом
Spitzsattel *m* вырезной боёк
Spitzsenker *m* (коническая) зенковка
spitzwinklig остроугольный
Spleiß *m* сплесень
Spleißstelle *f* спайка
Spleißung *f* сращивание (*световодов*)
Splinefunktion *f* сплайн-функция, сплайн
~, **kubische** кубический сплайн
Spline-Interpolation *f* сплайн-интерполяция
Splinekurve *f* сплайн («гладкая» [*интерполированная*] *кривая, соединяющая заданные точки, напр. при выполнении сплайн-интерполяции в системе автоматизированного проектирования*)
Splint *m* 1. *маш.* шплинт 2. заболонь
Splintholz *n* заболонь
Split-Screen-Darstellung *f* вывод изображений на разделённый на области экран; полиэкранный режим
Splitt *m* мелкий щебень, крошка; гравий; каменная мелочь
Splitter *m* осколок; обломок
splittersicher небьющийся
Spoiler *m* 1. *ав.* интерцептор 2. *авто* спойлер
spontan самопроизвольный, спонтанный
Spontanausfall *m* внезапный отказ
Spontanspaltung *f* самопроизвольный отказ
Spool-Datei *f* *вчт* файл откачки, буферный файл
Spooler *m* *вчт* программа спулинга, программа подкачки/откачки данных; средство буферизации входных и выходных потоков данных
Spooling *n* *вчт* спулинг, подкачка/откачка данных (*с помощью быстродействующего буферного ЗУ*)
Spool-Programm *n* *вчт* программа спулинга, программа подкачки/откачки данных
Sporn *m* 1. *ав.* (хвостовой) костыль 2. *гидр.* зуб плотины
Spornrad *n* хвостовое колесо
Spotlight *n* *кино, фото* прожектор с малым углом рассеяния (*для создания светоцветовых эффектов*)
Sprachanalyse *f* 1. анализ языка; анализ естественного языка 2. анализ речевых сигналов
Sprachausgabe *f* речевой вывод (*информации*)
Sprachäußerung *f* речевое высказывание
Sprache *f* язык
~, **objektorientierte** объектно-ориентированный язык
Spracheingabe *f* речевой ввод (*информации*)
Spracheingabesystem *n* система речевого ввода
Spracherkenner *m* устройство распознавания речи
Spracherkennung *f* распознавание речи
~, **automatische** автоматическое распознавание речи
Spracherzeugung *f* генерация речи
Spracherzeugungsprozeß *m* процесс генерации речи
Sprachgenerator *m* генератор речевых сигналов; синтезатор речи
Sprachmaschine *f* процессор, ориентированный на конкретный язык [на конкретный промежуточный код]
Sprachprozessor *m* 1. языковой процессор (*транслятор или интерпретатор*) 2. речевой процессор, процессор речевых сигналов; процессор синтеза речи
Sprachrohr *n* мегафон; рупор
Sprachsignal *n* речевой сигнал
Sprachsignalerzeugung *f* генерация речевых сигналов
Sprachsignalsynthese *f* синтез речевых сигналов
Sprachspeicherung *f* запоминание речевых сигналов; запись речевых сигналов; хранение речевых сигналов (в ЗУ)
Sprachsynthese *f* синтез речи; синтез речевых сообщений
Sprachsyntheseschaltkreis *m* ИС синтезатора речи, (микро)схема (для) синтеза речи
Sprachsynthesizer *m*, **Sprachsynthetisator** *m*

синтезатор речи; синтезатор речевых сообщений
~, digitaler цифровой синтезатор речевых сообщений
Spray *m, n* 1. аэрозоль 2. аэрозольный распылитель; аэрозольный баллончик
Spraydose *f* аэрозольный баллончик; аэрозольная упаковка
Spreader *m* спредер (*специальный захват для контейнеров*)
Sprechfunk *m* 1. радиотелефонная связь 2. радиопереговорное устройство
Sprechfunkgerät *n* радиотелефон
Sprechkopf *m* головка записи
Sprechweg *m* телефонный канал
Spreitung *f* растекание
Spreizdorn *m маш.* разжимная оправка
Spreize *f* распорка
Spreizfutter *n маш.* разжимной патрон
Spreizhülse *f* разжимная втулка
Spreizkupplung *f* разжимная муфта; разжимное сцепление
Spreizschraube *f* распорный болт
Spreizsplint *m* разводной шплинт
Spreizstempel *m* распорная стойка; распорка
Spreizstück *n* распорка
Spreizung *f* 1. распор; разжим 2. *авто* поперечный наклон шкворня 3. *рад.* растягивание (*участков коротковолнового диапазона*)
Spreizwinkel *m авто* угол поперечного наклона шкворня
Sprengen *n* взрывание; взрывные работы
Sprenger *m* разбрызгиватель
Sprenggelatine *f* гремучий студень
Sprengkapsel *f* (капсюль-)детонатор
Sprengkopf *m* боеголовка, боевая часть (ракеты)
~, einzeln lenkbarer боеголовка индивидуального наведения
~, nuklearer ядерная боеголовка
Sprengkörper *m* подрывная шашка
Sprengkraft *f* eines Gefechtskopfes мощность боеголовки
Sprengladung *f* фугас
Sprengloch *n* шпур
Sprenglochbohren *n* бурение шпуров
Sprengmunition *f* средства взрывания
Sprengniet *m* взрывная заклёпка
Sprengnieten *n* осаживание заклёпок взрывом

Sprengring *m маш.* пружинное стопорное кольцо
Sprengschnur *f* детонирующий шнур
Sprengstoff *m* взрывчатое вещество, ВВ; взрывчатка
~, brisanter бризантное (взрывчатое) вещество
~, treibender метательное взрывчатое вещество
Sprengung *f* 1. взрывание; взрывные работы 2. взрыв; подрыв
Sprengwerk *n стр.* шпренгельная система
Sprengwerkbrücke *f* подкосный мост
Spreu *f* полова; мякина
Springblende *f фото* прыгающая диафрагма
Springquelle *f* гейзер
Springschreiber *m* стартстопный телеграфный аппарат, телетайп
Sprinkler *m* спринклер (*головка систем водяного и пенного пожаротушения*)
Sprit *m* спирт-ректификат (высшей очистки)
Spritlack *m* спиртовой лак
Spritzbeton *m* торкретбетон
Spritzblech *n* крыло (*колеса мотоцикла, велосипеда*)
Spritze *f* шприц
Spritzer *m pl* брызги
Spritzflasche *f хим.* промывалка
Spritzgerät *n* опрыскиватель
Spritzgießen *n пласт., мет.* литьё под давлением
Spritzgießmaschine *f* 1. *пласт.* литьевая машина, машина для литья под давлением 2. *мет.* машина для литья под давлением
Spritzgießwerkzeug *n* 1. *пласт.* литьевая форма, форма для литья под давлением 2. *мет.* пресс-форма для литья под давлением
Spritzguß *m мет., пласт.* литьё под давлением
Spritzhärtung *f* закалка в водяном душе
Spritzkabine *f* кабина для окраски распылением
Spritzmaschine *f* 1. шприц-машина 2. *текст.* разбрызгиватель
Spritzmetallisieren *n* металлизация распылением
Spritzpistole *f* 1. (пистолет-)распылитель; аэрограф 2. металлизатор
Spritzpresse *f пласт.* литьевой пресс
Spritzpressen *n пласт.* литьевое прессование
Spritzschutz *m* брызговик
Spritzüberzug *m* покрытие, нанесённое распылением

SPRITZWASSERGESCHÜTZT

spritzwassergeschützt брызгозащищённый
spritzwassersicher брызгозащищённый
Sprödbruch *m* 1. хрупкое разрушение 2. хрупкий излом
spröde хрупкий; ломкий
Sprödigkeit *f* хрупкость
Sprödigkeitspunkt *m* температура хрупкости
Sprossenschrift *f* запись переменной плотности, интенсивная запись
Sprudelschicht *f хим.* фонтанирующий слой
Sprühätzen *n* травление методом распыления; ионно-плазменное травление (*в среде инертного или активного газа*)
Sprüheinrichtung *f* разбрызгиватель
Sprühen *n* 1. распыление 2. *эл.* коронирование
Sprühentladung *f* коронный разряд
Sprühkolonne *f хим.* распылительная колонна
Sprühöler *m* струйная маслёнка
Sprühschmieranlage *f* струйная смазочная система
Sprühwasser(lösch)anlage *f* дренчерная система (*пожаротушения*)
Sprung *m* 1. скачок; скачкообразное изменение 2. *мат.* разрыв, скачок (*функции*) 3. *вчт* переход 4. *геол.* сброс 5. трещина
~, **bedingter** условный переход
~, **unbedingter** безусловный переход
Sprungantwort *f автм* переходная характеристика, реакция на ступенчатое воздействие на входе
Sprunganweisung *f вчт* оператор перехода; оператор передачи управления
sprungartig скачкообразный
Sprungausfall *m* внезапный отказ
Sprungbefehl *m вчт* команда перехода; команда передачи управления
~, **bedingter** команда условного перехода
~, **unbedingter** команда безусловного перехода
Sprungfunktion *f* ступенчатая функция
Sprungkennlinie *f* переходная характеристика
Sprungstelle *f мат.* точка скачка
Sprungstörung *f* ступенчатое возмущение
Sprungtemperatur *f* температура перехода (в сверхпроводящее состояние)
Sprungvorschub *m* периодическая [прерывистая] подача; подача с (ускоренным) перескоком
SPS [speicherprogrammierbare Steuerung] I *f* программируемый контроллер
SPS [Solar Power Satellite] II *m* спутниковая солнечная электростанция (*проект спутниковой электростанции на геостационарной орбите с передачей полученной с помощью солнечных батарей электроэнергии на Землю в виде электромагнитных волн СВЧ-диапазона*)
Spülbad *n* промывная ванна
Spülbagger *m* землесосный снаряд с гидравлическим разрыхлителем
Spülbecken *n* (кухонная) раковина; мойка
Spulbetrieb *m см.* Spooling
Spülbohren *n* бурение с промывкой
Spüldamm *m* намывная плотина, намывная дамба
Spuldatei *f см.* Spool-Datei
Spule *f* 1. *эл.* катушка 2. *текст.* шпуля; бобина; катушка
Spulen *n* наматывание; намотка; перематывание; перемотка
Spulengatter *n*, **Spulengestell** *n текст.* шпулярник
Spuler *m см.* Spool-Programm
Spülförderer *m* гидравлический транспортёр
Spülförderung *f* гидравлический транспорт, гидротранспорт
Spülkasten *m* смывной бачок
Spülkippe *f* гидроотвал
Spülleitung *f* пульпопровод
Spulmaschine *f текст.* мотальная машина; бобинажно-перемоточная машина
Spülpumpe *f* 1. буровой [промывочный] насос 2. пульпонасос 3. *авто* продувочный насос
Spülrinne *f* промывной лоток
Spülrohrleitung *f* грунтопровод
Spülschiff *n см.* Spülbagger
Spülschleuse *f* промывной шлюз
Spülspritze *f* гидромонитор
Spülung *f* 1. промывка 2. (буровой) раствор, промывочная жидкость 3. *авто* продувка (*цилиндров двигателя*)
Spülverfahren *n* 1. способ намыва; сооружение плотин способом намыва 2. гидравлический способ (*подготовки грунта*); размыв 3. схема продувки (*двигателя внутреннего сгорания*) 4. *горн.* способ гидравлической закладки [гидрозакладки]
Spülversatz *m горн.* гидравлическая закладка, гидрозакладка
Spülwasser *n* промывная вода
Spund *m* шпунт
Spundbohle *f* шпунтовая свая, шпунтина

Spundung *f дер.-об.* соединение в шпунт, шпунтовое соединение, шпунтовка

Spundwand *f стр.* шпунтовая стенка

Spur *f* 1. *ж.-д.* колея 2. *авто* колея, ширина колеи 3. *физ.* след; трек (*частицы*) 4. *мат.* след 5. дорожка (*магнитного диска, магнитной ленты*); звуковая дорожка; фонограмма

Spurabstand *m* шаг дорожки

Spuradresse *f* адрес дорожки

Spurbreite *f* 1. ширина (железнодорожной) колеи 2. ширина дорожки

Spurdichte *f* плотность размещения дорожек, число дорожек на единицу ширины носителя; поперечная плотность записи

Spureinteilung *f* 1. форматирование дорожки (*диска*) 2. формат дорожки (*диска*)

Spurenanalyse *f хим.* анализ следов [следовых количеств]

Spurendetektor *m физ.* трековый детектор

Spurenelemente *n pl* микроэлементы

Spurenkammer *f физ.* трековая камера

Spurenmetalle *n pl мин.* рассеянные элементы, рассеянные металлы (*химические элементы, не образующие, как правило, самостоятельных минералов; присутствуют в виде изоморфных примесей в минералах более распространенных элементов*)

Spurformat *n* формат дорожки (*диска*)

Spurführungssignal *n* сигнал автотрекинга

Spurindex *m* индекс дорожки

Spurkranz *m ж.-д.* гребень бандажа; реборда

Spurlager *n маш.* подпятник скольжения

Spurlehre *f ж.-д.* путевой шаблон

Spurnachführung *f* слежение за дорожкой (записи)

Spurnummer *f* номер дорожки; номер цилиндра

Spurofen *m мет.* печь с наклонным подом и копильником

Spurpositionierzeit *f* время позиционирования головки, время перехода головки с дорожки на дорожку

Spurstabilität *f* боковая устойчивость (*автомобиля*)

Spurstange *f авто* тяга рулевой трапеции, поперечная рулевая тяга

Spurstein *m* белый штейн

Spurteilung *f* шаг дорожки

Spurtreue *f* боковая устойчивость (*автомобиля*)

Spurumschaltung *f* переключение дорожек

Spurweite *f* 1. *ж.-д.* ширина колеи 2. *авто* ширина колеи, колея

Spurzahl *f* число дорожек

Spurzapfen *m маш.* упорная цапфа, пята

Sputnik *m косм.* спутник

Sputteranlage *f* (вакуумная) установка ионного распыления; установка ионно-плазменного распыления; установка ионно-плазменного нанесения тонких плёнок

Sputterätzanlage *f* установка ионного травления; установка ионно-плазменного травления

Sputterätzen *n* травление методом распыления, травление распылением; ионное травление; ионно-плазменное травление

Sputtering *n*, **Sputtern** *n* распыление; ионное распыление; ионно-плазменное распыление; ионное напыление, ионно-плазменное нанесение (тонких плёнок)

Sputtertechnik *f* технология ионного распыления; технология ионного напыления; технология ионно-плазменного нанесения тонких плёнок, ионно-плазменная технология

~, **reaktive** технология реактивного ионно-плазменного нанесения тонких плёнок

Squid *n* сквид, сверхпроводящий квантовый интерференционный датчик

SRAM [Static RAM] *m, n вчт* статическое ЗУПВ, ЗУПВ статического типа; статическое ОЗУ, ОЗУ статического типа

SR-Flipflop *n* RS-триггер, триггер с раздельными входами

SRG-Technik [Self-Registred Gate-...] *f* технология МОП ИС с самосовмещёнными затворами

SSI-Bauelement [Small-Scale Integration...] *n*, **SSI-Schaltung** *f* ИС с малой степенью интеграции

Stab *m* 1. стержень 2. штырь 3. *стр.* стержень 4. *мет.* пруток 5. *арх.* валик 6. паркетная дощечка, паркетная планка, (паркетная) клёпка 7. брусок; рейка 8. шест 9. *мат.* скользящий вектор

Stabantenne *f* штыревая антенна

Stabdrucker *m* штанговое печатающее устройство

stabil устойчивый, стабильный

Stabilisator *m* стабилизатор

~, **hydraulischer** гидростабилизатор

Stabilisatorröhre *f* стабилитрон

STABILISIERMITTEL

Stabilisiermittel *n* стабилизатор
Stabilisierung *f* стабилизация
Stabilisierungsdiode *f* (полупроводниковый) стабилитрон
Stabilisierungsfaktor *m* коэффициент стабилизации
Stabilisierungsflosse *f* 1. *ав.* стабилизатор 2. *мор.* скуловой киль
Stabilisierungskreis *m* *эл., элн* стабилизирующий контур
Stabilisierungsschaltung *f* стабилизирующая схема
Stabilisierungsspannung *f* напряжение стабилизации
Stabilisierungsstrom *m* ток стабилизации
Stabilisierungssystem *n* система стабилизации
Stabilisierungswiderstand *m* стабилизирующий резистор; балластный резистор
Stabilität *f* 1. устойчивость; стабильность 2. *мор.* остойчивость (*судна*) 3. *ав.* устойчивость (*летательного аппарата*)
Stabilitätsfaktor *m,* **Stabilitätskoeffizient** *m* коэффициент устойчивости
Stabilitätskriterium *n* критерий устойчивости
Stabilitätsmoment *n* момент устойчивости
Stabisolator *m* стержневой изолятор
Stabkräfte *f pl* *стр.* усилия в стержнях (*фермы*)
Stabmühle *f* стержневая мельница
Stabrüttler *m* стержневой вибратор
Stabstahl *m* сортовой прокат (*простые + фасонные профили*)
Stabwerk *n* *стр.* стержневая система
Stacheldraht *m* колючая проволока
Stachelwalze *f* игольчатый валик
Stack *n* *вчт* стек
Stackadressierung *f* *вчт* стековая адресация, адресация по указателю стека
Stackbefehl *m* *вчт* стековая команда, команда работы со стеком
stacked gate *англ.* составной [многоуровневый] затвор (*МОП-транзистора*)
Stackeintragung *f* *вчт* 1. включение [запись, занесение] в стек 2. данные, включённые в стек; операнды, загруженные в стек
Stackpointer *m* *вчт* указатель (вершины) стека
Stack-Register *n pl* *вчт* регистры стека, стековые регистры
Stacküberlauf *m* *вчт* переполнение стека
Stackunterlauf *m* *вчт* антипереполнение стека

Stadtbahn *f* городская железная дорога
Städtebau *m* градостроительство
Stadtgas *n* городской газ
Stadtnebel *m* смог
Stadtschnellbahn *f* городская (скоростная) железная дорога
Staffelstraße *f* *мет.* линейный прокатный стан (*стан с расположением прокатных клетей в несколько поперечных линий*)
Stahl *m* сталь
~, **beruhigter** спокойная [успокоенная] сталь
~, **gezogener** калиброванная сталь
~, **halbberuhigter** полуспокойная сталь
~, **handelsüblicher** торговая сталь
~, **hitzebeständiger** [**hitzefester**] жаропрочная сталь
~, **hochgekohlter** высокоуглеродистая сталь
~, **hochlegierter** высоколегированная сталь
~, **kohlenstoffarmer** низкоуглеродистая сталь
~, **korrosionsbeständiger** коррозионностойкая сталь
~, **legierter** легированная сталь
~, **nichtrostender** нержавеющая сталь
~, **niedriggekohlter** низкоуглеродистая [мягкая] сталь
~, **niedriglegierter** низколегированная сталь
~, **siliziumlegierter** кремниевая сталь
~, **unberuhigter** кипящая сталь
~, **unlegierter** углеродистая сталь
~, **vergüteter** улучшенная сталь
~, **warmfester** жаростойкая [теплостойкая] сталь
~, **warmgewalzter** горячекатаная сталь
Stahlausbau *m* *горн.* стальная крепь
Stahlbalken *m* стальная балка
Stahlband *n* стальная лента
Stahlbau *m* *стр.* 1. монтаж стальных конструкций 2. стальное сооружение; стальная конструкция
Stahlbedarf *m* металлоёмкость
Stahlbeton *m* железобетон
~, **monolithischer** монолитный железобетон
~, **vorgespannter** предварительно напряжённый железобетон
Stahlbetonbalken *m* железобетонная балка
Stahlbetonbau *m* 1. строительство с применением железобетонных конструкций 2. железобетонная конструкция
Stahlbetonfertigteile *n pl* сборный железобетон, сборные железобетонные изделия, сборные железобетонные элементы

Stahlbetonkonstruktion *f* железобетонная конструкция
Stahlbetonpfahl *m* железобетонная свая
Stahlbetonplatte *f* железобетонная плита
Stahlbetonschwelle *f* железобетонная шпала
Stahlbetonverbundkonstruktion *f* сборно-монолитная (железобетонная) конструкция
Stahlblech *n* листовая сталь; стальной лист
Stahlbolzenkette *f* втулочно-штыревая цепь
Stahldraht *m* стальная проволока
Stahldrahtseil *n см.* **Stahlseil**
Stahleisen *n* передельный чугун
Stahlerzeugung *f* производство [выплавка] стали
Stahlflasche *f* стальной баллон
Stahlformguß *m* стальное литьё
Stahlgewinnung *f см.* **Stahlerzeugung**
Stahlgießer *m* сталелитейщик
Stahlgießerei *f* сталелитейный завод; сталелитейный цех
Stahlgürtelreifen *m* радиальная шина с металлокордным брекером
Stahlguß *m* стальное литьё
Stahlgußstück *n* стальная отливка
Stahlindustrie *f* сталеплавильная промышленность; производство стали
Stahlkies *m* стальная дробь
Stahlkonstruktion *f* металлоконструкция
Stahlkonstruktionsverband *m* металлическая связь
Stahlkord *m* стальной корд, металлокорд
Stahlkordband *n* металлокордная лента
Stahlkordfaden *m* металлокордная нить
Stahllegierung *f* стальной сплав
Stahlroheisen *n см.* **Stahleisen**
Stahlrohr *n* стальная труба
~, **warmgewalztes** горячекатаная труба
~, **warmreduziertes** горячедеформированная (стальная) труба
Stahlschmelzen *n* сталеварение
Stahlschmelzofen *m* сталеплавильная печь
Stahlschwelle *f* металлическая шпала
Stahlseil *n* стальной трос
Stahlseilgürtel *m* металлокордный брекер (*радиальной шины*); слой стального корда (*брекера радиальной шины*)
Stahlsorte *f* марка стали
Stahlwerk *n* 1. сталеплавильный цех; сталеплавильный завод 2. завод чёрной металлургии
Stahlwerker *m* сталевар, металлург
Stalagmit *m* сталагмит
Stalaktit *m* сталактит
Stalldungstreuer *m* навозоразбрасыватель
Stamm *m* 1. ствол 2. бревно 3. штамм (*бактерий, дрожжей*)
Stammdatei *f вчт* основной файл
Stammende *n* комель
Stammfunktion *f мат.* первообразная функция
Stammkarte *f* паспорт (*напр. станка*)
Stammzeichnung *f* оригинал чертежа
Stampfbeton *m* трамбованный бетон
Stampfbewegung *f* 1. *мор.* килевая качка 2. *ав.* тангаж
Stampfboden *m* набивной под (*мартеновской печи*)
Stampfen *n* 1. трамбование, трамбовка 2. *мет.* набивка (*напр. пода доменной печи*) 3. *см.* **Stampfbewegung**
Stampfer *m* 1. трамбовка 2. вантуз
Stampfherd *m* набивной горн
Stampfmaschine *f* трамбующая машина
Stampfmasse *f* масса для набивки
Stampfplatte *f* трамбовочная плита
Stand *m* 1. уровень 2. стенд
Stand-alone-Betrieb *m* автономный режим (работы)
Stand-alone-Programm *n* автономная [системно-независимая] программа
Standanzeiger *m* уровнемер
Standard *m* стандарт
Standardabweichung *f* среднеквадратичная погрешность, среднеквадратическое отклонение
Standardanweisung *f прогр.* оператор умолчания
Standardattribut *n прогр.* стандартный атрибут, атрибут по умолчанию, атрибут, приписываемый объекту по умолчанию
Standardbezeichner *m прогр.* стандартный [зарезервированный, предопределённый] идентификатор
Standardchip *m* базовый кристалл (ИС); стандартная ИС
Standardchiptechnik *f* технология стандартных ИС
Standard-CMOS-Technik *f* технология (изготовления) стандартных КМОП ИС
Standarddiskette *f* стандартная (8-дюймовая) дискета
Standardfunktion *f* стандартная функция
Standardinterface *n* стандартный интерфейс
Standard-IS *f* стандартная ИС; серийная ИС

STANDARDISIERT

standardisiert стандартизованный; стандартный
Standardisierung *f* стандартизация
Standardkennsatz *m прогр.* стандартная метка
Standardparameter *m прогр.* параметр, принимающий значение по умолчанию
Standardprogramm *n* стандартная программа
Standardprogrammpaket *n* пакет стандартных программ
Standardprozedur *f прогр.* стандартная процедура
Standardprozedurensatz *m прогр.* набор стандартных процедур
Standardschaltkreis *m* стандартная схема; стандартная ИС, ИС со стандартной степенью интеграции
~, **vorgefertigter** БИС на основе БМК, матричная БИС; нескоммутированная логическая матрица
Standardsignalgenerator *m* генератор стандартных сигналов, ГСС
Standardsoftware *f* стандартное программное обеспечение
Standard-TTL *f* стандартные ТТЛ ИС
Standard-TTL-Last *f* стандартная единичная ТТЛ-нагрузка
Standardunterprogramm *n* стандартная подпрограмма
Standardvereinbarung *f прогр.* стандартное описание, объявление атрибутов с присваиванием значений по умолчанию
Standardwert *m прогр.* значение по умолчанию, значение, присваиваемое по умолчанию
Standardzelle *f* стандартный элемент; стандартная ячейка
Standardzellenarray *n* матрица стандартных ячеек
Standardzellenbibliothek *f* библиотека стандартных элементов (и ячеек) *(для проектирования БИС)*
Standardzellenentwurf *m* проектирование БИС на стандартных элементах
Standardzellen-IC *n*, **Standardzellen-IS** *f*, **Standardzellen-Schaltkreis** *m* БИС на стандартных элементах
Standardzuweisung *f прогр.* присваивание [операция присваивания] по умолчанию
Standbild *n* 1. неподвижное изображение 2. стоп-кадр 3. (неподвижный) видеокадр
Standbildbetrieb *m* режим стоп-кадра
Standbildkamera *f* видеодиакамера *(камера для съемки и записи неподвижных видеокадров)*
Standbremse *f авто* стояночный тормоз
Standby-Betrieb *m*, **Standby-Mode** *m*, **Standby-Modus** *m вчт* режим резерва; режим хранения *(информации в ячейках памяти)*
Standby-System *n* дублирующая система
Standby-Zustand *m вчт* режим резерва; режим хранения *(информации в ячейках памяти)*
Ständer *m* 1. станина 2. стойка; колонна 3. *эл.* статор
Ständerbohrmaschine *f* вертикально-сверлильный станок со стойкой
standfest устойчивый
Standfestigkeit *f* устойчивость, стойкость
Standgetriebe *n маш.* рядовая передача *(с неподвижными осями)*
Standlicht *n авто* стояночный огонь; подфарник
Standlinie *f мат., геод.* базис, база
Standmenge *f* 1. стойкость режущего инструмента, выраженная числом изготовленных изделий 2. стойкость штампа, выраженная числом произведённых изделий
Standmoment *n* удерживающий момент *(при расчете на опрокидывание)*
Standöl *n* (льняное) полимеризованное масло, штандоль
Standort *m* место, местоположение *(судна, самолета)*
~, **gegißter** [**gekoppelter**] счислимое место
Standortbestimmung *f* определение места [местоположения]
Standpfahl *m* свая-стойка
Standrohr *n* стендер
Standseilbahn *f* фуникулёр
Standsicherheit *f* устойчивость; запас устойчивости; коэффициент устойчивости *(напр. крана)*
Standweg *m* стойкость режущего инструмента, выраженная длиной резания *(в метрах)*
Standzeit *f* 1. *маш.* стойкость *(режущего инструмента)* 2. *ж.-д.* простой *(вагона)*
Standzeitzähler *m* устройство (автоматического) учёта ресурса (режущего) инструмента
Stange *f* 1. штанга 2. шток 3. столб 4. брус 5. тяга 6. *мет.-об.* пруток
Stangenabschnitt *m* мерная заготовка, отрезанная от прутка
Stangenarbeit *f* обработка из прутка

Stangenautomat *m*, **Stangendrehautomat** *m* прутковый автомат
Stangenrost *m* колосниковый грохот
Stangenschäldrehmaschine *f* бесцентрово-токарный станок для прутковых работ
Stangenverzahnung *f маш.* реечное зацепление
Stanniol *n* станиоль
Stanzautomat *m* листоштамповочный автомат
Stanzblech *n* лист для штамповки; жесть для штамповки
Stanze *f* 1. штамп для листовой штамповки, листовой штамп 2. пресс для листовой штамповки, листоштамповочный пресс
Stanzen *n* 1. листовая штамповка 2. штампование, штамповка
Stanzgestell *n* пакет листового штампа
Stanzteil *n* штампованная деталь
Stanzwerkzeug *n* штамп (*для листовой штамповки*)
Stapel *l* 1. стапель 2. *текст.* штапель 3. штабель 4. *вчт* пакет 5. *вчт* стек
Stapelauftrag *m вчт* пакетное задание
Stapelbereich *m вчт* стековая область, область (регистров) стека
Stapelbetrieb *m вчт* пакетный режим, режим пакетной обработки
Stapeldatei *f вчт* командный [пакетный] файл
Stapelfaser *f* штапельное волокно
Stapelfehler *m физ., крист.* дефект упаковки
Stapelfehlerdichte *f физ., крист.* концентрация [плотность] дефектов упаковки
Stapelfehlertetraeder *n физ., крист.* тетраэдрический дефект упаковки, тетраэдр дефектов упаковки
Stapelferneingabe *f вчт* дистанционный ввод заданий
Stapelfernverarbeitung *f вчт* дистанционная пакетная обработка
Stapelförderer *m* элеватор
Stapelgate *n* составной [многоуровневый] затвор (*МОП-транзистора*)
Stapelgate-CMOS *f* КМОП-структура с составными [многоуровневыми] затворами
Stapeljob *m вчт* пакетное задание
Stapelkondensator *m* многослойный накопительный конденсатор, «стековый» конденсатор
Stapelkran *m* кран-штабелёр
Stapellader *m* штабелеукладчик
Stapellauf *m* спуск со стапеля, спуск (*построенного судна*) на воду

Stapelmodul *m элн* этажерочный (микро)модуль; блок этажерочной конструкции
Stapeln *n* штабелирование
Stapeloperation *f вчт* стековые операции, операции над стеком
Stapelregister *n pl вчт* регистры стека, стековые регистры
Stapelspeicher *m* память магазинного типа, стековая память
Stapelspitze *f вчт* вершина стека
Stapeltiefe *f вчт* глубина стека
Stapelung *f* штабелирование
Stapelverarbeitung *f вчт* пакетная обработка; режим пакетной обработки, пакетный режим
Stapelverarbeitungsauftrag *m см.* Stapeljob
Stapelverarbeitungsbetrieb *m*, **Stapelverarbeitungsmodus** *m вчт* режим пакетной обработки, пакетный режим
Stapelverarbeitungsterminal *n вчт* терминал пакетной обработки, пакетный терминал
Stapelzeiger *m вчт* указатель (вершины) стека
Stapelzeigerregister *n вчт* указатель (вершины) стека, регистр-указатель стека
Stapler *m* штабелеукладчик
Stärke *f* 1. сила; интенсивность 2. *физ., эл.* напряжённость (*поля*) 3. *хим., пищ.* крепость 4. толщина (*напр. стенки, слоя*) 5. крахмал
Stark-Effekt *m физ.* эффект Штарка
Stärkesirup *m* крахмальная патока
Stärkezucker *m* крахмальный сахар, техническая глюкоза
Starkgas *n* высококалорийный [богатый] газ
Starkstrom *m* сильный ток
Starkstromkabel *n* силовой кабель
Starkstromkreis *m* силовая (электрическая) цепь
Starkstromleitung *f* силовая линия
Starkstromtechnik *f* сильноточная (электро)техника, техника сильных токов
starr жёсткий; неподвижный
Starrachse *f авто* жёсткий мост; балка жёсткого моста; неразрезная ось
Starrheitskoeffizient *m* коэффициент жёсткости
Starrschmiere *f* твёрдая смазка
Start *m* старт; взлёт; пуск; запуск
Start- und Landebahn *f ав.* лётная полоса; взлётно-посадочная полоса, ВПП
Startadresse *f вчт* начальный адрес

STARTADRESSENREGISTER

Startadressenregister *n*, **Startadreßregister** *n* вчт регистр начального адреса
Startanlage *f* **1.** косм. стартовый комплекс; стартовая площадка **2.** стартовое устройство; пусковая установка
Startbahn *f* **1.** ав. взлётная полоса **2.** стартовый участок **3.** направляющая (*пусковой установки*)
Startbeschleuniger *m* стартовый ускоритель
Startbeschleunigung *f* стартовое ускорение
Startbit *n* вчт стартовый бит
Start-Eingang *m* вход сигнала «ПУСК», вход запуска
Starteinrichtung *f* стартовое устройство; пусковое устройство
Starter *m* **1.** стартер, стартёр (*двигателя внутреннего сгорания*); пускатель **2.** стартер, стартёр (*люминесцентной лампы*)
Starterbatterie *f* стартерная батарея
Starterklappe *f* ав. воздушная заслонка (*карбюратора*)
Startfenster *n* косм. стартовое окно, стартовый период
Startgeschwindigkeit *f* стартовая скорость (*напр. ракеты*)
Starthebel *m* пусковой рычаг
Starthilfe *f* ав. взлётно-посадочное устройство; стартовый ускоритель
Startimpuls *m* элн запускающий импульс
Startklappe *f* см. **Starterklappe**
Startknopf *m* пусковая кнопка
Startleistung *f* ав. взлётная мощность, взлётная тяга
Startlogik *f* логика пуска; логика инициализации
Startmasse *f* **1.** ав. взлётная масса **2.** стартовая масса (*напр. ракеты*)
Startmotor *m* стартовый (ракетный) двигатель; стартовый ускоритель
Startprogramm *n* вчт программа начального пуска, «пускач»
Startpunkt *m* **1.** исходная [начальная] точка **2.** маш. исходная точка (*при движении*)
Startrakete *f* стартовый ракетный ускоритель
Startrampe *f* **1.** косм. пусковая установка (*установка для пуска ракет-носителей с космическими объектами*) **2.** (ракетная) пусковая установка
Startrollstrecke *f* ав. длина разбега (*при взлете*)
Startschalter *m* ключ пуска

Startschleuder *f* катапульта (*для ускоренного старта самолета, напр. с палубы авианесущего судна, или беспилотного летательного аппарата с пусковой установки*)
Startschritt *m* стартовая посылка
Startschub *m* **1.** ав. тяга на взлётном режиме, взлётная тяга **2.** стартовая тяга; начальная тяга (*при пуске ракетного двигателя*)
START-Signal *n* сигнал «ПУСК», запускающий импульс
Startsilo *m* стартовая [пусковая] шахта, шахтная пусковая установка
Startstellung *f* стартовая позиция
Start-Stop-Fernschreiber *m* стартстопный телеграфный аппарат, телетайп
Start-Stopp-Betrieb *m* стартстопный режим
Start-Stopp-Terminal *n* стартстопный терминал
Start-Stopp-Übertragung *f* стартстопная передача
Startstrecke *f* ав. (полная) взлётная дистанция (*с воздушным участком до набора высоты условного препятствия, равной 15 м*)
Startsystem *n* **1.** стартовый комплекс **2.** пусковая система
Starttaste *f* пусковая кнопка
Starttisch *m* стартовый стол
Startturm *m* косм. башня обслуживания
Startvektor *m* начальный вектор
Startversuch *m* пусковое испытание
Startwert *m* нормируемый параметр трогания (*напр. реле*)
Startwinkel *m* угол вылета (*ракеты*)
Statement *n* англ. прогр. оператор
Statik *f* статика
Station *f* **1.** станция **2.** маш. позиция (*обработки*)
stationär 1. стационарный; неподвижный **2.** установившийся
statisch статический ◇ ~ **bestimmt** статически определимый; ~ **unbestimmt** статически неопределимый
Statistik *f* статистика
~, **mathematische** математическая статистика
statistisch статистический
Stativ *n* штатив
Stator *m* эл. статор
Status- und Steuerregister *n* вчт регистр состояния и управления
Statusbit *n* вчт бит (индикации) состояния
Statusbyte *n* вчт байт состояния
Statusflag *n* вчт признак [флаг] состояния

Statusregister *n* вчт регистр состояния, статусный регистр
Statusrettung *f* вчт сохранение состояния
Statuswort *n* вчт слово состояния
Statuszeile *f* вчт строка состояния, статусная [индикаторная] строка, статус-строка
Stau *m* гидр., метео подпор
Stauanlage *f* гидр. подпорное сооружение
Staub *m* пыль
Staubabscheider *m* пылеуловитель, пылеотделитель
Staubabscheidung *f* пылеотделение, пылеулавливание; пылеосаждение
Staubaufbereitung *f* пылеприготовление
Staubbeutel *m* пылесборник (*пылесоса*)
staubdicht пыленепроницаемый
Staubecken *n* водохранилище; напорный бассейн
Stäubegerät *n* опыливатель
Staubfänger *m* пылеуловитель, пылеотделитель
Staubfeuerung *f* пылеугольная топка
Staubfilter *n* пылезадерживающий фильтр
Staubfließverfahren *n* псевдоожижение
Staubgehalt *m* запылённость
Staubklasse *f* класс чистоты (*воздушной среды для производственных помещений*)
Staubkohle *f* пылевидный [пылеватый] уголь; (угольный) штыб
Staubsauger *m* пылесос
Stauchautomat *m* высадочный автомат
Stauchen *n* мет.-об. 1. осадка 2. высадка (*осадка части заготовки*)
Stauchgesenk *n* высадочный штамп
Stauchgrad *m* 1. степень обжатия (*при прокатке*) 2. коэффициент обжатия
Stauchkaliber *n* мет. обжимной [вытяжной] калибр
Stauchpresse *f* мет.-об. (холодно)высадочный пресс
Stauchschmieden *n см.* **Stauchen**
Stauchstempel *m* высадочный пуансон
Stauchung *f* 1. относительная деформация при сжатии 2. относительное обжатие, степень обжатия 3. *см.* **Stauchen**
Stauchverhältnis *n* 1. коэффициент высадки (*отношение длины высаживаемого участка к диаметру заготовки*) 2. уковка, степень уковки
Stauchversuch *m* испытание на осадку
Stauchwulst *f* грат при сварке, грат (*металл, выдавленный за счет осадки при сварке*)

Staudamm *m* плотина (*земляная, каменнонабросная, из сухой кладки*)
Staudammabdichtung *f* экран плотины
Staudruck *m* скоростное давление; скоростной напор
Staudruckmesser *m см.* **Staurohr**
Staufferbüchse *f* колпачковая маслёнка
Staufferfett *n* пластичная смазка (*смазочный материал с относительно низкой температурой каплепадения*), густая маслёночная смазка
Stauhaltung *f* гидр. подпёртый бьеф
Stauhorizont *m* гидр. подпорный горизонт, подпорный уровень
Stauklappe *f* подпорный клапан; клапанный затвор
Staukraftwerk *n* приплотинная гидроэлектростанция
Staumauer *f* плотина (*бетонная, железобетонная, из бутовой кладки*)
Staupunkt *m* критическая точка, точка полного торможения потока
Stauregelung *f* гидр. регулирование подпора
Staurohr *n* 1. расходомер скоростного напора 2. ав. приёмник воздушных давлений, ПВД (*на основе трубки Пито — Прандтля*)
Stauscheibe *f* ротаметр
Stausee *m* 1. водохранилище 2. искусственное озеро 3. плотинное [подпрудное] озеро, озеро, образованное естественной плотиной
Stauspiegel *m* гидр. подпорный уровень, подпорный горизонт
Staustelle *f* створ плотины
Staustrahltriebwerk *n* прямоточный воздушно-реактивный двигатель, ПВРД
Staustrahlturbine *f* турбопрямоточный двигатель, ТПД
Staustufe *f* гидроузел
Stauung *f* 1. скопление 2. затор, пробка (*на транспорте*)
Stauwehr *n* водоподъёмная плотина
Stauwerk *n* гидр. подпорное сооружение
Steamcracken *n* парофазный крекинг
Steamreforming *n* риформинг с водяным паром, парофазный риформинг
Steatit *m* стеатит
Stechbeitel *m* стамеска
Stechheber *m* хим. пипетка
Stechmeißel *m* прорезной резец
Stechrohr *n* грунтовая трубка
Stechzirkel *m* измерительный циркуль

STECKANSCHLUß

Steckanschluß *m* штекерный разъём
Steckbaugruppe *f* 1. сменный блок 2. *см.* **Steckeinheit**
Steckbaustein *m см.* **Steckmodul**
Steckbuchse *f* 1. контактное гнездо (*штепсельной розетки*) 2. розеточная часть, розетка (*электрического соединителя*) 3. гнездо коммутационной [штекерной] панели
Steckdose *f* штепсельная розетка, розетка
Steckeinheit *f* типовой элемент замены, ТЭЗ; сменный модуль с разъёмом; сменная плата с разъёмом
Stecker *m* 1. эл. штепсельная вилка, вилка 2. эл., элн штекер 3. эл. вилочная часть [вилка] (электрического) соединителя 3. авто (защитный) наконечник (*провода высокого напряжения в системе зажигания*)
Steckerbelegung *f* разводка контактов (*электрического соединителя*)
Steckerbuchse *f* гнездо (*электрического соединителя*)
Steck(er)feldprogrammierung *f* программирование на штекерной панели
Steck(er)feldsteuerung *f* 1. цикловое программное управление, цикловое ПУ 2. устройство циклового ПУ (*со штекерной панелью*)
Steckerleiste *f* колодка штекерного разъёма
Steckfassung *f* (гнездовая) колодка
Steckfeld *n см.* **Stecktafel**
Steckgehäuse *n* корпус (*ИС*) с штырьковыми выводами
Steckkarte *f* вчт сменная плата (с разъёмом), плата расширения [наращивания], вставляемая в разъём основной платы
steckkompatibel совместимый по разъёмам [на уровне разъёмов]
Steckkompatibilität *f* полная совместимость, совместимость по разъёмам [на уровне разъёмов]
Steckleiste *f* торцевой соединитель, краевой разъём
Steckmodul *m* вчт сменный модуль (с разъёмом)
Steckplatine *f см.* **Steckkarte**
Steckplatz *m* вчт гнездо (*напр. для установки модуля расширения*)
Steckprogramm *n* программа, набираемая на штекерной панели
Steckprogrammiersystem *n* система циклового ПУ
Steckschlüssel *m* торцовый ключ

Stecksockel *m* 1. разъём (*на основной плате*) 2. колодка с штырьковыми выводами (*для ИС*) 3. контактирующая колодка
Stecktafel *f* (штекерная) коммутационная панель, штекерная панель, наборное поле
Steckverbinder *m* электрический соединитель, разъём
~, **abgedichteter** герморазъём
~, **direkter** соединитель непосредственного контактирования
~, **indirekter** соединитель косвенного контактирования
Steckverbindung *f* эл. разъёмное (контактное) соединение; штепсельное соединение; штепсельный разъём; штекерный разъём
Steckvorrichtung *f* штепсельный разъём; штекерный разъём
Steg *m* 1. стенка (*балки*); стойка, стенка (*двутавра*) 2. стойка, неподвижное звено (*механизма*) 3. шейка (*рельса*) 4. водило (*планетарного механизма*) 5. поясок (*золотника*) 6. перемычка 7. *полигр.* марзан 8. мостки
Stegleiter *m* балочный вывод (*ИС*)
Stegleitung *f* плоский провод (*в резиновой или пластмассовой оболочке*) для прокладки в штукатурке *или* под штукатуркой
Stegkette *f* цепь с распорками
Stehbildkamera *f* фотографический аппарат, фотоаппарат
Stehkessel *m* вертикальный котёл
Stehkolben *m* плоскодонная колба
Stehwelle *f* стоячая волна
Stehwellenverhältnis *n* коэффициент стоячей волны
Steife *f* 1. *стр.* элементы жёсткости; элементы крепления (*котлованов*) 2. консистенция (*бетонной смеси, смазочных средств*) 3. *см.* **Steifezahl**
Steifezahl *f стр.* коэффициент сжимаемости (*грунта*)
Steifheit *f*, **Steifigkeit** *f* жёсткость
Steifigkeitskoeffizient *m* коэффициент жёсткости
Steigbrunnen *m* артезианский колодец
Steigbrunnenwasser *n* артезианская вода
Steigeisen *n* 1. монтёрские когти 2. скоба (*напр. лестницы смотрового колодца*)
Steiger *m* выпор (*вертикальный канал в литейной форме*)
Steigfähigkeit *f* 1. *ав.* скороподъёмность

2. *авто* наибольшая крутизна преодолеваемого подъёма, предельный угол подъёма
Steigflug *m ав.* набор высоты
Steigleistung *f ав.* скороподъёмность
Steigleiter *f* трап
Steigleitung *f* стояк (*электропроводки*)
Steigrohr *n* подъёмная труба (*в котлах*); подъёмная [насосно-компрессорная] труба; стояк
Steigung *f* **1.** *маш.* шаг (*однозаходной резьбы*); ход (*многозаходной резьбы*) **2.** *мат.* наклон (*прямой*) **3.** подъём; уклон
Steigungshöhe *f* **1.** высота подъёма (*винтовой линии*) **2.** ход винтовой линии **3.** ход зуба
Steigungsprüfer *m маш.* шагомер
Steigvermögen *n см.* **Steigfähigkeit 2.**
Steigungswinkel *m маш.* угол подъёма винтовой линии; угол подъёма резьбы
Steilförderer *m* круто поставленный транспортёр
Steilheit *f* крутизна (*напр. характеристики*)
Steilrohrkessel *m* вертикально-водотрубный котёл
Steilschrift *f* прямой шрифт
Stein *m* **1.** камень **2.** *мет.* штейн
Steinarbeit *f* плавка на штейн
Steinboden *m* **1.** каменистая почва **2.** каменистый [скальный] грунт
Steinbrecher *m* камнедробилка
Steinbruch *m* каменоломня, каменный карьер
Steindamm *m* каменно-набросная плотина
Steindruck *m* литография, литографская печать
Steindruckpapier *n* литографская бумага
Steingut *n* фаянс
Steinholz *n* ксилолит
Steinkasten *m* ряж
Steinkiste *f* ряж
Steinkistenwehr *n* ряжевая плотина
Steinkohle *f* каменный уголь
Steinkohlenbecken *n* каменноугольный бассейн
Steinkohlenbergbau *m* каменноугольная промышленность
Steinkohleneinheit *f* единица условного топлива (29,3 МДж = 7000 ккал)
Steinkohlenkoks *m* каменноугольный кокс
Steinkohlenteer *n* каменноугольная смола
Steinmetzwerkzeug *n* камнетёсный инструмент
Steinpflaster *n* булыжная мостовая
Steinsalz *n* каменная соль
Steinschlagdecke *f* шебёночное покрытие (*дороги*)
Steinschmelze *f* плавка на штейн
Steinschraube *f* болт для крепления оборудования к фундаменту *или* стенам; фундаментный болт; анкерный болт
Steinsplitt *m* каменная мелочь
Steinwolle *f* минеральная вата
Steinwolleplatte *f* минераловатная плита
Steinzeug *n* каменная масса; каменно-керамические изделия, каменная керамика
Stek *m* (морской) узел
Stellantrieb *m* сервопривод
stellar звёздный
Stellbewegung *f маш.* установочное перемещение
Stelle *f* **1.** место; пункт **2.** точка **3.** *мат., вчт* разряд
~, **binäre** двоичный разряд
Stelleingang *m* вход сигнала установки, установочный вход, S-вход; управляющий вход; вход установки/сброса
Stelleingriff *m* управляющее воздействие; регулирующее воздействие
Stelleinrichtung *f* исполнительное устройство, исполнительный механизм
Stellenbereich *m* разрядная сетка
Stellenebene *f* разрядная матрица
Stellenwert *m* вес разряда (*в позиционной системе счисления*)
Stellenwertsystem *n* позиционная система счисления
Stellerator *m яд.* стелларатор
Stellglied *n* исполнительный орган; исполнительный элемент
Stellgröße *f* управляющее воздействие; регулирующее воздействие
Stellmotor *m* исполнительный двигатель, серводвигатель
Stellmutter *f* регулировочная гайка
Stellorgan *n* исполнительный орган; исполнительный механизм
Stellort *m* место приложения (исполнительного) воздействия
Stellrelais *n* клапанный позиционер
Stellring *m* установочное кольцо
Stellscheibe *f* регулировочная шайба
Stellschraube *f* регулировочный винт
Stellspindel *f* установочный винт
Stelltransformator *m эл.* регулируемый (авто)трансформатор
~, **belastet schaltbarer** (авто)трансформатор с регулированием под нагрузкой

STELLUNG

Stellung *f* положение; позиция
Stellungsisomerie *f* изомерия положения
Stellungsmacher *m* позиционер
Stellventil *n* сервоклапан
Stellwerk *n*, **Stellwerksanlage** *f ж.-д.* централизация; пост централизации
Stellwiderstand *m* переменный [регулировочный] резистор; потенциометр
~ **für Gleichspannung** переменный резистор для регулирования [стабилизации] постоянного напряжения
Stellwinkel *m* 1. установочный угол; угол установки 2. малка
Stellzylinder *m* исполнительный гидроцилиндр; исполнительный пневмоцилиндр
Stemmaschine *f дер.-об.* долбёжный станок
Stemmeisen *n* стамеска
Stemmeißel *m* чекан
Stemmen *n* 1. чеканка 2. выдалбливание; долбление
Stemmhammer *m* чеканочный молоток
Stempel *m* 1. пуансон 2. *горн.* (крепёжная) стойка 3. клеймо
Stempelhalter *m* пуансонодержатель
Stempelpresse *f* маркировочный пресс
Stempelung *f* клеймение
Step-and-Repeat-Anlage *f* установка последовательного шагового экспонирования; установка проекционной литографии с последовательным шаговым экспонированием
Step-and-Repeat-Kamera *f* фотоповторитель (для мультиплицирования изображений фотошаблонов)
Step-and-Repeat-Verfahren *n* метод последовательного шагового экспонирования; метод проекционной литографии с последовательным шаговым экспонированием
Stepper *m* установка последовательного шагового экспонирования
~, **lichtoptischer** установка фотолитографии с последовательным шаговым экспонированием
Step-und-Repeat-Anlage *f см.* Step-and-Repeat-Anlage
Steradiant *m* стерадиан, ср (*единица телесного угла в СИ*)
Stereo *n полигр.* стереотип
Stereoanlage *f* стереофоническая система, стереосистема, стереокомплекс
Stereoaufnahme *f* стереосъёмка; стереофотография

Stereobetrachter *m* стереоскоп
Stereobild *n* стереопара
Stereobox *f рад.* стереофоническая акустическая система
Stereochemie *f* стереохимия
Stereodekoder *m* стереодекодер
Stereoeffekt *m* стереоэффект
Stereofilm *m* стереоскопическое кино, стереокино
Stereofonie *f* стереофония
stereofonisch стереофонический, стереозвуковой
Stereofoto *n* стереофотография
Stereofotografie *f* стереоскопическая фотография; стереоскопическая съёмка
Stereofotogrammetrie *f* стереофотограмметрия
Stereografie *f* стереография
Stereoisomer *n хим.* пространственный изомер, стереоизомер
Stereoisomerie *f хим.* стереоизомерия, пространственная изомерия
Stereokamera *f* 1. стереоскопический фотоаппарат, стереофотоаппарат 2. стереоскопическая киносъёмочная камера
Stereokopfhörer *m pl* (стереофонические) наушники, *проф.* стереотелефоны, головные телефоны
Stereometall *n полигр.* стереотипный сплав
Stereometrie *f* стереометрия
Stereomusiktruhe *f* стереофоническая радиола, стереорадиола
Stereo-NF-Verstärker *m* стереоусилитель звуковой частоты
Stereopolymere *n pl* стереорегулярные полимеры
Stereoprojektion *f* стереоскопическая проекция
Stereoradiokassettenrecorder *m* стереофоническая кассетная магнитола, кассетная стереомагнитола
Stereoradiorecorder *m* стереофоническая магнитола, стереомагнитола
Stereoskop *n* стереоскоп
Stereoskopie *f* стереоскопия
stereoskopisch стереоскопический
Stereosoundgenerator *m* стереозвуковой генератор, генератор стереофонического звука
Stereoton *m* стереофонический звук
Stereotonbandgerät *n* стереофонический магнитофон, стереомагнитофон
Stereotypie *f* стереотипия
Stereovision *f* 1. стереоскопическое [простран-

ственное] ви́дение, стереови́дение 2. система стереови́дения
Sterilisieren *n* стерилизация
Sterilisiergerät *n* стерилизатор
Stern *m* звезда ◇ in ~ schalten *эл.* соединять звездой [по схеме звезды]
~, **veränderlicher** переменная звезда
Sternbild *n* созвездие
Stern-Dreieck-Schaltung *f эл.* переключение со звезды на треугольник
Sterngröße *f* звёздная величина
Sternhaufen *m* звёздное скопление
Sternkatalog *m* звёздный каталог
Sternkoordinaten *f pl* звёздные координаты
Sternkunde *f* астрономия
Sternkurve *f* астроида
Sternmotor *m* звездообразный двигатель
Sternnavigation *f* астронавигация
Sternnetz *n вчт* сеть с топологией типа «звезда»
Sternphysik *f* физика звёзд
Sternpunkt *m эл.* нейтраль; нулевая точка
Sternpunktleiter *m эл.* нейтраль; нулевой провод
Sternschaltung *f эл.* соединение звездой
Sternspektrum *n* звёздный спектр
Sternsystem *n* галактика
Sterntag *m* астрономические [звёздные] сутки
Sternvierer *m* четвёрка звёздной скрутки; кабель звёздной скрутки
Sternwarte *f* (астрономическая) обсерватория
Sternzeit *f* звёздное время
Steroide *n pl хим.* стероиды
stetig непрерывный
Stetigförderer *m* конвейер, транспортёр; подъёмно-транспортная машина непрерывного действия
Stetigkeit *f мат.* непрерывность
Steuer *n* руль
Steueranlasser *m эл.* пускорегулирующий реостат
Steueranweisung *f прогр.* управляющий оператор
Steuerbarkeit *f* управляемость
Steuerbefehl *m* команда управления
Steuerbit *n* управляющий бит
Steuerblock *m* управляющий блок
Steuerbord *n, m мор.* правый борт
Steuerbus *m вчт* шина управления
Steuerbyte *n* управляющий байт
Steuerdaten *pl* управляющие данные

Steuerdaumen *m* распределительный кулачок
Steuerdiagramm *n* диаграмма фаз газораспределения *(ДВС)*
Steuerdrehmeldergeber *m* управляющий сельсин-датчик
Steuereingang *m* управляющий вход, вход управления
~ **für die Betriebsart** вход управления режимом работы
Steuereinheit *f* 1. блок управления 2. контроллер; устройство управления
Steuereinrichtung *f* 1. устройство управления 2. распределительное устройство, распределительный механизм
Steuereinwirkung *f* управляющее воздействие
Steuerelektrode *f* управляющий электрод; затвор *(полевого транзистора)*
Steuerfähigkeit *f* управляемость
Steuerfläche *f* рулевая поверхность, поверхность управления; площадь рулей
Steuerfluß *m* поток управления
Steuerfolge *f вчт* управляющая последовательность
Steuergenerator *m* задающий генератор
Steuergerät *n* прибор управления; управляющее устройство
Steuergetriebe *n* механизм клапанного (газо)распределения *(ДВС)*
Steuergitter *n* управляющая сетка
Steuergröße *f автм* управляющее воздействие
Steuerhebel *m* 1. рычаг управления 2. джойстик, координатная ручка *(ручка координатного ввода в видеоиграх)*
Steuer-IC *n* управляющая ИС
Steuerimpuls *m* управляющий импульс
Steuerinformation *f* управляющая информация
Steuerkennlinie *f* статическая (вольт-амперная) характеристика *(транзистора)*; статическая стоко-затворная характеристика *(полевого транзистора)*
Steuerkette *f* цепь управления
Steuerknopf *m* кнопка управления
Steuerknüppel *m* 1. ручка управления; управляющая рукоятка 2. *см.* Steuerhebel 2.
Steuerkode *m* управляющий код; управляющий символ *(напр. кода ASCII)*
Steuerkolben *m* (поршневой) золотник
Steuerkompaß *m* путевой компас
Steuerkreis *m* 1. цепь управления, управляющая цепь 2. контур задающего генератора, задающий контур

STEUERKUGEL

Steuerkugel *f* координатный шар, шар трассировки *(устройство шарового типа для управления перемещениями курсора на экране дисплея)*
Steuerkurve *f* распределительный кулачок
Steuerleistung *f* управляющая мощность, мощность управляющего сигнала; мощность возбуждения
Steuerleitung *f* **1.** управляющая линия, линия управляющих сигналов **2.** линия (шины) управления **3.** гидролиния управления
Steuerlogik *f* управляющая логика
Steuermaschine *f ав.* бустер (рулей)
Steuermechanismus *m* механизм управления
Steuermenü *n вчт* управляющее меню
Steuernocken *m* распределительный кулачок
Steuerpotential *n* управляющий потенциал
Steuerprogramm *n см.* Steuerungsprogramm
Steuerpult *n* пульт управления
Steuerrad *n* штурвал
Steuerrechner *m* управляющая ЭВМ
Steuerregister *n вчт* регистр управления, управляющий регистр
Steuersäule *f* **1.** *авто* колонка рулевого управления **2.** *ав.* штурвальная колонка
Steuerschalter *m* командоконтроллер; ключ управления
Steuerschaltkreis *m* микросхема управления; БИС управления
Steuerschalttafel *f* щит управления
Steuerschaltung *f* управляющая схема, схема управления
Steuerschieber *m* золотник
Steuerschrank *m* шкаф управления; электрошкаф
Steuerschraube *f* рулевой винт *(вертолёта)*
Steuersignal *n* сигнал управления, управляющий сигнал
Steuerspannung *f* **1.** управляющее напряжение **2.** отпирающее напряжение на управляющем электроде *(тиристора)*, отпирающее напряжение
Steuersprache *f* **1.** командный язык; язык управления заданиями **2.** командный [входной] язык
Steuerstab *m* регулирующий [управляющий] стержень *(ядерного реактора)*
Steuerstand *m* пост управления
Steuerstange *f* **1.** тяга управления **2.** *ав.* рулевая тяга, тяга управления **3.** тяга реверса
Steuerstrecke *f автм* объект управления

Steuerstrom *m* **1.** *эл.* управляющий ток, ток управления; оперативный ток **2.** ток управляющего электрода *(тиристора)*, ток управления; отпирающий ток управляющего электрода *(тиристора)*, отпирающий ток **3.** поток (в линии) управления *(в системах гидропривода)*
Steuerstromkreis *m* цепь управляющего тока, цепь управления
Steuertaste *f* управляющая клавиша
Steuerung *f* **1.** управление **2.** распределение *(напр. золотниковое)* **3.** газораспределение *(в ДВС)* **4.** система (автоматического) управления **5.** блок управления; контроллер **6.** *авто* механизм газораспределения
~, **festverdrahtete** жёстко закоммутированная система управления
~, **freiprogrammierbare** программируемый контроллер
~, **hydraulische** гидроуправление
~, **numerische** числовое программное управление, ЧПУ
~, **programmierbare** программируемый контроллер, программируемый командоаппарат
~, **programmierbare numerische** управление от программируемой системы ЧПУ
~, **speicherprogrammierbare** программируемый контроллер
~, **speicherprogrammierte** управление от программы, хранящейся в памяти
Steuerungsdiagramm *n* диаграмма распределения
Steuerungsprogramm *n* управляющая программа
Steuerungsrechner *m* управляющая (вычислительная) машина
Steuerungssystem *n* система управления; система автоматического управления
~, **ablaufprogrammiertes** система циклового ПУ
Steuerungstechnik *f* техника автоматического управления
Steuerungstheorie *f* теория автоматического управления
Steuerungs- und Regelungstechnik *f* техника автоматического управления и регулирования
Steuerungsvorrichtung *f* распределительное устройство
Steuerventil *n* распределительный клапан; клапан управления
Steuerwagen *m* вагон управления

STIRNRÄDERGETRIEBE

Steuerwalze *f* барабанный контроллер
Steuerwarte *f см.* Steuerstand
Steuerwerk *n* 1. управляющее устройство, устройство управления 2. контроллер 3. *ав.* система управления 4. *вчт* устройство управления
Steuerwicklung *f эл.* обмотка управления
Steuerwinkel *m pl авто* фазы газораспределения (*в градусах угла поворота коленчатого вала по отношению к верхней или нижней мертвой точке поршня*)
Steuerwort *n вчт* управляющее слово
Steuerwortadresse *f вчт* адрес управляющего слова
Steuerwortformat *n вчт* формат управляющего слова
Steuerwortregister *n вчт* регистр управляющего слова
Steuerzeichen *n вчт* управляющий символ
Steuerzeiten *pl* фазы газораспределения (*ДВС*)
Steuerzentrale *f* главный пост управления; главный [центральный] пульт управления
Steven *m мор.* штевень
Stich *m* 1. пропуск (*через валки*) 2. цветовой оттенок 3. стежок
Stichel *m* штихель
Stichflamme *f* острое [остроконечное] пламя; язык пламени
Stichleitung *f* 1. *эл.* межсистемная линия, линия межсистемной связи 2. *эл.* тупиковая линия 3. *эл., элн* шлейф
Stichloch *n мет.* лётка
Stichlochstopfmaschine *f мет.* доменная пушка, пушка (*машина для забивки леток после выпуска металла*)
Stichmaß *n* штихмас
Stichprobe *f* выборка
Stichprobenfehler *m* выборочная ошибка
Stichprobenplan *m* план выборочного контроля
Stichprobenprüfung *f* выборочный контроль
Stichprobenraum *m* выборочное пространство, пространство выборок
Stichprobenumfang *m* объём выборки
Stichprobenverfahren *n* выборочный метод
Stichprobenverteilung *f* выборочное распределение
Stickoxid *n* угарный газ
Stickoxide *n pl* оксиды азота
Stickoxidemission *f* выброс оксидов азота (*в окружающую среду*)
Stickstoff *m* азот, N

Stickstoffdüngemittel *n* азотное удобрение
stickstoffhaltig азотистый
Stiel *m* рукоятка; ручка; топорище
Stielhammer *m* рычажный молот
Stift *m* 1. *маш.* штифт; шпилька 2. штырь; штырёк 3. гвоздь 4. *вчт* перо (*электронное, световое*)
~, **elektronischer** электронное перо
Stiftanschluß *m* штырьковый вывод (*корпуса ИС*)
Stiftplotter *m* перьевой графопостроитель
Stiftrad *n* цевочное зубчатое колесо
Stiftradgetriebe *n* цевочная зубчатая передача
Stiftschlüssel *m* рожковый гаечный ключ
Stiftschraube *f маш.* шпилька
Stiftsockel *m* штифтовой цоколь (*лампы накаливания*); штырьковый цоколь (*электронной лампы*)
Stiftverbindung *f* штифтовое соединение
Stiftzahn *m* цевочный зуб
Stilb *n* стильб, сб
Stillstand *m* 1. остановка; положение «стоп» 2. простой
Stillstandsfaktor *m* коэффициент простоя
Stillstandszeitfaktor *m* коэффициент простоев
Still-Videokamera *f* видеодиакамера (*камера для съемки и записи неподвижных видеокадров*)
Stimmgabel *f* камертон
Stimmgabeloszillator *m* камертонный генератор
Stimmgabeluhr *f* камертонные часы
Stirn *f* 1. торец 2. лоб 3. фронт (*волны*)
Stirn- und Flankenkehlnaht *f св.* комбинированный шов
Stirn- und Kegelrädergetriebe *n* коническо-цилиндрический редуктор
Stirnabschrecken *n* закалка с торца
Stirnansicht *f* вид спереди
Stirndrehen *n мет.-об.* подрезка торца
Stirndrehmeißel *m мет.-об.* подрезной резец
Stirnfläche *f* торец; торцевая [торцовая] поверхность
Stirnfräser *m* торцевая [торцовая] фреза
Stirnkehlnaht *f св.* лобовой шов
Stirnlaufabweichung *f* торцевое биение
Stirnrad *n* цилиндрическое (зубчатое) колесо
Stirnrad-Differentialgetriebe *n* цилиндрический дифференциал
Stirnräder- und Schneckengetriebe *n* червячно-цилиндрический редуктор
Stirnrädergetriebe *n* цилиндрический редуктор

Stirnradgetriebe *n* цилиндрическая (зубчатая) передача
Stirnschlag *m* торцевое биение
Stirnschleifen *n* торцовое шлифование, шлифование торцом круга
Stirnseite *f* торец
Stirnstoß *m св.* торцовое соединение
Stirnteilung *f маш.* окружной делительный шаг (*зубьев*)
Stirnwiderstand *m* лобовое сопротивление
Stirnzahn *m* торцовый зуб (*режущего инструмента*)
Stirnzapfen *m маш.* концевая цапфа (*вала*), шип
STL [Schottky Transistor Logic] *f* Шоттки-транзисторная логика, ШТЛ
stochastisch стохастический
Stöchiometrie *f* стехиометрия
stöchiometrisch стехиометрический
Stock *m* 1. этаж 2. *геол.* шток
~, **erster** второй этаж
Stockanschwellung *f* закомелистость
Stöckelgesenk *n* обжимка (*штамп для вытяжки заготовки и получения точного профиля*)
Stockende *n* комель
Stockpunkt *m* температура застывания (*дизельного топлива, минеральных масел*)
Stockpunkterniedriger *m* присадка для понижения температуры застывания (*минеральных масел*), депрессатор
Stockschiene *f ж.-д.* рамный рельс
Stockung *f* затор, пробка (*на транспорте*)
Stockverzahnung *f маш.* цевочное зацепление
Stockwerk *n* 1. этаж 2. *геол.* штокверк
Stoff *m* 1. *физ.* материя 2. вещество 3. материал 4. ткань; материал; материя 5. (бумажная) масса
Stoffausgleich *m см.* Stoffbilanz
Stoffaustausch *m* массообмен
Stoffbilanz *f* материальный баланс
Stoffbilanzgleichung *f* уравнение материального баланса
Stoffbütte *f бум.* массный бассейн
Stofflöser *m бум.* (гидро)разбиватель
Stoffmühle *f бум.* массная мельница, рафинёр
Stofftransport *m* массообмен; массопередача
Stoffumsatz *m хим.* степень превращения (*доля реагента, вступившего в химическую реакцию*)

Stoffverschnittgrad *m* коэффициент использования материала
Stoffwechsel *m биол.* обмен веществ, метаболизм
Stokes *n* стокс, ст
Stollen *m* 1. *горн.* штольня 2. туннель, тоннель 3. грунтозацеп (*шины*)
Stopbit *n вчт* стоповый бит
Stopfbuchse *f см.* Stopfbüchse
Stopfbüchse *f* сальник
~, **wartungsfreie** самоподжимной сальник
Stopfbüchsenbrille *f* нажимная крышка сальника
Stopfbüchsenpackung *f* сальниковая набивка, набивка сальника
Stopfen I *m* 1. пробка; заглушка 2. тампон
Stopfen II *n* подбивка (*шпал*)
Stopfenstraße *f* трубопрокатный агрегат с автоматическим раскатным станом
Stopfenwalzwerk *n* автоматический раскатной [автоматический трубопрокатный] стан
Stopfhacke *f* подбойка
Stoppbad *n фото* стоп-ванна, останавливающая ванна
Stoppbefehl *m* команда останова
Stopplicht *n авто* стоп-сигнал
Stoppuhr *f* секундомер
Stoppvorrichtung *f* стопорное приспособление, останов
Stoppwerk *n* механизм секундомера (*наручных часов*)
Stöpsel *m* 1. штепсель 2. пробка
Störabstand *m* запас помехоустойчивости
~, **dynamischer** запас динамической помехоустойчивости
~, **statischer** запас статической помехоустойчивости
Störanfälligkeit *f* 1. восприимчивость к помехам 2. повреждаемость; появление неисправностей
Störatom *n* атом примеси, примесный атом
Störaustastung *f* подавление [устранение] помех
Storchschnabel *m* 1. пантограф 2. гусёк (*на стреле крана*)
Störempfindlichkeit *f* чувствительность к помехам
Störfestigkeit *f* помехоустойчивость, помехозащищённость
Störfilterung *f* фильтрация помех

Störfolie *f* фольга [металлизированные ленты] для создания радиолокационных помех
Störfunktion *f* возмущающая функция
Störimpuls *m* импульсная помеха, глитч
Störkapazität *f* паразитная ёмкость
Störklappe *f ав.* интерцептор
Störleitung *f* примесная проводимость, примесная электропроводность
Störmodulation *f* паразитная (частотная) модуляция
Störnadeln *f pl* импульсные помехи, выбросы (напряжения)
Störniveau *n* примесный уровень
Störniveaubesetzung *f* заселённость [населённость] примесного уровня
Störquelle *f* источник помех
Störschutz *m* защита от помех
Störsignal *n* **1.** *свз* паразитный сигнал, сигнал помехи, помеха **2.** *автм* сигнал возмущения **3.** аварийный сигнал
Störspannung *f* напряжение помех
Störspannungsabstand *m* запас помехоустойчивости
störspannungssicher помехоустойчивый, помехозащищённый
Störspannungssicherheit *f* помехоустойчивость, помехозащищённость
Störspannungsspitzen *f pl* пики напряжения помех
Störspitzen *f pl см.* **Störnadeln**
Störstelle *f* **1.** примесь (*в полупроводниках*); примесный центр **2.** дефект (*кристаллической решетки*)
Störstellenatom *n* примесный атом
Störstellendichte *f* концентрация (легирующей) примеси; концентрация дефектов
Störstellendiffusion *f* диффузия примеси
Störstellenfehlordnung *f* примесный дефект
Störstellenfotoleitung *f* примесная фотопроводимость
Störstellengebiet *n* примесная область
Störstellengradient *m* градиент (распределения) концентрации (легирующей) примеси
Störstellenhalbleiter *m* примесный полупроводник
Störstellenkonzentration *f* концентрация (легирующей) примеси
Störstellenleitung *f* примесная проводимость, примесная электропроводность
Störstellenmaterial *n* легирующий материал; источник примеси

Störstellenprofil *n* профиль распределения (концентрации) примеси; профиль распределения примесных центров
Störstellenstreuung *f* рассеяние на примесных центрах [на примесях]
Störstellenübergang *m* (меж)примесный переход
Störstellenumladung *f* перезаряд примесных центров
Störstellenverlauf *m* профиль распределения (концентрации) примеси
Störstellenverteilung *f* распределение (концентрации) примеси [примесей]
Störstrahlung *f* паразитное излучение
Störterm *m* примесный уровень (энергии)
Störung *f* **1.** помеха **2.** *автм* возмущение, возмущающее воздействие **3.** *астр., метео, физ.* возмущение **4.** нарушение; повреждение; авария **5.** неисправность; сбой **6.** *геол.* нарушение
~, **atmosphärische** атмосферное возмущение
Störungen *f pl* **1.** помехи **2.** неполадки **3.** *геол.* нарушения
~, **atmosphärische** атмосферные помехи, атмосферики
~, **erdmagnetische** магнитные бури
~, **gerichtete** прицельные помехи
~, **industrielle** индустриальные помехи
~, **tektonische** тектонические нарушения
Störungsbeseitigung *f* устранение повреждений или неисправностей
Störungseingrenzung *f* локализация повреждения
störungsfrei безаварийный; безотказный; бесперебойный
Störungsmeldung *f* аварийная сигнализация
Störungsschutz *m* аварийная защита
Störungstheorie *f* теория возмущений
Störungswagen *m* автомобиль технической помощи
Störunterdrückung *f* подавление помех
Stoß *m* **1.** удар **2.** *физ.* соударение; столкновение **3.** импульс; ударный импульс **4.** стык; *ж.-д.* (рельсовый) стык **5.** *горн.* забой
~, **überlappter** соединение внахлёстку
~, **verlaschter** перекрытый стык, стык с накладками
Stoßanlage *f см.* **Stoßspannungsgenerator**
Stoßantwort *f* импульсная переходная характеристика, реакция на дельта-воздействие (на входе)

STOßBECKEN

Stoßbecken *n* водобойный колодец
Stoßbelastung *f* 1. ударная нагрузка 2. импульсная нагрузка
Stoßbetrieb *m* *вчт* монопольный [пакетно-монопольный] режим (*передачи данных*)
Stoßdämpferflüssigkeit *f* амортизаторная жидкость
Stoßdämpfung *f* амортизация
Stoßdruck *m* *геол., горн.* боковое давление
Stößel *m* 1. *маш.* толкатель (*напр. клапана*) 2. долбяк (*деталь долбежного станка*) 3. ползун (*напр. поперечно-строгального станка*) 4. *хим.* пестик
Stößelhobelmaschine *f* поперечно-строгальный станок
Stoßen *n* *мет.-об.* долбление
Stoßfänger *m* 1. *авто* буфер 2. амортизатор
Stoßfuge *f* стык
Stoßfunktion *f* дельта-функция
Stoßgenerator *m* импульсный генератор
Stoßheber *m* гидравлический таран
Stoßionisation *f* ударная ионизация
Stoß-Lawinen-Laufzeit-Diode *f* лавинно-пролётный диод, ЛПД
Stoßmaschine *f* долбёжный станок
Stoßmeißel *m* долбёжный резец
Stoßofen *m* методическая печь; толкательная печь
Stoßprüfung *f* испытания на стойкость к ударам
Stoßraum *m* стыковой зазор
Stoßräumen *n* *мет.-об.* прошивание
Stoßräumnadel *f* *мет.-об.* прошивка
Stoßschaufellader *m* погрузчик типа «утиный нос»
Stoßspannung *f* импульсное напряжение
Stoßspannungsanlage *f* *см.* **Stoßspannungsgenerator**
Stoßspannungsgenerator *m* генератор импульсных напряжений
Stoßstange *f* 1. (автомобильный) буфер 2. *маш.* штанга толкателя
Stoßstelle *f* стык
Stoßstrom *m* ударный ток
Stoßturbine *f* импульсная турбина
Stoßverbindung *f* стыковое соединение; стык
Stoßvorrichtung *f* заталкиватель
Stoßwelle *f* ударная волна
Stoßwerkzeug *n* долбёжный резец
Stoßwinkel *m* наугольник

Stoßzahl *f* 1. *стр.* динамический коэффициент 2. число соударений (*молекул газа в секунду друг с другом или со стенками сосуда*)
Straak *m см.* **Strak**
Strahl *m* 1. струя 2. струйка 3. луч 4. *мат.* луч, полупрямая
~, **einfallender** падающий луч
Strahlantrieb *m* реактивный двигатель
Strahlätzen *n* струйное травление
Strahldichte *f* *физ.* лучистость
Strahlen *n* струйная обработка
Strahlenabsorption *f* лучепоглощение
Strahlenbehandlung *f* 1. радиационная обработка 2. лучевая терапия
Strahlenbelastung *f* доза, полученная в результате облучения, полученная доза
Strahlenbiologie *f* радиобиология
Strahlenbrechung *f* лучепреломление
Strahlenchemie *f* радиационная химия
Strahlendosis *f* (поглощённая) доза излучения
strahlendurchlässig проницаемый для излучения
strahlenfest стойкий к облучению
strahlenförmig 1. лучистый 2. радиальный
Strahlengang *m* *опт.* ход лучей
Strahlengefahr *f* радиационная опасность; опасность облучения
Strahlenhärte *f* жёсткость излучения
Strahlenkrankheit *f* лучевая болезнь
Strahlennetz *n* радиальная электросеть
Strahlenoptik *f* геометрическая оптика
Strahlenpegel *m* уровень радиации
Strahlenprojektion *f* световая проекция
Strahlenschaden *m* радиационное поражение; радиационное нарушение, радиационный дефект
Strahlenschäden *m pl* радиационные дефекты
Strahlenschädigung *f* радиационное поражение
Strahlenschild *m* радиационная защита
Strahlenschutz *m* радиационная защита, защита от (ионизирующего) излучения
~, **biologischer** биологическая защита
Strahlenschutzbeton *m* экранирующий бетон; бетон для биологической защиты ядерного реактора
Strahlenschutzmessungen *f pl* дозиметрические измерения
Strahlenschutzüberwachung *f* дозиметрический контроль
Strahlenspürgerät *n* дозиметр

STRAHLUNGS...

Strahler *m* 1. излучатель 2. *рад.* излучатель; вибратор
~, **absolut schwarzer** полный излучатель, (абсолютно) чёрное тело
~, **akustischer** акустический [звуковой] излучатель
~, **grauer** серое тело
~, **schwarzer** полный излучатель, чёрное тело
Strähler *m см.* Strehler
Strahlflugzeug *n* реактивный самолёт
Strahlgebläse *n* струйная воздуходувка
strahlgetrieben реактивный, с реактивным двигателем
Strahlläppen *n* абразивно-струйная [струйно-абразивная] обработка
Strahlmühle *f* струйная мельница
Strahlofen *m* электрокамин
Strahlpumpe *f* 1. струйный насос 2. струйный вакуумный насос
Strahlrohr *n* 1. ствол (*напр. в пожарной технике*) 2. бескомпрессорный воздушно-реактивный двигатель
Strahlruder *n* 1. газовый руль (*ракеты*) 2. *мор.* (судовое) подруливающее устройство
Strahlsaugdüse *f* эжекторное сопло
Strahlsauger *m* эжекторный насос, эжектор
Strahlstärke *f физ.* сила излучения (*плотность потока излучения точечного источника в пределах элементарного телесного угла*)
Strahlstrom *m метео* струйное течение
Strahltechnik *f* струйная техника, струйная автоматика
Strahltetrode *f* лучевой тетрод
Strahltriebwerk *n* реактивный двигатель
Strahlturbine *f* 1. (струйно-)реактивная турбина 2. турбореактивный двигатель, ТРД
Strahlung *f* 1. излучение, радиация 2. излучение, лучеиспускание
~, **aktinische** актиничное излучение
~, **durchdringende (ionisierende)** проникающая радиация
~, **ionisierende** ионизирующее излучение
~, **kohärente** когерентное излучение
~, **kosmische** космические лучи
~, **optische** оптическое излучение
Strahlungsausbeute *f* выход излучения
Strahlungsausbruch *m* всплеск радиоизлучения (Солнца)
Strahlungsbeständigkeit *f* радиационная стойкость

Strahlungsbilanz *f* радиационный баланс
Strahlungscharakteristik *f* диаграмма (направленности) излучения
Strahlungsdetektor *m* 1. детектор ионизирующего излучения 2. приёмник излучения
Strahlungsdiagramm *n см.* Strahlungscharakteristik
Strahlungsdichte *f* плотность излучения
Strahlungsdosis *f* (поглощённая) доза излучения
Strahlungsdruck *m* давление излучения
Strahlungseinfang *m* радиационный захват
Strahlungsemitter *m* излучатель
Strahlungsempfänger *m* приёмник излучения
Strahlungsenergie *f* энергия излучения
Strahlungsfluß *m* поток излучения
~, **spektraler** спектральная плотность потока излучения
Strahlungsflußdichte *f физ.* излучательность
Strahlungsfrost *m* радиационные заморозки
Strahlungsgesetze *n pl* законы излучения
Strahlungsgleichgewicht *n* радиационный баланс
Strahlungsgürtel *m* радиационный пояс (*Земли*)
Strahlungsheizung *f* лучистое отопление
Strahlungshintergrund *m* фон излучения
Strahlungsintensität *f* интенсивность излучения
Strahlungskühlung *f* радиационное охлаждение
Strahlungsleistung *f* мощность излучения; поток излучения
Strahlungsmenge *f* количество излучаемой энергии; энергия излучения
Strahlungsmessung *f* 1. актинометрия 2. радиометрия
Strahlungspyrometer *n* пирометр излучения
Strahlungsquant *n* квант излучения
Strahlungsrekombination *f* излучательная рекомбинация
Strahlungsschutz *m см.* Strahlenschutz
Strahlungsschutzmessungen *f pl* дозиметрические измерения
Strahlungssender *m* излучатель
Strahlungssensor *m* радиационный датчик
Strahlungsstärke *f см.* Strahlungsintensität
Strahlungstechnik *f* радиационная техника
Strahlungstemperatur *f физ.* эквивалентная температура излучающего тела (*температура излучающего тела, при которой одна из характеристик его излучения совпадает*

STRAHLUNGS...

с аналогичной характеристикой черного тела)
Strahlungsuntergrund *m* фон излучения
Strahlungsvermögen *n* излучательная способность
Strahlungswärme *f* лучистая теплота
Strahlungswärmetransport *m* лучистый теплообмен
Strahlungswiderstand *m рад.* сопротивление излучения (*антенны*)
Strahlungswirkungsgrad *m рад.* кпд антенны
Strähn *m* моток (*пряжи*)
Straight-run-Benzin *n* бензин прямой гонки
Strak *m мор.* лекальность; плавность (*обводов*); плавное сопряжение (*кривых*)
Strake-Flügel *m ав.* крыло с аэродинамическими гребнями
Strang *m* 1. *текст.* моток (*пряжи*) 2. жгут 3. ветвь (*напр. конвейера, каната*) 4. нитка (*рельсовая нитка, нитка нефте- или газопровода*) 5. *в буровой технике:* колонна (*насосных штанг*) 6. *в технологии непрерывной разливки:* слиток(-заготовка) 7. фаза обмотки (*многофазной электрической машины*)
Strangdachziegel *m* ленточная черепица
Stranggarn *n* пряжа в мотках
Stranggießen *n см.* **Strangguß**
Strangguß *m мет.* непрерывная разливка; непрерывное литьё
Strangpresse *f* 1. *мет.* пресс для горячего прессования 2. *пласт.* пресс для (непрерывного) профильного прессования, штранг-пресс 3. *пласт.* червячный экструдер
Strangpressen *n* 1. *мет.* горячее прессование (*прутков, труб, профилей*) 2. *пласт.* непрерывное профильное прессование, штранг-прессование 3. *пласт.* экструзия (*в червячных экструдерах*)
Strangpreßling *m* изделие, полученное горячим прессованием
Strangpreßprofil *n мет.* прессованный профиль
Strangwalzen *n* бесслитковая [жидкая] прокатка
Strangziehen *n мет.-об.* волочение (*прутков, полых заготовок*)
Straße *f* 1. дорога 2. (технологическая) линия 3. прокатный стан
~, **geschotterte** дорога с твёрдым покрытием
~, **starr automatisierte [starre]** линия с жёсткими [непереналаживаемыми] средствами автоматизации
~, **kreuzungsfreie** транспортная развязка
Straßenbahn *f* трамвай
Straßenbau *m* дорожное строительство
Straßenbaumaschinen *f pl* дорожно-строительные машины
Straßenbeleuchtung *f* уличное освещение
Straßenbrücke *f* автодорожный мост
Straßendamm *m* дорожная насыпь
Straßendecke *f* дорожное покрытие
Straßenerprobung *f* дорожное испытание
Straßenfertiger *m* дорожная отделочная машина
Straßenfräse *f* дорожная фреза
Straßengraben *m* кювет
Straßenhobel *m* грейдер
Straßenkreuzung *f* пересечение дорог; пересечение улиц, перекрёсток
Straßennetz *n* дорожная сеть
Straßenprofil *n* (продольный) профиль дороги
Straßenprüfung *f* дорожное испытание
Straßenroller *m авто* большегрузный прицеп (*для перевозки тяжелых громоздких грузов, напр. экскаваторов, трансформаторов*)
Straßentunnel *m* дорожный тоннель
Straßenverkehr *m* уличное движение
Straßenverkehrsordnung *f* правила дорожного движения
Straßenverkehrszeichen *n pl* дорожные знаки
Straßenwalze *f* дорожный каток
Stratifikation *f* стратификация (*воздушных масс*)
Stratigrafie *f* стратиграфия
Stratopause *f* стратопауза
Stratosphäre *f* стратосфера
Stratosphärenflugzeug *n* стратоплан
Streakkamera *f* (высокоскоростной) фоторегистратор, фотодетектор
Streamer *m вчт* стример, накопитель на бегущей магнитной ленте
Streamer-Band *n вчт* бегущая (магнитная) лента
Streamer-Laufwerk *n вчт* накопитель на бегущей магнитной ленте
Streamer-Magnetband *n вчт* бегущая магнитная лента
Streamerkammer *f физ.* стримерная камера
Streb *m горн.* лава, длинный очистной забой
Strebausbau *m горн.* 1. крепь лавы [очистного забоя] 2. крепление лавы

STREICHEN

Strebausrüstung *f*, **vollmechanische** *горн.* очистной механизированный комплекс
Strebbau *m горн.* 1. выемка лавами [длинными очистными забоями]; сплошная выемка 2. система разработки длинными очистными забоями
Strebe *f* 1. подкос; раскос 2. распорка; нога 3. *ав.* стойка (*шасси*)
Strebebogen *m* аркбутан
Strebepfeiler *m* контрфорс
Strebförderer *m горн.* лавный [забойный] конвейер
~, **rückbarer** передвижной забойный конвейер
Strebstreifen *m горн.* заходка (*при разработке горизонтальными слоями*)
streckbar тягучий, эластичный, растяжимый; ковкий
Strecke *f* 1. *горн.* штрек; (горизонтальная *или* слабонаклонная) подготовительная выработка 2. *ж.-д.* линия, железнодорожная линия, линия железной дороги 3. *ж.-д.* участок (пути); перегон 4. *текст.* ленточная машина 5. *автм* объект (*регулирования, управления*)
~, **einfallende** наклонная подготовительная выработка
Strecken *n* 1. вытягивание, вытяжка 2. растяжение, растягивание; вытягивание, вытяжка, протяжка (*при ковке*)
Streckenabschnitt *m ж.-д.* участок (пути)
Streckenauffahrmaschine *f горн.* проходческий комбайн
Streckenausbau *m горн.* 1. крепь штрека; крепь подготовительной выработки 2. крепление штрека; крепление подготовительной выработки
Streckenblock *m ж.-д.* путевая блокировка
Streckendienst *m ж.-д.* служба пути
Streckenfernsteuerung *f ж.-д.* диспетчерская централизация
Streckenleuchtbild *n ж.-д.* светосхема участка (*на посту диспетчерской централизации*)
Streckenmessungen *f pl* линейные измерения
Streckenschalter *m эл.* секционный выключатель
Streckensignal *n ж.-д.* проходной сигнал, сигнал на перегоне
Streckenstellwerk *n ж.-д.* пост диспетчерской централизации; диспетчерская централизация
Streckensteuerung *f* 1. прямолинейное управление обработкой (*напр. на станках с ЧПУ*); прямолинейное [прямоугольное] ЧПУ 2. прямолинейное устройство ЧПУ
~, **numerische** *см.* Streckensteuerung
Streckensteuerungssystem *n* прямолинейная [прямоугольная] система ЧПУ
~, **numerisches** *см.* Streckensteuerungssystem
Streckenvortrieb *m горн.* проведение [проходка] штреков *или* подготовительных выработок
Streckenvortriebsmaschine *f горн.* проходческий комбайн
Streckenzentralstellwerk *n см.* Streckenstellwerk
Streckenzug *m геод.* полигонометрический ход
Streckformen *n пласт.* формование на вытяжном штампе
Streckgrenze *f* предел текучести (*пластичных материалов*) ◇ **Werkstoff ohne ausgeprägte** ~ материал, не имеющий площадки текучести (*на диаграмме растяжения*)
Streckkaliber *n мет.* вытяжной [обжимной] калибр
Streckmetall *n* просечно-вытяжной листовой металл, просечно-вытяжной металлический (*стальной или алюминиевый*) лист (*напр. для арматурных сеток, сеток для штукатурных работ*)
Streckmetallbewehrung *f* просечно-вытяжная арматурная сетка, арматурная сетка из просечно-вытяжной стали
Streckrichten *n мет.-об.* правка растяжением
Strecksattel *m* протяжной ручей (*штампа*)
Strecktau *n мор.* леер; штормовой леер
Streckung *f* 1. *мат.* растяжение 2. *см.* Strecken
~, **zentrische** центральное растяжение, растяжение с центром Z; гомотетия
Streckungsfaktor *m мат.* коэффициент растяжения
Streckungszentrum *n мат.* центр растяжения
Streckwalzwerk *n* раскатной стан
Streckwerk *n текст.* вытяжной прибор
Streckziehen *n мет.-об.* обтяжка
Streckziehpresse *f мет.-об.* обтяжной пресс
Streckzwirnmaschine *f текст.* крутильно-вытяжная машина
Strehler *m мет.-об.* резьбонарезная гребёнка
Streichbaum *m текст.* скало
Streichblech *n* отвал (*плуга*)
Streichblechpflug *m* отвальный плуг
Streichen *n* 1. мелование (*бумаги*) 2. окраска

563

кистью, нанесение краски кистью 3. *геол., горн.* простирание (*напр. пласта*)
Streichgarn *n текст.* аппаратная пряжа
Streichgarnspinnerei *f текст.* аппаратное прядение
Streichmaschine *f* клеепромазочная машина
Streichmaß *n* рейсмас (*столярный, плотничий*)
Streichrolle *f* валик (*для окраски*)
Streichwerkzeug *n* ракель
Streichwolle *f текст.* аппаратная шерсть, шерсть для аппаратной пряжи
Streifen *m* 1. *мет.* полоса, штрипс 2. лента 3. *горн.* заходка
Streifenbearbeitung *f мет.* обработка полос(ы)
Streifendomäne *f* полосовой домен
Streifendomänenstruktur *f* полосовая доменная структура
Streifenfundament *n* ленточный фундамент
Streifenleitung *f элн* полосковая линия; микрополосковая линия (передачи)
Streifenleitungsbauelement *n* полосковый прибор; микрополосковый элемент
Streifenleitungstechnik *f* технология полосковых устройств; технология полосковых ИС
Streifenlichtleiter *m* полосковый световод
Streifenschere *f* многодисковые ножницы
Streifenschreiber *m* ленточный телеграфный аппарат
Streifenstruktur *f* полосковая структура
Streifentransistor *m* транзистор полосковой геометрии
Streifentransport *m*, **Streifenvorschub** *m* протяжка ленты
Streifenwalzwerk *n* полосовой стан
Streifenwellenleiter *m* полосковый волновод
Streubereich *m* 1. область [диапазон] разброса (*значений*) 2. диапазон рассеяния
Streubreite *f мат.* размах вариации
Streuer *m с.-х.* разбрасыватель
Streufaktor *m* коэффициент рассеяния
Streufeld *n эл.* поле рассеяния
Streufluß *m эл.* магнитный поток рассеяния
Streuglas *n* рассеивающее стекло
Streuinduktivität *f* паразитная индуктивность
Streukapazität *f* паразитная ёмкость
Streulicht *n физ.* рассеянный свет
Streumantel *m* отражатель (*ядерного реактора*)
Streuquerschnitt *m физ.* эффективное сечение рассеяния

Streureaktanz *f эл.* реактивное сопротивление рассеяния
Streuscheibe *f* 1. рассеивающее стекло 2. рассеиватель (*автомобильной фары, прожектора*)
Streusichter *m* центробежный воздушный классификатор
Streustrahl-Richtfunkverbindung *f* тропосферная радиосвязь; радиорелейная связь, использующая рассеяние (ультракоротких) радиоволн на неоднородностях тропосферы
Streustrahlung *f* рассеянное излучение
Streustromableitung *f* электродренаж
Streuströme *pl эл.* блуждающие токи
Streustromkorrosion *f* электрокоррозия
Streuung *f* 1. рассеяние; дисперсия; разброс (*значений*) 2. рассеяние; рассеивание 3. *мат.* дисперсия
~, **elastische** упругое рассеяние
~, **inelastische** неупругое рассеяние
~, **troposphärische** тропосферное рассеяние, рассеяние (ультракоротких) радиоволн на неоднородностях тропосферы
Streuungsquadrat *n* квадрат отклонения (*от среднего*), дисперсия
Streuverluste *m pl* потери на рассеяние
Streuvermögen *n* рассеивающая способность
Streuwinkel *m* угол рассеяния
Streuzentrum *n* центр рассеяния
Strich *m* 1. черта; штрих 2. риска 3. деление 4. тире (*в азбуке Морзе*) 5. *текст.* ворс; направление ворса 6. *бум.* покрытие, покровный слой (*мелованной бумаги*) 7. *мор.* румб 8. тысячная (*артиллерийская угловая мера*); деление (артиллерийского) угломера
~, **nautischer** румб
Strichätzung *f полигр.* штриховое клише
Strichkode *m* штриховой код
Strichkode-Etikett *n* этикетка со штриховым кодом
Strichkodeleser *m* устройство (для) считывания штрихового кода, сканер штрихового кода
Strichkreuz *n опт.* перекрестие; сетка (штрихов)
Strichlinie *f* штриховая линия
Strichmarke *f* риска
Strichmaß *n* штриховая мера
Strichmire *f* штриховая мира (*для определения разрешающей способности*)
Strichplatte *f* 1. *опт.* сетка (штрихов); окуляр-

ная сетка; пластинка с сеткой (штрихов); штриховая пластинка 2. *мин.* бисквит *(пластинка из неглазурованного фарфора для определения минералов по цвету черты, оставляемой ими на такой пластинке при пробе чертой;* см. **Strichprobe**)
Strichprobe *f мин.* проба чертой *(метод определения минералов)*
Strichpunktlinie *f* штрихпунктирная линия
Strickerei *f* 1. трикотажное производство 2. вязание 3. вязанье *(изделие)*
Strickleiter *f* верёвочная лестница
Strickmaschine *f* вязальная машина; трикотажная машина
Stricknadel *f* вязальная спица
Striktion *f* стрикция
Striktionslinie *f* горловая [стрикционная] линия
String *m вчт* строка; цепочка данных
Stringbefehle *m pl вчт* строковые команды, команды операций над строками, команды обработки строк символов
Stringer *m ав., мор.* стрингер
Stringkonstante *f вчт* строковая константа
Strip-line *f англ.* полосковая линия; микрополосковая линия (передачи)
Strippen *n* 1. *физ.* срыв *(электронов)*; *яд.* срыв, (ядерная) реакция срыва 2. *хим.* отгонка *(лёгких фракций)* 3. *мет.* стрипперование, «раздевание» слитков 4. удаление, снятие *(покрытия, фоторезиста)*
Stripper *m* 1. *хим.* отпарная колонна, колонна для отгонки лёгких фракций 2. *мет.* стриппер
Stripperkran *m мет.* стрипперный кран
Strobe *m* стробирующий импульс, строб(-импульс)
Strobe-Eingang *m* стробирующий вход, вход строб-сигнала, вход стробирования
Strobe-Flanke *f* фронт строб-сигнала [строб-импульса]
~, **abfallende** спад строб-сигнала [строб-импульса]
Strobe-Impuls *m* строб-импульс, стробирующий импульс
Strobe-Signal *n* строб-сигнал, стробирующий сигнал
Stroboskop *n* стробоскоп
Stroboskopeffekt *m* стробоскопический эффект
Strohhäcksler *m* соломорезка
Strohsammler *m* соломокопнитель

Strohschüttler *m* соломотряс
Strom *m* 1. поток; ток 2. (электрический) ток 3. течение 4. река
~, **elektrischer** электрический ток
~, **supraleitender** ток сверхпроводимости
~, **vagabundierender** блуждающий ток
Stromablösung *f* отрыв потока
Stromabnahme *f* 1. токосъём 2. уменьшение тока
Stromabnehmer *m* токоприёмник; пантограф
Stromabschaltung *f* обесточивание
Stromabschneidung *f* отсечка тока
Stromanteil *m* составляющая тока
Stromausbeute *f* выход по току
Stromausfallzeit *f* время исчезновения питания
Stromaussteuerung *f* модуляция тока; коэффициент модуляции тока
Strombedarf *m* расход электроэнергии
Strombegrenzer *m* токоограничитель
Strombegrenzerdiode *f* токоограничительный (полевой) диод
Strombegrenzung *f* ограничение тока
Strombegrenzungswiderstand *m* токоограничительный резистор
Strombelag *m* линейная (токовая) нагрузка
Strombelastbarkeit *f* нагрузочная способность по току; допустимая нагрузка по току, допустимый ток
Strombelastung *f* токовая нагрузка
Strombett *n* русло (реки)
Strombrücke *f* перемычка
~, **durchbrennbare** плавкая перемычка
Stromdichte *f* 1. плотность электрического тока 2. *в аэрогидродинамике*: удельный массовый расход *(произведение плотности движущейся газообразной или жидкой среды на скорость потока)*
~, **elektrische** плотность электрического тока
Stromeinschnürung *f* шнурование тока
Stromeinschnürungseffekt *m* эффект шнурования тока
Stromempfindlichkeit *f* чувствительность по току
Stromerzeuger *m* электрический генератор
Stromflußrichtung *f* направление тока
Stromflußwinkel *m* угол отсечки
Stromfolger *m* токовый повторитель
Stromgebiet *n* бассейн реки, речной бассейн, речной водосбор
Stromgegenkopplung *f* отрицательная обратная связь по току

STROMGLEICHGEWICHT

Stromgleichgewicht *n* баланс токов
Stromgleichgewichtsbedingung *f* условие баланса токов
Stromimpuls *m* токовый импульс, импульс тока
Strominstabilität *f* нестабильность тока
Stromkanal *m* (токо)проводящий канал
Stromklassieren *n* классификация в потоке жидкости *или* газа; гидравлическая классификация
~, **nasses** гидравлическая классификация
Stromkopplung *f* связь по току
Stromkreis *m* цепь тока
~, **vermaschter** сложная цепь
~, **verzweigter** разветвлённая цепь
Stromlaufplan *m* принципиальная (электрическая) схема; схема (электрических) соединений
Stromleiter *m* токопровод
Stromleitpfad *m* токопроводящая дорожка
Strom-Lichtstärke-Charakteristik *f* световая [люкс-амперная] характеристика (*напр. фоторезистора*)
Stromlinie *f* линия тока; линия [контур] обтекания
Stromlinien *f pl* линии тока
Stromlinienform *f* обтекаемая форма
stromlinienförmig обтекаемый
Strommesser *m* амперметр
Stromnormal *n* эталон тока
Stromoffset *m* смещение тока
Strompfad *m* токопроводящая дорожка
Stromquelle *f* **1.** источник тока; генератор тока (*в схеме*) **2.** источник (электро)питания
Stromquelle *f* источник электропитания; источник тока
Stromregelröhre *f* железоводородный баретер
Stromregler *m* стабилизатор тока
Stromresonanz *f* резонанс токов
Stromrichter *m* вентильный преобразователь электроэнергии, вентильный преобразователь
~, **fremdgeführter** ведомый вентильный преобразователь (*вентильный преобразователь, ведомый нагрузкой или сетью*)
~, **netzgeführter** вентильный преобразователь, ведомый сетью
~, **selbstgeführter** автономный вентильный преобразователь
Stromrichterantrieb *m* вентильный электропривод
~ **mit Gasentladungsventilen** ионный электропривод
Stromrichtermotor *m* вентильный электродвигатель
Stromrichtung *f* направление (электрического) тока
~, **konventionelle** условно принятое (*в электротехнике и физике*) направление электрического тока (*от положительного полюса к отрицательному*)
~, **technische** условно принятое (*в электротехнике*) направление электрического тока (*от положительного полюса к отрицательному*)
Stromrückgewinnungsschaltung *f* тлв схема восстановления постоянной составляющей; фиксатор уровня
Stromrückkopplung *f* обратная связь по току
Stromrückwirkung *f* обратная связь по току; коэффициент обратной связи по току
Stromschalter *m* переключатель тока; токовый ключ
Stromschaltlogik *f* логика на переключателях тока, ПТЛ
Stromschaltschaltung *f* ИС на переключателях тока
~, **hochintegrierte** БИС на переключателях тока
Stromschalttechnik *f* технология ИС на переключателях тока
Stromschiene *f* **1.** токоведущая шина; токоподводящая шина **2.** контактный рельс
Stromschließer *m* замыкатель
Stromschnur *f* токовый шнур
Stromschritt *m* токовая посылка, посылка тока, токовый импульс
Stromschutz *m* токовая защита
Strom-Spannungs-Beziehung *f* формула вольт-амперной зависимости; выражение для ВАХ
Strom-Spannungs-Kennlinie *f* вольт-амперная характеристика, ВАХ
Strom-Spannungs-Messer *m* вольтамперметр
Strom-Spannungs-Verhalten *n* вольт-амперная характеристика
Strom-Spannungs-Wandler *m* преобразователь ток — напряжение
Stromstabilisierung *f* стабилизация тока
Stromstärke *f* сила (электрического) тока
~, **elektrische** сила электрического тока
Stromsteuerung *f* управление по току; управление током

STROMWICKLUNG

Stromstoßtransformator *m* импульсный трансформатор
Stromsummation *f* суммирование токов
Stromteiler *m* делитель тока
Stromteilerverhältnis *n* коэффициент деления тока
Stromteilung *f* 1. деление тока 2. коэффициент деления тока
Stromtor *n* тиратрон
Stromträger *m* носитель тока
Stromtraining *n* токовая тренировка
Stromtransformator *m* трансформатор тока
Stromtreiber *m* токовый формирователь, формирователь токового сигнала
Strömung *f* 1. течение; ток; поток 2. обтекание
~, **laminare** ламинарное течение, ламинарный поток
~, **stationäre** установившееся течение
~, **turbulente** турбулентное [вихревое] течение, турбулентный поток
~, **wirbelfreie** безвихревое течение
Strömungsbrecher *m* *ав.* интерцептор (*крыла*)
Strömungsbremse *f* 1. гидродинамический тормоз 2. *авто* гидродинамический тормоз-замедлитель
Strömungsdoppelbrechung *f* двойное лучепреломление в потоке жидкости
Strömungselement *n* струйный элемент
Strömungsführung *f* обтекание; гидравличность, гидравлические условия
Strömungsgetriebe *n* гидродинамическая передача; гидродинамический привод
strömungsgünstig обтекаемый
Strömungsgünstigkeit *f* обтекаемость
Strömungshaube *f* обтекатель
Strömungskanal *m* проточный канал
Strömungskraftmaschine *f* динамический гидромотор
Strömungskupplung *f* гидромуфта
Strömungslehre *f* аэрогидродинамика
Strömungsmaschine *f* лопаточная машина; турбомашина
Strömungsmesser *m* потокомер, измеритель скорости потока
Strömungspotential *n* потенциал течения (*см. тж* Strömungsstrom)
Strömungspumpe *f* лопастной насос
Strömungssonde *f* гидрометрическая трубка; пневмометрическая трубка
Strömungsstrom *m* ток, возникающий при наличии потенциала течения (*электрокинетическое явление*)
Strömungsteil *m* проточная часть (*гидравлической турбины*)
Strömungswandler *m* гидротрансформатор
Strömungswiderstand *m* 1. гидродинамическое сопротивление; гидравлическое сопротивление 2. аэродинамическое [лобовое] сопротивление
Stromverbrauch *m* расход электроэнергии; потребление электроэнергии
Stromverbraucher *m* потребитель электрической энергии, потребитель электроэнергии; приёмник электрической энергии
Stromverbund *m эл.* объединение энергосистем
Stromverdrängungseffekt *m* скин-эффект, поверхностный эффект
Stromversorgung *f* 1. электроснабжение; энергоснабжение 2. электропитание; энергопитание 3. система электропитания 4. блок питания
~, **unterbrechungsfreie** агрегат бесперебойного питания, АБП; источник бесперебойного питания
Stromversorgungseinrichtung *f* источник (электро)питания; блок питания
Stromversorgungsgerät *n* источник (электро)питания; агрегат питания; блок питания
Stromversorgungskreis *m* цепь питания
Stromversorgungsnetzteil *n* блок питания
Stromversorgungsquelle *f* источник (электро)питания
Stromverstärkung *f* усиление тока; коэффициент усиления тока; коэффициент усиления по току
Stromverstärkungsfaktor *m* коэффициент усиления тока; коэффициент усиления по току
Stromverteilung *f* токораспределение
Stromwaage *f* электрические [токовые] весы
Stromwächter *m* токовое реле
Stromwandler *m* 1. трансформатор тока 2. преобразователь тока
Stromwechselbelastung *f* токовая тренировка
Stromwender *m эл.* коллектор
Stromwendermaschine *f эл.* коллекторная машина
Stromwendermotor *m* коллекторный электродвигатель
Stromwendung *f эл.* коммутация
Stromwicklung *f* обмотка тока (*включаемая последовательно с источником питания*)

STROMZERTEILER

Stromzerteiler *m* рассекатель потока
Stromzuführung *f* подвод электропитания; токоподвод
Stromzunahme *f* приращение тока
Strontium *n* стронций, Sr
Stropp *m* строп
Strosse *f горн.* 1. уступ (*карьера*) 2. уступ (*забоя для почвоуступной выемки*)
Strossenbau *m горн.* почвоуступная выемка
Strudel *m* водоворот
Struktur *f* структура
~, **fehlgeordnete** неупорядоченная структура
~, **geordnete** упорядоченная структура
~, **kristalline** кристаллическая структура
~, **planare** планарная структура
~, **selbstjustierte** самосовмещённая структура
~ **Silizium auf dem Saphir** структура (типа) «кремний на сапфире», КНС-структура
~, **topologische** топологическая структура
~, **übermolekulare** надмолекулярная структура
~, **vernetzte** сетчатая структура (*полимера*)
Strukturabmessung *f* (топологический) размер элемента (структуры ИС); (топологическая) проектная норма
~, **minimale** минимальный размер элемента (структуры ИС); минимальный топологический размер
Strukturätzen *n* структурное травление, травление рисунка
Strukturanalyse *f* структурный анализ
Strukturauflösung *f* чёткость рисунка; минимальная ширина элемента (топологической) структуры
Strukturbild *n* топологический рисунок
Strukturbildung *f* структурообразование; структурирование
Strukturboden *m* структурный грунт, структурная почва
Strukturbreite *f* ширина (линии) элемента (топологической) структуры; ширина линии (микро)структуры (ИС); (топологическая) проектная норма; минимальный топологический размер
Strukturbreitenauflösung *f* разрешающая способность, определяемая шириной линии (*микроструктуры ИС*); минимальное разрешение, определяемое шириной линии (*микроструктуры ИС*); минимальная ширина разрешаемых линий (*микроструктуры ИС*)

Strukturdefinition *f* формирование топологического рисунка, формирование топологии
Strukturdiagramm *n* структурная схема
Strukturdichte *f* плотность (элементов) структуры
Strukturebene *f* уровень [слой] структуры
Strukturelement *n* 1. структурный элемент 2. элемент (топологической) структуры, топологический элемент
strukturell структурный
Strukturerzeugung *f* формирование топологии; формирование рисунка (*напр. на фотошаблоне*); формирование изображений (*в слое фоторезиста*)
Strukturfaktor *m крист.* структурный фактор
Strukturfehler *m* порок [дефект] структуры
Strukturformel *f* структурная формула
Strukturgeologie *f* структурная геология
Strukturgröße *f* (минимальная) ширина (линии) элемента (топологической) структуры (*ИС*); топологический размер; (топологическая) проектная норма
~, **minimale** минимальный топологический размер, минимальный размер элемента структуры; минимальная ширина (линии) элемента (топологической) структуры
Strukturierung *f* 1. структурирование; формирование структуры 2. *элн* формирование топологии [топологического рисунка]
Strukturisomerie *f* структурная изомерия
Strukturlinie *f* линия элемента (топологической) структуры; линия микроструктуры; линия рисунка
strukturlos бесструктурный; аморфный
Strukturmaße *n pl* размеры элементов (топологической) структуры; топологические размеры
~, **minimale** минимальные размеры элементов структуры
Strukturschreibverfahren *n* метод формирования топологического рисунка
Strukturtheorie *f мат.* теория структур
Strukturübertragung *f* перенос (топологического) рисунка
Strukturumwandlung *f* структурное превращение
Strukturvervielfältigung *f* мультиплицирование изображений (*напр. фотошаблонов*)
Strukturviskosität *f* структурная вязкость
Strumpfherstellung *f* чулочное производство

Strupfe *m pl текст.* рамные шнуры, рамники (*в жаккардовой машине*)
STTL [Schottky TTL] *f* транзисторно-транзисторная логика Шоттки, ТТЛ с диодами Шоттки, ТТЛШ-логика, ТТЛШ
STTL-Gatter *n* ТТЛ-вентиль с диодами Шоттки, ТТЛШ-вентиль
Stuck *m* штукатурный гипс
Stückelungsmethode *f автм* метод припасовывания
Stückerz *n* кусковая руда
Stückgröße *f* крупность; крупность кусков
Stückgut *n* 1. штучный груз 2. *мор.* генеральный груз
Stückgutfrachtschiff *n* судно для перевозки генерального груза
Stückgutladung *f мор.* генеральный груз
Stückgutschiff *n см.* **Stückgutfrachtschiff**
Stückigkeit *f* кусковатость
~, **geeignete** кондиционная кусковатость
Stückigmachen *n* окускование; окомкование
Stückliste *f* спецификация
stückweise *мат.* кусочный ◇ ~ **glatt** кусочно-гладкий; ~ **linear** кусочно-линейный; ~ **stetig** кусочно-непрерывный
Stückzeit *f маш.* штучное время
Studio *n* студия; киностудия; телестудия
~, **schalltotes** студия без реверберации
Studiosendung *f* студийная передача
Stufe *f* 1. ступень 2. *эл., рад.* каскад 3. степень 4. *мин., горн.* штуф 5. (геохронологический) ярус 6. *мор., ав.* редан 7. *авто* ступень (*коробки передач*)
Stufenanschnitt *m* ярусная литниковая система
Stufenboot *n* реданный катер, глиссер (с реданами)
Stufengehäusepumpe *f* секционный насос
Stufengesenk *n мет.-об.* многоручьевой штамп
Stufengetriebe *n* 1. *маш.* ступенчатая передача 2. *авто* ступенчатая коробка передач
Stufenheck *n авто* задняя часть кузова, выполненная с выраженным углом между стеклом задка и багажником
Stufenhecklimousine *f* легковой автомобиль-седан с багажником за стеклом задка кузова
Stufenindexfaser *f см.* **Stufenprofilfaser**
Stufenindexlichtleiter *m см.* **Stufenprofillichtleiter**
stufenlos бесступенчатый
Stufenplotter *m* инкрементный графопостроитель

Stufenpresse *f* 1. пресс последовательного действия, многооперационный пресс 2. многопозиционный пресс
Stufenprofilfaser *f* (оптическое) волокно со ступенчатым изменением показателя преломления
Stufenprofillichtleiter *m* световод со ступенчатым изменением показателя преломления
Stufenrakete *f* составная ракета
Stufenregelung *f* ступенчатое регулирование
Stufenscheibe *f* ступенчатый шкив
Stufenversetzung *f крист.* краевая дислокация
Stufenverstärkung *f* усиление каскада
Stufenwehr *n* ступенчатая водосливная плотина, плотина со ступенчатым водосливом
Stufenwelle *f* ступенчатый вал
Stufung *f* градация
Stummabstimmung *f рад.* бесшумная настройка
Stummschaltung *f рад.* схема бесшумной настройки
Stumpfkegel *m* усечённый конус
Stumpfnaht *f св.* стыковой шов
Stumpfschweißen *n* стыковая сварка
Stumpfstoß *m* соединение встык
stumpfwinklig тупоугольный
Stundenkreis *m* часовой круг
Stundenplan *m* расписание; (по)часовой график
Sturm *m* 1. буря 2. шторм
~, **erdmagnetischer** (гео)магнитная буря
~, **ionosphärischer** ионосферная буря
~, **magnetischer** магнитная буря; магнитное возмущение
Sturmflut *f* штормовой прилив
Sturmhochwasser *n* штормовой нагон (воды)
Sturz *m* 1. *стр.* перемычка (*оконная, дверная*) 2. *авто* развал (*колёс*) 3. падение 4. опрокидывание
Sturzbecken *n* водобойный колодец
Sturzbett *n*, **Sturzboden** *m* водобой (*плотины*)
Sturzflug *m* пикирование
Sturzrinne *f* наклонный жёлоб; разгрузочный жёлоб
Sturzrolle *f горн.* скат; перепускной восстающий; рудоспуск
Sturztest *m* проба на сбрасывание
Sturzwehr *n гидр.* водосливная [водосбросная] плотина со свободнопадающей струёй
Sturzwinkel *m авто* угол развала колёс
Stützachse *f* опорная ось

STÜTZBATTERIE

Stützbatterie *f* батарея поддержки; батарейная поддержка
Stütze *f* **1.** опора; стойка **2.** опора; кронштейн **3.** колонна; столб; устой **4.** штырь (*напр. изолятора*)
Stutzen *m* патрубок; штуцер
Stützenabstand *m* расстояние между опорами
Stützenisolator *m*, **Stützer** *m* опорный изолятор; стержневой опорный изолятор; штыревой опорный изолятор
Stützfläche *f* опорная поверхность
Stützkörper *m* упорная призма (*земляной плотины*)
Stützlager *n* подпятник, упорный подшипник
Stützmauer *f* подпорная стенка
Stützpfeiler *m* **1.** *стр., гидр.* контрфорс **2.** *горн.* опорный целик
Stützpunkt *m* точка опоры; опорная точка
Stützrolle *f* опорный валик
Stützwalze *f* опорный валок
Stützweite *f* пролёт между опорами; пролёт (*моста*)
Stützzapfen *m* пята, опорная цапфа
Stylobat *m* стилобат
Styrol *n* стирол
Subband *n* поддиапазон
Subdeterminante *f мат.* минор
Subdirectory *n, f вчт* субкаталог
Subgitter *n* подрешётка
subharmonisch субгармонический
Subharmonische *f* субгармоника
Sublimat *n* **1.** *хим.* сублимат, возгон **2.** сулема, $HgCl_2$
Sublimation *f хим.* сублимация, возгонка
Sublimationstrocknung *f* сублимационная сушка
sublinear сублинейный
Sublinearität *f* сублинейность
Submikroelektronik *f* наноэлектроника
Submikrometerauflösung *f* субмикронная разрешающая способность, субмикронное разрешение
Submikrometerbereich *m* субмикронный диапазон
Submikrometerfilm *m* плёнка субмикронной толщины
Submikrometerhürde *f* субмикронный барьер (*предел разрешения в фотолитографии*)
Submikrometerleiter *m* проводник субмикронной ширины
Submikrometerlithografie *f* литография для формирования структур с элементами субмикронных размеров, нанолитография
Submikrometerstruktur *f* субмикронная структура, структура с элементами субмикронных размеров
Submikrometertechnik *f* субмикронная технология
Submikron-IC *n*, **Submikronschaltkreis** *m* субмикронная ИС, ИС с элементами субмикронных размеров
Submikrontechnik *f* субмикронная технология
Subminiaturbauweise *f* сверхминиатюрное исполнение
Subminiaturisierung *f* микроминиатюризация
Subminiaturröhre *f* сверхминиатюрная лампа
Submodulator *m* подмодулятор
Subnanosekundenbereich *m* субнаносекундный диапазон
Subnanosekundenrechner *m* сверхбыстродействующая ЭВМ, ЭВМ с субнаносекундным быстродействием
Suboxid *n* субоксид, недокись
Subroutine *f* подпрограмма
Substanz *f* вещество
Substituent *m* заместитель
Substitution *f* **1.** *хим.* замещение **2.** *мат.* подстановка; замена (*переменных*)
~, **elektrophile** электрофильное замещение
~, **nukleophile** нуклеофильное замещение
~, **radikalische** радикальное замещение
Substitutionsfehlstelle *f* примесь замещения
Substitutionsisomerie *f см.* **Stellungsisomerie**
Substitutionsleerstelle *f* вакансия замещения
Substitutionsmethode *f* метод подстановки
Substitutionsmischkristalle *m pl* твёрдые растворы замещения
Substitutionsprodukte *n pl* продукты замещения
Substitutionsreaktion *f* реакция замещения
Substitutionsstörstelle *f* примесь замещения
Substrat *n* **1.** субстрат **2.** подложка (*ИС*)
~, **n-leitendes** подложка (с проводимостью) *n*-типа
~, **p-leitendes** подложка (с проводимостью) *p*-типа
~, **semiisolierendes** полуизолирующая подложка
Substratleckstrom *m* ток утечки через подложку
Substratspannung *f* напряжение подложки [на подложке]

SUMPFPHASE

Substratträger *m* подложкодержатель
Substratvorspannung *f* напряжение (обратного) смещения на подложке, смещение подложки
Subtrahend *m* вычитаемое
Subtrahieren *n* вычитание
Subtrahierer *m* вычитатель
Subtraktionsbetrieb *m* режим вычитания
Subtraktionseingang *m* вычитающий вход, вход вычитания, вход сигналов обратного счёта (*в реверсивном счётчике*)
Subtraktionszähler *m* вычитающий счётчик
Subtraktivätzung *f* субтрактивное травление, химическое травление фольги (*для получения печатной схемы*)
Subtraktivleiterplatte *f* печатная плата, изготовленная по субтрактивной технологии
Subtraktivverfahren *n* субтрактивная технология, субтрактивный процесс (*получения проводящего рисунка печатной платы*)
Subwoofer *m* *англ. рад.* громкоговоритель для воспроизведения самых низких частот (*25 — 60 Гц*); блок громкоговорителей для (воспроизведения) самых низких частот
Suchalgorithmus *m* алгоритм поиска
Suchbaum *m* дерево поиска
Suchbedingung *f* условие поиска
Suchbegriff *m* поисковый признак
Suche *f* поиск
~, **inhaltsadressierte** ассоциативный поиск
~, **quasiassoziative** псевдоассоциативный поиск
Suchen *n* поиск
~ **mit einem Suchschlüssel** поиск по ключу
Sucher *m* 1. видоискатель (*напр. фотоаппарата*) 2. *свз* искатель
Sucherkamera *f* шкальный фотоаппарат
Suchgerät *n* *свз* искатель
Suchkopf *m* головка самонаведения
Suchprozessor *m* поисковый процессор
Suchregister *n* регистр признака (*в ассоциативном ЗУ*)
Suchschlüssel *m* ключ поиска
Suchschürfung *f* *горн.* разведочные работы; разведка (шурфами)
Suchwort *n* (слово-)признак (*значение, задаваемое для выборки слова из ассоциативной памяти; см. тж* **Suchregister**)
Südpol *m* Южный полюс
sukzessiv последовательный; постепенный
Sulfamidsäure *f см.* **Sulfaminsäure**
Sulfaminsäure *f* амидосульфоновая кислота, амидотриоксосульфат(VI) водорода, $HSO_3(NH_2)$
Sulfate *n pl* сульфаты
Sulfathüttenzement *m* гипсошлаковый цемент
Sulfatierung *f* сульфатирование
Sulfatlauge *f* сульфатный щёлок
Sulfatzellstoff *m* сульфатная целлюлоза
Sulfide *n pl* сульфиды
Sulfidiertrommel *f* ксантатбарабан, барат (*барабан для ксантогенирования*)
Sulfidierung *f* сульфидирование; ксантогенирование
Sulfierung *f* 1. сульфирование 2. *см.* **Sulfatierung**
Sulfite *n pl* сульфиты
Sulfitablauge *f*, **Sulfitlauge** *f* сульфитный щёлок
Sulfochlorierung *f* сульфохлорирование
Sulfogruppe *f* сульфогруппа, сульфоксигруппа, сульфоксил, $-SO_3H$
Sulfonamide *n pl* сульфамиды
Sulfonate *n pl* сульфонаты
Sulfonierung *f* сульфирование (*введение в органические соединения сульфогруппы* $-SO_3H$)
Sulfonsäuren *f pl*, **Sulfosäuren** *f pl* сульфокислоты, сульфоновые кислоты
Sulfoxidation *f* сульфоокисление
Sulfoxide *n pl* сульфоксиды
Sulfurierung *f* сульфурирование, введение серы (*понятие, охватывающее сульфатирование, сульфидирование и сульфирование*)
Summand *m* слагаемое
Summation *f* суммирование
Summationsgetriebe *n* суммирующая передача
Summator *m* сумматор
Summe *f* сумма
Summenfehler *m* суммарная погрешность; суммарная ошибка
Summenformel *f* суммарная формула
Summengröße *f* суммарная величина
Summenleistung *f* суммарная мощность
Summer *m* зуммер
Summieren *n*, **Summierung** *f* сложение; суммирование
Summierglied *n* суммирующий элемент
Summierverstärker *m* суммирующий усилитель
Sumpf *m* 1. *горн.* зумпф 2. болото
Sumpfgas *n* болотный газ, метан
Sumpfphase *f* жидкая фаза, жидкофазный гидрюр

SUPER

Super *m* супергетеродин, супергетеродинный радиоприёмник
Superballon *m см.* **Superballonreifen**
Superballonreifen *m* шина сверхнизкого давления, супербаллон
Superbenzin *n* бензин для автомобилей с высокофорсированными двигателями (*октановое число 96...98 по исследовательскому методу*), бензин класса «супер», бензин высшего класса
Superchip *m* суперкристалл; ИС со степенью интеграции выше сверхвысокой
Superfinish *n мет.-об.* суперфиниширование
superfluid сверхтекучий
Superfluidität *f* сверхтекучесть
Supergitter *n* сверхрешётка
Superhet *m см.* **Superhet(erodyn)empfänger**
Superhet(erodyn)empfänger *m* супергетеродинный радиоприёмник
Superikonoskop *n* супериконоскоп
Superintegrations-Schaltkreis *m* сверхбольшая БИС, СБИС
Superionenleiter *m* проводник с быстрой ионной проводимостью, сверхионный [суперионный] проводник
Superionenleitfähigket *f* быстрая ионная проводимость
Superkleinrechner *m* супермини-ЭВМ
Superkraftstoff *m* высокосортное топливо
Superlegierung *f* жаропрочный сплав
Superlow-Power-Schottky-TTL *f* сверхмаломощные ТТЛ-схемы с диодами Шоттки
Super-LSI *f* интеграция со степенью выше сверхвысокой
Super-Minicomputer *m* супермини-ЭВМ
Supernova *f астр.* сверхновая звезда, сверхновая
Supernovaausbruch *m астр.* вспышка сверхновой
Superorthikon *n* суперортикон
Superphosphat *n* суперфосфат
Superponieren *n* наложение; совмещение
Superposition *f* 1. наложение 2. *мат.* наложение, суперпозиция
Superpositionsprinzip *n* принцип суперпозиции
Super-Protonen-Synchrotron *n яд.* протон-антипротонный коллайдер
Superrefraktion *f* сверхрефракция
supersonisch сверхзвуковой
Supertanker *m* супертанкер

Superteleobjektiv *n фото* сверхдлиннофокусный (съёмочный) объектив
Supertwist-Display *n см.* **Supertwist-LCD**
Supertwist-Flüssigkristall-Bildschirm *m*, **Supertwist-LCD-Bildschirm** *m* дисплей на супертвистнематических жидких кристаллах
Supertwist-LCD *n* супертвистированный ЖК-индикатор
~, **hinterleuchtete** супертвистированный ЖК-индикатор с задней подсветкой
Supervisor *m вчт* супервизор
Supervisoraufruf *m вчт* обращение к супервизору; команда обращения к супервизору
Supervisor-Mode *m*, **Supervisor-Modus** *m вчт* режим супервизора; привилегированный режим, режим операционной системы
Superwoofer *m*, **Super-Woofer-Lautsprecher** *m* сверхнизкочастотный громкоговоритель
Superweitwinkel *m фото* сверхширокоугольный (съёмочный) объектив
Superzelle *f* сверхбольшая ячейка
Supplement *n мат.* дополнение
Supplementwinkel *m pl* смежные углы
Support *m* суппорт
Suprafluidität *f см.* **Superfluidität**
supraflüssig сверхтекучий
supraleitend сверхпроводящий
Supraleiter *m* сверхпроводник
Supraleitfähigkeit *f*, **Supraleitung** *f* сверхпроводимость
Supraleitungsstrom *m* ток сверхпроводимости
Surface-Barrier-Transistor *m* поверхностно-барьерный транзистор
Surface-Mount-Technik *f*, **Surface-Mount-Technologie** *f* технология поверхностного монтажа [монтажа на поверхность]
Suspension *f* суспензия, взвесь
Süßwasser *n* пресная вода
Suszeptanz *f эл.* реактивная проводимость
Suszeptibilität *f* восприимчивость
~, **magnetische** магнитная восприимчивость
S-VHS-Kassette *f* кассета формата S-VHS, кассета формата VHS супер
S-VHS-Videorecorder *m* видеомагнитофон формата S-VHS, видеомагнитофон формата VHS супер
Swabben *n* свабирование (*в нефтедобыче*)
Swansockel *m эл.* штифтовой цоколь
Swap-Datei *f вчт* файл подкачки, файл выгрузки задач, файл свопинга
Swappen *n*, **Swapping** *n вчт* перекачка (дан-

SYNCHRON...

ных из внешней памяти в оперативную и обратно), свопинг
Sweepbasis *f* элн генератор развёртки
SWF-Verkehr *m* см. **Selbstwählfernverkehr**
Swimmingpoolreaktor *m* яд. бассейновый реактор
Swing-by *n*, **Swing-by-Manöver** *n* косм. пертурбационный манёвр, манёвр ускоренного достижения планеты назначения за счёт использования силы притяжения другой планеты, в поле тяготения которой пролетает космический аппарат
Switched-capacitor-Filter *n* элн (интегральный) фильтр с переключаемыми конденсаторами
Syenit *m* геол. сиенит
Sylvin *m* мин. сильвин
Symbol *n* символ; знак
Symbolfolge *f* символьная строка, строка символов; цепочка символов
Symistor *m* симистор, триак, симметричный триодный тиристор
Symmetrie *f* симметрия; симметричность
~, **thermische** термосимметрия
Symmetrieachse *f* ось симметрии
Symmetriebedingung *f* условие симметрии
Symmetrieebene *f* плоскость симметрии
Symmetrieelemente *n pl* элементы симметрии
Symmetrieklasse *f* класс симметрии
Symmetrieoperation *f* операция преобразования симметрии
Symmetrierung *f* симметрирование
Symmetrietoleranz *f* допуск симметричности
Symmetriezentrum *n* центр симметрии
symmetrisch симметричный; симметрический
Symonsbrecher *m* грибовидная конусная дробилка, дробилка с плоским конусом
Synärese *f* синерезис
synchron синхронный
Synchronaufnahme *f* синхронная (кино)съёмка
Synchronbetrieb *m* синхронный режим
Synchrondemodulator *m* тлв синхронный детектор (*в канале цветности декодера НТСЦ или ПАЛ*)
Synchrongatter *n* синхронный временной селектор
Synchrongenerator *m* эл. синхронный генератор
Synchrongerät *n* синхронизатор
Synchrongeschwindigkeit *f* синхронная скорость

Synchrongetriebe *n* авто синхронизированная коробка передач
Synchronimpuls *m* синхронизирующий импульс, синхроимпульс
Synchronisation *f* 1. синхронизация 2. озвучивание (*кинофильма*); последующее озвучивание (*кинофильма*) 3. дублирование (*кинофильма*)
Synchronisationsimpuls *m* синхронизирующий импульс, синхроимпульс
Synchronisationsmode *m* режим синхронизации
~, **externer** режим внешней синхронизации, режим синхронного приёма с внешней синхронизацией
~, **interner** режим внутренней синхронизации, режим синхронного приёма с внутренней синхронизацией
Synchronisationsmoment *n* синхронизирующий момент
Synchronisationssignal *n* тлв сигнал синхронизации
Synchronisator *m* синхронизатор
Synchronisiereinheit *f* блок синхронизации
Synchronisiergenerator *m* синхрогенератор
Synchronisierimpuls *m* синхронизирующий импульс, синхроимпульс
Synchronisierung *f* 1. синхронизация 2. см. **Synchronisation** 2., 3.
Synchronisierungsimpuls *m* см. **Synchronisierimpuls**
Synchronisierungsimpulsgenerator *m* генератор синхронизирующих импульсов, генератор синхроимпульсов
Synchronisierzusatz *m* синхронизирующая приставка
Synchronismus *m* синхронизм
Synchronkopplung *f* синхронная связь
Synchronlaufen *n* синхронный ход; синхронное вращение
Synchronmaschine *f* синхронная (электрическая) машина
Synchron-Mode *m*, **Synchronmodus** *m* синхронный режим
Synchronmotor *m* синхронный электродвигатель
Synchronoskop *n* синхроноскоп
Synchronriemen *m* синхронный [зубчатый] ремень
Synchronriemenantrieb *m* синхронная ремённая передача

SYNCHRON...

Synchronring *m авто* блокирующее кольцо синхронизатора
Synchronscheibe *f* синхронный [зубчатый] шкив
Synchronsignal *n см.* Synchronisationssignal
Synchronuhr *f* (электрические) часы с синхронным электродвигателем
Synchronverschluß *m фото* синхронный затвор
Synchronzähler *m* параллельный [синхронный] счётчик
Synchrophasotron *n* синхрофазотрон
Synchrotron *n* синхротрон
Synchrotron-Speicherring *m* синхротронное накопительное кольцо
Synchrotronstrahlung *f* синхротронное излучение
Synchrozyklotron *n* синхроциклотрон
Synergetik *f* синергетика
synergetisch синергетический
Synergismus *m* синергизм
Syngonie *f крист.* сингония
Synklinale *f геол.* синклиналь
synodisch синодический
synoptisch синоптический
Syntax *f* синтаксис
Syntaxbaum *m* синтаксическое дерево
Syntaxdiagramm *n* синтаксическая диаграмма; синтаксическое дерево
Syntaxfehler *m* синтаксическая ошибка
Syntaxprüfung *f* синтаксический контроль
Syntelman *m* синхронный телеманипулятор
Synthese *f* синтез
Synthesebenzin *n* синтетический бензин
Synthesefasern *pl* синтетическое волокно
Synthesegas *n* синтез-газ
Synthesekautschuk *m* синтетический каучук
Synthesemethode *f* метод синтеза
Syntheseöle *n pl* синтетические масла
Synthesizer *m* (электронный) синтезатор
~, **dreistimmiger** трёхголосный (электронный музыкальный) синтезатор, трёхголосный ЭМС
~, **polyphoner** [**vielstimmiger**] многоголосный (электронный музыкальный) синтезатор, многоголосный ЭМС
Synthesizer-Generator *m рад., элн.* синтезатор частот
Synthesizer-Tuner *m* тюнер-синтезатор
Synthetisator *m* (электронный) синтезатор
~, **akustischer** синтезатор речи

synthetisch синтетический
System *n* система
~, **ausbaufähiges** расширяемая система
~ (**der**) **Einheitsbohrung** система отверстия
~ (**der**) **Einheitswelle** система вала
~, **fehlertolerantes** отказоустойчивая система
~, **gewartetes** обслуживаемая система; восстанавливаемая [ремонтируемая] система
~, **heimelektronisches** бытовая радиоэлектронная система
~, **integriertes** система [устройство] на основе интегральных элементов [интегральных микросхем]
~, **interaktives** диалоговая система; интерактивная система
~, **nichtgewartetes** необслуживаемая система; невосстанавливаемая [неремонтируемая] система
~, **nichtreparierbares** неремонтируемая система
~, **nichtwartbares** необслуживаемая система; невосстанавливаемая [неремонтируемая] система
~, **reparierbares** ремонтируемая система
~, **selbstanpassendes** самоприспосабливающаяся система
~, **selbstlernendes** самообучающаяся система
~, **selbstorganisierendes** самоорганизующаяся система
~, **wartbares** обслуживаемая система; восстанавливаемая [ремонтируемая] система
~, **wissensbasiertes** система, основанная на использовании знаний
Systemabsturz *m* катастрофический отказ системы
Systemanalyse *f* системный анализ
Systemanalytiker *m* системный аналитик
Systemaufruf *m вчт* обращение к операционной системе, обращение к супервизору; команда обращения к операционной системе, команда обращения к супервизору, системный вызов
Systembefehl *m вчт* системная команда
Systemboard *n вчт* системная плата
Systembus *m элн, вчт* системная шина, системная магистраль
Systemdatei *f вчт* системный файл
System-Designer *m* инженер-системотехник; разработчик системы
Systemdiskette *f вчт* системный диск, системный ГМД
Systemebene *f* системный уровень

Systementwickler *m* инженер-системотехник; разработчик системы
Systementwurf *m* системное проектирование; разработка системы
Systementwurfsbeschreibung *f* системная спецификация
Systemgenerierung *f вчт* генерация (операционной) системы, генерация ОС
Systemhöhe *f* 1. *стр.* модульный размер высоты 2. *ж.-д.* высота (контактной) подвески
Systemimplementierung *f* реализация системы
Systemintegration *f* системная интеграция; интеграция на системном уровне [уровне системы]
systemintegriert системно-интегрированный
Systemkaltstart *m вчт* начальный [«холодный»] пуск системы
Systemkern *m вчт* ядро операционной системы, ядро ОС
Systemkommando *n вчт* системная команда
Systemkonfiguration *f* конфигурация системы
Systemkupplung *f эл.* межсистемная связь
Systemlaufwerk *n вчт* системный дисковод; системный накопитель (данных)
Systemlösung *f* системный подход
Systemmittel *n pl вчт* системные ресурсы, ресурсы системы
Systemmittelzuordnung *f вчт* распределение (системных) ресурсов [ресурсов системы]
Systemmode *m*, **Systemmodus** *m вчт* системный режим, режим операционной системы, привилегированный режим
Systemname *m вчт* системное имя, системный идентификатор
Systemparameter *m* системный параметр
Systempalette *f* приспособление-спутник
Systemplatine *f вчт* системная плата
Systemport *m вчт* системный порт
Systemprogramm *n вчт* системная программа
Systemprogrammierer *m вчт* системный программист
Systemprogrammierung *f вчт* системное программирование
Systemrahmen *m* «корзина», стандартный блочный каркас (*конструктив для установки типовых конструктивных элементов*)
Systemreset *m* системный [общий] сброс, сброс системы в начальное состояние
Systemschnittstelle *f вчт* системный [внутренний] интерфейс

Systemseite *f* лицевая сторона (*кристалла ИС*); сторона сформированных элементов (*структуры ИС*)
Systemsimulation *f* системное моделирование
Systemsoftware *f* системное программное обеспечение
Systemsteuereinheit *f вчт* системный контроллер, блок управления системой
Systemtakt *m вчт* такт системной синхронизации; системная синхронизация; частота системной синхронизации
Systemtechnik *f* системотехника
Systemtest *m* 1. испытание системы; проверка системы; системные испытания 2. системный тест
Systemtester *m* системный тестер
Systemtheorie *f* теория систем
Systemvariable *f* системная переменная; системный параметр
Systemverfügbarkeit *f* коэффициент готовности системы
Systemverträglichkeit *f вчт* системная совместимость, совместимость на системном уровне
Systemwarmstart *m вчт* повторный [«тёплый»] пуск системы
Szintillation *f* сцинтилляция
Szintillationsspektrometer *n* сцинтилляционный спектрометр, сцинтилляционный детектор

T

T^2L *f см.* **TTL**
T^2L-**Technik** *f см.* **TTL-Technik**
TAB [Tape Automated Bonding] *n* автоматизированная сборка ИС на (гибком) ленточном носителе [на гибкой ленте-носителе], АСНЛ
TAB-Bonder *m* установка для автоматизированной сборки ИС на (гибком) ленточном носителе [на гибкой ленте-носителе]
TAB-Chip *m* кристалл, смонтированный на (гибком) ленточном носителе, кристалл на гибкой ленте-носителе
Tabelle *f* таблица
Tabellendaten *pl* табличные данные

TABELLENKALKULATION

Tabellenkalkulation *f* табличные вычисления; обработка электронных таблиц, работа с электронными таблицами

Tabellenkalkulationsprogramm *n* программа обработки электронных таблиц

Tabellenprozessor *m* табличный процессор

Tabellenwert *m* табличная величина

Tabellierliste *f* табуляграмма

Tabelliermaschine *f* табулятор

Tabellierung *f* табулирование

TAB-Film *m* (гибкий) ленточный носитель, гибкая лента-носитель (*с кристаллоносителями для автоматизированной сборки ИС*)

Tableau *n* табло

Tablett *n* планшет

~, **grafisches** графический планшет

Tablette *f* таблетка

Tablettieren *n* таблетирование

Tab-Taste *f* клавиша табуляции

Tabulator *m* табулятор

Tabulatortaste *f* клавиша табуляции

Tachogenerator *m* тахогенератор

Tachograf *m* 1. тахограф 2. *авто* спидограф

Tachometer *n* 1. тахометр 2. *авто* спидометр

Tachymeter *n геод.* тахеометр

Tachymeterzug *m геод.* тахеометрический ход

Tachymetrie *f геод.* тахеометрия; тахеометрическая съёмка

Tachyonen *n pl физ.* тахионы

Tafel *f* 1. плита; панель 2. щит 3. лист 4. таблица

Tafelbauweise *f* 1. сборно-щитовое строительство 2. (сборно-)щитовая конструкция

Tafelglas *n* листовое стекло

Tafelschere *f* листовые ножницы

Tag *m* 1. день; сутки 2. *горн.* земная поверхность; *геол.* дневная поверхность ◇ **über** ~**e** на (земной) поверхности; **unter** ~**e** под землёй

Tag *n англ. вчт* тег

Tagebau *m* 1. разработка открытым способом, открытая разработка; открытые (горные) работы 2. карьер

Tagebaubetrieb *m* 1. открытые (горные) работы 2. карьерные работы

Tagesablaufstudie *f* фотография рабочего дня

Tagesförderung *f* суточная добыча

Tagesleistung *f* дневная выработка; суточная выработка

Tagesleuchtfarben *f pl* люминесцентные краски

Tageslicht *n* дневной свет

Tageslichtbeleuchtung *f* дневное [естественное] освещение

Tageslichtfilm *m* (фото)плёнка для съёмки при дневном освещении

Tageslichtkassette *f фото* кассета, заряжаемая при дневном свете

Tageslichtlampe *f* лампа дневного света

Tageslichtleuchtfarben *f pl* люминесцентные краски

Tageslichtquotient *m* коэффициент естественной освещённости

Tagesoberfläche *f горн.* земная поверхность; *геол.* дневная поверхность

Tagesspeicher *m гидр.* водохранилище суточного регулирования

Tagesspeicherung *f гидр.* суточное регулирование (*речного стока*)

Tageszeituhr *f* датчик истинного времени, таймер-календарь

Tagging *n англ. вчт* тегирование

Tagundnachtgleiche *f* равноденствие

Tagwasser *n* поверхностные воды

Take *m, n кино* кольцо (фильма), закольцованный фрагмент фильма (*склеенный в кольцо отрезок фильмокопии с одним сюжетным эпизодом, используемый для последующего озвучивания или дублирования кинофильма*)

Takelung *f мор.* такелаж, оснастка

Takt *m* 1. такт; ход 2. такт; ритм

~, **interner** частота внутренней [системной] синхронизации

Taktabfallzeit *f* длительность отрицательного фронта [длительность среза] тактового импульса

Taktabstand *m* тактовый интервал, интервал между тактовыми импульсами

Taktabweichung *f* отклонение тактовой частоты

Taktanpassung *f* согласование тактовых частот

Taktansteuerung *f* тактовое управление, тактирование

Taktanstiegszeit *f* длительность (положительного) фронта тактового импульса

Taktausgang *m* тактовый выход

Taktbauweise *f* поточный метод строительства

Taktdiagramm *n* циклограмма, временная диаграмма тактовых импульсов

Takteingang *m* синхронизирующий [тактовый] вход, вход синхронизации, синхровход

Taktfilter *n* фильтр выделения тактовых синхросигналов
Taktflanke *f* фронт тактового импульса
~, **negative** отрицательный фронт тактового импульса, срез тактового импульса
~, **positive** положительный фронт тактового импульса
Taktflankensteuerung *f* запуск (триггера) фронтом тактового импульса; синхронизация (триггера) фронтом
Taktfolge *f* тактовая последовательность, последовательность тактовых импульсов
Taktfrequenz *f* тактовая частота
Taktfrequenzabweichung *f* отклонение тактовой частоты
Taktfrequenzanpassung *f* согласование тактовых частот
Taktgeber *m* датчик [генератор] тактовых импульсов, тактовый генератор, синхрогенератор; хронизатор *(см. тж **Taktgenerator**)*
Taktgenerator *m* генератор тактовых импульсов, тактовый генератор, синхрогенератор
~, **astabiler** тактовый генератор, работающий в режиме автоколебаний
~, **freilaufender** автономно работающий тактовый генератор
~, **quarzgesteuerter** [**quarzstabilisierter**] тактовый генератор с кварцевой стабилизацией частоты
Taktgewinnung *f* восстановление тактовой последовательности; выделение тактовой частоты
Taktimpuls *m* тактовый импульс; синхронизирующий импульс, синхроимпульс
Taktimpulsbreite *f* длительность тактового импульса
Taktimpulseingang *m* вход тактовых импульсов, тактовый вход, вход синхронизации
Taktimpulsflanke *f* фронт тактового импульса
Taktimpulsleitung *f* шина тактовых импульсов
Taktimpulsübergang *m* тактовый переход
Taktinterrupt *m* *вчт* тактовое прерывание, прерывание по таймеру
Taktintervall *n* тактовый интервал, интервал между тактовыми импульсами
Taktjitter *m* тактовое дрожание
Taktleitung *f* шина тактовых импульсов, тактовая шина; тактовая [фазовая] шина *(напр. ПЗС)*
Taktloch *n* индексное отверстие, индексный маркер *(гибкого магнитного диска)*

Taktlogik *f* синхронная [тактируемая] логика, синхронные логические схемы
Taktmesser *m* метроном
Taktoszillator *m* тактовый генератор
Taktpegelsteuerung *f* запуск (триггера) уровнем тактового импульса; синхронизация (триггера) уровнем
Taktperiode *f* период повторения [следования] тактовых импульсов, период тактовых импульсов, период тактовой частоты
Taktperiodendauer *f* длительность периода тактовой частоты
Taktpotential *n* тактовое напряжение
Taktraster *m* циклограмма, временна́я диаграмма тактовых импульсов
Taktrate *f* тактовая частота
Taktsignal *n* тактовый импульс, тактовый сигнал; тактовый синхросигнал
Taktspannung *f* тактовое напряжение
Taktsteuerung *f* 1. тактовое управление; синхронизация, тактирование 2. тактовая схема управления
Taktstraße *f* линия с заданным тактом [с заданным ритмом]; поточная линия
~ **für die Schweißmontage** линия окончательной сварки
Taktsynchronisation *f* тактовая синхронизация
Taktteiler *m* делитель тактовой частоты
Takttreiber *m* усилитель-формирователь тактовых импульсов, тактовый формирователь
Taktung *f* тактирование, синхронизация; подача тактовых импульсов
Taktverfahren *n* поточный метод строительства
Taktverhalten *n* тактовый режим
Taktversorgung *f* тактовое питание; подача тактовых импульсов
Taktwiedergewinnung *f* восстановление тактовой последовательности
Taktzähler *m* счётчик тактов
Taktzeit *f* длительность такта
Taktzustand *m* *вчт* машинный такт
Taktzustandssteuerung *f* *см.* **Taktpegelsteuerung**
Taktzyklus *m* тактовый цикл, цикл тактового сигнала
Talbrücke *f* виадук
Talfahrt *f* движение под уклон; спуск
Talg *m* жир *(из жировых тканей рогатого скота)*
Talje *f* *мор.* таль
Talk *m* *мин.* тальк

TALLÖL

Tallöl *n* талловое масло
Talsperre *f* (водохранилищная) плотина
Talsperrenkraftwerk *n* приплотинная гидроэлектростанция
Talstation *f* нижняя (приводная) станция (*подвесной канатной дороги*); нижняя станция (*фуникулера*)
Tandem-Bandgenerator *m см.* **Tandemgenerator**
Tandemgenerator *m физ.* перезарядный ускоритель
Tandemmaschine *f* тандем-машина
Tandemofen *m* двухванная (сталеплавильная) печь
Tandemofenverfahren *n* процесс выплавки стали в двухванных печах с общим потоком газа
Tandemstraße *f* (прокатный) стан с последовательным расположением клетей; непрерывный стан (холодной прокатки полос)
~, **mehrgerüstige** *см.* **Tandemstraße**
Tandemwalze *f* двухвальцовый каток
Tandemwalzwerk *n см.* **Tandemstraße**
Tangens *m* тангенс, tg
Tangente *f* касательная
Tangentenkurve *f* тангенсоида
tangential тангенциальный
Tangentialbeschleunigung *f* тангенциальное [касательное] ускорение
Tangentialebene *f* касательная плоскость
Tangentialgeschwindigkeit *f* тангенциальная скорость
Tangentialkraft *f* тангенциальная сила
Tangentialschnitt *m* касательное сечение
Tangentialspannung *f* касательное напряжение
Tangentialturbine *f* ковшовая турбина
Tangentkeil *m* тангенциальная шпонка
Tank *m* 1. резервуар; ёмкость; бак; цистерна 2. судовая цистерна
Tanken *n* заправка (*топливом*)
Tanker *m см.* **Tankschiff**
Tankflugzeug *n* самолёт-заправщик
Tankkraftwagen *m* автомобиль-цистерна
Tankprahm *m* наливная баржа
Tanksäule *f* топливораздаточная колонка; бензораздаточная колонка
Tankschiff *n* танкер, наливное судно
Tankstelle *f* автозаправочная станция
Tankwagen *m* 1. ж.-д. вагон-цистерна 2. автомобиль-цистерна 3. топливозаправщик
Tanne *f* пихта, *Abies Mill.*

Tannenbaumkristall *m* дендритный кристалл
Tannine *n pl* таннины
Tantal *n* тантал, Ta
Tantalkondensator *m* танталовый конденсатор
Tape-Streamer *m вчт* стример, накопитель на бегущей магнитной ленте
Target *n* мишень
Tarnfarbe *f* защитная краска
Tarnung *f* маскировка; маскирование
Taschenlampe *f*, **Taschenleuchte** *f* карманный (электрический) фонарь
Taschenrechner *m* (программируемый) микрокалькулятор
Task *f англ. вчт* задача
~, **aktive** текущая задача
~, **ausgesetzte** (при)остановленная задача
~, **laufende** текущая задача
~, **suspendierte** (при)остановленная задача
~, **terminierte** завершённая задача
Task-Manager *m вчт* администратор задач
Taskpriorität *f вчт* приоритет задачи; уровень приоритета задачи
Task-Scheduler *m вчт* планировщик задач
Tastatur *f* клавиатура
~, **alphanumerische** алфавитно-цифровая клавиатура
Tastaturabfrage *f* опрос [сканирование] клавиатуры; режим опроса [сканирования] клавиатуры
Tastaturbelegung *f* компоновка клавиатуры; расположение клавишей на клавиатуре; раскладка клавиатуры
Tastatur-Controller *m* контроллер клавиатуры
Tastatureingabe *f* ввод с клавиатуры
Tastaturinterface *n* интерфейс клавиатуры, клавиатурный интерфейс
Tastaturtreiber *m* драйвер клавиатуры
Tastaturverriegelung *f* блокировка клавиатуры
Taste *f* 1. клавиша 2. *свз* ключ, манипулятор
~, **menügesteuerte** клавиша с заданием функций через меню
~, **nichtrastende** клавиша без арретира
~, **prellfreie** бездребезговая клавиша
~, **rastende** фиксируемая клавиша, клавиша с арретиром
~, **virtuelle** виртуальная [экранная] клавиша
Tastenanschlag *m* 1. нажатие на клавишу 2. нажатие ключа
Tastenbrett *n полигр.* клавиатура
Tastenclick *m* сигнал нажатия клавиши, щелчок при нажатии клавиши

Tastencode *m* (системный) код нажатой клавиши, скэн-код
Tastenfeld *n* клавишная панель; клавишный пульт; клавиатура
Tastenklick *m см.* Tastenclick
Tastenkode *m см.* Tastencode
Tastenprogrammierung *f* кнопочное программирование, программирование с ручным вводом данных
Tastenrechenmaschine *f* клавишная вычислительная машина
Tastenschalter *m* микропереключатель
Tastenumbelegung *f* перепрограммирование клавиш, (программное) переопределение клавиш
Tastenwahl *f* кнопочный набор (*номера*)
Tastenwerk *n см.* Tastatur
Taster *m* 1. щуп 2. кронциркуль 3. *свз* ключ, манипулятор 4. микропереключатель
~, **elektronischer** электронный контактный датчик
Tastfernsprecher *m* кнопочный телефонный аппарат
Tastgerät *n* манипулятор
Tastkopf *m* 1. (контактная) измерительная головка 2. пробник
Tastmessung *f* измерение с помощью датчика касания
Tastomat *m полигр.* наборно-кодирующий аппарат
Tastschalter *m* сенсорный переключатель
Tastschnittgerät *n*, **Tastschnittprüfgerät** *n маш.* контактный профилометр
Tastsensor *m* тактильный датчик, датчик касания
Tastung *f* манипуляция
Tastverhältnis *n элн* 1. коэффициент заполнения (*величина, обратная скважности*) 2. скважность
Tatzlagermotor *m ж.-д.* тяговый электродвигатель с опорно-осевой подвеской
Tau *n* канат; трос; снасть
taub пустой (*о горной породе*); безрудный
Tauchartikel *m pl* макание изделия
Tauchbrenner *m* погружная горелка
Tauchen *n* 1. погружение; ныряние 2. водолазное дело 3. погружение (*подводной лодки, подводного аппарата*) 4. погружение; окунание; макание
Taucher *m* водолаз
Taucheranzug *m* водолазный скафандр

Tauchergeräte *n pl* водолазное снаряжение
Tauchermaske *f* маска для подводного плавания
Tauchgerät *n* 1. аппарат для подводных работ; подводный аппарат 2. акваланг
~, **autonomes** акваланг
Tauchgeräte *n pl* снаряжение для подводных работ; подводные аппараты
Tauchhärten *n*, **Tauchhärtung** *f* закалка погружением
Tauchkernspule *f эл.* катушка с втяжным сердечником
Tauchkolben *m* плунжер
Tauchkolbenmotor *m* тронковый двигатель
Tauchkolbenpumpe *f* плунжерный насос
Tauchlackieren *n* нанесение лакокрасочных покрытий погружением; нанесение лакокрасочных покрытий окунанием
Tauchläppen *n* жидкостно-абразивная обработка (*металлов погружением в поток насыщенной микропорошками жидкости*), жидкостно-абразивное [абразивно-порошковое] полирование
Tauchläppmaschine *f* установка для жидкостно-абразивной обработки, установка для жидкостно-абразивного [абразивно-порошкового] полирования
Tauchlöten *n* пайка погружением
Tauchmotor *m* погружной электродвигатель
Tauchmotorpumpe *f* погружной электронасосный агрегат
Tauchpumpe *f* погружной насос
Tauchschmierung *f* смазывание разбрызгиванием
Tauchschwinger *m* погружной вибратор
Tauchsieder *m* электрокипятильник
Tauchverschluß *m* водяной затвор
Tauchverzinnen *n* лужение погружением
Tauchwand *f гидр.* забральная стенка
Taumelscheibe *f* 1. наклонный диск (*аксиально-поршневого насоса, аксиально-поршневого гидромотора*) 2. колеблющийся диск 3. косая [качающаяся] шайба
Taumelscheibendurchflußmesser *m* дисковый расходомер
Taumelscheibenzähler *m* дисковый счётчик (*жидкости, газа*)
Tauon *n см.* Tauteilchen
Taupunkt *m*, **Taupunkttemperatur** *f физ.* точка росы
Taupunktverfahren *n* метод точки росы; изме-

рение влажности (*воздуха, газа*) методом точки росы
Tausendstel *n* тысячная часть, тысячная (доля)
Tauteilchen *n*, **τ-Teilchen** *n физ.* тяжёлый τ-лептон, τ-лептон, тауон
Tautomerie *f* таутомерия
Tauwerk *n мор.* 1. такелаж, оснастка 2. снасти; тросы 3. снасть; трос
~, **dünnes** лини
Taylor-Wulst *f мор.* (носовой) бульб (*утолщение подводной носовой части судна*)
T-Belag *m опт., фото* просветляющий слой
TC-Bonden *n элн* термокомпрессионная сварка
Teachbox *f см.* Teach-in-Box
Teach-in-Box *f* пульт (для программирования в режиме) обучения (*напр. робота*)
Teach-in-Programmierung *f* программирование в режиме обучения (*напр. робота*)
Teach-in-Steuerung *f* 1. управление методом обучения 2. система управления методом обучения
Teach-in-Steuerungssystem *n* система ЧПУ, программируемая в режиме обучения
Technetium *n* технеций, Tc
Technik *f* 1. техника 2. способ, метод; технология
~, **bipolare** биполярная технология
~, **monolithische** технология полупроводниковых ИС, монолитная технология
Technikum *n* 1. экспериментальный цех 2. опытно-промышленная [полузаводская] установка
technisch технический
Technologie *f* технология
~, **bedienfreie** безлюдная технология
~, **energiesparende** энергосберегающая технология
~, **monolithische** технология полупроводниковых ИС, монолитная технология
~, **selbstjustierende** самосовмещённая технология
Technologietransfer *m* передача технологии
technologisch технологический
Teclu-Brenner *m* горелка Теклю
Teer *m* смола; дёготь
Teeranstrich *m* дёгтевое покрытие; осмолка
Teerbeton *m* дёгтебетон
Teeren *n* осмаливание, осмолка
Teerfarbstoffe *m pl* органические синтетические красители, каменноугольные красители
Teeröl *n* масло из каменноугольной смолы, каменноугольное масло; масло из буроугольной смолы; масло из сланцевой смолы, сланцевое масло
Teerpappe *f* толь
Teerrückstand *m* кубовый пек
Teerschwelerei *f* смолокурение
Teerwasser *n* надсмольная вода; подсмольная вода
Teflon *n* тефлон
Teil I *m* часть
Teil II *n маш.* деталь
~, **gehäuseförmiges** корпусная деталь
~, **kastenförmiges** деталь коробчатого типа
~ **mit räumlich kompliziertem Profil** деталь пространственно-сложной формы
~, **unregelmäßig geformtes** (обрабатываемая) деталь неправильной формы
Teilapparat *m см.* Teilkopf
Teilausfall *m* частичный отказ
Teilausfallrate *f* интенсивность частичных отказов
Teilband *n физ.* подзона
teilbar 1. разъёмный 2. *мат.* делимый
Teilbarkeit *f* делимость
Teilbarkeitskriterium *n* признак делимости
Teilbarkeitsregeln *f pl* правила делимости
Teilbaum *m мат.* поддерево
Teilbelastung *f* парциальная нагрузка
Teilbild *n тлв* поле
Teilbildablenkung *f тлв* полевая развёртка
Teilbildaustastimpuls *m тлв* гасящий импульс полей, полевой гасящий импульс
Teilbildaustastlücke *f тлв* полевой интервал гашения
Teilbildaustastung *f тлв* гашение обратного хода полевой развёртки
Teilbildfrequenz *f тлв* частота полей; полевая частота
Teilbildsynchronisationsimplus *m тлв* синхронизирующий импульс полей, полевой синхронизирующий импульс
Teilchen *n* частица
~, **einfallendes** налетающая частица
Teilchen *n pl* частицы
~, **auftreffende** бомбардирующие частицы
~, **(elektrisch) geladene** заряженные частицы
~ **hoher Energien** частицы больших энергий
Teilchenbahn *f* траектория частицы
Teilchenbeschleuniger *m* ускоритель заряженных частиц

Teilchendetektor *m фиэ.* детектор (частиц), прибор для регистрации частиц
Teilchengröße *f* размер частицы; крупность частиц
Teilchengrößenanalyse *f* гранулометрический анализ
Teilchengrößenverteilung *f* распределение частиц по размерам
Teilchenladung *f* заряд частицы
Teilchenresonanzen *f pl физ.* резонансы, резонансные частицы
Teilchenstrom *m* поток частиц
Teilchenzähler *m* счётчик (заряженных) частиц
Teildruck *m* парциальное давление
Teilebene *f* разъём; плоскость разъёма
Teilefamilie *f маш.* (технологическое) семейство деталей; семейство обрабатываемых деталей
Teileförderer *m* транспортёр (обрабатываемых) деталей
Teilehandhabe- und Speichersystem *n* транспортно-накопительная система
Teileinheit *f* дольная единица
Teileinrichtung *f маш.* делительное устройство, делительный механизм, механизм деления
Teilen *n* 1. деление 2. *маш.* деление, угловая индексация
Teileprogramm *n маш.* управляющая программа (обработки детали), УП детали (*для систем ЧПУ*)
Teileprogrammierung *f* программирование обработки изделия; подготовка управляющих программ обработки деталей
Teiler *m* делитель
~, **größter gemeinsamer** наибольший общий делитель
Teilerouting *n* маршрутизация обрабатываемых деталей (*напр. в ГПС*)
Teilerverhältnis *n* коэффициент деления
Teilesortiment *n* номенклатура (обрабатываемых) деталей
Teilezubringerförderer *m* входной транспортёр деталей
Teilezubringer *m см.* **Teilezuführeinrichtung**
Teilezuführeinrichtung *f* механизм подачи деталей, питатель
Teilfehler *m маш.* погрешность деления
Teilfläche *f* 1. поверхность разъёма 2. *маш.* делительная поверхность (*зубчатого колеса*)
Teilflankenwinkel *m маш.* угол наклона боковой стороны резьбы, половина угла профиля резьбы (*угол между боковой стороной резьбы и перпендикуляром к оси резьбы в плоскости осевого сечения*)
Teilfolge *f* 1. *мат.* подпоследовательность 2. блок нагружения (*при блочном приложении нагрузки*)
Teilfuge *f* разъём; линия разъёма (*напр. штампа*)
Teilgenauigkeit *f маш.* точность деления
Teilgerät *n маш.* делительное устройство
Teilgetriebe *n маш.* делительный механизм
Teilgraph *m мат.* суграф
Teilkammerkessel *m* секционный котёл
Teilkegel *m маш.* делительный конус (*конического зубчатого колеса*)
Teilkopf *m маш.* делительная головка
Teilkreis *m* 1. лимб; угломерный круг 2. *маш.* делительная окружность
Teilkreisdurchmesser *m маш.* делительный диаметр (*зубчатого колеса*)
Teilkurbel *f маш.* кривошипная рукоятка делительной головки
Teilmaschine *f* 1. делительная машина 2. *см.* **Teilkopf**
Teilnehmer *m* 1. абонент 2. участник
Teilnehmeranschlußdose *f* абонентская розетка
Teilnehmeranschlußkabel *n* абонентский кабель
Teilnehmeranschlußleitung *f* абонентская линия; абонентский канал
Teilnehmerbetrieb *m* режим разделения времени; работа в режиме разделения времени
Teilnehmerbetriebssystem *n* операционная система [ОС] разделения времени
Teilnehmerfernschreibdienst *m* абонентский телеграф
Teilnehmerfernschreibnetz *n* сеть абонентского телеграфа
Teilnehmer-Fernschreibverkehr *m* абонентское телеграфирование
Teilnehmerleitung *f* абонентская линия
Teilnehmernetz *n* абонентская сеть
Teilnehmerrechensystem *n* вычислительная система с разделением времени
Teilnehmersprechstelle *f* абонентская (телефонная) установка
Teilnehmerstation *f* рабочая станция (*вычислительной сети*)
Teilnehmersystem *n* 1. *вчт* система коллективного доступа; система с разделением време-

TEILNEHMERTELEGRAFIE

ни **2.** *вчт* операционная система [ОС] разделения времени **3.** *свз, вчт* абонентская система
Teilnehmertelegrafie *f* абонентское телеграфирование
Teilnehmerverkehr *m* *см.* **Teilnehmer-Fernschreibverkehr**
Teilnehmerwählverkehr *m* абонентское телеграфирование автоматической системы
Teilrad *n* *маш.* делительное (зубчатое) колесо
Teilring *m* угломерный круг
Teilscheibe *f* *маш.* делительный диск
Teilskala *f* лимб
Teilsohle *f* *горн.* подэтаж
Teilsohlenstrecke *f* *горн.* подэтажный штрек
Teilspindel *f* *маш.* шпиндель делительной головки
Teilstrich *m*, **Teilstrichmaß** *n* штриховая мера
Teilsystem *n* подсистема
Teilung *f* **1.** шаг (*многозаходной резьбы, лопаток турбины*) **2.** шаг зацепления (*зубчатых колёс*) **3.** градуировка (*шкалы*) **4.** деление (*шкалы*) **5.** разъём (*литейной формы, литейной модели, стержневого ящика*) **6.** *см.* **Teilen**
Teilungsabstand *m* расстояние между делениями шкалы, шаг шкалы
Teilungsebene *f* *маш.* разъём; плоскость разъёма
Teilungsfaktor *m* коэффициент деления; модуль пересчёта
Teilungsfläche *f* *маш.* поверхность разъёма
Teilungsgenauigkeit *f* *см.* **Teilgenauigkeit**
Teilungsmesser *m* *маш.* шагомер
Teilungsrad *n* *см.* **Teilrad**
Teilungsscheibe *f* *см.* **Teilscheibe**
Teilungsschere *f* *см.* **Teilwechselradschere**
Teilungsverhältnis *n* коэффициент деления
Teilungswert *m* цена деления (шкалы)
Teilungswinkel *m* *маш.* угловой шаг
Teilverformung *f* частичная деформация
Teilverhältnis *n* *мат.* простое отношение (*трех точек на прямой*)
Teilwechselradschere *f* *маш.* гитара деления
Tektogenese *f* тектогенез
Tektonik *f* тектоника
tektonisch тектонический
Telefax *n* **1.** телефаксная связь, факс-связь, факсимильная связь по телефонным каналам **2.** телефакс, факс
Telefax-Gerät *n* телефакс, факс

Telefon *n* телефон; телефонный аппарат
Telefonie *f* телефония
Telefoniekanal *m* телефонный канал
Telefonleitung *f* телефонная линия
Telefonzentrale *f*, **automatische** автоматическая телефонная станция, АТС
Telefotometer *n* телефотометр
Telefotometrie *f* телефотометрия
Telegraf *m* телеграф
Telegrafenalphabet *n* телеграфный код
Telegrafenapparat *m* телеграфный аппарат
Telegrafengleichung *f* телеграфное уравнение
Telegrafenkode *m* телеграфный код
Telegrafenleitung телеграфная линия
Telegrafenmast *m* телеграфный столб
Telegrafentaste *f* телеграфный ключ
Telegrafenverkehr *f* телеграфная связь; телеграфирование
Telegrafie *f* **1.** телеграфия **2.** телеграфирование
~, **drahtlose** беспроволочная телеграфия
Telegrafiebetrieb *m* телеграфирование
Telegramm *n* телеграмма
Telegraph *m* *см.* **Telegraf**
Telegraphen... *m* *см.* **Telegrafen...**
Telekommunikation *f* телекоммуникация; дальняя связь
Telekonferenz *f* телеконференция; телеконференц-связь
Telekopierer *m* телекопир
Telemanipulator *m* телеманипулятор
Telematik *f* телематика, интегрированная система коммуникаций
Telemechanik *f* телемеханика
telemechanisch телемеханический
Telemetrie *f* телеметрия
Telemetrieanlage *f* телеметрическое устройство, устройство телеметрии
Telemetriesystem *n* телеметрическая система, система телеметрии
Teleobjektiv *n* телеобъектив
Teleoperator *m* *см.* **Telemanipulator**
Telephon *n* *см.* **Telefon**
Telephon... *см.* **Telefon...**
Teleprompter *m* телесуфлёр
Teleskop *n* телескоп
Teleskopantenne *f* телескопическая антенна
Teleskopgabel *f* телескопическая вилка (*подвески, напр. мотоцикла*)
Teleskopspindel *f* *маш.* телескопический [раздвижной] шпиндель

TEMPERATUR...

Teleskopstoßdämpfer *m авто* телескопический амортизатор

Telespiel *n* телеигра

Teletex *n*, **Teletexdienst** *m* телетекс, служба телетекса, передача текста по телексным каналам связи

Teletext *m* телетекст, система телетекста, вещательная видеография, система вещательной видеографии

~, **zeilengebundener** система синхронного телетекста (*с привязкой строки данных к телевизионной строке*)

~, **zeilenungebundener** система асинхронного телетекста

Teletextstandard *m* стандарт системы телетекста

Telex *n* 1. телекс, система связи, осуществляемой с помощью международной сети абонентского телеграфирования; телексная связь 2. телекс (*аппарат для телексной связи*) 3. телекс (*сообщение, переданное по телексу*)

Telexnetz *n* международная сеть абонентского телеграфирования, сеть телекса, телекс

Telex-Server *m* сервер телексной связи

Telexverkehr *m* телексная связь

Teller *m* тарелка; диск

Telleransatz *m* опорный выступ под шайбу

Tellerfeder *f* тарельчатая пружина

Tellermischer *m* дисковый смеситель

Tellerrad *n маш.* плоское коническое колесо; большое (ведомое) коническое колесо

Tellerscheibe *f* тарельчатый (шлифовальный) круг

Tellerventil *n* тарельчатый клапан

Tellur *n* теллур, Te

Telomerisation *f* теломеризация

Temperafarbe *f* темпера

Temperatur *f* температура

~, **absolute** *физ.* абсолютная температура

~, **schwarze** *физ.* яркостная температура

~, **thermodynamische** термодинамическая температура

Temperaturabhängigkeit *f* температурная зависимость

Temperaturbeständigkeit *f* температуростойкость

Temperaturdrift *f* температурный дрейф, уход параметров под влиянием температуры

Temperaturdurchgriff *m* температурная проницаемость

Temperaturempfindlichkeit *f* температурная чувствительность, термочувствительность

Temperaturempfindlichkeitskoeffizient *m* коэффициент температурной чувствительности

Temperaturfühler *m* 1. термоэлектрический чувствительный элемент (*датчика*) 2. *см.* **Temperatursensor**

Temperaturführung *f* температурный режим

Temperaturgang *m* температурная характеристика; изменение температуры

Temperaturgeber *m* датчик температуры, термодатчик

Temperaturgefälle *n* 1. *см.* **Temperaturgradient** 2. перепад температур 3. температурный напор (*напр. на границе раздела фаз*)

Temperaturgradient *m* температурный градиент

Temperaturintervall *n* температурный интервал, интервал температур

Temperaturkoeffizient *m* температурный коэффициент

~ **des Widerstandes** температурный коэффициент сопротивления, ТКС

Temperaturkompensation *f* термокомпенсация

Temperaturleitfähigkeit *f* температуропроводность; коэффициент температуропроводности

Temperaturmeßfarbe *f* термочувствительная краска

Temperaturmessung *f* измерение температуры

Temperaturregler *m* терморегулятор

Temperaturschreiber *m* самопишущий термометр

Temperatursensor *m* температурный датчик

Temperaturskala *f* температурная шкала, шкала температур

~, **absolute** абсолютная шкала (температур)

~, **thermodynamische** термодинамическая (температурная) шкала, шкала Кельвина

Temperaturspannung *f* температурное напряжение

Temperaturstabilisierung *f* термостабилизация

Temperaturstrahlung *f* температурное [тепловое] излучение

Temperaturverhalten *n* изменение свойств в зависимости от температуры; температурный режим

Temperaturwächter *m* устройство контроля температуры

Temperaturwechselbeanspruchung *f*, **Temperaturwechselbelastung** *f* термоциклирование

TEMPERATUR...

Temperaturwechselbeständigkeit *f* **1.** стойкость к изменениям температуры; стойкость к тепловому удару **2.** стойкость к термоциклированию
Temperaturwechseltest *m* испытания на стойкость к термоциклированию
Temperaturzustand *m* температурный режим
Temperguß *m* ковкий чугун
~, **schwarzer** черносердечный ковкий чугун
~, **weißer** белосердечный ковкий чугун
Tempergußteil *n* отливка из ковкого чугуна
Temperkohle *f* углерод отжига
Tempern *n* **1.** *мет.* отжиг на ковкий чугун **2.** *сткл, элн* отжиг **3.** *пласт.* термообработка
Temperofen *m* отжигательная печь, печь для отжига на ковкий чугун
TEM-Welle *f физ.* поперечная волна
Tenside *n pl* поверхностно-активные вещества, ПАВ
Tensogeber *m* тензодатчик
Tensometer *n* тензометр
Tensor *m мат.* тензор
tensoriell *мат.* тензорный
Tensorrechnung *f мат.* тензорное исчисление
Tensowiderstandseffekt *m* тензорезистивный эффект, тензоэффект
Terbium *n* тербий, Tb
Terephtalsäure *f* терефталевая кислота
Term *m* **1.** *мат.* член (*формулы*) **2.** *физ.* уровень (*энергии*), энергетический уровень
Termabstand *m* энергетический интервал
Termdichte *f* плотность (энергетических) состояний
Terminal I *m, n* **1.** *мор., ж.-д.* терминал **2.** *ав.* пассажирский терминал; здание аэровокзала
Terminal II *n вчт* терминал
~, **alphanumerisches** текстовый терминал, терминал с алфавитно-цифровым [символьным] дисплеем
~, **druckendes** терминал с выводом на печать, печатающий терминал
~, **intelligentes** интеллектуальный терминал
~, **paketorientiertes** пакетный терминал
~, **unintelligentes** неинтеллектуальный [«немой»] терминал
~, **virtuelles** виртуальный терминал
Terminaladapter *m* терминальный адаптер
Terminalemulation *f* эмуляция терминала
Terminalemulator *m* эмулятор терминала
Terminalprogramm *n* терминальная программа, программа работы на терминале
Terminalprozessor *m* терминальный процессор
Terminalrechner *m* терминальная ЭВМ
Terminalserver *m* терминальная станция, терминальный сервер
Terminalsitzung *f* сеанс работы на терминале, сеанс диалога
Terminalstation *f* терминал (*сети телеобработки данных*); абонентский пункт
Terminalsteuergerät *n* терминальный контроллер
Terminalsymbol *n* терминальный символ
Terminalverkehr *m* обмен данными с терминалами; связь с терминалами
Terminator *m* терминатор
Terminkalender *m* (электронный) календарь-памятка
~, **elektronischer** электронный календарь-памятка, электронный календарь-расписание встреч и мероприятий
Termschema *n физ.* диаграмма уровней энергии
ternär тройной
Terotechnik *f*, **Terotechnologie** *f* теротехнология
Terpen *n* терпен
Terpentin *n* терпентин, живица
Terpentinöl *n* скипидар, терпентинное масло
Terrareifen *m* пневмокаток
terrestrisch земной; наземный
Tertiär *n геол.* **1.** третичный период (*палеогеновый и неогеновый периоды*) **2.** третичная система (*палеогеновая и неогеновая системы*)
Tesla *n* тесла, Тл (*единица магнитной индукции в СИ*)
Teslatransformator *m* трансформатор Тесла
Test *m* **1.** испытание **2.** тест **3.** *мат.* тест, критерий
~, **trennscharfer** мощный критерий
Testbarkeit *f* возможность тестирования, тестируемость; возможность проверки [контроля], контролепригодность
Testbild *n* телевизионная испытательная таблица
Testchip *m* тестовый кристалл
Testcode *m* тест-код, тестовый код
Testcodegenerator *m* генератор тест-кодов
Testdaten *pl* тестовые данные
Testdatengenerator *m* генератор тестовых данных, ГТД
Testelement *n* тестовый элемент

TEXTILVERBUNDSTOFFE

Testen *n* **1.** испытание, проверка; тестирование; тестовый контроль **2.** *вчт* отладка

~, **symbolisches** отладка в символических адресах

Tester *m* испытательное устройство, устройство для испытания; испытательная установка, установка для испытания; тестер

Testfigur *f* мира, тестовая фигура (*для проверки разрешающей способности объектива*)

Testfilm *m* тест-фильм

Testflieger *m* лётчик-испытатель

Testfolge *f* тест-последовательность, тестовая последовательность

Testfrequenz *f* тестовая частота, частота тестирования

Testhilfen *f pl* **1.** средства тестирования **2.** средства отладки

~, **eingebaute** встроенные средства (само)тестирования

Testimpuls *m* тестовый импульс, тест-импульс

Testimpulsgenerator *m* генератор тестовых импульсов

Testlauf *m* тестовый прогон (*программы*)

Testmittel *n pl* средства тестирования

~, **gerätetechnische** аппаратные средства тестирования

Testmonitor *m* тест-монитор, отладочный монитор

Testmuster *n* тестовая комбинация

Testpattern *n* тестовая структура; тестовая комбинация

Testpilot *m см.* **Testflieger**

Testprogramm *n* тест-программа, тестовая программа

Testpunkt *m* контрольная точка (*для тестирования*)

Testrate *f* тестовая частота, частота тестирования

Testroutine *f* тест-программа

Testschaltkreis *m*, **Testschaltung** *f* (встроенная) схема (само)тестирования, тест-схема

Teststation *f* испытательная установка (*контрольно-измерительной системы*)

Teststruktur *f* тестовая структура

Teststruktureinfügung *f* введение тестовых структур

Testsystem *n* **1.** система тестирования, тестер (*воспринимающий тестируемый объект как свою подсистему*); программа тестирования **2.** испытательная система; контрольно-измерительная система

~, **automatisches** автоматизированная испытательная система

Testvektor *m* тест-вектор, тестовый вектор

Testvektorrate *f* частота генерации тест-векторов

Tetrachlorwasserstoff *m*, **Tetrachlormethan** *n* тетрахлорметан, четырёххлористый углерод, CCl_4

Tetrade *f* тетрада, полубайт

~, **höherwertige** старшая тетрада, старший полубайт

~, **niederwertige** младшая тетрада, младший полубайт

Tetraeder *n* тетраэдр, четырёхгранник

tetragonal тетрагональный

Tetrode *f* тетрод

Tetroxid *n хим.* тетраоксид, четырёхокись

Teufe *f горн. проф.* глубина

Teufenunterschied *m горн. проф.* вертикальная зональность (*месторождения*)

Tex *n текст.* текс, T (*внесистемная единица линейной плотности волокон или нитей; $1 T = 1 г/км = 1 мг/м$*)

Tex-Feinheit *f текст.* линейная плотность (*волокон, нитей*)

Texoprintverfahren *n полигр.* тексопринт (*способ изготовления текстовых диапозитивов путем фотографирования предварительно препарированного металлического набора; способ офсетной и глубокой печати с воспроизведением текста с печатных форм, полученных копированием изображения с таких диапозитивов*)

Tex-System *n* тексовая система (*для текстильных материалов*)

Textaufbereitung *f* редактирование текста

Textaufbereitungsterminal *n* редакторский терминал; АРМ подготовки текстов

Textdatei *f* текстовый файл

Texteditor *m* текстовый редактор, редактор текста, программа обработки текста

Textildruck *m* печатание текстильных изделий; ситцепечатание

Textilfabrik *f* текстильная фабрика

Textilfaser *f* текстильное волокно

Textilien *pl* текстильные изделия; текстиль

Textilindustrie *f* текстильная промышленность

Textilmaschinen *f pl* текстильное оборудование

Textilriemen *m* тканый ремень

Textilverbundstoffe *m pl текст.* нетканые материалы

TEXTILVEREDLUNG

Textilveredlung *f* отделка текстильных изделий
Textilwaren *pl* текстильные изделия
Textmode *m*, **Textmodus** *m* текстовый режим
Textprozessor *m* текстовый процессор, процессор обработки текста
Textur *f* текстура
Texturblech *n* *мет.* текстурованный лист
Texturfäden *m pl* *текст.* текстурированные нити
Texturieren *текст.* текстурирование
Textverarbeitung *f* *вчт* 1. обработка текста 2. подготовка текстов
Textverarbeitungsplatz *m* АРМ подготовки текстов; рабочая станция обработки текстов
Textverarbeitungssystem *n* система подготовки текстов
TFET [Thin-film FET] *m* тонкоплёночный полевой транзистор
TFH-Technik [Trägerfrequenztechnik auf Hochspannungsleitungen] *f* высокочастотная связь по линиям электропередачи
T-Flipflop *n* Т-триггер, счётный триггер, триггер счётного типа
T-förmig тавровый
TF-Technik *f* *см.* **Trägerfrequenztechnik**
Thallium *n* таллий, Ta
Themenstudie *f* аванпроект
Theodolit *m* теодолит
Theorem *n* теорема
theoretisch теоретический
Theorie *f* теория
~ **der Spiele** теория игр
Thermalhärtung *f* закалка в горячей среде
Thermalloy *n* термаллой
Thermalquelle *f* *см.* **Therme**
Therme *f* горячий источник
Thermik *f* *метео* термик
Thermionikkonverter *m* термоэмиссионный преобразователь
thermionisch термоэмиссионный
Thermistor *m* терморезистор
Thermit *n* термит
Thermitschweißen *n* термитная сварка
Thermoanalyse *f* термоанализ
Thermobarokammer *f* термобарокамера
Thermobatterie *f* термоэлектрическая батарея, термобатарея
Thermobehälter *m* термостатированный контейнер
Thermobimetall *n* термобиметалл

Thermochemie *f* термохимия (*раздел химической термодинамики*)
Thermochromie *f* термохромизм, термохромия
Thermodiffusion *f* термодиффузия
Thermodiffusionspotential *n* термодиффузионный потенциал
Thermodiffusionsstrom *m* термодиффузионный ток
Thermodrucker *m* термографическое печатающее [термопечатающее] устройство, термопринтер
Thermodruckkopf *m* термопечатающая головка
Thermodynamik *f* термодинамика
thermodynamisch термодинамический
Thermoeffekt *m* тепловой эффект
Thermoelastizität *f* термоупругость
thermoelektrisch термоэлектрический
Thermoelektrizität *f* термоэлектричество
Thermoelement *n* термоэлемент; термопара
Thermoemission *f* термоэлектронная эмиссия
Thermo-EMK *f* термоэдс
Thermofixieren *n* *текст.* термофиксация (*термопластичных волокон*); термостабилизация (*материалов из термопластичных волокон*)
Thermoglas *n* теплоотражающее стекло
Thermogramm *n* термограмма
Thermograph *m* термограф
Thermographie *f* термография
Thermogravimetrie *f* дериватографический [термогравиметрический] анализ, термогравиметрия
Thermoinstrument *n* *см.* **Thermomeßgerät**
Thermoionenemission *f* термоионная эмиссия
Thermoionisation *f* термическая ионизация
Thermokammer *f* термокамера
Thermokompressionsbonden *n* *элн* термокомпрессионная сварка
Thermokompressionsverfahren *n* *элн* метод термокомпрессионной сварки, метод термокомпрессии
Thermokopierverfahren *n* термокопирование
Thermokreuz *n* крестообразный термопреобразователь, термопреобразователь в виде креста
Thermolumineszenz *f* термолюминесценция
Thermolumineszenzanalyse *f* термолюминесцентный анализ
Thermolyse *f* термолиз, пиролиз
thermomagnetisch термомагнитный
thermomechanisch термомеханический

Thermomeßgeber *m* термодатчик
Thermomeßgerät *n* измерительный прибор термоэлектрической системы, термоэлектрический измерительный прибор
Thermometallurgie *f* термометаллургия
Thermometer *n* термометр
Thermometrie *f* термометрия
Thermonieten *n* взрывное осаживание заклёпок
thermonuklear термоядерный
Thermonuklearbombe *f* термоядерная бомба
Thermopaar *n* термопара
Thermoplast *m* термопласт
thermoplastisch термопластичный
Thermoregler *m* терморегулятор
Thermorelais *n* тепловое реле
Thermoremanenz *f* остаточная намагниченность, обусловленная нагреванием тела до температур ниже точки Кюри; термоостаточная магнитная индукция
Thermosäule *f* термобатарея; термоэлектрический столбик, термостолбик
Thermosbehälter *m* термос
Thermoscheibe *f* см. **Thermoglas**
Thermoschock *m* термоудар
Thermoscontainer *m* термостатированный контейнер
Thermosflasche *f* термос
Thermosit *m* термозит
Thermosonde *f* термозонд
Thermosonicbonden *n* элн термоультразвуковая сварка
Thermospannung *f* термоэдс
thermostabil термостойкий
Thermostabilität *f* термостойкость
Thermostat *m* термостат
Thermosteuerung *f* термостатирование
Thermostreifendrucker *m* термографическое устройство построчной печати
Thermostrom *m* 1. термоэлектрический ток 2. термоток
Thermostromtraining *n*, **Thermostromwechselbelastung** *f* термотоковая тренировка
Thermoswagen *m* изотермический вагон
Thermotransferdrucker *m* термографическое печатающее устройство с (термо)копировальной лентой
Thermoumformer *m* термопреобразователь
Thermoumformerwiderstand *m* резисторный термопреобразователь, термопреобразователь сопротивления

Thermovision *f* тепловидение
Thermovisionsanlage *f* тепловизионная система
Thermowaage *f* термовесы
Thesaurus *m* тезаурус
Thioalkohole *m pl* *хим.* тиоспирты, меркаптаны
Thioäther *m pl* *хим.* *уст.* органические сульфиды, тиоэфиры
Thioharnstoff *m* *хим.* тиомочевина, тиокарбамид
Thiole *n pl* *хим.* тиолы
Thiophenole *n pl* *хим.* тиофенолы
Thiosulfate *n pl* *хим.* тиосульфаты
Thiozyanate *n pl* *хим.* тиоцианаты, роданиды
Thiozyansäure *f* тиоциановая [роданистоводородная] кислота, тиоцианат [роданид] водорода, роданистый водород, HSCN
thixotrop тиксотропный
Thixotropie *f* тиксотропия
Thomas-Konverter *m* томасовский конвертер
Thomas-Mehl *n* томасовская мука (*размолотый томасовский шлак*)
Thomas(roh)eisen *n* томасовский чугун
Thomas-Schlacke *f* томасшлак
Thomas-Stahl *m* томасовская сталь
Thomas-Verfahren *n* томасовский процесс
Thomson-Brücke *f* *эл.* мост Томсона
Thomson-Effekt *m* термоэлектрический эффект Томсона
Thorium *n* торий, Th
Thoriumemanation *f* см. **Thoron**
Thoron *n* торон, эманация тория, Tn
Three-State-... см. **Tristate-...**
Thulium *n* тулий, Tm
Thyratron *n* тиратрон
Thyristor *m* тиристор
~, **abschaltbarer** запираемый [двухоперационный] тиристор
~, **abschaltunterstützter** комбинированно-переключаемый тиристор
~, **asymmetrisch sperrender** асимметричный (триодный) тиристор
~, **ausschaltbarer** запираемый [двухоперационный] тиристор
~, **bidirektionaler** симметричный триодный тиристор, симистор, триак
~, **diffundierter** диффузионный тиристор
~, **diffundiertlegierter** диффузионно-сплавной тиристор
~, **feldgesteuerter** полевой тиристор, тиристор, управляемый полем

THYRISTOR

~, lichtgesteuerter фототиристор

~ mit Abschaltunterstützung комбинированно-переключаемый тиристор

~, rückwärtsleitender (триодный) тиристор, проводящий в обратном направлении

~, rückwärtssperrender (триодный) тиристор, не проводящий в обратном направлении

~, symmetrischer симметричный триодный тиристор, симистор, триак

Thyristorantrieb m тиристорный привод

Thyristordiode f диодный тиристор, динистор; симметричный диодный тиристор, диак

Thyristoreffekt m элн тиристорный эффект, эффект «защёлкивания»

Thyristorgleichrichter m тиристорный выпрямитель

Thyristoroptron n тиристорная оптопара, тиристорный оптрон

Thyristorschalter m тиристорный ключ; тиристорная переключательная схема

Thyristorspannungsregler m тиристорный стабилизатор напряжения

Thyristorsteller m тиристорный преобразователь-регулятор

Thyristorsteuerung f тиристорное управление

Thyristorstromrichter m тиристорный вентильный преобразователь

Thyristortetrode f тетродный тиристор

Thyristortriode f симметричный триодный тиристор, триак, симистор

Thyristorwechselrichter m тиристорный инвертор

THz-Bereich m терагерцевый диапазон

Tide f прилив

Tiden f pl приливы и отливы

Tidenhub m амплитуда прилива

Tidestrom m приливное течение

Tiefätzen n, **Tiefätzung** f глубокое травление

Tiefausläufer метео отрог низкого давления (циклона)

Tiefbagger m экскаватор нижнего копания

Tiefbau m 1. стр. строительство подземных сооружений 2. прокладка наземных линий связи 3. горн. подземная разработка, разработка подземным способом; подземные работы

Tiefbehälter m подземный резервуар

Tiefbohren n 1. глубокое бурение 2. маш. глубокое сверление

Tiefbohrtechnik f техника глубокого бурения

Tiefbohrung f глубокая скважина

Tiefbrunnen m глубокий трубчатый колодец

Tiefbrunnenpumpe f глубинный насос

Tiefdecker m ав. моноплан с низкорасположенным крылом

Tiefdruck m полигр. глубокая печать

Tiefdruckgebiet n метео область пониженного давления, циклон

Tiefe f глубина

Tiefengesteine n pl геол. абиссальные [глубинные] интрузивные горные породы

Tiefenlehre f см. Tiefenmeßschieber

Tiefenmeßgerät n маш. глубиномер

Tiefenmeßschieber m маш. штангенглубиномер

Tiefenschärfe f опт., фото глубина резкости

Tiefenwirkung f стереоскопический эффект; перспектива

Tiefflug m полёт на малой высоте; бреющий полёт

Tiefgang m осадка (судна)

Tiefgründung f глубокое заложение; фундамент глубокого заложения

Tiefkracken n глубокий крекинг

Tiefkühlfach n низкотемпературное [морозильное] отделение (домашнего холодильника)

Tiefkühlschrank m (шкаф-)морозильник

Tiefkühltruhe f морозильный [низкотемпературный] ларь

Tiefkühlung f глубокое охлаждение; быстрое замораживание

Tiefladeanhänger m см. Tieflader

Tiefladegüterwagen m платформа с пониженной грузовой площадкой; транспортёр

Tiefladelinie f мор. грузовая ватерлиния

Tieflader m (большегрузный) низкорамный прицеп

Tiefladewagen m 1. ж.-д. платформа с пониженной грузовой площадкой; транспортёр 2. см. Tieflader

Tieflöffelbagger m (одноковшовый) экскаватор с обратной лопатой

Tiefofen m мет. нагревательный колодец

Tiefpaß m фильтр нижних частот

Tiefpumpe f глубинный насос

Tiefpumpenförderung f глубинно-насосная добыча

Tiefschnitt m нижнее копание (при разработке грунта экскаватором)

Tiefsee f абиссаль

Tiefseeablagerungen pl абиссальные отложения

Tiefseebohrung f глубоководная скважина

Tiefseegraben *m* океанический глубоководный жёлоб, глубоководная впадина
Tiefseekugel *f* батисфера
Tiefseetauchgerät *n* глубоководный аппарат
Tiefstrahler *m* глубокоизлучатель
Tieftemperaturbehandlung *f* низкотемпературная обработка
Tieftemperaturbeständigkeit *f* хладостойкость
Tieftemperaturchemie *f* химия низких температур
Tieftemperaturphysik *f* физика низких температур
Tieftemperaturschaltelement *n* криотрон
Tieftemperaturschaltung *f* криогенная схема
Tieftemperaturspeicher *m* криогенная память, криогенное ЗУ
Tieftemperaturtechnik *f* техника низких температур
Tieftemperaturverkokung *f* полукоксование, швелевание
Tieftöner *m* громкоговоритель для воспроизведения низких (звуковых) частот, низкочастотный громкоговоритель
Tiefungsversuch *m* испытание на выдавливание листов и лент (*технологическое испытание для определения способности листового металла подвергаться вытяжке при холодной штамповке*)
~ **nach Erichsen** проба Эриксена, испытание по Эриксену (*технологическая проба, основанная на вдавливании сферического пуансона в зажатый между матрицей и прижимным кольцом образец и измерении глубины полученной лунки*)
Tiefziehbarkeit *f* способность (*металла*) к глубокой вытяжке
Tiefziehen *n* глубокая вытяжка
Tiefziehpresse *f* пресс для глубокой вытяжки
Tiefziehversuch *m* испытание на глубокую вытяжку
Tiegel *m* тигель
Tiegelofen *m* тигельная печь
Tiegelschmelzen *n* тигельная плавка
Tiegelverfahren *n* тигельный метод, зонная плавка в тигле
Tiegelzange *f* тигельные щипцы
Tiegelziehverfahren *n* метод Чохральского, метод выращивания кристаллов по Чохральскому
Tiegelzüchtungsverfahren *n* метод выращивания монокристаллов плавкой в тигле (*по Чохральскому или Бриджмену*)
Tierheilkunde *f* ветеринария
Tierkreis *m* *астр.* зодиак, пояс зодиака
Tierkreislicht *n* *астр.* зодиакальный свет
Tierkreis-Sternbilder *n pl астр.* зодиакальные созвездия
Tierkreiszeichen *n pl астр.* знаки зодиака
Tierzucht *f* животноводство
Tierzuchtlehre *f* зоотехния, зоотехника
Timeout *n* блокировка по времени; тайм-аут
Timer *m* таймер
Timer/Counter *m* счётчик-таймер, таймер/счётчик
Timer-IC *n*, **Timer-IS** *f*, **Timer-Schaltkreis** *m* ИС таймера, таймерная ИС
Time-Sharing *n вчт* разделение времени; режим разделения времени
Time-Sharing-Betrieb *m* режим разделения времени; работа в режиме разделения времени
Time-Sharing-Monitor *m* монитор разделения времени
Timing *n* 1. синхронизация; тактирование 2. хронирование; задание временны́х интервалов 3. временна́я диаграмма
Timing-Diagramm *n* временна́я диаграмма
Timistor *m* тимистор
Tintenstrahldrucker *m* струйное печатающее устройство (*с разбрызгиванием красителя*)
Tintenstrahlplotter *m* струйный графопостроитель
Tippdruckknopf *m* толчковая клавиша, клавиша управления толчковым режимом
Tipp-Steuerung *f* толчковое [шаговое] управление
Tipptaste *f см.* **Tippdruckknopf**
Tiptank *m ав.* консольный бак
Tischdrehmaschine *f* настольно-токарный станок
Tischlerleim *m* столярный клей
Tischlerplatte *f* столярная плита
Tischlerwerkzeug *n* столярный инструмент
Tischplotter *m* планшетный графопостроитель
Tischrechner *m* настольная ЭВМ
Titan *n* титан, Ti
Titandioxid *n* диоксид титана, оксид титана(IV), TiO_2
Titanieren *n* титанирование
Titanlegierungen *f pl* титановые сплавы
Titanomagnetit *m мин.* титаномагнетит

Titanoxid *n см.* **Titandioxid**
Titanschwamm *m* губка титана
Titanweiß *n* титановые белила
Titer *m хим.* титр
Titration *f хим.* титрование
Titrieranalyse *f см.* **Titrimetrie**
Titrierung *f* титрование
Titrimetrie *f* титриметрический анализ, титриметрия
TL-Triebwerk *n см.* **Turbinen-Luftstrahltriebwerk**
TNT-Äquivalent *n см.* **Trotyläquivalent**
T-Nut *f* Т-образный паз
Tochterkarte *f,* **Tochterplatine** *f элн* дополнительная плата
Tochterkompaß *m* (компас-)репитер
Tochtersichtgerät *f* выносной индикатор
Token *n* 1. *вчт* маркер, эстафетный сигнал 2. лексема (*единица текста между двумя пробелами*)
Token-Bus *m* шина передачи маркера (*ЛВС с магистральной топологией*), эстафетная шина
Token-Bus-LAN *n* ЛВС с магистральной топологией и эстафетным доступом
Token-Netz *n* (локальная) сеть с эстафетным доступом, эстафетная сеть
Toleranz *f* допуск
~, **enge** жёсткий допуск
Toleranzausfall *m* частичный отказ
Toleranzdosis *f* максимально допустимая доза (*ионизирующего излучения*)
Toleranzeinheit *f* единица допуска
Toleranzfeld *n* поле допуска
Toleranzlehre *f* предельный калибр
Toleranzsystem *n* система допусков
Toluidin *n* толуидин
Toluol *n* толуол
Tombak *m* томпак
Tomografie *f* томография
Ton I *m* тон; звук
Ton II *m* глина
Tonabnehmer *m* звукосниматель
Tonarm *m* тонарм
Tonatelier *n* студия звукозаписи
Tonaufnahme *f* запись звука, звукозапись
Tonaufnahmegerät *n* звукозаписывающий аппарат
Tonaufnahmeraum *m* студия звукозаписи
Tonaufzeichnung *f* звукозапись
Tonband *n* магнитная лента для звукозаписи

Tonbandgerät *n* магнитофон
Tonbandkassette *f* магнитофонная кассета; кассета с магнитной лентой
Tonbindung *f* глиняная связка
Tonboden *m* 1. глинистая почва 2. глинистый грунт
Toner *m* 1. *фото* реактив для вирирования, вирирующее [тонирующее] вещество 2. тонер, электрографический проявитель, красящий порошок (*для электрографического проявления и закрепления изображений*)
Tonerbad *n фото* вираж
Tonerde *f* глинозём
Tonerdesilikatstein *m* алюмосиликатный кирпич
Tonerdezement *m* глинозёмистый цемент
Tonfilm *m* 1. звуковой (кино)фильм 2. звуковое кино
Tonfrequenz *f* звуковая частота
Tonfrequenzgenerator *m* генератор звуковой частоты
Tonfrequenztelefonie *f* тональное телефонирование
Tonfrequenztelegrafie *f* тональное телеграфирование
Tongemisch *n* сложный звук
Tongenerator *m* генератор звуковой частоты; звуковой генератор
Tongrube *f* глиняный карьер
Tonhöhe *f* высота звука
Tonhöhenschwankungen *pl* детонация (*при воспроизведении записи*); коэффициент детонации
Tonkamera *f* синхронный киносъёмочный аппарат (*см. тж* **Bildtonkamera**)
Tonkanal *m тлв* канал звукового сопровождения
Tonkopf *m* магнитная головка (*магнитофона*)
Tonmischer *m* глиномешалка
Tonmörtel *m* глинистый раствор
Tonnage *f* тоннаж
Tonne I *f* тонна
Tonne II *f* 1. бочка 2. *мор.* буй
Tonnengewölbe *n* цилиндрический свод
Tonnenkilometer *n* тонно-километр
Tonnenschale *f стр.* цилиндрический свод-оболочка
tonnlägig наклонный (*о пласте*)
Tonrille *f* канавка записи, звуковая канавка (*грампластинки*)
Tonrundfunk *m* звуковое радиовещание

Tonsäule *f* звуковая колонка
Tonschiefer *m* глинистый сланец
Tonschreiber *m* звукозаписывающий аппарат, рекордер
Tonschrift *f* фонограмма
Tonsignal *n* звуковой сигнал
Tonspülung *f* глинистый (промывочный) раствор (*в буровой технике*)
Tonspur *f* дорожка звукозаписи, звуковая дорожка; фонограмма
Tonstreifen *m* *кино* звуковая дорожка; фонограмма
Tonträger *m* 1. звуконоситель 2. *тлв* несущая звукового сопровождения
Tönung *f* оттенок; окраска
Tönungsshampoo *n* тональный шампунь
Tonung *f фото* вирирование, тонирование, окрашивание фотографических изображений
Tonverstärker *m* звукоусилитель
Tonwaren *f pl* керамические изделия
Tonwelle *f* тонвал (*магнитофона*)
Tonwertwiedergabe *f* цветопередача
Tonwiedergabe *f* звуковоспроизведение
Tonzeug *n* керамические изделия с плотным спёкшимся черепком
Tonziegel *m* глиняный кирпич
Tool *n вчт, прогр.* 1. инструментальное средство 2. вспомогательная программа 3. инструмент (*напр. в рисовальных системах*)
Topas *m мин.* топаз
Topf *m* прядильная кружка
Töpferei *f* гончарное ремесло
Töpferscheibe *f* гончарный круг
Töpferton *m* гончарная глина
Topfkreis *m элн* объёмный контур
Topfscheibe *f* чашечный (шлифовальный) круг
Topfspindel *f* центрифугальное веретено
Topfzeit *f* жизнеспособность (*клея, компаунда*)
Topochemie *f* топохимия
Topografie *f* 1. топография 2. топография, поверхностный рельеф (*полупроводниковой пластины*)
Topologie *f* топология
topologisch топологический
Topp *m мор.* топ
Top-Taste *f вчт* клавиша верхнего регистра
Tor *n* 1. затвор (*полевого транзистора*) 2. управляющий электрод (*напр. тиристора*) 3. *вчт, элн* вентиль, вентильная схема 4. *вчт* порт 5. ворота
Toradresse *f вчт* адрес порта

Torelektrode *f* затвор; управляющий электрод
Torf *m* торф
Torfbrikett *n* торфяной брикет
Torfgewinnung *f* добыча торфа, торфодобыча
Torflager *n* торфяник
Torfstreu *f* торфяная подстилка
Torimpuls *m* стробирующий импульс, строб-импульс, строб
Torkennlinie *f* входная характеристика
Torkretbeton *m* торкретбетон
Torkretieren *n* торкретирование
Torkretkanone *f* цемент-пушка
Torkretverfahren *n* торкретирование
Torleitung *f вчт* линия порта
Tornado *m метео* торнадо
Toroxid *n* подзатворный оксидный слой, оксидный слой затвора
Torpedo *m* торпеда
Torpedoboot *n* миноносец
Torpedobootzerstörer *m* эсминец
Torpedoflugzeug *n* самолёт-торпедоносец
Torpedoschnellboot *n* торпедный катер
Tor-Quellen-Kapazität *f* ёмкость затвор — исток
Tor-Quellen-Spannung *f* напряжение затвор — исток
Torr *n* торр, миллиметр ртутного столба, мм рт. ст.
Torsion *f* 1. кручение; скручивание 2. *мат.* кручение
Torrauschen *n* шум (токов) затвора
Torschaltung *f* вентильная схема; стробирующая схема; ключевая схема
Tor-Senken-Kapazität *f* ёмкость затвор — сток
Torsionsbandfeinzeiger *m*, **Torsionsfeinzeiger** *m* микрокатор
Torsionsfeder *f* 1. пружина кручения 2. крутильная пружина
Torsionsfederung *f* торсионная подвеска
Torsionsfestigkeit *f* 1. прочность при кручении 2. предел прочности при кручении, временное сопротивление кручению
Torsionsmesser *m* торсиометр
Torsionsmodul *m* модуль кручения, модуль упругости при сдвиге кручением
Torsionsmoment *n* крутящий момент
Torsionsschwingungen *f pl* крутильные колебания
Torsionsschwingungsdämpfer *m* гаситель крутильных колебаний
Torsionsspannung *f* напряжение кручения

Torsionsstab *m* торсион; стержень, работающий на кручение
Torsionssteifigkeit *f* жёсткость при кручении
Torsionsversuch *m* испытание на кручение; испытание на прочность при кручении
Torsionswaage *f* крутильные весы
Torsionswelle *f* торсионный вал
Torsionswiderstandsmoment *n* полярный момент сопротивления
Torsionswinkel *m* угол кручения
Torspannung *f* 1. напряжение затвора, напряжение на затворе (*полевого транзистора*) 2. напряжение на управляющем электроде (*тиристора*) 3. напряжение стробирующего сигнала
Torsteuerung *f* 1. стробирование; пропускание; селекция 2. вентильное действие 3. *вчт* контроллер (порта) ввода-вывода
Tortendiagramm *n* секторная диаграмма; круговая диаграмма
Torung *f* стробирование
Torus *m мат.* тор
Tosbecken *n гидр.* водобойный колодец
Totalausfall *m* полный отказ
~, **spontaner** катастрофический отказ
Totalkontrolle *f* сплошной контроль
Totalkrümmung *f* полная кривизна
Totalreflexion *f опт.* полное внутреннее отражение
Totalreflexionsmode *f* мода с полным внутренним отражением
Totgang *m* мёртвый ход; люфт
Tothub *m* мёртвый ход
Totlage *f* положение мёртвой точки; мёртвая точка
Totmanneinrichtung *f* 1. *ж.-д.* устройство бдительности; автостоп 2. *маш.* орган управления, отключающий оборудование при убранной руке оператора (*для обеспечения безопасности*)
Totmannknopf *n*, **Totmannkurbel** *f ж.-д.* рукоятка бдительности
Totpunkt *m* мёртвая точка
Totpunktlage *f см.* **Totlage**
Totwasser *n* стоячая вода
Totzeit *f* запаздывание; время запаздывания
Totzeitglied *n автм* звено с запаздыванием
Touchkey *n англ.* сенсорная клавиша
Touch-Keyboard *n англ.* сенсорная клавиатура
Touch-Screen *m англ.* сенсорный экран
Tourenrad *n* дорожный велосипед

Tourenzähler *m* счётчик оборотов; тахометр
Tower *m англ. ав.* командно-диспетчерский пункт, КДП; диспетчерская вышка, вышка КДП
Townsend-Entladung *f* тёмный разряд
T-Profil *n* тавровый профиль
T-Querschnitt *m* тавровое сечение
Trabant *m* спутник
Trace-Betrieb *m*, **Trace-Mode** *m*, **Trace-Modus** *m вчт* режим трассировки
Tracer *m вчт англ.* 1. индикатор; изотопный индикатор 2. *вчт* программа трассировки
Tracermethode *f* метод изотопных индикаторов, метод меченых атомов
Track *m англ.* 1. след; трек 2. *ав.* воздушный коридор 3. морская линия 4. *маш.* гибкая связь, гибкая тяга (*трос, ремень, цепь*)
Track-and-Hold-Schaltung *f элн* схема слежения и хранения
Track-and-Hold-Verstärker *m элн* усилитель слежения и хранения
Trackball *m*, **Tracker-Ball** *m вчт* шар трассировки, координатный шар, шар управления курсором
Track/Hold-Verstärker *m элн* усилитель слежения и хранения
Tracking *n англ.* 1. слежение; отслеживание 2. сопровождение (*цели*); слежение (*за целью*) 3. *вчт* трекинг, установка межстрочного интервала (*при печати*)
Trackingfilter *n* следящий фильтр
Trackinggenerator *m* генератор слежения
Tracking-Modus *m* режим слежения
Tracking-Station *f* станция слежения
Trackingverstärker *m* отслеживающий усилитель
Trafo *m см.* **Transformator**
Tragachse *f* опорная ось
Traganteil *m маш.* относительная опорная длина профиля
Tragbahre *f* носилки
Tragbalken *m* несущая балка
tragbar переносный, переносной; носимый
träge 1. инерционный 2. инертный
Träger *m* 1. *стр.* балка; несущая балка 2. *стр.* ферма 3. опора; кронштейн 4. носитель (*напр. носитель информации, носитель заряда*) 5. *элн, свз* несущая (*частота*) 6. подложка; основа; основание
~, **durchlaufender** неразрезная балка

TRÄGERSTROM

~, **einkristalliner** монокристаллическая подложка
~, **flexibler** гибкий носитель (*для монтажа ИС*)
~, **frei aufliegender** свободноопёртая балка
~, **magnetischer** магнитный носитель
~, **verspannter** вантовая ферма
Trägeraktivierung *f* активация носителей (заряда)
Trägeranregung *f* разогрев носителей (заряда)
Trägerart *f* тип носителей (заряда)
Trägerdampfdestillation *f* перегонка с паромносителем
Trägerdecke *f* балочное перекрытие
Trägerdichte *f* концентрация носителей (заряда)
Trägerdichtegefälle *n* градиент концентрации носителей (заряда)
Trägerdichteverteilung *f* распределение концентрации носителей (заряда)
Trägerdiffusion *f* диффузия носителей (заряда)
Trägerextraktion *f* экстракция носителей (заряда)
Trägerfilm *m*, **Trägerfilm-Carrier** *m* (гибкий) ленточный носитель [гибкая лента-носитель] в виде плёнки (*для автоматизированной сборки ИС*)
Trägerfilmbonden *n* автоматизированная сборка ИС на (гибком) ленточном носителе [на гибкой ленте-носителе] в виде плёнки
Trägerflugzeug *n* **1.** корабельный [палубный] самолёт, самолёт корабельной [палубной] авиации (*на авианосцах*) **2.** самолёт-носитель
Trägerfrequenz *f* несущая частота, несущая
Trägerfrequenzbetrieb *m* высокочастотная связь, ВЧ-связь
Trägerfrequenzdifferenz *f* разнос несущих
Trägerfrequenzkanal *m* канал несущей частоты, высокочастотный канал
Trägerfrequenzsystem *n* система высокочастотной связи
Trägerfrequenztechnik *f* высокочастотная связь, ВЧ-связь; техника высокочастотной связи; частотное уплотнение линий связи, частотное разделение каналов
Trägerfrequenztelefonie *f* высокочастотная телефония, ВЧ-телефония; высокочастотная телефонная связь
Trägerfrequenztelegrafie *f* частотное телеграфирование

Trägerfrequenzübertragung *f* передача на несущей частоте
Trägergas *n* **1.** электронный газ; дырочный газ **2.** газ-носитель (*диффузанта*) **3.** несущий газ (*основной газ в составе контролируемой атмосферы*)
Trägergasdiffusion *f* диффузия (примесей) в протоке газа-носителя, диффузия из газообразного источника
Trägergasdiffusionsverfahren *n* метод диффузии (примесей) в протоке газа-носителя
Trägerhafteffekt *m* эффект захвата (и рекомбинации) носителей (*в рекомбинационной ловушке*)
Trägerhaftung *f* захват (и рекомбинация) носителей (*в рекомбинационной ловушке*)
Trägerinjektion *f* инжекция носителей (заряда)
Trägerkatalysator *m* катализатор на неметаллической подложке
Trägerkonzentration *f* концентрация носителей (заряда)
Trägerkonzentrationsgefälle *n* градиент концентрации носителей (заряда)
Trägerkristall *m* кристалл-подложка
Trägerlaufzeit *f* время пролёта носителей (через базу)
Trägerlawine *f* лавина носителей (заряда)
Trägerlebensdauer *f* время жизни носителей (заряда)
Trägermaterial *n* **1.** материал основания (*печатной платы*) **2.** материал подложки, подложка
Trägermetallisierung *f* металлизация подложки
Trägermittel *n* носитель (*средство доставки ядерных зарядов*)
Trägermultiplikation *f* лавинное умножение, лавинное размножение носителей
Trägerpaarbildung *f*, **Trägerpaarerzeugung** *f*, **Trägerpaargeneration** *f* генерация электронно-дырочных пар
Trägerplatine *f* несущая плата
Trägerrakete *f* ракета-носитель
Trägerrekombination *f* рекомбинация носителей (заряда)
Trägersorte *f* тип носителей (заряда)
Trägerstoff *m* носитель
Trägerstreifen *m* (гибкий) ленточный носитель, (гибкая) лента-носитель (*с выводами для присоединения кристаллов ИС*)
Trägerstrom *m* ток несущей частоты

TRÄGERSTROMTECHNIK

Trägerstromtechnik *f см.* **Trägerfrequenztechnik**
Trägersubstrat *n* подложка
Trägertransport *m* перенос носителей (заряда)
Trägertransportmechanismus *m* механизм переноса носителей (заряда)
Trägervernichtung *f* аннигиляция носителей (заряда)
Trägerwalzwerk *n* рельсобалочный (прокатный) стан
Trägerwerkstoff *m* материал основания (*печатной платы*)
Tragfähigkeit *f* 1. *стр.* несущая способность 2. грузоподъёмность (*транспортного средства, крана*) 3. *мор.* дедвейт
Tragfläche *f* 1. *ав.* несущая поверхность; (несущая) плоскость; крыло 2. опорная поверхность; несущая поверхность
Tragflächenboot *n*, **Tragflächenschiff** *n* судно на подводных крыльях
Tragflügel *m ав.* крыло
~, **schwenkbarer** поворотное крыло
Tragflügelboot *n см.* **Tragflächenboot**
Tragflügeltheorie *f ав.* теория крыла
Traggerüst *n* став (*конвейера*)
Traggurt *m* лямка (*напр. парашюта*)
Trägheit *f* 1. инерция 2. инерционность 3. инертность
Trägheitsgesetz *n физ.* закон инерции (*первый закон Ньютона*)
Trägheitsglied *n автм* инерционное звено
Trägheithalbmesser *n* радиус инерции
Trägheitskonstante *f* постоянная инерции
Trägheitskraft *f* сила инерции
Trägheitskreis *m физ.* круг Мора
trägheitslos безынерционный
Trägheitsmoment *n* момент инерции
Trägheitsnavigation *f* инерциальная навигация
Trägheitsplattform *f* инерциальная платформа
Trägheitsverhalten *n* инерционность
Tragkabel *n* несущий канат
Tragkonstruktion *f* несущая конструкция
Tragkörper *m* основание
Tragkranz *m см.* **Tragring** 2.
Traglast *f* грузоподъёмность (*напр. крана*)
Traglufthalle *f стр.* пневматическое воздухоопорное *или* воздухонесомое сооружение (*спортивный зал, павильон*); зал [павильон] с пневмоопорным или пневмонесомым покрытием
Tragluftkonstruktion *f* пневматическая строительная конструкция (*воздухоопорная или воздухонесомая*); пневматическое воздухоопорное *или* воздухонесомое сооружение
Tragplatte *f* опорная плита
Tragrahmen *m* несущая [опорная] рама
Tragring *m* 1. опорное кольцо 2. *мет.* мараторное кольцо, маратор (*доменной печи*)
Tragrolle *f* 1. опорный ролик 2. опорный каток (*гусеницы*)
Tragrollensatz *f* роликовая опора, роликоопора
Tragschicht *f* основание (*дорожной одежды*)
Tragschraube *f* несущий винт (*вертолёта*)
Tragseil *n* несущий трос; несущий канат
Tragstütze *f* опорный кронштейн
Tragwerk *n* 1. *стр.* несущая конструкция 2. пролётное строение (*моста*); ферма (*пролетного строения моста*) 3. несущие поверхности (*самолета*)
Tragzahl *f*, **dynamische** динамическая грузоподъёмность (*подшипника*)
Trailerschiff *n* трейлерное судно
Trainer *m* тренажёр
Trainieren *n* тренировка (*материала*)
Trainingsgerät *n* тренажёр
Trajekt *m*, *n см.* **Trajektschiff**
Trajektorie *f* траектория
Trajektschiff *n* железнодорожный паром
Traktion *f ж.-д.* тяга
~, **elektrische** электрическая тяга, электротяга
Traktionskoeffizient *m* тяговый коэффициент
Traktionsmotor *m* тяговый (электро)двигатель
Traktor *m* 1. трактор 2. устройство протяжки бумаги (*в печатающих устройствах*)
Traktorenbau *m* тракторостроение
Traktorführung *f см.* **Traktor** 2.
Traktorenwerk *n* тракторный завод
Traktrix *f мат.* трактриса
Tran *m* жир (*морских млекопитающих и рыб*)
Tränengas *n* слезоточивый газ
Tränke *f* поилка
Tränkmasse *f* пропиточный состав
Tränkmetalle *n pl* металлы и сплавы для инфильтрации [для заполнения пор] порошковых формовок
Tränkung *f* пропитывание, пропитка
Transadmittanz *f* полная межэлектродная проводимость
Transaktion *f вчт* 1. транзакция (*последовательность операций пользователя над базой данных, сохраняющая ее логическую це-*

лостность); обработка запроса (*в диалоговой системе*) 2. входное сообщение
Transaktionsdatei *f*, **Transaktionsfile** *n вчт* 1. файл транзакций; файл входных сообщений; журнал транзакций 2. файл изменений (*основного файла*)
Transaktionssteuerung *f вчт* управление транзакциями
Transaktionssystem *n вчт* диалоговая система обработки запросов
Transaktionsverarbeitung *f вчт* 1. обработка транзакций 2. диалоговая обработка запросов
Transceiver *m* приёмопередатчик
Transducer *m* измерительный преобразователь
Transducer-Verstärker *m* усилитель-преобразователь
Transduktor *m* трансдуктор; магнитный усилитель; магнитный регулятор
Transduktorregler *m* магнитный регулятор
Transduktorverstärker *m* магнитный усилитель
Transfer *m* передача; перенос; транспортировка
Transferase *f биол.* трансфераза
Transferbefehl *m вчт* команда пересылки (*данных*)
Transferbereich *m* область переноса носителей
Transferdruck *m текст.* переводное печатание
Transfereinrichtung *f* транспортное устройство (*автоматической линии*); транспортирующее устройство; транспортирующий механизм
Transferkennlinie *f* передаточная характеристика, характеристика (прямой) передачи (*полевого транзистора*)
Transfermaschine *f* многопозиционный агрегатный станок, многопозиционный станок-автомат
Transferpresse *f* 1. *мет.* пресс последовательного действия 2. *пласт.* литьевой пресс, пресс для литьевого прессования
Transfer-RNS *f биол.* транспортная РНК
Transferstraße *f* автоматическая (станочная) линия
~, **flexible** гибкая автоматическая линия
Transferstrom *m* ток переноса носителей (*к эмиттеру или коллектору*), электронный ток переноса
Transfervorrichtung *f* транспортное [подающее] приспособление
Transfluxor *m* трансфлюксор

Transfokator *m* трансфокатор, оптическая система с переменным фокусным расстоянием; объектив с переменным фокусным расстоянием
Transformation *f* 1. трансформация; превращение; преобразование 2. *мат.* преобразование
Transformationsgruppe *f мат.* группа преобразований
Transformator *m* трансформатор
~ **mit Luftbelüftung** трансформатор с искусственным воздушным охлаждением
Transformatorenblech *n* трансформаторная сталь
Transformator(en)häuschen *n* трансформаторная будка
Transformator(en)öl *n* трансформаторное масло
Transformatorselsyn *n* сельсин-трансформатор
Transformierte *f мат.* трансформанта
Transgression *f геол.* трансгрессия (моря)
Transientenanalysator *m* анализатор переходных процессов
Transientenanalyse *f* анализ переходных процессов
Transientenrecorder *m* регистратор переходных процессов
Transistor *m* транзистор
~, **basisgeerdeter** транзистор в схеме с общей базой
~, **bidirektionaler** симметричный транзистор
~, **bipolarer** биполярный транзистор
~, **diffundierter** диффузионный транзистор
~, **diffusionslegierter** диффузионно-сплавной транзистор
~, **emittergeerdeter** транзистор в схеме с общим эмиттером
~ **in Basisschaltung** транзистор в схеме с общей базой
~ **in Emitterschaltung** транзистор в схеме с общим эмиттером
~ **in Kollektorschaltung** транзистор в схеме с общим коллектором
~, **integrierter** интегральный транзистор
~, **kollektorgeerdeter** транзистор в схеме с общим коллектором
~, **lateraler** транзистор с горизонтальной структурой, горизонтальный транзистор
~, **legierungsdiffundierter** диффузионно-сплавной транзистор
~ **mit diffundierter Basis** транзистор с диффузионной базой

TRANSISTOR

~ **mit durchlässiger Basis** транзистор с проницаемой базой

~ **mit epitaxial aufgewachsener Basis** транзистор с эпитаксиальной базой

~ **mit gemeinsamer Basis** транзистор в схеме с общей базой

~, **monolithischer** полупроводниковый интегральный транзистор, монолитный транзистор

~, **oberflächengesteuerter** поверхностно-управляемый (биполярный) транзистор

~, **optischer** оптотранзистор

~, **raumladungsbegrenzter** транзистор с ограничением тока объёмным зарядом

~ **vom Anreicherungstyp** (МДП-)транзистор с обогащением канала, (МДП-)транзистор, работающий в режиме обогащения

~ **vom Verarmungstyp** (МДП-)транзистор с обеднением канала, (МДП-)транзистор (со встроенным каналом), работающий в режиме обеднения

Transistorarray *n* транзисторная матрица

Transistordurchgangswiderstand *m* проходное сопротивление транзистора

Transistorempfänger *m* транзисторный радиоприёмник

Transistorersatzschaltbild *n* эквивалентная схема транзистора, модель транзистора

Transistorfeld *n* транзисторная матрица

Transistorfunktion *f* транзисторный элемент (логической) ИС; транзисторная функция

Transistorgehäuse *n* корпус транзистора, транзисторный корпус

Transistorgrundschaltungen *f pl* основные схемы включения транзистора

transistorisiert транзисторный, на транзисторах

Transistorkanal *m* канал транзистора

Transistorkenngröße *f* параметр транзистора

Transistorkennlinie *f* характеристика транзистора

Transistorkopplung *f* транзисторная связь

Transistorlastwiderstand *m* нагрузочный транзистор

Transistorlogik *f* транзисторная логика

~, **diodengekoppelte** диодно-транзисторная логика, ДТЛ

~, **direktgekoppelte** транзисторная логика с непосредственными связями, ТЛНС

~, **emittergekoppelte** транзисторная логика с эмиттерными связями, ТЛЭС

Transistorlogikschaltungen *f pl* транзисторные логические схемы

Transistoroptron *n* транзисторный оптрон

Transistorparameter *m pl* параметры транзистора

Transistorrauschen *n* шумы транзистора

Transistorruhespannung *f* напряжение закрытого транзистора

Transistorruhestrom *m* ток закрытого транзистора, ток утечки

Transistorschalter *m* транзисторный ключ

~, **bipolarer** ключ на биполярных транзисторах, биполярный ключ

~, **unipolarer** ключ на полевых транзисторах

Transistorschaltung *f* транзисторная схема

Transistorstufe *f* транзисторный каскад

Transistortetrode *f* динистор, диодный тиристор

Transistor-Transistor-Logik *f* транзисторно-транзисторная логика, ТТЛ

Transistorverstärker *m* транзисторный усилитель

Transistorwiderstand *m* 1. (проходное) сопротивление транзистора 2. нагрузочный транзистор, транзистор, выполняющий роль динамической нагрузки (*в транзисторном ключе или усилителе*)

Transistor-Widerstands-Logik *f* резисторно-транзисторная логика, РТЛ

Transistorzelle *f* транзисторная ячейка

Transition-Rauschen *n* шум переходного процесса; шум(ы) переходных процессов

Transitroneffekt *m* транзитронный эффект

Transitronoszillator *m* транзитронный генератор

Transkoder *m* *тлв* транскодер

Transkodierung *m* *тлв* транскодирование

Transkonduktanz *f* крутизна (*напр. проходной вольт-амперной характеристики транзистора*)

Transkription *f* *биол.* транскрипция (*биосинтез молекул РНК на соответствующих участках ДНК*)

transkritisch закритический

Translation *f* 1. *крист.* трансляция 2. *мат.* параллельный перенос, сдвиг

Translationsgitter *n* *крист.* трансляционная решётка, решётка Браве

Translationsschale *f* *стр.* оболочка переноса

Translationsschwingung *f* поступательная вибрация

translatorisch поступательный
Transmission f 1. *физ., опт.* пропускание 2. *маш.* трансмиссия
Transmissionsantrieb m трансмиссионный привод
Transmissionselektronenmikroskopie f просвечивающая электронная микроскопия
Transmissionsgate n, **Transmissionsgatter** n передающий вентиль, передающий вентильный элемент
Transmissionsgrad m *опт.* коэффициент пропускания
Transmissionsöl n трансмиссионное масло
Transmissionsphasenschieber m проходной фазовращатель
Transmissionspolarisator m проходной поляризатор
Transmissionsrastermikroskop n растровый просвечивающий электронный микроскоп
Transmissionswelle f трансмиссионный вал
Transmittanz f передаточная проводимость
Transmitter m *тлг* трансмиттер
Transmutation f *физ.* распад, акт распада (*радионуклида*); превращение
transparent прозрачный
Transparentlatch m прозрачная защёлка; прозрачный регистр-защёлка
Transparentpapier n калька
Transparenz f прозрачность
Transparenzgrad m *физ.* коэффициент пропускания
Transponder m 1. (бортовой) ответчик (*в системе радиолокации с активным ответом*) 2. приёмопередатчик на ИСЗ, ретранслятор (*в спутниковой системе связи*)
Transponierung f транспонирование
Transport m 1. транспортирование; перевозка 2. транспорт 3. *физ.* перенос 4. протяжка (*напр. магнитофонной ленты*)
~, **innerbetrieblicher** внутризаводской транспорт
~, **schienengebundener** рельсовый транспорт
~, **schienenloser** безрельсовый транспорт
Transport- und Lagersystem n транспортно-складская система
Transport- und Speichersystem n транспортно-накопительная система
Transport- und Verarbeitungsschiff n плавучая база, плавбаза
Transportanlagen f pl транспортное оборудование

Transportband n конвейерная [транспортёрная] лента; (ленточный) конвейер, (ленточный) транспортёр
Transportbehälter m контейнер; транспортная тара
Transportbeton n товарный бетон
Transporteinrichtung f транспортное устройство
Transporter m 1. *мор.* транспорт 2. *косм.* транспортный (космический) корабль, «грузовик»
Transporteur m транспортир
Transportfahrzeug n транспортная машина
Transportfaktor m *элн* коэффициент переноса (носителей)
Transportflugzeug n транспортный самолёт
Transportgleichung f *физ.* уравнение переноса
Transportmechanismus m *элн* механизм переноса (носителей)
Transportmittel n транспортное средство
Transportnetz n транспортная сеть
Transportoptimierung f оптимизация перевозок
Transportpfanne f *мет.* ковш-чугуновоз, чугуновоз
Transportproblem n *мат.* транспортная задача
Transportprotokoll n транспортный протокол, протокол транспортного уровня (*сети передачи данных*)
Transportraumschiff n транспортный космический корабль
Transportreaktionen f pl транспортные химические реакции
Transportroboter m транспортный робот
Transportrolle f лентопротяжный ролик
Transportschiff n *мор.* транспорт
Transportschnecke f транспортный шнек, винт (*винтового конвейера*)
Transportsteuerung f *ж.-д.* управление перевозками
Transportsystem n транспортная система
Transportwagen m транспортная тележка
Transposition f транспозиция
Transputer m транспьютер (*высококачественный однокристальный 32-разрядный микропроцессор*)
Transrob m трансманипулятор
Transshipment n *англ. мор.* фидерные перевозки; магистрально-фидерная система перевозок
transsonisch *ав.* околозвуковой, трансзвуковой

TRANSURANE

Transurane *n pl хим.* трансурановые элементы, трансураны
transversal поперечный, трансверсальный
Transversalfilter *n* трансверсальный фильтр
Transversalmaßstab *m* поперечный масштаб
Transversalspuraufzeichnung *f* поперечно-строчная запись
Transversalverschiebung *f* сдвиг
Transversalwelle *f* поперечная волна
Transverter *m* (транзисторный) преобразователь постоянного напряжения
transzendent трансцендентный
Trap *m англ. элн* ловушка захвата (носителей), ловушка
TRAPATT-Betrieb [Trapped Plasma Avalanche-Triggered Transit...] *m* лавинно-ключевой режим
TRAPATT-Diode *f* лавинно-ключевой диод
Trapez *n* трапеция
~, **gleichschenkliges** равнобочная трапеция
Trapezformel *f мат.* формула трапеций (*для приближенного интегрирования*)
trapezförmig трапецеидальный
Trapezgewinde *n* трапецеидальная резьба
Trapezoeder *n* трапецоэдр
Trapezoid *n* трапецоид
Trapniveau *n элн* уровень захвата
Traprelaxationszeit *f элн* время релаксации ловушек
Traps *m стр.* сифон
Trapumladung *f элн* перезаряд ловушек
Trapumladungsmechanismus *m элн* механизм перезаряда ловушек
Trapzentrum *n элн* ловушка захвата (носителей), ловушка
Traß *m геол.* трасс
Trasse *f* трасса
Trassierung *f* трассирование, трассировка
Traßzement *m* трассовый цемент
Traubenpresse *f* виноградный пресс
Traubenzucker *m* виноградный сахар, глюкоза
Traufe *f* водосточный жёлоб
Träufelwicklung *f эл.* обмотка внавал
Traverse *f* 1. траверса 2. поперечная балка, поперечина 3. *гидр.* траверс
Travertin *m* травертин, известковый туф
Trawler *m* траулер
Treber *pl* (пивная) дробина
Trecker *m* (трактор-)тягач
Treffplatte *f* мишень (*напр. ускорителя*)
Treffpunkt *m* точка встречи

Treibarbeit *f* 1. *мет.* купеляция 2. чеканка
Treibeis *n* плавучий лёд; дрейфующий лёд
Treiben *n* 1. разгонка (*способ обработки листового металла*) 2. чеканка 3. *мет.* купеляция 4. расширение; вспучивание
~ **des Gußeisens** рост чугуна
Treiber *m* 1. задающий каскад; возбудитель 2. активный [управляющий] транзистор 3. *вчт* (усилитель-)формирователь, драйвер 4. драйвер (*программа*) 5. *текст.* гонок
Treiber/Empfänger-Schaltkreis *m* ИС (магистрального) приёмопередатчика
Treiberfähigkeit *f* нагрузочная способность
Treibergatter *n* вентиль-формирователь
Treiberimpuls *m* возбуждающий импульс; запускающий импульс
Treiberleistung *f* мощность возбуждающего каскада; мощность возбуждения
Treiberschaltkreis *m* ИС формирователя
Treiberschaltung *f* 1. возбуждающая схема; задающий контур 2. *вчт* формирователь, ИС формирователя
~, **intergrierte** ИС формирователя
Treiberstrom *m* 1. ток формирователя 2. возбуждающий ток; управляющий ток
Treiberstufe *f* задающий каскад; возбуждающий каскад
Treibertransistor *m* активный [управляющий] транзистор
Treiber-Verstärker *m* усилитель-формирователь, ИС усилителя-формирователя
Treibgas *n* 1. газообразное (моторное) топливо 2. рабочий газ, рабочее тело (*в газовых, ракетных двигателях*) 3. газ-порообразователь 4. пропеллент (*газ, под давлением которого происходит распыление аэрозоля*)
Treibhammer *m* разгонный молоток
Treibhaus *n* теплица
Treibhauseffekt *m* парниковый эффект
Treibkeil *m* клиновая шпонка
Treibmittel *n* 1. порообразователь; вспенивающее средство, вспениватель; газообразователь; порофор 2. *стр.* расширительная добавка 3. пропеллент (*в аэрозольных распылителях*) 4. метательное взрывчатое вещество
Treibmittelpumpe *f* струйный вакуумный насос
Treibofen *m мет.* купеляционная печь
Treibrad *n маш.* ведущее колесо, ведущая шестерня
Treibriemen *m* приводной ремень

Treibsatz *m* заряд твёрдого топлива (*для твердотопливного ракетного двигателя*)
Treibscheibe *f* шкив; ведущий шкив; передаточный шкив
Treibsitz *m маш.* тугая посадка
Treibstange *f ж.-д.* 1. ведущее дышло 2. шатун
Treibstoff *m* топливо, горючее
Treibstoffdurchsatz *m* расход топлива (*в кг/с*; *характеристика ракетного двигателя*)
Treibstoffleitung *f* топливопровод
Treibstofförderanlage *f* система подачи топлива; турбонасосный агрегат
Treibwasserpumpe *f яд.* циркуляционный насос
trennbar разъёмный
Trennbaustein *m* модуль развязки
Trennbruch *m* хрупкий излом
Trenndiffusion *f* разделительная [изолирующая] диффузия
Trenndiode *f* буферный диод
Trennen *n* 1. разделение; отделение 2. разъединение; размыкание 3. резание, резка
Trenner *m свз* разъединитель
Trennfestigkeit *f* 1. прочность на отрыв, сопротивление отрыву 2. сопротивление расслаиванию
Trennfläche *f см.* **Trennungsfläche** 1., 2., 5.
Trennfuge *f* 1. разъём 2. *элн* воздушный промежуток; изолирующая V-канавка, изолирующая V-образная канавка 3. *геол.* трещина отдельности (*в горных породах*)
Trennfugenisolation *f* изоляция (*элементов ИС*) воздушными промежутками; изоляция V-канавками
Trennkanalisation *f* раздельная система канализации
Trennkreis *m* 1. *рад.* развязывающая цепь 2. *автм* разделительная цепь
Trennmittel *n пласт.* смазка (*для пресс-форм*)
Trennprogramm *n* программа автоматического ввода переносов; блок проверки правильности переносов
Trennrohr *n* термодиффузионное устройство для разделения газовых смесей, термодиффузионная труба; термодиффузионное устройство для разделения изотопов
Trennsäule *f* разделительная колонна
Trennschalter *m эл.* разъединитель
Trennschaltung *f* развязывающая схема, схема развязки

Trennschärfe *f* избирательность, селективность (*радиоприемника*)
Trennscheibe *f* отрезной диск, отрезной круг
Trennschicht *f* изолирующий [разделительный] слой
Trennschleifen *n* абразивная отрезка
Trennschleifmaschine *f* абразивно-отрезной станок
Trennschleuder *f* центробежный сепаратор, центрифуга
Trennschnitt *m* отрезной штамп
Trennstelle *f*, **sichtbare** *эл.* видимый разрыв (фазы)
Trennstreifen *m авто* разделительная полоса (*автомобильной дороги*)
Trennsystem *n* раздельная система канализации
Trenntransformator *m* развязывающий [разделительный] трансформатор
Trennung *f* 1. разделение 2. разъединение; разобщение; размыкание 3. разделение; развязка 4. выделение (*напр. сигнала*)
~ **durch Optokoppler, galvanische** оптронная гальваническая развязка
~ **durch Transformatoren** трансформаторная развязка
~ **durch Übertrager, galvanische** трансформаторная гальваническая развязка
~, **galvanische** гальваническая развязка
~ **der Variablen** *мат.* разделение переменных
Trennungsfläche *f* 1. поверхность раздела (*напр. фаз*) 2. поверхность разъёма 3. плоскость спайности (*кристалла*) 4. *геол.* плоскость отдельности 5. поверхность разрыва (непрерывности) (*в аэрогидродинамике*)
Trennverfahren *n* 1. метод разделения 2. *см.* **Trennsystem**
Trennverstärker *m* развязывающий усилитель
Trennwand *f* перегородка; диафрагма; мембрана
Trennwanddiffusion *f* диффузия через полупроницаемую мембрану; мембранное разделение (*газовых или жидких смесей*)
Trennwerkzeug *n* отрезной штамп
Trennwirkung *f* избирательность, селективность (*радиоприемника*)
Treppe *f* 1. лестница 2. трап 3. *гидр.* каскад
Treppenfunktion *f* ступенчатая функция
Treppenhaus *n* лестничная клетка
Treppenhausschaltung *f* автомат лестничного освещения

TREPPENLAUF

Treppenlauf *m* лестничный марш

Treppenspannung *f* напряжение ступенчатой формы, ступенчатое (линейно изменяющееся) напряжение, СЛИН

Treppenspannungsgenerator *m* генератор ступенчатого линейно изменяющегося напряжения, генератор СЛИН

Treppenwange *f* косоур (*лестницы*); тетива (*деревянной лестницы*)

Trester *pl* (виноградные *или* плодово-ягодные) выжимки

Tretkurbel *f* шатун (*каретки велосипеда*)

Tretlager *n* каретка (*велосипеда*)

Tretwerk *n* ножной привод

Triac *m* триак, симметричный триодный тиристор, симистор

Triade *f* триада

Triangulation *f*, **Triangulierung** *f* триангуляция

Trias *f геол.* триас, триасовая система

Triazetatfaser *f* триацетатное волокно

Triboelektrizität *f* трибоэлектричество

Tribologie *f* трайбология, трибология

Triboluminezenz *f* триболюминесценция

Tribotechnik *f* прикладная трайбология

Trichloräthen *n* трихлорэтилен, $Cl_2C=CHCl$

Trichter *m* 1. воронка 2. воронка; кратер 3. рупор; раструб 4. литниковая чаша; литник; прибыль

Trichterantenne *f* рупорная антенна

Trichterwagen *m ж.-д.* хоппер

Trickaufnahme *f* 1. трюковая (кино)съёмка; комбинированная (кино)съёмка 2. трюк-запись

Trickfilm *m* 1. мультипликационный (кино)фильм 2. мультипликационное кино

Trickgenerator *m элн, тлв* генератор спецэффектов; генератор видеоэффектов

Trickkopiermaschine *f кино* машина трюковой печати, трюк-машина

Trickmaschine *f кино* трюк-машина

Trickmischer *m элн, тлв* микшер спецэффектов; микшер видеоэффектов

Tricktaste *f* трюк-клавиша, клавиша трюк-записи

Tricktisch *m кино* мультипликационный станок, мультстанок; мультипликационный стол, мультстол

Trickverfahren *n* метод трюковой киносъёмки

Tridymit *m мин.* тридимит

Trieb *m* приводной механизм; передача

Triebachsanhänger *m авто* прицеп с ведущим мостом

Triebachse ведущий мост (*автомобиля, трактора*)

Triebfahrzeug *n ж.-д.* тяговая единица (подвижного состава); локомотив; моторный вагон

Triebfahrzeuge *n pl ж.-д.* тяговый подвижной состав

Triebrad *n* ведущее колесо; приводное колесо

Triebsand *m* плывун

Triebstock *m маш.* цевочная рейка

Triebstockgetriebe *n маш.* цевочная передача, цевочный механизм

Triebstockverzahnung *f маш.* цевочное зацепление

Triebstockzahnrad *n маш.* цевочное (зубчатое) колесо

Triebwagen *m* моторный вагон

Triebwagenzug *m* моторвагонный поезд

Triebwerk *n* 1. двигатель; силовая установка; двигательная установка 2. *авто* силовой агрегат 3. *авто* «двигатель + трансмиссия» (*немецкий термин в данном значении не имеет эквивалента в русской терминологии и употребляется для обозначения совокупности двигателя и всех узлов и агрегатов трансмиссии*)

Triebwerksanlage *f* силовая установка; двигательная установка

Triebwerksbremse *f* 1. *авто* моторный тормоз (*вспомогательной тормозной системы*) 2. *ж.-д.* трансмиссионный тормоз

Triebwerkschub *m* тяга (реактивного) двигателя

Trieur *m с.-х.* триер

Trifokalglas *n* трифокальное стекло (*для очков*)

Trift *f лес.* молевой сплав

Triftraum *m элн* пространство дрейфа (*СВЧ-прибора*)

Triftröhre *f* клистрон

Trigatron *n* тригатрон

Trigger *m* триггер; мультивибратор

~, **astabiler** автоколебательный мультивибратор, мультивибратор с самовозбуждением

~, **bistabiler** мультивибратор с двумя устойчивыми состояниями, триггер

~, **monostabiler** ждущий мультивибратор, мультивибратор с одним устойчивым состоянием

triggerbar запускаемый
Triggerbarkeit *f* возможность запуска
Triggerbetriebsart *f* режим триггера
Triggerdiode *f* двусторонний переключательный диод, ДПД; симметричный диодный тиристор, диак
Triggereingang *m* вход запуска; тактовый [синхронизирующий] вход
Triggerflipflop *n* триггер счётного типа, триггер со счётным входом, Т-триггер
Triggergenerator *m* генератор запускающих импульсов
Triggerimpuls *m* запускающий импульс
Triggermode *m*, **Triggermodus** *m* режим триггера
Triggerpegel *m* уровень срабатывания (триггера)
Triggerschaltung *f* триггерная схема
Triggerschwelle *f* порог срабатывания (триггера)
Triggerspannung *f* напряжение срабатывания (триггера), напряжение переброса
Triggerstrom *m* ток переброса
Triggertaste *f* пусковая кнопка
Triggerung *f* запуск
trigonal тригональный
Trigonometrie *f* тригонометрия
trigonometrisch тригонометрический
Trikotagen *pl* трикотажные изделия, трикотаж
Trikotbindung *f* трикотажное переплетение
Trilateration *f* *геод.* трилатерация
Trilliarde *f* секстиллион (10^{21})
Trillion *f* квинтиллион (10^{18})
Trimaran *m* тримаран
Trimetallplatte *f* *полигр.* триметаллическая печатная [триметаллическая офсетная] форма; триметаллическая формная пластина
Trimm *m* *мор.* дифферент
Trimmen *n* 1. *ав.* балансировка 2. *мор.* дифферентование
Trimmer *m* 1. подстроечный конденсатор 2. подстроечный резистор
Trimmerkondensator *m* подстроечный конденсатор
Trimmerwiderstand *m* подстроечный (переменный) резистор
Trimmkante *f* *см.* **Trimmklappe**
Trimmklappe *f* *ав.* триммер
Trimmruder *n* *ав.* аэродинамический триммер
Trimmstab *m* *яд.* компенсирующий стержень
Trimmtank *m* *мор.* дифферентная цистерна

Trimmwiderstand *m* подстроечный (переменный) резистор
Trinistor *m* тринистор, триодный тиристор
Trinitron *n*, **Trinitronbildröhre** *f* *тлв* тринитрон
Trinitrophenol *n* тринитрофенол, пикриновая кислота
Trinitrotoluol *n* тринитротолуол, тротил, тол
Trinkwasser *n* питьевая вода
Trinkwasserleitung *f* хозяйственно-питьевой водопровод
Trinom *m* *мат.* трёхчлен
Triode *f* триод
Triodenbereich *m* линейная [«триодная»] область, линейный участок (*рабочей характеристики полевого транзистора*)
Triodenthyristor *m* триодный тиристор, тринистор
Triogerüst *n*, **Triowalzgerüst** *n* трёхвалковая клеть (*прокатного стана*)
Trio-Walzwerk *n* трёхвалковый (прокатный) стан, (прокатный) стан трио
Trioxid *n* *хим.* триоксид, трёхокись
Tripel *m* *геол.* трепел
Tripelpunkt *m* *физ.* тройная точка (*напр. воды*)
Tripelspiegel *m* *опт.* трипель-призма
Triplett *n* *физ.* триплет
Tristate-Ausgang *m* выход с тремя (устойчивыми) состояниями, тристабильный выход
Tristate-Ausgangsstufe *f* (буферный) выходной каскад с тремя (устойчивыми) состояниями, тристабильный выходной буфер
Tristatebus *m* шина с тремя (устойчивыми) состояниями
Tristate-Eingang *m* вход с тремя (устойчивыми) состояниями, тристабильный вход
Tristate-Logik *f* логика [логические схемы] с тремя (устойчивыми) состояниями, тристабильные логические схемы
Tristate-Schaltung *f* (логическая) схема с тремя (устойчивыми) состояниями, тристабильная схема
Tristate-Signal *n* (выходной) сигнал с тремя состояниями
Tristate-Treiber *m* тристабильный формирователь, (шинный) формирователь с тремя устойчивыми состояниями
Tritium *n* тритий, Т, ^{3}H
Tritiummethode *f* тритиевый метод (*определения абсолютного возраста, напр. подземных вод*)

Triton I *m* тритон, t (*ядро атома трития с массовым числом 3, состоящее из протона и двух нейтронов*)
Triton II *m астр.* Тритон (*спутник Нептуна*)
Trockenanalyse *f* анализ сухим путём
Trockenanlage *f* сушилка, сушильная установка
Trockenätzen *n* сухое травление
Trockenätzverfahren *n* метод сухого травления
Trockenbatterie *f* сухая батарея
Trockenbeet *n* иловая площадка
Trockendampf *m* сухой пар
Trockendestillation *f* сухая перегонка (*древесины*)
Trockendock *n* сухой док
Trockeneis *n* сухой лёд (*твердый диоксид углерода*)
Trockenelement *n* сухой элемент
Trockenentwicklung *f* сухое проявление
Trockenfarbe *f* сухая краска
Trockenfilter *n* сухой фильтр
Trockenform *f* сухая (литейная) форма
Trockenformen *n* формовка по-сухому
Trockenformsand *m* сухая формовочная смесь
Trockenfrachtschiff *n* сухогрузное судно, сухогруз
Trockengewicht *n* 1. вес сухого вещества, сухой вес 2. *см.* Trockenmasse 1.
Trockenkammer *f* сушильная камера
Trockenkühlturm *m* градирня воздушного охлаждения
Trockenlaufverdichter *m* компрессор с сухим ходом
Trockenlegung *f* осушение; дренаж, дренирование
Trockenlöscher *m* порошковый огнетушитель
Trockenmasse *f* 1. сухая масса (*напр. двигателя*); *авто* сухая масса (*транспортного средства*) 2. *пищ.* сухое вещество
Trockenmittel *n* 1. сушильный агент 2. десикант
Trockenoffset *m полигр.* 1. сухой офсет 2. высокая офсетная печать, высокий офсет
Trockenoxydation *f* сухое оксидирование; окисление в атмосфере сухого кислорода
Trockenpressen *n* сухое прессование
Trockenputz *m* сухая штукатурка
Trockenputzplatte *f* лист сухой штукатурки
Trockenrasierer *m* электрическая бритва, электробритва
Trockenrisse *m pl геол.* трещины усыхания

Trockenschrank *m* сушильный шкаф
Trockenspinnen *n*, **Trockenspinnverfahren** *n* 1. сухое прядение, сухой способ прядения 2. формование (*химических волокон*) по сухому способу, сухой способ формования (*химических волокон*)
Trockenstoff *m* сиккатив
Trockensubstanz *f* сухое вещество
Trockentransformator *m* сухой трансформатор
Trockentrommel *f* 1. сушильный барабан 2. барабанное сушило
Trocknen *n см.* Trocknung
Trockner *m* сушилка; сушильный аппарат
Trocknung *f* 1. сушка; высушивание 2. высыхание
Trocknungmittel *n см.* Trockenmittel
Trog *m* 1. корыто 2. лоток; жёлоб 3. ванна (*напр. электролитическая ванна, ванна флотационной машины*) 4. *пищ.* дежа 5. *метео* барическая ложбина 6. *геол.* трог
Trog(band)förderer *m* лотковый конвейер, лотковый транспортёр
Trogflotationsmaschine *f* прямоточная флотационная машина, флотационная машина прямоточного [корытного] типа
Trogherd *m горн.* бутара
Trogkettenförderer *m* скребковый конвейер с погружёнными скребками
Trogmischer *m* корытный смеситель
Trogschale *f стр.* корытообразная оболочка
Trogtal *n геол.* троговая долина (*долина корытообразной или U-образной формы*)
Trombe *f метео* тромб, смерч над сушей
Trommel *f* барабан
Trommelbremse *f* 1. *авто* колодочный тормоз барабанного типа; барабанный тормозной механизм 2. *ж.-д.* барабанный тормоз
Trommeldrucker *m* печатающее устройство с барабанным литероносителем, печатающее устройство барабанного типа, барабанное печатающее устройство
Trommelkessel *m* барабанный котёл
Trommelmaschine *f* 1. станок барабанного типа 2. машина барабанного типа 3. станок для сборки покрышек; сборочный барабан
Trommelmischer *m* барабанный смеситель
Trommelmühle *f* барабанная мельница
Trommeln *n* 1. галтовка; очистка (*напр. отливок*) в барабанах 2. обработка во вращающихся барабанах
Trommelofen *m* барабанная печь

TTL-SCHALTKREISE

Trommelplotter *m* рулонный графопостроитель
Trommelpolieren *n* полирование в барабане
Trommelputzen *n см.* **Trommeln 1.**
Trommelsieb *n* барабанный грохот
Trommeltrockner *m* барабанная сушилка
Trommelwerkzeugmagazin *n маш.* барабанный инструментальный магазин
Troostit *m мет.* троостит
Tropenausführung *f* тропическое исполнение
Tropenfestigkeit *f* тропикостойкость
Tropenfestmachen *n* тропикализация
Tropentauglichkeitstest *m* испытания на тропикостойкость
Tropfbrett *n* сливная доска
Tropfelektrode *f* капельный электрод
Tropfen *m* капля
Tropfenabscheider *m* каплеотделитель
Tropfflasche *f*, **Tropfglas** *n* капельница
Tropfkörper *m* биологический фильтр, биофильтр
Tropfkörperverfahren *n* метод очистки сточных вод на биофильтрах
Tropföler *m* капельная маслёнка
Tropfpunkt *m* температура каплепадения (*пластичной смазки*)
Tropfschmierung *f* капельная смазка
Tropfsteine *m pl геол.* сталактиты и сталагмиты
Tropfwasser *n* капёж
tropfwassergeschützt каплезащищённый
Troposphäre *f* тропосфера
Troposphärenverbindung *f* тропосферная связь
Trotyl *n* тротил, тол
Trotyläquivalent *n* тротиловый эквивалент (*характеристика взрывного действия ядерного оружия*)
trüb мутный
Trübe *f* 1. муть; взвесь, суспензия 2. пульпа; гидросмесь
Trübglas *n* глушёное стекло
Trübung *f* 1. помутнение; мутность 2. *пищ.* муть
Trübungsmesser *m* прибор для определения мутности, турбидиметр
Trübungsmessung *f* 1. турбидиметрия 2. определение мутности
Trübungsmittel *n* глушитель (*для стекла*)
Trübungspunkt *m* точка помутнения
Trübungstitration *f* турбидиметрическое титрование
Trübungszahl *f* коэффициент мутности

Trudeln *n ав.* штопор
Trum *m, n* 1. *горн.* отделение (*шахтного ствола*) 2. *геол.* прожилок, ответвление жилы 3. ветвь (*напр. конвейера*)
Trümmererz *n геол.* обломочная руда
Trümmergestein *n геол.* обломочная [кластическая] (горная) порода
Trümmerlagerstätte *f геол.* обломочное месторождение; россыпное месторождение
T-Schaltung *f эл.* Т-образная схема; Т-образное соединение
Tscherenkow-Strahlung *f физ.* излучение Черенкова — Вавилова
Tscherenkow-Zähler *m физ.* черенковский счётчик
T-Stahl *m* тавровый профиль, тавр
T-Stoß *m* 1. тавровое соединение, Т-образное соединение 2. тройник; тройниковое соединение
T-Stück *n* тройник
Tsunami *m* цунами
TTL *f* [Transistor-Transistor-Logik] *f* транзисторно-транзисторная логика, ТТЛ
TTL-Gatter *n* элемент ТТЛ
TTL-Ausgang *m* ТТЛ-выход, выход ТТЛ-схемы
TTL-Ausgangsstufe *f* выходной ТТЛ-каскад, выходной каскад на ТТЛ-схемах
TTL-Baustein *m* ТТЛ-компонент; ТТЛ ИС, микросхема ТТЛ
TTL-CMOS-Pegelwandler *m* ТТЛ-КМОП-транслятор, преобразователь уровней ТТЛ в КМОП
TTL-ECL-Pegelumsetzer *m* ТТЛ-ЭСЛ-транслятор, преобразователь уровней ТТЛ в ЭСЛ
TTL-Eingang *m* ТТЛ-вход, вход ТТЛ-схемы
TTL-kompatibel совместимый с ТТЛ-схемами
TTL-Kompatibilität *f* совместимость с ТТЛ-схемами
TTL-Last *f* (стандартная единичная) ТТЛ-нагрузка
TTL-Lasteinheit *f* стандартная единичная ТТЛ-нагрузка
TTL-LS *f* маломощная ТТЛ с диодами Шоттки
TTL-Pegel *m* уровень ТТЛ-логики, ТТЛ-уровень (*входного или выходного сигнала*)
TTL-Schaltkreis *m* ТТЛ-схема, ТТЛ ИС, микросхема ТТЛ
TTL-Schaltkreise *m pl* транзисторно-транзисторные логические схемы, ТТЛ-схемы, транзисторно-транзисторная логика, ТТЛ

TTL-Schaltung f см. **TTL-Schaltkreis**
TTL-Schaltungen f pl см. **TTL-Schaltkreise**
TTL-Technik f технология ТТЛ ИС
TTL-Treiber m ТТЛ-формирователь
T-Träger m тавровая балка
Tübbing m горн. тюбинг
Tübbingausbau m горн. тюбинговая крепь
Tübbing-Erektor m см. **Tübbingsetzvorrichtung**
Tübbingsetzvorrichtung f горн. тюбингоукладчик
Tube f 1. туба 2. тюбик
Tubus m тубус
Tuch n 1. сукно 2. прессовая салфетка
Tuchfilter n тканевый фильтр
Tuff m туф
Tuftingmaschine f текст. ворсопрошивная машина
Tufttextilien pl текст. ворсопрошивные (нетканые) полотна, ворсопрошивные (нетканые) материалы; ворсопрошивные (нетканые) изделия
Tuner m 1. тюнер (*стереофонический радиоприемник без усилителя низкой частоты*) 2. блок настройки 3. селектор (телевизионных) каналов, СК
Tungöl n тунговое [древесное] масло
Tungstein m мин. шеелит
Tunnel m туннель, тоннель
Tunneldiode f туннельный диод
Tunneldiodenverstärker m усилитель на туннельных диодах
Tunneldurchbruch m туннельный пробой (*p – n*-перехода)
Tunneleffekt m туннельный эффект
Tunnelelement n элемент на основе туннельного эффекта; элемент Джозефсона
Tunnelkontakt m туннельный контакт; контакт Джозефсона
Tunnellaufzeitdiode f туннельно-пролётный диод
Tunnelmechanismus m механизм туннельного эффекта
Tunnelmikroskop n туннельный микроскоп
Tunnelofen m туннельная печь
Tunnelschalung f 1. туннельная опалубка (*опалубка для сооружения туннелей*) 2. стр. «туннельная» опалубка, объёмно-переставная опалубка из П-образных элементов
Tunnelsperrschicht f туннельный барьер
Tunnelstrom m туннельный ток

~, **supraleitender** туннельный ток сверхпроводимости
Tunneltransistor m туннельный транзистор
Tunneltrockner m туннельная сушилка
Tunnelübergang m туннельный переход
Tunnelung f туннелирование, туннельный эффект
Tunnelvortrieb m проходка туннелей
Tunnelvortriebsschild m щит для проходки туннелей
Tunnelwiderstand m туннельный резистор
Tüpfelanalyse f, **Tüpfelmethode** f хим. капельный анализ
Tüpfelpapier n хим. фильтровальная бумага для капельного анализа
Tüpfelplatte f хим. (фарфоровая) пластинка для капельного анализа
Tür f дверь; дверца
~, **zweiflüg(e)lige** двупольная дверь
Turas m (цепная) звёздочка (*экскаватора, конвейера*); цепной барабан
Türband n навеска; дверная петля
Türbeschläge m pl дверные приборы
Turbidimetrie f турбидиметрия
Turbine f турбина
Turbinenantrieb m турбопривод
Turbinenbau m турбостроение
Turbinenbohren n турбинное бурение
Turbinenbohrer m турбобур
Turbinenkraftstoff m газотурбинное топливо
Turbinenlokomotive f турбовоз, турбинный локомотив
Turbinen-Luftstrahlflugzeug n турбореактивный самолёт
Turbinen-Luftstrahltriebwerk n турбореактивный двигатель, ТРД
Turbinenmantel m кожух турбины
Turbinenmischer m турбосмеситель; турбомешалка
Turbinenöl n турбинное масло
Turbinenrad n турбинное колесо
Turbinensatz m турбоагрегат
Turbinenschaufel f турбинная лопатка
Turbinenschiff n турбоход
Turbinentreibstoff m газотурбинное топливо
Turboanlage f турбоустановка
Turboaufladung f турбонаддув
Turbobohren n см. **Turbinenbohren**
Turbobohrer m турбобур
Turbodiesel m, **Turbodieselmotor** m дизель с турбонаддувом

turboelektrisch турбоэлектрический
Turbogebläse *n* турбовоздуходувка
Turbogenerator *m* турбогенератор
Turbokältemaschine *f* турбохолодильная машина
Turbokompressor *m* турбокомпрессор
Turbolader *m* турбокомпрессор, турбонагнетатель (*системы наддува ДВС, работающий на отработавших газах двигателя*)
Turbolüfter *m* турбовентилятор
Turbomischer *m см.* **Turbinenmischer**
Turbomolekularpumpe *f* турбомолекулярный насос
Turboplan *m* турболёт (*см. тж* **Hubstrahler**)
Turbopropflugzeug *n* турбовинтовой самолёт
Turboprop-Triebwerk *n* турбовинтовой двигатель, ТВД
Turbopumpe *f* 1. турбонасос 2. вакуумный турбонасос
Turboraketenantrieb *m* ракетно-турбинный двигатель, РТД
Turbo-Ram-Jet *m* турбопрямоточный двигатель, ТПД
Turbosatz *m* турбоагрегат
Turboverdichter *m* турбокомпрессор
Turboverdichteranlasser *m ав.* газотурбинный [турбокомпрессорный] стартёр (*на авиационном топливе*)
turbulent турбулентный, вихревой
Turbulenz *f* турбулентность
Türflügel *m* дверное полотно; дверная створка
Türfüllung *f* филёнка (*филенчатой двери*)
Türfutter *n см.* **Türzarge**
Turgeszenz *f биол.* тургесценция; упругое состояние клеточной оболочки
Turgor *m биол.* тургор (*внутреннее гидростатическое давление в живых клетках, поддерживающее напряжение клеточной оболочки*)
Turing-Maschine *f* машина Тьюринга
Türkis *m мин.* бирюза
Turm *m* 1. башня 2. колонна 3. вышка
Turmalin *m мин.* турмалин
Turmdrehkran *m* башенно-поворотный кран
~, **schwenkbarer** консольно-поворотный кран
Turmkran *m* башенный кран
Turmsilo *m* силосная башня
Turmteleskop *n* башенный телескоп; вертикальный солнечный телескоп
Turmwagen *m* 1. автомобиль с вышкой (*для ремонтных работ*) 2. ж.-д. вагон-вышка (*для осмотра и ремонта контактной сети*)
Turm-Wohnhaus *n* башенный жилой дом, дом-башня
Turnbulls-Blau *n хим.* турнбул(л)ева синь
Turnkey-FFS *n* ГПС, сдаваемая (изготовителем) под ключ [в готовом для эксплуатации виде]
Turnkey-System *n* система, готовая к немедленной эксплуатации; система, сдаваемая «под ключ»; система, поставляемая «под ключ»
Türöffnung *f* дверной проём
Türpfeiler *m,* **Türpfosten** *m* дверной косяк
Türrahmen *m* 1. дверная обвязка, обвязка (*филенчатой двери*) 2. дверная коробка
Türschloß *n* дверной замок
Türsprechanlage *f* замочно-дверное переговорное устройство; домофон
Türstock *m горн.* крепёжная рама, рама крепи; дверной оклад
Türstockausbau *m горн.* рамная крепь
Türsturz *m* дверная перемычка; дверной архитрав
Türzarge *f* дверная коробка
Tusche *f* тушь
Tuschieren *n маш.* проверка плоскостности деталей поверочной плитой; пригонка по краске
Tuschierplatte *f маш.* поверочная плита
Tutenkalk *m см.* **Tutenmergel**
Tutenmergel *m геол.* мергель с фунтиковой структурой
Tweeter *m англ. рад.* громкоговоритель для воспроизведения высоких (звуковых) частот, высокочастотный громкоговоритель
Twinwell-CMOS-Prozeß *m* технология усовершенствованных КМОП ИС с двойными карманами
Twisted-Flüssigkristall-Display *n* дисплей на твистдинамических жидких кристаллах
Twisteffekt *m* эффект скручивания (*в жидких кристаллах*)
Twistor *m* твистор
Tyndall-Effekt *m* эффект Тиндаля
Tyndallisation *f см.* **Tyndallisierung**
Tyndallisierung *f* тиндализация
Type *f* литера
Typenbild *n* начертание шрифта
Typendruckqualität *f вчт* высококачественная

печать, печать отличного [типографского] качества
Typengröße f типоразмер
Typengrößenreihe f ряд типоразмеров
Typenhebel m литерный рычаг
Typenmaßreihe f см. Typengrößenreihe
Typenprojekt n типовой проект
Typenprojektierung f типовое проектирование
Typenprüfung f типовые испытания
Typenrad n печатающий диск типа «ромашка», лепестковый литероноситель
Typenraddrucker m лепестковое печатающее устройство, печатающее устройство с лепестковым литероносителем
Typenreihe f гамма (напр. станков); серия; типовой ряд
Typenscheibe f см. Typenrad
Typenscheibendrucker m см. Typenraddrucker
Typenträger m литероноситель, шрифтоноситель
Typisierung f см. Typung
Typographie f полиграфическое исполнение (напр. книги, художественного альбома)
Typung f типизация

U

UART [Universal Asynchronous Receiver-Transmitter] m, **UART-Baustein** m универсальный асинхронный приёмопередатчик, УАПП
U-Bahn f метрополитен, метро
Überabtastung f супердискретизация, передискретизация (выборка с частотой, существенно превышающей теоретическую частоту дискретизации)
Überätzung f перетравливание
Überbau m 1. надстройка 2. пролётное строение (моста) 3. надземная часть (здания, сооружения)
Überbeanspruchung f перегрузка; перенапряжение
Überbelichtung f фото передержка
Überbesetzung f физ. перенаселённость (уровня энергии)
Überblattung f дер.-об. врубка вполдерева

Überblendung f кино, рад. наплыв; тлв микширование наплывом, наплыв
Überbrückung f 1. перемычка 2. шунтирование 3. переход на аварийное питание; работа от резервного источника питания (при аварии сетевого питания)
~, **durchkontaktierte** перемычка (печатной платы)
Überbrückungsdiode f шунтирующий диод
Überbrückungsdraht m навесной монтажный провод; перемычка
Überbrückungsleitung f ж.-д. межвагонная магистраль
Überbrückungsstecker m межплатный соединитель
Überdeckung f 1. перекрытие 2. мат. покрытие 3. кровля (напр. туннеля) 4. горн. покрывающие [вскрышные] породы, породы вскрыши, вскрыша 4. совмещение (напр. изображений фотошаблонов в фотолитографии)
~ **der Luftbilder** перекрытие аэрофотоснимков
Überdeckungsfehler m ошибка совмещения
Überdeckungsgenauigkeit f точность совмещения
Überdeckungsgesims n сандрик
Überdeckungsgrad m маш. коэффициент перекрытия (зубчатого зацепления)
Überdeckungsjustierung f точное совмещение (напр. изображений фотошаблонов)
Überdeckungsmarke f знак [фигура] совмещения
Überdeckungsrepeater m установка проекционной литографии с последовательным шаговым экспонированием; установка совмещения и мультипликации, мультипликатор
~, **automatischer** (автоматизированная) установка совмещения и мультипликации, мультипликатор
überdimensionieren рассчитывать с запасом
Überdimensionierung f расчёт с запасом; расчёт с повышенным запасом прочности
Überdotierung f избыточное легирование
Überdruck m 1. избыточное давление 2. избыточное [манометрическое] давление 3. полигр. перевод (изображения) 4. текст. накладная печать
Überdruckanzug m 1. ав. высотный компенсирующий костюм, ВКК 2. ав., косм. противоперегрузочный костюм, ППК
Überdruckkabine f ав. гермокабина

ÜBERGRÖßE

Überdruckkammer f 1. компрессионная барокамера 2. кессонная камера
Überdruckturbine f реактивная турбина
Überdruckventil n предохранительный клапан
übereutektisch заэвтектический
Überfahren n *маш.* наезд (*рабочего органа*) на упор
Überfall m *гидр.* водослив
Überfallhöhe f *гидр.* напор на водосливе
Überfallkrone f *гидр.* гребень водослива
Überfallmauer f *гидр.* водосливная [водосбросная] плотина
Überfallöffnung f *гидр.* водосливное отверстие
Überfallrohr n сбросная труба; сливная труба
Überfallwehr n *гидр.* водосливная [водосбросная] плотина
Überfangglas n накладное стекло
Überflurförderer m конвейер [транспортёр] верхнего расположения
Überflurwagen m (транспортная) тележка верхнего расположения
Überflutung f затопление
Überführung f путепровод над автомагистралью [над железной дорогой]
Überführungszahl f *хим.* число переноса
Übergabeförderer m перегрузочный конвейер
Übergabeprotokoll n приёмо-сдаточный акт
Übergang m переход
~, **atomarer** атомный переход
~, **diffundierter** диффузионный переход
~, **direkter** прямой переход
~, **emissionsloser** безызлучательный переход
~, **erlaubter** разрешённый переход
~, **erzwungener** вынужденный переход
~, **in Durchlaßrichtung [in Flußrichtung] vorgespannter** прямосмещённый переход
~, **in Sperrichtung vorgespannter** обратносмещённый переход
~, **indirekter** непрямой переход
~, **induzierter** индуцированный переход
~, **interzonaler** межзонный переход
~, **quantenmechanischer** квантовый переход
~, **spontaner** спонтанный переход
~, **stimulierter** индуцированный переход
~, **strahlender** излучательный переход
~, **strahlungsloser** безызлучательный переход
~, **verbotener** запрещённый переход
~, **vorgespannter** смещённый переход
Übergangsbahn f *косм.* переходная орбита
Übergangsbereich m область перехода
Übergangsbreite f ширина (p — n-)перехода

Übergangscharakteristik f переходная характеристика
Übergangselemente n pl переходные элементы; переходные металлы
Übergangsenergie f энергия перехода
Übergangsfläche f площадь (p — n-)перехода
Übergangsfunktion f переходная функция; переходная характеристика
Übergangsgraph m граф переходов
Übergangskennlinie f переходная характеристика
Übergangskurve f переходная кривая, переходная характеристика
Übergangsmetalle n pl переходные металлы, переходные элементы
Übergangsmuffe f переходная муфта
Übergangspassung f *маш.* переходная посадка
Übergangspotential n потенциал перехода
Übergangsprozeß m переходный процесс
Übergangssektion f *косм.* переходной отсек
Übergangsspannung f напряжение на (p — n-)переходе
Übergangsstecker m штекерный соединитель
Übergangsstrom m переходный ток, ток переходного процесса
Übergangsstück n переходник; переход
Übergangstabelle f таблица переходов (*автомата из одного состояния в другое*)
Übergangstemperatur f 1. температура (p — n-)перехода 2. критическая температура (*сверхпроводника*)
~, **kritische** критическая температура (*сверхпроводника*)
Übergangstiefe f глубина залегания перехода
Übergangsverhalten n переходная характеристика; переходный процесс; неустановивший режим
Übergangswahrscheinlichkeit f вероятность перехода
Übergangswiderstand m 1. сопротивление (p — n-)перехода 2. переходное сопротивление (*контакта*)
Übergangszeit f 1. время перехода 2. продолжительность переходного процесса
Übergangszustand m переходное состояние; переходный режим
Übergitter n *элн* сверхрешётка
Übergitterstruktur f *элн* сверхрешёточная структура
übergroß негабаритный
Übergröße f негабарит

ÜBERHANG

Überhang *m* 1. зависание; нависание 2. *геол.* (соляной) навес 3. свес; выступающая часть; консольная часть 4. нависание, нависающий край (*напр. слоя фоторезиста*); нависание (*печатного проводника*)
~ des Abbaustoßes нависание (угольного) забоя
Überhangwinkel *m авто* угол свеса
Überhauen *n горн.* 1. восстающий; печь 2. проведение горной выработки по восстанию; проходка восстающего
Überhauenbohrmaschine *f горн.* буросбоечная машина
Überhitzer *m* пароперегреватель, перегреватель
Überhitzung *f* перегрев
~, lokale [örtliche] локальный перегрев
Überhöhung *f* 1. *стр.* строительный подъём (*обратный прогиб строительных конструкций, придаваемый им при изготовлении или монтаже в направлении, противоположном прогибу под нагрузкой*) 2. *ж.-д.* возвышение (*рельса в кривой*) 3. *авто* высота уклона в закруглении дороги 4. (пре)увеличение вертикального масштаба; (пре)увеличение масштаба изображения высот (*на картах рельефа*)
Überholkupplung *f маш.* обгонная муфта, муфта свободного хода
Überholspur *f авто* полоса обгона
Überholung *f* 1. (текущий) ремонт; переборка 2. обгон 3. опережение
Überholungsgleis *n ж.-д.* обгонный путь
Überhorizont-Funkmeßanlage *f*, **Überhorizont-Radaranlage** *f* загоризонтная РЛС
Überhorizont-Richtfunkverbindung *f* 1. загоризонтная связь; радиорелейная связь, использующая рассеяние (ультракоротких) радиоволн на неоднородностях тропосферы 2. тропосферная радиорелейная линия, тропосферная РРЛ
Überhorizont-Verbindung *f* 1. загоризонтная связь; тропосферная радиосвязь 2. линия загоризонтной связи; тропосферная радиорелейная линия, тропосферная РРЛ
Überkämmung *f дер.-об.* соединение в гребень
Überkompensation *f* перекомпенсация
Überkopflader *m* 1. (одноковшовый) погрузчик с задней разгрузкой ковша 2. *горн.* ковшовая погрузочная машина, погрузочная машина с ковшовым рабочим органом

Überkopfposition *f* верхнее [потолочное] положение (*шва при сварке*)
Überkopplung *f* возникновение перекрёстных паразитных связей (*между линиями*); перекрёстные паразитные связи (*между линиями*); перекрёстные наводки
Überkorn *n* 1. надрешётный продукт, надрешётная фракция 2. фракция избыточной крупности; класс избыточной крупности; негабарит
Überkreuzung *f* пересечение
Überkreuzungsstruktur *f* структура с пересечениями
überkritisch закритический; *яд.* надкритический (*о режиме ядерного реактора*)
Überladeförderer *m см.* **Übergabeförderer**
Überlagerer *m*, **Überlagereroszillator** *m* гетеродин
Überlagerung *f* 1. наложение; суперпозиция 2. *рад.* гетеродинирование 3. *геол.* перекрытие; налегание 4. *геол.* напластование 5. *вчт* перекрытие
Überlagerungsbaum *m* дерево перекрытий
Überlagerungsbereich *m* оверлейная область (*памяти*)
Überlagerungsdruck *m* 1. *геол.* геостатическое давление, давление налегающих пород 2. давление пород кровли (*туннеля*)
Überlagerungsempfänger *m* супергетеродинный радиоприёмник, супергетеродин
Überlagerungsmodul *m* оверлейный модуль, модуль с оверлейной структурой
Überlagerungsprinzip *n* принцип суперпозиции
Überlagerungsprogramm *n* оверлейная программа, программа с перекрытиями
Überlagerungsprozedur *f* оверлейная процедура
Überlagerungssegment *n* оверлейный сегмент (*программы*)
Überlagerungsstruktur *f* оверлейная структура
Überlagerungstelegrafie *f* надтональное телеграфирование
Überlandbahn *f* магистральная железная дорога
Überlandkabel *n* магистральный кабель
Überlandkraftwerk *n* районная электростанция
Überlandleitung *f* дальняя линия электропередачи, дальняя ЛЭП
Überlandnetz *n* районная электросеть
Überlandzentrale *f см.* **Überlandkraftwerk**
Überlappschweißen *n* сварка внахлёстку

ÜBERSCHLAG

Überlappstoß *m св.* нахлёсточное соединение
Überlappung *f* 1. перекрытие; перекрытие внахлёстку; перекрытие внакрой; напуск 2. совмещение *(напр. процессов во времени)*
Überlappungsnaht *f* шов внахлёстку
Überlappungsnietung *f* клёпка внахлёстку; (заклёпочный) шов внахлёстку
Überlastbarkeit *f* перегрузочная способность, способность выдерживать перегрузки; предельно допустимая нагрузка, допустимая перегрузка
Überlastfaktor *m* коэффициент перегрузки
Überlastschalter *m эл.* максимальный выключатель
Überlastschutz *m* защита от перегрузки
Überlastung перегрузка
Überlastungsfaktor *m* коэффициент перегрузки
Überlastungskupplung *f* предохранительная муфта
Überlastungsschutz *m* защита от перегрузки
Überlastungsschutzanzug *m ав., косм.* противоперегрузочный костюм, ППК
Überlastwiderstand *m* резистор защиты от перегрузки
Überlauf *m* 1. перелив 2. *гидр.* водослив, водосброс 3. *маш., мет.-об.* перебег *(напр. резца)* 4. *автм* выбег *(регулируемого параметра)* 5. *вчт* переполнение *(напр. регистра)* 6. *свз* перегрузка *(системы по требованиям)* 7. надрешётный продукт; верхний продукт, слив *(гидроциклона)*
Überlaufbauwerk *n* водосбросное сооружение; водосливное сооружение
Überlaufdamm *m* водосливная [водосбросная] плотина
Überlaufflag *n вчт* признак [флаг] переполнения
Überlaufleitung *f* сливной трубопровод; сливная магистраль
Überlaufrohr *n* сливная труба
Überlaufstollen *m* водосбросный тоннель
Überlaufsystem *n* система с перегрузкой
Überlaufventil *n* переливной клапан
Überlaufverkehr *m* режим с перегрузкой
Überlaufwehr *n* водосливная [водосбросная] плотина
Überlebensfähigkeit *f* выживаемость; живучесть
Überlebenssystem *n* система обеспечения живучести

Überlebenswahrscheinlichkeit *f* вероятность безотказной работы
Überleitrohr *n* перепускная труба
Überleitung *f гидр.* 1. перепуск 2. перепускной трубопровод
Überleitungsstollen *m гидр.* перепускной тоннель
Überlichtgeschwindigkeit *f* сверхсветовая скорость
Übermaß *n маш.* натяг
Übermaßpassung *f маш.* посадка с натягом
Übermodulation *f* перемодуляция
Übernahmeförderer *m* приёмный конвейер
Übernahmeimpuls *m* стробирующий импульс, строб-импульс
Übernahmeprotokoll *n* приёмо-сдаточный акт
Übernahmeprüfung *f* приёмо-сдаточные испытания
Überprüfung *f* проверка, контроль; контрольное испытание
Überprüfungslesen *n* проверочное считывание
Überreichweite *f* 1. сверхдальнее распространение, дальнее тропосферное распространение *(радиоволн)* 2. повышенная дальность; запас по дальности
Überreichweitenempfang *m* сверхдальний (радио)приём
Überriese *m астр.* сверхгигант
Überrollbügel *m авто* дуга безопасности
Übersättigung *f* 1. перенасыщение 2. *хим.* пересыщение *(раствора)*
Überschallflug *m* сверхзвуковой полёт
Überschallflugzeug *n* сверхзвуковой самолёт
Überschallgeschwindigkeit *f* сверхзвуковая скорость *(полета)*
Überschallknall *m* звуковой удар, хлопок *(при переходе на сверхзвуковую скорость)*
Überschallströmung *f* 1. сверхзвуковое течение 2. сверхзвуковой поток
Überschieber *m см.* **Überschiebmuffe**
Überschiebmuffe *f* надвижная муфта
Überschiebung *f геол.* 1. надвиг 2. *см.* **Überschiebungsdecke** 2.
Überschiebungsdecke *f геол.* 1. покров пологого надвига 2. тектонический покров, шарьяж
Überschlag *m* 1. *эл.* (поверхностное) перекрытие; поверхностный пробой 2. *эл.* пробой *(искрового промежутка)*; проскакивание *(искры)* 3. примерный [приблизительный] расчёт, расчёт с округлением исходных данных

609

ÜBERSCHLAGSPANNUNG

Überschlagspannung *f* напряжение перекрытия; пробивное напряжение; разрядное напряжение
Überschmiedung *f* заков (*дефект поковки*)
Überschreiben *n* перезапись
Überschreitfähigkeit *f* *авто* способность преодолевать рвы
Überschuß *m* избыток
Überschußdichte *f* избыточная концентрация (*носителей заряда*)
Überschußelektron *n* избыточный электрон
Überschußhalbleiter *m* полупроводник (с проводимостью) *n*-типа, электронный полупроводник
Überschußkonzentration *f см.* **Überschußdichte**
Überschußladung *f* избыточный заряд
Überschußladungsträger *m pl* избыточные [неравновесные] носители заряда
Überschußladungsträgerdichte *f*, **Überschußladungsträgerkonzentration** *f* избыточная концентрация носителей заряда, концентрация избыточных [неравновесных] носителей заряда
Überschußleistung *f* избыточная мощность
Überschußleitung *f* электронная проводимость, электронная электропроводность, электропроводность *n*-типа (*в полупроводниках*)
Überschußloch *n* избыточная дырка
Überschußminoritätsträger *m pl* избыточные неосновные носители (заряда)
Überschußrauschen *n* избыточный шум, 1/*f* шум
Überschußstrom *m* избыточный ток
Überschwemmung *f* затопление; наводнение
Überschwemmungsgebiet *n* район затопления
Überschwingen *n*, **Überschwingung** *f* 1. колебание с большой амплитудой; выброс 2. (положительный) выброс (*импульса*) 3. *автм* перерегулирование 4. избыточное отклонение, отброс (*стрелки прибора*); зашкаливание (*стрелки прибора*) 5. выброс (*на характеристике*)
Überschwingweite *f* 1. *автм* переходное перерегулирование, переходный заброс; пик перерегулирования при переходном процессе 2. амплитуда отброса (*стрелки прибора*) 3. амплитуда выброса 4. величина выброса (*на характеристике*)
Überseehafen *m* океанский порт
Übersetzen *n* *вчт* трансляция (*преобразование программ, написанных на одном языке, в программы на другом языке*)
Übersetzer *m* *вчт* транслятор (*программа, предназначенная для трансляции программ с одного языка на другой; термин употребляется также в значении «компилятор»; см. тж* **Compiler**)
Übersetzung *f* 1. *мат.* передаточное отношение; передаточное число 2. *эл.* коэффициент трансформации 3. *вчт* трансляция 4. перевод (*с одного языка на другой*)
Übersetzungsgetriebe *n* *маш.* передаточный механизм; повышающая передача
Übersetzungsprogramm *n* транслятор, транслирующая программа
Übersetzungsprotokoll *n* листинг с результатами трансляции
Übersetzungsverhältnis *n* 1. *маш.* передаточное отношение 2. *эл.* коэффициент трансформации
Übersetzungszahl *f* *маш.* передаточное число
Übersichtsbereich *m* зона обзора
Übersichtsplan *m* 1. генеральный план, генплан 2. ситуационный план 3. общий вид (*напр. судна*)
Übersichtsschaltbild *n* мнемоническая схема, мнемосхема
Übersichtsschaltplan *m*, **Übersichtsschema** *n* блок-схема
Überspannung *f* 1. *эл.* перенапряжение 2. электродная поляризация, перенапряжение (*электрохимия*)
Überspannungsableiter *m* разрядник защиты от перенапряжения; грозозащитный разрядник
Überspannungsschutz *m* защита от перенапряжения
Überspannungsspitzen *f pl* импульсные помехи, (паразитные) выбросы, броски (*напряжения питания*)
Überspannungsverhältnis *n* *эл.* коэффициент перенапряжения
Überspielung *f* 1. запись (*передачи*) 2. перезапись
Übersprechdämpfung *f* *элн, свз* переходное затухание; коэффициент переходного затухания
Übersprechen *n* 1. *тлф* переходный разговор 2. перекрёстные наводки; перекрёстные помехи; межканальные помехи; перекрёстные искажения
Überspringen *n* переброс (*напр. электронов*)

ÜBERTRAGUNGSMEDIUM

~ des Funkens проскакивание искры
Übersprung *m вчт* пропуск
Übersprungbefehl *m вчт* команда пропуска (*следующей команды*)
Übersprungkode *m вчт* код пропуска
Übersteuerung *f* 1. *элн* перевозбуждение 2. перемодуляция 3. перегрузка (по входу) 4. перерегулирование
Übersteuerungsbereich *m* область насыщения (*биполярного транзистора*)
Übersteuerungsfestigkeit *f* устойчивость к перевозбуждению
Übersteuerungsgrad *m* коэффициент перевозбуждения, степень насыщения (*биполярного транзистора*)
Übersteuerungslogik *f* логические схемы на насыщающихся биполярных ключах; насыщенная логика
Übersteuerungsschalter *m* насыщающийся биполярный ключ
Übersteuerungstechnik *f* технология ИС на насыщающихся (биполярных) транзисторах
Übersteuerungszustand *m* насыщенное [открытое] состояние (*биполярного ключа*); режим насыщения
Überstrom *m* максимальный ток; сверхток, ток перегрузки
Überstromauslöser *m* расцепитель максимального тока
Überströmbohrung *f* перепускное отверстие
Überströmdruck *m* давление перепуска
~, **voller** давление полного перепуска
Überströmkanal *m* перепускной канал
Überströmleitung *f* байпасная [обводная] линия
Überstromrelais *n* реле максимального тока
Überströmrohr *n* перепускная труба
Überstromschutz *m* максимальная токовая защита
Überstromschutzgerät *n* устройство максимальной токовой защиты
Überstromschutzschalter *m* автомат максимального тока
Überströmventil *n* перепускной клапан
Überstruktur *f* 1. *элн, физ.* сверхструктура 2. *крист.* надмолекулярная структура, сверхструктура 3. *хим.* надмолекулярная структура (*полимеров*)
Übertemperatur *f* температура перегрева
Übertrag *m вчт* перенос

~, **durchlaufender** [**durchrieselnder**] сквозной перенос
~, **negativer** заём
~, **serieller** последовательный перенос; сквозной перенос
~, **vorausberechneter** [**vorausermittelter**] ускоренный перенос
Übertragbarkeit *f прогр.* переносимость, мобильность (*программного обеспечения*)
Übertrager *m свз* трансформатор
Übertragerkopplung *f элн* трансформаторная связь
Übertragsausgang *m* выход (сигнала) переноса
Übertragsbildung *f* образование переноса
Übertragslogik *f*, **parallele** схема ускоренного переноса
Übertragsvorausschau *f* предварительный просмотр; ускоренный перенос
Übertragung *f* 1. передача 2. трансляция 3. перенос
~, **entzerrende** регенеративная трансляция
Übertragungsbefehle *m pl* команды передачи [пересылки] данных
Übertragungscharakteristik *f* передаточная характеристика
Übertragungsfaktor *m автм, элн* коэффициент передачи
Übertragungsfehler *m* ошибка передачи
Übertragungsformat *n* формат передачи (данных)
Übertragungsfunktion *f* передаточная функция
Übertragungsgatter *n* передающий затвор (*ПЗС*)
Übertragungsglied *n автм* передающее звено
Übertragungskanal *m* канал передачи
Übertragungskapazität *f* пропускная способность (*канала*)
Übertragungskennlinie *f* передаточная характеристика
Übertragungskoeffizient *m см.* **Übertragungsfaktor**
Übertragungsleistung *f* 1. передаваемая мощность 2. пропускная способность (*канала*)
Übertragungsleitung *f* линия передачи; линия связи
Übertragungsleitungsbündel *n* группа линий связи
Übertragungsmaß *n* постоянная передачи
Übertragungsmechanismus *m* передаточный механизм
Übertragungsmedium *n* среда передачи, среда

ÜBERTRAGUNGSPROTOKOLL

передачи данных (*витая пара, коаксиальный кабель*); линия передачи данных
Übertragungsprotokoll *m* протокол передачи
Übertragungsrate *f* скорость передачи
Übertragungstechnik *f* техника связи
~, **digitale** техника цифровой передачи; техника цифровой связи
Übertragungsverhalten *n* передаточная характеристика
Übertragungsverhältnis *n* передаточное отношение
Übertragungsweg *m* тракт передачи
Übertragungswelle *f* передаточный вал
Überwächter *m* контролирующее устройство; переключающее устройство (*реагирующее на отказ элемента*)
Überwachung *f* 1. контроль 2. надзор
Überwachungsdump *m вчт* контрольный дамп
Überwachungsgerät *n* 1. контрольный прибор; монитор 2. видеоконтрольное устройство, монитор
Überwachungsprogramm *n* программа (-монитор)
Überwachungsschalttafel *f* диспетчерский щит
Überwalzung *f* закат (*дефект проката*)
Überwurfmutter *f* накидная гайка
Überziehen *n* **des Steuerknüppels** *ав.* «перетягивание» ручки управления (*с выходом на сваливание или закритические режимы полета*)
Überzug *m* 1. покрытие; слой (покрытия) 2. *стр.* стяжка (*бетонная, растворная*) 3. *стр.* прогон для подвешивания балки 4. чехол
~, **anodischer** покрытие, полученное анодированием [анодным окислением]; анодный оксид
~, **diffundierter** диффузионное покрытие
~, **gasthermischer** газотермическое покрытие
Überzugslack *m* покрывной лак
U-Boot *n* подводная лодка
~, **atomar (an)getriebenes** [**kernkraftgetriebenes**] атомная подводная лодка
U-Boot-Abwehrschiff *n* противолодочный корабль
Übungsgerät *n* тренажёр
U_{cc}-**Bereich** *m* диапазон напряжения питания
U_{cc}-**Leitung** *f* шина питания
U_{cc}-**Potential** *n* потенциал на шине питания, входной потенциал; напряжение питания

Uferbefestigungsanlage *f* берегоукрепительное сооружение
Uferdeckwerk *n* береговое покрытие; береговое крепление
Uferpfeiler *m* береговой устой
Ufersicherung *f* крепление берега
UFO [Unidentified Flying Object, unerkanntes fliegendes Objekt] *n* неопознанный летающий объект, НЛО
U-Gruben-MOS-Transistor *m* U-МОП-транзистор, МОП-транзистрор с U-образной изолирующей канавкой
UHF-... [Ultra-High Frequency...] ультравысокочастотный, УВЧ-...
UHF-Bereich *m* диапазон ультравысоких частот, УВЧ-диапазон; диапазон дециметровых волн, дециметровый диапазон
UHF-Diode *f* УВЧ-диод
UHF-Generator *m* УВЧ-генератор
UHF-Kanalwähler *m тлв* селектор каналов дециметрового диапазона
UHF-Konverter *m тлв* конвертор (дециметрового диапазона)
UHF-Transistor *m* УВЧ-транзистор
Uhr *f* часы
Uhrwerk *n* часовой механизм
Uhrzeigersinn *m*: ◇ **im** ~ по направлению часовой стрелки, по часовой стрелке; **entgegen dem** ~ против (направления) часовой стрелки
UKW-... [Ultrakurzwellen...] ультракоротковолновый, УКВ-...
UKW-Tuner *m* тюнер УКВ
ULA [Uncommited Logik Array] *n*, **ULA-Baustein** *m* некоммутированная логическая матрица
ULSI-Chip [Ultra Large Scale Integration...] *m* кристалл УБИС, УБИС-кристалл; ультрабольшая ИС, УБИС
ULSI-Schaltung *f* ультрабольшая ИС, УБИС
ULSI-Technik *f* технология УБИС
ultradünn сверхтонкий
Ultrafeinfilter *n* фильтр сверхтонкой очистки
Ultrafiltration *f* ультрафильтрация
Ultrahochfrequenz *f* ультравысокая частота, УВЧ (300 — 3000 МГц)
Ultrahöchstintegration *f* степень интеграции выше сверхвысокой
Ultrahochvakuum *n* сверхвысокий вакуум
Ultrahochvakuumaufdampfanlage *f* установка напыления в сверхвысоком вакууме

Ultrahochvakuumaufdampfung *f* напыление в сверхвысоком вакууме
Ultrahochvakuumkammer *f* сверхвысоковакуумная камера
Ultrakurzwellen *f pl* ультракороткие волны, УКВ
Ultrakurzwellenband *n* ультракоротковолновый диапазон, диапазон УКВ, УКВ-диапазон
Ultramikroanalyse *f* ультрамикроанализ
Ultramikroskop *n* ультрамикроскоп
Ultramikrostruktur *f* ультрамикроструктура
ultrarein сверхчистый
Ultrarot *n* инфракрасная область спектра
ultrarot инфракрасный *(см. тж* Infrarot...)
Ultraschall *m* ультразвук
Ultraschallbearbeitung *f* ультразвуковая обработка
Ultraschallbondanlage *f* установка ультразвуковой (микро)сварки
Ultraschallbonden *n* ультразвуковая (микро)сварка
Ultraschallfrequenz *f* ультразвуковая частота
Ultraschallgeber *m* ультразвуковой излучатель
Ultraschallgenerator *m* ультразвуковой генератор
Ultraschallkontrolle *f* ультразвуковой контроль
Ultraschallmaschine *f* ультразвуковой станок
Ultraschallmikroskop *n* акустический микроскоп
Ultraschallmontage *f* ультразвуковая сборка
Ultraschallortung *f* ультразвуковая локация
Ultraschallöten *n* ультразвуковая пайка
Ultraschallötstelle *f* спай, полученный методом ультразвуковой пайки
Ultraschallprüfung *f* ультразвуковая дефектоскопия
Ultraschallreinigung *f* ультразвуковая очистка
Ultraschallreinigungsanlage *f* установка ультразвуковой очистки
Ultraschallreinigungsmaschine *f* станок для ультразвуковой очистки
Ultraschallschweißen *n* ультразвуковая сварка
Ultraschallsensor *m* ультразвуковой датчик
Ultraschalltechnik *f* ультразвуковая техника
Ultraschallverzögerungsleitung *f* ультразвуковая линия задержки
Ultraschallwerkstoffprüfung *f* ультразвуковая дефектоскопия
Ultraschwinger *m* магнитострикционный вибратор
Ultrastrahlung *f* космические лучи
Ultrastrahlungsteilchen *n pl* космические частицы
ultraviolett ультрафиолетовый
Ultraviolett *n* ультрафиолетовая область спектра
Ultraviolettbereich *m* ультрафиолетовый диапазон, УФ-диапазон, ультрафиолетовая часть спектра
Ultraviolettfilter *n фото* 1. ультрафиолетовый светофильтр *(светофильтр, пропускающий УФ-лучи с длинами волн в пределах от 240 до 420 нм и непрозрачный для видимого света)* 2. *см.* **UV-Absorptionsfilter**
Ultraviolettfotografie *f* ультрафиолетовая фотография; фотографирование [съёмка] в ультрафиолетовых лучах
Ultraviolettlampe *f* лампа ультрафиолетового излучения
Ultraviolettspektroskopie *f* ультрафиолетовая спектроскопия
Ultraviolettstrahlung *f* ультрафиолетовое излучение, УФ-излучение
Ultrazentrifuge *f* ультрацентрифуга
Umadressierung *f вчт* переадресация
Umbenennung *f* переименование
Umbiegestelle *f* сгиб, место сгиба
Umbra *f* умбра *(природный коричневый пигмент)*
Umbruch *m полигр.* вёрстка
Umdrehung *f* 1. оборот 2. вращение
Umdrehungsfläche *f* поверхность вращения
Umdrehungsfrequenz *f* частота вращения
Umdrehungskörper *m* тело вращения
Umdrehungszahl *f* число оборотов
Umdrehungszähler *m* счётчик оборотов
Umdruck *m полигр.* 1. перевод *(перенос изображения с оригинальной формы на другие формные материалы; процесс изготовления повторных форм, осуществляемый путем такого переноса)* 2. литографский перевод; перенос изображения при помощи переводной бумаги; переводной способ изготовления форм
Umdruckpapier *n полигр.* переводная бумага
Umesterung *f хим.* переэтерификация
Umfang *m* 1. периметр 2. длина окружности 3. объём *(напр. производства)*
Umfangsgeschwindigkeit *f* окружная скорость
Umfangslänge *f* периметр; периметр окружности
Umfangsschlag *m маш.* радиальное биение

UMFANGSSCHLEIFEN

Umfangsschleifen *n*, **Umfangsschliff** *m* шлифование периферией круга, периферийное шлифование

Umfangsstirnschleifen *n* периферийно-торцовое шлифование

Umfangswinkel *m мат.* вписанный угол

Umfassungskonstruktion *f* ограждающая конструкция

Umflechtung *f* оплётка (*напр. провода*)

Umformarbeit *f* работа деформации

Umformatieren *n* переформатирование

Umformautomat *m* кузнечно-прессовый автомат

Umformen *n* пластическое деформирование; пластическое формообразование; обработка давлением

~, **bildsames** пластическое деформирование

Umformer *m* 1. преобразователь 2. умформер (*электрическая машина для питания радиоаппаратуры постоянным током*)

~, **rotierender** электромашинный [вращающийся] преобразователь

~, **ruhender** [**stationärer**, **statischer**] статический преобразователь

Umformerstation *f*, **Umformerwerk** *n* преобразовательная подстанция

Umformfestigkeit *f* сопротивление (пластической) деформации [(пластическому) деформированию], напряжение (пластического) течения

Umformgeschwindigkeit *f* скорость деформации [деформирования]

Umformmaschine *f* кузнечно-прессовая машина

Umformung *f* 1. преобразование 2. *см.* **Umformen**

Umformverhältnis *n* коэффициент деформации

Umformwerkzeug *n* штамповочный инструмент

Umformwiderstand *m* 1. *см.* **Umformfestigkeit** 2. полное сопротивление (пластической) деформации [(пластическому) деформированию]

Umformwirkungsgrad *m* кпд деформации

Umführungsventil *n см.* **Umgehungsventil**

Umgebung *f* 1. окружающая среда 2. *мат.* окрестность (*точки*)

Umgebungsbedingungen *f pl* условия окружающей среды

Umgebungstemperatur *f* температура окружающей среды

Umgebungstest *m* климатические испытания

Umgehungsleitung *f* байпасная [обводная] линия

Umgehungsschiene *f эл.* обходная шина

Umgehungsventil *n* обводной клапан

umgekehrt: ~ **proportional** обратно пропорциональный

Umgrenzung *f* габарит

Umgrenzungslinie *f* предельный контур, габаритный размер

Umhüllung *f* 1. оболочка 2. *св.* покрытие электрода, (электродное) покрытие

Umkehr *f* 1. реверсирование 2. перемена (*напр. полярности*) 3. инверсия 4. обращение (*фотографического изображения*)

Umkehranlage *f* реверсивное устройство сопла (*газотурбинного двигателя*)

Umkehrantrieb *m* реверсивный привод

Umkehrbad *n фото* обращающий раствор, обращающая ванна

umkehrbar реверсивный; обратимый

Umkehrbarkeit *f* обратимость

Umkehrentwicklung *f фото* проявление с обращением (*фотографического изображения*)

Umkehrfilm *m* 1. *кино, фото* обращаемая плёнка 2. (кино)фильм на обращаемой плёнке, (кино)фильм, снятый на обращаемой плёнке

Umkehrformel *f* формула обращения

Umkehrfunktion *f мат.* обратная функция

Umkehrgetriebe *n* реверсивная передача, реверсивный механизм

Umkehrgröße *f* обратная величина

Umkehrkolben *m* реверсивный поршень

Umkehrmotor *m* реверсивный двигатель

Umkehrpapier *n* обращаемая фотобумага

Umkehrprisma *n* оборачивающая призма

Umkehrprozeß *m см.* **Umkehrverfahren**

Umkehrpunkt *m мат.* точка возврата

Umkehrschalter *m* реверсивный переключатель, (электрический) реверсор

Umkehrschaltung *f* реверсивная схема

Umkehrstufe *f* фазоинверторный каскад

Umkehrsystem *n опт.* оборачивающая система

Umkehrung *f* 1. отрицание (*логическая операция*) 2. перемена знака 3. инверсия, обратное преобразование 4. реверсирование, перемена направления (на обратное)

Umkehrverfahren *n* фотографическое обращение

Umkehrwalzwerk *n* реверсивный прокатный стан

UMRECHNUNGSTAFEL

Umkodierung *f* преобразование кода; перекодирование

Umkopie *f фото* контратип

Umkopieren *n* **1.** *фото* копирование, печатание, печать; контратипирование **2.** *кино* контратипирование (*фильма, напр. при массовом производстве фильмокопий*)

Umkopplungsmanöver *n косм.* перестыковка

Umkreis *m мат.* описанная окружность

Umkristallisation *f* перекристаллизация

Umladebühne *f см.* **Umladerampe**

Umladerampe *f* грузосортировочная платформа

Umladestelle *f* перевалочный пункт

Umladezeit *f* время перезаряда

Umladung *f* перезаряд, перезарядка

Umlagerung *f хим.* перегруппировка

Umlauf *m* **1.** циркуляция **2.** вращение **3.** обход **4.** водовод (*в шлюзах*)

Umlaufaufzug *m* подъёмник [лифт] непрерывного действия

Umlaufbahn *f* **1.** орбита (*напр. искусственного спутника вокруг Земли*) **2.** подвесная канатная дорога с бесконечным канатом ◇ **in die ~ bringen** выводить на орбиту

~, geostationäre геостационарная орбита

Umlaufberg *m геол.* останец обтекания

Umlaufen *n* **1.** циркулирование **2.** вращение

Umlaufgeschwindigkeit *f* **1.** *косм.* круговая скорость, первая космическая скорость **2.** скорость циркуляции **3.** частота вращения

Umlaufgetriebe *n* **1.** *мат.* планетарный механизм **2.** *авто* планетарная коробка передач

Umlaufkolbenmotor *m* роторно-поршневой двигатель

Umlaufkolbenpumpe *f* роторный насос

Umlaufkolbenverdichter *m* ротационный компрессор

Umlaufkreis *m* контур циркуляции, циркуляционный контур

Umlaufkühlung *f* циркуляционное охлаждение

Umlaufmotor *m см.* **Umlaufkolbenmotor**

Umlaufrad *n маш.* сателлит (*планетарного механизма*)

Umlaufrädergetriebe *n маш.* планетарная зубчатая передача

Umlaufregister *n вчт* регистр циклического сдвига, динамический регистр

Umlaufrichtung *f* **1.** направление вращения **2.** *эл.* направление обхода (*замкнутого контура*)

Umlaufschmierung *f* циркуляционное смазывание

Umlaufschrott *m* оборотный металл

Umlaufsinn *m* направление вращения

Umlaufspeicher *m вчт* динамическое ЗУ

Umlaufsystem *n* **1.** циркуляционная система **2.** система циркуляции; циркуляционный контур, контур циркуляции

Umlaufübertrag *m вчт* циклический перенос

Umlaufventil *n* обходной клапан

Umlaufverschiebung *f вчт* циклический сдвиг

Umlaufwasser *n* **1.** циркуляционная вода **2.** оборотная вода

Umlaufzeit *f* время обращения; *астр., косм.* период обращения

Umleitung *f* **1.** обвод, байпас **2.** *гидр.* деривация **3.** объезд

Umleitungskanal *m* деривационный канал

Umleitungskraftwerk *n* деривационная гидроэлектростанция

Umlenkrolle *f* **1.** обводной ролик; блочок **2.** *эл.* угловой ролик

Umlenkscheibe *f* оборотный шкив

Umlenktrommel *f* оборотный барабан (*конвейера*)

Umlenkturas *m* оборотный (цепной) барабан (*конвейера с цепным тяговым органом*)

Umluft *f* циркулирующий воздух

Ummagnetisierung *f* перемагничивание

Ummagnetisierungsverluste *m pl эл.* потери на перемагничивание, потери в стали [в железе]

Ummanteln *n* **1.** наложение кабельной оболочки **2.** нанесение покрытия (*на сварочный электрод*)

Ummantelung *f* **1.** покрытие; облицовка; кожух; рубашка **2.** (кабельная) оболочка **3.** *св.* покрытие электрода, электродное покрытие

UMOS [U-groove MOS] *f* U-МОП-структура, МОП-структура с U-образной изолирующей канавкой

Umpolung *f* переключение полюсов; перемена полярности

Umpositionieren *n,* **Umpositionierung** *f* переустановка

Umprogrammierung *f* перепрограммирование

Umrechnung *f* пересчёт; перевод (*из одной системы мер в другую*)

Umrechnungsfaktor *m* переводной множитель

Umrechnungstafel *f* таблица перевода (*из одной системы мер в другую*)

Umrichtbarkeit *f* переналаживаемость, возможность переналадки (*станка*)
Umrichten *n* 1. *мат.* переналадка (*напр. станка*) 2. *эл.* преобразование (частоты переменного тока)
Umrichter *m эл.* вентильный преобразователь переменного тока; вентильный преобразователь частоты (и фаз)
Umricht(e)zeit *f* время переналадки
Umrüstzeit *f* время переналадки
Umsatz *m хим.* степень превращения (*доля реагента, вступившего в химическую реакцию*)
Umschalteinrichtung *f* переключающее устройство; коммутирующее устройство
Umschalten *n* переключение; коммутация
Umschalter *m* переключатель; коммутатор
Umschalthäufigkeit *f* частота переключений
Umschaltmatrix *f* переключательная матрица
Umschaltschwelle *f* порог переключения; порог срабатывания
Umschaltsperre *f вчт* клавиша переключения регистра, регистровая клавиша с фиксацией
Umschalttaste *f вчт* клавиша смены регистра, регистровая клавиша
Umschaltverzögerungszeit *f* время задержки переключения; время задержки срабатывания
Umschaltzeichen *n вчт* символ смены регистра
Umschaltzeit *f* время переключения
Umschlag *m* 1. перевалка (*грузов*); переработка (*грузов*) 2. (резкое) изменение; переход
Umschlagarbeiten *f pl* 1. погрузочно-разгрузочные работы 2. *горн.* перегрузочные работы
Umschlagplatz *m*, **Umschlagstelle** *f* перегрузочный пункт; перевалочный пункт
Umschließung *f* ограждение
Umschlingungsbogen *m* дуга обхвата (*напр. шкива*)
Umschmelzen *n* переплав, переплавка
Umschmelzmetall *n* вторичный металл
Umschmelztechnik *f* технология выплавки вторичных металлов и сплавов
Umschmelzverfahren *n* метод переплава, переплав
Umsetzer *m* 1. преобразователь 2. *тлв* частотный конвертор
Umsetzfehler *m* погрешность преобразования
Umsetzrate *f* скорость преобразования
Umsetzung *f* 1. преобразование; трансформация 2. *хим.* превращение; конверсия 3. *хим.* обмен, реакция обмена; взаимодействие
Umsetzungsfehler *m* погрешность преобразования
Umsetzungszeit *f* время преобразования
Umsetzwagen *m* вагон со сменными колёсными парами (*для перестановки с колеи одной ширины на колею другой ширины*)
Umsetzzeit *f* время преобразования
Umspannen *n* 1. трансформация 2. *маш., мет.-об.* перестановка, перезакрепление (*напр. обрабатываемого изделия*)
Umspanner *m эл.* трансформатор напряжения
Umspannstation *f*, **Umspannwerk** *n* трансформаторная подстанция
Umspielen *n* перезапись
Umspinnung *f* оплётка (*напр. провода*)
Umspulen *n* перемотка
Umspülen *n* омывание
Umspundung *f* шпунтовое ограждение
Umspuren *n* 1. перестановка (*железнодорожных вагонов*) на колею другой ширины 2. переход на колею другой ширины
Umstellung *f* 1. перестановка 2. *ж.-д.* перевод (*стрелки*) 3. переналадка; переход на новый вид работы [на новую технологию]
umsteuerbar реверсивный
Umsteuergetriebe *n* реверсивная передача, реверсивный механизм
Umsteuerung *f* 1. реверсирование 2. реверс, реверсивный механизм
Umsteuervorrichtung *f* реверсивный механизм, реверс
Umsteuerwelle *f* реверсивный вал
Umströmen *n* обтекание
Umstrukturierung *f* 1. перестройка [изменение] структуры 2. реконфигурация
Umsturzbügel *m см.* Überrollbügel
Umwälzkühlung *f* циркуляционное охлаждение
Umwälzpumpe *f* циркуляционный насос
Umwälzung *f* рециркуляция
Umwandlung *f* 1. превращение; конверсия 2. преобразование; трансформация
Umwandlungsbereich *m* интервал превращений (*при термообработке*)
Umwandlungsgesteine *n pl геол.* метаморфические породы
Umwandlungskode *m* код преобразования
Umwandlungslagerstätte *f геол.* метаморфное месторождение
Umwandlungspunkt *m* критическая точка (*рав-

новесия фаз), точка перехода (*на диаграмме состояния*); *крист.* критическая точка (*точка начала или конца фазового превращения*)

Umwandlungstemperatur *f* температура фазового перехода, критическая температура; *крист.* температура (фазового) превращения, критическая температура

Umwandlungswärme *f* теплота фазового перехода

Umwelt *f* окружающая среда

Umweltbelastung *f* загрязнение окружающей среды; загрязнённость окружающей среды

umweltfreundlich не загрязняющий окружающую среду; экологически чистый, экологичный

umweltschonend безвредный для окружающей среды; экологически чистый, экологичный

Umweltschutz *m* охрана окружающей среды

Umweltstabilität *f* устойчивость к внешним воздействиям

Umweltstörungen *f pl* помехи (из) окружающей среды

Umzäunung *f* высокое (защитное) ограждение (*напр. робота*)

unabhängig независимый

Unabhängigkeit *f* независимость

unausgeglichen неуравновешенный

unausgewuchtet неуравновешенный

Unbalance *f* небаланс, неуравновешенность

unbalanciert неуравновешенный

unbefugt несанкционированный (*напр. о доступе*)

Unbekannte *f мат.* неизвестная (величина)

unbelastet ненагруженный

unbelichtet неэкспонированный

unbemannt 1. необслуживаемый; без обслуживающего персонала; безлюдный, полностью автоматизированный 2. беспилотный (*напр. о самолете*); без экипажа (*напр. о космическом аппарате*)

unbeständig нестойкий; неустойчивый; нестабильный

Unbeständigkeit *f* нестойкость; неустойчивость; нестабильность

unbestimmt неопределённый; неопределимый

Unbestimmtheit *f* неопределённость

Unbestimmtheitsrelation *f физ.* соотношение неопределённостей

unbeweglich неподвижный

unbrennbar негорючий

UND-Gatter *n* логический элемент И, вентиль И

UND-Glied *n* элемент И

undicht неплотный; негерметичный

Undichtigkeit *f* негерметичность (*напр. корпуса*); проницаемость (*шва, спая, места ввода*); неплотность, место течи, течь

Undichtwerden *n* разгерметизация

UND-NICHT-Schaltung *f* схема И — НЕ

UND-Operation *f* (логическая) операция И

undotiert нелегированный

UND-Schaltung *f* схема И

UND-Tor *n см.* **UND-Gatter**

Undulator *m* ондулятор

undurchdringlich непроницаемый

undurchlässig непроницаемый

Undurchlässigkeit *f* непроницаемость

undurchsichtig непрозрачный

Undurchsichtigkeit *f* непрозрачность

UND-Verknüpfung *f* (логическая) операция И

uneben неровный; шероховатый

Unebenheit *f* 1. неровность; шероховатость 2. неплоскостность

unempfindlich нечувствительный

unendlich бесконечный ◇ ~ **groß** бесконечно большой; ~ **klein** бесконечно малый

Unendlichkeit *f* бесконечность

unentflammbar невоспламеняющийся

unentzündbar невоспламеняющийся; негорючий

Unfall *m* 1. несчастный случай (*напр. на производстве*) 2. авария; дорожно-транспортное происшествие, ДТП

Unfallschutz *m* 1. предохранение от несчастных случаев, предупреждение несчастных случаев; техника безопасности 2. предохранительное приспособление

Unfallsicherheit *f* безопасность (*напр. транспортного средства*)

Unfallverhütungsvorschriften *f pl* 1. правила техники безопасности 2. правила безопасности

ungeerdet незаземлённый

ungefedert неподрессоренный

ungehärtet 1. незакалённый 2. неотверждённый

Ungelöstes *n* нерастворимый остаток

Ungenauigkeit *f* неточность

ungeordnet неупорядоченный; беспорядочный; хаотический

UNGEPACKT

ungepackt *вчт* неупакованный (*напр. о данных*)
ungerade 1. нечётный 2. непрямолинейный
ungerichtet ненаправленный
ungesättigt 1. ненасыщенный 2. *хим.* непредельный, ненасыщенный (*об углеводородах*)
ungeschützt незащищённый
ungetaktet несинхронизированный
ungleichartig неоднородный
ungleichförmig неравномерный
Ungleichförmigkeit *f* неравномерность
Ungleichförmigkeitsgrad *m* степень неравномерности; коэффициент неравномерности
Ungleichheit *f* 1. неравенство (*отсутствие равенства*) 2. неровнота, разнотон (*при крашении, окраске*)
Ungleichheitszeichen *n* знак неравенства
ungleichmäßig неравномерный
Ungleichmäßigkeit *f* неравномерность
unipolar униполярный
Unipolarfeldeffekttransistor *m* униполярный [полевой] транзистор
Unipolarmaschine *f эл.* униполярная машина
Unipolarschaltung *f* ИС на полевых транзисторах
Unipolartechnik *f*, **Unipolartechnologie** *f* технология полевых транзисторов
Unipolartransistor *m* униполярный [полевой] транзистор
universal универсальный
Universalbohr- und -Fräsmaschine *f* координатно-расточный станок
Universalgelenk *n* универсальный шарнир
Universalinstrument *n* 1. *геод., астр.* универсальный инструмент 2. универсальный измерительный прибор
Universalmaschine *f* универсальный станок
Universalmatrix *f* универсальная матрица (*тип базового матричного кристалла*)
Universalmeßgerät *n* универсальный измерительный прибор
Universalmotor *m* универсальный электродвигатель
Universalregister *n* регистр общего назначения, РОН
Universalschaltkreis *m* нескоммутированная логическая матрица; универсальная матрица (*тип базового матричного кристалла*); (матричная) БИС на основе БМК
~, **kundenbeeinflußbarer** полузаказная БИС на основе БМК

~, **kundenprogrammierbarer** матрица логических элементов, программируемая пользователем; логическое устройство, программируемое потребителем
~, **vorgefertigter** базовый матричный кристалл, БМК; полузаказная БИС на основе БМК
Universalschaltkreisanordnung *f* стандартная матрица логических элементов
Universalschaltkreischip *m* (матричная) БИС на основе БМК
Universalschaltkreistechnik *f* метод проектирования БИС на основе БМК, метод вентильных матриц; технология (матричных) БИС на основе БМК
Universalsoftware *f* многофункциональное программное обеспечение
Universalwerkzeugmaschine *f см.* Universalmaschine
Universum *n* Вселенная
Univibrator *m* одновибратор, ждущий мультивибратор
~, **integrierter** интегральный одновибратор, ИС одновибратора
~, **retriggerbarer** [wiedertriggerbarer] перезапускаемый одновибратор
Univibratorschaltkreis *m* ИС одновибратора
Unkrautbekämpfungsmittel *n* гербицид
unlinear нелинейный
unlösbar неразъёмный
unlöslich нерастворимый
Unlöslichkeit *f* нерастворимость
unmagnetisch немагнитный
Unordnung *f* беспорядок
unpassiviert непассивированный
Unruh *f* баланс (*часового механизма*)
Unrundlauf *m* 1. эксцентричное вращение, вращение с биением; радиальное биение 2. неравномерное вращение
unscharf нерезкий; нечёткий
Unschärfe *f* нерезкость (*напр. изображения*)
Unschärferelation *f физ.* принцип неопределённости
Unsicherheit *f* погрешность; неопределённость
Unsicherheitsbereich *m* зона неопределённости
Unsinkbarkeit *f* непотопляемость (*судна*)
unstabil нестабильный, неустойчивый
Unstetigförderer *m* конвейер прерывного действия
Unstetigförderer *m pl* подъёмно-транспортные машины периодического действия; грузоподъёмные машины циклического действия

Unstetigkeit *f мат.* разрыв
Unstetigkeitsstelle *f мат.* точка разрыва
unstrukturiert неструктурированный; не имеющий сформированных структур
Unsymmetrie *f* несимметрия, асимметрия, несимметричность
unsymmetrisch несимметричный, асимметричный
Untenansicht *f* вид снизу
Unterabtastung *f* субдискретизация (*выборка с частотой ниже теоретической частоты дискретизации*)
Unterantrieb *m* нижний привод (*напр. кривошипного пресса; нижний привод расположен ниже уровня стола пресса, обычно под полом*); подпольный привод, привод, расположенный под полом
Unterätzung *f* (боковое) подтравливание; подтрав; растравливание
Unterätzungsprofil *n* профиль подтравливания
Unterbau *m* 1. основание; фундамент 2. *ж.-д.* нижнее строение (*пути*) 3. каркас (*пневматической шины*)
Unterbelastung *f* недогрузка
Unterbrecher *m* прерыватель
Unterbrechung *f* 1. прерывание; размыкание 2. *вчт* прерывание 3. разрыв (*напр. электрической дуги, фазы*) 4. *тлф* разъединение 5. перерыв
~, **externe** внешнее прерывание, прерывание от внешнего источника, прерывание по внешнему запросу
~, **gerichtete** векторное прерывание
~, **maskierbare** маскируемое прерывание
~, **nichtmaskierbare** немаскируемое прерывание
Unterbrechungsanforderung *f* запрос прерывания, запрос на прерывание
~, **externe** запрос прерывания от внешнего источника
Unterbrechungsbad *n фото* останавливающий раствор, стоп-ванна
Unterbrechungsbedingung *f* условие прерывания
Unterbrechungsbehandlung *f* обработка [обслуживание] прерывания, управление прерыванием
Unterbrechungsbehandlungsprogramm *n* программа обслуживания прерывания, программа обработки прерывания
Unterbrechungsbehandlungsroutine *f* подпрограмма обслуживания прерывания, подпрограмма обработки прерывания
Unterbrechungsebene *f* уровень прерывания
Unterbrechungsfunken *m* искра размыкания
Unterbrechungsmaske *f* маска прерывания
Unterbrechungssignal *n* сигнал (запроса) прерывания
Unterbrechungssteuermodul *m* контроллер прерываний
Unterbrechungssystem *n* система прерываний
Unterdeck *n* нижняя палуба
Unterdeterminante *f мат.* минор
Unterdruck *m* 1. разрежение; вакуум; вакуумметрическое [пониженное] давление 2. *полигр.* фоновая печать
Unterdruckbremse *f* 1. вакуумный тормоз 2. *авто* тормозная система с гидровакуумным усилителем
Unterdruckbremshilfe *f авто* гидровакуумный усилитель привода тормозов, гидровакуумный усилитель
Unterdruckkammer *f* вакуумная барокамера, камера пониженного давления (*определение «вакуумная» в ряде случаев может опускаться*)
~, **schallisolierte** сурдобарокамера
Unterdruckklimakammer *f* термобарокамера
Unterdruckleitung *f* магистраль откачки
Unterdruckprüfung *f* вакуумное испытание
Unterfahren *n* 1. *стр.* подведение фундамента 2. *горн.* подработка (*проходка одной выработки под другой*); подсечка
Unterfahrschutz *m*, **Unterfahr(schutz)balken** *m авто* противоподкатный брус
Unterfangen *n*, **Unterfangung** *f* 1. *стр.* подведение нового фундамента (*под сооружение*); временное опирание стены (*при подведении нового или усилении старого фундамента*), устройство системы поперечных балок для (временного) опирания стены; подведение (временных) опор 2. *горн.* подхватывание (*напр. верхняков крепи*); установка [подведение] подхватов
Unterflasche *f* подвижная (блочная) обойма полиспаста (с крюком), крюковая обойма, подвеска полиспаста
Unterflurantrieb *m* нижний [подпольный] привод (*напр. кривошипного пресса*)
Unterflurinstallation *f эл.* скрытая проводка под полом; скрытая проводка в конструкции пола

UNTERFLURMOTOR

Unterflurmotor *m авто* двигатель, расположенный под полом кузова
Unterflur-Schleppkettenförderer *m* транспортёр с тяговой цепью под полом
Unterfrequenz *f* пониженная частота
Unterführung *f* путепровод под автомагистралью [под железной дорогой]
Untergesenk *n* нижняя половина, нижняя часть (*штампа*)
Untergestell *n* рама (*вагона*)
Untergewicht *n* вес ниже номинального
Unterglasurfarbe *f* подглазурная краска
Untergraph *m* подграф
Untergrund *m* 1. подстилающая порода; основание 2. основание; грунт (*напр. в основании сооружения*) 3. подпочва; подпочвенный слой 4. грунтовка, грунтовочное покрытие; грунтовочный слой
Untergrundbahn *f* метрополитен, метро
Untergrundgasspeicher *m* подземное газохранилище, подземное хранилище природного газа
Untergrundstrahlung *f* фоновое излучение
Untergrundwasser *n* подземные воды
Untergruppe *f мат.* подгруппа
Unterhaltung *f* содержание (в исправности); текущий ремонт
unterirdisch подземный
Unterkante *f* нижняя граница, дно (*напр. зоны проводимости*)
Unterkorn *n* 1. подрешётный [нижний] продукт, подрешётная фракция; просев 2. мелкая фракция, фракция пониженной крупности; мелкий класс
unterkritisch докритический; подкритический (*о режиме ядерного реактора*)
Unterkühlung *f* переохлаждение
Unterlage *f* 1. подкладка 2. основа 3. подложка
Unterlagerungstelegrafie *f* подтональное телеграфирование
Unterlagsplatte *f* 1. подкладка 2. опорная плита
Unterlauf *m* 1. *см.* Unterkorn 1. 2. *вчт* исчезновение порядка, численное антипереполнение 3. *вчт* антипереполнение, опустошение (*стека*)
Unterlegscheibe *f маш.* шайба (*подкладка под гайку, головку болта*)
Untermenge *f мат.* подмножество
Untermenü *n вчт* субменю
Unternaht *f* подварочный шов

Unternehmensforschung *f* исследование операций
Unternehmungsspiele *n pl* деловые игры
Unterniveau *n физ.* подуровень
Unterniveaulebensdauer *f физ.* время жизни подуровня
Unterprogramm *n* подпрограмма
~, **rekursives** рекурсивная подпрограмма
~, **wiedereintrittsfähiges** реентерабельная [повторно-входимая] подпрограмма
Unterprogrammaufruf *m* вызов подпрограммы, обращение к подпрограмме
Unterprogrammbibliothek *f* библиотека подпрограмм
Unterprogrammrücksprung *m* возврат из подпрограммы
Unterprogrammverschachtelung *f* вложение подпрограмм
Unterpulverschweißen *n* (дуговая) сварка под флюсом
Unterputz *m* нижний слой штукатурки, обрызг
Unterputzinstallation *f эл.* скрытая проводка
Unterraum *m мат.* подпространство
Unterricht *m*, **programmierter** программированное обучение
Untersatz *m* подставка; поддон
Unterschallgeschwindigkeit *f* дозвуковая скорость
Unterschicht *f* подслой
Unterschneidung *f мет.-об.* подрезание (*напр. ножки зуба*)
~ **des Zahnes** подрезание ножки зуба (*при корригировании*)
Unterschnitt *m* подтравливание; подтравленная структура
Unterseeboot *n* подводная лодка
Untersetzer *m* пересчётная схема, блок пересчёта; делитель частоты (*напр. тактовых импульсов*), блок деления частоты
Untersetzerschaltung *f* пересчётная схема
Untersetzung *f* 1. пересчёт; деление частоты (*напр. тактовых импульсов*); деление с масштабированием 2. масштабирование
Untersetzungsfaktor *m* коэффициент масштабирования
Untersetzungsgetriebe *n* понижающая передача, (понижающий) редуктор
Untersetzungsverhältnis *n* 1. коэффициент пересчёта 2. *маш.* передаточное отношение
Unterspannungsrelais *n* реле минимального напряжения

Unterspannungsschalter *m* автомат минимального напряжения
Unterspülung *f* подмыв
Unterstromschalter *m* автомат минимального тока
Unterstruktur *f* субструктура
Unterstützungsausbau *m* *горн.* поддерживающая крепь
Unterstützungshardware *f* *вчт* аппаратные средства поддержки
Unterstützungsmittel *n pl* *вчт* средства поддержки
Unterstützungsprogramm *n* программа поддержки, вспомогательная программа
Unterstützungsprozessor *m* *вчт* вспомогательный процессор
Unterstützungssoftware *f* программные средства поддержки
Untertagebau *m* *горн.* подземная разработка, разработка подземным способом
Untertagedeponierung *f* захоронение отходов в подземных выработках
Untertagegasspeicher *m* *см.* **Untergrundgasspeicher**
Untertagelaugung *f* подземное выщелачивание (*руд*)
Untertagespeicherung *f* подземное хранение (*напр. газа*)
Untertagevergasung *f* подземная газификация (*угля*)
Unterteilung *f* 1. подразделение; разделение; разбивка 2. разделение; сегментирование 3. секционирование
Unterverzeichnis *n* *вчт* подкаталог
Unterwagen *m* ходовая тележка (*крана*)
Unterwasser *n* 1. *гидр.* нижний бьеф 2. подрешётная вода (*напр. в отсадочной машине*)
Unterwasseraufnahme *f* подводная (кино)съёмка
Unterwasserfahrzeug *n* подводный аппарат
~, **geschlepptes** буксируемый подводный аппарат
Unterwasserfernsehen *n* подводное телевидение
Unterwasserhorchgerät *n* гидрофон
Unterwasserkabel *n* подводный кабель
Unterwasserkernexplosion *f* подводный ядерный взрыв
Unterwasserkraftwerk *n* водосливная гидроэлектростанция
Unterwasserlabor *n* подводная исследовательская лаборатория
Unterwassermotor *m* погружной электродвигатель
Unterwasserortungsanlage *f* гидролокатор
Unterwasserpumpe *f* погружной насос
Unterwasser-Schallanlage *f* гидроакустическая станция
Unterwasserschallortung *f* гидролокация
Unterwasserschweißen *n* подводная сварка
Unterwassersieb *n* гидравлический грохот
Unterwasserspiegel *m* *гидр.* уровень нижнего бьефа
Unterwassertunnel *m* подводный туннель
Unterwerk *n* 1. электрическая подстанция, подстанция 2. ж.-д. (тяговая) подстанция
Unterwind *m* *мет.* нижнее дутьё
Unterzug *m* 1. *стр.* прогон 2. *горн.* подхват 3. *мор.* карлингс
unverdrahtet нескоммутированный (*напр. о логической матрице*)
Unverfügbarkeit *f* *автм* коэффициент простоя
unvergleichbar несоизмеримый
Unvergleichbarkeit *f* несоизмеримость
unverpackt 1. без упаковки 2. навалом
unverträglich несовместимый
Unverträglichkeit *f* несовместимость
Unverwechselbarkeitsnut *f* ориентирующий паз (*печатной платы*)
unwirtschaftlich неэкономичный
Unwucht *f* неуравновешенность, дебаланс
~, **dynamische** динамическая неуравновешенность
Unwuchtmasse *f* дебалансная масса
Unwuchtreduktionszahl *f* коэффициент уменьшения дебаланса
Unwuchtschwinger *m* инерционный вибратор
Update *n* *англ.* *вчт* 1. коррекция, исправление 2. исправленная версия; новая версия (*основного файла*)
U-Profil *n* швеллерный профиль
UP-Schweißen *n* *см.* **Unterpulverschweißen**
Uran *n* уран, U
Uranbombe *f* урановая бомба
Uranerz *n* урановая руда
Uranglimmer *m pl* *мин.* урановые слюдки
Uraninit *m* *мин.* уранинит
Uranpech *n*, **Uranpechblende** *f* *мин.* урановая смолка, настуран
Uranpecherz *n* урановая руда
Uratmosphäre *f* первичная атмосфера (*Земли*)

URDOX

Urdox *m*, **Urdox-Widerstand** *m* урдокс (*терморезистор на основе диоксида урана*)
Ureingabeprogramm *n* см. **Urlader**
Urkilogramm *n* **1.** архивный килограмм (*первый в истории метрической системы мер прототип килограмма, изготовленный во Франции в 1799 г. из платины и переданный затем на хранение Национальному архиву Франции, в связи с чем он и получил своё название*) **2.** международный прототип килограмма (*прототип килограмма в виде цилиндрической гири из платино-иридиевого сплава, хранимый в Международном бюро мер и весов в Севре, Франция*)
Urknall *m* астр., физ. Большой взрыв (*момент начала развития расширяющейся Вселенной*)
Urladeblock *m* вчт блок начальной загрузки
Urlader *m* вчт начальный загрузчик, программа начальной загрузки
Urmaß *n* см. **Urnormal**
Urmeter *n* архивный метр (*первый в истории метрической системы мер прототип метра, изготовленный во Франции в 1799 г. из платины и переданный затем на хранение Национальному архиву Франции, в связи с чем он и получил своё название*)
Urnormal *n* эталон; международный эталон
U-Rohr-Manometer *n* U-образный вакуумметр
Urozeane *m pl* геол. праокеаны
Urspannung *f* электродвижущая сила, эдс
Ursprung *m* **1.** мат. начало координат; нулевая точка, начало отсчёта **2.** происхождение
Urstart *m* вчт начальный пуск (*системы*)
Urstromtäler *n pl* геол. долины прарек, ложбины ледникового стока
USART [Universal Synchronous-Asynchronous Receiver-Transmitter] *m*, **USART-Baustein** *m* универсальный синхронно-асинхронный приёмопередатчик, УСАПП
USART-Schaltkreis *m* ИС универсального синхронно-асинхронного приёмопередатчика, ИС УСАПП
US-Bonden *n* см. **Ultraschallbonden**
User *m* англ. вчт пользователь
U-Stahl *m* швеллерный профиль
UTC [Universal Time Coordinated] *f* всемирное координированное время; Международная шкала координированного времени
Utility *n*, *f* англ. утилита, автономная сервисная программа

U-Träger *m* швеллер
UV-... [Ultraviolett...] ультрафиолетовый, УФ-...
UV-Absorptionsfilter *n* фото бесцветный светофильтр (*светофильтр, поглощающий УФ-лучи с длинами волн до 380 нм и хорошо пропускающий видимый свет*)
UV-Abstandsbelichtung *f* УФ-фотолитография с микрозазором [на микрозазоре]
UV-Belichtung *f* экспонирование УФ-излучением, УФ-экспонирование; (фото)литография с использованием УФ-экспонирования, УФ-(фото)литография
UV-empfindlich чувствительный к УФ-излучению
UV-EPROM *m* вчт программируемое ПЗУ со стиранием информации ультрафиолетовым излучением, ППЗУ с УФ-стиранием
UV-Filter *n* **1.** см. **Ultraviolettfilter 1. 2.** см. **UV-Absorptionsfilter**
UV-Glas *n* увиолевое стекло
UV-Härtung *f* отверждение УФ-излучением
Uviolglas *n* увиолевое стекло
UV-Laser *m* лазер УФ-диапазона, УФ-лазер
UV-Löschung *f* вчт стирание данных [записи] (*в ППЗУ*) воздействием УФ-излучения, УФ-стирание
UV-Projektionsanlage *f* установка проекционной УФ-(фото)литографии
UV-Strahlung *f* ультрафиолетовое излучение, УФ-излучение

#

Vakuum *n* вакуум; разрежение
~, **dichtes** плотный вакуум
Vakuumabscheidung *f* вакуумное осаждение; вакуумное напыление
Vakuumanlage *f* вакуумная установка, вакуум-установка
Vakuumansaugvorrichtung *f* вакуумный держатель
Vakuumaufdampfung *f* термовакуумное осаждение, (термо)вакуумное напыление
Vakuumbedampfung *f* вакуумное напыление
Vakuumbedampfungsanlage *f* установка термо-

вакуумного осаждения [термовакуумного напыления], вакуумная напылительная установка
Vakuumbeschichtung *f* нанесение покрытий вакуумным напылением
Vakuumbeschichtungsanlage *f* вакуумная установка для нанесения покрытий
Vakuumbeton *m* вакуумированный бетон
Vakuumdestillation *f* вакуум-перегонка, перегонка в вакууме
vakuumdicht вакуумплотный
Vakuumdichtung *f* вакуумное уплотнение
Vakuumerzeugung *f* получение вакуума
Vakuumfaktor *m* вакуум-фактор
Vakuumfilter *n* вакуум-фильтр
Vakuumfluoreszenzanzeige *f* вакуумный флюоресцентный индикатор
Vakuumfotodiode *f* вакуумный фотодиод
Vakuumfotozelle *f* вакуумный фотоэлемент
Vakuumgefriertrocknung *f* сублимационная сушка (в вакууме)
Vakuumgießen *n*, **Vakuumgießverfahren** *n*, **Vakuumguß** *m* вакуумное литьё
Vakuumgreifer *m* вакуумный схват
Vakuumheber *m* 1. см. **Vakuumlasthaftgerät** 2. *мет.* вакуумируемый сифон (*для перемещения расплава*)
Vakuumkammer *f* вакуумная камера, вакуум-камера
Vakuumkristallisation *f* вакуумная кристаллизация, кристаллизация в вакууме
Vakuumlasthaftgerät *n* вакуумное грузозахватное устройство; вакуумный перекладчик; подъёмник с вакуумными присосами, вакуумный подъёмник
Vakuumleitung *f* вакуум-провод
Vakuumlöten *n* вакуумная пайка
Vakuummetallurgie *f* вакуумная металлургия
Vakuummeter *n* вакуумметр
Vakuumofen *m* вакуумная печь
Vakuumphotozelle *f* вакуумный фотоэлемент
Vakuumprüfer *m*, **Vakuumprüfgerät** *n* вакуумметр
Vakuumprüfung *f* вакуумное испытание
Vakuumpumpanlage *f* вакуумная система откачки
Vakuumpumpe *f* вакуумный насос
Vakuumröhre *f* 1. вакуумная лампа 2. вакуумная трубка
Vakuumsauger *m см.* **Vakuumgreifer**
Vakuumschalter *m* вакуумный выключатель

Vakuumschmelzen *n* вакуумная плавка, плавка в вакууме
Vakuumsintern *n* вакуумное спекание
Vakuumstreckformen *n пласт.* вакуумная вытяжка, вытяжка (*листовых термопластов*) под вакуумом
Vakuumsublimationstrocknung *f см.* **Vakuumgefriertrocknung**
Vakuumtechnik *f* вакуумная техника
Vakuumtempern *n* вакуумный отжиг
Vakuumtrocknen *n* вакуумная сушка, сушка в вакууме; вакуумная термообработка
Vakuumtrockner *m* вакуумная сушилка, вакуум-сушилка
Vakuumtrocknung *f см.* **Vakuumtrocknen**
Vakuumventil *n* вакуумный клапан; натекатель
Vakuumverdampfer *m* 1. вакуум-испаритель 2. вакуум-выпарной аппарат
Vakuumzerstäubung *f* вакуумное распыление, вакуумное напыление
Val *n хим.* моль эквивалентов (*один моль химических эквивалентов вещества*)
Valenz *f* валентность
Valenzband *n* валентная зона
Valenzbandelektron *n* электрон валентной зоны, валентный электрон
Valenzbandenergieniveau *n* энергетический уровень валентной зоны
Valenzbandkante *f* граница валентной зоны
Valenzbandloch *n* дырка валентной зоны
Valenzbandmaximum *n* максимум валентной зоны
Valenzbandoberkante *f* верхняя граница [потолок] валентной зоны
Valenzbandstreuung *f* рассеяние в валентной зоне
Valenzbindung *f* валентная связь
Valenzelektron *n* валентный электрон
Valenzelektronenband *n* валентная зона, зона валентных электронов
Valenzhalbleiter *m* валентный полупроводник
Valenzschale *f* валентная оболочка, внешняя (электронная) оболочка (*атома*)
Valeriansäure *f* валериановая [пентановая] кислота, $CH_3(CH_2)_3COOH$
Van-Allen-Gürtel *m pl* радиационные пояса Земли
Vanadin *n см.* **Vanadium**
Vanadinstahl *m* ванадиевая сталь
Vanadium *n* ванадий, V

VAN-DE-GRAAF-GENERATOR

Van-de-Graaf-Generator *m* генератор Ван-де-Граафа
Van-der-Waals-Gleichung *f* уравнение Ван-дер-Ваальса
Van-der-Waals-Kräfte *pl* силы межмолекулярного взаимодействия, ван-дер-ваальсовы силы
Varaktor *m* варактор
Varaktordiode *f* варикап
Varaktorverstärker *m* варикапный усилитель
Variabilität *f* **1.** гибкость **2.** изменчивость
Variable *f* переменная (величина)
Variablendeklaration *f* *прогр.* описание переменной; описание переменных
Variablenmerkmal *n* количественный признак (*в статистическом контроле качества*)
Variablenprüfung *f* контроль по количественному признаку [по количественным параметрам]
Variablenstichprobe *f* выборочный контроль по количественному признаку
Variablenvereinbarung *f* *см.* **Variablendeklaration**
Variante *f* **1.** вариант **2.** *мат.* варианта
Varianz *f* *мат.* дисперсия; квадратичное отклонение, среднее квадратическое отклонение
Varianzanalyse *f* *мат.* дисперсионный анализ
Variation *f* **1.** вариация **2.** изменение
Variationsbreite *f* *мат.* размах вариации
Variationsrechnung *f* *мат.* вариационное исчисление
Variator *m* вариатор
Varicap *f* варикап
Varikond *m* variкond (*сегнетоэлектрический конденсатор, ёмкость которого изменяется нелинейно в зависимости от приложенного напряжения*)
Variometer *n* вариометр
Varioobjektiv *n* объектив с переменным фокусным расстоянием, вариообъектив
Variooptik *f* оптическая система с переменным фокусным расстоянием; объектив с переменным фокусным расстоянием, вариообъектив
Varistor *m* варистор
~, **regelbarer** управляемый варистор
~, **veränderbarer** переменный варистор
Varmeter *n* вармeтр
VCD [Variable Capacitance Diode] *f* варикап
VCF [Voltage-Controlled Filter] *n* фильтр, управляемый напряжением

VCO *m* [Voltage-Controlled Oscillator] *m* генератор, управляемый напряжением, ГУН
VCR [Video Cassette Recorder] *m* кассетный видеомагнитофон
VCR-Kassette *f* видеокассета
VCR-System *n* видеокассетная система, система записи на видеокассеты
VCR-Technik *f* видеокассетная техника
VDR [Voltage-Dependant Resistor] *m*, **VDR-Widerstand** *m* варистор
Vehikel *n* связующее
Vektor *m* вектор
~, **Poyntingscher** вектор Пойнтинга
Vektoraddition *f* векторное сложение, сложение векторов
Vektoranalysis *f* векторный анализ
Vektorboson *n* *физ.* векторный бозон
Vektordiagramm *n* векторная диаграмма
Vektorfeld *n* векторное поле
~, **konservatives** потенциальное [градиентное, консервативное] поле
Vektorfunktion *f* вектор-функция, векторная функция
Vektorgenerator *m* **1.** векторный генератор (*в машинной графике*) **2.** генератор (тест-)векторов
Vektorgrafik *f* векторная графика
vektoriell векторный
Vektorinterrupt *m* *вчт* векторное прерывание
Vektorisierung *f* векторизация
Vektormeßgerät *n* векторметр
Vektorpotential *n* векторный потенциал
Vektorprodukt *n* *мат.* векторное [внешнее] произведение
Vektorprozessor *m* *вчт* векторный процессор
Vektorraum *m* векторное пространство
Vektorrechnung *f* векторное исчисление
Vektorrefreshgerät *n* *см.* **Vektorgenerator 1.**
Ventil *n* **1.** клапан; вентиль; кран **2.** *эл.*, *элн* вентиль
Ventilableiter *m* вентильный разрядник
Ventilation *f* вентиляция
Ventilationskanal *m* вентиляционный канал
Ventilator *m* вентилятор
Ventilbetätigung *f* управление клапанами
Ventilbüchse *f* желонка
Ventileigenschaft *f* вентильные свойства
Ventilführung *f* направляющая втулка клапана
Ventilgehäuse *n* **1.** корпус клапана **2.** клапанная коробка

VERBINDUNGSAUFBAU

Ventilhub *m* ход клапана, высота подъёма клапана
Ventilkammer *f* клапанная коробка
Ventilkorb *m см.* **Ventilgehäuse**
Ventilröhre *f* выпрямительная лампа
Ventilsitz *m* седло клапана
Ventilstellungsregler *m* клапанный позиционер
Ventilsteuerung *f* клапанное газораспределение; клапанный механизм газораспределения *(ДВС)*
Ventilstößel *m* толкатель (клапана)
Ventilteller *m* головка [тарелка] клапана
Ventiltrieb *m* клапанный механизм
Ventilüberschneidung *f* перекрытие клапанов *(ДВС)*
Venturi-Düse *f,* **Venturi-Rohr** *n* трубка [расходомер] Вентури
Venussonde *f* автоматическая межпланетная станция для исследования Венеры
veränderlich переменный; изменчивый
Veränderliche *f* 1. *мат.* переменная (величина) 2. *астр.* переменная звезда
~, **reelle** вещественная переменная
Veränderlichkeit *f* изменчивость
Verankerung *f* 1. *стр.* анкерное крепление, анкеровка 2. *маш.* жёсткое крепление
Verankerungsmast *m эл.* анкерная опора
Veranlassungsanzeige *f вчт* приглашение к вводу *(напр. команды)*
Verarbeitbarkeit *f* 1. перерабатываемость, обрабатываемость, технологичность, технологические свойства 2. *стр.* удобоукладываемость *(бетонной смеси),* удобообрабатываемость *(бетона)*
Verarbeiterbetrieb *m* перерабатывающее предприятие; завод-потребитель
Verarbeitung *f* переработка; обработка
~, **gleichzeitige [verzahnt ablaufende]** параллельная обработка
Verarbeitungsbefehle *m pl* команды (арифметико-логической) обработки
Verarbeitungsbreite *f* разрядность обрабатываемых данных, длина [разрядность] обрабатываемого микропроцессором слова
Verarbeitungseigenschaften *f pl см.* **Verarbeitbarkeit**
Verarbeitungseinheit *f,* **zentrale** *вчт* центральный процессор
Verarbeitungselement *n,* **zentrales** *вчт* центральный процессорный элемент, ЦПЭ

Verarbeitungskonsistenz *f* рабочая консистенция *(напр. краски)*
Verarbeitungsleistung *f* производительность *(напр. ЭВМ)*
Verarbeitungsprotokoll *n вчт* прикладной протокол
Verarbeitungsschiff *n* плавучий завод *(по переработке рыбы и морепродуктов)*
Verarmung *f* 1. обеднение 2. разубоживание *(руды)*
Verarmungsbetrieb *m* режим обеднения
Verarmungs-FET *m* полевой транзистор с обеднением канала, полевой транзистор (со встроенным каналом), работающий в режиме обеднения
Verarmungsgebiet *n* обеднённая область; обеднённый слой
Verarmungs-MISFET *m* МДП-транзистор с обеднением канала, МДП-транзистор (со встроенным каналом), работающий в режиме обеднения
Verarmungs-MOSFET *m* МОП-транзистор с обеднением канала, МОП-транзистор (со встроенным каналом), работающий в режиме обеднения
Verarmungsschicht *f* обеднённый слой
Verarmungszone *f см.* **Verarmungsgebiet**
Veraschen *n,* **Veraschung** *f* озоление
Verätherung *f хим.* эфиризация, реакция эфиризации, образование [реакция образования] простых эфиров
Verband *m* 1. *стр.* связь; соединение 2. *стр.* перевязка *(кирпичной кладки)* 3. *мат.* решётка, структура
Verbau *m стр.* крепление *(котлована, траншеи)*
Verbinder *m* 1. соединитель; соединительный зажим 2. *тлф* звено 3. звено *(обсадных труб)*
Verbindung *f* 1. соединение; скрепление; сочленение; стыковка 2. соединение; связь 3. *хим.* соединение 4. *свз* связь
~, **lösbare** разъёмное соединение
~, **schmelzbare** плавкая перемычка *(в ППЗУ)*
~, **starre** жёсткое соединение
~, **unlösbare** неразъёмное соединение
~, **verdrahtete** жёсткое соединение
Verbindungsabbau *m* разъединение
Verbindungsanforderung *f* запрос соединения
Verbindungsaufbau *m* установление связи; установление соединения

VERBINDUNGSDRAHT

Verbindungsdraht *m* перемычка; навесной соединительный проводник
Verbindungsebene *f* уровень [слой] межсоединений
Verbindungselement *n* 1. соединительный элемент 2. элемент связи
Verbindungsgesetz *n мат.* сочетательный закон
Verbindungshalbleiter *m* композиционный [сложный] полупроводник
Verbindungskabel *n* соединительный кабель
Verbindungskanal *m* 1. канал связи 2. соединительный канал
Verbindungsklemme *f* соединительный зажим
Verbindungskontakt *m* переходное соединение (*в печатной плате*); межслойное соединение
Verbindungsleitung *f* 1. линия связи 2. соединительная линия; межсоединение (*ИС*)
Verbindungsleitungsmuster *n* рисунок межсоединений
Verbindungsleitungsnetzwerk *n* схема межсоединений; разводка
Verbindungsleitungssystem *n* система межсоединений; разводка
Verbindungsloch *n* сквозное отверстие (*печатной платы*)
~, durchkontaktiertes сквозное металлизированное отверстие (*печатной платы*)
Verbindungsmatrix *f* матрица межсоединений
Verbindungsmuster *n* рисунок межсоединений
Verbindungsnetzwerk *n* схема межсоединений; разводка
Verbindungsparameter *m* параметр связи
Verbindungsplan *m* схема (меж)соединений
Verbindungspunkt *m* 1. точка соединения 2. точка сопряжения
Verbindungsregister *n* регистр связи
Verbindungsschema *n* схема (меж)соединений
Verbindungsschicht *f* слой [уровень] межсоединений
Verbindungsstecker *m* вилка (электрического) соединителя
Verbindungsstrang *m* канал связи; магистраль, шина
Verbindungssystem *n* система соединений
Verbindungstechnik *f* техника соединений
Verbindungswärme *f хим.* теплота образования
Verbindungsweg *m* 1. *элн* межсоединение; соединительная линия 2. соединительный тракт

Verbindungszeit *f* время связи, продолжительность сеанса связи
Verblasen *n мет.* продувка (*расплава*)
Verblaseprozeß *m мет.* фьюмингование (*извлечение остатков цинка, свинца и олова из расплава продувкой угольной пылью или природным газом*)
Verbleien *n* 1. освинцевание 2. этилирование (*моторного топлива*)
verbleit освинцованный
Verblendstein *m* облицовочный [лицевой, фасадный] кирпич; облицовочный камень
Verblendung *f* облицовка
Verblockung *f* блокирование, блокировка
Verblockungskondensator *m* блокировочный конденсатор
Verblockungskontakt *m* блокировочный контакт
Verbolzen *n* скрепление болтами
Verbolzung *f* 1. *см.* **Verbolzen** 2. болтовое соединение
Verbotsleitung *f* шина запрета
Verbotspotential *n* потенциал запрета
Verbotssignal *n* сигнал запрета; запирающий сигнал
Verbotszeichen *n авто* запрещающий знак
Verbrauch *m* потребление; расход
Verbraucher *m* 1. потребитель 2. *эл.* потребитель, нагрузка
Verbraucherspannung *f* напряжение на нагрузке
Verbraucherstelle *f эл.* потребитель
Verbraucherstrom *m* ток нагрузки
Verbraucherwiderstand *m* резисторная нагрузка, нагрузочный резистор
Verbrauchsmaterialien *n pl* расходные материалы
Verbrauchsmesser *m* расходомер
Verbrennen *n* 1. сгорание 2. горение 3. сжигание 4. пережог (*стали*)
Verbrennung *f* 1. сгорание 2. горение 3. сжигание
Verbrennungsanalyse *f* анализ сжиганием
Verbrennungsfläche *f* зеркало горения
Verbrennungsgas *n* газообразные продукты сгорания; топочный газ
Verbrennungskammer *f* камера сгорания; камера горения
Verbrennungsmotor *m* двигатель внутреннего сгорания, ДВС
Verbrennungsprodukte *n pl* продукты сгорания

Verbrennungsraum *m см.* **Verbrennungskammer**

Verbrennungsregler *m* регулятор горения

Verbrennungstemperatur *f* температура сгорания

Verbrennungswärme *f хим.* теплота сгорания

Verbruch *m горн.* 1. обрушение, завал 2. обрушенные породы

Verbund *m* 1. сцепление *(бетона с арматурой)* 2. *эл.* объединение *(энергосистем)*

Verbundanweisung *f прогр.* составной оператор

Verbundbau *m,* **Verbundbauweise** *f стр.* составная конструкция

Verbundbefehl *m вчт* составная команда

Verbundbetrieb *m эл.* параллельная работа *(энергосистем)*

Verbundgenerator *m эл.* генератор смешанного возбуждения

Verbundgesenk *n см.* **Verbundwerkzeug**

Verbundglas *n* многослойное (безопасное) стекло

Verbundguß *m мет.* разливка с получением двух- или многослойных слитков

Verbundkeilriemen *m* поликлиновый ремень

Verbundkern *m яд.* составное [промежуточное] ядро

Verbundkonstruktion *f стр.* составная конструкция

Verbundlager *n* биметаллический подшипник

Verbundmaschine *f* 1. электрическая машина смешанного возбуждения 2. компаунд-машина *(вид паровой машины)*

Verbundmotor *m* электродвигатель смешанного возбуждения

Verbundnetz *n* 1. объединённая энергосеть 2. *вчт* комплексированная сеть

Verbundplatte *f* многослойная плита; комбинированная плита

Verbundregelung *f автм* комбинированное регулирование

Verbundröhre *f* комбинированная лампа

Verbundscheiben-Sicherheitsglas *n* многослойное безопасное стекло

Verbundstahl *m* плакированная сталь, биметалл со стальной основой; композиционная сталь

Verbundstoffe *m pl текст.* нетканые материалы

Verbundsystem *n* 1. *эл.* объединённая энергетическая система, объединённая энергосистема 2. многослойная композиция; составная конструкция

Verbundtransistor *m* составной транзистор

Verbundtriebwerk *n* комбинированная силовая установка

Verbundwerkstoff *m* композиционный материал, композит

Verbundwerkzeug *n* 1. комбинированный инструмент 2. комбинированный штамп

Verbundwirtschaft *f* 1. *см.* **Verbundbetrieb** 2. *см.* **Verbundsystem** 1.

Verchromen *n* хромирование

Verdämmen *n* забойка *(при взрывных работах)*

Verdampfanlage *f* выпарная установка; выпарка

Verdampfbarkeit *f* испаряемость

Verdampfen *n см.* **Verdampfung**

Verdampfer *m* 1. испаритель 2. *пищ.* выпарной аппарат

Verdampfergut *n* испаряемый материал

Verdampferpumpe *f* испарительный геттерный вакуумный насос

Verdampfertiegel *m* тигель с испаряемым материалом; тигель-испаритель, испаритель в виде тигля

Verdampfung *f* 1. испарение 2. выпаривание

Verdampfungsapparat *m пищ.* выпарной аппарат

Verdampfungsfähigkeit *f* испаряемость; испарительная способность

Verdampfungsgetter *m* испаряющийся геттер

Verdampfungskühlung *f* испарительное охлаждение

Verdampfungsrate *f* скорость испарения

Verdampfungsschiffchen *n* лодочка для испарения, лодочковый испаритель

Verdampfungswärme *f* теплота парообразования

Verdeck *n* тент *(автомобиля);* (складной) верх *(автомобиля)*

Verdeckung *f* маскировка; маскирование *(напр. при воспроизведении записи)*

verdichtbar сжимаемый

Verdichtbarkeit *f* сжимаемость

Verdichten *n* 1. сжатие 2. сгущение, конденсирование

Verdichter *m* компрессор

Verdichteranlage *f* компрессорная установка; компрессорная станция

Verdichteröl *n* компрессорное масло

Verdichtersatz *m* компрессорный агрегат
Verdichterstation *f* компрессорная станция
Verdichtung *f* **1.** сжатие; компрессия; уплотнение **2.** уплотнение *(грунта, сыпучих материалов)*
Verdichtunghub *m* такт сжатия
Verdichtungsmittel *n* загуститель
Verdichtungsraum *m* камера сжатия
Verdichtungsring *m* компрессионное поршневое кольцо *(ДВС)*
Verdichtungsstoß *m физ.* скачок уплотнения
Verdichtungstakt *m см.* **Verdichtungshub**
Verdichtungsverhältnis *n* степень сжатия
Verdichtungswelle *f* (продольная) волна сжатия
Verdickung *f* **1.** сгущение; концентрирование; загущение **2.** загустевание **3.** утолщение
Verdopplung *f* **1.** удвоение; удваивание **2.** дублирование
Verdrahtung *f* **1.** проводной монтаж **2.** эл. монтаж схемы **3.** разводка *(межэлементных соединений ИС)* **4.** формирование разводки
~, **feste** жёсткая разводка
~, **flexible** гибкий монтаж
~, **fliegende** монтаж навесными проводниками
~, **geätzte** разводка, сформированная травлением
~, **gedruckte** печатный монтаж
~, **lötfreie** беспаечный монтаж
~ **nach Kundenwunsch** заказная разводка
~, **vergrabene** скрытый монтаж
Verdrahtungsanlage *f* установка монтажа (межсоединений), установка формирования межсоединений
Verdrahtungsbild *n* рисунок межсоединений; рисунок разводки
Verdrahtungsdichte *f* плотность монтажа; плотность размещения соединений
Verdrahtungsebene *f* уровень разводки, уровень межсоединений
Verdrahtungsfehler *m* ошибка монтажа
Verdrahtungsfeld *n* монтажное поле
Verdrahtungskanal *m* канал трассировки межсоединений
Verdrahtungskapazität *f* ёмкость монтажа; ёмкость разводки
Verdrahtungslayout *n* топология соединений; топология разводки
Verdrahtungsmaske *f* шаблон для формирования межсоединений

Verdrahtungsmuster *n* рисунок межсоединений; рисунок разводки
Verdrahtungsplan *m* **1.** схема соединений **2.** эл. монтажный план
Verdrahtungsprüfplatz *m* стенд проверки монтажа
Verdrahtungsschaltbild *n* схема соединений
Verdrahtungsschema *n* монтажная схема; схема соединений
Verdrahtungsverfahren *n* метод монтажа
Verdrängermotor *m* объёмный гидромотор
Verdrängerpumpe *f* **1.** объёмный насос, насос объёмного действия **2.** вакуумный насос объёмного действия
~, **oszillierende** возвратно-поступательный насос
Verdrängerzähler *m* камерный счётчик *(жидкости, газа)*
Verdrängung *f* **1.** вытеснение **2.** водоизмещение *(судна)*
Verdrängungslagerstätte *f геол.* метасоматическое месторождение
Verdrehfestigkeit *f* предел прочности при кручении
Verdrehspannung *f* напряжение кручения
Verdrehsteifigkeit *f* жёсткость при кручении
Verdrehung *f* кручение, скручивание
Verdrehungsmesser *m* торсиометр
Verdrehungswinkel *m* угол кручения
Verdrehversuch *m* испытание на кручение
Verdrehwinkel *m* угол кручения
Verdreifachung *f* троирование
Verdrillung *f* **1.** скручивание; скрутка **2.** эл. скрещивание [транспозиция] проводов
Verdrückung *f геол., горн.* **1.** пережим *(жилы, рудного тела, пласта)*; (тектоническое) выклинивание **2.** *геол.* раздавливание, смятие *(пласта)*
Verdünner *m см.* **Verdünnungsmittel 2.**
verdünnt 1. разбавленный; разведённый **2.** разрежённый *(о газе)*
Verdünnung *f* **1.** разбавление; разведение **2.** разрежение *(газа)* **3.** утонение **4.** *см.* **Verdünnungsmittel**
Verdünnungsmittel *n* **1.** разбавитель; разжижитель, разбавляющий раствор **2.** растворитель *(для лаков и красок, лекарственных препаратов)*
Verdünnungswärme *f* теплота разбавления
Verdünnungswelle *f* волна разрежения

Verdunsten *n*, **Verdunstung** *f* испарение (*при температуре ниже точки кипения*)
Verdunstungskennzahl *f*, **Verdunstungskoeffizient** *m* коэффициент испарения
Verdunstungskondensator *m* испарительный конденсатор
Verdunstungszahl *f* испаряемость
Verdüsen *n* распыление (*через сопло*)
Veredeln *n*, **Veredelung** *f* 1. улучшение свойств (*материала*); облагораживание; химическая или термическая переработка 2. отделка (*текстильных изделий*)
Vereinbarung *f* *прогр.* описание (*напр. переменных*)
Vereinbarungsanweisung *f* *прогр.* оператор описания
Vereinheitlichung *f* унификация
Vereinigung *f* 1. объединение 2. *см.* **Vereinigungsmenge**
Vereinigungsmenge *f* *мат.* объединение множеств
Vereinzeln *n*, **Vereinzelung** *f* разделение (*полупроводниковых пластин на кристаллы*)
Vereinzelungsvorrichtung *f* *текст.* дискретизирующее устройство
Vereisenen *n* железнение
Vereisung *f* обледенение
Vererbung *f* наследование
Vererzung *f* 1. *геол.* оруденение; (рудная) минерализация 2. *горн. проф.* рудоносная порода
Veresterung *f* *хим.* этерификация, реакция этерификации
Verfahren *n* 1. способ, метод 2. процедура
~, **fotolithografisches** метод фотолитографии
~, **hydromechanisches** гидравлический способ добычи (*угля*)
Verfahrensroboter *m* технологический робот
Verfahrenstechnik *f* технология
verfahrenstechnisch технологический
Verfahrgeschwindigkeit *f* скорость перемещения, скорость движения (*напр. рабочего органа робота*)
Verfalldatum *n*, **Verfallsfrist** *f* дата «чистки», дата истечения срока хранения (*напр. файла*)
Verfeinerung *f* 1. улучшение 2. рафинирование 3. измельчение (*зерна структуры материала*) 4. уменьшение крупности (*частиц*) 5. *мет.* отделка (*проката*)

Verfestigung *f* 1. упрочнение; наклёп 2. *стр.* закрепление (*грунта*)
Verfilzung *f* свойлачивание
Verflüchtigung *f* улетучивание
Verflüssigen *n*, **Verflüssigung** *f* 1. сжижение (*напр. газов*) 2. конденсация (*в холодильной технике*)
Verflüssiger *m* (холодильный) конденсатор
Verflüssigungspunkt *m*, **Verflüssigungstemperatur** *f* критическая температура (*температура, при которой осуществимо сжижение*)
Verfolgung *f* сопровождение; слежение
Verfolgungsbetrieb *m* режим слежения
Verfolgungskugel *f* шар трассировки, координатный шар, шар управления движением курсора
Verfolgungsradar *n* РЛС сопровождения цели
Verfolgungsraumschiff *n* спутник-перехватчик
Verfolgungsstationsnetz *n* сеть станций слежения
Verformung *f* деформация; деформирование
~, **bleibende** *см.* **Verformung, plastische**
~, **elastische** упругая [обратимая] деформация
~, **plastische** пластическая [остаточная, необратимая] деформация
Verformungsarbeit *f* работа деформации
Verformungsbruch *m* пластическое разрушение
Verformungsmodul *m* модуль деформации
Verfügbarkeit *f* готовность; коэффициент готовности
Verfügbarkeitsgrad *m* коэффициент готовности
Verfugen *n* *стр.* расшивка швов (*кладки*)
Vergällung *f* денатурация
Vergärung *f* сбраживание
Vergaser *m* карбюратор
Vergaserkraftstoff *m* карбюраторное топливо, топливо для карбюраторных ДВС
Vergasermotor *m* карбюраторный двигатель, карбюраторный ДВС
Vergasung *f* газификация
Vergießen *n* 1. разливка (*металла*) 2. *стр.* отливка, литьё (*получение изделий заливкой металла в литейную форму*)
Verglasen *n* 1. стеклование, остекловывание 2. остекление
Verglasung *f* 1. *см.* **Verglasen** 2. остекление, стёкла (*совокупность стекол*) 3. остекловывание (*радиоактивных отходов*)
Verglasungstemperatur *f* температура стеклования [остекловывания]
vergleichbar сравнимый; соизмеримый

VERGLEICHBARKEIT

Vergleichbarkeit *f* соизмеримость
Vergleicher *m* **1.** *автм* сравнивающее устройство **2.** компаратор
Vergleichmäßigung *f* выравнивание; усреднение
Vergleichsanalyse *f* сравнительный анализ
Vergleichsbefehl *m* команда сравнения; команда проверки состояния
Vergleichsbrennstoff *m* условное топливо
Vergleichseinrichtung *f* сравнивающее устройство, блок сравнения
Vergleichselektrode *f* электрод сравнения
Vergleichselement *n* см. **Vergleichsglied**
Vergleichsglied *n* элемент сравнения, сравнивающий элемент
Vergleichskaliber *n* эталонный калибр
Vergleichslauf *m* контрольный прогон (*программы*)
Vergleichslösung *f* стандартный раствор
Vergleichsmaß *n* образцовая мера
Vergleichsmerkmal *n* признак сравнения
Vergleichsmeßgerät *n* компарирующий измерительный прибор, прибор сравнения
Vergleichsmessung *f* измерение методом сравнения
Vergleichsmuster *n* стандартный образец; эталонный образец
Vergleichsnormal *n* эталон сравнения
Vergleichsprozeß *m* *тепл.* идеальный цикл
~, **verlustloser** *тепл.* идеальный цикл
Vergleichsschaltung *f* схема сравнения
Vergleichsspannung *f* **1.** опорное напряжение; эталонное напряжение **2.** эквивалентное напряжение
Vergleichsstrahler *m* эталонный излучатель
Vergleichstest *m* эталонный тест
Vergleichswert *m* опорное значение, опорная величина; контрольное значение
Vergleichszeichen *n* знак сравнения
verglühen *косм.* сгорать (*при входе в плотные слои атмосферы*)
Vergolden *n* золочение
vergoldet *n* золочёный; позолоченный
Vergrößerung *f* **1.** увеличение **2.** *фото* проекционная печать
Vergrößerungsfehler *m* ошибка при увеличении
Vergrößerungsgerät *n* фотоувеличитель
Vergrößerungsglas *n* увеличительное стекло; лупа

Vergrößerungsrahmen *m* *фото* кадрирующая рамка (*фотоувеличителя*)
Verguß *m* заливка
Vergußmasse *f* заливочная масса, заливочный состав
Vergußmaterial *n* (заливочный) компаунд
Vergüten *n*, **Vergütung** *f* **1.** *мет.* улучшение (*метод термической обработки стали и сплавов закалкой с высоким отпуском*) **2.** просветление (*оптики*)
Vergütungsofen *m* термическая печь
Vergütungsstahl *m* улучшаемая сталь
Verhalten *n* поведение; свойства; характеристика; параметры; режим
~, **dynamisches** динамические характеристики
~, **elektrisches** электрические свойства
~, **statisches** статические свойства
~, **thermisches** температурные [термические] свойства
~, **überkritisches** надкритический режим
~, **unterkritisches** подкритический режим
Verhältnis *n* отношение; соотношение; пропорция
~, **stöchiometrisches** стехиометрическое соотношение
Verhältnisformel *f* простейшая формула
verhältnisgleich пропорциональный
Verhältnisgröße *f* относительная величина
Verhältniskode *m* код с фиксированным кодовым расстоянием
Verhältnismesser *m* логометр
Verhältniszeichen *n* знак отношения
Verharzung *f* осмоление
Verhieb *m* *горн.* **1.** (очистная) выемка; очистные работы **2.** подвигание (забоя)
Verholkette *f* *мор.* туерная цепь
Verholschiff *n* верповальное судно
Verhüttung *f* переработка руды на металлургических заводах; выплавка металла из руды; первый передел; плавка
~, **elektrische** электроплавка
Verifizierung *f* верификация
Verjüngen *n* **1.** сужение, утонение, уменьшение диаметра **2.** скашивание, снятие на конус **2.** *мет.-об.* редуцирование, редукционное продавливание
Verjüngung *f* **1.** конусность; обратная конусность; обратный конус (*напр. сверла*) **2.** заострение (*напильника*) **3.** см. **Verjüngen**
Verkabeln *n*, **Verkabelung** *f* каблирование
Verkadmen *n* кадмирование

VERKLEINERUNG

Verkämmung *f дер.-об.* соединение [врубка] гребнем
Verkantung *f* перекос
Verkappen *n* установка в корпус, монтаж в корпусе, корпусирование; герметизация (*интегральных микросхем*)
Verkappung *f* 1. см. **Verkappen** 2. герметизирующая оболочка
Verkappungsmaterial *n* герметизирующий материал, герметик
Verkapseln *n*, **Verkapselung** *f* установка в корпус, монтаж в корпусе, корпусирование; герметизация (*интегральных микросхем*)
Verkarstung *f геол.* 1. закарстовывание 2. закарстованность
Verkaufsautomat *m* торговый автомат
Verkaufsvolumen *n* объём продаж
Verkehr *m* 1. движение (транспорта) 2. перевозки; транспорт 3. сообщение 4. связь 5. *свз* трафик, обмен
~, **direkter** прямое сообщение
~, **doppeltgerichteter** двусторонняя связь
~, **gerichteter** односторонняя связь
~, **innerbetrieblicher** производственная связь
Verkehrsader *f* транспортная магистраль
Verkehrsampel *f* светофор
Verkehrsanalyse *f* анализ трафика
Verkehrsangebot *n* входной трафик, поступающая нагрузка (*в сети*)
Verkehrsaufkommen *n* объём трафика
Verkehrsbelastung *f* интенсивность трафика, интенсивность нагрузки
Verkehrsdetektor *m* детектор транспорта
Verkehrsdichte *f* 1. интенсивность движения; грузонапряжённость 2. *свз* плотность обмена
Verkehrsflugzeug *n* самолёт гражданской авиации; пассажирский самолёт; транспортный самолёт
Verkehrsfunk *m* радиослужба оповещения о ситуации на автомобильных дорогах; передача по радио сообщений о ситуации на автомобильных дорогах
Verkehrsgeschwindigkeit *f* 1. *авто* скорость движения транспорта 2. *ж.-д.* скорость движения поездов; скорость движения транспорта
Verkehrsgüte *f* качество обслуживания; параметры трафика
Verkehrsinsel *f* островок безопасности (*для пешеходов*)
Verkehrsknotenpunkt *m* транспортный узел

Verkehrsmatrix *f* матрица трафика
Verkehrsmenge *f* обслуженная нагрузка (*в эрланго-часах*)
Verkehrsmittel *n pl* транспортные средства
Verkehrsquelle *f* источник сообщений (*при трафике*)
Verkehrsradar *n* 1. РЛС управления воздушным движением 2. радиолокационная установка для контроля скорости движения автотранспорта
Verkehrsregelung *f* регулирование дорожного движения
Verkehrsrest *m* потерянная [необслуженная] нагрузка
Verkehrssicherheit *f* безопасность движения
Verkehrssteuerung *f* 1. управление движением 2. управление транспортными операциями 3. *свз* управление трафиком
Verkehrsstraße *f* автомобильная дорога
Verkehrsteilnehmer *m* участник дорожного движения
Verkehrstheorie *f* теория трафика
Verkehrstunnel *m* транспортный туннель
Verkehrsunfall *m* дорожно-транспортное происшествие, ДТП
Verkehrsverlust *m* стохастические потери (*в процессе трафика*)
Verkehrsvorschriften *f pl* правила дорожного движения
Verkehrswert *m свз* интенсивность нагрузки
Verkehrszeichen *n* дорожный знак
Verkettung *f* 1. связь, соединение; сопряжение; связывание 2. соединение станков в автоматическую линию 3. конкатенация, сцепление (*элементов кода, текста*) 4. объединение в цепочку, формирование цепочки 5. формирование межсистемных связей
Verkettungseinrichtung *f* межстаночное транспортное средство (*в автоматической станочной линии*)
Verkettungsfluß *m эл.* потокосцепление
Verkienung *f* засмолок
Verkieselung *f* окремнение, сили(ци)фикация
Verkiesung *f* пиритизация, сульфидизация
Verkleidung *f* 1. облицовка 2. утепление (*напр. трубопровода*) 3. кожух; обтекатель 4. *авто* капот
Verkleidungsblech *n* лист обшивки; облицовочный [обшивочный] лист
Verkleidungsplatte *f* облицовочная плита
Verkleinerung *f* уменьшение

631

VERKLEINERUNG

~, fotografische фоторедуцирование, уменьшение изображения
Verklemmen *n* заклинивание; защемление
Verklemmung *f* 1. *см.* Verklemmen 2. *вчт* взаимоблокировка, тупиковая ситуация (*при попытке одновременного доступа к общему ресурсу*)
Verklemmungszustand *m см.* Verklemmung 2.
Verklumpung *f* окомкование
Verknüpfung *f* 1. соединение; связывание 2. *вчт* логическая операция 3. *мат.* композиция
Verknüpfungselement *n*, **Verknüpfungsglied** *n* *вчт* комбинационный [логический] элемент
Verknüpfungslogik *f* *вчт* комбинационная логика
Verknüpfungsschaltung *f* *вчт* комбинационная схема
Verknüpfungssymbol *n* *вчт* логический символ
Verkohlung *f* 1. обугливание 2. углежжение
Verkokung *f* коксование
Verkokungseignung *f см.* Verkokungsfähigkeit
Verkokungsfähigkeit *f* коксуемость
Verkrustung *f* 1. образование корки; обрастание коркой 2. забивание (*отверстий сита*)
Verkupfern *n* меднение
Verladebahnhof *m* станция погрузки
Verladebrücke *f горн.* мостовой перегружатель
Verladebühne *f* подъёмная погрузочная платформа
Verladekran *m* погрузочный кран
Verladerampe *f* погрузочная платформа
Verladung *f* погрузка
~, lose погрузка навалом
Verlagerung *f* 1. смещение 2. уход (*напр. рабочей точки*)
Verlandung *f* заиление, занесение наносами; намыв берега
Verlängerungsfaktor *m* кратность светофильтра
Verlängerungsleitung *f* удлинитель
Verlängerungsstück *n* удлинитель; надставка
Verlangsamer *m* *яд.* замедлитель
Verlauf *m* 1. протекание; ход 2. характеристика 3. форма (*кривой*) 4. растекание, розлив (*краски*)
Verlaufmittel *n* средство, способствующее растеканию (*краски*), средство, улучшающее розлив (*краски*)
Verlegung *f* укладка (*труб, пути*); прокладка (*кабеля, проводов*)
~ auf Putz открытая проводка

~ unter Putz скрытая проводка
Verleimen *n* склеивание
Verluste *m pl* потери
~, dielektrische диэлектрические потери
Verlustfaktor *m* 1. коэффициент потерь; тангенс угла потерь 2. коэффициент рассеяния
~, dielektrischer коэффициент диэлектрических потерь; тангенс угла диэлектрических потерь
Verlustformel *f*, **Erlangsche** формула Эрланга
Verlustleistung *f* рассеиваемая мощность
Verlustleistungsdichte *f* плотность рассеиваемой мощности
Verlustleistungs-Verzögerungszeit-Produkt *n* произведение мощность - задержка, работа переключения (*параметр логических элементов*)
Verluststrom *m* ток утечки
Verlustsystem *n* *свз* система с потерями
Verlustwärme *f* потери тепла, тепловые потери
Verlustwiderstand *m* сопротивление потерь
Verlustwinkel *m* угол (диэлектрических) потерь
~, dielektrischer угол диэлектрических потерь
Verlustziffer *f* 1. коэффициент потерь на магнитный гистерезис 2. коэффициент диэлектрических потерь
Vermahlung *f* размол
Vermehrung *f* размножение
Vermessingen *n* латунирование
Vermessung *f* 1. топографическая съёмка 2. *мор.* регистровая вместимость, тоннаж (*судна*)
~, markscheiderische маркшейдерская съёмка
Vermessungsarbeiten *f pl* геодезические работы
Vermessungskunde *f* геодезия
Vermessungslatte *f* геодезическая рейка
Vermessungsschiff *n* гидрографическое судно
Vermiculit *n мин.* вермикулит
Vermittlung *f* 1. коммутация 2. коммутационная аппаратура; коммутационная станция 3. коммутатор 4. узел связи
Vermittlungsamt *n* 1. центральная телефонная станция 2. коммутационная станция
Vermittlungsanlage *f* коммутационная установка
Vermittlungseinrichtung *f* 1. коммутационное устройство 2. аппаратура обмена
Vermittlungsgerät *n* коммутационный аппарат
Vermittlungsklinke *f* коммутационное гнездо
Vermittlungsknoten *m* узел коммутации

VERSCHIEBUNG

Vermittlungsnetz *n* сеть передачи данных с коммутацией каналов
Vermittlungsrechner *m* коммутационная ЭВМ
Vermittlungsschrank *m* коммутатор
Vermittlungsstation *f* коммутационная станция
Vermittlungsstelle *f* 1. телефонная станция 2. коммутационная станция (*в сетях связи, сетях передачи данных*)
~ **mit Wählbetrieb** автоматическая телефонная станция, АТС
Vermittlungssystem *n* коммутационная система
Vermittlungstechnik *f* коммутационная техника
Vermögen *n* способность
Vermörteln *n* *стр.* замоноличивание (*стыков*)
Vernetzung *f* 1. сшивание, образование сетчатой структуры (*полимера*) 2. объединение в сеть
Vernichtungsstrahlung *f* *физ.* аннигиляционное излучение
Vernickeln *n* никелирование
Vernier *n* верньер
Verpackung *f* 1. тара 2. упаковка (*средство*) 3. упаковывание, упаковка
~, **verlorene** разовая тара
Verpackungsglas *n* стеклянная тара, стеклотара
Verpackungshilfsmittel *n* вспомогательное упаковочное средство
Verpackungsmaschine *f* упаковочная машина
Verpackungsmittel *n* тара
Verpolung *f* неправильная полярность
Verpuffung *f* 1. дефлаграция, выгорание (*взрывчатых веществ*) 2. быстрое сгорание, быстрое распространение пламени 3. вспышка
Verreibwalze *f* *полигр.* раскатный валик
Verriegelung *f* 1. блокирование, блокировка 2. стопорение; фиксация 3. блокировка; блокирующее устройство 4. стопорное устройство; фиксатор 5. *ж.-д.* замычка 6. *косм.* жёсткий захват
Verriegelungseinrichtung *f* 1. блокирующее устройство 2. стопорное устройство
Verriegelungskontakt *m* блокировочный контакт
verript оребрённый; ребристый
Verrippung *f* оребрение
Verrippungszahl *f* коэффициент оребрения
Verrohren *n* крепление (*буровой скважины*) обсадными трубами; крепление скважины
Verrohrung *f* 1. обсадные трубы (*для крепления стенок буровой скважины*) 2. крепление (*буровой скважины*) обсадными трубами 3. система трубопроводов (*напр. гидропривода*)
Verrosten *n* ржавление
Versagen *n* отказ, выход из строя; сбой
Versager *m* пропуск (*зажигания*)
Versand *m* отправка; отгрузка
Versandbahnhof *m* станция отправления
Versatz *m* 1. сдвиг, смещение; девиация (*частоты*) 2. перекос 3. *горн.* закладка 4. *горн.* закладочный материал
Versatzbau *m* *горн.* выемка с закладкой выработанного пространства
Versatzmaschine *f* *горн.* закладочная машина
Versatzmaterial *n* *горн.* закладочный материал
Verschachtelung *f* 1. *прогр.* вложение; вложенность 2. *вчт* чередование
~ **der Sektoren** чередование секторов дорожек (*диска*)
~ **von Unterprogrammen** вложение подпрограмм
Verschachtelungsebene *f* *прогр.* уровень вложения, уровень вложенности
Verschachtelungsschleife *f* *прогр.* цикл вложения
Verschachtelungsschleifentechnik *f* *прогр.* метод вложения циклов
Verschachtelungstiefe *f* *прогр.* глубина вложенности; кратность вложения
Verschaltungsplan *m* схема соединений
Verschalung *f* 1. обшивка (досками) 2. опалубка
verschiebbar имеющий возможность перемещения, (выполненный) с возможностью перемещения
Verschiebebahnhof *m* *ж.-д.* сортировочная станция, сортировочная
Verschiebebefehl *m* *вчт* команда сдвига
Verschiebeeinrichtung *f* *вчт* схема сдвига, сдвигатель
Verschiebegelenk *n* подвижная тяга
Verschiebelader *m* *прогр.* перемещающий [настраивающий] загрузчик
Verschieberegister *n* *вчт* сдвиговый регистр
Verschiebespannung *f* напряжение смещения
Verschiebestrom *m* ток смещения
Verschiebevorrichtung *f* *маш.* манипулятор
Verschieblichkeit *f* перемещаемость
Verschiebung *f* 1. перемещение 2. сдвиг; смещение 3. *мат.* сдвиг, параллельный перенос 4. *вчт* сдвиг 5. *геол.* сдвиг 6. перемещение

633

VERSCHIEBUNG

(*программы в адресном пространстве памяти*)
~, elektrische электрическое смещение
~, logische логический сдвиг, сдвиг логического уровня
~, zyklische циклический сдвиг
Verschiebungsdichte *f* см. Verschiebungsflußdichte
Verschiebungselektrode *f* передающий затвор (*ПЗС*)
Verschiebungsfluß *m* поток электрического смещения
Verschiebungsflußdichte *f* электрическое смещение
Verschiebungsgesetz *n* закон смещения (*Вина*)
Verschiebungsplan *m* диаграмма перемещений (*строительная механика*)
~, Williotscher диаграмма перемещений
Verschiebungsstrom *m* ток смещения (*в диэлектрике, в вакууме*)
~, dielektrischer ток смещения в диэлектрике
Verschiebungsstromdichte *f* плотность тока смещения
Verschlacken *n* (о)шлакование
Verschlammung *f* заиление, заиливание
Verschlämmung *f* 1. зашламовывание, загрязнение шламами 2. зашламлённость
Verschleiß *m* 1. изнашивание, износ 2. износ (*результат изнашивания*)
Verschleißausfall *m* отказ вследствие износа
Verschleißfestigkeit *f* износостойкость, износоустойчивость
Verschleißprüfung *f* испытание на износ
Verschleißteile *n pl* детали, работающие на износ, изнашивающиеся [изнашиваемые] детали
Verschließen *n* герметизация (*интегральных микросхем*); установка в корпус, монтаж в корпусе, корпусирование
Verschluß *m* 1. затвор (*фотоаппарата*) 2. затвор (*общее название различных механизмов и приспособлений для открывания/закрывания*) 3. замок 4. пробка 5. застёжка 6. *мор.* задрайка; запор 7. *ж.-д.* замыкание 8. заделка
~, einrollbarer шторный затвор (*фотоаппарата*)
~, elektronischer электронный затвор (*фотоаппарата*)
~ mit elektronischer Zeitsteuerung затвор с электронной отработкой выдержки

Verschlußblende *f* обтюратор
Verschlüsselung *f* кодирование; шифрование
Verschlüsselungsmatrix *f* кодирующая [шифраторная] матрица
Verschlußkeil *m* der Kupplung *ж.-д.* замок автосцепки
Verschlußklappe *f* 1. клапанный затвор 2. шиберный затвор; шибер
Verschlüßler *m* шифратор; кодирующее устройство, кодер
Verschlußplan *m* *ж.-д.* таблица замыканий
Verschlußponton *m* батопорт
Verschlußschraube *f* 1. резьбовая пробка 2. запорный винт
Verschlußstopfen *m* 1. заглушка 2. пробка
Verschlußtabelle *f* см. Verschlußplan
Verschlußventil *n* запорный клапан
Verschmelzung *f* 1. сплавление 2. *физ.* слияние (*ядер*) 3. спай (*напр. металла со стеклом*) 4. отопка, оплавление (*краёв стеклянного изделия*) 5. заварка (*стеклянных электровакуумных сосудов*)
Verschmelzungsfrequenz *f* *кино* 1. частота слияния мельканий 2. частота кинопроекции
Verschnitt *m* 1. отходы при раскрое (*материала*) 2. *мет.* обрезь 3. смесь (*с менее ценным компонентом*) 4. *пищ.* купажирование
Verschnittmittel *n* *пищ.* 1. разбавитель; наполнитель 2. компонент купажа
Verschrottung *f* 1. разделка скрапа; разделка лома и отходов 2. перевод в лом
Verschüttung *f* 1. завал 2. просыпание, рассыпание 3. *мет.* потери (металла) при разливке, сплёсы
Verschweißung *f* 1. сваривание, сварка 2. заваривание, заварка
Verschwelen *n* полукоксование, швелевание (*напр. угля*)
Verseifung *f* *хим.* омыление (*1. гидролитическое расцепление сложных эфиров с образованием спиртов и кислот 2. в широком смысле: реакция гидролитического разложения органических соединений*)
Verseifungszahl *f* число омыления
Verseilmaschine *f* канатовьющая машина
Versenkantenne *f* убирающаяся антенна
Versenkniet *m* заклёпка с потайной головкой
versenkt утопленный; потайной
Versetzung *f* 1. *крист.* дислокация 2. смещение

VERSTELLUNG

Versetzungsdichte *f* концентрация [плотность] дислокаций
Versetzungsnetz *n* сетка дислокаций, дислокационная сетка
Versetzungsschleife *f* дислокационная петля
Versetzungsstruktur *f* дислокационная структура
Versetzungsvervielfachung *f* размножение дислокаций
Versetzungswanderung *f* миграция дислокаций
Verseuchung *f* 1. заражение 2. радиоактивное заражение
Versickerung *f* инфильтрация, просачивание
Versiegeln *n* герметизация ИС (*напр. пластмассой*)
Versilbern *n*, **Versilberung** *f* серебрение
Versinkung *f* 1. просачивание атмосферных осадков через полости и широкие трещины 2. поглощение поверхностных вод; поглощение водотоков
Versorgungsleitung *f* шина питания
Versorgungsnetz *n* 1. сеть электроснабжения 2. сеть коммуникаций городского хозяйства; инженерная сеть
~, **unterirdisches** городское подземное хозяйство
Versorgungsraumschiff *n* транспортный космический корабль
Versorgungsspannung *f* напряжение питания
Verspannung *f* 1. натяг 2. затяжка; затяг 3. перетяжка (*при зажиме*); заклинивание 4. коробление; деформация 5. растяжки; расчалки; ванты
Verspiegelung *f* нанесение зеркального покрытия
Verspleißen *n* сращивание (*канатов*)
Versplintung *f* зашплинтовка
Versprödung *f* охрупчивание, переход в хрупкое состояние
Versprödungstemperatur *f* температура хрупкости
Verstählen *n* железнение
Verständigungsverfahren *n* вчт режим обмена с квитированием
Verständlichkeit *f* разборчивость (*речи*)
Verstärker *m* 1. эл. усилитель 2. усилитель, активный наполнитель
~, **invertierender** инвертирующий усилитель
~, **parametrischer** параметрический усилитель
~, **quantenmechanischer** квантовый усилитель; мазер
~, **rauscharmer** малошумящий усилитель
~, **rückgeführter** усилитель, охваченный цепью обратной связи
~, **spannungsgesteuerter** усилитель, управляемый напряжением
~, **symmetrischer** балансный [парафазный] усилитель
Verstärkerbetrieb *m* усилительный режим
Verstärkerfrequenzgang *m* характеристика усилителя
Verstärkerkopplung *f* усилительная связь
Verstärkermaschine *f* электромашинный усилитель
Verstärkerröhre *f* эл усилительная лампа
Verstärkerschaltung *f* усилительная схема
Verstärkerstelle *f* ретранслятор
Verstärkerstufe *f* усилительный каскад
Verstärkung *f* 1. усиление 2. армирование
Verstärkungsabfall *m* спад (коэффициента) усиления
Verstärkungs-Bandbreite-Produkt *n* добротность (*произведение коэффициента усиления на ширину полосы пропускания*)
Verstärkungsbereich *m* диапазон усиления
Verstärkungsfaktor *m* коэффициент усиления
Verstärkungskennlinie *f* характеристика усиления
Verstärkungsnachstellung *f* подстройка усиления
Verstärkungsregelung *f* регулировка усиления
~, **automatische** автоматическая регулировка усиления, АРУ
Verstärkungsring *m* кольцо (*центрального отверстия гибкого магнитного диска*) для захвата диска дисководом
Verstärkungsrippe *f* ребро жёсткости
Verstaubung *f* запылённость
Versteifung *f* 1. придание жёсткости; повышение жёсткости 2. жёсткое крепление
Versteifungsrippe *f* ребро жёсткости
Versteifungsträger *m* балка жёсткости
Verstellanschlag *m* перемещаемый упор
verstellbar регулируемый
Verstellpropeller *m* мор. гребной винт регулируемого шага
Verstellschaufel *f* поворотная лопасть (*турбины*); поворотная лопатка
Verstellspindel *f* ходовой винт (*пресса*)
Verstellung *f* регулировка, регулирование (*положения чего-л., напр. лопасти турбины, упора, сиденья автомобиля или самолета*)

VERSTEMMEN

Verstemmen *m* зачеканивание
Verstimmung *f* расстройка; рассогласование
Verstopfung *f* 1. засорение; забивание *(напр. трубы, сита)* 2. закупоривание, закупорка 3. заделка, заделывание
Verstrebung *f* 1. раскос; ферма 2. крепление раскосами
Verstrecken *n* вытягивание, вытяжка
Versuch *m* 1. опыт, эксперимент 2. испытание
Versuchsanlage *f* 1. опытная установка; опытно-промышленная установка 2. испытательный полигон
Versuchsanordnung 1. опытная установка; устройство для осуществления опыта 2. схема опытной установки; схема опыта
Versuchsaufbau *m* макет
Versuchsbetrieb *m* 1. опытная эксплуатация 2. опытное производство
Versuchsfeld *n* 1. испытательный полигон 2. автодром 3. испытательная станция; испытательная лаборатория, лаборатория для испытаний и исследований
Versuchsgelände *n* 1. автодром 2. испытательный полигон; район испытаний
Versuchslauf *m* тестовый прогон *(программы)*
Versuchsmodell *n* опытный образец
Versuchsmuster *n* опытный образец; макет
Versuchsreaktor *m* яд. экспериментальный реактор
Versuchsreihe *f* серия испытаний
Versuchsschaltung *f* макетная схема, макет
Versuchsschaltungsaufbau *m* макетирование
Versuchsstrecke *f* 1. авто испытательная трасса 2. ж.-д. испытательный участок
Versuchswerte *m pl* опытные [экспериментальные] данные
Versuch-und-Irrtum-Methode *f* метод проб и ошибок
Vertaubung *f* обеднение *(руды)*
Vertauschung *f* 1. мат. перестановка 2. замена
Vertauschungsgesetz *n* мат. коммутативный закон, коммутативность
Vertäuung *f* швартовка, швартование *(судна)*
Verteidigungsindustrie *f* оборонная промышленность
Verteiler *m* 1. распределитель 2. (распределительный) коллектор 3. распределитель зажигания, распределитель *(в двигателях внутреннего сгорания)* 4. вчт селектор 5. тлф щит переключений 6. раздатчик 7. с.-х. разбрасыватель 8. хим. диспергатор, диспергирующий агент
Verteilerdeckel *m см.* **Verteilerkappe**
Verteilerdose *f* эл. распределительная коробка
Verteilerfinger *m см.* **Verteilerläufer**
Verteilergetriebe *n* 1. маш. раздаточная коробка; распределительная коробка 2. авто раздаточная коробка
Verteilerkappe *f* крышка распределителя (зажигания)
Verteilerkasten *m* эл. распределительная коробка
Verteilerläufer *m* бегунок [ротор] распределителя зажигания, бегунок
Verteilerregister *n* распределительный регистр, регистр обмена
Verteilmatrix *f* коммутационная матрица, матрица-коммутатор переключателей
Verteilnetz *n см.* **Verteilungsnetz**
Verteilung *f* распределение
~, Poissonsche распределение Пуассона
Verteilungsanlage *f* распределительное устройство
Verteilungsdichte *f* плотность распределения, плотность вероятности
Verteilungsdichtefunktion *f* функция плотности распределения
Verteilungsfunktion *f* функция распределения
Verteilungsgesetz *n* мат. распределительный закон, дистрибутивность
Verteilungskabel *n* распределительный кабель
Verteilungskurve *f* кривая распределения
Verteilungsnetz *n* 1. распределительная (электрическая) сеть 2. распределительная сеть
Vertiefung *f* углубление; выемка
Vertikalablenkgenerator *m* тлв генератор кадровой развёртки; генератор полевой развёртки
Vertikalablenkspulen *f pl* катушки вертикального отклонения; *тлв* кадровые катушки; полевые катушки
Vertikalablenkstufe *f* тлв блок кадровой развёртки; блок полевой развёртки
Vertikalablenkung *f* вертикальная развёртка; *тлв* кадровая развёртка; полевая развёртка
Vertikalaufzeichnung *f* вертикальная магнитная запись
Vertikale *f* вертикаль
Vertikalendstufe *f* тлв выходной каскад кадровой развёртки; выходной каскад полевой развёртки

VERZAHNUNGS...

Vertikalfrequenz *f тлв* частота кадровой развёртки; частота полевой развёртки

Vertikalkreis *m астр.* 1. вертикал (*большой круг небесной сферы, проходящий через зенит и надир*) 2. вертикальный круг (*астрономический угломерный инструмент*)

Vertikal-MOS *f* 1. вертикальная V-МОП-структура 2. *см.* **Vertikal-MOS-Technik**

Vertikal-MOSFET *m* вертикальный МОП-транзистор, МОП-транзистор с вертикальной структурой [с вертикальным каналом], вертикальный МОП-транзистор с V-образной изолирующей канавкой

Vertikal-MOS-Technik *f,* **Vertikal-MOS-Technologie** *f* технология вертикальных V-МОП-структур

Vertikalofen *m* вертикальная печь

Vertikalprojektion *f* вертикальная проекция

Vertikalstartflugzeug *n* самолёт вертикального взлёта и посадки, СВВП

Vertikalstufe *f см.* **Vertikalablenkstufe**

Vertikalstruktur *f* вертикальная структура

Vertikalsynchronimpuls *m тлв* синхронизирующий импульс кадров, кадровый синхронизирующий импульс; синхронизирующий импульс полей, полевой синхронизирующий импульс

Vertikalübergang *m* вертикальный переход

verträglich совместимый

Verträglichkeit *f* совместимость

Verträglichkeitskriterium *n мат.* критерий согласия

Vertragsbauweise *f* подрядный способ строительства

Vertrauensintervall *n мат.* доверительный интервал

Verunreinigung *f* примесь; постороннее включение; загрязнение

Verunreinigungsatom *n* атом примеси, примесный атом

Verunreinigungsband *n* примесная зона

Verunreinigungsgrad *m* степень [уровень] легирования; концентрация примеси

Verunreinigungsschicht *f* слой примеси

Vervielfacher *m* умножитель

Vervielfachung *f* умножение

Vervielfältiger *m* множительный аппарат

Vervielfältigung *f* 1. размножение, копирование 2. мультиплицирование (*напр. изображений фотошаблонов*)

Vervielfältigungsmaschine *f* множительная машина

Vervielfältigungsmaske *f,* **Vervielfältigungsschablone** *f* фотошаблон для мультиплицирования

Verwachsung *f* срастание (*кристаллов*)

Verwaltungsaufwand *m вчт* непроизводительные траты; системные затраты

Verwaltungsprogramm *n* организационная [обслуживающая] программа

Verwandlungshubschrauber *m* преобразуемый вертолёт, самолёт-вертолёт, преобразуемый аппарат с легконагруженными винтами

Verwandschaft *f* сродство

~, **chemische** химическое сродство

Verwaschung *f* размытость (*изображения*)

Verweilzeit *f* 1. время пребывания 2. *вчт* длительность обработки; время пребывания (*задачи в системе обработки*) 3. выдержка, время выдержки (*напр. в пресс-форме*) 4. время выдержки (*одновибратора*) 5. программируемая задержка; длительность программируемого останова

Verweis *m* ссылка

Verweistabelle *f* 1. таблица ссылок 2. просмотровая таблица

Verwerfen *n* коробление

Verwerfung *f* 1. *геол.* сброс 2. *геол.* разрывное смещение 3. коробление

Verwerfungsfläche *f* поверхность сброса

Verwerfungskluft *f,* **Verwerfungsspalte** *f* трещина сброса, сбрасыватель

Verwertung *f* использование; утилизация; переработка

Verwindeversuch *m* испытание на скручивание

Verwindung *f* 1. кручение; скрутка 2. *ав.* крутка (*напр. крыла*)

Verwirbelung *f* завихрение, турбулизация

Verwitterung *f* 1. выветривание 2. выветрелость

Verwitterungsrinde *f* кора выветривания

Verwölbung *f* коробление; деформация

Verwürfler *m элн* скремблер

Verzahnen *n мет.-об.* нарезание зубьев, зубонарезание

Verzahnung *f* 1. *см.* **Verzahnen** 2. *маш.* (зубчатое) зацепление 3. *маш.* зубья

Verzahnungsfräsmaschine *f* зубофрезерный станок

Verzahnungsgesetz *n маш.* закон зацепления

Verzahnungsmaschine *f* зубообрабатывающий станок

VERZAHNUNGS...

Verzahnungsnachformfräsmaschine *f* зубофрезерный станок, работающий по методу копирования
Verzahnungswälzfräsmaschine *f* зубофрезерный станок, работающий по методу обката
Verzahnungswerkzeug *n*, **Verzahnwerkzeug** *n* зуборезный инструмент
Verzapfung *f* соединение шипом в гнездо; шиповое соединение (*в деревянных строительных конструкциях*)
Verzeichnis *n вчт* каталог; директорий, директория; оглавление
Verzeichnisdatei *f вчт* справочный файл
Verzeichnung *f* 1. *опт.* дисторсия 2. аберрация формы (*изображения*) 3. искажение (*изображения*)
Verzerrung *f* искажение
Verzerrungskompensation *f* компенсация искажений
Verziehen *n* 1. коробление; перекашивание, перекос; искривление 2. *текст.* вытяжка
Verzinken *n* цинкование
Verzinnen *n* лужение
Verzögerer *m см.* Verzögerungsmittel
Verzögerung *f* 1. замедление 2. задержка 3. запаздывание
Verzögerungsfaktor *m* коэффициент замедления
Verzögerungsflipflop *n* триггер с задержкой, D-триггер
Verzögerungsglied *n* звено задержки
Verzögerungsintervall *n* интервал задержки
Verzögerungsleitung *f* линия задержки
Verzögerungsmittel *n* замедлитель; ингибитор
Verzögerungsregister *n* регистр на линиях задержки
Verzögerungsspeicher *m* память [ЗУ] на линиях задержки
Verzögerungsschaltung *f* схема задержки
Verzögerungswinkel *m* угол запаздывания
Verzögerungszähler *m* счётчик интервалов задержки
Verzögerungszeit *f* время задержки
~, **mittlere** среднее время задержки, средняя задержка
Verzuckerung *f* осахаривание; гидролиз
Verzug *m текст.* 1. вытягивание, вытяжка 2. вытяжка (*отношение длины продукта после вытягивания к его длине до вытягивания*) 3. *горн.* затяжка (*кровли или стенок выработки*) 4. запаздывание

Verzugsplatte *f горн.* (железо)бетонная затяжка
Verzugszeit *f* время задержки; время запаздывания
Verzundern *n* образование окалины, окалинообразование
Verzweiger 1. ответвитель; разветвитель 2. *эл.* распределительный шкаф
Verzweigung *f* 1. разветвление 2. ветвление (*в программе*)
Verzweigungsanweisung *f прогр.* оператор ветвления
Verzweigungsbefehl *m прогр.* команда ветвления; команда перехода
~, **bedingter** команда условного перехода
Verzweigungspunkt *m* 1. *мат.* точка (раз)ветвления 2. *прогр.* точка ветвления
Verzweigungsstelle *f* точка разветвления
VF-Anzeige [Vakuumfluoreszenz...] *f* вакуумный флюоресцентный индикатор
V-Führung *f* треугольная направляющая
V/F-Wandler *m* преобразователь напряжение — частота
V-Gate-FET *m* полевой транзистор с V-образным затвором
V-Graben *m* V-канавка, V-образная (изолирующая) канавка (*V-МОП-транзистора*)
V-Graben-MOSFET *m* МОП-транзистор с V-образной изолирующей канавкой, V-МОП-транзистор
V-Graben-MOS-Struktur *f* МОП-структура с V-образной изолирующей канавкой
V-Graben-MOS-Technologie *f* V-МОП-технология, технология МОП ИС с V-образными изолирующими канавками
VHF-Bereich [Very-High Frequency...] *m* ОВЧ-диапазон, диапазон очень высоких частот; диапазон метровых волн, метровый диапазон
VHF-Kanalwähler *m тлв* селектор каналов метрового диапазона
VHIC [Very-High speed IC] *n см.* **VHSIC**
VHPIC [Very-High Performance IC] *n* сверхвысококачественная ИС
VHS-C-Kassette *f* компакт-кассета формата VHS
VHSIC [Very-High Speed IC] *n*, **VHSIC-Bauelement** *n* сверхскоростная [сверхбыстродействующая] ИС, ССИС
VHSI-Schaltkreis [Very-High Speed Integration...] *m* сверхскоростная [сверхбыстродействующая] ИС, ССИС

VHS-Kassette *f* VHS-кассета, кассета формата VHS (*для бытовой видеозаписи*)
VHS-Recorder *m* (бытовой кассетный) видеомагнитофон формата VHS
VHS-Standard *m* стандарт VHS; формат VHS
VHS-System *n* система VHS (*бытовой видеозаписи*)
VHS-Videorecorder *m* (бытовой кассетный) видеомагнитофон формата VHS
Viadukt *m* виадук
Vibration *f* вибрация
Vibrationsaufnehmer *m* вибродатчик
Vibrationsbelastung *f* вибрационная нагрузка
Vibrationsbohle *f* виброрейка, вибробрус
Vibrationsbohren *n* вибрационное бурение
Vibrationsfestigkeit *f* вибростойкость; вибропрочность
Vibrationsförderer *m* виброконвейер, вибротранспортёр
Vibrationsgleitschleifanlage *f* виброабразивная установка, установка (для) виброгалтовки (*мелких деталей*)
Vibrationsgleitschleifen *n* виброгалтовка (*мелких деталей*)
Vibrationshammer *m* вибромолот
Vibrationsmagazin *n* вибробункер
Vibrationsplatte *f* виброплита
Vibrationsprüfung *f* испытания на вибростойкость
Vibrationsrammhammer *m* вибромолот
Vibrationsschutz *m* виброизоляция
Vibrationssieb *n* вибрационный грохот, виброгрохот; вибросито
Vibrationsschweißen *n* вибродуговая сварка
Vibrationstisch *m* виброплощадка
Vibrationsverdichter *m* вибрационная уплотняющая машина
Vibrationswalze *f* виброкаток
Vibrationszubringer *m* вибрационный питатель; вибрационное подающее устройство
Vibrator *m* вибратор
Vibrieren *n* вибрирование, вибрация; биение
Vibrostampfer *m* вибротрамбовка
Vickershärte *f* твёрдость по Виккерсу
Vickers-Härteprüfung *f* определение твёрдости по Виккерсу
Video-Arbeitsplatzkonferenz *f* видеоконференция с рабочих мест
Videoaufzeichnung *f* видеозапись
Videoband *n* видеолента
Videobandbreite *f* ширина полосы видеочастот

Videobandgerät *n* видеомагнитофон
Videobandkassette *f* видеокассета
Videobild *n* видеоизображение; видеокадр
Videobus *m* видеошина
~, **lokaler** локальная видеошина
Video-Camcorder *m* см. Videokamera 2.
Video-CD *f* видеозвуковой компакт-диск
Videoclip *m* видеоклип
Videocomputer *m* видеокомпьютер
Videocontroller *m* видеоконтроллер
Video-Deemphasis *f* тлв коррекция (предыскажения) цветоразностных сигналов (*в декодере СЕКАМ*)
Videodemodulator *m* тлв демодулятор видеосигнала
Videodigitizer *m* преобразователь видеосигнала в цифровой код, кодирующий видеопреобразователь
Videodrucker *m* видеопринтер
Video-Einzelbild *n* видеокадр
Video-Endstufe *f* выходной каскад видеоусилителя
Videofilm *m* видеофильм
Videofrequenz *f* видеочастота
Videofrequenzband *n* полоса видеочастот
Videogenerator *m* генератор видеосигналов
Videogerät *n* видеоустройство; видеомагнитофон
~, **digitales** цифровое видеоустройство; цифровой видеомагнитофон
Videografie *f* видеография
Videografikkarte *f* видеографическая плата
Videografiksystem *n* видеографическая система
Videoimpuls *m* видеоимпульс
Videoinformation *f* видеоинформация
Videointerface *n* видеоинтерфейс, интерфейс с видеотерминалом
Videokamera *f* 1. телекамера; бытовая телекамера, телекамера бытового [полупрофессионального] применения (*для работы в комплекте с видеомагнитофоном*) 2. видеокамера (*конструктивное объединение бытовой телекамеры и кассетного видеомагнитофона*)
Videokamerarecorder *m* см. Videokamera 2.
Videokanal *m* видеоканал
Videokarte *f* видеоплата, плата кодирующего видеопреобразователя
Videokassette *f* видеокассета
Videokonferenz *f* видеоконференция
Videokopf *m* видеоголовка

VIDEOKOPFRAD

Videokopfrad *n*, **Videokopfscheibe** *f* диск видеоголовок
Videokopierer *m* видеокопир
Videolangspielplatte *f* видеодиск
Videolaufwerk *n* лентопротяжный механизм видеомагнитофона
Videomagnetband *n* магнитная лента для видеозаписи, видеолента
Video-Magnetbandaufzeichnung *f* видеозапись на магнитную ленту
Videomagnetkopf *m* магнитная видеоголовка
Videomischer *m* видеомикшер
Videomonitor *m* видеомонитор
Videoplatte *f* 1. видеодиск, оптический диск для записи видеоданных 2. видеозвуковой (компакт-)диск
Videoplatten(abspiel)gerät *n* видеопроигрыватель, проигрыватель видеодисков
Videoplattenspeicher *m* накопитель на видеозвуковом (компакт-)диске
Videoplayer *m* видеоплейер, кассетный видеопроигрыватель
Videoport *m* видеопорт
Video-Preemphasis *f тлв* предыскажение цветоразностных сигналов (*в кодере СЕКАМ*)
Videoprinter *m* видеопринтер
Videoprozessor *m* видеопроцессор
Video-RAM *m* видеоЗУПВ; видеоОЗУ, видеопамять
Videorecorder *m* видеомагнитофон; кассетный видеомагнитофон
Videorecorderkamera *f см.* **Videokamera 2**.
Videoregister *n* видеорегистр, регистр видеоданных
Videorekorder *m см.* **Videorecorder**
Videosignal *n* 1. видеосигнал; телевизионный видеосигнал 2. полный видеосигнал
Videoslot *m* гнездо для видеоплаты
Videospeicher *m* видеопамять, видеоЗУ, память (для хранения) видеоданных
Videospeichergerät *n* 1. *тлв* видеонакопитель 2. видеомагнитофон
Videospiel *n* видеоигра
Videospur *f* видеодорожка
Videosteuerung *f* видеоконтроллер
Videostufe *f см.* **Video-Endstufe**
Videotaktgenerator *m* генератор сигналов видеосинхронизации
Videotelefon *n* видеотелефон
Videoterminal *n* видеотерминал
Videotex *n* 1. видеотекс (*понятие, объединяющее систему телетекста и систему интерактивной видеографии*) 2. видеотекс, вещательная видеография
Videotext *m* телетекст, система телетекста
~, **zeilengebundener** синхронная система телетекста (*с привязкой строки данных к телевизионной строке*)
~, **zeilenungebundener** несинхронная система телетекста
Videotextdekoder *m* декодер системы телетекста
Videotext-IS *f* микросхема устройства системы телетекста
Videotuner *m* телетюнер
Videoverstärker *m* видеоусилитель
Video-Walkman *m* персональная видеосистема (*конструктивное объединение миниатюрного телевизора с экраном на жидких кристаллах и кассетного видеомагнитофона*)
Vidikon *n тлв* видикон
Vielachsbearbeitung *f* многокоординатная обработка
Vielachssteuerung *f* 1. многокоординатное управление 2. система многокоординатного управления
vieladrig многожильный
Vieleck *n* многоугольник
vieleckig многоугольный
Vielfachbetrieb *m* режим мультиобработки
Vielfachbusstruktur *f* многошинная структура
Vielfachchipschaltkreis *m* многокристальная ИС
Vielfaches *n мат.* кратное
~, **kleinstes gemeinsames** наименьшее общее кратное
Vielfachgeräte *n pl с.-х.* универсальные орудия
Vielfachheit *f мат.* кратность
Vielfachmeßinstrument *n* универсальный измерительный прибор
Vielfachmikroprozessorsystem *n* мультимикропроцессорная система
Vielfachzugriff *m* коллективный доступ
Vielfarben... многокрасочный
Vielflach *n см.* **Vielflächner**
Vielflächner *m* многогранник, полиэдр
Vielkeilverbindung *f маш.* зубчатое [шлицевое, пазовое] соединение
Vielkörperproblem *n* задача многих тел
Vielleiterkabel *n* многожильный кабель
Vielmeißeldrehautomat *m* многорезцовый токарный автомат

Vielplungerpumpe *f* многоплунжерный насос
Vielschichtkondensator *m* многослойный конденсатор
vielstufig многоступенчатый; многокаскадный
Vielzellenpumpe *f* многопластинчатый вакуумный насос
Vieradreßbefehl *m* четырёхадресная команда
Vieradressenkode *m* код четырёхадресной команды
Vierbackenfutter *n* четырёхкулачковый патрон
Vierbitbyte *n*, **Vierbitwort** *n* полубайт
Vierdrahtbetrieb *m* свз четырёхпроводной режим
Viereck *n* четырёхугольник
Vierer *m* 1. *тлф* фантомная [искусственная] цепь 2. *эл.* четвёрка, четвёрка жил *(кабеля)*
Viererkabel *n* кабель четвёрочной скрутки
Vierfachgatter *n* счетверённый вентиль
Vierfarbendruck *m* *полигр.* печать в четыре краски
Vierfarbgrafik *f* четырёхцветная графика; устройства четырёхцветной графики
Vierflach *n* четырёхгранник, тетраэдр
vierflächig четырёхгранный
Vierflammenherd *m* четырёхконфорочная газовая плита
Vierflankenverfahren *n* метод четырёхкратного [четырёхтактного] интегрирования
Vierflankenwandler *m* АЦП с четырёхкратным [четырёхтактным] интегрированием
Vierganggetriebe *n* *авто* четырёхступенчатая коробка передач
Viergelenkgetriebe *n* *маш.* шарнирный четырёхзвенник
Viergelenkkette *f* *маш.* четырёхзвенный пространственный механизм
Vierkant *n*, *m* 1. квадратная головка *(болта, винта)*; квадрат (под ключ) 2. *см.* Vierkantschlüssel 3. *см.* Vierkantstahl
Vierkant... 1. *мат.* четырёхгранный 2. четырёхгранный, квадратный; прямоугольный
Vierkantkopf *m см.* Vierkant 1.
Vierkantmutter *f* квадратная гайка
Vierkantschlüssel *m* квадратный (гаечный) ключ
Vierkantschraube *f* болт с квадратной головкой; винт с квадратной головкой
Vierkantstab *m см.* Vierkantstange
Vierkantstahl *m* квадратная сталь, квадратный профиль сортового проката
Vierkantstange *f* квадратный пруток

Vierkantteil *n* квадрат (под ключ)
Vierleiter... четырёхпроводной
Vierpol *m* *эл.* четырёхполюсник
~, **äquivalenter** эквивалентный четырёхполюсник
Vierpunktpresse *f* четырёхкривошипный пресс
Vierrampenumsetzer *m* АЦП с четырёхкратным [четырёхтактным] интегрированием
Vierrampenverfahren *n* метод четырёхкратного [четырёхтактного] интегрирования
Vierschichtdiode *f* диод с $p-n-p-n$-структурой; диак
Vierschichtstruktur *f* четырёхслойная структура
Vierspurverfahren *n* четырёхдорожечная запись
Viertaktmotor *m* четырёхтактный двигатель, четырёхтактный ДВС
Viertaktverfahren *n* четырёхтактный цикл *(ДВС)*
Viertel *n* четверть
Viertelellipsendüse *f* эллипсное сопло
Viertelkreis *m* квадрант
Viertelwellenantenne *f* четвертьволновая антенна
Viertelwellenlänge *f* четверть длины волны, четвертьволновая длина
Viertelwellenleitung *f* четвертьволновая линия
Viertransistorspeicherzelle *f*, **Viertransistorzelle** *f* четырёхтранзисторная ячейка памяти, четырёхтранзисторная ЗЯ
Vierwalzen-Walzwerk *n* четырёхвалковый прокатный стан, (прокатный) стан кварто
Vierwegehahn *m* четырёххоходовой кран
Vierwegestück *n* крест *(в трубопроводе)*
Vierwegeventil *n* четырёхлинейный (гидро- или пневмо)распределитель
Viewport *m англ.* 1. окно просмотра *(на экране дисплея)* 2. окно проекции; окно представления сечения *(проектируемой детали)* 3. видовой экран *(в системе AutoCAD)*
Vinyläther *m pl* простые виниловые эфиры
Vinylazetat *n* винилацетат, $CH_3COOCHCH_2$
Vinylzyanid *n* винилцианид, CH_2CHCN
Virial... вириальный
virtuell виртуальный
Visibilität *f* видимость
Visibilitätskriterium *n* критерий видимости
Visier *n* 1. визир *(оптического прибора)* 2. *см.* Visiereinrichtung 2.

VISIEREINRICHTUNG

Visiereinrichtung *f* 1. визирное устройство 2. прицел
Visierlinie *f* 1. линия визирования 2. линия прицеливания
viskoelastisch вязкоупругий
Viskokupplung *f авто* вязкостная муфта
viskos вязкий
Viskose *f* вискоза
Viskosefaser *f* вискозное волокно
Viskosefaserstoffe *m pl* вискозные волокна
Viskoseseide *f* вискозная комплексная нить
Viskosimeter *n* вискозиметр
Viskosimetrie *f* вискозиметрия
Viskosität *f* вязкость
~, **dynamische** динамическая вязкость
~, **kinematische** кинематическая вязкость
~, **konventionelle** условная вязкость
Viskositätsindex *m* индекс вязкости
visuell визуальный
Vitriol *m* купорос
Vitrokeram *m* ситалл
Vitrokeramik *f* стеклокерамика; стеклокерамические материалы, ситаллы
Vlies *n текст.* 1. прочёс, ватка 2. ваточный холст, холст 3. руно
Vliesnähgewirk *n текст.* холстопрошивное нетканое полотно
Vliesstoff *m текст.* нетканое полотно
VLSI-Baustein [Very Large Scale Integration...] *m* СБИС-модуль
VLSI-Chip *m* кристалл СБИС, СБИС-кристалл
VLSI-Design *n* проектирование СБИС
VLSI-IC *n* сверхбольшая ИС, СБИС
VLSI-Schaltkreis *m*, **VLSI-Schaltung** *f* сверхбольшая ИС, СБИС
VLSI-Speicher *m* СБИС памяти
VLSI-Technik *f*, **VLSI-Technologie** *f* технология СБИС
VMIS [1.—2. V-MIS 3. Vertical MIS] *f* 1. МДП-структура с V-образной изолирующей канавкой, V-МДП-структура 2. технология МДП ИС с V-образными изолирующими канавками, V-МДП-технология 3. вертикальная МДП-структура, МДП-структура с вертикальными транзисторами
VMIS-Technik *f* технология МДП ИС с V-образными изолирующими канавками, V-МДП-технология
VMIS-Transistor *m* 1. МДП-транзистор с V-образной изолирующей канавкой, V-МДП-транзистор 2. вертикальный МДП-транзистор, МДП-транзистор с вертикальным каналом
VMOS [1.—2. V-MOS 3. Vertical MOS] *f* 1. МОП-структура с V-образной изолирующей канавкой, V-МОП-структура 2. технология МОП ИС с V-образными изолирующими канавками, V-МОП-технология 3. вертикальная МОП-структура, МОП-структура с вертикальными транзисторами
VMOS-FET *m* 1. МОП-транзистор с V-образной изолирующей канавкой, V-МОП-транзистор 2. вертикальный МОП-транзистор, МОП-транзистор с вертикальным каналом
VMOS-Technik *f*, **VMOS-Technologie** *f* технология МОП ИС с V-образными изолирующими канавками, V-МОП-технология
VMOS-Transistor *m*, **VMOST-Transistor** *m* 1. МОП-транзистор с V-образной изолирующей канавкой, V-МОП-транзистор 2. вертикальный МОП-транзистор, МОП-транзистор с вертикальным каналом
V-Motor *m* V-образный двигатель
Vocoder *m* вокодер
Voder *m* синтезатор речевых сигналов
Voith-Schneider-Propeller *m мор.* крыльчатый движитель
Vokoder *m* вокодер
Volant *m авто* рулевое колесо, колесо рулевого управления
Volladdierer *m* полный сумматор
vollautomatisch автоматический; полностью автоматизированный
vollautomatisiert полностью автоматизированный
Vollbalken *m* сплошная балка
Vollbild *n тлв* кадр
Vollbildschirmeditor *m вчт* экранный редактор
Vollbohren *n* бурение сплошным забоем
Volldecker *m*, **Volldeckschiff** *n мор.* полнонаборное судно
Volldruckanzug *m ав.* высотный скафандр; *косм.* высотно-спасательный скафандр
Vollduplex *n* дуплексная связь
Vollduplexbetrieb *m* дуплексный режим
Vollduplexleitung *f* дуплексная линия связи
Vollduplexübertragungsleitung *f* дуплексная линия связи; дуплексный канал, дуплексная линия передачи данных
Vollduplexübertragungssystem *n* дуплексная система передачи (данных)
Vollendungsarbeiten *f pl* отделочные работы

VORAUSHOLEINHEIT

Vollerntemaschine *f с.-х.* комбайн
~, **selbstfahrende** самоходный комбайн
Vollformgießverfahren *n* литьё по выжигаемым моделям
Vollgrafik *f* графика с поэлементным формированием изображения
Vollgummireifen *m* массивная шина
Völligkeitsgrad *m мор.* коэффициент полноты
Vollinie *f* сплошная линия
Voll-Kunden-IS *f* «полностью заказная» ИС (*заказная микросхема, топология которой полностью соответствует желанию заказчика*)
Vollmechanisierung *f* сплошная механизация; комплексная механизация
Vollmontagebauweise *f* 1. полносборное строительство 2. полносборная конструкция
Vollniet *m* цельная [сплошная] заклёпка
Vollpolläufer *m эл.* неявнополюсный ротор
Vollpolmaschine *f эл.* неявнополюсная машина
Vollschnittvortriebsmaschine *f горн.* буровой проходческий комбайн, проходческий комбайн сплошного разрушения забоя
Vollsichtscheibe *f авто* панорамное стекло
Vollspur *f ж.-д.* нормальная колея, нормальная ширина колеи (*1435 мм*)
vollständig 1. полный 2. комплектный
Vollstein *m* полнотелый кирпич
Vollsubtrahierer *m* полный вычитатель
Volltastatur *f* полнонаборная клавиатура
Vollübertrag *m вчт* полный перенос
Vollwandträger *m* балка-стенка
Vollwaschmittel *n* универсальное моющее средство
Vollwegschaltdiode *f* симметричный диодный тиристор, диак
Vollwegthyristor *m* симметричный триодный тиристор, триак
Vollwelle *f* сплошной вал
Vollwinkel *m мат.* полный угол (*плоский угол, равный* 2π)
vollzählig комплектный
Vollziegel *m* полнотелый кирпич
Volt *n* вольт, В
Volt- und Amperemeter *n* вольтамперметр
Volta-Element *n* элемент Вольта
Voltameter *n* вольтметр, кулонметр
Voltametrie *f* вольтаметрия, вольтаметрический анализ
Voltammetrie *f* вольтамперометрия, вольтамперометрический анализ
Voltampere *n* вольт-ампер, В·А
Voltamperecharakteristik *f* вольт-амперная характеристика, ВАХ
Volta-Säule *f* вольтов столб
Voltmeter *n* вольтметр
Voltsekunde *f* вольт-секунда, вебер, Вб
Volum *n*, **Volumen** *n* объём
Volumenausdehnungskoeffizient *m* температурный коэффициент объёмного расширения
Volumen-CCD *n* прибор с объёмной зарядовой связью, ПЗС с объёмным каналом
Volumendotierung *f* объёмное легирование
Volumendurchbruch *m* объёмный пробой
Volumendurchfluß *m* объёмный расход
Volumeneffekt *m* объёмный эффект
Volumeneinheit *f* единица объёма
Volumenelastizitätsmodul *m* объёмный модуль упругости (*см. тж* **Kompressionsmodul**)
Volumenhalbleiter *m* объёмный полупроводник
Volumenkontraktion *f* объёмное сжатие
Volumenkonzentration *f* объёмная концентрация
Volumenleitfähigkeit *f* объёмная проводимость
Volumenmesser *m* волюмометр
Volumenprozent *n см.* **Volumprozent**
Volumenrekombination *f* объёмная рекомбинация
Volumenstrom *m* объёмный расход (*напр. насоса*)
Volumenstromsensor *m* датчик объёмного расхода, проточный датчик
Volumenverhältnis *n* объёмное отношение
Volumenwiderstand *m* (удельное) объёмное сопротивление
~, **spezifischer** удельное объёмное сопротивление
Volumetrie *f хим.* объёмный анализ
volumetrisch волюметрический; объёмный (*о кпд*)
voluminös объёмный
Voluminösität *f текст.* объёмность (*нити*)
Volumprozent *n* объёмный процент
Volumschrumpfung *f*, **Volumschwindung** *f* объёмная усадка
Volumviskosität *f* объёмная вязкость
Vorabrufeinheit *f вчт* блок предварительной выборки
Vorarbeiten *f pl* подготовительные работы
Vorausholeinheit *f вчт* блок упреждающей выборки

VORAUSHOLEN

Vorausholen *n вчт* опережающая [упреждающая] выборка
Vorausschau *f вчт* предварительный просмотр
Vorauswahl *f* предварительная селекция, преселекция; предварительная установка
Vorbau *m см.* **Vorwärtsbau**
Vorbearbeitung *f* предварительная обработка; черновая обработка
Vorbecken *n гидр.* аванкамера
Vorbereitungs- und Abschlußzeit *f маш.* подготовительно-заключительное время
Vorbereitungseingang *m* подготовительный (управляющий) вход, вход предварительной установки, вход предустановки (*напр. счётчика*)
Vorbereitungsoperation *f вчт* служебная операция; организационная операция
Vorbereitungszeit *f* 1. *маш.* подготовительное время 2. пусковой период
Vorbeugung *f* профилактика
Vorblock *m мет.* блюм, обжатый слиток
~ **für die Formstahlstraße** сортовая заготовка, заготовка для прокатки на сортовом стане
Vorboden *m гидр.* понур
Vorbohrer *m* 1. черновое сверло 2. забурник (*буровая техника*)
Vorbohrung *f горн.* опережающая скважина
Vorbramme *f мет.* (катаный) сляб
Vorbrechen *n* предварительное [крупное] дробление
Vorderachse *f авто* передний мост
Vordergrundfarbe *f* цвет переднего плана; цвет текста, цвет выводимых на экран символов (*в отличие от цвета фона*)
Vordergrund-Hintergrund-Arbeitsweise *f,* **Vordergrund-Hintergrund-Betrieb** *m вчт* фоново-оперативный [двухзадачный] режим (*режим одновременного выполнения оперативной и фоновой задач*)
Vordergrund-Hintergrund-Monitor *m вчт* фоново-оперативный [двухзадачный] монитор
Vordergrundjob *m вчт* приоритетное задание; оперативная задача
Vordergrundmodus *m вчт* приоритетный режим (*обработки заданий*)
Vordergrundprogramm *n вчт* приоритетная программа, программа с высоким приоритетом
Vordergrundverarbeitung *f вчт* приоритетная обработка, обработка программ с высоким приоритетом

Vorderradantrieb *m авто* привод на передние колёса
Vorderwandsonnenzelle *f* солнечный элемент фронтального действия
Vordüse *f* входное сопло
Voreilen *n* опережение
Voreilung *f* 1. опережение (*напр. по фазе*) 2. предварение 3. *мет.* опережение (*выход металла из прокатных валков со скоростью, большей окружной скорости валков*)
Voreinflugzeichen *n ав.* дальний маркерный радиомаяк
Voreinstellen *n,* **Voreinstellung** *f* предварительная установка, предустановка (*напр. счётчика*)
Voreinstellgerät *n* устройство предварительной настройки (*напр. режущего инструмента*)
Voreinstellzeit *f* 1. время предварительной установки, время предустановки 2. время предустанова (*напр. данных*); время предустановки (*сигнала*)
Vorfahrt *f авто* преимущество; преимущественное право на движение ◇ **die** ~ **gewähren** уступать дорогу; **die** ~ **nicht beachten** нарушить очерёдность проезда, не уступить дорогу (*другому транспортному средству, имеющему преимущество*)
Vorfahrtsrecht *n авто* преимущественное право на движение
Vorfertigungsabschnitt *m* заготовительный участок
Vorfertigungsabteilung *f* заготовительный цех
Vorflügel *m ав.* предкрылок
Vorflut *f гидр.* отвод воды; возможность естественного *или* механического отвода воды
Vorfluter *m гидр.* водоприёмник
Vorformgravur *f* заготовительный ручей (*штампа*)
Vorführgerät *n* (кино)проекционный аппарат, кинопроектор
Vorgang *m* процесс; операция
Vorgangsdatei *f вчт* 1. файл транзакций; файл входных сообщений; журнал транзакций 2. файл изменений (*основного файла*)
Vorgangsverarbeitung *f вчт* 1. обработка транзакций 2. диалоговая обработка запросов
Vorgarn *n текст.* ровница
vorgefertigt сборный
Vorgelege *n маш.* 1. перебор (*узел коробки скоростей металлорежущего станка, по-*

зволяющий изменять частоту вращения шпинделя) 2. контрпривод
vorgeschaltet предвключённый
Vorgesenk *n* заготовительный [черновой] штамп
vorgespannt 1. предварительно напряжённый 2. *элн* смещённый, со смещением
Vorhafen *m* аванпорт
Vorhalt *m* 1. *автм* опережение, предварение; производная 2. упреждение
Vorhalter *m* поддержка для заклёпок
Vorhaltglied *n* *автм* опережающее звено, звено с опережением [с предварением], дифференциальное звено
Vorhaltwirkung *f* *автм* воздействие по производной
Vorhaltzeit *f* *автм* время воздействия по производной
Vorhang *m* 1. завеса 2. шторка (*затвора фотоаппарата*)
Vorhangwand *f* ненесущая (навесная) наружная стена (*из легких панелей*)
Vorherd *m* *мет.* копильник (*ваграНки*); металлоприёмник
Vorkaliber *n* *мет.* черновой калибр
Vorkammer *f* 1. форкамера 2. *гидр.* аванкамера
Vorkammermotor *m* предкамерный дизель
Vorkammerverfahren *n* предкамерное смесеобразование (*в дизеле*)
Vorkommen *n* проявление (*полезного ископаемого*); месторождение
Vorladung *f* подзаряд
Vorlage *f* 1. оригинал; фотооригинал; фототрафарет 2. сборник (*дистиллята*)
Vorlauf *m* 1. головной [первый] погон, головная фракция 2. *авто* продольный наклон шкворня 3. *маш.* ход вперёд, передний ход 4. *мет.-об.* подвод (*инструмента*) 5. предварительный пуск (в ход); предварительное испытание 6. задел
Vorläufer *m pl* предвестники (*сейсмические волны, распространяющиеся от очага землетрясения и достигающие земной поверхности раньше других*)
Vorlaufkolonne *f см.* Vorlaufsäule
Vorlaufsäule *f* эпюрационная колонна, колонна для выделения головных погонов
Vorlegierung *f* лигатура (*вспомогательный сплав, применяемый для введения в жидкий металл легирующих материалов*)
Vorlochstempel *m* прошивной пуансон

Vormagnetisierung *f* подмагничивание
Vormaterial *n* обрабатываемый материал; заготовки
Vormischung *f* маточная смесь
Vormodulator *m* подмодулятор
Vornullenunterdrückung *f* подавление (незначащих) нулей
Vor-Ort-Steuerung *f* локальное управление
Vorortverkehr *m* пригородное сообщение
Voroxidation *f* предварительное окисление
Vorpositionierung *f* предварительное [грубое] позиционирование
Vorprojekt *n* эскизный проект
Vorprozessor *m* препроцессор
Vorpumpe *f см.* Vorvakuumpumpe
Vorrang *m* приоритет; приоритетность
Vorranganzeiger *m* указатель приоритета
Vorrangebene *f* уровень приоритета
Vorrangentscheidungslogik *f* приоритетная логика, логика разрешения конфликтов на основе приоритета
Vorrangprogramm *n* программа с высоким приоритетом, приоритетная программа
Vorrangschaltung *f* приоритетная схема
Vorrangsteuerung *f* приоритетное управление, управление по приоритету
Vorrangstraße *f* *авто* главная дорога
Vorrangsystem *n* система приоритетов
Vorrangzuordnung *f*, **Vorrangszuteilung** *f* назначение приоритетов
Vorrangunterbrechung *f* приоритетное прерывание
Vorrangverarbeitung *f* приоритетная обработка
Vorratsroder *m* *с.-х.* картофелекопатель
Vorrichtung *f* приспособление; устройство; механизм
Vorrichtungsarbeiten *f pl* *горн.* подготовительные работы, подготовка
Vorrichtungsort *m* *горн.* подготовительный забой
Vorrichtungswagen *m* (транспортная) тележка с приспособлением-спутником
Vor-/Rückwärtsbetrieb *m* режим прямого и обратного счёта
Vor-/Rückwärtszähler *m* реверсивный счётчик
Vorsatz *m* 1. *опт.* насадка 2. *полигр.* форзац 3. *см.* Vorsatzgerät 4. приставка (*приставка, присоединяемая к наименованию единицы измерения для образования наименований кратных и дольных единиц*)
~, **anamorphotischer** анаморфотная насадка

Vorsatzbohrer *m* забурник *(буровая техника)*
Vorsatzgerät *n* приставка *(напр. к радиоприемнику)*; преобразователь
Vorsatzlinse *f* насадочная линза
Vorschäler *m* с.-х. предплужник
Vorschaltdrossel *f* добавочная индуктивность
Vorschaltgerät *n* пускорегулирующий аппарат *(люминесцентной лампы)*; балластный дроссель
Vorschaltwiderstand *m* балластный резистор
Vorschlaghammer *m* кувалда
Vorschmiedegravur *f* черновой ручей *(штампа)*
Vorschneider *m* 1. *маш.* черновой метчик 2. кусачки *(для проволоки)*
Vorschub *m* 1. подача 2. механизм подачи
~, **sprungweiser** прерывистая [периодическая] подача
Vorschubgetriebe *n*, **Vorschubkasten** *m маш.* коробка подач
Vorschubrichtungswinkel *m мет.-об.* угол подачи *(при резании)*
Vorschubschere *f см.* **Vorschubwechselradschere**
Vorschubvorrichtung *f* подающее устройство; подающий механизм; механизм подачи
Vorschubwechselradschere *f* гитара подачи *(зуборезного станка)*
Vorschubwerk *n* подающий механизм; механизм подачи
Vorschubwinde *f горн.* механизм подачи *(комбайна)*
Vorsignal *n ж.-д.* предупредительный сигнал
Vorsintern *n* предварительное спекание
Vorspann *m* 1. начальный [нерабочий] участок (магнитной) ленты; заправочный конец (магнитной) ленты 2. зона заголовка *(сектора гибкого магнитного диска)* 3. *ж.-д.* двойная (локомотивная) тяга
Vorspannen *n* закалка, закаливание *(стекла)*
Vorspannung *f* 1. предварительное напряжение *(бетона)* 2. *маш.* предварительный натяг *(подшипника)* 3. *маш.* предварительная затяжка; напряжение предварительной затяжки *(напр. в болте)* 4. предварительное натяжение *(напр. ремней)* 5. *элн* смещение, напряжение смещения 6. *см.* **Vorspannen**
~ **in Durchlaßrichtung** [**in Flußrichtung**] прямое смещение
~ **in Sperrichtung** обратное смещение
Vorspinnmaschine *f текст.* ровничная машина

Vorsprung *m* 1. выступ 2. прилив 3. зубец
Vorspur *f авто* схождение колёс
Vorstecker *m* чека
Vorsteckscheibe *f* шайба с прорезью
Vorsteuerventil *n* клапан управления
Vorstoß *m хим.* аллонж
Vorstreckkaliber *n мет.* обжимной [вытяжной] калибр
Vorstufe *f* каскад предварительного усиления
Vorstufenmodulation *f* модуляция в каскадах предварительного усиления, модуляция на малой мощности
Vorteiler *m* предварительный делитель (частоты)
Vorteilerverhältnis *n* коэффициент предварительного деления (частоты)
Vortrieb *m* 1. *горн.* проходка 2. *ав.* тяга; горизонтальная тяга *(вертолета)* 3. *мор.* движущая сила; тяга *(сила, обеспечивающая поступательное движение судна)*
Vortriebsausrüstung *f горн.* проходческий комплекс
Vortriebsleistung *f* скорость проходки *(при бурении)*; скорость бурения
Vortriebsmaschine *f горн.* проходческий комбайн
Vortriebsorgan *n* движитель
Vortriebsschild *n горн.* проходческий щит
Vortriebstriebwerk *n* маршевый двигатель
Vortrocknen *n*, **Vortrocknung** *f* предварительная сушка
Vorübersetzer *m прогр.* предварительный транслятор, предтранслятор; предварительный компилятор, предкомпилятор, компилятор предварительного прохода
Vorübertrager *m* входной трансформатор
Voruntersetzer *m* предварительный делитель (частоты)
Vorvakuum *n* форвакуум
Vorvakuumpumpe *f* форвакуумный насос
Vorverdichter *m* нагнетатель *(ДВС)*
Vorverdichtung *f* предварительное сжатие
Vorverstärker *m* предварительный усилитель, предусилитель
Vorverzerrung *f элн, тлв* предыскажение
Vorwahl *f* 1. *свз* предыскание; предварительный набор 2. *элн* предварительная установка, предустановка *(напр. счетчика)* 3. *маш.* преселекция; предварительная установка 4. *тлф* код

VTX-DEKODER

Vorwahleinrichtung *f маш.* преселектор, устройство преднабора

Vorwähler *m* 1. *авто, маш.* преселектор 2. *тлф* предыскатель

Vorwählgetriebe *n авто* полуавтоматическая коробка передач, коробка передач с преселекторным включением

Vorwahlimpuls *m* импульс предварительной установки (*счётчика*)

Vorwahlschalter *m* переключатель предварительной установки, переключатель (для) предварительного набора (*числа, до которого производится счет в установочном счетчике*)

Vorwahlschaltung *f маш.* преселектор

Vorwahlzähler *m* счётчик с предварительной установкой, установочный счётчик

Vorwalzen *f pl* обжимные валки

Vorwalzkaliber *n см.* **Vorstreckkaliber**

Vorwärmer *m* подогреватель; водяной экономайзер (*котельного агрегата парогенератора*)

Vorwärmung *f* подогрев; предварительный подогрев

Vorwarnradar *n* радиолокационная станция [РЛС] дальнего [раннего] обнаружения, РЛС раннего оповещения

Vorwarnung *f* дальнее радиолокационное обнаружение и оповещение

Vorwarnzeit *f* время предупреждения (*напр. о ракетном нападении*)

Vorwärtsbau *m горн.* выемка прямым порядком

Vorwärtsbetrieb *m* режим прямого счёта

Vorwärtseinschneiden *n геод.* прямая засечка

Vorwärtsgang *m авто* передача переднего хода

Vorwärtskanal *m* прямой канал

Vorwärtsleitfähigkeit *f* проводимость в прямом направлении, проводимость при прямом напряжении

Vorwärtspotential *n* напряжение прямого смещения, прямое смещение

Vorwärtsregelung *f автм* регулирование с опережением [с воздействием по производной], опережающее регулирование; опережающая коррекция

Vorwärtsrichtung *f* прямое направление (*в полупроводниках*)

Vorwärts-Rückwärts-Druck *m вчт* печать в обоих направлениях перемещения каретки

Vorwärts-Rückwärts-Zähler *m* реверсивный счётчик

Vorwärtsstrom *m* прямой ток

Vorwärtsverzweigung *f* ветвление с переходом вперёд (*в программе*)

Vorwärtswelle *f* прямая волна

Vorwärtswiderstand *m* прямое сопротивление

Vorwärtszähler *m* счётчик прямого действия [прямого счёта], суммирующий счётчик

Vorwiderstand *m* демпферный [гасящий] резистор; добавочный резистор

Vorwirbelung *f* предварительная закрутка (*напр. потока воздуха в ВРД*)

Vorzeichen *n мат.* знак

Vorzeichenbit *n* знаковый разряд; признак [флаг] знака

Vorzeichenfeld *n* поле значения со знаком

Vorzeichenflag *n* признак [флаг] знака

Vorzeichenflipflop *n* триггер знака

Vorzeicheninverter *m* знакоинвертор

Vorzeichenprüfung *f* проверка [контроль] знака

Vorzeichenregister *n* регистр знака

Vorzeichenstelle *f* знаковый разряд, разряд знака

Vorzeichensteuerung *f* регулирование по знаку

Vorzeichenumkehr *f* инверсия знака

Vorzeichenumkehrer *m* знакоинвертор

Vorzugsmaß *n* стандартный [нормальный] размер

Vorzugsmaße *n pl стр.* предпочтительные (модульные) размеры

Vorzugsreihe *f* стандартный ряд; ряд нормальных размеров

Vorzugsrichtung *f* 1. предпочтительное направление 2. преимущественное направление

Vorzugswert *m* предпочтительное значение; стандартный номинал (*напр. резистора, конденсатора*)

Vorzugszahlen *f pl* предпочтительные числа, стандартные ряды чисел

Vorzugszahlenreihe *f* ряд предпочтительных чисел

Vorzündung *f* опережение зажигания, раннее зажигание (*ДВС*)

Voute *f* вут

VRAM [Video RAM] *m, n* видеоЗУПВ; видеоОЗУ, видеопамять

VSG *n см.* **Videospeichergerät**

VTOL-Flugzeug [Vertical Take-Off and Landing...] *n* самолёт вертикального взлёта и посадки, СВВП

Vtx-Dekoder *m* декодер системы телетекста

VULKAN

Vulkan *m* вулкан
Vulkanfiber *f* вулканизованная фибра
Vulkanisation *f* вулканизация
Vulkanisationsbeschleuniger *m* ускоритель вулканизации
Vulkanisationsmittel *n* вулканизующий агент
Vulkanisator *m* вулканизатор
vulkanisch вулканический
Vulkanisiergerät *n* вулканизатор
Vulkanisiermittel *n* агент вулканизации, вулканизующий агент
Vulkanismus *m* вулканизм

W

Waage *f* весы
Waagebalken *m* коромысло (весов)
waagerecht горизонтальный
Waagerechtausdrehsmaschine *f* горизонтально-расточный станок
Waagerechtbearbeitungszentrum *n* горизонтальный многоцелевой станок
Waagerechtbohrmaschine *f* горизонтально-сверлильный станок
Waagerecht-Bohr- und -Fräsmaschine *f*, **Waagerechtbohrwerk** *n* горизонтально-расточный станок
Waagerechte *f* 1. горизонтальная линия 2. горизонталь (*направление, параллельное плоскости горизонта*)
Waagerechtfräsmaschine *f* горизонтально-фрезерный станок
Waagerechträummaschine *f* горизонтально-протяжной станок
Waagerechtschmiedemaschine *f* горизонтально-ковочная машина
Waagerechtstauchmaschine *f* горизонтально-ковочная машина
Waagerechtstoßmaschine *f* поперечно-строгальный станок
Waben... сотовый
Wabenbauplatte *f* многослойная плита с сотовым заполнителем
Wachs *n* воск
Wachsamkeitshebel *m*, **Wachsamkeitstaste** *f* ж.-д. рукоятка бдительности; автостоп

Wachsausschmelzverfahren *n* литьё по выплавляемым моделям
Wachstum *n* рост
~, **epitaxiales** эпитаксиальный рост; эпитаксиальное наращивание; эпитаксиальное выращивание, эпитаксия
Wachstumsgeschwindigkeit *f* скорость роста; скорость выращивания
Wachstumskurve *f* кривая роста
Wächter *m* реле контроля
Wackelkontakt *m* прерывающийся контакт; плохой [неплотный] контакт
Wafer *m* 1. полупроводниковая пластина (*со сформированными структурами ИС*) 2. подложка
Waferbelichtungsanlage *f* установка фотолитографии с экспонированием по всему полю полупроводниковой пластины; установка литографии по всему полю полупроводниковой пластины
Wafer-Stepper *m* установка последовательного шагового экспонирования (пластин); установка последовательной шаговой мультипликации, мультипликатор
Wafer-Stepper-Lithografie *f* (проекционная) литография с последовательным шаговым экспонированием
Wafertester *m* установка зондового контроля полупроводниковых пластин
Wägeglas *n* хим. бюкс
Wagen *m* 1. вагон 2. вагонетка 3. тележка 4. каретка 5. автомобиль
~, **automatisch geführter** автоматически управляемая тележка (*напр. в ГПС*)
~, **ferngesteuerter** дистанционно управляемая тележка
~, **gedeckter** крытый вагон
~, **induktiv geführter** индуктивно управляемая тележка (*напр. в ГПС*)
~, **leitdrahtgeführter** тележка, управляемая с помощью (смонтированного под полом) кабеля
~, **offener** полувагон, вагон открытого типа
~, **schienengebundener** рельсовая тележка
Wagenförderer *m* тележечный конвейер, тележечный транспортёр
~ **mit Unterflurkettenantrieb** цепной тележечный транспортёр, транспортёр с тележками и тяговой цепью (под полом)
Wagenheber *m* автомобильный домкрат, домкрат

Wagenheck *n* задняя часть [задок] автомобиля
Wagenkasten *m* кузов вагона
Wagenkipper *m* вагоноопрокидыватель
Wagenpalette *f* тележка-спутник
Wagenrücklauf *m* вчт возврат каретки
Wagenrücklauftaste *f* вчт клавиша возврата каретки, клавиша «Возврат каретки»
Wagenspinner *m* текст. прядильная машина периодического действия, сельфактор
Wagenumlauf *m* 1. оборот вагонов 2. горн. обмен вагонеток
Wagenumlaufzahl *f* оборачиваемость вагона
Wagenumlaufzeit *f* время оборота вагона
Wagenwaschanlage *f* вагономоечная установка
Wagenwäsche *f* вагономоечная станция
Wagenwaschmaschine *f* вагономоечная машина
Wagenwinde *f* вагонный домкрат
Wägestück *n* 1. гиря; гирька 2. разновеска
Waggon *m* (железнодорожный) вагон
Waggonkipper *m* вагоноопрокидыватель
Waggonwaage *f* вагонные весы
Wahl *f* 1. выбор 2. селекция 3. свз, тлф искание 4. избирание (*объекта в системах телемеханики*)
Wählamt *n* автоматическая телефонная станция, АТС
Wählbetrieb *m* автоматическая (телефонная) связь
Wählen *n* тлф, свз набор номера (*абонента*)
Wähler *m* 1. свз искатель 2. селектор
Wählleitung *f* коммутируемая линия (связи)
Wahlrufanlage *f* ж.-д. система тонального избирательного вызова, система телефонной связи одностороннего действия с (тональным) избирательным вызовом
Wahlschalter *m* многопозиционный переключатель
Wählscheibe *f* тлф диск номеронабирателя
Wählsterneinrichtung *f* тлф система телефонной связи с использованием концентраторов
Wählsternschalter *m* тлф концентратор
Wählton *m* тлф тональный сигнал готовности
Wählvermittlung *f* 1. тлф автоматическое соединение абонентов 2. свз обмен по коммутируемым каналам
Wählvermittlungsstelle *f* автоматическая телефонная станция, АТС
Wahlwiederholung *f* повторный набор номера (*абонента*); повторный вызов (*абонента сети связи*)
Wählzeichen *n см.* **Wählton**

Wahrheitstafel *f* вчт истинностная таблица, таблица истинности
wahrscheinlich вероятный
Wahrscheinlichkeit *f* вероятность
Wahrscheinlichkeitsautomat *m* вероятностный автомат
Wahrscheinlichkeitsdichte *f* плотность вероятности
Wahrscheinlichkeitslogik *f* вероятностная логика
Wahrscheinlichkeitsprozeß *m* вероятностный процесс
Wahrscheinlichkeitsrechnung *f см.* **Wahrscheinlichkeitstheorie**
Wahrscheinlichkeitstheorie *f* теория вероятностей
Wahrscheinlichkeitsverteilung *f* распределение вероятностей
Waitstate *n* период ожидания
Wait-Takt *m* такт ожидания; период ожидания; интервал ожидания
Wait-Zustand *m см.* **Wait-Takt**
Waldkante *f* дер.-об. обзол
Waldsäge *f* двуручная пила
Walfang *m* китобойный промысел
Walfangboot *n* китобоец
Walfangmutterschiff *n* китобойная база
Walfangschiff *n* китобоец
Walke *f* 1. *см.* **Walkmaschine** 2. кож. мялка
Walken *n* 1. текст. валяние, валка 2. кож. мятьё
Walkerde *f* сукновальная глина
Walkmaschine *f* текст. валяльная машина; сукновальная машина
Walmdach *n* вальмовая [четырёхскатная] крыша
Walzbacke *f* мет.-об. накатная плашка
Walzbetrieb *m* прокатное производство; прокатный цех; прокатный завод
Walzblock *m* мет. 1. обжатый слиток; блюм 2. слиток для (горячей) прокатки (сортовых профилей и катанки) 3. (непрерывная) группа [блок] прокатных клетей, прокатный блок
Walzdraht *m* мет. катанка
Walze *f* 1. валок 2. *мет.* прокатный валок 3. валец 4. валик 5. каток (*напр. дорожный, опорный*) 6. *горн.* шнек, шнековый исполнительный орган (*очистного комбайна*); барабанный исполнительный орган (*очистного комбайна*)

WALZE

~, fliegende [fliegend gelagerte] консольный валок

Wälzebene *f маш.* начальная плоскость (*реечной передачи*)

Walzen *n* 1. прокатка 2. вальцовка, вальцевание 3. накатывание (*резьбы*)

Walzen *f pl* вальцы

~, einseitig gelagerte консольные вальцы

~, geschlossene закрытые ковочные вальцы

Wälzen *n* качение

Walzenabstand *m* межвалковое расстояние, расстояние между валками; *мет.* раствор валков, зазор между рабочими валками

Walzenbrecher *m* валковая дробилка, дробильные вальцы

Walzendrehmaschine *f* вальцетокарный станок

walzenförmig цилиндрический

Walzenfräser *m* цилиндрическая фреза

Walzenkaliber *n* калибр прокатного валка, валковый [прокатный] калибр

Walzenlager *n* катковая опора, опора на катках

Walzenmühle *f* валковая мельница

Walzenpressung *f* 1. контактное напряжение (сжатия) 2. давление на поверхности контакта (*прокатных валков*), удельное контактное давление

Walzenrost *m* валковый грохот

Walzenschalter *m* барабанный контроллер

Walzenschrämlader *m горн.* очистной комбайн со шнековым *или* с барабанным исполнительным органом

Walzenspalt *m* 1. зазор между валками, раствор валков (*напр. дробилки*) 2. *мет.* раствор валков, зазор между рабочими валками

Walzenspeiser *m* валковый питатель

Walzenständer *m* станина (прокатной) клети, станина

Walzen(steuer)schalter *m* барабанный контроллер

Walzenstirnfräser *m* насадная торцово-цилиндрическая фреза

Walzenwehr *n гидр.* 1. плотина с вальцовыми затворами 2. вальцовый затвор

Walzerzeugnis *n* прокатное изделие, прокат

~, vorgewalztes раскат, подкат (*прокатная заготовка*)

Wälzfestigkeit *f маш.* контактная прочность

Wälzfläche *f маш.* начальная поверхность (*в зубчатых передачах*)

Wälzfräsen *n мет.-об.* зубофрезерование методом обката; зубофрезерование (*червячной фрезой*)

Wälzfräser *m* червячная фреза (*для нарезания зубчатых колес*)

Wälzfräsmaschine *f мет.-об.* зубофрезерный станок, работающий по методу обката

Wälzführung *f* направляющая качения

Wälzgerade *f маш.* начальная прямая (*зубчатой рейки*)

Walzgerüst *n* прокатная клеть, клеть прокатного стана

Wälzgetriebe *n маш.* обкатная передача

Wälzglas *n* прокатанное стекло

Walzgrat *m* задир (*на поверхности изделия*)

Walzgut *n* 1. прокат; прокатанный металл 2. прокатываемый материал, прокатываемый металл

Walzhaut *f* (прокатная) плёна; прокатная окалина

Wälzhebel *m маш.* перекатывающийся рычаг

Wälzhebelgetriebe *n маш.* механизм «перекатывающийся рычаг» (*шестизвенный механизм с одной высшей кинематической парой*)

Wälzhobelmeißel *m мет.-об.* зубострогальный резец

Wälzhobeln *n мет.-об.* зубострогание (методом обката)

Walzknüppel *m* катаная заготовка

Wälzkolbenpumpe *f* двухроторный вакуумный насос

Wälzkolbenzähler *m* роторный счётчик

Wälzkörper *m* тело качения

Wälzkreis *m маш.* начальная окружность (*зубчатого зацепления*)

Wälzlager *n* подшипник качения

Walzmetall *n* прокатанный металл; катаный металл

Wälzmühle *f* истирающая мельница

Wälzoxide *n pl мет.* вельц-оксиды (*оксиды, образующиеся при вельцевании*)

Wälzpressung *f маш.* контактное напряжение сжатия (*напр. в полюсе зацепления зубчатой передачи*)

Walzprofile *n pl* сортовой [профильный] прокат; катаные профили

Walzprofilieren *n* профилирование листового металла (*на роликовой листогибочной машине*)

Walzprogramm *n см.* Walzsortiment

Wälzpunkt *m маш.* полюс зацепления (*зубчатой передачи*)
Wälzreibung *f* трение качения
Wälzschaben *n мет.-об.* шевингование
Wälzschleifen *n мет.-об.* зубошлифование методом обката
Walzschmieden *n* ковка-прокатка, прокатка в ковочных вальцах
Wälzschraubgetriebe *n см.* **Wälzschraubtrieb**
Wälzschraubtrieb *m маш.* шариковинтовая передача
Walzschweißen *n* сварка прокаткой
Walzsegment *n* штамп ковочных вальцев
Walzsinter *m* прокатная окалина
Walzsortiment *n* сортамент проката
Walzspalt *m* очаг деформации (*при прокатке*)
Walzstahl *m* 1. катаная сталь, стальной прокат 2. сортовая сталь
Walzstich *m мет.* проход, пропуск (*прокатываемого металла между валками*)
Wälzstoßen *n мет.-об.* зубодолбление (методом обката)
Walzstraße *f* прокатный стан; линия (рабочих клетей) прокатного стана
~, **eingerüstige** одноклетевой (прокатный) стан
~, **gestaffelte** прокатный стан со ступенчатым расположением клетей, ступенчатый стан
~, **kontinuierliche** непрерывный (прокатный) стан
~, **mehrgerüstige** многоклетевой (прокатный) стан
~, **offene** (одно)линейный (прокатный) стан
Wälzverfahren *n* 1. *мет.-об.* метод обката; обработка методом обката 2. *мет.* вельц-процесс, вельцевание
Walzwerk *n* 1. прокатный стан (*см. тж* Walzstraße) 2. прокатный цех
~ **für schweres Halbzeug** обжимной стан
Walzwerker *m* вальцовщик
Wälzwiderstand *m* трение качения
Walzzunder *m* прокатная окалина
Wand *f* 1. стена 2. стенка
Wanderfeldröhre *f* *элн* лампа бегущей волны, ЛБВ
Wandermaske *f* *кино* блуждающая маска
Wandermaskenverfahren *n* *кино* метод блуждающей маски
Wandern *n см.* **Wanderung**
Wanderrost *m* цепная колосниковая решётка (*топки*)
Wanderschutz *m ж.-д.* противоугон

Wandertisch *m* 1. рудоразборный стол 2. *см.* **Wandertischförderer**
Wandertischförderer *m* тележечный конвейер, тележечный транспортёр
Wanderung *f* 1. миграция (*напр. ионов*); перемещение; блуждание 2. уход (*напр. нуля, рабочей точки*) 3. дрейф (*напр. электронов*) 4. угон (*пути*)
Wandkran *m* настенный кран
Wandler *m* 1. преобразователь 2. *эл.* трансформатор 3. *эл.* измерительный трансформатор 4. *авто* гидротрансформатор
Wandlerüberbrückungskupplung *f* *авто* сцепление для блокирования гидротрансформатора
Wandlungstemperatur *f* критическая температура, критическая точка, температура превращения
Wandlungszeit *f* время преобразования
Wandpfeiler *m* пилястр
Wandschwächung *f* утонение стенки
Wandstärke *f* толщина стенки
Wandung *f* стенка
Wange *f* 1. щека (*коленчатого вала*) 2. косоур (*лестницы*); тетива (*деревянной лестницы*)
Wankelmotor *m* двигатель Ванкеля, роторно-поршневой двигатель внутреннего сгорания
Wanken *n* поперечные колебания автомобиля вокруг продольной оси
Wankwinkel *m* угол поперечных колебаний автомобиля вокруг продольной оси
Wanne *f* ванна
Wannenofen *m* ванная печь
Ward-Leonard-Antrieb *m* электропривод по схеме генератор — двигатель
Warenautomat *m* торговый автомат
Warenbegleitschein *m* накладная
Warenzeichen *n* товарный знак
Warmarbeitsstahl *m* (инструментальная) сталь для горячей обработки
Warmbearbeitung *f* горячая обработка, обработка в горячем состоянии
warmbildsam термопластичный
Warmbruch *m* горячая трещина (*в отливке*)
warmbrüchig красноломкий
Warmbrüchigkeit *f* красноломкость
Wärme *f* тепло; теплота
~, **spezifische** удельная теплоёмкость
Wärmeabgabe *f* 1. теплоотдача 2. отпуск тепла (*потребителям*)
wärmeabgebend экзотермический

WÄRMEÄQUIVALENT

Wärmeäquivalent *n* тепловой эквивалент
~, **elektrisches** электрический эквивалент теплоты
~, **mechanisches** механический эквивалент теплоты
Wärmeaufnahme *f* поглощение тепла, теплопоглощение
Wärmeausdehnung *f* тепловое расширение
Wärmeausdehnungskoeffizient *m*:
~, **kubischer** температурный коэффициент объёмного расширения
~, **linearer** температурный коэффициент линейного расширения
Wärmeaustausch *m* теплообмен
Wärmeaustauscher *m* теплообменник
Wärmebedarf *m* 1. *стр.* потребность в теплоте (*для отопления здания, помещения*); отопительная нагрузка 2. теплопотребление
Wärmebehandlung *f* термическая обработка, термообработка
Wärmebehandlungsofen *m см.* **Wärmofen**
Wärmebelastung *f* тепловая нагрузка
Wärmebeständigkeit *f* 1. термостойкость 2. нагревостойкость (*напр. изоляции*)
Wärmebewegung *f* тепловое движение
Wärmebilanz *f* тепловой баланс
Wärmebild *n* тепловое изображение; термограмма
Wärmebildkamera *f* тепловизионная камера
Wärmebildtechnik *f* тепловидение; тепловизионная техника
Wärmedämmbeton *m* теплоизоляционный бетон
wärmedämmend теплоизолирующий, теплоизоляционный
Wärmedämmplatte *f* теплоизоляционная плита
Wärmedämmstoff *m* теплоизоляционный материал; утеплитель
Wärmedämmung *f* теплоизоляция
Wärmediagramm *n* тепловая диаграмма
Wärmedurchgang *m* теплопередача
Wärmedurchgangszahl *f* коэффициент теплопередачи
Wärmedurchlässigkeit *f* теплопрозрачность, теплопроницаемость
Wärmedurchschlag *m* тепловой пробой
Wärmeeinflußzone *f* зона термического влияния
wärmeelastisch термоупругий
Wärmeelektrizität *f* термоэлектричество
Wärmeempfindlichkeit *f* теплочувствительность

Wärmeenergie *f* 1. тепловая энергия 2. *см.* **Wärmemenge**
Wärmefühler *m* термодатчик
Wärmegleichgewicht *n* тепловое равновесие
Wärmehaushalt *m* тепловой режим
Wärmeinhalt *m* теплосодержание, энтальпия
Wärmeisolation *f* теплоизоляция, тепловая изоляция
wärmeisolierend теплоизолирующий, теплоизоляционный
Wärmeisolierstoff *m* теплоизоляционный материал
Wärmeisolierung *f* теплоизоляция
Wärmekapazität *f* теплоёмкость
~, **molare** молярная теплоёмкость
~, **spezifische** удельная теплоёмкость
Wärmekarte *f* термограмма
Wärmekonvektion *f* конвективный теплообмен
Wärmekraftmaschine *f* тепловой двигатель
Wärmekraftwerk *n* тепловая электростанция
Wärmekreislauf *m* тепловой цикл; термодинамический цикл
Wärmelehre *f* учение о теплоте; теоретическая теплотехника; термодинамика
Wärmeleistung *f* 1. тепловая мощность 2. теплопроизводительность
Wärmeleiter *m* проводник тепла
Wärmeleitfähigkeit *f* теплопроводность; коэффициент теплопроводности
Wärmeleitfläche *f* поверхность теплоотвода
Wärmeleitpfad *m* канал теплоотвода
Wärmeleitplatte *f* конвектор
Wärmeleitung *f* теплопроводность
Wärmeleitungsmanometer *n* тепловой вакуумметр
Wärmeleitvermögen *n см.* **Wärmeleitfähigkeit**
Wärmeleitzahl *f* коэффициент теплопроводности
Wärmemauer *f* тепловой барьер
Wärmemenge *f* теплота, количество теплоты
Wärmemesser *m* тепломер
Wärmemessung *f* 1. калориметрия 2. пирометрия
Wärmepeilung *f* теплопеленгация
Wärmepumpe *f* тепловой насос
Wärmerad *n* 1. роторный теплообменник (*системы воздушного отопления*) 2. вращающийся регенеративный воздухоподогреватель (*котельного агрегата*)
Wärmerauschen *n* тепловой шум, тепловые шумы

Wärmerauschgenerator *m* генератор теплового шума
Wärmerauschquelle *f* источник теплового шума
Wärmerauschspannung *f* напряжение теплового шума; эдс тепловых шумов
Wärmerelais *n* тепловое реле, термореле
Wärmerohr *n* тепловая труба (*устройство для передачи больших тепловых мощностей при малых перепадах температуры*)
Wärmerückgewinnung *f* рекуперация (тепла)
Wärmesätze *m pl* основные законы термодинамики, начала термодинамики
Wärmeschild *n* тепловая защита (*космического корабля*); теплозащитный экран
Wärmeschock *m* термический [тепловой] удар, термоудар
Wärmeschockprüfung *f* испытание на стойкость к термоударам, испытание на термический удар
Wärmeschrank *m* сушильный шкаф
Wärmeschutz *m* 1. тепловая защита, теплозащита; тепловая изоляция, теплоизоляция 2. утеплитель
Wärmeschutzglas *n* теплозащитное стекло
Wärmeschutzschicht *f* теплоизоляционный слой, слой теплоизоляции
Wärmeschutzschild *см.* **Wärmeschild**
Wärmesenke *f* 1. теплоотвод 2. теплосток, сток теплового потока
Wärmespannung *f* тепловое напряжение
Wärmespeicher *m* тепловой аккумулятор; регенератор
Wärmespeicherofen *m* регенеративная печь
Wärmespeichervermögen *n* теплоаккумулирующая способность
Wärmestabilität *f* термостабильность
Wärmestoß *m см.* **Wärmeschock**
Wärmestoßprüfung *f см.* **Wärmeschockprüfung**
Wärmestrahlung *f* тепловое излучение
Wärmestrom *m* 1. *физ.* тепловой поток 2. *элн* тепловой ток, обратный ток насыщения (*полупроводникового диода*); тепловой ток (*эмиттера, коллектора*)
Wärmestromdichte *f* плотность теплового потока
Wärmeströmung *f см.* **Wärmekonvektion**
Wärmetauscher *m* теплообменник
Wärmetechnik *f* теплотехника
Wärmetest *m* испытания на теплостойкость
Wärmetheorem *n,* **Nernstsches** тепловая теорема Нернста (*третий закон термодинамики*)
Wärmetod *m* тепловая смерть (*Вселенной*)
Wärmetönung *f* тепловой эффект (*напр. химической реакции*)
Wärmeträger *m* теплоноситель
Wärmeträgheit *f* тепловая инерционность
Wärmetransport *m см.* **Wärmeübertragung**
Wärmeübergang *m* теплоотдача
Wärmeübergangswert *m* коэффициент теплоотдачи
Wärmeübertrager *m* теплообменник
Wärmeübertragung *f* теплообмен
Wärmeübertragungsstation *f стр.* центральный тепловой пункт, ЦТП
Wärmeübertragungszahl *f* коэффициент теплообмена
Wärmeumformer *m* термотрансформатор
Wärmeverbrauch *m* расход тепла
Wärmeverlust *m* тепловые потери, теплопотери, потери тепла
Wärmeversorgung *f* теплоснабжение
Wärmeversorgungsbetrieb *m* теплоцентраль
Wärmewechselbeständigkeit *f* устойчивость к термоциклированию
Wärmewechselprüfung *f* испытание на устойчивость к термоциклированию
Wärmewiderstand *m* 1. *физ.* термическое сопротивление 2. *элн* тепловое сопротивление
Wärmewiderstandskennlinie *f* характеристика теплового сопротивления
Wärmewirtschaft *f* теплоэнергетика
Wärmezähler *m* тепломер
Wärmezeitkonstante *f* тепловая постоянная времени (*терморезистора*)
Wärmezyklus *m* цикл термообработки; цикл термоциклирования
Warmfestigkeit *f* жаропрочность (*преим. металлов и сплавов*)
Warmfließpressen *n* горячее выдавливание, горячее прессование, горячая экструзия
Warmformbeständigkeit *f* теплостойкость (*по Мартенсу или Вика*)
Warmformen *n пласт.* термоформование
Warmfräsen *n* горячее фрезерование, фрезерование нагретых заготовок
Warmfront *f метео* тёплый фронт
warmgewalzt горячекатаный
warmgezogen горячетянутый
Warmneustart *m см.* **Warmstart**
Warmnietung *f* горячая клёпка

WÄRMOFEN

Wärmofen *m мет.* нагревательная печь
Warmpressen *n* горячее прессование; горячая штамповка
Warmschmieden *n* горячая ковка
Warmsprödigkeit *f* тепловая хрупкость
Warmstanzautomat *m* автомат для горячей высадки, горячевысадочный автомат
Warmstart *m вчт* повторный [«тёплый»] пуск (*системы после отказа при неразрушенной информации во внешней памяти*); перезапуск (*системы*) из памяти
Warmstauchen *n* 1. горячая высадка 2. горячая осадка
Warmstauchpresse *f* горячевысадочный пресс
Warmumformen *n*, **Warmumformung** *f мет.-об.* горячая обработка давлением
Warmversuch *m* горячее испытание; испытание в горячем состоянии
Warmwalzen *n* 1. *мет.* горячая прокатка 2. *мет.-об.* горячая накатка (*зубчатых колёс*)
Warmwasserbereiter *m* 1. водоподогреватель; бойлер 2. водоподогреватель, водогрейная колонка, водогрейный котёл бытового назначения 3. *см.* Warmwasserkessel
Warmwasserheizung *f* водяное отопление низкого давления
Warmwasserkessel *m* водогрейный котёл
Warmwasserspeicher *m* ёмкостный водонагреватель
Warmwasserversorgung *f* горячее водоснабжение
Warmwiderstand *m* горячее сопротивление (*терморезистора*)
Warmziehen *n* горячее волочение
Warnanstrich *m* сигнальная окраска
Warnblinkanlage *f* 1. *ж.-д.* автоматическая переездная сигнализация с мигающим огнём 2. *авто* система аварийной (световой) сигнализации (*обычно четыре непрерывно мигающие лампы по углам кузова автомобиля или прицепа*)
Warnblinklicht *n авто* аварийный световой сигнал (*сигнал вынужденной остановки автомобиля*)
Warngrenzen *f pl* предупреждающие границы (*на контрольной карте, напр. числа дефектных единиц продукции*)
Warnlichtanlage *f* предупредительная световая сигнализация; установка предупредительной световой сигнализации

Warnmeldung *f* предупредительная индикация (*неисправностей*)
Warnzeichen *n авто* предупреждающий знак
Wartbarkeit *f* ремонтопригодность
Warte *f* 1. обсерватория 2. диспетчерский пункт; контрольно-командный пункт, дежурный пост
Wartefunkfeuer *n ав.* маркерный радиомаяк зоны ожидания
Warteliste *f вчт* список очерёдности (*входных заданий*)
Warten *n* ожидание
Warteschlange *f* очередь
Warteschlangendisziplin *f* дисциплина (обслуживания) очереди; организация очереди; алгоритм планирования (очереди) заданий
Warteschlangenliste *f* таблица очередей
Warteschlangentheorie *f* теория очередей, теория массового обслуживания
Warteschlangen-Zugriffsverfahren *n вчт* метод доступа с очередями
Warteschleife *f* цикл ожидания
Wartesystem *n* система с ожиданием
Wartetakt *m* такт ожидания; период ожидания; интервал ожидания
Wartetaktgenerator *m* блок управления периодами ожидания, блок [устройство] формирования периодов [интервалов] ожидания
Warte-Verlust-System *n* комбинированная система с ожиданием и потерями
Wartewahrscheinlichkeit *f* вероятность ожидания
Wartezeit *f* время ожидания
Wartezeitfaktor *m вчт* коэффициент простоя
Wartezustand *m* 1. *вчт* период ожидания 2. состояние простоя
Wartezyklus *m* цикл ожидания
Wartung *f* 1. техническое обслуживание, техобслуживание; уход 2. *вчт* сопровождение (*напр. системы программного обеспечения*)
~, fehlerbehebende ремонтное обслуживание
~, vorbeugende профилактическое обслуживание
wartungsfreundlich удобный для обслуживания
Wartungsfreundlichkeit *f* удобство обслуживания
Warze *f* выступ, бобышка, прилив, утолщение
Waschanlage *f* обогатительная [моечная] установка; обогатительная фабрика

Waschberge *pl* отходы [хвосты] мокрого обогащения
Wäsche *f* 1. мойка, моечная машина 2. *горн., мет.* мойка, моечная установка 3. мойка (*процесс*) 4. промывка 5. стирка
Waschen *n* 1. мойка 2. промывка 3. мокрое обогащение
Wäscher *m* скруббер, абсорбер для мокрой очистки газов
Wäscherei *f* 1. прачечная 2. *см.* **Wäsche** 2.
Waschflasche *f* промывная склянка
Waschmaschine *f* 1. обогатительная [моечная] машина 2. стиральная машина
Waschmittel *n* 1. моющее средство, детергент 2. моечное средство, промывочная жидкость 3. растворитель (*напр. для подземного растворения солей*); выщелачивающий реагент
Waschmittellösung *f* моющий раствор
Waschtrommel *f* бутара; промывочный барабан
Waschvollautomat *m* автоматическая стиральная машина
Waschwasser *n* моечная вода; оборотная вода (*в обогатительном процессе*)
Waschwirkung *f* моющее действие
Wash-Primer *m* реактивный грунт (*для лакирования металла*)
Wasser *n* вода
~, **destilliertes** дистиллированная вода
~, **entionisiertes** деионизованная вода
~, **entsalztes** деминерализованная вода
~, **fließendes** проточная вода
Wasserabdichtung *f* гидроизоляция
Wasserablaß *m* водоспуск, водосброс
Wasserablaufrinne *f* водосточный жёлоб
Wasserableitung *f* водоотвод
Wasserabscheider *m* водоотделитель; влагоотделитель
wasserabstoßend, wasserabweisend гидрофобный, водоотталкивающий
Wasseranlage *f* гидротехническое сооружение
Wasseraufbereitung *f* водоподготовка; водоочистка
Wasseraufbereitungsfilter *n* водопроводный фильтр
Wasseraufnahme *f* водопоглощение; влагопоглощение
Wasseraufnahmefähigkeit *f см.* **Wasseraufnahmevermögen**
Wasseraufnahmevermögen *n* влагоёмкость; гигроскопичность
Wasserbad *n* водяная баня

Wasserbau *m* 1. гидротехническое строительство 2. *см.* **Wasserbauwerk**
Wasserbauwerk *n* гидротехническое сооружение
Wasserbecken *n* водный бассейн
Wasserbedarf *m* 1. водопотребление; расход воды 2. норма водопотребления
Wasserbilanz *f см.* **Wasserhaushalt** 1.
Wasserbombe *f* глубинная бомба
Wasserdampf *m* водяной пар
Wasserdampfdestillation *f* перегонка с водяным паром
Wasserdampfgehalt *m* паросодержание, степень сухости пара
Wasserdampfstrahlkältemaschine *f* пароэжекторная холодильная машина
Wasserdampfstrahlsauger *m* пароструйный эжектор
wasserdicht 1. водонепроницаемый 2. непромокаемый
Wasserdruck *m* давление воды, гидростатическое давление
Wasserdruckprüfung *f*, **Wasserdruckversuch** *m* гидравлическое испытание
wasserdurchlässig водопроницаемый
Wasserentnahme *f* водозабор
Wasserentnahmeanlage *f* водозаборное сооружение
Wasserentnahmebohrung *f* водозаборная скважина; водоразборная скважина
Wasserentnahmehahn *m* водоразборный кран
Wasserentzug *m* дегидратация
Wasserfassung *f* 1. каптаж (*сооружение для сбора подземных вод*) 2. *гидр.* водозабор, (головное) водозаборное сооружение 3. водозабор, забор воды
Wasserflugzeug *m* гидросамолёт
Wasserfluten *n* заводнение, закачка воды в нефтяной пласт
~ **im Feld** внутриконтурное заводнение
wasserfrei безводный
wasserführend водоносный
Wasserführung *f* водоносность
Wassergas *n* водяной газ
Wassergefälle *n* гидравлический уклон
Wassergehalt *m* содержание воды, влагосодержание, влажность
Wasserglas *n* растворимое стекло
Wasserglasfarben *f pl* силикатные краски
Wasserhahn *m* водопроводный кран

WASSERHALTUNG

Wasserhaltung f 1. водоотлив 2. *гидр.* водное хозяйство
Wasserhaltungspumpe f водоотливной насос
Wasserhärte f жёсткость воды
Wasserhärtung f закалка в воде
Wasserhaushalt m 1. водный баланс (*напр. почвы, осваиваемой территории, Земли*) 2. водный режим 3. использование и охрана водных ресурсов
Wasserheber m водоподъёмник
Wasserhebung f 1. водоподъём 2. *горн.* откачка воды, (насосный) водоотлив
Wasserhochbehälter m водонапорный резервуар
Wasserhose f *метео* водяной смерч
Wasserinjektion f закачка [нагнетание] воды (*в пласт*)
Wasserinstallateur m слесарь-водопроводчик, водопроводчик
Wasserkalk m гидравлическая известь
Wasserkammer f турбинная камера
Wasserkapazität f влагоёмкость
Wasserkataster m водный кадастр
Wasserkraft f водная энергия, гидроэнергия
Wasserkraftanlage f гидросиловая установка
Wasserkraftgenerator m гидрогенератор
Wasserkraftlehre f гидроэнергетика
Wasserkraftmaschine f гидравлический двигатель
Wasserkraftreserven f pl гидроэнергетические ресурсы, гидроресурсы
Wasserkraftvorrat m гидроэнергетические ресурсы, гидроресурсы; гидропотенциал, энергопотенциал
Wasserkraftwerk n гидроэлектрическая станция, гидроэлектростанция, гидростанция, ГЭС
Wasserkreislauf m 1. циркуляция воды 2. круговорот воды (*в природе*)
Wasserkühlung f водяное охлаждение
Wasserlandung f посадка на воду, приводнение
Wasserlauf m водоток
Wasserleiter m водоносный слой; водоносный горизонт
Wasserleitung f 1. водопровод 2. водовод
Wasserleitungshahn m *см.* Wasserhahn
Wasserleitungsnetz n водопроводная сеть
Wasserleitungsrohr n водопроводная труба
Wasserlinie f ватерлиния
Wasserlinienriß m *мор.* полуширота (*на теоретическом чертеже судна*)

wasserlöslich водорастворимый
Wasserlöslichkeit f водорастворимость
Wasserlösungsreaktor m *яд.* водный гомогенный реактор
Wassermantel m водяная рубашка
Wassermantelofen m ватержакетная печь
Wassermengenmesser m *см.* Wassermesser
Wassermesser m водомер, расходомер для определения расхода воды
Wassermeßflügel m гидрометрическая вертушка
Wassermessung f гидрометрия
Wassermörtel m *стр.* гидравлический раствор
Wässern n промывка (в воде); отмывка
Wasser-Öl-Verhältnis n водонефтяной фактор
Wasserpegel m водомерная рейка
Wasserpumpe f водяной насос
Wasserrad n водяное колесо
~, **mittelschlächtiges** среднебойное (водяное) колесо
~, **oberschlächtiges** верхненаливное (водяное) колесо
~, **Segnersches** сегнерово колесо
~, **unterschlächtiges** нижнебойное (водяное) колесо
Wasserreaktor m *яд.* водный реактор, реактор с водным замедлителем
Wasserringpumpe f жидкостно-кольцевой вакуумный насос, водокольцевой (вакуумный) насос
Wasserrinne f гидролоток (*гидродинамическая труба с открытым рабочим участком*)
Wasserrohrkessel m водотрубный котёл
Wasserrohrkühler m трубчатый охладитель; трубчатый радиатор
Wassersäule f водяной столб; столб воды
Wassersäulendruck m давление водяного столба
Wasserscheide f водораздел
Wasserschlag m гидравлический удар
Wasserschloß n *гидр.* уравнительная башня (*уравнительный резервуар в виде башни*)
Wasserschöpfrad n водоподъёмное колесо
Wasserschubmotor m водомётный движитель
Wasserschutzgebiet n водоохранная зона
Wasserschwelle f *см.* Wassersprung
Wassersperre f гидроизоляция
Wassersperrmittel n pl гидроизоляционные материалы
Wasserspiegel m (свободная) поверхность воды, зеркало [уровень] воды

Wassersprung *m* гидравлический прыжок
Wasserstand *m* уровень воды
Wasserstandsanzeiger *m* указатель уровня воды
Wasserstandsglas *n* водомерное стекло
Wasserstandshahn *m* водомерный кран
Wasserstandsregelventil *n* поплавковый вентиль
Wasserstandsrohr *n* водомерная трубка
Wasserstau *m* подпор воды
Wasserstauer *m* водоупорный горизонт
Wasserstein *m* накипь
Wasserstoff *m* водород, H
Wasserstoffbindung *f* см. **Wasserstoffbrückenbindung**
Wasserstoffbombe *f* водородная бомба
Wasserstoffbrennen *n астр.* выгорание водорода *(фаза звездной эволюции)*
Wasserstoffbrücke *f хим.* водородный мостик; водородная связь
Wasserstoffbrückenbindung *f хим.* водородная связь
Wasserstoffelektrode *f* водородный электрод
Wasserstoffenergietechnik *f* водородная энергетика
Wasserstoffexponent *m* водородный показатель, pH
Wasserstoffionenkonzentration *f хим.* концентрация водородных ионов; водородный показатель, pH
Wasserstoffmotor *m* двигатель на водородном топливе
Wasserstoffperoxid *n* пероксид [перекись] водорода, H_2O_2
Wasserstoffraffination *f* гидроочистка *(минеральных масел и других нефтепродуктов)*
Wasserstoffspektrum *n* водородный спектр
Wasserstoffsuperoxid *n* см. **Wasserstoffperoxid**
Wasserstoffuhr *f* водородные (лазерные) часы
Wasserstoffversprödung *f* водородное охрупчивание, водородная хрупкость *(металлов)*
Wasserstollen *m* 1. гидротехнический туннель 2. *горн.* водоотливная штольня; дренажная штольня
Wasserstrahl *m* водяная струя, струя воды
Wasserstrahlantrieb *m* водомётный движитель; (судовой) поворотный водомёт
Wasserstrahlpumpe *f* 1. водоструйный насос 2. водоструйный вакуумный насос
Wasserstrahlputzen *n* гидравлическая очистка

Wasserstraße *f* водный путь; водная магистраль
Wasserstrom *m* водоток; водный поток
Wasserturbine *f* гидравлическая турбина, гидротурбина
Wasserturbogenerator *m* гидрогенератор
Wasserüberlauf *m* водослив
Wasserung *f ав.* посадка на воду, приводнение; *косм.* приводнение
Wässerung *f* промывка (в воде); отмывка
Wässerungsfläche *f ав.* акватория
Wässerungslösungsmittel *n* растворитель для отмывки
Wasserverbrauch *m* водопотребление; расход воды
Wasserverdrängung *f* водоизмещение *(судна)*
Wasserverschluß *m* гидравлический затвор
Wasserversorgung *f* водоснабжение
Wasservorwärmer *m* (водяной) экономайзер
Wasserwaage *f* уровень
Wasser-Wasser-Reaktor *m яд.* водо-водяной реактор
Wasserwerfer *m* гидромонитор
Wasserwerk *n* водопроводная станция
Wasserwert *m* 1. водный эквивалент 2. содержание воды; влагосодержание 3. тепловое значение *(жидкостного калориметра)*
Wasserwirbelbremse *f* гидравлический тормоз *(для определения мощности и других параметров двигателей внутреннего сгорания)*
Wasserwirtschaft *f* водное хозяйство
Wasserzähler *m* водомер, расходомер для определения расхода воды; водомерный счётчик, водосчётчик
Wasserzeichen *n* водяной знак
Wasser-Zement-Verhältnis *n,* **Wasserzementwert** *m* водоцементное отношение
wäßrig водный *(о растворе)*
Watchdog-Timer *m* контрольный таймер, контрольный датчик времени
Watson-Crick-Modell *n биол.* модель Уотсона — Крика, модель пространственной структуры ДНК
Watt *n* ватт, Вт
Watte *f* вата
Wattmeter *n* ваттметр
Wattsekunde *f* ватт-секунда, Вт·с
Wattstunde *f* ватт-час, Вт·ч
Webautomat *m* автоматический ткацкий станок

WEBBLATT

Webblatt *n текст.* бёрдо (*рабочий орган ткацкого станка*)
Weber *n* вебер, Вб
Weberei *f* 1. ткачество; ткацкое производство 2. ткацкая фабрика
Webfach *n текст.* зев
Weblade *f текст.* батан
Weblitze *f текст.* галево
Webmaschine *f* ткацкий станок
Webschaft *m текст.* ремизка
Webschützen *m* (ткацкий) челнок
Wechselanteil *m* переменная составляющая (*напряжения тока*)
Wechselbeanspruchung *f* 1. знакопеременное нагружение; знакопеременное напряжение 2. симметричный цикл (*напряжений*)
Wechselbelastung *f* знакопеременная нагрузка; знакопеременное напряжение
Wechselbiegeversuch *m* испытание на знакопеременный изгиб
Wechselbiegung *f* знакопеременный изгиб
Wechseleinrichtung *f* устройство (для) автоматической смены (*напр. режущего инструмента*)
Wechselfeld *n* переменное (электрическое *или* магнитное) поле
Wechselfestigkeit *f* предел выносливости при симметричном цикле
Wechselfutter *n* сменный (зажимной) патрон
Wechselgeldautomat *m* автомат для размена денег, разменный автомат
Wechselgetriebe *n* коробка передач; коробка скоростей (*напр. станка*)
Wechselhebel *m* переключающий рычаг
Wechselklimaprüfung *f* испытание на стойкость к термоциклированию
Wechselkontakt *m* переключающий контакт
Wechselladung *f* заряд переменного знака; переменный заряд
Wechselobjektiv *n* сменный объектив
Wechseloptik *f* сменная оптика; сменный объектив
Wechselplatte *f вчт* сменный диск
Wechselrad *n* сменная шестерня
Wechselräder *n pl* сменные зубчатые колёса
Wechselradschere *f маш.* гитара со сменными зубчатыми колёсами
Wechselrichter *m эл.* инвертор
~, **fremdgeführter** ведомый инвертор
~, **lastgeführter** [**lastgelöschter**] инвертор, ведомый нагрузкой
~, **netzgeführter** [**netzgelöschter**] инвертор, ведомый сетью
~, **selbstgeführter** автономный инвертор
Wechselrichterbetrieb *m эл.* инверторный режим (*управляемого вентильного преобразователя*), режим инвертирования
Wechselrichterkippen *n эл.* опрокидывание инвертора
Wechselrichtertrittgrenze *f эл.* граничное значение угла управления тиристора (*в инверторном режиме реверсивного преобразователя*); граничный режим инвертирования
Wechselrichtungsschrift *f* запись без возвращения к нулю
Wechselschalter *m эл.* выключатель схемы включения/выключения лампы [группы ламп] с двух разных мест; промежуточный выключатель схемы лестничного *или* коридорного освещения
Wechselschaltung *f эл.* схема включения/выключения лампы [группы ламп] с двух разных мест
Wechselschreiben *n* симплексное телеграфирование
Wechselspannung *f* переменное напряжение; напряжение переменного тока
~, **technische** переменное напряжение промышленной частоты
Wechselspannungsverstärker *m* усилитель переменного напряжения
Wechselspannungsverstärkung *f* усиление по переменному напряжению; коэффициент усиления по переменному напряжению
Wechselsprechanlage *f* 1. селекторная установка 2. симплексное переговорное устройство
Wechselsprechen *n*, **Wechselsprechverkehr** *m* телефонная симплексная связь
Wechselsprung *m* гидравлический прыжок
Wechselstrom *m* переменный ток
Wechselstromanteil *m* переменная составляющая тока
Wechselstrombelastung *f* нагрузка по переменному току
Wechselstromfeld *n* поле переменного тока
Wechselstromgenerator *m* генератор переменного тока
Wechselstromkleinsignalbetrieb *m* работа (транзистора) в режиме малых переменных сигналов [в режиме малых сигналов на переменном токе]
Wechselstromkreis *m* цепь переменного тока

WEICHEISEN (MEß)...

Wechselstromleistung f мощность переменного тока
Wechselstrommaschine f машина переменного тока
Wechselstrommotor m электродвигатель переменного тока
Wechselstromnetz n сеть переменного тока
Wechselstromsteller m однофазный преобразователь-регулятор переменного напряжения
Wechselstromtelegrafie f тональное телеграфирование
Wechselstromumrichter m вентильный преобразователь переменного напряжения
Wechselstromverstärker m усилитель переменного тока
Wechselstromverstärkung f усиление по переменному току; коэффициент усиления по переменному току
Wechselstromwiderstand m 1. сопротивление (по) переменному току 2. активное [омическое] сопротивление (*в цепи переменного тока*)
Wechselventil n перекидной клапан
Wechselwinkel m pl *мат.* накрест лежащие углы
Wechselwirkung f взаимодействие
~, **elektromagnetische** электромагнитное взаимодействие
~, **gravitative** гравитационное взаимодействие
~, **schwache** слабое взаимодействие
~, **starke** сильное взаимодействие
~, **superschwache** сверхслабое взаимодействие (*элементарных частиц*)
Wechselwirkungsgesetz n закон действия и противодействия
Weg n 1. путь 2. траектория 3. тракт (*напр. связи*) 4. ход
Wegätzen n стравливание
Wegauflösung f дискретность перемещения, дискрета; дискретность (*системы ЧПУ*)
~, **lineare** дискрета линейного перемещения
Wegbegrenzer m ограничитель хода
Wegerung f *мор.* внутренняя обшивка; подволок(а); настил; деревянный настил; трюмные рыбины
~, **volle** зашивка
Wegeventil n гидрораспределитель; пневмораспределитель ◇ 4/3-~ трёхпозиционный четырёхлинейный [трёхпозиционный четырёхходовой] гидрораспределитель

Wegfüllen n *горн.* уборка и выдача породы (из забоя)
~ **des Haufwerks** уборка и выдача отбитой породы из забоя
Weggeber m *маш.* датчик перемещений
~, **linearer** датчик линейных перемещений
~, **rotatorischer** [**rotierender**] датчик угловых перемещений
~, **translatorischer** *см.* Weggeber, linearer
Weginkrement n *см.* Wegauflösung
Wegkodierer m *маш.* кодовый датчик линейных перемещений
Wegladen n *горн.* уборка породы; погрузка породы
Weglänge f длина пробега (*частицы*)
~, **freie** длина свободного пробега (*частицы*)
~, **mittlere freie** средний свободный пробег (*напр. частиц газа*)
Weglaufen n уход (*напр. частоты*)
Wegmeßsystem n система измерения перемещений
Wegstreckenzähler m прибор счисления пути; *авто* счётчик пройденного пути
Wegunterschied m разность хода (*напр. волн*)
Wegvorgabe f *маш.* заданное перемещение
Wegwahltabelle f таблица маршрутизации
Wegweiser m дорожный указатель
Wegwerfmaske f шаблон разового использования
Wegwerfwerkzeuge n pl неперетачиваемые инструменты
Wehr n 1. плотина (*чаще водосливная*) 2. затвор (водосливной) плотины
~, **bewegliches** плотина с затворами
~, **festes** глухая плотина
Wehrsohle f флютбет
Wehrstau m подпор, создаваемый плотиной
Wehrverschluß m затвор (водосливной) плотины
Weichblei n мягкий свинец (*повышенной чистоты*)
Weiche f 1. (железнодорожная) стрелка, стрелочный перевод 2. *элн* разделительный фильтр 3. *маш.* разделитель 4. *кож.* отмока 5. *кож.* отмочный чан
Weicheisen n 1. мягкое железо (*напр. армко-железо*); электротехническое железо 2. (высокочистая нелегированная) мягкая сталь
Weicheisen(meß)instrument n измерительный прибор электромагнитной системы

WEICHENZUNGE

Weichenzunge *f* ж.-д. остряк (стрелочного перевода)
Weichglas *n* легкоплавкое стекло
Weichglühen *n* смягчающий отжиг
Weichgummi *m* мягкая резина (*в отличие от эбонита*)
Weichlot *n* низкотемпературный [мягкий] припой
Weichlöten *n* пайка низкотемпературными [мягкими] припоями, низкотемпературная пайка
Weichmacher *m* пластификатор; мягчитель
weichmagnetisch магнитомягкий
Weichsektorierung *f* вчт программная разметка (*гибкого магнитного диска*)
Weichspülmittel *n pl* текст. авиважные препараты
Weichzeichner *m* фото мягкорисующий объектив
Weife *f* мотовило
Weingeist *m* винный [этиловый] спирт, этанол, C_2H_5OH
Weinsäuren *f pl* винные кислоты (*три дикарбоновые кислоты, являющиеся стереоизомерами*)
Weinstein *m* пищ., хим. винный камень (*калиевая соль виннокаменной кислоты*)
Weinsteinsäure *f* виннокаменная кислота, *D*-винная кислота
Weißabgleich *m* тлв регулировка баланса белого
Weißblech *n* белая [лужёная] жесть
Weißblechkessel *m* лудильная ванна
Weißbleierz *n* мин. церуссит
Weißen *n* известковая грунтовка; побелка
Weißfarbe *f* белила
Weißgehalt *m* степень белизны
Weißglut *f* белое каление
Weißgrad *m* степень белизны (*бумаги*)
Weißkalk *m* (*известь-*)пушонка
Weißleder *n* сыромятная кожа
Weißmacher *m* отбеливающее средство, отбеливатель
Weißmetall *n* баббит
Weißöle *n pl* белые масла
Weißpegel *m* тлв уровень белого
Weißpigmente *n pl* белые пигменты
Weißtöner *m* оптическое отбеливающее средство, оптический отбеливатель
Weißwert *m* тлв уровень белого
Weite *f* ширина

~, **lichte** ширина в свету; пролёт в свету
Weitergabe *f* ретрансляция
Weiterreißen *n* разрастание (*трещины*)
Weiterreißfestigkeit *f* сопротивление разрастанию трещин
Weitschweifigkeit *f* избыточность
Weitverkehr *m* тлф дальняя [междугородная] связь
Weitverkehrsnetz *n* территориальная вычислительная сеть; глобальная вычислительная сеть
Weitwinkelobjektiv *n* фото широкоугольный объектив
Welksilage *f* с.-х. сенаж
Wellblech *n* волнистая сталь, волнистый листовой металл; волнистый [гофрированный] лист
Welle *f* 1. волна 2. вал
~, **abgesetzte** ступенчатый вал
~, **elektrische** система электрического вала, система синхронного вращения (*см. тж* Drehmelderwelle)
~, **fortschreitende** бегущая волна
~, **gekröpfte** коленчатый вал
~, **stehende** стоячая волна
~, **transversal-elektrische** поперечно-электрическая волна, волна типа H
~, **transversal-magnetische** поперечно-магнитная волна, волна типа E
~, **unterbrochene** разрезной вал
Wellen *f pl*, **elektromagnetische** электромагнитные волны
Welle-Nabe-Verbindung *f* маш. соединение вал - ступица
Wellenanalysator *m* анализатор формы сигналов
Wellenausbreitung *f* распространение волн
Wellenausbreitungsgeschwindigkeit *f* скорость (распространения) волны; скорость распространения волн
Wellenband *n* диапазон волн, волновой диапазон
Wellenbereich *m* диапазон волн, волновой диапазон; диапазон частот
~, **gespreizter** растянутый диапазон
Wellenberg *m* гребень волны
Wellenbeugung *f* дифракция волн
Wellenbewegung *f* волновое движение
Wellenbock *m* мор. кронштейн гребного вала
Wellenbrecher *m* 1. волнолом 2. мор. волноотвод (*устройство в носовой части судна*)

Wellendichtring *m* кольцо для (радиального) уплотнения вала; радиальное уплотнение (вала)
Wellenfachwebautomat *m* автоматический многозевный ткацкий станок
Wellenfachwebmaschine *f* многозевный ткацкий станок, ткацкий станок с волнообразным зевом
Wellenfilter *n* волновой фильтр
Wellenfläche *f см.* Wellenfront
Wellenformanalysator *m* анализатор формы сигналов
wellenförmig волнообразный
Wellenfront *f* фронт волны, волновой фронт
Wellenfunktion *f* волновая функция
Wellengang *m* волнение (*моря*)
Wellengenerator *m* 1. *мор.* валогенератор 2. *маш.* генератор волн (*волновой зубчатой передачи*)
Wellengeschwindigkeit *f* скорость волны
Wellengleichung *f* волновое уравнение
Welleninterferenz *f физ.* интерференция волн
Wellenlänge *f* длина волны
Wellenleistung *f* мощность на валу
Wellenleistungstriebwerk *n* турбовальный двигатель, ГТД со свободной силовой турбиной
Wellenleiter *m* волновод
Wellenleiterdispersion *f* дисперсия в волноводе
Wellenleitung *f мор.* (судовой) валопровод
Wellenlöten *n* пайка волной припоя
Wellenlötmaschine *f* установка пайки волной припоя
Wellenmechanik *f физ.* волновая механика
Wellenmoment *n* момент на валу
Wellenoptik *f* волновая оптика
Wellenpaket *n физ.* волновой пакет
Wellenstrom *m эл.* пульсирующая составляющая постоянного тока
Wellental *n* впадина волны
Wellentheorie *f* волновая теория (*света*)
Wellentunnel *m мор.* коридор гребного вала
Wellenvektor *m физ.* волновой вектор
Wellenvektorraum *m физ.* пространство волновых векторов, пространство квазиимпульсов, *k*-пространство
Wellenwicklung *f* волновая обмотка
Wellenwiderstand *m* волновое сопротивление
Wellenzahl *f* волновое число
Wellenzahlvektorraum *m см.* Wellenvektorraum
Wellenzapfen *m* цапфа вала; шейка вала; шип вала

Wellenzug *m* серия [цуг] волн
Welle-Teilchen-Dualismus *m физ.* корпускулярно-волновой дуализм
Wellgetriebe *n маш.* волновая зубчатая передача, волновой редуктор
wellig волнистый
Welligkeit *f* 1. *эл.* пульсация 2. *эл.* коэффициент пульсации 3. волнистость
Welligkeitsfaktor *m* коэффициент пульсации; процент пульсаций
Welligkeitsfilter *n* сглаживающий фильтр
Welligkeitsgehalt *m*, **Welligkeitsgrad** *m* процент пульсаций
Welligkeitsspannung *f* напряжение пульсаций
Wellpappe *f* гофрированный картон
Wellrohr *n* сильфон; гофрированная трубка
Wellungen *f pl* гофры
Weltall *n* Вселенная; космос
Weltkoordinaten *f pl* мировые координаты
Weltraum *m* космическое [мировое] пространство; космос (*см. тж сочет. с* Raum...)
~, **freier** открытый космос ◇ **in den freien ~ aussteigen** выходить в открытый космос
Weltraumfähre *f* космический корабль многоразового использования, многоразовый космический корабль
Weltraumfahrt *f* космонавтика
Weltraumflug *m* полёт в космическое пространство, космический полёт
~, **bemannter** пилотируемый космический полёт
Weltraumforschung *f* исследование космического пространства
Weltraumfrachter *m* транспортный грузовой космический корабль
Weltraumstation *f* космическая станция
Weltraumtechnik *f* космическая техника
Weltraumtransporter *m* транспортный космический корабль
Weltvorräte *m pl* мировые запасы (*напр. полезных ископаемых*)
Weltzeit *f* всемирное время (*см. тж* Greenwich-Zeit, mittlere; GMT; UTC)
~, **koordinierte** всемирное координированное время (*см. тж* UTC)
Wendeanlasser *m* реверсивный пускатель
Wendedreieck *n ж.-д.* поворотный треугольник (*для локомотивов*)
Wendefeldwicklung *f см.* Wendepolwicklung
Wendegetriebe *n маш.* реверсивный механизм, реверсивная передача

Wendehorizont *m ав.* комбинированный авиагоризонт (*конструктивное объединение авиагоризонта и указателя поворота*)
Wendekreis *m* **1.** *авто* диаметр поворота (*техническая характеристика транспортного средства*) **2.** тропик
~ **des Krebses** тропик Рака, Северный тропик
~ **des Steinbocks** тропик Козерога, Южный тропик
Wendekreisel *m* скоростной гироскоп
Wendel *f* спираль
Wendelantenne *f* спиральная антенна
Wendelausleser *m с.-х.* сортировка «змейка»
Wendeldraht *m* спиральная нить
Wendelfläche *f* винтовая поверхность, геликоид
Wendelrutsche *f* винтовой [спиральный] спуск; спиральный жёлоб
Wendemoment *n ав.* момент рыскания
Wenden *n* **1.** поворот; разворот **2.** *ав.* рыскание (*летательного аппарата*) **3.** кантование **4.** *текст.* выворотка **5.** *с.-х.* ворошение
Wendepflug *m с.-х.* оборотный плуг
Wendeplatte *f* **1.** *ж.-д.* поворотный круг **2.** поворотная плита (*формовочной машины*) **3.** *мет.-об.* неперетачиваемая пластина (*твердосплавный металлорежущий инструмент*)
Wendepole *m pl эл.* добавочные [дополнительные] полюса
Wendepolwicklung *f эл.* коммутационная обмотка, обмотка добавочных [дополнительных] полюсов
Wendepunkt *m мат.* точка перегиба
Wender *m* **1.** *эл.* переключатель полюсов **2.** *текст.* съёмный валик (*в чесальной машине*) **3.** *мет.* кантователь **4.** *с.-х.* ворошилка
Wendeschalter *m* реверсор, реверсивный переключатель
Wendeschneidplatte *f мет.-об.* неперетачиваемая пластина (*твердосплавный металлорежущий инструмент*)
Wendeschütz *n* реверсивный контактор
Wendetangente *f мат.* касательная в точке перегиба
Wendezeiger *m ав.* указатель поворота
Wendigkeit *f* манёвренность; поворотливость
Wendung *f* поворот; разворот; вираж
Werfen *n* коробление
Werft *f* (*судо*)верфь; судостроительный завод
Werg *n* **1.** пакля; обтирочные концы, ветошь **2.** *текст.* очёс **3.** *текст.* кудель (*лубяных волокон*)

Werk *n* **1.** завод **2.** устройство; приспособление; механизм
~, **bedienarmes** завод малолюдного производства
~, **unbemanntes** безлюдный (автоматизированный) завод; безлюдное предприятие; безлюдное производство
~, **vollautomatisches** завод-автомат
Werkbank *f* верстак
Werkblei *n* веркблей
Werkdruckpapier *n* книжно-журнальная бумага
Werkerprobung *f* заводские испытания
Werkhalle *f* цех
Werkholz *n* поделочная древесина
Werknorm *f* заводской стандарт; стандарт предприятия
Werkprüfung *f* заводское испытание
Werkstatt *f* **1.** мастерская **2.** цех
Werkstattmontage *f* заводской монтаж
Werkstattprogrammierung *f* подготовка управляющих программ (непосредственно) у действующего оборудования
Werkstattwagen *m* автомобиль технической помощи
Werkstattzeichnung *f* рабочий чертёж
Werkstoff *m* материал
~, **duktiler** пластичный материал
~, **spröder** хрупкий материал
~, **zäher** вязкий материал
Werkstoffkunde *f* материаловедение
Werkstoffprüfung *f* испытание материалов
Werkstück *n* (обрабатываемая) деталь, (обрабатываемое) изделие; заготовка
~, **palettiertes** деталь, установленная на палете или поддон
~, **unregelmäßig geformtes** (обрабатываемая) деталь неправильной формы
Werkstückaufnahmevorrichtung *f* станочное приспособление
Werkstücke *n pl*, **angearbeitete** задел
Werkstückerkennungssystem *n* система распознавания изделий
Werkstückfluß *m* технологический маршрут деталей; поток обрабатываемых деталей; поток материала
Werkstückförderer *m* транспортёр (обрабатываемых) деталей
Werkstückförderung *f см.* **Werkstücktransport**
Werkstückhandhabeeinrichtung *f* (автоматизированное) устройство загрузки-выгрузки

WERKZEUGFLUß

(обрабатываемых) деталей; (автоматический) манипулятор обрабатываемых деталей

Werkstückhandhabung *f* манипулирование (обрабатываемыми) деталями; транспортные и загрузочно-разгрузочные операции с обрабатываемыми деталями

Werkstückidentifizierungssystem *n* см. Werkstückerkennungssystem

Werkstückkoordinaten *f pl* система координат изделия

Werkstückpalette *f* палета с обрабатываемыми деталями

Werkstückpalettenwechsler *m* устройство автоматической смены палет с обрабатываемыми деталями

Werkstückpositioniereinrichtung *f* приспособление для позиционирования заготовок

Werkstückprüfgerät *n* устройство для контроля обрабатываемой детали

Werkstücksortiment *n* номенклатура обрабатываемых деталей

Werkstückspanner *m* приспособление для закрепления [для зажима] (обрабатываемого) изделия; приспособление для закрепления [для зажима] заготовки

Werkstückspeicher *m* накопитель обрабатываемых изделий; накопитель заготовок

Werkstückspindelstock *m* бабка изделия

Werkstücktoleranz *f* допуск на неточность изделия

Werkstückträger *m* приспособление-спутник

Werkstücktransport *m* транспортирование обрабатываемых деталей; транспортирование заготовок

Werkstücktransportsystem *n* система транспортирования заготовок

Werkstückwechsel *m* автоматическая смена (обрабатываемых) деталей

~, **automatischer** см. Werkstückwechsel

Werkstückwechseleinrichtung *f*, **automatische** см. Werstückwechsler

Werkstückwechselstation *f* станция (автоматический) смены (обрабатываемых) деталей

Werkstückwechsler *m* устройство автоматической смены (обрабатываемых) деталей

Werkstückzubringeförderer *m* входной транспортёр деталей

Werkstückzuführsystem *n* система [устройство] подачи заготовки

Werkstückzuführungsstelle *f* загрузочная позиция

Werkstückzu- und -abführung *f* (автоматическая) загрузка-выгрузка обрабатываемых деталей

Werkvorschrift *f* заводская инструкция

Werkzeug *n* 1. инструмент 2. *пласт.* пресс-форма 3. *вчт* инструментальное средство

~, **mechanisches [mechanisiertes]** механизированный инструмент

~, **mehrschneidiges** многолезвийный инструмент

~, **motorisch angetriebenes** мотоинструмент

~, **verschlissenes** затупленный (режущий) инструмент

Werkzeugabteilung *f* см. Werkzeugmacherei

Werkzeugaufnahmebohrung *f* посадочное отверстие инструмента

Werkzeugaufspannplatte *f* (установочная) инструментальная плита

Werkzeugauswahl *f* выбор [поиск] (режущего) инструмента

Werkzeugbahn *f* траектория движения (режущего) инструмента

Werkzeugbesteck *n* набор инструментов

Werkzeugbezugsebene *f* инструментальная основная плоскость

Werkzeugbezugssystem *n* инструментальная система координат

Werkzeugbrucherkennung *f* (автоматическое) обнаружение поломки (режущего) инструмента, (автоматическое) обнаружение поломанных инструментов

Werkzeugbruchkontrolle *f* см. Werkzeugbruchüberwachung

Werkzeugbruchüberwacher *m* устройство (для) контроля целостности (режущего) инструмента

Werkzeugbruchüberwachung *f* контроль целостности (режущего) инструмента

Werkzeugeinstellung *f* (размерная) настройка (режущего) инструмента

Werkzeugelektrode *f* электрод-инструмент (*электроэрозионного станка*)

Werkzeugfamilie *f* комплект (режущих) инструментов

Werkzeugfehlererkennung *f* (автоматическое) обнаружение дефектов (режущего) инструмента

~, **automatische** автоматическое обнаружение дефектов (режущего) инструмента

Werkzeugfluß *m* подача и смена (режущих) инструментов

WERKZEUGFÖRDERSYSTEM

Werkzeugfördersystem *n* система транспортирования (режущих) инструментов
Werkzeuggreifstation *f* позиция захвата [зажима] (режущего) инструмента
Werkzeughaltung *f* инструментальное хозяйство
Werkzeug-Identblatt *n* идентификационная карта (режущего) инструмента
Werkzeug-Identnummer *f* идентификационный номер (режущего) инструмента
Werkzeugkasten *m* **1.** ящик для инструмента **2.** *вчт* (инструментальный) пакет разработчика; пакет инструментальных средств
Werkzeugkeilmeßebene *f* инструментальная главная секущая плоскость
Werkzeugkontrolle *f* контроль текущего состояния (режущего) инструмента
Werkzeugkorrektur *f* коррекция на инструмент; ввод коррекции на инструмент
Werkzeuglängenkorrektur *f* коррекция на длину инструмента
Werkzeugmacher *m* инструментальщик
Werkzeugmacherei *f* инструментальный цех
Werkzeugmagazin *n* инструментальный магазин
~, **maschinenintegriertes** пристаночный инструментальный магазин
Werkzeugmaschine *f* станок; металлорежущий станок
~, **anschlaggesteuerte** станок с управлением от упоров и конечных выключателей
~, **elektrolytische** электролитический станок
~ **mit automatischem Werkzeugwechsel** станок с автоматической сменой (режущего) инструмента
~, **programmgesteuerte** станок с программным управлением
~, **roboterintegrierte** роботизированный станок, станок со встроенным роботом
~, **spanabhebende** металлорежущий станок
~, **streckengesteuerte** станок с прямолинейной [с прямоугольной] системой управления
Werkzeugmaschinenbau *m* станкостроение
Werkzeugmaschinenindustrie *f* станкостроительная промышленность
Werkzeugmaschinenpalette *f* станочный спутник
Werkzeugmaschinenpark *m* станочный парк
Werkzeugmaschinensteuerung *f* управление станком; управление станками
~, **numerische** ЧПУ станками

~, **programmierte** программное управление станком
Werkzeugmaschinenstraße *f* станочная линия
Werkzeugorthogonalebene *f* инструментальная главная секущая плоскость
Werkzeugpalette *f* номенклатура (режущих) инструментов
Werkzeugplatz *m* гнездо инструментального магазина (*в станках с автоматической сменой инструмента*)
Werkzeugposition *f*, **laufende** текущее положение инструмента
Werkzeugpositioniereinrichtung *f* устройство позиционирования (режущего) инструмента (*напр. на станке с ЧПУ*)
Werkzeugradiuskorrektur *f* коррекция на радиус инструмента
Werkzeugregal *n* инструментальный стеллаж
Werkzeugsatz *m* **1.** набор [комплект] (режущих) инструментов **2.** *вчт* инструментальный пакет разработчика
Werkzeugschleifen *n* заточка инструмента
Werkzeugschlitten *m* инструментальная каретка; суппорт
Werkzeugschneidenebene *f* инструментальная плоскость резания
Werkzeugschrank *m* инструментальный шкаф
Werkzeugsensor *m* датчик состояния (режущего) инструмента
Werkzeugspanner *m* инструментальный патрон, патрон для зажима (режущего) инструмента; приспособление для закрепления [для зажима] (режущего) инструмента
Werkzeugspannsystem *n* система (за)крепления (режущего) инструмента
Werkzeugspeicher *m* накопитель режущих инструментов; склад инструментов (*в ГПС*)
Werkzeugstahl *m* инструментальная сталь
Werkzeugstandzeit *f* срок службы инструмента; ресурс (режущего) инструмента
Werkzeugsystem *n* инструментальная система
~, **flexibles** гибкая инструментальная система
Werkzeugträger *m* узел крепления инструмента; резцедержатель
Werkzeugträgereinheit *f* силовая головка (*агрегатного станка*)
Werkzeugüberwachung *f* контроль состояния (режущего) инструмента
Werkzeugüberwachungssystem *n* система (автоматического) контроля состояния (режущего) инструмента

WICKELKERN

Werkzeugversorgung *f* инструментальное обеспечение, обеспечение (режущим) инструментом (*напр. в ГПС*)

Werkzeugvoreinstellung *f* предварительная настройка (режущего) инструмента

Werkzeugvorwahl *f* предварительный выбор [предварительный поиск] (режущего) инструмента (*напр. в магазине*)

Werkzeugwahl *f см.* Werkzeugauswahl

Werkzeugwechseleinrichtung *f см.* Werkzeugwechsler

Werkzeugwechselstation *f* позиция смены (режущего) инструмента

Werkzeugwechsler *m* устройство (автоматической) смены (режущего) инструмента

Werkzeugwinkel *m* угол режущей кромки (*в инструментальной системе координат*)

Wert *m* 1. значение; величина 2. ценность

~, **häufigster** мода (*математическая статистика*)

~, **reziproker** обратная величина

Werte *m pl* данные

Wertebereich *m* 1. диапазон значений 2. *мат.* область значений (*переменной величины*)

Wertetabelle *f*, **Wertetafel** *f* 1. *мат.* таблица значений 2. *вчт* истинностная таблица, таблица истинности

Wertevorrat *m* запас значений

Wertigkeit *f* валентность

Wertungszahl *f* оценочный коэффициент

Wertzuweisung *f прогр.* присваивание значений

Weston-Element *n*, **Weston-Normalelement** *n* (нормальный) элемент Вестона, кадмиевый нормальный элемент

Wetter *pl* 1. рудничный [шахтный] воздух, рудничная атмосфера 2. вентиляционная струя

~, **schlagende** рудничный газ, метановоздушная смесь; взрывоопасная рудничная атмосфера

Wetter- und Wasserstandsdienst *m* гидрометеорологическая служба

Wetterbeobachtungssatellit *m см.* Wettersatellit

Wetterbericht *m* метеосводка, сводка погоды

Wetterbeständigkeit *f* погодостойкость, атмосферостойкость

Wetterbrücke *f горн.* вентиляционный мост, кроссинг

Wetterdamm *m горн.* вентиляционная [изолирующая] перемычка

Wetterdienst *m* служба погоды; метеорологическая служба, метеослужба

Wetterfront *f* атмосферный фронт

Wetterführung *f горн.* проветривание; рудничная вентиляция

Wetterhütte *f* метеорологическая будка

Wetterkarte *f* синоптическая карта

Wetterkreuz *n см.* Wetterbrücke

Wetterkunde *f* метеорология

Wetterlampe *f горн.* безопасная рудничная лампа

Wetterlutte *f горн.* вентиляционная труба

Wetterradar *n*, **Wetterradargerät** *n* метеорологическая РЛС, метеорадиолокатор

Wettersatellit *m* метеорологический спутник

Wetterschacht *m горн.* вентиляционный ствол

Wetterschlüssel *m* метеорологический код; синоптический код

Wettersohle *f горн.* вентиляционный горизонт

Wettersprengstoffe *m pl горн.* предохранительные взрывчатые вещества

Wetterstation *f* метеорологическая станция

Wetterstrecke *f горн.* вентиляционный штрек, вентиляционная горная выработка

Wetterstrom *m горн.* вентиляционная струя

Wettervorhersage *f* прогноз погоды

Wettlauf *m элн* гонки (*фронтов сигналов*)

Wetzen *m* доводка (*режущей кромки, лезвия*)

Wetzstein *m* оселок

Wheatstone-Brücke *f эл.* мост Уитстона

Whiskers *m pl* нитевидные монокристаллы, «усы»

White Spirit *m* уайт-спирит, бензин-растворитель

Whithworth-Gewinde *n маш.* дюймовая резьба

Wichte *f* удельный вес

Wichtung *f мат.* взвешивание

~, **binäre** двоичное взвешивание

Wichtungswiderstand *m* весовой резистор

Wickel *m* 1. *текст.* холст 2. *текст.* холстик 3. *текст.* рулон 4. *текст.* паковка 5. *эл.* рулон 6. *эл.* секция конденсаторов

Wickelanschluß *m* соединение, полученное накруткой [методом накрутки]; контакт, полученный накруткой [методом накрутки]

Wickelbrücke *f* перемычка, полученная накруткой

Wickelkern *m эл.* витой сердечник, (витой) ленточный сердечник (*сердечник трансформатора, навитый из узкой ленты электротехнической стали*)

665

WICKELKONDENSATOR

Wickelkondensator *m* рулонный конденсатор
Wickelkontakt *m* контакт, полученный накруткой
Wickelkopf *m* эл. лобовая часть обмотки
Wickelkörper *m* текст. паковка
Wickelmaschine *f* 1. *текст.* мотальная машина 2. *текст.* накатная машина 3. *эл.* намоточный станок
Wickeln *n* наматывание, намотка; навивка; накатывание
Wickeltrommel *f* 1. намоточный барабан 2. *текст.* мотальный барабан
Wickelverbindung *f* соединение накруткой
Wickelverbindungstechnik *f* метод накрутки, метод монтажа накруткой
Wickelverdrahtung *f* монтаж накруткой; накрутка
Wickelverdrahtungstechnik *f* монтаж накруткой; метод накрутки, метод монтажа накруткой
Wickelverhältnis *n* индекс пружины
Wicklung *f* 1. обмотка 2. намотка
~, **bifilare** бифилярная обмотка
~, **induktionsfreie** безындукционная обмотка
~, **verteilte** распределённая обмотка
Wicklungsabschnitt *m* секция обмотки
Wicklungsdraht *m* обмоточный провод
Wicklungselement *n* секция катушки
Wicklungsschritt *m* шаг обмотки
Wicklungssinn *m* направление намотки
Wicklungsstrang *m* фаза (многофазной) обмотки
Widder *m*, **hydraulischer** гидравлический таран
Widerdruck *m* 1. противодавление; реакция опоры 2. *полигр.* печать с оборота
Widerlager *n* 1. *стр.* контрфорс 2. устой (*моста*) 3. опора; пята
Widerstand *m* 1. сопротивление 2. резистор
~, **diffundierter** диффузионный резистор
~, **gedruckter** печатный резистор
~, **hochohmiger** высокоомный резистор
~, **induktiver** индуктивное сопротивление
~, **integrierter** интегральный резистор, резистор в интегральном исполнении
~, **kapazitiver** ёмкостное сопротивление
~, **komplexer** комлексное сопротивление
~, **konzentrierter** сосредоточенное сопротивление
~, **lichtelektrischer** [**lichtempfindlicher**] фоторезистор

~, **linearer** линейный резистор
~, **nichtlinearer** нелинейный резистор
~, **ohmscher** омическое сопротивление (*в цепи постоянного тока*); активное [омическое] сопротивление (*в цепи переменного тока*)
~, **piezoresistiver** пьезорезистор
~, **regelbarer** переменный резистор
~, **spezifischer** удельное сопротивление
~, **strombegrenzender** токоограничительный резистор
~, **thermischer** тепловое сопротивление
~, **verteilter** распределённое сопротивление
~, **vorgeschalteter** добавочный резистор
Widerstandsabgleich *m* подгонка резисторов
Widerstandsänderung *f*, **magnetische** магниторезистивный эффект
Widerstandsarray *n* матрица резисторов, резисторная [резистивная] матрица
Widerstandsbahn *f* резистивная дорожка
Widerstandsbauelement *n* резистор
Widerstandsbeiwert *m ав.* коэффициент аэродинамического сопротивления
Widerstandsbremse *f* реостатный тормоз
Widerstandsbremsung *f* реостатное торможение
Widerstandsbrücke *f см.* **Widerstandsmeßbrücke**
Widerstandschicht *f* резистивный слой; резистивная плёнка
Widerstandsdehnungsgeber *m*, **Widerstandsdehnungsmesser** *m* тензорезисторный датчик
Widerstandsdehnungsmeßstreifen *m* проволочный тензометр
Widerstandseffekt *m*, **magnetischer** магниторезистивный эффект
Widerstandserwärmung *f* резистивный нагрев
Widerstandsfähigkeit *f* выносливость; сопротивляемость
Widerstandsfaktor *m см.* **Widerstandskoeffizient**
Widerstandsgeber *m* резистивный датчик
Widerstandsheizung *f* резистивный нагрев
Widerstands-Kapazitätskopplung *f* резистивно-ёмкостная связь, RC-связь
Widerstands-Kapazitäts-Netzwerk *n* резистивно-ёмкостная цепь, RC-цепь; резистивно-ёмкостная цепочка, RC-цепочка
Widerstandskasten *m* магазин сопротивлений
Widerstandskoeffizient *m* коэффициент сопротивления
Widerstandskopplung *f* резистивная связь

WINCHESTERSPEICHER

Widerstandslöten *n* пайка электросопротивлением

Widerstandsmanometer *n* вакуумметр сопротивления

Widerstandsmatrix *f* матрица резисторов, резисторная [резистивная] матрица

Widerstandsmeßbrücke *f* мост для измерения сопротивлений

Widerstandsmesser *m* омметр

Widerstandsmoment *n* 1. момент сопротивления 2. *эл.* противодействующий (вращающий) момент

Widerstandsnetzwerk *n* резисторная [резистивная] схема; схема резистивного узла, резистивный узел; резисторная матрица, кодоуправляемый делитель, КУД

Widerstandsofen *m* электрическая печь сопротивления

Widerstandsoptron *n* резисторная оптопара

Widerstandspaste *f* резистивная паста

Widerstandsrauschen *n* шум сопротивления

~, **thermisches** тепловой шум сопротивления

Widerstandsrückkopplung *f* резистивная обратная связь

Widerstandsschweißen *n* контактная сварка

Widerstandssensor *m* резистивный датчик

Widerstandsspule *f* катушка сопротивления

Widerstandsstumpfschweißen *n* стыковая контактная сварка, стыковая сварка

Widerstandsteiler *m* резисторный [резистивный] делитель *(напр. напряжения)*

Widerstandstemperaturkoeffizient *m* температурный коэффициент сопротивления, ТКС

Widerstandsthermometer *n* термометр сопротивления

Widerstandstoleranz *f* допуск номиналов резисторов

Widerstandsverluste *m pl* потери в активном [в омическом] сопротивлении

Widerstandsverstärker *m* усилитель с резистивно-ёмкостной связью, RC-усилитель

Widerstandswerkstoff *m* резистивный материал

Widerstandszelle *f* фоторезистор

Wiederanlauf *m вчт* повторный пуск, перезапуск, рестарт *(программы)*

Wiederaufarbeitung *f* регенерация *(ядерного топлива)*

Wiederaufstiegseinheit *f косм.* взлётная ступень

Wiedereinschalten *n*, **automatisches** *эл.* автоматическое повторное включение, АПВ

Wiedereintritt *m косм.* вход в плотные слои атмосферы, возвращение в атмосферу

wiedereintrittsfähig повторно-входимый, реентерабельный *(о программе)*

Wiedereintrittsfähigkeit *f* повторная входимость, реентерабельность *(программы)*

Wiedergabe *f* воспроизведение

Wiedergabebereich *m* диапазон воспроизведения, диапазон воспроизводимых частот

Wiedergabegüte *f* качество воспроизведения

Wiedergabekopf *m* головка воспроизведения

Wiedergabetreue *f* верность воспроизведения

Wiedergewinnung *f* регенерация, регенерирование; рекуперация

Wiederhall *m* реверберация

Wiederholerrelais *n* реле-повторитель

Wiederholgenauigkeit *f маш.* стабильность повторяемости *(позиционирования)*

Wiederurbarmachen *n*, **Wiederurbarmachung** *f* рекультивация *(земель, напр. после горных работ)*

Wiedervereinigung *f* рекомбинация

Wiege *f* люлька

Wien-Brücke *f* мост Вина

Wien-Brückengenerator *m*, **Wien-Brückenoszillator** *m* генератор с мостом Вина

WIG-Schweißen *n* (дуговая) сварка (неплавящимся) вольфрамовым электродом в инертном газе

Wildleder *n* замша

Williot-Plan *m* диаграмма перемещений *(строительная механика)*

Wilsonkammer *f физ.* камера Вильсона

Winchester-Controller *m* контроллер винчестерского накопителя

Winchester-Disk *f см.* **Winchesterplatte**

Winchester-Disk-Controller *m* контроллер накопителя на винчестерском диске, контроллер винчестерского накопителя

Winchester-Festplattenspeicher *m* ЗУ винчестерского типа, винчестерское ЗУ

Winchesterlaufwerk *n* 1. дисковод для винчестерских дисков 2. винчестерский накопитель, накопитель на винчестерском диске, винчестер

Winchesterlaufwerkcontroller *m* контроллер винчестерского накопителя

Winchesterplatte *f* винчестерский диск, винчестер

Winchesterspeicher *m* ЗУ винчестерского типа, винчестерское ЗУ

WIND

Wind *m* 1. ветер 2. *мет.* дутьё
Windangriff *m*, **Windbelastung** *f стр.* ветровая нагрузка
Winddruck *m* 1. ветровая нагрузка 2. давление ударной волны взрыва
Winddüse *f мет.* фурма
Winde *f* 1. лебёдка; ворот 2. домкрат
Windeisen *n маш.* вороток
Winderhitzer *m мет.* доменный воздухонагреватель, каупер
Winderosion *f* 1. *геол.* дефляция 2. ветровая эрозия (*почвы*)
Windfahne *f* флюгер; флюгарка
Windfang *стр.* тамбур
Windfege *f с.-х.* веялка
Windform *f мет.* фурма
Windfrischen *n мет.* продувка воздухом *или* технически чистым кислородом; бессемерование чугуна; продувка в конвертере
Windfrischstahl *m* конвертерная сталь
Windfrischverfahren *n мет.* 1. процесс продувки воздухом *или* технически чистым кислородом; бессемерование чугуна; бессемеровский процесс; продувка в конвертере, конвертирование 2. бессемерование [конвертирование] штейна
Windhaube *f* воздушный колпак (*насоса*)
Windhose *f метео* смерч
Windkammer *f* воздушная камера
Windkanal *m* аэродинамическая труба
Windkanalversuch *m* аэродинамическое испытание, испытание в аэродинамической трубе
Windkanter *m геол.* эоловый многогранник, ветрогранник
Windkasten *m мет.* воздушная коробка (*вагранки*)
Windkessel *m* 1. воздушный колпак (*напр. поршневого насоса*) 2. ресивер (*напр. поршневого компрессора*)
Windkraft *f* ветровая энергия, энергия ветра
Windkraftmaschine *f* ветряной двигатель, ветродвигатель
Windkraftwerk *n* ветроэлектрическая станция
Windlast *f стр.* ветровая нагрузка
Windmesser *m* анемометр
Windmessung *f* анемометрия, измерения скорости (и направления) ветра
Windmoment *n стр.* ветровой момент, момент ветровой нагрузки
Windmotor *m см.* **Windkraftmaschine**

Windmotorpumpe *f* пневмоприводной насосный агрегат
Window *n англ. вчт* окно
~, **aktuelles** текущее окно
Windowing *n англ. вчт* управление окнами (*на экране дисплея*); полиэкранный режим (*работы дисплея*)
Window-Manager *m вчт* администратор полиэкранного режима
Windowtechnik *f вчт* техника управления окнами (*на экране дисплея*); организация полиэкранного режима работы (*дисплея*)
Windrose *f* роза ветров
Windsack *m* конусный ветроуказатель, ветровой конус
Windschliff *m геол.* корразия
windschnittig обтекаемый
Windschreiber *m* анемограф
Windschutzscheibe *f авто* ветровое стекло
Windsichten *n* воздушная классификация, воздушная сепарация
Windsichter *m* воздушный классификатор, воздушный сепаратор
Windskala *f* шкала Бофорта, шкала силы ветра
Windstärke *f* сила ветра; балл (*силы ветра*)
Windstärkeskala *f см.* **Windskala**
Windstau *m* 1. ветровой нагон (*воды*) 2. *гидр.* ветровой подпор
Windträger *m стр.* ветровая балка; ветровая ферма
Windturbine *f* турбинный ветроагрегат
Windung *f* виток (*напр. обмотки, пружины*)
Windungsschluß *m эл.* межвитковое (короткое) замыкание
Windungszahl *f* число витков
Windverband *m стр.* ветровая связь
Windwerk *n* 1. *горн.* механизм подачи (*очистного комбайна*) 2. подъёмный механизм; лебёдка; крановая лебёдка, агрегат рабочих лебёдок (*крана*)
Winkel *m* 1. угол 2. угольник 3. *мет.* уголок
~, **anliegender** прилежащий угол
~, **ebener** плоский угол
~, **erhabener** угол между 180° и 360°
~, **gegenüberliegender** противолежащий угол
~, **gerader** развёрнутый угол
~, **gestreckter** развёрнутый угол
~, **rechter** прямой угол
~, **räumlicher** пространственный угол
~, **spitzer** острый угол
~, **stumpfer** тупой угол

~, überstumpfer *см.* Winkel, erhabener
Winkel *m pl*, entgegengesetzte односторонние углы
Winkelabweichung *f* 1. угловое отклонение; угол отклонения 2. *геод.* угловая невязка
Winkelauflösung *f* дискрета углового перемещения; угловая разрешающая способность
Winkelbeschleunigung *f* угловое ускорение
Winkelendmaß *n маш.* угловая концевая мера, угловая плитка
Winkelfehler *m* 1. угловая погрешность 2. *геод.* угловая невязка; угловая погрешность
Winkelfräser *m* угловая фреза
~, doppelseitiger двууугловая фреза
~, einseitiger одноугловая фреза
~ mit einseitiger Schräge одноугловая фреза
Winkelfrequenz *f* угловая частота
Winkelfunktionen *f pl* тригонометрические функции
Winkelgeschwindigkeit *f* угловая скорость
Winkelgrad *m* угловой градус
Winkelhalbierende *f* биссектриса
Winkelinkrement *n см.* Winkelauflösung
Winkelkodierer *m* преобразователь «угол — код»; кодовый датчик угловых перемещений [углового положения]
Winkelkoordinaten *f pl* угловые координаты
Winkelkreuz *n геод.* экер
Winkelmaß *n* 1. угловая мера 2. (чертёжный) угольник 3. *эл.* фазовая постоянная
Winkelmast *m эл.* угловая опора
Winkelmesser *m* 1. угломер 2. транспортир
Winkelmessung *f* гониометрия; измерение углов
Winkelmessungen *f pl* угловые измерения
Winkelmodulation *f* угловая модуляция
Winkelmoment *n* угловой момент
Winkelprisma *n геод.* призменный экер
Winkelreflektor *m* уголковый отражатель
Winkelrückführung *f* обратная связь по углу
Winkelspiegel *m геод.* зеркальный экер
Winkelstahl *m мет.* угловой профиль, угловая сталь, уголок
Winkelstirnfräser *m* торцовая угловая фреза
Winkelstück *n* угольник (*деталь трубопроводной арматуры*)
Winkelteilung *f* 1. угловой шаг 2. угловое деление 3. градуировка в единицах измерения угла
Winkeltischfräsmaschine *f* консольно-фрезерный станок

Winkeltrieb *m* угловая передача
Winkelverschiebung *f* угловое смещение
Winkelzug *m геод.* угломерный ход
Winterbetrieb *m* работа [эксплуатация] в зимних условиях
winterfest зимостойкий
Winterfestmachen *n* подготовка к эксплуатации в зимних условиях
Winterfrüchte *f pl* зимние культуры
Winterfurche *f* зябь
Wintergetreide *n* озимые
Wippausleger *m* подъёмная стрела (*крана*)
Wippdrehkran *m* полноповоротный кран с подъёмной стрелой
Wippe *f* 1. балансир, коромысло 2. *гидр.* фашинный прут
Wipper *m горн.* опрокидыватель
Wippwerk *n* механизм изменения вылета (*стрелы подъемного крана, экскаватора*); стрелоподъёмный механизм
Wirbel *m* 1. вихрь 2. водоворот 3. вертлюг
Wirbelbett *n* псевдоожиженный [кипящий] слой
Wirbelbettverfahren *n см.* Wirbelschichtverfahren
Wirbelbewegung *f* вихревое движение
Wirbelbildung *f* вихреобразование, образование завихрений, завихрение
Wirbelbrenner *m* 1. вихревая горелка 2. центробежная форсунка (*газовой турбины*)
Wirbeldurchflußgeber *m* вихревой преобразователь расхода
Wirbeldüse *f* центробежная форсунка (с завихрителями)
Wirbelfeuerung *f* вихревая топка
wirbelfrei безвихревой
Wirbelkammer *f* вихревая камера
Wirbelkammermotor *m* вихрекамерный двигатель, вихрекамерный дизель
Wirbelkammerverfahren *n* вихрекамерное смесеобразование (*в дизеле*)
Wirbelkonus *m* завихритель
Wirbelrohr *n* вихревая труба
Wirbelröhre *f* вихревая трубка
Wirbelschicht *f* псевдоожиженный [кипящий] слой
Wirbelschichtofen *m* печь кипящего слоя
Wirbelschichtreaktor *m* реактор с псевдоожиженным [с кипящим] слоем, реактор кипящего слоя

WIRBELSCHICHTVERFAHREN

Wirbelschichtverfahren *n* псевдоожижение; процесс с псевдоожиженным слоем
Wirbelsintern *n* вихревое напыление (*полимерных покрытий*)
Wirbelstrahlturbine *f* вихревая турбина
Wirbelstrom *m* вихревой [турбулентный] поток
Wirbelstrombremse *f* 1. тормоз, работающий на вихревых токах, вихревой тормоз 2. *авто* электродинамический тормоз-замедлитель
Wirbelströme *pl* вихревые токи, токи Фуко
Wirbelstromsensor *m* датчик вихревых токов
Wirbelstromtachometer *n* магнитоиндукционный тахометр
Wirbelströmung *f* вихревое [турбулентное] течение
Wirbelstromverlust *m* потери на вихревые токи
Wirbelsturm *m* *метео* циклон (*штормовой и ураганной силы*)
~, **tropischer** тропический циклон
Wirbelung *f* завихрение, турбулизация; вихреобразование
Wirbelwiderstand *m* вихревое сопротивление
Wirbler *m* завихритель
Wired-NOR *n* проводное [монтажное] ИЛИ — НЕ
Wired-AND *n* проводное [монтажное] И
Wired-AND-Gatter *n* элемент «проводное [монтажное] И»
Wired-OR *n* проводное [монтажное] ИЛИ
Wired-OR-Gatter *n* элемент «проводное [монтажное] ИЛИ»
Wired-OR-Schaltung *f* проводное [монтажное] ИЛИ
Wire-Frame-Modell *n* каркасная модель трёхмерного объекта (*в машинной графике*)
Wire-wrap-Technik *f* монтаж накруткой; метод накрутки; метод монтажа накруткой
Wire-wrap-Verdrahtung *f* соединение накруткой; метод монтажа накруткой
Wire-wrap-Verfahren *эл.*, *элн* монтаж накруткой, накрутка
Wirkbewegung *f* *мет.-об.* результирующее движение резания, результирующее движение
Wirkbezugsebene *f* кинематическая основная плоскость
Wirkdruck *m* активное [рабочее] давление; перепад давлений
Wirken *n* *текст.* вязание (трикотажа)
Wirkerei *f* трикотажное производство

Wirkfläche *f* эффективная поверхность; эффективная площадь
Wirkkeilmeßebene *f* кинематическая главная секущая плоскость
Wirkkomponente *f* *эл.* активная составляющая
Wirklast *f* *эл.* активная нагрузка
Wirkleistung *f* *эл.* активная мощность
Wirkleitwert *m* *эл.* активная проводимость
Wirkmaschine *f* трикотажная машина
Wirknadel *f* *текст.* вязальная игла (*трикотажной машины*)
Wirkpaar *n* рабочая [технологическая] пара, пара «инструмент — изделие»
wirksam эффективный
Wirksamkeit *f* эффективность
Wirkschaltplan *m* функциональная схема
Wirkschneidenebene *f* кинематическая плоскость резания
Wirkspalt *m* рабочий [технологический] промежуток, промежуток между элементами рабочей [технологической] пары
Wirkspannung *f* *эл.* активное напряжение
Wirkstoff *m* 1. биологически активное вещество; биокатализатор 2. действующее начало (*ядохимиката*) 3. *текст.* трикотажное полотно
Wirkstrom *m* *эл.* активный ток
Wirkung *f* действие; эффект
~, **kumulative** кумулятивный эффект
Wirkungsgrad *m* коэффициент полезного действия, кпд
~, **volumetrischer** объёмный кпд
Wirkungskette *f*, **Wirkungskreis** *m* *автм* контур управления
Wirkungsquantum *n* *физ.* квант действия
~, **Plancksches** *см.* Wirkungsquantum
Wirkungsquerschnitt *m* *яд.* эффективное сечение (взаимодействия)
Wirkungsweg *m* *автм* цепь воздействий (*в контуре управления*)
Wirkungsweise *f* принцип действия; принцип работы
Wirkverbrauchszähler *m* *эл.* счётчик активной энергии
Wirkware *f* 1. трикотаж; трикотажное полотно 2. трикотажное изделие
Wirkweg *m* *мет.-об.* путь резания
Wirkwiderstand *m* активное [омическое] сопротивление (*в цепи переменного тока*)
Wirrflies *n* *текст.* холст с неориентированным расположением волокон

wirtschaftlich f экономичный, рентабельный
Wirtschaftlichkeit f экономичность, рентабельность
Wirtsgitter n 1. решётка основного кристалла 2. кристаллическая решётка затравочного кристалла [затравки]
Wirtskristall m 1. основной кристалл 2. затравочный кристалл, затравка
Wirtsrechner m главная [ведущая] ЭВМ; центральная ЭВМ
wischecht несмазывающийся (*о краске*)
wischfest 1. *см.* wischecht 2. прочный [устойчивый] к стиранию (*о покрытии*)
Wischkontakt m импульсный контакт (*реле*); кратковременно замыкающий *или* кратковременно размыкающий контакт
Wismut f висмут, Bi
Wismutglanz m *мин.* висмутин, висмутовый блеск
Wissensbank f *см.* Wissensbasis
Wissensbankmaschine f *см.* Wissensbasismaschine
Wissensbanksystem n *см.* Wissensbasissystem
Wissensbasis f база знаний
Wissensbasismaschine f машина баз(ы) знаний, машина для работы с базой знаний
Wissensbasissystem n система на основе базы знаний, система с базой знаний
Wissensbasisverwaltungssystem n система управления базой знаний
Wissensdarstellung f представление знаний
Wissensdarstellungssprache f язык представления знаний
Wissenserwerb m приобретение знаний
Wissensgewinnung f сбор знаний; получение знаний; построение базы знаний
Wissensrepräsentation f представление знаний
Wissensrepräsentationssprache f язык представления знаний
Wissenssystem n система знаний
Wissenstechnik f инженерия знаний, методы и средства представления знаний
Wissensverarbeitung f работа со знаниями (*в системах искусственного интеллекта*)
Witterung f атмосферные условия; погода
Witterungsbeständigkeit f погодостойкость, устойчивость против атмосферных воздействий
Witterungsverhältnisse pl метеорологические условия, метеоусловия
Wobbelfaktor m коэффициент детонации (*при воспроизведении звукозаписи*)

Wobbel(frequenz)generator m элн свип-генератор, генератор качающейся частоты
Wobbeln n, **Wobbelung** f 1. элн вобуляция, качание 2. воющий тон; детонация (*искажение при воспроизведении звукозаписи*)
Wobbler m 1. элн вобулятор 2. *см.* Wobbel(frequenz)generator
Wöhlerkurve f кривая усталости
Wöhler-Schaubild n диаграмма деформации при растяжении, диаграмма в координатах «напряжения — деформации»
Wöhlerversuch m испытание на выносливость; испытание на усталостную прочность
Wohnmobil n автомобиль (*для автотуризма*) с кузовом, приспособленным для жилья
Wohntainer m объёмный блок (*для сборного жилищного строительства*)
Wohnungsbau m жилищное строительство
Wohnwagen m жилой прицеп, прицеп-дача
Wölbstein m сводовый (клинчатый) камень, сводовый (клинчатый) кирпич
Wölbung f 1. кривизна; выпуклость; вогнутость 2. прогиб 3. свод
Wolf m 1. *текст.* волчок 2. мясорубка
Wolfram n вольфрам, W
Wolframdraht m *см.* Wolframfaden
Wolframfaden m вольфрамовая нить
Wolframlegierung f вольфрамовый сплав
Wolfram-Schutzgasschweißen n (дуговая) сварка неплавящимся вольфрамовым электродом в защитном газе
Wolkenpilz m грибовидное облако (*ядерного взрыва*)
Wollastonit m *мин.* волластонит
Wolle f шерсть
Wollfett n жиропот
~, **gereinigtes [reines]** ланолин
Woofer m *англ. рад.* громкоговоритель для воспроизведения низких частот, низкочастотный громкоговоритель
Word-Processor m *англ.* вчт текстовый процессор; система подготовки текстов
Word-wrap n *англ. см.* Wortumschlag
Workstation f рабочая станция; автоматизированное рабочее место, АРМ
~, **multimediale** рабочая станция на основе ПЭВМ с комплексным представлением информации
Workstation-Monitor m монитор рабочей станции; монитор АРМ
WORM-Platte [Write Once Read Many...] f диск

однократной записи, неперезаписываемый диск (*напр. оптический*)

~, **optische** оптический диск с однократной записью, неперезаписываемый оптический диск

WORM-Speicher *m* память [ЗУ] с однократной записью

Worst-Case-Bedingungen *pl* условия наихудшего случая

Worst-Case-Belastung *f* нагрузка в условиях наихудшего случая

Worst-Case-Design *n* проектирование по наихудшему случаю

Worst-Case-Dimensionierung *f* расчёт параметров для условий наихудшего случая

Worst-Case-Fall *m* наихудший случай

Worst-Case-Parameter *m pl* параметры наихудшего случая

Worst-Case-Störabstand *m* запас помехоустойчивости в условиях наихудшего случая

Worst-Case-Verhältnisse *pl* условия наихудшего случая

Wortadresse *f* адрес слова

Wortadreßregister *n* регистр адреса слова

Wortbreite *f* разрядность обрабатываемого слова; длина [число разрядов] (цифрового) слова

Worterkennung *f* распознавание слов

Worterkennungssystem *n* система распознавания слов

Wortformat *n* формат слова

Wortgenerator *m* генератор (машинных) слов

Wortgrenze *f* граница слова

Wortlänge *f см.* **Wortbreite**

Wortleitung *f* шина слов (*ЗУ*)

Wortmarke *f* метка [маркер] слова

Wortorganisation *f* пословная организация (*памяти*)

Wortregister *n* регистр слова

Wortsymbol *m* символ слова

Wortumbruch *m см.* **Wortumschlag**

Wortumschlag *m* автоматический переход (слова) на новую строку (*режим работы текстового редактора*)

Wrapfeld *n* монтажная панель, панель для монтажа (соединений) методом накрутки

Wrap-Karte *f* плата для монтажа накруткой

Wrap-Pfosten *m* стойка со штырьками для монтажа накруткой

Wrap-Pistole *f* накруточный пистолет, пистолет для монтажа методом накрутки

Wrap-Stift *m* штырёк для монтажа накруткой

Wrasen *m* выпар; пар (*напр. в печи*)

Write-Befehl *m* вчт команда записи

WSI-Schaltung [Wafer Scale Integration...] *f* СБИС, сформированная на целой полупроводниковой пластине

Wuchsstoff *m биол.* ростовое вещество, регулятор роста

Wuchtförderer *m* (качающийся) инерционный конвейер

Wuchtschwingsieb *n* инерционный грохот

Wulst *m* 1. утолщение; выступ 2. ребро; фланец; реборда 3. *авто* борт (*покрышки*) 4. наплыв (на сварном соединении) 5. *мет.* бульб (*бульбового профиля*) 6. *мор.* бульб

Wulstband *n* ободная лента (*резинобортной покрышки*)

Wulstbug *m мор.* бульбовый нос (*судна*)

Wulstkern *m* крыло борта, бортовое крыло (*покрышки*)

Wulstreifen *m* резинобортная покрышка

Wulstring *m* бортовое кольцо (*в крыле борта покрышки*)

Wulststahl *m мет.* бульбовая [бимсовая] сталь, бульбовый профиль

Wurfbahn *f* баллистическая траектория

Würfel *m* куб; кубик

Würfelfestigkeit *f* кубиковая прочность (*бетона*)

Wurfförderer *m см.* **Wuchtförderer**

Wurfkörper *m физ.* свободно брошенное тело

Wurfparabel *f* баллистическая парабола, парабола метания; баллистическая траектория

Wurfputz *m* штукатурка намётом

Wurfschaufellader *m* полуповоротный одноковшовый погрузчик

Wurfsieb *n* инерционный грохот; инерционный качающийся грохот

Wurfweite *f* 1. дальность метания 2. дальность выброса 3. дальность полёта (*струи*) 4. радиус действия (*дождевального аппарата*) 5. дальность заброса (*топлива в топку*)

Würze *f* сусло; бражка

Wurzel *f* 1. *мат.* корень 2. основание (*напр. лопатки турбины*)

~, **n-te** корень *n*-ной степени

Wurzelausdruck *m* подкоренное выражение

Wurzelexponent *m* показатель корня

Wurzelgraph *m* граф с корнем

Wurzelort *m*, **Wurzelortskurve** *f* корневой годограф

Wurzelortsverfahren n *автм* метод корневого годографа
Wurzelschneider m *с.-х.* корнерезка
Wurzelverzeichnis n *вчт* корневой каталог
Wurzelzahl f подкоренное число
Wurzelzeichen n знак корня
Wurzelziehen n извлечение корня

X

X-Ablenkung f горизонтальная развёртка
X-Achsen-Antrieb m привод подачи по оси x
X-Adressen-Dekoder m, X-Dekoder m дешифратор строк
X-Ansteuerleitung f шина управления по оси x
Xanthat n *см.* Xanthogenat
Xanthogenat n ксантогенат
Xanthogenierung f ксантогенирование
Xanthogensäuren f pl ксантогеновые кислоты
X-Dekodierung f дешифрация строк
Xenon n ксенон, Xe
Xenonlampe f ксеноновая лампа
Xerografie f ксерография
XOR-Verknüpfung f операция «исключающее ИЛИ»
X:1-Projektionsbelichtung f метод проекционной литографии с передачей рисунка в масштабе X:1
X-Strahlen pl рентгеновские лучи
X-Strahlung f рентгеновское излучение
X-Y-Ansteuerung f управление по осям $x - y$
Xylole n pl ксилолы, $C_6H_4(CH_3)_2$
Xylolith m ксилолит
Xylometer n ксилометр
XY-Schreiber m (двух)координатный графопостроитель, координатограф
X/Y-Tisch m координатный стол

Y

Y-Ablenkung f вертикальная развёртка
Y-Achsen-Antrieb m привод подачи по оси y
Y-Adressen-Dekoder m, Y-Dekoder m дешифратор столбцов

Yagi-Antenne f антенна типа «волновой канал», антенна Уда — Яги
Y-Ansteuerleitung f шина управления по оси y
Yard n ярд *(91,44 см)*
Y-Dekodierung f дешифрация столбцов
YIG-Laser m лазер на железоиттриевом гранате, ЖИГ-лазер
Yperit m иприт
Ytterbium n иттербий, Yb
Yttrium n иттрий, Y

Z

Zacke f 1. зуб; зубец 2. зазубрина 3. отметка (*напр. на экране радиолокационного индикатора*); выброс; всплеск
Zacken m *см.* Zacke 1., 2.
zäh вязкий
Zähbruch m вязкое [пластическое] разрушение
zähflüssig вязкотекучий
Zähflüssigkeit f вязкотекучесть
Zähigkeit f вязкость
Zahl f число
~, Avogadrosche число Авогадро
~, benannte именованное число
~, binäre двоичное число
~, endliche конечное число
~, Froudsche число Фруда
~, ganze целое число
~, ganzrationale целое рациональное число
~, gebrochene дробное число
~, gemischte смешанное число
~, imaginäre мнимое число
~, irrationale иррациональное число
~, komplexe комплексное число
~, Loschmidtsche число Авогадро (*число атомов или молекул в 1 моле вещества; в настоящее время обычно употребляется термин* «Avogadro-Konstante»; *см. тж* Loschmidt-Konstante)
~, natürliche натуральное число
~, Poissonsche коэффициент Пуассона
~, rationale рациональное число
~, reelle действительное [вещественное] число
~, Reynoldssche критерий Рейнольдса

ZAHL

~, **unbenannte** неименованное число
~, **zusammengesetzte** составное число
Zählausgang *m* счётный выход
Zählbasis *f* основание системы счисления
Zählbereich *m* диапазон счёта
Zähleingang *m* счётный вход
Zahlencode *m* числовой код
Zahlendarstellung *f* представление чисел
~, **halblogarithmische** представление (чисел) с плавающей точкой
Zahlenebene *f* числовая плоскость
Zahlenfeld *n* числовое поле
Zahlenfolge *f* числовая последовательность
Zahlengerade *f* числовая ось, числовая прямая
Zahlenklasse *f* класс чисел, числовой класс
Zahlenkode *m* числовой код
Zahlenkugel *f* числовая сфера
~, **Riemannsche** сфера Римана, риманова сфера
Zahlenmaßstab *m* численный масштаб
Zahlenreihe *f* числовой ряд
Zahlenstelle *f* разряд числа
Zahlensystem *n* 1. система счисления; система представления чисел 2. числовая система
Zahlentheorie *f* теория чисел
Zahlenwert *m* численное значение
Zähler *m* 1. счётчик 2. электросчётчик 3. *мат.* числитель
~, **asynchroner** асинхронный (импульсный) счётчик
~, **dekadischer** декадный счётчик
~, **mehrstufiger** многокаскадный счётчик
~, **synchroner** синхронный счётчик
~, **umkehrbarer** реверсивный счётчик
~, **variabler** счётчик с переменным модулем счёта [с переключаемым модулем пересчёта]
~, **voreinstellbarer** счётчик с предварительной установкой [с предустановкой]
Zählerbaustein *m* ИС счётчика, счётчик
Zählerinhalt *m* показание [показания] счётчика
Zählermode *m* режим счётчика, работа в режиме счётчика
Zählerrückstellung *f* сброс [обнуление] счётчика
Zählerschaltkreis *m* ИС счётчика, интегральный счётчик
Zählerschaltung *f* ИС счётчика, интегральный счётчик

~, **integrierte** ИС счётчика, интегральный счётчик
Zählerstand *m* показание [показания] счётчика
Zähler/Zeitgeber *m* счётчик-таймер
Zählerzeitgeber-Baustein *m* ИС счётчика-таймера, счётчик-таймер
Zähler/Zeitgeber-Betriebsart *f* см. Zähler/Zeitgeber-Mode
Zähler/Zeitgeber-IS *f* ИС счётчика-таймера
Zähler/Zeitgeber-Mode *m* режим счётчика-таймера, работа в режиме счётчика-таймера
Zählerzeitgeber-Schaltkreis *m* ИС счётчика-таймера
~, **programmierbarer** БИС программируемого интервального таймера, БИС ПИТ, ПИТ
Zählflipflop *n* MS-триггер, триггер MS-типа
Zählfrequenz *f* частота счёта
Zählimpuls *m* счётный импульс
Zählkörper *m* числовое поле
~, **algebraischer** поле алгебраических чисел
Zählregister *n* регистр-счётчик
Zählrohr *n* *яд.* счётчик
Zählschaltung *f* счётная схема
Zählschleife *f* счётный цикл
Zählumfang *m* модуль счёта (*максимальное число импульсов, которое может быть сосчитано счётчиком*)
Zählwerk *n* счётный механизм
Zählzeichen *n* счётный импульс
Zahn *m* 1. *маш.* зуб 2. зубок
Zahnbreite *f* ширина зубчатого венца (*конического колеса*)
Zahneingriff *m* зацепление зубьев; контакт зубьев
Zahnerzeugung *f* нарезание зубьев
Zahnflanke *f* боковая поверхность зуба; профиль зуба
Zahnflankenschleifmaschine *f* зубошлифовальный станок
Zahnformfräser *m* модульная (зуборезная) фреза
Zahnfräsen *n* зубофрезерование
Zahnfräsmaschine *f* зубофрезерный станок
Zahnfuß *m* ножка зуба
~, **unterschnittener** подрезанная ножка зуба
Zahngrund *m* 1. основание зуба 2. дно впадины (между зубьями)
Zahnhöhe *f* 1. высота зуба 2. высота витка (*напр. червяка*)
Zahnkopf *m* головка зуба

ZAPFSTÄNDER

Zahnkopffläche *f* верхняя грань (зуба)
Zahnkranz *m* зубчатый венец
Zahnkupplung *f* зубчатая муфта
Zahnlücke *f* впадина между зубьями
Zahnmesser *m* зубомер
Zahnrad *n* зубчатое колесо; шестерня
Zahnradbahn *f* зубчатая железная дорога
Zahnrad-Differentialgetriebe *n* зубчатый дифференциал
Zahnradfräsautomat *m* зубофрезерный автомат
Zahnradfräser *m* зуборезная фреза
Zahnradfräsmaschine *f* зубофрезерный станок
Zahnradgetriebe *n* 1. *маш.* зубчатая передача 2. *авто* шестерённая коробка передач
~, **gestuftes** ступенчатая шестерённая коробка передач
Zahnradhebelwerk *n* зубчато-рычажный механизм
Zahnradhobelmaschine *f* зубострогальный станок
Zahnradhonen *n* зубохонингование
Zahnradhonmaschine *f* зубохонинговальный станок
Zahnradkurbelgetriebe *n* зубчато-кривошипный механизм
Zahnradmotor *m* шестерённый гидромотор; шестерённый пневмомотор; шестерённый двигатель (*не предусмотренный стандартами термин, нередко используемый в технической литературе*)
Zahnradölpumpe *f* шестерённый масляный насос
Zahnradpaar *n* пара (сопряжённых) зубчатых колёс; зубчатая передача
Zahnradpumpe *f* шестерённый насос
Zahnradrollmaschine *f* зубонакатный станок
Zahnradschaben *n* шевингование
Zahnradschabmaschine *f* шевинговальный станок
Zahnradschleifen *n* зубошлифование
Zahnradschleifmaschine *f* зубошлифовальный станок
Zahnradstoßen *n* зубодолбление
Zahnradstoßmaschine *f* зубодолбёжный станок
Zahnradtrieb *m* зубчатая пара, зубчатое зацепление (*при взаимодействии двух зубчатых колес*)
Zahnradübersetzung *f* передаточное число (зубчатой передачи)
Zahnradwalzen *n* зубонакатывание
Zahnradwalzmaschine *f* зубонакатный станок

Zahnradwalzrolle *f* зубчатый накатник
Zahnrad-Wechselgetriebe *n* *авто* шестерённая коробка передач
~, **gestuftes** ступенчатая шестерённая коробка передач
Zahnriemen *m* зубчатый ремень
Zahnrücken *m* *см.* Zahnkopffläche
Zahnschneidrad *n* зуборезный долбяк
Zahnsegment *n* зубчатый сектор
Zahnstange *f* зубчатая рейка
Zahnstangenantrieb *m* реечный привод
Zahnstangeneingriff *m* реечное зацепление
Zahnstangengetriebe *n* реечная (зубчатая) передача
Zahnstangenpresse *f* реечный пресс
Zahnstangenritzel *n* реечная шестерня
Zahnstangentrieb *m* реечная передача; кремальера (*в приборах точной механики*)
Zahnstangenverzahnung *f* реечное зацепление
Zahnteilung *f* шаг зубьев
Zahntrieb *m* зубчатая пара
Zahnwalze *f* зубчатый валок
Zahnweite *f* длина общей нормали (*зубчатого колеса*)
Zahnweitenmeßgerät *n* нормалемер
zähplastisch 1. вязкопластичный 2. тугопластичный (*напр. о глине*)
Zange *f* 1. клещи 2. *маш.* цанга 3. (клещевой) захват (*напр. пресса*) 4. щипцы
Zangenfutter *n* цанговый патрон
Zangengreifer *m* клещевой захват
Zapfen *m* 1. *маш.* цапфа 2. *маш.* палец (*напр. кривошипа*) 3. *маш.* шейка (*вала*) 4. *маш.* хвостовик (*напр. вала*) 5. цилиндрический конец (*напр. винта*) 6. шип (*деревянный соединительный элемент*)
Zapfenkreuz *n* крестовина (*карданного шарнира*)
Zapfenrad *n* цевочное (зубчатое) колесо
Zapfenschneidemaschine *f* *дер.-об.* шипорезный станок
Zapfenstern *m* *см.* Zapfenkreuz
Zapfenverbindung *f* *дер.-об.* шиповое соединение
Zapfenverzahnung цевочное зацепление
Zapfenzahn *m* цевка, цевочный зуб
Zapfgetriebe *n* 1. *маш.* раздаточная коробка 2. *авто* коробка отбора мощности
Zapfsäule *f* топливораздаточная колонка; бензозаправочная колонка, бензоколонка
Zapfständer *m* водоразборная колонка; гидрант

675

ZAPFSTELLE

Zapfstelle *f* автозаправочная станция
Zapfwelle *f* вал отбора мощности; раздаточный вал
Zapfwellengetriebe *n* коробка отбора мощности
Zaponlack *m* цапонлак
Zarge *f* коробка (*дверная, оконная*)
Zäsium *n* цезий, Cs
Zaum *m*, **Pronyscher** тормоз Прони
Z-Diode *f* (полупроводниковый) стабилитрон
~, **vergrabene** стабилитрон со скрытой структурой, скрытый стабилитрон
Z-Durchbruch *m* зенеровский [туннельный] пробой, туннельный пробой p—n-перехода
Zeche *f* шахта; рудник
Zechenkoks *m* доменный [металлургический] кокс
Zeeman-Effekt *m* эффект Зеемана
Z-Effekt *m* эффект Зенера, зенеровский [туннельный] пробой
Zehner *m pl* десятки
Zehnerlogarithmus *m* десятичный логарифм
Zehnerpotenz *f* степень десяти; (десятичный) порядок
Zehnerstelle *f* десятичный разряд
Zehnflächner *m* десятигранник
Zeichen *n* 1. знак; символ 2. метка; отметка; марка; клеймо 3. сигнал
~, **chemisches** химический символ
~, **graphisches** графический символ
~, **ikonisches** иконический знак
Zeichenabstand *m* интервал между символами
Zeichenanzeige *f* знаковая индикация
Zeichenanzeiger *m* знаковый индикатор
Zeichenbetrieb *m см.* Zeichenmodus 2.
Zeichenbildschirm *m* экран знакосинтезирующего дисплея
Zeichenbit *n* знаковый разряд
Zeichenbrett *n* чертёжная доска
Zeichendreieck *n* угольник
Zeichendrucker *m* знакопечатающее устройство последовательного типа, посимвольное печатающее устройство
Zeichenerkennung *f* распознавание знаков *или* символов
Zeichenerzeugung *f* генерация знаков, знакогенерация; генерация символов
Zeichenfeldraster *n* знакоориентированный растр
Zeichenfolge *f* цепочка данных, цепочка символов; строка, строка данных, строка символов

Zeichenfolgenoperationen *f pl* операции над строками (данных); обработка строк; обработка цепочек данных
Zeichengeber *m* сигнализатор
Zeichengenerator *m* знакогенератор
Zeichengerät *n* 1. графопостроитель 2. чертёжный инструмент
Zeichengeschwindigkeit *f* скорость передачи, считывания *или* записи знаков *или* символов
Zeichengrafik *f* символьная графика, псевдографика
Zeichenkette *f* цепочка символов; строка (символов)
Zeichenkettenvariable *f* строковая переменная
Zeichenkode *m* код знака *или* символа
Zeichenmaschine *f* чертёжный прибор; кульман, чертёжный прибор пантографной системы
Zeichenmatrix *f* знаковая матрица
Zeichenmodus *m* 1. знаковый режим (*обработки или передачи данных*) 2. символьный режим, режим вывода символьной информации, режим посимвольного вывода
Zeichenpapier *n* чертёжная бумага; рисовальная бумага
Zeichenprogramm *n* рисовальная программа
Zeichenrate *f см.* Zeichengeschwindigkeit
Zeichensatz *m* 1. набор символов 2. шрифтокомплект; шрифт
~, **ladbarer** загружаемый шрифтокомплект
~, **residenter** резидентный шрифтокомплект
Zeichenstift *m* перо (*перьевого графопостроителя*); пишущий элемент
Zeichensynchronisation *f* символьная [знаковая] синхронизация
Zeichentablett *n* кодирующий планшет
Zeichentaste *f* символьная клавиша
Zeichenteilmenge *f* подмножество знаков; подалфавит
Zeichentisch *m* чертёжный стол
Zeichentrickfilm *m* рисованный мультипликационный фильм
Zeichenumsetzer *m* преобразователь (кода) символов
Zeichenumsetzung *f* преобразование (кода) символов
Zeichenverarbeitungsmodus *m см.* Zeichenmodus 1.
Zeichenvorlage *f* оригинал (*для изготовления фотошаблонов*)
Zeichenvorrat *m* набор символов

ZEITDEHNERAUFNAHME

Zeichenwerkzeug *n* 1. рисовальный инструмент (*инструментальное средство рисовальной программы*) 2. пишущий узел (*графопостроителя*)
Zeichnen *n* 1. черчение 2. вычерчивание
Zeichnung *f* 1. чертёж 2. рисунок
Zeichnungsdigitalisierung *f* кодирование графической информации; преобразование графической информации в цифровую форму
Zeiger *m* 1. указатель 2. стрелка 3. вектор
Zeigerdiagramm *n* векторная диаграмма
Zeigerregister *n* регистр-указатель
Zeigerwaage *f* циферблатные весы
Zeigestift *m* вчт указка, устройство управления позицией (*напр. световое перо*)
Zeile *f* строка
~, **aktuelle** текущая строка
Zeilenablenkgenerator *m* тлв генератор строчной развёртки
Zeilenablenkung *f* тлв строчная развёртка
Zeilenabstand *m* полигр., вчт интервал между строками, интерлиньяж; выключка строк
Zeilenabtastung *f* тлв прогрессивная [построчная] развёртка
Zeilenadresse *f* адрес строк(и)
Zeilenadreßregister *n* регистр адреса строк(и)
Zeilenaustastimpuls *m* тлв гасящий импульс строк, строчный гасящий импульс
Zeilenaustastlücke *f* тлв строчный интервал гашения
Zeilenaustastung *f* тлв гашение обратного хода строчной развёртки
Zeilendekoder *m* дешифратор строк
Zeilendisplay *n* (одно)строчный дисплей, (одно)строчный индикатор
Zeilendrucker *m* устройство построчной печати, построчно-печатающее [строкопечатающее] устройство
Zeileneditor *m* вчт строковый редактор, редактор строк
Zeilenendstufe *f* тлв выходной каскад строчной развёртки
Zeilenentschlüßler *m см.* **Zeilendekoder**
Zeilenfrequenz *f* тлв частота строк
Zeilenleitung *f* 1. шина строки 2. шина слов (*в запоминающем устройстве*) 3. ось выборки *x* (*в ПЗИ*)
Zeilennorm *f* телевизионный стандарт (вещательного телевидения)
Zeilenrücklauf *m* тлв строчный обратный ход, обратный ход (*электронного луча*) по строке, обратный ход строчной развёртки
Zeilenschieberegister *n* регистр горизонтальной развёртки (*в ППЗ*)
Zeilensensor *m* однострочный фото-ПЗС, ПЗС-линейка
Zeilensprungverfahren *n* метод чересстрочной развёртки, чересстрочная развёртка
Zeilensynchronimpuls *m* тлв синхронизирующий импульс строк, строчный синхронизирующий импульс, строчный синхроимпульс
Zeilentransformator *m* тлв выходной трансформатор строчной развёртки, строчный трансформатор
Zeilenumbruch *m* вчт (автоматический) переход на новую строку
Zeilenumsetzer *m* преобразователь (телевизионного) стандарта
Zeilenvorschub *m* протяжка [подача] (бумаги) на одну строку; перевод строки
Zeit *f* 1. время; длительность 2. геол. эпоха
~ **bis zum Ausfall, mittlere** средняя наработка до отказа, среднее время безотказной работы
~ **zwischen den Arbeitsgängen** межоперационное время
~ **zwischen zwei Störungen, mittlere** среднее время наработки на отказ, средняя наработка на отказ
Zeitablenkgeschwindigkeit *f* скорость развёртки
Zeitablenkung *f* (временная́) развёртка
~, **(fremd)gesteuerte** ждущая развёртка
~, **getriggerte** ждущая развёртка
Zeitablenkverzögerung *f* задержка развёртки
Zeitabstand *m см.* **Zeitintervall**
Zeitalter *n* геол. эра
Zeitauslöser *m* эл. расцепитель с выдержкой времени
Zeitbasis *f* 1. ось времени; масштаб по оси времени; (временна́я) развёртка 2. генератор развёртки
Zeitbruch *m* разрушение при превышении предела ограниченной выносливости, разрушение при ограниченно-длительном нагружении
Zeitcharakteristik *f* временна́я характеристика
Zeitdehner *m* (высоко)скоростной киносъёмочный аппарат, (высоко)скоростная киносъёмочная камера
Zeitdehneraufnahme *f* ускоренная киносъёмка; (высоко)скоростная киносъёмка

677

Zeitdehngrenze *f* предел ползучести (при растяжении)
Zeitdiagramm *n* временная диаграмма
Zeitdilatation *f* физ. замедление (течения) времени (*релятивистский эффект*)
Zeitdiagramm *n* временная диаграмма
Zeiteinstellung *f* уставка времени
Zeitfestigkeit *f см.* **Zeitschwingfestigkeit**
Zeitfolgeschaltkreis *m* времязадающая схема
Zeitfunktion *f* временная функция
Zeitgatter *n* временной селектор
Zeitgeber *m* 1. таймер 2. датчик истинного времени
~, **einstellbarer** интервальный таймер
~, **programmierbarer** программируемый (интервальный) таймер, ПИТ
Zeitgeberbetrieb *m см.* **Zeitgebermode**
Zeitgeber-IS *f* ИС таймера
Zeitgebermode *m* режим таймера, работа в режиме таймера
Zeitgeberschaltkreis *m*, **Zeitgeberschaltung** *f* ИС таймера
zeitgeschachtelt с временным мультиплексированием, мультиплексированный
zeitgleich синхронный
Zeitglied *n* элемент выдержки времени; элемент задержки
Zeit-Impuls-Wandler *m* времяимпульсный преобразователь, времяимпульсный датчик
Zeitintervall *n* интервал времени, временной интервал
Zeitkonstante *f* постоянная времени
Zeitkoordinaten *f pl* координаты времени
Zeitlupe *f* 1. *см.* **Zeitdehner** 2. *разг.* ускоренная киносъёмка; (высоко)скоростная киносъёмка
Zeitlupenaufnahme *f см.* **Zeitdehneraufnahme**
Zeitmarkengenerator *m* генератор меток времени
Zeitmaßstab *m* масштаб времени
~, **normaler [reeller]** реальный масштаб времени
Zeitmesser *m* хронометр
Zeitmessung *f* 1. измерение временных интервалов; хронирование 2. измерение времени 3. хронометраж
Zeitmultiplex *n* 1. временное уплотнение (*линий связи*); временное разделение (*каналов*) 2. метод временного мультиплексирования, мультиплексирование с временным разделе-

нием каналов (*в системах телеобработки данных*)
Zeitmultiplexbetrieb *m* работа в режиме временного разделения [временного уплотнения] (*каналов*)
Zeitmultiplexbus *m* мультиплексированная шина
Zeitmultiplexkanal *m* канал с временным уплотнением
Zeitmultiplexverfahren *n* метод временного мультиплексирования, мультиплексирование с временным разделением [временным уплотнением] (*каналов*); временное разделение, временное уплотнение (*канала*)
Zeitnahme хронометраж
Zeitnorm *f* норма времени
Zeitnormal *n* эталон времени
Zeitplan *m* график
Zeitplanregler *m* программный регулятор
Zeitplansteuerung *f* временное программное управление
Zeitprogramm *n* программа выдержек времени
Zeitpunkt *m* момент (времени)
Zeitquantisierung *f* квантование по времени; дискретизация (*сигнала*)
Zeitraffer *m* киноаппарат для замедленной [для цейтрафферной] киносъёмки
Zeitrafferaufnahme *f* замедленная киносъёмка (*производимая обычным киносъемочным аппаратом*); замедленная [цейтрафферная] съёмка (*см. тж* **Zeitraffer**)
Zeitraffungsprüfungen *f pl* ускоренные [форсированные] испытания
Zeitrelais *n* реле времени
Zeitschalter *m* выключатель с часовым механизмом; таймер
Zeitscheibe *f* вчт 1. квант времени; квант машинного времени 2. время [интервал] ответа (*в ЛВС*)
Zeitscheibenbetrieb *m* вчт режим разделения времени; работа в режиме разделения времени
Zeitscheibensystem *n* вчт система разделения времени
Zeitscheibenverfahren *n* вчт режим разделения времени
Zeitschreiber *m* хронограф
Zeitschwingfestigkeit *f* предел ограниченной выносливости (*наибольшее напряжение цикла нагружения, которое материал может*

ZELLULOSELACK

выдержать в соответствии с задаваемой циклической долговечностью)
Zeitspanne *f* интервал времени, временной интервал; отрезок времени
Zeitsperre *f* блокировка по времени; тайм-аут
Zeitspiegelung *f физ.* обращение времени
Zeitstandard *m* эталон времени
Zeitstandfestigkeit *f* 1. длительная прочность 2. предел длительной прочности
Zeitstand(kriech)grenze *f* предел ползучести
Zeitstandversuch *m* испытание на длительную прочность
Zeitstauchgrenze *f* предел ползучести при сжатии
Zeitsteuereinheit *f* устройство (временной) синхронизации, синхронизатор
Zeitsteuergerät *n* хронизатор
Zeitstudie *f* хронометраж
Zeittaktsignal *n* сигнал (временной) синхронизации, синхросигнал; тактовый импульс
Zeitteilung *f вчт* разделение времени; режим разделения времени
Zeitumkehr *f физ.* обращение времени
Zeitverhalten *n* временная характеристика; динамическая характеристика
Zeitverlauf *m* временная характеристика; временная диаграмма
Zeitversatz *m* временной сдвиг; расфазировка (*сигналов*)
Zeitverzögerung *f* (временная) задержка
Zeitverzögerungsglied *n* элемент (временной) задержки
Zeitverzögerungsschaltung *f* схема (временной) задержки
Zeitvorwahl *f фото* 1. механизм для установки выдержки вручную (*в полуавтоматическом фотоаппарате*) 2. установка выдержки вручную (*при подготовке полуавтоматического фотоаппарата к съемке*)
Zeitwaage *f* (электронный) прибор для проверки точности хода (часов)
Zeitzeichen *n pl* сигналы точного времени
Zeitzonen *f pl* часовые пояса
Zeitzünder *m* 1. электровоспламенитель замедленного действия; электродетонатор короткозамедленного действия; электродетонатор замедленного действия 2. дистанционный взрыватель
Zelle *f* 1. ячейка 2. ячейка электролизёра; электролизёр 3. элемент (*гальванический элемент, топливный элемент, элемент солнечной батареи*) 4. фотоэлемент 5. планёр, планёр (*летательного аппарата, напр. самолета*) 6. *биол.* клетка
~, **elektrochemische** гальванический элемент
~, **elementare** элементарная ячейка
~, **galvanische** гальванический элемент
~, **gasgefüllte** газонаполненный фотоэлемент
Zellenarray *n* матрица с регулярной структурой
Zellenausleser *m с.-х.* триер
Zellenbeton *m* ячеистый бетон
Zellenbibliothek *f* библиотека элементов и ячеек (*для автоматизированного проектирования БИС и СБИС*)
Zellen(bibliotheks)element *n* библиотечный элемент; библиотечная ячейка; элемент базового набора (*для проектирования матричных БИС*)
Zellenfeld *n* матрица с регулярной структурой
Zellenfunk *m* сотовая (радиотелефонная) связь
Zellenlogik *f* клеточная [регулярная] логика
Zellenpumpe *f* шиберный насос; пластинчатый насос
Zellenrechner *m* ЭВМ на основе клеточной [регулярной] логики
Zellenschmelz *m* перегородчатая эмаль
Zellenstruktur *f* ячеистая структура
Zellentechnologie *f* технология БИС на основе библиотечных элементов *или* ячеек
Zellentopologie *f* топология БИС на основе библиотечных элементов *или* ячеек
Zellenverdichter *m* (ротационный) пластинчатый компрессор
Zellglas *n* целлофан
Zellhorn *n* целлулоид
Zellmembran *f биол.* клеточная мембрана
Zellosolve *n* целлозольв
Zellstoff *m* (техническая) целлюлоза
Zellularmatrix *f* матрица с регулярной структурой
Zelluloid *n* целлулоид
Zellulose *f* целлюлоза
Zelluloseäther *m pl* простые эфиры целлюлозы
Zelluloseazetate *n pl* ацетаты целлюлозы, ацетилцеллюлоза
Zelluloseester *m pl* сложные эфиры целлюлозы
Zelluloseesterlack *m см.* Zelluloselack
Zellulosefaser *f* целлюлозное волокно
Zelluloselack *n* (эфиро)целлюлозный лак

ZELLULOSENITRATE

Zellulosenitrate *n pl* нитраты целлюлозы, нитроцеллюлоза
Zellwolle *f* вискозное штапельное волокно
Zeltdach *n* шатровая крыша
Zement *m* 1. цемент 2. *мет.* цементат, металл, вытесненный в осадок при цементации
Zementation *f* цементация
Zementationsmittel *n* 1. карбюризатор (*реагент для поверхностного науглероживания металлов при цементации*) 2. цементирующий агент, реагент для цементации (*вытеснения в осадок более благородного металла — Au, Ag, Cu; см. тж* **Zementmetall**)
Zementationszone *f геол.* зона цементации, зона вторичного [сульфидного] обогащения
Zementbeton *m* цементный [тяжёлый] бетон (*обычный бетон плотностью 1800 — 2500 кг/м³*)
Zementdrehofen *m* вращающаяся цементная печь
Zementestrich *m стр.* цементная стяжка
Zementfahrzeug *n* цементовоз
Zementfarbe *f* цементная краска
Zementieraggregat *n* цементировочный [заливочный] агрегат (*буровая техника*)
Zementieren *n* 1. см. **Zementation** 2. тампонаж (*скважины*)
Zementierpulver *n* твёрдый [порошковый] карбюризатор
Zementierpumpe *f* цементационный насос
Zementierung *f* 1. см. **Zementation** 2. см. **Zementieren** 2.
Zementit *m* цементит, карбид железа (*фаза железоуглеродистых сплавов*)
Zementkanone *f* цемент-пушка
Zementklinker *m* цементный клинкер
Zementkupfer *n* цементационная медь
Zementleim *m* цементное тесто
Zementmetall *n* цементный металл (*Au, Ag, Cu; полупродукт для дальнейшей переработки, получаемый методом цементации растворов Au, Ag, Cu*)
Zementmilch *f* цементное молоко
Zementmörtel *m* цементный раствор
Zementmühle *f* цементная мельница
Zementpumpe *f* насос для подачи цемента
Zementrohr *n* бетонная труба
Zementstahl *m* арматурная сталь
Zementstein *m* цементный камень, затвердевшее цементное тесто
Zementtransporter *m* цементовоз
Zementtrübe *f* цементный раствор
Zenerdiode *f* 1. (полупроводниковый) стабилитрон 2. *уст.* диод Зенера
Zener-Durchbruch *m* зенеровский [туннельный] пробой, туннельный пробой p—n-перехода
Zener-Effekt *m* эффект Зенера, зенеровский [туннельный] пробой
Zener-Referenz *f* источник опорного напряжения на стабилитроне [со стабилитроном]; ИС источника опорного напряжения на стабилитроне [со стабилитроном]
Zener-Spannung *f* 1. напряжение зенеровского [туннельного] пробоя, напряжение туннельного пробоя p—n-перехода 2. напряжение стабилизации (стабилитрона)
Zener-Widerstand *m* зенеровское сопротивление
Zenit *m астр.* зенит
Zenitdistanz *f астр.* зенитное расстояние
Zenitteleskop *n геод.* зенит-телескоп
Zentimeter *n* сантиметр, см
Zentimeterwellen *pl* сантиметровые волны
Zentner *m* центнер (*в Германии — 50 кг, в Австрии и Швейцарии — 100 кг, в России — 100 кг*)
zentral центральный
Zentralbetrieb *m* питание от центральной батареи
Zentralbewegung *f физ.* движение под действием центральной силы
Zentraldifferential *n авто* межосевой дифференциал (*дифференциал, включённый между двумя ведущими мостами*)
Zentrale *f* 1. центр 2. свз узел
Zentraleinheit *f вчт* центральный процессор
Zentralheizung *f* центральное отопление; система центрального отопления
Zentralkraft *f физ.* центральная сила
Zentralrad *n маш.* центральное колесо (*планетарной передачи*)
Zentralschmierung *f* централизованная смазка, централизованная подача смазочного материала
Zentralstellwerk *n ж.-д.* пост централизации
Zentralsteuerung *f* централизованное управление
Zentralverriegelung *f авто* централизованная система блокировки (замков) дверей
Zentralverschluß *m* центральный затвор (*фотоаппарата*)

ZERSTÄUBUNGS...

Zentralwert *m* медиана (*в статистике*)
Zentrieransatz *m* центрирующий буртик, центрирующий поясок
Zentrierbohrer *m* центровочное сверло
Zentrierbohrung *f* 1. *маш.* центровое отверстие 2. центровочное отверстие
Zentrieren *n* 1. центровка, центрирование 2. *маш.* центрование
Zentriermaschine *f* центровальный станок (*станок для получения центровых отверстий*)
Zentrierung *f* 1. *см.* Zentrieren 2. *маш.* центрирующий элемент (*буртик, расточка*)
zentrifugal центробежный
Zentrifugalabscheider *m* 1. центробежный пылеуловитель 2. циклон
Zentrifugalbeschleunigung *f* центробежное ускорение
Zentrifugalgebläse *n* центробежная воздуходувка
Zentrifugalkraft *f* центробежная сила
Zentrifugalmoment *n* центробежный момент инерции (*тела*); центробежный момент
Zentrifugalmühle *f* центробежная мельница
Zentrifugalpumpe *f* центробежный насос
Zentrifugalregler *m* центробежный регулятор
Zentrifugalscheider *m* центробежный сепаратор
Zentrifugalturbine *f* центробежная турбина
Zentrifuge *f* центрифуга
Zentrifugieren *n*, **Zentrifugierung** *f* центрифугирование
zentripetal центростремительный
Zentripetalbeschleunigung *f* центростремительное ускорение
Zentripetalkraft *f* центростремительная сила
Zentripetalstufe *f* центростремительная ступень (*турбины*)
Zentripetalturbine *f* центростремительная турбина
Zentriwinkel *m мат.* центральный угол
Zentrum *n* центр
Zeolith *m* цеолит
Zer *n* церий, Се
Zeresin *n* церезин
Zerfall *m* 1. (радиоактивный) распад 2. разложение 3. *хим.* диссоциация
Zerfallsenergie *f* энергия распада
Zerfallskonstante *f* постоянная радиоактивного распада
Zerfallsprodukt *n* продукт распада

Zerfallsreihe *f* радиоактивное семейство, радиоактивный ряд (*напр. ряд урана, тория и т. д.*)
Zerfallsvorgang *m* акт распада
Zerfallszeit *f* время распада
Zerfällungsknotenpunkt *m мат.* точка сочленения (*связного графа*)
Zerfällungskörper *m мат.* поле разложения (*многочлена*)
Zerfaserer *m* 1. *бум.* бракомолка, разрыватель 2. измельчитель
Zerfasern *n*, **Zerfaserung** *f* 1. *бум.* разбивание на волокна 2. измельчение (*волокон целлюлозы*)
Zerhacker *m эл.* 1. прерыватель 2. вибропреобразователь
Zerhackerverstärker *m* усилитель с прерывателем; усилитель с модуляцией — демодуляцией [с модулятором — демодулятором], усилитель типа М — ДМ
Zerkleinerung *f* измельчение
Zerkleinerungsanlage *f* дробильная установка; дезинтегратор
zerlegbar разборный; сборно-разборный
Zerlegung *f* 1. разложение 2. разложение (*изображения*), развёртка 3. разборка 4. разбиение
Zermischmetall *n* цериевый миш-металл
Zerreißen *n* разрыв
Zerreißfestigkeit *f* прочность на разрыв
Zerreißmaschine *f* разрывная машина, машина для испытания на разрыв
Zerreißprüfung *f*, **Zerreißversuch** *m* испытание на разрыв
Zerroptik *f кино, фото* анаморфотная оптическая система, анаморфот; анаморфотная насадка
Zerrung *f* растяжение
Zersägen *n* распиловка, распиливание
Zersetzung *f* разложение
Zersetzungsreaktion *f* реакция разложения
Zerspanung *f мет.-об.* резание, обработка резанием
Zerspanungsleistung *f мет.-об.* производительность резания
Zerspanungsmaschine *f* металлорежущий станок
Zerstäuber *m* 1. распылитель 2. форсунка
Zerstäubung *f* 1. распыление 2. пульверизация
Zerstäubungsbeschichten *n* нанесение покрытия распылением

681

ZERSTÄUBUNGS...

Zerstäubungskatode *f* распыляемый катод (*в установке катодного распыления*)
Zerstäubungstrocknung *f* распылительная сушка, сушка распылением
Zerstörer *m* эсминец, эскадренный миноносец
Zerstrahlung *f* аннигиляция
Zerstreuungsfunktion *f* диссипативная функция, функция рассеяния
Zerstreuungskreis *m опт.* кружок рассеяния
Zerstreuungslinse *f* рассеивающая линза
Zertrümmerung *f* 1. раздробление 2. расщепление (*ядра*)
Zerussit *m мин.* церуссит
Zetan *n хим.* цетан
Zetanzahl *f* цетановое число (*показатель воспламеняемости дизельного топлива в ДВС*)
Zeta-Potential *n* электрокинетический потенциал
Zettelbaum *m текст.* сновальный валик
Zettelmaschine *f текст.* партионная сновальная машина
Zetteln *n текст.* снование
Zettelrohrpost *f* беспатронная пневмопочта
Zeug *n* 1. инструмент, инструменты 2. бумажная масса
Zeugdruck *m текст.* набойка ткани; печатание хлопчатобумажных тканей; ситцепечатание
Zeugfänger *m бум.* (массо)ловушка
ZF-Verstärker [Zwischenfrequenz...] *m* усилитель промежуточной частоты, УПЧ
ZF-Vorverstärker *m* предварительный усилитель промежуточной частоты, ПУПЧ
Zickzacknaht *f св.* шахматный (прерывистый) шов
Ziegel *m* кирпич
~, **feuerfester** огнеупорный кирпич
~, **gebrannter** обожжённый кирпич
~, **ungebrannter** необожжённый кирпич
Ziegelstein *m см.* Ziegel
Ziehbank *f* волочильный стан
Ziehdorn *m* оправка (*для волочения*)
Ziehdüse *f* 1. *мет.-об.* очко (волоки) 2. *мет.-об.* волока 3. лодочка (*для вытягивания стекла*)
Ziehen *n* 1. *мет.-об.* волочение 2. *мет.-об.* вытяжка 3. вытягивание (*стекла, кристалла из расплава*)
~ **aus der Schmelze** вытягивание (*кристалла*) из расплава
Ziehfeder *f* рейсфедер

Ziehformen *n пласт.* термовытяжка
Ziehgeschwindigkeit *f* скорость вытягивания
Ziehgesenk *n* вытяжной штамп
Ziehhol *n* очко (волоки)
Ziehklinge *f* цикля
Ziehklingenmaschine *f* циклевальный станок
Ziehmaschine *f* волочильный стан
Ziehmatrize *f* волочильная матрица; волока
Ziehpresse *f* вытяжной пресс
Ziehrichtung *f* направление вытягивания
Ziehring *m* волока (круглая); волочильное кольцо (*напр. реечного стана*); кольцевая матрица (*вытяжного штампа, вытяжного пресса*)
Ziehschleifahle *f* хонинговальная головка, хон
Ziehschleifen *n* хонингование
Ziehstein *m* волока
Ziehverfahren *n* метод вытягивания (*кристаллов*), выращивание кристаллов методом вытягивания
Ziehwerkzeug *n* 1. волочильный инструмент; волока 2. вытяжной штамп
Ziehwiderstand *m* резистор для поднятия [понижения] напряжения (*напр. в выходных каскадах преобразователей уровня*)
Ziehzange *f* волочильные клещи
Ziel *n* цель
Zieladresse *f вчт* 1. конечный адрес; конечная адресная точка 2. адрес получателя; адрес назначения
Zielansteuerung *f* наведение на цель
Zielbeleuchtung *f* (лазерный) подсвет цели
Zielbohren *n* направленное бурение
Zieldatei *f вчт* файл-копия
Zieldiskette *f вчт* дискета для копирования; дискета с резервной копией (*исходного диска*); диск-копия
Zielen *n* 1. визирование 2. прицеливание
Zielerfassung *f* обнаружение и захват цели (*на автосопровождение*)
Zielerkennung *f* обнаружение цели
Zielfernrohr *n* визирная труба
Zielfunktion *f* целевая функция
Zielkode *m вчт* 1. объектный код; объектная программа 2. код назначения
Zielkurs *m* курс цели; ракурс
Ziellinie *f* визирная линия
Zieloperand *m вчт* операнд назначения, операнд-приёмник (*в команде пересылки*)
Zielport *m вчт* порт назначения, порт приёмника данных

Zielposition *f* заданная позиция
Zielpunkt *m* заданная [запрограммированная] координата (*положения рабочего органа, напр. станка*)
Zielregister *n* вчт регистр назначения, выходной регистр (*регистр, в который пересылаются данные*)
Zielsuchkopf *m* головка самонаведения
Zielsuchlenkung *f* 1. самонаведение 2. система самонаведения
Zielsuchverfahren *n* самонаведение
Zielverfolgung *f* сопровождение цели; автосопровождение цели
Zielverfolgungsradar *n* РЛС сопровождения цели
Zielzeichen *n* отметка цели
Zielzuweisung *f* целеуказание
Ziffer *f* цифра
~, **gültige** значащая цифра
Ziffernanzeige *f* 1. цифровая индикация 2. цифровой индикатор
Ziffernanzeigeeinheit *f* блок цифровой индикации
Zifferndisplay *n* цифровой дисплей; цифровой индикатор
Ziffernrechenmaschine *f*, **Ziffernrechner** *m* цифровая вычислительная машина, ЦВМ
ZIL-Gehäuse *n* см. **ZIP-Gehäuse**
Zimmermann *m* плотник
Zimmertemperatur *f* комнатная температура
Zimmerung *f* *горн.* 1. (деревянная) крепь 2. крепление (деревом)
Zink *n* цинк, Zn
Zinkätzerei *f* полигр. цинкография
Zinkblende *f* мин. сфалерит, цинковая обманка
Zinkchromat *n* см. **Zinkgelb**
Zinke *f* 1. зуб, зубец (*напр. бороны*) 2. лапа (*культиватора*) 3. шип
Zinkentsilberung *f* мет. обессеребривание (*свинца, висмута*) при помощи цинка
Zinkgelb *n* жёлтый цинковый крон
Zinkpigmente *n pl* цинковые пигменты
Zinkspat *m* мин. смитсонит
Zinkung *f* дер.-об. шиповое соединение
Zinkweiß *n* цинковые белила
Zinn *n* олово, Sn
Zinnabarit *m* см. **Zinnober**
Zinnfolie *f* оловянная фольга, станиоль
Zinngeschrei *n* «оловянный треск», «оловянный хруст» (*характерное потрескивание при сгибании прутка олова, обусловленное трением отдельных кристаллов олова друг о друга*)
Zinnkies *m* мин. станнин
Zinnober *m* киноварь
Zinnpest *f* оловянная чума
Zinnstein *m* мин. касситерит
Zinseszinsrechnung *f* исчисление сложных процентов
Zinsrechnung *f* исчисление процентов
Zipfel *m* лепесток (*диаграммы направленности антенны*)
ZIP-Gehäuse *n* плоский корпус с зигзагообразным расположением штырьковых выводов, ZIP-корпус, ZIL-корпус
Zirkel *m* циркуль
Zirkelkonstruktionen *f pl* построения с помощью циркуля
Zirkon I *m* мин. циркон
Zirkon II *n* см. **Zirkonium**
Zirkonium *n* цирконий, Zr
Zirkulation *f* циркуляция
Zirkulator *m* циркулятор
Zisterne *f* цистерна
Zitronensäure *f* лимонная кислота
Zivilluftfahrt *f* гражданская авиация
ZMD-Speicher [Speicher mit zylindrischen Magnetdomänen] *m* память [ЗУ] на ЦМД, ЦМД ЗУ
Zodiakallicht *n* зодиакальный свет
Zodiakalsternbilder *n pl* зодиакальные созвездия
Zodiakus *m* круг [пояс] зодиака
Zoll *m* дюйм (*25,4 мм*)
Zollgewinde *n* дюймовая резьба
Zone *f* зона
~, **geschwächte** разупрочнённый участок
~, **n-leitende** область (с проводимостью) *n*-типа, область с электронной проводимостью, *n*-область
~, **p-leitende** область *p*-типа, область с дырочной проводимостью, *p*-область
~, **tote** *рад.* зона молчания, мёртвая зона
~, **verbotene** элн запрещённая зона
Zonendotierung *f* зонное легирование
Zonen-Floating-Verfahren *n* метод бестигельной зонной плавки, бестигельная зонная плавка
Zonenhomogenisierung *f*, **Zonen-Level(l)ing** *n* зонное выравнивание
Zonenlinse *f*, **Zonenplatte** *f* опт. зональная [зонная] пластинка

ZONENREINIGUNG

Zonenreinigung *f* зонная очистка
Zonenreinigungsanlage *f* установка зонной очистки
Zonenschmelzen *n* зонная плавка
~, **tiegelfreies** бестигельная зонная плавка, метод бестигельной зонной плавки
Zonenschmelzverfahren *n*, **Zonenschwebeverfahren** *n* метод зонной плавки, зонная плавка
~, **tiegelfreies** метод бестигельной зонной плавки, бестигельная зонная плавка
Zonenseigerung *f мет.* зональная ликвация
Zonenzeit *f* поясное время
Zoom *n англ. см.* **Zoomen**
Zoomeditor *m* масштабирующий редактор
Zoomen *n* 1. масштабирование 2. (гибкое) изменение масштаба изображения (*в машинной графике*) 3. наплыв 4. изменение формата (*копируемого документа*)
Zoomfaktor *m* 1. коэффициент масштабирования; коэффициент изменения масштаба изображения (*в машинной графике*); коэффициент увеличения масштаба изображения 2. кратность изменения фокусного расстояния (*вариообъектива*)
Zoom-Funktion *f* (гибкое) изменение масштаба изображения (*в машинной графике*); функция изменения масштаба изображения
Zoomgeschwindigkeit *f* скорость масштабирования, скорость трансфокации
Zooming *n см.* **Zoomen**
Zoomobjektiv *n* объектив с переменным фокусным расстоянием, вариообъектив
Z-Profil *n мет.* зетовый профиль
Z-Spannung *f* 1. напряжение зенеровского [туннельного] пробоя, напряжение туннельного пробоя *p — n*-перехода 2. напряжение стабилизации (стабилитрона)
Z-Strom *m* 1. зенеровский [туннельный] ток 2. ток стабилизации (стабилитрона)
ZTL *n см.* **Zweistromturbinenluftstrahltriebwerk**
Zubehör *n* 1. принадлежности; гарнитура; оснастка; вспомогательное оборудование 2. *кож.* фурнитура; вспомогательные материалы
~, **fotografisches** фотопринадлежности
Zubehörteile *n pl* комплектующие изделия, комплектующие; запасные части, запчасти (*напр. к автомобилям*)
Zuber *m* чан; бадья

Zubrand *m* пригар
Zubringeförderer *m* 1. загрузочный [входной] конвейер, загрузочный [входной] транспортёр 2. подающий конвейер; ленточный питатель
Zubringer *m* 1. загрузочное устройство; питатель 2. подающий механизм; подаватель
Zubringerband *m см.* **Zubringeförderer**
Zubringerdienst *m мор.* фидерные перевозки; магистрально-фидерная система перевозок
Zubringerförderer *m см.* **Zubringeförderer**
Zubringerleitung *f свз* входящая линия, входящая магистраль
Zubringerlinie *f мор.* фидерная линия
Zubringerpumpe *f* подкачивающий насос
Zubringerstraße *f* подъездная дорога
Zubringerwagen *m мет.* вагон-перегружатель
Zubringerwalze *f* подающий валок
Zubruchgehen *n горн.* обрушение; самообрушение
Zubruchwerfen *n горн.* обрушение (*кровли выработки*)
Züchtung *f* выращивание (*напр. кристаллов*)
~ **aus der Gasphase** выращивание (кристалла) из газовой [из паровой] фазы
~ **aus der Lösung** выращивание (кристалла) из раствора
~ **aus der Schmelze** выращивание (кристалла) из расплава
~, **epitaxiale** эпитаксиальное выращивание; эпитаксиальное наращивание
~ **einer Epitaxieschicht** выращивание эпитаксиального слоя
Züchtungsverfahren *n* метод выращивания (*кристаллов*)
~, **tiegelfreies** бестигельный метод выращивания (*кристаллов*)
Zuckergehaltsmesser *m* сахариметр
Zuckerrohr *n* сахарный тростник
Zufahrt *f* 1. подъезд; подъездная дорога 2. съезд (*в карьерах*) 3. (рельсовый) подъездной путь
Zufahrtsstraße *f* подъездная дорога
Zufall *m* случай
zufällig случайный
Zufallsausfall *m* случайный отказ
Zufallsfehler *m* случайная ошибка
Zufallsfunktion *f* случайная функция
Zufallsgenerator *m* генератор (псевдо)случайных чисел
Zufallsgröße *f* случайная величина

Zufallslogik f нерегулярная логика, нерегулярные логические схемы
Zufallsschaltung f схема с нерегулярной структурой
Zufallsstichprobe f случайная выборка
Zufallszahlen f pl случайные числа
Zufallszahlengenerator m генератор (псевдо)случайных чисел
Zufuhr f подача; подвод
Zuführrutsche f питающий лоток; загрузочный лоток
Zuführung f 1. подача; подвод 2. загрузка
Zuführungseinrichtung f, **Zuführungsvorrichtung** f 1. подающее устройство; механизм подачи 2. загрузочное устройство, загрузочный механизм
Zug m 1. тяга (*напр. в печи*) 2. растяжение 3. поезд; состав; эшелон 4. *геод.* ход 5. газоход ◇ **auf ~ beansprucht werden [sein]** работать на растяжение
~, **elektrischer** электропоезд
~, **polygonaler** полигонометрический ход
Zugabe f 1. добавление 2. добавка 3. *маш.* припуск (на обработку)
Zugang m доступ
Zuganker m 1. *стр.* затяжка 2. (анкерная) стяжка
Zugband n *стр.* затяжка
Zugbeanspruchung f 1. напряжение при растяжении 2. растягивающая нагрузка
Zugbeeinflussung f поездная автоматическая регулировка; автоматическая локомотивная сигнализация (с автостопом); автостоп
~, **kontinuierliche** автоматическая локомотивная сигнализация непрерывного типа с автостопом, АЛСН
Zugbeeinflussungsanlage f устройство автоматической локомотивной сигнализации с автостопом
Zugbelastung f растягивающая нагрузка
Zugbetrieb m движение поездов
~, **elektrischer** движение поездов на электрической тяге
Zugbildung f формирование поездов
Zugbrücke f подъёмный мост; разводной мост
Zugeinheit f моторвагонная секция
Zugfeder f пружина растяжения
Zugfestigkeit f 1. прочность при растяжении 2. предел прочности при растяжении
Zugfolgestelle f *ж.-д.* раздельный пункт
Zugförderung f поездная тяга, тяга (поездов)

~, **elektrische** электрическая тяга
Zugfunk m поездная (радио)связь
Zughaken m тяговый крюк
Zughakenkraft f сила тяги на крюке
Zugkette f тяговая цепь
Zugkraft f 1. *авто* тяговая сила, сила тяги; тяговое усилие; *ж.-д.* сила тяги, тяга 2. растягивающая сила, усилие растяжения
Zugkraftkennlinie f тяговая характеристика
Zugkraftmesser m тяговый динамометр
Zugkraftmeßwagen m динамометрическая тележка
Zugkraftprüfung f тяговое испытание
Zugleistung f тяговая мощность
Zugleuchte f спускной светильник
Zugloch n 1. отдушина 2. поддувало
Zugmaschine f 1. тягач 2. локомотив (*напр. монорельсовой дороги*)
Zugmeldestelle f *ж.-д.* раздельный пункт с путевым развитием
Zugmesser m скобель
Zugmittel n *маш.* гибкая связь, гибкая тяга (*трос, ремень, цепь*)
Zugmittelgetriebe n *маш.* передача с гибкой связью
Zugprüfmaschine f машина для испытания на растяжение
Zugprüfung f *см.* Zugversuch
Zugriff *вчт* выборка; доступ; обращение
~, **exklusiver** монопольный доступ
~, **indexsequentieller** индексно-последовательный доступ
~, **indizierter** индексный доступ
~, **sequentieller** последовательный доступ
~, **unbefugter** несанкционированный доступ
~, **wahlfreier** произвольная выборка; произвольный доступ
Zugriffsberechtigung f санкционирование доступа
Zugriffskonkurrenz f конфликтная ситуация при доступе к общей шине [к магистрали]
Zugriffsrecht n право доступа
Zugriffssteuerung f управление доступом; управление выборкой
Zugriffsverfahren n метод доступа
Zugriffszeit f время выборки; время доступа
Zugschaufelbagger m (экскаватор-)драглайн, канатно-ковшовый экскаватор
Zugschütz n *гидр.* клинкет
Zugseil n тяговый канат (*напр. канатной дороги*); тяговый трос (*лебедки*)

ZUGSICHERUNG

Zugsicherung f автоматическая локомотивная сигнализация с автостопом; устройство автоматической локомотивной сигнализации с автостопом
~, **induktive** автоматическая локомотивная сигнализация точечного типа с автостопом, АЛСТ; индуктивный автостоп
Zugspaltung f напряжение спайности (*в кристаллах*)
Zugspannung f напряжение при растяжении
Zugspindel f ходовой вал (*токарного станка*)
Zugspindeldrehmaschine f токарный станок для продольного и поперечного точения (*без ходового винта*)
Zugstange f *маш.* тяга
Zugtraktor m тянущая передача, устройство подачи бумаги тянущего типа (*в печатающих устройствах*)
Zugverkehr m движение поездов
Zugversuch m испытание на растяжение
Zugzone f *стр.* растянутая зона (*зона поперечного сечения элемента конструкции, в которой действуют растягивающие напряжения*)
Zuladung f 1. *авто* полезная нагрузка 2. *ав.* полная нагрузка (*летательного аппарата*) 3. *мор.* дедвейт, полная грузоподъёмность судна
zulässig допустимый; допускаемый
Zulaufdruck m подпор (*у насоса*), напор перед насосом
Zulaufrohr n подводящая труба
Zulegen n der Form сборка (литейной) формы
Zuleitung f 1. подвод; подача 2. токоподводящая линия; токоподводящий кабель; токоподводящий провод 3. вывод; гибкий вывод (*напр. ИС*)
Zuleitungsinduktivität f индуктивность выводов
Zuleitungskapazität f ёмкость выводов
Zuleitungswiderstand m сопротивление выводов
Zulöten n запаивание, запайка
Zuluft f приточный воздух
Zuluftanlage f приточная система вентиляции
Zuluftventilator m приточный вентилятор
Zumessung f дозирование
Zündanlage f система зажигания (*ДВС*)
Zündanode f поджигающий анод; пусковой анод
Zündelektrode f 1. поджигающий электрод;

пусковой электрод 2. управляющий электрод (*тиристора*)
Zünden n *см.* Zündung
Zunder m окалина
Zünder m 1. детонатор 2. взрыватель; запал
~, **elektrischer** электродетонатор; электровоспламенитель
Zunderbeständigkeit f окалиностойкость (*металлов*)
Zündfolge f порядок зажигания
Zündfunken m искра зажигания
Zündhütchen n капсюль-детонатор
Zündimpuls m отпирающий импульс (*управления*)
Zündkabel n 1. *авто* провод высокого напряжения (*провод для передачи высокого напряжения на свечу зажигания*) 2. *фото* провод к синхроконтакту (*затвора фотоаппарата, с помощью которого осуществляется синхронное включение импульсного фотоосветителя при съемке*) 3. (электро)взрывной провод
Zündkabelende n *авто* (защитный) наконечник провода высокого напряжения, наконечник
Zündkabelmast m *косм.* кабельная мачта
Zündkerze f свеча зажигания
Zündkerzenfuß m тепловой конус (изолятора) свечи зажигания
Zündladung f инициирующий заряд
Zündleitung f 1. *см.* Zündkabel 1. 2. провод зажигания, провод к поджигающему электроду (*газоразрядной лампы*) 3. (электро)взрывной провод, взрывная магистраль
Zündmagnet m *авто* магнето
Zündmaschine f взрывная машинка
Zündmetall n (искрящий при трении) миш-металл для изготовления камней для зажигалок
Zündmittel n средство инициирования (*взрыва*), инициирующее средство; средство взрывания
Zündpunkt m 1. точка [температура] воспламенения 2. *см.* Zündzeitpunkt
Zündsatz m воспламенительный состав; зажигательный состав
Zündschalter m выключатель зажигания
Zündschaltung f схема отпирания (*напр. тиристора*)
Zündschloß n замок-выключатель зажигания и приборов с противоугонным устройством

ZUSATZTRANSFORMATOR

(*выключатель зажигания, конструктивно объединённый с противоугонным замком, напр. с замком вала рулевого колеса*); замок зажигания

Zündschlüssel *m* ключ зажигания

Zündschnur *f* огнепроводный шнур

Zündspannung *f* 1. напряжение зажигания (*газоразрядного прибора*) 2. отпирающее напряжение на управляющем электроде (*тиристора*), отпирающее напряжение 3. вторичное напряжение системы зажигания (*ДВС*), высокое напряжение во вторичной обмотке катушки зажигания

Zündspule *f* катушка зажигания, индукционная катушка

Zündstoff *m* инициирующее (взрывчатое) вещество; воспламенительный состав

Zündstrom *m* отпирающий ток управляющего электрода (*тиристора*), отпирающий ток

Zündtemperatur *f* температура [точка] воспламенения

Zündung *f* 1. воспламенение 2. *авто* зажигание 3. *элн* зажигание, поджигание 4. *элн* отпирание, переключение из закрытого состояния в открытое (*напр. тиристора*) 5. система зажигания (*ДВС*) 6. инициирование (*заряда взрывчатого вещества, взрыва*); взрывание

~, **elektrische** электровзрывание

~, **elektronische** электронная система зажигания

Zündversteller *m* регулятор опережения зажигания

Zündverteiler *m* распределитель зажигания, распределитель

Zündverzögerung *f*, **Zündverzug** *m* 1. запаздывание зажигания 2. *элн* время задержки по управляющему электроду (*тиристора*), время задержки

Zündverzugszeit *f* время задержки по управляющему электроду (*тиристора*), время задержки

Zündvorrichtung *f* запальник

Zündzeitpunkt *m* момент зажигания, момент воспламенения (*горючей смеси в цилиндре ДВС*)

Zunge *f* 1. язычок 2. *ж.-д.* остряк (*стрелочного перевода*)

Zungenfrequenzmesser *m* вибрационный частотомер

Zuordnung *f* соответствие; сопоставление

Zuordnungstabelle *f* *вчт* таблица распределения

Zurichten *n*, **Zurichtung** *f* 1. отделка 2. *мет.* адъюстаж, отделка (*металла после прокатки*) 3. *полигр.* приправка 4. *эл.* разделка (*концов кабеля*)

Zurichterei *f* отделочное [адъюстажное] отделение, отделение отделки (*готового проката, поковок*)

Zurückweisung *f* отбраковка

Zusammenbacken *n* 1. спекание 2. слипание

Zusammenballung *f* 1. образование плотных агрегатов; окомкование 2. конгломерат

Zusammenbau *m* монтаж, сборка

Zusammenbauzeichnung *f* сборочный чертёж

zusammengesetzt 1. составной; сборный 2. сложный (*о движении*)

Zusammenhang *m* 1. *мат.* связность 2. взаимосвязь; взаимозависимость

zusammenhängend *мат.* связный

Zusammenlöten *n* 1. спайка; паяние, пайка 2. групповая пайка

Zusammensetzung *f* 1. состав 2. сложение (*напр. сил*)

Zusammenstoß *m* соударение; столкновение

Zusammentragmaschine *f* *полигр.* листоподборочная машина

Zusammenwirkung *f* взаимодействие

Zusatz *m* 1. добавка 2. присадка (*к топливам, маслам*)

~, **hydraulischer** гидравлическая добавка

Zusatzdraht *m* *св.* присадочная проволока

Zusatzgenerator *m* см. Zusatzmaschine

Zusatzgerät *n* приставка

Zusatzkarte *f* *вчт* дополнительная плата, плата расширения

Zusatzkode *m* дополнительный код

Zusatzlogik *f* *вчт* расширяющая логика

Zusatzmaschine *f* вольтодобавочный генератор

~ **in Gegenschaltung** вольтопонижающая электрическая машина

Zusatzmittel *n* 1. *стр.* добавка (*к раствору, бетону*) 2. присадка (*к топливам, маслам*)

Zusatzregister *n* *вчт* регистр расширения

Zusatzstab *m* *св.* присадочный пруток

Zusatzstoff *m* см. Zusatzmittel 1.

Zusatzstrom *m* добавочный ток

Zusatztransformator *m* вольтодобавочный трансформатор; вольтопонижающий трансформатор

ZUSATZTRANSFORMATOR

~, **spannungserhöhender** вольтодобавочный трансформатор
Zusatzwerkstoff *m св.* присадочный металл
Zuschlag *m* **1.** *стр.* заполнитель (*напр. для бетона*) **2.** *мет.* добавка; присадка **3.** *мет.* флюс
Zuschnitt *m* раскрой (*материала*)
Zuspeisung *f* подпитка
Zuspeisungs(öl)leitung *f* магистраль подпитки
Zustand *m* состояние; режим
~, **aktiver** активное состояние
~, **angeregter** возбуждённое состояние
~, **aufgesteuerter** открытое состояние (*транзистора*)
~, **besetzter** занятое энергетическое состояние; занятый [заполненный] уровень (энергии)
~, **eingeschwungener** установившееся состояние; установившийся режим
~, **entarteter** вырожденное состояние
~, **gesperrter** запертое состояние; закрытое состояние
~, **hochohmiger** высокоимпедансное состояние
~, **leitender** проводящее состояние
~, **logischer** логическое состояние
~, **nicht übersteuerter** ненасыщенное [закрытое] состояние (*биполярного ключа*)
~, **nichtaktiver** неактивное состояние
~, **stationärer** установившийся режим; стационарное состояние
~, **stromführender** (токо)проводящее состояние
~, **übersteuerter** насыщенное [открытое] состояние (*биполярного ключа*); режим насыщения
~, **unbesetzter** незанятое энергетическое состояние; свободный уровень (энергии)
~, **zugesteuerter** запертое состояние (*транзистора*)
«**1**»-**Zustand** *m* состояние логической «1»
«**0**»-**Zustand** *m* состояние логического «0»
Zustandsänderung *f* термодинамический процесс
~, **irreversible** необратимый процесс
~, **quasistatische** квазистатический процесс
~, **reversible** обратимый процесс
Zustandsbit *n вчт* бит (индикации) состояния
Zustandsbyte *n вчт* байт состояния
Zustandsdiagramm *n физ.* диаграмма состояния
Zustandsdichte *f физ.* плотность энергетических состояний
Zustandsflipflop *n вчт* триггер состояния

Zustandsgleichung *f физ.* уравнение состояния
~, **kalorische** калорическое уравнение состояния
~, **thermische** термическое уравнение состояния
Zustandsgrößen *f pl* **1.** *физ.* (термодинамические) параметры состояния **2.** *астр.* физические характеристики (*звезды*)
Zustandsleitung *f вчт* шина состояния
Zustandsraum *m* пространство состояний, фазовое пространство
Zustandsregister *n вчт* регистр состояния; регистр команд и состояния
Zustandstabelle *f* **1.** таблица состояний (*автомата*) **2.** таблица переходов (*триггера*)
Zustandsvariable *f физ.* переменная состояния, фазовая переменная
Zustandsvektor *m* вектор состояния
Zustellgetriebe *n мет.-об.* механизм подачи на врезание; механизм подачи на глубину; механизм поперечной подачи (*в круглошлифовальных станках*)
Zustellung *f* **1.** *мет.-об.* подача на врезание; подача на глубину; поперечная подача (*подача, сообщаемая шлифовальному кругу круглошлифовального станка в конце каждого хода стола при обработке круглым врезным шлифованием*) **2.** *мет.* футеровка
Zustellungsmasse *f мет.* футеровочный материал
Zusteuern *n* запирание (*транзистора*)
Zuströmen *n*, **Zuströmung** *f* **1.** приток **2.** натекание
Zuteilapparat *m см.* Zuteiler
Zuteilen *n* **1.** дозирование **2.** *вчт* выделение (*ресурса*) **3.** *вчт* диспетчеризация
Zuteiler *m* дозатор; питатель
Zuteilung *f см.* Zuteilen
Zutritt *m* доступ
zuverlässig надёжный
Zuverlässigkeit *f* надёжность
Zuverlässigkeitskenngröße *f* показатель надёжности
~, **integrale** комплексный показатель надёжности
Zuverlässigkeitstheorie *f* теория надёжности
Zuwachs *m мат.* приращение
Zuweisung *f* **1.** присваивание **2.** выделение
Zuweisungsoperator *m прогр.* оператор присваивания

ZWEIGELENKBOGEN

ZVE [zentrale Verarbeitungseinheit] *f вчт* центральный процессор
ZVE-Karte *f вчт* плата центрального процессора
ZVE-Steckeinheit *f вчт* сменный модуль центрального процессора
Zwanglauf *f* принудительное движение
Zwanglüftung *f* принудительная вентиляция
Zwangsausfall *m* вынужденный отказ
Zwangsbremsung *f ж.-д.* принудительное торможение
Zwangskraft *f* реакция связи
Zwangskühlung *f* искусственное охлаждение
Zwangsumlauf *m* принудительная циркуляция
Zwangsumlaufkühlung *f* искусственное охлаждение
Zweiachsen-Bahnsteuerung *f* 1. двухкоординатное контурное ЧПУ 2. двухкоординатное устройство контурного ЧПУ
~, **numerische** *см.* Zweiachsen-Bahnsteuerung
Zweiachsen-NC-Maschine *f* станок с двухкоординатным ЧПУ
Zweiachsen-NC-Steuerung *f* 1. двухкоординатное ЧПУ 2. двухкоординатное устройство ЧПУ
~, **numerische** *см.* Zweiachsen-NC-Steuerung
Zweiachsen-Punktsteuerung *f* 1. двухкоординатное позиционное ЧПУ 2. двухкоординатное устройство позиционного ЧПУ
zweiachsig двухосный
Zweiadreßbefehl *m* двухадресная команда
Zweiadreßbefehlsformat *n* двухадресный формат (*машинной команды*)
Zweiadressenkode *m* код двухадресной команды
Zweiadreßmaschine *f* двухадресная машина
zweiarmig двуплечий
Zweibackengreifer *m* захват с двумя губками
zweibasisch двухосновной
Zweibasisdiode *f* двухбазовый диод, однопереходный транзистор
Zweibytebefehl *m* двухбайтовая команда
zweidimensional двухмерный
Zweidrahtbetrieb *m св3* двухпроводной режим
Zweidrahtleitung *f* двухпроводная линия; двухпроводная цепь
~, **abgeschirmte** экранированная линия в виде пары скрученных проводов, экранированная витая пара
~, **ungeschirmte** неэкранированная витая пара

~, **verdrillte** линия в виде пары скрученных проводов, витая пара
Zweiebenenleiterplatte *f* двусторонняя печатная плата
~, **durchkontaktierte** двусторонняя печатная плата с металлизированными сквозными отверстиями
Zweiebenen-Polysiliziumtechnik *f* технология (МОП) ИС с двухуровневыми поликремниевыми затворами; технология поликремниевых приборов с двухуровневой организацией
Zweiebenenschaltung *f* двусторонняя печатная плата; печатная схема с двусторонней печатной платой
Zweiebenenverdrahtung *f* двухуровневая разводка
Zwei-Eingangs-AND-Gatter *n* двухвходовый элемент [двухвходовый вентиль] И
Zwei-Eingangs-NAND-Gatter *n* двухвходовый элемент [двухвходовый вентиль] И — НЕ
Zweierkomplement *n* дополнение до двух, точное дополнение в двоичной системе счисления
Zweierkomplementkode *m* дополнительный код двоичного числа
Zweifachkette *f* двухрядная цепь
Zweifachturbine *f* сдвоенная турбина
Zweifadenlampe *f* лампа с двойной нитью накала, двухнитевая лампа (накаливания); биспиральная лампа (накаливания)
Zweiflammenherd *m* двухконфорочная газовая плита
Zweiflammenkocher *m* двухконфорочная газовая плита (*без духового шкафа и таганов*)
Zweiflankenflipflop *n* триггер, переключаемый положительным и отрицательным фронтами [фронтом и срезом] тактового импульса, тактируемый двухступенчатый триггер
Zweiflankenintegrationsverfahren *n* метод двукратного [двухтактного] интегрирования
Zweiflankensteuerung *f* синхронизация триггера положительным и отрицательным фронтами, переключение триггера фронтом и срезом тактового импульса
Zweiflankenverfahren *n* метод двукратного [двухтактного] интегрирования
Zweiflankenwandler *m* АЦП с двукратным [с двухтактным] интегрированием
Zweig *m* 1. ветвь 2. *эл.* плечо (*вентильного преобразователя электроэнергии*)
Zweigelenkbogen *m* двухшарнирная арка

ZWEIKANAL-...

Zweikanal-Stereoambiofonie *f* псевдоквадрафония
Zweikomponententreibstoff *m* двухкомпонентное ракетное топливо
Zweikörperproblem *n* задача двух тел
Zweikreis... двухконтурный
Zweilagenmetallisierung *f* двухуровневая [двухслойная] металлизация
Zweilagenwicklung *f* двухслойная обмотка
Zweileiter... двухпроводной
Zweimantelisolator *m* двухъюбочный изолятор
Zweipack-Bildaufnahmekamera *f* двухплёночный киносъёмочный аппарат
Zweiphasen-CCD *n* двухфазный ПЗС
Zweiphasensystem *n* двухфазная система
Zweipol *m* двухполюсник
Zweiport-RAM *m* двухпортовое ЗУПВ
Zweiportspeicher *m* двухпортовая память, двухпортовое ЗУ
Zweipunkt-Kurbelpresse *f*, **Zweipunktpresse** *f* двухкривошипный пресс
Zweipunktregelung *f* двухпозиционное регулирование
Zweipunktverbindung *f* двухточечное соединение
Zweirampenumsetzer *m* АЦП с двукратным [с двухтактным] интегрированием
Zweirampenverfahren *n* метод двукратного [двухтактного] интегрирования
Zweirichtungsdruck *m* двунаправленная печать, печать в обоих направлениях перемещения каретки
Zweirichtungsschalter *m* двунаправленный переключатель; двунаправленный ключ
Zweirichtungsthyristordiode *f* симметричный диодный тиристор, диак
Zweirichtungsthyristortriode *f* симметричный триодный тиристор, триак
Zweirichtungstransistor *m* симметричный транзистор
Zweirichtungszähler *m* реверсивный счётчик
Zweirumpfschiff *n* катамаран
Zweischarpflug *m* двухкорпусный [двухлемешный] плуг
Zweischichtwicklung *f* двухслойная обмотка
Zweischrittverfahren *n* двухстадийный метод (*напр. диффузии*)
Zweiseitenbandtelefonie *f* двухполосная телефония
Zweiseitenbandübertragung *f* *рад., свз* двухполосная передача, передача с двумя боковыми полосами
Zweispindelpumpe *f* двухвинтовой насос
Zweiständerhobelmaschine *f* двухстоечный продольно-строгальный станок
Zweiständerpresse *f* двухстоечный пресс; двухколонный пресс
Zweistationenwerkstückwechsler *m* *маш.* двухпозиционное устройство автоматической смены заготовок
zweistellig двузначный
Zweistoffeutektikum *n* двухкомпонентная эвтектическая система, двойная эвтектика
Zweistoffgemisch *n* двухкомпонентная [двойная] смесь
Zweistofflegierung *f* двухкомпонентный сплав
Zweistoffsystem *n* двойная [двухкомпонентная] система
Zweistromturbinenluftstrahltriebwerk *n* двухконтурный турбореактивный двигатель, ДТРД, турбореактивный двухконтурный двигатель, ТРДД
Zweistufenverdampfer *m* двухступенчатый [двухкорпусный] испаритель
Zweitafelprojektion *f* проекция на две плоскости
Zweitaktmotor *m* двухтактный двигатель, двухтактный ДВС
Zweitbelichtung *f* засветка (*обращаемой плёнки*)
zweiteilig составной, разъёмный
Zweitluft *f* вторичный воздух
Zweitorspeicher *m* двухпортовая память, двухпортовое ЗУ
Zweitortransistor *m* двухзатворный транзистор
Zweiwalzenwalzwerk *n* двухвалковый (прокатный) стан, (прокатный) стан дуо
Zweiwegbus *m* двунаправленная шина
Zweiwegeventil *n* двухлинейный (гидро- или пневмо)распределитель
Zweiweggleichrichter *m* двухполупериодный выпрямитель
Zweiwegschalter *m* 1. переключатель на два направления 2. двунаправленный переключатель; двунаправленный ключ
Zweiwegthyristor *m* симметричный триодный тиристор, триак
Zweiwellentriebwerk *n* двухвальный газотурбинный двигатель, двухвальный ГТД
zweiwertig двухвалентный
Zweizonenreaktor *m* *яд.* двухзонный реактор

ZWISCHENSPEICHER

Zweizustandssignal *n* сигнал с двумя (логическими) состояниями

Zweizylindermotor *m* двухцилиндровый двигатель

Zwerge *m pl*, **Zwergsterne** *m pl астр.* карлики ◊ **Blauweiße [Weiße]** ~ белые карлики

Zwickel *m стр.* 1. пазуха (свода) 2. парус (элемент купольной конструкции)

Z-Widerstand *m* 1. зеноровское сопротивление, (дифференциальное) сопротивление *p — n*-перехода при зеноровском [туннельном] пробое 2. дифференциальное сопротивление стабилитрона

Zwilling *m* двойниковый кристалл, двойник

Zwillingsbildung *f* двойникование (кристалла)

Zwillingsebene *f* плоскость двойникования (кристалла)

Zwillingskessel *m* двухкорпусный котёл

Zwillingskristall *m* двойниковый кристалл

Zwillingsparadoxon *n физ.* парадокс близнецов, парадокс часов

Zwillingsturbine *f* сдвоенная турбина

Zwillingsversetzung *f крист.* двойниковая дислокация

Zwinge *f* 1. струбцин(к)а 2. зажим

Zwirn *m* 1. кручёная нить 2. кручёная пряжа

Zwirnen *n текст.* кручение (нити)

Zwirnmaschine *f текст.* крутильная машина

Zwischenbahn *f косм.* промежуточная орбита

Zwischenbandrekombination *f* межзонная рекомбинация

Zwischenbau *m* брекер, подушечный слой (пневматической шины)

Zwischendatei *f вчт* метафайл

Zwischendeck *n* средняя палуба

Zwischendecke *f* междуэтажное перекрытие

Zwischendiffusion *f* взаимная диффузия

Zwischenform *f* предварительно деформированная заготовка

Zwischenformung *f* предварительное деформирование (заготовки)

Zwischenfotomaske *f* промежуточный фотошаблон

Zwischenfrequenz *f* промежуточная частота

Zwischenfrequenzverstärker *m* усилитель промежуточной частоты, УПЧ

Zwischengehäuse *n* переходный корпус (напр. компрессора)

zwischengeschaltet промежуточный

Zwischengitteratom *n* атом примеси в междоузлии, атом, внедрённый в междоузлие, атом внедрения

Zwischengitteratom-Leerstellen-Paar *n* пара примесь внедрения — вакансия (дефект по Френкелю)

Zwischengitterdefekt *m* дефект внедрения

Zwischengitterdiffusion *f* междоузельная диффузия

Zwischengitterfehlstelle *f* дефект внедрения

Zwischengitterlücke *f* вакансия (в кристаллической решетке)

Zwischengitterplatz *m* междоузлие (кристаллической решетки)

Zwischengitterstörstelle *f* примесь внедрения

Zwischenkern *m* промежуточное [составное] ядро

Zwischenkreis *m* промежуточный контур

Zwischenkreisumrichter *m* двухзвенный вентильный преобразователь переменного тока

Zwischenkühlung *f* промежуточное охлаждение

Zwischenlage *f* 1. прокладка 2. *геол., горн.* прослой; прослоек; пропласток

Zwischenlager *n яд.* промежуточное хранилище (отработавшего топлива)

Zwischenlagerung *f яд.* промежуточное хранение (отработавшего топлива)

Zwischenmittel *n геол., горн.* прослоек

Zwischenmontage *f* узловая сборка

Zwischenprodukt *n* промежуточный продукт

Zwischenrad *n* промежуточная [паразитная] шестерня

Zwischenring *m* прокладочное кольцо

Zwischenschicht *f* 1. промежуточный слой 2. прослойка 3. прослой

Zwischenschichtisolation *f* межслойная изоляция

Zwischenschichtladung *f физ.* заряд (состояний) на поверхностях раздела

Zwischenschichtverbindung *f* межслойное соединение

Zwischenschichtzustände *m pl физ.* состояния на поверхностях раздела

Zwischenschichtzustandsdichte *f физ.* плотность состояний на поверхностях раздела

Zwischensender *m* ретранслятор

Zwischensendestation *f* радиорелейная станция

Zwischenspeicher *m вчт* промежуточный накопитель; буферный накопитель; буферное ЗУ

ZWISCHENSPEICHER...

Zwischenspeicherflipflop *n* RS-триггер, синхронизируемый уровнем, RS-защёлка
Zwischenspeicherregister *n вчт* регистр временного хранения (*данных, операндов*)
Zwischenstörstellenrekombination *f* межпримесная рекомбинация
Zwischenstörstellenübergang *m* межпримесный переход
Zwischenstruktur *f* промежуточная структура
Zwischenstufe *f мет.* бейнитная область
Zwischenstufengefüge *n мет.* бейнит
Zwischentalstreuung *f* междолинное рассеяние
Zwischentalübergang *m* междолинный переход (электронов)
Zwischenträger *m* 1. *рад.* поднесущая 2. паучок, паучковые выводы (*для присоединения кристаллов ИС*) 3. выводная рамка с паучковыми выводами (*для монтажа кристаллов ИС на гибкой ленте-носителе*); вспомогательный носитель (*для монтажа кристаллов ИС*)
Zwischenüberhitzer *m* вторичный [промежуточный] пароперегреватель
Zwischenverbindungen *f pl* (внешние) межсоединения; разводка
Zwischenverbindungsmuster *n* рисунок межсоединений
~, **programmiertes** рисунок программируемых межсоединений
Zwischenwand *f* перегородка
Zwitterion *n* амфотерный ион
Zwittersteckverbinder *m* гибридный (электрический) соединитель
Zwölfflächner *m* двенадцатигранник, додекаэдр
Zyan *n хим.* циан, —CN (*радикал*)
Zyanid *n* цианид
Zyanieren *n* цианирование
Zyanlaugerei *f* цианирование (*гидрометаллургический процесс извлечения металлов — преимущественно золота и серебра — из руд и концентратов, основанный на их селективном растворении в слабых растворах цианидов щелочных металлов*)
Zyanotypie *f* цианотипия
Zyansäure *f* циановая кислота, цианат водорода, HOCN
Zyanwasserstoff *m* цианид водорода, цианистый водород, циановодород, HCN (*см. тж* **Zyanwasserstoffsäure**)
Zyanwasserstoffsäure *f* цианистоводородная [синильная] кислота, HCN (*систематическое название по правилам ИЮПАК (Международного союза теоретической и прикладной химии) — «циановодородная кислота»*)
zyklisch циклический
Zyklisierung *f хим.* циклизация
Zykloalkane *n pl* циклоалканы, циклопарафины
Zyklogramm *n* циклограмма
Zyklohexan *n* циклогексан
Zykloide *f* циклоида
Zykloidenverzahnung *f маш.* циклоидное зацепление
Zyklon *m* 1. *метео* циклон (*атмосферный вихрь*) 2. циклон (*аппарат для очистки воздуха или газа от взвешенных твёрдых частиц*)
Zyklonabscheider *m* циклонный сепаратор
Zyklone *f метео* циклон, область пониженного давления (*в атмосфере*) с циклоническими движениями воздуха [с циклонической системой ветров]
Zyklonfeuerung *f* циклонная топка
Zykloparaffine *n pl см.* **Zykloalkane**
Zyklotron *n* циклотрон
Zyklotronfrequenz *f* циклотронная частота
Zyklotronmasse *f* циклотронная масса (*эффективная масса заряженной частицы, напр. электрона, определяющая её циклотронную частоту*)
Zyklotronresonanz *f* циклотронный резонанс
Zyklus *m* цикл
~, **unvollendeter** незавершённый цикл
Zyklusanweisung *f вчт* оператор цикла
Zyklusbefehl *m вчт* команда организации цикла
Zyklusstehlen *n вчт* захват цикла (*памяти*)
Zykluszähler *m* счётчик циклов
Zykluszeit *f вчт* время цикла
Zylinder *m* цилиндр
~, **doppeltwirkender** цилиндр двойного действия
~, **einfachwirkender** цилиндр простого действия
Zylinderblock *m* блок цилиндров
Zylinderbohrung *f* (внутренний) диаметр цилиндра, диаметр расточки цилиндра
Zylinderbuchse *f* гильза цилиндра
Zylinderdruckmaschine *f полигр.* плоскопечатная машина
Zylindereinsatz *m* гильза цилиндра

Zylinderfunktionen *f pl мат.* цилиндрические функции

Zylinderkerbstift *m маш.* цилиндрический просечной штифт

Zylinderkoordinaten *f pl мат.* цилиндрические координаты

Zylinderkopf *m* головка блока цилиндров

Zylinderlaufbuchse *f* гильза цилиндра

Zylinderleistung *f* цилиндровая мощность

Zylinderlinse *f* цилиндрическая линза

Zylinderöle *n pl* цилиндровые масла

Zylinderprobe *f* цилиндрический образец (для испытаний)

Zylinderprojektionen *f pl* цилиндрические проекции

Zylinderraum *m* полость цилиндра; объём цилиндра

Zylinderrollenlager *n* роликоподшипник с цилиндрическими роликами

Zylinderschaft *m маш.* цилиндрический хвостовик (*инструмента*)

Zylinderschale *f стр.* цилиндрический свод-оболочка

Zylinderschleifmaschine *f* цилиндрошлифовальный станок

Zylinderschraube *f* (mit Schlitz) винт с цилиндрической головкой

Zylinderschubführung *f* цилиндрическая направляющая

Zylindersiebmaschine *f* круглосеточная бумагоделательная машина

Zylindersonde *f* цилиндрический насадок

Zylinderstift *m маш.* цилиндрический штифт

Zylinderströmung *f* течение в цилиндре, цилиндрическое течение

Zylinderumströmen *n* обтекание цилиндра

Zylinderwinkel *m* угол развала цилиндров, развал цилиндров (*V-образного двигателя внутреннего сгорания*)

zylindrisch цилиндрический

Zymase *f биол.* зимаза

Zytoplasma *n биол.* цитоплазма

Verlegerische Leitung
G. SACHAROWA

Verlagsredakteur
T. MANUCHINA

Layout-Design
A. WASSILJEWA
K. NETSCHIPORENKO